四庫全書補正

國立故宮博物院主編

四庫全書補正

史部

臺灣商務印書館 發行

四庫全書補正序

學術者，考知求真之事也。知與真必見之於文辭，載錄於典册，故曰文以載道。我國自有書契以來，歷世彌久，典籍日富，尋覽者既苦學海無涯，典藏者尤苦汗牛充棟，是以前賢董理，披剔群籍，或剖璞爲玉，或穿珠使貫，而類書、叢書與焉。昔人云：有專門之學，則有專門之書。明清儒臣，發中秘所藏，合民間遺簡，類鈔編纂，一成永樂大典，一成四庫全書，皆爲一時冠冕。顧物換星移，且屢經鋒鏑水火，永樂大典已難尋全帙，唯四庫則巋然尚存，舉世推爲東方文化學術之寶藏。

按四庫之成，當時實集千章萬卷於一堂，論其浩瀚，足以方駕運河長城之鉅，而其融匯百家，網羅散佚，厥功尤偉。惜其鈔繕成書，不能盡衆版之善，且不免遺卷殘葉，顛倒舛謬，張之洞有云：「乾隆四庫求遺書，微聞寫官多魯魚。」是清季學人已啟四庫不足盡信之疑。至於清室假修書右文之名，行猜忌僞亂之實，其稍涉民族大義諸編，固極其芟夷之苛，即在其文網中作者之姓氏，亦必盡泯之而不止。其摧殘文獻，更爲振古之所絕無，以是發疑正讀，張皇幽渺，以俾金甌玉璧無復或缺，實爲護持此一學術寶藏者之大責先務。

十數年來，本院以職司所在，學林蘄向，發所藏之文淵閣善本暨摛藻堂薈要孤笈，付諸景印流布，今固已化身千萬，人人得取而用之矣。惟古籍日漸散亡，有損難益，全書之出版，雖足慰士林愨望，然不予參定，則昔賢嘔心瀝血之作，反爲訛文脱字及偏私僞誤之所淹没汚累。因於景印竣功之後，繼之以補正，因枝以振葉，沿波而討源，且正其魯魚亥豕，亦補其夏五郭公，疏通倫類，還古籍以本來面目，又使微言大義，天地正氣，不爲清室一姓之私欲偏見之所奪訛。是項計劃，經圖書文獻處諸同仁精勤不懈，卒之蕆事，並即將按經、史、子、集四部分期出版。兹值經部補正成書之日，且欣逢本院七十週年，洵爲院慶紀盛最嘉之獻禮。余既喜計劃之初成，爰識數語簡端，兼以誌同仁辛勞，而嘉其有功焉。

中華民國八十四年十月十日衡山秦孝儀心波謹序

凡例

一、四庫全書網羅群書散佚，集千章百卷於一堂，固為我國學術文化之寶庫，然修纂之時，利用版本不足，而館臣又失之疏略，且任意刪削改易原書文字，致使諸多資料失眞失實。本篇引相關版本詳為補綴，匡正缺失，意在使全書益臻完善。

二、本篇於各書之排列，一依四庫總目群書部次之相關次第，至於目前已無相關傳世版本可資考訂者，一概從缺。

三、本篇名為補正，故不同於校勘，不在為四庫著錄諸書審字辨形或詳訂音釋，而在補全四庫本之短卷或脫文，及恢復遭淸室竄改之史料原貌。

四、四庫本著錄體例多不錄原作書目或序跋，至於明人所任意增添之圖表等資料，亦不加收錄。本篇以是等文字均無關本書主題，亦從四庫之例，概不收錄。

五、本篇各頁分上下兩欄，每欄款式全倣四庫全書之一葉。各欄中縫標出本篇著錄書之書名，並以國字數目標示葉次；至於書頁最下方之阿拉伯數字，則為本篇總葉次，可與本篇卷前總目相呼應，以便查檢。

六、為醒目及利於尋檢，本篇收錄各書之書名大題，均標於各欄之首行。由於古今不乏異書同名之例，故於大題次行著錄原書作者朝代及姓名；第三行則標注所據以補正書之版本，以示有本有末。

七、本篇於各書補正之章節條目，爲便於覆按，先引四庫本之原文，並於其下方以國字數目標明商務印書館景印文淵本之册別、葉次。例如：

宋人胡安國撰胡氏春秋傳三十卷，卷十六，公會齊侯于平州章，四庫本「是示天下以無父無君之漸危哉」句（一五一—一三五下），宋本作「是率中國爲戎夷，棄人類爲禽獸」，括號中一五一爲商務印書館景印本之册別，一三五下則表葉次及下欄。

八、古籍標句讀之例並不多見，本篇由於補正之文長短不一，恐閱覽不便，乃比照古書斷句舊法，略加墨圈。

九、本篇參校諸書，凡與四庫本有異體字、古今字、通假字、錯別字、避諱字，或無關文義之衍文者，既不涉本書主題，復不影響前後文義，則不加考訂改變。

十、本篇以補正四庫本之不足爲宗旨，若確知四庫本無誤，而相關版本有誤者，概不加改易或說明。

十一、四庫本謄錄時，於經、傳、注疏，往往以大小字體區別，本篇則以不同字體區別之。例如：元人汪克寬撰春秋胡傳附錄纂疏三十卷，其中卷十九鄭襄伐許章，四庫本只存經文，缺胡傳及其纂疏，今補正之文即以不同字體區分胡傳及其纂疏，如下：

稱國以伐。狄之也。據夷狄但舉號。晉楚爭鄭。鄭兩事焉。及邲之敗。於是乎專意事楚。不通中華。晉雖加兵。終莫之聽也。何氏曰。惡鄭襄公與楚同心。比同爲黨。數侵我諸夏。故夷狄之。至此一歲而再伐許。甚矣。夫利在中國則從中國。利在夷狄則從夷狄。而擇於義之可否以爲去就。其所以異於夷者幾希。況又馮皮外反弱犯寡。周禮大司馬。一歲之中而再動干戈於鄰國。不既其乎。孫氏曰。背華即夷與楚。比周一歲再伐許。故狄之。春秋之法。中國而夷狄行下孟反者則狄之。本韓子。所以懲惡也。以爲告辭略杜氏曰。不書將帥。告辭略。而從告。乃實錄耳。一字爲褒貶。義安在也。陳氏曰。楚之伯。鄭人爲之也。由齊桓以來。爭鄭於楚。桓公卒。鄭始朝楚。諸夏之變於夷。鄭爲亂階也。至辰陵鄭帥諸夏而事楚矣。敗晉于邲。盟十有四國之君大夫於蜀。鄭。微秦鄭。中國無左衽矣。

十二、四庫全書載籍浩瀚，本篇編纂之前，爲便於工作進行，曾就傳世雍正朝以前四庫著錄書相關版本作調查，部分版本由於散藏海外各地，無從申請影印，以致除少數借用日本所藏者外，本篇大部分均利用目前國內各圖書機構之藏書。

十三、本篇限於人力及時間，於四庫本僅作粗淺搜討及補正，未能作更深入之考訂與鑑別，疏漏之處在所難免，尚祈博雅君子賜爲正謬。

四庫全書補正　目次

史記一三〇卷

漢司馬遷撰　南朝宋裴　駰集解

唐司馬貞索隱　張守節正義

以宋慶元黃善夫刊本校補

卷一　五帝本紀一

四庫本「勞勤心力耳目。節用水火材物」句下注文「
令得其利也」（二四三—四一上）下有闕文。宋刊本
作「大戴禮云。宰我問於孔子曰。予聞榮伊曰。黃帝

三百年。請問黃帝人耶。何以至三百年。孔子曰。勞
勤心力耳目。節用水火材物。生而民得其利百年。死
而民畏其神百年。亡而民用其教百年。故曰三百年也
」。

又後文「女登帝位。舜讓於德不懌」句下注文「所以
心意不悅懌也」（二四三—四六下）下有闕文。宋刊
本作「俗本作澤。誤爾。亦當爲懌」。

又後文「文祖者堯大祖也」句下注文「黃曰神斗。白
曰顓紀。黑曰玄矩」句（二四三—四六下）。宋刊本
作「黃曰祖計。白曰顓紀。黑曰玄矩」。又此句下有
闕文。宋刊本作「唐虞謂之五府。夏謂世室。殷謂重
屋。周謂明堂。皆祀五帝之所也」。

又後文「堯二女不敢以貴驕事舜親戚」句下注文「正
義」二字（二四三—五一上）下有闕文。宋刊本作「
曰二女不敢以帝女驕慢舜之親戚」。

又後文「雲氏有不才子」句下注文「集解。賈逵曰。

縉雲氏。姜姓也。炎帝之苗裔。當黃帝時。在縉雲之
官也。正義。今括州縉雲縣。蓋其所封也。書云。縉
。赤繒也。」（二四三—五二下）。宋刊本作「正義
曰。此以上四處皆左傳文。或本有並文次相類四凶。
故書之。恐本錯脫耳」。

又後文「宰予問五帝德及帝繫姓」句下注文「繫音奚
計反」（二四三—五六上）下有闕文。宋刊本作「五
帝德及帝繫姓。皆大戴禮文及孔子家語篇名。漢儒者

以二書非經。恐不是聖人之言。故或不傳學也」。

卷二　夏本紀二

四庫本「冀州既載」句下注文「正義」二字（二四三—六二上）上有闕文。宋刊本作「孔安國曰。堯所都也。先施貢賦役載於書也。鄭玄曰。兩河間曰冀州」。

又後文「西傾因桓是來」句下注文「索隱」二字（二四三—六六上）下有闕文。宋刊本作「曰。西傾在隴

西臨洮縣西南」。

又後文「天下於是太平治。皐陶作士」句（二四三—七一上）下闕注文。宋刊本作「正義曰。士若大理卿也。」

又後文「咸建五長」句下注文「集解。孔安國曰」（二四三—七三上）下有闕文。宋刊本作「薄迫。言至海也」。

又後文「舜德大明。於是夔行樂」句（二四三—七三上）下闕注文。宋刊本作「正義曰。若今太常卿也」。

卷三　殷本紀三

四庫本「殷契」句下注文「竹書紀年云。盤庚自奄遷於北冢曰殷墟」句（二四三—七九下）。宋刊本作「竹書紀年云。盤庚。字也。北冢曰殷墟」。

卷四　周本紀四

四庫本「成王將崩。懼太子釗之不任」句下闕注文（

二四三—一〇一上）。宋刊本作「正義曰。釗音招。又古堯反。任。而針反」。

又後文「國之政作嬰命」句下注文「大僕正」（二四三—一〇二下）下有闕文。宋刊本作「應劭云。太僕。周穆王所置。蓋大御衆僕之長。中大夫也」。

又後文「四十二年。秦破華陽約」句下注文「正義」二字下有闕文（二四三—一一四上）。宋刊本作「曰。司馬彪云。華陽。亭名。在密縣。秦昭王三十三年

。秦背魏約。使客卿胡傷擊魏將芒卯。華陽破之」。

又本注文「管城縣南四十里是」句下。四庫本又缺一句。宋刊本作「按馬犯見秦破魏華陽約。懼周危。故謂請梁城周也」。

又後文「公不若譬秦王之孝。因以應爲太后養地」句下注文「按應城此時屬周」句下有闕文（二四三—一一四下）。宋刊本作「太后。秦昭王母。宣太后芊氏」。

卷五 秦本紀五

四庫本「二老曰。臣非敢沮君軍。軍行臣」句下闕注文（二四三—一二九下）。宋刊本作「監本作吾」。

卷六 秦始皇帝本紀六

四庫本「還星攻汲。彗星復見」句下闕注文（二四三—一五〇下）。宋刊本作「正義。復。扶富反。見。行見反」。

又後文「及太后璽。以發縣卒」句下闕注文（二四三—一五一下）。宋刊本作「正義。子忽反。下同」。

又後文「二十年。荆軻刺秦王。秦王覺之。體解」句下闕注文（二四三—一五四上）。宋刊本作「正義。紅買反」。

又後文「二十一年……燕王東收遼東而王之」句下闕注文（二四三—一五四上）。宋刊本作「正義。王。於放反」。

又後文「虜荆王」句下注文「索隱。荆王。負芻也」

（二四三—一五四下）下有闕文。宋刊本作「楚稱荆者。以避莊襄王諱。故稱荆」。

又後文「燕立昌平君爲荆王。反秦於淮南」句下注文「集解。徐廣曰。淮。一作江。正義。昌平也」（二四三—一五四下）下有闕文。宋刊本作「楚淮北之地盡入於秦」。

又後文「王翦遂定荆江南地」句下闕注文（二四三—一五四下）。宋刊本作「正義曰。言王翦遂平定楚及江南地。降越君。置爲會稽郡」。

又後文「異日韓王納地效璽」句下闕注文（二四三—一五五上）。宋刊本作「正義曰。效猶至見」。

又其後文「趙王使其相李牧來約盟。故歸其質子」句下闕注文（二四三—一五五上）。宋刊本作「正義曰。質。音致」。

又其後文「上樂以刑殺爲威」句下闕注文（二四三—一六四上）。宋刊本作「正義。樂。五孝反」。

「有人持璧遮使者曰。爲吾遺滈池君。」句下注文「蓋酈道元誤矣」（二四三—一六五上）下有闕文。宋刊本作「張晏云。武王居滈。滈池君則武王也。伐商。故神云。始皇荒淫若紂矣。今武王可伐矣」。

「孝明皇帝」下闕注文（二四三—一七八下）。宋刊本作「正義曰。班固典引云。後漢明帝永平十七年。詔問班固。太史遷贊語中寧有非耶。班固上表陳秦過失及賈誼言答之」。

又其後文「秦之積衰。天下土崩瓦解」句下闕注文（二四三—一七九下）。宋刊本作「正義曰。言秦國敗壞。若屋宇崩頹。衆瓦解散也」。

卷七　項羽本紀七

四庫本「功多。故封十萬戶侯。項王自立爲西楚霸王」句下注文「衡山。九江。江南。豫章。長沙。爲南楚」（二四三—一九七上）下有闕文。宋刊本作「孟康云。舊名江陵爲南楚。吳爲東楚。彭越爲西楚」。

卷十一　孝景本紀十一

四庫本「晁錯遺袁盎諭告不止。遂西圍梁」句下闕注文（三四三—二六一上）。宋刊本作「正義曰。梁孝王都睢陽。今宋州」。

又其後文「立楚元王子平陸侯」句下闕注文（二四三—二六一下）。宋刊本作「正義曰。應劭云。平陸。西河縣」。

又後文「後九月。伐馳道樹殖蘭池」句下注文「集解。徐廣曰。殖一作塡。」下有闕文（二四三—二六二上）。宋刊本作「正義曰。按馳道。天子秦始皇作之。丈而樹」。

又後文「四月梁孝王」句下闕注文（二四三—二六三上）。宋刊本作「正義曰。都睢陽。今宋州」。

卷十二　孝武本紀十二

四庫本「天下乂安薦紳之屬」句下注文「漢書作縉紳」（二四三—二六六上）下有闕文。宋刊本作「臣瓚

云。縉。赤白色。非也。正義曰。乂音。魚廢反」。

又其後文「後常三歲一郊。是時上求神君」句下闕注文（二四三—二六六上）。宋刊本作「正義曰。漢武帝故事云。起柏梁臺以處。神君。長陵女子也。先是嫁爲人妻。生一男。數歲死。女子悼痛之。歲中亦死而靈。宛若祠之。遂聞言。宛若爲生。民人多往請福。說家人小事有驗。平原君亦事之。至後子孫尊貴。及上即位。太后延於宮中祭之。聞其言不見其人。至是。神君求出。乃營柏梁臺舍之。初。霍去病微時。自禱神君。及見其形。自修飾。欲與去病交接。去病不肯。謂神君曰。吾以神君精絜。故齋戒祈福。今欲淫。此非也。自絕不復往。神君慙之。乃去也」。

又後文「臣嘗遊海上見安期生」句下注文「索隱。服虔云。古之眞人。」（二四三—二六七上）下有闕文。宋刊本作「正義曰。列仙傳云。安期生。琅耶阜鄉亭人也。賣藥海邊。秦始皇請語三夜。賜金數千萬。

出。於阜鄉亭。皆置去。留書以赤玉舄一重爲報。曰後千歲求我於蓬萊山下」。

又後文「居久之。李少君病死」句下闕注文（二四三—二六七上）。宋刊本作「正義曰。漢書起居云。李少君將去。武帝夢與共登嵩高山。半道。有使乘龍。時從雲中云。太一請少君。帝謂左右。將舍我去矣。數月而少君病死。又發棺看。唯衣冠在也」。

又後文「既至甘泉爲且」句下闕注文（二四三—二七

五上）。宋刊本作「正義曰。爲。于僞反。將僞封禪也」。

又後文「赦天下。毋復作……黃帝時封。則天旱乾封」句下注文。四庫本闕兩句（二四三—二七八上）。宋刊本全文作「正義曰。乾音干。蘇林云。天旱欲使封土乾燥也。顏師古云。三歲不雨。暴所封之土令乾。鄭氏云。但祭不立尸爲乾封」。

又「以十一月甲子朔旦冬至日祠上帝明堂」句下闕注文（二四三—二七九上）。宋刊本作「徐廣曰。常五年一脩耳。今適二年。故但祀明堂」。

卷十三　三代世表第一

四庫本「（周）孝王方」下之「陳」欄有闕文（二四三—二八七下）。宋刊本作「鼇公」。

卷十六　秦楚之際月表第四

四庫本「韓八年」欄闕文（二四三—三七七下）。宋刊本作「分魏爲殷國」。

又其後。四庫本「魏八年」欄闕文（二四三—三七八上）。宋刊本作「分韓爲河南國」。

又其後。「秦三年九月」欄。四庫本作「子嬰爲王」（二四三—三七八下）。宋刊本作「子嬰爲王。徐廣曰。歲在乙未」。

又四庫本第二欄第十格（二四三—三八二下）有闕文。宋刊本作「七屬齊」。

卷十八　高祖功臣侯年表第六

四庫本「平陽」一欄有闕文（二四三—四二五上）。宋刊本作「漢書音義曰。曹參位第二。而表在首以前後故」。

卷十九　惠景間侯者年表第七

四庫本杋國侯功欄有闕文（二四三—四六五上）。宋刊本作「索隱曰。爲濟南王」。

又其後。安都侯功欄有闕文（二四三—四六五上）。宋刊本作「索隱曰。爲濟北王」。

又其後。平昌侯功欄有闕文（二四三—四六五下）。宋刊本作「索隱曰。爲膠西王」。

又其後。武城侯功欄有闕文（二四三—四六五下）。宋刊本作「索隱曰。爲淄川王」。

又其後。白石侯功欄有闕文（二四三—四六五下）。宋刊本作「索隱曰。爲膠東王」。

卷二十一　建元以來王子侯者年表第九

四庫本栒國元鼎欄有闕文（二四三—五一三下）。宋刊本作「元鼎五年。侯買坐酎金。國除」。

卷二十二　漢興以來將相名臣年表第十

四庫本孝景三年相位欄有闕文（二四三—五二二上）。宋刊本作「置太尉官」。

卷二十五　律書三

四庫本「大呂者其於十二子爲丑」句下闕注文（二四三—五七五上）。宋刊本作「正義曰。徐廣云。此中闕。不說大呂及丑也。按此下闕文或一。本云丑者紐也。言陽氣在上。未降萬物。厄紐未敢出也」。

卷二十六　曆書

四庫本「彊梧大淵獻四年」句下闕注文（二四三—五九〇下）。宋刊作「正義曰。孫炎云。淵獻。深也。獻萬物於天。深於藏蓋也」。

卷二十七　天官五

四庫本「間可椷劍」句下注文「故字從咸也」（二四三—六一二下）下有闕文。宋刊本作「正義曰。漢書云。辰星過太白。閒太白可椷劍。明廣雅是也」。

卷三十一　吳太伯世家一

四庫本「三行造吳師呼自剄」句下注文有闕（二四四—一〇上）。宋刊本作「正義曰。行。故郎反。造。千到反。呼。火故反。剄。堅鼎反」。

卷三十四　燕召公世家四

四庫本「卿秦攻代」句下注文有闕（二四四—五四上）。宋刊本作「戰國策云。廉頗以二十萬遇栗腹於鄗。樂乘以五萬遇爰秦於代。燕人大敗與此不同也」。

卷三十六　陳杞世家六

四庫本「十八年。共公卒。子靈公平國立。靈公」句下闕注文（二四四—六五上）。宋刊本作「正義曰。謚法云。亂而不損曰靈」。

卷三十九　晉世家九

四庫本「唐叔子燮是子晉侯」句下注文「即燮父初徙之處」句下有闕文（二四四—九五上）。宋刊本作「

其城南半入州。城中削爲坊。城牆北半見在」。

卷四十一　越王句踐世家

四庫本「我又立若」句下闕注文（二四四—一五〇下）。宋刊本作「索隱曰。若亦汝也」。

卷四十三　趙世家十三

四庫本「十七年成侯與魏惠王遇葛孽」句下闕正義（二四四—一八〇上）。宋刊本作「正義曰。括地志云。澮水縣在絳州翼城縣東南二十五里。按皮牢當在澮之側」。

又後文「事有所止而功有所出」句下注文「集解駰案。出猶成也。正義鄭玄云。止。至也」句（二四四—一八三上）。宋刊本作「正義曰。鄭玄云。止。至也。爲人君止於仁。爲人臣止於敬。爲人子止於孝。爲人父止於慈。與國人交止於信。按。出猶成也」。

又後文「三月餘而餓死沙丘宮」句下注文「集解應劭曰。武靈王葬代郡靈丘縣」句下有闕文（二四四—一八七上）。宋刊本作「正義曰。括地志云。趙武靈王

墓在蔚州靈丘縣東三十里。應說是也」。

又「取之」句下闕注文（二四四—一八九上）。宋刊本作「杜預曰。樂平治縣有昔陽城」。

又後文「田單將趙師而攻燕中陽」句下注文「正義。燕無中陽」（二四四—一九〇下）上有闕文。宋刊本作「徐廣曰。一作人」。

又後文「而秦攻西周。拔之。徒父祺出」句下注文「

索隱。徒父。趙大夫。名祺」（二四四—一九二上）。下有闕文。宋刊本作「正義曰。趙見秦拔西周。故令徒父祺將兵出境也」。

又後文「八年十月。邯鄲爲秦」句（二四四—一九四上）。下闕注文。宋刊本作「淮南子曰。趙王遷流於房陵。思故鄉。作爲山木之謳。聞之者莫不流涕」。

卷四十四　魏世家十四

四庫本「二年。城安邑王垣」句下注文「索隱。紀年十一年」（二四四—二〇一下）上有闕文。宋刊本作「徐廣曰。垣縣有王屋山也」。

又後文「六年。予秦河東地方四百里。芒卯以詐重」句下闕注文（二四四—二〇五下）。宋刊本作「索隱曰。言卯以智詐見重於魏」。

又後文「兵到大梁去」句下闕注文（二四四—二〇六上）。宋刊本作「徐廣曰。十四年大水」。

又後文「魏人有唐雎者。年九十餘矣」句下闕注文（

二四四—二〇七上）。宋刊本作「索隱曰。按雎字七余反」。

又後文「異日者秦在河西。晉國去梁千里」句下注文「集解。徐廣曰。魏國之界千里」（二四四—二〇九上）下有闕文。宋刊本作「又云。河南縣。縣有注城」。

卷四十五　韓世家十五

四庫本首句「其後苗裔事晉。得封於韓原」句下注文「故古韓國也」（二四四—二一二下）下有闕文。宋刊本作「古今地名云。韓武子食采於韓原地城也」。

又後文「楚王聽入質子於韓」句下注文「求蟣虱入於韓。楚不聽。當云。楚王不聽。入質子於韓。承前脫不字耳。」（二四四—二一七上）。宋刊本作「求蟣虱入於韓。楚不聽。公叔伯嬰知秦楚不以蟣虱爲事。必以韓合於秦楚。楚王聽。入質子相韓。當云。楚王不聽。入質子於韓。承前脫不字耳。次下云。知秦楚不以蟣虱爲事。重明脫不字」。

卷四十七　孔子世家十七

四庫本「孔子狀類陽虎。拘焉五日。顏淵後」句下闕注文（二四四—二四〇上）。宋刊本作「孔安國曰。言與孔子相失。故在後也」。

卷五十四　曹相國世家二十四

四庫本「擊王離軍成陽南」句下注文「雷澤縣是」（二四四—二九一上）下有闕文。宋刊本作「史記云。武王封弟季載於成。其後遷於成之陽。故曰成陽也」。

又後文「圍趙賁開封城中。西擊秦將楊熊軍於曲遇。破之」句下注文「遇。牛凶反」（二四四—二九一上）下有闕文。宋刊本作「正義曰。曲。丘羽反。遇。牛泰反」。

卷五十五　留侯世家二十五

四庫本「良曰。沛公誠欲倍項羽邪。公曰鯫生」句下

注文「索隱。鯫謂小魚也」。上闕注文（二四四—二九八上）。宋刊本作「徐廣曰。呂靜曰。鯫。魚也。音此垢反」。

又後文「此所謂金城千里天府之國也」句下注文「言秦有四塞之國如金城也」（二四四—三〇一上）下有闕文。宋刊本作「故淮南子云。雖金城。非粟不守」。

卷五十七　絳侯周勃世家二十七

四庫本「獄吏乃書牘背示之」句下注文「集解。李奇曰。吏所執簿」（二四四—三一六上）下有闕文。宋刊本作「韋昭曰。牘版」。

卷六十　三王世家二十九

四庫本「誡燕王以無作怨。無俷德」句下闕注文（二四四—三四〇上）。宋刊本作「索隱曰。本亦作肥。案上策云。作菲德。下云。勿使王背德也。則肥當音扶味反。亦音匪」。

卷六十七　仲尼弟子列傳七

四庫本「吳晉爭彊。晉人擊」句（二四四—三八三下）。宋刊本作「吳晉爭彊。晉人擊之」。

卷七十一　樗里子甘茂列傳十一

四庫本「名曰縣。其實郡也。今王倍數險行。千里攻之難」句下注文有闕（二四四—四三五下）。宋刊本作「索隱曰。數。音率庾反」。

又後文「昔曾參之處費」句下闕注文（二四四—四三五下）。宋刊本作「音祕」。

又後文「願送甘茂於秦。楚王問於范蜎」句下注文「一作蝝字」（二四四—四三八上）下有闕文。宋刊本作「正義曰。許緣反」。

又後文「而內行章義之難」句下注文「索隱。召滑內心猜詐」（二四四—四三八下）上有闕文。宋刊本作「徐廣曰。一云內句章昧之難」。

卷七十三　白起王翦列傳十三

四庫本「秦王聞趙食道絕。王自之河內」句下闕注文（二四四—四四七上）。宋刊本作「正義曰。時已屬秦。故發其兵」。

卷七十九　范雎蔡澤列傳十七

四庫本「譬如木之有蠹也」句下闕注文（二四四—四九〇下）。宋刊本作「正義曰。音妒。石桂蟲」。

又後文「蔡澤者。燕人也。游學干諸侯」句下闕注文（二四四—四九四下）。宋刊本作「正義曰。不待禮曰干」。

卷八十　樂毅列傳二十

四庫本「中山復國。至趙武靈王時復滅中山」句下闕注文（二四四—五〇〇上）。宋刊本作「索隱曰。中山。魏雖滅之。尚不絕祀。故後更復國。至趙武靈王又滅之也」。

卷八十一　廉頗藺相如列傳二十一

四庫本「燕割五城請和。乃聽之。趙以尉文」句下闕注文（二四四—五一一上）。宋刊本作「徐廣曰。邑名也」。

卷八十四　屈原賈生列傳二十四

四庫本「卒使上官大夫短屈原於頃襄王。頃襄王怒而遷之」句下闕注文（二四四—五三一下）。宋刊本作「離騷序曰。遷於江南」。

又後文「予去何之。吉乎告我。凶言其菑」句下闕注文（二四四—五三五下）。宋刊本作「正義。音災

」。

卷八十五　呂不韋列傳二十五

四庫本「與長子及諸子旦暮在前者爭爲太子矣」句下注文「索隱。幾音冀。幾望也」（二四四—五四一下）下有闕文。宋刊本作「左傳曰。日月以幾」。

又後文「莊襄王所養母華陽后爲華陽太后」句下闕注文（二四四—五四二下）。宋刊本作「索隱曰。劉氏本作所生母。生。衍字。今檢諸本。並無生字也」。

卷八十六　刺客列傳二十六

四庫本「聶政曰。臣所以降志辱身」句下闕注文（二四四—五四九上）。宋刊本作「索隱曰。言其心志與身本應高絜。今乃卑下其志。屈辱其身。論語孔子謂柳下惠降志辱身是也」。

又後文「嚴仲子乃察舉吾弟困汚之中」句下闕注文（二四四—五五〇下）。宋刊本作「索隱曰。案。察謂觀察。有志行乃舉之。劉氏云。察猶選也」。

卷八十七　李斯列傳二十七

四庫本「彊公室。杜私門。蠶食諸侯。使秦成帝業」句下闕注文（二四四—五六一上）。宋刊本作「索隱曰。高誘注淮南云。蠶食盡無餘也」。

卷八十八　蒙恬列傳二十八

四庫本「外黃富人女甚美。嫁庸奴。亡其夫」句下闕注文（二四四—五七七下）。宋刊本作「徐廣曰。一云其夫亡也」。

卷九十二　淮陰侯列傳三十二

四庫本「信釣於城下」句下注文「正義。淮陰城北臨淮水」（二四四—五九六上）下有闕文。宋刊本作「昔信去。下鄉而釣於此」。

又後文「母怒曰。大丈夫不能自食」句下闕注文（二四四—五九六上）。宋刊本作「正義。音寺」。

又後文「令其裨將傳飧」句下闕注文（二四四—五九九下）。宋刊本作「徐廣曰。音飧也。索隱曰。如淳

曰小飯曰飧。謂立駐傳飧。待破趙及大食也。」又其後文「今日破趙會食」句下注文「集解。如淳曰。小飯曰飧。言破趙後乃當共飽食也」（二四四—五九九上）。其上有闕文。宋刊本作「服虔曰。立駐傳飧食也」。

卷九十三　韓信盧綰列傳三十三

四庫本「無功不遣就國。更以爲列侯」句下注文「封爲穰侯」（二四四—六〇八上）下有闕文。宋刊本作「索隱曰。地理志。穰縣屬南陽」。

卷九十四　田儋列傳三十四

四庫本「田既軍於膠東。楚龍且救齊」句有闕文（二四四—六一五下）。宋刊本作「田既軍於膠東。楚使龍且救齊」。

卷一百三　萬石張叔列傳四十三

四庫本「乃許子孫勝冠者在側。雖燕居必冠」句下闕注文（二四四—六七六上）。宋刊本作「索隱曰。燕

居謂閒燕之時。燕。安也」。

卷一百四　田叔列傳四十四

四庫本「令司直田仁主。閉守城門」句下闕注文（二四四—六八二下）。宋刊本作「漢書百官表曰。武帝元狩五年初置司直。秩比二千石。掌佐丞相。舉不法」。

卷一百五　扁鵲倉公列傳四十五

四庫本「扁鵲已逃去。桓侯遂死」句下闕注文（二四

四—六九〇上）。宋刊本作「傳玄曰。是時。齊無桓侯。騶謂是齊侯田和之子桓公午也」。

又後文「事之久矣。見事數師」句下闕注文（二四四—六九九下）。宋刊本作「正義曰。上。色庚反」。

卷一百六　吳王濞列傳四十六

四庫本「國用富饒」句下闕注文（二四四—七〇六下）。宋刊本作「如淳曰。鑄錢煮鹽。收其利以足國用。故無賦於民」。

卷一百十　匈奴列傳五十

四庫本「諸大臣皆世官。呼衍氏」句下闕注文（二四四—七四二下）。宋刊本作「呼衍氏。須卜氏常與單于婚姻」。

卷一百十一　衛將軍驃騎列傳五十一

四庫本「大將軍衛青者。平陽人也」句下闕注文（二四四—七五七上）。宋刊本作「正義曰。漢書云。其父鄭季。河東平陽人。以縣吏給事平陽侯之家也」。

卷一百十七　司馬相如列傳五十七

四庫本「其北則有陰林巨樹」句下闕注文（二四四—八〇二上）。宋刊本作「郭璞曰。林在山北陰地」。

又其後文「非爲財幣。所以述職也」句下闕注文（二四四—八〇五上）。宋刊本作「郭璞曰。諸侯朝於天子曰述職。言述所職。見孟子」。

又其後文「非爲守禦。所以禁淫也」句下闕注文（二四四—八〇五上）。宋刊本作「郭璞曰。禁絕淫放也」。

卷一百二十八　龜策列傳六十八

四庫本「四月　首仰」句下注文「正義謂兆首仰起」（二四四—九二〇上）上有闕文。宋刊本作「索隱曰。音魚兩反」。

卷一百二十九　貨殖列傳六十九

四庫本「殷人都河內」句下闕注文（二四四—九三二上）。宋刊本作「正義曰。盤庚都殷墟。地屬河內」。

又後文「周人都河南」句下闕注文（二四四—九三二上）。宋刊本作「正義曰。周自平王已下都洛陽」。

卷一百三十　太史公自序七十

「戹困鄱」句下闕注文（二四四—九四六下）。宋刊本作「正義曰。括地志云。徐州滕縣。漢蕃縣。音翻。漢末陳蕃子逸爲魯相。改音皮。田褒魯記曰。靈帝汝南子游爲魯相。陳蕃子也。國人爲諱而改焉」。

前漢書一二〇卷

漢班固撰　唐顏師古注

以北宋景祐刊本校補

卷一上　高帝紀一上

四庫本「十二月。楚王陳涉爲其御莊賈所殺」句（二四九—三二下）。北宋刊本作「十二月。楚王陳涉爲其御所殺」。

又後文「正月。張耳等立趙後趙歇爲趙王」句下注文

「蘇氏曰」（二四九—三三上）。北宋刊本作「鄭氏曰」。

又後文「陽尊懷王爲義帝。實不用其命。羽自立爲西楚霸王」句（二四九—三九下）。北宋刊本作「陽尊懷王爲義帝。實不用其命。二年。羽自立爲西楚霸王」。

卷四　文帝紀四

四庫本「遷蜀。嚴道死」句（二四九—八七上）有闕

文。北宋刊本作「遷蜀。嚴道死雍」。

卷十三　異姓諸侯王表一

四庫本「五載而成帝業」句下闕注文（二四九—一八五上）。北宋刊本作「師古曰。繇。讀與由同。任用也。事也」。

卷十五上　王子侯表三上

四庫本「阜陵侯安」欄下「齊悼惠王子」（二四九—二一三上）。北宋刊本作「淮南厲王子」。

卷十六　高惠高后文功臣表四

舞陽武侯樊噲曾孫欄。四庫本闕注文（二四九—二七九上）。北宋刊本作「師古曰。不更爵名。勝客其人名」。

又其後。汁防肅侯雍齒玄孫欄。四庫本闕（二四九—二八一下）。北宋刊本作「元康四年。玄孫長安上造章紹復家」。

又其後。平定敬侯齊受曾孫欄。四庫本於「八年薨」下有闕文（二四九—三〇四下）。北宋刊本作「十四年」。

卷十九上　百官公卿表七上

四庫本「漢因循而不革。明簡易」句下闕注文（二四九—三五一上）。北宋刊本作「革。改也」。

卷二十　古今人表八

四庫本「傳曰。譬如堯舜禹稷卨與之爲善則行」句下闕注文（二四九—四〇三上）。北宋刊本作「師古曰

。傳謂解說經義者也」。

卷二十一上　律曆志一上

四庫本「所以量多少也」句下闕注文（二四九—四五四上）。北宋刊本作「師古曰。量音。力張反」。

又其後「合龠爲合」句（二四九—四五四上）。北宋刊本作「十龠爲合」。

又其後文「至於成著可殊異也」句下闕注文（二四九—四五五上）。北宋刊本作「師古曰。繇。讀與由同

。由。從也」。
又其後文「百工繇焉。以定法式」句下闕注文（二四九—四五五下）。北宋刊本作「師古曰。繇。讀與由同。由。用也」。
又其後文「輔弼執玉以翼天子」句下闕注文（二四九—四五五下）。北宋刊本作「師古曰。翼。助也」。
又其後文「土稼嗇蕃息」句下闕注文（二四九—四五六上）。北宋刊本作「師古曰。蕃。多也。息。生也

。蕃。音扶元反」。
又其後文「天之歷數在爾躬。舜亦以命禹」句下闕注文（二四九—四五七上）。北宋刊本作「師古曰。事見論語堯曰篇」。
又其後文「疇人子弟分散」句下如淳注。上有闕文（二四九—四五七上）。北宋刊本作「李奇曰。同類之人。俱明曆者也。」如淳注之下。四庫本亦闕師古注。北宋刊本作「師古曰。如說是也」。

又其後文「巴郡落下閎與焉」句下注文「凡二人」（二四九—四五八）下有闕文。北宋刊本作「言三人。非也。與讀曰豫」。
又其後文「律長九寸百七十一分而終復」句下闕注文（二四九—四五八下）。北宋刊本作「師古曰。復音扶目反」。

卷二十四下　食貨志四下

四庫本「義縱。尹齊。王溫舒等用急刻爲九卿」句（二四九—五五四上）有闕文。北宋刊本作「義縱。尹

齊。王溫舒等用慘急苛刻爲九卿」。

卷三十一　陳勝項籍傳一

四庫本「諸侯軍人人惴恐」句下闕注文（二五〇—一〇上）。北宋刊本作「服虔曰。惴音章瑞反」。
又其後文「何以得顓主約」句下闕注文（二五〇—一二上）。北宋刊本作「師古曰。顓與專同」。
又後文「伏屍百萬。流血漂鹵」句下注文「言殺人多

也」（二五〇—一七下）。下有闕文。北宋刊本作「漂音匹遙反」。

卷三十二張耳陳餘傳二

四庫本「且陳王聽讒還報。恐不得脫於禍」句下闕注文（二五〇—二四上）。北宋刊本作「師古曰。脫。免也。音土活反」。

又其後文「且先王亡國。賴皇帝得復國」句下闕注文（二五〇—二七上）。北宋刊本作「師古曰。復音房目反」。

卷三十六　楚元王傳六

「幾者。動之微。吉凶之先見者也」句下闕注文（二五〇—六八下）。北宋刊本作「師古曰。見音胡電反」。

又其後文「若其無知。又安用大謀」句下闕注文（二五〇—八三下）。北宋刊本作「師古曰。安。焉也」。

又其後文「歆數以難向。向不能非間也」句下闕注文（二五〇—八八下）。北宋刊本作「師古曰。見音居莧反」。

又其後文「哀哉。指明梓柱。以推廢興。昭矣」句下闕注文（二五〇—九一上）。北宋刊本作「師古曰。昭然明白」。

卷四十　張陳王周傳十

四庫本「德義已行。南面稱伯」句下闕注文（二五〇—一二〇下）。北宋刊本作「師古曰。伯讀曰霸」。

卷四十九　爰盎鼂錯傳十九

四庫本「其父睹之。經於溝瀆」句下闕注文（二五〇—二四八上）。北宋刊本作「師古曰。論語稱孔子曰。豈若匹夫匹婦之爲諒也。自經於溝瀆。人莫知之。故贊引之云」。

卷五十一　賈鄒枚路傳二十一

四庫本「三年。爲王使。與冗從爭」句下注文有闕（

二五〇—二七六上）。北宋刊本作「冗音人勇反」。

卷五十四　李廣蘇建傳二十四

四庫本「上以爲能當戶蚤死」句（二五〇—三一四下）。下闕注文。北宋刊本作「師古曰。蚤。古早字」。

卷五十五　衛青霍去病傳二十五

四庫本「鷹擊司馬破奴」句（二五〇—三三一上）。北宋刊本作「鷹擊將軍破奴」。

卷九十七上　外戚傳六十七上

四庫本「自古受命帝王及繼體守文之君」句（二五一—二七〇下）。下闕注文。北宋刊本作「師古曰。繼體謂嗣位也。守文言遵成法不用武功也」。

又後文「夏之興也以塗山」句（二五一—二七〇下）。下闕注文。北宋刊本作「師古曰。禹娶塗山氏之女而生啓也」。

又後文「桀之放也用末喜」句（二五一—二七〇下）。下闕注文。北宋刊本作「師古曰。末喜。桀之妃。有施氏女也。美於色。薄於德。女子行丈夫心。桀常置末喜於膝上。聽用其言。昏亂失道。於是湯伐之。遂放桀與末喜。死於南巢」。

又後文「殷之興也。以有娀及有㜪」句（二五一—二七〇下）。下闕注文。北宋刊本作「師古曰。有娀。國名。其女簡狄吞燕卵而生卨。爲殷始祖。有㜪氏女。湯妃也。娀。音嵩。㜪。音詵」。

又後文「而紂之滅也。嬖妲己」句（二五一—二七〇下）。下闕注文。北宋刊本作「師古曰。妲己。紂之妃。有蘇氏女也。美好辯辭。興於姦宄。嬖幸於紂。紂用其言。毒虐衆庶。於是武王伐紂。戰於牧野。紂師倒戈。不爲之戰。武王克殷。致天之罰。斬妲己頭。縣之於小白旗。以爲紂之亡者。由此女也」。

又後文「周之興也。以姜嫄及大任。大姒」句（二五一—二七〇下）。下闕注文。北宋刊本作「師古曰。

姜嫄。有邰氏之女。帝嚳之妃也。履大人跡而生后稷。爲周始祖。大任。文王母。大姒。武王母也。嫄。音原」。
又後文「而幽王之禽也。淫褒姒」句（二五一—二七○下）。下闕注文。北宋刊本作「師古曰。謂黜申后而致犬戎。舉僞烽而諸侯莫救也」。
又後文「故易基乾坤。詩首關雎」句（二五一—二七○下）。下闕注文。北宋刊本作「師古曰。基亦始

」。
又後文「書美釐降」句（二五一—二七○下）。下闕注文。北宋刊本作「師古曰。釐。理也。尙書堯典稱舜之美云。釐降二女于嬀汭。言堯欲觀舜治跡。以己二女妻之。舜能以治。降下二女以成其德」。
又後文「春秋譏不親迎」句（二五一—二七○下）。下闕注文。北宋刊本作「師古曰。春秋公羊經。隱二年。紀履須來逆女。傳曰。外逆女不書。此何以書。

譏也。何譏爾。始不親迎也」。
又後文「人能弘道。末如命何」句（二五一—二七○下）。下闕注文。北宋刊本作「師古曰。末。無也。論語載孔子曰。人能弘道。非道弘人。又稱子路曰。道之將興。命也。道之將廢。命也。公伯寮如命何。故引之」。
又後文「孔子罕言命。蓋難言之」句（二五一—二七○下）。下闕注文。北宋刊本作「師古曰。論語曰。

子罕言利與命與仁。罕者希也」。
又後文「非通幽明之變。惡能識乎性命」句（二五一—二七一上）。下闕注文。北宋刊本作「師古曰。惡音烏。謂於。何也。論語稱子貢曰。夫子之文章可得而聞也。夫子之言性與天道不可得而聞也已矣。謂孔子不言性命及天道。而學者誤讀。謂孔子之言自然與天道合。非唯失於文句。實乃大乖意旨」。

班馬異同三五卷

宋倪　思編

以明嘉靖十六年李元陽福建刊本校補

卷一

四庫本「元年四月。諸侯罷戲下各就國」句下闕小注（二五一—四四二下）。明刊本作「連下文。田榮聞羽徒齊王市膠東」。

又其後文「漢敗楚。楚以故不能過滎陽而西」句下闕小注（二五一—四四三上）。明刊本作「連下文。漢軍滎陽」。

又其後文「故漢王亦得與數十騎從西門去」句下闕注文。明刊本作「連下文。令周苛樅公」。

又其後文「擊楚軍至固陵」句下注文闕一句（二五一—四四六上）。明刊本作「連下文。及劉賈入楚地」。

卷十九

四庫本「盎時家居。詔召入見」句下注文「連下。上問以吳楚之計」句（二五一—五七上）。明刊本作「此下至唯上孰計之。漢書入鼂錯傳」。

後漢書一二〇卷

南朝宋范　曄撰　唐李　賢注

以宋紹興刊本校補

卷一上　光武帝紀一上

四庫本「安輯青徐二州。招張步降之」句下闕注文（二五二—四三上）。宋刊本作「爾雅曰。輯。和也。音集」。

卷四十五　李王鄧來列傳五

四庫本李通傳「論曰。子曰。富與貴是人之所欲。不以其道得之。不處也」句下闕小注（二五二—五一〇下）。宋刊本作「論語之文」。

卷四十八　吳蓋陳臧列傳八

四庫本臧宮傳「孔子曰。吾恐季孫之憂不在顓臾」句下闕注文（二五二—五六四上）。宋刊本作「顓臾。魯附庸之國。魯卿季氏貪其土地。欲伐而兼之。時孔子弟子冉有仕於季氏。孔子責之。冉有曰。今夫顓臾固而近季氏之邑。今不取。恐為子孫之憂。孔子曰。吾恐季孫之憂不在顓臾。而在蕭牆之內也」。

卷五十三　竇融列傳十三

四庫本論曰「是以下流君子所甚惡焉」句下闕注文（二五二—六二一下）。宋刊本作「論語曰。紂之不善不如是之甚也。是以君子惡居下流。天下之惡皆歸焉」。

卷九十四　吳延史盧趙列傳五十四

四庫本史弼傳論曰「而其後不大」句下注文「不大謂子孫衰替」下有闕文（二五三—三二三下）。宋刊本作「左傳晉卜偃曰。畢萬之後必大」。

卷九十六　陳王列傳五十六

四庫本陳蕃傳「所謂祿去公室。政在大夫」句下闕注文（二五三—三五〇上）。宋刊本作「論語孔子之言也」。

卷一百六　循吏列傳六十六

四庫本孟嘗傳「于公一言。甘澤時降」句下闕注文（二五三—四八八上）。宋刊本作「解見霍諝傳也」。

三國志六五卷

晉陳　壽撰　南朝宋裴松之注

以宋紹熙刊本校補

卷十　魏志

四庫本「逆覺盡誅之。以功封列侯」句下注文「零陵先賢傳曰」（二五四—二〇〇下）。宋刊本作「荀氏家傳曰」。

卷十九　魏志

四庫本「植益內不自安」句下注文「密勅門不得出。以觀其所爲」（二五四—三五四下）。下有闕文。宋刊本作「而還。脩先戒植。若門不得出侯。侯觀其所爲」。

晉書一三〇卷

唐房玄齡等奉敕撰

以宋刊本校補

卷一　宣帝紀

四庫本「達與太守申儀有隙」句（二五五—二八下）。宋刊本作「達與魏興太守申儀有隙」。

又其後文「自西城斫山開道。水陸並進。泝沔而上。至於朐䏰」句（二五五—二九下）。宋刊本於「朐䏰」下有注文作「上音蠢。下如允反」。

卷三　武帝紀

四庫本「行鄉飲酒之禮。賜太常博士帛牛酒」句（二五五—五八下）。宋刊本「賜太常博士帛牛酒」作「賜太常博士學生帛牛酒」。

卷五　孝懷帝紀

四庫本「河東太守力戰死」句（二五五—八三上）。宋刊本作「河東太守路述力戰死」。

孝愍帝紀

四庫本「國勢如此。雖以中庸之主治之。辛有必見之於祭祀」句（二五五—九四上）。宋刊本作「國勢如此。雖以中庸之才。守文之主治之。辛有必見之於祭祀」。

卷十九　禮志上

四庫本「是時簡文爲撫軍。與尚書郎劉邵等奏四祖同居西祧藏主石室」句（二五五—三五五下）。宋刊本「撫軍」下多「將軍」二字。

卷二十五　輿服志

四庫本「次大農引從中道」句（二五五—四五三上）。宋刊本「大農」作「大司農」。

卷三十三　石苞傳

四庫本「良由馭者逐不及。反制之。可聽蹁轅則駃矣」句（二五五—六〇六下）。宋刊本「蹁」字下多「蒲田」二字。

卷四十五　劉毅傳

四庫本「雖年耆偏疾。而神明克壯。實臣州人士所思準繫」句（二五五—七七二下）。宋刊本於「繫」字下多「者矣」二字。

卷五十五　夏侯湛傳

四庫本「遠升鼎湖。近超太平」句（二五五—九〇七下）。宋刊本作「其遠則欲升鼎湖。近則欲超太平」。

卷七十四　桓彝傳

四庫本「紿曰。已前走矣。於是自後而退」句（二五六—二二四上）。宋刊本於「於是」上多「宗之」二字。

卷八十一　劉遐傳

四庫本「以功封泉陵公。遷散騎常侍。監淮北軍中郎將」句（二五六—三三九下）。宋刊本「監淮北軍中郎將」作「監淮北軍事北軍中郎將」。

卷九十四　郭文傳

四庫本「獵者時往寄宿。文夜爲擔水而無倦色」句（二五六—五二八上）。宋刊本「文夜爲擔水」作「夜。文爲擔手汲水」。

卷一百十二　苻健傳

四庫本「十年。溫率衆四萬趨長安。遣別將入淅川」句（二五六—七九三下）。宋刊本「遣別將入淅川」句作「遣別將從均口入淅川」。

苻生傳

四庫本「亡晉之餘。遠逃江。會天命去之。故尊先王。翻然改圖」句（二五六—七九六上）。宋刊本於「會天命去之」句下尙多「淪絕已久」四字。

卷一百十三　苻堅傳上

四庫本「雅進攻仇池。楊統帥武都之衆降於雅。纂將碩密降於雅」句（二五六—八〇八下）。宋刊本「纂將碩密降於雅」作「纂將楊他遣子碩密降於雅」。

卷一百二十二　呂隆傳

四庫本「天錫承七世之資。樹恩百載。武旅十萬盈朝」句（二五六—九一九上）。宋刊本「武旅十萬盈朝」作「武旅十萬。謀臣盈朝」。

南齊書五九卷

梁蕭子顯撰

以宋本校補

卷十五　州郡志下

四庫本新興郡後標注「此下闕文」（二五九—一七四下）。宋本如下

永寧郡

長寧　上黃

武寧郡

樂鄉　長林

巴州。三峽險隘。山蠻寇賊。宋泰始三年。議立三巴校尉以鎭之。後省。昇明二年復置。建元二年。分荊州巴東。建年。益州巴郡爲州。立刺史。而領巴東太守。又割涪陵郡屬。永明元年省。各還本屬焉。

巴東郡

魚復　朐䏰　南浦　聶陽

巴渠　新浦　漢豐

建平郡

巫　秭歸　北井　秦昌

沙渠　新鄉

巴郡

江洲　枳　墊江　臨江

涪陵郡

漢平　涪陵　漢玫

郢州。鎮夏口。舊要害也。吳置督將爲魯口屯。對魯山岸。因爲名也。晉永嘉中。荊州刺史都督山簡自襄陽避賊奔夏口。庾翼爲荊州。治夏口。並依地嶮也。泰元中。荊州刺史桓沖移鎮上明。上表言。氐賊送死之日。舊郢以北。壁相望。待以不戰。江州刺史桓嗣宜進屯夏口。據上下之中。於事爲便。義熙元年。冠軍將軍劉毅以爲夏口二州之中。地居形要。控接湘川。邊帶涢。沔。請幷州刺史劉道規鎮夏口。夏口城據

黃鵠磯。世傳仙人子安乘黃鵠過此上也。邊江峻險。樓櫓高危。瞰臨沔。漢。應接司部。宋孝武置州如此。以分荊楚之勢。領郡如左。

江夏郡

沙陽　蒲圻　灄陽　汝南

沌陽　惠懷

竟陵郡

竟陵　雲杜　霄城　萇壽

卷十六　百官志

四庫本「散騎常侍通宜散騎常侍員外」句（二五九—二〇〇上）。宋本其後多「散騎侍郎」。

卷三十四　虞玩之傳

四庫本「上省表許之。玩之好臧否」（二五九—三六〇上）。宋本作「上省玩之表。許之。玩之於人物好臧否」。

又其後文「朝廷無祖餞者。歸家起大宅。數年卒」句

（二五九—三六〇上）。宋本「歸家起大宅」作「玩之歸家起大宅」。

卷三十五　高祖十二王傳

武陵昭王傳

四庫本「母羅氏。從太祖在淮陰以罪誅。曄年四歲。思慕不異成人。故每見愛」句（二五九—三六七上）。宋本作「母羅氏。從太祖在淮陰以罪誅。故曄見愛」。

桂陽王傳

四庫本於「十年遷太常。常」句下標注「此下缺文」（二五九—三六九上）。宋本原文如下。

「侍如故。鑠清羸有冷疾。常枕臥。世祖臨視。賜床帳衾褥。隆昌元年。加前將軍。給油絡車。并給扶侍二人。海陵立。轉侍中。撫軍將軍。領兵置佐。鄱陽王見害。鑠遷中軍將軍開府。儀同三司。鑠不自安。至東府詣高宗還。謂左右曰。向錄公見接慇懃。流連不能已。而貌有慙色。此必欲殺我。三更中。兵至見害。時年二十五。

始興簡王鑑。字宣徹。太祖第十子也。初封廣興王。後國隨郡改名。永明二年。世祖始以鑑爲持節。都督益寧二州軍事。前將軍。益州刺史。廣漢什邡民段祖。以錞于獻鑑。古禮器也。高三尺六寸六分。圍二尺四寸。圓如筩。銅色黑如漆。甚薄。上有銅馬。以繩縣馬。令去地尺餘。灌之以水。又以器盛水於下。以

芒莖當心跪注錞于。以手振芒。則其聲如雷。清響良久乃絶。古所以節樂也。五年。鑑獻龍角一枚。長九尺三寸。色紅。有文。八年。進號安西將軍。明年。爲散騎常侍。秘書監。領石頭戍事。上以與鑑久別。車駕幸石頭宴會賞（賜）」。

宜都王傳

四庫本「時有盜發晉大司馬桓溫女塚。得金蠶銀繭及珪璧等物。鏗使長史蔡約自往修復。纖毫不犯」句（

二五九—三七〇下）。宋本作「時有盜發晉大司馬桓溫女塚。得金蠶銀繭及珪璧」。

又其後史臣曰。四庫本「曾不慮機能運衡。權可制衆。宗族殲滅一至於斯。曹植之言信之矣」句（二五九—三七一上）。宋本作「曾不慮機能運衡。寡以制衆。曹植之言信之矣」。

卷四十三　江斆傳

四庫本「父恁。著作郎。爲太子劭所殺」句（二五九

—四三七下）。宋本「太子劭」作「太祖」。

卷四十八　袁彖傳

四庫本「彖到郡。坐過用祿錢。免官付東冶」句（二五九—四七七上）。宋本「過」作「逆」。

卷五十　鄱陽王傳

四庫本「中興二年謀反。奔魏」句（二五九—四九四上）。宋本作「中興二年謀反誅」。

魏書一三〇卷

北齊魏　收奉敕撰

以宋蜀大字本校補

卷九十五　徒河慕容廆傳

四庫本「而歸釗單馬遁走。後稱臣於元眞。家於昌黎」句（二六二—三五五上）。宋蜀大字本於「後稱臣於元眞」後增「乃歸其父屍。又大破宇文闓地千里。徙其部民五萬餘」諸句。

卷一百六下　地形志二下

四庫本「襄城郡」（二六二—六六八上）。宋蜀大字本於其下增「方城翼陽」四字。又「北南陽郡。領縣二」句（二六二—六六八下）。宋蜀大字本於「領縣二」之下增注文「太和十二年置郢州。十八年爲南中府。天平初。罷府置後」等字。

四庫補正　# 隋書八十五卷

唐魏　徵等奉敕撰

以元大德刊本校補

卷十　禮儀志五

四庫本卷末止於「安車。金飾。紫通幰。朱裡。駕四馬。臨幸及弔則供之」句（二六四—一四五下）。元大德刊本於其後尚有以下文字

輦車。金飾。同於蓬輦。通幰。斑輪。駕用四馬。宮

苑近行則乘之。

皇后屬車三十六乘。初宇文愷。閻毗奏定。請減乘輿之半。禮部侍郎許善心奏駁曰。謹案周禮。后備六服。並設五輅。采章之數並與王同。屬車之制不應獨異。又宋孝建時。議定輿輦。天子屬車十有二乘。至大明元年九月。有司奏皇后副車。未有定式。詔下禮官。議正其數。博士王燮之議。鄭玄云。后象王立六宮。亦正寢一而燕寢五。推其所立。每與王同。謂十二乘通關爲允。宋帝從之。遂爲後式。今請依乘輿。不須差降。制曰可。

三妃乘翟車。以赤爲質。駕二馬。九嬪已下並乘犢車。青幰。朱絡網。

皇太子妃乘翟車。以赤爲質。駕三馬。畫轅金飾。犢車爲副。紫幰。朱絡網。良娣已下。並乘犢車。青幰。朱裡。

三公夫人。公主。王妃。並犢車。紫幰。朱網絡。五

品已上命婦。並乘青幰。與其夫同。

四庫補正

舊唐書二〇〇卷

後晉劉　昫等奉敕撰

以宋刊本校補

卷二十九　音樂志二

四庫本「漢樂歌云。高張四縣。神來讌饗。謂宮縣也。制氏在太樂。能記鏗鏘鼓舞。河間。高廟撞千石之鐘十枚」句中有缺文（二六八—七一六下）。宋刊本作「漢樂歌云。高張四縣。神來讌饗。謂宮縣也。制

氏在太樂。能記鏗鏘鼓舞。河間王著樂記。八佾之舞與制氏不甚相遠。又舞八佾之明文也。漢儀云。高廟撞千石之鐘十枚」。又後文。四庫本「唐禮。天子朝廟用三十六架。高宗成蓬萊宮。充庭七十二架。同舞八佾」句中有缺文（二六八—七一七上）。宋刊本作「唐禮。天子朝廟用三十六架。高宗成蓬萊宮。充庭七十二架。武后遷都。乃省之。皇后廟及郊祭並二十架。同舞八佾」。

卷三十七　五行志

四庫本「四月洛水泛溢。壞天津橋。漂流居人廬舍。溺死者數千人。三年。滄州雨雹大如鷄卵」句中有缺文（二六八—八六六上—下）。宋刊本作「四月洛水泛溢。壞天津橋。漂流居人廬舍。溺死者數千人。三年夏。山東。河北二十餘州大旱。饑饉死者二千餘人。景龍二年正日。滄州雨雹大如鷄卵」。又其後文。四庫本「二十一日。同州損郭邑及市。毀馮翊縣。八月八日。沔池六十三州大水。損禾稼居人廬舍。河北

尤甚」句中有缺文（二六八—八六七上）。宋刊本作「二十一日。同州損郭邑及市。毀馮翊縣。八月八日。沔池縣夜有暴雨。澗水穀水漲合。毀郭邑百餘家。及普門佛寺。是歲。天下六十三州大水。損禾稼居人廬舍。河北尤甚」。

卷四十一　地理志四

四庫本「舊有君長曰雄王。其佐曰雄侯。後蜀王將兵

三萬討雄王。滅之」句中有缺文（二六九—一九〇上
）。宋刊本作「舊有君長曰雄王。甚佐曰雄侯。以其
田雄田。後蜀王之將兵三萬討雄王。滅之」。

卷四十四 職官志三

四庫本「掖廷局令二人。丞三人。宮教博士二人。監
作四人。計史二人。書令史八人」句中有缺文（二六
九—二五四上）。宋刊本作「監作四人」下尚多「令
史四人」。

又其後。四庫本太常寺「卿一員」下注文「正三品。
梁置十二卿。太常卿爲一。周隋品第三」句中有缺文
（二六九—二五五上）。宋刊本作「正三品。古曰太
常奉常。梁加寺字。置十二卿。太常卿爲一。周隋品
第三」。

又其後。衛尉寺「卿一員」下注文。四庫本「從三品
」（二六九—二五九下）。宋刊本作「從三品。古曰
衛尉。梁加卿字。隋品第二。龍朔改爲司衛正卿。咸
亨復衛尉卿也」。

又其後鴻臚寺。四庫本「卿一員」下小注「從三品」
（二六九—二六二下）。宋刊本作「從三品。周曰大
行人中大夫。秦曰典客。漢曰大鴻臚。梁加卿字。後
周曰賓部中大夫。隋官從三品。龍朔爲同文正卿。光
宅曰司賓」。

又其後。四庫本「凡酋渠首領朝見者。皆館供之。如
疾病死喪量事給之」句（二六九—二六三上）。宋刊
本於句下尚有「還蕃則佐其辭謝之節」。

又其後。四庫本「司農寺」下注文「漢初治粟內史。
景帝改爲大農。武帝加寺字。隋爲司農卿」句中有缺
文（二六九—二六三上）。宋刊本作「漢初置粟內史
。景帝改爲大農。武帝加司字。梁置十二卿以署爲寺
。以官爲卿。隋司農卿從三品」。

又其後。四庫本太府寺「卿一員」注文「從三品。即
後周太府中大夫」句中有缺文（二六九—二六五上）

。宋刊本作「從三品。梁置。後周曰太府中大夫。隋爲太府卿。品第三。龍朔改爲外府正卿。光宅爲司府卿。神龍復也」。

又其後。四庫本「算學博士二人……亦兼習之」句（二六九—二六七上）。宋刊本於其下尚有「學生三十人典學文」。

又其後。四庫本「百工等監掌採伐林木」句（二六九—二六九下）。宋刊本於其下尚有「取之有時。用之

有節」。

卷五十七 列傳七

四庫本「裴寂」下無小注（二六九—四九九上）。宋刊本作「子律師。律師子承先」。

卷五十八 列傳八

四庫本「唐儉」「劉弘基」下未附注文（二六九—五一一下）。宋刊本唐儉下作「子觀。觀子從心。從心子晙」。「劉弘基」下作「子仁實」。

卷五十九 列傳九

四庫本「李襲志」注文「弟襲譽」（二六九—五二〇下）。宋刊本作「弟襲譽。子懷儼」。

卷六十 列傳十

四庫本「長平王叔良 襄武王琛 河間王孝恭」句後有缺文（二六九—五三四上）。宋刊本作「漢陽王瓌」注文「附河間王」。

卷六十二 列傳十二

四庫本「鄭善果」注文「從兄元璹」。「楊恭仁」注文「子思訓。思訓孫睿交。恭仁從孫執柔。恭仁少弟師道」。「皇甫無逸」下無注文（二六九—五五五下）。宋刊本「鄭善果」注文作「從弟元璹」。「楊恭仁」注文作「恭仁子思訓。思訓孫睿交。恭仁弟續。續孫執柔。執柔子滔。執柔弟執一。恭仁少弟師道」。「皇甫無逸」注文作「孫忠」。

卷九十一 列傳四十一

四庫本「桓彥範 敬暉 崔玄暐 張柬之 袁恕己」。未言其子孫（二七〇—九一上）。宋刊本則「敬暉」注文作「曾孫元膺」。「崔玄暐」注文「弟昇暐」。「張柬之」注文「子漪。玄孫璟」。「袁恕己」注文「曾孫德元」。

卷一百二 列傳五十二

四庫本吳兢傳「累遷台。洪。饒。蘄四州刺史。加銀青光祿大夫。遷相州長垣縣子」句（二七〇—二五三

下）。宋刊本「遷相州長垣縣子」作「遷相州長史封襄垣縣子」。

卷一百三 列傳五十三

四庫本郭知運傳「詔知運領朔方兵幕橫擊之。大破賊衆於黑山。呼延谷賊捨甲仗走」句（二七〇—二五九上）。宋刊本「呼延谷賊捨甲仗走」作「呼延谷賊捨甲仗並棄知運走」。

又其後王君㚟傳。四庫本「以戰功累除右衛副率。及知運爲河西隴右節度使」句（二七〇—二五九下）。宋刊本作「以戰功累除右衛副率。及知運卒。遂代知運爲河西隴右節度使」。

卷一百四 列傳五十四

四庫本封常清傳「靈詧使仙芝以兵。北至綾嶺下」句（二七〇—二七〇下）。宋刊本作「靈詧使仙芝以二千騎自副城向北至綾嶺下」。

卷一百一九 列傳六十九

四庫本楊綰傳「然則文與忠敬皆統人之行也。且夫述行美極人文。人文興則忠敬存焉」句（二七〇—四一四上）。宋刊本作「然則文與忠敬皆統人之行也。且謚號述行。行美極文。文興則忠敬存焉」。

卷一百六十四

四庫本「列傳卷一百十四」「李絳」「楊於陵」下皆無注文（二七一—一一六下）。宋刊本「李絳」注文作「絳子璋項」。「楊於陵」注文作「子景復。嗣復

。紹復。師復」

卷一百七十六

四庫本列傳第一百二十六「楊虞卿」注文「弟漢公從兄汝士」（二七一—二九〇下）。宋刊本注文作「弟漢公。虞卿從兄汝士。汝士弟魯士。汝士子知溫。知遠。知權附」。

卷一百七十八

四庫本「列傳第一百二十八」「李蔚」「鄭畋」皆未附注文（二七一—三三五下）。宋刊本「李蔚」注文作「蔚子渥。洵澤」。「鄭畋」注文作「畋子凝績。盧携附」。

卷一百七十九

四庫本「列傳第一百二十九」「蕭遘」「孔緯」「徐彥若」「柳璨」皆未附注文（二七一—三五一下）。宋刊本「蕭遘」注文作「弟蘧」。「孔緯」注文作「子崇弼」。「徐彥若」注文作「父商。弟彥樞。子綰」。「柳璨」注文作「弟瑊。瑀」。

卷一百八十五下　列傳一百三十五下

四庫本袁滋傳「拜檢校吏部尚書平章事。劍南西川節度使。百姓立生祠禱之」句中有缺文（二七一—四六六上）。宋刊本作「行及中路。拜檢校吏部尚書平章事。劍南西川節度使。賊兵方熾。滋懼而不進。貶吉州刺使。俄拜義成軍節度使。百姓立生祠禱之」。

卷一百八十八　列傳一百三十八

四庫本李日知傳「因以兩狀列上。日知果直」句（二七一—五二三下）。宋刊本於句下尚有「端明其事」四字。

卷一百九十下　列傳一百四十下

四庫本李白傳「天寶初。客遊會稽。與道士吳筠隱於剡中。既嗜酒。日與飲徒醉於酒肆」句中有缺文（二七一—五九九上）。宋刊本作「天寶初。客遊會稽。與道士吳筠隱於剡中。既而玄宗詔筠赴京師。筠薦之

於朝。遣使詔之。與筠俱待詔翰林。白既嗜酒。日與
飲徒醉酒肆」。

卷一百九十六上　列傳一百四十六上

四庫本「因下馬再拜以謝天。延壽等膝行前拜」句中有缺文（二七一—七七三下）。宋刊本作「因下馬再拜以謝天。延壽惠眞率十五萬六千八百人請降太宗。引入轅門。延壽膝行而拜」。

卷一百九十九下　列傳一百四十九下

四庫本渤海靺鞨傳「大歷二年至十年正月。遣使獻日本國舞女一十一人及方物」句中有缺文（二七一—七九七下）。宋刊本作「大歷二年至十年。或頻遣使來朝。或間歲而至。或歲月二三至者。十二年正月。遣使獻日本國舞女一十一人及方物」。

新唐書二二五卷

宋歐陽修　宋　祁等奉敕撰

以北宋嘉祐刊本校補

卷三十八　地理志

四庫本陝州陝郡「夏」之下尙闕一地名（二七二—五六三下）。宋刊本作「芮城。望武德二年。以芮城河北。永樂置芮州。貞觀元年州廢。以永樂隸鼎州。芮城河北來屬」。

卷六十一　宰相表上

四庫本貞觀四年欄「八月甲寅靖爲尙書右僕射」條前有闕（二七三—一二一下）。宋刊本作「七月癸酉。瑀罷爲太子少傅」。

卷一百二十三　列傳第四十八　李蕭盧韋趙和

四庫本卷末闕贊文（二七四—五五七上）。宋刊本作「贊曰。異哉。玄宗之器蕭至忠也。不亦惑乎。至忠本非賢。而寄賢以奸。利失之則邀利以喪賢。婣艷后

。挾寵主。取宰相。謀間王室。身誅家破。遺臭無窮。而帝以乾曜似之。使當國。是帝舉不知至忠之不可用人。不知乾曜之所可用也。或稱帝不以罪掩才。益可怪嘆。嗚呼。力士誠腐夫庸人。不能發擿天子之迷。若曰至忠賢於初。固不繆於末。果不賢於初。惟陛下圖之。如是。帝且悞往失而精來鑒已。其後相李林甫將安祿山。皆基於不明。身播岷陬。信自取之歟」。

新唐書糾謬二〇卷

宋吳 縝撰

以明刊本校補

卷十一

四庫本「常山及薛譚字誤」以下標註「原闕」（二七六—七〇九上下）。今據明刊本補如下

「常山及薛譚字誤

公主傳。明皇帝女常山公主下嫁薛譚

今案薛稷傳作恆山公主嫁薛談。且唐自穆宗以後。始諱恆。方明皇帝時未當避也。譚談二字未知孰是。

程處亮名不同

公主傳。太宗女清河公主。名敬。字德賢。下嫁程懷亮。薨。麟德時。陪葬昭陵。懷亮知節子也。終寧遠將軍。

今案程知節傳云。子處亮尚清河公主。其名不同。未知孰是。且又處亮所終之官。當載于知節本傳之後。

今載於此。不唯重複。且失其所附也。今若於公主傳。則曰下嫁程處亮。知節子也。薨。麟德時。陪葬昭陵。於知節傳。則曰子處亮尚清河公主。終寧遠將軍。如此豈不兩得其所乎。

韋倫傳襄州事誤

韋倫傳云。擢商州刺史荊襄道租庸使。襄州裨將康楚元亂。自稱東楚義王。刺史王政棄城遁。賊南襲江陵。」

新五代史七四卷

宋歐陽修撰 徐無黨註

以宋慶元刊本校補

卷二 梁本紀

四庫本「戊寅。渤海契丹遣使者來」句下小註「外藩君臣姓名官爵或書或否不必備」句（二七九—二十一下）。宋刊本「外藩」作「夷狄」。

卷六 唐本紀

四庫本「予聞長老爲予言。明宗雖出蕃人。而爲人純質。寬仁愛人」句（二七九—四八上）。宋刊本「蕃人」作「夷狄」。

卷十 漢本紀

四庫本「耶律德光呼之爲兒。賜以木柺一。木柺外地貴之。如中國几杖。非優大臣不可得。峻持柺歸。北人望之皆辟道」句（二七九—六四下—六五上）。宋刊本「外地」作「虜法」。又「北人」作「虜人」。

卷十二　周本紀

四庫本「威武之聲震攝中外」句（二七九—七五下）。宋刊本「中外」作「夷夏」。

卷十四　唐家人傳

四庫本「晉高祖反時。爲契丹所掠」句（二七九—八七下）。宋刊本「爲契丹所掠」作「爲契丹所虜」。

又其後文「得天下而爲唐。其始出於沙陀。而終以亂亡」句（二七九—八七下）。宋刊本「其始出於沙陀」作「其始出於夷狄」。

又其後克修傳「天祐十一年。契丹攻破涿州。嗣弼歿於陣」句（二七九—八八上）。宋刊本「天祐十一年」作「天祐十九年」。「嗣弼歿於陣」作「嗣弼歿於虜」。

卷二十　周家人傳

四庫本「世宗從太祖於魏。后留京師。太祖舉兵。漢誅太祖家屬。后見殺」句（二七九—一一五下）。宋刊本「漢誅太祖家屬。后見殺」作「漢誅其族」。

卷三十三　死事傳

四庫本沈斌傳「敵將趙延壽留。兵急攻之。延壽招斌降。斌從城上罵延壽曰。公父子誤計陷於契丹。忍忘君臣之義。殘賊父母之邦。斌能爲國死爾。不能效公所爲也。已而城陷。斌自盡。其家屬皆沒於敵云」句（二七九—二〇九上）。宋刊本作「虜將趙延壽招斌。從城上罵延壽曰。公父子誤計陷於腥膻。忍以犬羊之衆殘賊父母之邦。斌能爲國死爾。不能效公所爲也。已而城陷。斌自盡。其家屬皆沒於虜。」

卷三十七　伶官傳

四庫本「莊宗家世沙陀。沙陀之人諱狗。故新磨以此譏之」句（二七九—二二九下）。宋刊本作「莊宗家世夷狄。夷狄之人諱狗。故新磨以此譏之」。

卷四十六　雜傳三十四

四庫本康福傳「莊宗嘗云。吾家以羊馬爲生。福狀貌類北人而豐厚。地宜羊馬。乃令福牧馬」句（二七九—二九六上）。宋刊本「福狀貌類北人而豐厚。地宜羊馬」作「福狀貌類胡人而豐厚。胡宜牛馬」。又其後文「爲帥者多遇害。乃拜福涼州刺史。河西軍節度使」句。宋刊本於「河西」上多「朔方」二字。又其後文「福世本北邊。而北邊貴沙陀。故常自言沙陀種也」句（二七九—二九七上）。宋刊本作「福世本夷狄。夷狄貴沙陀。故常自言沙陀種也」。

卷四十八 雜傳三十六

四庫本盧文進傳「數引契丹攻掠幽薊之間。掠其人民。教契丹以中國織紝」句（二七九—三〇九下）。宋刊本「掠其人民」作「虜其人民」。又其後王弘贄傳。四庫本「弘贄曰。天子播越。自古有之」句（二七九—三一二上）。宋刊本「天子播越」作「天子避狄」。

卷四十九 雜傳三十七

四庫本馮暉傳「晉見暉馬多而得民心。反以爲患」句（二七九—三一七下）。宋刊本「民心」作「夷心」。又其後文「是時出帝昏亂……。時王令溫鎭靈武。頗失民心。大爲邊患」句。宋刊本「出帝」作「隱帝」。「頗失民心」作「失夷落心」。又其後文「乃募得兵千餘人。行至梅戍。邊民稍稍來謁」句。宋刊本「邊民」作「蕃夷」。

卷五十一 雜傳三十九

四庫本范延光傳「延光因曰。臣嘗計一馬之費可養步卒五人。三萬匹馬」句（二七九—三二九上）。宋刊本「三萬匹馬」作「三萬五千匹馬」。又其後楊光遠傳。四庫本「獨光遠不可。曰。策稜等皆北人之善戰者」句（二七九—三三五下）。宋刊本「北人」作「北狄」。

卷五十二 雜傳四十

四庫本張彥澤傳「而彥澤適至。言敵可破之狀。乃與重威等西趨鎭州。彥澤爲前鋒。至中渡橋。已爲敵所據。彥澤猶力戰爭。橋燒其半。敵小敗」句（二七九—三四三上）。宋刊本「敵」字皆作「虜」。

卷五十六　雜傳四十四

四庫本趙瑩傳「契丹滅晉。瑩從出帝北徙塞外」句（二七九—三六九上）。宋刊本「塞外」作「虜中」。

卷七十一　十國世家年譜

四庫本「其朝貢之來。如四夷以四夷書之則甚矣」句

（二七九—五〇八下）。宋刊本「四夷」皆作「夷狄」。又其後文「以中國而視四夷。四夷之可也。以五代之君而視十國。四夷之則未可也。故十國之封爵朝貢不如四夷。則無以書之。書如四夷。則五代之君未可以四夷之也」句（二七九—五〇九上）。宋刊本「四夷」亦皆作「夷狄」。

卷七十二　四夷附錄第一

四庫本「人馬精甲。光明燭日。契丹愕然稍卻。晉軍乘之。敵遂散走。而沙河冰薄。敵皆陷沒」句（二七九—五一三下）。宋刊本「契丹」作「虜騎」。前後二「敵」字並作「虜」。

卷七十三　四夷附錄第二

四庫本「嗚呼。自古外域服叛。雖不繫中國之盛衰。而中國之制外域。則必因其彊弱」句（二七九—五二四上下）。宋刊本「外域」並作「夷狄」。又其後文「而十四州之俗至今陷於外域」句（二七九—五二四下）。宋刊本「外域」亦作「夷狄」。又其後文「其

地少草木。水鹹濁。色如血。澄之久而後可飲。其南海曲。有魚鹽之利」句中有缺文（二七九—五二六上）。宋刊本作「其地少草木。水鹹濁。色如血。澄之久可飲。又東。女眞。善射。多牛。鹿。野狗。其人無定居。行以牛負物。遇雨則張革爲屋。常作鹿鳴。呼鹿而射之。食其生肉。能釀糜爲酒。醉則縛之而睡。醒而後解。不然則殺人。又東南。渤海。又東。遼

國。皆與契丹略同。其南海曲。有魚鹽之利」。又其
後文「此北荒之極也。嶠歸。錄以爲陷北記云」句中
有缺文(二七九—五二七上)。宋刊本作「此北荒之
極也。契丹謂嶠曰。夷狄之人豈能勝中國。然晉所以
敗者。主暗而臣不忠。因具道諸事。曰。子歸悉以語
漢人。使漢人努力事其主。無爲夷狄所虜。吾國非人
境也。嶠歸。錄以爲陷虜記云」。

宋史四九六卷

元托克托等奉敕撰

以元至正刊本校補

卷二十五　高宗本紀二

四庫本「自西京奉累朝御容至。犯襄陽。京西制置使
程千秋敗走。」句(二八〇—三五二上)。其中脫漏
一大段。今據元刊本補之如下
「自西京奉累朝御容至行在。詔奉安于天慶觀。尋命

勍節制淮西軍馬以拒金人。甲子。杜充遣都統制陳淬
。岳飛等。及金人戰于馬家渡。王𤫉以軍先遁。淬敗
績。死之。乙丑。以檢正諸房公事傅崧卿爲浙東防遏
使。太后發吉州。次太和縣。護衛統制杜彥及後軍楊
世雄率衆叛。犯永豐縣。知縣事趙訓之死之。金人至
太和縣。太后自萬安陸行如虔州。丁卯。下詔回浙西
迎敵。金人犯吉州。守臣楊淵棄城走。又陷六安軍。
己巳。帝發越州。次錢清鎭。庚午。復還越州。以周

望同知樞密院事。仍兼兩浙宣撫使守平江。殿前都指揮使郭仲荀爲副使守越州。右軍都統制張俊爲浙東制置使從行。御史中丞范宗尹參知政事。辛未。兀朮入建康府。守臣陳邦光。戶部尚書李梲迎拜。通判楊邦乂拒之。癸酉。帝如明州。金人犯建昌軍。兵馬監押蔡延世擊卻之。甲戌。兀朮殺楊邦乂。韓世忠自鎮江引兵之江陰軍。江淮宣撫司潰卒李選攻陷鎮江。淮西兵馬都監王宗望以濠州降于金。是月張浚至秦州。桑仲自唐州犯襄陽。京西制置使程千秋敗走。」

卷三十五　孝宗本紀三

四庫本「戊戌。以新除成都府路提點刑獄祿東之權四川制置司。應庫錢貼進」及「禁潭道等州官賣鹽」（二八〇—四七三下）二句間少一大段。茲以元刊本補之如下

「戊戌。以新除成都府路提點刑獄祿東之權四川制置司。應黎州邊事。隨宜措置。癸卯。詔臨安府承宣旨審奏。如故事。甲辰。金遣徒單守素等來賀明年正旦。是月。詔以太上皇明年七十有五。議行慶壽禮。太上皇不允。帝進黃金二千兩爲壽。是歲江浙。淮西。湖北旱。蠲租。發廩貸給。趣州縣決獄。募富民振濟補官。故歲雖凶。民無流殍。安南入貢。

八年春正月甲寅。停折知常官。汀州居住。丙辰。詔內侍見帶兵官並與在京宮觀。著爲令。乙亥。詔福建歲撥鹽于邵武軍。市軍糧。二月壬午。詔去歲旱傷郡縣。以義倉米日給貧民。至閏三月半止。黎州土丁張百祥等不堪科役爲亂。統領官劉大年引兵逆擊之。土丁潰去。大年坐誅。戊子。禁浙西民因旱置圍田者。裁童子試法。己丑。禁廣西諸州科賣亭戶食鹽。庚寅。詔三省樞密六部。置籍稽考興利除害等事。戊戌。以保康軍節度使士歆爲嗣濮王。三月丁未朔。幸佑聖觀。戊午。以潮州賊沈師爲亂。趣帥憲捕之。辛未。幸聚景園。閏月辛巳。命諸路帥臣監司分州郡臧否爲

三等。歲終來上。戊子。賜禮部進士黃由以下三百七
十有九人及第出身。庚寅。修揚州城。甲午。幸玉津
園。壬寅。減在京及諸路房廊錢什之三。德壽宮所減
。月以南庫錢貼進。禁潭道等州官賣鹽。

卷三十七　寧宗本紀一

四庫本「夏四月丙戌。祔仁懷皇后神主。慈烈皇后神
主于太廟。」句（二八〇—五〇三上）元刊本作「夏
四月丙戌。祔仁懷皇后。憲聖慈烈皇后神主于太廟
。」

卷五十三　天文志六

四庫本「二年五月辛卯犯塡星。十二月癸未犯歲星。
」（二八一—一〇三上）元刊本作「二年五月辛卯犯
塡星。七月庚午犯歲星。」

卷一〇二　禮志五十五

四庫本「三十二年太常少卿王普言。金主遇弒。敵騎
遁去。」（二八二—七〇下）元刊本作「三十二年太
常少卿王普言。逆亮誅夷。虜騎遁去。」

卷一〇四　禮志五十七

四庫本「由西陛升。見侍從在東陛。天尊就坐。有六
人揖天尊而後坐。朕欲拜。六人揖天尊而後坐。朕欲
拜六人。天尊止令揖。命朕前曰。吾人皇九人中一人
也。」句（二八二—九五上）。元刊本作「由西陛升
。見侍從在東陛。天尊就坐。有六人揖天尊而後坐。
朕欲拜六人。天尊止令揖。命朕前曰。吾人皇九人中
一人也。」

卷一五五　選舉志一〇八

四庫本「對墨義五十條。凡三禮對墨義五十條。凡三
禮對墨義九十條。」（二八二—七〇八上）元刊本作
「對墨義五十條。凡三禮對墨義九十條。」

卷一五八　選舉志一一一

四庫本「初州縣有闕員差。前資官□帝以其紊常制。
令所在即上闕員。有司除注。又謂諸□官或著吏能。

悉令罷去。良可惜也。」（二八二—七六八下）元刊本上一「□」字處作「承攝」。下「□」字處作「道攝」。

卷二九二　李諮等傳

四庫本王堯臣傳「又言鄜延環慶路。皆險固易守」句（二八五—六六一下）。元刊本「皆」字上多「基地」二字。又孫抃傳。四庫本「孫抃字夢得。眉山人」句（二八五—六六二下）。元刊本「眉山」上多「眉州」二字。

又其後田況傳。四庫本「尋爲陝西宣撫副使。還領三班院。保州雲翼軍殺州吏。據□城叛□。詔況處營田汰諸路宣毅。廣捷等冗軍。」句（二八五—六六六上）。據元刊本。兩「□」字處。並無闕文。但「況處」與「營田」間則多一段文字。其原文如下

「詔況處置之。既而除龍圖閣直學士。知成德軍。況督諸將攻。以敕牓招降叛卒二千餘人。阬其構逆者四百二十九人。以功遷起居舍人。從秦州。丁父憂。詔起復。固辭。又遣內侍持手敕起之。不得已。乞歸葬陽翟。既葬。託邊事求見。泣請終制。仁宗惻然許之。師臣得終喪自況始。服除。以樞密直學士。尚書禮部郎中知渭州。遷右諫議大夫。知成都府。蜀自李順。王均再亂。人心易搖。守得便宜決事。多擅殺以爲威。雖小罪。猶幷妻子徙出蜀。至有流離死道路者。況至。拊循教誨。非有甚惡不使遷。蜀人尤愛之。遷給事中。召爲御史中丞。既至。權三司使。加龍圖閣

學士。翰林學士。況鈎考財賦。盡知其出入。乃約景德會計錄。以今財賦所入多於景德。而歲之所出又多於所入。因著皇祐會計錄上之。以禮部侍郎爲三司使。至和元年。擢樞密副使。遂爲樞密使。以疾。罷爲尚書右丞。觀文殿學士兼翰林侍讀學士。提舉景靈宮。遂以太子少傳致仕。卒贈太子太保。謚宣簡。況寬厚明敏。有文武材。與人若無不可。至其所守。人亦

不能移也。其論天下事甚多。至併樞密院於中書以一政本。日輪兩制館閣官一員於便殿備訪問。以錫慶院廣太學。興鎮戎軍。原渭等州營田。汰諸路宣毅。廣捷等冗軍。」

卷三四三　元絳等傳

四庫本鄧潤傳「熙寧中。王安石以潤甫爲編修中書戶房事」句（二八六—五五〇下）。元刊本作「熙寧中。王安石以潤甫爲編修中書條例檢正中書戶房事」。

卷四三一　儒林傳一

四庫本「嘗奉詔與邢昺。杜鎬校定諸經正義。莊子。爾雅謬誤及律音義」句（二八八—七一上）。元刊本「爾雅」。「謬誤」間尚有「釋文。考正尚書。論語。孝經爾雅」數字。

卷四五〇　忠義傳五

四庫本邊居誼傳「守將王大用不降。麾兵攻城。破之。執呂文煥。意其小壘可不攻而破」句（二八八—三二九上）。元刊本「呂文煥」下尚有「至新城」三字。

遼史一一五卷

元托克托等奉敕撰

以元刊本校補

卷一　太祖本紀上

四庫本「馬牛羊無算」句（二八九—二二下）。元刊本「無算」作「不可勝紀」。

又後文「二年春正月……辛巳置特哩袞典族屬」句（二八九—二三上）。元刊本於辛巳下多一「始」字。

又後文「上不忍誅」句（二八九—二四上）。元刊本作「上不忍加誅」。

又後文「以暑濼班師」句（二八九—二八上）。元刊本「暑濼」作「大暑霖濼」。

卷二　太祖本紀下

四庫本「一日馳六百里。還侍病」句（二八九—三〇）。元刊本「還侍病」作「還侍太后病」。

又其後文「壬寅詔頒行大字」句（二八九—三一上）。元刊本作「壬寅。大字成。詔頒行之」。

又其後文「丙戌下北平。晉王李存勗即皇帝位」句（二八九—三二上）。元刊本於「北平」下多「是月」二字。

又其後文「八月辛卯。康默記等拔長嶺府」句（二八九—三四下）。元刊本「拔」作「攻下」。

卷三　太宗本紀上

四庫本「軍國事多所取決」句（二八九—三七下）。

元刊本「軍國事」作「軍國之務」。

又其後文「八月丁酉。以大聖帝后宴請之所號日月宮」句（二八九—四〇上）。元刊本「帝后」作「皇帝皇后」。

又其後文「因名其山曰騮山」句（二八九—四一上）。元刊本「名其山」作「賜名其山」。

又其後文「馬飢自相啖其騣尾」句（二八九—四三上）。元刊本於「馬飢」下有一「至」字。

卷四　太宗本紀下

四庫本「賀受册禮者」句（二八九—四九上）。元刊本「賀」字上有一「來」字。

又後文「丙寅。尼古察奏晉遣使至朔」句（二八九—五一上）。元刊本「晉」作「請」。

卷五　世宗本紀

四庫本「甲寅次南京五院」句（二八九—六〇上）。元刊本於「甲寅」下有「朔」字。

卷七　穆宗本紀二

四庫本「帝執其手賜酒」句（二八九—六九下）。元刊本「賜酒」作「賜巵酒」。

又後文「賜醨酒以辱之」句（二八九—六九下）。元刊本於賜字上有「三人」二字。

又後文「酣飲連日」句（二八九—七〇上）。元刊本於日字下有一「夜」字。

卷八　景宗本紀一

四庫本「辛酉。南京統軍使韓匡美封鄴王」句（二八九—七三上）。元刊本於「韓匡」二字上有「魏國公」三字。

卷九　景宗本紀二

四庫本「己丑女直二十一人請宰相」句（二八九—七六上）。元刊本於「請」字上有「來」字。

又後文「秋七月甲子。誅留禮壽」句（二八九—七八下）。元刊本作「秋七月甲子。留禮壽伏誅」。

卷十　聖宗本紀一

四庫本「法當杖。釋之」句（二八九—八〇下）。元刊本作「法當死。杖而釋之」。

卷十一　聖宗本紀二

四庫本「庚申。以所俘宋人射鬼箭」句（二八九—八九上）。元刊本「庚申」作「庚辰」。

又後文「賜訥呼岱等酒器銀器」句（二八九—九〇上）。元刊本「酒器銀器」作「酒及銀器」。

卷十五　聖宗本紀六

四庫本「五月戊辰還上京」句（二八九—一一二下）。元刊本於「戊辰」下有一「朔」字。

卷十六　聖宗本紀七

四庫本「丙午行大射柳之禮」句（二八九—一一九上）。元刊本於「丙午」上有「八月」二字。

又「四月癸酉。以丞相馬保忠子世弘使嶺表」句（二八九—一二三下）。元刊本「丞相」作「右丞相」。

於「馬保忠」名下有一「之」字。

卷十七　聖宗本紀八

四庫本「是月如長春河魚兒濼。其水一夕有聲如雷。越沙岡四十里。別爲一陂」句（二八九—一二四下）。元刊本作「是月如長春河魚兒濼。有聲如雷。其水一夕越沙岡四十里。別爲一陂」。

卷二十一　道宗本紀一

四庫本「戊寅冬至有事於太祖景宗興宗廟。不受賀」句（二八九—一四八下）。元刊本於「賀」字上有「群臣」二字。

又「乙亥中京蝗災」句（二八九—一四九上）。元刊本「蝗災」作「蝗蝻爲災」。

卷二十二　道宗本紀二

四庫本「六月駐蹕」句（二八九—一五二上）。元刊本於「六月」下有「丙子朔」三字。

卷二十五　道宗本紀五

四庫本「夏四月興中府甘露降」句（二八九—一七一

上）。元刊本於「四月」下有「乙卯」二字。又「秋七月如黑嶺」句（二八九—一七二下）。元刊本於「七月」下有「辛卯」二字。

卷四十九　禮志一

四庫本「皇帝皇后升壇。坐龍文茵」句（二八九—三九八下）。元刊本作「皇帝皇后升壇。御龍文方茵坐」。又其後文「皇帝再射。親王宰執各一射」句（二八九—三九九上）。元刊本於「宰執」句下有「以次」二字。

卷六十　食貨志下

四庫本「布帛短狹不中爲度者」句（二八九—四六〇下）。元刊本「爲度」作「尺度」。

卷六十九　部族表

元刊本於聖宗統和二年四月欄中有「耶律蒲寧都監蕭勒德東征女直回獻捷」諸字。四庫本未錄（二八九—

五二〇下）。又開泰三年正月欄（二八九—五二二下）。元刊本有「鐵驪來貢」四字。四庫本闕之。

卷七十　屬國表

十九年五月欄（二八九—五四四下）。元刊本有「遠夷拔思母部遣使來貢」十字。四庫本闕之。

卷七十一　太祖淳欽皇后傳

四庫本「韋后勒兵以待奮擊大破之」句（二八九—五五五下）。元刊本作「韋乘虛擊之。后知。勒兵以待。奮擊大破之。名震諸夷。」

卷七十四　韓延徽傳

四庫本「賜其名曰實喇」句（二八九—五七四上）。元刊本於「實喇」下又有「匣列（即實喇）遼言復來也」七字。

卷七十七　耶律安圖傳

四庫本「東丹王當立」句（二八九—五九〇上）。元刊本於「東丹王」下有「赴朝」二字。

卷八十一　王繼忠傳

四庫本「上嘗議以蕭和卓爲北院樞密使」句（二八九—六〇五下）。元刊本於「嘗」字下有「燕飲」二字。

卷八十二　耶律德威傳

四庫本「私取準布貢物。決大杖」句（二八九—六〇九上）。元刊本於「貢物」句下有「事覺」二字。

卷九十八　耶律儼傳

四庫本「然專務逢迎。善伺人主意。固結上心。他勿恤也。由是權寵益固。而人亦以是薄之。有子三」句（二八九—六七二下）。元刊本作「又善伺人主意。妻邢氏有美色。嘗出入禁中。儼教之曰。愼勿失上意。由是權寵益固。三子」。

金史一三五卷

元托克托等奉敕撰

以元至正刊本校補

卷一 世紀

四庫本「還經佛頁水。昭祖惡其地名類禽鳥所居。雖已困憊。不肯止」句（二九〇—二九下）。元刊本作「還經僕鷰水。僕鷰。漢語惡瘡也。昭祖惡其地名。雖已困憊。不肯止。」

又其後「世祖慮其爲變。不使將兵」句（二九〇—三一下）。元刊本於「爲變」句下有「加意事之」四字。

又其後「其勢甚盛。戒之曰。可和則和。否則戰」句（二九〇—三二上）。元刊本「戒之曰」下作「可和則與之和。否則決戰」。又「世祖以失利讓肅宗」句（二九〇—三二上）。元刊本作「世祖讓肅宗失利之狀」。又「死生唯在今日」句（二九〇—三二下）。

元刊本於句下多「命不足惜」四字。

卷三　太宗本紀

四庫本「聞鴨綠混同江水暴漲。命徙戍邊戶在混同江者。出粟賑之」句（二九〇—六四下）。元刊本於「命」字下作「賑徙戍邊戶在混同江者」。

卷七　世宗本紀中

四庫本「恐人謂政非已出如此者多。朕甚惡之」句（二九〇—一二〇上）。元刊本「朕甚惡之」作「朕甚

不取」。

卷八　世宗本紀下

四庫本「七月己亥。上謂宰臣曰」句（二九〇—一三一下）。元刊本「己亥」作「乙未」。又「不以文德感之。安能復于古也」句（二九〇—一三一下）。元刊本作「不以文德感化。不能復于古也」。

卷十二　章宗本紀

四庫本「其或煩紊使民伸愬者是爲曠廢」句（二九〇—一七八上）。元刊本於「伸愬」句上有「不得」二字。

卷十四　宣宗本紀上

四庫本「河東行省胥鼎遣潞州元帥」句（二九〇—二〇七下）。元刊本「河東」作「河南」。

卷十五　宣宗本紀中

四庫本「大元兵收濱棣博三州」句（二九〇—二一三下）。元刊本於「收」字下有「山東」二字。

卷十六　宣宗本紀下

四庫本「今奉御奉職多不務采訪外事」句（二九〇—二二九上）。元刊本「不務」作「不留心」。又四庫本「遣官墾種京東西路三路水田」句（二九〇—二三二上）。元刊本「東西」作「東西南」。

卷十七　哀宗本紀上

四庫本「遇大雪。未戰而潰」句（二九〇—二四五下）。元刊本作「遇天又大雪。未戰而潰」。

卷十八　哀宗本紀下

四庫本「給飢民船。聽採城濠菱芡以食」句（二九〇—二五四下）。元刊本於「菱芡」下多「水草」二字。

卷二十五　地理志中

四庫本「南京路」條下注文「前有龍墀。南又有丹墀」句（二九〇—三三四下）。元刊本於「丹墀」下多「又南曰沙墀」五字。

卷二十八　禮志

四庫本「太常卿在司徒後重行北向」句（二九〇—三七二下）。元刊本於「太常卿」下又有「光祿卿」三字。

卷三十三　禮志

四庫本「班首降階復位」句以下闕文（二九〇—四二四）。今據元刊本補之如下。

「同執事官再拜訖。退。十五年二月。有司言東京開覺寺藏睿宗皇帝皁衣展裹眞容。勑遷本京祖廟奉祀。仍易袍色。明年四月。詔依奉安睿宗禮。奉安世祖御容於衍慶宮。前期。有司備香案。酒果。教坊樂。至日質明。親王宰執率百官公服迎引至衍慶宮。凡用甲騎百人。傘二人。扇十二人。香輿八人。綵輿十六人。從者二十四人。執事官二人。弩手控鶴各五十人。贊者二人。禮直官二人。六品以下官三十員。公服乘馬前導。奉安訖。百官再拜。禮畢。退立宮門之外。

迎駕朝謁。十六年正月。有司奏。奉勑議世祖皇帝御容當於何處安置。臣等參詳衍慶宮即漢之原廟。每遇太祖皇帝忌辰。百官朝拜。今世祖皇帝擇地修建殿位。庶可副嚴奉之意。從之。乃勑於聖武殿東西興建世祖。太宗。睿宗殿位。既而復欲擇地建太宗殿於歸仁館。有司言。山陵太祖。太宗。睿宗共一兆域。太廟世祖。太祖。太宗。睿宗亦同堂異室。今於歸仁館興建太宗殿位。似與山陵。太廟之制不同。詔從前議。

止於衍慶宮各建殿七間。閣五間。三門五間。乃定世祖殿曰廣德。閣曰燕昌。太宗殿曰丕承。閣曰光昭。睿宗殿曰天興。閣曰景福。十九年五月六日。奏告。七日。奉安。執事禮官二人。每位香案一。祭器席一。拜褥二。盥洗一。大勺篚巾全。前一日。太廟令率其屬掃除宮內外。又各設神座（於殿庭）。」

卷三十九　樂志上

四庫本「皇帝升壇登歌大呂宮昌寧之曲」。「至誠通

神」以下（二九〇—四八二下）與元刊本不同。元刊本作「至誠通神。克禋克祀。於萬斯年。昊天其子」。

卷四十四　兵志

四庫本「以重臣知兵者爲使。列城濠戍守爲永制」句（二九〇—五四二上）。元刊本「城濠」作「城堡濠牆」。

卷四十六　食貨志一

四庫本「十二月省奏天下」句（二九〇—五六一上）。元刊本於「十二月」上有「明昌六年」四字。

卷四十八　食貨志三

四庫本「鐵錢有破損。當令所司以銅價償之者」句（二九〇—五八四上）。元刊本「銅價」作「銅錢」。

卷四十九　食貨志四

四庫本「軍儲支引者不甚多」句（二九〇—五九九下）。元刊本「不甚多」作「亦甚多」。

卷五十三　選舉志三

四庫本「明昌五年以省統軍司令譯史書」句（二九〇—六四二下）。元刊本「省統軍司令」作「省院臺部統軍司令」。

卷五十五　百官志一

四庫本「興定元年。行辟舉縣令法考以六事」句（二九〇—六六七下）。元刊本「考以六事」作「以六事考之」。

卷五十六　百官志二

四庫本於「八作左右院。設官同上。掌收軍須。軍器」句（二九〇—六八八下）以下有闕文。今據元刊本補之如下。

「軍須庫　至寧二年置。使。從八品。副。從九品。典牧司　貞祐年置。使。正七品　副。從八品　判官。正九品。

圉牧司　興定二年置。使。正七品　副。正八品　判官。正九品。

提舉圉牧所　泰和二年置。隸各路統軍司。河南東路。河南西路。陝西路皆設提舉。同提舉。山東路止設提舉。」

卷六十三　后妃列傳上

四庫本「太后父富德與大氏父俱贈太尉」句（二九一—五下）。元刊本於「太后」上有「天德二年」四字。

卷六十四　宣宗明惠皇后傳

四庫本「宣宗嘉歎之」句（二九一—二四下）。元刊本作「宣宗聞而嘉之」。

卷六十七　和諾克傳

四庫本「寇將至。何以待之」句（二九一—四七上）。元刊本於「何以」之上有「吾屬」二字。

卷六十八　芬徹傳

四庫本「府章京奉使皆稱職」句（二九一—六一下）。元刊本「奉使」作「使於四方」。

卷七十　希卜蘇傳

四庫本「世祖至將士無人色」句（二九一—七〇下）。元刊本「將士」作「軍吏士」。又其後文「太祖器重之。將伐遼而未決也」句（二九一—七三下）。元刊本於「伐遼」之上有「舉兵」二字。

卷八十五

四庫本「上問欲何言」句（二九一—二三三下）。元刊本於「上問」之下有「叔父」二字。

卷八十六　瓜爾佳扎拉傳

四庫本「初在左副元帥達蘭帳下。以功授武德將軍」句（二九一—二四四上）。元刊本「以功」作「有戰功」。

卷九十　楊邦基傳

四庫本「邦基十餘歲匿宋舍中得免」句（二九一—二九一下）。元刊本「宋」作「僧」。

卷九十一　溫特赫伊蘇瑪勒傳

四庫本「性忠正強毅。善騎射有膂力」句（二九一—二九六上）。元刊本「有膂力」作「膂力過人」。又其後「宗弼聞之曰。能讓世襲可謂難矣」句（同上）。元刊本「聞之曰」作「聞而嘉之曰」。

卷九十五　董師中傳

四庫本「監察御史遷尙書省令史」句（二九一—三五三下）。元刊本「令史」作「都事」。

卷一百一　承暉傳

四庫本「奏承暉前爲提刑副使改同知臨海軍節度使」句（二九一—四一七上左）。元刊本作「奏承暉前爲提刑豪猾屛息遷臨海軍節度使」。

卷一百二　完顏弼

四庫本「是年東京不守」句（二九一—四三五上）。元刊本「是年」作「至寧二年」。

卷一百三　宗顏仲元傳

四庫本「公素得衆心。不必見讓」句（二九一—四四三下）。元刊本「不必見讓」作「不必以官位見讓」。

又其後文「賊敗。溺水死者甚衆」句（二九一—四五一下）。元刊本作「追擊敗之。溺沂水死者甚衆」。

又其後「成格勒兵隸伊爾必斯不協」句（二九一—四五二下）。元刊本「不協」作「內猜忌不協」。

卷一百六　珠格高琪傳

四庫本「一行將士遷賞有差。詔曰」句（二九一—四八六上）。元刊本於「詔曰」上有「丙寅」二字。

又其後「英王懼高琪黨與。不敢發。後高琪使奴薩布殺其妻」句（二九一—四八九下）。元刊本於「不敢」上有「遂」字。「後」作「頃之」。

卷一百八　巴古拉傳

四庫本「公家之利知無不爲。寔良臣也」句（二九一—五一八下）。元刊本「寔良臣也」作「寔朝廷之良

臣也」。

卷一百十一　瓜爾佳實倫傳

四庫本「大兵入城。擒蘇椿問以大名南奔之事」句（二九一—五五〇上）。元刊本「大兵」作「大元軍」。

又其後文「聚三鎮郡縣之民於山寨」句（二九一—五五〇下）。元刊本作「應三鎮郡縣之民皆聚之山寨」。

又其後文「有大事則就稟之」句（二九一—五五三上）。元刊本「就稟之」句作「就輦稟之」。

卷一百十三　持嘉喀齊喀傳

四庫本「都統王定亦破其衆於新泉城」句（二九一—五七九下）。元刊本於「衆」字下有「一千五百」四字。

卷一百十四　錫默愛實傳

四庫本「明日大兵遂合。朝廷不問」句（二九一—五

九一下）。元刊本作「明日金兵遂合。朝廷置而不問」。

卷一百十五　完顏納新傳

四庫本「此論甚佳。可與副樞議之。副樞亦以爲然」句（二九〇—五九六上）。元刊本「亦以爲然」句作「亦以安國之言爲然」。又其後文「死不難。誠安社稷。救生靈。死方可也」句（同上）。元刊本於「誠」字下有「能」字。「方」字作「而」。又其後文「

議者欲推立荆王以城出降。亦紀季入齊之義」句（二九一—五九六下）。元刊本於「亦」字下多「春秋」二字。又「金自南渡後。爲宰執者無恢復之謀」句（二九一—五九七上）。元刊本於「宰執者」下多「往往」二字。

卷一百十七　時青傳

四庫本「言宋詔時。青來拒全兵。全匿其事」句（二九一—六二一上）。元刊本作「言時青受宋詔。與全兵相拒。全匿其事」。

卷一百二十三　愛新傳

四庫本「一與共之。凡攻守二十晝夜」句（二九一—六八九下）。元刊本作「一與共之。凡攻百二十晝夜」。

卷一百三十四　西夏傳

四庫本「三月辛未。乾順遣巴哩公亮等來」句（二九一—七八六下）。元刊本「三月辛未」作「天會二年」。

卷一百三十五　高麗傳

四庫本「高麗稱前稱前王已讓位不肯受使者」句（二九一—七九七上）。元刊本「高麗」二字下之「稱前」作「邊吏」。

元史二一〇卷

明宋　濂　王　褘等奉敕撰

以明洪武刊本校補

卷九十二　百官志八

四庫本卷末未附「選舉附錄」（二九三—七六七上）。今據明刊本補之如下

「選舉附錄」

科目

元以科目取士。自延祐至元統。凡七科。具見前志。既罷復興之後。至正二年三月戊寅。廷試舉人。賜拜住。陳祖仁等進士及第。進士出身。同進士出身有差。凡七十有八人。國子生員十有八人。蒙古人六名。從六品出身。色目人六名。正七品出身。漢人。南人共六名。從七品出身。五年三月辛卯。廷試舉人。賜普顏不花。張士堅等進士及第。進士出身。同進士出身有差。如前科之數。國子生員亦如之。八年三月癸卯。廷試舉人。賜阿魯輝帖穆而。王宗哲等進士及第。進士出身。同進士出身有差。如前科之數。國子生員亦如之。是年四月。中書省奏准。監學生員每歲取及分生員四十人。三年應貢會試者。凡一百二十人。除例取十八人外。今後再取副榜二十人。於內蒙古。色目各四名。前二名充司鑰。下二名充侍儀舍人。漢人取一十二人。前三名充學正。司樂。次四名充學錄。典籍管勾。以下五名充舍人。不願者。聽其還齋。

十一年三月丙辰。廷試舉人。賜朶列圖。文允中等進士及第。進士出身。同進士出身有差。凡八十有三人。國子生員如舊制。十二年三月。有旨。省院臺不用南人。似有偏負。天下四海之內。莫非吾民。宜依世祖時用人之法。南人有才學者。皆令用之。自是累科南方之進士。始有爲御史。爲憲司官。爲尙書者矣。十四年三月乙巳。廷試舉人。賜薛朝晤。牛繼志等進士及第。進士出身。同進士出身有差。凡六十有二人

。國子生員如舊制。十七年三月。廷試舉人。賜侻徵
。王宗嗣等進士及第。進士出身。同進士出身有差。
凡五十有一人。國子生員如舊制。十九年。中書左丞
成遵建言。宋自景祐以來。百五十年。雖無兵禍。常
設寓試名額。以待四方遊士。今淮南。河南。山東。
四川。遼陽等處。及江南各省所屬州縣。避兵士民。
會集京師。如依前代故事。別設流寓鄉試之科。令避
兵士民就試。許在京官員及請俸掾譯史人等。繫其鄉

里親戚者。結罪保舉。行移大都路印卷。驗其人數。
添差試官。別爲考校。依各處元額。選合格者充之。
則國有得人之效。野無遺賢之歎矣。既而監察御史亦
建言此事。中書送禮部定擬。曾經殘破處所。其鄉試
元額。蒙古。色目。漢人。南人總計一百三十有二人
。如今流寓儒人。應試名數。難同全盛之時。其寓試
解額。合照依元額減半量擬。取合格蒙古。色目各十
五名。漢人二十名。南人十五名。通六十有五名。中

書省奏准。如所擬行之。而是歲福建行中書省初設鄉
試。定取七人爲額。而江西流寓福建者亦與試焉。通
取十有五人。充貢于京師。而陝西行省平章政事察罕
帖木兒又請。今歲八月鄉試。河南舉人及避兵儒士。
不拘籍貫。依河南省元額數。就陝州置貢院應試。詔
亦從之。二十年三月。廷試舉人。賜買住。魏元禮等
進士及第。進士出身。同進士出身有差。凡三十有五
人。國子生員如舊制。二十三年三月丁未。廷試舉人

。賜寶寶。楊輗等進士及第。進士出身。同進士出身
有差。凡六十有二人。國子生員如舊制。是年六月。
中書省奏。江浙。福建舉人。涉海道以赴京。有六人
者。已後會試之期。宜授以教授之職。其下第三人。
亦以教授之職授之。非徒慰其跋涉險阻之勞。亦以激
勸遠方忠義之士。二十五年。皇太子撫軍河東。適當
大比之歲。擴廓帖木兒以江南。四川等處皆阻于兵。
其鄉試不廢者。唯燕南。河南。山東。陝西。河東數

道而已。乃啓皇太子倍增鄉貢之額。二十六年三月。廷試舉人。賜赫德溥化。張棟等進士及第。進士出身。同進士出身有差。凡七十有三人。優其品秩。第一甲。授承直郎。正六品。第二甲。授承務郎。從六品。第三甲。授從仕郎。從七品。國子生員。蒙古七名。正六品。色目六名。從六品。漢人七名。正七品。通二十人。兵興已後。科目取士。莫盛于斯。而元之設科。亦止於是歲云。」

卷一百十八 列傳五

四庫本布圖傳「帝遣晉王噶瑪拉幷武宗帥師討之。戰哈喇台山」句（二九四—二一六下）。明刊本於「討之」下尚多「大德五年」四字。

卷一百十九 列傳六

四庫本博囉罕傳「大德四年。拜太師。初叛王海都都勒斡。據金山南北」句（二九四—二三四下）。明刊本作「大德四年。拜太師。初金山南北叛。王海都篤娃據之」。

卷一百二十一 列傳八

四庫本蘇布特傳「欲征河西。以蘇布特在外久。遣令歸省其親」句中有缺文（二九四—二五〇下）。明刊本作「欲征河西。以蘇布特比年在外。恐父母思之。遣令歸省」。

又其後阿勒楚爾傳。四庫本「阿勒楚命保其孤。遂定四州」句（二九四—二五五上下）。明刊本作「阿勒

楚聞之惻然。命保其孤。遂定四州」。又其後文「阿勒楚曰。內難方殷。豈臣子安臥之時耶」句（二九四—二五六上）。明刊本作「阿勒楚曰。今內難方殷。浸亂關隴。豈臣子安臥之時也」。

卷一百二十二 列傳九

四庫本於「烏木罕」傳之前少一傳（二九四—二七〇上）。今據明刊本補之如下

「雪不台

雪不台。蒙古部兀良罕氏。遠祖捏里弼生孛忽都。雄勇有智略。曾孫合飭溫生哈班。哈不里。哈班生二子。長虎魯渾。次雪不台。太祖初建興都于班朱泥河。今龍居河也。哈班驅群羊入貢。遇盜見執。雪不台及兄虎魯渾隨至。刺盜殺之。衆潰去。哈班得以羊進帝所。由是父子兄弟以義勇稱。虎魯渾以百夫長西征。破乃蠻。立戰功。雪不台以質子襲職。七年。攻桓州。先登。下其城。賜金幣凡一車。十一年。戰滅里吉

衆于蟾河。追其部長玉峪。大破之。遂有其地。扈從征回鶻。其主棄國去。雪不台率衆追之。回鶻竟走死。其帑藏之積盡入內府。賜寶珠一銀罌。十八年。討定欽察。鏖戰斡羅思。大小密赤思老。降之。奏滅里吉。乃蠻。怯烈斤。欽察部千戶通立一軍。十九年。獻馬萬疋。二十一年。取駁里畏吾特勤。赤憫等部。德順。鎭戎。蘭。會。洮等州。獻牝馬三千疋。太宗二年。大舉伐金。渡河而南。睿宗以太弟將兵渡漢水

而北。會河南之三峰山。金大臣合韃韃諸將步騎數十萬待戰。雪不台從睿宗出牛頭關。謀曰。城邑兵野戰不利。易破耳。師集三峰。金圍之數匝。將士頗懼。俄而風雪大作。金卒僵踣。士氣遂奮。敵衆盡殪。河南諸州以次降破。四年夏。雪不台總諸道兵攻汴。金義宗走衛州。又走歸德。又走蔡州。癸巳秋。汴將以城降。其冬攻蔡。六年春。金亡。雪不台以汴民饑。縱使渡河就食。民德之。是年詔宗王拔都西征。雪不

台爲先鋒。戰大捷。十三年討兀魯思部主野力班。禽之。攻馬箚部。與其酋怯憐戰漷寧河。遣偏師由下流擣其城。拔之。是時北庭。西域。河南北。關隴皆底定。雪不台功力居多。初。太祖征西夏。閔其久於行間。敕還省覲。雪不台對曰。君勞臣佚。情所未安。帝壯而聽之。又金帥合達見獲。以不屈死。猶問雪不台安在。請一識之。雪不台出謂曰。汝須臾人耳。識我何爲。曰。人臣亦各爲其主。卿勇蓋諸將。天生英

豪。其偶然邪。吾見卿甘心瞑目矣。定宗三年卒於篤列河之地。年七十有三。至大元年。贈效忠宣力佐命功臣。開府儀同三司。上柱國。河南王。謚忠定。」

卷一百三十三

四庫本於「托里實克」傳後缺「忽刺出」「重喜」二傳（二九四—四〇七下）。今據明刊本補之如下

「忽刺出

忽刺出。蒙古氏。曾祖阿察兒事太祖。爲博兒赤。祖

赤脱兒從太宗征欽察。康里。回回等國有功。爲涿州達魯花赤。卒。伯父哈蘭朮襲職。佩金符。以功稍遷益都路蒙古萬戶。歿於軍。忽刺出襲哈蘭朮職。初授昭勇大將軍。至元十二年。攻宋六安軍。行省命領諸軍戰艦。遇宋軍。敗之。有旨褒賞。軍次安慶。忽刺出及參政董文炳領山東諸軍與宋孫虎臣等戰于丁家州。大敗之。俘其將校三十七。軍五千。船四十。戰于朱金沙。又敗之。七月及宋人戰于焦山江中。時丞相阿朮督戰。忽刺出與董文炳冒矢石沿流鏖戰八十里。身被數傷。裹創殊死戰。宋張殿帥攻呂城。忽刺出與萬戶懷都生擒之。從下常州。略地蘇。湖。秀州。至長橋。大敗宋軍。大軍至臨安。伯顏命忽刺出守浙江亭及北門。敗楊州軍于楊子橋。又敗眞州軍。追李庭芝至通州海口。盡降淮東諸州。江南平。加昭毅大將軍。尋遷湖州路達魯花赤。十四年。進鎭國上將軍。淮東宣慰使。奉旨屯守上都。改嘉議大夫。行臺御史

中丞。陞資善大夫。福建行省左丞。遷江淮行省。除右丞。拜榮祿大夫。江浙行省平章政事。以疾卒。

重喜

重喜。東呂紇氏。祖塔不已兒。事太宗。爲招討使征信安。河南。授金虎符。改征行萬戶。卒。父脫察刺襲職。歲己未。從南征。破十字寨。時重喜從行。戰亦屢捷。左足中流矢。勇氣益倍。世祖親勞之。曰。汝年幼。能爲朕宣力如是。深可嘉尙。父卒。重喜襲

職。中統三年。從征李璮有功。四年。命領兵鎭莒州。至元十二年。奉旨築十字路城。備守禦。重喜常率兵游擊。四年。從抄不花征泗州。時蔡千戶爲宋兵所圍。重喜奮戰。救之。五年。入覲。帝嘉其功。賜白金。金鞍。弓矢。修正陽城。十一年。宋兵圍正陽。從大軍戰。敗之。十二年。從下漣海諸城。又敗宋將李提轄。遂駐兵瓜洲。十三年夏六月。宋都統姜才率師來攻。迎戰。卻之。秋七月。從大軍襲擊宋將李庭芝于泰州。進昭勇大將軍。婺州路總管府達魯花赤。

卒。子慶孫襲。」

又其後「托歡傳」後缺「完者拔都傳」（二九四—四○八下）。今據明刊本補之如下

「完者拔都

完者拔都。欽察氏。其先彰德人。以才武從軍。歲己未。從世祖攻鄂州。登城斬馘。賞銀五十兩。中統三年。從諸王合必赤征李璮於濟南。力戰有功。至元四年。從萬戶木花里掠地荆南。至襄陽。與宋兵戰。屢勝之。遂爲梯登樊城。焚樓櫓。勇冠三軍。十一年。授武略將軍。彰德南京新軍千戶。攻沙洋。新城。始授金符。領丞相伯顏帳前合必赤軍。渡江論功。改武義將軍。戰于丁家洲及楊子橋。焦山。破常州。入臨安。攻泰州新城皆預焉。江南歸附。入見。賜號拔都兒。佩金虎符。遷信武將軍。管軍總管。高郵軍達魯花赤。首以興學勸農爲務。四方則之。郡有虎傷人。手格殺之。既而高郵陞爲路。進懷遠大將軍。高郵路

達魯花赤。十六年。進昭勇大將軍。管軍萬戶。十八年。閩賊陳吊眼作亂。擢鎭國上將軍。福建等處征蠻都元帥。賜翎根甲。命往討之。破其營。擒吊眼。至漳州斬以示衆。加管軍萬戶。兼高郵路達魯花赤。賞賜無算。二十三年。加進驃騎衛上將軍。江浙等處行中書省左丞。仍管軍萬戶。遷浙西行中書省右丞。行浙西宣慰使。二十七年。轉資德大夫。江西等處。行

樞密院副使。兼廣東宣慰使。元貞元年。入朝。拜榮祿大夫。江浙等處行中書省平章政事。卒于官。年五十九。贈效忠宣力定遠功臣。開府儀同三司。太尉。上柱國。追封林國公。謚武宣。」

卷一百三十五　列傳二十三

四庫本「伊勒濟呼濟哈雅」傳後缺「阿荅赤」傳（二九四—四三六下）。明刊本如下

「阿荅赤

阿荅赤。阿速氏。父昂和思。憲宗時佩虎符爲萬戶。阿荅赤扈從憲宗南征。與敵兵戰于劍州。以功賞白銀。阿里不哥叛。從也兒怯等征之。有功。世祖中統三年。從征李璮。身二十餘戰。累功授金符千戶。丞相伯顏。平章阿木之平江南也。阿荅赤皆在行中。著戰功。歿于陳。帝憐之。特賜鈔七十錠。白金五百兩。爲葬具。仍賜鎭巢之民一千五百三十九戶。命其子伯荅兒襲職。伯荅兒從別急列迷失北征。與瓮吉剌只兒瓦台戰于牙里伴朶之地。以功受上賞。尋進定遠大將軍。後衛都指揮使。兼右阿速衛事。將阿速軍往征別失八里。與敵兵累戰累捷。樞密臣以其功聞。賞白金。貂裘。弓矢。鞍轡等。尋復以銀坐椅賜之。子斡羅思。由宿衛陞僉隆鎭衛都指揮使司事。賜一珠虎符。天曆元年。諭降上都軍凡若干數。特賜三珠虎符。陞本衛都指揮使。」

卷一百三十八　列傳二十五

四庫本喀喇托克托傳「仁宗語武宗。乃大感悟。遂遣阿實克布哈還報仁宗」句（二九四—四六四上）。明刊本作「仁宗語武宗。乃大感悟。釋然無疑。遂遣阿沙不花還報仁宗」。又其後雅克特穆爾傳「陛下出。民必驚。凡翦寇事一以責臣。願陛下亟還宮」句（二九四—四六八上）。明刊本作「陛下出。民必驚。凡剪寇事一以責臣。願陛下亟還宮。以安黎庶」。又其後文「癸巳達上都。復與諸王大臣勸進」句（二九四

—四七〇上）。明刊本「勸進」作「勸復正大位」。

四庫補正 竹書紀年二卷

舊題梁沈約注

以明刊本校補

卷上

四庫本「約按。帝摯少昊氏母曰女節」句上闕章目（三〇三—五上）。明刊本題作「帝摯少昊氏」。

卷下

四庫本「四年。晉猶不與齊桓公之盟」句後有闕文（三〇三—三三上）。明刊本作「五年。晉武公卒。子詭諸立。爲獻公王陟」。

四庫補正

前漢紀三〇卷

漢荀　悦撰

以明嘉靖廿七年吳郡黃姬水刊本校補

按。四庫提要有言。是書考李燾所跋。自天聖中已無善本。明黃姬水所刊亦間有舛誤。康熙中襄平蔣國祥蔣國祚與袁宏後漢紀合刻。後附兩漢紀字句異同考一卷。用以參校。較舊本稍完善焉。故雖用黃本校補。亦僅在部分改異文字上稍加補正而已。其餘因無善本

。並不敢妄加改正。後漢紀亦然。

卷七　孝文一

四庫本「吳楚改封爲強藩。則無山東之憂萬世之利」句（三〇三—二六五下）。明刊本作「淮陽足以捍吳楚。則無山東之憂萬世之利」。

卷九　孝景

四庫本「雖墜言於吳非其正計也」句（三〇三—二八一下）。明刊本作「雖墜猶失也。言於吳非其正計也」。

又卷末「荀悦曰。春秋之義誅叛臣者不一而足也」句（三〇三—二八八上）。明刊本「誅叛臣」作「許夷狄」。

卷十　孝武一

四庫本「六月癸未。丞相許昌免。武安侯田蚡爲丞相」句（三〇三—二九五下）。明刊本於句下尚多「有星孛于東北方」七字。

卷十二　孝武三

四庫本「至條支國。臨西海出善幻人」句（三〇三—三一六下）。明刊本作「至條支國。去長安萬二千三百里。臨西海出善幻人」。

卷十四　孝武五

四庫本「五年冬。上南巡……遂北至琅邪傍海」句（三〇三—三三二上）。明刊本於海字上多「蒲浪」二字。

又其後「天漢元年春……匈奴使使來獻天雨白氂」句（三〇三—三三七上）。明刊本「天雨」作「大羽」。

卷十五　孝武六

四庫本「春秋內諸夏而外四夷。蠻夷之人貪而好利。被髮左衽。宅幽阻深。其與中國殊章服。異習俗。飲食不同。言語不通。是以聖王度外置之」句（三〇三—三四八上）。明刊本「外四夷」作「外夷狄」。「蠻夷之人」作「夷狄之人」。「宅幽阻深」作「人面獸心」。「度外置之」作「禽獸畜之」。

卷十六　孝昭一

四庫本「汝爲人臣不忠。背叛於蠻夷。何用與汝爲兄弟乎」句（三〇三—三五二上）。明刊本「蠻夷」作「夷狄」。

卷十八　孝宣二

四庫本「四年春正月。封故酇侯曾孫建世爲侯」句（

三〇三—三六八下）。明刊本作「四年春正月。封蕭何孫建爲酇侯」。

卷二十　孝宣四

四庫本「信讓行乎蠻貊。福祚延于無窮。此萬世之長策也」句（三〇三—三九二下）。明刊本「蠻貊」作「蠻夷」。

卷二十七　孝成四

四庫本「封中山王舅馮參爲宜鄉侯。益封中山王三萬戶以慰王心」句（三〇三—四五二下）。明刊本於句上尚有「玄楚孝王孫景爲定陶王」。

後漢記三〇卷

晉袁　宏撰

以明嘉靖二十七年吳郡黃姬水刊本校補

卷八　光武皇帝紀

四庫本「有匈奴彊弱之勢。前書載之詳矣」句（三〇三—五七八上）。明刊本「前書載之」作「中國征之事」。

卷九　孝明皇帝紀

四庫本「秋七月。西羌破走。餘衆悉降」句（三〇三—五九一上）。明刊本「餘衆」作「餘種」。

卷十　孝明皇帝紀

四庫本「不如選長大有威容者示之」句（三〇三—六〇四上）。明刊本於句下尙有一句作「時以大鴻臚魏應示之」。

卷十二　孝和皇帝紀上

四庫本「蹲夷踞肆與內域絕異。雜居中國則錯亂天氣」句（三〇三—六三七下）。明刊本「與內域絕異」作「與鳥鳥無異」。

卷十三　孝和皇帝紀上

四庫本「深入匈奴。空盡北虜。屯之大功也」句（三〇三—六四一上）。明刊本「北虜」作「其廬」。

卷十四　孝和皇帝紀下

四庫本「暢使卜筮。言王當爲天子」句（三〇三—六五二上）。明刊本作「暢使忌占夢卜筮。又使乳母王禮侍史李阿與忌祠祭求福。言王當爲天子」。

卷二十九　孝獻皇帝紀

四庫本「因此時奉主上以從民望。大義也。下雖有逆節。必不能爲累。明矣」句（三〇三—八〇四上）。明刊本作「因此時奉主上以從民望。大義也。秉至公以服雄傑。大略也。扶弘義以致英雋。大德也。天下雖有逆節。必不能爲累。明矣。」

四庫補正 **資治通鑑二九四卷**

宋司馬光撰 元胡三省音注

以元刊本校補

卷三 周紀三

四庫本「愼靚王」下注文「諱定。顯王之子也。此複詞也。諱法。敏以敬曰愼」句（三〇四—四四下）。元刊本作「諱定。顯王之子也。此複謚也。以謚法言之。謚法。敏以敬曰愼」。

卷十 漢紀二

四庫本「臣非以九江之兵足以亡楚也。大王發兵而倍楚」句（三〇四—一八二下）。元刊本句下附加注文作「倍與背同。蒲妹翻」。

卷十六 漢紀八

四庫本「以是說天子徼幸梁事不奏。長君曰諾。乘間入言之」句下注文「徼。一遙翻」（三〇四—二九八）元刊本作「徼。工堯翻」。

卷十八 漢紀十

四庫本「夫惟大雅。卓爾不群。河閒獻王近之矣」句（三〇四—三三七上）。元刊本句下附注文作「近。其靳翻」。

卷二十二 漢紀十四

四庫本「又發楫棹士。以予大鴻臚商丘成」句下注文「改典客爲大鴻臚者。凡朝會使之鴻聲」句（三〇四—四〇九上）元刊本作「改典客爲大鴻臚。鴻臚者。

凡朝會使之鴻聲」。

卷二十六 漢紀十八

四庫本「於是諸降羌及歸義羌侯楊玉等怨怒。無所信鄉」句下注文「故楊玉等謂漢無所信嚮。不信漢。不嚮漢也」句（三〇四—四七六下）。元刊本作「故楊玉等謂漢無所信鄉。於是與他族皆叛也。余謂恐怒仲馮。說是無所信嚮。不信漢。不嚮漢也」。

又後文。四庫本「又亡驚動河南大开小开」句下注文

「皆羌種」（三〇四—四八一下）。元刊本於其上多「服虔曰」三字。

卷三十六　漢紀二十八

四庫本「於是莽上書。言諸臣民所上章下議者。事皆寢勿上」句（三〇四—六五三下）。元刊本於句下附注文作「上。時掌翻。下。遐稼翻」。

卷六十一　漢紀五十三

四庫本「卒完三城以待操」句（三〇五—三一三上）。元刊本於句下有注文作「卒。子恤翻」。

又其後文。四庫本「斷亢父泰山之道。乘險要我」句（三〇五—三一三上）注文尚多音注云「斷。丁管翻。亢父音抗甫。要。一遙翻」。

卷六十五　漢紀五十七

四庫本「飛據水斷橋」句（三〇五—三九〇上）。元刊本於句下有音注作「斷。丁管翻」。

卷八十　晉紀二

四庫本「吳大司馬陸抗疾病」句（三〇五—六五六上）。元刊本於句下有注文作「疾有加而無瘳曰病」。

卷一百七　晉紀二十九

四庫本「乃斬像首以送秦。秦主登。以河王乾歸爲大將軍」句（三〇六—三二〇上）。元刊本「河王」作「河南王」。

卷一百二十　宋紀二

四庫本「入關十策。晦有其九。才略明練。殆爲少敵」句（三〇六—五五二上）。元刊本句下有音注作「少。詩紹翻」。

卷一百五十　梁紀六

四庫本「賊之咽喉」句（三〇七—二七二下）。元刊本於句下有音注作「咽。音煙」。

卷一百五十五　梁紀十一

四庫本「曲阿公詧爲岳陽王」句（三〇七—三四六上）。元刊本於句下有音注作「詧。與察同」。

卷一百五十八　梁紀十四

四庫本「敬容質慤無文。以綱維爲己任。异善伺候人主。意爲阿諛」句（三〇七—四〇〇下）。元刊本作「敬容質慤無文。以綱維爲己任。异文華敏洽。曲營世譽。二人行異。而俱得幸於上。行。下孟翻。异善伺候人主。意爲阿諛」。

卷一百六十一　梁紀十七

四庫本「莊鐵慮景不克。託稱迎母。與左右數十趣歷陽」句（三〇七—四五一下）。元刊本「數十」作「數十人」。

卷一百七十一　陳紀五

四庫本「遂不師出。竊歎曰。禮既廢矣。齊能久乎」句下注文「國之將亡。其禮先亡。諸源本出於鮮卑。未嘗以爲諱」句（三〇七—六三九下）。元刊本作「國之將亡。其禮先亡。諸源本出於鮮卑。禿髮高氏。生長於鮮卑。自命爲鮮卑。未嘗以爲諱」。

卷一百七十三　陳紀七

四庫本「二月甲辰。周譙孝王儉卒」句（三〇七—六七五上）。元刊本句下有音注作「卒。子恤翻」。

卷一百七十五　陳紀九

四庫本「乃挺刃突陳。復殺二人」句下注文（三〇七—七二〇上）。元刊本多「陳讀若陣」四字。

卷二百二十一　唐紀三十七

四庫本「庚午。貶琦忠州長史」句下注文「長。知兩翻。忠州。南賓郡」句（三〇九—一〇一上）。元刊本尚有「唐置忠州。以地邊巴徼。心懷忠信爲名」一句。

卷二百四十五　唐紀六十一

四庫本「辛卯。發左右神策千五百人浚曲江及昆明池」句下注文「漢武帝時。池周曰六里餘。唐周七里。占地三千頃」句（三〇九—五七二上）。元刊本「三千」作「三十」。

卷二百六十八　後梁紀三

四庫本「執其將李彥太。俘斬三千級」句（三一〇—二四九下）。元刊本作「執其將李彥太。俘斬三千五百級。乙卯。捉生將彭君集。破岐二寨。俘斬三千級。」

卷二百八十二　後晉紀三

四庫本「唐主遣戰艦拒之。乃還」句（三一〇—五二三下）。元刊本於句下有注文作「還。從宣翻。又如字」。

四庫補正

資治通鑑目錄三〇卷

宋司馬光撰

以宋刊本校補

卷十一

四庫本「燕元」一欄止於「大破燕平規於薊南。進據唐城」（三一一—五七五下）。宋刊本作「大破燕將平規。庫仁發鴈門。代郡。上谷兵欲救長樂公。平燕人。慕輿文等因三郡人不樂行。夜襲庫仁。殺之。希衆潰奔。翟眞庫仁弟頭賽代攝。國寧。」。

卷二十

「玄黓敦牂」欄。四庫本止於「本志。四月甲子朔。食畢五度。十月庚申朔。食房三度」句（三一一—八〇五下）。宋刊本於其後尚有「五月丁巳。辰犯軒轅。九月庚戌。熒惑入輿鬼犯質星。十一月乙未。復犯輿鬼。去而復來。是謂勾巳。」

四庫補正 資治通鑑外紀十卷

宋劉　恕撰

以明末刊本校補

卷五　周紀三

四庫本「籩豆茵席。所以養者而棄之」句（三一二—七五〇下）。明刊本於句下尚多「面目黧黑。手足胼胝。勞有功者而後之」十五字。其下始接「臣聞國君弊士無所取忠臣」云云。

四庫補正 皇王大紀八〇卷

宋胡　宏撰

以明萬曆辛亥刻本校補

卷一　三皇紀

四庫本「帝太昊包犧氏」章「凡十九年閏」句下標注「闕」（三一三—十五下）。明刊本作「分盡」。

又本卷末。「炎帝神農氏」章。四庫本「其於人也。忠信盡治而無求焉。樂與政」句下標注「闕」（三一三—一九上）。明刊本作「爲政樂與」。又下文「不以人之卑」句下亦標注「闕」。明刊本作「自高也不」。則全文爲「其於人也。忠信盡治而無求焉。樂與政爲政。樂與治爲治。不以人之壞自成也。不以人之卑自高也。不以遭時自利也。此眞吾所謂道也」。

卷二　五帝紀

四庫本「黃帝軒轅氏」章「凡日月同在一度相遇則日爲之食。正一」句下標注「闕」。明刊本作「度相對」。

卷九　三王紀

四庫本「武丁」章「商書。高宗肜日。越有雊雉」句（三一三—八六下）。明刊本作「商書叙高宗肜日曰。高宗祭成湯。有飛雉升鼎耳而雊。祖己訓諸王。作高宗肜日。高宗肜日。越有雊雉」。

大事記解題十二卷

宋呂祖謙撰

以明刊黑口本校補

卷九

四庫本自卷端至「急復進兵。收取滎陽。據敖倉之粟。塞成皋之險」句之間標注「原闕」（三二四—三〇四）。明刊本原文如下

「漢太祖高皇帝五年冬。十月。王追西楚項籍至固

陵。

解題曰。晉灼曰。即固始也。顏師古曰。本名寢丘。楚令尹孫叔敖所封地。今屬光州。

十二月。王與諸侯兵大破西楚軍於垓下。

解題曰。垓下屬沛郡洨縣。按史記本紀。高祖與諸侯兵共擊楚軍。與項羽決勝垓下。淮陰侯將三十萬。自當之。孔將軍居左。費將軍居右。史記正義曰。孔將軍陳蓼侯孔燕。費將軍費侯陳賀也。皇帝在後。絳侯

柴將軍在皇帝後。項羽之卒可十萬。淮陰先合。不利卻。孔將軍費將軍縱楚兵。不利。淮陰侯復乘之。大敗垓下。漢書全削此段。此陣即馬隆所謂魯公不識者也。陣者。兵之末。羽以不仁失天下。亦不在一戰利鈍之間。然羽少學兵法。略知其意。即不肯學。負其雄才高氣。而無沉深縝密之度。其病卒見於此時。是故驚大而忽小者。君子懼焉。

項籍走。死東城。楚地悉定。

解題曰。東城。今濠州定遠縣。烏江縣。本秦東城縣之烏江亭。今屬和州。

封項伯等四人爲列侯。賜姓劉氏。

解題曰。四人皆有力於劉氏者也。按年表。射陽侯劉纏。項伯也。以破項羽嘗有功。封平皐侯。劉它。項它也。功比戴侯彭祖。彭祖以爲太公僕封。然則項它亦豈在楚嘗保護太公乎。桃侯劉襄。項襄也。以客從漢。封其一人。不見史記云封項氏四人爲射陽侯。平皐侯。桃侯。玄武侯。

賜姓始於此。成都范氏祖禹曰。古者天子建國賜姓命氏。姓氏所以別其族類之所出也。自三代之衰。稱姓者或以國。或以族。或以地。或以官。子孫各本於其祖。不可改也。後世非其親者。附之屬籍。或加於盜賊夷狄。以逆族異類爲同宗。然則古之賜姓者別之。後賜姓者亂之也。夫惟天親不可以人爲而強欲同之。豈循理者乎。上瀆其姓。下忘其祖。非先王之制。不可爲後世法也。

故項籍臣稱其主名者盡拜爲大夫。鄭君不從。逐之。

解題曰。按鄭當時傳。其先鄭君嘗事項籍。籍死而屬漢高祖。令諸故項籍臣名籍。鄭君獨不奉詔。詔盡拜名籍者爲大夫。而逐鄭君。鄭君死孝文時。高帝之怨項羽可謂甚矣。惡其姓而使其宗族改之。賤其名而迫其故臣稱之。雖恢廓大度。及困厄不可消釋褊忿。乃如此。然則天資豈可恃哉。

王還至定陶。
解題曰。漢二年。漢王自下邑稍收士卒軍碭西至虞。遣隨何說九江王布叛楚。五月。屯滎陽。兵復大振。與楚戰滎陽南。破之。六月。漢王還櫟陽。秋。八月。漢王復如滎陽。九月。韓信虜魏王豹。三年。冬。十月。韓信滅趙下燕。十一月。黥布從隨何說起兵攻楚。爲楚所敗。十二月。布間行歸漢。漢王與陳平黃金四萬斤。間楚君臣。四月。范增辭楚歸。疽發背死

。五月。紀信誑楚漢王間出滎陽。至成皋。入函谷關。轅生說漢王出武關。令楚所備者多。漢王出軍宛葉間。項羽果引兵南。漢王堅壁不戰。是月。彭越擊楚下邳。羽乃使終公守成皋。而自東擊彭越。漢王引兵北擊。破終公。復軍成皋。六月。羽已破走。彭越聞漢復軍成皋。乃引兵西拔滎陽城。烹周苛。遂圍成皋。漢王逃出成皋玉門。北渡河宿小脩武。馳入張耳韓信壁。奪其軍。遣韓信擊齊。楚遂拔成皋。欲西。漢使兵距之鞏。令其不得西。八月。漢王引兵臨河南鄉軍小脩武。使彭越劉賈燒楚積聚。彭越下梁地十七城。九月。項羽留曹咎守成皋。自擊彭越。漢王欲捐成皋。以東屯鞏洛以距楚。酈生曰。楚人拔滎陽。不堅守敖倉。乃引而東。令適卒分守成皋。（願急復進兵取滎陽。據敖倉之粟。塞成皋之險）。

卷十

四庫本「高廟酎。奏武德文始五行之舞。孝文皇帝臨

天下」句（三二四—四一五上）。明刊本作「高廟酎。奏武德文始五行之舞。孝惠廟酎。奏文始五行之舞。孝文皇帝臨天下」。同時「奏武德文始五行之舞」句下有小注作「孟康曰。武德。高祖所作也。文始。舜舞也。五行。周舞也。武德者其舞人執干戚。文始舞執羽籥。五行。舞冠冕衣服法五行色。見禮樂志。」

卷十二

四庫本「夏六月置博士弟子員」下解題「前此博士雖各」句下標注「闕」（三二四—四六八下）。明刊本作「以經」。又其後文「官始爲置弟子」句下亦標注「闕」」明刊本作「員即」。

又其後文「今陛下開大明。配天地。本人倫。勸學修禮。崇鄉里之化。以廣賢材。開太平之原也」句（三二四—四七〇上）。明刊本作「今陛下昭至德。開大明。配天地。本人倫。勸學修禮。崇化厲賢。以風四方。太平之原也」。

又其後「淮南王安。衡山王賜謀反自殺」一節之解題。四庫本「稍黷於功利矣」句後闕注文（三二四—四七四上）明刊本作

「公孫弘傳云。淮南衡山謀反。治黨與方急。弘病甚。自以無功而封。位至丞相。宜佐明主。塡撫國家。使人由臣子之道。今諸侯有畔逆之計。此皆宰相奉職不稱。恐竊病死。無以塞責。乃上書乞骸骨。不許。賜告牛酒雜帛。弘以周公自許。而輔政數年。而治效若此。其勢不得不自劾。以蓋其愧也。以武帝英明。追思期年而變。三年而化之說固宜震怒。今反慰謝而曲留之。何耶。蓋帝舉之於布衣之中。加之於群臣之上。苟治弘罪。則彰知人之謬。欲護己之短。不得不護弘過也。弘所上書。但引不能自治之咎。不明言淮南衡山事辨論有餘。於此亦可見。」

又其後「漢孝武皇帝元鼎四年冬十月。帝幸雍祠五時。始巡郡國。東度河。幸汾陰。十一月甲子。立后土

祠於汾陰脽上。至滎陽而還」一節（三二四—四九二上）。四庫本解題與明刊本不同。四庫本作

「解題曰。按本紀四年。冬。十月。行幸雍祠五時。賜民爵一級。女子百戶。牛酒。行自夏陽東幸汾陰。十一月。甲子。立后土祠于汾陰雕上。師古曰。脽者以其形高起如人尻脽，故以名云。禮畢。行幸滎陽。還至洛陽。詔曰。祭地冀州。漢十二部。河東汾陰屬

司隷。是時未分十二部。以禹九州言之。故屬冀州也。服虔曰。后土祠在汾陰。汾陰本冀州地也。周時乃分爲并州。爾雅曰。兩河間曰冀州。瞻望河洛。巡省豫州。觀于周室。邈而無祀。師古曰。邈。遠絕之意。詢問耆老。迺得孽子嘉。其封嘉爲周子南君。以奉周祀。師古曰。子南。其封邑之號。以爲周後。故總言周子南君。自嘉以下皆姓姬氏。著在史傳。

解題曰。按郊祀志。天子郊雍曰。今上帝朕親郊。而

后土無祀。則禮不答也。顏師古曰。郊天而祀地。失對偶之義。有司與太史令談。祠官寬舒議天地牲角繭栗。今陛下親祠后土。后土宜於澤中。圜丘爲五壇。郊天有五時。故祠后土亦爲五壇也。壇一黃犢牢具已祠。盡瘞而從祠。衣上黃。於是天子東幸汾陰。汾陰屬河東郡。今河中府榮河縣。本紀曰。行自夏陽東幸汾陰。夏陽。馮翊之縣也。平準書曰。天子始巡郡國。東度河。河東守不意行至不□自殺。延平陳氏曰。義縱死。河東隴西守自殺。皆以卒往而無脩也。如是則有宮觀名山。神祠之地。安得不除道而望幸哉。遂立后土祠於汾陰脽上。蘇林曰。脽音誰。如淳曰。脽者。河之東岸。特堆堀長四五里。廣二里餘。高十餘丈。汾陰縣沽河之上。后土祠在縣西。汾在脽之北。西流與河合。顏師古曰。二說皆是也。脽者。以其形高起。如人尻脽。故以名云。

封周後姬嘉爲周子南君。

解題曰。按本紀還至洛陽。詔曰。祭地冀州。漢十二部。河東汾陰屬司隷。是時未分十三部。以禹九州言之。故屬冀州也。服虔曰。后土祠在汾陰。汾陰本冀州地也。周時乃分爲并州。爾雅曰。兩河間曰冀州。瞻望河洛。巡省豫州。觀于周室。邈而無祀。詢問耆老。乃得孽子嘉。其封嘉爲周子南君。顏師古曰。子南。其封邑之號。以爲周後。故總言周子南君。自嘉以下。皆姓姬氏。著在史傳。以奉周祀。」

按。四庫本解題係用漢書武帝紀文。明刊本則前用漢書郊祀志文。後「封周後姬嘉爲周子南君」之解題用武帝本紀文。不知孰是。

宋季三朝政要六卷

元不著撰人

以舊鈔本校補

按。此舊鈔本有近人鄧邦述以元刻本手校過。知四庫本與元刻本較近。

卷二

四庫本「淳祐七年春。以吳潛知貢舉。游侣罷相。鄭清之」句下標注「闕」（三二九—九九二上）。其實四庫所闕係淳祐七年至十二年事。舊鈔本全文如下

鄭清之再入相時。清之昏耄。政出子姪。

雨雹。

四月。上試進士。賜張淵微等及第出身有差。

改官田所爲田事所。

旱。詔求言。

詔諸統制各聽所屬節制。

置計簿房。

劾守臣害科舉法。

黃洪奏修四朝史。

削貪暴吏官。

津遣三邊士人歸里。

削遂寧府監試鬻舉官。

支會付淮西造艖船以備攻守。

賜曾經北兵入地田租。

蠲兩浙租七萬有奇。

福建水。詔發運司出米賑之。

戊申

淳祐八年。春正月。勸課農桑。

工部尚書趙汝騰言黃濤阿媚舊相。濤申省辨白。司諫陳垓。御史蔡榮連章劾汝騰。以爲過言。二人俱貶。

夏。徐淸叟除端明學士僉書樞密院事。

申嚴太學規矩。

秋。飭武臣守邊備。

秤提會子十七界十八界兩界會子永遠行用。

己酉

淳祐九年。詔禮部貢舉精加考核。

詔增兩淮六州解額。

賞陳純仁與水利。

詔封安南國王。

賈似道爲荊湖制置使代馬光祖。

吳潛帥樾。

臺綱不振。時嬖寵干政。彈文及其私黨。則內降聖旨。宣諭刪去。謂之節貼。臺諫不敢與爭。

上命儒臣二人日侍經筵。督府結局。

庚戌

淳祐十年春。申警有闈求實才。

以董槐知貢舉。

殿試改用八月十五日。

詔淮西帥提舉山寨。

鄭淸之入相。
褒余玠八年守蜀之功。玠字義夫。有才略。帥蜀八年。邊庭寧肅。人賴以安。
八月上試進士。賜方夢魁等及第出身有差。
立秤提會子殿最之法。
詔郡邑出義倉賑水災。
詔舉閫臣計臣
上爲閻貴妃建功德寺於九里松。名顯慶寺。殿宇壯麗

。甲於靈隱天竺臺。臣交章謂。興土木之工。費國家財用。請節浮費。以備軍儲。
嚴州水。
十二月丁巳。虹。
辛亥
淳祐十一年春。申明游士貢舉法。
求遺書及名儒著述。
吳潛。謝方叔入相。時二揆虛席。嵩之貨游士上書薦己。喧傳麻制已下。衆心洶洶。及聽宣制。則吳潛。謝方叔也。始上欲相嵩之。中夜忽悟。召學士改相二人焉。
陳垓奏立詔興書堂。
余玠獻捷。先是玠帥蜀。慷慨自許。有挈故地還天子之語。上嘉之。玠在蜀創建城壁。修築關隘。增屯堡柵。數年之間。邊塵不驚。浸以驕恣。而淸之再相。因須臾其進兵。於是一意出師。雖有小捷。後至興元

。無功而還。
劉克莊。趙以夫同修國史。
詔賑濟流民。
詔兩淮京襄沿江團結保伍。
浚合肥濠。
立郡庠校課赴上庠補試法
鄭淸之薨於位。上臨其喪。哭之甚哀。
劉漢弼奏襄閫當在江陵。

詔殿步司歿故者。許子弟塡刺。

壬子

淳祐十二年春。新曆成則名會天。

申嚴諸郡教閱。

宰執奏儲邊面之才。

廢江灣等五酒庫。

拜提會子。以吳潛尊任其責。

詔諸路帥臣。沿邊武備宜爲經久規模。

復閏二月省試。四月殿試。

罷諸郡經界。

六月。嚴衢婺信台處建劒郡。同日大水冒城郭。漂室廬。人民死者以萬數。徐淸叟奏曰。唐五行志曰。取財過度則陰失其節而水溢。今日國課所入未免增。直取贏而商賈告病。此又水之所由應也。漢關中大水。翼奉以爲親舅后之故。故今日少抑宦官戚。畹亦可以回天意矣。

蠲新復州縣稅三年。

論輔臣變文體。

蠲臨安府稅征。

詔舟師各分地面。

詔立江淮遊擊軍。

詔襄樊措置屯田。

臨安府詔求書。

追錄彭大雅創築渝城功。

州縣折納金用楮。

給度牒下臨安府易兩界破會。

冬十月。韃靼兵掠成都。薄嘉定。四川大震。皆玠出師之誤。直以詔之。

余玠斬王。（夔人皆冤之）。

卷三

四庫本「白氣如疋亙天」句（三二九—一〇〇〇下）。舊鈔本「疋」作「疋練」。

卷四

四庫本「度宗」下無小注(三二九—一〇一〇上)。舊鈔本小注作「名啓。福王之子。理宗侄。理宗子多而不育。鞠啓爲宮宗。改名孜。又改名祺。」

又卷尾四庫本少一則(三二九—一〇一八下)。舊鈔本作「元兵南來。國勢已危。在位十年。壽三十五。」

宋史全文三六卷

元不著撰人

以明初刊黑口本校補

卷三 宋太宗一

四庫本「自古帝王置之度外。任其逐水草。皆以鄣塞防之」句(三三〇—七九上)。明刊本「皆以鄣塞防之」作「皆以禽獸畜之」。

卷四 宋太宗二

四庫本「中國陽也。將有遠人向化。受冠帶於闕下」句(三三〇—一〇一上)。明刊本「遠人向化」作「夷狄解辮」。

卷五 宋真宗一

四庫本「敵乘其勢。金陵亦不可得而至矣……臣等效死。敵不難破……敵氣未懾。非所以取威決勝也……今敵騎充斥如此。君何不賦一詩詠退敵騎耶……敵相視益怖駭。曹利用自天雄赴敵寨……自敵寨逃歸。具言金帥達蘭中矢死。曹利用與韓杞至敵寨。敵復以關南故地爲言……敵言國主年少。願兄事南朝……利用之再使北也……李繼昌至敵帳。群情大感悅」句（三三〇—一三〇～一三一）。明刊本凡「敵」字皆作「虜」。「金帥」作「金虜」。「使北」作「使虜」。

卷六　宋真宗二

四庫本「一日民有訴爲被人毆傷」句（三三〇—一六四）。明刊本「被」作「虜」。

卷七上　宋仁宗一

四庫本「致單弱不能自存。因沒敵中」句（三三〇—一八九上）。明刊本「敵」作「虜」。

卷八上　宋仁宗三

四庫本「使敵得渡河而固守京師。天下殆矣」句（三〇三—二三二上）。明刊本「敵」作「虜」。

又其後。四庫本「及見北主。弼曰……北主曰……北主驚曰。何謂也……北主大悟」句（三三〇—二三二下～二三三上）。明刊本凡「北」字皆作「虜」。

又其後。四庫本「北既歲得金帛五十萬。因勒碑紀功」句（三三〇—二三四下）。明刊本「北」字作「虜」。

卷八下　宋仁宗四

四庫本「昨契丹領大兵壓境。命弼使北。以正辯屈強北。卒復和議。忘身瘁事。古人所難。故近者李良臣自北來歸。感言北方自北主而下。皆稱重之」句（三三〇—二六三下）。明刊本除「北方」外。餘「北」字皆作「虜」。

又其後。四庫本「其實讒者謂石介謀北。弼將舉一路兵應之故也」句（三三〇—二六六下）。明刊本「北」字作「孔」。

卷九上　宋仁宗五

四庫本「在北邊隱然爲雄。鎮聲動邊方」句（三三〇—二八八下）。明刊本作「視山中隱然爲雄。鎮聲動虜中」。

卷九下　宋仁宗六

四庫本「使知代州。敵人取山木積十餘里……永年曰。敵伐木境中而不治。他日將不可復制……敵移文代州。捕縱火盜……。敵不敢復言」句（三三〇—三三四下）。明刊本凡「敵」字皆作「虜」。

又其後文。四庫本「吾慮不及此。遂入內」句（三三〇—三三五下）。明刊本作「吾慮亦及此。遂入內。」

卷十　宋英宗

四庫本「翰林學士賈黯對。天下未嘗乏人」句（三三〇—三四五下）。明刊本作「翰林學士賈黯爲權御史中丞。上嘗從容謂黯曰。『朕欲用人。少可任者。黯對。天下未嘗乏人』。

卷十一　宋神宗一

四庫本「光初罷御史中丞。遼因問公著」句（三三〇—三七一上）。明刊本作「初罷御史中丞。虜因問公著」

卷十二上　宋神宗二

四庫本「故事使遼者。冬至日與遼人交相慶。是歲。本朝歷先契丹一日。遼人固執其歷爲是……遼人不能屈」句（三三〇—四一四上）。明刊本凡「遼」字皆作「虜」。

卷十三上　宋哲宗一

四庫本「去歲遼使入朝。見縝在位……祖宗七百里之地無故與之北遼。地界之謀出於耶律用正。今以爲相。遼以闢國七百里而相用正」句（三三〇—四五五下）。明刊本「遼」字皆作「虜」。

卷十四　宋徽宗

四庫本「天生北狄。限以沙塞。自適其俗。不通中國者。狄之常也。今乃遣使乞憐。非畏吾也」句（三三〇—五五一下）。明刊本作「天生北狄。謂之犬戎。

投骨於地。狺然而爭者。犬之常也。今乃搖尾乞憐。非畏也」。

卷十五　宋欽宗

四庫本「敵遣游騎四出。抄掠畿縣……李梲。鄭望之等在敵營」句（三三〇—五六五上）。明刊本「敵」字並作「虜」。

又其後「庚辰。張邦昌從康王詣敵營」句（三三〇—五六六下）。明刊本「敵」作「虜」。

又其後。四庫本「二月丁酉夜。都統制姚平仲率步騎萬人劫敵寨……自遣人往諭敵……平仲議欲夜叩敵營……及敵人皆知之。敵先事設備。故反爲所敗……圍敵騎出沒鏖戰。斬獲甚衆……蓋欲罪綱以謝敵也」句（三三〇—五六七上下）。明刊本凡「敵」字皆作「虜」。

又其後。四庫本「東道總管胡直孺爲敵生得」句（三三〇—五七四上）。明刊本「敵」作「虜」。

又其後。「戊戌……與敵戰。統制官高師旦死之……癸卯……襲敵營。欲燔砲架……敵以洞子屋負土塡壕」句（三三　—五七四下）。明刊本「敵」字皆作「虜」。

又其後。「甲寅……敵於通津門及宣化門東……逐敵衆。敵棄而北……丙辰……亦破敵兵。下城縱火。殺旁居人殆盡。金帥傳令。殺人者族。遂止……初敵騎之去也……初敵用雲梯薄城。我以撞竿衝仆之。殺敵

兵三千人。敵即收瘞」句（三三〇—五七五上下）。以上八「敵」字明刊本皆作「虜」。又「金帥」明刊本作「虜酋」。

又其後。四庫本「乙亥。康王至大名府。時敵騎充斥……先是金帥遣使者致書」句（三三〇—五七六下）。明刊本「敵騎」作「虜騎」。「金帥」作「虜酋」。

又其後。四庫本「時敵索金銀益急。欲縱兵入城……

金使有高尚書者……上欲無往。恐敵縱兵殘民……比者敵已登城」句（三三〇—五七七上）。明刊本「敵」字皆作「虜」。「金使」亦作「虜使」。

又其後。四庫本「初上幸敵營。約五日必還……而敵來索不已……是日。通奉大夫劉韐死於敵營」句（三三〇—五七七下）。明刊本「敵」字皆作「虜」。

又其後。四庫本「戊寅。敵遣元隨肅王張邦昌……辛巳。尚書禮部侍郎李若水爲敵所殺。若水知敵不可以

義動……敵相謂曰。大遼之破。死義者十數……抗敵不回。卒以俱死」句（三三〇—五七九下）。明刊本五「敵」字皆作「虜」。

卷十六上　宋高宗一

四庫本「宣和末。金人入寇。淵聖受禪。敵騎抵城下。……遂命少宰張邦昌副上使於敵寨。……敵以用兵責使者」句（三三〇—五八四下）。明刊本「金人」作「金虜」。「敵」字皆作「虜」。

又其後。四庫本「丁酉。金人以張邦昌僭位。夏四月庚申朔。金退……張宗得金人僞詔」句（三三〇—五八五上）。明刊本作「丁酉。虜人以張邦昌僭位。夏四月庚申朔。虜退……張宗得金虜僞詔」。

卷十六下　宋高宗二

四庫本「陛下有姦臣之臆說。憑金人之詭辭。忘周室之中興……間有捕獲敵衆……共滅金人。以刷父君之恥……中國被敵。在此之人」句（三三〇—六一九下

）。明刊本作「陛下有姦臣之臆說。憑賊虜之詭辭。忘周室之中興。……間有捕獲虜衆……共滅金賊。以刷父君之恥……中國被虜。在此之人」。

卷十七上　宋高宗三

四庫本「是晚敵遊騎至揚州縱火……不然。金人乘勢渡江。愈狼狽矣」句（三三〇—六三三下）。明刊本作「是晚虜遊騎至揚州縱火……不然。虜賊乘勢渡江。愈狼狽矣」。

四庫本此卷凡「敵」字。明刊本均作「虜」。
又卷末。四庫本止於「上大善之。以藻爲得體」句（三三〇—六六九上）。明刊本於其後尚有一段如下「虜陷沂州。　己巳御筆。朕累下寬恤之詔。而迫於經費。未能悉如所懷。今聞東南和預買絹。其弊尤甚。可下江浙減四分之一以寬民力。仍俵見錢違置之法。　壬申。上謂大臣曰。有爲朕言移蹕浙東。人情未孚。宜降詔具述。初非朕意。悉出宰執。庶幾軍民不

怨。朕既爲天子當任天下之責。舉措未當。豈可歸過大臣。王綯曰。古之賢君不肯移災股肱。無以過此。草澤天文耿靜言。太微垣正午推步。今歲熒惑躔次方在巳。未應至太微垣。上曰。此人不深知。朕夜以星圖仰張殿中。四更親起。見其已至。昨夜已退二度半。呂頤浩曰。宋景出人君之言三而熒惑退舍。或者疑焉。陛下寅畏天應之速如此。信傳記之非虛也。甲戌。婁宿大合兵犯長安。　殿中侍御史趙鼎爲侍御史。先是御史中丞范宗尹。因奏事論鼎自司諫遷殿中非故事。上亦嘉鼎敢言。故有是除　。金國樞密院分河間眞定府爲河北東西路。平陽太原府爲河東南北路。冬十月。丙子朔。詔。諸路按察官自通判至監司。歲具發摘過贓吏姓名置藉。中尚書省以爲殿最。即有失按。而因事聞者。重譴之。　丁丑。金人犯蔡州。　戊寅。上發平江府。　癸亥。上至臨安府。　丙戌。執政登御舟奏事。呂頤浩曰。陛下邇來聖容清癯

。恐以艱難聖慮。焦勞所致。然願以宗廟社稷付托之重。少寬聖抱。以圖中興。上曰。朕嘗夜觀天象。見熒惑躔次稍差。食素已二十餘日。須俟復行執道。當復常膳。　庚寅。上御舟幸浙東。時內侍馮益以藩邸舊恩頗恣。與張俊爭渡。以語侵俊。侍御史趙鼎言。明受之變起于內侍。復卑之轍不可不戒。紹興六年七月行遣。　辛卯。金人陷滁州。　壬辰。上至越州。戊戌。令。東南八路提刑司歲收諸色經制錢。赴行

在。一曰。灌添酒錢。二曰。量添賣糟錢。三曰。增添田宅牙稅錢。四曰。官員等請給頭子錢。五曰。樓店務添三分房錢。其後歲收。凡六百六十餘萬緡。而四川不與焉。宣撫處置使張浚至興元上奏曰。竊見漢中實天下形勢之地。號令中原必基於此。願陛下早爲西行之謀。前控六路之師。後據兩川之粟。左通荆襄之財。右出秦隴之馬。天下大計斯可定矣。金人陷壽春府。修武郎宋汝爲奉詔副京東轉運判官。杜時亮使虜請和。行次壽春。遇完顏宗弼軍。不克。與

時亮會汝爲獨馳入虜壁。奉上國書。宗弼怒。命執之。欲加僇辱。汝爲色不變。曰一死固不辭。然銜命出疆。願達書吐一詞。死未晚。宗弼顧汝爲不屈。遂解縛。延之坐。且問其邑里。謂左右曰。此山東忠義之士也。以金帛酒食遺之。命引至東平見劉豫。汝爲曰。願伏劍爲南朝鬼。豈忍心背主不忠於所事。宗弼亦感嘆。遂留之軍中。庚子。金人犯黃州。守臣趙令

峸死之。都監王達。判官吳源。巡撿劉卓皆爲虜所殺。辛丑。張浚承制。以同主管川陝茶馬監牧公事趙開兼宣撫司。隨軍轉運使。專一總領四川財賦。開言蜀民已困。惟搉率尚有贏餘。而貪猾認以爲已私。惟不卹怨詈。斷而行之。庶救一時之急。浚以爲然。於是大變酒法。自成都始。明年遂偏四路行其法。夔路舊無酒禁。開始搉之。舊四川酒課歲爲錢一百四十萬緡。自是遞增至六百九十餘萬緡。金人自黃州濟江

。江東宣撫使劉光世以爲小盜。遣王德拒之于興國軍。始知爲虜至。遂遁。於是虜自大治縣徑趨洪州。

大事記曰。虜之分道寇海也。不惟廬州之李會。濠州之孫逸。和州之李鑄。無爲軍之李□□。眞州之向子忞。洪州之王子獻。臨江之吳將之。吉州之楊淵。撫州之王仲山。袁州之王仲嶷。建康之杜充。越州之李鄴。潭州之向子諲。荆南之唐慤。或降或走。而張浚。劉光世之兵亦遁矣。豈獨江淮素無兵備哉。亦習見

兩河官吏被禍而無益。寧畏虜而不畏義也。
癸卯。李鄴被旨造明舉甲。每副工料之費凡八千緡有
奇。上召大將張俊。辛企宗示之曰。是甲分毫以上皆
生民膏血。若棄擲一葉甲。是棄生民方寸之膚。諸軍
用之。當思愛惜。時王綯在側曰。陛下愛民如此。凡
百臣下。當體此意。　詔。右諫議大夫富直柔。遇事
敢諫。皆合大體。艱難之中。賴其獻替。可特轉一官
。報行天下。使知朕優賢納諫之意。　監察御史沈與
求上疏。論執政過失。改爲尚書兵部員外郎。與求奏
。臣言苟不當。宜黜。不應得遷。上行其言。甲辰。
擢與求殿中侍御史。　盜入宿州。通判盛修已守節不
屈爲所害。　十一月乙巳朔。金人犯廬州。　丁未。
德音釋諸路徒以下囚罷郴州。歲貢火筋。襄陽漆器。
象州藤合。楊州照子之屬。初未行鈔塩以前。兩浙民
戶每丁官給蚕塩一㪷。令民輸錢一百六十六。謂之丁
鹽錢。皇祐中。許民以細絹從時價折納。謂之丁絹。

自行鈔法後。官不給鹽。每丁增錢爲三百六十。謂之
身丁錢。大觀中。始令三丁輸絹一匹。其後物價益貴
。令民每丁輸絹一丈。綿一兩。軍興丁少。遂均科之
。民甚以爲患。至是聽五等下戶。以其半折帛半納見
錢。於是歲爲絹二十四萬匹。綿百萬兩。錢二十四萬
緡。　宋齊愈追復通直郎。仍與一子恩澤。李綱累經
恩赦。特許自便。綱行至瓊州而還。　戊申。宗弼犯
和州。宗弼即兀朮也。　己酉。宣撫處置使張浚以便
直增印錢引壹百萬緡以助軍食。其後八年間。累增二
千五十四萬緡。浚又置錢引務於秦州。以佐邊用。
虜陷無爲軍。　庚戌。虜攻采石渡。知太平州郭偉屢敗
之。虜遂趨馬家渡。　壬子。隆祐太后退保虔州。
丁巳。虜陷六合縣。又陷臨江軍。又犯洪州。　庚申
。虜陷眞州。　辛酉。隆祐皇太后至吉州。　壬戌。
金人自馬家渡濟江犯溧水。縣尉潘振死之。
大事記曰。方其幸維楊也。使經理兩河之計行。則虜

豈能越三關四鎭而擣淮。及其渡江也。使防淮之議不格。則虜豈能越大江重湖而攻我哉。朝廷棄三路如棄土梗。棄兩淮如棄敝屣。使虜入數千里如蹈無人之境。不戰而敗。不守而陷。二百年之天下不因民之怨叛而直失其大半。可勝惜哉。

癸亥。虜犯太平州。　甲子。浙西制置使韓世忠在鎭江。悉所儲之資。盡裝海舶之江陰。　丁卯。金人犯吉州。知州事楊淵棄城去。隆祐皇太后離吉州。至爭米市。虜遣兵追御舟。太后乃自萬安捨舟而陸。遂幸

虔州　。虜分兵犯撫州。又犯袁州。　金人寇六安軍。又陷建平縣。杜充引親兵三千自江而北。　己巳。上發越州。次錢清堰。夜得杜充奏我師敗績。上謂輔臣曰。充守江不利。陳淬戰沒。王瓔擁兵南遁金國人馬必臨。浙江追擊。事迫矣。卿等意如何。呂頤浩曰。臣有一策。望聖意詳度。斷在必行。上曰。如何。頤浩奏。今若車駕乘海舟以避狄。既登海舟之後。虜騎必不能襲我。江浙地熱。虜亦不能久留。俟其退去。復還二浙。彼入我出。彼出我入。此正兵家之奇也。上沉吟久之曰。此事可行。庚午。上遽回鑾。呂頤浩晚朝奏事。上曰。航海之事。朕昨夕熟思之。斷在必行。卿等速尋船。遂決策趨四明。

張隆進論曰。兀朮之寇江南也。朝廷豈不知虜所利者騎也。我所利者舟師與步兵也。江浙之地騎得以爲利乎。此皆騎之危地也。舟師步兵之利地也。兀朮有知。豈肯致身於此邪。若御駕親征。諸路進討。兀朮之

頭必獻于闕下矣。而復望風之際。車駕泛海。朝廷自散爲賊乘之得志而去。此失於退者二也。

御史中丞范宗尹。參知政事侍御史趙鼎試御史中丞。時密院惟張守獨員。乃命宗尹兼權樞密院事。　簽書樞密院事周望。同知樞密院事仍兼兩浙宣撫使總兵。守平江府。殿前副都指揮使郭仲荀爲兩浙宣撫副使。與御營使司都統制辛企宗並守越州。御前右軍都統制

張俊從上行。以俊爲浙東制置使。　辛未。金人陷建康。初戸部尚書李梲與守臣陳邦光具降狀。遣人即十里亭投之。宗弼喜曰。金陵不煩攻擊。大事成矣。宗弼入建康。邦光率官屬出門迎拜。通判府事楊邦乂大書其衣曰。寧作趙氏鬼。不爲他邦臣。既見邦乂不拜。宗弼不能屈。翌日遣人就邦乂。以舊官許之。邦乂以首觸堦求死。虜酋張大師者止之。邦乂又遺書曰。世豈有不畏死而可以利動者。幸速殺我。　癸酉晚。

上發越州。　金人犯建昌軍。兵馬監押蔡延世擊卻之。　甲戌。通判建康府楊邦乂爲金人所殺。前一日。虜酋張太師與李梲。陳邦光燕樂方作。召邦乂立堂下。邦乂見梲。邦光叱之。有劉團練者取紙書死活二字示邦乂曰。若毋多言。欲死趣書死字。示我乃信。邦乂奮前奪吏筆書字曰死。虜相顧動色。然未敢害。是日。宗弼再引邦乂。邦乂不勝憤。遙望大罵曰。若夷狄而圖中原。天寧久假汝行。磔汝萬段。安得汙我。

宗弼大怒。擊殺之。剖腹取其心。初贈直秘閣官。其子二人賜田二頃。後謚忠襄。　是月。張浚至秦州。才數日即出行。關陝參議軍事劉子羽言涇原兵馬都監兼知懷德軍吳玠之才於浚。玠亦素負材略。求自試。浚與語。大悅。擢爲統制。又使其弟進武副尉璘掌帳前親兵。　十二月戊寅。知鎮江府兼浙西安撫使胡唐老爲軍賊戚方新殺。　己卯。上次明州。　辛巳。金人陷廣德軍。　壬午。金人犯安吉縣。　癸未。宗弼

自安吉進兵過獨杜嶺。歎曰。南朝可謂無人。若以羸兵數百守此。吾豈能遽度哉。　乙酉。宗弼犯臨安府。錢塘令朱躍率民兵逆戰。傷甚猶叱左右負己擊賊。守臣浙西同安撫使康允之棄城遁保赭山。時劉誨自楚州赴召。在城中。軍民推之以守。　己丑。上幸定海縣御樓船。晚朝二府登舟奏事。參知政事范宗尹曰。虜騎雖百萬。必不能追襲。可以免禍矣。上曰。惟斷乃成此事是也。　詔行在諸軍支雪寒錢。自是遂爲故

事。金人陷臨安府。有唱言權府事劉誨欲以城降虜者。軍民因殺誨。是晚城陷。錢塘令朱蹕在天竺山亦遇害。　癸巳。上至昌國縣。杜充所遣屬官直徽猷閣陳起宗至。言充敗。欲引衆趨行在而路不通。是日。范宗尹聞臨安陷。復還見上于舟中。　乙未。金人屠洪州。　丙申。浙西制置使韓世忠知虜人不能久。大治戰艦。俟其歸而擊之。　丁酉。上謂輔臣曰。昨者從官同詣都堂鄭望之獨謂。自古興王未有乘舟檝者。所

論未爲通方。王綯曰。自崇寧以來。大臣專權。不容立異。比者會議都堂更相詰難。各盡所見。無所顧避。臣不意數十年後復見此氣象。皆陛下優容忠讜所致。望之自守所見。乃朝廷之福也。於是望之奉祠而去。　戊戌。金人陷越州。知越州充兩浙東路安撫使李鄴遣兵邀擊於浙江。三捷既而寡衆不敵。鄴乃遣人賫書投拜。虜引兵入城。以其將琶八爲守。親事官唐琦袖石擊琶八不中。琶八詰之曰欲碎爾首。死爲趙氏鬼耳。琶八曰使人人如此。趙氏豈至是哉。琦顧鄴曰。汝享國厚恩。今若此。安得爲人也。聲色俱厲。琶八殺之。新通判溫州曾忎不屈。虜執忎併其家殺之。己亥。知平江府湯東野奏杜充自眞州至天長軍與劉位趙立會合。先是立知徐州。朝廷聞金人入寇。詔諸路兵援行在。任立以徐州城孤且乏粮。不可守。乃率將兵禁兵民兵約三萬人南歸會。知楚州劉誨已赴召。宣撫使杜充以楚州闕守。命立率所部赴之。立至臨淮。

被充之命兼程至龜山。時金左監軍昌圍楚州急。立斬刈道路乃能行。至淮陰與賊遇。其下以山陽不可往。勸立歸彭城。立奮怒嚼其齒曰。正欲與金人相殺。何謂不可。乃令諸軍曰。回顧者斬。於是率衆先登。自旦至暮。且戰且行。出沒賊中。凡七破賊。無有當其鋒者。遂得以數千人入城。立口中流矢貫其兩頰。口不能言。以手指揮。軍士皆憩。而後拔其矢。　庚子。上發昌國縣。　癸卯。浙東制置使張俊與金人戰于

明州。敗之。先是虜遣兵追擊。乘輿至城下。俊遣統制官劉寶與戰。兵少卻。其將黨用立橫死之。統制官楊沂中。田師中。統領官趙密皆殊死戰。主管殿前司公事李質率所部以舟師來助。知州事劉洪道率州兵射其傍。遂大破之。殺數千人。

龜鑑曰。明州之戰。虜自高橋攻西門。併兵並進。勢亦亟矣。張俊忠義。實舊發於下。令軍中之時。始則清野閉關以拒其來。終則開門迎敵以挫其鋭。中興戰

功自明州一捷始。虜自入中國以來。未有一人敢嬰其鋒。至此而軍勢稍張矣。

婁宿將數萬。衆圍陝府。守將李彥仙以死拒之。且告急於張浚。

卷十七下　宋高宗四

四庫本「且令彼衆匹馬隻輪不返。上城東門未半。敵飛砲碎其首。左右馳救之。立猶曰。吾終不能與國滅敵矣」句（三三〇—六八八下至六八九上）。明刊本「彼衆」作「此賊」。「敵」字並作「賊」。

又其後。四庫本「癸亥……上亦以敵萃兵淮上。命浚出兵分道。由同州鄜延以擣其虛」句（三三〇—六八九）。明刊本作「癸亥……上亦以虜萃兵淮上。命浚出兵分道。由同州鄜延以擣虜虛」。

又其後。四庫本「浚以羅索爲怯。曰吾破敵必矣……郭浩亦曰。敵未可爭鋒……將戰。命立故將曲端旗以懼之。羅索曰。彼紿我也。敵遂薄我軍……敵更薄環

慶軍」句（三三〇—六八九下）。明刊本「敵」字皆作「虜」。又「懼之」作「懼虜」。

又其後。四庫本「其視北人如仇。每言及必嚙齒而怒。常戒士卒。惟以復國讎爲言。自敵犯中國……皆爲敵所憚……是役也。敵鋭意深入……故北師亦困敝」句（三三〇—六九〇上）。明刊本「北人」作「虜人」。「以復國讎爲言」作「以殺金人爲言」。其餘「敵」字皆作「虜」字。

卷十八上 宋高宗五

四庫本「己巳。權尙書工部侍郎韓佤胄以修勒成落權字」句有缺文（三三〇—七〇七下）。明刊本作「己巳。責授寧遠軍節度副使汪伯彥提舉臨安府洞霄宮。後四日以爲江東安撫大使兼知池州。 庚午。直龍圖閣沈與求試侍御史。上嘗從容言王安石之罪在行新法。與求對曰。誠如聖訓。然人臣立朝。未論行事之是非。先觀心術之邪正。楊雄名世大儒。乃爲劇秦

美新之文。馮道左右賣國。得罪萬世。而安石於漢則取雄。於五代則取道。是其心術已不正矣。施之學術。悉爲曲說。以惑亂天下。士俗委靡。節義凋喪。馴致靖康之禍。皆由此也。 壬申。吏部員外郞胡世將奏其兄唐老。靖康中。嘗建議除上爲大元帥。且爲之請謚。上曰。當時之事亦偶然耳。何功之云。張守等退而歎曰。大哉王言。 癸酉。初命大禮。後引試刑法官。自渡江久廢。至是舉行。 乙亥。上諭輔臣曰。黨籍至今未畢。卿等宜爲朕留意。程熙。任伯雨。龔夬。張舜民此四人名德昭著。宜即褒贈。乃贈夬直龍圖閣。 戊寅。參知政事張守提舉臨安府洞霄宮。侍御史沈與求言守舉汪伯彥不當。守引疾乞祠而有是命。同知樞密院事李回參知政事簽書。樞密院事富直柔同知樞密院事。 庚辰。故追復端明殿學士蘇軾特贈資政殿學士。 丁亥。參知政事秦檜守尙書右僕射同中書門下平章事兼知樞密院事。范宗尹既免。相

位久虛。檜昌言曰。我有二策可以聳動天下。或問何以不言。檜曰今無相不可行也。語聞故有是命。 戊子。贈張舜民寶文閣直學士。程頤。任伯雨並直龍圖閣。制曰。朕惟周衰。聖人之道不得其傳。世之學者違道以趍利。捨己以爲人。其欲聞仁義道德之說者。孰從而聽之。間有老師大儒。不事章句。不習訓傳。自得於正心誠意之妙。則曲學阿世者又從而排陷之。卒使流離顚仆。其禍賊於斯文甚矣。爾顧潛心大業。

無待而興者也。方退居洛陽。子弟從之。孝悌忠信。及進侍帷幄。拂心逆旨。務引君以當道。由其內以察其外。以所已爲而逆所未爲。則高明自得之學可行不疑。朕錫以贊書。寵以延閣。尙其明靈。克享此哉。

神武左軍都統制韓世忠。請以明堂恩澤。爲子忠翊郎閤門祇候亮易文資許之。諸將以文資祿子孫蓋自此始。於是浙西安撫大使劉光世已任孫正平爲班行。既而亦請復授。遂以爲例。庚寅。提舉臨安府洞霄宮

李綱復資政殿大學士。辛卯。右司諫韓璜論新除江東安撫大使汪伯彥爲相誤國。不當用。不報疏。再上。上曰。治天下蔽以一言曰。公而已。朕亦安得而私。乃詔伯彥提舉臨安府洞霄宮職如舊。秦檜之少也。嘗從伯彥遊學。至是伯彥雖罷帥。而因得職名。蓋檜力也。」

又其後。四庫本「乙未……然其人素不循理。故斥遠之」句（三三〇—七〇七下）。明刊本作「乙未……然其人素不循理。難以出入禁闥。故斥遠之」。又其後「己亥……其後選人亦如之」句後有闕文（三三〇—七〇七下）。明刊本作「是夜雷」。

又其後。四庫本於紹興一年終（三三〇—七三三上）之後即接紹興三年。闕紹興二年事。明刊本如後。

龜鑑曰。秦檜何人哉。既出宗尹而奪之位。又出頤浩而專其權。昌言二策可聳四方。及上二策。專爲虜計。南自南。北自北。此何語也。而斷然與天子言之。

王居正有言。檜自請爲相必驚動天下。今設施乃止。於是置修政局。所修何政。實欲奪同列之權。宜乎曾統有何以局爲之譏也。既而頤浩視師還朝以傾檜。御史黃龜年之論奏一行。檜於是下章辭位矣。考紹興三四年間。國勢乍長而復沮。虜酋既攝而復肆者。秦檜禍國之胎已萌於此也。

詔。珍禽花木毋入臨安諸門。夜四更彗出于胃。上憂之。命太官進素膳。宰執言所次分野甚遠。上曰。

今不論齊魯燕趙之分。天象示譴。朕敢不畏天之威耶。乙卯詔。防秋戒期。建康修大內可罷。丙寅。上以星變輸輔臣修闕政。九月戊午朔。觀文殿學士秦檜落職告祠云。聳動四方之聽。朕志爲移。建明二策之謀。爾材可見。己未。罷修政局。以議者言修政所講刻薄之事。失人心。致天變故也。辛酉。以彗星出。赦天下。內外臣庶許直言時政闕失。朝奉郎大金通問使王倫至行在。癸亥。執政進呈。胡安

國請益衛兵。上曰。衛士所給可贍三四兵。朕命楊沂中治神武中軍。此皆宿衛兵也。卿等可修鞍馬。備器械。乃爲先務。初置六部監門一員。乙丑。提舉醴泉觀兼侍讀朱勝非守尚書右僕射同中書門下平章事。辛未。詔。自今應批降處分。係親筆付出外者。並依舊作御章行下。是日御筆醫官樊端彥特除遙郡刺史。言者謂陛下臨御已來。深戒僥倖之弊。事有不由朝廷者。皆許覆奏。所以絕群小之求。今奉御筆。

恐斜封墨敕復自此始。乃寢前命。然用御筆行下如故。蓋呂頤浩意也。甲戌夜。彗星沒。乙亥。御筆。尚書兵部侍郎兼直學士院綦宗禮爲翰林學士。自靖康後。從官以御筆除拜。自此始。丙子詔。近降御筆處分事。多係寬恤及軍期等事與前此指揮事體不同。並經三省樞密院。如或不當。自合奏稟。仍許給舍繳駁臺諫。論列有司申審。若奉行違慢。止依違聖旨科罪。是日進呈。上謂輔臣曰。今日批降處分。雖出

朕意。必經由三省樞密院。與已前不同。戊寅。罷鎮江府織御服羅。上諭輔臣。方軍興。有司匱乏。豈可以朕服御之物爲先。且省七萬緡助劉光世軍費也。御筆。靖康建炎以來。上書授官之人並令免吏部審量。時方下詔求言。論者以爲近歲因上書直言而得官者。乃與宣和以前投賦獻頌之人例皆審量。故忠正之士咸以爲恥。未敢盡言。故有是命。神武左軍都統制韓世忠爲江南東西路宣撫使。置司建康府。沿江三

大帥劉光世。李回。李光。並去所領楊楚等州宣撫使名。其節制淮南諸州如故。惟荆湖廣東宣撫使李綱止充湖南安撫使。湖北廣東並還所部。自分鎭以來。前執政爲帥者。例充安撫大使。至是右司諫劉棐屢言綱跋扈。呂頤浩將罷綱故帥銜。比江東西減大字。世忠還建康。乃置背嵬親隨軍。皆鷙勇絶倫者。　壬午。遣使宣諭江浙。湖廣。福建諸路。時盜賊稍息。呂頤浩慮守令弗虔。請分命御史循行郡國。前一日手詔。

選強明廉謹不欺之人。觀問風俗。平反獄訟。宣布德音。　權尙書禮部侍郎趙子晝充樞密都承旨。自改官制後。都承旨除文臣自子晝始。　甲申。詔。淮浙鹽每袋令商人貼納通貨錢三千。已筭請而未售者。亦如之。十日不自陳。論如私鹽。律應販私茶鹽。雖遇非次赦恩。特不原免。時呂頤浩用提轄榷貨務張純議。峻更塩法。至是晝一行下。　總領四川財賦趙開初變鹽法。盡榷之。倣大觀法置合同場。收引稅錢。與茶法大抵相類。而嚴密過之。　丙戌。知興元府王似爲川陝等路宣撫處置副使。與張浚相見。同治事。浚在關陝。與卿黨親舊之間少所假借。於是士大夫起謗議。朝廷疑之。將召歸。先爲置副。時似已復還成都。而朝廷未知也。　江南東路安撫大使李光落職提舉台州崇道觀。　婺州編管人施逵移戈瓊州編管。逵中道逸去。復改名宣生。奔僞齊。　劉忠爲統制解元所破。與其徒遁走北去。遂附于劉豫。　冬十月。戊子朔

。置孳生馬監于饒州。命守臣提領括神武諸軍及郡縣官牝馬隸之。仍選使臣五人。專主其事。　己丑。進呈御前給曆遣使五人。巡行諸路。仍各賜內帑絹二百匹。曾統等辭免。賜絹。上曰。朕欲出使無擾。不受一切饋遺。若不賜予。何以養廉。聞司馬光爲相。每詢士大夫生計足否。人怪而問光。光曰。儻衣食不足。安肯爲朝廷理會事。輕去就耶。至今人多誦此語。　辛卯朝議。以坑冶所得不償所廢。悉罷監官。以縣

令領其事。至是。江東轉運司使馬承家奏。存饒信二州銅場。許之。二場皆產膽水。浸鐵成銅。元祐中。始置饒州興利場。歲額五萬餘斤。紹聖三年。又置信州鉛山場。歲額三十八萬斤。其法以片鐵排膽水糟中。數日而出。三煉成銅。癸巳。直龍圖閣胡寅應詔上書。論修政事。備邊陲。治軍旅。用人才。除盜賊。信賞罰。理財用。核名實。屏佞諛。去姦慝。十事。甲午御筆。起居舍人王洋面奏。不急之務可降一

官。初詔群臣條闕失。而洋面奏請官五代九國子孫。上諭輔臣曰。朕虛己求言。務濟時病。如夷狄盜賊及朝廷闕失。可言者非一。洋姑應詔旨。豈朕所望。諸國在五季時。割據類皆盜賊。洋欲封其後。是奬賊也。洋言無取與降一官。若後來獻言之人有補治道。朕當旌賞。 進士周抷。夏康佐。陳康國各上書論時事。詔抷召見。餘賜帛罷之。既而康佐等辭賜帛。上曰。唐太宗固嘗如此。本朝久以不廢。茲乃待士禮意也。其以此諭之。 乙未詔。王庶落職提舉江州太平觀。本州居住。用張浚奏也。 丙申。初置江浙。荊湖。廣西。福建路都轉運使。自罷發運司。頗失上供錢物。故呂頤浩以爲請。 戊戌。呂頤浩言。建康米斗不及三百。欲於鎮江上下積粟三十萬斛。以助軍用。上曰。若精選兵十五萬。分爲三軍。何事不成。祖宗取天下。兵數如此。 庚子御筆。右諫議大夫徐俯可賜進士出身。故事任子不爲基諫官。故有是命。 丙

午。監察御史李藹。傳崧卿施坰。保明。秀州糴買軍糧。數足。乞議置賞。而徐康國奏秀州尚有未糴之數。詔詰問。崧卿對以其彼善於此。所以特爲開陳。詔。近方選任直臣廉按諸路。冀有埋輪攬轡之士。以副朕意。而傳崧卿初將。詔命公肆誕慢。既列從班。仍加反覆。施坰。保明觀望不實。朝廷何所賴焉。崧卿可落待制職。仍降兩官與在外宮祠。施坰降兩官。令吏部與遠處監當嘉興崇德兩縣。係施坰所具當職並放

罷。丁未。盜張成入醴陵縣知縣事。程愿率士兵射士擊之。巡尉曹修。郭建皆爲所殺。愿中刃不死。賊亦去。己酉詔。帥臣統兵官以公使酒酤賣者。取旨論罪。先是李綱爲湖廣宣撫使。請於所在州軍造酒。許之。及是呂頤浩因進呈言。茶鹽搉酤。今日所仰。養兵若三代井田。李唐府兵可復。則此皆可罷。不然。財用捨此何出。朱勝非曰。搉酤自漢孝武時。因兵興而有。上曰。行之千餘年不能改革。可見久長之利

。故有是旨。詔湖北安撫使劉洪道知鼎州。程昌寓併力招捕湖寇楊太。辛亥。左迪功郎孔端朝宣聖之後也。上召見。特改左承事郎。尋以端朝爲秘書省正字。尚書右僕射朱勝非上經營淮北五事。一謂逆豫方行什一稅法。聚以資虜。今當渡江取彼所積。以實邊圉。二謂宜分三軍。張聲勢。使逆豫分兵拒守。然後大軍直擣宋亳。豫必成擒。三。慮虜賊併力南寇。不若先破豫兵。去其一助。四大軍一出。所得金帛悉

以賞軍。五。淮北有土豪。助順者就以爲守將。上納之。十有一月。戊午朔。右諫議大夫徐俯入。對言大臣不可立威。宜與諸將論事。上曰。朕命大臣與諸將會食共議。卿特未知。庚申。執政進呈朝堂所受訟牒。州郡有未決者。乞付大理。上曰。宰相進賢退不肖。用治天下。豈可以細事爲務。顧呂頤浩曰。卿可諭臨安守臣宋煇。令盡心獄訟。毋致煩紊朝廷。辛酉詔。自今住講日。令經筵官輪進春秋口義。一授

至開講日如舊。初明州象山定海鄞縣旁。海有鹵田三十七頃。民史超等四百六十餘家。刮土淋鹵煎鹽。官未嘗收其課。至是。浙東提舉茶鹽公事王然始拘充亭戶。盡搉杜鹽。歲爲二百九萬餘斤。收鈔錢十萬餘緡。事既行。乃言於上。守臣陸長民以是爲言。都省勘會。收令憲司具的確利害。申尚書省。卒推行之。丁卯。左中大夫致仕胡國瑞卒。年五十三。國瑞爲郎時。初得任子恩。先官其弟。朝廷許之。因著令。

初遇大禮。有子者聽蔭補其親。尚書左僕射呂頤浩屢請。因夏月舉兵北向。以復中原。且言。今之戰兵。其精銳者皆中原之人。恐久而消磨。異時勢必難舉。庚午詔。自今御筆並作聖旨行下。時右諫議大夫徐俯言。祖宗朝應批降御筆。並作聖旨行下。自宣和以來。所以分御筆聖旨者。以違慢住滯科罪。輕重不同也。今明詔許繳駁論列。當依祖宗法。作聖旨行下。方其批付。三省合稱御筆三省。奉而行之。則合稱

聖旨。然後名正言順。祖宗御筆不少。王廣淵在仁宗朝嘗類編成書。以爲後法。乞依故事施行。上從之。禮部尚書洪擬言。近時吏強官弱。官不足以制吏。官有以財用不給而罷者。有以刑名而罷者。吏未嘗過而問也。官有罪。吏告之。有司治之惟恐後吏有罪。官按之。則相疑曰。豈寬縱致然耶。宜其所在。奸吏專權擅勢。大作威福。上謂宰執曰。朕思此一事要在官得其人。吏不敢舞文爲奸。呂頤浩曰。緣官不知法。致吏得以欺。上然之。詔。見緡出臨安門毋得過十千。辛未。上曰。朕常思創中興事殊。祖宗創業固難。中興亦不易。中興又須顧祖宗已行法度如何。壞者欲振。墜者欲舉。然天不容易。此實艱難。朕不敢不勉。上諭輔臣曰。自昔中興。豈有端坐不動於四方者。將來朕撫師江上。朕觀周宣王脩車馬。備器械。其車攻復古一篇可見。若漢世祖南陽初與尋邑之戰。以少擊衆。大破昆陽。其下如唐肅宗。雖不足道

。能用郭子儀。李光弼以復王室。朕謂中興之治無有不用兵者。卿等與韓世忠曲折議此否。可更召侍從日輪至都堂給札條對來上。朕將參酌以決萬全。詔吉州摧貨務。見賣廣南鹽鈔。並增貼納錢如淮浙例。甲戌詔。淮浙鹽場所出鹽。以十分爲率四分支。今降指揮以後。文鈔二分支。今年九月甲申已後。文鈔四分支。建炎渡江以後。文鈔用戶部尚書黃叔敖請也。先是呂頤浩以對帶法不可用。乃令商人輸貼納錢。至

是。復以分數均定。如對帶矣。 命潭鼎荆鄂師守李綱等四人。約日會兵。收捕湖寇。初綱以湖廣宣撫使赴湖南。聞曹成自邵入衡。以趍江西。即駐師衡陽。遣使諭成。使散其衆。成至衡。綱召與語。俾率其餘衆四萬詣建康。時馬友之將步諒有兵二萬。掠衡山。綱親帥大軍。自白沙潛涉江。諒不虞甚至。遂出降。至是以聞。詔綱精加揀汰。得七千餘人隸諸軍。綱尋入潭州。械知醴陵縣。張覿屬吏權攝官。以漸易置贓

吏稱戢。綱延見長老。問民疾苦。皆以盜賊科須爲言。乃檄州縣。非使司命而擅科率者。以軍法從事應。日前科須之物。並以正賦准折。又遣統制官郝政降。潰將王進於湘鄉。吳錫擒王俊於邵陽。自是湖南境內。潰兵爲盜者悉平。惟湖寇楊太據洞庭。綱命總領官李建馬準吳錫。分屯湘陰益陽橋口以備之。湖南無水軍。綱乃拘沿江魚網戶。得三千人。屯潭州。言于朝。乞合兵討蕩。詔湖北安撫使劉洪道知鼎州。程昌寓

荆南宣撫使。解潛遣兵會之。仍權聽綱節制。 乙亥。賜新除殿中侍御史曾統進士出身。 詔江東西宣撫使韓世忠措置建康。營田募民。如陝西弓箭手法。 戊寅。閩盜范忠掠龍泉縣。忠范汝爲餘黨也。 己卯宣諭。五使劉大中。胡蒙。朱異。明橐。薛徽言同班入見。上諭。因曰。比所下詔令。州縣徒掛牆壁。皆爲虛文。今遣卿等。務令民被實惠。守令。民之師帥。縣令尤親於民。姦贓之吏必須按發。公正奉法之人

必須薦舉。如山林不仕賢者。亦當具名以聞。平反獄訟。觀風問俗等事。並書於曆。朕一一行之。此非尋常。遣使比也。徽言請州縣已蠲租賦文簿。建炎改元。已前者並行焚毀。又乞所至州縣吏無太過。而職事不辨者。如漢薛宣守馮翊故事。聽臣兩易其任。不理遺闕。翌日。上諭大臣曰。近臨遣五使。面諭丁寧。非往時遣使之比。朕欲實惠及民。可依所奏焚毀示民不疑。有如合對移官其事。因申省取旨。 辛巳。上

謂輔臣曰。昨日大理少卿元袞面對朕戒諭。以持法明恕。如宣和間開封尹盛章。王革可謂慘刻。呂頤浩曰。惟明克允。用刑所先也。　壬午。知湖州汪藻言。自太上皇帝淵聖皇帝及陛下建炎改元。至今三十餘年。並無日曆。本朝宰相皆兼史館。故書榻前議論之辭。則有時政記。柱下見聞之實。則有起居注類。而次之謂之日曆。修而成之謂之實錄。所以備記言。垂一代之典也。望許臣編集元符庚辰至建炎己酉。三十年間詔旨。繕寫進呈以備修日曆。官釆擇許之。自軍興。史官記錄靡有存者。藻出守湖。而湖州不被寇。元符後。所受御筆手詔。賞功罰罪等事。皆全藻因。以爲張本。又訪諸故家士大夫以足之。凡六年乃成。

詔江浙福建諸州造甲五千副。每度牒一爲錢百二十千。以償三副之直。　甲申。時流民有至行在者。知臨安府宋煇請以常平米賑給。從之。　虔賊陳顒等犯梅州。　十有二月。丁亥朔。令申世景。單德中。以所

部捕閩盜范忠。既而處州復告急。乃命張守忠以精兵會之。賊遂平。　黃州布衣吳伸上書曰。陛下有孝悌之大德。而二帝之問不通。敵國之陵不已。土地之封日削。用國之富不饒。盜賊之鋒未戢。又曰。復祖宗之故業。則陛下有萬世垂統之基。若止如東晉之南據。則不過有百年之世祚。又況自古南北之勢。但見以北幷南。未聞以南幷北者也。又曰。劉豫誘陛下之英賢。則謀謨可得而策。誘陛下之士卒。則戰鬥可得而用。誘陛下之行旅。則國之虛實可得而知矣。又曰。自古帝王之興兵權。未嘗重假於人。今陛下親御之衆不如藩鎭之多。近日沿邊州軍多用武。臣爲守。或起於卒伍。或招於賊徒。毒心不改。逆謀猶存。莫若以沿邊之郡。十州之地。建一諸族。以同姓之親者主之。前言伐齊者策之上也。不得已而建侯者。策之次也。疏。入召赴都堂審察。遂以伸爲將仕郎。　庚寅。廣東經略司言。海賊柳聰已受招。詔補承信郎。然聰

居海中。出沒如故。久之乃定。　新知江陰軍趙詳之奏。乞令經筵兼講諸史。上諭大臣曰。朕觀六經皆論王道。史書多雜霸。又載一時捭闔。辯士曲說遂不行。　癸巳。禮部尚書洪擬請依元祐法。兼用詞賦經義取士。已而。御史曾統以爲未須兼經可。且止用詞賦。上曰。古今治亂多在史書。以經義登科者。類不通史。呂頤浩言。均以言取人。第看所得人材如何耳。臣嘗見太祖皇帝與趙普論事書數百通。其一有云。朕

與卿平禍亂以取天下。所創法度。子孫若能謹守。雖百世可也。上曰。唐末五季。藩鎮之亂。普能消於談笑間。如國初十節度。非普謀亦孰能制。輔佐太祖可謂社稷功臣矣。　甲午御筆。申嚴銷金之禁。上因覽韓琦家傳。論戚里多衣銷金事。且聞都人以爲服飾者甚衆。故禁之。　觀文殿學士知潭州充湖南安撫使李綱罷。命禮部尚書沈與求爲湖南安撫使兼知潭州。綱嘗言。荆湖之地。自昔號爲用武之地。今朝廷保有東南。制御西北。當用鼎澧荆鄂。皆宿重兵。使與四川襄漢相接。乃有恢復中原之漸。未及行而綱廢。　言者論通州歲支鹽一十萬袋。近浙西安撫大使司統制官喬仲福。王德市私鹽。倣官袋而用舊引。貨於池州。人不敢問。尚書省言茶鹽之法。朝廷利柄。自祖宗以來。他司不敢侵紊。乃詔劉光世詰仲福與德之罪。後有犯者。捕送臺獄。重行貶竄。　夜行在臨安府火燔吏工部刑御史臺及公私室廬甚衆。乙未旦。乃滅。

丁酉。右諫議大夫徐俯入對。上面諭。俯有合奏稟事。不拘早晚及暇日。並許入。俯嘗勸上熟讀漢光武紀。上書以賜之曰。卿近進言所。朕熟看世祖紀以益中興之治。因思讀之十過。未若書一遍之爲愈也。先以一卷賜卿。雖字惡甚無足觀者。但欲知朕不廢卿之言耳。　戊戌。左宣教郎洪興祖爲秘書正字。興子擬。兄子也。與孔端朝。張炳。周林四人俱召試。上覽策謂大臣曰。興祖所論讜直。切中時病。當爲第一。遂

與端朝並除正字。而炳林令吏部與諸州學官。　江東安撫大使趙鼎始至建康視事。時權同都督江淮荆浙諸軍事孟庾。江南東西路宣撫使韓世忠。皆駐軍府中。軍中多招安強寇。鼎爲二府。素有剛正之風。庾世忠皆加禮。兩軍肅然知懼。民既安堵。商賈通行焉。己亥。沈與求力辭湖南之命。乃以折彥質代李綱。與求提舉江州太平觀。辛丑。高麗國遣洪彝敍等來貢。甲辰。詔張浚罷宣撫處置使。依舊知樞密院事。

知夔州。盧法原爲川陝宣撫處置副使。與王似同治事。令浚與劉子羽。馮康國俱還。上謂大臣曰。近引對元祐臣僚子弟多不逮前人。亦一時遷謫。道路失教。元祐人才皆自仁宗朝涵養焉。及子孫自行經義取士。往往登科後再須脩學。所以人才大壞。不適時用。乙巳。呂頤浩言。近遣郎官孫逸。督上供米於江西。聞已起三綱。則三十萬之數可集矣。上曰。所補不細。江西漕臣必待遣官趣之。則失職爲可責。朕面諭

都轉運使張公濟。俾先理常賦。若常賦不入。反務橫斂。非朕恤民之意也。庚戌詔。福建轉運司移福州。提刑司移建州。辛亥。司封員外郎鄭士彥言國以兵故強。兵以教故精。國家承平時。禁軍教法甚嚴。況今艱難。而諸州往往冗占。以將迎爲急務。教習爲虛文。望詔有司。申嚴故事。每州選兵官專主。歲終較其精粗而賞罰之。詔以付諸路帥司。襄陽鎭撫使李橫敗僞齊于楊石店。遂復汝州。甲寅。言者論淮

南多閑田。而耕者尚少。今安復鎭撫使陳規措置屯營田。深得古者寓兵於農之意。望倣其制下之諸路。詔湖北江東西浙西屯田。令帥臣劉洪道。韓世忠。李回。劉光世措置都督府總治。虔賊謝達犯惠州。

卷十九上　宋高宗七

四庫本「軍中將士奮勵。爭欲呑噬金人」句（三三〇—七七三下）。明刊本「金人」作「醜虜」。

卷十九中　宋高宗八

四庫本「不然。以中國萬乘之尊。而稱臣於仇敵」句（三三〇—七九九下）。明刊本「仇敵」作「醜虜」。

卷二十上　宋高宗十

四庫本「自此平達倫言金人許還梓宮及皇太后」句（三三一—二九下）。明刊本「金人」作「虜人」。

卷二十中　宋高宗十一

四庫本「期於破敵。以報國家」句（三三一—三二上

）。明刊本作「期於破虜。以報國家」。

又其後。四庫本「未朞月而或進或卻。豈不爲驍敵所窺乎」句（三三一—三五下）。明刊本「驍敵」作「黠虜」。

又其後。四庫本「辛亥……矼具陳敵情難保……今敵使之來自合用此例……今敵誠欲還二帝六宮與祖宗之故地……是敵無意於盟我。何罪也」句（三三一—三六下—三七上）。明刊本凡「敵」字皆作「虜」。

又其後。四庫本「戊辰。接伴官范同言敵已至常州」句（三三一—三七下）。明刊本「敵」亦作「虜」。

又其後。四庫本「殿中侍御史張戒面對。言王倫遽回北使……敵云詔諭。臣不知所諭何事……九成謂鼎曰。敵失信數矣」句（三三一—四三下）。明刊本「北使」作「虜使」。「敵」字並作「虜」字。

又其後。四庫本「庚寅……若上天悔禍。敵肯革心」句（三三一—四四上）。「辛丑……臣竊謂敵使之來

。所係甚大」句（三三一—四四下）。「壬寅……敵騎屢犯。行闕卒以無虞。天所保也。歲在甲寅。一戰而敗敵師。天所贊也」句（三三一—四五上）。又「伏願陛下毋取必於敵而取必於天……躬率臣民屈膝夷敵……然朕必不至爲敵人所紿」句（三三一—四五上下）。以上凡「敵」字。明刊本均作「虜」。

又其後「癸丑……子諲不肯拜敵詔。乃上章乞致仕」句（三三一—四六上）。「甲辰。樞密副使王庶知潭

州。庶論敵不可和……秦檜方挾敵自重以爲功。而忘此敵耶」句（三三一—四六上）。明刊本凡「敵」字皆作「虜」。

又其後。四庫本「丁未。樞密院編修官胡銓上疏……遂舉以使敵。專務詐誕……今者無故誘致敵使……劉豫臣事金人。南面稱王……父子爲敵。商鑒不遠」句（三三一—四六下）。明刊本「敵」字皆作「虜」。「金人」作「醜虜」。又後文「奈何以祖宗之天下爲

仇敵之天下。以祖宗之位爲仇敵藩臣之位。陛下一屈膝。則祖宗廟社之靈盡污爲草萊。祖宗數百年之赤子盡爲左衽。朝廷宰執盡爲陪臣。天下士大夫皆當裂冠毀冕。變爲異服。異時稱其無厭之求。安知不加我以無禮如劉豫也哉。夫三尺童子至無知也。指讎敵而使之拜。則怫然怒。今金人則讎敵也。堂堂大朝相率而拜讎敵。曾無童稚之羞。而陛下忍爲之邪」句（三三一—四六下至四七上）。明刊本作「奈何以祖宗之天下爲犬戎之天下。以祖宗之位爲犬戎藩臣之位。陛下一屈膝。則祖宗廟社之靈盡污夷狄。祖宗數百年之赤子盡爲左衽。朝廷宰執盡爲陪臣。天下士大夫皆當裂冠毀冕變爲胡服。異時豺狼無厭之求。安知不加我以無禮如劉豫也哉。夫三尺童子至無知也。指犬豕而使之拜。則怫然怒。今醜虜則犬豕也。堂堂大朝相率而拜犬豕。曾無童稚之羞。而陛下忍爲之邪」。又後文「敵之情僞已可知矣……就令敵決可和盡如倫議……

況醜類變詐百出……當時不忍北面臣敵……北敵陸梁。僞豫入寇……則我豈遽出敵人下哉」句（三三一—四七上）。明刊本「醜類」「北敵」皆作「醜虜」。其餘凡「敵」字皆作「虜」。

又其後。四庫本「竊聞敵使入境。伴使北向再拜。問金帥起居。此故事也」句（三三一—五四下）。明刊本「敵」作「虜」。「金帥」作「虜酋」。

又其後。四庫本「伏見本朝戎敵之禍亙古未聞……秦

檜言及敵使在庭……則中國號令皆從敵出。國事廢置皆從敵命」句（三三一—五四下至五五上）。明刊本「敵」皆作「虜」。

又其後。四庫本「俯從敵約而檜必欲屈己。天下咎之」句（三三一—五五下）。明刊本「敵約」作「虜約」。

卷二十下　宋高宗十二

四庫本「金人割中原爲一大餌以釣江南」句（三三一

—五八下）。明刊本作「黠虜割中原爲一大餌以釣江南」。又後文「以有限之財充無厭之敵……敵人並無須求」句（三三一—五九上）。明刊本「敵」字並作「虜」。

又其後。四庫本「戊申……時敵衆圍順昌已四月……朱漆奚車有一將……況已挫敵鋒。軍銷振。雖多寡不侔。然有進無退。兼敵營近三十里。而四太子又來援。吾軍一動。被敵追及。老小先亂。必至狼狽。不惟前功俱廢。致敵遂侵兩淮。震動江浙」句（三三一—七四上下）。明刊本「敵衆」作「虜衆」。「一將」作「一酋」。「敵鋒」作「賊鋒」。「敵營」作「賊營」。其餘兩「敵」字並作「虜」。

又其後。四庫本「生擒金敵一百十七人。首領三人。則遣裨將擊鳳翔西域外敵寨」句（三三一—七四下）。明刊本「敵」字並作「虜」。

又其後。「壬子……平明敵併兵攻城……時敵諸將各

居一部……敵方來接戰……士殊死鬥。入敵陣中……敵大敗」句（三三一—七五下）。明刊本凡「敵」字皆作「虜」。

又其後。四庫本「己酉……統制官楊再興單騎入敵陣欲擒宗弼」句（三三一—七九下）。明刊本「敵」作「虜」。

又其後。四庫本「至河中府焚毀金人所繫浮橋……皆以絕敵歸路」句（三三一—七九下）。明刊本「金人

」作「金賊」。「敵」作「虜」。

卷二十一上　宋高宗十三

四庫本「上亦逆知敵情。必不一挫便已」句（三三一—八四上）。明刊本「敵情」作「虜情」。

又其後。「辛亥……敵若犯淮。其勢糧必在後」句（同前）。明刊本「敵」作「虜」。

又其後。四庫本「杜充書生遣偏將輕與敵戰。故彼得以乘間猖獗……彼窺江則我兵乘其後。今雖虛鎮江。一路以檄呼彼渡江。亦不敢來」句（三三一—八五上）明刊本作「杜充書生遣偏將輕與虜戰。故虜得以乘間猖獗……虜窺江則我兵乘其後。今雖虛鎮江。一路以檄呼彼渡江。亦不敢來」。

又其後。四庫本「戊申……彼有休兵之意」句（三三一—九三上）。明刊本「彼」字作「虜」。

又其後。四庫本「乃遣人告金曰。明日請戰。金聞之皆笑……約與敵對柵……敵根本在此……敵大駭。倉

猝備戰……已而遣輕兵嘗之果」句（三三一—九三下）。明刊本作「乃遣人告虜曰。明日請戰。虜聞之皆笑……約與虜對柵……虜根本在此……虜大駭。倉猝備戰……已而遣輕兵嘗虜果」。

卷二十一中　宋高宗十四

四庫本「九月甲子……鄭小國也。能引誼不與敵……皓與檜語及金事」句（三三一—一一六下）。明刊本「敵」作「虜」。「金事」作「虜事」。

又其後。四庫本「金有歸淵聖及宗室諸王意」句（三三一—一一七上）。明刊本「金」作「虜」。

又其後。四庫本「士人雖陷金者。往往能守節義」句（三三一—一一八下）。明刊本「金」作「虜」。

又其後。四庫本「觀金人之意。和議必須堅久」句（三三一—一二九下）。明刊本「金人」作「虜人」。

卷二十一下　宋高宗十五

四庫本「夏四月己未……應施行從之」一節之後有闕

文（三三一—一五五上）。明刊本原文如下
癸酉。新知廬州吳逵乞置力田之科。募民就耕淮甸。賞以官資。並作力田出身。名次在武舉。特奏名出身之上。遇科場並得赴轉運司應舉。從之。　是月。金主亮肆行。誅戮旻晟子孫。勦殺殆盡。　五月丁丑。彭合知臨江軍還。言淸江縣民輸苗米。每碩加耗七斗。乞蠲免。從之。上謂大臣曰。合任縣官。賞爲監司列薦。今可與監司知州差遣。乃以合知永州。　癸未

。萬壽觀使秦熺爲奉安中興聖統禮儀使。先是玉牒所檢討官王曮等。紀上中興之蹟。以進號中興聖統。己丑。奉安于景靈宮天興殿之西。以玉牒未成故也。禮畢。提舉編修玉牒。秦檜率百官表稱賀。辛卯。熺言。先期陰雨。是日雲霞絢彩。晴日麗天。玆誠上穹垂祐。望宣付史館從之。　甲辰。祕書少監湯思退言。近玉牒所闕到太師秦檜推戴趙氏事迹。竊意師臣謙不伐功。特以事于玉牒。姑具大概。其餘間關執節之久。本末未能備盡。望令檜詳錄。奏聞宣付史館。上謂檜曰。可依所奏。檜謙退。久之。上曰。不然。無以使後代知卿忠義　六月癸亥。何大圭直祕閣大圭進聖德頌故有是如初大圭之削籍也。張浚爲之保叙。至是以短卷請俊于秦論交□□之。　故相趙鼎之子右承事郎汾。奉鼎喪。歸葬于衢州常山縣。時李光之獄始竟。而守臣章傑與鼎有宿憾。傑知中外士大夫平時與鼎有簡牘往來。至是又攜酒會葬。意可爲奇貨。乃遣

兵官同邑慰翁蒙之。以搜私釀爲名。馳往掩取蒙之書片紙。走僕自後垣出。密以告汾。趣令盡焚篋中書及弓刀之屬。比兵官至。一無所得。傑怒。方深治蒙之。而追汾與故侍讀范沖之子仲彪。拘于兵官之所。蒙之母訴于朝。秦檜咎傑已甚。詔移蒙之蘭溪尉下。其事于浙東安撫司事遂息。傑客魏掞之慨然。以書譙傑。長揖而歸。傑亦不能害。掞之。建陽人。少有大志。師事籍溪胡憲。蒙之。崇安縣人也。　秋七月。己

酉。福建提點刑獄公事孫汝翼言。泉漳汀三州近經草寇。民多逃移。乞將三州諸縣。以己未打量均稅。一切權行住罷。候盜賊寧息日。申取朝旨施行。從之。
八月。甲辰朔。詔提舉江州太平興國宮連州居住。張浚移永州。浚去國。至是幾十五年。退然若無能爲者。而四方之士莫不傾心。健將悍卒。見之者必咨嗟大息。下至兒童。亦知有張都督。每使者至金國。其國必問浚今安在。丙寅。上謂大臣曰。近宣州布衣

史敦仁上書言。州縣多收水脚錢等事宜。付戶部看詳。此亦民間之害。不可不禁止也。既而。戶部乞每碩依元旨收百錢數外。增者抵罪。從之。洋州言眞符縣民

卷二十三上　宋高宗十八

四庫本自「三月己卯」一節之「二十年間被堅執銳之士化爲行商坐賈」句以下（三三一—二三六下）至「我日益削彼日益」句（三三一—二三八上）以及「著不知其幾」句以下至「丙子。全國賀生辰使高景山副使王全始入」句（三三一—二三九上）。兩段文字前後倒置。明刊本原文如下

三月己卯。右諫議大夫何溥爲翰林學士兼權吏部尚書仍兼侍講。先是溥嘗言。君子小人和同比周之弊。有曰。同近於和。而和實非同。比近於周。而周終不比。世人之假同以爲和。託比以爲周。求濟於小己之私。而卒貽天下之患。臣須辨之於其早。制之於其微。

使同與比之迹不形。而和與周之實常著。則朝廷正而百官正矣。又言軍政之弊曰。爲將帥者不治兵而治財。刻剝之政行。而拊摩之恩絕。市井之習成。訓練之法壞。二十年間。被堅執銳之士化爲行商坐賈者不知其幾。又言爲備於無事之時。擇才於自代之舉。置總師以護諸將。則勢同臂指。募民兵以捍兩淮。則可固藩籬。皆當今急務。上察其忠。乃有是命。壬午。兵部尚書楊椿參知政事。丁亥。給事中黃祖舜言。

契勘故相秦檜當政。擅作威福。不知有上。陷害忠良。爲國歛怨。其子熹實與謀議。及其亡也。陛下保全其家。俾熹休致而歸。不寘之罪。恩亦至矣。今乃贈以帝傅之秩。又與之遺表恩。寵命橫加。深駭物聽。詔前降指揮更不施行。　庚寅。尙書右僕射同中書門下平章事陳康伯遷左僕射參知政事。朱倬守右僕射同中書門下平章事。　夏四月甲辰。詔利州西路駐箚御前中軍都統制新知襄陽府吳拱。以西兵三千人戍襄陽。朝廷聞金人決欲敗盟。乃令兩淮諸將各畫界分使自爲守。措置民社。增壁積糧。是時。御前諸軍都統制吳璘戍武興。姚仲戍興元。王彥戍漢陰。李道戍荊南。田師中戍鄂渚。戚方戍九江。李顯忠戍池陽。王權戍建康。劉錡戍鎭江。壁壘相望。而襄陽獨未有備。故命拱以所部戍之。其闕額令吳璘招塡。限一季。丁巳御批。比來久雨。有傷蠶麥。及盜賊間發。雖已措置。未至詳盡。可令侍從臺諫條具消弭災異之術。

防守盜賊之策。各以己見實封聞奏。時久雨。故殿中侍御史陳俊卿上疏請之。上謂宰執曰。應天以實不以乂。可令侍從臺諫各具時攻之闕。有不便者。即與改正。宰臣陳康伯。朱倬皆待罪。上曰。罪在朕躬。豈可移過大臣。翰林學士何溥言。夷狄爲中國之陰。天意若曰夷狄將有不測之變。故出災異以警戒之。所謂安邊之圖雖在擇將帥。而立國之本要在得人心。推原天人相與之際。莫如自治之急。俊卿又言。今虜居汴京。已逼吾境。而武昌。荊陽。荊南各相去數百里。宜擇威望重臣以兼制之。使首尾相應。權禮部侍郎金安節言。爲今之謀。要使規模不失和好之形。而實有備豫之策。其策有三。一曰。厲將帥。二曰。擇地形。三曰明覘候。　己未。上曰。朕思州縣逋欠。若民果貧困。自合蠲放。若已輸納而官吏侵用。則亦不可不與覈實。明示罪責。治道貴信賞必罰。漫不經理。則是姑息。姑息雖堯舜不能治。是日遂進呈四川總領王之望催驅殿最事目。上曰。依所乞。幷令諸路亦如此施行。　五月甲戌。國子司業陳棠言。自興學至今二十年。六經博士未嘗備員。望加惠學者。俾六經各置博士。每經擇經明行脩二人充選。庶幾經各有師。得以輪遞講說。詔博士闕員。許令正錄兼講。　丙子。金國賀生辰使高景山。副使王全始入境。用故事遣中使黃述賜扇帕于洪澤鎮。景山等舉趾倨傲。述與之對揖。略不加禮。又遣人量閘面闊狹。沿淮顧盻。意

若相視水面者。識者知其有敗盟之意。　甲申詔。諸路監司失按。屬吏一歲及四人以上者。令御史臺檢舉。申朝廷議罰。用殿中侍御史陳俊卿請也。　大理寺言獄空。上謂宰執曰。大理寺臨安府在闕下。雖未敢謂刑措。然獄訟清簡。冤抑得伸。亦庶幾焉。惟是諸路憲臣或不得人。則吏強官弱。民無所措。卿等宜思革此弊。　辛卯。大金國賀生辰使高景山。副使王全見于紫宸殿。景山當奏事。自稱語訥不能敷奏。乞令

副使王全代奏。上許之。景山招全。全乃陞殿之東壁。面北厲聲奏。奏訖。降殿駕輿。全在殿下揚言曰。我來理會者兩國事。譊譊不已。帶御器械李橫約全曰。不得無禮。有事朝廷理會。時百官班未退。帶御器械劉炎白陳康伯曰。使人在廷有茶酒之禮。宜奏免之。康伯曰。君自奏聞。炎遂轉屏風而入見上哭泣。炎奏其事。上然之。炎出傳旨曰。今爲淵聖皇帝訃音。忽覺聖躬不安。閤門賜茶酒宜免。使人且退。班遂退。宰執聚殿廬議舉哀典故。或謂上不可以凶服見使者。欲俟其去乃發喪。權工部侍郎黃中聞之。馳白康

伯曰。此國家大事。臣子至痛之節。一有失禮。謂天下後世何。且使人問焉。將何以對。於是始議行禮及調兵守江淮之策。　壬辰。宰執內殿奏事。同知樞密院事周麟之言。猾虜意可卜。宜練甲申儆靜以觀變。使不當遣。上曰。卿言是也。彼欲割地。今何以應之。麟之曰。講信之始。分畫封圻。故應有載書存。願

出以示使者。厥請將自塞矣。　甲午。宰執召三衙帥趙密。成閔。李捧及醴泉觀使楊存中至都堂議舉兵。既又請侍從臺諫集議。陳康伯傳上旨云。今日更不尙和與守。直問戰當如何。執攻欲遣閔等將禁衛兵禦襄漢上流。虞允文言。慮必不從上流而下。恐發禁衛則兵益少。朝廷內虛。異時無兵可爲兩淮之用。執政不聽。日午下詔發喪。　時朝論洶洶入內。內侍省都都知張去爲陰沮用兵之議。且陳退避之策。或因妄傳有

幸閩蜀之計。人情皇惑。上意雅欲視師。陳康伯奏曰敵國敗盟。天人共憤。今日之事有進無退。若聖意堅決。則將士之氣自倍。願分三衙禁旅助襄漢兵力。待其先發。然後應之。權工部侍郎黃中自使還。每進見。未嘗不以邊事爲言。至是又率用列請對論決策用兵。莫有同者。中乃獨奏曰。朝廷與仇虜通好二十餘年。我未嘗一日言戰。彼未嘗一日忘戰。取我歲幣。啗彼士卒。我日益削。彼日益強。今幸天褫其魄。使先

墜言以警陛下。惟亟留聖心焉。

又其後。四庫本「督官軍用神臂弓射敵。卻之……同力拒敵。敵遂扼大散關……敵自守之兵不足慮也」句（三三一—二四四下）。明刊本「敵」字皆作「虜」。

又其後。四庫本「乙未……敵馳徑去侵蔣州」句（三三一—二四五上）。明刊本「敵」作「虜」。

又其後。「戊戌詔。令人無厭。背盟失信」句（三三

一—二四五上）。明刊本「金人」作「金虜」。

又其後。四庫本「冬十月庚子朔手詔曰。屬彊敵之無厭」句（三三一—二四五下）。明刊本「彊敵」作「戎虜」。

卷二十三下　宋高宗十九

四庫本「丁亥……中原之地久歎淪胥。民思拯救如在焚溺」句（三三一—二六一上）。明刊本「久歎淪胥」作「久污腥羶」。

又其後。四庫本「戊子詔曰。比者視師江上。敵騎遁去」句（三三一—二六一上）。明刊本「敵騎」作「虜騎」。

卷二十四上　宋孝宗二

四庫本「敵人姦謀詭計以和」句（三三一—二九四上）。明刊本作「虜人姦謀詭計以和」。又後文「臣竊惟國家自紹興初與金人講和」句（三三一—二九四下）。明刊本「金人」作「金虜」。又後文「自汴京板蕩以來。四十年間。金人封豕長蛇。薦食上國」句（三三一—二九五上）。明刊本「金人」作「醜虜」。

又其後。四庫本「壬子……一聞彼言。喜見顏色……彼能以太上爲兄。朕所喜者」句（三三一—二九五下至二九六上）。明刊本「彼」字並作「虜」。

又其後。四庫本「初張浚累疏。言敵彊則來。弱則止……遂遣盧仲賢持書報敵……因敵帥一再移書」句（三三一—二九六上）。明刊本「敵」字皆作「虜」。

又其後。四庫本「兵部侍郎胡銓言」條（三三一—三○二上至三○三上）。明刊本凡「敵」字皆作「虜」。

又其後。四庫本「則人心悅。元氣充。而敵不難卻矣」句（三三一—三○五上）。明刊本「敵」作「虜」。又其後小注。四庫本「朱文公曰。南渡以來。士大夫唱爲和議。其賢者則不過爲保守江南之計。莫有知其爲大變者……使天下曉然於中外之辨。其功盛哉」句（三三一—三○五上）。明刊本作「朱文公曰。南渡以來。士大夫唱爲和議。其賢者則不過爲保守江南之計。夷狄制命。禽獸迫人。莫知其爲大變……使天下曉然。知人類之所以異於禽獸。中國之所以異於夷狄。其功盛哉」。

又其後。四庫本「大事記曰。思退大唱和議。密諭敵以重兵脅和」句（三三一—三○七下）。明刊本「敵」作「虜」。

又其後。四庫本「王抃使敵軍併劄商秦地……敵皆聽許」句（三三一—三〇八上下）。明刊本「敵」並作「虜」。又其後小注。四庫本「天地閉塞。是力舉南北之人而棄之」句（三三一—三〇八下）。明刊本作「而天地閉塞。夷狄愈盛而禽獸愈繁。是力舉南北之人而棄之」。

卷二十四下　宋孝宗二

四庫本「六月壬午……上曰。卿等於審察或陞差之」句與「摧貨務如兩淮人過江南」句之間有闕文（三三

一—三三一下）。明刊本作「上曰。卿等於審察或陞差之際觀之。亦可見其人材。且如三省呼召文臣。卿等亦可呼召武臣。文武自當一律。　癸未。王曮入見進對。奏久晴極暑。上曰。久晴得百穀堅好。朕寧受極暑。不敢憚也。　丁酉。中書舍人王曮。起居舍人陳良祐言。和糴之弊害及於民。守令之罪也。朝廷抛降有定數。而州縣額外倍科。朝廷降糴本於州縣。而

州縣十不支一二。乞令州縣各置場。申嚴條法從之。中書門下省言。州縣等官。在任有合支請。往往援例。請過官錢。理宜約束。詔帥臣監司覺察。　是月。罷兩浙市舶司。以言者論兩路市舶所得不過一萬三千餘貫。而一司官吏請給。乃過於所收故也。　乾道。新書成。　詔舉制科許侍從薦舉。或監司守臣解送。及權罷注疏出題。　廣西提刑張維奏曰。昔漢宣帝嘗曰。庶民各安於田里。而亡嘆息愁恨之聲者。政平訟理也。臣今考察守令。以政平訟理爲臧。以政不平

訟不理爲否。而臧否之中復有優劣。凡臧之品有三。否之品有二。詔諸路監司帥臣依張維所奏。察本路守令。限兩月。各具臧否以聞。不得連銜。　是夏初。令戶部印給交子三百萬緡。行於兩淮。不得過江南。秋七月。乙卯。臣僚言。出官人銓試中而後使之從仕。陛下之命也。近覩將士郎都謙亨差監潭州南嶽廟。本人係隆興元年八月內。因父致仕。陳乞恩澤補官

。既未曾銓試。又補授未滿三年。陛下法令如此之備
。申令如此之嚴。必欲違戾臣所未曉也。乞指揮。今
後初出官人。陳乞差遣。先令吏部具本人曾與不曾銓
試。申尚書省。然後取旨除授。詔都謙亨嶽廟差遣。
更不施行。餘並依奏。今後執政當遵近制。仍戒諭後
。省官毋再忽慢。　庚申。執政内殿進對。上曰。前
日一雨之後。想見禾稼秀實。魏杞等奏。浙中田間正
望此一雨。兼聞江東亦自豐熟。上曰。今歲秋成。可
望甚可喜也。奏事訖。杞等退而私語曰。主上憂勤如
此。與夫必待進戒而後知稼穡艱難者遠矣。　八月。
丁丑進呈。内東門司申内人紅霞帔。韓氏得旨。轉郡
夫人。依外命婦支給。請受據。戶部供外命婦郡夫人
即無祿令。上曰。祿令如此。朕不欲破例。此事且已
。朕禁中自理會也。　丙戌。詔林安宅。王伯庠論葉
顒姪元濟受周良臣請求贓事。訊驗無跡。事干大臣風
聞失實。林安宅可罷同知樞密院事。王伯庠罷侍御史

。丁亥。進呈周良臣等案。上曰。林安宅。王伯庠昨
日之罷亦非得已。若不如此行遣。自後大臣必爲人汙
衊。受曖昧之謗。周良臣等可疏放。林安宅筠州居
住。　是月。降會子交子各二千萬。均撥於鎭江。建
康。兩摧貨務如兩淮人過江南」。

卷二十五上　宋孝宗三

四庫本「范成大爲祈請使爲陵寢。受書二事也。敵復
書略云……賀敵尊號。悉命口陳祈削舊禮……。肅曰。
今往彼必不從」句（三三一—三五二上）。明刊本「
敵」及「彼」字皆作「虜」。「舊禮」作「此禮」。
又其後。四庫本「兵部尚書黃中嘗從容奏曰……且使
敵國之日彊。或以是而窺我矣。上異其言。比成大致
書敵。果以爲詞云」句（三三一—三五二上下）。明
刊本「使敵國之日彊」作「雖夷狄之無君」。「致書
敵」作「致書虜」。
又其後。四庫本「冬十月戊申……深念祖宗德澤。不

顧敵國驕橫。謂聖朝陵寢不可犯。謂臣子節義不可失。共甘一死。以支強弱之形勢」句（三三一—三五五下）。明刊本作「冬十月。戊申……深念祖宗德澤。不顧夷狄殘暴。謂聖朝陵寢不可犯。謂腥羶醜類非我君。共甘一死。以支逆虜之盜伐」。

卷二十六上　宋孝宗五

四庫本「二月辛巳……向來烏珠南侵……敵烏珠遂以輕舸遁」句（三三一—三九八上）。明刊本「南侵」

作「入寇」。「敵」作「虜」。

卷二十六下　宋孝宗六

四庫本「辛亥……每見叔世之君。使人汗下」句（三三一—四三七上）明刊本作「每見叔世之君。所爲不善。使人汗下」。

又其後。四庫本「學莫先於義利之辨。義者本心之所當也。」句（三三一—四四〇上）。明刊本作「學莫先於義利之辨。義者本心之所當爲。非有爲而爲也。有爲而爲。則皆人欲非天理。此栻講學所得之要也」。

卷二十七上　宋孝宗七

四庫本「二月癸卯……三人並追官勒停。仍送筠州編管」句（三三一—四五九上）。明刊本作「二月癸卯……三人並追官勒停。甄士昌追進武校尉。李庚追官勒停。仍送筠州編管」。

卷二十七下

四庫本「丁丑……豈可不明賞罰。不然朝夕諄諄無益」句（三三一—四八一下）。明刊本作「豈可不明賞罰。天下事只是賞罰。不然朝夕諄諄無益」。

又其後。四庫本「丁丑。令應巡檢下士兵不許差充撓送」句與「王淮等奏」句之間有闕文（三三一—四九五下）。明刊本全文如下

丁丑。令應巡檢下士兵不許差充撓送。從廣東提刑管監請也。　壬午。檢正諸房公事尤袤等奏。看詳封事

內樞密院檢詳范仲藝奏。近年以來。循習成俗。事無巨細。關節交通。私請公行。違棄法令。變亂黑白。殽混是非。上誤政刑。不無乖戾。詔令御史臺覺察。又看詳右司員外郎京鏜奏。版曹有一論訴。必徧送監司而不肯予決。有一取會。必下送子司而不肯承受。及責其結絕。方且枝蔓其事。人戶雖經臺越訴。經省催促。彼豈暇顧。欲人民不怨可乎。詔今後須管。隨事與決。毋爲文具。

臣留正等曰。漢世每有災異。輒下詔求直言。所以救不逮而答譴告也。自是歷代循之以爲故實。然其採擇見諸行事者。因已無幾。而以正論獲罪者。亦往往有之。壽皇間因旱暵詔陳闕失。導以無有所隱。而所上封事或首經乙覽。徑令施行。或付出進呈與大臣商確。或令宰屬看詳擇其可行者行之。見於記注。班班可考也。其曰。不爲虛文。誠如聖訓。臣故裒次而著之以詔萬世。

上曰。凡事是是非非須是分明。牛李之禍至數十年不解者。正緣主聽不明。若主聽明。惟是之從。勿間其孰爲牛黨。孰爲李黨可也。　癸未。又進呈封事。上因論鄭僑封事。多言卿等不和。但事惟其是。若一以爲可。一以爲否。各陳所見。亦何害。朕前爭辨。退即無事。若常時然。王淮等奏楊前爭辨。退而如常。未嘗爭辨。前輩大臣多如此。皆爲國事而已。若心爲國。便有錯誤何害。所謂君子之過如日月之食。　庚

寅。進呈嚴州分水縣土地神乞賜廟額。上問。嚴州今歲旱傷否。王淮等奏。嚴州旱傷。上曰。本州既是旱傷。神何功於民而欲加廟額。不可。　甲午。進呈蕭燧乞省節財用。上曰。朕面諭蕭燧。革弊之道。遲之以漸則不咈。人情久而弊自革。如減吏額。減冗兵等事。皆以其漸行之。數年之後。必獲其利。燧因言比歲郊祀奏薦甚少。亦是向來裁減之效。王淮等奏。正緣武臣關陞而軍中有官人。卻須將副以上方理。非所

以優從軍之士。賴卿等記得立法之意。不曾放行。周必大奏。軍中人考第易得。如外任則多待闕。非十年不成一任。極難關陞。奏薦安得不減。上顧必大云。丞相知始末。說得極是。 是月。臣僚言。刺配之法始於晉天福間。國初加杖。用貸死罪。其後科禁寖密。刺配日增。考之祥符。編敕止四十六條。至于慶曆已一百七十餘條。今淳熙配法。凡五百七十條。配法既多。犯者自衆。近臣僚建請改定居役之法。已降指

揮看詳。至今未有定論。莫若依倣舊格。稍加參訂。將犯配法人。如入情重則依舊刺面。用不移不放之格。其次稍重。則止刺額角。用配及十年之格。其次稍輕。則與免黥刺。用不刺面放還之格。其次最輕。則降為居役。別立年限。從免之格。儻使居役本條。或有從坐編營。則置之本城。減其放限。如此則於見行條法並無牴牾。且使刺配之法專處情犯兇蠹。而其他偶麗於罪。皆得全其面目。知所顧藉。可以自新。惟

陛下留神。速詔有司裁定施行。 九月壬寅。詔朝奉郎權發遣夔州。楊輔降一官。以奏臧否遲慢故也。 是月。令湖北京西措置民兵三丁取一。五丁取二。十丁取三。 冬十月。戊辰朔。大赦。以太上皇帝違豫痊平也。 是日。進呈劉青妃姪劉允中乞添差差遣。上曰。太上皇帝朝添差差遣少曾放行。如吳益兄弟最是戚里近親。亦不輕與。何況其他。劉允中止令具正闕陳乞。 乙亥。太上皇帝崩。遺誥太上皇后宜改稱

皇太后。尋上宮名曰慈福。 上尋諭王淮等。欲不用易月之制。如晉孝武。魏孝文實行三年喪服。自不妨聽政。司馬光通監所載甚詳。淮等奏。通監載晉武雖有此意。然後來只是宮中深衣練冠。上曰。當時群臣不能將順其美。光所以譏之。後來武帝竟欲行。淮等奏。記得亦不能行。上曰。自我作古。何害於是禮。官乞大祥改服。大祥之服。素紗軟腳。折上巾。淡黃袍。黑銀帶。上袝廟畢。改服皂幞頭。淡黃袍。黑鞓

帶。過宮則縗経行禮。二十五日而除。上批淡黃袍改服白袍。自是每御延和殿。並服大祥之服而不用皀幞頭。其折上巾。白袍並以布爲之。禁中則布巾布衫。過宮則縗経而杖。至逾月。群臣拜表。請御正殿。上批俟過祔廟。勉從所請。司農少卿邢璞爲告哀。使至汴京。虜人錫燕欲用樂。璞持不可。自朝至于夜漏下三十刻。璞持議益堅。虜不能奪。竟徹樂即坐。悤遽而罷。至燕京。其閤門。又令南使服吉帶而見。璞

又持不可。日將中。乃見殿上皆淺黃帷幄。乃知虜主本無他。特群胡生事也。十一月甲寅。詔令皇太子參決庶務。上謂宰臣曰。皇太子年長。若只在東宮。亦恐怠惰。所以令決庶務。可擇日開堂。與卿等議事。乙卯。進呈淮西總領趙汝誼體究到馬軍行司回易等事。上曰。諸軍今後如有違戾。令總領所覺察以聞。施師點等奏。總領銜位帶專一報發御前軍馬文字。正是此意。上曰。向來銜位帶此一句。防微杜漸。誠爲有理。是月。詔定曆差。先是給事王信等言。布衣皇甫繼明。太學生石萬。指述月見行淳熙丙午曆氣朔有差。乞更置局更曆。臣等看詳繼明。劉孝榮等。定去年八月十六夜。太陰交蝕。命官測驗三人。所定各有差失不同。乞令各造戊申裁淳熙曆一本。幷各供乞以何占驗候。占驗訖。取其委。無差忘者。取旨至是。王淮等奏。石萬所造曆與淳熙戊申曆差兩朔」。

卷三十　宋寧宗三

四庫本「乙巳……金主爲蒙古所攻……受黑蒙古進奉見其王……是歲。蒙古入貢……然後引兵深入。會金之亂軍有詣蒙古告其事者。蒙古疑不信。言者再至。蒙古遣人伺之。得其實。遂遷延不進。是秋。蒙古兵猝至。與金人戰於灰河。凡三日。勝負未分。特穆津選精騎三千。……馳突金軍。金軍亂……蒙古兵至翠屛口。金又大敗……是冬。蒙古至晉山縣。距燕京百八十里」句（三三一—六一三下）。明刊本作「乙巳

……金主爲韃靼所攻……受黑韃靼進奉見其王……是歲。韃靼入貢……然後引兵深入。會虜之紀軍有詣韃靼告其事者。韃靼疑不信。言者再至。韃靼遣入伺之。得其實。遂遷延不進。是狀。韃兵猝至。與金人戰於灰河。凡三日。勝負未分。特穆津選精騎三千。……馳突金軍。虜軍亂……韃兵至翠屏口。虜又大敗……是冬。韃兵至晉山縣。距燕京百八十里」。

又其後。四庫本「是月。蒙古兵至居庸關……殺蒙古兵數百。蒙古兵懼。不敢進……蒙古懼。遂斂兵而退」句（三三一—六一四上）。明刊本作「是月。韃靼兵至居庸關……殺韃兵數百。韃兵懼。不敢進……韃靼懼。遂斂兵而退」。

又其後。四庫本「蒙古破燕京……與蒙古戰凡二日」句（三三一—六二一下）明刊本作「韃人破燕京……與韃人戰凡二日」。

又其後。四庫本「是冬。金人花帽軍擊蒙古於杏花營。敗之。花帽軍者本戶部令史郭忠率山後軍民以擊逐蒙古。金人後名其軍爲花帽軍云。初蒙古既破燕京……至是。蒙古至杏花營距汴京纔二十里……塘濼深阻。蒙古不能入。金將張甫張進二人……兩河既爲蒙古所擾。山東叛之。自南遷後。累遣使詣蒙古求和……而金國之群臣亦不從」句（三三一—六二二下—六二三上）。明刊本作「是冬。金虜花帽軍擊韃靼於杏花營。敗之。花帽軍者本戶部令史郭忠率山後軍民以擊逐韃人。虜人後名其軍爲花帽軍云。初韃人既破燕京……至是。韃兵至杏花營。距汴京纔二十里……塘濼深阻。韃兵不能入。虜將張甫張進二人……兩河既爲韃人所擾。山東叛之。自南遷後。累遣使詣韃人求和……而金虜之群臣亦不從」。

又其後。四庫本「戊午詔曰……豈謂金人遽忘大德皇華之施……金衆既殲。殘黨自靖」句（三三一—六二四下）。明刊本「金人」作「亡胡」。「金衆」作「

群酋」。
又其後。四庫本「金人夷其城。乙未。吳政戰死於黃牛堡。金乘勝攻武休關」句（三三一—六二七上）。
又「二月戊戌朔。金破光山縣」句。明刊本「金」字皆作「虜」。
又其後。四庫本「辛亥。金陷大安軍」句（三三一—六二七下）。明刊本「金」作「虜」。
又其後。「沔州都統張威遣統制石宣邀擊金兵於大安軍……金聞之遂遁去」句（三三一—六二七下）。明刊本「金兵」作「金虜」。「金聞之」作「虜聞之」。

卷三十二　宋理宗二

四庫本「公怨素結於人心。遭家不造。值國多艱。遂至大同之治竟成分裂之形。……因彼兩方之構怨。致茲頻歲之不寧。百姓至此極也」句（三三一—六八三下）。明刊本作「公怨素結於人心。蠢茲女眞。系我

王略。遂至同文之俗半爲左衽之污……因彼鷸蚌之相持甚於豺狼之交噬。百姓至此極也」。又後文「庶脫之塗炭之中。而易以室家之慶」句（三三一—六八四上）。明刊本「室家之慶」作「衣冠之盛」。

四庫補正 大事記續編七七卷

明王　禕撰

以明成化甲辰蜀刊本校補

卷六

四庫本「解題曰。莽召問群臣禽賊方略。皆曰。此天囚行尸。命在漏刻」句下注文「秦使者」（三三三—一〇七）明刊本作「叔孫通」。

卷九

四庫本「南頓君以上四世於春陵」句（三三三—一四七上）。明刊本作「徙四親廟於章陵」。

又其後。四庫本「冬十月。朱浮免。癸丑。光祿勳杜林爲大司空」句（三三三—一四九上）。明刊本於「十月」下多「壬子」二字。

卷十八

四庫本「儉亡命困迫。望門投止。莫不重其名行」句（三三三—二三九下）。明刊本「儉亡命困迫」作「儉亡命困迫遁走」。

四庫本「漢主進軍夷道猇亭。使將軍黃權督江北軍」句（三三三—三〇九下）。明刊本於句後加「解題曰。猇亭在今峽州宜都縣。猇。許交反」句。又多「夏。四月戊申。魏立鄄城侯植爲王。以魏紀修。解題曰。王通曰。陳思王。達理者也。以天下讓。時人莫之知也。事見通鑑」一段。

卷二十一

四庫本「九月甲午。魏詔群臣不得奏事太后。后族不得輔政。以魏紀修。十一月庚申晦。日有食之。春。二月。魏軍還。三月。漢主召諸葛亮與尚書令李平受遺」句（三三三—三一〇上）。明刊本作「九月甲午。魏詔群臣不得奏事太后。后族不得輔政。以魏紀修。魏立貴嬪郭氏爲皇后。以魏紀修。魏主責吳任子不至自許昌。遣兵三道伐之。冬。吳請服。不許。吳王權改元拒守。以通鑑目錄修。漢營南北郊。以鄭樵年

譜修。十一月庚申晦。日有食之。以通鑑修。十二月
。吳漢復通好。以呂祖謙標目修。漢安樂思公劉禪建
興元年。魏高祖文皇帝黃初四年。吳王黃武二年。春
。二月。魏軍還。以魏紀稽古錄修。三月。漢主召諸
葛亮與尙書令李平受遺。」
又其後。「秋八月。吳王權攻魏。江夏遣將圍石陽。
尋退」章之解題後闕小注（三三三—三一三下）。明
刊本作「石陽。元和郡縣志在黃州黃陂縣」。其後。

四庫本又闕一章。明刊本作「冬。十二月。魏徵。管
寧爲光祿大夫。以魏傳修。是歲。吳交趾叛。尋平之
。以呂祖謙標目修」。
又其後文。四庫本「春。正月。吳獲彭綺。三月。漢
下詔伐魏。諸葛亮屯漢中」章（三三三—三一三下）
。明刊本作「漢安樂思公建興五年。吳王黃武六年。
魏烈祖明皇帝曹叡大和元年。春。正月。吳獲彭綺。
以通鑑目錄修。魏大修宮室。司徒王朗諫。以呂祖謙
標目修。三月。漢下詔伐魏。諸葛亮屯漢中。以蜀傳
通鑑修」。
又其後解題。四庫本「宮中府中。俱爲一體。陟罰臧
否。不宜異同」句（三三三—三一三下）。明刊本於
「俱爲一體」與「陟罰臧否」之間有小注如下「漢百
官表。侍中。加官得出入禁闥。又侍郎屬尙書令。與
人主親近。故曰宮中。亮以丞相開府治事。故曰府中
。周禮凡內庭官寺嬪御之屬。皆統於冢宰。而立政之

書。周公尤致意於綴衣。虎賁。趣馬之微。其所以護
養君心。成就君德者至矣。後世識此意者。惟亮一人
。故出師之日。拳拳以宮府一體爲言。後來姜維表魏
欲規進取宜督諸軍分護陽安關口。除事楊姜以防未然
。而宦臣黃皓啓後主寢其事。然後知亮之遠慮也。」
又其後。四庫本於「西陵樂鄉」及「武昌晥城」之間
有闕（三三三—三一八下）。明刊本作「南郡。鳳凰
元年張咸任延守之。巴丘夏口。天紀元年孫愼守之」

句

又其後「四庫本「矢中部髀。餘見通鑑」句下注文「懿攻。拔其圍。亮再出祁山」句（三三三—三三一）。明刊本作「懿攻。拔其圍。亮宵遁。追擊破之。杜榮等言隴右無穀。宜及冬豫運。懿曰。亮再出祁山」。

又其後卷末。四庫本止於「九月。魏邀之成山。斬其將」章（三三三—三三二上）。明刊本其下尚有解題等。其文如下。

解題曰。顏師古曰。成山在東萊不夜縣斗入海。今在登州文登縣。萊州掖縣。

魏治許昌宮。以呂祖謙標目修。冬十一月。庚寅。魏陳思王植卒。以魏紀修。十二月。魏築合肥城。以通鑑修。

漢安樂思公建興十一年。魏烈祖明皇帝青龍元年。吳大皇帝嘉禾二年。春正月。公孫淵遣使稱臣於吳。三月。吳封之爲燕王。舉朝諫。不聽。以吳傳通鑑修。夏閏五月。庚寅。朔。日有食之。以魏紀修。六月。鮮卑軻比能誘保塞。鮮卑步度根寇邊。魏討之。冬。十月。降其部落。步度根尋爲比能所殺。以魏紀修。十二月。公孫淵斬送吳使於魏。魏以爲大司馬樂浪公。吳主大怒。欲征淵。群臣諫。乃止。以魏紀吳傳修。是歲。吳王向魏合肥遣將攻六安。皆不克。以吳傳修。

卷二十九

四庫本「胡寅曰。勒謂遇高祖。則與彭韓爭先。遇光武。則並驅中原」句（三三三—四一三下）。明刊本作「胡寅曰。勒謂人豈不自知信矣。而未知知人之不易也。勒謂遇高祖。則與彭韓爭先。遇光武。則並驅中原。」

卷三十二

四庫本「秋。七月。秦狄道長符登取南安。以登爲南

安王」句（三三三—四五七上）。明刊本作「秋。七
月。秦狄道長符登取南安。八月。秦主丕以登爲南安
王」。

卷四十四

四庫本「廢梁主爲江陰王」解題後注文「呂祖謙曰。
振鷺之詩曰」句（三三三—六一八下）。明刊本作「
按二王之後。助祭之詩」。

卷五十

四庫本「或三二百歲。或五六百歲。淳漓一變。盈虛
消息。後世誠不及古遠矣」句（三三四—六二下）。
明刊本於「淳漓一變」。句下尚多「而天地之變」。
五字。

卷五十七

四庫本「十二月庚寅。改元。改三省官名」章之前有
闕文（三三四—一三九下）。明刊本作
乙丑。上皇誥歸政。賜太平公主死。以呂祖謙標目修
。庚午。流崔湜于竇州。尋殺之。以新紀通鑑修。內
給事高力士爲監門衛大將軍知內侍省事。以呂祖謙標
目修。
解題曰。范祖禹曰。自古國家之敗。未有不由子孫更
變祖宗之舊也。創業之君。其得之也難。故其防患也
深。其慮之也遠。故其立法也密。後世雖有聰明才智
之君。然未若祖宗更事之多也。夫中人不可假以威權
。蓋近而易以爲姦也。明皇不戒履霜之漸。而輕變太

宗之制。崇寵官者增多其員。自是以來。寖干國政。
其原一啓。末流不可復塞。唐室之禍基於開元。事見
通鑑。
庚辰。陸象先罷。八月癸巳。劉幽求爲右僕射知軍國
大事。九月庚午。同三品左丞張說爲中書令。以新紀
修。冬。十月己亥。帝幸溫湯。癸卯。講武於驪山。
流郭元振於新州。以新紀修。甲辰。獵于渭川。同州
刺史姚崇爲兵部尚書同三品。乙巳。還宮。以新紀通

鑑修。
解題曰。按新史列傳。玄宗講武新豐故事。天子行幸
牧守在三百里者。得詣行在。時帝亦密召崇。崇至。
帝方獵渭濱曰。公知獵乎。曰少所習也。帝與俱馳逐
。緩速如旨。帝歡甚。既罷。乃咨天下事。衮不知倦
。帝曰。卿宜遂相朕。崇知帝銳于治。乃先設事以堅
帝。即陽不謝。帝怪之。崇因跪奏。臣願以十世聞。
陛下度不可行。臣敢辭。帝曰。試爲朕言之。崇曰。

垂拱以來。以峻法繩下。願政先仁恕可乎。朝廷覆師
青海。未有牽復之悔。願不幸邊功可乎。比來任佞。
冒觸憲綱皆得以寵自解。願法行自近可乎。后氏臨朝
。喉舌之任出閹人之口。願官豎不預政可乎。戚里貢
獻。以自媚公卿。方鎮浸亦爲之。願租賦外一絕之可
乎。外戚貴主用事。班序荒雜。請戚屬不任臺省可乎
。先朝褻狎大臣。虧君臣之義。願陛下接之以禮可乎
。燕欽融韋月將以忠被罪。諍臣沮折。願群臣皆得批
鱗犯諱可乎。武后造福先寺。上皇造金仙玉眞二觀。
費鉅百萬。請絕道佛營繕可乎。漢以祿莽閻梁亂天下
。國家爲甚。願推此鑒戒可乎。帝曰。朕能行之。崇
乃頓首謝此出。吳競升平源新史取之。通鑑考異乃云
。此十條須因事啓沃。豈一旦可邀。難以盡信。不忍
當時革弊莫先於此。崇欲建明久矣。特未得其機便爾
。因主眷方隆。傾倒而出之。蓋惟恐其不盡也。初何
待於因事而陳乎。餘見通鑑。

左拾遺劉彤議鹽鐵。以通典會要修。
解題曰。此鹽鐵之所自起也。按通典會要。十一月。
彤上鹽鐵表曰。漢武之時費倍當今。然古費多而貨有
餘。今用少而財不足者。豈非古取山澤而今取貧人哉
。取山澤則公利厚。而人歸於農。取貧人則公利薄。
而人去其業。先王之法。山海有官。虞衡有職。輕重
有術。禁發有時。一則專農。二則饒國。夫煮海爲鹽
。採山鑄錢。伐木爲室。豐餘之輩也。寒而無衣。餓

而無食。傭任自資。窮苦之流也。若能收山海厚利。蠲橫斂重徭。所謂損有餘而益不足。臣願陛下詔鹽鐵木等官。各收其利。府有餘儲。然後蠲窮獨之徭。以惠群元。柔荒服。上令宰臣議其可否。咸以甚益國用。遂令將作大臣姜師度。戶部侍郎強循攝御史中丞。與諸道按察使檢校鹽鐵之課。十年勅諸州所造鹽鐵。合有官課。比令勾當。除此更無別求。如聞稱有侵剋。宜令本州刺史上佐一人檢校。依式取稅。如有欺沒

。仍委糾覺。

十一月乙丑。劉幽求兼侍中。新紀。戊子。上尊號。以新舊紀修。解題曰。孫甫曰。古天子之稱曰帝王。蓋稱其德也。秦不顧德之所稱。但自務尊極。故稱皇帝。然亦未有尊號也。至漢哀帝始有聖劉太平之號。此豈可爲法乎。唐高宗循武氏之意。始稱天皇。中宗從韋庶人之欲。乃號應天。二宗。爲婦人所制。其行事俱貽笑千萬世。明皇以賢繼位。乃襲高宗中宗之繆舉。蓋臣下諂諛。不乎經義逢君之過而然也。馬令南唐書。群臣上徽號。烈祖曰。朕託於民。上常恐弗類。矧乃徽號。用揚虛美。是重弗類。因此廢徽號之禮。曾謂唐之諸君而見不及此乎。

又其後「十二月甲子。置隴右節度大使」章之前有闕文(三三四—一四〇下)。明刊本原文如下

二月庚寅朔。日蝕。不應。姚崇表賀。以通鑑修。乙未。突厥寇。北庭都護郭虔瓘敗之。新紀。閏二月。徙安西大都護府於中受降城。以通鑑修。

解題曰。按方鎮表。景雲置安西都護四鎮經略大使。先天北庭都護領伊西節度等使。開元六年。安西大都護領四鎮節度使。副大都護領磧西節度使。治四州。十五年。伊西北庭置二節度使。十九年合爲安西四鎮北庭節度使。二十九年。分安西四鎮節度使。治安西都護府。北庭伊西節度使。治北庭都護府。至德安西曰鎮西。大曆復貞元涇原節度。兼領安西四鎮北庭節

度。

戊子。貶劉幽求鍾紹京爲外州刺史。以呂祖謙標目修。三月貶青州刺史。韋安石太子賓客。韋嗣立刑部尚書。趙彥照致仕。李嶠爲別駕。以通鑑修。夏五月。罷員外試檢校官。以呂祖謙標目修。辛亥。魏知古罷。新紀。六月甲子。徙御大明宮。以新紀修。秋七月。乙未。焚錦繡珠玉於前殿。新紀。庚子。薛納及契丹戰於灤河。敗績。以新紀修。

解題曰。按新史地志。灤河在薊州東北。竇苹音訓。水出奚國都山。事見通鑑。灤河之陽今爲上都開平路所治。即遼東臨灤河是也。灤。力官切。諸書山海經並無此字。唯見切韻。吳魯漫錄按此鄙須知遼有灤州。西至燕京五百里有灤河縣。西至灤州四十里。平州西至燕京八百里。灤河正在平州西。竇苹以爲在東非也。

丁未。襄王重茂薨於房州。謚殤皇帝。以呂祖謙標目修。戊申。禁百官與僧道往還。以通鑑修。八月。乙亥。吐蕃寇邊。以薛訥爲隴右防禦大使。伐之。以新紀修。

解題曰。聖曆中。以夏州都督領夏州防禦使防禦之名始於此。

九月。庚寅。作興慶宮。新紀。

解題曰。按六典韋述兩京記。典慶宮在皇城東南。東距外郭城之東垣。本玄宗舊宅。自大明宮東夾羅城。

復道經通化門磴道替通焉。

戊申。帝幸溫湯。以新舊紀修。脩常平法。通鑑目錄。突厥諸部降。以呂祖謙標目修。冬十月。戊午。帝還宮。以新舊紀修。甲子。薛訥大敗吐蕃於武街。以新舊紀修

解題曰。武街今階州。

又其後。四庫本「唐玄宗明皇帝開元三年春。正月丁亥。立子郢王嗣謙爲皇太子」章之前有闕文(三三四

一一四〇下)。明刊本作
乙丑。立子三人爲王。以通鑑修。是歲。置幽州節度大使。以通鑑修。
解題曰。按方鎭表幽州節度。開元二年置。節度諸州軍管內經略鎭守大使。領幽易平檀嬀燕。伍年。營州置平盧軍使。七年升爲平盧軍節度等使。兼領安東都護。及營遼燕。八年幽州節度兼節度河北諸軍大使。十八年增領薊滄。二十年兼河北採訪處置使。增領衛

相洺貝冀魏深趙恆定邢德博棣營鄚及安東都護。二十九年。幽州節度副使領平盧節度副使。治順化州。天寶元載幽州爲范陽節度使。增領歸順歸德二郡。二載平盧節度治遼西故城。上元滄海隸淄沂節度。衛相貝魏博隸滑衛節度。寶應范陽復幽州節度。平盧陷。又兼盧龍節度使。恆定易趙深隸成德節度。邢州隸澤潞節度。廣德元年。冀州隸成德節度。罷領順易歸順建中省。燕州天復置平營瀛莫等州觀察使。

又其後「唐玄宗明皇帝開元四年春。正月癸未。殺尙衣奉御長孫昕」章之前亦有闕文(三三四—一四一上)。明刊本作
冬十月。以薛納爲朔方行軍大總管。討突厥。以新紀修。癸亥。帝如郿。甲子。幸鳳泉湯。十一月己卯。還宮以通鑑修。乙酉。帝幸溫湯。甲午。還宮。以新舊紀修。是歲初置翰林院。以前百官志修。左拾遺張九齡論守令。以新傳通典修。

解題曰。按新史列傳。通典。九齡上書曰。元元之衆懸命於縣令。宅生於刺史。今京輔近處之州刺史猶擇其人。縣令備員而已。江淮隴蜀三河。大府之外。稍稍非才繇京官出者。或身有累。或政無狀。用教守之任。爲斥逐之地。或因附會以忝高位。比其不稱京職。出以爲州武夫流外積貲。而得不計於才。刺史乃爾。縣令尙可言哉。宜遂科定其資。凡不歷都督刺史。雖有高第。不得任侍郞列卿。不歷縣令。雖有善政。

不得任臺郎給舍。都督守令雖遠者。使無十年京職。不得十年盡任外官。如此則內外通治。萬姓獲安。今天下未必治於上古。而事務日倍於前。誠爲不正其本。而設巧於末。吏部條章。動盈千萬。刀筆之吏。卞析毫釐。胥徒之猾。緣姦而奮。臣以謂始造簿書。備遺忘耳。今反求精於案牘。而忽於人才。是所謂遺劍中流。契丹以記者也。夫吏部尚書侍郎以賢而授者也。豈不能知人。如知之。拔十得五斯可矣。今膠以格

條。據資配職。使時人有平配之誚。官曹無得賢之實。若刺史縣令管內歲當選者。使考才行可入流品。然後送臺。又加擇焉。以所用衆寡爲州縣殿最。則州縣愼所舉可官之才多。吏部因其成無庸人之繁矣。

又其後。四庫本「解題曰。宋敏求長安志。百福殿在西內公主殿之西」句（三三四—一四〇上）後有闕文。明刊本作

突厥默啜可汗爲蕃部所殺。國人立其兄毗伽可汗。以呂祖謙標目修

解題曰。按柳芳唐曆郝靈荃引特勒回紇部落斬默啜於毒藥河。默啜雖爲仇虜徂擊而死。而靈荃固指蹤之人也。所以自挾爲功。及至觖望。則不食而死。若如新史所載。則靈荃不過一傳首之人。果何功之足言。而亦何至於憤恚而死哉。唐曆得之。所以新紀亦書大武軍子將郝靈荃殺突厥默啜。蓋有見於此也。餘見通鑑。秋。八月。辛未。奚契丹降。新紀。冬。十月。庚

午。葬橋陵。廟號睿宗。以通鑑脩。十一月。己卯。盧懷貞罷。新紀。丁亥。遷中宗於西廟。新紀。丙申。左丞源乾曜爲黃門侍郎同平章事。以新舊紀脩。十二月。丙辰。帝幸溫湯。乙丑。還宮。以新紀修。閏十二月。姚崇源乾曜罷刑部尚書。宋璟爲吏部尚書兼黃門監。紫微侍郎蘇頲同平章事。以新舊紀修。是歲始制員外郎御史。起居遺補尚書省不奏擬。以通鑑修。

又其後。四庫本「唐玄宗明皇開元六年春。正月辛酉
。禁惡錢」章之前有闕文（三三四—一四二上）。明
刊本作
辛亥。帝幸東都。以新舊紀修。三月。庚戌。復置營
州。呂祖謙標目。秋。七月。廢太常卿姜皎。以通鑑
修。壬寅。隴右節度使郭知運大破吐蕃於九曲。通鑑
。九月。復三省舊名。以呂祖謙標目修。復對伏奏事
。以呂祖謙標目修。冬。十月。癸酉。伊闕孫平子論

不當。遷中宗而祀睿宗。謫爲都城尉。以通鑑修。十
二月。訪逸書。以通鑑修。
又其後。四庫本「唐玄宗明皇帝開元九年。春正月。
以監察御史宇文融爲覆田使」章之解題後闕注文（三
三四—一四三下）明刊本作
「又曰。高祖大宗之法度廢弛時。時天下有戶八百萬
。而浮客乃八十萬。使融檢括剩以授客戶。責成守令
而不收限外之賦。戶日既增。租調自廣。雖有不善其
振業小民。審脩舊法。所得多矣。故桂佑稱融之功。
而唐人後思之。然陸贄稱租調之法曰。不校閱而衆寡
可知。是故一丁授田。決不可令輸一丁之賦。非若兩
稅鄉司能走弄於其間也。史臣謂州縣希融旨意。空張
其數。務多其獲。與贄之說背弛。贄又言融取隱戶剩
田以中主欲。夫隱戶而不出。剩田而不取。則流亡浮
寄者何以振業之乎。楊炎改兩稅法固宜。固融之善以
扶舊法。去其不善。務爲簡易。而不知出此。此陸贄

之論所以諄複而發也。
又其後。四庫本「唐玄宗明皇帝開元十年春。正月丁
巳。帝幸東都」章之前有闕文（三三四—一四三下）
。明刊本原文如下
解題曰。按方鎭表。景雲北都長史持節領和戎大武等
軍州節度使。開元五年。領天兵軍大使。八年。更爲
天兵軍節度使。十一年。更爲太原府。以北軍節節度
河東支度營田使領太原及遼右嵐汾代忻蔚朔雲。十八

年。更爲河東節度使。領大同軍使副使代州刺史領之。會昌三年。雲朔蔚州置大同都團練使。四年。升爲都防禦使。乾符升爲節度使。中和二年。河東節度增領麟州。更大同節度爲鴈門節度使。忻代二州隸鴈門。三年。爲代北節度使。四年。河東復領雲蔚龍紀。增領憲州。

是歲。諸王爲都督刺史之衣召還。以通鑑脩。置朔方節度使。呂祖謙標目

解題曰。按方鎭表。九年。置朔方軍節度使。領單于大都護府。夏鹽。綏銀。豐勝。定遠。豐安二軍。三受降城。十年。增領魯麗契。二十二年。兼關內採訪處置使。增領涇原。寧慶隴鄜坊丹延會宥麟。天寶增領邠州。十三載。豐州置九原節度隴右兵馬使。至德別置關內節度使。代採訪使。乾元置振武節度使。領鎭北大都護府。麟勝二州。上元廢關內節度。罷領單于大都護。涇原寧慶坊丹延隸邠寧節度。寶應鎭北都護府隸朔方。廣德朔方節度兼單于大都護。罷河中振武節度。以所管七州隸朔方。大曆三年。朔方增領邠。寧慶。十四年。析置河中。振武。邠寧三節度。朔方領靈鹽夏豐西受降城。定遠天德二軍。振武領鎭北大都護府及綏銀東中二受降城。貞元三年。置夏州節度觀察處置使。領綏州。十二年。以朔方之豐州及西受降城。天德軍振武之東中二受降城。隸天德軍。置都團練防禦使。領豐會三受降城。元和。夏州增領宥州會昌。改單于大都護爲安北大都護。大中朔方增領

威州。中和夏州。賜號定難節度。

又其後。四庫本「唐玄宗明皇帝開元十一年春。正月庚辰。帝幸潞州。以故第爲飛龍宮」章之前有闕文（三三四—一四四上）。明刊本作

閏月。張說巡邊。新紀。六月。丁巳。河決博棣二州。新紀。己巳。增太廟爲九室。以呂祖謙標目脩。秋。七月。丙戌。安南賊反。遣内侍楊思勗討之。以呂

祖謙標目脩

解題曰。按六典神龍。始以宦者爲監軍。至是則宦者專兵矣。洪邁以開元十九年劍南節度副大使張敬忠所立平蠻碑。載南蠻染浪州刺史楊盛顛爲邊患。明王遣內常侍高守信爲南道招慰處置使以討之。拔其九城。新舊史。野史皆不載。譏其以中人主兵柄。遂啓魚朝恩吐突承璀之禍。不知中人之主兵柄。固不始於守信也。餘見通鑑。

張說奏罷戍兵二十餘萬人。說以府兵逃亡。請募兵充宿衛。兵農此分矣。以通鑑脩

解題曰。范祖禹曰。唐制諸衛府有爲兵之利。而無養兵之害。田不井而兵猶藏於民。㝡爲近古而便於國者也。開元之時。其法浸隳。張說不究其所以而輕變之。兵農既分。卒不能復。夫三代之法出於聖人。及其末流。未嘗無弊。不過舉其偏以補其不及而已。若並其法廢之。而以私意爲一切苟簡之制。此後世所以多亂也。事見通鑑

九月。北庭節度使張孝嵩擊吐蕃敗之。以新紀通鑑脩

。冬。十月。帝幸東都。以新紀脩

又其後。四庫本「唐玄宗明皇帝開元十四年。夏。四月庚申。張說罷」章後解題下闕注文。並另有闕文(三三四—一四五下)明刊本原文如下

六典。堯宅元年。更左右僕射名左右相。神龍元年。復爲僕射。開元初。改爲左右丞相。張說兼之。後罷

知政。猶爲丞相。自此已後。遂不知國政。曾鞏曰。唐初以三省參領天下之事。以令僕射侍中爲宰相之任。然選士用人。出兵授田。刑罰禮樂。至於工官所主。則一本於尚書侍郎。分爲六官。郎員外郎中又分爲二十四。所以彌綸庶務。至微至密。張說罷中書令爲尚書右丞相。不知政事。自此政事歸中書。而尚書但受成事而已。

秋。七月。河南北大水。通鑑。九月。己丑。磧西節

度使杜暹檢校黃門侍郎同平章事。以新紀脩
解題曰。王容曰。唐宰相皆以他官同平章事。新唐紀及百官表書杜暹蓋以檢校黃門侍郎同平章也。通鑑不載檢校以下六字。缺也。磧西見開元二年安西都護解題。
又其後。四庫本「唐玄宗明皇帝開元十七年春。三月戊戌。瓜州都督張守珪大破吐蕃于大同軍」章之前有闕文（三三四—一四五下）。明刊本作

行開元大衍曆。以新志脩。十一月。癸巳。蕭嵩爲兵部尚書同平章事。仍領節度使。以新舊紀脩
解題曰。按開元二年。并州節度使大使薛訥同三品以伐契丹。不過欲假重耳。非眞使之居相位也。若宰相遙領節度使。則實自嵩始。詳見文宗備問柳芳唐曆。謂始於牛仙客遙領朔方節度使。非也。
十二月。丙寅。分長征兵爲五番。以呂祖謙標目脩。
是歲。制戶籍。三年。一定分爲九等。以通鑑脩。獠平。以呂祖謙標目脩
又其後。四庫本「秋。八月癸亥。立千秋節。宇文融始置諸史。九月。坐貶汝州刺史」章之後闕解題（三三四—一四六上）。明刊本作
解題曰。呂祖謙曰。自宇文融急於辦事。增置諸使。而正官皆成虛設。如轉運使則奪金部倉部之權。其後劉晏至身兼二十餘使。唐世亦欲罷諸使。但暫罷復置。至宋元豐改制。始革之事。見通鑑。

冬。十月。戊午朔。日有食之。不盡如鈎。通鑑。
又卷末。四庫本「唐玄宗明皇帝開元二十三年春。正月。加張守珪羽林大將軍。御史大夫」章之前有闕文（三三四—一四八上）。明刊本作
以裴曜卿爲江淮河南轉運使。轉漕關中。以呂祖謙標目脩。六月。壬辰。幽州節度使張守珪大破契丹。以通鑑脩。冬。十二月。戊子朔。日有食之。通鑑。乙巳。張守珪敗契丹。殺其之屈烈。以新紀脩

又其後解題。四庫本於「而且為所亂矣。事見通鑑」句下闕注文（三三四—一四八下）。明刊本作

按封演見聞記。守珪以幽州節度加御史大夫。其下□賓始帶憲官。李德裕獻替記艱難。以後諸道奏軍將兼官更無年限。亦不限人數。遂多至中丞大夫常侍河朔每一奏六七十人。江淮廉鎮非用武之地。亦奏兼官。至是釐革一萬人。軍已上方許奏憲官廉鎮固不該矣。三萬人軍已上每歲不得過十人。止於侍御史。仍以五年為改轉之限。非戰功不得奏中丞。當時甚招戎鎮怨讟。宰庭至今脩守

卷六十四

四庫本「秋七月。以鳳翔節度使李愬統武寧橫海軍討李師通」句（三三四—二六〇上）。明刊本作「秋七月乙酉。命宣武魏博義成武寧海軍討李師道」。

卷七十

四庫本「解題曰。自是河東不敢出兵者五年」句之前有闕文（三三四—三四八下）。明刊本作「唐昭宗皇帝天復二年春。正月。帝出居于鳳翔。以春秋脩。丁卯。給事中韋貽範為工部侍郎同平章事。以新紀脩。晉兵出慈□。二月。戊寅。朔。梁王全忠還河中。以通鑑脩。己亥。盜發簡陵。新紀。王□□利州。以呂祖謙標目脩。三月。晉兵潰於晉州。辛酉。汴軍圍大□□□」

四庫補正

通鑑紀事本末四二卷

宋袁　樞撰

以宋刊本校補

卷五下　王莽簒漢

四庫本「少府曰共工。水衡都尉曰予虞。與三公司卿分屬。置二十七大夫。八十一元士」句（三四六—二七八下）。宋刊本於「分屬」二字下有「三公」二字。

又其後。四庫本「天鳳二年春。二月。民訛言黃龍墮死黃山中。百姓奔走往觀者以萬數。捕繫問語所從起。不能得」句（三四六—二八三）。宋刊本「以萬數」作「有萬數」。其下並多「莽惡之」句。

又四庫本「護軍宛人朱祜言於秀曰。長安政亂。公有日角之相。此天命也」句（三四六—三〇〇上）。宋刊本「朱祜言」作「朱祜從容言」。

又四庫本「軼自通書之後。不復與異爭鋒。故異得天井關。拔上黨兩城」句（三四六—三〇二上）。宋刊本「故異得天井關」作「故異北攻得天井關」。

卷六上　光武平赤眉

四庫本。「夏四月。述即帝位。號成家。改元龍興。以李熊爲大司徒。光爲大司馬」句（三四六—三一八上）。宋刊本「光爲大司馬」作「述弟光爲大司馬」。

又其後四庫本「春卿事。外有君臣之義。內有季孟朋

友之道」句（三四六—三二七上）。宋刊本「春卿事」作「春卿事季孟」。

卷七上　兩匈奴叛服

四庫本「立日逐王比爲呼韓邪單于。欵五原塞。願永爲藩蔽。扞禦北敵」句（三四六—三五八上）。宋刊本「北敵」作「北虜」。

又其後。四庫本「會日暮。范令軍士各交縛兩炬三頭爇火。營中星列。敵謂漢兵救至。大驚」句（三四六

一三六二下）。宋刊本「敵」作「虜」。

又四庫本「許袁安。任隗奏。以爲光武招懷南部非謂可永安內地。正以權時之算可得捍禦北狄故也」句（三四六—三六八上）。宋刊本「南部」作「南虜」。

卷七下　鮮卑寇邊

四庫本「張皓退。復上書曰。昔賊妄造虛無。搆讒臣江充戾園。孝武久乃覺悟」句（三四六—三九九上）。宋刊本作「張皓退。復上書曰。昔賊臣江充。造搆讒逆。傾覆戾園。孝武久乃覺寤。」

卷八上　宦官亡漢一

四庫本「十一月。太尉陳蕃言。李膺。馮緄。劉祐之枉。請加原宥。什之爵任。言及覆。誠辭懇切。以至流涕」句（三四六—四二六上）。宋刊本「陳蕃言」作「陳蕃數言」。「言及覆」作「言及反覆」。

又其後四庫本「欽歎息而去。篤導儉經北戲子然家。遂入漁陽出塞」句（三四六—四三七上）。宋刊本「北戲子」作「北海戲子」。

卷八中　宦官亡漢二

四庫本「日磾退而告人曰。王公其無後乎。善人國之紀也。滅紀廢典。其能久乎」句（三四六—四六〇下）。宋刊本作「日磾退而告人曰。王公其無後乎。善人國之紀也。制作國之典也。滅紀慶典。其能久乎。」

卷九上　曹操篡漢

四庫本「六年。董卓之亂以操爲驍騎校尉。變易姓名。間行東歸」句（三四六—四八二下）。宋刊本「變易」之上有一「操」字。

四庫本「經白檀。歷平岡。涉鮮卑庭。東指柳城。未至二百里。虜乃知之。尙熙與蹋頓及遼西單于能臣抵之等。將數萬騎逆軍」句（三四六—五〇九上）。宋刊本作。「經白檀。歷平岡。涉鮮卑庭。東指柳城。未至二百里。虜乃知之。尙熙與蹋頓及遼西單于樓班。右北平單于能臣抵之等。將數萬騎逆軍。」

卷九下　孫氏據江東

四庫本「權乘駿馬上津橋。橋南已徹丈餘無版。監谷利在馬後」句（三四六—五三〇下）。宋刊本「監谷利」上有「親近」二字。

又四庫本「雖有餘閒博覽書傳歷史。籍采微奧。不效書生尋章摘句而已」句（三四六—五三三上）。宋刊本「微奧」作「奇異」。

又四庫本「顏曰。卿等無狀侵奪我州。但有斷頭將軍。無降將軍也」句（三四六—五四五上）。宋刊本「但有」之上。尚有「我州」兩字。

卷十下　明帝奢靡

四庫本「臣愚以為。自今已後。儻復使民。宜明其令。使有定期以次。有事寧使更發。無或失信」句（三四六—五八二下）。宋刊本「有定期」作「必如期」。

又四庫本「陛下既已察之於大臣。願無忘之於左右。忠正遠慮。未必賢於大臣」句（三四六—五八六上）。宋刊本「忠正遠慮」四字上方。尚有「左右」二字。

又四庫本「又以長水校尉布為輔義將軍。封永康侯」句（三四六—六〇六上）。宋刊本「布」作「張布」。

卷十二下　西晉之亂

四庫本「裴碩求救琅玡王睿。睿使揚威將軍甘卓等攻周馥於壽春」句（三四六—七〇三下）。宋刊本作「裴碩求救於琅玡王睿。睿渡沔寇江夏。拔之。使揚威將軍甘卓等攻周馥於壽春」。

又其後。四庫本「各賜鎧馬一疋。顧謂張賓。賓曰。將軍攻陷京師。囚執天子。殺害王公」句（三四六—七〇八上）。宋刊本作「各賜鎧馬一疋。顧謂張賓曰。於君意如何。賓曰。將軍攻陷京師。囚執天子。殺害王公。」

又四庫本「由是忤旨。出為新安太守。又坐怨望抵罪嵩顗之子也」句（三四六—七一七上）。宋刊本「嵩顗之子」作「嵩顗之弟」。

卷十三上

四庫本慕容據鄴章「初鮮卑莫護跋始自塞外。居遼西西棘城之北。號曰慕容部」句（三四六—七二七上）。宋刊本作「初鮮卑莫護跋始自塞外入居遼西棘城之北。號曰慕容部。」

四庫本成李據蜀章「主不能制客。必為亂階。宜使還本土。勿留之險地。恐秦雍之禍更移於梁益矣」。宋刊本「本土」作「本居」。「勿留」作「若留」。

卷十三下

四庫本「乃帥騎三千襲巖於沃干嶺。敗之。遂前逼。璞衆大潰」句（三四六—七四六上）。宋刊本「遂前逼。璞衆大潰」作「遂前逼璞營。璞衆大潰」。

又其後。四庫本「屢上書請遣大使慰撫涼州。朝廷以訪守治書御史拜張駿鎮大將軍」句（三四六—七四七上）。宋刊本「治書」作「持書」。「鎮」作「鎮西」。

又四庫本「都尉陳安往歸世子保於秦州。保命將千餘人討叛羌。寵待甚厚」句（三四六—七六二下）宋刊本「保命將」作「保命安將」。

卷十四上

四庫本「若敦前者之舉。義同桓文。則先帝可為幽厲邪。然卒用導議。贈札」句（三四七—十八上）。宋刊本「贈札」之下尚有「衛尉」二字。

卷十四下

四庫本「魏衛將軍王泰擊琨。大破之。死者萬餘人。劉國還繁。冬十一月。魏主閔帥步騎十萬。攻襄國署。三原王胤為大單于」句（三四七—五二上）。宋刊本「繁」作「繁陽」。「三原王」作「其子太原王」。
又其後。四庫本「劉猗奉表請降。且求救於謝尙。庚寅。燕王儁廣威將軍慕容軍。殿中將軍慕輿根」句（三四七—五六下）。宋刊本「廣威將軍」之上有一「遣」字。
又四庫本「自謂獲傳國璽。改元元璽。追尊武宣王爲高祖武皇帝」句（三四七—五七下）。宋刊本「高祖武皇帝」作「高祖武宣皇帝」。

卷十五上

四庫本「六年春。正月。庚子朔。都亭文康侯庾亮薨。以護軍錄尙書何充爲中書令」句（三四七—六一上）。宋刊本「護軍」作「護軍將軍」。
又四庫本「桓溫嘗雪欲獵。先過劉惔。惔見其裝束甚嚴。謂之曰。老賊欲持此何爲」句（三四七—六三下）。宋刊本「嘗」字下有「乘」字。
又四庫本「帝無嗣。皇后詔以琅玡王奕承大統。百官奉迎于琅第」句（三四七—八三上）。宋刊本「皇后」作「皇太后」。

卷十五下

四庫本「乙酉。健卒。諡曰景明皇帝。廟號高祖。丙戌。太子生即位。大赦。改元」句（三四三—九二上）。宋刊本「改元」之下有「壽光」二字。
又四庫本「十二月始改建興。四十九年春。升平年號。詔以玄靚爲大都督。隴右諸軍事」句（三四七—九

九下）。宋刊本「隴右」之上尙有一「督」字。

卷十六上

四庫本「秋八月。秦王堅以諫議大夫裴元略爲巴西。梓潼二郡太守。使密具舟師。以備緩急」句（三四七—一二一）。宋刊本無「以備緩急」四字。
又四庫本「且東南區之地卑氣厲。昔虞舜遊而不歸」句（三四七—一二三上）。宋刊本作「且東南卑濕。沴氣易構。虞舜遊而不歸」。

卷十六下

四庫本「夏五月。代世子實娶東都大人賀野干之女。有遺腹子」句（三四七—一五九下）。宋刊本作「夏五月。代世子實病傷而卒。秋七月。代世子娶東部大人賀野干之女。有遺腹子。」

卷十八上

四庫本「二年夏。五月。燕王熙作龍騰苑方十餘里。役徒二萬人。築景雲山於苑內。基廣五百步。峰高十七丈。財費浩繁」句（三四七—二四六上）。宋刊本無「財費浩繁」四字。

又四庫本「以宋繇爲吏部。委之選舉。涼之舊臣有才望者。咸禮而用之」句（三四七—二五二下）。宋刊本「吏部」作「吏部郎中」。

又四庫本「徵安北將軍涼州刺史段暉爲輔國大將軍。御史大夫右禁將軍千年爲鎭北將軍」句（三四七—二五七下）。宋刊本「御史大夫」作「御史大夫叔父」。

又其後。四庫本「十一月。魏尙書庫結引還。南安諸羌萬餘人叛秦」句（三四七—二五八下）。宋刊本作「十一月。魏尙書庫結帥騎五千迎秦王暮末。秦衛將軍吉毗以爲不宜內徙。暮末從之。庫結引還。南安諸羌萬餘人叛秦。」

又其後「劉滅南燕」章。四庫本「備德聞超至。大喜。遣騎三百迎之。超至廣固。以金刀獻與備德。慟哭。悲不自勝。封超爲北海王」句（三四七—二五九下）。宋刊本「慟哭」之上尙有「備德」二字。

又後文「超聞之徵鍾。鍾稱疾不至。超收其黨慕容統等殺之」句（三四七—二六〇下）。宋刊本「慕容統」作「侍中慕容統」。

又其後。四庫本「讚既代紹。衆力猶盛。引兵襲林子。復擊破之」句（三四七—二七四上）。宋刊本「復擊破之」之上尙有「林子」二字。

卷十八下

四庫本「魏軍夜宿城北。癸未。分兵四掠。殺獲數萬」句（三四七—二八八上）。宋刊本此句下尚有「得牛馬十餘萬」六字。

卷十九上

四庫本「軍士曰在後。顯之至軍後不見。而見軍人擔鼓排戰具。望江津船艦已破燒」句（三四七—三〇八下）。宋刊本「不見」下有一「藩」字。

又其後。四庫本「冬十二月。彗星出天津入太微。絡紫微八十餘日而滅」句（三四七—三一三上）。宋刊本「絡紫微」上有「經北斗」三字。

又四庫本「悉令家人出外。聚將士於府內。又使中書令龍舟安泰潘盛爲內應」句（三四七—三二二上）。宋刊本「中書令龍舟安泰」作「中書舍人邢安泰」。

又四庫本「煜有儁才而薄情淺行。爲士林所鄙」句（三四七—三三二下）。宋刊本作「煜有儁才而薄情淺行。數犯名教。爲士流所鄙。」

卷十九下

四庫本「元景至。讓降者曰。汝輩本中國民。今爲魏盡力。力屈及降。何也」句（三四七—三四八上）。宋刊本「魏」作「虜」。

又其後。四庫本「二十九年春。正月。魏世祖追悼景穆太子不已。宗愛懼誅」句（三四七—三五六上）。宋刊本「宗愛」作「中常侍宗愛」。

又其後。四庫本「僧綽曰。臣恐千載之下。唯能裁弟不能裁兒。帝默然」句（三四七—三五九上）宋刊本「唯能裁弟」上有「言陛下」三字。

卷二十上

四庫本「衡陽內史王應之起兵應建康。襲擊湘州行事何慧文於長沙。慧文斫應之。斷足殺之。諸軍與袁顗相距於濃湖。張興世建議。以奇兵數千出其上。興世宿景洪浦。靈秀亦留」句（三四七—三九三上）。宋刊本此段作「衡陽內史王應之起兵應建康。襲擊襄州行事何慧文於長沙。應之與慧文捨軍身戰。斫慧文八創。慧文斫應之。斷足殺之。　始興人劉嗣祖等。據郡起兵應建康。廣州刺史袁曇遠遣其將李萬周等討之。嗣祖詐萬周云尋陽已平。萬周還襲番禺。擒曇遠。斬之。上以萬周行廣州事。　諸軍與袁顗相拒於濃湖。久未決。龍驤將軍張興世建議曰。賊據上流。兵彊地勝。我雖持之有餘。而制之不足。若以奇兵數千潛出

其上。因險而壁。見利而動。使其首尾周遑。進退疑阻。中流既梗。糧運自艱。此制賊之奇也。錢溪江岸最狹。去大軍不遠。下臨洄洑。船下必來沿岸。又有橫浦可以藏船。千人守險。萬人不能過。衝要之地莫出於此。沈攸之吳喜並贊其策。會龐孟虯引兵來助。殷琰劉勔遣使求救甚急。建安王休仁欲遣興世救之。沈攸之曰。孟虯蟻聚。必無能爲。遣別將馬步數千足以相制。興世之行是安危大機。必不可輟。乃遣叚佛榮將兵救勔。而選戰士七千。輕舸二百。配興世。興世帥其衆。泝流西上。尋復退歸。如是者累日。劉胡聞之笑曰。我尚不敢越彼下取楊州。張興世何物人。欲輕據我上。不爲之備。一夕四更。値便風。興世舉帆直前。度湖白。過鵲尾。胡既覺。乃遣其將胡靈秀將兵於東岸。翼之而進。戊戌夕。興世宿景洪浦。靈秀亦留。」

又其後。四庫本「白曜謂範曰。此行得卿三齊不足定也。遂取三齊糜溝。二戌一旬中連拔四城」句（三四

七—四〇〇上）。宋刊本「三齊糜溝」作「垣苗糜溝」。

卷二十下

四庫本「魏果遣遊騎數百履行境上。道成復本任。秋九月。命道成遷鎭淮陰」句（三四七—四〇六上）。宋刊本作「魏果遣遊騎數百履行境上。道成以聞。上使道成復本任。秋九月。命道成遷淮陰。」

又其後。四庫本「南陽太守蕭穎基皆內遷。諶欲待二人至。藉其勢力以行事。鸞慮事變以告坦之。馳謂諶曰。廢天子古來大事」句（三四七—四三六下）。宋刊本「行事」作「舉事」。「馳謂」二字上尚有「坦之」二字。

又四庫本「侍中謝朏心不願。乃求出爲吳興太守。至郡致酒數斛。遺其弟書曰。可力飲此。勿豫人事。」（三四七—四三九上）宋刊本「遺其弟書曰」作「吏部尚書瀹爲書曰」。

卷二十一上

四庫本「初陳顯達。崔慧景之亂。人心不安。或問時事於太守杜陵韋叡」句（三四三—四六六上）。宋刊本「太守」作「上庸太守」。

卷二十一下

四庫本「奉豫元年二月。柔然侵魏。上皇遣將擊之」句（三四七—四九八上）。宋刊本「奉豫」作「泰豫」。

又四庫本「去高車所居金山千餘里。實北寇往來之衝要」句（三四七—五〇三下）。宋刊本「寇」作「虜」。

卷二十六下

四庫本「上好以月夜從宮數千騎遊西苑。作清夜遊曲。於馬上奏之」句（三四八—九二上）。宋刊本「從宮」作「從宮女」。

卷二十八上

四庫本「因結納山東豪傑。庶可自安。太子乃請行於上。上許之。珪。頍之子也」句（三四八—一九九下）。宋刊本「頍之子也」作「頍之兄子也。」

卷二十八下

四庫本「國人立鞅素特勒之子。是爲泥利。卒。子達漫立。號處羅可汗」句（三四八—二三九上）宋刊本「泥利。卒」作「泥利可汗。泥利卒」。

又其後。四庫本「乙毗咄陸出兵擊之。乙毗射匱大敗。乙毗咄陸出兵擊之。乙毗射匱大敗。乙毗咄陸遣使招其故部落」句（三四八—二四四上）。其中第二。三句係重出。

卷二十九上

四庫本「縣令尤爲親民。不可不擇。乃命五品以上。各舉堪爲縣令者以名聞」句（三四八—二七二下）。宋刊本「五品」作「內外五品」。

卷二十九中

四庫本「壬子。李世勣等拔蓋牟城。獲二萬餘口。糧十萬餘石」句（三四八—二九五下—二九六上）。宋刊本作「壬子。李世勣。江夏。王道宗攻高麗蓋牟城。丁巳。車駕至北平。癸亥。李世勣等拔蓋牟城。獲二萬餘口。糧十萬餘石。」

卷二十九下

四庫本「三月庚寅。阿史那骨篤祿。阿史德元珍圍單于都護府。執司馬張行師。殺之。遣勝州都督李崇義。將兵分道救之」句（三四八—三二八上）。宋刊本「李崇義」上尚有「王本立。夏州都督」七字。

又四庫本「貞觀年中。克平九姓。立李摩爲可汗。使統諸部者。蓋以夷狄叛則伐之。降則撫之」句（三四五—三三一上）。宋刊本「李摩」作「李思摩」。

又四庫本「褒公段瓚。志玄之子也。先沒於突厥。在趙州。瓚邀楊齊莊與之俱逃」句（三四八—三三三下

）。宋刊本「在趙州」三字之上尚有「突厥」二字。

卷三十上

四庫本「上因從容言皇后無子以諷無忌。對以佗語。竟不順旨。及昭儀皆不悅。而罷昭儀」句（三四八—三五一上）。宋刊本「對以佗語」上尚有「無忌」二字。

又四庫本「諸儒以爲明堂當在國陽丙巳之地。三里之內太后以爲去宮太遠」句（三四八—三六七下—三六

八上）。宋刊本「三里之內」作「三里之外。七里之內」。

卷三十一上

四庫本自「十三載春。二月丁丑。楊國忠進位司空」句（三四八—四四三下）至「皆出於林甫專寵固位之謀也」句（三四八—四四七上）。行文次第有誤。今將宋刊本全文錄於後

十三載春。二月丁丑。楊國忠進位司空。甲申。臨軒

冊命。自去歲水旱相繼。關中大饑。楊國忠惡京兆尹李峴不附己。以災沴歸咎於峴。九月。貶長沙太守。峴。禕之子也。上憂雨傷稼。國忠取禾之善者獻之曰。雨雖多。不害稼也。上以爲然。扶風太守房琯言所部水災。國忠使御史推之。是歲。天下無敢言災者。高力士侍側。上曰。淫雨不已。卿可盡言。對曰。自陛下以權假宰相。賞罰無章。陰陽失度。臣何敢言。上默然。

十四載。安祿山反。冬十二月。上議親征。辛丑。制太子監國。謂宰相曰。朕在位垂五十載。倦于憂勤。去秋已欲傳位太子。値水旱相仍。不欲以餘災遺子孫淹留。俟稍豐。不意逆胡橫發。朕當親征。且使之監國。事平之日。朕將高枕無爲矣。楊國忠大懼。退謂韓虢秦三夫人曰。太子素惡吾家專橫久矣。若一旦得天下。吾與姊妹併命在旦暮矣。相與聚哭。使三夫人說貴妃銜土請命於上。事遂寢。

肅宗至德元載。楊國忠勸上幸蜀。上。至馬嵬驛。將士飢疲。皆憤怒。龍武大將軍陳玄禮以禍由楊國忠。欲誅之。會吐蕃使者二十餘人遮國忠馬。訴以無食。國忠未及對。軍士追殺之。并殺其子暄及韓國秦國夫人。上命高力士縊貴妃於佛堂。國忠妻裴柔與其幼子晞及虢國夫人。夫人子裴徽走。至陳倉。吏士追捕。誅之。事見安史之亂

安史之亂

唐玄宗開元二十四年春。三月。張守珪使平盧討擊。使左驍衛將軍安祿山討奚契丹叛者。祿山恃勇輕進。爲虜所敗。夏。四月辛亥。守珪奏請斬之。祿山臨刑呼曰。大夫不欲滅奚契丹邪。奈何殺祿山。守珪亦惜其驍勇。欲活之。乃更執送京師。張九齡批曰。昔穰苴誅莊賈。孫武斬宮嬪。守珪軍令若行。祿山不宜免死。上惜其才。敕令免官。以白衣將領。九齡固爭曰。祿山失律喪師。於法不可不誅。且臣觀其貎有反相

。不殺必爲後患。上曰。卿勿以王夷甫識石勒枉害忠良。竟赦之。安祿山者。本營州雜胡。初名阿犖山。其母巫也。父死母攜之再適突厥安延偃。會其部落破散。與延偃兄子思順俱逃來。故冒姓安氏名祿山。又有史窣干者。與祿山同里閈。先後一日生。及長。相親愛。皆爲互市牙郎。以驍勇聞。張守珪以祿山爲捉生將。祿山每與數騎出。輒擒契丹數十人而返。狡黠善揣人情。守珪愛之。養以爲子。窣干嘗負官債。亡

入奚中。爲奚遊弈所得。欲殺之。窣干紿曰。我唐之和親使也。汝殺我。禍且及汝國。遊弈信之。送諸牙帳。窣干見奚王。長揖不拜。奚王雖怒。而畏唐不敢殺。以客禮館之。使百餘人隨窣干入朝。窣于謂奚王曰。王所遣人雖多。觀其才皆不足以見天子。聞王有良將瑣高者。何不使之入朝。奚王即命瑣高與牙下三百人。隨窣干入朝。窣干將至平盧。先使人謂軍使裴休子曰。奚使瑣高與精銳俱來。聲云入朝。實欲襲軍

城。宜謹爲之備。先事圖之。休子乃具軍容出迎。至館。悉阬殺其從兵。執瑣高送幽州。張守珪以窣干爲有功。奏爲果毅累遷將軍。後入奏事。上與語悅之。賜名思明。

二十九年。平盧兵馬使安祿山傾巧善事。人人多譽之。上左右至平盧。祿山皆厚賂之。由是上益以爲賢。御史中丞張利貞爲河北采訪使。至平盧。祿山曲事利貞。乃至左右皆有賂。利貞入奏。盛稱祿山之美。八

月乙未。以祿山爲營州都督充平盧軍使。兩蕃勃海黑
水四府經略使。
天寶元年。分平盧別爲節度。以安祿山爲節度使。二
年春。正月。安祿山入朝。上寵待甚厚。謁見無時。
祿山奏言。去秋營州蟲食苗。臣焚香祝天云。臣若操
心不正。事君不忠。願使蟲食臣心。若不負神祇。願
使蟲散。即有群鳥從北來食蟲。立盡。請宣付史官從
之。

三載春。三月己巳。以平盧節度使安祿山兼范陽節度
使。以范陽節度使裴寬爲戶部尚書。禮部尚書席建侯
爲河北黜陟使。稱祿山公直。李林甫。裴寬皆順旨稱
其美。三人皆上所信任。由是祿山之寵益固不搖矣。
四載秋。九月。安祿山欲以邊功市寵。數侵掠奚契丹
。奚契丹各殺公主以叛。祿山討破之。 冬。十月。
安祿山奏。臣討契丹至北平郡。夢先朝名將李靖。李
勣從臣求食。遂命立廟。又奏薦奠之日廟梁產芝。

六載春。正月戊寅。以范陽平盧節度使安祿山兼御史
大夫。祿山體充肥。腹垂過膝。嘗自稱重三百斤。外
若癡直。內實狡黠。常令其將劉駱谷留京師。詗朝廷
指趣。動靜皆報之。或應有牋表者。駱谷即爲代作通
之。歲獻俘虜。雜畜。奇禽。異獸。珍玩之物。不絕
於路。郡縣疲於遞運。祿山在上前應對敏給。雜以詼
諧。上嘗戲指其腹曰。此胡腹中何所有。其大乃爾。
對曰。更無餘物。止有赤心耳。上悅。又嘗命見太子

。祿山不拜。左右趣之拜。祿山拱立曰。臣胡人。不
習朝儀。不知太子者何官。上曰。此儲君也。朕千秋
萬歲後。代朕君汝者也。祿山曰。臣愚。曏者惟知有
陛下一人。不知乃更有儲君。不得已。然後拜。上以
爲信然。益愛之。上嘗宴勤政樓。百官列坐。樓下獨
爲祿山於御座東間設金鷄障。置榻使坐其前。仍命卷
簾以示榮寵。命楊銛。楊錡。貴妃三姊皆與祿山敘兄
弟。祿山得出入禁中。因請爲貴妃兒。上與貴妃共坐

。祿山先拜貴妃。上問何故。對曰。胡人先母而後父。上悅。　李林甫以王忠嗣功名日盛。恐其入相。忌之。安祿山潛蓄異志。託以禦寇。築雄武城。大貯兵器。請忠嗣助役。因欲留其兵。忠嗣先期而往。不見祿山而還。數上言祿山必反。林甫益惡之。唐興以來。邊帥皆用忠厚名臣。不久任。不遙領。不兼統。功名著者往往入爲宰相。其四夷之將雖才略。如阿史那社爾契苾何力。猶不專大將之任。皆以大臣爲使以制

之。及開元中。天子有呑四夷之志。爲邊將者十餘年不易。始久任矣。皇子則慶忠諸王。宰相則蕭嵩。牛仙客始遙領矣。蓋嘉運王忠嗣專制數道。始兼統矣。李林甫欲杜邊帥入相之路。以胡人不知書。乃奏言文臣爲將。怯當矢石。不若用寒族胡人。胡人則勇決習戰。寒族則孤立無黨。陛下誠以恩洽其心。彼必能爲朝廷盡死。上悅其言。始用安祿山。至是。諸道節度使盡用胡人。精兵咸戍北邊。天下之勢偏重。卒使祿山傾覆天下。皆出於林甫專寵固位之謀也。

卷三十四上

四庫本「乃械祐送京師。先密表其狀。且曰。若諜者屠其家。詔除其令。使厚還愬。愬見之喜。執其手曰。爾之得全。社稷之靈也」句（三四八—六七五上）。宋刊本作「乃械祐送京師。先密表其狀。且曰。若殺祐則無以成功。詔釋之以還愬。愬見之喜。執其手曰。爾之得全。社稷之靈也。」

卷三十五下

四庫本「割河南五縣租賦隸河陽。不若遂置孟州。其懷州別置刺史」句（三四八—七五三上）。宋刊本「置孟州」上尙有「以五縣」三字。

三朝北盟會編二五〇卷

宋徐夢莘撰

以清仁和趙氏小山堂鈔本校補

卷一

政和七年七月四日庚寅章

四庫本「鄭允中奉使北庭。其遼主天祚欲與童貫一相見」句（三五〇－四上）。鈔本「北庭」作「北虜」。「其遼主」作「時虜酋」。又後文「然其時天祚方

肆縱欲」句（同上）。鈔本「天祚」作「虜酋」。又後文「遼人以爲言。中國但謂無有。然遼時已昏亂」句。鈔本「遼」作「虜」。又「然未嘗少忘堯風。欲投中國而莫遂其志」句（三五〇－四下）。鈔本「投中國」作「□左衽」。又後文「得上先人丘墓以酬素志」句。鈔本「上先人丘墓」作「復漢家衣裳」。

四月二十七日己卯章

四庫本「昔景德中遼人舉國來侵」句（三五〇－六上）。鈔本「侵」作「寇」。又後文「舉國來侵」句。鈔本「侵」作「寇」。又「自此守約不復入邊者三十九年」句。鈔本「入」作「盜」。

其後鄧洵武家傳。四庫本「以太宗之神武。趙普之謀略。彬美之爲將。百戰百勝。征伐四克。而獨于燕雲乃爾。況在今日」句（三五〇－七上）。鈔本「乃爾」作「乃至挫衂」。

樞密之孫鄧椿跋。四庫本「今蹂躪河洛者幾五十許年

」句（三五〇－七下）。鈔本「蹂躪」作「腥羶」。

又朱勝非秀水閒居錄。四庫本「龎兒上表自號扶宋破敵大將軍」句（三五〇－七下）。鈔本「敵」作「虜」。後文「今信一叛人之言而欲敗百年之盟」句（三五〇－八上）。鈔本「人」作「虜」。又「西北敵勢強弱不同」句。鈔本「敵」作「虜」。又其後「董龎兒募鄉兵戰金人」句。鈔本「金人」作「女眞」。又其後「受之則全君臣之大義。不受則生秦越之異心」

句（同上）。鈔本「秦」作「胡」。

趙普諫伐燕疏。四庫本「唯彼契丹。豈爲敵對。遷徙無常。自古難得制之」句（三五〇－八下）。鈔本「契丹」作「蕃戎」。「無常」作「烏合」。又「任其隨逐水草。皆以法羈縻之」句。鈔本「皆以法羈縻之」作「皆以禽獸畜之」。又後文「今者伏自朝廷大興禁旅。遠事征伐」句（三五〇－九上）。鈔本「遠事征伐」作「遠伐征戎」。又後文「暨四國以來。王料

契丹而安往。又何必勞民動衆。賣犢買刀」句（三五〇－九下）。鈔本「國」作「夷」。

卷末四庫本邵伯溫曰「中令曰。縱可取孰可守。太祖不語。久之曰。卿可謂遠慮矣。太祖自此絕口不言伐燕」句（三五〇－一一上）。鈔本作「中令曰。圖必出曹翰。太祖曰然。又曰。翰可以取否。中令曰。翰可取孰可守。太祖曰。以翰守之。中令曰。翰死孰可代。太祖不語。久之曰。卿可謂遠慮矣。太祖自此絕口不言伐燕。」又「乃建議結金人。滅大遼。取幽薊」句。鈔本「金人」作「女眞」。

卷二

五月二十七日戊申章

四庫本「臣聞中國內也。四方外也。憂在內者本也。憂在外者末也」句（三五〇－一二上）。鈔本「方」作「夷」。後文「自古外國之于中國。有道未必服。無道未必不來」句。鈔本「外國」作「夷狄」。後文

「安危之機。不在于敵之服叛去來也」句。鈔本「敵」作「夷狄」。又其後「古者敵國憂在外。今者敵國憂在內。外憂之患。吾能固本以釋末。將賢而敵情即剪滅。其患不及中原」句（三五〇－一二下）。鈔本「敵國」並作「夷狄」。「敵」作「虜」。又後文「且天生北國。其爲中國患。自古然矣。乃不與吾。奮然而爭。而轉若乞憐者。非畏吾也」句。鈔本作「且天生北狄。謂之犬戎。投骨于地。奮然而爭者。犬之

常也。今乃搖尾乞憐。非畏吾也」。又其後「蓋邊境之上。未有可乘之隙。度德量力。安得不蓄其銳而伺吾隙以逞其所大欲邪。將見四境交侵。雖有智者不能善其後矣」句（同上）。鈔本「度德量力」作「狼子野心」。「四境」作「四夷」。又「西結烏孫」句（三五〇－一三上）。鈔本「烏孫」作「南寇」。又後文「蓋不欲弊中國怒遠人也」句（三五〇－一三下）。鈔本「人」作「夷」。又後文「歷觀前代。雖征討

外國。時有異同。勢有可否」句。鈔本「外國」作「殊類」。又後文「王者不治外裔。春秋亦內諸侯而外秦楚。非謂中國之力不能制之。以其言語不通。贄幣不同。疆土遼遠。法俗各異。居于絕域之外」句（三五〇－一三下至一四上）。鈔本「外裔」「秦楚」並作「夷狄」。「疆土遼遠」作「種類乖殊」。「各異」作「詭異」。又後文「古者天子控制遠方。來則懲而禦之」句（三五〇－一四上）。鈔本「控制遠方」作「守在四夷」。又「乃聖王制禦外國之常道也」句。鈔本「外國」作「夷狄」。又後文「故能威震四裔。邊人不敢南下而牧馬」句。鈔本「四裔」作「四夷」。「邊人」作「胡人」。又後文「然不能下幽燕兩州之勁敵。豈勇力智慧不足哉。蓋兩州之地。鄰國所必爭者」句（三五〇－一四上下）。鈔本「勁敵」作「殘寇」。「鄰國」作「犬戎」。後文「章聖皇帝澶淵之役。以契丹大舉來侵。不得已而與戰」句（同上

）。鈔本「契丹」作「匈奴」。「侵」作「寇」。又後文「據阨荷戟而守之。無使強敵乘間伺隙。窺我邊疆」句。鈔本「強敵」作「夷狄」。「邊疆」作「中國」。

八月四甲寅章

四庫本「馬政同高藥師等行賫禮物。今見女眞國主」句（三五〇－一七下）。鈔本「國主」作「酋領」。

二十七日丙子章

四庫本「馬政被縛。行經十餘州。方至國主所居安扎川拉林河」句（三五〇—一七下）。鈔本「國主」作「其酋」。

卷三

重和二年正月十日丁巳章

四庫本自「女眞。古肅愼國也」句以下（三五〇—一九上）至「往往自能爲之」句（三五〇—二〇下）一段。除譯名之外。鈔本多處與之不同。今將鈔本錄之

於後。

女眞。古肅愼國也。本名朱理眞。番語訛爲女眞。本高麗朱蒙之遺種。或以爲黑水靺鞨之種。而渤海之別族。三韓之辰韓。其實皆東夷之小國也。世居混同江之東長白山。鴨綠水之源。又名阿木火。取其河之名。又曰阿芝川。來流河阿骨打。建號曰皇帝寨。至亶改曰會寧府上京。東瀕海。南鄰高麗。西接渤海鐵離。北近室韋。三國志所謂挹婁。元魏所謂勿吉。隋謂之黑水部。唐謂之黑水靺鞨蓋其地也。有七十二部落。無大君長。其聚落各有酋豪分治之。隋開皇中。遣使貢獻。文帝因宴勞之。使者及其徒起舞於前。而曲折皆爲戰鬥之狀。文帝謂侍臣曰。天地間乃有此物。常作用兵意。唐正觀中。太宗征高麗。靺鞨佐之。戰甚力。駐蹕之敗。高延壽高惠眞以衆及靺鞨兵十餘萬來降。太宗悉俾從之。獨坑靺鞨三千人。開元中。其酋來朝拜勃利刺史。遂置黑水府。以部長爲都督刺史

。迄唐世朝獻不絕。五代時始稱女眞。後唐明宗時。常寇登州渤海。擊走之。契丹阿保機乘唐衰亂。開國北方。併吞諸番三十有六。女眞其一焉。阿保機慮女眞爲患。乃誘其強宗大姓數千戶移至遼陽之南。以分其勢。使不得相通。遷入遼陽著籍者名曰合蘇款。所謂熟女眞者是也。自咸州之東北。分界入山谷。至于東沫江中間所居。隸屬咸州兵馬司。許與本國往來。非熟女眞。亦非生女眞也。東沫之北。寧江之東北。

地方千餘里。戶口十餘萬。散居山谷間。依舊界外野處。自推雄豪爲酋長。小者千戶。大者數千戶。則謂之生女眞。極邊遠而近東海者。則謂之東海女眞。多黃髮。鬢皆黃。目睛綠者。謂之黃頭女眞。其人戇樸勇鷙。不能辨生死。女眞每出戰。皆被以重札。令前驅。名曰硬軍。種類雖一。居處綿遠。不相統屬。自相殘殺。各爭長雄。其地則至契丹東北隅。土多林木。田宜麻穀。以耕鑿爲業。不事蠶桑。土產名馬。生金大珠。人參。及密蠟。細布。松實。白附子。禽有鷹鸇。海東青。獸多牛。羊。麋鹿。野狗。白彘。青鼠。貂鼠。花果有芍藥。西瓜。海多大魚。螃蟹。冬極寒。多衣皮。雖得一鼠。亦褫皮藏之。皆以厚毛爲衣。非入屋不徹。稍薄則墮指裂膚。盛夏如中國十月。西北自雲中至燕山數百里皆石坡。地極高。去天甚近。東有蘇扶等州。與中國青州隔海相直。多大風。風順隱隱聞鷄犬聲。其人則耐寒忍飢。不憚辛苦。食

生物。勇悍不畏死。其性奸詐。貪婪殘忍。貴壯賤老。喜騎。上下崖壁如飛。濟江不用舟楫。浮馬而渡。精射獵。每見鳥獸之蹤。能躡而推之得其潛伏之所。以樺皮爲角。吹作呦呦之聲。呼麋鹿射而啖之。但存其皮骨。嗜酒而好殺。醉則縛而候其醒。不然殺人。雖父母不辨也。其俗依山谷而居。聯木爲柵。屋高數尺。無瓦覆。以木板。或以樺皮。或以草綢繆之。墻垣籬壁率皆以木門。皆東向。環屋爲土床。熾火其下。相與寢食起居。其上謂之炕。以取其煖。奉佛尤謹。以牛負物。或鞍而乘之。遇雨多張牛革以爲禦。無儀法。君臣同川而浴。肩相扳于道。民雖殺鷄。亦召其君同食。父死則妻其母。兄死則妻其嫂。叔伯死則姪亦如之。故無論貴賤。人有數妻。飲宴賓客盡攜親友而來。及相近之家不召皆至。客坐。主人立而侍之。至食罷。衆客方請主人就坐。酒行無算。醉倒及逃歸則已。其衣布好白。衣短巾左衽。婦人辮髮盤髻。

男子辮髮垂後。耳垂金環。留腦後髮以色絲繫之。富者以珠玉爲飾。衣木棉細布。貂鼠。青鼠狐貉之衣。貧者衣牛。馬。豬。羊。貓。犬。魚。蛇之皮。其飲食則以糜釀酒。以豆爲醬。以半生米爲飯。漬以生狗血及葱韭之屬。和而食之。芼以蕪荑。食器無瓢陶。無匕筯。皆以木爲盆。春夏之間止用木盆貯鮮粥。隨人多寡盛之。以長柄小木杓子數柄回還共食。下粥肉味無多品。止以魚生獐生。間用燒肉。冬亦冷飯。卻

以木楪盛飯。木盌盛羮。下飯肉味與下粥一等。飲酒無算。只用一木杓子自上而下循環酌之。炙股烹脯。以餘肉和羮擣臼中。糜爛而進。率以爲常。其禮則拱手退身爲喏。跪右膝蹲。左膝著地。拱手搖肘。動止于三爲拜。其言語則謂好爲感或爲塞痕。謂不好爲辣撒。謂酒爲勃蘇。謂拉殺。爲蒙山不屈花不辣。謂敲殺曰蒙霜特姑。又曰淫勃辣駭。夫謂妻爲薩那罕。妻謂夫爲愛根。其節序元日則拜日相慶。重午則午射柳

祭天。其人不知紀年。問之則曰。我見草青幾度。以草一青爲一歲。其婚嫁。富者則以牛馬爲幣。貧者則女年及笄。行歌其途。其歌也。乃自叙家世婦工容色。以伸求侶之意。听者有未娶欲納之者。即攜而歸之。後方具禮偕來女家以告父母。貴游子弟及富家兒月夕飲酒。則相率攜尊。馳馬戲飲其地。婦女聞其至。多聚觀之。間令侍坐。與之酒則飲。亦有起舞歌謳以侑觴者。邂逅相契。調謔往返。即載以歸。不爲所顧

者。至追逐馬足不遠數里。其攜妻歸寧謂之拜門。因執子婿之禮。其樂則爲鼓笛。其歌有鷓鴣之曲。但高下長短鷓鴣二聲而已。其疾病則無醫藥。尙巫祝。病則巫者殺豬狗以禳之。或車載病人之深山大谷以避之。其死亡則以刃剺額。血淚交下。謂之送血淚。死者埋之而無棺槨。貴者生焚所寵奴婢。所乘鞍馬以殉之。所有祭祀飲食之物盡焚之。謂之燒飯。其道路則無旅店行者。悉主于民家。主人初則拒之。拒之不去。

方具飲食而納之。苟拒而去之。則餘家無復納者。其市易則惟以物博易。無錢。無蠶桑。無工匠舍。無屋。車帳往往自能爲之。」

又其後「百步之內弓矢齊發。中者常多。勝則整隊而緩追」句（三五〇—二二上）。鈔本於句後多「敗則複聚而不散」句。又後文「辛苦則在前。逸樂則不與。然時爲邊患。遼國謂之羈縻道而已」句（同上）。鈔本作「辛苦則在前。逸樂則不興。然爲邊患。或臣

于高麗。或臣於契丹。判服不常。遼國謂之羈縻會而已」。

又後文「本朝建隆二年始遣使來貢。方物多名珠貂皮」句（同上）。鈔本「珠」作「馬」。又「眞宗爲降詔撫諭而不發兵。又嘗訟高麗誘契丹侵其疆」句（同上）。鈔本句後多「高麗陳言女眞貪殘不可信」。又「其初長帥本新羅人。號完顏氏。完顏猶漢言王」句（三五〇—二二下）。鈔本「長帥」作「酋長」。並於句下多「云女眞以其練事。後遂以爲首領」句。又「其兄弟三人、一爲熟女眞首領」句。鈔本「首領」作「酋長」。又後文「如東京留守黃龍府尹等。每到官。各管女眞部族依例科歛拜奉禮物。各有等差」句（三五〇—二三上）。鈔本於此句後多「所司變倖百出。又有使者號天使。佩銀牌。每至其國。必欲薦枕者。則其國舊輪中下戶作止宿處。以未出室女侍之。後使者絡繹。恃大國使命。惟擇美好婦人。不問其有

夫。及閥閱高者」句。又後文「尼堪善用兵。古紳剛毅而強忍」句（三五〇—二三下）。鈔本於「用兵」下多「好殺」二字。又「烏舍有才。自製女眞法律文字」句。鈔本「有才」作「奸猾而有才」。又「以其通變如神。尼堪之下皆莫能及」句。鈔本句後多「大抵數人皆點虜也」。又「四路都統誅殺不可勝計」句。鈔本句後增「丁壯即加斬截。嬰孺貫槊。上槊舞爲樂。所過赤地無餘」句。又後文「又陷蘇復。渤海。

遼陽所管五十四州」句（三五〇－二四上）。鈔本句後多「殺戮漢民計數百萬」句。又「又渡遼長春兩路」句。鈔本下多「大肆併吞意」。又後文「上阿固達尊號爲皇帝。國號大金」句（三五〇－二四下）。鈔本句後多「以水名阿赤阻爲國號。阿赤阻女眞語。金也。以其水產金而名之。故曰大金。猶遼人以遼水名國也。」

卷四

宣和元年三月十八日甲子章

四庫本「先是歸朝官趙良嗣。趙有開議報女眞儀。良嗣欲以國書用信禮。有開曰。女眞之長止節度使。世受契丹封爵。常慕中朝。不得入聘。何必過爲尊崇。止用詔書足矣」句（三五〇－二五下）。鈔本作「先是歸朝官趙良嗣。趙有開議報女眞儀。良嗣欲用國書禮。有開曰。女眞之酋止節度使。世受契丹封爵。常慕中朝。不得臣屬。何必過爲尊崇。止用詔書足矣。」

十一月二十九日丙寅章

四庫本「遂留其帳前月餘。議論不決。金人以朝廷欲全還山前山後故地。故民意懷疑。吝以爲南朝無兵武之備」句（三五〇－三一下）。鈔本「其」「金」皆作「虜」。「吝」作「各」。

卷五

十一月金人攻破遼人中京章

四庫本「夾山者沙漠之北。傳謂有泥潦六十里。獨契丹能達。他人所不能至也」句（三五〇－三五下）。鈔本「人」作「虜」。

宣和四年三月十七日丙子章

四庫本「自我烈祖肇經綸之功。至於太宗恢廓清之業。」句（三五〇－三六上）。鈔本「經綸」作「創造」。

四庫本北征紀實曰「然累年以來。天祚失德。上下離叛。人不爲用。女眞渤海日尋干戈。征伐不已」句（三五〇—三七上）。鈔本「天祚」作「虜酋」。「日尋干戈」作「寇亂其國」。又其後。四庫本自「遼殊不知聖神加惠兩國之意如此」句（三五〇—三七下）以下至「擇立新君。當此孤遺乏助之時」句（三五〇—三八上）。鈔本凡「遼」「天祚」「君」諸詞皆作「虜」「虜酋」「酋」。「乏助」作「敗亡」。又後文「臣契勘女眞。叢爾小邦。自昔通好大遼。勢不過

遼之一大部」句（三五〇—三八上）。鈔本「邦」作「夷」。「通好大遼」作「臣屬北虜」。「遼」作「虜」。又「然遼實大國。其人本不畏女眞。女眞今雖得志。亦豈能久取勝於遼國哉。遼之新君既立」句。鈔本「遼實」作「北虜」。「取勝」作「橫行」。「遼國」作「虜中」。「遼之新君」作「虜之新酋」。又後文「有以深結遼人。使之懷服」句（三五〇—三八下）。鈔本「遼人」作「虜心」。

四月十日戊戌章

四庫本「惟故壤五季不造陷於契丹」句（三五〇—三八下）。鈔本「契丹」作「北戎」。又後文「今上帝降禍於遼。不誘其衷。弛絕綱維」句（三五〇—三九上）。鈔本「遼」作「虜」。「不誘其衷」作「穢德腥聞」。

卷六

四月二十三日辛亥章

四庫本「比者漢番離心。內外變亂。舊主尙在。新君簒攘」句（三五〇—四〇上）。鈔本「尙在」作「未滅」。又後文「同心背遼歸漢。永保安榮之樂」句（同上）。鈔本「遼」作「虜」。又後文「翌日悅與邈至貫府第。貫略問使人道塗次第。遂問遼國有寇果否」句（三五〇—四〇下）。鈔本「遼國」作「虜中」。又「悅云尋常使人不待得旨。自當探問敵中事宜」句（三五〇—四一上）。鈔本「敵」作「虜」。又後

文「悅輩士人。豈以禮數稍厚遂隱敵情也」句。鈔本「敵」作「虜」。又後文「即日下詔。抽回已發禁軍。拘收已降宣頭。悅聘復命忠實可嘉。當是時朝廷不敢峻其褒擢。詞呈不敢指其事實」句（三五〇－四一下）。鈔本作「即日下詔。抽回已發禁軍。而北伐寢矣。悅既對。即錫章服。由是遷吏部員外郎。時中書舍人王安中行詞云。持聘復命。忠實可嘉。當是時朝廷不敢峻其褒擢。詞臣不敢指其事實」。又後文「自

曹郎出將使指陳婁欽窺敵之策」句。鈔本「敵」作「虜」。

五月九日丙寅章

四庫本「少保鎮海軍節度使開府儀」句下注闕（三五〇－四二上）。鈔本其文如下。

五月九日丙寅。少保鎮海軍節度使開府儀同三司蔡攸河北河東宣撫副使。

北征紀實曰。童貫以四月十日行。而攸以五月九日降旨。十一日敕出。十三日拜命。攸辭免如常禮。批答云。朕以童貫宣撫北道。獨帥重兵。其統領將佐及四路守臣監司並其門人故舊。貫以昏耄。所施爲乖謬。故相隱慝。蔽不以聞。致邊事機會差失。爲朝廷之害莫大于此。卿朕所倚毗。無出右者。所以輟卿爲副。實監軍爾。如軍旅之事。卿可預焉。只專任民事及監察貫之所爲可。只今受命。擇十八日出門進發。

十三日庚午章

四庫本「五月十八日晚過百溝。食時至燕界新城縣」句（三五〇－四四上）。鈔本「燕」作「虜」。又其後封氏編年下之雙行小注「眞宗御容。昔至和初。北朝昭聖初。令使先賫畫像來。且言兩國交歡。未嘗識面。因請御容。朝廷許之。遂使繪畫。仁宗御容。昔嘉祐二年秋七月。北朝遣使求上御容。以爲後世子孫之誇。議者慮有厭勝之術。上曰。朕侍遼甚厚。必無是理。遣御史中丞張昇送之。北主具儀服迎謁。見御

容。驚喜。及退而謂左右曰。仁德之主。天日之表。神異如此。眞聖人也。堯之八彩。舜之重瞳。不過傳聞而已。今得見此眞容。實願永堅世好。所有帝銜求得中國謚號。遂塗金字書於像傍。」（三五〇—四六下）鈔本作「眞宗御容。昔至和初。北朝昭聖初。令使先賫畫象來。且言兩國交歡。未嘗識面。因請御容。朝廷許之。遂繪。使求上御容。以爲後世子孫之誇。議者慮有厭勝之術。上曰。朕待虜甚厚。必無是理。遣御史中丞張昪送之。虜主具儀服迎。謂見御容驚。再拜。退而謂左右曰。中國之主。天日之表。神異如此。眞聖人也。我若生在中國。不過與之執鞭捧蓋。爲一都虞侯而已。其畏服如此。所有帝銜。求得中國謚號。遂塗金字書于像傍。」

卷七

二十九日种師道進兵白溝章

四庫本「河北有警。師節制諸軍」句（三五〇—五一

上）。鈔本「師」作「師道」。「軍」作「將」。後文「可世勒所部將士臨河。分遣趙明麾衆擊之」句。鈔本「之」作「賊」。又後文「趙德來援。遂呼曰。爭前。德未及往。敵已度水」句。鈔本「爭」作「急」。「敵」作「賊」。後文「漸曉方覺。即引衆而來」句（三五〇—五一下）。鈔本「衆」作「兵」。後文「敵將蕭幹登孤山。張蓋據行床以覘我軍」句。鈔本「敵」作「賊」。「行」作「胡」。又「良久。敵兵來戰……敵大奮。力圍諸將于山下……敵遂退」句（同上）。鈔本「敵」皆作「虜」。後文「後且使燕人知朝廷無意用兵。師道竟不從。兵革自此始矣」句。鈔本「燕」作「虜」。

六月三日庚寅章

四庫本「今敵才對壘。而我遽歸。自示以弱」句（三五〇—五二上）。鈔本「敵」作「虜」。又後文四庫本自「敵兵方陸梁」句以下（三五〇—五二下）。鈔

本凡「敵」字皆作「賊」。又「燕人亦遽北自雄」句（三五〇—五二下）。鈔本「燕人」作「虜人」。又後文「伏念臣西海名家。南山舊族」句。鈔本「西」作「四」。

卷八

宋昭上書論北界利害章

四庫本「奏曰。臣聞敵人之性不可以信義結。去來不定。叛服不常」句（三五〇—五五下）。鈔本「敵人」作「犬戎」。後文「眞宗皇帝天威一震。其勢瓦解。當是時。乘勝逐北。則契丹之兵無噍類矣」句。鈔本「其」作「賊」。「契丹」作「腥羶」。「兵」作「種」。後文「故洪天地之量。軫生民之命。以厚利與之議和。爲天下後世萬萬年安全之計。故遼人謹守盟約」句。鈔本「軫生民」作「貸螻蟻」。「遼」作「虜」。又其後「陛下即位以來。禦敵之術實得上策。遼使之來。宴犒賜予。恩數曲盡」句（同上）。鈔

本「敵」作「戎」。「遼」作「虜」。又後文「臣願斷此人頭以謝天下。不唯慰安燕人。又使明知陛下德音」句（三五〇—五六上）。鈔本「燕人」作「燕人之心」。又後文「然此數人不誅。則燕人之猜忌未易可解……臣聞北邊頻歲不登」句（三五〇—五六下）。鈔本「燕人」作「虜人」。「北邊」作「虜中」。又「況李良嗣董才皆北庭叛臣」句（同上）。鈔本「北庭」作「北虜」。又「蓋祖宗朝賜予之費皆出于榷場。其法寖壞。遂耗內帑」句（同上）。鈔本作「蓋祖宗朝賜予之費皆出于榷場。歲得之息取之于虜而復之于虜。中國初無其毫髮損也。比年以來。榷場之法寖壞。遂耗內帑」。又「不惟遼人爲備日久……今則盡爲敵土……又謂遼人比年以來爲女眞所困」句（三五〇—五七上）。鈔本「遼人」皆作「北虜」。「敵土」作「蕃種」。又後文「滅一弱國而與強國爲鄰。恐非中國之福。徒爲女眞之利耳。且遼人雖外蕃。然

久漸聖化……今女眞剛勇善戰鬥。國勢日盛。殆非易敵。遼人以全力相攻尚不能勝」句（三五〇－五七上）。鈔本作「滅一弱虜而與強虜爲鄰。恐非中國之福。徒爲女眞之利耳。北虜雖夷狄。然久漸聖化……今女眞剛狠善戰鬥。茹毛飲血。殆非人類。北虜以夷狄相攻尚不能勝」。又此句以下凡「遼人」鈔本概作「北虜」。又「比因北朝忘失其主」句（三五〇－五七下）。鈔本作「比因虜中忘失虜主」。又「古人謂敵國相攻。本國之福正謂是矣」句（三五〇－五八上）。鈔本「敵國」作「夷狄」。「本國」作「中國」。

六日癸巳章

四庫本茆齋自敍「殊不思自割屬契丹已多歷歲年」句（三五〇—五八下）。鈔本「多歷歲年」作「近二百年」。後文「若論人情。古人云。撫我則后。虐我則仇。今日人情大可見矣。豈不知耶。介儒俯而不答。食時至新城」句（同上）。鈔本作「若論父子之情。

誰本謂的父耶。知有養父而不知有的父。是亦不孝也。介儒笑而不答。食而至新城」。又後文「無犯四軍之怒則事濟而身全」句（三五〇－五九上）。鈔本「四軍」作「虎狼」。又後文「且僕捐親愛。入不測之區」句（三五〇－六〇上）。鈔本「區」作「虜」。

十二日己亥章

四庫本「具道朝庭禮樂文物之盛。極言契丹殘酷生民之弊」句（三五〇－六一上）。鈔本「極言契丹殘酷生民之弊」作「痛憤北戎腥羶殘酷之弊」。又「極言契丹所以將亡之狀」句（同上）。鈔本「契丹」作「戎狄」。又後文「自古外蕃之興。未有若女眞如此之速」句（同上）。鈔本「外蕃」作「戎狄」。又後文「如摧枯拉朽。所在肝腦塗地。其鋒甚銳」句（同上）。鈔本「其鋒甚銳」作「腥聞于天」。後文「契丹五京已陷四京矣」句（三五〇－六二上）。鈔本「契丹」作「虜中」。又「新主成立全是相公與北樞蕭公李密」句。鈔本「新主」作「戎酋」。又「近新主助添招軍」句（同上）。鈔本「新主」作「戎主」。又凡「遼」字皆作「虜」。

卷九

宣和四年六月二十四日辛亥章

四庫本「遼人知其國且亡。而中國必欲故地也」句（三五〇—六四下）。鈔本「遼」作「虜」。又後文「是以遼人後復說女眞入中原傾我根本。皆以復讎也」

句。鈔本「遼」作「虜」。「入」作「犯」。又後文「因從經撫房降御筆飭二帥。曰示敵以弱。非計之得也」句。鈔本「示敵以弱非計之得也」作「狗性從頭殺便會走」。

八月丁亥朔章

四庫本宇文虛中劄子「自處尊行。恃甲兵之富強。指歲賜爲獻納……。曾未半年。遂使震懷」句（三五〇—六五下）。鈔本「恃甲兵之富強」作「僭中國之名號」。「遂使」作「戎虜」。又後文「但部族繁多不能盡勝」句鈔本作「天生夷狄不可盡滅」。又後文「今來女眞竭國點集。次第甚大。若以此兵逆舊遼主自西而來。我軍攻燕未下。相遇於燕城之外。其利害如何」句。鈔本「女眞」作「夏人」。「遼主」作「虜酋」。又後文「不唯繕守費力。又恐爲敵所輕」句（三五〇—六六上）。鈔本「敵」作「夷」。又「若得燕之後。徼外別部。依附旁近險阻。或通款天祚。或

別立新主。西兵不可久戍。北兵不可倚仗」句。「徼外別部」作「胡虜雜類」。「天祚」作「舊酋」。「新主」作「酋長」。又「若西夏大兵助送天祚不能入燕」句（三五〇—六六下）鈔本「天祚」作「舊酋」。

九月三日己未章

四庫本「契丹天祚元未曾捉得。亦未殺了」句（三五〇—六六下）。鈔本「天祚」作「舊酋」。又「來時

聽得契丹舊主在沙漠已曾遣人馬追趕」句（三五〇－六六下）。鈔本「主」作「酋」。

十一日癸卯章

四庫本「契丹舊主尚在沙漠。早捉拿了甚好」句（三五〇－六七上）。鈔本「舊主」作「昏主」。

汪藻謀夏錄四庫本「時朝廷屢以勝契丹欺金人。而有一四軍不能制。反伎金人擒之。自相矛盾矣」句（三五〇－六七下）。鈔本「金人」並作「虜人」。

十八日甲戌章

四庫本「上令童師禮傳旨。契丹舊主尚在沙漠」句（三五〇－六八上）。鈔本「舊」作「昏」。

二十日丙子章

四庫本「偶爾遽戰。爲敵所乘」句（三五〇－六九下）。鈔本「敵」作「賊」。又後文「日晚牛欄軍至易州」句（同上）。鈔本「軍」亦作「賊」。

二十三日己卯章

四庫本「封氏編年曰。藥師表云。臣聞天有道則」句下注「闕」（三五〇－六九下）。鈔本作「臣」。又後文「豈非古今之常情」句（同上）。鈔本其下尚有「百姓係心素積北夷之怨。一時翹善。咸歸中國之明」。又其後四庫本「燕雲奉使錄「表云藥師言」句（三五〇－七〇上）。鈔本句下尚有「伏聞蕃漢之人實爲異類。羊狼之伴不可同居。自生夷貊之鄉。未被衣冠之化。常思戴日。何啻望霓」句。又後文「今契丹爲難首。竊稔陰謀燔燒吾里」句。鈔本「難」作「戎

」。

卷十

二十九日乙酉章

四庫本「郭藥師者。渤海之鐵州人也。善戰。遼以爲裨將。領常勝軍」句（三五〇－七十三上）。鈔本「遼」作「虜」。又後文「然燕中號健鬥者也」句（同上）。鈔本「燕」作「虜」。

十月一日丙戌章

四庫本「不許入關。其利有（闕）。許入關其害有七」句（三五〇－七四上）。鈔本作「不使女眞入關。其利有五。使之入關。其害有六」又後文「某曰。與金人共事。當先立威以振服之……又豈可以吾之腹心盡露與敵國。及女眞豈可以情輸之乎」句（三五〇－七十五上）。鈔本「金人」作「夷狄」。「敵國」作「外夷」。「情輸」作「親結」。

九日甲午章

四庫本「其部落多未易圖。朝廷當思兩全。無貽後日之悔」（三五〇－七五下）。鈔本「其部落多」作「虜種類雜」。

十三日戊戌章

四庫本「契丹始大割土地而失山河之險。長驕縱而定父子之稱」句（三五〇－七六上）。鈔本作「羯胡匪茹盜藩垣以爲蛇豕之窟。污衣冠而陷羊犬之群」。又「敵自竄身於窮漠」句（三五〇－七六下）。鈔本「敵」作「虜」。又後文「豈意蕃族自叛宗盟。命帥出師巡邊備」句（同上）。鈔本「蕃族」作「酋虜」。又後文「聖旨送畫秘省」句（三五〇－七七上）鈔本「畫秘」作「秘書」。又「詔曰。朕膺天駿。命」句下注闕（同上）。鈔本闕文作「作民」。又後文「燕雲之境實我舊封。五季不綱。陷于蕃族屬者。遼主失道。自絕於天怨」句（同上）。鈔本「蕃族」作「北狄」。「遼主」作「虜酋」。

手詔甄擢賢才章

四庫本「其以忠直得罪北主。或爲權倖排斥」句（三五〇－七七下）。鈔本「北主」作「虜酋」。

十九日甲辰章

四庫本「敵鋒相接矣。時敵兵不滿二萬……以備敵出兵」句（三五〇－七八上）。鈔本「敵」均作「賊」。

二十日乙巳章

四庫本「是日將晏。敵鼓譟攻我」句（三五〇－七八上）。鈔本「敵」作「賊」。

卷十一

二十三日戊申。宣撫司檄進兵章

四庫本「況我軍擬敵倍萬」句（三五〇－七八下）。鈔本「敵」作「賊」。

二十四日己酉。郭藥師等入燕山軍敗而還章

四庫本「破敵將軍曉入燕……洗盡塵氛二百年」句（三五〇－七九二）鈔本「敵」作「虜」。「塵氛」作「腥羶」。又後文四庫本「而四軍林牙。兵勢方銳……皆棄馬登城。敵益熾」句（三五〇－七九下）。鈔本「方銳」作「狼戾」。「敵」作「賊」。又「王端臣等皆碎敵手」句（同上）。鈔本「敵」亦作「賊」。又其後。四庫本「契丹諸人令盡殺……是以遼燕因巷戰。殺傷相當」句（三五〇－八〇上）。鈔本「人」作「虜」。「遼燕」作「虜漢」。

二十八日癸丑。劉延慶申宣撫司乞回軍章

四庫本「昨日在敵營見戰具甚廣……敵氣已喪矣」句（三五〇－八一上）。鈔本「敵」字皆作「賊」。

二十九日甲寅。劉延慶燒營章

四庫本「將曉敵覺……燕人作歌及賦以誚延慶傳笑燕中」句（三五〇－八一下）。鈔本「敵」作「賊」。「燕中」作「虜中」。

十一月一日丙辰朔章

四庫本「渝令歸漢不可歸心于女眞也」句（三五〇－八三上）。鈔本「歸心」作「受辱」。

又其後茆齋自叙。四庫本「是時金人聞楊可世高一箭郭藥師已入燕」句（三五〇－八四下）。鈔本「金」作「虜」。

卷十二

三日戊子。差趙良嗣周武仲使于金國章

四庫本自「郭藥師至永清與敵相遇」句（三五〇－八九上）至「敵窮走燕城。堅壁不敢出」句（同上）。

鈔本凡「敵」字皆作「賊」。

六日辛卯。金人兵至燕章

四庫本北征紀實曰「阿固達與其臣數人皆以次坐于燕之內殿上。受燕人之降。且上詢黃蓋有若干柄。意欲賜功臣。皆張之國中。皆畏其威。金人其後自大」句（三五〇－九一上）。鈔本作「阿骨打與其臣數人皆

握奉坐于殿之戶限上。受燕人之降。且尙詢黃蓋有若干柄。意欲與其群臣。皆張之中國。以傳爲笑。金人其後自大」。

十一日丙申。貶劉延慶爲率府率安置筠州章

四庫本北征紀實曰「未至。良鄉縣已爲燕騎所撓」句（三五〇－九一上）。鈔本「燕」作「虜」。又後文自「翌日。四軍使燕騎皆乘我馬」句（三五〇－九一下）至「一旦皆爲燕人所得」句（同上）。鈔本凡「燕」字皆作「虜」。其中「但見火光大起。四軍亦走之」句。鈔本「四軍」作「虜遂」。

十五日庚子。趙良嗣周武仲至大金軍前章

四庫本金人國書云「今承來書」句至「且當朝兵馬攻下居庸關。直抵燕城」句（三五〇－九三上）。鈔本作「今承來書。其別處移散到漢民雜色人戶。前次往復。未曾透漏辭意詳明。昨來斯剌等。去時已曾具言。兼契勘馬政來。賫到事目所約。應期夾攻最爲大事

。須是大金兵馬到西京。大宋兵馬自應朔州入去。不如此。則便爲失約也。且當朝兵馬攻下西京以至武朔。曾牒代州。亦未相應夾攻。又良嗣賫到書。所謂夾攻者。本朝自涿易等處進兵至燕京。金國自北口等處進兵至燕京。當朝兵馬攻下居庸。直抵燕城」。

卷十三

初四日戊午。李靖等入見于崇政殿章

四庫本茆齋自叙曰「一旦使女眞得志。殆將取侮於四

方」句（三五〇－九五下）。鈔本「方」字作「夷」。

二十五日己卯。趙良嗣章

四庫本燕雲奉使錄曰「見金主令譯者傳言。收下燕京。遣使賀功甚好」句（三五〇－九七上）。鈔本「金主」作「虜酋」。又後文。四庫本「其下諸將帥大喜」句（三五〇－九七下）。鈔本「將帥」作「酋長」。又後文。四庫本「入辭金主言。爲稅賦。事不相合。本要止絕」句（三五〇－九八下）。鈔本「金主」作「虜酋」。

卷十四

二月一日乙酉朔。金人遣趙良嗣章

四庫本茆齋自叙曰四庫本「良嗣云。金人自用兵。未嘗敗衄」句（三五〇－一〇三上）。鈔本「金」作「虜」。

九日癸巳。趙良嗣等至大金軍前章

四庫本燕雲奉使錄曰「十一日見金主遣烏舍。薩魯二人」句（三五〇－一〇三下）。「烏舍遂起。引良嗣等望金主所居。傳言云」句（三五〇－一〇四下）。「又傳金主之言。信誓事須要便了」句（三五〇－一〇五上）。凡「金主」鈔本均作「虜酋」。

四庫本茆齋自叙曰「使國家幅員萬里。因機借勢。控制彊敵」句（三五〇－一〇五下）。「敵」字鈔本作「虜」。又後文「良嗣云。縱使金人見許。必復邀增歲賜」句（三五〇－一〇五下。一〇六上）。及「僕料金人之意。西京在其西南數千里。……良嗣云。縱使金人見還。公觀今日朝廷事勢如何守得」句（三五〇－一〇六上）。凡「金」字鈔本均作「虜」。

十一日乙未。尙書左丞王安中章

四庫本「悉出內府之金玉器……以誇示遠人」句（三五〇－一〇八下）。鈔本「遠人」作「夷狄」。

二十八日壬子章

四庫本燕雲奉使錄曰「趙良嗣辭訖。金主遣高慶裔來」句（三五〇－一〇八下）。鈔本「金主」作「虜酋」。

卷十五

三月一日甲寅朔。金人尼楚赫等至館章

四庫本茆齋自叙曰「良嗣對以敵兵甚殘暴。唯利是從。……上云。敵兵強盛。殘破民物。亦自來之所少也。豈能久耶」句（三五〇－一一〇上）。「敵兵甚殘

暴」鈔本作「女眞性貪暴」。「敵兵強盛。殘破民物。亦自來之所少也」鈔本作「女眞貪暴。殘賊民物。雖黃巢不是過也」。

十八日辛未。趙良嗣等至燕山章

四庫本燕雲奉使錄曰「趙良嗣至涿州。碩哈郎君及高慶裔來傳金主言意」句（三五〇－一一一上）。「金主」鈔本作「乃酋」。又後文。四庫本「況今已四月。料亦難留。何處不交。奈何隨所索即與之」句（三五〇－一一二下）。「料」字鈔本作「虜」。又後文。四庫本「烏舍與楊璞等起立。云有諭旨。若戶口不盡發來。便請勾回涿易人馬」句（三五〇－一一三上）。「諭旨」下多「朕以天地眷佑。併有遼國。所有涿易盡屬燕地」。

卷十六

十七日庚子。童貫蔡攸章

四庫本「貫攸問馬擴曰。衆慮金人刼寨爾。以爲如何

」句（三五〇－一一七上）。「金」鈔本作「虜」。

四庫本平燕錄及封氏編年王安中入燕錄曰「安中曰。敵人貪婪。自古如此。又況我兵向爲契丹所敗」句（三五〇－一一七上至下）。「敵人」鈔本作「夷虜」。

四庫本北征紀實曰「始祖宗時。遼使至。待遇之禮有限。不示以華侈」句（三五〇－一一八下）。「遼」鈔本作「虜」。又後文。四庫本「於是又遣良嗣議折

物。凡絹三十萬。絲綿稱是。金人每喜南貨」句（三五〇—一一九上）。「金」鈔本作「虜」。

十九日壬寅。金人遣使章

四庫本北征紀實曰「宣和五年夏四月。金軍告還。命我師交割」句（三五〇—一二〇上）。「軍」鈔本作「酋」。

二十二日乙巳。童貫上復燕奏章

四庫本宣和錄曰「恭惟陛下神機先物。前知遼主滅亡

之兆」句（三五〇—一二一上）。「遼主」鈔本作「北虜」。又後文。四庫本「至宣和四年。遼主播遷。耶律淳篡立」句（同上）。「遼」鈔本作「虜」。又後文。四庫本「九月一日。九日。王師屢勝。燕人震懾」句（三五〇—一二一上至下）。「燕人」鈔本作「殘虜」。又後文。四庫本「先是郭藥師領常勝軍萬人駐涿州。燕中」句（三五〇—一二一下）。「燕」鈔本作「虜」。又後文。四庫本「惟茲遼國。昔號殊鄰。當五季之瓜分。盜一方而穴處」句（三五〇—一二二上）。「惟茲遼國」鈔本作「蠢茲裔虜」。又後文。四庫本「對越在天之靈。必施闔國之略。屬逋逃之遠跡。復宗種之內訌」句（同上）。「何啻三捷。軍聲振疊。敵帥驚奔。絕其唇輔之依。結彼腹心之應。扶老攜幼。還爲耕鑿之民」句（三五〇—一二二上至下）。鈔本「逋逃」作「酋渠」。「跡」作「遁」。「宗」作「雜」。「敵帥」作「醜類」。「耕鑿」作「冠帶」。

四庫本秀水閒居錄曰「童貫奏中云。不受蕭后納款者。先與金人有約。不敢受也」句（三五〇—一二三上）。又「延慶分兵往救。爲蕭幹還擊。盧溝大軍聞風遂潰。王黼爲相。因此嫉貫等。且欲自以爲功。會燕都耶律淳死。乃議遣使召女眞取燕城」句（同上）。又「不思營平灤三州乃劉仁恭所遺。金不肯割此三郡。聚兵窺伺爲內侵之計」句（三五〇—一二三上至下

）。兩「金」字。鈔本均作「虜」。「蕭幹」作「殘虜」。「燕都」作「虜酋」。

二十七日庚戌。以收復燕雲章

四庫本赦文曰「念萬邦作乂。四海咸賓。惟契丹之舊鄰。侵我邦之名壤。雖帝居赤縣。有邊徼之外區。……且河朔息戰以來……相彼昏迷。罔知悛改。賦斂暴刻」句（三五〇—一二三下）。鈔本「赦文曰」作「門下」。「四海」作「四夷」。「契丹」作「羯胡」。「我邦」作「中華」。「雖帝居赤縣。有邊徼之外區」作「雖北謂八狄。同蠻貊之外區」。「相彼昏迷。罔知悛改」作「相彼虜酋。虐用夷種」。

二十八日辛亥。童貫蔡攸章

四庫本「詹度作平燕詩送童貫曰。……行時一決安邊策。到後須成濟世功」句（三五〇—一二四上）。「安邊」鈔本作「平戎」。

卷十七

八日庚申。御筆加王黼等章

四庫本御筆「遼政不綱。鄰國侵擾」句（三五〇—一二四下）。「遼」鈔本作「虜」。

六月一日壬午朔。蔡京進賀表章

四庫本表曰「舉全燕之故地。弔陷敵之遺民。戴白垂髫懽呼而倒戟。壺漿簞食充塞而載塗」句（三五〇—一二七上）。「陷敵」鈔本作「介狄」。「倒戟」作「解衽」。

四庫本鍾邦直行程錄曰「六月。燕主耶律淳以病死。朝廷復有冀得之心」句（三五〇—一二七下。一二八上）。「燕」鈔本作「虜」。又後文。四庫本「夫自古外蕃與中國迭爲盛衰。而外蕃之盛。未有能如前日之契丹。直踰二百年。常與中國抗衡」句（三五〇—一二八下）。「外蕃」鈔本均作「夷狄」。「未有能如前日之契丹。直踰二百年」鈔本作「未有及百年者。惟契丹則踰二百年」。

童貫蔡攸以郭藥師來朝章

四庫本北征紀實曰「藥師陛見。頓首殿下。流涕而言曰。臣在燕中。聞趙皇眞在天上。不謂今日得望天顏。臣死榮甚。……藥師頓首曰。臣邊方遠人。今日蒙天地大恩。已誓效死」（三五〇—一二九上）。「燕中」。「邊方」。鈔本均作「夷虜」。又後文。四庫本「又藥師及燕人終不改其驕悍。亦無如之何。時人切比之安祿山」句（三五〇—一三〇上）。「驕悍」

鈔本作「左衽」。又後文。四庫本「貫衆皆失色。歸而白上。謂藥師決能抗金人也。當是時。雖金人不入中原。藥師亦必反」句（三五〇—一三〇上至下）。「入」鈔本作「犯」。

二日癸未。上以御筆付詹度章

四庫本「及聞平州止稱舊府。用保大年號。故相曹義男等四人聲言不順南朝。亦不歸女眞」句（三五〇—一三〇下）。「故」鈔本作「虜」。又後文。四庫本「止緣女宜處關中。而覺外扼楡關。又我以重兵壓其境。且天祚尙在。是以彼姑涵容」句（三五〇—一三一上）。「天祚」鈔本作「舊酋」。又後文。四庫本「況我師既已解嚴。天祚復狼狽如此。秋深女眞歸正是得志之時」句（同上）。「天祚復狼狽如此」鈔本作「酋又復狼狽如此」。

卷十八

五日丙戌。張覺詣宣撫司納土章

四庫本狀曰「燕城本國舊地。雖爲敵有。部落尙遙。……遂議割分。敵恃甲兵之強。其雲中富家巨室。悉被驅擄。……與州人共議。僉曰宜抗敵命。以全生靈。若許東遷。是亦資敵。即調發丁壯。繕甲兵。鋤叛黨。以活生靈。區區之志。必已聞之。近知敵衆。已過居庸」句（三五〇—一三二上至下）。「本國」鈔本作「中國」。「敵有」作「賊有」。「部落」作「巢穴」。「敵恃甲兵之強」作「賊恃虎狼之強」。「

資敵」作「資虜」。「叛黨」作「賊徒」。「敵衆」作「賊衆」。

九日庚子。收復全燕章

四庫本神麓記曰「六十未娶。是時多以強凌弱。無以制度」句（三五〇—一三三下）。「多以」鈔本作「酋豪」。又後文。四庫本「由是遠近皆伏。號爲神明。有鄰寨部長。姓圖克坦」句（同上）。「部長」鈔本作「鼻察異酋長」。又後文。四庫本「後女眞衆豪

。結盟推爲首領。生烏嚕」句（三五〇—一三四上）。「豪」鈔本作「酋」。又後文。四庫本「共在位九年。創業艱難。未嘗少息。至燕京入。遂不懌。……不旬日病殂。年五十五。以百數十人轝歸阿勒楚」句（同上）。「至燕京入。遂不懌」鈔本作「至燕京。入內。見大殿搖動」。「以百數十人轝歸」鈔本作「以白礬大鹽淹歸」。

四庫本「宣撫使奏古爾班師衆來侵。八月十五日大戰峰山」句（三五〇—一三六下）。「來侵」鈔本作「犯順」。

九月六日乙巳。御明堂集英殿大宴章

四庫本北征紀實曰「覺取天祚像掛之聽事。呼二州父老喻之曰。金人吾讎也」句（三五〇—一三七上）。「金人」鈔本作「女眞」。又後文。四庫本「其後金主病。率軍西北。出居庸關」句。及「然金主適死。其喪未歸」句（三五〇—一三七下）。「主」鈔本均

作「酋」。又後文小注。四庫本「李石者。後乃李汝弼也。以待制奉朝請。……使我失措如是者三四。悉終「滅大遼矣」句（三五〇—一三七下）。「悉」作「蕃」。又後文。四庫本「遼東有顯州者。遼之郡名也。去金人上京。所謂安扎川頗近」句（三五〇—一三八下）。「遼之郡名」鈔本作「虜之郡名」。「上京」作「巢穴」。

卷十九

十四日癸亥獲耶律氏寶檢章

四庫本詔曰「屬者。遼政暴荒。天用勦絕其國」句（三五〇—一四〇上）。及「擅即僞位。號神聖皇帝。改年天嗣。襲遼正統」句（同上）。「遼」鈔本均作「虜」。

閏三月庚辰太傅王黼奏所俘至檢僞寶章

四庫本太傅王黼奏「至慶歷中。遂至逞己之威。妄以關南縣邑爲請」句（三五〇—一四一下）。「至逞己

之威」鈔本作「敢忤天之命」。

九月癸丑譚稹落太尉章

四庫本「且所許二十萬斛糧米。不以給之。金人愈怒。欲棄盟入攻」句（三五〇—一四三上）。「棄盟入攻」鈔本作「敗盟入寇」。

四庫本北征紀實曰「是時金主阿固達死于白水泊。……于是三州率反以歸金人」句。「金主」鈔本作「金酋」。「三州」作「虜將」。又後文。四庫本「臣久歷邊鄙。知敵情。此乃游手之人。不能自存者。覬覦南歸」句（三五〇—一四四上）。「敵」鈔本作「虜」。

十八日壬戌大赦天下章

四庫本「昭上帝溥將之命。克篤前烈。恢前人燕翼之謀。興念燕雲。久阻聲教。故家望族。盡爲俘纍之臣。廣谷大川。阻隸職方之籍。初侵邊境。漸入封圻。方藝祖肇基。實軫念民之慮。……蠢茲裔土。輒背世

盟」句（三五〇—一四五上。下）。「久阻聲教」鈔本作「久淪胡虜」。「盡爲俘纍之臣」作「散依四貊之酋」。「職方」作「九畿」。「初侵邊境。漸入封圻」作「寖移巢穴。竊據封圻」。「軫念」作「軫恤」。「裔土」作「戎醜」。

卷二十

宣和七年正月二十日壬辰章

四庫本管押禮物官鍾邦直宣和乙巳奉使行程錄曰「甲

辰年阿固達忽殂謝。其弟烏奇邁嗣位」句（三五〇－一四八下）。「殂謝」鈔本作「身死」。又後文。四庫本「今起自白溝契丹舊界止于金庭瑪哩巴納三千一百二十里」句（三五〇－一四九上）。「金」鈔本作「虜」。又後文。四庫本「唐有范陽節度。臨制奚契丹。自晉割賂北主。建爲南京析津府」句（三五〇－一四九下）「主」鈔本作「虜」。又後文。四庫本「未割棄以前。其中人與契丹鬥。勝負不相當」句（三

五〇－一五〇上）。「契丹」鈔本作「夷狄」。又後文。四庫本「自甲辰年金人及奚人直入城俘掠。每邊人告急。宣撫使王安中則戒之曰。莫生事」句（三五〇－一五〇上。下）。「及」鈔本作「雜」。又後文。四庫本「第十程至金界清州出城。東行十里。……期具國信使副職位地名關牒。金界備車馬人夫以待。金人亦如期差接伴使副于界首。……好研芥子和醋拌肉。……以韭菜辛辣。不甚可口。而彼中酷嗜之」鈔

本「金」作「虜」。「金人」作「虜中」。「以韭菜辛辣。不甚可口。虜人嗜之」作「以韭菜穢污。不可向口。虜人嗜之」。又後文。四庫本「馬山之南。地則五穀百果。……豈天設比限南北也。外蕃自古爲患。則多雲中鴈門。……以社稷威靈。祖宗功德。保守信誓。而契丹無得以肆其毒爾」句（三五〇－一五一上下）。「南北」鈔本作「華夷」。「外蕃」作「夷狄」。「患」作「寇」。「契丹」作「禽獸」。又後

文。四庫本「彼得其強。我得其弱。蓋指此也。出榆關以東。山川風物與中國殊異。……第二十二程至顯州出榆關。以東行南瀕海而北限大山。盡皆戴石不毛」句（三五〇－一五一下）。「彼得其強。我得其弱」鈔本作「蜂蝎遷窠。虎兕出檻」。「中國」作「中原」。「戴石不毛」作「粗惡不毛」。又後文四庫本「彼中飲酒食肉。不隨盞下」句（三五〇－一五二上下）。「彼中」鈔本作「胡法」又後文。四庫本「湯

餠之類最重油煮。……金人每賜行人宴。必以貴臣押拌。……使長應之曰。……辭色俱厲。金人壯之」句（三五〇—一五二下）。「湯餠」鈔本作「胡餠」。「應之曰」作「折之曰」。「金人壯之」作「虜人氣懾」。

又後文。四庫本「表不可換。須到闕下當與大金皇帝理會。中使無言。金人無以答。臨事散發如此。金人頗壯之」句（三五〇—一五二下。一五三上）。「大金皇帝」鈔本作「曾讀書人」。「金人」鈔本皆作「虜人」。

又後文。四庫本「第二十九程至同州州地平壤。……金人云。此新羅山。……東南有高麗。靺鞨。有金國。室韋。……各爲漢語以證。方能辨。是知彼固被服先王之禮義。而應對亦以華言爲證也」句（三五〇—一五三上）。「金人」鈔本作「虜人」。「有金國」鈔作「西有女眞」。「彼固」作「中國」。「應對」鈔本作「夷狄」。

又後文。四庫本「寨前高岸有柳數十株。設行人幕帟糾于下。金人太師李靖。居。于是」句（三五〇—一五三下）。「金人」鈔本作「虜人」。又後文。四庫本「第三十六程。……乃契丹昔與金人。兩國古界也」句（三五〇—一五三下）。「金人」鈔本作「女眞」。四庫本「覺天以此限兩國。而豪強互相吞噬乎。矩古寨自北以東數處原隰間。盡金家人。更無他部。無市井」句（三五〇—一五三下）。鈔本作「豈天以此限

兩國也。豺狼互相吞噬。終爲強者所併耳。來流河二十餘步。以船渡。又五里至句孤寨。寨自北以東數處原隰間。盡女眞人。更無異族。無市井」。又後文。四庫本「第三九程。……金人每差接伴館伴送伴客省使。必于女眞渤海契丹內人物俊偉詳緩。解漢語者爲之。……去金庭尙十里餘。次日賜酒果。……約翌日赴金庭朝見」句（三五〇—一五三下）。鈔本「金人」作「虜中」。「詳緩」作「白皙」。「金庭」作「

虜庭」。又後文。四庫本「曠野間有民居數十百家。星羅棋布。望衡對宇。甚有倫次」句（三五〇－一五四上）。「望衡對宇。甚有倫次」鈔本作「分蹂錯雜。不成倫次」。又後文。四庫本「金主所坐。若今之講坐者。……帶後垂。若令之進賢冠者。玉束帶。貌甚偉。……遇食時。數隸人臺檯舁十數鼎鑊至前。……次日詣金庭。赴花宴並如儀。酒三行則樂作」句（三五〇－一五四下）。「金主」鈔本作「虜主」。「進賢冠」作「僧伽帽」。「貌甚偉」作「白皮鞋」。「隸人」作「胡人」。「金庭」作「虜庭」。又後文。四庫本「是日。扒人名王貴臣。多微服隱稠人中以觀射」句（三五〇－一五五上）。「金人」鈔本作「虜人」。又後文。四庫本「少頃進數步。躊躇爲不忍別之狀。如是者三。乃行。是行回程。見敵中已轉糧發兵接跡而來。……而漢兒亦累累詳言其將起兵。是時行人旦暮憂其有質留之患」句（三五〇－一五五下

）。「如是者三。乃行」下鈔本多「虜人情皆悽惻。或揮淚。吾人無也」。「敵中」鈔本作「虜中」。「起兵」作「入寇」。「憂其」作「慮虜」。

卷二十一

二十四日丙申金國賀正旦大使章

四庫本亡遼錄曰「天慶四年。阿固達會集女真諸部全裝軍馬二千餘騎。首入混同江之寧江州」句（三五〇－一五六上）。「入」鈔本作「犯」又後文。四庫本「是月天祚出秋山赴顯州冬山射虎。……發契丹奚軍三千騎。以中京諸路都虞候安州防禦使崔公義……」句（三五〇－一五六下）。鈔本於「契丹奚軍三千騎」下多「中京禁軍三千人。別選諸路武勇人賈庭等三百餘人」。又後文。四庫本「諸軍未及陣而爲女眞所敗。輜重器械牛年金帛悉皆棄于女眞」句（同上）。「輜重器械」鈔本作「骨肉輜械」。又後文。四庫本「慶歷九年夏。金人攻陷上京路祖州」句（三五〇－

一五七下）。「慶歷」鈔本作「天慶」。又後文。四庫本「有旨。敵馬不遠。好與軍民守城。但取馬五十匹隨行。迤邐入天德軍」句（三五〇—一五八上）。「敵」鈔本作「賊」。

四庫本松漠記聞曰「金人浸逼中京。天祚懼。遣使之阿固達爲國王」句（二五〇—一六〇上）。「金人」鈔本作「女眞」。後文。又四庫本「天祚怒曰。小國乃欲偶吾女邪。囚其使不報」句（同上）。「國」鈔本作「夷」。又後文。四庫本「初大觀中。本朝遣林攄使遼。……以惡語詆伴使」句（同上）。「惡語」鈔本作「番狗」。

四庫本松漠記聞曰「初金人憤我久矣。所以不即南下肆其威者。以天祚在陰山綴其後」句（三五〇—一六一下）。「不即南下肆其威」鈔本作「不敢南牧肆其凶」。又後文。四庫本「初金人得遼地。乃作分兩路。其東南所忌者張覺也」句（三五〇—一六一下）。

「遼」鈔本作「虜」。

四庫本范仲熊北記曰「契丹之先。本東方之國。在橫山之南。鮮卑舊地」句（三五〇—一六二上）。「東方之國」鈔本作「東胡之種」。又後文。四庫本「中國不靖。後有按巴堅。遂稱帝叮號。抗衡中國。……按巴堅改元爲制。分建京闕宮室」句（三五〇—一六二下）。「稱」鈔本作「僭」。「改元爲制」作「改元稱制」。又後文。四庫本「德光以兵直抵汴京。……孔于欒城滅狐林。號嗣聖。……嗣聖子璟立。號天順」句（同上）。「狐」鈔本作「胡」。鈔本作「天贊」。

二月童貫上賀耶律氏滅亡表

四庫本童貫言「昨遵奉睿訓。措置北事。撫定燕山府涿易檀順景薊州……契丹舊主。自稱天祚。自前年竄于夾山之北。……令臣駐兵河東以時措置。修整武備以逸待老。敵兵入邊。前後斬獲甚。至今年正月契丹舊主。離夾山與大金迎敵。句（三五〇－一六三上）。「北事」鈔本作「邊事」。「舊主」均作「舊酋」。「自稱」作「僭稱」。「敵兵入邊」作「賊兵犯邊」。「通耗來歸。朝臣依奉睿略。務守大金」鈔本缺。又後文。四庫本「舊主初欲南來。先遣其黨。並邊刦掠。……昏主二十一日已自出首前來。……牒臣照會其李嗣本及統制官。軍兵斬獲其馬步卒四千八百五十一級。……皆是小博囉下總兵用事勇敢剽捍之人。並已梟首。劉慶等十四名。皆是舊主帳前腹心。……奪到鞍馬械羊牛等無數。焚蕩輜重積聚。糧草淨盡。……坐縻八部之遺。曾無一鏃之費。事光典籍。懽通神人。恭惟皇帝陛下。誕敷舜德。駿遹文聲」句（三五〇－一六三下）。「舊主」鈔本均作「舊酋」。「其黨」作「雜類」。「其馬步卒」作「小番雜類」。「勇敢」作「傑黠」。「輜重」作「巢穴」。「八部之遺」妙作「八部之酋」。「懽通神人」與「恭惟皇

帝陛」之間。鈔本多以下一段「嘗觀三代以來。因考四夷之事。玁狁匪茹。益嘗秉中國之微。匈奴最強。不過用單于之號。蠢爾白狼之裔。昔為赤狄之雄。當五季八姓之擾攘。招九貉五戎而臣屬。自為正朔。偕用名稱。混穹廬左衽于燕雲。為封豕長蛇于代魏。當天下合為一統。而帝命式于九圍。尚狙涵容。屢形猖獗稔惡每聞于躬蹈。寒盟不自于我先。王旅徂征取遺民于塗炭。胡騎奔北。返故地于輿圖。惟是大酋竄居窮漠。哀散匕之雜虜。仰資助于黠羌。既投戈于豊勝之間。遂移帳于朔武之北。陰遣宵鳩之黨。規搖日靖之民。意在疑師言稱尋好。臣仰遵朝算。申飭邊封。遣間種類。以破輔車之謀。移文鄰邦。以為犄角之援。彌縫隘道。俘馘名豪。既南窺而路窮。遂北奔而夜遁。虛絃可落。遂投欲毀之巢。涸澤無餘。難逃不漏之網。委仗紛紛而山積。效牽合沓而鼎來。既畢天誅。永除人患。昔漢人伐虜者。六十載乃護廟諱。夫唐

兵出塞者數十萬人。方擒頡利已足。申威于方夏。至今垂耀于史編。未有計出萬全。役無再籍。用遠交近攻之策。成一舉兩得之功。惟盛德無以復加。非至神孰能與此。」又後文。四庫本「益亦兼拯中外倒懸之急。遂滅抗尊之敵。討茲爲不世之功」句（三五〇｜一六四上）。「中外」鈔本作「夷夏」。「敵」鈔本作「虜」。

四庫本秀水閒居錄曰「金人既得遼主。即謀南侵。遣人使三輩。……十一月三使皆歸。即舉兵。有郎官陳桷爲送伴使。至境上。金人已宣言大舉。公爲攘奪。無復常儀」句（三五〇｜一六四上）。「遼主」鈔本作「虜主」。「金人」鈔本作「虜人」。

卷二十二

九月二十四日壬辰金國人使入國門章

四庫本「是日。河東奏報尼堪經營南伐」句（三五〇｜一六六下）。「伐」鈔本作「寇」。

二十一日戊午章

四庫本「中山府奏。探報金人大舉刷本國正軍幷漢兒軍。漸次前來雲中府等處」句（三五〇｜一六七上）。「金人大舉刷本國」鈔本作「女眞本國刷女眞」。

二十四日辛酉童貫奏章

四庫本河北河東陝西路宣撫使童貫奏樞密院箚子「河北舊沿邊州軍。……控制契丹」句（三五〇｜一六七上）。「契丹」鈔本作「黠虜」。

十九日丙戌宣撫司差馬擴辛興宗章

四庫本茆齊自叙曰「由是彥宗伊都輩力勸南朝可圖。仍不必以衆。因糧就兵可也」句（三五〇｜一六八下）。「南下」鈔本作「入寇」。又後文。「翊日。館中供具良厚。察勒瑪笑曰。待使人。止此回矣。蓋示決入攻之意」句（三五〇｜一六九下）。「攻」鈔本作「寇」。

二十一日戊子斡里雅布至清州界首執接伴賀正且使傳

察使拜死之章

四庫本「使拜。死之」句（三五〇—一七〇上）。鈔本作「使拜。不屈。死之」。

四庫本李邴爲公墓誌曰「十一月公至燕山府。聞敵入攻。或勸其毋遽行。……居數日。敵騎暴至。夜圍館。詰旦有部長數十騎馳入館」句（三五〇—一七〇上）。「敵」鈔本均作「虜」。「部」鈔本作「酋」。

又後文。四庫本「公曰。迓使人。故例止此。不肯進

。敵輒易公馭者。擁之東北去。百里許。遇金國二太子斡里雅布者領兵至。金人曰。見太子當拜」句（三五〇—一七〇下）。「敵」鈔本作「虜」。「金人」鈔本作「虜人」。又後文。四庫本「斡里雅布曰。爾尚欲還朝耶。其左右促公拜」句（同上）。「其」鈔本作「虜」。又後文。四庫本「公知不免。謂隨行書狀官侯彥等曰。敵脅我以拜。我以國故。義不辱。我死必矣」句（三五〇—一七〇下）。「敵」鈔本作「虜」。又後文。四庫本「十二月七日敵次燕山。郭藥師迎戰。殺傷甚衆。……彥等不知公存亡累日矣。密以訪敵。敵曰大使不拜太子……」句（三五〇—一七一上）。凡「敵」字鈔本皆作「虜」。又後文。四庫本「獨沙立在。遇金人縶之土室。凡兩月」句（同上）。「金」鈔本作「虜」。又後文。四庫本。「某以一介之使。馳不測之地。臨以白刃。毅然不屈」句（同上）。「地」鈔本作「虜」。又後文。四庫本「劉

韐。金人知其才欲用以爲帥。非自引。法將反爲敵人用」句（三五〇—一七一下）。「金」鈔本作「虜」。「敵人」鈔本作「夷狄」。又後文。四庫本「若公者單車之使耳。事變初不預聞。金人未嘗欲以爲己用」句（同上）。「金」鈔本作「虜」

四庫本靖康小雅曰「公至界上。金人輒衍期不至」句至「公獨不屈。金人以兵脅之。公亦不顧。金將曰。我以南朝天子失德。故來弔伐」句（三五〇—一七二

上）。「金人」鈔本均作「胡人」。「金將」鈔本作「胡酋」。又後文。四庫本「我有孔耳。膝不屈也。金人怒。因害公。嗚呼。方敵之始至也。事出意表。……詩曰。強敵寒盟。兵忽踰塞。……外臣桀傲。自矜強大」句（同上）。「金人怒」鈔本作「酋大怒」。「敵」鈔本作「賊」。「強敵」鈔本作「貪胡」。「外臣」鈔本作「胡雛」。

卷二十三

二十八日乙未斡里雅布陷薊州章

四庫本「副使武漢英脅而降之」句（三五〇—一七三上）。「脅」鈔本作「髡」。

四庫本北征紀實曰「故其入中國。先以關牒來代州茹越寨。及啓封。乃檄書也」句（三五〇—一七三上）。「入」鈔本作「犯」。又後文。四庫本「武漢英者武將。頗黠。斡里雅布愛之。因得降而見用。……漢英備見金兵入中國。得人初不殺」句（三五〇—一七三上。下）。「降而見用」鈔本作「髡而左衽」。「金兵入中國。得人初不殺」鈔本「金酋中得國人。初不殺」。又後文。四庫本「漢英用是乃得出。乃徑走闕下。且以敵情告朝廷」句（三五〇—一七三下）。「敵」鈔本作「虜」。

蔡攸議廢安肅保信二軍章

四庫本「大凡失謀可怪。而資敵之深入者類如此」句（三五〇—一七四上）。「深入」鈔本作「跳梁」。

十二月一日戊戌馬擴回自太原章

四庫本茆齋自叙曰「皆某預知金人深懷張覺之撼。爲契丹亡國之臣激發。必生不測之變」句（三五〇—一七四上）。「金人」鈔本作「此賊」。

三日庚子尼堪遣使王介儒章

四庫本「尼堪自雲中府起兵入侵忻代之境」句（三五〇—一七五上）。「侵」鈔本作「寇」。

七日甲辰童貫議赴闕章

四庫本「孝純愕然云。金人已渝盟入侵。當在大王勾集諸路軍馬」句（三五〇—一七五下）。「侵」鈔本作「寇」。又後文。四庫本「如今太原府路。地險城堅。人亦諳戰鬥。未必金人便能破也」句（同上）。「金人」鈔本作「金賊」。

四庫本茆齋自叙曰「然而見入敵馬不多。全在大王乘機應變。力爲措畫禦捍。且敵所忌者有四。所幸者有三」句（三五〇—一七六上）。又「擴觀河東路險。多關隘。人諳戰鬥。敵必不能長駐」句（同上）。凡「敵」字。鈔本皆作「賊」。又後文。四庫本「加以大王據之。左右多西人。慣熟守禦。金人雖入境。決不敢率易南渡」句（三五〇—一七六下）。「人」鈔本作「賊」。又後文。四庫本「倘大王一一肯聽行之。敵不足破也。僕再見童貫。稟宜早過。眞定恐不測。燕山路敵馬事逼」句（三五〇—一七七上）。「敵」鈔本均作「賊」。又後文。四庫本「今日則敵騎入

邊。孰不同惜鄉土。營護骨肉」句（同上）。「敵騎入邊」鈔本作「蕃騎入寇」。

八月乙巳童貫太原遁還章

四庫本北征紀實曰「金人之欲入中原也。懼我爲備」句（三五〇—一七七下）。又「韓太師八月二十三日……稱冬間要入南界。時金人欲攻我。遣小使來」句（同上）。二「入」字及「攻」字。鈔本均作「犯」。

四庫本茆齋自叙曰「一乞不測。金人南渡。邊防失守。則循唐故事」句（三五〇—一七八上）。「金」鈔本作「虜」。

尼堪攻朔州。漢兒開門獻之章

四庫本「尼堪攻朔州。漢兒開門獻之」句（三五〇—一七八上）。「攻」鈔本作「犯」。又後文。四庫本「至是金人南入朔武之境。朔州守將孫翊先將兵出援太原」句（三五〇—一七八下）。「入」鈔本作「犯

」。

九日丙午尼堪兵至忻州章

四庫本「守忠行至忻口。反回云。守忠所部盡是部軍。若借得敢勇家馬。則金不能入關」句（三五〇－一七九上）。「入」鈔本作「犯」。

四庫本節要曰「尼堪自雲中。懷仁河陰將入代州之境。……乃分兵由壺谷寨入焉」句（三五〇－一七九下）。「入」鈔本作「寇」。「壺」鈔本作「胡」。又後文。四庫本「守臣李嗣本率吏民淸命于敵。忻州石嶺關聞風皆叛。於是敵衆如入無之境」句（同上）。「敵」鈔本作「賊」。

四庫本秀水閒居錄曰「宣和末。金人入邊。首亂晉州」句（三五〇－一七下）。「金人入邊」鈔本作「金虜犯邊」。

四庫本許採陷燕記曰「二太子斡里雅布乃東向望日而拜。號令諸部。即趨藥師軍」句（三五〇－一八〇上）。「趨」鈔本作「犯」。又後文。四庫本「又聞常勝軍如欲附敵。彼知公劫衆以遁。藥師輩因以藉口。公之罪曷所逃也」句（三五〇－一八一上）。「敵」鈔本作「賊」。又後文。四庫本「初金人來攻。蔡公令守城卒上城」句（三五〇－八一下）。「來攻」鈔本作「犯順」。

卷二十四

十日丁未斡里雅布陷燕山府

四庫本陷燕記曰「余嘗思之。失燕人之心者三。致燕人之侮者三」句（三五〇－一八三下）。「侮」鈔本作「寇」。又後文。四庫本「鹽法。舊燕中每貫四百文。得鹽一百二十斤」句（同上）。「燕」鈔本作「虜」。又後文。四庫本「何謂致金人之侮者三。一張覺。二……獲上皇所賜張覺御筆手詔曰。吾當與汝圖女眞。……初宣和四年春金人既擁燕中戶口過平州。覺邀其歸。大敗之。獲金國宰相四人殺之。戶口悉遁還燕山」句(三五〇—一八四上)。「侮」鈔本作「寇」。「圖」鈔本作「滅」。「遁」鈔本作「遺」。

又後文。四庫本「益金人兵本強盛。每使人自京師回。必述南中之孱弱。以久欲決意來戰。期在必勝。況劉彥宗輩皆漢人。各銜中國約金人破契丹之怨。遂教其衝突如此」句(三五〇—一八四下)。「兵本強盛」鈔本作「性本貪婪」。「必述南中之孱弱。以此久欲決意來戰。期在必勝」鈔本作「必訪其盛麗華侈。此賊垂涎決意來犯。期在攘取」。「衝突」鈔本作「

猖獗」。

四庫本北征紀實曰「宣和末。金人謀起兵」句(三五〇—一八四下)。「起兵」鈔本作「入寇」。

四庫本北征紀實曰「金人既得遼地。因分兩道」句(三五〇—一八七下)。「遼」鈔本作「虜」又後文。

四庫本「既欲寒盟。自秋冬探報甚密」句(三五〇—一八八上)。「寒」鈔本作「犯」。

四庫本秀水閒居錄曰「至冬。金人入邊。藥師率兵去燕城七十里。與令徽分軍以禦之」句(三五〇—一八九)。「入」鈔本作「寇」。又後文。四庫本「大軍遂潰。藥師馳還。盡執郡僚。亦劫其家以降」句(同上)。鈔本多「金人與之合從犯關」。

四庫本「節要曰。斡里雅布至燕山之境」句(三五〇—一一八九上)。「節要」鈔本作「金虜節要」。「至」鈔本作「寇」。又後文。四庫本「藥師以燕山降。涿易繼叛」句(同上)後。鈔本多「女眞本如禽獸

。不顧生死。久處窮荒之地。乍入富庶之域。爲利所誘。所向爭先。初非有拓地開國之志。但欲殘殺以報宿怨。擄掠以慰私心而已。無何。適當遼主失馭。國人離怨。無事之日。不親兵革。往往遇賊望風而潰。及好亂之從。相率而歸者。由是賊勢愈張。禍心愈生」又後文。四庫本「阿骨打起兵之始。成敗未保」句(同上)。「起」鈔本作「弄」。又後文。四庫本「

倡率衆以降者。恣其俘掠。不奪其所得」句（同上）。「率衆以降」鈔本作「其作亂之第」。「俘」鈔本作「擄」。又後文。四庫本「故貪婪輕生之從。聞風四起。多殺守將据郡邑。脅軍伍以應。以至渤海大托卜嘉。……於是如大廈已仆。洪流已決。……起燕雲之人遼水長春等路討伐。自累戰敗。多爲金俘。不得西歸」句（三五〇—一八九上。下）。「應」下鈔本多「賊」字。「渤海」下鈔本多「酋長」兩字。「於

是」下鈔本多「賊勢」兩字。「伐」鈔本作「賊」。「金俘」鈔本作「金人擄之」。又後文。四庫本「及金人已立漢兒劉彥宗。時立愛爲相。二人皆燕人也。以墳壠田園親戚之故。愈勸入燕」句（三五〇—一八九下）。「爲相」鈔本作「爲僞相」。「入燕」鈔本作「賊入寇」。又後文。四庫本「又云。二太子之妻蘇尼公主。乃遼主天祚之女」句至「當是之時。燕山之失其理必矣」句（同上）。「勸之南侵」鈔本作「

勸賊南寇」。「陰報朝庭助兵攻遼之隙」後鈔本多「仍四來蕃漢烏合之衆。蟻聚蜂起。紛紜雜沓。猖獗之氣正銳。犬馬之力未疲。擄掠之路方起。貪婪之心未厭。上下詾詾皆欲入寇。是時賊方以聚衆爲急。知附己者本非義合。誠爲擄劫。若遽止之。必生變亂」。「陷賊」鈔本作「遷徙」。「勢不可遏」鈔本作「賊知勢不可遏。故陷賊之人。驅率羊犬假」。「舉兵深入」鈔本作「叛盟入寇」。「亦欲因此歸鄉里」鈔本

作「亦欲因賊歸鄉里」。「金人之來」鈔本作「金人之入寇」。「因契丹報怨之勢」鈔本作「貪念之徒。乘契丹報怨之勢」。「燕雲」下鈔本多「陷賊」。四庫本「又曰……契丹都統馬武東侵居庸關以應之」句（三五〇—一八九下。一九〇上）。「侵」鈔本作「寇」。又後文。四庫本「遂分兵由紫荆口。金坡關侵易州。……以至昌平縣。……於是居庸亦潰。遂入居庸」句（三五〇—一九〇上）。「侵」鈔本作「入

寇」。「以至」鈔本作「以寇」。「遂入居庸」鈔本作「彼賊遂入居庸」。又後文。四庫本「故藥師出常勝軍亳窟屯於燕山之東白河以待。西則居庸關爲絕邊。……不意西取居庸。一夕薄城。……若白河之戰。藥師苟能全勝追逐而東。則西亦爲尼堪乘虛矣」句（三五〇－一九〇上）。「待」下鈔本多「賊」字。「不意」下鈔本多「賊」字。「薄城」鈔本作「寇城」。「追逐」作「追賊」。

四庫本「斡里雅布既得燕山。與尼堪分東西兩路以入。節要曰。……金人呼作東軍西軍」句（三五〇－一九〇上）。「以入」下鈔本多「寇」字。「金」鈔本作「虜」。

十五日壬子章

四庫本「斡里雅布自燕山舉兵。令郭藥師將千騎爲先鋒」句（三五〇－一九〇下）。「舉兵」下鈔本多「南寇」。

卷二十五

十七日甲寅尼堪圍代州章

四庫本「宣和七年十二月七日。金人擁兵南下。翼屯縣爲敵所圍。十一日敵既陷代州。……十七日。忠殺都堅張洪輔。夜引敵入城。翼挺身搏戰達旦。以力不能敵就執。金相國與烏舍郎君必欲臣之。……始敵人以翼等狗縣」句（三五〇－一九一上）。「金人」鈔本作「金賊」。「爲敵所圍」及「引敵入城」之「敵」字。鈔本均作「賊」。「敵既陷代州」及「敵人以

翼等狗縣」之「敵」字。鈔本均作「虜」。「金相」鈔本作「僞相」。

四庫本吏部員外郎續觱撰公行狀云「後金人寒盟。承慶曰。李折二公何先見之明如此」句（三五〇－一九一下）。「寒」鈔本作「叛」。又後文。四庫本「敵屯兵堅城下。勢當狼顧。必不敢長驅而南」句（三五〇－一九二上）。「敵」鈔本作「賊」。又後文。四

庫本「已而忠果引敵人入城。焚樓櫓。劫居民」句（三五〇－一九二下）。「敵」鈔本作「賊」。又後文。四庫本「汝繼母攜重貲嫁吾。未幾月。吾以國事豈能顧戀。汝當侍奉如親母。設不幸陷敵。勿相棄背」句（三五〇－一九三）。「敵」鈔本作「虜」。又後文。四庫本「遂復罵二帥曰。我南朝臣子。……殺則任殺。豈肯拜汝離仇讎耶。……公裂眥。戰手指呼尼堪烏舍曰。不幸被汝等搶辱。……可與亦曰……寧肯

負國敗壞家聲。汝若見愛。不若亟殺我。群卒憤悱。持梃紛擊。……咸勿顧。慢罵愈甚。敵將嘆其守節」句（三五〇－一九三上）。「帥」鈔本作「酋」。「仇讎」鈔本作「番狗」。「汝等」鈔本作「番狗」。「汝若見愛」鈔本作「無知畜類」。「卒」鈔本作「胡」。「慢罵」鈔本作「拊膺嫚罵」。「敵將」鈔本作「二酋」。又後文。四庫本「敵知終不可屈。乃驅狗縣入城。遇崔忠于通衢」句（同上）。「敵」鈔本作「虜」。其後。四庫本「但轉頭南向呼官家者數聲。曰臣忠力不效。不能剪滅此讎以報國恩。……路志行得免。其家沒入於金」句（三五〇－一九三下）。「讎」鈔本作「賊」。「金」鈔本作「虜」。

十八日乙卯尼堪兵至太原章

四庫本封氏紀年曰「張孝純曰。敵已在近。不敢開門觀察」句（三五〇－一九三下）。「敵」鈔本作「賊」。

尼堪屯太原北陳村章

四庫本節要曰「翊方戰爲叛徒害之歸敵」句（三五〇－一九三下）。「敵」鈔本作「賊」。又後文。四庫本「可求統麟府之師二萬衆。……爲敵據關不克進。……嘗謂敵初入太原。……當尼堪自雲中悉師徒入太之初。翊在朔州。由馬邑懷仁東去雲中無數舍之遠」句（三五〇－一九四上）。「敵」鈔本均作「賊」。「入」鈔本作「犯」。「悉師徒入」鈔本作「竭醜類

寇」。又後文。四庫本「非惟太原得解。敵軍亦平」句（同上）。「敵軍」鈔本作「賊巢」。又後文。四庫本「人疲馬乏。反爲彼用以間離之。……至太原之陷也。踰月之間。敵已南來。國家之力。已困于河東矣」句（三五〇－一九四下）。「用」「敵」鈔本均作「賊」。

夏人陷天德雲內河東八館等地章

四庫本「初尼堪遣察勒瑪使夏國。……二軍約入攻麟府」句（三五〇－一九五上）。「攻」鈔本作「寇」。

二十二日己未除宇文虛中等指揮章

四庫本「謀南幸。金人寒盟。分兵兩道南下。其一以斡里雅布爲帥。薄燕山。郭藥師叛。燕山諸郡皆陷。遂侵河北。所謂二太子者是也」句（三五〇－一九八上）。「寒」鈔本作「敗」。「南下」鈔本作「入寇」。「薄」鈔本作「寇」。「侵」鈔本作「犯」。又後文。四庫本「朝廷聞敵兵逼近。始遣李鄴借給事中奉使講和」句（同上）。「敵兵」鈔本作「虜馬」。又後文。四庫本「又曰。初尼堪之入境也。茹越寨得金之牒文」句（同上）。「入」鈔本作「犯」。「金」鈔本「虜」又後文。四庫本「時太上意切於避敵。故敏適以是晚對。因得進言。促成大計」句（三五〇－一九八下。一九九上）。「敵」鈔本作「狄」。

卷二十六

二十九日丙寅斡里雅布寨中言章

四庫本臣僚劄子乞置四總管「二十五日。臣寮上言。契勘金人遊騎。侵入河北」句（三五〇－二〇二下）。「人」鈔本作「賊」。「入」鈔本作「犯」。又後文。四庫本「倉卒之際。合從以衛王寶。連橫以禦強敵」句（三五〇－二〇三上）。「強敵」鈔本作「狂虜」

靖康元年正月一日丁卯朔上御明堂受百官朝賀章

四庫本秀水閒居錄曰「宣和末金人既入郊畿」句（三五〇－二〇三下）。「金人」鈔本作「虜寇」。「入」鈔本作「犯」。又後文。四庫本「予曰。凡年號須有主意。今以何意爲主。白曰。當以和敵爲主。予曰。……然和敵止是一事」句（同上）。「敵」鈔本均作「戎」。又後文。四庫本「若於慶歷嘉祐各取一字。以慶祐名年。則和敵在其中矣」句（三五〇－二〇四上）。「敵」鈔本作「戎」。

四庫本范致虛上賀登極表「表曰。帝出乎震。夙膺王器之祥。王次於春。遂迓履端之慶。天人協應。中外交懽」句（三五〇－二〇四上）。「中外」鈔本作「夷夏」。

四庫本治中外臣僚民庶實封直言「詔曰。……保邦御俗之方。禦寇安民之策。詢於有衆。咸極敷陳」句（三五〇－二〇四下）。「寇」鈔本作「戎」。

二月戊辰斡里雅布陷濬州章

四庫本徙「先是朝廷聞敵至」句至「敵過汜水。則鼓行而前。府縣來報。中外震動」句（三五〇－二〇五上）。凡「敵」字鈔本均作「賊」。

四庫本靖康前錄曰「洎敵至。乃始奔駭。至橋南縱火而遁。……敵少加葺。遂濟河」句（三五〇－二〇五上）。「敵」鈔本均作「賊」。

卷二十七

三月己巳下詔親征章

四庫本「斡里雅布軍渡河。……刑部尚書蔣猷率侍從官請避敵。衛士束裝已備」句（三五〇－二〇六上）。「敵」鈔本作「狄」。

四月庚午越王上表諫親征章

四庫本北征紀實曰「時方內禪。大臣瞶眊。戰避之議皆未決」句（三五〇－二〇七上）。「瞶眊」下鈔本多「益猶豫」三字。「未決」下鈔本多「又都城。新法城壁守且乃舊法樓櫓。新法城面小。而舊法樓櫓大。人既不可施。若截而半之。則小又不可用。雖有木植。計工木匠五千人。一月方得畢」。又後文。四庫本「獨有健勇二萬。後發從梁方平扼三山大河前去。人心倉猝。不暇悉數。而太平日久。人不知戰。又不善守。都城氣象繁盛異常。強敵見之。深爲覬覦」句（三五〇－二〇七上）。「人心倉猝」鈔本作「往往上馬。以兩手捉鞍不能施巧。大凡倉猝如此」。「都城氣象」鈔本作「至于帑藏。禮樂子女。玉帛富貴」

。「強敵」鈔本作「黠虜」。「覬覦」下鈔本多「況以萬乘至尊。豈宜與小虜所遣兩偏將角勝負存亡。守孤城于無救之地。且本朝建國用意與前代置藩鎭規模自異。則外無重兵不可賴之」。又其後文。四庫本「因伏兵於殽澠道上。適爲我兵搜出。此敵人已陳之芻狗也」句（同上）。「敵」鈔本作「虜」。又後文。四庫本「都邑必不可守。藉守亦必破」句（同上）之下。鈔本多「況天子不乘危。且上兵伐謀」。又後文

。四庫本「我在陝鳩兵集衆以待上」句至「鼓行南下。此所謂從天而降也」句（三五〇－二〇七上。下）。鈔本作「稍成就計已四五月。則天時地利彼俱不得。必引而去。重載而歸。可一戰破也。都城爲患不過不而已。此疥癬爾。雖恐崤澠道險懼有伏兵。則可從南陽趨武關入長安。亦漢唐大路。不過回遠比崤澠差數日間。會兵而後鼓行此所謂從天而下也。」又後文。四庫本「益又奏無兼侍。乞攜母氏先行。天子亦可

之。後復改除」句（三五〇－二〇七上至二〇八下）。「後復改除」鈔本作「謀已定矣」。其後鈔本又多「初三日昧爽。飛騎報至。太上皇始有亳州太清宮燒香之詔。乃改季兄使守鎭江。時邦彥主除。任諒時病。又在遠。大率倉卒類如此。又曰。初主上本自欲西幸陝右圖恢復以伐虜謀非避狄也。但當時大臣主出者略無計畫。若膠柱而調瑟。乃直欲天子委棄宗族萬姓。一旦輕戰而突去。故大製其肘。此乘輿所以不得行

。其主守者不識大体。乃以至尊九葉聖主。使與凶胡卒長角負存亡而賭一擲。所論唐鑑。但引明皇爛熳晚歲。欲毆百官子弟與市井兒以當祿山十萬曳落河。寔書生之談。曾反覆思梁武帝之末。侯景破臺城之事。可爲寒心。益計已疏矣。是可痛也。又內禪後。太上亦嘗語上及大臣曰。他人不知。我知此虜不可當也。予既往東南。教他皇帝去陝右起兵圖收復。及金人犯闕。其謀于太上皇者。本生不遜之志。又料必西走蜀。且不意內禪。故幹離不行過眞定。聞知上下失色。而我不走反又固守。況太原適堅壁。粘罕一軍因不得下。此皆虜罔測者。幹離不獨孤軍乘虛而攔入宜乎。姑聽我而去。及其後金人卒如初謀。兩軍合趍東都。而我但蹈前轍。莫有任國家安危之重責者。故不克守。是以禍難成矣。

四庫本任諒墓誌曰「棄可存之契丹。鄰崛起之金國。難易百倍。恐河朔易動。不可不虜也」句（三五〇－二〇八上）。「契丹」鈔本作「北虜」。「易動」下鈔本多「難安之民情。陝右前出後空之邊患」。

四庫本「大學正秦檜上三封事。一金國興師深入。河朔諸郡堅壁固守。……師老糧匱。立見勢屈。乃重有要請。……須令彼能制契丹。不爲害方可」句（三五〇－二〇八下）。「三封事」鈔本作「論邊機三事」。「興師深入」鈔本作「興師乘銳深入」。「立見勢屈。乃重有要請」鈔本作「情見力屈。然酋桀驁素不遜。重有要請」。「須令彼能制契丹。不爲害方可」

鈔本作「須念彼能制契丹餘種。不爲邊害。方許以祖宗契丹之數」。又後文。四庫本「一金國遣使求和。又復渡兵隨至。恐設計以緩我師。……仍急擊渡河之兵」句（三五〇－二〇八下至二〇九上）。「金國遣使」鈔本作「金國遠夷。俗尙狙詐。今日遣使」。「我師」鈔本作「王師」。「渡河之兵」鈔本作「渡河寇兵」。又後文。四庫本「一金國遣使所求甚大」句至「擇其當者。載之盟書。以示信服」句（三五〇－二〇九上）。鈔本作「一金國遣使所求甚大。此亦人情之常。蓋既興師深入。不肯示怯空歸。如聞朝庭前日與之議四鎭事。百僚不得預聞。審如所議坐失富強之地。狄人貪心無厭。得地而勢益強。復不能保其不再犯邊。今若與之議燕山及歲幣。當須集百官入議狀。擇其當者載之盟書。示信坦然無疑。蓋與所當與。經久不渝。一旦爲苟且之計。或多或少皆是失當。終

亦不能守。」

五日辛未尙書右丞兼知樞察院事李綱章

四庫本李綱傳信錄曰「今金國先聲雖若可畏。然聞有內禪之事。勢必遣使請和。厚有所求。邀於朝廷」句（三五〇－二〇九上至下）。「國」鈔本作「寇」。「遣使」鈔本作「消縮」。又後文。四庫本「欲增歲幣。當告以前約。燕山雲中歸國。故歲幣增於大遼者兩倍」句（三五〇－二九下）。「歸國」鈔本作「歸中國」。又後文。四庫本「因奏曰。聞諸道宰執欲奉陛下出狩以避狄。果有之。宗社危矣」句（三五〇－二〇九下）。「狄」鈔本作「敵」。又後文。四庫本「今陛下初即位。中外欣戴。四方之兵。不日雲集。敵必不能久留」句（三五〇－二一〇下）。「敵必」鈔本作「虜騎」。又後文。四庫本「萬一中途逃散。敵騎覘知乘輿之出。以健馬疾追。何以禦之」句（二五〇－二一一上）。「敵」鈔本作「虜」。又後文。四庫本「余與吳敏撰語。叙金人南下。欲危宗社」句

（同上）。「南下」鈔本作「犯順」。

四庫本封氏編年曰「或曰河北人心已動。脫或渡河。鋒不可當」句至「以俟勤王之師。內外犄角」句（三五〇－二一一上。下）。鈔本作「或曰河北人心已動。脫或渡河。計其必戰。鋒不可當。我師若出。望敵必潰。此兵家所忌。望陛下南渡大江。或西奔關中。集天下兵。選將出師。分兵四擊。俾匹馬不歸可也。

或曰。京城乃天下之本。本既搖動。何以支梧天下乎。今京師雄師尚數十萬。可以堅壁戒嚴。牧民清野。使敵人攻不得前。退無所掠。師老氣沮。俟勤王之師。內外犄角。使犬羊之群。羅拜請命」。又後文。四庫本「寇萊公堅御駕親征。鑾輿一渡。敵人喪氣。敵人遣和」句（三五〇－二一一下）。「鑾輿一渡。敵人喪氣」鈔本作「鑾輿既渡。遂殄撻覽。戎人喪氣」。

四庫本靖康前錄曰「上問宗社何如。時中對曰。姑募英雄以圖克復。是日木主已出南薰門」句（三五〇－二一一下）。「以圖克復」下鈔本多「自藝祖都汴垂二百年。金湯之固。器甲之利。在所不言。禁掖雲屯自昔號爲驍勇。比年以來則盡。童貫失陷。內則高俅不招刺。軍政不修。然比然之勤王之師。強弱自不相侔」。

卷二十八

六月壬申行營輜重次尉氏李綱獻議城守章

四庫本「詔。今來團結軍兵。捍禦敵馬。如立到功效。並當不用常例」句（三五〇－二一二下）。「敵」鈔本作「賊」。

四庫本「太宰白時中罷相。宮祠李邦彥太宰張邦昌少宰。……方敵騎驛騷之日。乃廟謨經略之時」句（三五〇－二一三）。「敵」鈔本作「胡」

七月癸酉治都城四壁守具章

四庫本幼老春秋曰「初得燕山也。燕人有求京師居者……金人入京師。京城軍呼燕人爲細作。皆執送開封府」句（三五〇－二一五下）。「入」鈔本作「犯」。又後文。四庫本「自五七日治戰守之具粗畢。而敵已至城下」句（同上）。「敵已」鈔本作「賊馬」。

四庫本李鄴奉使回「先是十二月中旬。聞敵馬逼近。遣李鄴借給事中奉使講和。……盛言敵兵強盛。……朝廷宜速與和。再遣鄴與李棁等行」句（三五〇－二一五下)。「敵馬」鈔本作「賊馬」。「敵兵」鈔本作「虜兵」。「與和」下鈔本作多「然彼未肯從和」。

四庫本靖康前錄曰「鄰先賚金奉使。敵入吾境。且喜且懼。日行不過一舍……又曰。李鄰歸自敵壘。盛談敵強我弱。以濟和議。謂敵人如虎」句(三五〇—二一五下。二一六上)。「敵」字鈔本均作「賊」。「喜」鈔本作「貪」。

四庫本斡離不下寨于牟駞岡「敵馬初抵城。下寨於牟駞岡」句(三五〇—二一六上)。「敵」鈔本作「賊」。

四庫本傳信錄曰「傳報敵兵攻封丘酸棗門一帶甚急」句至「殺敵數千人。敵知城中有備。不可以攻乃退」句(三五〇—二一六上~二一七上)。凡「敵」字鈔本皆作「賊」。其中「而金人有乘栰渡濠而溺者」之「金人」鈔本作「金賊」。以及「斬獲敵首十餘級」之「敵」鈔本作「酋」。

卷二十九

八日甲戌鄭望之與金人吳孝民來章

四庫本鄭望之奉使錄曰「望之云。主上即位十餘日。上皇南幸。朝廷倉卒未及遣使。而人馬已及城下。自後若能以禮義與中國通好。豈不爲美」句(三五〇—二二〇上。下)。「自後若能」鈔本作「望之又云。女眞本一小國。初以人馬強弱之勢。盡滅契丹。終能」。

四庫本傳信錄曰「是日孝民陞殿跪奏。所以舉兵入中國之由」句(三五〇—二二一下)。「入」鈔本作「犯」。又後文。四庫本「今敵氣方銳。吾大兵未集。固不可以不和」句(三五〇—二二一下。二二二上)。「敵」鈔本作「虜」。又後文。四庫本「因爲上反覆具道所以不可割地。及過許金帛之說。以金兵貪婪無厭」句(三五〇—二二二上)。「金兵」鈔本作「

金人夷狄之性」
四庫本斡里雅布移寨過萬勝門。移牒朝廷。牒云「今上少年因亂登極」句至「竊恐悔之已晚」句（三五〇—二二三上）。鈔本作「今上少年。因亂登極。詳度軍國社稷子孫禍福。未能裁酌。新任大臣。例不賢明。若能英斷其前朝作孽。既爲人子之罪。莫大于此。今可追悔往咎。卑辭改去立手筆警書。乞申舊好。于義爲然。今執政臣屬。不念前日清平。奸賊同惡相濟乘之于市。快天下心。止以放還爲大罰。又使宸顏憂辱不暇。亦宜同力輔奏。親詣軍前重求通好。爲臣之罪復何可言。當計在久遠。依應當司。所謂事目。不但拔出生靈塗炭。抑宗廟血食。園陝安寢。豈非幸甚。苟或不然。反令海內百姓肝腦塗地。鬼神乏主。後嗣零落。蓋臣主俱新。虛負英氣。不盡遠略謀取艱難。乃前朝作鬥亂之始。今日成滅亡之禍。其爲大過更喻前日。歷觀自古不道君臣。于此爲甚。」

又後文。四庫本「且貴朝兵將與亡遼士馬優劣可見。亡遼與本朝士馬勝負明知」句（同上）下。鈔本多「即自簽揀到舊遼契丹奚渤海軍衆不少」。又後文。四庫本「又自來邊方守備。兵衆不能捍禦。寖及國門。諒能免斯難否」句（同上）。「寖」鈔本作「侵」。「諒能免斯難否」鈔本作「能免斯難。未曾或有」。又後文。四庫本「夫以不知兵之衆。而拒我能熟練之師。欲求可濟。自昔無聞。今大金皇帝。正統天下。高視諸邦。其惟有宗。不可無主」句（同上）。「能熟練之師」鈔本作「熟練征伐強勇之士」。「自昔無聞」下鈔本多「更恐淺近官司聞言。當司應以堅城不下。請求和好。勿宜輕信。緣是與大宋皇帝結好修盟。痛可哀憫。宗社傾覆。子孫謝絕」。「大金」鈔本作「大權」。又後文。四庫本「請准前文字。別遣大臣。早圖萬世之利。若大禍已成。自取滅亡。勿以爲悔」句（三五〇—二二三上。下）。「別遣大臣」下鈔本多「將御筆」。「勿以爲悔」鈔本作「今後斷絕從來」。

九日乙亥李稅見斡里雅布議事章

四庫本秀水閒居錄「宣和間經營燕地。金將郭藥師首來歸附。……金人南侵。藥師率大將張令徽。劉舜仁叛歸之。合從犯闕。既議和解。金師須索犒軍金帛數千萬。雖竭極不能克足。金使云」句（三五〇－二二四下）。「金將」鈔本作「虜將」。「金師」鈔本作「虜酋」。「金使」鈔本作「虜使」。

四庫本朝廷答移牒書曰「宜申舊好。果承使介。遠達信誠結納之詞。悉以面諭」句（三五〇－二二五下）。「納」鈔本作「約」。

十日丙子李稅等與金人所遣計議使章

四庫本書云「若可依從。請王弟鄆王少太宰科一員。祇候交撥」句（三五〇－二二五上。下）。「少太宰科一員」下鈔本多「不俟踰日。來赴軍前。權且爲質。更或不欲施行。無煩理會。伏候端的。又事目云。自新結好已後。凡國書往復。並依伯姪禮体施行。今黃河更不爲界。可太原中山河間等府一帶所有地。分畫立疆。至將來撥屬本朝。于內城池別有變亂。貴朝應管擒制。交送來示。改添歲幣七百萬貫。今減五百萬貫。除自來已合交送銀絹兩色外。擬只歲輸二百萬貫。貨物已上並入御筆誓書。鄆王權質。候過黃河。便議歸還」。

卷三十

十一日丁丑李綱沈琯與執政同議於東府章

四庫本南歸錄曰「初十日。琯見李右丞言。敵騎不過五萬。能戰者止萬餘人」句（三五〇－二二六上）。鈔本「敵」作「賊」。

十四日庚辰皇弟康王章

四庫本朝廷和議誓書云「今大聖皇帝次子郎君并知樞密院事李稅等赴議軍前。引過乞和」句（三五〇－二二六下）。鈔本作「今大聖皇帝次子郎君先及京城事。至于今雖悔何及。專差知樞密院事李稅等赴議軍前。引過乞和」。

四庫本「初金人講和。要一親爲質。朝廷議從其請」句（三五〇—二二七上）。鈔本「金」作「虜」。

又四庫本沈琯與李綱書「是日晚。綱遣人相召。琯力言金人可破之狀」句（三五〇—二二八上）。「金人可破」鈔本作「金賊可破」。又後文「四日大兵擁敵

過河。止以萬人弓弩守北岸」句（三五〇—二二八下）。「敵」鈔本作「賊」。又「六曰金人兜鍪甚堅。止露兩目」句（同上）。鈔本「金人」作「金賊」。

其後四庫本「衛仲達張勸特除名勒停。臣僚上言。竊見國家多難。侍從官義當體國」句（三五〇—二二九上）。鈔本「國家多難」作「戎寇猖獗」。又後文。四庫本「按仲達勸皆憸佞不才。平日叨竊榮寵。……爲避兵之計。理不可容」句（同上）。「兵」鈔本作「賊」。

二十日丙戌斡里雅布回謝賜章

四庫本「京畿河北路制置使种師道及統制姚平仲以涇原秦鳳路兵至京師。師道承召命未起。以爲金人必不敢渡河」句（三五〇—二三二上）。鈔本「金」作「虜」。又後文。四庫本「師道至西京。西斡里雅布已至闕。或曰敵勢重。而我以輕兵犯之必敗」句（同上）。鈔本「至」作「犯」。「敵」作「賊」。又後文

。四庫本「二十騎者疾馳到京城。逢金人遊騎四出。……師道至。命開安上門。遣尚書右丞李綱迎勞」句（同上）。鈔本「金人」作「虜人」。「師道至」句下鈔本多「直逼虜營下寨。金人爲斂。游騎不敢剽掠。上聞師道至」。又後文。「若於城上箚寨。而城外嚴拒守以待勤王之師。不踰旬月。敵自困矣」句（三五〇—二三二下）。鈔本「敵」作「虜」。又後文。四庫本自「又曰。聞城外居民悉爲敵殺掠」句至「遽

閉門以爲敵資何也」句（三五〇—二三二下。二三三上）。凡「敵」字鈔本均作「賊」。又後文。四庫本「曰公等文臣。腰下金帶不能自守以與金人。若金人要公等首級如何。……敵兵只十數萬。何能圍匝。……則敵人得以縱掠而吾民困矣」句（三五〇—二三三上）。鈔本「金」均作「虜」。「敵」均作「番」。

又後文。四庫本「師道受命出巡城語所親曰。敵易被也。但箚連珠寨對壘。使不得擄掠。則敵糧匱乏。……一日師道令驍勇數輩出城。得金兵三人」句（三五〇—二三三上）。鈔本「敵」均作「賊」。「金兵」作「金虜」。

四庫本傳信錄曰「余每嘆以謂賜此不足以爲德。適所以啓敵心。……然彼既生心。何厭之有。……金兵益來須索。無所底止也。……而金人恃強。無厭之求愈甚。其勢非用師不可」句（三五〇—二三五上）。鈔本「敵」作「戎」。「彼既」作「戎之」。「來」作「肆」。「底止」作「忌憚」。「恃強」作「貪婪」。「之求」作「兇悖」。又後文。四庫本「使金人有所懲創。不敢有窺中國之心。當數十年無烽燧之警」句（三五〇—二三五上下）。「烽燧之警」鈔本作「夷狄之禍」。

卷三十一

王黼削奪在身官爵長流衡州章

四庫本宣和錄曰「方時平燕之策。在廷之臣罔攸措議」句（三五〇—二三九上）。「燕」鈔本作「虜」。

卷三十二

二十七日癸巳章

四庫本茆齋自叙曰「擴密遣人入京。具晝一奏箚。具說金兵南下。步騎無二萬人」句（三五〇—二四二）。鈔本「具晝」作「且晝」。「金兵南下」作「虜人南寇」。又後文。四庫本「子羽奏劾誣以約金人獻城事」句（三五〇—二四三上）。「金」鈔本作「虜」。

四庫本傳信錄曰「綱奏上曰。金人兵張大其勢。然得其實數不過六萬人。又大半皆奚契丹渤海舊卒」句（三五〇－二四四上）。鈔本「舊卒」作「雜種」。

二十八日甲午章

四庫本「种師道使姚平仲進兵逼其壘。敵不敢動」句（三五〇－二四四下）。「敵」鈔本作「虜」。

四庫本南歸錄曰「琯對曰。河瀨若有千人兵守之。金人豈至都城」句（三五〇－二四四下）。「金人」鈔本作「犬羊」。又後文。四庫本「師道曰。公見得敵寨中有糧否」句（同上）。「敵」鈔本作「賊」。又後文。四庫本「或張大金人之勢以脅朝廷。而成其講和之功」句（三五〇－二四五上）。「金」鈔本作「虜」。

又四庫本「監察御史余應求上書。……方今強鄰入境。四郊多壘」句（三五〇－二四五上）。「強鄰入境

」鈔本作「強虜入寇」。又後文。四庫本「今日之策。未可偏廢。然金帛既不足。金人必不肯退師。……若金人必要金帛之足與三鎮二關之地」句（三五〇－二四五下）。「金人」鈔本均作「虜人」。

三十日丙申太學生陳東上書乞誅六賊章

四庫本「臣竊謂朝廷方有軍旅之事。未暇議此。……然今日事務之急。殆有甚于敵國之兵」句（三五〇－二四六上）。鈔本「軍旅之事」作「夷狄之難」。「敵國」作「夷狄」。又後文。四庫本「臣竊謂今日之勢。敵國非所患」句（三五〇－二四七上）。「敵國」鈔本作「夷狄」。又後文。四庫本「童貫蔡攸近與金人結爲內應。欲分我中國而王之」句（三五〇－二四八下至二四九上）。「金人」鈔本作「虜賊」。又後文。四庫本「竊以今日報國恣行侵侮」句（三五〇－二四九上）。及「矧今外侮之釁。實自群賊啓之」句（同上）。「敵國」「外侮」鈔本均作「夷狄」。

又後文。四庫本「上方以敵國爲患」句至「今敵人所欲。大則土疆。小則玉帛」句（三五〇—二四九下）。凡「敵國」「敵人」鈔本均作「夷狄」。又後文。四庫「今敵襲我越數千里。其亡必矣」句（同上）。「敵」鈔本作「賊」。又後文。四庫本「奮發英武以殄仇讎。又何難焉」句（同上）。「仇讎」鈔本作「醜虜」。

張叔夜清兵邀擊金人第一狀。四庫本「右臣昨奉御前箚子。女眞前鋒至闕。……以爲若許和會。則金人必有邀求。……近者奏乞與諸將追擊敵兵。出于愚衷」句（三五〇—二五〇下）。鈔本「至闕」作「犯闕」。「金人」作「胡羯」。「敵兵」作「胡馬」。又後文。四庫本「伏乞睿慈特降處分。如敵馬自今衝突。即乞早假臣兵」句（三五〇—二五〇下至二五一上）。鈔本「敵」作「胡」。「衝突」作「猖獗」。

卷三十三

二月一日丁酉朔姚平仲劫金人寨章

四庫本中興遺史曰「臣欲作奏檢藏懷中。具言臣不候聖旨往擊敵」句（三五〇—二五一下）。「敵」鈔本作「賊」。

四庫本中興姓氏忠義錄曰「大金薄京師。自陝西領兵來勤王」句（三五〇—二五二上）。「薄」鈔本作「犯」。

三日己亥大臣奏李綱种師道出師敗績章

四庫本傳信錄曰「又大半皆奚契丹渤海舊卒。……以孤軍入重地。正猶虎豹自投檻中。……以重兵臨敵營」句（三五〇—二五四上）。鈔本「舊卒」作「雜種」。「以孤軍」作「虜以孤軍」。「敵」作「賊」。又後文。四庫本「分命都將范瓊王師古等會敵騎出殁」句（三五〇—二五四下）。又「而平仲前一夕劫寨。爲敵所覺察。殺傷相當」句（三五〇—二五五上）。「敵」鈔本皆作「虜」。

四庫本靖康前錄曰自「敵復大肆」句至「敵遂引去」句（三五〇—二五五下）。鈔本凡「敵」字皆作「賊」。

又鄭望之奉使錄曰「望之初不測聖意。……楚天覺曾奏云。敵分野大將星已遁」句（三五〇—二五六上）。「敵」鈔本作「胡」。又後文。四庫本「斡里雅布云待道是敵來。怎生有許多敵」句（三五〇—二五七上）。「敵」鈔本均作「賊」。其後小注。四庫本「計敵孽生監糧草漸竭」句（三五〇—二五七下）。「

計敵」鈔本作「劫虜」。

四日庚申章

四庫本御史中丞許翰上言「金人此行。存亡所係。今一大創之使失利。去則中原可保。邊方可服。……臣恐西南一帶共知中國太弱。爭圖深入。爲金人之所爲。困于奔命。必不支矣」句（三五〇—二五九上）。鈔本「金人」均作「金賊」。「邊方」作「四夷」。「西南一帶」作「西戎南夷」。

四庫本靖康元年二月許翰爲御史中丞。小注「先是金師北歸。師道兄上言金人不知兵」句（三五〇—二五九下）。鈔本「金」均作「虜」。

卷三十四

五日辛丑太學生陳東伏闕上書章

四庫本書曰「若謂金人眞欲請和。……敵人之謀。急則請和。緩則欲戰。乍喜乍怒。變詐百出」句（三五〇—二六一下）。鈔本「金人」作「虜人」。「敵人

之謀。急則請和。緩則欲戰。乍喜乍怒」作「犬羊之性。急則搖尾。緩則跳梁。乍臣乍叛」。又後文「聞陛下促任李綱。自知志不得逞。請和之意必更激切。……咸謂不日爲敵擒矣。……又墮敵計中也」句（三五〇—二六二上）。鈔本「志不得逞」作「滅亡無日」。「敵」均作「虜」。又後文「蓋以其控扼二鄰。下瞰長安。……自眞宗仁宗朝以來。北敵蓋有割地之

請矣」句（同上）。鈔本「鄰」「敵」均作「虜」。

又後文「邦彥等能使金人不復敗盟否。……一旦陷于強敵。必遭暴露」句（三五〇—二六二下）。鈔本「金」作「虜」。「強敵」作「胡虜」。又後文「若以敵請和遂欲罪綱以謝敵。無乃中其反間之術乎」句（三五〇—二六三下）。「敵」鈔本均作「虜」。又後文。四庫本「是日會敵復攻城。軍民數十萬不期而會于宣德門下」句（三五〇—二六四上下）。「敵」鈔

本作「虜」。

四庫本宣和錄曰「姚平仲謀劫寨。數日行路皆知之。敵先爲備。……命守城卒放弓弛砲。無得輒傷敵」句（三五〇—二六六下）。「敵」鈔本均作「虜」。又後文。四庫本「李綱用兵失利。不得已罷之。俟金師稍退。即令復職」句（三五〇—二六七上）。「師」鈔本作「賊」。

卷三十五

德安府進士張柄上書章

四庫本「方金人入境而奮不顧身。自請督戰。蓋陛下裴度也」句（三五〇—二六八下）。「金人入境」鈔本作「金賊犯闕」。又後文「不知陛下孰與平敵也」句至「今綱既斥。不復戰。敵是欲講和」句（三五〇—二六九上）。凡「敵」字鈔本均作「賊」。

諫議大夫唐重劄子章

四庫本「宣撫司亦有文移。責河北諸郡縱敵內侮之罪

。……奏報已先得與金人城下之舉。……使金人獲之。爲隙滋甚。……庶以解金人之疑。……前致敵騎衝突。遂敗我師」句（三五〇—二六九下）。鈔本「縱敵」作「縱寇」。「金人」皆作「虜人」。「敵騎」作「虜騎」。又後文。四庫本「乘間劫取金人金帛。……乞下令告諭。以解敵疑」句（三五〇—二七〇上）。鈔本「金」「敵」皆作「虜」。

太學生雷觀上書章

四庫本「至使四郊多壘。兵連禍結。成今日之事者」句（三五〇－二七〇下）。「四郊多壘」鈔本作「夷狄猖獗」。又後文「臣將見干戈擾攘之禍未易安定。天下必致於大亂矣」句（三五〇－二七一下）。鈔本「干戈擾攘」作「戎狄盜賊」。「安定」作「撲滅」。又後文「商之衰。中國失道。外蕃交侵。高宗卒能行撻伐。治中國。成湯孫之緒」句（三五〇－二七一下）。鈔本「外蕃」作「四夷」。「行撻伐」作「伐夷狄」。又後文。四庫本「致使強敵幾危社稷。而陛下受莫大之屈辱者」句（二五〇－二七二上下）。「強敵」鈔本作「黠虜」。又後文。四庫本「邦易奉康王入敵營爲此。不得已也。……敵所欲者與之」句（同上）。「敵」鈔本均作「虜」。「此」作「質」。又後文「其何以威撫外蕃。使之畏服乎。……威撫外蕃。進賢退不肖。皆相事也」句（三五〇－二七三上）。「外蕃」鈔本均作「四夷」。又後文「陛下以邦

昌身在敵營。未可據罷。……割地之說必不行。金人之計必消沮矣」句（同上）。「敵」鈔本作「虜」。「金人之計必消沮矣」作「醜虜之勢必滅亡矣」。又後文。四庫本「東漢陳龜曰。三辰不軌。拔士爲相。四方不靖。拔卒爲將。……必曰今日金人直入京邑。亦天數也。……自前朝失謀。與北朝結好。……致令衝突直造於此。前日邊臣以敵必敗盟爲言邦彥」句（三五〇－二七四下）。「四方不靖」鈔本作「四夷不恭」。「金人直入」作「金賊直犯」。「北朝」作「北虜」。「衝突」作「猖獗」。「敵」作「虜」。又後文。四庫本「必曰金人之禍乃邦彥邦昌輩阿諛所致。必使之任其責」句（三五〇－二七四下至二五〇上）。「人」鈔本作「虜」。又後文「今日金人來侵如此。可謂外憂矣。……則中興之業。陛下成之易矣。金人何足慮乎」句（三五〇－二七五下）。「金人來侵」鈔本作「金賊犯順」。「金人」作「金寇」。

卷三十六

五日辛丑康王及張邦昌歸自敵寨章

四庫本「敵寨」（三五〇—二七六下）鈔本作「虜寨」。

四庫本「避金主名。改晟曰實」句（三五〇—二七六下）。「金主」鈔本作「虜酋」。

八日甲辰章

四庫本靖康錄曰「敵叢矢射城上。內侍令守禦者不得動。……乃自城中傳呼宦官。欲開門納敵」句（三五

〇—二七七下）。「敵」鈔本均作「賊」。

十一日丁未金人質肅王同行章

四庫本「种宣撫奏言曰歸。必不設備。請邀諸河。候其半渡。可以擊之」句（三五〇—二八一上下）。「口」鈔本作「賊」。

靖康遺錄曰「敵之來。雖少有抄掠。而不殺害人民」句至「無復繁盛時景象矣。可勝浩歎」句（三五〇—二八一下）。鈔本「敵」作「賊」。「活之」作「削髮」。「隨其馬後驅之去。老弱者舍之」作「得婦女好者掠去。老醜殺之」。「無復繁盛時景象矣。可勝浩歎」作「無復烟爨屍骸之屬。不可勝數」。

太學生楊誨上書論割地章

四庫本「臣聞金人至京師。……當時此二國承父兄餘資。……故能一舉而騎甲蒙帝都。……然竊考文帝太宗所制禦二國之術。……不過詭而禮之。使敵志寖驕而已」句（三五〇—二八一下）。鈔本「金人至」作

「夷狄犯」。「二國」均作「二虜」。「蒙帝都」作「漫衍帝都」。「敵」作「虜」。又後文。四庫本「漢唐所以安邊境。其大計不出乎此。……夫敵國乘邊鄙之釁。豈自古帝王之時無其事耶。守禦之方。羈縻之義。……奈何朝廷大臣。遇前日侵軼之變。圜視共計。率不得其要領。……陛下此舉特以驕敵人窺伺之志。……奈何割祖宗地以賂遺敵國乎。夫割地以賂敵

國。雖漢唐之陋猶不忍爲」句（三五〇—二八二上）。鈔本「所以安邊境」作「所鞭笞四夷」。「敵國」均作「夷狄」。「羈縻之義」作「羈縻之術」。「侵軼之變」作「猖獗之變」。「陛下此舉」上鈔本多「陛下嗣登寶位。哀憫元元。不謀于庭。首發講和之詔。仆械卷銛。以厚利啗之。臣初聞命。以謂」。「敵人窺伺」鈔本作「逆虜跋扈」。又後文。四庫本「且中國與外鄰議和。不聞於三代而特盛於漢。……臣聞昔周世宗下三關。瀛漠皆異代。事敵人不得以爲辭。……臣聞太原中山其地嚴重。可以扼敵咽喉。……夫以限制形勢之地遺敵人。其不猶倒持太阿」句（三五〇—二八二下）。「事敵人」鈔本作「事戎人」。「扼敵」作「扼虜」。「遺敵人」鈔本作「遺夷狄」。又後文。四庫本「今敵兵既歸。師老械弊。又其來也。必大聚數國之師。捲甲而來。其鋒難犯。然烏合而易散。……將見勍敵之徒。駭奔而瓦解矣。……就今

日日強敵熾盛。國勢爲弱」句（三五〇—二八三上）。「敵兵」鈔本作「賊兵」。「必大聚」作「以嘯聚」。「捲甲而來。其鋒難犯。然烏合而易散」鈔本作「禽獸之心。見利而忘義。烏合而易散」。「勍敵」作「腥膻」。「駭」作「獸」。「強敵」作「戎狄」。又後文。四庫本「今既割地與金人。則敵人歲驕華夏日蹙。臣恐強敵驚擾。邊甿不止。……臣嘗讀書至此。雖憤外國不靖。……夫歆羨甚。則敵國之心生。敵國之心生。則侵盜之本也。又況強敵已習知吾山川要害也」句（三五〇—二八三下）。「敵人」鈔本作「胡夷」。「強敵驚擾」作「北虜驚嚙」。「外國不靖」作「醜虜不庭」。「歆羨甚」作「纖毫散」。「敵國」作「戎羯」。「強敵」作「黠虜」。又後文「但以慶曆之初。仁宗與敵通好。……誠以敵情翻覆不情。故不信之也。臣謂北遼所以不敗慶歷之盟者。……當此契丹何由而侵擾邊陲邪。……彼雖強悍。何

以啓其釁。……臣謂契丹敗仁宗之盟也。……然則盟誓於金人果何有哉」句（三五〇—二八四上）。「敵」「遼」鈔本皆作「虜」。「敵情」作「胡性」。「侵擾」作「跳梁」。「金人」作「北虜」。又後文。

四庫本「且外蕃雖與吾國甚不相能」句（三五〇—二八四下至二八五上）。「外蕃」鈔本作「夷狄」。「吾國甚不相能」作「中國相爲盛衰」。

卷三十七

十二日戊申金人退師章

四庫本「比者金人南下。都城閉關踰月」句（三五〇—二八六下至二八七上）。「南下」鈔本作「犯順」

十三日己酉李綱乞遣大兵護送金人回師章

四庫本「沈琯見李綱。言敵騎不過五萬」句（三五〇—二八七下）。「敵」鈔本作「賊」

十四日庚戌秘書省校書郎陳公輔論列太宰章

四庫本「臣竊睹國家強鄰入侵。中外震恐……。自臣聞邊境興難。蚤夜危懼」句（三五〇—二八七下）。「鄰」鈔本作「虜」。「境」作「寇」。

十五日辛亥詔教習禁軍章

四庫本詔曰「然軍兵中能射者亦少。宜多行教習」句下（三五〇—二八九上）。鈔本多「以扞胡騎」。

四庫本李綱辭知樞密院劄子云「群臣亦有勸陛下爲避敵之計者。……欲因便乘利。進營逼敵」句（三五〇—二九〇上）。「避敵」鈔本作「避狄」。「逼敵」作「逼虜」。又後文。四庫本「親以中軍捍禦射殺敵

人甚衆。……明日復列陣與敵相望」句（三五〇—二九〇下）。「敵」鈔本均作「賊」。又後文「臣竊謂敵人初退。四方勤王之師未有所屬」句（三五〇—二九一上）。「敵人」鈔本作「羯寇」。

李綱謝知樞密院表。四庫本「偶敵人之負盟。連叛臣以犯順」句（三五〇—二九一下）。「敵人」鈔本作「羯寇」。又後文。四庫本「然驕悍之兵。既私從議

。驚魂未定」句（三五〇－二九二上）。「驕悍之兵」鈔本作「驕索之胡」。

澤州奏大金國相尼堪兵次高平縣。四庫本傳信錄曰「及金人入邊。孝純五萬人屯守石嶺崗」句（三五〇－二九二下）。「邊」鈔本作「寇」。

卷三十八

晁其上書論三鎮不可棄章

四庫本書曰「敵人斬荊棘入塞。擁馬渡河。……天子坐簾內。朝四方。牧萬國。曾不足以輕重威至廣也，乃有城下之師。國中之盟」句（三五〇－二九四下）。「敵人」鈔本作「女眞小醜」。「四方」作「四夷」。又「乃有城下之師」句上鈔本多「乃于女眞小醜。平昔僕役高麗。臣事契丹者。逡巡偃蹇」。又後文。四庫本「伏睹戊申大赦。強敵逋遁。齊民入安」句（三五〇－二九五上）。「強敵」鈔本作「封豕」。又後文「昔賈誼不忍文帝之明。承天下之資而久爲匈

奴欺傲」句（三五〇－二九五下）。「匈奴」鈔本作「戎人」。又後文。四庫本「棄之以奉敵人。實非所宜。譬之熊虎得幽薊。則傅之翼。……夫以三天子之威靈而得之者。乃一日無爲而棄之」句（三五〇－二九六下）。鈔本「敵人」作「契丹」。「實非所宜」下鈔本多「況以奉契丹之叛臣女眞小醜者」。「虎」鈔本作「鼠」。「傅之翼」作「潛窟壤」。「乃一日無爲而棄之」作「無故而棄之荒裔小醜」。又後文。四庫本「夾唐河爲大陣。量番兵遠近。出兵建柵」句（三五〇－二九七下）。「番兵」鈔本作「番寇」。又後文。四庫本「太原兵少悍。加以契丹爲援。未可倉卒求也。……太祖破北敵於鴈門關。……雖部落尚存。而危國以甚。……先以進守石嶺關禦契丹」句（三五〇－二九八下）。「契丹爲援」鈔本作「北虜爲援」。「求也」鈔本作「圖也」。「敵」作「虜」。「部落」作「巢穴」。「禦契丹」作「禦北狄」。又

後文。四庫本「謂退師爲功。則隋唐因突厥以有天下。……安得人與之地哉。惟陛下增修盛德」句（三五〇－二九九上）。「謂退師爲功」鈔本作「謂此小醜爲功」。「與之地」鈔本作「賜之田」。「惟陛下增修盛德」之上鈔本多「惟石敬塘父事契丹。假其兵力以即帝位。割弱燕以委契丹。而趙魏之地猶不與也。謂其能戰。則彼遐陬荒絕。疆埸不相棲。未嘗一日當中國之師也。亦未嘗一日聞中國雷霆之音也。果孰怯

而孰勇哉。但聞渤海者高麗之別種也。女眞者。渤海之別種也。高麗臣事契丹。而女眞因高麗以臣事契丹者也。在祖宗時。嘗因高麗入貢而困于契丹之三柵。求救于淳化之初也。其後國家絕高麗而不與之通。女眞遂自絕于中國。逮熙寧初。國家復與高麗通。而女眞方狃于契丹。不得與也。奈何一旦逞兇謀。傾奪契丹之國。出其故君。空其貨寶。而豺狼之心不能自已。遂敢陸梁于中國耶。在祖宗時。嘗來冠我白沙寨。

掠官馬三匹。民一百二十八口。適其貢馬之使在京師。遂命執之不得還。曾無幾何。渤海入貢。而渤海之酋爲謝女眞之過。遂詔還女眞之使。不知今日女眞之暴逆不恭。自干天誅。孰與三馬百人多少。在祖宗法令當如何哉。議者曰。柰其頓兵城下何。請責之曰。唐廣德初。突厥自涇州犯長安。至于代宗幸陝西。而郭子儀帥師則土蕃望風遁去。越三年。僕固懷恩以土蕃回紇羌渾二十萬寇京畿。郭子儀以回紇伐土蕃而難

平。豈有割土田以奉也。恭惟陛下始初清明之時。天以小醜警。」。又後文。四庫本「何慮乎金人之侵。是謂大有」句（三五〇－三〇〇下）。「金人之侵」鈔本作「女眞小醜」。

卷三十九

十六日壬子楊時上書章

四庫本「臣竊觀自漢迄唐。待鄰國之道無如祖宗之時者。……馴致今日。方敵騎逼城」句（三五〇－三〇

一下）。鈔本「鄰國」作「戎狄」。「敵」作「虜」
。又後文。四庫本「於是失去其本國。越數千里之遠
而攻人之國都。蓋非道也」句（三五〇—三〇二上）
。「本國」鈔本作「巢穴」。「攻」作「犯」。

尼堪兵据太行山瞰河津章

四庫本「种師道加太尉河東河北宣撫使。……強敵聞
風而潛遁。邊鎮傳檄而自堅。……俾戎馬莫窺於長城
。而烽火自滅於幽障」句（三五〇—三〇三上）。「

強敵」鈔本作「醜虜」。「戎」作「胡」。
又四庫本「姚古加檢校少師河東路制置使。……初金
人入邊」句（三五〇—三〇三下）。「入邊」鈔本作
「犯闕」。其後李綱遣人上太上皇起居表。四庫本「
指期行致靖邊之效。……屬強鄰之入戰。連叛將以俱
來。……竊慕謝安之靖邊沙。……敵歸待命。兵戢有
時」句（三五〇—三〇四上）。鈔本「靖邊」作「蕩
攘」。「強鄰」作「羯胡」。「敵」作「虜」。又後
文。四庫本「知強敵之無謀。募兵四來」句（三五〇
—三〇四下）。「強敵」鈔本作「黠虜」。
再上上皇劄子。四庫本「臣聞中國外蕃相爲盛衰。…
…一昨金人緣藥師叛。既陷燕山。……手弓之衆。蜂
屯蟻附」句（三五〇—三〇四下）。「外蕃」鈔本作
「夷狄」。「人」作「賊」。「手弓」作「犬羊」。
又後文。四庫本「自卯及午。敵兵方退卻。……掩貔
貅而修睦。……敵方退舍。竢犒師之物以歸。……敵
殲滅所須之數」句（三五〇—三〇五上）。前二「敵

」字鈔本作「賊」。後一「敵」字鈔本作「虜」。「
掩貔貅而修睦」鈔本作「化虎狼爲善類」。

十七日癸丑章

四庫本「萬一敵兵不至。則費用甚大」句（三五〇—
三〇六上）。「敵」鈔本作「賊」。

十八日甲寅章

四庫本「人心攜離。上下解體。於是敵人乘虛鼓行。

如蹈無人之境矣」句（三五〇—三〇六下）。「敵」鈔本作「狄」。又後文。四庫本「顧京所蒙何以論報。不圖邊報上聞。而京盡空。……遂使中國空虛。敵人侵侮無所不至」句（三五〇—三〇七上）。「不圖邊報上聞」鈔本作「一聞邊陲有警」。「敵」作「狄」。

又四庫本「童貫責授左衛上將軍致仕。臣寮上言。……首倡交結金人共滅契丹。非禍致亂。其罪一也」句（三五〇—三〇七下）。「亂」鈔本作「寇」。又後文。四庫本「致金人長驅遽至京師。其罪四也。出師河東。聞敵南來。不爲抗拒之計」句（三五〇—三〇八上）。「長驅」鈔本作「豕突」。「敵」作「賊」。

四庫本「蔡攸責授太中大夫提舉亳州明道宮。臣僚上言。……提數十萬之師。挫於殘破之敵。……使敵人因以藉口。此又攸貫之罪同也」句（三五〇—三〇九上下）。前「敵」字鈔本作「虜」。後「敵」字作「狄」。又後文「反以剪除邊患。枉道河朔而歸。……迨陛下踐祚之秋。敵人長驅。驚震都邑」句（三五〇—三一〇上）。「邊患」鈔本作「寇攘」。「敵」作「狄」。

卷四十

十八日甲寅聶山論伏闕箚子章

四庫本「且朝廷輔佐得人。措天下於安平。四方來王。萬姓和悅」句（三五〇—三一一下）。「四方來王。萬姓和悅」鈔本作「四夷在衽席。咸保萬姓和悅」

四庫本秀水閒居錄論士民伏闕曰「靖康元年正月七日。金人至都城」句（三五〇—三一二下）。「人」鈔本作「虜」。又後文。四庫本「二月朔遣將官姚平仲等夜劫敵營不捷。……敵既退。遣大兵十餘萬授太原」句（三五〇—三一三上）。「敵」鈔本均作「虜」。又後文「綱竟罷去。敵益無憚。再舉入國」句（同上）。「敵」鈔本作「虜」。「入國」作「犯闕」。
又論和議用兵劄子。四庫本「伏見金人敗盟。侵逼京邑。倉皇之變不測。而衝突之勢難防」句（三五〇－三一三下）。「金人」鈔本作「孽虜」。「逼」作「犯」。「衝突」作「猖獗」。又後文。四庫本「行反間以疑敵心。……如聞疆場之吏。敵兵之將至。倘或合謀以攻城闕。……若敵先敗盟。則不得已」句（三五〇－三一四上）。「敵心」鈔本作「虜心」。「敵

兵」作「賊黨」。「攻」作「犯」。「敵先敗盟」作「賊先敗盟」。
又論大臣請御筆劄子。四庫本「以致金人侵伐中原。致亂之因。實京貫之罪。幸賴陛下仁聖。感格金人歸心」句（三五〇－三一四上）。鈔本「伐」作「犯」。「亂」作「寇」。「感格金人」作「感格虜人」。
又後文。四庫本「不意交兵城下。墮敵計之中。……幸而金人搜獲姚平仲奏報」句（三五〇－三一四下）。鈔本「敵」作「虜」。「金人」作「虜人」。
四庫本「又論制置使王蕃逃遁劄子。……朝廷謂其陳禦敵之策」句（三五〇－三一四下）。鈔本「敵」作「戎」。又後文。四庫本「自敵迫至近郊」句至「蕃避敵誤國。臣知其爲叛臣矣」句（三五〇－三一五上）。凡「敵」字鈔本均作「寇」。其中「乃避敵逃遁」之「敵」鈔本作「賊」。

卷四十一

二月二十六日太學正吳若上書章
四庫本「善料敵計者。持使節於外。決不至虛張強敵之勢」句（三五〇－三二一上）。鈔本「強敵」作「夷狄」。又後文。四庫本「有一於此。豈能赴功名之會。今敵退可以歸矣」句（三五〇－三二一下）。「敵」鈔本作「賊」。又後文。四庫本「軍旅無律。財粟無備。兵釁禍根。……陛下可以一洗積弊。大芟蕪穢」句（三五〇－三二二上）。鈔本「兵釁」作「賊

本」。「積弊」作「豺狼」。又後文。四庫本「罷易宰相。更革政事。定山東河北之敵。皆出其力」句（三五〇—三二三下）。鈔本「敵」作「寇」。又後文。四庫本「因此民勇可以振兵威。豈但恢復土疆。抑可乂安邊境。此眞中興之祥」句（三五〇—三二三下）。鈔本「乂安邊境」作「鞭笞夷狄」。又後文。四庫本「陛下亦知前日郎官。有使不屈節敵廷者。儒生有應募血戰塗草野者」句（三五〇—三二五上）。鈔本「敵」作「死虜」。

卷四十二

吳若又以書貽中丞許翰章

四庫本「夫主上新即位。強敵入城。社稷震動」句（三五〇—三二六下）。鈔本「強敵入城」作「強寇犯城」。又後文。四庫本「若夫李鄴使敵。……金人本謀。李鄴粗有識知。自可折之以計」句（三五〇—三二八下）。鈔本「敵」均作「虜」。

四庫本「御史中丞許翰上書論決戰有五利。臣伏見金人退師以來。……夫以敵國之兵。猛鷙驍勇。而我旣示之以弱。開之以利。……則突騎迫都。飛塵入宮闕矣」句（三五〇—三三〇上）。「金人」鈔本作「金狄」。鈔本「敵國之兵。猛鷙驍勇」作「夷狄之性。貪婪無厭」。「迫」作「犯」。

四庫本「又上書。……乃王導謝安英賢相繼。扶危救傾。僅能立國。而中原丘墟。遂至陸沈」句（三五〇—三三一上）。鈔本「遂至陸沈」作「遂陷胡貊」。

三月一日丁卯朔賞功詔書章

四庫本詔曰「永惟士大夫擐甲冑冒矢石。捍敵勤王。卒用有就」句（三五〇—三三三上）。鈔本「敵」作「寇」。

二日戊辰詔德安府進士張柄章

四庫本「故發兵興利而斂不及於天下。皆愼乃儉德之所致。非矯拂所能爲也」句（三五〇—三三三下）。

鈔本「發兵興利」作「攘卻夷狄」。

卷四十三

五月辛未王安中章

四庫本「至於敵情變詐。朝廷所當關防。……暨安中還。坐席未煖。金兵乘勝長驅而來。……皆安中等公肆誕謾。助成邊外之所致也」句（三五〇—三三六上）。鈔本「敵」作「虜」。「金兵乘勝」作「戎寇猖獗」。「外」作「患」。

四庫本「汪藻上宰執劄子乞迎太上皇還闕……敵國外患。何代無之。致使犯闕。爲上皇者。當痛心悔懼」句（三五〇—三三六下。三三七上）。鈔本「敵國外患」作「戎狄之患」。

九日乙亥章

四庫本校書郎陳公輔劄子乞擇相臣「臣竊睹國家強鄰入侵。中外震恐。……臣自聞邊人爲警。夙夜危懼」句（三五〇—三九九下）。鈔本「強鄰入侵」作「強虜入寇」。「邊人」作「邊寇」

十五日辛巳章

四庫本「及邊使弛備。鐵騎犯闕。行宮越在淮泗」句（三五〇—三四一上）。鈔本「鐵」作「胡」。

十六日壬午章

四庫本「使患難稍平。京師人安。庶事條舉」句（三五〇—三四二上）。鈔本「患」作「寇」。

四庫本遺史曰「金人入京師也。城下之盟。割河北東

三鎮以講和好」句（三五〇—三四三上）。鈔本「入」作「犯」。

卷四十四

十七日癸未太上皇回鑾章

四庫本傳信錄曰「余笑曰。古人猶單騎見敵。況故君乎」句（三五〇—三四三下）。鈔本「敵」作「虜」。又後文。四庫本「皇帝傳位之初。陛下巡幸。適當大敵入邊。爲宗社計。政事不得不稍有變革」句（三

五〇—三四四下）。鈔本「邊」作「寇」。
十八日甲申尙省劄子章
四庫本「尙書省劄子。照會殺退金兵。出榜曉論」句
（三五〇—三四五）。鈔本「兵」作「賊」。
四庫本「斬獲數多。兼曾殺其四太子多斯德大王等部
長」句（三五〇—三四六上）。鈔本「部長」作「酋
首」。
二十三日己丑章
四庫本「敕高世由等。承平日久。戎備浸隳。屬敵騎
之侵淩。悼吾民之奔潰」句（三五〇—三四六下）。
鈔本「敵」作「胡」。「侵淩」作「猖狂」。
二十四日收復隆德府章
四庫本幼老春秋曰「聞隆德府威勝軍已爲金人所陷沒
。古乃遣德硬探。德斬金將一人持首以還」句（三五
〇—三四六）。鈔本「金將」作「虜酋」。
二十七日癸巳章

四庫本傳信錄曰「上賴宗廟社稷之靈。陛下仁聖所格
。金人退師京邑」句（三五〇—三四九上）。鈔本「
金人」作「醜類」。
二十八日甲午章
四庫本「都邑底寧。刁斗不驚。斯皆陛下聖德所致」
句（三五〇—三四九下）。鈔本「刁斗不驚」作「夷
狄遁歸」。
四庫本監察御史余應求劄子「乞今日報將兵復驗首。
提點賞犒。催促糧運」句（三五〇—三五〇下）。鈔
本「首」下多一「虜」字。
卷四十五
六日壬辰章
四庫本謝表「臣綱言。臣敢不仰體眷懷。勉安職守。
修政事而銷鋒鏑」句（三五〇—三五三下）。鈔本「
銷鋒鏑」作「攘夷狄」。
四庫本李綱奏備邊禦敵八事「臣伏以金人退師。交割

三鎭。官吏軍民不肯陷溺。淪沒其勢」句（三五〇—三五四上）。鈔本「淪沒」作「夷狄」。又後文。四庫本「其四謂河北溏濼東拒海。西抵廣信。安肅。深不可涉。淺不可行舟。所以限隔敵騎」句（三五〇—三五四下）。鈔本「敵」作「胡」

十五日辛亥章

四庫本節要曰「斡里雅布初入燕山」句至「金皇弟棟摩爲左都監」句（三五〇—三五六）。「入」鈔本作「寇」。凡「金」字鈔本均作「僞」。

十六日壬子太學生楝東上書辭免恩命章

四庫本「臣所言姦臣蔡京等六賊首者。以天下壞亂至極。乃致金人侮慢中國」句（三五〇—三五六下）。鈔本「金人」作「夷狄」。又後文。四庫本「又況欲禦外侮。必先立我國威以正內勢。……敵人聞之。必望風遠遁。……臣謂今日之所急者。退小人進君子。修政事詰戎兵。……故政事未盡修而戎兵未易詰也」句（三五〇—三五七上）。鈔本「禦外侮」作「鞭笞夷狄」。「敵人」作「夷狄」。「詰戎兵」作「攘夷狄」。「戎兵未易詰也」作「夷狄未易攘也」。又後文。四庫本「京固知金人割據必不能久有中原。敵退之後。必乘勢據有我宋百年之社稷」句（三五〇—三五八下）。鈔本「金人割據」作「夷虜醜類」。又後文。四庫本「蔡氏不滅。則天下之心愈益疑惑。終不可解。欲望平治其可得乎。敵國侵淩之患。何時而已」句（三五〇—三五九下）。「敵國侵淩」鈔本作「

夷狄侮慢」。

卷四十六

蔡京移衡州安置章

四庫本「金人乘中國無備。敢以數萬騎直入京闕者。蓋將相大臣同惡相濟。二十餘年所以至此」句（三五〇—三六一下）。「入」鈔本作「犯」。又後文。四庫本「奈天下憤疾何。奈四方侮笑何」句（三五〇—

三六二上）。鈔本「方」作「夷」。

右諫議大夫楊時論姚古不救太原章

四庫本「不爾則秋冬之交。風勁草衰。強敵長驅而南。益無忌憚。悔無及矣」句（三五〇—三六三上）。鈔本「敵」作「寇」。

四庫本林泉野記曰「金人入汴。率衆勤王。……及敵再圍太原」句（三五〇—三六三上）。鈔本「入汴」作「犯闕」。「敵」作「虜」。又後文。四庫本「古

及種師中聞敵兵少」句至「上密令以屯兵七千刦敵寨。不勝」句（三五〇—三六三下）。鈔本凡「敵」字皆作「虜」。

十八日甲寅章

四庫本「詔曰。……北方之衆。敢肆陵侮。侵入邊境。……非以虎符起天下兵。扼控邊陲。蕩攘群敵。則何以震慴遠人」句（三五〇—三六三下）。鈔本「北方之衆」作「犬羊之群」。「入」作「犯」。「敵」

作「醜」。「遠人」作「狂虜」。

二十日丙辰章

四庫本中興姓氏叛逆傳曰「而藥師凶横日甚。居處服用。率用國儀。仍僭舊主之禮」句（三五〇—三六七上）。鈔本「國」作「番」。「主」作「酋」。又後文。四庫本「斡里雅布回至燕山。……至松亭關遣部衆數千騎。盡掊殺人。……尼堪謂財能動人。盡奪之。囚歸遼左之域。……亮至淮上。統兵爲先鋒」句（三五〇—三六七下）。鈔本「部衆」作「女眞」。「

殺人」作「殺之」。「遼左」作「女眞」。「至」作「犯」。

二十九日乙丑章

四庫本「尼堪破黃迪寨。……其九項兵馬。各對一寨。……乃遣神臂弓三隊出寨。於高阜上射其兵馬」句（三五〇—三六八上）。鈔本「兵」均作「賊」。又後文。四庫本「迪復遣三隊出寨。方將半。敵兵不避

矢石。俱直衝轅門。……官兵市民洎運糧人夫。死於難者無數」句（三五〇—三六八）。鈔本「敵兵」作「賊馬」。「難」作「賊」。

卷四十七

五月五日庚午章

四庫本「而兵戎弗靖。未能偃兵。故將起天下之師以振國威」句（三五〇—三六九上）。鈔本「兵」作「寇」。

八日癸酉章

四庫本「幽燕之役。開釁啓兵。以方爭爲恢復。……以營平檀之地。捐之金人。不念土地實爲國寶」句（三五〇—三六九下。三七〇上）。鈔本「兵」作「戎」。「不念土地實爲國寶」作「蜂蝎在懷。虎兒出柙」。又後文。四庫本「至使金人藥師助叛畿甸。爲之繹騷兩路。罹其荼毒」句（同上）。鈔本「金人」作「金虜長驅」。

九日甲戌章

四庫本「師中屯于壺林。去榆次三十里」句（三五〇—三七一）。鈔本「壺」作「胡」。

四庫本封氏編年曰「先是師中被詔。以兵護送大金令歸」句（三五〇—三七一下）。鈔本「護」作「裹」。

四庫本節要曰「惟孫翊。折可求。种師中之戰。有可以與敵相持勝負之理」句（三五〇—三七二上）。鈔

本「敵」作「賊」。

四庫本靖康小雅曰「詔遣公將精甲三萬。尾襲其後。敵迄出塞。不敢肆暴」句（三五〇—三七二上）。「敵」鈔本作「賊」。又後文。四庫本「翌日敵遣重兵迎戰。……參謀官黃友戰沒。敵騎四集。……爾曹亟去。無嬰敵鋒」句（三五〇—三七二下）。鈔本「敵騎」作「胡騎」。其餘兩「敵」字作「賊」。又後文。四庫本「又以餒餓之軍。當素飽之敵。非戰之罪也

。……詩曰。金入晉陽。帝爲旰食」句（同上）。鈔本「素餉」作「猖獗」。「金入」作「虜嚙」

四庫本奉使王雲回至闕下「言金人欲得三鎮罷兵。吳敏不從。敏曰。公爲中國臣子。堅爲敵人耶」句（三五〇－三七五上）。鈔本「敵人」作「夷狄」

二十五日庚寅章

四庫本賜劉韐束帶戰袍「敕劉韐。屬者金人大侵。神人共憤……賴卿智能。能止晝界之吏。不墮強敵計中」句（三五〇－三七五下）。鈔本「金人大侵」作「金寇犯順」。「強敵」作「黠虜」。

四庫本司諫陳公輔上言乞戒大臣究心邊事「至秋冬。萬一強敵結集。諸部空國而來。以助河東之師。則吾之倉卒無備。又復如前日矣」句（三五〇－三七六下）。鈔本「強敵」作「狂寇」。「部」作「夷」。

卷四十八

三日戊戌章

四庫本遺史曰「門下侍郎耿南仲以爲中國勢弱。敵國方強。用兵無益。……李綱以爲祖宗之地。義不可割。棄之徒資敵勢。使生靈陷于敵國」句（三五〇－三七七下）。「敵國」鈔本作「夷狄」。

四庫本傳信錄曰「誠以敵國外患。有可掃除之理。而小人在朝。蠹害本根。……然邪正尚猶混殽于朝。翕訿成風。殊未退聽。謂宜留神照察在于敵國之先」句（三五〇－三七九上）。「敵國外患」鈔本作「寇攘外患」。「邪正」鈔本作「君子小人」。「敵國之先」鈔本作「夷狄之先」。

五日庚子章

四庫本臣僚言「然後百度修庶績凝。方夏安姦宄消。強敵不敢輕侮吾國」句（三五〇－三七九下）。「強敵」鈔本作「戎狄」。「吾」鈔本作「中」。又後文。四庫本「跡其所來。亦由京勢位相軋。乃相攻陷。遂至敵人窺伺生變」句（三五〇－三八〇下）。「敵人」鈔本作「犬戎」。

八日癸卯章

四庫本制曰「屬敵人之侵軼。抵幷門而攻圍。……訖保金湯之強。屬控敵鋒之銳」句（三五〇—三八一下）。「敵人」鈔本作「戎虜」。「敵鋒」鈔本作「犬羊」。

四庫本王稟除建武軍節度使。制曰「屬金人之背誕。窺邊堠以陸梁」句（三五〇—三八二上）。「人」鈔

本作「寇」。

十五日庚戌章

四庫本「聯以敵兵入境。俶擾邊陲。……然敵衆方強。未即殄滅。一方之民。久困塗毒」句（三五〇—三八二下）。「敵兵入境」鈔本作「戎羯犯順」。「敵」鈔本作「賊」。

十六日辛亥章

四庫本臣僚上言「臣聞宰輔得人。……外蕃聞風而畏遁。百姓安土而樂業」句（三五〇—三八二下）。「外蕃」鈔本作「四夷」。又後文。四庫本「臣請言之。昨金人匪茹。提兵入境。比至京城」句（三五〇—三八三上）。「人」鈔本作「虜」。「入境」鈔本作「犯闕」。又後文。四庫本「惟寇準獨主北伐之議。金人畏威求盟而退。……是時。富弼奉使爲陳利害之端。而金人辭服」句（同上）。「金人」鈔本均作「狄人」。

四庫本中興姓氏錄曰「靖康初。拜太宰。聞金人軍中嗤笑曰。宋果無人。大金犯京師。邦彥勸上爲避敵之計」句（三五〇—三八三上。下）。「宋」鈔本作「南朝」。「敵」鈔本作「狄」。

十八日癸丑章

四庫本節要曰「又欲入侵中國。亦慮獨不能勝。遂許割地以結夏人」句（三五〇—三八五上）。「侵」鈔本作「寇」。

卷四十九

二十七日壬戌章

四庫本傳信錄曰「恭惟祖宗創業守成垂二百年。聖聖傳授以至陛下。適于艱難之秋。敵人內侵。中國勢弱。此誠陛下嘗膽思報。勵精求治之日」句（三五〇－三八六上）。又後文。四庫本「故金人得以窺伺。既陷燕山。長驅中原。遂入畿甸。……今河北之敵雖退。而中山河間之地不割。敵馬出沒。幷邊郡塞柵相連

。兵不少休」句（三五〇－三八六下。三八七上）。「入」鈔本作「犯」。「河北之敵」鈔本作「河北之寇」。「敵馬」鈔本作「賊馬」。又後文。四庫本「旁近縣鎭。皆爲敵兵之所占據。秋高馬肥。敵騎憑陵。決須深入」句（三五〇－三八七上）。「敵兵」鈔本作「賊兵」。「敵騎」鈔本作「虜騎」。又後文。四庫本「其甚者解圍太原。收復忻代。以捍金人夏人連兵入攻。不知此中數萬之衆。一一皆到。果能足用而無敵馬渡河之驚乎」句（同上）。「入攻」鈔本作「入寇」。「敵馬」鈔本作「賊馬」。又後文。四庫本「太原之圍。兵馬不多。不攻自解圍四也」句（三五〇－三八七下）。「兵馬」鈔本作「賊馬」。又後文。四庫本「若以河北兵退。天下無事」句（同上）「兵」鈔本作「寇」。又後文。四庫本「若以謂太原之圍。兵馬不多。不攻自解」句（三五〇－三八八上）。「兵馬」鈔本作「賊馬」。又後文。四庫本「去

冬金人至闕。始起勤王之師」句（三五〇－三八八下）。「至闕」鈔本作「將犯闕」。

二十八日癸亥章

四庫本「金人方圍太原。未到一騎一卒。敢入南北關」句（三五〇－三八八下）。「金」鈔本作「虜」。又後文。四庫本「當僞官之守隆德。存卹其民人。保護其婦女。敵兵敢犯。主斬以狥。又閉敵兵於他所」句（三五〇－三八九上）。「敵」鈔本均作「賊」。

又後文。四庫本「忽有統制官焦安節厲聲而前曰。敵騎迫近。何爲尙留于此」句（三五〇—三八九上下）。「敵」鈔本作「虜」。

十一日乙亥章

四庫本右正言程瑀上言「乃開關以招金人。始厚與歲賂。易其空城。招敵納侮。自此其始」句（三五〇—三九〇下）。「敵」鈔本作「寇」。

十三日丁丑章

四庫本「而致敵召亂。幾覆宗社。何可久逭天誅。大逵人願」句（三五〇—三九一上）「敵」鈔本作「寇」。

二十一日乙酉章

四庫本中興姓氏姦邪錄曰「大金入侵。京勸徽宗幸江西。京舉族皆行」句（三五〇—三九三上）。「侵」鈔本作「寇」。

卷五十

四庫本秀水閒居錄曰「是年冬。金兵至闕。得非將亂之兆耶」句（三五〇—三九五上）。「金兵至闕」鈔本作「金虜犯闕」。

四庫本右正言崔鶠劄子「卒致敵國侵淩。直至畿甸。宗廟震動。社稷蕩搖」句（三五〇—三九七下）。「敵國侵淩」鈔本作「遠夷猖狂」。「至」鈔本作「犯」。

四庫本又劄子「遂至盜賊蜂起。外侮日逼。雖宗廟神靈爲之震駭」句（三五〇—三九八上）。「外侮日逼

」鈔本作「夷狄亂華」。

二十六日庚寅章

四庫本詔曰「朕惟金人攻圍太原百五十餘日。其勢危蹙。……今聞強敵築壘臨城。控扼要害」句（三五〇—三九八上）。「金人」鈔本作「金賊」。「強敵」鈔本作「黠虜」。

二十七日辛卯章

四庫本傳信錄曰「又分路進兵。敵以全力制吾孤軍。……方欲會合。親率師以討敵」句（三五〇—三九九下）。「敵」鈔本均作「賊」。

四庫本敕御史中丞張徵追童貫行刑。臣僚上言「結新造之金人。棄契丹之舊好」句（三五〇—三九九下）。「金人」鈔本作「遠夷」。「契丹」鈔本作「耶律」。又後文。四庫本「況貫自用師持權以來。毒流華夏。以無事無罪之民。驅之死地」句（三五〇—四〇〇下）。「華夏」鈔本作「夷夏」。又後文。四庫本「通萬餘里之強鄰。殘百餘年之與國。蕭后欲歸。郤其表而不受。遼主潛遁。指其踪而使擒」句（三五〇—四〇〇下。四〇一上）。「強鄰」鈔本作「小夷」。「蕭」與「遼」鈔本均作「虜」。又後文。四庫本「金騎欲入。貫猶趣往太原。敵破忻代。即捨太原以歸」句（三五〇—四〇一上）。「金」與「敵」鈔本均作「虜」。

二十九日癸巳章

四庫本王安中臨仁安置臣僚上言「至如敵勢強弱。與沿邊兵食乏闕」句（三五〇—四〇二上）。「敵」鈔本作「賊」。又後文。四庫本「矧以太原被圍。師屯未解。強鄰壓境。朔部戒嚴」句（三五〇—四〇二下）。「鄰」鈔本作「虜」。

卷五十一

八月三日乙未章

四庫本吳敏觀文殿大學士醴泉觀使制「方邊陲之未靖。顧宗社之可虞」句（三五〇—四〇三下）。鈔本「邊陲」作「寇攘」。

其後四庫本徐處仁知東平府吳敏知揚州臣僚上言「漢宣帝則得魏相協心。相與圖治。故能伐鬼方。攘獫狁」句（三五〇—四〇四下）。鈔本「獫狁」作「夷狄」。又後文「載之經史。不磨唐肅宗用裴冕苗晉之徒相業庸謬」句（同上）。鈔本作「載之經史。不可掩也。至唐肅宗復兩京。迎明皇。非不有功也。而裴冕苗晉卿之徒相業庸謬」。又後文「方今強敵憑陵。重兵壓境。河東之役。師老糧匱」句（三五〇－四〇五上）。鈔本「強敵憑陵」作「北虜鴟張」。

又後文四庫本林泉野記「時金人已入河東。朝廷多故」句（三五〇－四〇六上）。鈔本「入」作「寇」。

又「及金使來請和。處仁請付种師道處置」句（同上）。鈔本「金」作「虜」。又「敵圍應天城」句（同上）。鈔本「敵」亦作「虜」。

又其後「是日敵方攻壘。將兵果習舊態」句（三五〇－四〇七上）。鈔本「敵」作「虜」。

八月辛丑章

四庫本「詔曰朕托士民之上。嗣位旬日。敵國侵凌乃至郊甸。」句（三五〇－四〇七下）。鈔本「敵國侵凌」作「戎羯犯順」。又其後「張灝招集潰兵誅冀景章。近以郭栅之戰。將兵非不用命。蓋緣敵鋒甚盛。遂至敗事」句（三五〇－四〇八上）。鈔本「敵」作「賊」。

二十日癸丑章

四庫本「侍御史胡舜陟箚子論禦敵之策（三五〇－四〇九上）。鈔本「敵」作「戎」。其後之「禦敵」亦作「禦戎」。後文「和親守備則施于敵國彊盛之時……撫定羈縻則施于敵國衰弱之際。漢宣帝光武是也」句。鈔本「敵國」並作「夷狄」。又後文「金人乘時肆其衝突。馬驅乎中國」句（三五〇－四〇九下）

。「人」作「寇」。「衝突馬」作「猖獗長」。「國」作「原」。

卷五十二

二十三日丙辰

四庫本「興諸將之玩敵京器之及作相會」句（三五〇－四一二上）。鈔本「敵」作「寇」。又後文「貫實無大能。偶以青唐事遂竊威名。宜深藏之以懼敵國」

句。鈔本「敵國」作「外夷」。又「上報曰遼主欲之耳。彼既邀我。我因觀之。不亦可乎」鈔本「遼主」作「虜酋」。又其後「及金兵至。太上南幸時。上欲趣武關」句（三五〇－四一二上）。鈔本「兵至」作「犯闕」。又最後「靖康初。金騎既至闕。又取大鹿數千百頭。殺以啗衛士」句（三五〇－四一三下）。鈔本「金」作「虜」。「至」作「犯」。

三日丙寅章

四庫本「金人入邊。朝廷憂恐。宰相大臣聚議都堂已半月餘日矣」句。鈔本「入」作「犯」。又後文「求擇名望大臣爲敵人所信慕者」句（三五〇－四一四上）。鈔本「敵人」作「夷狄」。「又民情搖動。外患未平。腹心已潰矣」句（三五〇－四一四下）。鈔本「患」作「寇」。又其後「臣觀敵情狙詐。多方見誤。」句（三五〇－四一五下）鈔本「敵」作「虜」。又後文「尼雅滿果歸乎金人……。臣竊怪敵出詭道無窮。而我誤彼。了無一術」句（三五〇－四一四上）。鈔本「金」作「虜」。「敵」作「寇」。又「安知其無奸細傳達於敵庭」句鈔本「敵」作「虜」。

卷五十三

尼堪兵陷太原章

四庫本宣和錄「隆德府欲攻澤州」句（三五〇－四一六下）。鈔本「攻」作「寇」。又後文「而自歸雲中。敵衆於太原城外植鹿角木環其城」句（同上）。鈔本。「而自」作「其酋」。「敵」作「賊」。又後文

「是時天氣已熱。敵兵各休于林樾之下……敵將既歸雲中」句（三五〇－四一七上）。鈔本「放兵」作「賊兵」。「敵將」作「大酋」。又「告急之人不能脫者。間爲敵獲。見其書。知朝廷興兵。敵亦甚懼」句（同上）。鈔本「敵」並作「賊」。又後文「敵數不多。廣爲虛寨以張聲勢耳。若使諸路同日而入。敵必不能支吾」句（三五〇－四一七下）。鈔本「敵」並

作「賊」。又其後封氏編年。四庫本「敵人知之。外爲攻具甚盛」句（三五〇－四一八上）。鈔本「敵」作「賊」。又此句以下（四一八上至四一九上）。凡「敵」字鈔本均作「賊」。其後四庫本「金人節要」（三五〇－四二一上）。鈔本作「金虜節要」。其文「無何西門插板索斷。不能出之。金騎已入城」句（三五〇－四二一下）。鈔本「金」作「虜」。靖康小雅。四庫本「興宗至其帳。尼堪猶厚爲之禮。以好詞

遣回。時敵騎已集入攻有日月矣」句（三五〇－四二一下）。鈔本「其」作「虜」。「敵騎」作「胡馬」。「攻」作「寇」。又後文「石嶺關戍將皆開門迎降敵」句（同上）。鈔本「降敵」作「賊降」。又「東走。敵騎至國門之北。閱月議和乃歸」句（三五〇－四二二上）。鈔本「敵騎」作「胡馬」。又後文「公時總守禦之職。以死拒敵」句（同上）。鈔本「敵」作「寇」。又後文「敵分兵摧之。皆不得前……師臣

檢校少保張孝純不能死。爲敵所擒。公獨率麾下決戰突圍。而敵騎追之。力戰不解。部曲盡亡」句（三五〇－四二二下）。鈔本「敵」並作「賊」。「敵騎」作「胡騎」。又後文「既怒假手強鄰。公之不濟天也」句（同上）。鈔本「強鄰」作「孽胡」。又「詩曰矯矯虎臣。捍城於幷。殫其智力。爲國長城。攻踰兩時。敵不能乘。」鈔本「爲國長城」作「沮茲奔鯨」。「敵」作「賊」。

其後靖康遺錄。四庫本「敵知城中困甚」句（三五〇－四二三上）。鈔本「敵」作「賊」。靖康小錄。四庫本「敵得乘困被之」句（三五〇－四二三上）。鈔本「敵」作「賊」。又「詞曰頃以才選轉漕河東。而敵國之衆長圍太原」句（同上）。鈔本「敵國」作「奚虜」。又「王略不瞻。卒爲敵圖」句（同上）。鈔本「敵」作「賊」。

五日戊辰章

四庫本「及敵兵既退。寖生驕心」句（三五〇—四二四上）。鈔本「敵」作「賊」。又其後文「方金人南侵。李邦彥欲議和。敏則以和爲是」句（三五〇—四二五上）。鈔本。「金人南侵」作「金賊犯順」。又「雖种師中逐敵出界。不以爲功」句（同上）。鈔本「敵」作「賊」。又「河北之敵既去復還」句（三五〇—四二五下）。鈔本「敵」作「寇」。又後文「臣將見天地悅豫。神祇喜樂蠢茲敵人。不威自服矣」句

（同上）。鈔本「敵人」作「夷虜」。

九月壬申章

四庫本林泉野記曰「金人南侵。徽宗欲遜位皇太子」句（三五〇—四二七上）。鈔本「南侵」作「犯順」。後文「宣和七年冬北兵倉猝至汴」句（三五〇—四二八上）。鈔本「北兵」作「女眞」。「猝至汴」作「卒犯闕」。

十一日甲戌章

四庫本「敵相顧動色愧服……且代選精兵捍衛金人。而復遣使出塞。以強中國大臣之謀。優游不斷。尙執講和。陷于敵計而不能悟」句（三五〇—四二八下至四二九上）鈔本「敵」作「虜」。「金」作「戎」。「敵計」作「賊計」。

十三日丙子章

四庫本「臣竊見比者金人愈加強盛。幷門之圍未解。河朔之敵深入」句（三五〇—四二九上）。鈔本「愈

加強盛」作「愈肆猖獗」。「敵」作「寇」。後文「凡嘗遭北敵之患者。無不切齒憤惋。思得此二人者重加誅責」句（同上）。鈔本「北敵」作「虜寇」。「者」之後鈔本尙多「而甘心焉。今陛下倘從民望。將二人者」句。

卷五十五

十九日壬午李綱罷宣撫使章

四庫本傳信錄曰「初敵騎既出境即遣王雲曹矇使金人

軍中」句（三五〇—四三五上）。鈔本「敵」作「賊」。又後文「金人叵測。謀慮不誠。和議未可專恃。」句（三五〇—四三六上）。鈔本「叵測」作「狡獪」。又後文「是致士氣益喪。敵勢益張。其罪益著矣」句（同上）。鈔本「敵」作「虜」。後文「察綱今日之敗。志在殲敵。亦宜黜官降職以慰死者之心。爲敗事之戒。既不以今日之失而遂忘其前日之勞。而曲庇其罪戾。賞罰昭著如天無私。則將帥聞之莫不感激

恩奮。而敵勢有可平之期矣」句（三五〇—四三六下）。鈔本「殲敵」作「殲寇」。「既不以今日之失而遂忘其前日之勞。而曲庇其罪戾」作「既不以今日之失而遂忘其前功。又不以前日之勞而曲庇其罪戾」。「敵勢」作「寇攘」。又其後文「致河北河東之敵未平。此其罪八也」句（三五〇—四三七下）。鈔本「敵」作「寇」。又後文「而綱輒敢拒抗君命幾于跋扈。此其罪九也」句（同上）。鈔本作「而綱輒敢拒抗君命。乞納陛下所與之官。以臣抗君命幾于跋扈。此其罪九也」。最後「其初王孝迪刦民之金以犒敵人。諫臣論列」句（三五〇—四三八下）鈔本「敵」作「虜」。

卷五十六

李綱落職依舊宮觀章

四庫本「知樞密院李綱出總元戎。戡定敵兵。兵甲非不多也」句（三五〇—四三九上）。鈔本「敵兵」作

「寇攘」。又後文「斬將不關主帥。生擒則非敵人」句（同上）。鈔本「敵」作「虜」。又後文「今春敵騎至城下。陛下屈己爲民以稱和」句（三五〇—四四〇上）。鈔本「敵」作「虜」。又後文「追西師四集。种師道之謀與諸將駐兵郊外。敵營寖懼」句（三五〇—四四〇下）。鈔本「敵」作「虜」。又「今勍敵在前。國威未振。綱之誤朝致衂喪師辱命」句（三五〇—四四一上）。「勍敵在前」作「夷狄憑陵」。「

衂」作「寇」。其後「今春金人頓兵城下。而綱領行營司及京城守禦司屢聲言破敵。都人遭圍閉之久。莫不喜之」句（三五〇－四四二上）。鈔本「金」作「虜」。「敵」作「賊」。又「方金人邀索金銀。朝廷根括民間以足其數時」句（同上）。鈔本「金」作「虜」。又「遂率龔裕叩閽喧譟。以劫持人主成其私計」句（同上）。鈔本「龔裕」作「俗聾」。其後四庫本許翰落職宮祠。臣寮上言「仰貽睿聖宵旰之憂。益

壯勍敵憑陵之勢。」句（三五〇－四四二下）。鈔本「勍敵」作「戎虜」。

又其後賜蔡攸自盡。四庫本中興姓氏姦邪錄「邀上私幸其第。連夜不止。大金入攻。攸蔽匿告急之奏。皆不以聞。」句（三五〇－四四四下）。鈔本作「邀上每私幸其第。連夜不止。僥倖者以一得見爲天人。大金入寇。攸蔽匿告急之奏。皆不以聞。」

二十一日甲申標童貫首榜示開封府章

四庫本「既足釋百姓憤怒之心。又可召和氣而懷遠人」句（三五〇－四四五上）鈔本「遠人」作「夷狄」。又後文「惟陛下思京闕震驚之變實生于貫」句（三五〇－四四五下）鈔本「京闕震驚」作「夷狄侵辱」。又後文「醢其軀以賜戰士。函其首以遺金人。其戰士受醢。必踴躍以增氣。金人發函必聳愓而畏威。契丹之怨稍紓。則金人之師自退矣」句（三五〇－四四六上）。鈔本「金人」均作「女眞」。後文「陛下

受侮強鄰。貽譏萬世。無以慰宗社之生靈。則金人之兵恐未息也」句（同上）鈔本「強鄰」作「四夷」。「生」作「神」。「金人」作「女眞」。「息」作「殄」。又後文「敵騎且深入。思得長策以衛王室」句（三五〇－四四六下）。鈔本「敵」作「虜」。

卷五十七

六日戊戌卯刻有流星東南流光數丈章

四庫本趙子砥燕雲錄曰「斡里雅布南下欲與偕行」句

（三五〇－四四七下）。鈔本「下」作「寇」。其後四庫本節要曰「燕山僞相劉彥宗逼邈不從。復逼邈固不從。乃以好語慰之。從誘以官職。啖以金帛。邈終不爲屈。仰天痛哭。以死自矢」句（三五〇－四四八上）。鈔本作「燕山僞相劉彥宗逼邈不從。復逼邈剃頂髮。邈亦不從。彥宗逼之甚。邈遂盡削髮爲僧。終不從彼之俗。又且示其不仕」。又四庫本遺史曰「方金師之入塞。當孔道之雄藩」句（三五〇－四四八上）。鈔本「金」作「虜」。

其後靖康小雅。四庫本「靖康元年秋八月。金人以三鎮不可得。復兩道興師入收斡里雅布之師」句（三五〇－四四八上）鈔本「攻」作「寇」。後文「九月六日敵遂登城。邈爲敵所囚。時公爲鈐轄。」句以下至「而諸門皆爲敵守矣」句（三五〇－四四八下）。凡「敵」字鈔本皆作「賊」。又後文「生竭其勇。力挫戎行。天未悔禍。敵勢益張。公雖瞑目。萬古傳芳」句（三五〇－四四八下）。鈔本。「戎行」作「犬羊」。「敵勢益張」作「虜益鴟張」。又四庫本「尼堪斡里雅布會於平定軍。議再入侵」（三五〇－四四八下）。鈔本「侵」作「寇」。其後四庫本節要曰「斡里雅布自眞定西之平定。以議再入京闕」句（三五〇－四四八下）。鈔本「入」作「寇」。又後文「今若棄兩河先攻東京。苟有不利則兩河非我有也」句（同上）。鈔本「攻」作「犯」。又「謂諸將曰。東京中國之根本」句（三五〇－四四九上）。鈔本「將」作

「酋」。又「諸將不敢沮之。入攻之計遂決」句（三五〇－四四九上）。鈔本「將」作「酋」。「攻」作「寇」。又後文「廉訪何不去。敵人已入城矣。」。鈔本「敵」作「番」。

李若水上乞救河東河北疏

後文「聞各集散亡卒。立寨栅以自衛。持弓刀以捍敵」句（三五〇－四四九下）。「敵」作「賊」。後文

「可見仗節死義。力扼金人之意」句（同上）。鈔本「金人」作「腥羶」又「而在邑之民無逡巡問敵之意。」句（同上）鈔本「敵」作「賊」。

十日壬寅詣龍德宮上壽章

四庫本「上皇謂金人必再入京闕。請帝留京師治軍國事」句（三五〇－四五〇上）。鈔本「入」作「犯」。羅索陷汾州。守臣張克戩死之。四庫本是段文字（三五〇－四五〇上下）。凡「敵」字鈔本均作「賊」

。四庫本「陶宣幹河東逢敵記（三五〇－四五〇下）。鈔本「逢敵」作「降虜」。後文「早膳間敵騎突入。流矢中向運。死兩統制。甲軍無探諜。無卓望忽見敵幟潰於軍中」句（三五〇－四五一上）。「敵」並作「賊」。「死兩統制」後多「騎馬走。後軍不見陣而潰。八月初解潛護」。後文「十八日敵兵淸曉至。人馬困乏」句（三五〇－四五一下）。鈔本「敵」作「賊」。又「敵兵遂至……軍皆四走。已在敵圍中。敵說令降皆脫剝赤露」句（三五〇－四五一下）。鈔本三「敵」字皆作「賊」。又此句以下凡「敵」字鈔本皆作「賊」。其中「余與田統制李統制於監務廳早飯罷。問路。村人云官人不可從此行。敵人見執溫泉縣官員在一山頂飲酒」句（三五〇－四五二下）鈔本「早飯罷」作「早飯。飯罷。欲由汾西縣入趙城縣。至汾西縣界三十里」。「敵人」作「番賊」。又「李統制問敵人多寡」句（同上）。鈔本「敵人」作「番

人」。又後文「尼堪留其將萬戶。尼楚赫守太原。率兵下太行。取孟州。渡河入攻。斡里雅布留其將副統碩哈。遼東漢州萬戶韓度和守眞定。率兵取黎陽入攻。」句（三五〇－四五三下）。鈔本「其將」並作「女眞」。「入攻」皆作「入寇」。

卷五十八

十七日己酉駕幸飛山營閱砲章

四庫本遺史曰「金人至城下盡爲攻城之用」句（三五

〇—四五四上）。鈔本「至」作「犯」。
四庫本靖康小錄曰「以謂其眞定通判獻城。敵豈能破也」句（三五〇—四五四上）。鈔本。「敵」作「賊」。

十八日庚戌詔河東河北清野章

「其有聚徒結衆捍敵。功自節鉞以下皆以充賞」句（三五〇—四五六上）。鈔本「敵」作「寇」。又後文「去年之冬。金人入攻。出我不意」句（同上）。鈔

本「攻」作「寇」。又「今者敵將逼河。伏望睿斷」句（三五〇—四五六）。鈔本「敵」作「寇」。

十八日庚戌章

四庫本宣和錄曰「吾兵強盛如此。當與敵抗衡而滅之」句（三五〇—四五七下）。鈔本「敵」作「虜」。
其後靖康遺錄。四庫本「衆議以敵人要盟城下。請割河北而幷入河東。自敗元約。敵人貪而無信不可復與金帛。」句（三五〇—四五八下）鈔本前「敵人」作「番賊」。後「敵人」作「夷狄」。又「蕭慶本契丹人爲金敵所滅……謀共興兵以破敵」句（同上）。鈔本「敵」並作「賊」。

卷五十九

二十四日丙辰章

四庫本宣和錄「敵領鋭師以寇回牛嶺。敵于山下仰望官兵……俄而官軍散去。敵乃登焉」句（三五〇—四六一下）。鈔本「敵」均作「賊」。其後逢虜記。四

庫本作「逢敵記」（三五〇—四六一下）。其文曰「云敵破汾西縣幷靈石縣。趙城。霍邑縣一帶。驚移人戶避敵至此」句（同上）。鈔本前「敵」作「賊」。後「敵」作「寇」。後文「萬一敵馬出沒。何以支梧。余退即謁太守。林學士名積仁字充美。集謂林曰敵騎次第不久至。殊不爲備何也」句（三五〇—四六二上）。「敵」作「賊」。「集」作「某」。又「是時城中尙有七八分人。敵不至即已。萬一敵至。旋作處

置」句(同上)。鈔本「敵」作「寇」。又「副軍前遇敵。又不納級」句(三五〇－四六二下)。鈔本「敵」作「賊」。又是句以下凡「敵」字鈔本皆作「賊」。其中「見存者四千軍馬五百匹。敵至豈不要接戰守城禦敵」句(三五〇－四六四上)。鈔本「敵至」作「寇至」。

二十六日戊午章

四庫本「敵據高城愈難追退。臣讀之流涕」句(三五〇－四六五下)鈔本「敵」作「虜」。後文「但以與

金講和。不敢動兵。一何失計之甚也」句(同上)。鈔本「金」作「虜」。又「今敵遣使來。而我使亦往。彼此按兵不動。乃所謂和也。然金人貪利不已。今日陷一城邑……但依金人甘言奏聞。而朝廷不察其情」句(同上)。鈔本「敵」「金」均作「虜」。「今日陷一城邑」作「今日陷一城明日破一邑」。又其後「今敵悉力中山城下。朝夕必攻城矣」句(三五〇－四六六上)。鈔本「敵」作「虜」。其後「河東逢虜記」。四庫本作「河東逢敵記」(三五〇－四六六上)。

二十九日辛酉章

四庫本「老氏亦曰。以道佐人主者不以兵。其事好還」句(三五〇－四六六下)。鈔本「主者不以兵」作「主者不以兵強天下兵」。又後文「上帝震怒。禍我國家。金人乘勝。長驅中原。」句(三五〇－四六七上)鈔本「金人乘勝」作「金寇猖獗」。

卷六十

种師道卒章

四庫本靖康小雅曰「公爲都統制。論詔童貫不合節制。不復從。公出既失律。以劉延慶代之。二太子之入也」句(三五〇－四六八上)。鈔本「論詔童貫不合節制」作「論不與童貫合節度」。「入」作「入寇」。後文「且令城中發喊不輟。縱火誘敵人使登」句(

三五〇－四六八下）鈔本「敵」作「胡」。後文「白時中。李邦彥。吳敏。李綱皆聽……。距敵二三里環營守之」句（三五〇－四六八下）。鈔本「皆聽」作「皆不聽」。「敵」作「賊」。其後凡「敵」字皆作「賊」。又「割地增幣。強鄰益橫。萬里長城。恃爲藩屏」句（三五〇－四六九上）。鈔本「強鄰」作「醜虜」。

其後四庫本封氏編年曰「北敵內侵。起授師柄」句（三五〇－四六九下）。鈔本「北敵」作「女眞」。

折彥質撰公行狀

四庫本「敵方疑。顧而楊可世潛出」其後。「姚平仲率精騎衆擊之。敵大潰。斬首五千。獲橐駝牛馬萬計。器甲數萬」句（三五〇－四七一下）。鈔本「敵」並作「賊」。「器甲數萬」作「符印數百」。又後文「六月。師薄城下。分晝夜以攻。敵守備甚。至我師益怠。偏裨有據行床以督役者。立斬之」句（三五〇－四七二上）。鈔本「敵」作「虜」。「行」作「胡」。又後文「金人之畔本朝。亦南朝之所甚惡也」句（三五〇－四七二下）。鈔本「金人」作「女眞」。又「八年。金人畔盟。……而和詵奏至。亦言金人勢當長驅」句（三五〇－四七三上）。鈔本「金人」並作「女眞」。又後文「敵勢衆而我首以輕兵犯之……敵孤軍深入。日慮援兵之至。今若徑去。彼此莫測。第使二騎到城門。則京師之氣自振。何患於敵」句（三五〇－四七三上下）。鈔本「敵」均作「賊」。又

「公但曰敵人不知兵」句（三五〇－四七三下）。鈔本「敵人」作「女眞」。又「明日金使王芮陛對稍如禮。上顧笑曰彼爲卿故也。自金人渡河。諸門盡閉」句（同上）。鈔本「金」並作「虜」。又其後。四庫本「金使王芮至燕山。倨甚。度知敵情必大舉入侵」句（三五〇－四七四下）。鈔本「敵」作「虜」。「侵」作「寇」。又後文「用之爲將帥。則朝廷尊長。

敵國懾服」句（三五〇－四七五上）。鈔本「敵國」
作「夷狄」。又後文「靖康之冬。尼堪。斡里雅布。
直逼宮闕。二聖北狩。百寮係纍」句（三五〇－四七
五下）。鈔本「直逼」作「荐犯」。「係纍」作「臣
賊」。又「去京城纔數里。而金人方知……金人亦稱
其智焉」句（同上）。鈔本「金人」並作「虜人」。
又「頃年有客從公討敵。而二年罷臥于道」句（同上
）。鈔本「敵」作「賊」。「二年」作「二卒」。後

文「金人初入都城也……。昉。敵中要人也」句（三
五〇－四七六上）。鈔本「金」「敵」皆作「虜」。
後文「時劉韐在旁。屢歎金人。既退洌等」句（同上
）鈔本「金」作「虜」。

卷六十一

十一月一日壬戌朔章

四庫本遺史幷幼老春秋曰「十月夏人陷懷德軍。通判
杜翊世禦退之」句（三五〇－四七八）鈔本「陷」作
「攻」。後文「敵蟻綴而出。城中驚駭」句（同上）
。鈔本「敵」作「賊」。又以下「敵」字鈔本皆作「
賊」。

其後四庫本劉懷德死節錄「擇威望可以當敵者」句（
三五〇－四十九上）。鈔本「敵」作「賊」。又「若
欲當敵。非斯無可用」句（同上）。鈔本「敵」作「
賊」。後文「冬夏人素聞銓之名不敢爲」句（三五〇
－四七九上）鈔本「夏」作「虜」。又「時天大寒。
銓教人團泥沃以水。乃與泥冰用擊敵」句（同上）。

鈔本「乃與」作「黎明成」。「敵」作「虜」。又後
文「置葛茭井中爇之。敵不得前」句（三五〇－四七
九下）。鈔本「敵」作「賊」。又「敵知銓矢盡食絕
。外攻愈急」句（同上）。鈔本「敵」作「虜」。後
文「是夕大雪晦暝。城之西北隅陷。敵衆蟻附而上。
達旦。城中敵騎布滿于前後。守陣者猶死守不敢亂」
句（同上）。鈔本「敵衆」作「賊衆」。「敵騎」作

「虜騎」。又「初城破。銓欲自裁。已爲敵所執」句（同上）。鈔本「敵」作「虜」。後文「銓罵曰咄咄。我願肯降汝耶」句。鈔本「咄咄」作「死狗」。「汝」作「賊」。

六日丁卯章

四庫范仲熊北記「安國云敵人來也」句（三五〇－四八二上）。鈔本「敵」作「番」。後文「大金有道。中間背盟。數百言兼說已降了。」句（三五〇－四八二下）。鈔本「間」作「國」。其後四庫本「霍安國以仲熊知敵虛實。即差仲熊都大主管軍馬」句（三五〇－四八四下）。鈔本「敵」作「虜」。又後文「敵人在城下。日夜攻打」句及「每有敵人上來輒斬之」句。鈔本「敵」字並作「番」。此句以下凡「敵」字皆作「番」。

卷六十二

七日戊辰。中書舍人孫覿上殿劄子

四庫本。「金使王芮奉事殿上。請割三關之地」句（三五〇－四八八上）。鈔本「金」作「虜」。後文「方彊敵怙衆昧死。一來仰見中國之甚大」句（同上）。鈔本「敵」作「胡」又「而後強敵輕視朝廷。使欲割三關以要吾君」句（三五〇－四八八下）。鈔本「敵」作「胡」。又後文「防河將吏望見敵兵。獸駭鳥驚。不知所在」句（三五〇－四八九上）。鈔本「敵兵」作「胡塵」。又「萬一彊敵舉國而來。頓兵城下……敵益深矣」句（同上）。鈔本上「敵」作「胡」。下「敵」作「寇」。又「又于斡里雅布退師後入劄子乞和敵」（同上）。鈔本「敵」作「戎」。後文「臣伏見北庭大將擁萬騎入朔方。跨大河直逼京闕」句（三五〇－四八九下）。鈔本「北庭」作「女真」。「將」作「酋」。「逼」作「犯」。又其後「藉令出于敵人不意」句（同上）。又「敵軍四合。盡驅而納諸綱中」句（同上）。鈔本「敵」並作「虜」。又「

謂宰相結連強鄰。開闕延敵」句。鈔本「鄰」作「胡
」。又後文「強敵深入。長驅萬里。所過州縣無一人
攖其鋒者」句。鈔本「強敵深入」作「強胡犯闕」。
又後文「今金人崛起。爲北方大國」句（三五〇－四
九一上）鈔本「金人」作「女眞」。「崛」作「暴
」。「國」作「種」。又後文「臣熟思之。莫如和敵爲
上策。強敵乘勝頓兵。觀闕之下」句（同上）鈔本「
和敵」作「和戎」。「強敵」作「強胡」。又後文「

然後與之議和。使彼竦然聽命。卷甲而歸」句（同上
）。鈔本「使彼」作「群胡必」。後文「伏望聖慈。
以趙元昊較北主之強弱」句（三五〇－四九一下）。
鈔本「主」作「胡」。又「今者強敵乘百戰百勝之威
。合諸衆控弦之士」句（同上）。鈔本「敵」作「胡
」。「衆」作「部」。又後文「此臣區區之愚。力排
群議。進和敵之策」。「庶幾甘言重幣足以厭敵人求
索之心」句（同上）。鈔本「和敵」作「和戎」。「

敵人」作「虎狼」。「求索」作「貪暴」。又「而冒
頓亦崛起于北方」句（同上）。鈔本「北方」作「東
胡」。後文「獨季布以謂外人不必與較。得好言不足
喜。惡言不足怒。」句。鈔本「外人不必與較」作「
夷狄如禽獸身」。後文「臣又嘗謂讀國史澶淵之役。
敵懼請和」句（三五〇－四九二上）。鈔本「敵懼請
和」作「諸大兵大會行在。虜懼請和」。又「自是諸
將讙言秋高馬肥復入攻矣」句（同上）。鈔本「攻」

作「寇」。又「金人長驅萬里。無所阻隔。職此之由
也」句。鈔本「金」作「虜」。「阻隔」作「忌憚」
。後文「三鎭朝廷既嘗許之。今不與。是我國失信于
彼矣……不若姑且與之。縱復背約。則天怒人怨師出
有名」句（三五〇－四九三上）。鈔本「彼矣」作「
夷狄」。「背約」作「猖獗」。

八日己巳章

四庫本「今外患迭至。中原久安無備」句（三五〇－

四九三下）。鈔本「今外患迭至」作「夷狄驕橫乘」。後文「方敵騎南下。經河朔二千餘里。所過州縣。無一人一騎北問發一矢以抗其鋒者」句（同上）。鈔本「敵騎」作「胡馬」。後文「金人退聽。兩國休兵」句。鈔本「金」作「虜」。後文「且無太原則不能控制西北」句（三五〇－四九四下）。鈔本「西北」作「二虜」。後文「冒頓一匹夫也」句及「奈何反棄土爲匹夫所恥哉」句（三五〇－四九四下）。鈔本「

匹夫」皆作「戎人」。

卷六十三

九日庚午章

四庫本「若敵越河。以四邑之兵列寨如珠」句。又「使敵有衆不能遽往」句（三五〇－四九五下）。鈔本「敵」並作「虜」。

十三日甲戌章

四庫本「或云已有敵騎渡河。左右甚駭」句（三五〇－四九七上）。鈔本「敵」作「虜」。又四庫本「河東記」鈔本作「逢虜記」（三五〇－四九七下）其文「問余敵勢如何」。鈔本「敵」作「賊」。後文「自古敵國交兵何嘗殺使人」句（同上）。鈔本「敵國交兵」作「戎狄無道」。後文「再三伸問國相元師各寨台候萬福」句（三五〇－四九八上）。鈔本「各寨」作「冬寒」。

後文「近奉聖旨。前來河北河東等路。會各諸路軍馬

。前去掩殺敵人」句（三五〇－四九九下）。鈔本「敵人」作「金賊」。

十五日丙子章

四庫本「金師入戰。已遣使議和」句（三五〇－四九九下）。鈔本「戰」作「寇」。

其後四庫本「河東逢敵記」（三五〇－五〇〇上）。鈔本「逢敵」作「逢虜」。其文「二十四日攻圍平陽觀。攻圍平陽。其勢甚張。」句。鈔本「其勢甚張」

作「賊勢鴟張」。又此句以上凡「敵」字。鈔本皆作「賊」。

十六日丁丑章

四庫本宣和錄曰「先是王雲奉李裕自眞定府敵寨歸。道二太子語得親王兩府奉使求和庶可解。康王英武舊與二太子結懽。金人畏服」句（三五〇－五〇一上）。鈔本「敵」「金」皆作「虜」。又後文「然深入不測敵廷。未有還期」句（三五〇－五〇一下）。鈔本

「敵」作「虜」。後文「金人至氾水」句（三五〇－五〇二上）。鈔本「至」皆作「犯」。

十七日戊寅章

四庫本「先是折彥質將兵守河。敵騎至河陽。列兵河之南岸。敵據河陽……敵渡河至京師」（三五〇－五〇二上）。鈔本「敵」皆作「賊」。又後文「敵陳舟欲渡。咸驚歎。回挺身單騎馳還」句。鈔本「敵」作「虜」。「咸驚歎」作「守戍驚潰」。

其後靖康小錄。四庫本「聞敵輒奔。南走孝義橋。留將士捍敵」句（三五〇－五〇二下）。鈔本「敵」並作「寇」。其後四庫本自「候騎言金兵已逼近郊」句至「敵奄至。朝廷茫然不知所爲」句（三五〇－五〇二下）。鈔本凡「金」「敵」皆作「虜」。又後文。四庫本「而金使王芮在館。且聞金人渡河之報」句（三五〇－五〇三上）。鈔本「金」並作「虜」。又其後要盟錄。四庫本凡「敵」字鈔本皆作「虜」（三五

〇－五〇三下）。

十八日己卯章

四庫本「豈保金人不南向哉」句（三五〇－五〇四上）。鈔本「金」作「虜」。

卷六十四

十九日庚辰章

四庫本「城外居民共上書曰。聞尼堪已渡河數日」句（三五〇－五〇五下）。鈔本「共上書曰聞」作「各

全歸業是日」。後文「仍乞以在城兵盡屯城外以待敵至。使無緣遽薄城堡」句。鈔本「敵」作「寇」。「薄」作「犯」。又「是夜二更。斥堠馬綱還報敵馬已渡」句。鈔本「敵」作「賊」。

二十日辛巳章

四庫本「請假歸淬濯。敵騎至則點集」句（三五〇－五〇六上）。鈔本「敵」作「虜」。四庫本自此句以下至「胡日將邀親王入敵庭矣」句（三五〇－五〇六

下）。凡「敵」「金」字鈔本皆作「虜」。

二十二日癸未章

四庫本康王回相州條。文中「望魏路前去敵情」句（三五〇－五〇九下）。鈔本「敵」作「虜」。又後文「大王儻磁州而來。趁李固渡。則魏縣敵寨在焉……則金兵輕襲其後」句（三五〇－五一〇上）。鈔本「敵」作「虜」。「金」作「戎」。又「又聞金兵南渡。臣等回相州以候聖裁」句（三五〇－五一〇下）。鈔本「金兵」作「虜馬」。

三十三日甲申章

四庫本「氣勁調直。金人色動」句（三五〇－五一〇下）。鈔本「金」作「虜」。又「金人有呑箭之誓。入攻必矣」句（同上）。鈔本「攻」作「寇」。

二十五日丙戌章

四庫本「初康宗以敵兵去城遠。止兵士不得發箭。恐敵拾反資敵用」句（三五〇－五一一上）。鈔本「敵

」字皆作「賊」。又「辛太尉是童貫親戚。不使城上射番人」句（同上）。鈔本「人」亦作「賊」。

卷六十五

二十六日丁亥章

四庫本「皆以天降神人佑助滅敵」句（三五〇－五一四上）「敵」鈔本作「寇」。

後文「上爲避敵之計。」乞早幸洛陽或幸長安。句（三五〇－五一四下）。鈔本「敵」作「狄」。

又其後。四庫本自「敵勢稍緩。士大夫得罪者多矣」句（三五〇－五一五下）。至「使敵長驅如入無人之境」句（三五〇－五一六）。鈔本凡「敵」字皆作「虜」。

二十七日戊子章

四庫本「金人初不料堂堂中國之大而技止於此。句（三五〇－五一七下）。鈔本「金人」作「群胡」。

又其四庫本「只要他拾敵人頭耳。臣又問曰。用斬敵人而使此輩拾耶」句（三五〇－五一八上）。鈔本「敵」並作「番」。又後文「況今敵人以百戰百勝虎狼之師鼓行而至。」句（同上）鈔本「敵人」作「夷狄」又「昔日太王不忍鬥。其民避敵去岐」句（同上）。鈔本「敵」作「狄」。後文「強敵之勢方張如彼」句（三五〇－五一八下）。鈔本「敵」作「虜」。又「朝廷禦敵之備如此」句（同上）鈔本「敵」作「戎」。

二十八日己丑章

四庫本「敵兵甚盛不可往也」句（三五〇－五一八下）鈔本「敵」作「賊」。

三十日辛卯章

四庫本「敵騎侵軼天下可謂多事矣」句（三五〇－五一九上）鈔本「敵」作「虜」。

其後四庫本「致敵兵憑陵社……既盟之後。敵情頗悟前日之非」句（三五〇－五二〇上）。鈔本「敵」並作「虜」。又「使陛下失信于敵人」句（同上）。鈔本「敵人」作「夷狄」。「敵」作「虜」。又後文「外兵之犯中國也。勞師深入。雖三尺之童皆知一戰而卻之乃子孫帝王萬世之業也」句（三五〇－五二〇下）鈔本「外兵」作「胡雛」「勞師深入」作「宇宙腥羶」。又「是以敵日益驕」句（同上）。鈔本「敵」作「虜」。後文「而陛下九州四海之廣將皆為金有矣」句。鈔本「皆為金有」作「被髮左衽」。

其後「爲金人謀者。必曰上皇委任奸臣」句（同上）「金人」作「夷狄」。

其後趙子崧蠟彈奏狀。四庫本「來住京遞道路隔絕。敵馬出沒不測」句（三五〇—五二二上）。鈔本「敵馬」作「賊馬」。又「敵騎至本府城下」句。鈔本「敵」作「胡」。

卷六十六

閏十一月一日壬辰章

四庫本遺史曰「親視敵營。悉屏侍衛」句（三五〇—五二三上）。又「既出城遇敵騎已至闕」句（三五〇—五二三下）。又「敵兵薄城」句（同上）。以上「敵」字鈔本皆作「虜」。「至」作「犯」。又「敵亦知我之實虛。無所憚矣」句（同上）。「敵」作「賊」。

四日乙未章

四庫本「敵能以利誘諜者。反效以情」句（三五〇—五二五上）鈔本「敵」作「虜」。又其後「敵初到即力攻東壁通津拐子城」句（同上）。鈔本「敵」作「賊」。又此句以下至「胡直孺爲敵生得。執以示城上」句（同上）。鈔本凡「敵」字皆作「賊」。

又後文「某承令侍御史邇遇金人稱兵至闕」句（同上）。鈔本「金人」作「逆胡」。「至」作「犯」。又其後四庫本「又會金使王芮請三關故地」句（三五〇—五二五下）。鈔本「金」作「虜」。又後文「然敵

國衰弱則事中國。中國厭兵以和敵」句（同上）。鈔本「敵國」作「自古夷狄」。「和敵」作「和戎」。又「今強敵乘百戰百勝之威進薄城下」句。鈔本「敵」作「胡」。

其後「令冒矢石抗強敵」句（三五〇—五二六上）。鈔本「敵」作「寇」。

五日丙申章

四庫本「使金人不敢近城」句（三五〇—五二六下）

。又「金人以我怯」句。鈔本「金」並作「虜」。

六日丁酉章

四庫本「金人至闕」句（三五〇—五二六下）。鈔本「至」作「犯」。又「京城如臥牛。敵至必擊」句。又「此三門者。敵必攻之地」句。鈔本「敵」皆作「賊」。

七日戊戌章

四庫本「敵勢稍沮。復修砲架攻城之具」句（三五〇

—五二七上）。鈔本「敵」作「賊」。其後「御筆范宗尹議割地。今敵馬再至」句。鈔本「敵」作「戎」。

九日庚子章

四庫本「敵橋迨晚不能寸進。乃棄橋」句（三五〇—五二七下）。鈔本「敵」作「虜」。又後文「為群敵之內侵」句。鈔本「敵」作「寇」。

十一日壬寅章

四庫本「詔仰河北一路……星夜前來捍禦強敵」句（三五〇—五二八上）。鈔本「捍禦強敵」作「殄滅虜寇」。其後教坊樂人伏闕上書。四庫本「又助敵害國」句（同上）。鈔本「金」作「虜」。

十二日癸卯章

四庫本「敵築望臺。度高數丈」句（三五〇—五二九下）。又「敵數引軍士欲擊」句。鈔本「敵」並作「虜」。

十四日乙巳章

四庫本「初護龍河。自敵迨近即決汴水以增其深。其後雪寒冰合。敵于水布板。置草履之」句（三五〇—

五三〇上）。鈔本「敵」並作「賊」。

其後宣和錄曰「是日駕御朝陽門。敵兵數千逼城」句（三五〇—五三〇）。鈔本「敵」作「胡」。又「敵既逼城。旁近七百樓爭發矢石」句（同上）。鈔本「敵」作「賊」。又此句以下凡「敵」字皆作「賊」。

卷六十七
知淮寧府趙子崧牒文
四庫本「近者邊境失備。金兵再至京闕尚未退師。天
下之所痛心。兼聞敵騎所至。務戮生靈」句（三五〇
—五三一下）。鈔本「金兵」作「虜賊」。「再至」
作「再犯」。「敵」作「虜」。又後文「協心戮力以
捍敵勢」句（三五〇—五三二上）。鈔本「敵」作「
賊」。

卷六十七
十四日乙巳知淮寧府趙子崧牒文「近者邊境失備。金
兵再至京闕尚未退師。天下之所痛心。兼聞敵騎所至
務戮生靈」句（三五〇—五三一下）。
四庫本鈔本「金兵」作「虜賊」。「再至」作「再犯
」。「敵騎」作「虜騎」。又後文「協心戮力。以捍
敵勢」句（三五〇—五三二上）。鈔本「敵」作「賊
」。後文「以今月二十三日……不知處份何事」句（

三五〇—五三二上）。鈔本「以」下多「又蠟彈奏狀
臣」。後文「自十一月二十五日後來四郊日驚劫……
伏望聖斷責使效命。毋令端坐觀釁」句（三五〇—五
三三上）鈔本「敵」作「賊」。後文「中興日記曰康
王在相州磁州衛邢洛等州……伯彥待以賓禮」句（三
五〇—五三三下）。鈔本「敵騎」作「虜騎」。
十五日丙午章
四庫本後文「下太王遷邠之令……則臣死不瞑目矣」

句（三五〇—五三四下）。鈔本「捨陛下以」作「削
髮左衽」。「仇敵」作「夷狄」。後文「臣若詣軍前
議事不成。敵兵南渡。乞以便宜」句（三五〇—五三
四下）鈔本「敵」作「戎」。又後文「昌日降指揮必
喧傳……京兆率諸路人馬入衛王室」句（三五〇—五
三五上）。鈔本「必」作「則」。「敵」作「戎」。
又後文「聶昌往河東割地……得非欲割絳州以講和乎
」句（三五〇—五三五上）。「金」作「虜」。另「

如不能割地。何不起河北之兵勤王。保衛社稷絳人怒昌之割地而喜。岑走陝西」句。鈔本「人怒昌之割地而參岑」作「之詞直子靖乃率百姓攻之。捉昌同虜使皆殺之。岑」。又後文「揭示賞格。自獲部長迨小番等賞各有差」句（三五〇－五三八上）。鈔本「部」作「酋」。後文「金人即至闕下。姚友仲與諸將議擊之……顯見守禦無妨。各降兩官爲弛慢不職之戒」句（三五〇－五三八上－五三八下）。鈔本「敵」皆作「賊」。

十六日丁未章

四庫本「駕辛南薰門。是日雨作泥深敵于陳州門」句。鈔本「敵」作「賊」（三五〇－五三八下）。又「日與僚佐飲酒烹茶或譚讌或日醒。」句（三五〇－五三九上）。鈔本「譚讌」作「彈琴讌笑」。

卷六十八

十八日己酉章

四庫本「乃上書之用議和之計……養成敵國之患」句（三五〇－五四〇上）。鈔本「敵國」作「夷狄」。又後文「石茂良避兵夜話曰……則欲取土透城皆不足懼也。」句（三五〇－五四一上）。「兵」作「戎」。「拖」作「鐵」。「敵」作「賊」。後文「兵法之禦。洞子用鐵蒺藜垂下而闕之其法」句（三五〇－五四一下）。鈔本「兵法之禦」作「其禦之法」。後文「敵人用洞子穿地道……則敵自焦灼」句（同上）。鈔本「反於地上」句作「透于地道上。大砲安於其中」。「安」作「納」。又後文「姚友仲先于樓櫓子上受敵處。縛虛棚上作羅李網。并下擺糠布袋濕馬糞」句（三五〇－五四二上）。鈔本「羅李網」作「巨索羅網」。又後文「其火箭絕繼以砲……敵必倉皇救火然後用常箭射之」（三五〇－五四三上）。鈔本「敵」作「賊」。又後文「萬一敵人上城。賴有限隔可以迎敵。不幸爲提刑所阻」句（三五〇－五四二下）。

鈔本於「提刑」後多「秦元」。後文「金人造火梯雲梯……攻城則要堅透城。其機巧如此。」（三五〇－五四三下）。鈔本「橋」作「梯」。

十八日己酉章

四庫本「金人攻東水門。敵侵門以大橋」句（三五〇－五四三下）鈔本「敵」作「賊」。「大橋」作「火梯偏橋」。後文「人事至不得已。則爲之奈何」句（三五〇－五四四上）。鈔本作「金人事至不得已。則不過太子國相死於城下。南朝事不得已則」。

十九日庚戌章

四庫本「宣和錄曰先是尼堪軍到青城……堅請皇帝出城會盟」句（三五〇－五四四上）。鈔本「金人」作「女眞」。「上」作「酋」。「敵使」作「虜使」。後文蕭慶等又奏曰「議使非僕射何稟不可」句（三五〇－五四五上）。鈔本於句後增「如馮澥曹輔皆衰老怯訥。元帥決不信其言」。後文「上曰馮澥曹輔皆忠實大臣……豈可不遣宰相親王。恐貽後日之悔」句（三五〇－五四五上）。鈔本「金將」作「虜酋」。後文「㮚日於都堂飲醇酒談笑……聞者大驚」句（三五〇－五四六上）。鈔本「敵」作「虜」。又後文「㮚曰金人請和不急乎……畢竟當和但須緩耳」句（同上）。鈔本「金人」作「酋」。「敵人」作「番賊」。

二十日辛亥章

四庫本「隔岸金人發矢石如雨……金兵大笑之」句（三五〇－五四六下）。鈔本「金兵」作「虜兵」。又後文「金人深入直抵京畿。」句（三五〇－五四七上）。鈔本「深入」作「犯順。」

卷六十九

二十五日丙辰章

四庫本「王宗濋見攻城益急……敵遂登城」句（三五〇－五四九上）。鈔本「敵」鈔本作「賊」。後文「如此用兵入生道。則敵人不能見。可以勝也」句（三五〇－五四九下）。鈔本「敵人」作「番賊」。又後文「非朝廷危急。吾師不出……敵兵分四面鼓譟而進」句（三五〇－五五〇上）。鈔本「敵」皆作「賊」。後文「敵二百餘騎突之衝斷前軍一掃而盡」句（三五〇－五五〇上）。鈔本「敵」作「虜」。後文「敵因趍門急呼守禦者堵之……敵于是皆下城遁走」句（三五〇－五五〇下）。鈔本「敵」作「番」。又「金人下城」（三五〇－五五一上）作「金皆未嘗下城」。「敵」作「賊」。後文「敵登城雖未下而京師驚擾。四城樓櫓皆遭焚燒」句（三五〇－五五一下）。鈔本「敵」作「虜」。又「每一統制官下使臣不下三四十員。效用三百或五百。率多親戚門生故吏」句（三五〇－五五一下）。鈔本「三百或五百率多」作「四十員每使臣一員給食錢八百或一貫。效用三百或五貫率多權貴」。又後文「姚友仲爲軍兵所殺。避兵夜話」句（同上）。鈔本「兵」作「戎」。又後文「尼堪

攻西南設天橋鵝車雲梯洞子以通……公董所部萬人乘城拒敵」句（三五〇－五五二下）。鈔本「敵」作「賊」。又後文「金人亦有登女墻者」句（三五〇－五五三上）。鈔本「金人」作「虜人」。後文「金兵死傷者數千人矣。」句（同上）。鈔本「金兵」作「賊兵」。後文「京既敗遂復闔城闉敵來攻城」句（同上）。鈔本「敵」作「賊」。又後文「邊塵漲天雨墜矢石」句（同上）。鈔本「邊」作「胡」。後文「李植之徒又助敵爲虐。獨公一人以死報國」句（三五〇－五五三下）。鈔本「敵」作「賊」。又後文「諭曰。爾時南宗已無號令。不可罪渠」句（三五〇－五五四下）。鈔本「諭」作「賊」。「爾」作「此」。

卷七十

二十六日丁巳章

四庫本「二十六日丁巳大雪」句（三五〇－五五五上）。鈔本句後多「金人毀四壁守具」。後文「敵下令

縱火屠城」句（同上）。鈔本「敵」作「賊」。後文「敵騎下城與卿等死於此」句（三五〇－五五六上）。鈔本「敵」作「賊」。後文「環甲冑欲爲避敵之計」句（三五〇－五五六下）。鈔本「敵」作「狄」。後文「二十七日衛士雜然欲邀駕幸……故不可以不詳辯」句（同上）。鈔本「敵」作「賊」。又後文「四壁守伴官兵皆棄城」句（三五〇－五五七下）。鈔本「伴」作「陴」。後文「百姓赴宣德門請器甲。使命

雜踏傳呼滿路。其聲甚哀」句（同上）。鈔本「請器甲」作「請甲救駕」。後文「李若水初同馮澥奉使留車中。澥已歸而城陷」句（三五〇－五五七下）。鈔本「車」作「軍」。又後文「宣和錄曰騎橋明逹皇后宅……敵悉得之所棄者錢爾」句（三五〇－五五八下）。鈔本「敵」作「虜」。後文「金人入太學劫掠金銀衣物。士人幾不免敵曰秀才澸卻忠孝爲國不要殺他」句（三五〇－五五九上）。鈔本「敵」作「賊」。

（三五〇－五五九上）。後文「汝以五十騎往嘗。敵以堅軍民之心終後奪路而去。」句（三五〇－五五九下）。鈔本「敵」作「寇」。「終」作「然」。後文「延慶陷金……敵追騎及之。殺妄自縊」句（同上）。鈔本「敵」作「虜」。後文「金人自是知王師不可用……光世葬之池州。」句（三五〇－五六〇上）。鈔本「金人」作「女眞」。「金」作「虜」。後文「二帥堅欲上出郊親詣」句（三五〇－五六〇下）。鈔

本「帥」作「酋」。後文「建炎錄曰。閏月某日大元帥……檄到日」句（三五〇－五六一下。五六二上）。鈔本多「聖旨訪知州郡。綜合軍民共欲起義。此皆祖宗百年涵養忠」字。後文「城中不逞之徒有持兵刃冒爲番人」句（三五〇－五六二上）。鈔本「持兵刃冒」作「髡首易衣」。另「金人」皆作「虜人」。後文「三十日辛酉駕幸敵寨」（同上）。鈔本「敵」作「虜」。後文「二帥欲脇上皇出郊」（同上）。鈔本

「帥」作「酋」。

卷七十一

十二月一日壬戌章

四庫本「上在敵寨宿郊宮。與二帥尙未相見」（三五○－五六四上）。鈔本「敵」作「虜」。「帥」作「酋」。「一統之基」作「三里之城」。後文「金使別持一紙書……然使者五反而後已。」句（三五○－五六五上）。鈔本「金」作「虜」。「文」作「之」。

「言」作「心」。後文「孫覿辭免待制狀曰。不虞連值國家非常之變……入城與百姓共興。」句（三五○－五六五下）「不虞」作「當佼虜連擾」。「敵」作「虜」。「曉」作「晚」。後文「是日兵馬大元帥開府王服緋衣玉帶曰此上賜以寵行者」句（同上）。鈔本「指帶」作「謂衆」。

二日癸亥章

四庫本「皇帝仁孝……下馬上立案前」句（三五○－五六六上）。鈔本「帥」皆作「酋」。後文「尼堪曰天生內外自有分城。中國豈無人。」句（三五○－五六六下）。鈔本「內外」作「華夷」。「無」作「吾所」。後文「又命左右出內府蹄金以賜二帥」句（同上）。鈔本「帥」作「酋」。後文「駕自敵寨回宮是日拂旦。日出無光。有飛雪數片」句（同上）。鈔本「敵」作「虜」。後文避戎夜話曰「初駕幸敵也」句（三五○－五六七上）。鈔本「敵」作「虜」。後文

「初二日二帥猶堅欲上皇出郊」句（三五○－五六七上）。鈔本「帥」作「酋」。後文「自古云不在中原必在外國」句（三五○－五六七下）。鈔本「原」作「國」。「外國」作「四夷信然」。

三日甲子章

四庫本「何栗初主議不割地。既而守城中敗。自謂宗社將危。後聞金人講和。反側意信之。從車駕見二帥。割兩河地中降于敵。可謂主辱臣死之時也。」句（

三五〇－五六八上）。鈔本「中」作「事」。「側」作「傾」。「帥」作「酋」。「敵」作「虜」。

四日乙丑章

四庫本「眞宗皇帝有御制詩曰……萬里定寰區」句（三五〇－五六九上）。鈔本「化」作「以募」。「每虔愓驅。妄意尊詔。業子孫」作「毋暢侈心。要尊遺業。予」。

卷七十二

十四日乙亥章

四庫本「假如今人至。必不可犯。王叱之。」句至「倘維者半渡。金人新維。則何以轉戰而南」句（三五〇－五七四上下）鈔本「金人」均作「虜人」。又後文「固敵寨萬一驚擾非萬全耳。」句（三五〇－五七四下）。鈔本「敵」作「賊」。又後文「二十五日起發取南移濬滑以疑敵騎……遂侍王行。王在相州也。」句。（三五〇－五七四下）「起發」後缺。鈔本作

「耿南仲請以十四日行前期差劉浩爲先鋒。領人馬」。「敵」皆作「虜」。「兵馬都監王彥」作「都總管司差閤門衹候孟世寧」。又後文「或以爲奸細放火以報金人耳。」句（三五〇－五七五上）。鈔本「金人」作「虜」。

十五日丙子章

四庫本「部將怒曰大軍在此已欲渝盟邪。朝廷乃於內府選擇北絹之奇絕者方發行。夜話曰」句（三五〇－五七五下）。鈔本「部將」作「酋長」。「夜話」作「避戎夜話」。

十六日丁丑章

四庫本「是日五更起發。慮恐滑之。敵騎追襲。劉浩奔衝北來命不須發嚴飭諸將蓐食乃行。」句（三五〇－五七六上）。鈔本「敵騎」作「騎虜」。後文「王呼耿延禧等圍火而坐……王聞之即上馬行。申刻至北京。」句（同上）。鈔本「敵」作「虜」。「金人以

鞭」作「虜三虜鞭」。

二十一日壬午章

四庫本「先是十六日遣人語二將。欲開諸門……不復如往日矣。」句（三五〇－五七七下）。鈔本「將」作「酋」。「敵」作「虜」。

卷七十三

二十三日甲申章

四庫本「朝野僉言曰初二日敵遣使乞令人於河北召康王使者。傳云聞康王已占據河北之地。恐河北州軍恃王不肯交割。請遣人迎之。」句（三五〇－五七九上）。鈔本「敵」作「酋」。後文「金人既已至此。豈有登城斂兵不下者乎。」句。鈔本「金」作「虜」。「既已至此」作「貪暴變詐」。

二十八日己丑章

四庫本「送剛中時中下大名獄。委張慤推勘根究。要見官錢下落。實有侵欺。屬金人攻開德曹濮等州。遂

以剛中時中送宗澤自效。」句（三五〇－五八二上）。鈔本「攻」作「犯」。

二十九日庚寅章

四庫本「吏曾無經畫欲利於民卻因而反害之。取笑於鄰國是可嘆也。」句（三五〇－五八二下）。鈔本「鄰國」作「夷狄」。後文「有自萬勝門出得路而逃者。皆群聚劫擾州縣。有王在黨忠共攻隨州……奔走不及者皆為在等驅擄而去。在及忠驅掠未盡者有薛廣。繼至隨州劫掠。罄盡在焚。隨州又驅強壯為兵會祝進攻德安。」句（三五〇－五八三上）。鈔本「攻」作「犯」。「掠」作「擄」。「驅」作「虜」。

卷七十四

正月一日辛卯章

四庫本「並詔百官僧道出南薰門赴軍前致賀二將。」句（三五〇－五八四上）。鈔本「將」作「酋」。後文「如漢儀大使拜見。立左右。其拜以兩手著右肩為

一拜」句（同上）。鈔本「立左右」作「立左足跪右足」。後文「是歲圍城中遇正旦。而命親王就敵帳中致賀。」（三五〇－五八四下）。鈔本「敵」作「虜」。

二日壬辰章

四庫本「二日壬辰金人二十一人詣國子監燒香拜先聖。諸受內金銀輪納不絕絹已。」句（三五〇－五八四下）。鈔本「諸」後多一「晉」字。

四日甲午章

四庫本「若汝等不務順從。其於宗社無所裨益。所在必不保。愼毋執迷。故茲詔諭想宜知悉。是日持此詔之寨中。」句（三五〇－五八五下）。鈔本「寨」前多一「虜」字。

五日乙未章

四庫本「忽金兵之大至。初通和好之情。終肆憑陵之禍」句（三五〇－五八六上）。鈔本「憑陵之禍」作「貪殘之性」。後文「況今首尾已歷冬春尚或交兵未罷。願察么徵之懇。特差救護之仁。使金人未足之心不爲已甚。」句（三五〇－五八六下）。鈔本「金人」作「金虜」。

八日戊戌章

四庫本「自宰相以下未納金銀。指名督索開封府。大理寺。及四壁根括所司。」句。鈔本「指名」後多「督責是時根括金銀益緊。御史臺置曆抄上。自宰執已下未納金銀姓名」等字。

九日己亥章

四庫本「何栗自謂折衝有術。對金使歌曰。細雨共斜。風作輕寒。左右及金使皆笑之。」句（三五〇－五八七上）。鈔本「金」作「虜」。後文「何栗日此度駕出必墮敵計。願相公奏上勿出。」句（同上）。鈔本「必」作「不」。「敵」作「虜」。後文「敵情難測焉敢取信。栗懦怯不知。所爲戰悼失色。而革言終不見聽」句。（三五〇－五八七下）鈔本「敵」作「虜」。「取」作「如」。

十日庚子章

四庫本「是日士庶僧道往南薰門候駕。迨晚榜示詔云。朕出郊議加徽號事會。諸將未集。來日回內。仰居民安業。」（三五〇－五八七下）。鈔本「將」作「酋」。後文「於是金人以數輩持兵守闇……上不堪幽閉之辱。往往出涕。上之再幸敵營也。」句（同上）「金」。鈔本「敵」均作「虜」。後文「上疑敵人見欺。意欲無往。而金銀不足恐其縱兵。不得已乃令皇太子監國。樞密使孫傅爲留守。」句。（三五〇－五八八上）鈔本「敵人」作「番賊」。後文「上密謂傳曰。至敵寨慮有不測。當以後事付卿。可置力士司。召募勇敢必死之士。得二三百餘人。擁上皇及太子潰圍南奔。」句（三五〇－五八八上）。鈔本「敵寨」作「番寨」。後文「靖康別錄曰。金使請上詣軍前。

加金主徽號……至是遂親上之。」句（同上）。鈔本「金」「敵」皆作「虜」。後文「咨爾河北之民。與其陷於敵人。各宜自憤抱孝懷忠。更相推立首……使予中國不失於敵人」句（三五〇－五八八下。五八九上）。鈔本「敵人」作「蕃夷」。

十一日辛丑章

四庫本「士庶見榜以駕留敵寨」句（三五〇－五八九上）。鈔本「敵」作「虜」。後文「宣和錄曰是日敵滅儀衛止留三百人。郭仲荀統之……上通謁二將不見。禮數迴異於前。上不勝憂慮。」（三五〇－五八九下五九〇上）。鈔本「敵」作「虜」。「金主」作「虜酋」。「將」作「酋」。

十二日壬寅章

四庫本「相傳二將城外作上元節觀燈。」句（三五〇－五九〇上）。鈔本「將」作「酋」。

十三日癸卯

四庫本「靖康小錄曰。是日王宗沔同敵使入門且語且泣。都人驚疑紛紛相傳。上在齋宮不食三日矣。」句（三五〇－五九〇下）。鈔本「敵」作「蕃」。後文「上曰朕渴欲飲水。所居止有榻。上有氈二番。前有小机子二隻。止有二繡坐子。蕭然獨處而已。」句（三五〇－五九〇下）。鈔本於「飲水」後多「遂指水所在處使往求之。既得上令先嘗。然後取飲」句。

十四日甲辰章

四庫本「繼此二將遣使須求。凡上所不欲見之書札者必遣。」句（三五〇－五九二上）。鈔本「將」作「酋」。後文「藻詩曰敵帳夢回驚。日處都城心……金帥及見在莒之句。又斥其爲敵帳。因摭此爲名遂遲留車駕。」句（三五〇－五九二上）。鈔本「金」作「賊」。「及」作「酋」。「敵」作「虜」。

十五日乙巳章

四庫本「故玆曉諭各令安業務要。寧靜不得喧擾。以

民情頗動故有是令」句（三五〇－五九二下）。後有缺文。鈔本作「又曰。是日陰雪四垂。家家愁苦。著作佐郎胡處悔作上元行云。上元愁雲生九重。哀笳落日吹腥風。六龍駐蹕在草莽。孽胡歌舞葡萄宮。抽釵脫釧到編戶。竭澤枯魚充寶賂。聖主憂民民更憂。驕子逆天天不怒。向來艱難傳大寶。父老談王以仁廟。元年二年城下盟。未睹名臣繼嘉祐。路人哀痛塵再蒙。寇劍夾道趍群公。神龍合在九淵臥。安得屢辱蛟蛇中。朝廷中興無柱石。薄物細故煩帝力。毛遂錐不處囊中。遠漸趙氏厮養卒。今日君王歸不歸。傾城回首欲悲啼。會看山呼聲動地。萬家香霧繞天衣。胡兒胡兒莫耽樂。君不見望夕月虧東北角。」後文「金人請車駕劉家寺觀燈」句（三五〇－五九二下）。鈔本「金人」作「二酋」。

卷七十五

十六日丙午章

四庫本「四方未有援師。力於上前奏事。勢危急須於金人未攻城前。遣使議和……初五日早出門後。知金人以亡。」句（三五〇－五九四上下）。鈔本「金」均作「虜」。後文「金欲滅我宗社。乃欲用我當國。手寫一批字付陳灌。」句（三五〇－五九四下）鈔本「金」作「虜」。「國」作「自圖」後文「正月十六日沐浴更衣以絲自縊。敵人無不興歎泣曰」句（三五〇－五九四下）。鈔本「無不」作「雜類」。後文「

凡百日顏色如生。當日扶護入城。大敵入郊旋致入郛之禍。外鄰背約敢生邀主之謀。」句（三五〇－五九五上）。鈔本「大敵入郊」作「胡虜犯畿」。「外鄰背約」作「犬羊無禮」。後文「金人既敗。誓約擁師而南。公帥貞定盛設備以待之。敵知而不攻。暨議和北歸……二十六日。敵循城而北。」句（三五〇－五九五上）。鈔本「敵」均作「賊」。後文「公遂奔趨禁中以衛乘輿。金既僞和。且索公出。敵雅知公貞定

之政……正月二十六日。敵因遣韓政說公。」句（三五〇－五九五下）。鈔本「金」「敵」皆作「虜」。「軍中」作「賊中」。後文「隨行使臣陳灌。劉玠使乘間入城。付公之子羽因闔戶自經而死。金將大怒。尸之於塗。」句（三五〇－五九五下）。鈔本「金將」作「虜酋」。後文「敵人既去之後。公子子羽同瓘等出城」句（同上）。鈔本「敵人」作「胡馬」。後文「敵欽其名。欲寵異之……有赫劉公。心在王室

。氣吞強敵。忠貫日月」。句（三五〇－五九五下。五九六上）。鈔本「敵」作「虜」。「強敵」作「黠虜」。後文「一旦禍生鄰釁。京師失守。公卿吏郎交首北庭。往往爲之領袖耳目。至誣迫君文致之敵營之下。天地悽慘。神人憤泣。」句（三五〇－五九六下）。鈔本「敵營」作「穹廬」。「北庭」作「僞庭」。後文「兵部侍郎李公若水當擾攘變故之際。議者不敢冒言其忠。金人尚高劉之節……獨劉公憂之屢言極

戰。怒敵為非。是金兵以暑度陘會山西之師于雲中。」句（三五〇－五九六下）。鈔本「金」「敵」皆作「虜」。「金兵」作「虜酋」。後文「既太原卒陷。眞定亦為金人所據。事益急乃驛召公赴闕。久之敵合兩路大軍皆至京城下……遣使持貫書。從海道覘其虛實。使與金人潛來約我舉兵以夾攻契丹。」句（三五〇－五九七上下）。鈔本「金人」「敵」皆作「虜」。後文「公曰與敵人共事非計也……公曰古與敵人共

事鮮無後患。」句（三五〇－五九八上）。鈔本「敵人」作「夷狄」。後文「又歸過君父滅棄臣子之禮。苟可逢迎敵意。求容於敵國者無所不至也」句（三五〇－五九八下）。鈔本「敵」作「虜」。「敵國」作「偽朝」。後文「公總平貨歲登萬億。斥羨于敵以易兵食。」句（三五〇－五九九上）。鈔本「敵」作「戎」。後文「公列將卒乘虛出奇。踰月卒解震武之圍。隱如長城。名動羌陲。」句（三五〇－五九九下）。鈔本「陲」作「夷」。後文「敵來瞰城。公親披堅揮兵。出門空拳。爭先一戰而勝」句（三五〇－六〇〇上）。鈔本「敵」作「寇」。後文「常山請帥未至而移汾陽。強敵以衆來歸公」句（三五〇－六〇〇上）。鈔本「強敵」作「黠虜」。後文「帝用嘉之永錫。爾祉煌煌命服重遝粲麗。副以名駒繡韉瑤轡。降人調馬莫敢抗阻」句（三五〇－六〇〇下）。鈔本「降人」作「降胡」。「抗阻」作「抗虜」後文「敵軍壓

境慓彼渠魁。挾我叛師。驅馬南牧。」句（同上）。鈔本「魁」作「酋」。後文「敵憤未泄。環城欲攻。頁彼衆戰。舞於梯。衝……敵之再來。公護諸將」句（同上）。鈔本「敵」作「虜」。「衆戰」作「犬羊」。

卷七十六

正月十七日丁未章

四庫本「太學生汪若海謹披心腹。露情素。獻書於大

金元帥聞之。知天者可與論安危之計」句（三五〇—六〇一下）。鈔本下多「不知天者不可與論安危之計」。後文「自天之判。限制內外蕃漢不雜居。兩國不同治。考之前史可以爲証」句（三五〇—六〇三下）。鈔本「蕃漢」作「夷夏」。

又四庫本「太學生徐揆上金帥書。取徐揆赴軍前。揆抗辨死之」句（三五〇—六〇四上）。鈔本「金帥」作「二酋」。後文「至是日先傳二帥留車駕過上元即

回……太學生徐揆願致書二帥」句（三五〇—六〇五上）。鈔本「帥」作「酋」。後文「揆因高抗辨論。敵敲殺之。餘人皆不達。」句（三五〇—六〇五下）。鈔本「敵」作「虜」。其後靖康小雅曰「君諱揆駕之再幸敵營。被留未歸」句（三五〇—六〇五上）。鈔本「敵」作「虜」。後文「君乃毅然不顧而前。視百萬貔虎如入無人境。則非獨君之忠可感動天地。而其氣勢已呑強敵矣」句。鈔本「入無人境」作「醢鷄群飛」。「強敵」作「漠北」。後文遺史曰「知安陸縣事陳規者字元則。密州人。以明法補官。部押而行至蔡州。聞京城失守。衆皆不敢進。窺敵其衆潰亂而散。規乃安集撫存之整衆而退」句（三五〇—六〇六上）。鈔本「窺敵」作「規慮」。後文「時城壁圮壞。跬步可踰。而又壕塹湮沒。略無險阻。敵至。居人大恐」句。鈔本「敵」作「寇」。後文「群敵主在先破隨州。官吏來寇德安。壬寅晚遣二人持檄開門延納

。規留書放回」句。鈔本「敵主」作「賊王」。「官吏」作「虜隨州官吏」。後文「規乃遣人出縱火。佛舍與民居焚燒殆盡。恐藏敵。敵又以炮石鵝車之屬進攻城東」句（三五〇—六〇六下）。鈔本「敵」皆作「賊」。

十八日戊申章

四庫本「有留三日而得交者。金遣皇放郎君日在門下。布大挺於前」句（三五〇—六〇七上）。鈔本「金

」作「虜」。後文「但聞明日金帛未足。便敲殺官吏。重足人人求死無所。號泣於此。冀感動之。敵終不息」句（同上）。鈔本「敵」作「虜」。「重足」作「重足屏息」。

後文宣和錄曰「然揣敵情不在金銀矣。或疑敵敵往河北南京皆失利」句（三五〇—六〇七下）。鈔本「敵」皆作「虜」。

其後中興日曆曰「敵訖不退。城中洸然……靖康初入敵寨結盟……敵人恃彊悍。其勢焰方張」句（同上）。鈔本前二「敵」作「虜」。「敵人恃彊悍。其勢焰方張」作「夷狄恃彊暴。無理義甚明矣」。後文「且金求大王急自曹輔之歸。彼方以不見大王爲恨……金人回書……潛善聞之始愧前說之非」一段（三五〇—六〇八上下）。鈔本凡「金」皆作「虜」。「魁」「敵」作「賊」。「敵人」作「夷狄」。

卷七十七

二十二日壬子章

四庫本「上在敵寨未回」句（三五〇—六〇九下）。鈔本「敵」作「虜」。後文「革所論者三。一車駕還內。二金人歸國」句（同上）。鈔本「金」作「虜」。

二十三日癸丑章

四庫本「是時敵勢強盛。諸將聞風而畏。多逗留不進。且有相率以降者。敵乃驅其男婦老幼而去。歌意蓋擊動北去軍民毋爲敵用。而望其盡力于朝廷故有北人半是南朝民」句（三五〇—六一〇下）。鈔本作「其言云。丙午新回丁未初。金人渾似水中魚。魚潛水底時時旺。魚處梁原自喪軀。北人意似南方馬。赤羊金兎金自殺。若向南朝金殺金。金龍活也今秋滅。北人半是南朝民」。後文「雪晴宇宙滅天塵。寒威等郤邊人懼。炎運方隆廟略神」句。鈔本「天」作「妖」。「邊人」作「胡鷂」。後文「伏見金人侵逼。都城戒嚴百五十餘日矣」句（三五〇—六一一下）。鈔本「侵逼」作「猾夏」。後文唐重家集曰「欲知朝廷旨意。窺測金人狀。據險屯以圖大計」句（三五〇—六一二上）。鈔本「金」作「虜」。「狀」作「情狀」。「屯」作「屯兵」。後文「中都以秦兵爲牙爪者不足恃。而所以爲根本者。莫能固矣」句（三五〇—六一二上）。鈔本作「中都以秦兵爲爪牙。諸夏恃京師爲根本。今五路之師逡巡未進。則所以爲爪牙者不足恃

。所以爲根本者莫能固矣」。後文「蕃臣固不當便文。有司豈可抗命。況親屈帝尊就見二帥」句（三五〇—六一三上）。鈔本「二帥」作「二酋」。後文「金若悔盟肆其毒心。別生奸計。則上害宗社。下害都人。其禍豈小哉」句（三五〇—六一三下）。鈔本「金」作「虜」。後文「若以爲疑自合奏稟以審朝廷的意。因而窺測敵情」句。鈔本「敵」作「虜」。後文「且治殺使之罪以伐金人之謀」句。鈔本「金」作「虜」。後文「日夜深思。恐金人乘間別肆奸計」句（三五〇—六一四上）。鈔本「金」作「虜」。又「金人恃強。迫脅求城下之盟。必貪厚賂要重質而歸。」句。鈔本「金人恃強」作「孽虜犯順」。

二十六日丙辰章

四庫本宣和錄曰「自帝蒙塵。金人館於齋宮。夜擊柝還巡。二將既不許見」句（三五〇—六一五下）。鈔本「金」作「虜」。「將」作「酋」。後文「初內侍

承宣使鄧珪傳宣河北爲金所得。降之用事軍中教令呼索」句（三五〇—六一六上）。鈔本「金」「軍」皆作「虜」。

卷七十八

二十八日戊午章

四庫本「敵騎至濮州……奪馬三匹以獻」句（三五〇—六一八上）。鈔本「敵」「金」皆作「虜」。

二日壬戌章

四庫本「開封府追捕極峻。穿係大繩交刃防送。號呼不絕於道」句（三五〇－六一九下）。鈔本「送」後多「出門如傳送逆黨」等字。

五日乙丑章

四庫本「二帥請車駕赴毬會。宣和錄曰。是日二帥傳令請皇帝赴打毬會……。斡里雅布打毬罷。就令諸將打毬」句（三五〇－六二一下）。「帥」作「酋」。「將」作「蕃」。

六日丙寅章

四庫本宣和錄曰「至未時敵人撅斷南薰門踏道」句（三五〇－六二二上）。鈔本「敵」作「番」。後文「二太子送至行在。殊有眷眷之意。馬上或傳語莫能曉。金人再譯。似謂天命有歸者。衆皆惘然」句（三五〇－六二二下）。鈔本「傳」作「胡」。「金」作「虜」。後文「上獨前下馬望香案兩拜。讀詔訖。數金人擁上乘馬而去」句（同上）。鈔本「金人」作「金酋」。

其後「李若水抗論罵敵」句（三五〇－六二三下）。鈔本「敵」作「賊」。後文「若水向前抱持上。令不可脫。云何得亂政。此是大朝眞天子。你等外臣不得無禮」句（同上）。鈔本「何得」作「這賊」。「等外臣」作「殺狗輩」。其後「司馬樸移書二將責以大義……二帥雖不聽。然重之」一段（三五〇－六二四上）。鈔本「將」「帥」均作「酋」。「金」作「虜

」。後文「薄暮。使人傳國相令召臣等入青城伺候。內東門一人出小紙傳喚梁平王孝竭王宗沔金淵四人姓名」句（三五〇－六二四下）。鈔本「人」作「胡」。

卷七十九

七日丁卯章

四庫本靖康後錄曰「上皇蒙塵於敵營。上皇初亦艱難不欲便出」句（三五〇－六二八上）。鈔本「敵」作

「虜」。後文「可呼蕭慶等來與我面証。吾豈畏一死。二帥皆無言」句（三五〇—六二八下）。鈔本「帥」作「酋」。

八日戊辰章

四庫本要盟錄曰「訪聞小民多持兵器往來街市。仰安業如故。依前持兵仗者並決配」句（三五〇—六三〇下）。鈔本下多「行遣父兄決」等字。

卷八十

十一日辛未章

四庫本宣和錄曰「金人在門下者迫行。范瓊先以危言讐衛士。然後益兵擁皇后太子出。都人憤疾。又曰先是正月上再幸敵寨」句（三五〇—六三三下）。鈔本「金人」作「虜酋」。「敵」作「虜」。後文「欲得人以死替太子」句（三五〇—六三四上）。鈔本作「若事露。欲身以一死當之」。後文「金人雖不索吾。吾當從太子出。求見二帥以義責之……太子至南薰門求見二將。守門軍人曰。軍中惟欲得皇后太子。留守何爲出耶……軍人許爲稟傳之。是夜宿門下不動。黎明軍人開門」句（三五〇—六三四上）。鈔本「金人」作「虜人」。「將」「帥」皆作「酋」。「軍」作「胡」。

其後四庫本遺史曰「革曰有一內臣貌類太子。金人或邀請。則抱以登車出朱雀門」句（三五〇—六三四下）。鈔本「金」作「虜」。

十二日壬申章

四庫本「是日晚。幵儔以二將文字來」句（三五〇—六三五上）。鈔本「將」作「酋」。

十三日癸酉章

四庫本御史中丞秦檜狀「特舉中國藩離之地以賂敵人」（三五〇—六三七上）。鈔本「敵」作「戎」。後文「契丹之使交馳接境。當時國計應從其請。乃欲邀功業以兼人之地」句（三五〇—六三八上）。鈔本「

境」作「踵」。其後尚多「祈請于前爲貫攸之計者」句。

卷八十一

十四日甲戌章

四庫本遺史曰「我生爲大宗之臣。豈忍以大宋宗族交送於金人乎。遂自縊死」句（三五〇－六三九下）。鈔本「金」作「虜」。

十五日乙亥章

四庫本「乃約在外將相擁兵進城。內外相應。夾攻敵寨」句（三五〇－六四〇上）。鈔本「敵」作「賊」。

十六日丙子章

四庫本「徐揆投書於二帥……汪若海說二帥。乞復鑾輿」句（三五〇－六四一上）。鈔本「帥」皆作「酋」。後文遺錄曰「即日出城。其齎糧幷爲敵有。亦從而不追」句（三五〇－六四一下）。鈔本作「即日出城。其齎糧幷爲賊所奪。髡之至中路。裸体逃歸。賊亦從而不追」。

十八日戊寅章

四庫本遺史曰「然登城之敵至今不下大寨」句（三五〇－六四二上）。鈔本「敵」作「虜」。

二十一日辛巳章

四庫本「尼堪喚吏部侍郎李若水等議立異姓事。若水罵詈同王履死之」句（三五〇－六四三下）。鈔本「

詈」作「賊」。其後靖康忠愍曲周縣李公事迹曰「未幾。金人入邊果如所見料」句（三五〇－六四四上）。鈔本「金人」作「金寇」。「入」作「犯」。後文「俅敗壞軍政致金人長驅。罪與貫同等」句（三五〇－六四四下）。鈔本「人」作「寇」。後文「十一月十一日還朝。十三日聞敵騎已南。有旨令同王雲等再議。……或云已有敵騎渡河。左右甚駭」句（三五〇－六四五上）。鈔本「敵」皆作「虜」。後文「戰馬南來久不歸。山河殘破一身微」句。鈔本「戰」作「胡」。又「金人獨遣馮澥同蕭慶入城。請與皇帝相見」句。鈔本「金」作「虜」。

卷八十二

靖康二年二月二十一日辛巳章

四庫本「上欲代之。先遣請懇告次日出幸敵營。留三日而還」句（三五〇－六四六上）。鈔本「請」作「詣」。「敵」作「虜」。後文「又云。你劫金帛女子

。止是一匹夫耳。你生命決不久。國相大怒。令推出處置」句（三五〇－六四六下）。鈔本「匹夫」作「大賊」。「生命」作「滅國」。後文「此大朝眞天子。你等外臣不得無禮」句。鈔本「等外臣」作「殺狗輩」。後文「至四月四日金人已退。家人出城尋認」句（三五〇－六四七上）。鈔本「人」作「寇」。後文「陛下不可脫。此輩亂做也」句（三五〇－六四七下）。鈔本「此輩」作「這賊」。後文「念國難之非常。駭敵情之不測」句（三五〇－六四八下）。鈔本「敵」作「虜」。又後文「李若水出入敵營。始終漢節威武不屈」句（三五〇－六四九上）。鈔本「敵」作「虜」。

其後四庫本靖康小雅曰「十一月金人渝盟。其國相尼堪將兵入河東……遂犯京畿」一段（三五〇－六四九上下）。鈔本「敵」皆作「賊」。「入」作「犯」。「攻」作「寇」。後文「越明年正月五日。金師至京

都之地」句（三五〇－六四九下）。鈔本「金」作「虜」。後文「敵衆北歸。尼堪慮河東之師襲其後。留攻太原……是時太原失守。敵馬已南」句（同上）。鈔本「敵衆」作「賊衆」。「敵馬」作「胡馬」。後文「上數遣公出城見尼堪。且求成。金僞許之」句（同上）。鈔本「金」作「虜」。又後文「上幸敵寨。公復扈蹕……。公復從前敵督所括馬及金帛婦女藝術。益急回鑾。」句（同上）。鈔本「敵」並作「虜」

。又後文「公知敵意已定。因抱上大慟。且罵曰。爾曹何無禮之甚也。遠國之人敢廢中國聖明天子乎。可速送駕歸去。苟不從吾言則主憂臣辱。主辱臣死。吾將以死爭之矣。諸將大怒。因使人拽公去。以馬箠擊公口面」句（三五〇—六五〇上）。鈔本「何無禮之甚」作「狗彘之不若」。「遠國之人」作「遠陋之夷」。「主憂臣辱。主辱臣死。吾將以死爭之矣」作「人神共怒。臭胡安能長久。俱爲萬段矣」。「諸將」作「群酋」。後文「爾曹背謬。豈知臣子有忠之節乎」句（同上）。鈔本「背謬」作「禽獸」。後文「敵知其不可回也」句（同上）。鈔本「敵」作「虜」。後文「四月十二日敵馬已去。公之父與諸弟同公給使出城得其屍。已浹六旬而不壞如生」句（同上）。鈔本「敵」作「胡」。後文「方二將破京師。擁重兵。廢置中原人主如兒女子戲」句（三五〇—六五〇下）。鈔本「將」作「酋」。後文「扈蹕敵營。爰究忠烈……公挺不顧。二將面叱」句（同上）。鈔本「敵」作「虜」。「將」作「酋」。

費樞爲忠愍文集前序。四庫本「方敵國之師再薄京城。朝廷百官共難同事者。非無其人也」句（三五〇—六五〇下）。鈔本「敵國之師」作「海東之夷」。後文「公獨以身當不測之地。摺齒爛唇而罵敵之口殊不少……異姓或有助公一吐忠憤。則天下事亦不至此烈也」句（三五〇—六五〇下至六五一上）。鈔本「敵」作「賊」。「異姓」作「當時」。後文「靖康禍變。強敵長驅。帶甲百萬。猛不可當」句（三五〇—六五一上）。鈔本「強敵」作「逆虜」。「帶甲百萬」作「豺狼淫毒」。後文「敵人爲之歎惜」句（三五〇—六五一下）。鈔本作「虜酋爲之羞畏」。後文「因於祕收遺草中又得其遺事。始盡書其本末」句。鈔本於句後多「淳懼歲月浸尋。世不得而知之。他日列諸朝以補史之闕文。先公雖死。謂之不死可也」句。

副使節使王履事迹。四庫本「靖康元年八月。內宣召上殿。准勅武翼大夫衮大金山西軍前。年九月至太原見尼堪。議欲以租賦奉大金贖三鎮地」句（三五〇－六五二下）。鈔本於「山西軍前」後多「和議。副使秘書少監李若水奉使大金山西軍前。當」句。後文「上曰卿盡忠佐國。面折金人。固宜重賞」句（三五〇－六五三上）。鈔本「人」作「賊」。後文「道我皇帝孝慈仁儉。只爲百萬生靈屈身來此。見你這夥人。不得無禮」句（同上）。鈔本「人」作「賊」。

卷八十三

二月二十三日癸未章

四庫本中興記曰「宗澤屯澶州。以拒敵之在衛南韋城者……或以爲敵在城上。外逼之則下而入」一段（三五〇－六五四下）。鈔本凡「敵」皆作「虜」。

二十四日甲申章

四庫本遺史曰「百姓皇恐。以爲金銀不足。各隨其家所有而出。復得萬金納去。敵索求不已」句（三五〇－六五四上下）。鈔本「敵」作「賊」。後文「或云敵欲盡城中物。乃因藍訢等復取金銀過軍前。責執禮等以實故言之」句（三五〇－六五六上）。鈔本「敵」作「虜」。其後宣和錄曰「金人搬運器物自陽武九十里黃河入北淸州……敵又遣蕭將軍促之。不得已遂行」一段（三五〇－六五六上下）。鈔本凡「敵」「金」皆作「虜」。

二十七日丁亥章

四庫本「金人秋高馬肥必再來。乞駕幸長安」句（三五〇－六五七下）。鈔本「金」作「虜」。

三月一日辛卯章

四庫本遺史曰「三衙門官亦同宿守敵」句（三五〇－六五八上）。鈔本「敵」作「虜」。其後僉言曰「芮強之以行至二帥前。二帥說推戴意。邦昌堅避。如是者半日。二帥知邦昌不可強。乃詭言曰。大金皇帝有詔令立宋之太子。以公爲相。善爲輔佐。毋使敗盟」句（三五〇－六五八下）。鈔本「帥」皆作「酋」。

三日癸巳章

四庫本「金使來促勸進。取推戴狀。告報官員僧道百姓軍人耆老等盡赴廳立班擁戴邦昌」句（三五〇－六五九上）。鈔本「金」作「虜」。

六日丙申章

四庫本「又東上閤門榜。文臣選郎以上。武臣承信郎

以上並致仕。尋醫侍養官於受册日並合赴文德殿立班。侍從官並宿令所以待行事」句（三五〇－六六〇上）。鈔本「侍養官於受册日」後作「須管盡數要到。如稍有漏落。必定重作施行。不得住滯勘會。今月七日受册並合赴文德殿立班。須至曉示右出榜文。各令知悉。」

卷八十四

三月初六日丙申章

四庫本宣和錄曰「靖康元年正月金人深入。吳革任陜西統制官。首率關中兵勤王。二月敵騎河北去。分兵圍遼州。革以所部解圍。九月敵陷太原府。朝廷遣革奉使金人軍中。持國書見尼堪」句（三五〇－六六〇下）。鈔本「深入」作「犯闕」。「敵」作「虜」。「金人」作「女眞」。後文「十月召赴闕得對。上問割地不割地利害。革對以北人有折箭之誓。入攻必矣……革累乞出兵城外下寨。使敵騎不敢近城」句（三五〇－六六〇下至六六一上）。鈔本「攻」作「寇」

。「敵」皆作「虜」。後「敵攻宣化門……二十五日敵登城……使敵不能西」一段（三五〇－六六一上）。鈔本凡「敵」皆作「賊」。後文「二年正月。上駕再出青城。革曰天文帝坐甚傾。駕出必不反。正墮敵計」句（同上）。鈔本「青城」作「東門」。「敵」作「虜」。後文「金人立張邦昌之議益急」句（三五〇－六六一下）。鈔本「金」作「虜」。其後遺史曰

「其一責金人以議和。給我國家。留我二帝。其二責大臣不效死。唯唯以聽敵命」句（同上）。鈔本「金」「敵」皆作「虜」。後文「與劉家寺及青城敵寨相對」句（三四〇－六六二上）。鈔本「敵」作「賊」。

九日己亥章

四庫本靖康小錄曰「先是金人強城中舉邦昌。群臣爭立趙氏者尙衆」句（三五〇－六六五上）。鈔本「金」作「虜」。「邦昌」後多「以尙在軍中叩頭辭遜以死自訴」。

卷八十五

十日庚子章

四庫本「金人攻興仁府濮州。」句（三五〇－六六六上）。鈔本「攻」作「寇」。

十一月辛丑章

四庫本編年曰「又一頭項入濮州」句。「又一頭項自衛南入開德府」句（三五〇－六六六下）。鈔本「入」皆作「寇」。

十二日壬寅章

四庫本「邦昌與二酋書乞親詣致謝」句（三五〇－六六八上）。鈔本「酋」作「帥」。又下文「二帥答曰。具位謹致書于大楚皇帝闕下」句（三五〇－六六八下）。鈔本「帥」亦作「酋」。其後中興記曰「邦彥自南華入。過敵騎卒至……使兵棄車走。車爲敵所得。以載城下所獲金銀歸北」句（三五〇－六七〇上）。鈔本「敵」「北」均作「虜」。

十四日甲辰章

四庫本遺史曰「示金人以天下歸嚮。激切之意庶敵懲戒無有後難」句（三五〇－六七〇下）。鈔本「金人」作「賊虜」。「敵」作「幾」。又下文「金人以天下人心歸嚮」句（三五〇－六七一上）。鈔本「金人」作「賊虜」。又「庶幾金人畏恐下城遁去」。鈔本

「金」作「虜」。

十六日丙午章

四庫本「幷家屬至敵砦。恐旦夕北去」句。鈔本「敵」作「虜」。又「三月六七日有僞立者似是向來與大王同使金之人」句（三五〇－六七一下）。鈔本「金」作「虜」。又「今敵幸去。若僭僞見攻。勢不俱生」句。鈔本「敵」作「虜」。後文「仍乞多與疑書以壞契丹燕雲從敵之心」句（三五〇－六七二上）。鈔

本「敵」作「賊」。

卷八十六

二十三日癸丑章

四庫本「邦昌與二帥書。乞還馮澥郭仲荀等」句（三五〇－六七五上）。鈔本「帥」作「酋」。又「邦昌與二帥書。乞免括金銀」句（三五〇－六七五下）。鈔本「帥」亦作「酋」。

二十四日甲寅章

四庫本「邦昌以書謝二帥還馮澥。免金銀等」句（三五〇－六七六下）。鈔本「帥」作「酋」。又後文「茂實兄徇通判代州已降敵矣」句（三五〇－六七七上）。鈔本「敵」作「虜」。

二十五日乙卯章

四庫本「邦昌欲乘大軍未退修城池備敵」句（三五〇－六七七下）。鈔本「敵」作「寇」。後文「今四方兵馬雲集。勤王戰士各懷忠憤。敵衆渡河。兵勢減少

。合乘機會四方並進。掃除強敵。共立大功」句（同上）。鈔本「敵衆」作「賊衆」。「強敵」作「虜寇」。又後文「見其敵兵多是輕騎。宜常令牌鎗在前」句（同上）。鈔本「敵」作「賊」。

卷八十七

二十八日戊午章

四庫本宣和錄曰「敵既不能下南京。乃自寧陵而上盡僞置官屬安撫士民」句（三五〇－六八一上）。鈔本

「敵」作「賊」。又下文「金人據城擷採而食。尚餘枯枝」句（同上）。鈔本「金」作「虜」。又其後「張邦昌與二帥書。求還孫傅張叔夜秦檜三人」句（同上）。鈔本「帥」作「酋」。又其後僞楚錄曰「二帥見書大怒」句（三五〇－六八二上）。鈔本「帥」作「酋」。

二十九日己未章

四庫本「張邦昌詣軍前餞別二帥」句（三五〇－六八

二上）。鈔本「帥」作「酋」。以下凡「帥」皆作「酋」。其後四庫本遺史曰「是年冬。金人再至京城」句（三五〇－六八三下）。鈔本「人」作「虜」。「至」作「犯」。又後文「兩詣敵營議和……在敵營題絕句」句。鈔本「敵」皆作「虜」。又「秦檜自北中來言粘死矣」句（三五〇－六八四上）。鈔本「北」作「虜」。

其後林泉野記曰「金人之入汴也」句（三五〇－六八四上）。鈔本「入汴」作「入寇」。後文「尼堪至闕。范宗尹議割三關以獻敵」句。鈔本「至」作「犯」。「敵」作「虜」。其後凡「敵」「金」皆作「虜」。「北中」作「虜中」。其中「陛下出城。敵必燒戮生靈矣」句（三五〇－六八四上）。鈔本「敵」作「賊」。又後文「夏人得李克用之所據。劉繼元之所巢而後滿」句（三五〇－六八五上）。鈔本作「夏人得勝州其可遂已乎。假以歲月。人飽馬肥。控弦南來。

其志欲得李克用之所據。劉繼元之所巢而後滿」。又其後「緩則邀我金帛。庫藏傾竭。急則驚我邊圉。戰守無人。燕山歲計已不啻一契丹金人之錫予」句（三五〇－六八五下）。鈔本「庫藏傾竭」作「貪惏無厭」。「金人」作「女眞」。後文「勢強則姦雄息。姦雄息則敵國畏」句（同上）。「敵國」作「夷狄」。又後文「一降卒爾。循理則附之。跋扈則誅之。尚何憂哉」句（三五〇－六八六上）。鈔本「卒」作「虜」。又「遲以數年。北庭復爲數部落矣」句。鈔本「北庭」作「女眞」。「數」作「散」。

又四庫本靖康小雅曰「公屢具書極陳利病。鐫論二帥請大駕還宮」句（三五〇－六八六下）。鈔本「帥」作「酋」。後文「吳开莫儔自北中攜廢立書來。中外震駭」句。鈔本「北」作「賊」。又「明旦敵大闢南薰門。鐵騎極望闐門」句。鈔本「敵」作「賊」。其後凡「敵」字鈔本皆作「賊」。又詩曰「天未悔禍。甘赴萬死」句（三五〇－六八七上）。鈔本「天未悔禍」作「二酋逆天」。

卷八十八

三月二十九日己未章

四庫本張叔夜傳「軍卒郭京聚兵欲以左道破敵」句（三五〇－六八八上）。鈔本「敵」作「賊」。

其後靖康小雅曰「太原眞定相繼爲敵所陷……十一月日敵至近畿」句（三五〇－六八八下）。鈔本「敵」

皆作「賊」。又「上再幸敵營。既乖和議。金使吳开莫儔連日入趣立異姓王」句。鈔本「敵營」作「賊中」。「金」作「虜」。又「公不聽。既而金人索公出赴軍前」句。鈔本「金」作「胡」。其後詩曰「敵將易姓。公秉大義。獨敢抗言。必復趙氏」句。鈔本「敵」作「虜」。

又張叔夜家傳。四庫本「是時見京洛士人避敵多來襄鄧。猶恐敵騎至穎昌等處」句（三五〇－六八九下）。鈔本「敵」作「寇」。「敵騎」作「虜騎」。又以下凡「敵」鈔本皆作「虜」。其中「北扼敵馬要津」句（三五〇－六九〇下）。鈔本「敵」作「胡」。又「臣等奏乞兵與諸將追擊敵騎及席」句（三五〇－六九一上）。鈔本「敵騎」作「胡騎」。

卷八十九

三月二十九己未章

四庫本曹勛北狩聞見錄「第恐敵情反覆不測。便宜聖裁」句（三五〇－六九三下）。鈔本「敵情反覆」作「虜情詐僞」。後文「至南薰門。忽兩扇俱啓。石曰此必金使」句（同上）。鈔本「金」作「番」。後文「至東御門有金使來傳二帥起居……金使乃昔常奉使本朝者」句。鈔本「金」皆作「虜」。又後文「後三日惟呼姜堯臣徐中立丁孚幷勛左右。敵乎爲祗候人也」句（三五〇－六九四上）。鈔本「敵」作「虜」。此後本章中凡「敵」「金」皆作「虜」。其中「金人索釁肆貪。陷我京城」句（三五〇－六九七下）。鈔本「金人」作「狂虜」。又「根究搜檢到丁順所與章金人戰袍磕頂頭中。遂斬之」句（三五〇－六九八上）。鈔本「金人」作「左衽」。

四月一日庚申章

四庫本「是日民間聞金兵既空。恍若再生」句（三五〇－六九八下）。鈔本「金」作「虜」。

卷九十

四日癸亥上表勸進章

四庫本批答「金人肆毒。踐我土地」句（三五〇－七〇四上）。鈔本「金人」作「醜虜」。

五日甲子章

四庫本「大元帥與諸副元帥總管宗澤趙子崧等書」（三五〇－七〇五下）。書中凡「敵」字鈔本均作「賊」。

又其後。徽猷閣學士何志同等築壇同盟勤王文。四庫本中興記曰「久之。聞敵騎漸進。與子崧相遇。相與築壇」句（三五〇－七〇六上）。鈔本「敵」作「虜」。

又趙子崧戒諭前軍榜文。四庫本「金兵再至京國。屈辱君父。傾危宗社」句（三五〇－七〇六下至七〇七上）。鈔本「金人再至」作「金賊再犯」。

又馬某在河北山寨與金人戰被執條（三五〇－七〇七上下）。四庫本「今日與金人大戰」句。「而其人乘銳直前。果爲金人所卻」句。鈔本「金人」皆作「虜人」。又以下凡「金」「敵」皆作「虜」。「金帥」作「虜酋」。其中「萬一以我自敵來爲疑我。何以自明」句。鈔本「敵」作「賊中」。

卷九十一

七日丙寅章

四庫本「敵執僞令。終莫能回」句（三五〇－七〇八上）。鈔本「敵」作「虜」。「僞」作「酋」。又後

文「茲幸敵騎已退。道路可通」句（三五〇－七〇九下）。鈔本「敵」作「虜」「殿人盛德在躬。四海系望。願寬悲痛以貢陳」句（同上）。鈔本作「伏惟殿下盛德在躬。四海繫望。願寬悲痛以幸臣民。續以別差謝克家等。間道賫玉寶一詣行在。當別貢陳」。後文「蔣師愈到帥府言曰。邦昌所以不死者以君王之在外也」句（三五〇－七一〇上）。鈔本作「蔣師愈等到帥府日。邦昌又遣其甥吳何及國之元舅韋淵亦到。賫邦昌咨目稱臣。甚略言內封府庫以待大王。顏子曰。子在。回何敢死」。

八月丁卯章

四庫本「伏見金人不靖。劫二帝北行。且選立太宰相公使主國事。相公所以忍死就尊位者。自信敵退必能復辟也」句（三五〇－七一〇下）。鈔本「金人不靖」作「逆胡犯順」。「敵」作「虜」。又本狀文中凡「敵」「金」皆作「虜」。其中「上已降詔而割地。

民不悅服而拒關」句（三五〇－七一一上）。鈔本「不悅服」作「畏左衽」。又「逼逐強敵。今茲已行」句（同上）。鈔本「強敵」作「狂虜」。

九日戊辰章

四章本回天錄曰「瑤華宮在舊城之外。金人時時入侵」句（三五〇－七一二上）。鈔本「金人」作「賊虜」。「侵」作「寇」。後文「呂諭之曰將來兵退。非先還元祐皇后不可」句（三五〇－七一二下）。鈔本

「兵」作「賊」。又「今金人尚在京。國家唯有家姑一人。金人知之則復取去矣望姑俟之。三月末金人軍有去意」句(同上)。鈔本「金人」皆作「女眞」。「在京」作「猖獗」。

卷九十二

四月九日戊辰章

四庫本謝克家辨事僞楚狀「又勸邦日遇有人使。方著送來衣服」句(三五〇—七一四下)。鈔本「人」作

「金」。又其後秦湛回天錄曰「呂公又問金人所爲」句(三五〇—七一五下)。鈔本「金人」作「虜中」。又「當呂公曰此金人之情之」句(同上)。鈔本「金」作「虜」。又後文「金人言語不通。皆是契丹深怨朝廷。又春間發遣燕人非理。令燕人遂爲血讎反臣金國相與謀盡」句。鈔本「金人」作「女眞」。「金國」作「夷狄」。「盡」作「晝」。又後文「呂公曰軍中送來者衣服。若遇金使方可著。他時只與大夫常服相見可也」句(三五〇—七一六上)。鈔本「軍」「金」皆作「虜」。又以下至「金人立邦昌。或勸坐紫宸殿」句(三五〇—七一六下)。鈔本凡「敵」「金」皆作「虜」。

其後。大元帥府僚屬定即位南京之議。四庫本「公是宗室。豈不避嫌。會有竄逸自敵寨歸者」句(三五〇—七一七下)。鈔本「敵」作「虜」。其後中興記曰「況有自敵寨歸者」句(三五〇—七一八上)。鈔本

「敵」作「虜」。又「何淡衣稱制以取天下之疑。生天下之謀乎」句(同上)。鈔本「天下之謀」作「姦雄之謀」。

十日己巳章

四庫本「蓋當時爲金人驅使出入傳道指揮如僕」句(三五〇—七一八上)。鈔本「金」作「虜」。

卷九十三

十二日辛未章

四庫本「此乃出自敵計不可不察。澤近探得御寶與朝廷印記。盡爲敵攜去……何㮚等亦在敵中」句（三五〇－七二二上）。鈔本「敵」皆作「賊」。又後文「將帥眞欲掃蕩氛祲。迎還鑾輅」句（同上）。鈔本「氛祲」作「腥膻」。又「以慰都人之望。以折敵人之心」句（三五〇－七二二下）。鈔本「敵人」作「逆臣」。

十三日壬申章

宗澤具狀申大元帥府乞行五事。四庫本「方今二百年。豈謂金人橫肆。邀迎二帝興諸王渡河北去」句（三五〇－七二二下）。鈔本「金人」作「賊虜」。又「二帝二后諸王將自回。彼之強敵自知退避矣」句（同上）。鈔本「彼之強敵自知退避矣」作「彼之賊虜自勦絕殄滅」。又後文「二帝二后諸王無貟緣而回。敵勢愈熾亦無緣而退」句（三五〇－七二三上）。鈔本「敵」作「賊」。又其後「二帝二后諸王自回。金兵雖熾。自可挫其鋒」句（同上）。鈔本「金兵」作「賊虜」。「可挫其鋒」作「勦絕殄滅」。

十四日癸酉章

四庫本「今聞兵衆既行。未知二聖所在」句（三五〇－七二三下）。鈔本「兵」作「虜」。又下文「會宗澤申敵騎渡絕。已使人焚橋訖。於是乃下檄兩河諸將及山東河北義兵。河北列城邀擊敵」句（同上）。鈔本「敵」並作「虜」。其後監察御史姚舜明等勸進狀

。四庫本「金人恃強敗盟。稱兵者再」句（三五〇－七二四上）。鈔本「恃強」作「貪殘」。「稱兵」作「犯闕」。後文「而敵兵強壯。舉國南來。乘隙登陣。斂兵任計求索無厭。忘好造釁」句（同上）。鈔本作「而虜性亮傲。敢違天理。乘隙登陣。斂兵任詐。求卻無厭。忘德造釁」。又「大王以帝室懿親。爲國藩屏。而忠孝英武超冠古今。方敵圍城之初。毅然請行。單騎出見。威聲凜著。強敵屈服」句（同上）。

鈔本「藩屏」作「良翰」。「敵」作「虜」。「強敵」作「醜衆」。又其後批答「金人深入輒肆剽侵。大兵前驅。本期恢復。亟聞失守。遂蔑戰功」句（三五○－七二四下）。鈔本「金人深入」作「逆虜犯順」。「恢復」作「殄滅」。後文「顧國家之任。難狥衆情。難議施行」句。鈔本句後尚有「靖康二年四月十四日」句。

卷九十四

十五日甲戌兵馬大元帥府劄子

四庫本「金人邀請二帝北去……金人先於三月初七日抑逼宰相張邦昌僭稱僞號」句（三五○－七二五下）。鈔本「金人」並作「金賊」。孫覿爲宰執等乞大元帥聽政狀。四庫本「伏聞金人深入。侵逼郊畿」句（三五○－七二六上）。鈔本「金人深入」作「金賊犯順」。後文「指揮將臣。征伐仇讎。收復京邑」句（同上）。鈔本「仇讎」作「醜虜」。

十六日乙亥章

四庫本南外宗正事勸進狀「某等竊以敵深入之後。道路隔絕。于今半年」（三五○－七二六下）。鈔本「敵」「深入」作「逆虜犯闕」。又「金人侵逼。神器至危」句（三五○－七二七上）。鈔本「金人侵逼」作「逆胡肆暴」。

十七日丙子南外宗正事勸進狀

四庫本「伏自敵再深入。四方不聞詔令」句（三五○

－七二七上）。鈔本「敵再深入」作「虜再犯順」。又後文「敵焰雖畏成而不敢邇。則功孰高于大王」句（三五○－七二七下）。鈔本「敵焰」作「狂虜」。又「內可以防未萌之姦。外可以羈不制之敵」句。鈔本「敵」作「虜」。又「國步艱難。金人侵伐。鑾輿播越。詔令不下」句（同上）。鈔本「金人侵伐」作「金寇猖獗」。

趙子崧繳李健所得尙書省劄子狀

四庫本「當時敵騎未退。事勢與今日不同」句（三五○－七二九下）。鈔本「敵」作「虜」。

十八日丁丑章

四庫本「輦載金帛。罄竭帑藏以遂卻……豈金人禍我中國及上累君父」句（三五○－七三○上）。鈔本「欲」作「賊計」。「金人」作「夷狄」。又後文「前此守和信盟以俟敵退。王爲生靈每戒輕動。暨國家一落敵計。蒼天奈何」句（三五○－七三○下）。鈔本

「敵」並作「賊」。又「手格敵人以雪父兄之恥」句。鈔本「敵人」作「逆虜」。又「據遭禍變作孽。致二帝遷播」句。鈔本「禍變」作「金胡」。

十九日戊寅章

四庫本「奉先普安兩院皇子帝姐殯堂爲金人發掘。速差官繕治」句（三五○－七三一上）。鈔本「金」作「虜」。

卷九十五

二十一日庚辰章

四庫本汪伯彥日曆「伯彥嘗聞。太平興國中北敵入邊。太宗皇帝幸大名親征……不旋踵。果有北方之捷。今大王治兵討敵。行紹大統。而初宿新興」句（三五○－七三三上）。鈔本「北敵入邊」作「北戎寇邊」。「北方」作「北戎」。「敵」作「戎」。又後文遺史曰「敵騎圍京師仰劉光世多選馬車赴闕」句（三五○－七三三下）。鈔本「敵」作「虜」。「圍」作「

犯」。其後趙子崧榜曉諭都城士庶。四庫本「獨以姦臣誤國。敵人深入」句（三五○－七三四下）。鈔本「敵人深入」作「戎賊犯闕」。又「當金人劫請車駕及後來權宜」句（同上）。鈔本「金人」作「金賊」。

四庫本趙子崧論張邦昌書「謂閣下使金踰年。日與金人處。坐視謀吾之國。不能效寸長。京城破。陰遣人奉召兼程已至敵營。復坐視吾之君而不能以死爭其劫

請」句（三五〇—七三五上）。鈔本「使金」作「使虜」。「金人」作「異類」。「敵營」作「賊營」。

又傾危之計閣下或與聞之。不然何金人曲折拒孫傳之請。卒以與閣下。蓋必有定論矣」句（同上）。鈔本「金」作「虜」。後文「自聞入居禁中。躬受金册」（同上）句。鈔本「金」作「虜」。又「閣下前日迫於敵威。欲保宗廟。全都城。不得已而從之。今敵既遠去。即有所避而歸之。正以成前功」句（三五〇—

七三五下）。鈔本「敵」皆作「虜」。又「況城中萬姓皆北。則張氏何郵哉」句。鈔本「北」作「死」。

又後文「金人深入。侵侮暴虐。振古未聞」可（三五〇—七三六上）。鈔本「金人深入」作「金戎犯闕」。又「五月敵亦計窮而去」句。鈔本「敵」作「虜」。又「方金人登城。諸公喪膽之魂」句。鈔本「金人」作「金賊」。又後文「不知坐致二聖北遷將誰咎邪」句（三五〇—七三六下）。鈔本「北遷」作「陷虜」。

二十二日辛巳章

四庫本李邴申大元帥府勸進狀「一戰勝敵。迎還二聖。剋復之功。指日可待」句（三五〇—七三八下）。鈔本「一戰勝敵」作「殄攘妖氣」。

二十五日甲申章

龍圖閣直學士知揚州許份等狀。四庫本「但中都新破。上下空竭。人心危懼。敵情不測」句（三五〇—七

三九下）。鈔本「敵情」作「虜情」。

卷九十六

四庫本靖康小錄曰「至宣和五年。童貫王黼始開邊隙。取九州之地。結怨金人以啓靖康之禍」句（三五〇—七四一上）。鈔本「金人」作「金虜」。又「以蔡靖爲大帥。用降將郭藥師副之」句。鈔本「將」作「虜」。又「金人以兵入境。邊奏繼至。朝廷倉皇無策」句（三五〇—七四一下）。鈔本「人」作「虜」。

「入」作「犯」。又「靖康正月。金人至京師。倉猝爲備議和退師」句。鈔本「金」作「虜」。又後文「初金人至朝廷」句（三五〇－七四二上）。鈔本「金人」作「番賊」。又後文「李綱有表。乞种師道從河北牽制敵勢」句（三五〇－七四二上）。鈔本凡「敵」皆作「賊」。其中「朝廷目敵兵退。議者謂今天子新即位必大振綱紀」句。鈔本「敵兵」作「番兵」。又「金兵渡河。守河兵數十萬皆棄甲而走」句。鈔本

「金兵」作「番兵」。又「金人既得城。遂於城上聚兵」句（三五〇－七四二下）。又「初朴至。金人問其姓名」句（同上）。鈔本「金人」皆作「金賊」。又後文「初金人未至城下。大臣以俚語誣」句（三五〇－七四三上）。鈔本「金人」作「番人」。

其後朱勝非秀水閒居錄

四庫本「金人既破契丹。至燕地駐軍」句（三五〇－七四三上）。鈔本「金人」作「金虜」。又「金相李偃約降」句（同上）。鈔本「金相」作「虜相」。又「一夕四軍以殘兵擊王師奔亂而還」句（三五〇－七四三下）。鈔本「殘兵」作「殘虜」。又後文「靖康初。敵衆再犯闕。既登城。亦用此術」句。鈔本「敵」作「虜」。

丁特起孤臣泣血錄拾遺

四庫本「十一月二十日敵兵至闕下」句（三五〇－七四三下）。鈔本「敵兵」作「賊兵」。又「自金人入境圍城。首尾半年。去來皆取」句（三五〇－七四四上）。鈔本「入境」作「犯闕」。又「京城陷。統制

何慶彥陳克禮死於敵」句（同上）。鈔本「敵」作「賊」。又其後凡「敵」字均作「賊」。其中「金兵去平屯牟駞崗敵去遂引汴水注崗」句（同上）。鈔本「金兵」作「金賊」。

吳興沈良靖康遺錄

四庫本「鄭居中獨言。燕薊久陷外蕃。一旦得之恐難

守」句（三五〇｜七四五上）。鈔本「外蕃」作「胡虜」。又後文「黼遂以契丹舊賂賂於金人。權賃山前地十年」（三五〇｜七四五下）。鈔本「金人」作「女眞」。後文「尼堪及二太子謀欲南下。郭藥師叛降。敵連兵入寇……敵所過不殺戮」句。鈔本「下」作「寇」。「敵」並作「虜」。又「大赦天下。遣使如金講和。敵已破中山。遂引而南。朝廷聞兵至」句（同上）。鈔本「金」作「虜」。「敵」作「賊」。「兵」亦作「賊」。又以下凡「敵」字皆作「賊」。其中「議以汴都之禍始於王黼童貫等」句（三五〇｜七四六上）。鈔本「汴都」作「金賊」。又「金人再入京城。閏月二十五日城陷。三十日駕幸敵寨」句。鈔本「入」作「犯」。「敵」作「虜」。又其後「徐秉哲云。趙氏注孟子。相度分付金人策立張邦昌」句（三五〇｜七四六下）。鈔本「金人」作「蕃賊」。又「初金人建立張邦昌。遣人諭意張邦昌陽爲涕泣跪伏

不受」句（同上）。鈔本「金人」作「蕃國」。最後「至敵兵去盡乃稍平復」句（三五〇｜七四七上）。鈔本「敵兵」作「蕃賊」。又本卷四庫本止於此句。鈔本其下尚有一段如下。

蓋嘗評之曰。夷狄之爲中國患也。自古何限。皆當淩遲之世。王室阽危。中原五裂。乘時猾夏。理則有之。未聞全盛之時。封豕長蛇。肆貪淫毒。如今日之甚也。豈非生靈厄會否運所鍾。故使人謀乖剌。天怒不回。然安有堂堂中國。幅員萬里。險阻不守。關梁不閉。而戎羯深入。覆我神州于俄頃間。如踐無人之境乎。初上皇時一夕夢數胡人潛竊樂器。覺而怪之。比且登景龍門。有司奏。萬歲山有群狐十數。張設樂器。盃皿相對而飲。于是乃勅捕之。群狐散走。京師諸草場皆有狐。其最大而成精者在州北草場。自國初時已享封爵。有廟額謂之狐王廟。人呼爲大王。亦有時見之其大如驢。毛色純白。見者避路而立。聲喏以奉

之也。群小者則呼爲郎君。皆不避人。一日上皇在萬歲山見白狐而驚問左右。左右以草場狐王告。自後亦常見于禁中。上皇大怒。命出御前鷹犬捕之。繇是盡出延福宮西城所鷹鶻獵犬。以至彈弓弩子之屬。皆往捕之。至于發掘其窟穴。或薰以毒烟。京師不逞。無賴子亦群聚而相喧騰。數日乃定。凡獲狐數百枚。而狐王不獲。昔奏有胡亡之讖。而始王不知。乃北備胡。今有群狐之妖。而上皇不悟。乃焚狐廟。事頗相類

。及取燕山。燕山傳新番嘌唱其曲。有蓬蓬之句。京師翕然並唱。其曲傳于天下。識者謂蓬蓬亂也。天意若曰。唱亂之始自燕山也。洎上即位。福難紛然。蓋蓬蓬之象也。靖康元年七月彗星見。其輝數丈。自北拂帝座。掃文昌。占者以爲君臣將有不測之災。或謂粘罕爲妖星之精。或爲虜酋二太子。當時孫覿自青城還說二酋之狀。云粘罕魁偉豺聲蜂目。二太子黑而短小。其言如僧家念咒。然則妖也。

卷九十七

四庫本夏少曾朝野僉言曰「自敵人釁成禍結始末之由。余偶知之詳審」句（三五〇－七四七下）。鈔本「敵」作「虜」。又「若夫理辯曲直。面折彊敵。捐身爲國以全大節則有李若水。力排群議。獨抗仇敵。主持宗社義不苟生則有宗澤者」句。鈔本「彊敵」作「彊虜」。「宗澤」作「秦檜」。又後文「何㮚鄆王詣金人軍前請講和。二帥謂何㮚。鄆王曰」句（三五〇

－七四八下）。鈔本「帥」作「酋」。又以下凡「帥」皆「酋」。又後文「外鄰禍中國。改姓易號。反偷生附會。爲悖逆之事」句（三五〇－七四九下）。鈔本「外鄰」作「夷狄」。又後文「或憤而擲於地。有金人徐謂之曰」句（三五〇－七五〇下）。鈔本作「或憤而擲於地。或在虜人前者。虜人徐謂之曰」。又「敵兵數人上城。曳戈潰散」句（同上）。鈔本「敵」作「賊」。

其後四庫本宣和錄曰「十二月初三日敵須犒軍絹一千萬疋……八日金使又檢校內藏左藏元豐大觀等庫金帛」句（三五〇－七五一上）。鈔本「敵」「金」皆作「虜」。又後文「敵遣主將皇族郎君領其事。郎君者金主之兒。尤自恃其勢」句（三五〇－七五二上）。鈔本「敵」「金」皆作「虜」。「主將」作「大酋」。「自恃其勢」作「凶悍無理」。又此後凡「金人」之「金」及「敵」字均作「虜」。

卷九十八

四庫本石茂良避戎夜話曰「去平春。金人至闕。朝廷許以三關」句（三五〇－七五五下）。鈔本「至」作「犯」。又後文「去年春金人至闕下。寨皆在西北地」句（三五〇－七五六下）。鈔本「至」作「犯」。又後文「如此則自然用命。敵人之法不足遵也」句（三五〇－七五七下）。鈔本「敵人」作「夷狄」。又後文「則朝廷信義不缺。敵亦無所生心」句（三五〇－七五八上）。鈔本「敵亦無所生心」作「夷狄貪惏無所施」。又後文「自城破。北兵每擊鼓以報平安」句。鈔本「北」作「番」。

曹勛北狩聞見錄

四庫本「以爲密驗在敵寨」句（三五〇－七五九上）。又「今陷北中。愈當虔事」句（同上）。鈔本「敵」「北」作「虜」。又後文「府中兩街居人見旗皆哭金人不較也」句（三五〇－七五九下）。鈔本「金人

」作「虜人」。又後文「乃寫付彥宗曰。錦袍駿馬曉朋分。毬家語」句（三五〇－七六〇上）。鈔本作「乃寫付彥宗曰。錦袍駿馬曉朋分。一點星馳百騎奔。奪得頭籌須正過。無令綽撥入斜門。綽撥。斜門皆打毬家語。」後文「彥宗捧讀稱嘆。即與太子起謝」句（三五〇－七六〇上）。鈔本作「彥宗捧讀稱歎。即與又番語似講解其意。太子起謝」。又「自過眞定。敵委蕭王管諸王國公及諸位房院」句。鈔本「敵」作

「虜」。

趙鴻臚子砥燕雲錄

四庫本「六月聞康王登寶位。金人傳報領大兵現在南宋。不晚過河。金人聞之驚駭膽落……北庭乃陰結燕人」句（三五〇－七六〇上）。鈔本「金人」並作「虜人」。「北廷」作「虜廷」。又後文「留守見子砥論敵中虛實……陷敵踰年。天幸生還」句（三五〇－七六〇下）。鈔本「敵」並作「虜」。又「子砥在北中與之相從」句。鈔本「北」作「虜」。又其後「司馬朴枷項禁勘獄成」句（三五〇－七六一下）。鈔本句上尚有「司馬朴營求得之。爲燕京醫藥靳法。告于燕山留守收捉」句。又後文「敵得南人視人立價賣之。此本朝人陷敵於此可見也」句（三五〇－七六二上）。鈔本「敵」均作「虜」。又後文「錢穀先用金人。次渤海」句至「此金人族系所出。設官之宜於此也」句（三五〇－七六二下）。鈔本凡「金人」皆作「

女眞」。又後文「太子往御寨。離燕山七百里。到涼殿傷寒亡歿。金兵皆剺面號泣」句（三五〇－七六三上）。鈔本「金兵」作「酋首」。又後文「御寨去燕山三千七百里。乃金國主所居之營也」句（三五〇－七六四上）。鈔本「金」作「女眞」。又「若得三萬。可以橫行敵中。決報大讐」句（同上）。鈔本「敵」作「虜」。又「意欲令人推爲燕主。與本朝結好」句（三五〇－七六四下）。鈔本「燕主」作「虜主」。又後文「往者契丹主和議。金人專用兵。十餘年竟滅契丹」句（同上）。鈔本「金人」作「女眞」。

卷九十九

四庫本汴都記曰「金兵如入無人之境。朝廷知敵鋒逼近。……敵退。朝廷茫然」句（三五〇－七六五上）。鈔本「金兵」作「虜兵」。「敵鋒」作「賊鋒」。「敵退」作「虜退」。又後文四庫本自「金既舉兵。由兩路南進。議者或曰。敵若渡河。一鼓而南」句至

「敵忽掩至。朝廷罔知所措」句（三五〇－七六五下）。其間鈔本「金」「敵」皆作「虜」。又四庫本自「明達墓爲敵所發掘」句以下至「范致虛全家在敵處」句（三五〇－七六六上下）。其間鈔本「敵」「金」皆作「虜」。

范仲熊北記

四庫本「有生金人喚做掃地軍便是也」句（同上）。鈔本「金人」作「女眞」。四庫本「靖康皇族陷敵記」（三五〇－七六八下）。鈔本「敵」作「虜」。其後四庫本雜考私書曰「時擦城下數百人以啗之。敵氣益張……敵箚寨由南郊直抵門外……敵以數十騎突之。遂大奔潰……金人益無忌憚」句（三五〇－七七〇上）。鈔本「敵」均作「虜」。「金人」作「虜人」。又以下凡「敵」皆作「虜」。鈔本「敵」作「虜」。又「七日金人入。持玉寶册傘蓋以大金命立爲大楚皇帝」句（三五〇－七七〇下）。鈔本「金人」作「

群酋」。秘書少監趙暘與姚太守書。是書中。四庫本凡「敵」「金」均作「虜」。其中「亦有金人一二千上城。幸得殺退」句（三五〇－七七一下）。鈔本「金人」作「金賊」。又「俄傾敵大至。是日風雪異常」句（同上）。鈔本「敵」作「賊」。

卷一百

四庫本七澤孫偉靖康野史曰「十一月金人陷京師。駐軍兩郊」句（三五〇－七七四下）。鈔本「金人」作「金戎」。又後文「靖康皇帝爲中國生靈屈己出幸。青城守禦使簽書樞密院張叔夜」句（同上）。鈔本作「靖康皇帝爲中國生靈屈己出幸」。其軍。虜酋劫以北狩。尋以僞命檄京城留守知樞密孫傳。京城守禦使簽書樞密院張叔夜」。又「祈哀金帥申敍國人左祖之意」句（同上）。又「金帥因其牒。詐爲詔。册立邦昌僭即皇帝位」句。鈔本「金帥」並作「虜酋」。又「奉金帥正朔」句。鈔本「帥」作「戎」。又後文「

又使辨士以禮義廢興曉金人」句（三五〇－七七五下）。鈔本「金人」亦作「虜酋」。

小臣孤憤野錄總敘

四庫本此敘文中凡「金人」皆作「女眞」（三五〇－七七五下至七七六上）。

鴻臚寺主簿鄧肅靖康行

四庫本「金人突至心膽寒」句（三五〇－七七六上）。鈔本作「女眞作意要人肝」。後又下文「高風洗空

大帥怒……忍令萬騎驚吾親……敵人慕德猶貪利……萬騎來杳隔鑾輿驚」句（三五〇－七七六上下）。鈔本「大帥」作「胡帥」。「萬騎驚」作「胡騎驚」。「敵人」作「胡人」。「萬騎來杳」作「萬胡奴杳」。

卷一百一

建炎元年五月一日庚寅章

四庫本大赦天下文「忘外敵之憑陵。致金人來攻京邑」句（三五一－二下）。「攻京邑」作「犯京邑」。其後文「應緣金人經由州縣。有燒毀係官屋宇等」句（三五一－五上）後有缺文。鈔本作「有燒毀係官屋宇等去處。除城池倉庫外。未得差科修葺。少息民力。如違。以違制論。令監司按舉。應經劫所在坊場。住罷月日。淨課利錢。特與細計除放」。後文「守及差使被賊劫殺據者」句（同上）。鈔本作「應因戰守及差使被賊劫殺虜者」。又後文「昨經大帥府駐箚及

一月以上去處。應辦軍馬極爲勞費。今來夏稅」。及「並與放免省。應舉人特奏名。幷就殿試」句（三五一－六下）後均有脫文。鈔本作「昨經大元帥府駐箚及一月以上去處。應辦軍馬極爲勞費。今來夏稅特除放。應天府興王之地。理宜優異。今年夏稅並與放免。省舉人特奏名幷就殿試。及再就殿試人。並與同進士出身。免解人與免省試」。又後文「應諸宮院屋宇。近因拆毀……聽候朝廷指揮」句（三五一－八下）

後有缺文。鈔本作「聽候朝廷指揮。應宗室年幼。未合出官與依見。今官序支破請給」。

卷一百二

五月一日庚寅章

四庫本黃潛善制曰「邊烽侵犯。都邑震驚。纏氛祲於九重。接蕃戎於萬里」句（三五一—一一下）。鈔本作「邊烽」作「胡塵」。「蕃戎」作「腥羶」。

其後汪伯彥制曰「朕惟列聖儲休千齡。累洽軍政隳壞

。將帥惰驕。強敵長驅。京邑震擾」句（同上）。鈔本「強敵」作「胡寇」。

二日辛卯章

四庫本「上靖康皇帝爲慈淵聖皇帝。……繼以編戶困于金繒。復再屈於敵營」句（三五一—一二上）。鈔本「敵營」作「虜營」。本章此句以下皆同。

其後四庫本遺史曰「初淵聖即位。以四月十三日誕辰爲萬壽節。大酺天下臣民。詔到四方。州郡有挾符讖之說。妄以私意猜度。指爲不吉。迨金師深入。淵聖播遷若爲先兆焉」句（三五一—一二下）。鈔本作「初淵聖即位。以四月十三日誕辰爲乾龍節。蓋乾坤之坤也。詔到四方。州郡有讀爲乾濕之乾者。雖一字有兩音。然乾濕之乾貼龍字非美意。識者以爲不祥」。

又後文「元祐皇后爲元祐太后……比者敵騎內侵。都城失守」句（同上）。鈔本「敵騎」作「戎騎」。

五日甲午章

四庫本「分劉浩丁順孔彥威王善等軍。……除劉浩遙郡防禦使大名府鈐轄。丁順遙郡防禦使滄州鈐轄」句（三五一—一五上）後有脫文。鈔本接作「孔彥威遙郡防禦使東平府鈐轄」。

卷一百三

五日甲午章

四庫本翊載記曰「靖康元年冬。金人再攻京師。勝非爲右司員外郎。被命使軍來往計事。及張邦昌倡和議

。質金營。乃請勝非行。……又沿路得邦昌榜檄。語涉怨望。且挾敵勢逼脅郡縣。須索無厭」句（三五一—一七下）。鈔本「攻」作「犯」。「金」「敵」皆作「虜」。又本章此句以下均同。其中「敵將躍馬來望。指呼其間」句（三五一—一八上）。鈔本「敵將」作「酋長」。又「邵曇者射中敵將目墜馬而死」句（同上）。鈔本作「邵曇者射中酋目。酋墜馬而死」。

六日乙未章

四庫本「上以迎二聖之還。下以正四封之守」句（三五一—一八下至一九上）。鈔本「封」作「夷」。

八日丁酉章

四庫本秦湛回天錄曰「宣和七年。金人違盟約。結連契丹燕人入塞」句（三五一—一九下）。鈔本「金人」作「女眞」。「入塞」作「犯塞」。又本章中（三五一—一九下至二十二上）凡「金人」鈔本皆作「女眞」。「敵」皆作「虜」。

十日己亥章

四庫本批答許份乞幸揚州狀「伏自即位以來。未嘗暇逸。再歲金人深入」句（三五一—二二下）。鈔本「金人深入」作「金賊犯順」。後文「渾鄆二郡與敵為鄰。南京雖號興王之邦。而金騎屢至。亦非息師之所」句（同上）。鈔本「敵」作「寇」。「金騎」作「胡騎」。

十四日癸卯章

四庫本姚平仲召赴行政「制曰。漢室備邊。復魏尙雲中之守」句（三五一—二三上）。鈔本「邊」作「胡」。

卷一百四

十七日丙午章

四庫本唐重上書「金人再至京闕則根本搖」句（三五一—二五上）。鈔本「至」作「犯」。後文「自古外敵之侵中國。未有如此之酷……前日致兵之因。陛下嘗通知之乎。今日禦兵之術。陛下亦熟計之乎」句（三同上）。鈔本「外敵」作「夷狄」。「兵」均作「寇」。後又文「臣曩叨諫省。屢陳致敵之因。坐是斥逐承乏守土。累上禦鄰之略。言皆有証」句（三五一—二五下）。鈔本「致敵」作「致寇」。「禦鄰」作「禦戎」。

二十一日庚戌章

四庫本「一旦金人再入。唯叔夜自南陽引兵直趨京城。精忠挺然」句（三五一—二六上）。鈔本「金人再入」。作「虜人再寇」。其後文「既無以上紓國難。復不能留庇居民。公縱偏裨。肆爲敵害」句（三五一—二七上）。鈔本「敵」作「賊」。又後文「矧襄陽都會之域。實漢晉用兵之郊。方敵憑陵。恃惟屏蔽」句（同上）。鈔本「敵」作「虜」。又後文「制曰……儻或信常談於紙上。不知墮敵國之計中。」句（三五一—二七下）。鈔本「敵國」作「黠虜」。又後文「坐使中原幾同外壤」句（三五一—二八上）。鈔本「外壤」作「左衽」。

二十八日丁巳章

四庫本「上謂黃潛善汪伯彥曰。金人肆伐中國。生靈塗炭。朕不得已而狥天下之情」句（三五一—二八上）。鈔本「肆伐」作「肆毒」。

六月二日庚申章

四庫本李綱進箚子論十事「其五。議僞命。大略謂國家大變故。鮮伏節死義之士。而奉敵旨。受僞官。屈膝於廷者不可勝數」句（三五一—二九下）。鈔本「奉敵旨」作「奉賊旨」。又後文「其十。議修德。大略以感天人之心。致中興之業」句（三五一—三十上）有脫文。鈔本作「其十。議修德。大略謂。始膺天命。宜益修孝悌恭儉。以感天人之心。致中興之業」。

卷一百五

六月二日庚申章

四庫本「其冬金人再入畿甸。朝廷以春初固然為守。而不知時事之宜。膠柱鼓瑟。無變通之謀。內之不能撫循士卒以死捍敵。外之不能通達號令以督援兵。金人既登城矣。猶降和議已定之詔。以阻四方勤王之師。使敵得逞其欲」句（三五一－三〇下至三一上）。鈔本「再入」作「再寇」。「捍敵」作「捍賊」。「

使敵得逞其欲」作「使虜得逞其欲」。後文「自古外蕃之禍中國。未有若此之甚者」句（同上）。鈔本「外蕃」作「夷狄」。又「二聖播遷。陛下父兄沉於敵廷」句（同上）。又「今二聖之在敵廷。莫知安否」句（三五一－三一下）。鈔本「敵廷」均作「虜廷」。又「然彼必欲割地以邀我若予之則可」句作「然彼必曰割其地。以我得金帛若干則可」。又後文「惟以二聖在其國中。不可用兵。候其入疆。則多方以禦之」句。（三五一－三二上）。鈔本「入疆」作「入寇」。又「於金國加兵之時。其來攻則嚴守禦以備之」句（三五一－三二下）。鈔本「來攻」作「來寇」。

三日辛酉章

四庫本李綱傳信錄曰「天下皆謂邦昌在金歲餘。厚結金人。得其歡心……奉使金國……金人未必不悔過而存趙氏……敵騎既退」句（三五一－三三上下）。鈔本「在金」作「在虜中」。「厚結金人」作。「厚結

虜酋」。「金國」作「虜中」。下之「金人」作「虜人」。「敵騎」作「虜騎」。

四日壬戌章

四庫本「奉使敵帳。初無忠義體國之意。但知諛佞保身之謀。去中國以踰年。從敵騎以偕至」句）三五一－三四上）。鈔本「敵」均作「虜」。後文「秋高馬肥。敵騎出沒。邦昌挾借其勢。陛下不得而制之」句（三五一－三四下）。鈔本「敵騎出沒」作「虜騎猖

獗」。
其後四庫本僞楚錄曰「至出辭金人。則安然用天子法駕」句（三五一—三六上）。鈔本「辭金人」作「辭虜酋」。
其後秀水閒居錄。四庫本曰「靖康改元。金人至闕。正月九日拜右相。後兩日出質於敵營。與之俱回燕山。次年都城失守。金人立爲僞楚」句（三五一—三六下）。鈔本「金人至闕」作「金虜犯闕」。「敵營」

作「虜營」。「金人立爲僞楚」作「虜人立之爲僞楚」。

卷一百六

六月五日癸亥章
四庫本臣僚上言「如王時雍徐秉哲余大均者。有爲金人之喉舌」句（三五一—三八上）。鈔本「金人」作「虜人」。
其後。孫覿辨受僞官等狀四庫本「又自拘執敵營七十餘日。至三月二十三日放還……二十七日。金人以臣元非放還人數。復見追取」句（三五一—三八上）。鈔本「敵營」作「虜營」。「金人」作「虜營」。後文「方中國稔陽九之禍。而廟堂無一定之謀。」句（三五一—三九上）。鈔本「陽九」作「四夷」。
其後趙子崧奏劄。四庫本「郭藥師來朝。公察其微。密語李丞相邦彥曰。藥師叛遼歸宋」句（三五一—四二上）後有脫文。鈔本作「藥師叛遼歸宋。其心叵測

」。又後文「近者邊境失備。金人再入京都」句（三五一—四三上）。鈔本「金人再入京都」作「虜賊再犯京師」。又本奏劄（三五一—四〇下至四四下）。凡「敵騎」鈔本作「虜騎」或「胡騎」。「金人」作「金賊」或「女眞」或「虜人」。「敵」作「賊」或「虜」。

卷一百七

六月五日癸亥章

四庫本「又小帖子徐文忠李恭佐久在敵寨。備知敵情」句（三五一－四七上）。鈔本「久在敵寨備知敵情」作「久在賊寨備知虜情」。又後文自「昨自金人侵擾。亮數上書計策」句（三五一－四七上）至「竊慮奸人詭計。妄出號令。鼓惑衆聽」句（三五一－四九上）。鈔本「金人」作「金賊」或「番人」。「賂敵」作「賂賊」。「赴敵砦」作「赴賊砦」。「金援」作「金賊」。「強敵」作「戎賊」。「奸人」作「奸

賊」。後文「自今後凡有事宜。並申稟大元帥府」句有脫文（同上）。鈔本作「自今後凡有事宜。並申稟大元帥府與決。如有奸詐僞冒文字。並不得施行」。後文「如知近州縣曾被敵馬燒劫去處。欲乞速疾行下並與放免」句（同上）。鈔本「近州縣」作「近京州縣」。「敵馬」作「賊馬」。又後文「宣撫使自童貫談稹蔡攸輩爲之。取侮四方。散亂天下」句（同上）。鈔本「四方」作「四夷」。又後文「如金人有存留

下官吏兵馬。即盡行掩殺者」句（三五一－五〇上）。鈔本「金人」作「金賊」。又後文「仍將逆使拘執及取索元延康殿學士」句（同上）。內有脫文。鈔本作「仍將逆使拘執及取索元書。繳申復奏狀勸進。凡數上不已。及上既登寶位。特授公延康殿學士」。後文「臣竊惟古者天子有道。守在四方……雖契丹景德之侵。元昊寶元之叛。亦務函容兼愛中外之人。不欲起邊隙。尋干戈。故百餘年間天下安然。豈非以四方

爲中國守乎」句（同上下）。鈔本「四方」均作「四夷」。「契丹」作「北虜」。「中外」作「夷夏」。又後文自「比者敵騎雖遠。而濬衛河陽屯兵修壘」句以下至「視國家有如於秦越刈生靈」句（三五一－五一上至五二上）。鈔本「敵」均作「虜」。「奏越」作「吳越」。

六日甲子章

四庫本「適金人之深入……念父兄幽辱于敵廷。……

天下之軍民不願淪於異域」句（三五一－五二上下）
。鈔本「深入」作「入寇」。「敵廷」作「虜廷」。
「異域」作「夷狄」。

七日乙丑章

四庫本劉韐能死節不爲敵用。特贈資政殿大學士特進
。制曰「不幸聞名於異域」句（三五一－五三上）。
鈔本「異域」作「醜虜」。又譚世勣贈延康殿學士。
制曰「朕遭外敵之亂。常陰考士夫之所向」句（同上
）。鈔本「外敵」作「胡虜」。又知懷州霍安國贈延
康殿學士，制曰「抗方虓之仇敵」句（三五一－五三
下）。鈔本「仇敵」作「醜虜」。

卷一百八

六月八日丙寅章

四庫本「募河東河北忠義之士。能保有一方。或力戰
破敵者。授以節鉞。餘賞有差」句（三五一－五五上
）。鈔本「敵」作「賊」。

其後四庫本宗澤奏劄「奈何輕聽奸計附敵張皇之言。
……自金人再入。未嘗用一將一師……惟敵言是聽。
惟敵求是應。……正宜天下臣子勿與金人俱生之日也
」句（三五一－五五上下）。鈔本「附敵」作「附賊
」。「金人再入」作「金賊再犯」。「敵言」作「虜
言」。「敵求」作「虜求」。「勿與金人俱生」作「
勿與賊虜俱生」。又後文「既自不忠不孝。又壞忠義
之氣」句（三五一－五五下）。後有脫文。鈔本作「
又壞忠義之心。褫忠義之氣」。

十四日壬申章

四庫本詔曰「而朞歲之間。敵馬再侵。墮敵奸計……
洎皇族尊幼中外媚戚以行慘酷之禍。……金雖憑恃甲
兵之衆。敢肆攻圍。而能率厲士民。屢挫仇敵……靖
康之間。特以金人憑陵。不得已割地賂之。……糾集
師徒。力戰破敵者。……庶中原彌寧。生靈休息。強
鄰悔禍」一段（三五一－五六上下）。鈔本作「而朞

歲之間。戎馬再侵。墮虜奸計……洎皇族尊幼中外嬪戚以行慘酷之禍……賊雖憑恃犬羊之衆。敢肆攻圍。而能卒勵士民。屢挫醜虜……靖康之間。特以金狄憑陵。不得已割地賂之……糾集師徒。力戰破賊者……庶幾中原彌寧。生靈休息。夷狄悔禍」又其後四庫本李綱傳信錄曰「間有破敵捷報。金人圍守於諸郡者」作「間有破賊捷報。虜人圍守於諸郡者」。

十七日乙亥章

四庫本「頃者敵馬內侵。……汝曾無一言爲國長慮。乃始終和議。隨敵計中」句（三五一—五七上）。鈔本「敵馬」作「戎馬」。「敵計」作「虜計」。後文「耿南仲責授節度副使。制曰。……方金人之憑陵。舉中原而震擾」句（三五一—五七下）。鈔本「金人」作「醜虜」。

其後四庫本林泉野記曰「金人深入。南仲怯懦無謀」句（三五一—五八上）。鈔本「金人深入」作「金人犯順」。又後文「而四方咸賓。干戈不用……惟思創業大風之歌。金國肆侵伐之威」句（三五一—五九上）。鈔本「四方」作「四夷」。「侵伐」作「殘暴」。

二十五日癸未章

四庫本「金人侵伐。都城失守」句（三五一—六〇上）。鈔本「金人侵伐」作「胡虜猖獗」。

卷一百九

六月二十五日癸未章

四庫本「即値國家禍變。二聖出幸金營」句（三五一—六二上）。鈔本「金營」作「虜營」。又「敵騎連數十州。殺人蔽野。域中敵人被殺者甚衆」句（三五一—六二下）。鈔本「敵騎」作「虜騎」。「敵人」作「達官」。

二十七日乙酉章

四庫本錢蓋落職告詞曰「所冀投機。庶能彌蔽……汝猶採敵說以誑朝廷」句（三五一—六三下）。鈔本「蔽」作「敵」。「敵說」作「虜說」。

二十八日丙戌章

四庫本李綱進劄子「方熙豐之時。內外禁旅單弱。何以悍強敵」句（三五一—六四上）。鈔本作「方熙豐之時。內外禁旅。合九十五萬人。至崇觀間。闕額不補者幾半。西討夏人。南平方寇。北事幽燕。所闕折者又三之四。至靖康間。金人再犯闕。潰散逃亡者又

不知幾何。今行在禁旅單弱。何以悍強敵」。其後買馬劄子「其後燕山陷沒。馬之入於敵國者不可勝數。金人初至闕。河北京畿爲之一空。後破都城。下令括馬。京師之馬入於敵者。萬有餘疋」句（三五一—六四下）。鈔本「敵國」作「夷狄」。「入於敵」作「入於賊」。後文「又議控禦之策……一旦強敵長驅。盜賊蜂起。州郡莫有能抗之者」句（三五一—六五下）。鈔本「強敵」作「夷狄」。

七月一日己丑章

四庫本李綱進劄子「論修城池。繕器械。謂國家所以備禦外侮者」句（三五一—六六下）。鈔本「外侮」作「夷狄」。

卷一百十

七月四日壬辰章

四庫本傅雱建炎通問錄曰「又商議軍前合應答事宜。兼慮金人有未曉達軍前事。理合須取覆宰執。請教黃

潛善。答云。今日使事係通問之初敵情未測」句（三五一—六七上）。鈔本「金人」作「鄙人」。「敵情」作「虜情」。又其後自「金使又問此是大楚欲如此」句以下至「每念先世陷於邊地」句（三五一—六八上至六九下）。鈔本凡「金使」皆作「虜使」。「金帥」作「酋長」。「匈奴」作「夷狄」。「天道」作「胡道」。「敵兵」作「虜兵」。「邊地」作「虜地」。又下文「將謂自此何日再得爲中華人物」句（三

五一－七〇上）。鈔本作「將謂自此復爲中華人物。且睹漢衣冠之盛。不謂再有此段事。不知自此何日再得爲中華人物」。又後文「今皆過在深漠中。然二太子在時卻曾有此商議」句（同上）。鈔本「漠中」作「虜中」。「又云固知此事。所以亦不留北人守京城」句（三五一－七一上）。又「此時北人既得河北。已飽其欲」句（同上）。鈔本「北人」皆作「虜人」。又後文「前後曾併聞金人見議守河之計。亦不用大遼人」句（三五一－七二上）。鈔本「金人」作「虜人」。

卷一百十一

七月七日乙未章

四庫本「金人陷慈州」條。四庫本「金人屢次其境。皆不攻徑過」句（三五一－七三下）。鈔本「次」作「犯」。

十三日辛丑章

四庫本「靖康中金陷太原」句（三五一－七三下）。鈔本「金陷太原」作「虜陷中原」。其後左正言鄧肅劄子四庫本「胡思周懿文今者桎固不足論。敵破城是南壁始。李擢盧襄提舉其事。日聚群小。浩歌城上。敵已塞濠恬然不顧。破京城者實此二人」句（三五一－七四上下）。鈔本作「胡思周懿文今者桎固不足論。論諸餘者。且虜破城自南壁始。李擢盧襄提舉其事。日聚群小。浩歌城上。虜已塞濠。恬然不顧。破京城者實此二人」。後文「敵騎迫城尚持講和之論」句（三五一－七五上）。鈔本「敵騎」作「虜騎」。

十四日壬寅章

四庫本「雖都城可臨。雖金人可戰」句（三五一－七六上）。鈔本「金人」作「金賊」。

十五日癸卯章

四庫本「金人一歲再至都城。信其詐謀。終墮敵計。盡取子女玉帛。遂邀二聖鑾輿。六宮戚屬。悉擁以行。中原之禍振古未有」句（三五一—七六下）。鈔本「再至」作「再犯」。「敵計」作「賊計」。「中原」作「夷狄」。後文「而民人已多物故」句（同上）。鈔本作「而喪亂之餘。民人已多物故」。又後文「召軍馬以防金人秋高氣寒再來入邊」句（同上）。鈔本「入邊」作「入寇」。

其後四庫本遺史曰「昨三月初。王時雜等皇城司聚議。乞立邦昌。拜大金之詔書畢」句（三五一—七七上）。鈔本「拜大金之詔書」作「拜大金賊詔書」。後文「方氛祲結蕭墻之內。仇讎謀大位之人」句（同上）。鈔本「仇讎謀大位之人」作「腥羶謀僭位之人」。後又文「又看得金人元來文字聲說。請舉軍前南官」句（三五一—七七下）。鈔本「金人」作「金賊」。

十六日甲辰章

四庫本「尼堪自草地歸至雲中。遣楊天吉使夏國。約同侵陝西。……八路民兵入自西河」句（三五一—七八下至七九上）。鈔本「侵」「自」皆作「寇」。又後文四庫本節要自「渤海萬戶大托屯兵河間。金國都統溫圖琿河勒巴屯兵於保州」句至「左監軍親圍中山」句（三五一—七九上）。鈔本凡「金國」都作「女眞」。又自「又曰兩河州郡。自敵初入侵。」句以下（三五一—七九上下）。鈔本凡「敵」均作「賊」。「侵」作「寇」。「以國自固」作「以圖自固」。「連州合勢」作「連兵合勢」。

卷一百十二

七月二十七日乙卯章

四庫本「修政事。厲兵馬。以奉迎鑾輿」句（三五一—八一上）。鈔本「厲兵馬」作「攘戎狄」。後文「沿流以自便者相望於道途。避兵而去者日形於奏牘」句（三五一—八一上）。鈔本「避兵」作「避寇」。

八月一日戊午章

四庫本「伯彥對曰。好生。聖人之大德。祖宗以來。未嘗殺一士大夫。上顧曰潛善如何。潛善皆奏曰聞天地之大德曰生」句（三五一－八三下）。鈔本作「伯彥對曰。好生。聖人之大德。祖宗以來。未嘗殺一士大夫。陛下體祖宗好生之德。天下幸甚。上顧黃潛善曰如何。李綱黃潛善等皆奏曰。臣聞天地之大德曰生。」

八月五日壬戌章

四庫本李綱制曰「念中華狃承平而弛備。致強鄰伺間以肆侵」句（三五一－八五上）。鈔本「中華」作「華夏」。「強鄰」作「夷狄」。又其後黃潛善制曰「朕纂承之始。尤徵翼戴之恭。建明愈偉。聞譽彌崇。念中夏玩於燕安。致鄰國肆其侵侮」句（三五一－八五下）。鈔本作「肆朕纂承之始。尤嘉翼戴之恭。蚤聯邇臣而功素顯于時。進秉大政而士不議其速。建明愈偉。聞譽彌崇。念中夏玩燕安。致外夷肆其侵侮。」

卷一百十三

八月十四日辛未章

四庫本東京留守宗澤奏劄。文中凡「金人」鈔本皆作「賊虜」。又本奏劄之末「尚何侵侮之足憂。盜賊之足慮乎」句（三五一－八八上）。鈔本「侵侮」作「外夷」。

十八日乙亥章

四庫本尚書左僕射李綱罷爲觀文殿學士提舉杭州洞霄官制「喜怒以私。剛愎自用。令允符於清議」句（三五一－八八下）。鈔本作「以喜怒自分其賢愚。致賞罰匪失以功罪。令允符於清議」。

二十日丁丑章

四庫本東京留守宗澤奏劄「進言者欲陛下過江避敵。而不思天下託爲愛君以濟其不忠」句（三五一－八九下）。鈔本「避敵」作「避賊」。後又文「進貢花石以享上。屈意敵人以講和」句（同上）。鈔本「以享上」作「以媚上」。「敵人」作「賊虜」。後又文「今兩河雖未收寧。猶一手臂之不伸也。又併與心腹而棄之」句（三五一－九〇上）。鈔本作「今兩河雖未收寧。猶一手臂之不伸也。而乃遽欲去而之他。非惟不能療一手臂之不伸也。又併與腹心而棄之」。後又文「示敵以弱。非惟不恤兩河。抑又不恤中原」句（同上）。鈔本「敵」作「虜」。後又文「又訶子曰。

我東京是祖宗二百年積累之基業。是天下大一統之本根。陛下奈何聽先入之言而輕棄之。欲以遺強敵乎。臣觀河東河西河北京東京西之民。咸懷冤負痛。感慨激昂。想其慷慨之氣。直欲呑此仇敵。陛下忍恥聽諛順。而不令剛正之士卒同厲心。恢復疆宇乎」句（三五一－九〇下）。鈔本「強敵」作「海陬一狂虜」。「仇敵」作「賊虜」。「恢復疆宇」作「勦絕兇殘」。

九月五日壬辰章

四庫本「據探報。金人至河陽汜水等處」句（三五一－九一上）。鈔本「至」作「犯」。後又文「遁於城內者。反導敵人刼掠居民。……若命留守司於金人登城之所」句（三五一－九一上）。鈔本「敵人」作「虜寇」。「金人」作「胡虜」。

七日甲午章

四庫本「繕部員外郎陳克幹辦舟船。幷椿辦糧草」句（三五一－九一下）。鈔本作「膳部員外郎陳充幹辦

頓遞行宮一行官吏。將佐。軍兵安泊去處。虞部員外郎李儔幹辦舟船幷椿辦糧草」。

二十一日戊申章

四庫本「元祐太后及六宮至揚州。正衙牌曰。車駕巡幸駐蹕之門」句（三五一－九二下）。鈔本作「元祐太后及六宮至揚州。元祐太后至揚州。別立揚州正衙牌。曰車駕巡幸駐蹕之門」。

二十二日己酉章

四庫本「屢與金人之兵鏖戰。破之。收復衛州新鄉縣」句（三五一－九二下）。鈔本「金人之兵」作「金人賊兵」。

十月二十九日乙酉章

四庫本「王彥及金人戰於新鄉縣不利。兵潰。彥入太行山聚衆。面刺赤心報國。誓殺仇人」句（三五一－九三上）。鈔本「仇人」作「金賊」。又「自幷汾相

衛輝澤間。倡義討敵」句。鈔本「敵」作「賊」。又「斬獲銀牌首領金環金人」句（三五一－九三下）。鈔本「金人」作「女眞」。

卷一百十四

十一月九日乙未章

四庫本「王彥及金人戰於太行山。遁去」句（三五一－九五上）。鈔本作「王彥及金人戰于太行山。金人遁去」。後又文「奸人有告敵帥者」句。鈔本「敵帥」作「虜帥」。其後四庫本遺史曰「一日敵帥召其衆首領。」句（三五一－九五下）。鈔本「敵帥」作「虜帥」。

十四日庚子章

四庫本「尼堪約諸將分道河南。節要曰。尼堪知張邦昌之廢。故約諸將分道河南。東路鄂勒歡入攻山東。西路尼堪入攻京西。尼堪又除金人萬戶羅索爲陝西路先鋒都統。以金人萬戶薩里罕貝勒哈芬以副之。侵陝

西鄂勒歡。自燕山率衆。由清滄渡河以侵山東」句（三五一－九五下）。鈔本作「粘罕約諸酋分寇河南。節要曰。粘罕知張邦昌之廢。故約諸酋分寇河南。東路窩里嗢入寇山東。西路粘罕入寇京西。粘罕又除女眞萬戶婁室爲陝西路先鋒都統。以女眞散離曷孛堇黑峰以付之。寇陝西窩哩。自燕山率衆。由清滄渡河以寇山東。」

二十七日癸丑章

四庫本「鄂勒歡自燕山率衆由清滄渡河以攻山東。尼堪自雲中率衆下太行河陽。再陷西京及遣金人萬戶尼楚赫博索察罕瑪勒等以攻漢上」句（三五一－九六下）。鈔本「攻」作「寇」。「金人」作「女眞」。後又文「節要曰。時政記建雄守河陽。翟進扼河清白磊。敵夜渡河。背攻河南城」句（三五一－九六下）。鈔本作「節要曰。時鄭建雄守河陽。翟進扼河清白磊。賊不得渡河。遂攻河陽南城」。後又文「且遣金人萬戶尼楚赫輩攻漢上。尼堪不自行者。以時宗澤守東京。恐澤邀其後。故自據西京與澤相持。使漢上之兵無後顧之憂也」句（三五一－九六下至九七上）。鈔本「金人」作「女眞」。「漢上之兵」作「漢上之寇」。

十二月八日癸丑章

四庫本「令庠知鄭州。金人入境。澤出兵援之。爲金人所敗」句（三五一－九七上）。鈔本「金人入境」作「金人犯境」。後又文「遺史曰。金往西京。車駕在揚州」句（同上）。鈔本「金往西京」作「寇西京」。

十九日甲戌章

四庫本「金人攻同州軍。知州事鄭驤赴死」句（三五一－九七下）。鈔本作「攻」作「寇」。後又文「良出城見其帥請降。喜以良爲定國軍節度使知同州」句（三五一－九七下）。鈔本作「良出城見其酋請降」。金人渡河。侵陝西。首犯同州。同州投拜婁宿孛堇。喜以良爲定國軍節度使知同州」。

其後四庫本遺史曰「迨外患之橫侵。能嬰城而自固。旁無應援。迄以陷亡。蹈白刃之在前。叱敵人之愈厲」句（三五一－九八上）。鈔本「外患」作「醜虜」。「敵人」作「群兇」。後又文「羅索自同州韓城縣界越河以入長安」句（三五一－九八上）。鈔本「入」作「犯」。

又其後節要曰「時羅索屯河中蘇村。官軍扼蒲津西岸。敵不得渡。遂潛由上流韓城之城。一夕履冰而過。直入長安」句（三五一－九八上）。鈔本「敵」作「賊」。「直入長安」作「直犯長安」。

十四日己卯章

四庫本「提點刑獄公事謝京出城奔走去。將兵王俊聚衆」句（三五一－九八上下）。鈔本作「兵將扶提點刑獄公事謝京出城奔走。爲金人掩襲。京被殺。緝捕盜賊陳等。將軍各散去。將兵王俊聚衆」。

建炎二年正月二日丁亥章

四庫本遺史曰「到方城縣遇范致虛。使之知鄧州兼西路安撫使。致虛下車方僅一月。而金人攻鄧州」句（三五一－九八下）。鈔本作「到方城縣遇范致虛。使之知鄧州兼西路安撫使。致虛遂招宗印乇于鄧州。時建炎元年冬也。至是致虛下車方僅一月。而金人犯鄧州」。後文「金人帥尼楚赫大王至城下」句（同上）。鈔本作「金人酋帥銀木大王寇城下」。又後文「敵勢方張」句（三五一－九九上）。「敵騎至鄧州」句（同上）。鈔本「敵」並作「虜」。「至」作「犯」。又「屬茲穰字。正扼敵衝」句（三五一－一〇〇下）。鈔本「敵」作「賊」。

九日甲午章

四庫本遺史曰「金人至鄧州」句（三五一－一〇一上）。鈔本作「金人犯鄧州」。

十一日丙申章

四庫本「先是靖康初金人方至河北」句（三五一－一〇一下）。鈔本「至」作「犯」。

卷一百十五

十三日戊戌章

四庫本「岑適使金。自汾普渡河津。由關中以歸」句（三五一－一〇二下）。鈔本「金」作「虜」。後又文「有天章閣待制唐重。今守同州。重與敵對河。守備百出。民不加歛而食自足。兵不加募而士自至。敵陷蒲絳。將及同。同人度不能守。重開門縱之使出。自與殘兵數百人守城。示以必死。敵知有備乃引去」句（三五一－一〇二下至一〇三上）。鈔本「重與敵對河」作「重與賊對河」。「敵陷蒲絳」作「虜陷蒲絳」。「敵知有備」作「虜知有備」。又後文「封宗子使守我土地。緩急無爲敵有。又欲通夏國之好。繼青唐之後。犄角以綏敵勢」句（三五一－一〇三上）。鈔本「無爲敵有」作「無爲賊有」。「敵勢」作「

虜勢」。又「時敵在河中窺關內甚急」句（三五一－一〇三下）。又「十二月敵引兵渡河」句（同上）。鈔本「敵」皆作「虜」。又其後「而大將傅亮以部兵降敵。城遂被」句（同上）。又「其在於初敵將至。公自度孤城不能支」句（同上）。鈔本「敵」並作「賊」。又「敵渡河。鄭驤死於同」句（三五一－一〇四上）。鈔本「敵」作「虜」。又其後「十二月金人入邊」句。鈔本「入」作「寇」。又「謀遣給事中李嶫出使。未及而敵已壓境」句。又「姚平仲敗。敵愈熾。索金帛甚急」句。鈔本「敵」並作「賊」。

其後四庫本遺史曰「唯喜人言敵兵遠至。關中必無虞」句（三五一－一〇四下）。鈔本「敵」作「虜」。又「及金人薄境。略無措置」句（同上）。又「金人薄長安」句（三五一－一〇五上）。鈔本「薄」皆作「犯」。

又翟興翟進及金人戰於伊川皀礬嶺條。四庫本「擒其

將夏太尉者」句（三五一－一〇五下）。鈔本「將」作「酋」。又「擒首領傅太尉者」句。鈔本「首領」作「酋首」。

二十二日丁未詔招降盜賊章

四庫本「頃自奸臣誤國。邊隙既開。兵禍及於黎元。烽燧達於京闕。」句（三五一－一〇五下）。鈔本「兵禍」作「戎禍」。「烽燧達於京闕」作「胡塵暗于

京闕」。

二月十九日甲戌章

四庫本「初報金人至陳州。知州向子褒欲固守」句（三五一－一〇七下）。鈔本「至」作「犯」。其後四庫本東京留守宗澤奏對論「遂至金人肆虐殘破州縣」句（三五一－一〇八上）。鈔本「金人」作「賊虜」。又此句以下凡「金人」皆作「賊虜」。其中「今河東河西不隨順金人。雖強爲秣馬厲戈。而自保山寨者不知幾千萬人」句（三五一－一〇八下）。「金人」作「番賊」。「秣馬厲戈」作「剃頭辮髮」。又「陛下若駐蹕淮甸。俾人顒顒之望。惶惶之情未有所慰安。此人之心也」句（三五一－一〇八下）。鈔本其下尚多「所不欲」三字。後又文「冀德韓清寇西京。翟興敗之。冀德韓清遁走。德清乘金人入邊。嘯聚不逞」句（三五一－一〇九上）。鈔本「入邊」作「入寇」。又「翟興間探得。殺戮殆盡」句（同上）。鈔本

作「翟興間探得實。以輕兵趨間道直抵留山寺。一擊而潰。生擒冀德。殺戮殆盡」。又其後李彥仙克陝州條「檄召河南河北豪傑共起義兵。併力擊敵」句（三五一－一〇九下）。鈔本「敵」作「賊」。

卷一百十六

三月二十六日庚戌章

四庫本「有百姓晁進者。懷蠟書。凡三次出金圍。金人侵西京陝右也」句（三五一－一一一上）。鈔本作「有百姓晁進者。懷蠟書。凡三次出城。皆達李宗寨告急。宗亦嘗以兵至。城中人亦嘗以乘夜劫金人。金人侵西京陝右也」。後又文「熙帥張深遣偏將軍劉惟輔總統兵三千禦敵」句（三五一－一一一下）。鈔本「禦敵」作「禦賊」。後又文「又熙河將劉惟輔遇敵於熟羊城。天未曉。短接。殺傷相當。而敵失大帥哈芬。大王遂復東還。惟輔亦走。敵去」句（同上）。鈔本「敵」均作「賊」。後又文「由吳山出寶鷄掠敵

遊騎。而嚴擁大兵擊敵於五里坡。嚴初發也。約涇原兵會合擊敵」句（三五一－一一一下至一一二上）。鈔本「掠敵遊騎」作「掠賊遊擊」其餘「敵」字皆作「虜」。

其後四庫本節要曰「羅索陷長安。斷攻鳳翔秦鳳等路」句（三五一－一一二上）。鈔本「斷攻」作「繼寇」。後又文「西來又聞韓世忠大軍所至盡焚西京廬舍。西京漢上之民。北留烏舍伊都。屯河陽」句（三五一－一一二上）。鈔本作「西來又聞韓世忠大軍所至盡焚西京廬舍。虜西京漢上之民北遷。留兀室余覩屯河陽」。

其後四庫本續自叙曰「氛祲一掃鑾輿返。若個將軍肯用心」句（三五一－一一二上下）。鈔本「氛祲」作「羶胡」。後又文「臣陷敵日。適遇太上皇帝車駕北狩……金人無信。兵勝則我可歸」句（三五一－一一二下）。鈔本「敵」作「虜」。「金人」作「虜人」。

」又「頃強敵之內侵。屬都城之失守」句（三五一－一一三上）。鈔本「強敵」作「戎虜」。後又文「隆以爲匪任臣滅敵意」句（三五一－一一三下）。鈔本「敵」作「賊」。後又文「又爲文以誓衆曰。金人渝盟。連年侵掠。劫遷二聖。邀致皇族。殺我人民擄我子弟。掠我財帛。焚我廬舍。怙勢恃強。天人共怒」句（三五一－一一四上）。鈔本「金人」作「金賊」。「侵掠」作「犯順」。「怙勢恃強」作「罪惡貫盈」。後又文「爾等將士。素懷忠義。當報國恩。協力同心。掃蕩邊氛。迎還二聖。平定兩河」句（同上）。鈔本「邊氛」作「金賊」。後又文「迨其度越燕山。深入敵境」句（同上）。鈔本「敵境」作「賊境」。

建炎二年四月章

四庫本「四月韓世忠還行在。韓世忠軍於京師。與丁進不和。軍士相擊無虛日。世忠慮有變。遂還行在」

一則（三五一－一一四下）後有脫文。鈔本原文如下
史斌據長安。吳玠擒斌克長安。又克華州。
金人既退兵。涇原將曲端遂下兵秦州。而鳳翔長安各爲義兵收復。端大怒。鳳翔劉彥希殺之。會叛賊史斌侵興元不克。引兵還關中。義兵首領張宗誘斌至長安而散其衆。徐欲徐圖之。端遣吳玠襲擊斌。斌走鳴犢鎭。爲玠所擒。端自襲張宗殺之。收復長安。玠以斌淩遲處斬。

十五日戊辰。王彥敗金人于大行山。
王彥與金人戰既勝。因夜破金人趙固寨。金人退兵。
五月甲申朔。尙書右丞許景衡罷爲資政殿李士提舉杭州洞霄宮。
金人陷河北諸州而攻京東京西。許景衡以駐蹕揚州恐有不測侵犯。請幸江寧府。識者雖不以爲是。然亦不敢以爲不是。黃潛善汪伯彥力阻之。遂以宮祠罷執政。景衡憂之。抑鬱而死。

林泉野記曰。許景衡字少卿。溫州人。元祐九年登第。建炎初除尙書右丞。二年金人陷河北。駸駸犯京東京西。衡請 上幸江寧府。黃潛善汪彥伯皆阻其議。未幾以資政殿學士提舉洞霄宮卒。及虜入維揚。上方思其言。
二日乙酉。宗澤奏箚乞車駕還京師。
其後「東京留守宗澤箚請亟還宮闕。凡奏十餘箚」句（三五一－一一四下）。鈔本作「先是東京留守宗澤

自建炎元年七月到京師。即奏乞回鑾凡奏十餘箚子」。後又文「祖宗西京園陵寢廟爲金人所占」句（三五一－一一五上）。又「臣思之一欲爲金人爲方便之計」句（同上）。又「恭維國家曩緣金人內逼殘破州縣」句（三五一－一一五下）。鈔本「金人」皆作「賊虜」。後又文「總領貔貅之士一戰而勝。迎奉二聖來歸京師」句（同上）。鈔本「一戰而勝」作「掃蕩沙漠」。後又文「儲金帛以爲敵資。椿器械以爲敵用」

句（同上）。鈔本「敵」並作「賊」。後又文「何敵人之足慮」句（三五一—一一六下）。鈔本作「何戎狄之足憂」。

又「有姓馬人妻王氏者。率衆討敵。敵勢窮窘不知所爲。此天亡敵人之時也」句（三五一—一一六下）。鈔本作「有姓馬人妻王氏者。率衆討賊。賊勢窮窘不知所爲。此天亡虜寇之時也」。又「大振軍聲。盡平敵壘」句（同上）。鈔本「敵」作「賊」。又「掃盡

氛塵。廓清之日。臣蒙陛下眷注。誓效死節」句（同上）。鈔本作「掃盡胡塵。擴清海內。然後奉迎鑾輿還京師。以快天下人心。以塞奸臣之口。臣蒙陛下知眷。誓效死節」。

卷一百十七

五月八日辛卯章

四庫本節要一則自「雖去西京不遠。而敵視之以已棄之物」句（三五一—一一七下）至「因留金國萬戶。察罕瑪勒戍河陽」句（三五一—一一八上）。鈔本「敵」均作「賊」。「敵騎」作「胡騎」。「金國」作「女眞」。

五月二十日癸卯章

四庫本止於「上下把截」句。其後似有脫文（三五一—一一九上）。鈔本其文如下。

王庶會涇慶路兵欲逐金人過河。王似席貢不從。

先是陝西路制置使錢蓋移文鄜延帥王庶兼制環慶涇原

兵破賊。既而義兵大起。金人東還。庶以金人重載可尾襲取勝。移文環慶涇原各大舉協力更戰。而庶慶州人也。慶帥王似爲桑梓。又涇帥席貢乃庶之舉官。皆以庶後進不欲聽其節制。遂具文應報。而兵皆不出。金人遊騎上青谿山。爲涇原將吳玠所扼。至咸陽。望渭河南義兵布滿平野。不得渡。遂循渭而東。其支軍入鄜延攻康定。圍龍坊。王庶禦退之。于是金人盤礴于鄜翊河中。據浮橋以通往來。渭河以南人情大恐。

過河歸國。農務不可失時。乃盡散渭河以南義兵。庶亦歛兵保險。又以書約涇慶帥王似席貢。欲大舉除馮翊所餘虜兵。逼逐過河。復限大河自守。至于再三。似不應。貢許出兵四萬。竟以應報不齊。又曲端素不欲聽庶節制。遂復遷延。是時鄜延人以秋深必受兵擾。多有遷徙而去者。道出環慶吏民皆驚恐。移文所在以密檢姦細爲名。奪其財物。或毆殺之。若無官司者。

二十一日甲辰。金人陷絳州。

金人寇陝西。回軍時絳州猶爲國家守知州。乃宗室小監倉也。甲辰。金人攻陷之。軍民巷戰者六日。

七月十日丁亥章

四庫本「偶生邊地。視之遂異。然豈可與金人一例待之」句（三五一－一一九上）。鈔本「金人」作「虜人」。後又文「朕欲發諸郡拘內歸官盡赴行在附之。庶幾可招和氣」句後似有脫文（同上）。鈔本原文如下。

留守司借楊進榮州防禦使知河南府。

楊進嘗隸王淵軍于應天府。金人已陷京師。屢分兵犯應天府。淵命進及韓世忠與賊戰。破之。前後多所殺傷。上即位。淵爲御營使司副都統制。淵妬忌才能。深忌進欲殺之。故進復反。有衆數萬。自號沒角牛。留守司遣人招安。進陰許受招安。乃借進榮州防禦使知河南府。進不能行。

八月二日己酉宗澤奏剳乞駕還京師章之後（三五一－一一九下）。四庫本之次第與鈔本有出入。四庫本「邵興敗金人於陝西州夏縣」條（三五一－一二一下）。鈔本置於卷一百十八。二十六日丁丑章中。另有「邵興敗婁室孛堇于解州」條。爲四庫本所無。其文如下「邵興敗婁室孛堇于解州。婁室孛堇攻解州之朱家山。邵興苦戰二日。遂敗之。殺千餘級。殺其將韓裔孛堇。毛故魯孛堇。李彥仙補興從義郎遷陝西州都統制軍馬。」又四庫本「馬山寨」條（三五一－一二二上）。可能是鈔本「金人窩里嘔撻懶闍共陷慶源府五馬山義兵朝天鐵壁諸寨」條。

八月二日己酉章

四庫本遺史曰「而臣子視人君猶父。得無鬱於瞻思。卿等留居千里之畿」句後注缺（三五一－一二〇上）鈔本原文如下「拱扆九重之闕。合數十百函之奏。傾億千萬乘之心。渴聞嗚蹕之音。虔舉回鑾之請。備覩忠欵。深可嘆嘉。」但鈔本下接「澤有渡河恢復舊疆之意」云云。與四庫本略異。不知孰是孰非。

八日乙卯東京留守宗澤卒章

四庫本林泉野記曰「金人自衛南來攻開德。澤遣統制孔彥舟敗之。次日來攻行在」句（三五一－一二〇下）。鈔本「攻」均作「犯」。後又文「敵以兩軍掩擊。推車者皆走」句（同上）。鈔本「敵」作「虜」。後又文「會合王善丁進楊進合兵六十萬。欲渡河迎二

聖。金人頗畏憚」句（三五一－一二一上）。鈔本「金人」作「虜人」。

其後靖康小雅曰「門下侍郎御營使東京留守宗公諱澤。金人再入寨。將近畿甸。公守磁州。抗疏請朝廷大爲之備。身乞將兵以與敵角。淵聖嘉之。進祕閣修撰。且使募河朔騎兵爲夾擊之計。康王使金至磁。爲百姓遮留不使北去」句（三五一－一二一上）。鈔本「將近畿甸」作「將犯畿甸」。「與敵角」作「與虜角」。「使金」作「使虜」。又「至衛南遇敵。力戰數日。敵兵日滋。公無後斷。既小衄。敵方北去」句（同上）。鈔本「敵」均作「賊」。又後文「詩曰。洪河滔滔。撼野摧山。砥柱中立。獨當狂瀾。敵勢焰焰。動植俱殘」句（三五一－一二一下）。鈔本「敵勢焰焰」作「胡熾凶焰」。

其後四庫本「宇文虛中權京城留守」句（三五一－一二一下）後有脫文。鈔本作「宇文虛中與楊可輔爲祈

請使副行。會宗澤卒。遂留虛中權行留守司事」。又其後「中書侍郎張慤卒」句（三五一－一二一下）後有脫文。鈔本原文如下。

慤字伯誠。瀛州人也。元祐六年登第。靖康初授徽猷閣直學士。河北都轉運使。權大名府。康王至大名。慤來迎。陞延康殿學士。建炎初。召赴行在。同知樞密院。慤在大名時。有洺州王明者。號王鐵槍。與李洪李民聚衆以復奪二帝爲辭。有衆數萬。慤差無官宗

子不尤及進士王協王慈招安撫之。授明州觀察使。洪民皆閤門祇候。不尤武翼郎協慈皆承務郎。後杜充知北京。亦遣王明率衆討金人。爲趙六舍人所殺。李民復爲賊。號滿天星者。慤俄除尚書右丞。上幸維揚。除中書侍郎黃潛善汪伯彥當政。慤以忠梗自任。不附會黃潛善汪伯彥。潛善伯彥屢笑宗澤顚狂。慤曰。如宗澤顚狂之士多得數人。則天下定矣。二人語塞。次年八月卒于官位。識者嘆其志未盛行而已死。

靖康小雅曰。公諱慤。靖康之末。公爲河北都轉運使。趙野帥大名師徒不安遂叛。欲殺野。公挺身出諭衆方定。且請公領帥事野。遂得免焉。大元帥自相州渡河至大名。公力規時病。且陳天下所以治亂安危之本。上爲動色而心善之。明年上登大寶位。召公八參樞府。稍遷右轄。遂貳黃門。公自入預大政。惟知殫竭。其言益危。其諫諍直切無所避。雖黃潛善怙勢肆奸。專務壅蔽。自汪伯彥而下奴事之。不敢少忤其意。

惟公以直道自持。面折其失。誦言其短。事必力爭。雖言不行而不少屈。已而皆如公言。上獨嘉之。潛善內不能無愧。愈忌公。公亦屢乞身甚力。上亦知公忠誠勁直。愈加眷倚。終不聽。公去。天下引領望公入相。而公且死矣。建炎三年夏。上自杭州幸建康。過公之墓。思公之賢。降詔遣使致祭。厚卹其家。嗚呼。士之仕于朝也。患無眷于君矣。而天子明察。知公爲深。言雖力。不足勝潛善之奸。事既驗。不能革潛

善之愎。潛善之誤國嫉賢。其罪如此。卒不巤死而令公死乎。是可歎也。詩曰。建炎紹統。銳于中興。乃得賢輔。食蘗飲水。責君堯舜。良哉股肱。苟用其言。不難丕承。奸相巨蠹。忌嫉才能。群邪翼之。如彼鶚鷹。公奮不顧。忠勇日增。瞻之維何。垂天之鵬。瑣瑣潛善。陋比蛙蠅。賢死奸壽。何戒何懲。

殿中侍御史馬伸言謝克家孫覿不可復用。

其後四庫本「馬山寨」條（三五一—一二二上）。

「馬行寨中有亡歸敵者。告於眞定同知韓慶和金人副都統紹合。二人具陳於東路元帥府。恐馬得兵南來。故大會敵衆。力破諸寨。以絕馬之內應。以斷馬之歸心。諸寨多無井汲水。子潤爲敵所斷汲道。遂至陷沒」句（三五一—一二三上）。鈔本「敵」皆作「賊。「金人」作「女眞」。

又四庫本「赦陝河北東路門下」句（三五一—一二三上）。鈔本作「赦河北陝西京東路」。其下「然而敵國靡聞於悔禍」句。鈔本「敵國」作「夷狄」。

卷一百十八

二年八月二十一日癸酉章

四庫本「然自大任以來。措置天下未能恢復。遂使金人日強盜賊日熾」句（三五一—一二三上）。鈔本作「然自大任以來。措置天下未能愜當物情。遂使夷虜日強盜賊日熾」。後又文「又如張慤宗澤許景衡公忠有如此者」句（三五一—一二三下）。鈔本作「又如

張慤宗澤許景衡公忠有才。皆可任重事。潛善伯彥忌之。沮抑至死。其妨功害能有如此者」。

二十九日辛巳章

四庫本「臣李遇傷夏主。乃謀移檄」句（三五一—一二四下）。鈔本「夏主」作「虜主」。後又文「方金人挫銳於熙河。奔北於本路」句（三五一—一二四下）。鈔本「金人」作「黠虜」。

三日甲申章

四庫本別錄曰「澤又招撫河南群盜城下。復遣復兩宮。議既定。先以薛廣張用王善前驅。統離城下。而杜充無意於敵。盡反澤所爲。故河北諸屯豪傑皆散」句（三五一－一二五下）。鈔本作「澤又招撫河南群賊集城下。欲遣迎復兩宮。議既定。先以薛廣張用王善前驅。纔離城下。而澤已死。充無意于虜。盡反澤所爲。故河北諸屯豪傑皆散」。

二十日辛丑章

四庫本「王庶在坊州。遣賀師範趨耀州。王宗尹趨白水。移文涇環二帥出兵爲援。驅逐殘敵。渡河且備秋高之復入。二帥各遣偏將至會師範。遇敵於八公原。爲敵所乘」句（三五一－一二七上）。鈔本「殘敵」作「殘寇」。「遇敵」作「遇虜」。「爲敵所乘」作「爲賊所乘」。

十月丁進以其衆降于劉正彥章

四庫本「今敵勢甚張。若不以奇計破之。難以力取…

…一色旗盡。即以他色易之駭敵心。王彥然之。敵見官兵累日不絕。其色各異。謂官軍甚衆」句（三五一－一二七下）。鈔本「敵」均作「賊」字。

初五日丙辰章

四庫本「願因人心向順。大征犄角。破敵收復故地」句（三五一－一二八上）。鈔本「敵」作「賊」。

十二日癸亥章

四庫本「金人攻博州。皆徬徨不敢進」句（三五一－一二九下）。鈔本「攻」作「犯」。後又文「金將達蘭郎君與棟摩鄂勒歡合併往攻之。敵與政戰城南」句（三五一－一二九下）。鈔本「金將」作「虜酋」。「敵」作「虜」又以下凡「攻」字鈔本皆作「犯」。

二十六日丁丑章

四庫本「聲言就駐捍敵」句（三五一－一三〇上）。鈔本「敵」作「賊」。其後「乘勢大呼擊官軍遂敗。興麾餘衆保伊川」句（三五一－一三〇下）。鈔本下接「邵興敗金人于陝西州夏縣」條。四庫本置於卷一百十七。

卷一百十九

十一月十二日壬辰章

四庫本「金人知曲端與王庶不協。乃併力攻鄜延康定。王宗尹不能禦。庶在坊州聞金人兵至康定」句（三五一－一三四上）。鈔本「乃併力攻鄜延康定」作「乃併力寇鄜延。攻自康定」。「金人至」作「金人入寇」。後又文「諭端併兵鄜延無益。不如以計困之。兵法所謂攻其必救」句（同上）。鈔本「不如以計困之」作「不如蕩賊巢穴」。後又文「華州蒲城皆爲守兵。玠援華州」句（同上）。鈔本作「華州蒲城皆無守兵。玠拔華州」。其後別錄曰「十一月壬辰。敵陷延安。初鄜延經略使王庶屢戰有功。聞敵自熙河敗回。仍檄諸路不應。又移書謝亮以率諸帥。亮又不從。既而詔除庶節制。六路兵擊敵於鄜延耀州諸路。又爲

敵諜知。遂破延安」句（三五一－一三四上）。鈔本「敵」字均作「虜」字。

十五日乙未章

四庫本「金人陷開德府。金人攻開德府」句（三五一－一三四下）。鈔本「攻」作「寇」。其後「某乃國家宗室。豈有順敵」句（三五一－一三五上）。鈔本「敵」作「番」。

二十二日壬寅章

四庫本知濟南府劉豫權知淄州條。「初李成敗於劉光世也。轉至淄州」句（三五一－一三六上）。鈔本「至」作「寇」。

十日庚申章

四庫本「金人攻東平府」句（三五一－一三七下）。鈔本「攻」作「犯」。

十四日甲子章

四庫本「金人攻北京」句（三五一－一三七下）。鈔

本作「金人犯北京」。以下凡「敵」字皆作「虜」。其中「吾城堅。汝輩當努力。敵不足畏也」句（三五一—一三八上）。鈔本「敵」作「賊」。又「永瞋目唾罵曰。無知之輩。恨不臨爾以報國家」句（三五一—一三八下）。鈔本「之輩」作「畜豕」。後又文「聞秋毫之善必獎成如不及。與人交輕財篤義」句（同上）。鈔本作「聞秋毫之善必獎成如不及。士以此嚴憚而歸之。事親孝。與人交輕財篤義」。

十五日乙丑章

四庫本「敵兵未殄。有朽索馭六馬之憂」句（三五一—一三九上）。鈔本「敵兵」作「戎虜」。

廿一日辛未章

四庫本「金人薄青州」句（三五一—一三九下）。鈔本作「金人寇青州」。後又文「別疏論金人趨淮甸之路有四宜」句（同上）。鈔本「趨」作「犯」。

卷一百二十

建炎三年正月十六日章

四庫本「以其衆皆面刺十字曰。永不負趙王。誓不捨金人以示衆」句（三五一—一四二下）。鈔本「金人」作「金賊」。其後「金人陷徐州。知軍州王復被殺。金人將攻揚州」句（三五一—一四三上）。鈔本「攻」作「犯」。

二十一日庚子章

四庫本張守爲起居郎條。「還行在面奏金人必來」句（三五一—一四三下）。鈔本「金人」作「虜人」。

其後韓世忠退屯宿遷條「金人尼堪方圖維揚。大舉兵自京東入侵」句（三五一—一四四上）。鈔本「入侵」作「入寇」。

二月一日庚戌章

四庫本節要曰「尼堪留烏舍伊都守雲中率衆南下也」句（三五一—一四四下）。鈔本「南下」作「南寇」。又「鄂勒歡從而入戰。由是尼堪以渡黎陽以攻澶濮。既陷時杜充守東京。金人西來。決大河阻之。敵不能西。乃東會鄂歡衆。同陷北京。繼攻鄆」句（三五一—一四五上）。鈔本「戰」「攻」皆作「寇」。「金人」作「虜賊」。「敵」作「賊」。

卷一百二十一

二月三日壬子章

四庫本維揚巡幸紀。「致強寇奄至。亡以應敵」句（三五一—一四六下）。鈔本「強寇」作「胡寇」。又

「金人知朝廷此意亦多僞。稱李成之黨以緩我師」句（三五一—一四七下）。鈔本「金人」作「番寇」。後又文「然瑾之反也。本由遇金人其師不利遂有此過。而金人聞瑾之反。罔有爲已抗者」句（三五一—一四七上）。鈔本「遇金人」作「遇番賊」。其下之「金人」作「番人」。後又文「初三日刻得天長軍關報。始知敵騎已到」句（三五一—一四七下）。鈔本「敵騎」作「番賊」。後又文「至申刻。及人已到楊子橋。應係官私搬載什物。舳艫相啣。無慮萬計。悉爲金人所有。是夜揚州火發凡三四處。兵至瓜州。人民未渡江者尚數十萬」句（同上）。鈔本「及人」作「番人」。「金人」作「虜人」。「兵至瓜州」作「初四日賊至瓜州」。後又文「及金人驟至。一網俱盡。死者葬于魚鱉之腹。生者隨于金兵之手。王侯之族。士庶之徒。盡遭俘掠。摧陷蹂躪。豈可勝言」句（三五一—一四八上）。鈔本作「及番人驟至。一網俱盡

。死者葬于魚鱉之腹。生者墮于胡虜之手。王侯之族。婉冶之容。盡流異域。催毀殘賊。豈可勝言」。

八日丁巳章

四庫本撫慰維揚遷徙人詔「朕以單微之質蒙址大觀」句（三五一—一五一上）。鈔本作「朕以單微之質遭世大變」。後又文「投拜金人之主帥。入城與斑筵會」句（三五一—一五二上）。鈔本「主帥」作「酋長」。

卷一百二十二

十四日癸亥章

四庫本汪伯彥奏劄「備謹邊防以慮敵至」句（三五一—一五三下）。鈔本「敵」作「寇」。又「既不能格天人佑助之心。顧何以平華夏搶攘之亂」句（三五一—一五四上）。鈔本「華夏」作「夷夏」。

十八日丁卯章

四庫本「正月三十日閤瑾申有敵騎三十人至泗洲……

至初三日。探報敵騎在近。始倉皇移蹕」句（三五一—一五六上）。鈔本上「敵騎」作「番騎」。下「敵騎」作「虜騎」。後又文「一旦多被敵人俘掠。使歸怨人主。其罪二也」句（三五一—一五六下）。鈔本「被敵人俘掠」作「餧餓賊之口」。後又文「一旦遽然渡江。是委一郡生靈於敵而不恤也」句（同上）。鈔本「敵」作「賊」。又「建炎初年。自河南西京鄭州拱州澶金人殘破。餘皆無恙」句（同上）。鈔本「金人」作「金賊」。又「三月一日敵騎已迫。尚指揮且搬三分之一。致出門入閘候潮。種種留滯。不時過江盡爲敵有」句（三五一—一五七上）。鈔本「敵」均作「賊」。又此句以下凡「敵騎」鈔本皆作「虜騎」。其中「金人犯東平。既破其勢。已作東來之計」句（三五一—一五八上下）。鈔本「金人」作「虜人」。又「敵騎已逼。尚敢挽留車駕」句（三五一—一五八下）。鈔本作「敵騎」作「賊騎」。又「宰相之

職無所不統。水旱蝗螟則策免。盜賊竊發干犯則免」句（同上）。鈔本作「宰相之職無所不統。水旱蝗螟在古則策免。盜賊夷狄干犯則丐歸」。

卷一百二十三

二十日己巳章

四庫本汪伯彥制曰「方國步阽危之日。正敵兵侵擾之初」句（三五一—一六一上）。鈔本「敵兵侵擾」作「胡塵侵犯」。

二十二日辛未章

四庫本「金人攻高郵軍。知趙士峻棄城走」句（三五一—一六一上）。鈔本「攻」字作「寇」。後又文「宋世雄以潰兵入泰州。知州曾斑棄城走。初金人至泰州」句（三五一—一六二下）。鈔本「至」作「犯」。又「聚兵三百餘人攻泰州」句（同上）。鈔本「攻」作「犯」。

二十八日丁丑章

四庫本「金人至陝西。燮以輕兵入川」句（三五一—一六二下）。鈔本「至」作「犯」。

三月二日庚辰章

四庫本「今敵騎充。兩河雲擾。雍洛不可卒至」句（三五一—一六三下）。鈔本「敵騎」作「虜騎」。

馬政應詔上書。「臣觀金人強壯。連年深入。劫遷二聖。幾危宗社。斯非金兵精強無敵於天下也」句（三五一—一六四上）。鈔本作「金人」「金兵」並作「金賊」。「深入」作「犯順」。後又文「全示懦弱。取侮外鄰。其誤一也。敵既退師。略不修備。而禁止敢言」句（同上）。鈔本「外鄰」作「夷狄」。「敵」作「虜」。又「彼既長驅深入……助勢以遏燕山鴈門深入之師……金人既至京闕。時已初春」句（三五一—一六四上下）。鈔本「深入」並作「入寇」。「金人既至」作「金賊既犯」。又「萬一敵不從議。則密檄河北諸鎮潛喻勤王之師。……自是之後敵益悉我

底蘊」句（三五一—一六四下）。鈔本「敵不從議」作「賊不從議」。「敵益悉我底緼」作「虜益悉我底蘊」。又「且宜堅守信誓。示以無能。以懈其心。……驟欲攖戰。其實無能。使敵騎復來了」句（同上）。鈔本「以懈其心」作「以懈虜心」。「敵騎」作「賊騎」。後又文「金人既立張楚。自界大河而守」句（同上）。鈔本「金人」作「金賊」。後又文「多方措置。敵騎豈能輕渡」句（同上）。鈔本「敵」作「

虜」。又「敵騎復來。如拉枯朽。其失四也」句（三五一—一六五上）。鈔本「敵」作「賊」。後又文「時方金人又欲盡殺南民。人人畏懼。日思南歸」句（同上）。鈔本作「時方金人欲剃南民頂髮。人人怨憤」。後又文「張用王善等群黨俱奮渡河討敵之志。……兩河州縣一旦可復。金人勢自瓦解」句（同上）。鈔本「敵」作「賊」。「金人」作「金賊」。後又文「不唯乘敵遠來可以掩擊。……遂使金人大肆憑陵

。幾近清蹕。陷生靈於倉卒之際」句（三五一—一六五下）。鈔本「敵」作「賊」。「遂使金人大肆憑陵。幾近清蹕」作「遂使虜人大肆猖獗。幾犯清蹕」。又「臣竊料金人遠來。馬疲人乏」句（同上）。鈔本「金人」作「金賊」。又「以是敵心頓阻。不思渡江以迫大駕」句（同上）。鈔本「敵心」作「賊心」。後又文「知陛下戡除仇敵。肅清寰海。將有日矣」句（三五一—一六六上）。鈔本「仇敵」作「賊虜」。

後又文「先敵未來。早爲之計。……數年之間殄掃讎仇。再隆王室」句（同上）。鈔本「先敵」作「先賊」。「讎仇」作「讎賊」。後又文「臣願建都蜀中。據上流以撫淮甸。破金人之計。回天下之心」句（同上）。鈔本作「臣願選吏以撫甸。破金賊之計。回天下之心」。後又文「倚長江爲可恃。幸金人之不來。猶豫遷延。倏至秋冬。使金人再舉」句（同上）。鈔本「金人」並作「金賊」。又「金人以鞍馬馳射爲事

。江南地利非其所長。……臣應之曰。金人猝然乘機而興。呑滅諸國」句（三五一—一六六下）。鈔本前「金人」作「胡人」。後「金人」作「逆胡」。後又文「若謂江湖之險北馬必不能侵。則往昔開拓之兵。何以能抵江。則又何憚而不能向蜀哉」句（同上）。鈔本作「若謂江湖所險北馬必不能侵。則往昔開拓之兵何以能抵江浙哉。說者又謂。聖駕所居彼必睥睨。既能越長淮。經江浙。則又何憚而不能向蜀哉」。後

又文「臣誠恐金人今雖暫去。乘秋復來」句（三五一—一六七下）。鈔本「金人」作「虜人」。最後「仰願陛下藉祖宗累世積德之基。乘億兆憤敵報君之志」句（三五一—一六八上）。鈔本「敵」作「賊」。

卷一百二十四

三月二日庚辰章

四庫本周紫芝上書「況有天下之大。父母宗族俱墮異域。可以恝然不爲之慮乎。……況金人盛強。憑侮中

國無所不至。日者敵騎再入。遂陷京師」句（三五一—一六九上下）。鈔本「異域」作「夷狄」。「金人」作「胡虜」。「敵騎」作「虜騎」。後又文「金人聞綱復用。一夕爲之退舍」句（三五一—一七〇上）。鈔本「金人」作「虜人」。後又文「既委以輔相。豈當復責以小衄便加大譴」句（同上）。鈔本作「既委以輔相。豈當復責以將帥之任。既責以此。豈容小衄便加大譴」。後又文「朝廷日治。國勢日強。則金人自然畏服」句（三五一—一七〇下）。鈔本「金人」作「虜人」。後又文「前年敵既薄城。元老大臣下逮百官有司。爭挈妻孥順流東下爲自安計」句（三五一—一七一上）。鈔本「敵既薄城」作「虜既寇城」。後又文「六賊之惡暴著遠方。義當戮於兩觀。梟其頭顱。狀其惡而聲之。以播告萬方。使外敵知中國有威斷之君。四海畏聖主擅生殺之柄。然後國威自立。敵氣日銷」句（三五一—一七一上）。鈔本「遠方」

作「遠夷」。「外敵」作「夷狄」。「敵氣」作「虜氣」。又「是以敵國之兵得以自肆入關而來。渡河而去」句（三五一—一七一下）。鈔本「敵國之兵」作「猖狂之虜」。又「諸將堅壁而不進。守臣開門以納兵」句（三五一—一七二上）。鈔本「兵」作「寇」。後又文「比者金人長驅直擣王室。……罵敵死難者不知有幾」句（同上）。鈔本「金人」作「虜人」。「敵」作「賊」。後又文「有慷慨敢言。衆皆指爲狂

夫。小則屏斥烟瘴。大則蒙被斧鉞……至使強鄰興敵拒之。使人君下哀痛之詔」句（三五一－一七二下）。鈔本「烟瘴」作「夷裔」。「強鄰」作「夷狄」。又其後「一失斯人。亂不旋踵。至使金人鳩諸國之衆。提百萬之師叩關而來。如蹈空谷。兵動九天。聲震四海。而吾中國初無一夫敢當其敵者。幸而啗以金繒。割以壤地。金亦從而退師。奈何敵馬朝解。守禦暮怠」句（三五一－一七三上）。鈔本「金人」作「金

虜」。「金亦從而退師」作「虜亦從而退師」。「敵馬」作「虜馬」。後又文「而又以河朔之民恥事仇敵。而割地之盟棄不復用。則大信既虧。敵情益憤矣。夫進不能追其師。退不能結其信。揣其私情。豈不再至。明年敵騎果入」句（三五一－一七三下）。鈔本「恥事仇敵」作「恥在左衽」。「敵情」作「虜情」。「敵騎」作「虜騎」。後又文「且金人服叛不常久矣。……昔人以謂湯武之興未嘗與遠國共功。蓋疏而

不用也」句（三五一－一七四上）。鈔本「金人」「遠國」皆作「夷狄」。後又文「今金人日以盛強。中國漸致衰弱。臣願陛下體太宗之英武。以蹶其芽而犁其庭。不願若唐之末世。與二寇相爲盛衰而已也」句（三五一－一七四下）。鈔本「金人」作「夷虜」。「二寇」作「二虜」。後又文「天下敵雖已去。而國勢漸削。四方嘯聚。旁午山谷。九族遠託穹廬。而敵情猶未定。安危可知」句（三五一－一七五上）。鈔

本「敵雖已去」作「寇雖已去」。「敵情」作「虜情」。後又文「去年金人既去。一戰之勝。則臣不願陛下爲之。文德之修而四國賓。中夏安而遠人服。惠此中國以綏四方」句（三五一－一七五上）。鈔本作「去年金虜既去。而君臣相顧以爲無事。故謀臣不講禦戎之策。絕塞不設防秋之戍。朝廷不選將帥。郡邑不練甲兵。乃復罷舒王配享之祀。復春秋取士之科。至于士論紛然。幾成聚訟。可謂不急之務也。今日不鑒

去年之弊。而禦戎防秋選將練兵之計。一切置而不問。去年復春秋。今年行詩賦。去年削舒王配享之文。今年復元豐釋奠之制。觀其事體與前日略同。安知虜不復窺中國以肆其虎狼之喙耶。臣以此意恐陛下復踵前日之三弊。是以敢效其愚衷。庶幾涓埃之微。有以上裨獻納。昔人論王伯之理。謂以一士止百萬之師。以一言制千里之難。今來驍銳勇敢之將。可使絕域之人有能繫單于而斬樓蘭。橫行匈奴而勒功燕然者乎。

既不可得。即有賢相為天下之所係。望名震四夷。能使酋長望風而畏。則何止卻百萬之師。制千里之難而已哉。臣見數年之後。要路無小人。朝廷有公論。將士革離叛之心。師徒鼓驍銳之氣。財力富強。國勢十倍。人人思奮以君父之恥。陛下又濟以剛明果斷。建立大功以成大舜之孝。固有日矣。若乃興師動衆。勤民異域以與夷狄角一戰之勝。則臣不願陛下為之。文德修而四夷賓。中夏安而遠人服。惠此中國以綏四方。」

卷一百二十五

三月五日癸未章

四庫本秀水閒居錄。後又文「若金人自通州對岸過江。先據蘇州奈何」句（三五一—一七七上）。鈔本「金人」作「虜人」。又其後文「余曰未箚得腳。未可與敵角力。自治豈無策乎。以主上天資英睿。春秋鼎盛。尚箚腳未得。敵營近在江北。太后抱負聽朝。將

來秋深。事當何如」句（三五一—一八〇上）。鈔本「敵」均作「虜」。又此句以下凡「敵」字鈔本均作「虜」。「金帥」作「虜酋」。最後「可以杜塞凶之謀。免墮金人計」句（三五一—一八〇下至一八一上）。鈔本「金人」作「虜人」。

卷一百二十六

三月十六日章

四庫本「金人近在平江。比日已遣小使」句（三五一

—一八一下）。鈔本「金人」作「虜人」。又「本期使人回見。得敵情如何別作商議」句（三五一—一八二上）。鈔本「敵情」作「虜情」。又「前日所請本爲和議」句。又「本爲和好而不可通使」句（三五一—一八二下）。鈔本「和議」「和好」並作「戎和」。又「金人只在江北。今已二十餘日……敵若乘隙。不待秋冬徑渡」句（同上）。鈔本「金人」作「虜人」。「敵」作「虜」。

卷末四庫本「繼聞遺給事周望督諸將討敵」句（三五一—一八六上）。鈔本「敵」作「賊」。又「先是歲前聞金人既破鄆州」句。鈔本「金人」作「金虜」。又「火起人散。敵騎至矣」句。鈔本「敵騎」作「虜騎」。

卷一百二十七

建炎三年三月章

四庫本建炎復辟記「至三年二月初四日。敵騎攻揚州。乘輿渡江」句（三五一—一八七下）。鈔本「敵騎攻揚州」作「虜騎寇揚州」。後又文「王淵遇敵不戰。首先過江」句（三五一—一八八下）。鈔本「敵」作「賊」。後又文「時希孟出奏曰。以臣所見。死有二。一則從三軍之言」句（三五一—一八九下）。鈔本作「時希孟出奏曰。以臣所見。死有二。一則全百官社稷。一則從三軍之言」。又後文「武功大夫文州團練使鄭大年。爲國信使副。奉禮物使金」句（三五一—一九〇下）。鈔本「金」作「虜」。後又文「昨

因內侍童貫首開邊禍。遂致敵騎歷歲侵凌」句（三五一—一九〇下）。鈔本「敵騎」作「虜騎」。

其後野記。四庫本「趙州敵至城下。淵令統制韓世忠夜半出城。繞敵營大呼。敵亂自相蹂踐。死者甚衆。夜遁去。是冬攻京城。淵退師應天。敵來攻。淵命世忠楊進累戰。殺敵數萬」句（三五一—一九二上）。鈔本「敵至城下」作「虜至城下」。「敵來攻」作「

虜來攻」。又文「金陷維揚。從上渡江至常州」句（同上）。鈔本「金」作「虜」。

卷一百二十八

四月一日戊申朔。皇帝復位章

「方今強敵乘戰勝之威。群盜有峰起之勢」句（三五一—一九四上）。鈔本「強敵」作「強虜」。後又文「都統制王淵不能備禦金人」句（同上）。鈔本「金人」作「虜人」。又「外有建炎皇帝以避敵遜位一事」句。鈔本「敵」作「狄」。又「深惟避位本意專在和好」句（三五一—一九五下）。鈔本「和好」作「和戎」。

卷一百二十九

建炎三年五月四日己丑章

四庫本「李興孟州王屋人。……統領車駕南渡陷沒。興往來懷衛間。劫敵寨」句（三五一—二〇一上）。鈔本作「統領車駕南渡。兩河陷沒。興往來懷衛間。

攻劫虜寨」。後又文「勅季逵等。朕惟金國憑陵。山東震擾」句（三五一—二〇一下）。鈔本「金國」作「胡虜」。

六月七日甲寅章

四庫本左司諫袁植上言「李綱陷陛下於失信。結怨於金人」句（三五一—二〇三上）。鈔本「金人」作「虜人」。後又文「陛下愴惶東度之際。恨不膾大臣心肝。以居近密爲之營救也」句（同上）。鈔本作「陛下愴惶東度之際。恨不鱠大臣心肝以謝宗廟。何事定之後遂貸之也耶。抑其門生故吏尙居近。密爲之營救也」。又「外折敵情。內消奸萌」句（同上）。妙本「敵情」作「虜情」。

其後四庫本林泉野記曰「大金入京。詔河北諸州。起兵勤王」句（三五一—二〇三上）。鈔本「入京」作「犯京」。又其後張浚行狀「瓊自靖康圍城與金人通。及京城破。逼脅后妃及淵聖太子宗室入金國。及乘亂剽略」句（三五一－二〇五上）。鈔本「金人」作「女眞」。「金國」作「虜中」。

卷一百三十

建炎三年十六日癸亥章

四庫本下罪己詔「粟麥雖成。反資敵廩」句（三五一－二〇八上）。鈔本「敵」作「賊」。又「懋建勳名。攘卻強敵」句（三五一－二〇八下）。鈔本「強敵」作「寇敵」。又後文「願陛下處宮室之安。則思二聖母后蒙犯霜露之淒也。享膳羞之奉。則思二聖母后不給饔飧之慘也」句（三五一－二〇九上）。鈔本作「願陛下處宮室之安。則思二聖母后穹廬毳幕之居也。享膳羞之奉。則思二聖母羶肉酪漿之味也」。

八日乙亥章

四庫本詔防秋令官吏家屬從便。詔曰「外則強敵侵陵。未有禦攘之策」句（三五一－二一〇上）。鈔本「強敵」作「夷狄」。

二十一日丁酉章

四庫本杜充除同知樞密院事制曰「比守兩京。備更百戰。華夏聞名」句（三五一－二一三上）。鈔本「華夏」作「夷夏」。

卷一百三十一

建炎三年閏八月十四日庚寅章

四庫本「親更百戰之餘。比緣彊敵之師。偏蹂全齊之地」句（三五一－二一七上）。鈔本「彊敵」作「彊虜」。

四庫本胡寅上萬言書「金人深入陝右。遠破京西。……朝廷之上自謂中興。敵騎乘虛。直搗行在」句（三五一－二一七下至二一八上）。鈔本「金人」作「虜人」「敵騎」作「虜騎」。又後文「變禍爲福又何難哉。恐陛下未得其要耳」句（三五一－二一八下）。鈔本作「變禍爲福又何難哉。臣竊以當今之勢揆之。將欲更此十事。宜無甚難。然恐陛下未得其要耳」。

又「故聖人疾而哀之。以見四境盛而周道衰至此極也。今政事之大。有甚於四境強甚而兵革不振者乎」句（三五一—二一八下至二一九上）。鈔本「四境」並作「四夷」。又「金師深入。長驅郊保七八年矣。兩宮遠狩。九廟爲墟。天子蒙塵。越在草奔。而金人猶以爲未足也」句（三五一—二一九上）。鈔本「金師深入。長驅郊保」作「外夷入寇。長驅郊甸」。「金人」作「戎狄」。後又文「故曰敵國強盛而兵革不振也。古之明王得操縱之術。役使群動。凡狙詐勍力皆爲我用」句（同上）。鈔本「敵國」作「四夷」。「勍力」作「勍敵」。後又文「內不能與士卒同甘苦而得群下之死志。外不能讋服敵人而書尺寸之功」句（三五一—二二一下）。鈔本「敵人」作「夷盜」。最後「四方稽首。諸蕃聽命。效驗可必」句（三五一—二二三上）。鈔本「四方」作「四夷」。

卷一百三十二

建炎三年八月十四日庚寅章

四庫本「金人舉兵由淮東淮西西路來侵」句（三五一—二二五上）。鈔本「西路來侵」作「兩路入寇」。

二十四日庚午章

四庫本「烏珠請於尼堪。入攻江上。尼堪等歸」句（三五一—二二六上）。鈔本「入攻江上」作「入寇江上」。

其後四庫本節要曰「禁民敝服及口稱大宋號者死。劉陶知代州。執一軍人於市驗之。謂其反覆無常。心懷疑貳斬之。後敵將韓常知慶源。耿守忠知解梁。見小民有依舊犢鼻者亦責之以敝服斬之。內外臣民一時莫不震慴。時服布帛大貴」句（三五一—二二六）。鈔本作「禁民漢服及削髮不如法者死。劉陶知代州。執一軍人于市。驗之。頂髮削去。大小且不如式。斬之。後賊將韓常知慶源。耿守忠知解梁。見小民有依舊犢鼻者。亦責以漢服斬之。生靈無辜被害不可勝計。

時復布帛大貴」。又後文「烏珠請於尼堪及鄂勒歡。乞提兵渡江。從之。以北庭萬戶」句（三五一－二二六下）。鈔本「渡」「寇」。作「北庭」作「女眞」。後又文「烏珠率兵渡江」句（三五一－二二六下）。鈔本「渡」並作「寇」。

其後節要一段。四庫本凡「敵」字鈔本多作「賊」。其中「靖康之初。入京城時」句（三五一－二二六下）。鈔本作「靖康之初。金人初寇京城時」。「當一

烏合深入之衆。亦未爲累也」句。鈔本作「當一烏合深入之寇。亦未足爲慮也」。又「故彼敵不踰半年復敢入攻」句（三五一－二二七上）。鈔本「攻」作「寇」。「不爲敗降則爲敵害矣」句（三五一－二二七下）。鈔本作「不爲賊降則爲敵害矣」。「至是烏珠之至江南也。朝廷豈不知敵所利者騎也」句（三五一－二二八上）。鈔本「之」作「寇」。「敵」作「虜」。「烏珠之兵必敗於城下矣」作「兀朮之頭必獻于闕矣」。「凡此四日者非敵之善」作「凡此四者非虜之善」。其後四庫本「初權邦彥守東平府。金人入境」句（三五一－二二八下）。鈔本「入境」作「犯境」。

其後四庫本詔親征「不若爲避敵之計。會有邊報至。遂復召百司回越州。市井間不時虛驚。有云金人已到腰棚瓦市」句（三五一－二二八下）。鈔本「敵」作「狄」。「金人」作「番人」。又「范宗尹靖康中爲

諫議大夫。金人至闕。宗尹俯伏流涕」句（三五一－二二九上）。鈔本「至」作「犯」。

卷一百三十三

建炎三年十月二十五日庚子章

四庫本「十月戊戌。金人以辰刻攻黃州。射木笴鑿頭箭入城。守衛排軍晏興拾箭。遣習水兵潘明浮江過武昌報。令喊視箭而驚曰金兵也」句（三五一－二三二下）。鈔本「攻」作「犯」。「金兵」作「虜兵」。

其後四庫本遣史曰「自後丁進九朶花孔彥舟金人入境。令喊皆退之」句（三五一－二三三上下）。鈔本「金人入境」作「群寇犯境」。

七澤孫偉奇甫箚子。又四庫本「或者欲蓋從敵渡江之愆。乃云令喊城降爲已汙僞命然。而敵南去之」句（三五一－二三三下）。鈔本「敵」並作「賊」。後又文「令喊既被旨徙帑藏過武昌。未訖事。間聞敵至。……嘗聞熙寧中。邕州守將蘇緘罵敵遇害」句（同上

）。鈔本「敵至」作「寇至」。「罵敵」作「罵賊」。後又文「十二月間。土豪羅氏覲望旁近事勢聚群不逞。欲殺敏識以付敵。……往年安陸令陳規。公安令程千秋。皆以禦敵論功擢領方面」句（三五一－二三四上）。鈔本「付敵」作「付賊」。「禦敵」作「禦寇」。

其後乞建廟禮部狀一文。四庫本「至十月二十三辰時金人圍城」句（三五一－二三四下）。鈔本作「至十月二十日辰時虜人犯城」。「敵箭」作「虜箭」。「金人」作「番賊」。「你們甚是無禮。如何敢奪大宋州郡。殺害生靈。眞是恃強淩弱」。句（同上）。鈔本作「番賊你甚物類。如何敢犯大宋州郡。殺害生靈。眞是畜生禽獸」。「敵帥」作「番賊」。「我不飲敵之酒」（三五一－二三五上）作「我不飲番賊畜牲之酒」。「我不受敵人僞命」作「我不受番賊畜牲僞命」。「金人過江盡絕」作「番人過江盡絕」。

二十六日辛丑章

四庫本「金人自黃州渡江路攻洪州」句（三五一－二三五下）。鈔本「攻」作「寇」。

其後李成據滁州條。四庫本自「敵遣輕騎五百渡芧塘取盤城路」句（三五一－二三六上）至「敵既退。錢絹盡爲郡人攘取之。遂一空」句（三五一－二三六下）。鈔本凡「敵」字皆作「賊」。

卷一百三十四

建炎三年一月乙巳章

四庫本「今金人侵陵。國家勢不敵」句（三五一—二三七上）。鈔本「金人」作「虜人」。中書舍人季正民己酉航記「敵至和州。已王瓔移師南渡。……慮敵騎自江黃間南渡。……得江州報。金人破黃州」句（三五一—二三七下）。鈔本「敵至和州」作「虜騎至和州」。「敵騎」作「胡騎」。「金人」作「胡人」。後又文「十四日臺諫請對。上諭以不得已之事。又

探報金人已入臨安府」句（三五一—二三九上）。鈔本「金人」作「虜人」。又「李鄴奏云。金人已在西興下寨」句（三五一—二三九下）。鈔本「金人」作「虜人」。又「後聞金人自釆石濟師」句（同上）。鈔本「金人」作「胡人」。後又文「建康守陳邦光及戶部尙書李稅。皆降於金」句（三五一—二四〇上）。鈔本「金」作「虜」。後又文「七日周望奏。常州有緋抹額敵衆犯外城。知州事周杞守城以拒敵」句（同上）。鈔本「敵」作「賊」。後又文「八日張思正奏云。張俊出兵擊逐敵騎」句（三五一—二四〇下）。鈔本「敵騎」作「虜騎」。後又文「又慮李鄴已迎降金人」句（同上）。鈔本「金人」作「虜人」。又此句以下凡「金人」皆作「虜人」。「攻」作「犯」。又「知州楊淵棄城走。朝廷深慮敵騎追躡」句（同上）。鈔本「敵騎」作「胡騎」。

十一月六日庚戌章

四庫本「朝廷聞金人將謀深入。乃召諸路以兵勤王」

句（三五一—二四三下）。鈔本「深入」作「入寇」。

十一月十三日丁巳章

「金人已入和州」句（三五一—二四四上）。鈔本「入」作「犯」。又「金人攻建康境」句（三五一—二四五上）。鈔本「攻」作「犯」。

二十一日乙丑章

四庫本「韓世忠在鎮江以敵騎驍勇。其鋒不可當」句（三五一－二四五下）。鈔本「敵騎驍勇」作「胡騎狂勇」。

二十三日丁卯章

四庫本「金人攻六安軍」句（三五一－二四六上）。鈔本「攻」作「寇」。

卷一百三十五

二十九日癸酉章

四庫本「邦義曰。我大宋之臣也。食君之祿。豈背其主而事他邦也」句（三五一－二四七上）。鈔本「他邦」作「番狗」。

八日壬午章

四庫本「金人攻石敦寨。…眞金人箭非潰兵也」句（三五一－二四九上）。鈔本「攻」作「犯」。「眞金人」作「眞番人」。

十日甲申章

四庫本「金人攻杭州」句（三五一－二四九下）。鈔本「攻」皆作「寇」。

十七日辛卯章

四庫本「適會金人自安吉縣餘杭路入攻」句（三五一－二四九上）。鈔本「入攻」作「入寇」。

十九日癸巳章

四庫本「留張俊明州扞敵。……卿宜戮力共扞敵兵」句（三五一－二五〇上下）。鈔本前「扞敵」作「扞虜」。「扞敵兵」作「捍賊兵」。

二十日甲午章

四庫本「金人攻越州」句（三五一－二五〇下）。鈔本「攻」作「犯」。

二十二日丙申章

四庫本「是日大申軍令。都下肅靜」句（三五一－二五〇下）。鈔本作「是日大肆屠戮。焚掠殆盡」。

二十五日庚子章

四庫本「庚子張俊敗金人於明州。金人逼明州」句（三五一－二五一上）。鈔本「庚子」作「己亥」。「逼」作「犯」。又「且金人侵軼數千里如入無人之境」句（同上）。鈔本「金人」作「虜人」。

卷一百三十六

建炎四年正月十四日丁巳章

四庫本「民皆陽從金而陰歸彥仙」句（三五一－二五三下至二五四上）。鈔本「金」作「虜」。

二十日癸亥章

四庫本「金人逼潭州」句（三五一－二五五上）。鈔本「逼」作「犯」。後又文「由是滿城生靈盡遭誅殺」。又「朕惟金敵憑陵。東南震擾」句（三五一－二五五下）。鈔本「誅殺」作「屠戮」。「金敵」作「胡虜」。

二十五日戊辰章

四庫本「彬以刃追逐之。金將勒回馬迎敵。而彬與戰於野。良久。金將去」句（三五一－二五六下）。鈔本「金將」作「虜將」。

三十日癸酉汪藻疏

四庫本「敵騎北歸」句（三五一－二五七上）。鈔本作「虜騎北歸」。「自古敵國強盛」作「自古夷狄彊盛」。「而外敵長驅去部落萬餘里」句（三五一－二五七下）。鈔本作「而犬羊長驅去巢穴萬有餘里」。「所至焚掠驅擄甚於敵兵者」句。鈔本「敵兵」作「

夷狄」。「待敵再來」句（三五一－二五八上）。鈔本作「待虜再來」。又此句以下凡「敵」字。鈔本皆作「虜」。「金人」作「虜人」。其中「敵至數十里間不知」句（三五一－二五八下）。鈔本「敵」作「賊」。又「曾不少貸。非將將者人主之職耶」句（三五一－二六〇上）。鈔本作「曾不少貸。此其所以為高祖也。故韓信曰。陛下不善將兵而善將將。非將將者人主之職耶」。

卷一百三十七

建炎四年二月十三日丙戌章

四庫本「亦罵李鄴降敵不忠被殺」句（三五一—二六二上）。鈔本「敵」作「虜」。

又其後四庫本「賜臨安府民兵撫恤敕書」句（三五一—二六二下）。鈔本「朕惟北敵之憑陵」作「朕惟左衽之憑陵」。「挫彼驍雄之氣」作「挫彼腥羶之暴」。「洎敵騎之旋歸」作「洎賊馬之旋歸」。

十七日庚寅章

四庫本「至是金人陷潭州」句（三五一—二六三下）。鈔本「陷」作「犯」。「敵遂猖獗」作「寇遂猖獗」。

二十五日戊戌章

四庫本「金人逼荊門軍劄超率衆去」句（三五一—二六五下）。鈔本「逼」作「犯」。

卷一百三十八

建炎四年四月二十四日乙未章

四庫本制文「擠群盜於長江。如杵投臼」句（三五一—二六九下）。「群盜」作「醜虜」。四庫本遺史曰「殺獲過當。敵師震慴」句（三五一—二七〇上）。鈔本「敵師」作「犬羊」。

二十五日丙申章

四庫本「與敵戰大敗之。故殺傳正彥……殺敵兵萬級」句（三五一—二七一上）。鈔本「敵」皆作「賊」

。其後「張進及梁斌自敵寨脫歸」句（三五一—二七一下）。鈔本「敵」作「虜」。「

其後汪藻奏狀「中國困於金人而得少休息者」句（三五一—二七二上）。鈔本「金人」作「腥羶」。「今若縱其度。夏則長為我患。無所底止」句（同上）。鈔本「我患」作「巢穴」。「底止」作「忌憚」。又「敵於蔣山雨花臺兩處各劄大寨」句（同上）。鈔本「敵」作「虜」。又「若金人果據此為久計。則東南饋餉遂絕」句（三五一—二七二下）。鈔本「久計」作「巢穴」。又「此制敵一計也」句（三五一—二七三上）。鈔本「敵」作「虜」。又「伏望睿慈不以臣言爲愚。輕此敵忽此事」句（同上）。鈔本「敵」作「賊」。

卷一百三十九

建炎四年六月十一日辛巳章

四庫本「與諸郡以城降敵」句（三五一—二八〇下）

。鈔本「敵」作「賊」。又「敵王在黨忠相繼來攻。皆敗而去」句（三五一—二八一上）。鈔本「攻」作「寇」。又「在州八年屢破敵衆」句（同上）。鈔本「敵」作「賊」。

朝野僉言後序。四庫本「大臣以謂中國勢弱敵勢方強」句（三五一—二八一下）。鈔本「敵勢」作「夷狄」。又「若用兵有術以壯中國之勢。強者復弱。弱者復強」句。鈔本作「若用兵有術以壯中國之勢。是夷狄之強。用之則有弱有強。不用則中止于弱而已。強者復弱。弱者復強」。按此句另有鈔本作「若不用兵。何術以壯北中國之勢。遏夷狄之強」。又四庫本自「致太原陷于敵。非兵不多。蓋用兵之失也」句（三五一—二八一下）。至「殘敵之衆萬人而竟不援此」句（三五一—二八二上）。鈔本「敵」皆作「虜」。又自「若先策定險設伏。使敵欲登城」句以下（三五一—二八二上）。本序文凡「敵」字多作「賊」。「金人」作「虜人」。

卷一百四十

建炎四年六月十一日辛巳章

程昌禹家傳。四庫本「月中至京城視事。京師屢經金兵」句（三五一—二八九下）。鈔本「金兵」作「虜寇」。又其後「合王淸兩軍約數萬衆。道蔡爲墟矣」句（同上）。鈔本作「合王淸兩軍約數萬衆迫蔡。已入西境。新守以其弟牧故許其入城。吏民知其入。則蔡爲墟矣」。又本傳文凡「敵」字鈔本皆作「虜」。
其後閒居錄曰「今敵大舉南牧」句（三五一—二九一
上）。鈔本作「金虜大舉南牧」。又節要文中（三五
一—二九一下）。凡「敵」鈔本皆作「賊」。

二十二日壬辰章

四庫本「邊某初以金人攻城。遂投拜金人」句（三五
一—二九一下）。鈔本「攻」作「寇」。

卷一百四十一

建炎四年七月二十七日丁卯章

金人册豫文。四庫本「四太子南伐」句（三五一—二
九六上）。鈔本作「四太子南寇」。其後節要曰「先
是北中僞留守高慶裔獻議於尼堪」句（三五一—二九
六上）。鈔本「北中」作「虜中」。又「尼堪於是令
右監軍烏舍馳稟於金主」句（三五一—二九六下）。
鈔本「金主」作「虜主」。又「金人入攻山東。以邦
昌爲名」句（同上）。鈔本「攻」作「寇」。

張俊爲檢校少保定江昭度節度使制

四庫本「偶敵馬之長驅。帥王師而鏖戰」句（三五一
—二九八上）。鈔本「敵」作「胡」。

八月十日庚辰章

擢翟興爲鎭撫使制詞。四庫本「襲逐外敵。有履軍搴
旗之切」句（三五一—三〇〇上）。鈔本「外敵」作
「虜寇」。

卷一百四十二

建炎四年九月二十日己未章

四庫本「彥曰。方今金人在陝右。桑仲在安康」句（
三五一—三〇二上）。鈔本「金人」作「醜虜」。後
又文「淩以羅索爲怯。且曰吾破敵必矣」句（三五一
—三〇三下）。鈔本「敵」作「虜」。

二十五日甲子章

中興姓氏忠義傳。四庫本「伏以比者北敵憑陵。群方
震擾」句（三五一—三〇五上）。鈔本「北敵」作「

醜虜」。其後「前御史中丞秦檜。將家屬自敵寨逃歸至璉水軍丁禩水寨」句（三五一—三○五下）。鈔本「敵寨」作「虜寨」。又「至金國見金主文烈帝。高其不附立異姓之節」句（同上）。鈔本「金主」作「虜主」。

卷一百四十三

建炎四年十月十日己卯章

四庫本「率裨將李興與金人戰。擒保骨貝勒」句（三五一—三○九下）。鈔本作「率裨將李興渡河攻劫陽

城縣。出金人不意。官軍大捷。擒河東都統保骨孛堇」。

二十八日丁酉章

四庫本「秦檜既脫敵。寨達漣水軍」句（三五一—三○九下）。又「檜陷敵。信息不相通」句（三五一—三一○上）。鈔本「敵」並作「虜」。

四日癸卯岳飛棄泰州章

四庫本「敵騎浸入。飛以泰州不可守」句（三五一—三一○上）。鈔本「敵」作「虜」。又「張浚聞敵入德順。遂移司入興州」句（同上）。鈔本「敵」作「虜」。又「興元帥王庶前帥鄜延知敵情次第」句（三五一—三一一下）。鈔本「敵情」作「虜情」。

二十七日己未章

四庫本節要曰「其勢非不能拒敵也」句（三五一—三一二下）。鈔本「敵」作「賊」。又此句以下「敵」

字鈔本皆作「賊」。

卷一百四十四

紹興元年正月十一日己酉章

四庫本「金人攻廬州。金人攻揚州」句（三五一—三一五上）。鈔本「攻」作「寇」。又「金人圍西京西北潭」句（三五一—三一五下）。鈔本「圍」作「寇」。又「玘軍伏發皆獲之。乃敵帥華沙郎君」句（同上）。鈔本「敵帥」作「酋長」。又其後「秦檜除參

知政事。……在蠻貊可行。卒奉身而旋反。敵歎子卿之不屈人」句（同上）。鈔本「在蠻貊可行」作「與鳥獸同群」。「敵」作「虜」。

卷一百四十五

紹興元年二月二十六日癸巳章

四庫本「今日用此則未足以解紛。何則。敵騎充斥於中原。群賊跳梁于諸路」句（三五一—三一八下）。鈔本「敵」作「虜」。「賊」作「盜」。其後又「臣

恐敵平之後。方有勞聖慮」句（三五一—三二二下）。鈔本「敵」作「寇」。

三月十二日己酉章

四庫本「賜張深程堂劉子羽獎諭。詔曰。朕治兵南服。屬意西陲。眷秦雍之疆。歲被敵塵之擾」句（三五一—三二四上）。鈔本「敵」作「胡」。

又四庫本「張浚徙治閬中」句（三五一—三二四上）。鈔本作「十九日丙辰張浚徙治閬中」。

又四庫本「桑仲以李道知隨州」。句（三五一—三二四上）。鈔本作「二十日丁巳。桑仲以李道知隨州」。

又四庫本「孔彥舟自潭州以兵攻陷洪柳全永道州」句（三五一—三二四下）。鈔本作「二十五日壬戌。孔彥舟自潭州以兵攻陷衡柳全永道州」。其後節要曰「達蘭侵淮東」句（三五一—三二五下）。鈔本「侵」作「寇」。其後「敕桑仲。朕惟彊敵亂常。中原失馭」句（三五一—三二五下）。鈔本「敵」作「虜」。

又四庫本「劉光鑄招納信寶錢。招納歸附」句（三五一—三二五下）。鈔本作「二十六日癸亥。劉光世鑄招納信寶錢。招納歸附」。其後文曰「招納信寶。背有使押字爲號。獲敵人之稍解事者」句（三五一—三二六上）。鈔本「敵人」作「賊人」。後又文「未幾得金人契丹渤海漢兒萬人」句（同上）。鈔本「金人」作「女眞」。

又四庫本「李允文殺知岳州表植」句（三五一－三三六上）。鈔本作「二十七日甲子。李允文殺知岳州表植」。

二十八日乙丑章

四庫本「卿事朕最久。君臣之際休戚是同。宜乘勢之已衰」句（三五一－三三七下）。鈔本「宜乘勢之已衰」作「宜乘賊勢之已衰」。又「朕承祖宗之休。託民庶之上。念連歲金人之變。禍不勝言」句（同上）

。鈔本「金人」作「腥羶」。又「每候敵塵之警反爲王旅之讎」句（同上）。「敵塵」作「胡塵」。

卷一百四十六

四庫本秀水閒居錄「靖康初。京師失守。徽宗淵聖皇族近屬皆詣敵營中」句（三五一－三三三上）。鈔本「敵營」作「虜營」。其後「趙氏注孟子。相度分付。金人以后廢歲久無預時事。不復取」。「敵既退。邦昌請后入居延福宮」句（同上）。鈔本「金人」作「會虜」。「敵」作「虜」。其後「建炎四年八月金人攻揚州」句（三五一－三三三下）。鈔本「攻」作「犯」。

卷一百四十七

紹興元年四月二十一日丁亥章

四庫本林泉野記曰「是冬金人攻涇屢爲端所敗」句（三五一－三三五）。鈔本「攻」作「犯」。又「敵入延安。端不肯救。庶走端寨」句（三五一－三三五下

）鈔本「敵入」作「虜犯」。又此句以下凡「敵」字鈔本皆作「虜」。五月十三日戊申章四庫本「默呼攻箭筈關吳玠擊退之」句（三五一－三三六下）。鈔本「攻」作「寇」。又其後文「自百姓稍怠緩者。敵在後以刀殺之」句以下（三五一－三三七上）至「水勢湍急渰浸敵寨」句（三五一－三三七下）。鈔本凡「敵」皆作「賊」。

六月章

又四庫本「于是勝非上疏。論東南盜賊。欲招撫西北強敵」句（三五一－三三八上）。鈔本「強敵」作「劇寇」。又後文「是冬敵再至順。宗尹俯伏流涕。請割三關與敵」句（三五一－三四〇上）。作「是冬虜再犯順。宗尹俯伏流涕。請割三關與虜」。後又文「金遣秦檜歸朝」句（三五一－三四〇下）。鈔本作「虜遣秦檜歸朝」。

七月十六日庚戌章

四庫本「李玠在濠州。當群敵縱橫之時。以嚴酷殺伐守其城」句（三五一－三四〇下）。清小山堂鈔本「群敵」作「群賊」。

二十一日乙卯章

四庫本中書舍人林遹轉對劄子「自金人南牧。天下痛心疾首」句（三五一－三四一上）。鈔本「金人」作「虜人」又「李成等與金人結連爲聲援」句（三五一－三四一下）。又「金人前歲蹂踐江浙」句。鈔本前「金人」作「虜賊」。後「金人」作「虜人」。又「竊思敵人非直爲陝右也」句（同上）。又「宣王撥亂之雅。內修政事然後外侮不加」句（三五一－三四二上）。鈔本「外侮不加」作「外攘夷狄」。又「而敵國外患正爲病在四肢。可以漸去也」句（同上）。鈔本「敵國外患」作「盜賊四夷」。

卷一百四十八

紹興元年八月十五日己卯章

四庫本己卯降旨「恥中原之見侵。憤強鄰之不道。因連豪傑。糾合師徒。勵精銳之武卒。將驅攘于寇仇」句（三五一－三四三上）。鈔本「強隣」作「孽胡」。「寇仇」作「醜類」。

二十三日丁亥章

四庫本「初秦檜自北中歸。李回力薦其忠」句（三五一－三四四上）。鈔本「北中」作「虜中」。

九月二十四日丁巳章

四庫本「李忠本曹端之部曲也。曹端與王闢退襄陽。屯于中」句下注闕（三五一—三四五上）。鈔本「虜」。

二十八日辛酉章

四庫本「蓬萊道山以儲英俊。併用示寵錫以身章求之。異時非聲譽在人」句（三五一—三四六下）。鈔本作「獨以貔虎之師。屢挫金人之衆」。

十月一日甲子章

四庫本汪藻輪對箚子「至今契丹之人。怨我本朝深入骨髓。故數年國家遭金人之伐」句（三五一—三四七上）。鈔本「金人之伐」作「腥羶之毒」。後又文「敵師既退。國家非暫都金陵不可」句（三五一—三四七下）。鈔本「敵師」作「虜師」。後又文「淮南之地。金人必不能守」句（同上）。鈔本「金人」作「虜人」。後又文「淮南薦罹金兵蹂踐。且群盜繼之」句（同上）。鈔本「金兵」作「腥羶」。

卷一百四十九

紹興元年十月二十四日丁丑章

四庫本「逆臣劉豫憑恃敵勢竊據東濟」句（三五一—三五二上）。鈔本「敵勢」作「虜勢」。又「敵人窺伺日急。興忠憤所激。誓不與敵俱生」句（同上）。鈔本「誓不與敵俱生」作「誓不與賊俱生」。又「迎敵獲捷。摧破各師」句（三五一—三五二下）。鈔本「摧破各師」作「摧破兇賊」。

卷一百五十

紹興二年三月二十二日癸丑章

四庫本「興叱之曰我大宋臣也。豈肯受敵之僞命。不啓緘而焚敵書。……是日豫兵徑犯中軍寨」句（三五一—三六〇上）。鈔本「敵」作「賊」。「豫兵」作「賊兵」。

「榛梗」作「鳴咽」。「父母之愛其子」作「父母之憂其子」。後又文「詔韓世忠赴行在」句（三五一—

三六五下）。清小山堂鈔本作「詔韓世忠赴行在。辛企宗罷」。

卷一百五十二

十月六日癸巳章

四庫本劉嶸上萬言書「今也不然。坐薪嘗膽。日以外敵爲憂」句（三五一—三六七下）。鈔本「外敵」作「外夷」。又其後「今也宗廟爲草萊湮之。陵闕爲斧鉞警之。堂堂四郊。戎馬生之」句（三五一—三六八

上）。鈔本「四郊」作「中華」。又「駐蹕所在。人惟以敵至爲憂」句（同上）。鈔本「敵」作「虜」。又「金人以小邦崛起。侵侮中原。不顧名分。扶立僭僞。用下僭上。俾臣作君」句（三五一—三六八上下）。鈔本作「金賊以小狄羶穢薰污中原。逆天亂倫。扶立僭僞。用夷變夏。俾臣作君」。後又文「金兵遽至城下。邦彥諧謔小人本無遠略。遂獻和議」句（三五一—三六九上）。鈔本「金兵」作「金賊」。又「方其得志。遠方則必併呑掃滅以示廣大」句（同上）。鈔本「遠方」作「四夷」。後又文「今乃以謙退仁慈之事。望于怙勢恃強貪黷無厭之尼堪」句（三五一—三六九下）。鈔本作「今及以謙退仁慈之事。望于反常悖道腥羶禽獸之粘罕」。又其後「庶幾金人知吾有含怒必鬥之志」句（同上）。鈔本「金人」作「貪夷」。又「昔契丹至澶淵。王欽若陳堯佐請幸吳蜀」句（同上）。鈔本「契丹」作「北狄」。又後文「被之以精甲。付之以利器。進戰獲敵首則厚賞。」鈔本

「敵首」作「首虜」。後又文「皆效敵人紀律蕩然」（同上）。鈔本「敵人」作「虜人」。最後「強臣內叛苻秦外逼。其得存猶綴葉露耳」句（三五一—三七二下）。鈔本「苻秦」作「胡虜」。「今陛下父兄在北中無恙。穹廬蠻帳。相與類聚」句（同上）。鈔本作「今陛下父兄在虜中無恙。穹廬毳帳。惡黨醜類相聚」。又「今河東河北之民知朝廷不復顧念。已甘爲

金人」句（三五一—三七三上）。鈔本「金人」作「左衽」。

卷一百五十三

劉嶸萬言書四庫本「使仇敵知趙氏之在中國者尚如此其衆」句（三五一—三七四上）。鈔本「仇敵」作「仇虜」。後又文「陛下土地金帛能有幾何。豈堪此輩大言輕用。盡輸之敵國耶」句（三五一—三七四下）。鈔本「敵國」作「夷狄」。又「矧今日否寒之氣充

搠于中原。陰長之滋勃興于強敵」句（三五一—三七五上）。鈔本「強敵」作「夷虜」。後又文「使平寇盜尚或未能。豈敢望其向金人發一矢哉」句（三五一—三七五上）。鈔本「金人」作「虜人」。又其後。四庫本「遂使金人得以藉口。夫金人何憾于我哉」（三五一—三七六下）鈔本作「遂使虜人得以藉口。夫金賊何憾于我哉」。又「惟有如臣前陳。思迎父兄誓報仇敵」句（三五一—三七七上）。鈔本「仇敵」作「仇虜」。後又文「淮泗有警。敵騎群然俱渡大江」句（同上）。鈔本「敵騎群然」作「虜騎群賊」。又「若不望風呼號以事敵人。則必推擇賢能以自保治」句（三五一—三七七下）。鈔本「敵人」作「夷狄」。後又文「或聞宇文虛中踵邦昌劉豫受僞命。專制山東」句（同上）。鈔本「僞命」作「虜命」。最後「則金人所守者數千里之地兵勢必分」句（三五一—三七八上）。又「況寇仇未殄。強敵憑陵」句（同上）。鈔本「金人」作「虜人」。「強敵」作「戎虜」。

卷一百五十四

紹興二年十二月一日丁亥布衣吳伸上萬言書

四庫本「蓋敵人之性。內柔外剛。若或避之。遂益強橫」句（三五一—三八〇下）。鈔本作「蓋戎狄之性。譬之獰犬。若或避之。從而吠囓。後又文「昔太王去邠而王岐山。今陛下有滅敵之心。而不能復父兄之仇」句（三五一—三八一上）。「滅敵」作「滅夷狄

」。後又文「臣竊觀司馬宣王之輔魏也。先廣田蓄然後爲滅敵之計」句（同上）。鈔本「敵」作「賊」。又「則是使民樂有寇之來也」句（同上）。鈔本作「則其民樂有寇也。其言雖小可以喻大。今之盜賊未戢。亦樂有寇之類也」。後又文「太平日久。偶因邊臣失守。致使金人長驅而入」句（三五一－三八一下）。鈔本「金人」作「虜人」。後又文「不識陛不欲復祖宗之故業。則陛下有萬世垂統之基」鈔本作「不識

陛下欲復祖宗之故業乎。止欲爲東晉之南據乎。臣竊謂復祖宗之故業。則陛下有萬世垂統之基」。又其後四庫本「自古邊徼不能有中原。此金人以中原攻中原耳。近臣說者必曰。朝廷賴僞齊以爲藩籬。以捍金人。臣竊謂不然。昔日之患患在手足。今日之患患在心腹」句（三五一－三八二上）。鈔本「邊徼」作「夷狄」。「以悍金人」作「以悍金賊」。「昔日」作「夷狄」。「今日」作「中國」。又「俟金人既定之後」句（同上）。鈔本「金人」作「虜人」。又「今金人竊我名器。不歸他人。獨授劉豫」句（同上）。鈔本「金人」作「金賊」。其後四庫本「且如蜀中富庶遐邇共知。敵人留意。必悉衆共攻」句（三五一－三八四下）。鈔本「敵人」作「狄人」。又「或以州叛而從敵或恃兵勢而虐民。重念祖宗廣土四百餘郡。比爲金人割據將去大半」句（三五一－三八五下）。鈔本「從敵」作「順番」。「金人」作「虜人」。後又文「臣竊見近日遣使未出我疆。已爲敵劫。」句（三

五一－三八六上）。鈔本「敵劫」作「賊劫」。後又文「此心願爲聖宋之鬼。不忍爲僞齊竊國之民也」句（三五一－三八六下）。鈔本「僞齊」作「夷狄」。

卷一百五十五

紹興三年正月范溫自登州率衆歸行在章

四庫本「朕惟海岱之區久被外邦之毒。生靈靡極。敵人無厭。爾等合閭里之諸豪。冒干戈而力戰」句（三

五一—三八八下）。鈔本「久被外邦之毒」作「久服腥羶之毒」。「敵人無厭」作「戎德無厭」。又其後「併力勦金人事具悉。朕昨遭強敵之侵。頗失中原之馭」句（三五一—三八九上）。鈔本「金人」作「金賊」。「強敵」作「左衽」。又「懷祖宗涵養之休。恥仇敵服從之醜」句（三五一—三八九下）。鈔本「仇敵」作「夷虜」。又「趣掃強鄰。永固文軌」句（同上）。「強鄰」作「腥羶」。後又文「勅范溫等省所奏。契勘金人初渡黃河」句（同上）。鈔本「金人」作「金賊」。又「討寇鄉村。拘牧牛馬」句（同上）。鈔本「討寇」作「虜掠」。又後文「或攻劫寨。勦殺敵人。誓竭忠節。本軍凡遇金人接戰」句（三五一—三八九下）。鈔本「敵人」作「番人」。「金人」作「金賊」。後又文「朕惟勁敵長驅。全濟不守」句（同上）。鈔本「勁敵」作「醜虜」。

其後四庫本「金人攻商州。知軍州事邵隆棄城走」（

三五一—三九〇上）。鈔本「攻」作「犯」。又四庫本金人陷金州條「約金人若以大兵入蜀。即三帥相為應援」句（三五一—三九〇下）。鈔本「入」作「犯」。又「天彥曰。敵遠鬬飆銳。難與交鋒」句（三五一—三九〇下）。鈔本「敵」作「賊」。

紹興三年二月章

四庫本金人陷饒風關條「薩里罕以重兵薄饒風關」句（三五一—三九〇下）。鈔本「薄」作「犯」。

三月二十七日壬午韓世忠加開府儀同三司淮南宣撫使泗州置司章

四庫本「頃宣威令往殄敵兵」句（三五一—三九二下）。鈔本「敵兵」作「寇攘」。

四月朱勝非丁母憂上章乞罷宰相章

四庫本「勝非即上陳五說。謂敵當擊」（三五一—三九三上）。鈔本「敵」作「賊」。後又文「逆豫力行什一法。聚斂以資敵」句（同上）。鈔本「敵」作「

虜」。又「則江上之兵可以進屯。而敵計沮矣」句（同上）。鈔本「敵」作「賊」。又「且謂官軍不敢出。北兵能驟來」句（同上）。鈔本「北兵」作「逆賊」。又此句以下凡「敵」字多作「虜」。其中「與其使敵併力南下曷若先破」句（三五一—三九三下）。鈔本「敵」作「賊」。

翟興贈保信軍節度使條「駭茲強敵之憑陵。誓與孤軍而鏖擊」句（三五一—三九四上）。鈔本「強敵」作「狂孽」。

五月十三日丁卯章

四庫本「豈虞他盜輒犯巖疆。流毒關中。」句（三五一—三九五上）。鈔本「犯巖疆」作「亂諸華」。

卷一百五十六

紹興三年十二月十二日壬辰吳伸上書章

四庫本「邇者金人逞其雄心。肆其彊悍。驅脇我宋殃及無辜。殄滅生靈。閭閻塗炭。陷其城邑。取其金帛

。使老弱轉徙。困苦流離莫甚于斯。觀夫彼之暴興。豈能安靜。又況兵戈之氣上聞于天。滅亡之象幽及鬼神。天將悔禍安靜有期。圖讖所載。非盡無據」句（三五一—三九九下）。鈔本作「邇者金人逞其狼心。肆其蠆毒。驅脅我宋。賊殺無辜。屠戮生靈。發掘墳隴。奪其子女。攘取金帛。雖浮圖佛子。名山神像。靡不受害。觀夫彼之暴興。豈不暴亡。又況冤殺之氣上聞于天。毒虐之暴幽及鬼神。天將悔禍。殄滅有期。圖讖所載。死亡無日」。後又文「敵人窺伺。蓋曰適因險阻未能即下。故悉驅其衆以爲蟻附」句（同上）鈔本「敵人」作「賊人」。「其衆」作「犬羊」。又「中夏知圖讖之有歸。符瑞表天下之慶」句（同上）。鈔本「中夏」作「夷夏」。後又文「今陛下居吳以避金人。太王之所避者特一狄人耳」句（三五一—四〇〇上）。鈔本「金人」作「金賊」。又「當時僭竊皆邊民愚魯。猶且不能制」句（三五一—四〇〇上

）。鈔本「邊民愚魯」作「胡虜醜類」。後又文「蓋敵滅則將帥無要君之權。士卒無頻濫之賞」句（三五一－四〇〇下）。鈔本「敵」作「賊」。後又文「自艱難已來。金人乘勢。一陷維揚。長驅京邑。縱肆其衆。陵虐行在……。金人一去。四年不敢加兵。蓋以知我宋方興未艾也。奈何無知妄作。更易天命」句（三五一－四〇一下）。鈔本「乘勢」作「猖獗」。「其衆」作「犬羊」。「金人」作「虜人」。「奈何無知妄作。更易天命」作「奈何犬羊無知。悖逆天道」。後又文「臣竊觀京畿隕喪。九服崩離。天下嚚然。將帥士卒鮮不背叛。忘君親之辱。偷一時之安。大臣或降于敵」句（三五一－四〇二上）。鈔本「九服」作「藩服」。「敵」作「虜」。又其後「萬一敵人得計。奪我上流奄我淮甸」句（三五一－四〇二下）。又「臣聞敵人窺我襄漢。則陵侮之萌不卜而可知也」句（同上）。鈔本「敵人」皆作「賊人」。後又文「

中原既割據爲僞齊。西蜀復幾陷于敵手」句（三五一－四〇三上）。鈔本「敵手」作「胡虜」。後又文「至於劉豫。以臣竊國。憑藉金邦。素無人望」句（同上）。鈔本「憑藉金邦」作「用虜僭君」。後又文「今鼎足分裂于賊臣。國勢受制于強敵」句（三五一－四〇四上）鈔本「強敵」作「胡虜」。又「俟其深入。誓師血戰。綏靖邊隅」句（同上）。鈔本「綏靖邊隅」作「痛掃醜類」。後又文「夫敵人之強可以間也。無事則或相安。見利則必相逐。欲其必爭。可試以利也」句（三五一－四〇五下）。鈔本作「夫戎狄之性譬猶犬也。居則搖尾相憐。食則怒牙相視。欲其必爭。可試以肉也」。最後「然後乘機北伐。克復故疆。夫何難哉」句（三五一－四〇六下）。鈔本「乘機北伐」作「薄伐醜虜」。

卷一百五十七

紹興四年正月二十九日吳伸再上論大臣非辜書章

四庫本「張俊之忠聞于八荒。達于皇天。豈特士卒知之」句（三五一－四〇八上）。鈔本「士卒」作「夷狄」。後又文「天降喪亂。敵勢孔熾。張浚以五路散地之兵當百萬熊羆。深入重地之敵如煆投卵。其不敵也明矣」句（三五一－四〇九上）。鈔本「敵勢」作「醜類」。「熊羆」作「犬羊」。「敵如煆投卵」作「虜如旅投邸」。後又文「若賢者不容于朝。且欲其修政事而戢強鄰。不亦難乎」句（三五一－四一〇上

）。鈔本「戢強鄰」作「攘夷狄」。

三月十五日乙丑辛炳言張浚陝西敗事之罪章

四庫本「及妄聽間報以爲敵衆可取。遽爲富平之舉」句（三五一－四一二上）。鈔本「敵衆」作「虜衆」。後又文「趙哲曲端潰卒擁陝西勁兵力窺川口。金人特因之耳」句（三五一－四一二下）。鈔本「金人」作「虜人」。又「黎庶嗷嗷無所告訴。外召敵攻。內結人怨」句（同上）。鈔本「敵」作「賊」。又此句以下凡「金人」皆作「虜人」。「敵」作「虜」。其中文「由是將士解體潰叛降敵。而陝西州縣陷殘幾盡」句（三五一－四一三下）。「四川騷然。怨情刻骨。於是悔宣撫來甚于敵也」句（三五一－四一三下至四一四上）。鈔本「敵」皆作「賊」。

卷一百五十八

尙書省箚子

四庫本「天下孰不企望公朝明正典刑。投之蠻荒以禦

魑魅」句（三五一－四一八上）。鈔本「蠻荒」作「四夷」。又此箚文中凡「敵騎」皆作「虜騎」。

四月一日庚辰劉子羽落職。尙書省箚子。本箚文中。

四庫本凡「金人」（三五一－四一九下至四二〇上）。鈔本均作「虜人」。又其文「致我師攜式。敵勢日張全陝之境不復能保」句（三五一－四二〇上）。鈔本「敵勢」作「賊勢」。

四日癸未張浚爲劉子羽墓誌

四庫本誌文中凡「敵」字（三五一—四二一下至四二三上）。鈔本皆作「虜」。其中「令一人還曰。爲我言于爾帥。來戰即來戰」句（三五一—四二二下）。鈔本「爾帥」作「爾酋」。後又文「方是時。金大帥薩里罕烏珠輩近于蜀。日夜聚謀」句（三五一—四二三上）。鈔本「金大帥」作「虜大酋」。「近于蜀」作「垂涎于蜀」。其後劉子羽行狀「公時以赴福州居住。知敵既釋川陝之患。必將復萃師東南」句（三五

一—四二三下）。鈔本「敵」作「虜」。後又文「臣竊觀金人情狀。專以和議誤我」句（三五一—四二三下）。鈔本「金人」作「北虜」。又此句以下凡「金」「敵」皆作「虜」。

卷一百五十九

紹興四年五月五日甲寅岳飛克郢州章

四庫本「我若得之。則進可以蹴敵而退可以保境。今陷于金」句（三五一—四二五下）。鈔本「敵」作「賊」。「金」作「寇」。

紹興四年七月章

四庫本中興姓氏錄「又曰東南困于水潦。西北擾于強鄰」句（三五一—四二六下）。鈔本「強鄰」作「蠻夷」。

朱夢說進徽宗皇帝時務策。四庫本「臣又聞東南困於水潦。西北撓於強鄰」句（三五一—四二九下至四三○上）。鈔本「強鄰」作「蠻夷」。又後文「又聞擇

起樓觀以爲禽戰之籠」句（三五一—四三○下）。鈔本作「又聞陛下累層巒以爲麋鹿之苑。浚汙池以爲魚鱉之宅。構樓觀以爲禽獸之籠」。

卷一百六十

紹興四年七月章

四庫本「不可過分踰制。少有罪釁。有輟瓜竊車之怒。于是雖悔何及」句（三五一—四三一下）。鈔本作「或過分踰量。少有罪釁。陛下一日省悟。有輟瓜竊

車之怒。于時雖悔何及」又「鮮廉寡恥。爭趣競進。致名節之士高飛遠引。如此則仕進之源無時而可清也」句（三五一－四三二下）。鈔本作「鮮廉寡恥。爭趣競進」。「尋常小人棄跡取附。以致名節之士高飛遠引。恥居其列。濁入泥者有之。如此則仕進之源無時而可清也」。又其後「某上書待罪已久。竟亦無報」句（三五一－四三四上）。鈔本作「某觀今日之盛。直古今無有。然書生之上也。待罪已久。竟入無報

」。後又文「邇者聞天子之本懷。必牽于左右之懇請」句（三五一－四三五下）。鈔本作「邇者聞天子恤矜之詔。蘇杭之局悉已罷去。可謂愛民之深矣。尋又聞其局復興。某深知非天子之本懷。必牽于左右之懇請」。又其後「不過嚴分守。重進退。得志獲時則出以爲人。志不得時不獲則隱。以伸道不爲勢屈耳。以今之錫予出于私。其如紀綱何」句（同上）。鈔本作「不過嚴分守。重進退。志獲時伸。道不勢屈耳。朝無紀綱則易以危。人無名節則難以立。今之錫予出于私。其如紀綱何」。

卷一百六十一

九月初五日辛酉章

四庫本「劉豫率北軍南下。……令率衆併金國元帥兵南下」句（三五一－四三七下）。鈔本「南下」作「南寇」。又「麟問征江南之策」句（同上）。鈔本「征」作「攻」。

初三日己丑章

四庫本王繪紹興甲寅通和錄「紹興戊戌秋。金人遣先奉使王倫歸。且道息兵講和之意」句（三五一－四三八下）。鈔本「戊戌秋金人」作「壬子秋虜人」。後又文「諸公唯唯。或曰極是。或曰只得如此」句（三五一－四三九上）。鈔本作「諸公唯唯。或曰極是。或曰須當如此。或曰只得如此」。其後四庫本自「前此王倫歸。言金人要遣使商量」句以下（三五一－四

三九上）至「本州申探報敵騎已在楚州」句（三五一－四四一上）。鈔本「金」「敵」皆作「虜」。「北庭」作「虜廷」。又後文「而繪切科承楚之衆若是齊人。必不喜聞和議……或謂此舉金人不在其間。是大不然」句（三五一－四四一下至四四二上）。鈔本「衆」作「寇」。「此舉」作「此賊」。又「王師與敵接戰。則所約日時與交轄處所必定又致參差」句（三五一－四四二上）。鈔本「敵」作「賊」。後又文「若不顧事勢。徒委身敵手。亦無所補。況繪被命之下在二公」句（同上）。鈔本作「若不顧事勢。徒委身賊手。亦無所補。況繪被命之初。乞稟使指蒙僕射相公鈞誨。以謂事之成否皆不在二公」。後又文「竊謂淮南若有兵馬阻節」句（三五一－四四二上）。又「若有兵馬阻節及承楚已爲敵人所據。豈可不使預聞一二」句（三五一－四四二下）。鈔本「兵馬」皆作「賊馬」。「敵人」作「盜賊」。後又文「第以朝廷方

篤信金人詐和之請」句（同上）。鈔本「金人」作「黠虜」。又「宣撫韓開府奮決怒發激勵。士卒以殄強敵爲期」句（同上）。鈔本「強敵」作「醜虜」。以下凡「敵」字鈔本皆作「虜」。其中「而乃以一介之使馳入不測之地」句（三五一－四四三上）。鈔本「不測之地」作「不測之虜」。

卷一百六十二

紹興四年十月初十己丑章

四庫本「金人遂歛收弓矢。獨一騎前來」句（三五一－四四五下）。鈔本「金人」作「虜人」。後又文「去城六七里。有百餘騎擁一老帥。皀旗高旌皆全裝。老帥容貌秀整乃聶呼貝勒」句（同上）。鈔本「老帥」皆作「老胡」。其後又「其群從遂向前舉斧以向某等。意欲加害」句（三五一－四四七上）。鈔本「群從」作「群胡」。又後文「某等說話云是濟州人」句（同上）。鈔本作「某等于岸上伺候人馬間。見一人

作燕人裝束。某等說話。云是濟州人」。後又文「聿興云。不知皇帝所用之將卻不得皇帝指揮。怎敢動」句（三五一－四四八上）。鈔本作「聿興云。不知皇帝知與不知。某等云。皇帝不知。又云。韓世忠是皇帝所用之將。卻不得皇帝指揮。怎敢動」。又其後「昨日書元帥已教番譯做回書」句（三五一－四四九上）。鈔本「回書」作「番書」。

卷一百六十三

紹興四年九月十九日乙丑章

四庫本「二十八日夜至常州。見張俊亦以敵中人意告之」句（三五一－四五五上）。鈔本「敵」作「虜」後又文「衆問金兵多少。據所見。不及二萬兵。據箚探及金人說四路有人」句（三五一－四五五下）。鈔本「金」皆作「虜」。又「汪思溫曰。不須如此。請平其氣」句（同上）。鈔本作「汪思溫曰。不須如此。某靜。故見公非。當平其氣」。後又文「上委曲問敵勢」句（三五一－四五六上）。鈔本「敵勢」作「賊勢」。後又文「臣願陛下勿輕此敵」句（三五一－四五六上）。鈔本「敵」作「賊」。又「回遷觀察使。歲暮敵退」句（三五一－四五六下）鈔本「敵」作「虜」。

其後繪父仲通有書言十不可條。四庫本「聞北敵爲中原患久矣」句（三五一－四五六下）。鈔本「北敵」作「北狄」。後又文「中國所以制北方者。非尙遠計

破其寨落而後爲功也」句（三五一－四五七上）。鈔本作「中國所以制戎狄者。非長攻遠討擣其巢穴而後爲功也」。後又文「如朝廷前後常若敵至。可謂不恃其不來。恃吾有以待之。其禦敵之方無善於此」句（同上）。鈔本「敵」並作「寇」。又此句以下。四庫本「契丹」鈔本「狄人」。「金虜」作「女眞」。「北遼」作「北虜」。「金人」亦作「女眞」。後又文「是滅一強敵又一強敵」。雖藉內地土境爲衣食種養

之源」句（三五一－四五七下）。清鈔本「強敵」作「夷狄」。「內地」作「漢人」。

卷一百六十四

紹興四年九月二十七日癸酉章

四庫本知鼎州程昌禹上廟堂書「稍加紀律則滋長敵勢」句（三五一－四五九上）。鈔本「敵勢」作「賊勢」。又「四川危動。民力已困。財用已竭。強敵垂涎」句（三五一－四五九下）。鈔本「強敵」作「強胡」。後又文「以孤軍抗強敵。……萬一強敵乘我間隙或壓以重兵」句（三五一－四六〇上）。鈔本「強敵」均作「強虜」。其後「金州人攻承州」。……金人攻承州。而楚州守臣遁走也」句（三五一－四六一上）。鈔本上「攻」作「寇」。下「攻」作「犯」。

十三日戊子韓世忠敗金人于大儀鎮章

四庫本「韓世忠敗金人于大儀鎮十數里。遇金人鐵騎二百餘」句（三五一－四六一下）。鈔本作「韓世忠

敗金人于大儀鎮。韓世忠以董旼軍于天長。以解元軍屯于高郵。親與呼延通率十餘騎倬路。去大儀鎮十數里。過金人鐵騎二百餘」。又「通自後擊敵將。世忠墜馬幾被執」句（三五一－四六一下）。鈔本「敵」作「虜」。

牛皐徐慶敗金人于廬州城下條。四庫本「金人與僞齊連兵攻淮西」句（三五一－四六二）下。鈔本「攻」作「犯」。其後「敵帥」作「番酋」。「敵人」作「番僞」。

二十三日戊戌詔幸江上撫軍章

四庫本「自衣冠南渡。北騎日侵。五品弗明。兩宮未返」句（三五一－四六三上）。鈔本「北騎日侵」作「胡馬北侵」。

卷一百六十五

紹興四年十一月十四日乙未詔用張浚牓朝堂行狀

四庫本「乘敵百勝之後慨然請行」句（三五一－四六

五上）。鈔本「敵」作「虜」。

十二月張浚往沿江勞軍行狀

四庫本「時大帥烏珠擁兵十萬于維揚」句（三五一—四六六上）。鈔本「大帥」作「大酋」。又此句以下。四庫本凡「金」「敵」均作「虜」。「攻」作「寇」。其後文「按晉天文志。五年滅敵。有司奏以爲滅敵之象」句（三五一—四六六下）。鈔本「敵」作「胡」。

四庫本「金人瀕江攻宣化鎮」句（三五一—四六七上）。鈔本「攻」作「犯」。後又文「恭惟皇帝陛下天地合德孝悌通神。奉使北庭」句（三五一—四六八上）。鈔本「北庭」作「渠酋」。又其後「謹紀陛下自康邸奉淵聖皇帝詔。出使敵廷。改命建府」句（三五一—四六九上」。鈔本「敵廷」作「虜廷」。

三十日癸卯章

四庫本「王進薄金人于淮。執其帥程師回張建壽」句（三五一—四六九下）。鈔本「帥」作「酋」。又四庫本自「張浚命王進曰敵騎無留。必徑渡淮而去」句以下（同上）至「進謚曰太宗文烈皇帝」句（三五一—四七〇上）。凡「敵」「金」均作「虜」。「帥」作「酋」。

卷一百六十六

紹興五年正月十三日丁巳章

四庫本「朕以眇質獲至尊。念國家積累之基。遭外敵

侵擾之患」句（三五一—四七一上）。鈔本「外敵」作「夷狄」。其後「頻挾敵勢來犯邊陲」句。鈔本「敵」作「虜」。又後文「雖強鄰偶逭於天誅。而匹馬莫還於敵境」句。鈔本「強鄰」作「逆雛」。「敵境」作「賊境」。

金國主完顏亶立神麓記四庫本「金人初元謀伐遼」句（三五一—四七二上）。鈔本「金人」作「女眞」。「伐遼」作「叛遼」。此句以下。本記文中凡「金人

」鈔本均作「女眞」。「帥」作「酋」。「金主」作「虜主」。其中「君臣宴然之際。攜手握臂。置腹推心。至於同歌共舞。莫分尊卑。情通心一。各無覬覦之意焉」句（三五一－四七三上）鈔本「置腹推心」作「咬頭扭耳」。「莫分尊卑。情通心一」作「莫分尊卑。其無間故。譬諸禽獸。情通心一」。又「金人已得中原」鈔本「得」作「寇」。又「徒祖宗之舊習耳」鈔本作「徒失女眞之本態耳」又「渠視舊大功臣則曰無知之輩也」鈔本「之輩」作「夷狄」。又「襲法以來。左右諸儒日進諂諛」句。鈔本「襲位」作「僭位」。又後文「先將臣其大臣。次且危其宗廟」句（三五一－四七五上）。鈔本「臣其大臣」作「賊其大臣」。

二月三日丁丑車駕至自平江府。張守上疏章

四庫本「宣王曰。內修其德。外修其政」句（三五一－四七七下）。鈔本「外修其政」作「外攘夷狄」。後又文「願陛下果斷而力行之。何患遠人之不服乎」句（同上）。鈔本「遠人」作「夷狄」。

紹興五年二月十三日丁亥張浚制略章

四庫本「名大震於羌戎。屬北騎之長驅。値中原之多故。召從閒燕。付以經綸。牧野以全六師」句（三五一－四七八上）。鈔本作「名大震于羌戎。屬胡馬之長驅。扶逆雛之反噬。召從閒燕。付以經綸。秉鉞以麾六師」。後又文「使人君無過舉。則國勢奠安。敵人自服」句（同上）。鈔本「敵人」作「醜虜」。後又文「國勢既隆強鄰自困」句（三五一－四七八下）。鈔本「強鄰」作「強虜」。後又文「人之有過則旁引曲借。必欲聞於人主之前。此小人也」句（同上）。鈔本作「人之有過。則欣喜自得。如獲至寶。旁引曲借。必欲聞于人主之前。此小人也」。

親征詔。四庫本「間諜和好。信強鄰之狂悖。率群騎以憑陵」句（三五一－四七九下）。鈔本「強鄰」作

「逆雛」。「騎」作「賊」。「憑陵」作「陸梁」。

詔群臣修政事章。四庫本朕以金人内侮。流毒兩淮」句（三五一—四七九下）。鈔本「金人」作「寇戎」。又「以外敵已遁。思以群臣内修政事。乃降是詔」句（三五一—四八○上）。鈔本「外敵」作「外寇」。

卷一百六十七

紹興五年閏二月一日乙巳詔戒飭群臣章

四庫本「十年除利州路安撫使知興元府。金陷陝西。政走四川」句（三五一—四八一上）。鈔本「金」作「虜」。

韓世忠進軍楚州賜韓世忠詔

四庫本「自去冬敵人深入。卿首挫其鋒鼓我六師。逐迫其衆。既致潛師引遁」句（三五一—四八一下）。鈔本「逐迫其衆」作「人百其勇」。

五月胡寅上疏章

四庫本「乞不講和好。揮戈北向。蹀血金廷」句（三五一—四八二上）。鈔本「金廷」作「虜廷」。其後「金人者驚動陵寢。戕毀宗廟」句（三五一—四八二下）。鈔本「金人」作「女眞」。又此句以下本疏文中凡「金人」鈔本皆作「女眞」。又四庫本「因講和而能息敵兵者誰歟」句（三五一—四八三上）。鈔本「敵兵」作「虜兵」。又「言敵人帖服。國勢奠安」句。鈔本「敵人」作「酋豪」。後又文「則常示欲和

之意。平吾所恨。而中國坐受此餌既久而後悟也」句（同上）。鈔本作「則常示欲和之意。增吾所重。平吾所恨。慰吾所患。而中國坐受此餌既久而猶未悟也」。又「況歲月益久。敵情益驕」（同上）。鈔本「敵情」作「虜情」。又「當今之事莫大于邊境之亂也」句（三五一—四八三下）。鈔本「邊境」作「夷狄」。又「以中國萬民之君而稱臣于讎敵」句（同上）。鈔本「讎敵」作「讎虜」。又其後「竊料金人回書

必無果決之言。決有信從之」句（三五一－四八四上）。鈔本作「竊料虜人回書必無果決之言。即有言必難從之」。又後文「自今觀之。敵人之不可與和亦易見也」句（三五一－四八四下至四八五上）。鈔本「敵人」作「夷狄」。又「嚴降詔旨罪狀反賊。聲罪致討。一振國威」句（三五一－四八五上）。鈔本「賊」作「虜」。

卷一百六十八

紹興五年五月胡寅又論遣使有害無益章

本章中四庫本凡「敵」。「金」字鈔本皆作「虜」。其中「金人之所大欲者誰不知之」句（三五一－四八七上）。鈔本「金人」作「虜賊」。又「而況劉豫向金祈哀乞援。秋高草熟。南下何疑」句（同上）。鈔本「劉豫」作「豫賊」。「南下」作「來寇」。又後文「自古英傑勒曜垂珪之所難也。尼堪乘勢逞威。貪得無壓。敵之靡耳」句（三五一－四八七下）。鈔本作「五胡英傑。勒曜垂珪之所難也。粘罕好財貪色。兇殘不義。特盜賊之靡耳」。又後文「萬一今冬黨助逆豫昧於一來」句（同上）。鈔本「豫」作「賊」。

楊造乞罷和議箚子

四庫本「臣嘗觀陸贄論禦外之策。其說甚詳。大抵以爲敵國之強弱。視我國之盛衰」句（三五一－四八八下）。鈔本「外」作「戎」。「敵國」作「夷狄」。後又文「故當強悍之勢而行。即叙之方。則見侮而不從矣」句（三五一－四八九上）。鈔本「強悍」作「

匪茹」。又後文「自靖康以來。主和議不爲備禦計卒爲敵詐」句（同上）。鈔本「敵」作「虜」。又此句以下至「勿主和議以墮敵計」句（三五一－四九一下）凡「敵」「金」鈔本均作「虜」。其中「且金國之人非可以信誓結」句（三五一－四八九上）。鈔本「金國之人」作「夷狄豺狼」。又後文「徒沮義士忠勇之氣。長金人無厭之心」句（三五一－四八九下）。

鈔本「金人無厭之心」作「黠虜桀驁之心」。又後文「故爲此計。實啓彼心。安能使之不來哉」句（三五一—四九一上）。鈔本「彼心」作「戎心」。又「且敵心叵測。不可望其仁慈。意其憫我」句（三五一—四九一下）。鈔本「敵心叵測」作「狼子野心」。

十一日庚戌張浚至行在章

四庫本「敵人用意實欲摧折而消磨之也」句（三五一—四九四下）。鈔本「敵人」作「虎狼」。後又文「要在得天下之心。則氣百倍。敵自歸服」句（同上）。鈔本「敵自歸服」作「虜叛歸服」。後文「敵國雖號荒服。然非遂至冥頑也」句（三五一—四九五上）。鈔本作「夷狄雖號荒服。非至若禽獸也」。其後「金人攻漣水軍」（三五一—四九五下）。鈔本「攻」作「寇」。又詔張俊判襄視師條。四庫本「閒緣北使之來歸」句（三五一—四九五下）。鈔本「北使」作「酋虜」。

卷一百六十九

紹興六年正月張浚出視師章

四庫本行狀曰「以金勢未衰。而叛臣劉豫復招中原。爲謀叵測」句（三五一—四九六上）。鈔本「金」作「虜」。後文「議者多以前後空闕。敵出他道爲憂」句（同上）。鈔本「敵」作「虜」。後又文「每思世忠發憤。授之方略。卿宜明審虛實」句。三五一—四九六下）。鈔本作「每思世忠發憤直前。奮身不顧。今乃審擇利便。不失事機。亦卿指授之方。卿宜明審虛實」。

紹興六年二月十一日庚戌章

四庫本賜川陝宣撫處置使司詔「諸路悉平。王靈由是復加。士氣於是再振。然念行師累歲。轉門一方。被敵國之係累。寧無淪陷之黨」句（三五一—四九七上）。鈔本「諸路悉平」作「群醜殲夷」。「敵國」作「夷狄」。後又文「沿邊將士應陷殊方。……敵騎憑陵之際」句「三五一－四九七下）。鈔本「殊方」作「番人」。「敵騎」作「虜騎」。又本詔文中凡「敵」字鈔本均作「虜」。

賜吳玠王彥關師古獎諭勅書。四庫本「永懷秦雍之區。久罹干戈之禍」句（三五一－四九八上）。鈔本「干戈」作「夷狄」。又「式資驍騰之將。屏此寇仇」句。鈔本「寇仇」作「腥羶」。又「折敵勢於方驕。激士心而復振」句。鈔本「敵」作「虜」。

十六日甲寅岳超及金人戰於宿遷縣

四庫本「金人已鳴鼓。超乃率衆衝入敵陣」句（三五一－四九八下）。鈔本「敵」作「虜」陣。

十七日乙卯韓世忠敗金人於宿遷縣章

四庫本「況爾金國小敵侵我王略。我豈與爾俱生乎」句（三五一－四九八下）。鈔本「金國」作「女眞」。「小敵」作「小醜」。「王略」作「王界」。

紹興六年三月章

四庫本「岳飛加檢校少保平靜難軍節度使川陝宣撫使。軍興州」句（三五一－四九九下）。鈔本作「岳飛加檢校少保武勝宣國軍節度使湖北京西宣撫使。軍襄陽府。吳玠加檢校少師保平靜難軍節度使川陝宣撫使。軍興州」。

卷一百七十

紹興六年九月二十九日甲午劉豫入寇。張浚至建康督戰章

四庫本張浚行狀曰「又聞欽宗所貽金帥書。」句（三五一－五〇一上）。鈔本「金帥」作「虜酋」。又「諜探敵情及劉豫姪猊挾敵來寇」句（三五一－五〇一下）。鈔本「敵情」作「叛賊」。「敵」作「虜」。

侍御史魏矼奏箚論不當講和章

四庫本「亦有金人文字事意曲折。不得與聞於傳記」句（三五一－五〇一下）。鈔本「金人」作「虜酋」。又是箚文中凡「敵」字。鈔本皆作「虜」。「北兵

作「北虜」。其中「削僭偽而復侵疆。實係此舉」句（三五一—五〇二上）。鈔本「削僭偽」作「攘戎狄」。

十一月張浚還闕章

四庫本俊行狀曰「是時劉豫令鄉兵偽金服。於河南諸州十百為群。由此間者皆言處處有兵」句（三五一—五〇三下）。鈔本「偽金服」作「偽服胡服」。「兵」作「虜」。

十二月五日戊戌趙鼎罷相章

四庫本中興遺史曰「且劉光世軍下。統制將輜重多出其門」句（三五一—五〇四上）。鈔本「輜重」作「士校」。

四庫本張浚行狀「今四海之心。孰不思戀王室。叛寇相劫。脅之以威」句（三五一—五〇四下）。鈔本作「今四海之心。兆民之念。孰不思戀王室。叛虜相劫。脅之以威」。

卷一百七十一

紹興七年正月一日癸亥車駕駐蹕平江府。下移蹕建康府詔

四庫本「念兩宮征駕未還於殊域。列聖陵寢尚隔于邊烽」句（三五一—五〇五下）。鈔本「殊域」作「殊俗」。「邊烽」作「妖氛」。

十五日丁丑詔賜李綱等章

四庫本「敵勢既屈。潛師遁逃」句（三五一—五〇六上）。鈔本「敵」作「虜」。後文「李丞相綱對曰。

臣伏承詔書。以偽齊金敵退遁。令臣深思熟講」句（三五一—五〇六上下）。鈔本「金敵」作「金賊」。又「臣仗強捍之敵。提兵南向」句（三五一—五〇六下）。鈔本「敵」作「虜」。又「敵氣挫屈。潛師遁逃」句（同上）。鈔本「敵」作「虜」。又「竊願陛下勿以敵騎退遁為可喜」句（同上）。「敵騎」作「賊馬」。後又文「而以中原未復。赤縣神州猶陷仇敵

爲可慮。使外敵得以潛逃爲可虞」句（同上）。鈔本作「而以中原未復。赤縣神州猶污腥羶爲可恥。勿以諸將屢捷爲可賀。而以軍政未修。士氣未振。尙使狂寇得以潛逃爲虞」。又後文「或謂兵馬既退。當遂用兵爲大舉之計」句（三五一－五〇七上）。鈔本「兵馬」作「賊馬」又此句以下凡「兵馬」均作「賊馬」。後文「高祖先保關中。故能東向與項籍爭衡。唐肅宗先保靈武。故能東向以破安史」句（同上）。鈔本

作「高祖先保關中。故能東向與項籍爭衡。光武先保河內。故能出征盡降赤眉銅馬之屬。肅宗先保靈武。故能東向以破安史」。後又文「光武破隗囂。詔岑彭曰。人若不知足。是以混一區宇。戡定禍亂」句（同上）。鈔本作「光武破隗囂。詔岑彭曰。人若不知足。既平隴後望蜀。此皆帝王以天下爲度者也。不如是不足以混一區宇。戡定禍亂」。又「今歲不征。明年不戰。使賊勢益張」句（同上）。鈔本「敵」作「賊」。後又文「強悍之衆。豈無殄滅之日」句（三五一－五〇八下）。鈔本「衆」作「虜」。又後文「特制於金敵之勢。爲所驅迫。陷於塗炭」句（三五一－五〇九上）。鈔本「金敵」作「黠虜」。又「朝廷近者得敵簽軍皆不殺而優恤之」句（三五一－五〇九上）。鈔本「敵」作「劉豫」。又後文「逆臣悍敵數十萬。飲馬江干雖未能掃蕩邀擊。靖我邊隅」句（三五一－五一〇上）。鈔本「悍敵」作「悍虜」。「靖我邊

隅」作「殲醜類」。又「而敵情叵測變詐百出」句（三五一－五一〇上）。鈔本「敵情叵測」作「虜情狡獪」。又後文「萬一敵騎南牧。復將退避不知所失」句（三五一－五一〇下）。鈔本「敵騎」作「虜騎」。後文「峙糗糧。積金帛。敵來禦之」句（三五一－五一一上）。鈔本「敵」作「賊」。又後文「今國家遠有盛彊之強敵。近有僭僞之逆臣」句（三五一－五一一下）。鈔本「強敵」作「黠虜」。又「雖逆臣不

足憂」句（同上）。鈔本作「雖有逆臣強虜不足憂」。又其後「管仲有言曰。知人而不能用。害伯也。伯者猶如此。而況欲恢復天下者乎」句（三五一－五一二上）。鈔本作「管仲有言曰。知人而不能用。害伯也。信人而使小人參之。害伯也。伯者猶如此。而況欲恢復天下者乎」。又後文「魏鄭公有言曰。君臣同心是謂一體」句（三五一－五一二上）。鈔本其下尚多「豈有至公事形蹟未必有至舉。而鄭公以爲興衰未可知者」。

卷一百七十二

四庫本「武宗有李德裕。皆以不忽然所惜。抱不群之材者。多爲小人之忌嫉」句（三五一－五一二下）。鈔本作「武宗亦有李德裕。皆以不世出之才。佐大有爲之主。參酌左右。以成大業。古今通道其可忽諸。然自昔抱不群之材多爲小人所忌嫉」。後文「洪範皇極之疇曰。無有作好。王道平平。好惡偏黨。皆足以爲至公之累」句（三五一－五一三上）。鈔本作「洪範皇極之疇曰。無有作好。遵王之道。無有作惡。遵王之路。無偏無黨。王道蕩蕩。無黨無偏。王道平平。好惡偏黨。皆足以爲至公之累」。後文「晉之士風尙浮虛而不事實。故當時措置乖謬。盜賊並起而有石勒劉曜之禍」句（三五一－五一三下）。鈔本「石勒劉曜」作「五戎亂華」。後文「陛下誠能行責實之政。臣將見功。以志崇所爲之規模也」句（三五一－五一四上）。鈔本作「陛下誠能行責實之政。臣將見功。中興之業不難致矣。何謂愛措日力。夫功以志崇所以爲之規模也」。後文「國之大計皆未嘗留意。安德

不爲僭逆之臣強悍之敵之所淩侮」句（三五一－五一四下）。鈔本「敵」作「虜」。後文「然則今日措置安可復蹈前日之轍。擇善而從。斟酌而行。則在聖裁矣」句（三五一－五一六下）。鈔本「然則今日措置安可復蹈前日之轍。臣今所陳。皆改轍前日之道。非

舊跡所能爲也。擇善而從。斟酌而行。則在聖裁矣」。後文「有孝友張仲以在左右。故能內修政事。外戢蠻荊。復文武之境土」句（同上）。鈔本「外戢蠻荊」作「外攘夷狄」。

四庫本「秦丞相檜曰國家自金人起事之初。但當與契丹地。廟堂太怯。遽以三鎮許之。三鎮不肯淪敵境」句（三五一—五一八上）。鈔本「金人起事」作「金虜入寇」。「淪敵境」作爲「夷狄」後文「雖欲割棄

而不可。是太怯也」句（三五一—五一八上）。後有缺文鈔本作「其後虜人退師。亦頗欲捨三鎮而要厚賂。廟堂謀之不審。乃結契丹之叛臣爲金人腹心者。欲與合謀。又潛檄邊臣掩殺割地官以變前議。聲雖甚美實無成功。是虛張之過也。臣頃歸朝廷妄進狂聲令劉光世通書虜酋。說其利害以爲淂地則歸豫。失凶則在虜。即蒙　陛下聽納施行。不旋踵。虜果退師。豫邀之東平。百端說誘。虜言候兒孫長大與你圖此。臣恭

惟　陛下宣諭以爲淂之。北來人臣益知不必虛張也。繼海州擒獲漢兒高益恭。稍和文字。臣又嘗妄議俾攜酋長書歸。諭以立國之體。當明順逆。助豫則叛者得利。金國何以統衆歟。本朝則河南之地。自非金國所欲。若淵聖所割河朔既立有盟約。豈敢睥睨。又明言不當留朝廷所遣信使。以致不敢舟遣。淂旨作書縱益恭北。還旋有所留一二使人來歸。後所遣使始不拘留。臣益知事有正理不必太怯也。今者賊豫陰導虜人提

兵南向。在朝廷當以正理處之。益不討賊豫則無以爲國。不安慰狂虜則逆賊未易討前此。」後文「臣前奏乞安慰敵人當用所獲人。令諸將通其帥長書」句（三五一—五一八上）。鈔本「敵人」作「狂虜」。「所獲人」作「所獲人」作「所獲虜人」。「帥長」作「酋長」。又「當檄數其罪。而陽推金人以紓其締交之計。……使敵知朝廷志在討叛而義不得已」句（三五一—五一八下）。鈔本「金」均作「虜」。「帥」作

「酋」。「敵」亦作「虜」。

卷一百七十三

紹興七年正月十五日丁丑汪丞相伯彥對章

四庫本「恭惟陛下神武默運。禦侮卻敵。天人助順」句（三五一－五一九上）。鈔本「禦侮」作「禦戎」。後文「仇敵就擒者。不啻千百簽軍」句（三五一－五一九下）鈔本「仇敵」作「醜虜」。後文「聖人之於春秋。皆書以危之。且敵之奔北尾擊過淮也」句（

三五一－五二〇上）。鈔本「敵」作「虜」。後文「兩河之吾民十之七。九州之卒十之二。金人十之一焉」句（同上）。鈔本「卒」作「虜」。「金人」作「狄人」。後文「投降之簽軍就係之帥長。既貸之以錫其類」句（三五一－五二〇下）。鈔本「帥長」作「酋長」。後文「一旦驅而之戰。以敵人攻敵人。利莫大焉」句（三五一－五二〇下）。鈔本「敵人」並作「夷狄」。又後文「領所部而獻其俘於行在矣」句（三五一－五二〇下）。鈔本「獻其俘」作「獻虜俘」。後文「恢復之計不患逆劉之難除。患金敵之未衰」句（同上）。鈔本「金敵」作「金狄」。又「下令荆襄戒嚴警後。常若敵至」句（三五一－五二一上）。鈔本「後」作「備」。「敵」作「寇」。後文「彼欲西下。則左有王都之可虞」句（三五一－五二一下）。鈔本「西下」作「西寇」。後文「金之人背盟失好。僞齊之去順效逆。虐困其民棄民久矣」句（三五一

－五二二下）。鈔本「背盟失好」作「多行不義」。

四庫本「李參政邴對敵勢即窮。潛師宵遁。天聲大振」句（三五一－五二三下）。鈔本「敵勢」作「虜勢」。後文「若輕而置之。僞境萬一有失利。將不可復用」句（三五一－五二四上）。鈔本「僞境」作「賊境」。後文「前日金人強盛。天下莫與敵……今彼驕甚。憪然有輕敵之心」句（三五一－五二四下）。鈔本「金人」作「金賊」。「今彼驕甚憪」作「今虜驕

甚憫」。後文「則北兵不足勝。中原不足復」句（三五一－五二六上）。鈔本「北兵」作「夷狄」。又後文「己酉之冬。金人自金陵渡江。……則金人用師未有如今日挫衂者」句（三五一－五二六下）。鈔本「金人」作「虜人」。「避敵之計」作「避賊之計」。「敵帥」作「酋帥」。後文「臣度他年入境懲創」句（三五一－五二七上）。鈔本「入境」作「入寇」。

卷一百七十四

紹興七年正月十五日丁丑李參政邴對章

四庫本「何謂訂遣使。金人自用兵以來。未嘗不以和好爲言。且和且戰。卒用此術困契丹及中國。其設計反覆未可逆料」句（三五一－五三〇上）。鈔本「金人」作「金賊」。「其設計反覆未可逆料」作「其貪惏狡譎如豺狼然已」。後文「或止右司領之。悉裒前後行遣之。使人舉成法而授之可也」句（三五一－五三〇下）。鈔本作「或左或右司領之。悉裒前後行遣之。見存者稍加類次。使有條章。其有未盡。未便得以參訂。當遣使人舉成法而授之可也」。後文「使知天地之大不容僭逆。與敵國共事者必速滅亡」句（三五一－五三一上）。鈔本「敵國」作「夷狄」。後文「劉豫竭中國之力以奉金人」句（三五一－五三一上）。鈔本「金人」作「夷狄」。又「自金人入邊以來。各聚徒黨結爲山寨以自保固」句（同上）。鈔本「入邊」作「入寇」。後文「淮南避敵士民。有官者使

權攝」句（三五一－五三一下）。鈔本「避敵」作「避寇」。後文「陛下每有詔令。必念江北赤子。陷于僞齊不能自拔」句（三五一－五三二上）。鈔本「僞齊」作「夷狄」。後文「今僭竊名位。與夫殊方異域之君。亦足以應天變天意」句（三五一－五三三下）。鈔本「殊方異域」作「夷狄犬羊」。後文「何敵國之不可攘。中興之不可冀乎」句（同上）。鈔本「敵國」作「戎狄」。又「今陛下神武赫怒。親臨江徼。

號令諸將以卻外侮」句（同上）。鈔本「外侮」作「醜虜」。其後「邁金人既遁。當追奔逐北。恢復中原」句（三五一—五三五下）又「去冬金人長驅以抵淮甸」句（同上）。鈔本「金人」並作「虜人」。又「去年九月敵之遽來。未知其衆來者厚薄」句（同上）。鈔本「其衆」作「其賊」。又後文「可以傳檄而定僞齊。可以示威而綏邊陲」句（三五一—五三六下）。鈔本「示威而綏邊陲」作「折箠而笞強敵」。後文

「及而冒貢一二。敵人之輕中國尙矣」句（三五一—五三六下）。鈔本「敵人」作「狄人」。又後文「明王慎德。四方咸賓。惟德修可以服遠人也。周詩之美宣王曰。內修政事。外柔遠人」句（三五一—五三七上）。鈔本「四方」作「四夷」。「遠人」作「四夷」。「外柔遠人」作「外攘夷狄」。又「何患遠人之不服乎」句（同上）。鈔本「遠人」作「四夷」。又「何患中外之不治乎」句（同上）。鈔本「中外」作「夷狄」。又其後「臣竊觀聖語。有敵勢既屈又爲善後之計」句（三五一—五三七下）。鈔本「敵」作「虜」。又後文「去年九月敵之遽來。未知其衆來者厚薄」句（同上）。鈔本「其衆」作「其賊」。又後文「旋以捷音每日至而敵且遁去」句（同上）。鈔本「敵」作「虜騎」。後文「其間不幸身屬敵中。敵衆奔波則逐之不及」句（三五一—五三八上）。鈔本「敵中」作「賊者」。「敵衆」作「狄衆」。

卷一百七十五

紹興七年正月十五日丁丑王參政綯對章

四庫本「席未及煖。敵騎侵及承楚」句（三五一—五三九上）。鈔本「敵騎」作「虜騎」。後文「去冬敵騎驟至。侵軼疆埸。……至于敵勢既屈。潛師遁逃」句（三五一—五三九下）。鈔本「敵騎」作「虜騎」。「敵勢」作「虜勢」。後文「明間諜。遠斥堠。厲兵秣馬。常若敵至」句（三五一—五四〇上）。鈔本

「敵至」作「寇至」。後文「臣又觀出入不常。行止莫測金人常態」句（三五一－五四〇下）。鈔本作「臣又視狡獪不情。暴戾狠賊。金虜常態」。後文「臣竊謂敵情詭詐。隱伏難測。安知其計不出于此。……復歸本境」句（三五一－五四〇下）。鈔本「敵情」作「虜情」。「本境」作「巢穴」。後文「金人搆難幾十年矣。初未嘗匱糧矣」句（三五一－五四一下）。鈔本「搆難」作「犯順」。後文「若以謂金能至承

襄楚而不能至通泰。足以明其兵力之少」句（同上）。鈔本作「若以謂虜能寇襄承楚。而不能犯通泰。足以明其兵力之少」。又「今茲乃陰導伏人無故出疆」句（同上）句。鈔本「伏人」作「狄人」。後文「後北兵濁亂河洛。元帝南渡。王導相之……敵騎長驅及我北鄙」句（三五一－五四二下）。鈔本「北兵」作「五胡」。「金人」作「金寇」。「敵騎」作「虜騎」。「及」作「犯」。又後文「威力驅使。雜于仇敵

。與我交兵。豈其人之本志也」句（三五一－五四三下）。鈔本「仇敵」作「醜虜」。

四庫本韓樞密肖胄對「奮身逆摧敵鋒。所向俘馘。敵氣沮奪。潛師遁逃。信悔禍之。自天知戡難之有日。華夏竦動。中外歡呼」句（三五一－五四四下）。鈔本「敵鋒」作「賊鋒」。「敵氣」作「虜氣」。「華夏」作「夷夏」。又後文「蓋如晁錯之論七國。以謂削亦反金人猶是也」句（三五一－五四五上）。鈔本

作「蓋如晁錯之論七國。以謂不削亦反金虜猶是也」。又後文「況臣親見金人等軍嘗至川陝者皆畏服……金人比歲暴我中原。豈特即墨之悲憤」句（三五一－五四五下）。鈔本「金人等軍」作「女眞等軍」。「入界」作「入寇」。「敵意」作「虜意」。「金人比歲」作「虜寇比歲」。後文「臣聞之勝負何常。敵之情僞難察。僞豫入寇。信曰守備有方。彼多失亡」句（三五一－五四六上）。鈔本「敵」作「賊」。「僞

豫入寇」作「頃者蓄僞入寇」。後文「然今敵自恃勝強反成敗衂。剛愎之性切於復仇。況又出入無定。萬一內懷詭譎。有如子胥教吳分三師。以敵楚之計。我出則歸。我歸則出。亟肄而罷之。則此兵甫還。他兵繼至。方喜其去以微驚。又乘吾怠以來戰」句（三五一－五四六上）。鈔本「今敵」作「金虜」。「剛愎」作「犬羊」。「出入無定」作「狼子野心」。「此兵甫還。他兵繼至」作「此寇甫還。他酋繼至」。「戰」作「寇」。後文「北兵入亦先安重兵於壽春淮陰」句（三五一－五四六下）。鈔本「北兵」作「北虜」。後文「不當以利遺人。更爲敵有也」句（三五一－五四六下）鈔本「敵」作「賊」。後文「遂致僞豫之兵如踐無人之境。……若謂不欲致疑金人。彼既舉兵。我則移屯有名。若敵引惹生事」句（三五一－五四七上）。鈔本「僞豫」作「蓄僞」。「金人」作「虜寇」。「敵」作「虜」。又後文「比更金人往來。

無不蠶食」句（三五一－五四七下）。鈔本「金人」作「金寇」。又後文「竊以畿甸山東關河之民。怨金人之多暴。苦僞齊之煩苛」句（三五一－五四八下）。鈔本「金人」作「金虜」。後文「彼念金人之擾攘。而被蒙朝廷之德惠。是猶童蒙脫于禍患。復免于責扑」句（同上）。鈔本「金人」作「虜寇」。「擾攘」作「威虐」。「脫于禍患」作「脫于盜賊之手」。又「雖金人渤海絕域之國。所以優假安全之恩意已無不備」句（同上）。鈔本「金人」作「女眞」。後文「見戰守之情終。始言天人之助」句（三五一－五四九上）。鈔本「見戰守之情」作「其夷僞之情」。後文「兼臣昨在軍前聞金人頗有厭兵之意」句（三五一－五四九上）。鈔本「金人」作「金酋」。

卷一百七十六

紹興七年正月十五日丁丑韓肖冑奏章

四庫本「臣竊謂逆臣劉豫。藉強敵之兵驅脅」句（三五一－五四九下）。鈔本「強敵」作「黠虜」。後文「臣不識比日侵淮並江之兵」句（同上）。鈔本「侵」作「寇」。「兵」作「虜」。又「如靖康元年再至東都之師乎。悉起精銳。如建炎三年。再至維揚之師乎。無乃敵情不急于用兵」句（同上）。鈔本「再至」均作「再犯」。「敵情」作「虜情」。後文「今者盛氣而來。褫魄而去。非其兵力衰墮。則金人必有大變。……金雖爲豫怒。實非眞情」句（三五一－五五

○上）。鈔本「金」。「敵」均作「虜」。「金人退怯」作「賊虜初退」。後文「金人用兵非有古人安節鈐制之理」句（三五一－五五一上）。鈔本「金人」作「虜人」。後文「因屯兵使爲之日積月巧。敵至可戰則戰」句（同上）。鈔本「敵」作「賊」。後文「至復中原區宇撫定。邊隅皆由此爲之」句（同上）。鈔本「邊隅」作「四夷」。

四庫本「朱勝非對曰。國家承平日久。兵備旣弛。金人投隙長驅深入。……號令每下。精采皆變」句（三五一－五五一下）。鈔本「金人投隙長驅深入」作「夷虜投隙流毒天下」。「精采」作「旌旗」。又「四曰揆度敵勢」句（同上）。鈔本「敵」作「虜」。

呂頤浩十論箚子四庫本「而遼主天祚不悟其詐。卒致顚覆」句（三五一－五五二上）。鈔本「遼主」作「戎主」。又後文「敵性叵測兼併不已」句（同上）。鈔本作「虜性貪婪呑噬不已」。又「今幸金人已退。

若不用兵。則五月必傳箭國中」句（三五一－五五二上）。鈔本「金人」作「狄人」。「國中」作「虜中」。又後文「臣契勘金人本契丹所屬之國。遼主天祚侵陵其民」句（三五一－五五二下）。鈔本「所屬」作「奴婢」。「遼主」作「戎主」。又後文「遣使由海道至金人國通好。金人旣滅耶律氏」句（同上）。鈔本「金人」作「女眞」。後文「知中國太平日久。都無戰備。必可圖也。遂陷中京。勢愈強盛」句（同

上）。鈔本「強盛」作「猖獗」。其後小注「臣于宣政七年十一月陷于金國。次年二月得歸朝廷。在敵中時其敵衆每夜嗟嘆」句（同上）。鈔本「金國」作「虜將」。「敵中」作「賊中」。「敵衆」作「虜衆」。後文「又敵性嗜殺」句（三五一—五五二下）。鈔本「敵」作「虜」。小注「北方之兵。自來以全副衣甲御敵」句（三五一—五五三上）。鈔本「北方」作「夷狄」。後文「故頃韓世忠扼敵于鎮江。張浚獲捷

于明州。陳思恭遊擊于長橋。去年金人初到淮南。韓世忠首挫敵鋒」句（三五一—五五三上）。「扼敵」作「扼虜」。「遊擊」作「遨擊」。「金人」作「虜人」。「敵鋒」作「賊鋒」。後文「今又有兵十五萬。察敵之勢。如彼度我之勢」句（同上）。鈔本「敵」作「賊」。後文「臣在河北使。陝西沿邊備見金人風俗。……當金人勁弓折膠。湩馬免乳之際」句（三五一—五五三下）。鈔本「金人」均作「虜人」。「塞衆侵邊」作「夷虜犯邊」。後文「而豫賊之子與金人引兵過淮」句（同上）。鈔本「金人」作「虜酋」。後文「四論分道進兵之策。臣本東北人。自中原陷敵以來」句（三五一—五五四上）。鈔本「敵」作「賊」。又後文「仍差大將一員統兵二萬人。自明州趁今年四月便風泛海。前後攻沂密州至青濰州」句（三五一—五五四上）。鈔本作「又差大將一員統兵二萬人。駐泗州爲應援。又別選大將一員統兵二萬人。自明州趁今年四月使風泛海。前後攻沂密州至青濰州」。

後文「韓世忠已於鎮江心舟截住金帥四太子人馬。未得濟。乞車駕進幸浙西。號令諸將前去。江上夾擊金帥」句（三五一—五五五上）。鈔本「金帥」均作「虜酋」。後文「去歲秋末敵騎初到淮甸。陛下奮然決策下親征之詔……敵遂退師」句（同上）。鈔本「敵」均作「虜」。後文「不數年周世宗即位。慨然有安邊境之心」句（三五一—五五五下）。鈔本「安邊境

」作「攘戎狄」。後又文「或曰金敵至邊。文臣豈可委」句（三五一－五五六上）。鈔本作「或曰虜酋或犯邊。文臣豈可委」。又後文「惟自金人深入以來。中國之兵未嘗交鋒望塵奔潰者」句（三五一－五五六下）鈔本「金人」作「猖獗」。又「金人過江之時。戰士屢經得捷」句（同上）。鈔本「金人」作「虜人」。又後文「去歲九月敵臨淮甸。我師累捷。金人頓兵百餘日」句（同上）。鈔本「敵臨」作「賊犯」。「金人」作「虜寇」。又「今王師已振。敵衆向衰」句（同上）。鈔本「敵」作「虜」。又其後「以今論之。金人便鞍馬每以騎兵取勝。國家駐蹕東南。當以舟楫者。非金人之長技」句（三五一－五五七上）。鈔本「金人」並作「虜人」。又「今者國家與金人相持之際。……朝廷諸臣自少壯時遍走兩浙東京河北及邊塞沿海地分」句（三五一－五五七下）。鈔本「金人」作「虜人」。「邊塞」作「虜中」。又後文「是宜大講海上之利。以擾僞齊京東諸郡。契丹諸郡」句（同上）。鈔本「契丹」作「虜中」。小注文「昨趙良嗣與政使金人。自蘇州界出遠路」句（三五一－五五七下）。鈔本作「昨趙良嗣與馬政使女眞國。蘇州界出遠路」。又後文「金人雖有鐵騎百萬。必不能。禦此」句（三五一－五五八上）。「金人退兵之際」句。「乃禦敵之道」句。鈔本「金人」均作「虜人」。「敵」作「戎」。後又文「平日嘗以謂若不舉兵。則必不能還二聖復中原。牽制川陝敵兵」句（三五一－五五八下）。鈔本「敵兵」作「賊兵」。後文「夫敵性反覆。金人尤叵測」句（同上）鈔本作「夫虜性反覆。金賊尤狡譎」。後文「臣契勘自金人騷擾以來」句（三五一－五五八下）。鈔本作「臣契勘自金跳梁以來」。後文「竊料金人國書必無果決之言」句（三五一－五五九上）。鈔本「金人」作「虜人」。

卷一百七十七

紹興七年正月廿八日庚寅章

四庫本張浚具奏待罪條「臣感慨自期。願殲讎敵」句（三五一—五六〇下）。鈔本「敵」作「虜」。後又文「我有大隙于金。刷此至恥。惟臣是屬。而臣終隳成功使敵無憚」句（三五一—五六〇下）。鈔本「金」作「虜」。「敵」作「賊」。

賜朱弁本家官田五頃條。四庫本「弁今在敵拘縻已十年」句（三五一—五六〇下）。鈔本「敵」作「虜

」。

王倫除徽猷閣待制條。四庫本「金人方用兵。留倫不遣」句（三五一—五六一上）。鈔本「用兵」作「入寇」。

二十三日乙酉章

四庫本「初呂祉知建府。常有克敵之志」句（三五一—五六二下）。鈔本「克敵」作「平戎」。後文「夢得贈以詩曰。靜談班定遠。那厭庾征西」句（三五一—五六三上）。鈔本「班定遠」作「孫破虜」。

四月張浚往淮西視師章

四庫本上張相公書「某竊觀比者金人入界輒屯兩淮。……間使水寨探其營壘敵勢。晝夜不得休息」句（三五一—五六三下）。鈔本「入界」作「入寇」。「敵」均作「賊」。「營壘敵勢」作「巢穴賊勢」。後文「某嘗論自金人用兵十餘年。所向無不可者」句（三五一—五六四上）。鈔本「用兵」作「入寇」。後文

「一旦諸國並進。則南北之勢不救。金人無長策矣」句（三五一—五六四上）。鈔本「長策」作「噍類」。後文「如犬牙之制。使敵得窺伺大江。則大江未可保也」句（三五一—五六四下）。鈔本「使敵得」作「使賊不得」。

卷一百七十八

紹興七年八月五日乙未章

四庫本「皇子大總管府淮備差委楊堯緻乞兵於金國。

堯緻以病辭。遂命僞宣教郎戶部員外郎韓元英代堯緻行」句（三五一－五六七上）。鈔本「堯緻」均作「堯弼」。後文「尼堪免官爲庶人。贖高慶裔之罪。金主不允」句（三五一－五六七下）。鈔本「金主」作「虜主」。後文「又扶持陛下幼沖以臨大寶。南面天下臣之功也」句（三五一－五六八上）。鈔本「臣之功也」作「此成王之勢也」。後文「如此布告中外。咸使聞知」句（三五一－五六八下）。後有缺文。鈔

本作如下「松漠記聞曰。粘罕者吳乞買三從兄弟名宗幹。。小名烏家奴。本曰粘漢。言其貌類漢兒也。其父即阿盧里移賚粘罕爲四元帥後雖貴亦襲父官你曰阿盧里移賚孛極烈都元帥。孛極烈彼云大官人也。其庶弟名宗憲。字吉甫好讀書。甚賢。

張匯金虜即要曰。粘罕死後。有烏陵思謀者。本北遼合蘇欸女眞。居遼地俗呼熟女眞。如陝西熟戶蕃之類也。女眞烏陵之稚者。最爲微賤。小名撒盧拇。本無名字。女眞初起時。思謀方負柴。爲粘罕虜之。粘罕嘉其爲人。遂以其弟石窟馬之乳母妻之。命爲都提點。乃北虜貴家奴僕之稱。思謀奸狡多慮善于周身。女眞之中素稱辯慧。機術至深可取。粘罕用之爲腹心。宣和間往來隨奉使作計議。使議燕地稅賦。及舉兵南侵等事。皆預其謀爲用事之人。後以門下被虜人。洛陽進士吳鼎。蘇閭立名曰思謀。字仲遠。粘罕以思謀累充奉使有勞。令樞密院白身差權太原府少尹。至是

粘罕死思謀赴喪。」又「數小子者。謂金主亶輩也」句（三五一－五六九上）。鈔本「金主」作「虜主」。後文「烏珠凡軍國大事皆咨問之」句（三五一－五六九上）。後有缺文。鈔本作「征蒙記曰粘罕僞謚爲威烈皇帝」。

卷一百七十九

紹興七年九月十三日壬申章

四庫本「陛下方倚任輔相以責事功。若不逐張浚則輔

相何由重」句（三五一—五七一上）。鈔本「何由重」作「何所憚」。後文「浚昨以樞臣往撫川陝。假借便宜擅作威福。違諸將之言而大敗於強敵」句（三五一—五七一下）。鈔本「強敵」作「寇敵」。後文「用劉子羽之謀而罷王庶。則興元之士馬金幣盡爲敵有。信二將之譖而殺曲端」句（三五一—五七一下）鈔「敵有」作「賊有」。「信二將」作「信王庶」。後文「今日兵備宜取勇夫重閉之說」。句（三五一—五

七二上）。鈔本「重閉之說」作「重用之說」。後文「而去歲齊人入寇」句（三五一—五七二下）。鈔本「齊人」作「虜僞」。後文「屬者式遏群敵。經理淮壖。番休禦侮之師」句（三五一—五七五上）。鈔本「群敵」作「戎寇」。

卷一百八十

紹興七年十月章

四庫本「去歲劉豫以金誘三不救之說。力攻淮西。劉光世遂欲南渡爲退保之計。苟非張浚親至江上。使楊沂中絕敵之後。一舉而大破之」句（三五一—五七九上）。鈔本「金」作「虜」。「敵」作「賊」。後又文「惟陛下天錫勇智。雖金人亦稱英武」句（三五一—五八二上下）。鈔本「金人」作「虜人」。後文「如樊序孟涓之徒皆先朝達人。諳曉陝西利害」句（三五一—五八二下）。鈔本「達人」作「邊人」。後文「然後淮西諸軍及襄漢等路約期並進。則僞豫首尾不救。……使僞豫之情不能探伺陛下之神策也」句（三

五一—五八三上下）。鈔本「僞豫」均作「蕃僞」。

紹興七年十一月章

四庫本「辛次膺彈樞密使秦檜妻黨王仲嶷。王喚父仲山。嘗投拜金人。仲嶷不當復官。喚不當作郡」句（三五一—五八五上）。鈔本「金人」作「虜人」。

卷一百八十一

紹興七年九月十八日丙午章

四庫本「三帥馳往直陛殿。……三帥露刃夾之而行」句（三五一－五八六上下）。鈔本「帥」均作「酋」。「小校」作「小蕃」。「大哭」作「大笑」。後文「宣詔畢。二帥從素隊數十人……禮畢二帥歸東。以數千騎往來。遶大內御街循環不絕。仍使小校分行街巷」句（三五一－五八六下至五八七上）。鈔本「二帥」作「二酋」。「小校」作「小蕃」。後文「講武之暇涉獵書史。以儒術緣飾吏事。金人亦忌之」句（三五一－五八七下）。鈔本「金人」作「虜人」。後文「若諸侯之善。如美齊桓晉文。有翊輔周室之力。成五霸之功。則書爵以尊之」句（三五一－五八八上）。鈔本「成五霸之功」作「攘夷之功」。後文「楚子爵僭稱武王。其後縣大夫皆僭稱公」句（三五一－五八八下）。鈔本作「楚子爵隱公之世。熊達已僭稱武王。其後縣大夫皆僭稱公」。後文「建炎三年己酉金人至山東。州郡例多戰守。……是月戊申。金主遣

西京留守高慶裔禮部侍郎知制誥」句（三五一－五八九上下）。鈔本「金人」「金兵」「金主」「金國」均作「金虜」。後文「是年乃建炎四年。金帥四太子南下回」句（三五一－五八九下）。鈔本「金帥四太子南下回」作「金虜四太子南寇回」。後文「是年依倣金國法。……滄州進士邢希載上書。乞陰通朝廷。結好夏國。密圖金國」句（三五一－五九〇上）。鈔本「金國」均作「金虜」。後文「求靖康之難發棺不盡者」句（三五一－五九一上）。「靖康之難」作「金虜賊寇」。後文「冬十月季節除右丞。金人攻蜀敗於王師」句（三五一－五九一下）。鈔本「金人攻蜀」作「金虜寇蜀」。後文「繼豫斬使臣趙倚。語人曰已去趙宗矣」句（三五一－五九二下）。鈔本作「豫繼斬使臣趙倚。語人曰已斬趙宋矣」。後文「遺宣義郎楊克弼乞師大金。克弼他辭。改差戶部員外韓元美。迪功郎游何。金人不許」句（三五一－五九二下）

。鈔本「金人」作「金虜」。後文「劉光時爲北京大名府副總管。王世忠皇子府前軍統制」句（三五一－五九二下）。鈔本作「劉光時爲北京大名府副總管。趙買臣爲京副總管。王世忠皇子府前軍統制」。後文「麟見王師必欲北征。遣參議馮長寧使金。乞併力南侵」句（三五一－五九三上）。鈔本「麟」作「豫」。「南侵」作「南寇」。後文「麟以百騎從。是月丁未至河上悉爲金擒之。……命百官有司皆仍舊。以僞齊尚書省爲金國行臺尚書省」句（三五一－五九三上）。鈔本「金擒之」作「虜擒之」。「二帥」作「二酋」。「金國」作「金虜」。後文「散出文榜。買賣不許關門。仍以小校揚言。因民所欲皇惑衆聽」句（三五一－五九三下）。鈔本「小校」作「小番」。後文「如廉公以女奉麟。以子妻伴之。麟併取二人。葛令有已贓萬餘緡。事發恐不免。以女進豫」句（三五一－五九三下）。鈔本作「如廉公謹以女奉麟。以子妻伴之。麟併取二人進于豫。遂以公謹監禮部庫僞皇子府差使。武郎侯湜出爲長葛令。有入已贓萬餘緡。事發恐不免。以女進豫」。後文「獨益輕財好施。禮賢下士與士卒同甘苦。頗有遠略。故廢豫日金人亦忌之」句（三五一－五九三下五九四上）。鈔本「金人」作「虜人」。後文「僞后錢氏宣和間爲御侍淵聖時出宮。聘使臣張保義。張爲賊寇錢從賊」句（三五一－五九四上）。鈔本「賊寇」作「賊虜」。

卷一百八十二

紹興七年九月十八日丙午章

四庫本「春秋公羊傳曰。什一者天下之中正。什一行而頌聲作。豈傷其法。廢而不復。故諄言之以示後世歟」句（三五一－五九六下）。鈔本作「春秋公羊傳曰。什一者天下之中正。什一行而頌聲作。中道明則百姓安。在上有雍熙之美。在下無大東之憂。豈傷其時。法久廢而不復。故諄諄言之以示後世歟」。後文

「天會十五年十一月日金主廢齊」句（三五一－五九九上）。鈔本「金主」作「金虜」。後文「一金人溫師中行臺左丞」句（三五一－五九九下）。鈔本作「一女眞溫御師申行臺左丞」。後文「一金人完顏呼沙呼汴京留守」句（三五一－五九九下）。鈔本「金人」作「女眞」。後文「陛下以積累之資。出逢否運應天順人肇臨大寶。網羅英俊。觀其所以開基創業者至矣」句（三五一－六〇一上）。鈔本「網羅英俊」作「網羅英俊以備天官」。後文「俟其兇荒兵老財匱。然後可擊。此又不然。夫於越檇李之敗困於會稽」句（三五一－六〇二上）。鈔本「檇李之敗」作「蠻夷之資」。後文「休兵養士惟思所以報齊。若提兵北顧則我齊一敗塗地」句（三五一－六〇二上）。鈔本作「休兵養士惟思所以報齊者。若不乘弊待其羽翼之成。提兵北顧則我齊一敗塗地」。後文「昔唐高祖龍飛太原。開建國祚。皆太宗仗義而動問罪庸主。躬親戎

馬平定天下」句（三五一－六〇二下）。鈔本「皆太宗仗義而動問罪庸主」作「皆太宗伏義而輔創大業」。後文間有邊事則各以妻稚爲念。彷徨自傷。覬覦重賞而行。飢鷹已飽皆將颺去」句（三五一－六〇三下）。鈔本「飢鷹已飽皆將颺去」作「逡巡而畏縮。麾之不至」。後文「詔曰勅奉議郎羅繡」句（三五一－六〇四上）。鈔本作「僞豫詔曰勅奉議郎羅繡」。後文「金人節要曰」句（三五一－六〇四上）。鈔本「金人」作「金虜」。後文「渤海萬戶大托卜嘉過淮揚。知軍張澳李成之始話及劉豫。托卜嘉撫掌歎曰。某渤海之大族共知也」句（三五一－六〇四上）。鈔本「李成」作「李純」。「大族共知」作「大始信氏」。後文「金人節要曰。劉豫委皇子府參謀馮長寧乞兵于金主。長寧具言酈瓊全軍請降」句（三五一－六〇四下）鈔本作「金虜節要曰。劉豫僞皇子府參謀馮長寧乞兵于虜主完顏亶。具言酈瓊全軍請降」。後文「

今瓊爲鄉導。乘勢併力乞兵南下。金以廢豫之議已定」句（三五一－六〇四下）。鈔本「南下」作「南寇」。「金」作「虜」。後文「除金人萬戶博索爲元帥府左都監」句（三五一－六〇四下）。鈔本「金人」作「女眞」。後文「起諸路有力軍南下。令初下人莫知其廢豫也」句（三五一－六〇四下）。鈔本作「起諸路番漢軍南寇。令初下人莫知其廢豫也」。後又文「於是下詔遣達蘭烏珠。托卜嘉提兵以入川爲名」句（三五一－六〇四下）。鈔本「于是下詔遣撻懶兀求撻不也提兵以寇江爲名。之東京廢豫爲蜀王。又遣撒離喝拔束提兵以寇川爲名」。後文金主烏奇邁從之。豫知悉出三人。又三人金之最用事者。每歲厚有饋獻蔑視其他帥長」句（三五一－六〇四下）。鈔本「金」均作「虜」。「帥」作「酋」。後文「阿勒巴金國三路都統」句（三五一－六〇五上）。鈔本「金國」作「女眞」。

卷一百八十三

紹興八年正月十四日辛丑章

四庫本「未幾忽報烏嚕貝勒以金人兵三千徒馬來蔡州。提轄白安時請永壽來歸」句（三五一－六〇五下）。鈔本「金人」作「女眞」。「來歸」作「拒之」。後文「遂驅城中老少來。岳飛遣張憲等往接納之」句（三五一－六〇五下）。鈔本「老少來」作「老小來歸朝」。

紹興八年四月十四日己巳章

四庫本「曾未幾年。而或進或退。豈不爲敵人所窺乎」句（三五一－六〇七下）。鈔本「敵人」作「黠虜」。後文「金人西路元帥薩里罕來同州欲謀殺世輔。而世輔伏兵州廨執薩里罕。率兵南走。薩里罕曰君往江南。江南方與大金議和」句（三五一－六〇八上）。鈔本作「金人西路元帥薩里罕來同州欲謀殺世輔。而世輔伏兵州廨執薩里罕。率兵走半途。薩里罕說世輔曰。汝欲執我何往耶。世輔曰往江南歸大宋耳。薩里罕曰若往江南。江南方與大金議和」。後又文「薩里罕乃解其衣。於近體褚衣中取出一文字。世輔信之」句（三五一－六〇八上）。鈔本作「薩里罕乃解其衣。於近體褚衣中取出一文字。即金國主密發來退地之文。世輔信之」。

紹興八年六月章

四庫本「陛下與敵有不共戴天之仇」句（三五一－六

〇八下）。鈔本「敵」作「賊」。後文「且彼之議和割地。不過畫河增幣二者而已。若曰畫河爲界。則我之故有安用和爲」句（三五一－六〇八下）。鈔本作「且彼之議和割地。不過畫河畫淮二者而已。若曰畫淮爲界。則我之固有安用和爲」。後文「臣昨以金使入境。……次言金人講和非其本心」句（三五一－六〇九上）。鈔本「金」均作「虜」。後文「金人國富兵強。所以謀人之國者曰和而已」句（三五一－六〇九上）。鈔本作「黠虜逆天犯順所以謀人之國者曰和而已」。後文「又以和議爲辭。二聖播遷中原板蕩十餘年間。中原之俗蹂踐幾徧。其力戰之心方靡厭而和議未之或廢也」句（三五一－六〇九上下）。鈔本「中原」作「衣冠」。「其力戰之心方」作「血食犬牙呑噬」。後文「王倫迎奉梓宮爾而受金人和議。……金人強大自居一日或拘其使出於意外。氣先奪矣」句（三五一－六〇九下）。鈔本「金人」均作「虜人」

。後文「何苦不念父母之仇。不思宗廟之恥。不痛宮眷之辱。不恤百姓之冤。逆天違人以事強敵乎」句（三五一－六一〇上）。鈔本「強敵」作「夷狄」。後文「因叙海上相見之好。且屈指舉諸金帥小字」句（三五一－六一〇下）。鈔本「金帥」作「虜酋」。後文「王庶在都堂與宰執同見金使烏凌阿思謀等」句（三五一－六一〇下）。鈔本「金使」作「虜使」。後文「臣前日在都堂與趙鼎等同見金使烏凌阿思謀。石少卿除臣已有章疏論列金不可與和。……今日天其或者遣使。雖薑醢之不足以快陛下無窮之冤」句（三五一－六一一上）。鈔本「金人」作「虜人」。「金」作「虜」。「此人」作「此賊」。「快」作「快」。後文「問其事則曰地不可求。且金人不遣使已數年矣」句（三五一－六一一上）。鈔本「金人」作「虜人」。後文「王倫何者能邀其來乎。且地不可求。聽大金還與汝。金人不出自己之意」句（三五一－六一一上）。鈔本作「王倫何者能邀其來乎。若無虜主自已之意」。後文「又其性不測互有觀望」句（三五一－六一一上）。鈔本作「又虜性豺狼互有觀望」。後文「設若金人未有動作」句（三五一－六一一上）。鈔本「金人」作「虜人」。

卷一百八十四

紹興八年六月十七日辛未章

四庫本「目今王倫既回。金使隨至。兩國之交議謀曲折……國勢不敵。雖有金使決不能解侵伐之難。敵強我弱國勢殊絕」句（三五一－六一二上下）。鈔本「金使」作「虜使」。「敵強我弱」作「虜強我弱」。後文「敵國以我為狂且癡。則焉得不侵擾乎」句（三五一－六一二下）。鈔本「侵擾」作「招寇」。後文「若我懼以增德。則彼必以為智而不敢伐。昔智伯欲襲衛遺之乘馬」句（三五一－六一二下）。鈔本作「若我懼以增德。則彼必以為智而不敢伐。我若喜而自寬。則彼必以為愚而無懼。昔智伯欲襲衛遺之乘馬」。後文「今未有以勝敵而敵初非懼我。敵一廢劉豫而自有中原」句（三五一－六一二下）。鈔本「敵」均作「虜」。後文「臣揣敵情。若非襲我。則必恐我」句（三五一－六一二下）。鈔本「敵情」作「虜情」。後文「敵國再使人誕慢于我。臣恐不足以講和。而適足以致敵」句（三五一－六一三上）。鈔本「再」作「愚弄」。「致敵」作「招寇」。後文「金人暫去復來。財地卒兩失之耳。……金人貪婪唯利是視」句（三五一—六一三上）。鈔本「金人」均作「虜人」。後文「昔太祖常痛恨聞中原陸沉之禍。自登極專務節儉」句（三五一—六一三下）。鈔本「中原陸沉之禍」作「開運猾夏之禍」。後文「謂左右曰。俟及三百萬婚。當移書契丹贖晉陷敵百姓」句（三五一—六一三下）。鈔本「契丹」作「北虜」。「陷敵」作「陷蕃」。後文「御史中亟范同。戶部侍郎向子諲。中

書舍人潘良貴並罷。遺史曰。先是奏檜。向子諲。范同請與金人講和」句（三五一—六一三下）。鈔本「范」作「常」。

卷一百八十五

紹興八年十一月二日甲申章

四庫本「王倫遽回邀金使。有江南詔諭使……臣觀金使今日之事與前日大異」句（三五二—一下）。鈔本「金」「敵」均作「虜」。後文「臣今又謂和無成。豈唯無成終必致侮」句（三五一—二下）。鈔本「致侮」作「招寇」。

紹興八年十一月三日乙酉章

四庫本「講和。而是則可以息兵。非則適以招敵也」（三五二—二上）。鈔本「招敵」作「招寇」。後文「今金人之于國。有秦人欺我之意」句（三五二—二下）。鈔本「金人」作「女眞」。後文「夫敵人之言。不可信也」句（三五二—二下）。鈔本作「戎狄豺狼。不可保也」。後文「況今金人在京師者。方見建

鎮南之號。……貼黃云。臣竊見金使之來。所繫甚大」句（三五二—三上）。鈔本「金人」作「虜酋」。「金使」作「虜使」。

紹興八年十一月十九日辛丑章

四庫本「且金人之論議必不出此策。……臣子莫不聽信金國。豈有講和之意」句（三五二—三下）。鈔本「金人」作「虜人」。「金國」作「酋虜」。後文「

今敵建議增歲幣之語。又是奸詐也。是故敵歲中多來此觀我釁而不操我策」句（三五二－四上）。鈔本「敵」作「賊」。後文「昔章聖不欲竭我力而付之敵」句（三五二－四上）。鈔本「敵」作「虜」。後文「是故敵有和之議。……乘機進兵則都邑非敵敢有也」句（三五二－四上）鈔本「敵」作「賊」。後文「即使和議可成。陛下不去尊稱。但據古禮以待之」句（三五二－四上）。鈔本作「議然則陛下雖不遽絕其使。

但以古禮而待之」。後文「若屈志于敵。臣願刎頸以謝衆議。……與彼國共事不報」句（三五二－四下）。鈔本「敵」作「賊」。「彼國」作「夷狄」。

紹興八年十一月二十日壬寅章

四庫本「臣竊惟金使之來。欲議和好。……其敵人之心……又謂人主已死。新主之立懼不敢當」句（三五二－五上）鈔本「金使」作「虜使」。「敵人之心」作「狼子野心」。「金主」作「虜酋」。「新主」作「新酋」。後文「敵計果出于此。……敵騎屢薄行闕。卒以無虞天所保也」句（三五二－五下）。鈔本「敵」均作「虜」。「彼國」作「狂虜」。「敵騎屢薄」作「虜騎屢犯」。後文「歲在甲寅一戰而敗金師。天所贊也。是蓋陛下躬履艱難」句（三五二－五下）。鈔本「金」作「虜」。「天所贊也」下有缺文「歲在丙申戰而卻劉豫亦天所贊也。歲在丁巳酈瓊雖叛。乃爲僞齊廢滅之資。亦天所贊也。」後文「願陛下斷自淵衷。毋取必于敵。而取必於天也。……躬率臣民

屈膝於彼」句（三五二－六上）。鈔本「敵」作「虜」。「彼」作「夷虜」。後文「臣素不熟敵情。不知使人所需者何禮」句（三五二－六下）。鈔本「敵」作「虜」。後文「是又衷甲劫盟之智。前史載之詳矣」句（三五二－七上）。鈔本作「楚人裹甲吐番劫盟。前史載之詳矣」。後文「紹興三年。金使遽至朝廷數遣官報聘。……金兵侵淮甸矣。……金人約再遣使

。……陛下悟其用計。使不復遣敵。……今千言不過內修政。外備強鄰。……今陛下因金使之來。博詢在廷」句（三五二一七下）鈔本「金使」作「虜使」。「金兵」作「胡虜」。「金人」作「虜人」。「用計」作「奸計」。「遣敵」作「遣虜」。「外備強鄰」作「外攘夷狄」。後文「和戰國之大事。豈烈不訪之兵將乎」句（三五一一七下）。鈔本「和戰」作「和戎」。

卷一百八十六

紹興八年十一月二十一日癸卯章

四庫本「如是而求和。臣等竊惑之」句（三五二一八下）。鈔本「求和」作「求成」。後文「國人不以為可者。謂金人素多變詐」句（三五二一八下）。鈔本「金人」作「虜人」。後文「使天誘其衷。敵果悔禍」句（三五二一九上）。鈔本「敵」作「虜」。後文「臣等竊聞敵入境伴使北向。再拜問其起居。此故事也」句（三五二一九上）。鈔本「敵入境」作「虜使入境」。後文「然朕不至為金所紿。方且審問虛實。燾等謝」句三五二一九上下）。鈔本作「然朕不至為虜所絕。方且熟議。若決非詐偽然後可從。如不然當拘留其人。再遣使審問虛實。燾等謝」。後文「彼方稱馬而厲兵。有未可圖之勢」句（三五二一十上）。鈔本作「彼方肆毒而稔惡。有未可圖之釁」。後文「民力日就困竭而金使之至無已時。……臣嘗謂秦之行成金之和使。……國家不悟。金使講和之得策」句（

三五二一十下）。鈔本「金」均作「虜」。後文「而況敵國無厭所從來久。恃強侮弱。彼其志不在小。豈可嗜其言信之不惑」句（三五二一十下）。鈔本作「而況夷狄無義所從來久。狼子野心。鳴鏑于父子之親。而嗜其甘言信之不惑」。後文「陛下躬曾閔之。行。受金人之侮」句（三五二一十下）。鈔本「金人」作「夷狄」。後文「信如道路之言。則金人之要我。

至不遜也。…而倫之在金爲功臣矣」句（三五二|十一上）。鈔本「金人之要我」作「虜人之要我」。「彼金人苟獲濟」作「彼犬羊苟獲濟」。「倫在金爲功臣矣」作「倫之在虜爲功臣矣」。

紹興八年十一月二十五日丁未章

四庫本「頃緣宰相無識。遂舉以使金。……今日無故誘致金使。以詔諭江南爲名。……劉豫臣事金人。南面稱王。……一旦敵人改慮。捽而縛之」句（三五二

|十一下）。鈔本「金」作「虜」。「金使」爲「虜使」。「金人」作「醜虜」。「敵人」作「豺狼」。後文「奈何以祖宗之天下。爲金國之天下。祖宗之位。爲金國藩臣之位。陛下一屈膝金人。則祖宗社稷之靈遂將不祀。祖宗數百年之赤子盡爲敵有。廟庭之宰輔盡爲陪臣。天下士大夫皆當包羞洟涊不知有氣節。而敵人無厭之求」句（三五二|十一下十二上）鈔本作「奈何以祖宗之天下。爲犬戎之天下。祖宗之位。爲犬戎藩臣之位。陛下一屈膝虜人。則祖宗社稷之靈盡污夷狄。祖宗數百年之赤子盡皆左衽。廟庭之宰輔盡爲陪臣。天下士大夫皆當裂冠毀冕變爲胡服。異時豺狼無厭之求」。後文「夫三尺童子不拜讎敵。堂堂大朝相率而拜讎敵」句（三五二|十二上）。鈔本「不拜讎敵」作「至無知也」。「而拜讎敵」作「而拜犬豕」。後文「然而卒無一驗。則敵之情僞已可見也。……就令敵決可和。而盡如倫議。……矧金人變計百出。……向者陛下間關海道。危如累卵。尙不肯臣

敵。……如今日金人奔馳僞豫入寇」句（三五二|一二上）。鈔本「敵」作「虜」。「金人變計百出」作「醜虜變詐百出」。「金人奔馳」作「醜虜陸梁」。後文「倘不得已。而至于用兵。則吾遽出金人下哉」句（三五二|一二上下）。鈔本「金人」作「虜人」。後文「管仲當齊桓時。九合諸侯。一匡天下。南抑強楚。西摧秦晉。孔子嘉之。秦檜大國之相。獨不能

尊主庇民。建萬全之策。反含羞忍垢以求生耶」句（三五二－一二下）。鈔本作「孔子曰。微管仲。吾其被髮左衽矣。管仲伯者之佐。尚能變左衽之軀。而爲衣裳之會。秦檜大國之相也。反驅衣裳之俗。而爲左衽之卿」。後文「檜曰金可講和。近曰可和。……若敵騎長驅近。豈能折衝禦侮邪。……聽臣之計羈留金使。責以無禮。……究觀金人侵軼。歲逾一紀。……僞衆深入。駐兵淮南」句（三五二－一三上）。鈔

本「金」作「虜」。「敵」作「虜」。「金使」作「虜使」。「金人」作「金虜」。「僞衆」作「蕃僞」。後文「丙辰冬敵人傾國南向。……僞豫始知所畏。……百姓日虞朝廷之受其欺誑。衆情反側。金人數輩在關中者。……臣中夜以思。敵使之來。甘言厚貌。不出二策」句（三五二－一三下）。鈔本「敵人」作「逆雛」。「僞豫」作「蕃僞」。「朝廷之受其欺誑」作「左衽陷淫昏之俗。「金人」作「虜酋」。「敵

使」作「虜使」。後文「聞金國自廢豫之後。遼人漢人上下不安」句（三五二－一四上）。鈔本「金國」作「虜中」。後文「臣近聞前此金使傲慢無禮。……惟是王倫決以爲不然。彼方要朝廷曲從敵意」句（三五二－一四下）。鈔本「金」作「虜」。「敵」作「虜」。後文「臣自聞金使之來。蚤夜往來于胸中」句（三五二－一五上）。鈔本「金使」作「虜使」。後文「願復畢其說。夫懷安敗名。晏安酖毒。古人戒之

。國家不慮。疆埸患生包藏禍心之人」句（三五一－一五上）鈔本「懷安敗名」作「戎狄豺狼」。「包藏禍心之人」作「人面獸心之類」。後文「夫商之高宗。三年不言。其在諒陰。言猶不出。其可見外國之使乎」句（三五一－一五上）<鈔本「外國」作「外夷」。後文「誠恐臣萬一未到闕下之日。金使先已授館。……次言金人講和非其本心」句（三五二－一五下）鈔本「金使」均作「虜使」。「金人」作「虜人」

。後文「金人志不在小。所以謀人之國者。曰和而已」句（三五一－一六上）。鈔本「金人志不在小」作「黠虜逆天犯順」。後文「四郊多壘。零落不堪。荆棘銅駝。可勝浩嘆」句（三五二－一六上）。鈔本作「二聖遠播中原板蕩。十餘衣冠之俗蹂踐幾徧。血入于牙。吞噬靡厭」。後文「今王倫迎奉梓宮。而再受金人和議以歸」至「金人之謀不過有二。一則爲己。一則爲我。捨此非狂則愚也」句（三五二－一六上下

）。鈔本「金人」均作「虜人」。

卷一百八十七

紹興八年十一月二十六日戊申章

四庫本「王庶與講和異議。金使張通古等將到國門。……謂敵情不可以仁恩馴服」句（三五二－一七下）。鈔本「金使」作「虜使」。「敵情」作「虜情」。

後文「臣生于陝西。其風氣漸染。耳目所聞者。莫非兵事。禍亂以來。嘗欲以氣吞強敵。則所謂講和者。非臣之所能也」句（三五二－一八上）。鈔本「敵」作「虜」。後文「不憚于屈己與金人議和」句（三五二－一九上）。鈔本「金」作「虜」。後文「至於議和。則王倫實爲謀主。彼往來敵中至再四矣」句（三五二－一九下）。鈔本「敵中」作「虜中」。

紹興八年十一月二十九日辛亥章

四庫本「不于此時建白大義。乘六軍痛憤之情。與之縞素。揮戈北向。以問金人困我兩宮之罪」句（三五

二－二〇下二一上）。鈔本「以問金人困我兩宮之罪」作「以治女眞反天逆常之罪」。後文「君親不得其死。而不復讎。不討敵」。至「今乃欲以信義之道。望於強鄰。寧有此理」句（三五二－二一上）。鈔本「討敵」作「討賊」。「敵人」作「寇讎」。「金人」作「女眞」。「強鄰」作「豺狼」。後文「春秋之於中國書名爵。而秦楚則以號外而賤之也。王者欲一乎天下。曷爲外而賤之。以爲秦楚雖強。其心必異」

至「或者謂金主初立。尼堪已死。親族離畔。契丹復振」句（三五一—二二下）。鈔本「秦楚」作「夷狄」。「秦楚雖強」作「非我族類」。「金人」作「女眞」。「金主」作「虜酋」。後文「誠使一旦拜受金人之詔册。則將行金人之命令。頒金人之正朔。普天之下莫非金人之土。率土之濱莫非金人之臣」句（三五一—二二上）。鈔本「金人」均作「女眞」。後文「今所以委曲順從敵意。不敢少有違忤者」句（三五

二—二二下）。鈔本「敵」作「虜」。後文「聲罪來攻。將何以待之」句（三五二—二二下）。鈔本「攻」作「寇」。後文「用此拒敵。不爲無辭。……況金人兵勢縱強。……詎可甘心降敵。而無自強之志。……且如靖康以來。爲金人之所屠戮者」句（三五二—二三上）。鈔本「敵」作「虜」。「況金人兵勢縱強」作「況女眞無道已甚」。「金人」作「女眞」。後文「幸得脫身于鋒鏑。恨不得金人之間。因而報之」句（三五二—二三下）。鈔本「金人之間。因而報之」作「女眞之肉。臠而食之」。後文「如圭聞金使爲接伴官范同所難」句（三五二—二三下）。鈔本「金使」作「虜使」。後文「我或倉惶錯愕不暇顧。從金人之言。照前日侍從臺諫之臣。所議既上。不知以屈爲慮。遂爲之屈。則大事去。不可不早定計也。書曰三人占則從二人之言。今以爲可者有幾」句（三五二—二四上）。鈔本作「我或倉惶錯愕不暇顧慮。遂爲

之屈。則大事去矣。可不早定計也。書曰三人占則從二人之言。前日詔侍從臺諫之臣。所議既上。不知以屈爲可者有幾」。

卷一百八十八

紹興八年十一月二十九日辛亥章

四庫本「除臣已曾有章疏。論敵不可與和。……嘗來東京。金人任以腹心。……論其事則曰。地不可求。且金人不遺使已數年矣。……若非金主之意。思謀敵

擅出此語乎」句（三五二一二五下二六上）。鈔本「敵」作「虜」。「金人」作「虜人」。「金主」作「虜主」。後文「又敵性叵測。互有觀望。……設如金人未有動作」句（三五二一二六上）。鈔本「敵性叵測」作「虜性豺狼」。「金人」作「虜人」。後文「臣聞自昔禦敵。雖時有不同」句（三五二一二七上）。鈔本「敵」作「戎」。後文「今乃天下。遭金人兵馬虔劉者十過七八」句（三五二一二七上）。鈔本「

金人兵馬」作「逆虜荼毒」。後文「事勢至此。非特金人一旦敗盟無以支持。……且敵雖無知。豈不戒吳越之事乎」句（三五二一二七下）。鈔本「金人」作「虜人」。「敵」作「虜」。後文「且以目今金人利害言之。……金人自破大遼及長驅中原。……金人滅遼蕩中原。……矧自廢豫蹤跡敗露」句（三五二一二八上）。鈔本「金人」作「虜人」。「蹤跡」作「醜跡」。後文「金人之兵內有牽制。……前出後空。嘗有內顧之虞」句（三五二一二八下）。鈔本「金人」作「虜人」。「內顧」作「覆巢」。後文「敵國因之不守疆界。虔劉兩河。板蕩京闕。偏師深入」句（三五二一二九上）。鈔本作「夷狄因之。不守巢穴。虔劉兩河。板蕩京闕。凶焰酷烈」。後文「近因金使請和。……獨聞金人詭計。動輒請和。口血未乾。隨即背盟」句（三五二一二九下）。鈔本「金使」作「虜使」。「金人」作「逆虜」。「背盟」作「背叛」。

紹興八年十二月一日癸丑章

四庫本「臣訪聞金使在路。……有節金人常先半程肆意而行。……倫執陛下聖意。遂致哀告。求請金使」句（三五二一三〇下）。鈔本「金使」作「虜使」。「金人」作「女眞」。後文「臣竊聞王倫前此曰。日所得敵書。已有早遣使以圖休息之辭。則今日金使豈可謂我拜告而來。……金帥拒我禮物而不受書。……所有金使隨行三節人從」句（三五二一三一上）。鈔本「敵書」作「虜書」。「金使」作「虜使」。「金帥」作「虜帥」。

卷一百八十九

紹興八年十二月一日癸丑章

四庫本「臣竊聞金使之來。……抑亦敵已恭順。不復邀我以難行之禮乎。……夫金人始入境也。……都城遂陷。敵情狡甚」句（三五二—三三上下）。鈔本「金使」作「虜使」。「敵」作「虜」。「入境」作「入寇」。後文「今徒以王倫繆悠之說誘致金人。責我以必不可之禮」句（三五二—三三下）。鈔本「金人」作「虜人」。後文「況金人深入。既已驚動我陵寢」至「縱使如約。則是我今日所有土地先拱手而奉敵人矣」句（三五二—三三上）鈔本「金人深入」作「犬羊之群」。「強敵」作「夷狄」。「金人悖慢」作「胡虜悖慢」。「敵國」作「夷狄」。「敵人」作「夷狄」。後文「自金使及境以來。……金人之詔爲可

從。巨恐不惟墮敵人之奸計」至「今金使雖已就館。謂當別議區處之宜」句（三五二—三三下）。鈔本「金使」作「虜使」。「金人」作「虜人」。「敵人」作「夷狄」。「金人計中」作「狂虜計」。「強敵」作「狂虜」。後文「皆以金人之詔爲不可從。若夫謂尼堪已死。彼國內亂」。至「金人肆爲貪虐以蔑視中夏」句（三五二—三四上）。鈔本「金人」作「虜人」。「彼國」作「夷狄」。「金主」作「虜主」。「金使」作「虜使」。「敵情變詐」作「虜情變詐」。「貪虐以蔑視中夏」作「貪虐以呑噬中夏」。後文「四方交侵必因小雅之廢。小雅之廢命邪人邪。外攘強鄰。必由政事之修」句（三五二—三四下）。鈔本「四方」作「四夷」。「外攘強鄰」作「外攘夷狄」。後文「況今金使在廷。國家多事」句（三五二—三五上）。鈔本「金使」作「虜使」。後文「竊本朝金敵之禍。亙古未聞」句（三五二—三五下）。鈔本「金

敵」作「戎虜」。後文「遂使敵意益驕」句（三五二—三五下）。鈔本「敵意」作「虜意」。後文「不知金人之求。無有紀極」句（三五二—三五下）。鈔本作「不知虜人之情。專尚奸詐。虜人之求無有紀極」。後文「方金使在廷。天下憂憤」。至「以謂金人與我有不共戴天之讎」句（三五二—三六上下）。鈔本「金使」作「虜使」。「金人」作「虜人」。「敵命」作「虜命」。「載胥及溺」作「被髮左衽」。後文「未聞金人悔過。還二帝于沙漠。……天下之人痛恨切骨。則金人強暴無厭之性。了然可見。……金使以藤杖擊其首。傷竟不肯放」句（三五二—三七上下）。鈔本「金人悔過」作「虜人悔過」。「金人強暴無厭之性」作「虜虎狼貪噬之性」。「金使」作「虜使」。

卷一百九十

紹興八年十二月一日癸丑章

四庫本「金據中國且一紀矣」句（三五二—三八下）。鈔本作「虜亂中國且一紀矣」。後文「金猶不悟耳。晉高祖欺天叛主。倚遼爲主」句（三五二—三八下）。鈔本「虜獨不悟耳。晉高祖欺天叛主。倚虜爲重」。後文「彼劉豫者助金爲虐」句至「今年金使烏陵思謀來—。遂有和議」句（三五二—三八下）。鈔本「金」「敵」均作「虜」。後文「陛下從金人之和。而遂忘父兄之深讎。宗社之大恥乎」句（三五二—三九上）。鈔本「金」作「虜」。後文「燕近于邊境。自古中國之於邊境。無能盡滅亡。益以其兵爲生也。邊境紛爭無盛于晉。方其六國之長。雄于中原。其相呑滅者皆邊境耳」句（三五二—四〇上）。鈔本「燕近于夷。自古中國之于夷狄。無能盡滅之。蓋以其兵爲生也。夷狄亂華。無盛于晉。方十六國之雄。長于中原。其相呑滅者皆夷狄耳」。後文「以謂養吾兵。一舉而足以滅敵者。亦不通乎古今之說也」句（三五二－四〇上）。鈔本「敵」作「虜」。後文「金人肆行不顧。窮于天下久矣。天下懷不共戴天之心。不欲淪于異域之俗」句（三五二－四〇上）。鈔本作「虜人行殺害危。窮于天下久矣。天下懷閉賊仇災之心。淪于腥羶辱于剃削」。後文「敵之勝豈止五哉。其禍可立待也。……相天下之人。則所以處金國者。又可知也」句（三五二－四〇下）。鈔本「敵」作「虜」。「金國」作「夷虜」。後文「臣應之曰。陛下遣使

以和。請金以和應。……金以和應。出於實也」句（三五二－四一下）。鈔本「金」作「虜」。後文「紹興元年金立劉豫爲帝。忠民作九思圖及定亂四像。遣人達之金師」句三五二－四二）鈔本「金」作「虜」。「金師」作「金人」。

卷一百九十一

紹興九年正月十四乙未章

四庫本「敵國遽求講和。遣詔諭使至」句（三五二－四六下）。鈔本「敵國」作「黠虜」。後文「況金人之詐。屢講無驗之和」。至「自靖康國破主上南狩。無厭之敵既襲廣陵」句（三五二－四七下）。鈔本「金人之詐」作「黠虜之詐」。「與金人爲海上之盟」作「與此虜爲海上之盟」。「遼國」作「遼虜」。「敵」均作「虜」。後文「其利害固萬萬於靖康之後。不然金之欲和也」句（三五二－四七下）鈔本「金」作「虜」。後文「比年已來。金人知我不可以兵取也

。……安得金人不欣欣然。一歲再使。許還地而來。」句（三五二－四八上）。鈔本「金人知我」作「黠虜知我」。「安得金人不欣欣然」作「安得此虜不欣欣然」。後文「閣下豈不怪此敵計邪」至「唯其不求而自得此。所以爲敵之計也」句（三五二－四八上）。鈔本「此敵」作此虜」。「金人」作「此賊」。「繫虜」。「敵」作「虜」。後文「衆使還來紛紛歸報。且曰當供陵寢。當修宗廟」句（三五二－四八下）

。鈔本「且曰當供陵寢」作「且曰虜使當供陵寢」。後文「加之金使自此勢須結轍而來」。至「有曰金人並無須求。甚所不識也」句（三五二—四八下）。鈔本「金使」作「虜使」。「無厭之欲」作「無厭之虜」。「金人」作「虜人」。後文「以取後禍。彼或稍易慮」句（三五二—四九上）。鈔本作「以取後禍哉。或稍拂虜意」。後文「由辱留之久。險阻備嘗盡識敵詐」句（三五二—四九上）。鈔本「敵」作「虜」

。後文「本朝之與遼國和也。皆以安強盛大相若也。……遼人數驚邊鄙。其強悍反覆不可以信義結也」句（三五二—四九下）。鈔本「遼國」。「遼人」均作「遼虜」。「其強悍反覆」作「正猶禽獸豺狼」。後文「終之一旦反顏易心邪。律德光一舉而滅晉」句（三五二—五〇上）。鈔本「反顏」作「豺狼」。後文「曾不思不測之禍。今甚大矣。甚強矣。甚盛矣。積歲累時。一旦當連兵未解」句三五二—五〇上）。鈔本「禍」作「虜」。「積歲累時」下有闕文「方以有心于此哉。我鄙我圖必萬計以規萬全」。後文「我固當思曰。彼何爲而畏我。憐我愛我。而遽和我。顧此敵計之見啗亦曉然矣」句（三五二—五〇上）。鈔本「敵」作「賊」。後文「今之市井愚夫愚婦。皆能知金人之詐」句（三五二—五〇上）。鈔本「金人」作「此虜」。後文「又豈堪復當不測之敵乎」至「但當謹謀謨於幃幄。收歲幣以賞戰士」句（三五二—五〇下）。鈔本「敵」「金」作「虜」。「仇敵」作「醜

虜」。「金人播弄」作「番犬傲美」。「奉詔」作「戎詔」。「契丹」作「醜虜」。「歲幣」作「虜幣」。後文「乃日求臣事於仇敵。欲誅民之膏血。以充歲幣而不知愧。……揚名異域功顯埕朝。非閣下而誰」句（三五二—五一上）。鈔本「仇敵」作「醜虜」。「歲幣」作「虜幣」。「敵機」作「虜機」。「異域」作「夷狄」。後文「避天下之譏罵。力專誤國之謀

。傾心外敵」至「破誤國之謀。晝發敵人之詐。……罷絕使命收還金幣。正天子之尊號。薄強鄰之聘禮。……亦以謂敵必可信和必可講。禮幣可從」句（三五二—五二上）。鈔本「外敵」「敵人」「強鄰」均作「黠虜」。「金幣」作「帝幣」。「敵必可信」作「虜必可信」。

卷一百九十二

紹興九年正月章

四庫本「臣伏見近金日使在庭。人情洶洶」至「金雖與通和疆場之上。宜各戒嚴」句（三五二—五二下五四上）。鈔本「金」作「虜」。「詒敵」作「詒虜庭」。後文「朝廷動色相賀。而天下蹙額相弔。一旦改慮。席卷而南」句（三五二—五五上下）。鈔本「一旦改慮」上多一「虜」字。後文「大金素行叵測。比年以來兩國皆墮其術中。……父母兄弟六宮九族咸被驅。逮今十四年。辱莫大焉」句（三五二—五六下）

。鈔本「叵測」作「兇詐」。「咸被驅」作「咸被驅虜」。後文「昔唐高祖借兵于突厥。嘗父事之。……不幸爲干戈之所擾。視大金甚爲畏懼」句（三五二—五七上）。鈔本「父」作「臣」。「不幸爲干戈之所擾。視大金甚爲畏懼」作「不幸舊染腥羶之俗。視大金甚于仇讎」。後文「願陛下效漢高祖唐太宗之英武。敗敵迎父母以成堯舜之道也。今陛下俛首議和。端爲父兄是孝弟。既如此臣願陛下乘機應變席捲兩河。

攄祖宗之宿憤。掃天地之兵氛」句（三五二—五八下）。鈔本「敵」作「戎狄」。「議和」作「和戎」。「席捲兩河」作「殄殲醜虜」。「攄」作「雪」。「兵氛」作「妖氛」。後文「蓋敵每不情。而轉移無信」句（三五二—五九上）。鈔本作「蓋夷虜不情。而犬羊無信」。

卷一百九十三

紹興九年二月章

四庫本「城破孝純不得已遂降。金僭立前侍御史劉豫於北京。……及金廢豫留李鄴孝純京師。……孝純守太原幾年而破。爲金執。……敵曰元師也」句(三五二—六〇上下)。鈔本「金」作「虜」。「爲金執」作「爲賊執」。「敵」作「賊」。後文「當是之時。孝純昵于親愛。懼于還金。因而以喪晚節」句(三五二—六一上)。鈔本「金」作「虜」。後文「女眞當立國之始。結我盟好。受我封建。是我徽宗有大造於

金人也。口血未乾貳心已萌。背我盟誓。而爲城下之師。……邀我兩宮。立我臣子。長驅深入。謂天下決非我宋有也」句(三五二—六二上)。鈔本「當立國之始」作「以蕞爾小國」。「金人」作「金虜」。「貳心」作「叛心」。「背我盟誓」作「反恩逆天」。「長驅深入」作「蜂目狼顧」。後文「使金齊不克逞志于我。……鱗集淮漢。一舉而金人遁」句(三五二—六二上)。鈔本「金齊」作「虜僞」。「金人」作

「虜人」。後文「且金人之爲必不久也。懷王不還楚而嬴秦亡。懷愍不還晉。而聰曜亡。金人之亡無日矣」。鈔本「且金人之爲。必不久也」作「且論之金虜之爲暴也。必不久也」。「金人之亡」作「金寇之亡」。後文「若爾金人反恩則敗。……又契丹承石晉之敗。一敗於澶淵。再敗於于金人。今金人乘南北之勝而未聞敗。……臣度金人北有契丹。南有陛下」句(三五二—六三上)。鈔本「金人反恩」作「金虜反恩

」。「敗於金人。今金人乘南北之勝」作「敗於金寇。今金寇乘南北之勝」。「臣度金人」作「臣度金寇」。後文「方城爲城。漢水爲池。且攻且守。坐控敵師」句(三五二—六三下)。鈔本「敵師」作「虜師」。後文「敵未壓境。往往皆爲王欽若陳堯叟請幸之計也」句(三五二—六四下)。鈔本「敵」作「賊」。後文「祖宗天下常費者三。曰郊禮。曰黃河。曰北敵。而養兵不與焉」句(三五二—六五下)。鈔本「

北敵」作「北虜」。後文「非惟敵情不測。……金人日責金幣。又不知何時而已」句（三五二－六五下）。鈔本「敵」均作「虜」。「金人日責金幣」作「夷狄貪婪無厭」。後文「方金騎之入也。邦義請死。邦光請降」句（三五二－六六下）。鈔本「金騎」作「虜騎」。

卷一百九十四

紹興九年四月章

四庫本「臣儒學進身。然嘗任西北。緣邊去處。敵人情僞。與夫戰陣之略。粗聞一二」句（三于二－七〇上）。鈔本「敵人」作「夷狄」。後文「公憂憤不知所爲。乃力獻航海避敵之計」句（三五二－七一上）。鈔本「敵」作「狄」。後文「又奏。臣仕官以來。在西北極邊二十餘年。備見金人之俗」至「當番人勁弓折膠。渾馬兔乳之際。與之較勝負。故敗多勝少」句（三五二－七二上）。鈔本「金人」作「虜人」。

「番人」作「虜人」。後文「是歲冬。敵騎再逼淮甸」句（三五二－七二下）。鈔本「敵」作「虜」。後文「上幸明越以避其鋒。敵既逼。……次年由溫台聞敵衆退。上還越」句（三五二－七三上）。鈔本「敵」作「虜」。後文「及金還河南。召頤浩赴闕」句（三五二－七四上）。鈔本「金」作「虜」。

卷一百九十五

紹興九年五月章

四庫本「臣竊以國家遭百六之災。致金敵肆憑陵之患。」句（三五二－七五下）。鈔本「致金敵肆憑陵之患」作「致夷虜肆蛇豕之毒」。後文「至於柏城。慟哭深惟金罪義難戴天」句（三五二－七五下）。鈔本「金罪」作「虜罪」。後文「自古勘定禍亂非武不可。二三其心不可保恃久矣。……盡俘仇敵告功諸陵。……又奏訪聞金人於淮揚軍。採木作筏不計其數。……金人多計廣置耳目。我之動息。彼無不知。敵之情狀。我則漠然不聞」句（三五二—七六上）。鈔本「二三其心」作「狼子野心」。「仇敵」作「醜類」。「金人」作「虜人」。「金人多計」作「虜人奸猾」。「敵之情狀」作「虜之情狀」。後文「宰相秦檜方主和議。惟恐少忤敵情。故事皆不行」句（三五二—七六下）。鈔本「敵」作「虜」。

紹興九年六月二十一日己巳吳玠薨章

四庫本「伏發。衆大亂。俘其將雅格貝勒及其首領」

句（三五二—七七下）。鈔本「首領」作「酋領」。後文「至金人則勝不追。敗不亂。整軍在後。更進迭卻。堅持久。每戰非累日不決」句（三五二—七八下）。鈔本「堅持久」作「堅忍持久。令酷而下必死」。

卷一百九十六

紹興九年六月二十一日己巳章

四庫本「比者擢師涇原。盡護諸將。岐鳳之戰。尤爲雋功。獲其隊豪。餘衆皆北」句（三五二—八一下）。鈔本「獲其隊豪。餘衆皆北」作「獲其酋豪。醜類折北」。後文「金人自破契丹以來……冬十月元帥四太子會諸道兵及契丹渤海數萬人……伏發。敵潰。俘其都將雅格大貝勒及首領三百餘人……乘夜併兵。劫其大寨……永念雍州之域。久罹北敵之災」句（三五二—八二上）。鈔本「金人」作「金賊」。「契丹渤海」作「正甲女眞」。「敵潰」作「賊潰」

。「劫其大寨」作「劫賊大寨」。「北敵」作「羯虜」。後文「陰設奇伏躬率啓行。俘當戶之衆雄。殄引弓之強敵。威聲遐暢」句（三五二—八二下）。鈔本「衆雄」作「衆酋」。「強敵」作「群醜」。後文「丕績茂昭。戎行增氣益嚴武備。宜乘戰勝之威。克迪有功。行賜山河之誓」句（三五二—八二下）。鈔本作「迪果顏于戎昭。益申威于武備。乘戰勝之功。行賜山河之誓」。後文「敵久窺蜀。必欲以奇取之。…

……先以黃柑數百枚犒師帥。……侯得以其暇治饒風嶺寨柵。方据要險而敵已麾中軍急上。遂大戰饒風嶺上。凡六晝夜。敵皆敗衄」句（三五二－八二下）。鈔本「敵」均作「賊」。「師帥」作「賊師」。後文「侯曰敵掃地而來。……分屯諸將。示以擣虛之勢。敵便旋中梁山浹月」句（三五二－八三上）。鈔本「敵」作「賊」。後文「夫中外異分。此天下大義。古今常理。……苟不以義興師。與夫叛臣賊子」句（三五

二－八三上）。鈔本「中外」作「華夷」。「苟不以義興師」作「夷狄之亂中華」。後文「卒徒貪得。鼓勇爭奪。兵勝而殺傷殘虐。變動和氣亦已甚矣」句（三五二－八三下）。鈔本「殘虐」作「殘賊」。後文「然金國既不相和好。又挑劉豫以臣反君」句（三五二－八三下）。鈔本作「然金國既以夷亂華。又挑賊豫以臣反君」。後文「紹興四年春二月。敵復大入。……四太子聞之。與皇子郎君。分領萬戶首領。擁兵急攻」句（三五二－八四下八五上）。鈔本「敵」作「賊」。「首領」作「酋長」。後文「侯令營中併發神臂弓。飛大砲。斃敵無數。……敵去。即遣王萬年劉鈐轄濬水王武宣贊。分紫白旗入。敵奔潰」句（三五二－八五下）。鈔本「敵」均作「賊」。後文「左軍統制張彥夜擊敵橫川砦。…又遣統制官王浚設伏河地。扼敵歸路」句（三五二－八五下）。鈔本「敵」作「賊」。後文「比見宣撫司奏。金人擁大兵而來。有併吞

四川之心。卿能保關克敵。挫彼方剛之銳。而壯朕復興之威」句（三五二－八五下）。鈔本「併吞」作「吞噬」。「方剛」作「虎狼」。後文「師古由殺馬谷攻焦山。務焚田家村圍子谷」。至「然和議成。上以成功高賜親札。進開封儀同三司四川宣撫使」句（三五二－八六上）。鈔本「敵境」作「賊境」。「金國」作「金賊」。「降敵」作「降賊」。「金人」作「金賊」。「金廢劉豫」作「賊廢劉豫」。「上以成功

高賜親札」作「上以侯加高賜親札」。後文「二公棄文就武。俱仕度遼將軍。破匈奴以千萬計。……奐每言大丈夫處世當爲國家誅滅外寇」句（三五二—八七上）。鈔本「匈奴」作「胡虜」。「外寇」作「胡虜」。後文「于是克期與戰。敵大敗。……玠日與鏖戰。郭震亦復攻之。敵又敗。四月再敗敵于鳳州」句（三五二—八七下）。鈔本「敵」均作「虜」。

卷一百九十七

紹興九年七月章

四庫本「烏舍不以爲怪。至九月約燕京統軍反」句（三五二—八九下）。烏舍不以爲怪下有闕文。鈔本作「至九月而誅。虜亦應天道如此。余都姑之降。約燕京統軍反」。後文「正月十六日挾奴僕十輩。入人家奪財物。……烏舍命縛。杖其背百餘釋之。体無傷。金法縛者必死。……歸至不能坐。呼曰死矣。人問之。曰適勒呼來遂死」句（三五二—九〇上）。鈔本「人家奪財物」作「寡婦家烝焉」。「金法」作「虜法」。「死矣」作「我將去」。「遂死」作「旬日死」。後文「彼其同心若是。宜乎能成功也。烏舍姦猾多類此。尼堪之下諸人不及之」句（三五二—九一上）。鈔本「彼其同心」作「禽獸同心」。「諸人」作「諸酋」。

紹興九年八月十一日戊午金人族誅魯國都元帥達蘭章

四庫本「張滙金國節要曰。初達蘭爲元帥」句（三五

二—九一上）。鈔本「金國」作「金虜」。後文「今小主在上。聽任讒邪」至「遺史曰。初秦檜在敵中與達蘭相善」句（三五二—九一下）。鈔本「小主」作「小酋」。「敵中」作「虜中」。後文「達蘭畫山東河北圖獻于金主。……初與敵國議以河爲界爾。……時烏奇邁爲金主尼堪之徒」句（三五二—九二上）。鈔本「金主」作「虜主」。「敵國」作「中國」。後文「尼堪烏奇邁死。達蘭專權。遂立主議以取山東。

取山東又恐驚劉豫。或至生事。不若廢豫以取之也」句（三五二－九二上）。鈔本「取山東又恐驚劉豫或至生事」作「諸酋謀之。若獨取山東恐驚豫賊之心」。後文「豫之廢也。不惟積怨於諸人」句（三五二－九二上）。鈔本「諸人」作「諸酋」。後文「其中後山府拘國信使王倫于館。會諸路蕃軍將欲叛盟。復攻河南者。……欲起兵假以復攻河南爲名爾。……發諸衛軍分詣諸路。搜捕被擄亡者。諸軍爲利所誘。……

諸軍苟至遂或鬥敵」句（三五二－九二下）。鈔本「諸軍」作「諸番」。「諸軍苟至」作「番軍苟至」。「攻」作「寇」。後文「是時大諒父成在中山府。謂大諒曰。今北方不靖。非吾所憂」句（三五二－九三下）。鈔本「北方不靖」作「北狄猖獗」。

卷一百九十八

紹興九年十月十九日丙寅章

四庫本「金人陷懷州。鼓行及闕。公流涕曰。君父有難。雖生何爲。乃棄家奔京師。求自試討敵。……已陷州縣措置招撫。不順諸軍民既濟」句（三五二－九六下）。鈔本「鼓行及闕」作「鼓行犯闕」。「討敵」作「討賊」。後文「敵以爲大軍之至也。……疾戰輒不利。即決圍以出遂潰敵。……爾今使公寢不安席。我則非人。乃皆面刺赤心報國誓殺金人八字。以示誠節。……自并汾相衛懷澤間。唱義討敵。皆守公約束」句（三五二－九七上）。鈔本「敵」均作「賊」

。「金人」作「金賊」。後文「會有姦人以告敵。乘我之虛。……敵之斃于營者相枕藉。……一日金人召其首領。俾以大兵再逼公壘。首領跪而泣曰……召諸寨統兵官。指揮授方略以俟會合。既行。敵以衆兵尾襲。而不敢擊」句（三五二－九七下）。鈔本「告敵」作「告虜師」。「敵」作「賊」。「金人」作「虜人」。「首領」作「酋領」。「敵以重兵尾襲」作「虜以重兵尾襲」。後文「而公見宰相。力陳兩河忠義民兵引頸以望王師。願因人心北征。犄角破敵收復故地」句（三五二—九八上）。鈔本「敵」作「賊」。後文「乃遣僚屬高士瑰部公兵將。進圖商虢。直抵盧氏。與敵大兵三遇。再破走之」至「及都統制司兵馬會合。併力禦敵。」句（三五二—一〇〇上）。鈔本「敵」均作「賊」。「僞皇子」作「僞皇弟」。「金人」作「虜人」。「金併兵」作「賊併兵」。「敵捨」作「賊捨」。「明旦金人」作「明旦虜賊」。後文「敵窺伺所以。遂越漢水……敵披靡摧折。棄甲星散。

傷痍踵路」句（三五二—一〇〇上）。鈔本「敵」作「賊」。後文「時敵殺馬而食者已旬餘。……次當饒風背。乘夜以輕兵銜枚襲取之。……公曰某備任爪牙。不能殄滅強敵。……時敵雖遁而僞齊遣周貴爲京西安撫使」句（三五二—一〇〇下）。鈔本「敵」作「虜」。「次當饒風背。乘夜以輕兵銜枚襲取之」作「正當饒風關背。賊夜以輕兵銜枚襲取之」。「殄滅強敵」作「殄滅醜類」。後文「每破敵大閱。以充軍者蓋十之一。故其所部號天下精兵。舊八字軍。既屢摧堅陷陣。而勇夫羨慕。誓不與敵俱生」句（三五二—一〇二上下）。鈔本「敵」作「賊」。後文「既而爲敵所敗。兵潰彥走……復聚兵皆涅其面。云誓殺金人不負趙王……三年正月敵困金州」句（三五二—一〇三上）。鈔本「敵」均作「虜」。「金人」作「金賊」。後文「七年駐軍平江。與解潛士卒交爭行宮前」句（三五二—一〇三上）。鈔本作「七年駐軍平江。

彥感疾軍士與解潛士卒交爭行宮前」。後文「彥乞解任。降洪州。以其軍隸劉錡。後錡敗敵于順昌府」句（三五二—一〇三上）。鈔本「敵」作「虜」。

卷一百九十九

紹興十年正月十五日辛卯章

四庫本「流落七年。至宣德末召爲太常少卿。金人入邊。徽廟議遜倍」句（三五二—一〇四上）。鈔本「

邊」爲「寇」。後文「太宰白時勸幸江南以避敵」句（三五二－一〇四下）。鈔本「敵」作「狄」。後文「敵夜攻雲澤門及通泰門。……及敵斑師。种師道請以兵襲之」句（三五二－一〇四下）。鈔本「敵」均作「虜」。後文「金人陷太原。麾下多叛去者。敵乘之。大敗而還」句（三五二－一〇五上）。鈔本「敵」作「虜」。後文「復請幸江右或鄧州以避敵。未及還左相」句（三五二－一〇五上）。鈔本「敵」作「

狄」。後文「自春三月卿徑執鴻樞。出使陝蜀。甲兵凡三十萬衆。與金角一戰盡覆」句（三五二－一〇六上）。鈔本作「自春貳卿徑執鴻樞。出使陝蜀。便宜除官。至節度使學士。權出人主之右。竭蜀人之膏血。悉陝服之甲兵。凡三十萬衆。與虜角一戰盡覆」。後文「紹興四年冬。劉齊與金合兵攻淮泗。朝廷震恐」句（三五二－一〇六下）。鈔本「與金」作「金虜」。後文「今乃以措置失當。坐失二十萬人。使敵得以增其氣焰」句（三五二－一〇八上）。鈔本「使敵得以增其氣焰」作「僞虜得之增其氣焰」。後文「方今國勢日蹙。人心不寧。強敵憑陵」句（三五二－一〇九上）。鈔本「敵」作「虜」。

卷二百

紹興十年五月章

四庫本「獨公請與執政辨語。遂奪其議。力守京師。而敵已退怯。……則兩河不遂陷。而敵不敢鼓行入內

地矣」句（三五二－一一二上下）。鈔本「敵」作「虜」。後文「所謂謀國者豈有他道哉。避走耳。乞和金人而平中國耳。以避走乞和金國。卑中國之人。而議公之得失」句（三五二－一一二下）鈔本作「所謂謀國者豈有他道哉。避走而乞和。讐賊虜而卑中國耳。以避走乞和讐賊虜。而卑中國之人」。後文「金人敗盟。烏珠率李成孔彥舟酈瓊趙榮入豫」句（三五二－一一三上下）。鈔本「豫」作「寇」。後文「先是

兵部侍郎張燾詣永安朝陵回奏言。敵情反覆難信乞謹備。……迨至長安。諜者絡繹來言。敵還至已渡渭河矣」句（三五二—一一三下）。鈔本「敵情」作「虜情」。「敵還至」作「虜騎還至」。

紹興十年五月十一日甲申章

四庫本「金人圍京師。留守孟庾叛降金人。金人背盟……及金人背盟」句（三五二—一一四上）。鈔本「圍」作「寇」。「叛」作「敗」。「背」作「叛」。

紹興十年五月十四日丁亥章

四庫本「金人圍應天府」句（三五二—一一四下）。鈔本「圍」作「寇」。後文「至是金人渝盟」句（三五二—一一五上）。鈔本「渝」作「叛」。

紹興十年十八日辛卯章

四庫本「金人渡沙店圍京師」句（三五二—一一五下）。鈔本「圍」作「寇」。

紹興十年五月二十五日戊戌章

四庫本「詔曰。金人侵擾中原。兵革不息已踰一紀」句（三五二—一一七上）。鈔本「擾」作「犯」。後文「給事中兼侍讀馮檝罷。金人敗盟。檝見奏檜曰。金人欲舉兵南下。公疏于用兵」（三五二—一一七上下）。鈔本「敗」作「叛」。「南上」作「南寇」。後文「而鄜延路副總管劉光遠遁。還言金人敗盟事。時舟船已入潁河。遂急趨順昌。錡會諸將統制。共議去留。或以謂去則遇金人。邀我歸路其敗必矣」句

（三五二—一一七下）。「敗盟」作「叛盟」。「金人」作「虜」。

紹興十年六月六日己酉章

四庫本「金人攻鳳翔府扶風縣」句（三五二—一一八上）。鈔本「攻」作「寇」。

卷二百一

紹興十年六月十一日甲寅章

四庫本「十七日早太尉門首刺探官宋待制未及回。陳

守約相見。出泰和縣申狀。報太子人馬于五月十二日至東京」句（三五二－一一九上）。鈔本「刺探官」作「別提宮」。「報太子人馬」作「報四太子人馬」。「至東京」作「寇東京」。後文「十八日辰巳間有探報。敵騎已入陳州。……未及息肩已聞敵騎壓境」句（三五二－一一九下）。鈔本「敵騎」作「虜騎」。後文「有劉彥充者。劉豫時曾知亳州。號瓜角。自東京同金人已入亳州。……二十日以後報金人至蔡州

」句（三五二－一二〇上）。鈔本「金人」均作「金賊」。後文「蔡州至順昌二百七十里。續報至項城。陳州屬邑至順昌一百九十里。又報至泰和。泰和順昌屬邑至府城七十里。居民緣敵勢逼近」句（三五二－一二〇上）。鈔本「至」作「犯」。「敵勢」作「賊勢」。後文「二十五日金人遊騎數十已涉潁河。……二十六日早。復與敵戰。遂殺傷數百人。……二十七日金人馳報。龍虎大王及三路都統偕自陳州來。增益

兵馬」句（三五二－一二〇下）。鈔本「金人」均作「金賊」。「敵」作「賊」。「金人」作「金賊」。後文「午巳之間。敵臨城施設。而柳知軍適在東門搏敵。箭中左足。柳倪即拔箭就以破敵弓射之。應聲而倒」句（三五二－一二一上）。鈔本「敵」作「賊」。「敵弓」作「胡弓」。後文「六月一日金人尚留舊寨。有擒到金人及漢兒。……初二日敵寨城東。地名李村。……初四初五日金人相持如初。伏兵擒到金人

」句（三五二－一二一上）。鈔本「金人」作「金賊」。「擒到金人」作「擒到女眞」。「敵寨」作「賊寨」。後文「今日機會天造地設。況已屢挫敵鋒軍聲稍震。雖敵與官兵多寡不侔。可前進不可退卻。敵營去城三十里。……敵衆追襲首尾相失。……俄報四太子入太和縣。輜重前驅已與龍虎諸軍營寨相接連。……初七日四太子至。亦與諸軍首連接」句（三五二－一二一下）。鈔本「敵」均作「賊」。「諸軍」作「

諸酋」。後文「太尉得之。慮敵爲詭計以惑衆心。不
啓封而焚之。初四日四太子疏責諸帥首前日用兵之失
。諸帥首皆答以今次南朝兵馬非日前比」句（三五二
一一二三上）。鈔本「敵」作「賊」。「諸帥」作「
諸酋」。後文「然太尉決策戰守忠義。自持仍以方略
授諸將佐。顧視金人恃強背盟。貪瀆無厭。平時憤激
直欲氣吞敵衆。以謂不足憂也」句（三五二一一二三
上）。鈔本「決策」作「發策」。「金人恃強背盟」

作「羯戎逆天悖道」。「敵衆」作「此賊」。後文「
而順昌兩門受敵。金人睥睨東門」句（三五二一一二
二上）。鈔本「金人」作「賊乃」。後文「轉戰踰時
。敵復大衂。……皆重鎧全裝。金號鐵浮屠。……自
辰至戌。金兵大敗」句（三五二一一二二下）。鈔本
「敵復大衂」作「賊復大衂」。「金號鐵浮屠」作「
虜號鐵浮屠」。「金兵」作「賊兵」。後文「時敵衆
望之驟然披靡。……去拒馬遂深入斫敵。……官軍稍

引後。敵衆併擁逼濠」句（三五二一一二三下）鈔本
「敵」均作「賊」。後文「敵初涉濠耀兵張勢。……
然金營中嘷呼諠譁。……敵衆皆分番假寢。……十一
日大雨傾注。敵于城外埋鹿角柵欄。……敵衆悉皆掛
甲挽弓以護。……十一日早敵營發擂聲如昨日」句（
三五二一一二三上）。鈔本「敵」均作「賊」。「金
營」作「賊營」。後文「及晚拔寨盡走。即具解圍奏
聞。則營中砲架推牌雲梯拒馬木敗甲破車推積如山」

句（三五二一一二三下）。鈔本「則營」作「賊營」
。後文「初龍虎與諸軍既敗」句（三五二一一二三下
一二四上）。鈔本「諸軍」作「諸酋」。後文「王德
方且以文移來問敵勢動息。……方金兵在城下得遞到
御筆。……既且敵退十日後又被旨」句（三五二一一
二四上）。鈔本「敵」作「賊」。「金兵」作「賊兵
」。後文「茲敵已來。陳守始令居民築牛馬墻。兵既
後方置砲座。……初破金人陳守送到煮酒十數石。…

……再戰退敵後。市戶以麵六千餘斤。豬百口來獻」句（三五二－一二四下）。鈔本「敵」「兵」均作「賊」。「金人」作「金賊」。後文「順昌北門外。初有居民瓦屋數十間。恐爲敵宿。前期爇之。敵退即訪元主酬以價直。……雖金人謂自過謂南朝來。十五年間無如此戰。……後以生擒到金人阿蘇木并契丹等五十餘人。……順昌城下無金兵」句（三五二－一二五上）。鈔本「敵宿」作「賊窠」。「敵」作「賊」。「金人」作「金賊」。「金人阿蘇木」作「女眞阿蘇木」。「金兵」作「金賊」。後文「如此者某隨軒而來。偶遭金兵。迨茲平寧敢以圍城前所見叙爲紀實」句（三五二－一二五下）。鈔本「金兵」作「虜寇」。

卷二百二

紹興十年六月十一日甲寅章

四庫本「見氈帳數重。朱紅美車有一將急披甲」句（三五二－一二六下）。鈔本「有一將」作「有虜酋」

。後文「由此虛警。晝夜不敢下馬。唯于馬上寢食。……敵騎無數。十里之遠者。若被追老小必亂」句（三五二－一二七上）。鈔本「虛警」作「虜警」。「敵騎」作「虜騎」。後文「皆是勁卒充之。……西門索戰。謂城上人曰。你只活得一個日頭。猶吾人言一日也。……又轉自東門及東北角。始與敵騎往來。馳逐後直擣入敵軍中」句（三五二－一二七下）。鈔本「勁卒」作「女眞」。「吾人」作「華人」。「敵」作「賊」。後文「至有提去其兜牟而刺之者。軍士有中刀洞心而猶刺不已者。有偶失地利。與敵相抱于城濠而死者。血戰自辰時至申敵乃敗走」句（三五二－一二七下）。鈔本「提其兜牟」作「提去虜兜牟」。「敵」均作「虜」。後文「敵自言入中原十五年。嘗一敗吳玠以失地利而敗」句（三五二－一二八上）。鈔本「敵」作「虜」。後文「烏珠無言怒諸軍之敗」句（三五二－一二八上）。鈔本「諸軍」作「諸酋」

。後文「王山言是日南宋再一頭項乘其弊。可盡成擒也。但劉自金人至順昌。見陳蔡以西皆是望風投拜」句（三五二－一二八上下）。鈔本「成擒」作「捉虜」。「金人」作「金賊」。後文「其黨契丹黑水渤海諸國。必各爲其主而主自立。則烏珠可不戰而擒。金國可不加兵而滅」句（三五二－一二八下）。鈔本「金國」作「女眞」。後文「故曰契丹之屬。必自立則金人可不用兵而滅也。……恐人見淮西之班師弗察敵

情之強弱。……或質被擄得脫之士」句（三五二－一二九上）。鈔本「金人」作「女眞」。「敵情」作「虜情」。

紹興十年閏六月十三日乙酉章

四庫本「念茲不靖。肆彼長驅。詭計潛師。實忘盟約。攻城陷邑。荐肆侵陵。蹂踐我土疆。侵擾我黎庶」句（三五二－一三〇上）。鈔本作「蠢茲羯虜。懷彼狼貪。詭計潛師。實同寇盜。背天違衆。荐肆侵陵。蹂踐我土疆。蟊賊我黎庶」。後文「擊敵以殄滅爲期。方折衝于萬里」句（三五二－一三〇上下）。鈔本「敵」作「虜」。

紹興十年閏六月十八日庚寅章

四庫本「恭惟皇帝陛下。比以金人不順。入我郊畿」句（三五二－一三〇下）。鈔本「金人」作「虜人」。「入我」作「入寇」。後文「臣觀敵有五敗。……敵前後專以和議欺罔國家」句（三五二－一三一上下

）。鈔本「敵」作「虜」。後文「當是時下而樵夫牧子者。皆以爲金人得計。……金人之得計所謂福也。安知不爲禍所倚耶」句（三五二－一三一下）。鈔本「金人」作「虜人」。後文「今敵曾不二年無故敗盟。引兵入境。臣然後知金人向之所謂得計者」句（三五二－一三二上）。鈔本「敵」作「虜」。「入境」作「入寇」。「金人」作「虜人」。後文「敵自與我角。前後無慮數百戰。敵未嘗不勝。我未嘗不敗者。

非敵能自勝。……惟是敵人前後驅迫。鄰國入爲邊患」句（三五二—一三二下至一三三上）。鈔本「敵」均作「虜」。後文「晟等疑懷光釀禍蓄奸。而怨其事多淩已」句（三五二—一三三上）。鈔本「釀禍」作「輕晟養寇」。後文「舊患未除新患方起」句（三五二—一三三上）。鈔本「舊患」作「舊寇」。後文「矜念軍興以來。金人所至。積屍腥草木」句（三五二—一三三下）。鈔本「金人」作「犬羊」。後文「紹

興八年六月王倫使金還。金遣使隨倫報聘」句（三五二—一三四上）。鈔本「金」均作「虜」。

卷二百三

紹興十年閏六月十八日庚寅章

四庫本「又復縱倫賣國引敵入家。……未金人以爲虐也。非特今日。向之虐也以其衆。今之虐也以其使敵之志利得子女玉帛爾」句（三五二—一三四下）。鈔本「金人」作「虜」。「虐」均作「盜」。「敵之志」作「盜之志」。後文「頃年章誼孫近使金餘人盡留南京。惟誼與近得至軍前稟議。今金使之來自合用此例」句（三五　二—一三五上）。鈔本「金」作「虜」。後文「不惟有以懾金人之心而奪其氣。亦足以示朝廷之尊」句（三五二—一三五上）。鈔本作「不惟有以褫禽獸之魄而奪甚氣。亦足以示朝廷之尊」。後文「金人昨犯京師」句（三五二—一三五上）。鈔本「金」作「虜」。後文「恨不得殄滅此而朝食也」句

（三五二—一三五上）。鈔本作「恨不得剞其肝。分食其肉」。後文「諸相獨柳渾所言與晟意合。曰反覆之性非盟誓可結已」句（三五二—一三五上）。鈔本「反覆」作「豺狼」。後文「議和所以息民也」句（三五二—一三五上）。鈔本作「和戎所以息兵也」。後文「頃自車駕南幸。金立劉豫於濟南。……以其待金者過於親也。今敵欲和是以劉豫畜我」句（三五二—一三五下）。鈔本「金」「敵」均作「虜」。後文

「臣之謀國一至此耶」句（三五二—一三六下）。鈔本作「忠臣之謀國一至於此耶」。後文「今敵無約請和。……非特不能保金人之不敗盟。……爲禍殆有甚于金敵」句（三五二—一三六下）。鈔本「敵」作「虜」。「金人」作「夷狄」。「金敵」作「夷狄」。後文「不若置之度外。以俟其力足以制金兵。徐爲進取之計」句（三五一—一三七上）。鈔本「金兵」作「夷狄」。「進取」作「進築」。後文「今得河南之

地不足以立國而敵藉此來和。……漢唐以來中國之待外域。不過征伐之與和親。……儻從金盟而不興諸將議。使敵誠和猶恐自疑」句（三五二—一三七上下）。鈔本「敵」均作「虜」。「外域」作「夷狄」。「金盟」作「虜盟」。後文「今主上以休兵息民爲重。固不憚臣事金主。且以其主爲君。則其使蓋同列也。若金使援此爲言。倨慢無禮。不知朝廷何以待之」句（三五二—一三七下）。鈔本「金主」作「虜酋」。

「其主」作「其酋」。「金使」作「虜使」。後文「今敵誠欲還二帝六宮與祖宗之故地」句（三五二—一三七下）。鈔本「敵」作「虜」。後文「我徽宗皇帝初不聞有負於金。……苟爲不從。是金無意於盟」句（三五二—一三八上）。鈔本「金」均作「虜」。後文「庶幾有聞於吾君吾相。而使敵計無所施焉」句（三五二—一三八下）。鈔本「敵」作「虜」。後文「凡半年不得報」句（三五二—一三九上）。鈔本作「

凡半年不得報。而胡銓之書傳焉」。後文「敵人之不可信也尚矣。……今臣妾蓄我」句（三五二—一四〇上）。鈔本「敵人」作「夷狄」。「今臣蓄我」作「今虜臣蓄我」。後文「如越王之報吳。而不在臣妾於金也」句（三五二—一四〇下）。鈔本「金」作「虜」。

卷二百四

紹興十年七月八日己酉章

四庫本「楊再興單騎入敵陣」句（三五二－一四三下）。鈔本「敵」作「虜」。

紹興十年七月十四日乙卯章

四庫本「楊再興王蘭以五百騎直入敵陣。……敵騎不得進。官軍乃得還」句（三五二－一四三下）。鈔本「敵」作「虜」。

紹興十年七月十九日庚申章

四庫本「十九日乙卯」句（三五二－一四三下）。鈔本「乙卯」作「庚申」。後文「詔順昌府官吏軍民等。強鄰犯境。王師扼衝。惟爾吏民協濟軍事。保捍城壘。驅遏敵勢」句（三五二－一四三下）。鈔本「強敵」作「狂虜」。「敵勢」作「寇攘」。後文「管下諸縣及鄉村人戶。曾被敵人焚劫財產屋業者」句（三五二－一四四上）。鈔本「敵人」作「賊馬」。

紹興十年八月四日乙亥章

四庫本「世安以箭瘡不能乘馬。遂肩輿而行。世忠怒」句（三五二－一四四下）。後有缺文。鈔本其文如下

令世安馬前步行。世忠奏閔之功。授武德大夫遙郡刺史。世忠檄到告身。復奏乞重賞閔以激勸將士。乃授涿州團練使。

解元敗金人于沂州譚城縣。

六日丁丑。李山史貴。韓直。敗金人于陳州。

初張憲得陳州也。岳飛令統制趙秉淵守之。金人圍陳州。飛統制李山。史貴與劉錡軍統制韓直及金人戰于城下。敗之。

八日己卯。陝西都統制吳錡。統領侯信敗金人于河北中條山柏梯谷。

十日辛巳。侯信敗金人于解州界。殺其將乞可。十一日壬午。李成攻河南府。李興擊敗之。

李成自孟州率金人五千餘騎。犯河南府。李興開城門以待之。成果疑不敢進。興遣銳士由他門出擊之。

岳飛劉光世來朝
楊沂中軍于宿州
十六日丁亥。楊沂中軍潰于宿州。
楊沂中進兵于宿州也。以步軍退屯于泗州。兀朮詭計。令人來告。有金人數百屯柳子鎮。沂中以爲然。欲擊之。或練以爲不可輕出。沂中不聽。留統領王滋蕭保領騎兵一千于宿州。是夜沂中自將騎兵五千往襲柳子鎮。至明不見虜而還。兀朮以重兵伏其歸路。沂中

自柳子鎮回。半途知其然。遂橫奔而潰。至壽春府渡淮歸。乃與王滋蕭保相隔參議。曹勛不知沂中所在。表聞于朝。朝廷大恐。令淮東州縣退保。沂中復還泗州。軍它始安。自是潰兵由淮河上下數百里間三三兩兩而歸。其死亡者甚衆。
許淮南州縣退保。
朝廷以金人復犯河南。許淮南州縣權宜退保。州縣官吏皆有輕去之心。

王滋蕭保及金人戰于宿州。軍敗。金人屠其城。金人劫楊沂中不得志。遂寇宿州。王滋蕭保與戰不利。金人入城。怒州人納楊沂中之軍也。仍縱屠戮。
二十一日壬辰。永興路經略安撫使王俊敗金人鶻眼郎君于盩厔縣南。
二十三日甲午。楊政軍統制邵俊敗金人于隴州汧陽縣牧牛鎮。
河東統制王忠植克石州。
九月楊沂中劉錡退軍鎮江府。

七日戊申。知河南府李興移治于白馬山。
李成以累敗于李興。乞兵于金國。得番漢軍十餘方。興聞之。度衆寡不敵。即移治于永寧白馬山。
十二日癸丑。楊政統領楊從儀邵俊敗金人于隴州汧陽縣。劉光世軍池州。劉錡移軍太平州。十五日丙辰。
李寶以其衆歸于淮東宣撫司。李寶自五月在渤海廟克捷。即放舡越廣濟軍。遇金人綱舡。得銀絹錢米甚多

。將抵徐州與金人船相遇。乃來戍徐州者。寶方欲嚴備過徐州。曹洋曰我有備矣。金人不知我至。必無備。當掩擊之。金人果無備。皆不及持仗。爲寶所殺。生擒七十餘人。寶欲殺之。洋曰不可。我方欲歸朝廷。何不留金人生口以爲實驗。寶然之。已過淮陽軍。知軍賈舍人乘馬率人從數十追及。沿岸呼曰爾爲誰。時賈之衆皆緋纈頭巾緋纈袍爲號。寶應曰我曹州潑李三也。欲歸朝廷耳。言訖引弓一發。賈舍人中矢墮馬

。舡已行矣。出清河口渡南岸。而見胡深作一寨。聚居民養種深。乃其申宣撫使韓世忠差許世安王權來接引。丙戌寶到楚州。世忠犒勞甚厚。寶以生口七十餘人解赴世忠。世忠大喜。劉錡來朝。

後文「累與金人相遇而兵敗。復渡江歸行朝。江北別無軍馬。……金人懲敗。簽兩河之人於各部。其數十萬大舉爲南牧計」句（三五二－一四四下）。鈔本「金人」作「金賊」。「江北」作「淮北」。「各部」作「番部」。後文「錡軍未集。輜重尚遠。而敵遊騎已至城下」句（三五二－一四五下）。鈔本「敵」作「賊」。後文「自金人侵困圍閉城守」句（三五二－一四六上）。鈔本「困」作「犯」。後文「金人雖詭計莫測」句（三五二－一四六下）。鈔本「金人」作「虜人」。

卷二百五

紹興十一年正月十五日乙卯章

四庫本「金人攻壽春府。金人陷壽春府」句（三五二－一四八上）。鈔本作「金人寇壽春府。十七日丁巳雷仲及金人戰于壽春府。金人陷壽春府」。

紹興十一年正月二十九日己巳章

四庫本「隆加右武大夫榮州防禦使」句（三五二－一四八下）。後有缺文。鈔本作「是日楊沂中以兵三萬出征」。

紹興十一年二月三日壬申章

四庫本「錡入城巡城一匝。曰城不足守也。會報敵騎漸及州境」句（三五二—一四八下）。鈔本「敵騎」作「虜騎」。「漸及」作「漸犯」。

紹興十一年二月六日己亥章

四庫本「金人攻含山縣」句（三五二—一四八下）。鈔本「攻」作「寇」。

紹興十一年二月十日己卯章

四庫本「探者回報。金人已到含山縣。漸及和州」句（三五二—一四八下）。鈔本「到」作「寇」。「及」作「犯」。後文「至中流聞敵勢盛。衆莫敢前。……是時俊已具奏敵已在臣計中」句（三五二—一四九上）。鈔本「敵勢盛」作「賊勢盛」。「敵已在臣計中」作「虜已在臣計中」。

紹興十一年二月十八日丁亥章

四庫本「王德曰。敵右隅皆勁騎。……敵陣動。有一將被鎧躍馬指畫部隊。德引弓一發。敵應弦墮馬」句

（三五二—一四九下）。鈔本「敵右隅」「敵陣」作「賊右隅」「賊陣」。「將」作「酋」。「敵應弦墮馬」作「酋應弦墮馬」。

卷二百六

紹興十一年五月二十七日甲子章

四庫本「制辭有曰。屬一隅之匪茹。哀衆類以深侵。初衝突於淮壖。寖蹂躪於江滸。賴爾先登之勇。遏其方鋭之鋒」句（三五二—一五五下）。鈔本「一隅」作「狂胡」。「衆類」作「醜類」。「衝突」作「豕突」。「蹂躪」作「鴟張」。

紹興十一年八月八日甲戌章

四庫本「搖蕩邊鄙。肆意侵凌」句（三五二—一五七下）。鈔本「侵凌」作「陸梁」。

紹興十一年九月十日乙巳章

四庫本「丙辰仲率兵半夜取間道登山。去敵寨一二里間」句（三五二—一五九上）。鈔本「敵寨」作「虜

寨」。後文「璘曰。楊萬可斬也。正方鏖戰。豈可得一敗將而便回乎」句（三五二－一五九上）。鈔本「敗將」作「敗賊」。

紹興十一年十月章

四庫本「金人侵泗楚。張俊曰南北將和。敵謂吾怠。欲抒拓臯之憤耳。勿與交鋒。則敵當自退」句（三五二－一五九下）。鈔本「侵」作「陷」。「敵」均作「虜」。

紹興十一年十月十日乙亥章

四庫本「遂致今日鳴鐘伐鼓。問罪江南之土」句（三五二－一五九下）。鈔本「江南之土」作「江淮之上」。

紹興十一年十二月十六日丁亥章

四庫本「興移治白馬山寨。日唯有幼子在側。方敵勢急。人心頗搖」句（三五二－一六三下）。鈔本「敵勢」作「虜勢」。

卷二百七

紹興十一年十二月二十九日癸巳章

四庫本「王彥行軍往太行山。遇金人接戰。侯遂勝」句（三五二－一六五下）。鈔本「金人」作「金賊」。後文「後金帥烏珠與侯軍連年拘戰」句（三五二－一六五下）。鈔本「金帥」作「金賊」。後文「侯兵勢弱不如敵衆。遂遭所潰」句（三五二－一六六上）。鈔本「不如敵衆」作「不如虜衆」。後文「其時在

京居民已降金國。内有劉經。扈成戚方等諸將」句（三五二－一六六上）。鈔本「金國」作「金虜」。後文「某雖不才。乞爲先鋒。與敵迎戰必可破之」句（三五二－一六六上下）。鈔本「破之」作「破賊」。後文「至玉隆觀大破進軍。進走筠州。侯領兵追殺之。降其步軍五萬餘衆。……收捕曹成。戰于道州。大破其數萬」句（三五二－一六六下）。鈔本「其」均作「賊」。後文「江夏駐劄時。金帥烏珠與僞齊劉麟

率大將賈潭。商元。崔皋。……收兵騎二萬於唐州北楊牛蹄。白石何家寨。遇婁僞賊衆。……自辰至申敵衆敗走」句（三五二－一六八上）。鈔本「金帥」作「金賊」。「婁」作「番」。「敵衆」作「賊衆」。後文「侯又遣張憲。郝晸。楊再興共兵一萬前去迎敵。……然金帥烏珠僞兵百萬糧食數十里急雖難保」句（三五二－一六八下）。鈔本凡「敵」均作「賊」。「金帥」作「金賊」。後文「侯方欲計議用兵。有深入敵界北伐之意。紹興八年秋九月金使講和。侯議奏曰。不可與和。緣金人素多譎詐。國事隙深。何日可忘」句（三五二－一六八下）。鈔本「敵界」作「虜界」。「金使」作「胡虜」。「金人素多譎詐」作「虜人犬羊之性」。後文「紹興十年金帥烏珠來侵。……張憲傳選與烏珠韓常大戰於淮寧。金軍敗走」句（三五二－一六九上）。鈔本「金帥」作「金賊」。「金軍」均作「虜軍」。後文「梁興趙鬼火等軍戰絳州

泌火縣。敵退走濟汨。斬敵將阿布哈千戶貝勒」句（三五二－一六九上）。鈔本「敵退走」作「賊退走」。「敵將」作「番將」。後文「乞與陛下深入敵境。復取舊疆。報前日之恥」句（三五二－一六九下）。鈔本「敵境」作「虜境」。後文「侯奏曰。金人無故約和。必探我國之虛實。……如臣提兵深入敵境。潁昌之戰我兵大捷。敵衆奔潰潛入汴京」句（三五二－一七○上下）。鈔本「金人」作「金虜」。「敵」均作「虜」。後文「紹興三十年北兵入邊。連年大舉。上思曰。岳飛若在。金軍豈容至此」句（三五二－一七一上）。鈔本「北兵」作「北虜」。「金」作「虜」。

卷二百八

紹興十一年十二月二十九日癸巳章

四庫本「充後建康叛歸金」句（三五二－一七一下）。鈔本作「充後守建康叛歸虜」。後文「四年至湖州

。以衆隸張俊荐諸朝。除通泰招撫使。戰敗金衆」句（三五二—一七一下）。鈔本「金衆」作「虜衆」。後文「五年改鎮寧軍節度使。往鼎州討湖賊楊么黨」句（三五二—一七二上）。鈔本「湖賊」作「胡賊」。後文「十年金盟。飛遣統制李寶孫彥敗之。……又敗金於宛亭」句（三五二—一七二下）。鈔本「金」作「虜」。

卷二百九

紹興十二年八月十日庚午章

四庫本「奏計在京聞金人入邊。……金圍權州。庶赴援。檄曲端策應不至。敵知情徑攻延安」句（三五二—一八〇下至一八一上）。鈔本「入邊」作「犯順」。「金圍權州」作「虜圍耀州」。「敵」作「虜」。後文「伏惟國家今日之患。金為大敵。賊為次。金人頻年用師。……而金未可卒滅」句（三五二—一八二下）。鈔本「金」均作「虜」。後文「使北人間諜知

吾有此內患」句（三五二—一八二下）。鈔本「北人」作「黠虜」。後文「王恢說武帝伏兵馬邑以誘單于。尉使迎降因得脫去。……二主持法無所縱貸。而國勢尊崇。四方拱伏。此不奪之效也」句（三五二—一八三上）。鈔本「因得脫去」作「虜得脫去」。「四方」作「胡夷」。後文「臣竊惟陛下宵旰勤勞。講求治要。固欲永清四海。混一區宇」句（三五二—一八五上）。鈔本「四海」作「華戎」。

卷二百十

紹興十二年八月十日庚午章

四庫本「桀克有緡。以喪其國。紂滅東吳。而隕其身」句（三五二—一八六上）。鈔本「吳」作「夷」。後文「必厚其兇德而降之罰。臣觀金人瀕海之國。語言不通。邈在要荒之外。乘二國奸弊突然而興。所至輒克。縱毒長惡。惟利是嗜。雖五季之亂亦莫甚於此」句（同上）。鈔本「兇德」作「兇惡」。「金人瀕

海之國」作「金賊瀕海小醜」。「突然而興」作「豕突獸博」。「雖五季之亂亦莫甚於此」作「雖五胡之亂華莫甚于此」。後文「所以近歲旁塞出沒皆叛卒流人。大帥輩寂無所聞」句（三五二—一八六上下）。鈔本「大帥」作「大酋」。後文「尼堪竊有其權。土地闊遠。金玉子女盈積。怙勢恃權。自以爲萬全之業無復可憂」句（三五二—一八六下）。鈔本「怙勢恃權」作「聚麀酣飲」。「萬全之業」作「天崩地陷」

。後文「古之立國。如漢高祖。唐太宗最爲英主。陸賈言不可馬上治」句（三五二—一八六下）。鈔本「如漢高祖唐太宗最爲英主」下尚有「地土九州。中間亦少放肆」。後文「矧金國君臣萬萬計不出此」句（同上）。鈔本「金國」作「此虜」。後文「矧彼烏合無紀之師。其不亡者哉」句（同上）。鈔本作「無紀之師」作「驕淫無義逆孽」。後文「於今日軍民利病。彼我強弱。思之不爲不詳」句（三五二—一八七上）。鈔本「彼我」作「夷夏」。後文「此愚臣所以當食而止。中夜太息曰。有君如是而治不加進。土地日蹙外敵尚熾。何功烈如此其卑耶」句（三五二—一八八上）。鈔本「外敵」作「夷狄」。後文「戰則勝。守則固。而乃膚功未奏。……臣竊以自古外敵之禍未有烈於今日者也」句（三五二—一八九上）。鈔本「膚功」作「虜功」。「外敵」作「夷狄」。後文「非不遣使卑詞以交鄰國」句（三五二—一八九下）。鈔

本「鄰國」作「敵國」。後文「內修政事。外靖烽烟。惟內修政事故能外靖烽烟。苟政事不修則敵國交侵矣。安能靖之哉。金人侵陵吾中國十年矣」句（三五二—一九〇上）。鈔本「外靖烽烟」均作「外攘夷狄」。「安能靖之哉」作「安能攘之哉」。「侵陵」作「腥穢」。後文「蓋曰今日之禍如此。非兵不足以攘之也」句（三五二—一九〇上）。鈔本「今日」作「夷狄」。後文「今能如孟子之言。修其政事則正氣實

。邪氣不能入。彼禍患不待弭之而自弭」句（三五二｜一九〇下）。鈔本「彼禍患不待弭之而自弭」作「彼夷狄不待攘之而自攘」。後文「及遭艱難。蒙陛下委任。假以兵權。謂敵國可以氣吞。功名可以唾手取也」句（三五二｜一九〇下）。鈔本「敵國」作「戎虜」。

卷二百十一

紹興十二年八月十日庚午章

四庫本「孰是韓世忠。金兵國皆知名」句（三五一｜一九二下）。鈔本「金國」作「虜中」。

二十三日癸未車駕至自臨平鎮章

四庫本蔡肇北狩行錄曰「自燕京遷居金部相府院」句（三五二｜一九三上下）。鈔本「金」作「虜」。其後「聞外有貸書者。以衣易之。春秋博士廢之久矣」句（三五二｜一九五上）。鈔本作「聞外有貸書者。以衣易之。戊申八月入見。盡從韓荊州之民借書寓

目。然春秋博士廢之久矣」。又後文「群臣力拒。往返詰問。三日之間二人氣折」句（三五二｜一九二下）。鈔本「人」作「賊」。

卷二百十二

十三日辛丑劉光世薨章

四庫本「金人至闕。光世以兵勤王」句（三五二｜二〇二上）。鈔本「至」作「犯」。又此句以下至「十一年。敵攻淮西。光世命崔皋敗之舒城縣」句（三五二｜二〇三下）。鈔本凡「敵」「金」字皆作「虜」。「攻」字作「犯」。

十月十四日壬申王德爲建康府駐劄御前諸軍統制章

四庫本「四年。金逼淮南。德敗之滁州」句（三五二｜二〇四下）。鈔本「金逼」作「虜寇」。又後文「德不應。從俊敗金於靳縣」句（三五二｜二〇五上）。又「德以錡師擊敵。斬首萬餘」句（同上）。鈔本「金」「敵」並作「虜」。

卷二百十三

九月宋之才爲大金賀正旦章

四庫本朱勝非薨。行狀曰「靖康初。金人稱兵。京城戒嚴。公嘗使敵營往來計事」句（三五二－二○七上下）。鈔本「稱兵」作「犯順」。「敵」作「虜」。又後文「而夫人之堂妹歸張邦昌。既而侍從」句（三五二－二○七下）。鈔本「既而侍從」作「既爲僚婿」。又「及金人來攻。邦昌和議出質敵營」句（同上）。鈔本「來攻」作「犯闕」。「敵」作「虜」。又

此句以下至「公遣人傳報京師音耗。敵騎動息。以慰安人心」句（三五二－二○八下）。四庫本凡「敵」字鈔本皆作「虜」。其中「敵破都帥于襄邑。近逼南京」句（三五二－二○七下）。鈔本「近逼」作「僅犯」。又「亦屢斃帥首。道路始通」句（三五二－二○八上）。鈔本「帥」作「酋」。又其後「凡金人動靜京師事宜。莫不以聞。上亦倚南都爲重。金立邦昌……金以騎送邦昌」句（三五二－二○八下）。鈔本「金」皆作「虜」。又後文「中國常持之而四方斂服之。則中國尊」句（三五二－二○八下）。鈔本「四方」作「夷狄」。又後文「中國失其柄。必有四方交侵之患。國家與契丹結好一百二十餘年。彼既亂弱。我乃遠交金人爲夾攻之……金人內侵。每以渝盟失信爲辭……不然金人通好以來何嘗違其意哉」句（三五二－二○九上）。鈔本「四方」作「四夷」。「契丹」作「北虜」。「金人」皆作「金戎」。「不然」作

「不思」。又其後「今敵騎充斥。兩河雲擾」句（同上）。鈔本「敵」作「虜」。又「即上疏陳五說。謂敵當擊」句（三五二－二○九下）。又「我若得之。進可以蹙敵。而退可以保境」句（同上）。鈔本「敵」字皆作「賊」。又後文「今陷于敵。所當先取者」句（同上）。鈔本「敵」作「寇」。又此後至「金爲之折」句（三五二－二一○上）。鈔本凡「金」字皆

作「虜」。

又其後。四庫本勝非秀水閒居錄曰「初敵騎既破拱州……未曉。報金兵至。既登城督戰。金人以大軍三乘裝載芻膏縱火逼。南門帥首被金甲仗劍往來指呼……邵疊者射中彼目。墜馬死。正如所夢。敵知不利乃退」句（三五二－二一〇下）。鈔本「敵」字並作「虜」。「金兵」作「虜寇」。「金人」作「虜人」。「帥首」作「賊首」。「彼目」作「酋目」。又後文「

責其果有靈。不爲陰助。更出異物以怖人。何也。即日蛇出。與敵對壘」句（同上）。鈔本「果有靈」作「賊犯城」。「敵」作「虜」。又後文「靖康二年三月。金人僞立故相張邦昌爲楚帝」句（三五二－二一一上）。鈔本「金人」作「金虜」。又後文「又以邦昌所下檄榜有挾敵勢以脅郡縣之意」句（同上）。鈔本「敵」作「虜」。又「時爲右司郎中。嘗使金營往來計事」句（三五二－二一一下）。鈔本「金」作「虜」。又後文中興姓氏錄曰「四年。金人攻淮南」句（三五二－二一二上）。鈔本「攻」作「寇」。

十二月李光移瓊州安置章

四庫本中興姓氏錄曰「金國方入邊。留倫不遣」句（三五二－二一二下）。鈔本「邊」作「寇」。又後文「乞加誅戮。進兵討敵不從」句（三五二－二一三上）。鈔本「敵」作「賊」。

卷二百十四

紹興十五年知敘州邵隆卒

四庫本「至是飲酒暴卒」句（三五二－二一三下）。鈔本句下多「年五十一」句。又四庫本止於「人皆巷哭。爲之罷市」句。鈔本其下尚有「其部曲陳簡爲立祠于金州。隆知兵機。善料敵。能得士卒心。每戰必鼓作忠義之氣。故戰必有功云」句。

十月。嚴抑爲大金賀生辰章

四庫本「國信使曹涖副之」句（三五二－二一三下）

。鈔本此句下尚有「秦檜見嚴抑曰。聞公素貧。抑曰諾。檜曰。太夫人安否。抑曰無恙。檜曰。當以出疆奉煩庶沾恩賚以奉太夫人。遂擬抑奉使。曹浸字審淵。開封人」一段。

又其後。四庫本宇文虛中行狀曰「四月除通直郎中書舍人。嘗議備邊非策。論事無所畏憚。當權者忌之。除河北河東陝西宣撫使司參謀。事上書極諫曰」句（三五二―二一三下至二一四上）。鈔本作「四月除通

直郎中書舍人。時承平日久。兵將驕妄而貪功者。關邊生事不已。公已有夷狄憑淩之慮。常議備邊非策。論事無所懼畏。當權者忌之。除河北河東陝西宣撫使司忝謀。時方興燕山之役。小人僥倖。引女眞夾攻契丹。不顧章聖盟好。公以廟謨失策。而蔡攸童貫主帥非其人。將有自焚之禍。遂上書極諫曰」。又後文「若沿邊諸郡帑藏空虛」句（三五二―二一四上）。鈔本句下尚有「廩食不繼」。又其後「以百年怠惰之兵而當新銳難敵之勇」句（三五二―二一四下）。鈔本「勇」作「虜」。又「欲買呑以廣其屋居。乃引強人而謀曰……曰爲切鄰強人所窺」句（三五二―二一五上）。鈔本「強人」作「強盜」。又「或滅遼之後。調發勞費乃過于未用兵以前」句（三五二―二一五下）。鈔本「遼」作「虜」。又「若二國脫有興滅。即邊事不可不防」句（同上）。鈔本「國」作「虜」。又「但恐秋高馬肥。北兵或聚」句（同上）。鈔本「北」作「賊」。

又後文「敵兵雖熾。然羽檄召諸路兵入援」句（三五二―二一六上）。鈔本「敵」作「賊」。

又本行狀自「與敵騎遇于道士店」句（三五二―二一七下）以下。凡「敵」「金」鈔本皆作「虜」。「金帥」作「虜酋」。「帥」作「酋」。其中「今本路瀕海與金國對境。北又接濱滄。邊面皆通行敵馬」句（三二二―二二〇上）。鈔本「金國」作「金賊」。「

敵」作「賊」。

卷二百十五

本卷中四庫本凡「敵」「金」字。鈔本皆作「虜」。

又四庫本「若不分明剖析。恐身首異處亦未足以消弭人言」句（三五二—二二一上）。鈔本於「身首異處」下多「家族殘滅」。又「時車駕駐蹕維揚。公入對。上嘉獎再三」句（三五二—二二一下）。鈔本於句下尚多「欲留公。公以非應詔本指。且感上知遇。奮

不顧身。慨然請行」句。又「知金欲窺蜀」句（同上）。鈔本「窺」作「寇」。又「潛告宣撫張浚欲其持重」句（同上）。鈔本句下多「爲萬全之舉」。又「公力辭不行。副使楊可輔來歸」句（同上）。鈔本作「公力辭不行。四川宣撫司常以使臣徐福狀聞副使楊可輔來歸」。又後文「時中原東北豪傑之心恥事仇敵」句（三五二—二二二下）。鈔本「恥事仇敵」作「憤爲左衽」。又其後「如金人萬一有請願以沒敵爲辭」句（同上）。鈔本作「如虜人萬一有請願以滅賊爲辭」。又「若敵人來取。家屬願以沒敵爲言」句（三五二—二二三上）。鈔本「沒敵」作「沒賊」。上之「敵人」不改。又其後李綱傳信錄。四庫本「宣和八年秋。復從貫以行。金人攻汴」句（三五二—二二三下）。鈔本「金人攻汴」作「金人犯順」。

又後文。朱勝非秀水閒居錄。四庫本「雖云他邦。亦必心服」句（三五二—二二四上）。鈔本「他邦」作

「夷狄」。

卷二百十六

二日癸亥。趙鼎卒于吉陽軍章

四庫本林泉野記「未行而金攻淮南」句（三五二—二三〇下）。又「韓世忠。劉光世。張俊進兵淮東。擊敗敵衆」句（同上）。鈔本「金」「敵」皆作「虜」。又後文「王倫使自金還」句（三五二—二三一上）。又「金叛盟。鼎上言時政」句（三五二—二三一下

）。鈔本「金」字皆作「虜」。又其後四庫本「責援淸遠軍節度副使潮州安置」句（三五二—二三一下）。鈔本於此句下尚有「十四年。檜怒鼎不能自盡。令臣僚劾。以怨望謫吉陽軍安置」。

四庫本秀水閒居錄曰「周宣王時。內修政事。外靖邊隅。故能中興」句（三五二—二三一下）。鈔本「外靖邊隅」作「外攘夷狄」。又其後「三年正月余又奏。適金使來」句（三五二—二三二上）。鈔本「金」作「虜」。

金人完顏亶爲岐王亮所弒章

四庫本「左丞相曹國王阿布薩山。至則縊死之」句（三五二—二三五下）。鈔本作「左丞相宗賢夜半入內。遂亂刀斫殺并男子並誅之。亦召右丞相曹國王阿魯孛山。至則縊殺之」。

卷二百十七

八月四日辛未韓世忠薨章

四庫本韓忠武王中興佐命定國元勳碑文。凡「敵」字鈔本多作「虜」。其中「逢金兵二千餘。從者失色」句（三五二—二三七下）。鈔本「金兵」作「虜騎」。又「今之來者金兵耳。願公速整行陣」句（同上）。鈔本「金兵」作「金虜」。又後文「後有自金來者。始知大帥二都統是日被鎗以斃」句（三五二—二三八下）。鈔本「金」作「虜」。「大帥」作「大酋」。又「首帥白馬三郎以衆數萬薄城」句（同上）。鈔本「首帥」作「酋帥」。又後文「威鎭河朔卻北馬之

牧。效著睢陽皆記實也」句（同上）。鈔本「北」作「胡」。又後文「今以獲敵資財物帛盡與將士」句（三五二—二三九下）。鈔本「敵」作「賊」。又後文「土人稱爲金人河」句（三五二—二四〇上）。鈔本「金」作「番」。又後文「卿比統舟師邀擊金兵。忠勇之節遠所未聞」句（三五二—二四〇上）。鈔本「金兵」作「虜寇」。又「北馬飲江。大肆威勢」（同

上）。鈔本「北馬」作「胡馬」。「威勢」作「殘虐」。又「是歲烏珠與帥托卜嘉即合三路入攻」句（三五二—二四〇下）。鈔本「帥」作「酋帥」。「攻」作「寇」。又「朕以逆臣劉豫外挾強鄰。驅率吾民。遣兵東向」句（同上）。鈔本「強鄰」作「強虜」。又「今敵犯眞滁。已逼江上。而建康諸渡舊爲敵衝……無失事機。以墮奸計」句（三五二—二四〇下至二四一上）。鈔本「敵」「奸」皆作「賊」。又後文「至高郵亦遇敵。金敵設水軍夾河而陣」句（三五二—二四一下）。鈔本「金敵」作「賊虜」。又後文「聞卿獨抗大敵。殺其衆數以萬計」句（同上）。鈔本「其衆」作「犬羊」。又「望烏珠舉國來侵。憑陵邊圉」句（同上）。鈔本「侵」作「寇」。又後文自「至是敵既潰散。王自淮上振旅凱旋。江左遂安」句（三五二—二四二上）至「諸將乘之。大破敵衆。暴屍三十里」句（三五二—二四三上）。凡「敵」字鈔本皆

作「虜」。又後文「力戰破敵。俘獲器甲。撫輯黔黎」句（同上）。鈔本「敵」作「賊」。「器甲」作「群醜」。又其後「正當敵衝。敵至無以守。乃增大其城」句（同上）。鈔本「敵」並作「寇」。又其後四庫本「王上奏極論敵情叵測」句（同上）。鈔本「敵」作「虜」。又「初朝廷軍政日修。金帥屢衄」句（三五二—二四三下）。鈔本「金」作「虜」。又「力勸太上屈己和金。銷兵罷將。朝廷遣交割河北境土。亦遣使來議」句（同上）。鈔本「金」作「戎」。並於「亦」字上多一「虜」字。又「大略以謂敵情詐」句（同上）。鈔本「敵」作「虜」。又其後「我若大軍深入。虜人心離散。士卒凋沮」句（三五二—二四四上）。鈔本作「我若大加卑屈。深慮人心離散。士卒凋沮」。又其後自「其後敵果負約如王所言」句（同上）至「敵別軍數萬屯定遠」句（三五二—二四四下）。凡「敵」字鈔本皆作「虜」。又其後四庫本

「聞卿親率將士與敵接戰。追逼直至城下。敵馬一發。奔潰過淮」（三五二—二四五上）。又「況卿前後所料敵情。一一必中」句。鈔本「敵」字皆作「賊」。又「非破敵復境土。不畀異崇資」句（同上）。鈔本「敵」作「虜」。又「中原士民迫不得已淪於仇讎」句（同上）。鈔本「仇讎」作「腥羶」。

卷二百十八

孫覿撰韓世忠公墓志銘

四庫本「絕淮泝江。鼓行而南。將吏望風逃竄。無一人敢攖其鋒者」句（三五二—二四五下）。鈔本作「絕淮泝江。鼓行而南。如踐無人之境。一時將吏望風逃散。竄伏草莽間。無一人敢嬰其鋒者。」又其後文「兩淮交兵十有餘年。而金卒不能飲一馬于江者」句（三五二—二四六上）。鈔本「金」作「虜人」。又「遇出戰則躍一馬先登。捕首級」句（同上）。鈔本「級」作「虜」。又「而敵騎出間道直搗其營」句（同上）。鈔本「敵」作「賊」。又其後「強鄰震疊。知國有人」句（三五二—二四七上）。鈔本「強鄰」作「犬羊」。又「宣和末。金人攻京師。議者皆謂強鄰不量彼己」句（同上）。鈔本「攻」作「犯」。「強鄰」作「強胡」。又「惟公自負其能獨與決戰」句。鈔本「決戰」作「虜角」。又其後「北馬牧淮楚間。公至天長之大儀與之遇。金師貝勒托卜嘉擁騎奔突」句（三五二—二四七下）。鈔本「北」作「胡」。

「金師」作「虜酋」。又「金人震駭。若有鬼神」句。鈔本「金」作「虜」。又「自是金人一再敗衄。稍知沮畏。雖時時小入窺邊」句。鈔本「金」作「胡」。「窺」作「盜」。又「公曰敵易與耳。乃治兵赴利進攻淮揚。金師達里貝勒者驍勇蓋衆」句。鈔本「敵」作「虜」。「金師」作「虜酋」。又其後「師旋斬捕首級。過當封英國公。會金主遣完顏烏凌阿思謀來聘」句（三五二—二四八上）。鈔本「級」「金」並作「虜」。又「而講和之議定。兩地晏然解兵撤警」句。鈔本「講和」作「和戎」。又其後「靖康建炎。金人內訌。天下多故」句。鈔本「金人」作「戎狄」。又本篇自「敵中皆知其名」句以下（三五二—二四八下）。凡「敵」「金」皆作「虜」。「帥」作「酋」。其中「而敵騎出間道。直搗其營」句（三五二—二四九下）。鈔本「敵」作「賊」。又「靖康初從王淵爲統制軍趙州。金人深入」句（同上）。鈔本「金人深入」作「金人入寇」。

卷二百十九

九月巫伋鄭藻使於金國回章

四庫本「金主問所請者何事……金主令譯者傳言」句（三五二—二五二下）。鈔本「金主」並作「虜主」。

八月敕葬張俊章

四庫本林泉野記於「破賊張仙於」句下注闕（三五二—二五三下）。鈔本作「碙」。又後文「敵來追。俊大呼死戰」句（三五二—二五四上）。鈔本「敵」作「虜」。又「加俊捧日天武四廂都指揮使。俊不受」句（同上）。鈔本作「加俊武寧軍節度使。秦鳳路馬步軍副總管。交兵于俱重。俊不受」。又後文「至臨平擊敵將苗翊」句（同上）。鈔本「敵」作「賊」。又後文「大金攻淮南。劉光世守潤州」句（三五二—二五四下）。鈔本「攻」作「寇」。又「四年。大金兵至淮東。以俊爲浙西江東宣撫使」句（三五二—二五五上）。鈔本「至」作「犯」。又後文「以騎軍橫衝其兵。大破之。擒其帥長百餘人」句（三五二—二五五下）。鈔本「帥」作「酋」。

又其後。四庫本「張士襄字贊可建康人」句之前注闕（三五二—二五六下）。鈔本作「張士襄爲大金賀生辰。國信使張說副之」。

卷二百二十

二十二日丙申秦檜薨章

四庫本靖康小雅曰「公諱檜。靖康二年。金國二帥既日遣吳开莫儔入趣立異姓」句（三五二—二六一上）。鈔本作「公諱檜。字會之。建康人也。當靖康二年。金國二酋既日遣吳开莫儔入趣立異姓」。又後文「公爲御史中丞。毅然獨陳於敵」句（同上）。鈔本「敵」作「虜」。又「二帥遽怒。致公軍中執之」句（同上）。鈔本「帥」作「酋」。又「且金人席其破京師之威以迫」句（同上）。鈔本「金」作「胡」。

四庫本秀水閒居錄「以河北河東人還金國……至四年。金使李永壽王翊來聘……蓋檜自京城隨敵北去。爲被大帥達蘭郎君任用。敵騎渡江與俱來回」句（三五二—二六五上）。鈔本「金國」作「金虜」。「金使」作「虜使」。上下兩「敵」字皆作「虜」。「被大帥」作「彼大酋」。又後文「及知檜之策出於敵意也。檜之初歸。自言殺金人之監己者。奔舟來歸」句（

同上）。又其後「建炎四年。敵騎渡江……紹興元年金既廢豫。以河南地來歸」句（三五二—二六六上）。鈔本「敵」「金」皆作「虜」。

卷二百二十一

洪皓復敷文閣直學士致仕行狀

四庫本「先君極言。天道好還。敵人亦無久盛之理」句（三五二—二六七上）。鈔本作「先君極言。天道好還。裔夷安能久淩中夏」。後文「以責其降敵爲名。實持叛心」句（同上）。鈔本「敵」作「虜」。又後文「留幾一年。金遇使人禮益削。及至雲中。大帥尼勘迫遣與副使官僞齊」句（三五二—二六八上）。鈔本「金」作「虜」。「帥」作「酋」。又以下凡「敵」「金」皆作「虜」。「師」作「酋」。其中「豫亦死。偷生異域間。甘鼎鑊不爲也」句（三五二—二六八下）。鈔本「異域」作「狗鼠」。「爲」作「悔」。又「爭邀入穹廬。出肴核歌舞。舉渾脫酒以勸」

句（三五二一二六九下）。鈔本「肴核歌舞」作「妻
女胡舞」。
又四庫本於「文具錄曰」之上似有闕文（三五二一二
七二上）。鈔本其文如下
皓有松漠記聞。金國文具錄傳于時。其松漠記聞曰。
女眞舊絕小正朔所不及。自興兵以後。浸染華風。酋
長生朝皆自擇佳辰。粘罕以正旦。悟屋以元夕。烏拽
馬以上巳。其他如重五。七夕。重九。中秋。中下元

。四月八日皆然。亦有用十一月旦者。謂之周正。金
主生于七月七日。以國忌用次日。今朝廷遣賀使以正
月至彼。蓋循契丹故事不欲使人兩至也。又曰。女眞
舊不知歲月。如燈夕皆不曉。己酉歲有中華僧被掠至
闕。遇上元。以長竿引燈表而出之以爲戲。女眞主吳
乞買見之。大駭。問左右曰。得非星邪。左右以實對
。時有南人謀變。事泄而誅。故乞買疑之曰。是人欲
嘯聚爲亂。刻日時立此以爲信耳。命殺之。後數年至

燕頗設之。至今遂盛。又曰。初漢兒至曲阜方發宣聖
墓。粘罕聞之。問高慶緒。勃海人。曰孔子何人。對
曰。古之大聖人墓。曰。大聖人墓豈可發。皆殺之。
故闕里得全。又曰。予頃當其千戶李靖相。知靖二子
亦習進士。舉其姪女嫁爲悟空子婦。靖之妹曰金哥。
爲金主之伯固倫側室。其嫡無子。而金哥所生今年約
二十餘。頗好延接儒士。亦讀儒書。以光祿大夫爲吏
部尚書。其父死。乞宇文虛中高士談趙伯璘爲誌。高

宇以趙貧。命趙爲之。而二人書篆。其文額所濡筆甚
厚。曾在燕識之。亦學奕象戲。點茶。靖以光祿知同
州。冒墨有素。今亡矣。其論議亦可聽。衣服皆如漢
兒。又曰。遼亡。大實林牙亦降。大實小名。林牙猶
翰林學士。虜俗大概以小名居官上。後與粘罕雙陸爭
道。罕亦欲殺之而口不言。大實懼。及既歸帳。即棄
其妻。攜五子宵遁。詰旦。粘罕怪其日高不來。使召
之。其妻曰。昨夕以酒忤大夫。大音舵。畏罪而竄。

詢其所之。不以告。粘罕大怒。以配部落之最賤者。妻不肯屈。強之。極口嫚罵。遂射殺之。大實深入沙子。立天祚之子梁王爲帝而相之。女眞遣故遼將余都姑帥兵經略屯田于合董城。城去上京三千里。大實游騎數十出入軍前。都姑遣使打話。遂退。沙子者蓋不毛之地。皆平沙廣漠。風起揚塵。至不能辨色。或平城頃刻高數丈。絕無水泉。人多渴死。大實之走凡三晝夜始得度。故女眞不敢窮追。遼御馬數十萬牧于磧外。女眞以絕遠未之取。皆爲大實所得。今梁王大實

皆亡。餘黨猶居其地。又曰。金國治盜甚嚴。每捕獲論罪外。皆加倍責償。唯正旦所竊皆不加刑。是日人皆爲戲。妻女寶貨車馬爲人所竊。皆不加刑。是日人皆嚴備。遇偷至則笑遣之。既無所獲。雖畚钁微物亦攜去。婦人至顯入人家。伺主者出接客。則縱其婢妾盜器。他日知其主名或偷者官大。則具茶食以贖。謂羊酒肴饌之類。次則攜壺小亦打餻取之。亦有先與室

女私約。至期而竊去者。女願留則聽之。自契丹以來皆然。今燕亦如此。又曰。蒲路虎性愛民。所居官必復租薄征。得蓄漢間心。但時有酒過後除東京留守。治渤海城。勒令止飲。行未抵治所。有一僧以捸柃廮盂遮道而獻。捸木名有文縷。可愛。多用爲椀。曰以酌酒。路虎曰。皇帝臨遣時。宣戒我勿飲。爾何人。乃欲以此器導我耶。顧左右。令窪勃辣駭。彼云敲殺也。即引去。阿刑者哀其亡辜。擊其腦不力。欲令胥遁而以死告。未畢。復呼使。前僧被血淋漓。蒲路虎

曰。所以獻我者意安在。對曰。大王仁慈正直。百姓喜幸。故敢此爲壽。無他志也。路虎意解。欲釋之。詢其鄉。以渤海對。路虎笑曰。汝聞我來。用此相鶻突豈可赦也。卒殺之。又于道遇僧尼五輩共車同載。召而責之曰。汝曹群游已冒法。而乃敢顯行吾前耶。皆射殺之。又曰。金國之法。夷人官漢地者。皆置通事。即譯語官也。或以有官人爲之。上下重輕皆出其

手。得以舞文招賄。三二年皆致富。民俗苦之。有銀珠哥大王者。銀珠者。行弟六十也。以戰功貴顯而不熟民事。嘗留守燕京。有民數十家負富僧金六七萬緡。不肯償。僧誦言欲申訴。逋者大恐。相率賄通事。曰汝輩所負不貲。今雖少遷延。終不能免。苟爲厚謝。我爲汝致死其僧。民皆欣然許諾。僧具牒跪聽命。通事潛易他紙。譯言曰。久旱不雨。僧欲焚身動天以蘇百姓。銀珠笑即書牒尾。稱塞痕者。再庭下已有牽攏官使二十輩驅之出。僧莫測所以。扣之則曰。塞痕好也。狀行矣。須臾出郭。則逋者已先期積薪擁僧于上。四面舉火號呼。稱冤不能脫。竟以焚死。又曰。北人惜赦無郊霈。予銜命十五年才兩見赦。一爲余都姑叛。一爲皇子生。又曰。省部有令史以進士及第者爲之。又有譯史或以練事或以關節。凡遞敕或除州太守。告令史譯史送之。大州獲三數百千。帥府千緡。若兀求諸貴人除授。則令宰執子弟送之。獲數萬緡。

又曰。長白山在冷山東南千餘里。蓋白衣觀音所居。其山皆白。人不敢入。恐穢氣一聞。致蛇虺之害。黑水發源于此。舊云粟末河。契丹德光破晉。改爲混同江。其刳木爲舟。長可八尺。形如梭。曰梭船。上施以槳。止以捕魚。至渡車則方舟或三舟。後悟室得南人始造舡如中國運糧者。多自國往五國城載魚。又曰。虜之待中朝使者使副。日給細酒二十量罐。羊肉八斤。果子錢五百。雜使錢五百。白麵二斤。油半斤。醋二升。鹽半斤。粉一斤。細白米二升。麵醬半斤。大柴三斤。白米二升。中節常供酒五量罐。羊肉二斤。麵二斤。雜使錢一百。百米一升半。下節常供酒三量罐。羊肉二斤。麵一斤。雜使錢一百。白米一升半。

又其後四庫本文具錄於「引接用衙校牽攏傔從多用燕卒」句後似有闕文（三五二—二七三上）。鈔本作「當職官多取其直而蠲用一卒役一歲。往來六七十里。

貧者甚苦之。出錢七八十千乃免。廟諱尤嚴。不許人犯。嘗有一武弁。經由元帥投牒。誤斥其諱。杖背流遞。初只諱旻。後有申牒云旻閔也。遂並閔而諱之」。

卷二百二十二

七月張邵卒。張公行實章

四庫本「建炎元年。金兵已陷京師」句（三五二－二七四下）。鈔本「兵」作「虜」。又後文「臣觀比年以來。金人內侮京師」句（同上）。鈔本「金人」作「夷狄」。又其後「鄰國日以強。盜賊日以多」句（三五二－二七五上）。鈔本「鄰國」作「夷狄」。又「敵既已取三關據大河……金非不能取也」句（三五二－二七五上下）。鈔本「敵」「金」皆作「虜」。

又此句以下（三五二－二七五上至二八四下）。四庫本凡「敵」「金」字鈔本皆作「虜」。其中「則是淮江之間又生一金敵也」句（三五二－二七六上）。鈔

本「敵」作「賊」。又「金人不敢深入。非以黃河不可渡也」句（三五二－二七六下）。鈔本「深入」作「入寇」。又後文「澶淵之役縱還而甚懼。靖康之初講和。而從後以河北諸鎮大抵兵少勢弱。自救不暇」句（三五二－二七六下）。鈔本作「澶淵之役縱還而甚懼。靖康之初講和而遂歸。徒以河北諸鎮未盡破故也。靖康再寇。實失三關諸鎮之未破者。大抵兵少勢弱。自救不暇」。

又其後。四庫本「敵入汝穎。則襄郢爲衝。復安蘄。陛下分遣能臣相視諸州要害。築堅城而守之」（三五二－二七七上）。鈔本作「虜入汝穎。則襄郢爲衝。安陸蘄黃爲阨。武昌興國爲重。以臣之愚。望陛下分遣能臣相視諸州要害。築堅城而守之」。又後文「敵騎入邊。按兵持重」句（同上）。鈔本「敵騎入邊」作「虜騎入寇」。

又後文「蒙恩召對。時金再入師。渡河而南。朝廷求

可使者」句（三五二－二七八下）。鈔本「金再入師」作「虜再入寇」。又其後「數人取得之以白達蘭」句（三五二－二七九上）。鈔本「人」作「酋」。

又後文四庫本「日尋干戈藉口。以起他日爲大國之患。殆閤下實同之」句（三五二－二八一上）。鈔本作「日尋干戈藉口。以起他日爲大國之患。殆恐非細。閤下以皇帝貴介之弟。當閫外經略之寄。大國休戚。閤下實同之。」

卷二百二十三

紹興八年正月十四日臣鼎奏章

本章中。四庫本「金」「敵」鈔本皆作「虜」（三五二－二八七下至二九〇上）。又其中「陛下不憚屈己講和鄰國。此爲人君之孝也」句（三五二－二八八上）。鈔本「鄰國」作「夷狄」。

又後文「孝足以格穹旻。誠足以動鄰國」句（三五二－二九一下）。鈔本「鄰國」作「夷虜」。

又後文「二聖重歡。億萬斯秋。究觀自昔。發揮偉績」句（三五二－二九二下）。鈔本作「二聖重歡。壽與天侔。慶飛于天。恩淪于淵。二聖重歡。億萬斯年。究觀古昔。發揮偉績」。

卷二百二十四

二十九日丁酉張浚永州居住章

張浚行狀中。四庫本凡「敵」「金」字鈔本皆作「虜」。其中「服役敵國者必曰石晉云爾」句（三五二－二九四下）。鈔本「敵國」作「夷狄」。又「今日之和。必其主帥攜離。人心睽異」句（三五二－二九五上）。鈔本「主」作「酋」。

十二月續觱知荊南府章

四庫本「邇者北兵列屯近塞。哆然有建都雍汴之舉」句（三五二－二九七下）。鈔本「北兵」作「北虜」。又後文「使金人窺伺萬一遂徙雍汴。則其勢不得不西資巴蜀之饒以爲用」句（三五二－二九七下）。鈔本「金人窺伺」作「虜人異時」。又「北主有移都之謀……而潛消北主雍汴之謀乎。夫和金人誠國家之福也」句（同上）。鈔本「北主」皆作「北虜」。「金人」作「戎狄」。

又其後自「金兵侵疆百有餘里」句（三五二－二九八上）。鈔本「金兵」作「金賊」。以下凡「敵」字皆作「賊」。其中「若兵猝至。敢犯吾之堅。可以必勝。若彼力窮氣竭而走」句（三五二－二九八下）。鈔

本「兵」「彼」皆作「賊」。「猝至」作「猖狂」。

卷二百二十五

紹興三十一年正月十四日丁亥夜雪有雷章

四庫本「丁亥夜雪有雷」句（三五二－二九九下）。鈔本於句下尚有「侍御史汪澈上疏」等字。又後文「無女謁之私意者。殆為金敵乎」句（同上）。鈔本「金敵」作「夷狄」。

又其後校書郎王十朋箚子。四庫本「竊聞道路洶洶。咸謂敵情不可測」句（三五二－三〇〇上）。鈔本「敵」作「虜」。又後文「自建炎至今。敵情未嘗不內相不靖也。然一人斃一人立。其勢愈熾」（同上）。鈔本「敵」作「虜」。「不內相不靖」作「不內相殘賊」。「一人斃一人立」作「一酋斃一酋出」。又後文「臣以為禦侮之策莫急于用人」句（同上）。鈔本「侮」作「戎」。又其後「內為讒邪之媢疾。外為敵人之所竊笑」句（三五二－三〇〇下）。鈔本「敵人」

作「蠻狄」。又「臣以為禦侮之策莫大于此」句（三五二－三〇一上）。鈔本「侮」作「戎」。

又其後校書郎馮方箚子（三五二－三〇一上至三〇二下）。四庫本文中之「敵」「金」字鈔本皆作「虜」。

湘山樵夫紹興正論章

四庫本「胡寅任起居舍人上疏力言金人一可議和」句（三五二－三〇二下）。鈔本「金人」作「金虜」。

又「魏矼任吏部侍郎。差館伴金使……。矼具陳敵情難保」句（三五二－三〇二下至三〇三上）。鈔本「金」「敵」皆作「虜」。又後文「矼云是則是。相公云云罷謫」句（三五二－三〇三上）。鈔本作「矼云是則是。相公以誠待敵。但恐敵人不以誠待相公」。又四庫本「張絢坐不肯議金使朝見禮儀補外」條（三五二－三〇三上）。鈔本「金」作「虜」。又四庫本此條之後。各條文中凡「金」「敵」鈔本皆作「虜」

。其中「沈長卿坐上賀李光啓」條。四庫本「遠人難以信結。孰虞吐番之刼盟。遂欲竭四海以奉鄰國之歡」句（三五二－三〇三下）。鈔本「遠人」作「夷狄」。「鄰國」作「豺狼」。

卷二百二十六

工部侍郎沈介上封事論備敵之策

四庫本「朝廷弭兵講和二十八年」句（三五二－三〇四下）。鈔本「講和」作「和戎」。又後文「而謂今日之失于恃也」句（三五二－三〇五上）。鈔本作「而謂民不爲用。兵不敢動。豈善料者哉。此臣所以妄論今日之失于恃也」。又「三者之說歸于一。然後可備」句（同上）。鈔本「然後可備」作「然後敵可備」。又後文「臣伏讀國史澶淵之役。敵盟而退……雖未始遷都。而敵挫氣矣」句（三五二－三〇七上下）。鈔本「敵」字並作「虜」。又「或曰敵強而恃虛聲促之戰也」句（三五二－三〇七下）。鈔本「敵」作

「虜」。

卷二百二十七

和州進士何廷英上書

四庫本「亦恕而禮遣之。此祖宗之宏規」句（三五二－三〇九下至三一〇上）。鈔本作「亦恕而禮遣之。此太祖皇帝禮賢樂諫之德也。噫嘻。萬世之下聖子神孫苟能宋祖宗之宏規」。又後文「若爲安。則天下封疆爲金人所攘者十分之九」句（三五二－三一〇下）

。又「竊見前日結金人之好」句（同上）。鈔本「金人」並作「胡虜」。又後文「金人見疑必生詭計」句（三五二—三一一下）。又「敵國之奸又復縱矣」句（同上）。鈔本「金人」「敵國」均作「胡虜」。又「陛下自和議以來……欲爲避敵之計。天下聞之。舉皆失笑。以一夫夜呼。再侵江滸」句（同上）。鈔本「和議」作「和戎」。「敵」作「寇」。「以一夫夜呼」作「乃一胡虜猖獗」。又此句以下凡「金人」鈔

本皆作「胡虜」。「講和」「和議」鈔本皆作「和戎」。

又四庫本「雖是陷于敵廷。而志在我宋……反被囚鎖。復送敵廷」句（三五二—三一二下）。鈔本「敵」皆作「虜」。

又後文「項羽所以失關中者。以其失天下之衝要也。嗚呼。衝要之地反不爲朝廷居也。嘗聞居中以禦外。未聞僻處一偶也。夫殊方異域。聖王所以居化。而聲教所不及者。今也欺天罔地。妄自尊大。輒恃盛強而僭以大號。敢示猥名而諱于大朝」句（三五二—三一二下至三一三上）。鈔本作「項羽所以失關中者。不能王者。以其失天下之衝要也。嗚呼。衝要之地反不爲朝廷所居耶。嘗聞用夏變夷者。未嘗變于夷者也。夫夷狄之類。聖王所以居之化外而聲教所不及者。今也欺天罔地。妄自尊大。輒陳穢質而僭以大號。敢示猥名而諱于大朝」。又此句以下四庫本凡「敵」字鈔

本皆作「虜」。

又其後。四庫本「夫荒郊蔓野。走燐飛熒」句（三五二—三一三下）。鈔本作「夫牛羊踵跡。狐兎腥羶」。又「一切入強敵之手。殺之而死者半」句（同上）。鈔本「強敵」作「戎虜」。

又後文「禁宇開而別群王。敵騎驅而出京國」句（三五二—三一四上）。鈔本「敵騎」作「胡虜」。又「今日天下軍民之所欣慕。敵中之所畏服者」句（同上

）。鈔本「敵中」作「胡虜」。

又其後四庫本「庶得親策將帥。俯視強鄰……爲別世異域之民。飢寒苦役無所告愬」句（三五二—三一四下）。鈔本「強鄰」作「犬羊」。「別世異域」作「被髮左衽」。又後文「臣聞閫內之政任于將。夫用兵之法無定形」句（同上）。鈔本作「臣聞閫內之政任于相。閫外之政任于將。夫用兵之法無定議」。

又後文「紹興十一年。金人深入。坐困淮南。是時諸將合謀大戰而勝。金人敗北。棄甲曳兵而走。方乘勢襲其後。當強鄰喪魄之際。正三軍得志之秋」句（三五二—三一五上）。鈔本「金人深入。坐困淮南」作「胡虜猖獗。逼犯淮南」。「金人敗北」作「胡人敗北」。「強鄰」作「群凶」。又後文「豈期廟堂之議在講和……金人之勢愈炎矣」句（同上）。鈔本作「豈期廟堂之上意在和戎……犬羊之氣愈炎熾矣」。

又其後四庫本「平其巢穴。絕其根株。大報深冤。盡

雪前恥」句（三五二—三一五下）。鈔本「根株」作「種類」。

卷二百二十八

五月十九日辛卯章

四庫本趙甡之中興遺史曰「炎奏其事。淵聖皇帝訃音。忽覺聖躬不安」句（三五二—三一八上）。鈔本作「炎奏其事。上然之。炎即出傳旨曰。今爲聞淵聖皇帝訃音。忽覺聖躬不安」。

二十二日甲午報孝慈淵聖皇帝升遐章

四庫本丁未錄欽宗實錄「四月北狩在敵地。三十五年至是。報升遐焉」句（三五二—三二二上）。鈔本「敵」作「虜」。蔡絛國史後補。四庫本「上有疾不能語。又書曰。諸公如何」句（三五二—三二二下）。鈔本作「上有疾不能語。索筆舉左手書曰。我已無半身矣。如何了得大事。大臣相顧無語。又書曰。諸公如何」。又後文「侍御史陳俊卿」（同上）。鈔本作

「侍御史汪徹。殿中侍御史陳俊卿」。

二十八日庚子宰執請聽政第二表章

四庫本「何其無尊卑禮義之分。不亦大可異哉」句（三五二—三三四上）。鈔本作「信矣。無尊卑禮義之分。果類禽獸然哉」。又後文「陛下屈己講和。厚其金繒」句（同上）。鈔本「講和」作「和戎」。

卷二百二十九

四日乙巳章

四庫本「金主亮敗盟。遣諸軍率兵分道入邊。逆亮敗盟興兵。決策南馳。其母諫。遂殺母。誠遣諸軍分道入邊」句（三五二—三三五下）。鈔本「金」作「虜」。「軍」並作「酋」。「邊」亦並作「寇」。

二十四日乙丑。放仙韶院女樂二百餘人出章

四庫本於「或傳金人欲來索仙韶院女樂」句下似有闕文（三五二—三三六下）。鈔本作「上不忍使良家女歸于絕塞。乃盡遣出宮」。

二十七日戊辰章

四庫本遺史曰「有如議不合。當以臣血濺金主之衣」句（三五二—三三七下）。鈔本「金」作「虜」。

卷二百三十

元祐進士乙科元符黨人朝奉郎崔陟。孫淮夫。梁叟。上兩府箚子

四庫本「不忍自棄于異域」句（三五二—三三一下）。鈔本「異域」作「左衽」。又後文「自亮篡位。前

此功臣誅鋤已盡」句（同上）。鈔本「亮」作「酋」。又此句以下（三五二—三三二上至三三六上）。四庫本凡「金」「敵」字鈔本皆作「虜」。其中「萬一亮死則立新君」句（三五二—三三二上）。鈔本「亮」作「此虜主」。又「一淮北陷金。百姓昨在東昏時。撫存頗厚」句（三五二—三三四下）。鈔本「金」作「番」。又「其酷無異金兵。百姓之心皆失望」句（同上）。鈔本「金兵」作「金賊」。又「劉麟作上

京轉運。一金人未修內已前。米麥極賤」句（三五二—三三六上）。鈔本「轉運」下尚有「便繼而身死」。「金人」作「金賊」。

十一日辛亥王繼先依舊致仕章

四庫本「五月間。金使之來……又于太湖洞庭山創屋爲避寇之地」句（三五二—三三八上）。鈔本「金」作「虜」。「避寇之地」作「避狄之計」。

卷二百三十一

二十八日戊辰章

四庫本敗盟記曰「金亮天性異常。故往往不羞」句（三五二—三四四上）。鈔本作「戎狄天性妄誕。故逆亮不羞」。

九月八日庚辰章

四庫本「蓋緣國家邊事如此。至未決用兵。俟敵人侵犯然後使當之。既失制敵之機。何以善後」句（三五二—三四五上）。鈔本「至未決用兵」作「至今猶未決用兵」。「敵人」作「狄」。「制敵」作「制狄」。

二十五日甲午。吳璘收復秦州章

四庫本凡「敵」「金」（三五二—三四七上）鈔本皆作「賊」。

二十六日乙未。金人攻信陽軍章

四庫本「敵馳徑去侵光州」句（三五二—三四七上）。鈔本「敵馳」作「虜騎」。又本句以下凡「金」「敵」鈔本皆作「賊」。

二十七月丙申。吳璘收復洮州章

四庫本「金」「敵」（三五二—三四七下）。鈔本皆作「賊」。「金人」作「金賊」。

卷二百三十二

二十九日戊戌招諭榜章

四庫本「金人無厭。背盟失信。軍馬已至川界」句（三五二—三四八下）。鈔本「人」作「虜」。「至」

作「犯」。又「痛念二聖未還。豈肯從敵反攻舊主」句（同上）。鈔本「敵」作「賊」。又「金國渤海奚契丹」（同上）。鈔本「金國」作「女眞」。

又其後四庫本「久爲金人暴虐役使科歛」句（三五二—三四九上下）。鈔本「金人」作「金虜」。又後文「朕不惜官爵金帛以爲地土來歸」句（三五二—三四九下）。鈔本作「朕不惜官爵金帛以爲激賞。若係有官之人並依見今原帶職官。更不愼減其能以地土來歸」。又「如金國渤海契丹」（同上）。鈔本「金國」作「女眞」。

又其後吳璘克蘭州條。四庫本「蘭州刺史溫都烏頁等首領」句（三五二—三五〇下）。鈔本「首領」作「酋首」。

三十日己亥吳璘克隴州章

四庫本「金人無厭。復出爲惡」句（三五二—三五〇下）。鈔本「金人」作「猾虜」。

詔親征章

四庫本「皇族尙淪于沙漠。神京猶陷于殊方。銜恨何窮。待時而動。未免屈身而事小。庶期通好以弭兵。屬強鄰之無厭。曾信盟之弗顧。怙其富強之力。濟以貪殘之兇。流毒偏于中土。視民幾如草芥。赤地千里。謂殘暴而無傷蒼天九重。以高明爲可侮。頃因賀使公肆嫚言。指求將相之臣。坐索淮漢之壤。視眈如虎。謂我無人。朕姑務于含容。彼尙飾其奸詐。嘯厥黨類。驅吾善良。兵氛侵及于中原。烽火遂交于近甸」一段（三五二—三五二下）。鈔本作「皇族尙淪于沙漠。神京猶污于腥羶。啣恨何窮。待時而動。未免屈身而事小。庶期通好以弭兵。屬戎虜之無厭。曾信盟之弗顧。怙其篡奪之惡。濟以貪殘之兇。流毒偏于華夷。視民幾于草芥。赤地千里。謂殘暴而無傷蒼天九重。以高明爲可侮。輒因賀使公肆嫚言。指求將相之臣。坐索淮漢之壤。吠堯之犬謂秦無人。朕務于含容。彼尙飾其奸詐。嘯厥醜類。驅吾善良。妖氛寖結于中原。烽火遂交于近甸」。又後文「考澶淵卻敵之規」句（同上）。鈔本「敵」作「狄」。

又其後四庫本吳璘李顯忠獎諭詔「首先破敵。大獲勝捷。事具悉。朕屈己講和。以安黎元。敵人貪惏。無所底止。肆其驍勇。薄我邊陲。卿忠義奮揚。肅征天討。剪厥黨羽。摧其奸鋒。捷書報聞。良深嘉尙。想師行於枕上。而敵在於目中。勉爾功名。副朕所傒。

故茲獎諭。想宜知悉。冬寒。卿比平安否。遣書指不多及。」（三五二—三五三上）。鈔本作「首先破賊。大獲勝捷。事具悉。朕屈己講和。以安黎元。黠虜貪惏。無復天理。肆其兇焰。犯我邊陲。卿忠義奮揚。肅征天討。剪厥醜類。摧其奸鋒。捷書報聞。良深嘉尙。想師行于枕上。而虜在目中。勉爾功名。副朕所傒。故茲獎諭。想宜知悉。冬寒。卿比平安好。遣書指不多及。」

又其後。劉錡等檄契丹諸國及河北河東等諸路書。四庫本「蠢茲金國之微……強盛既陷于神都。虐焰殆彌于宇縣」句（三五二—三五三下）。鈔本「金國」作「女眞」。「強盛」作「妖氛」。又後文「豈謂恃強之衆紐于好武之資……驅我中原之老稚。剪爲異地之囚俘。乃輕棄于殊方」句（同上）。鈔本作「豈謂冥頑之虜狃于篡逆之資……驅我中原之老稚。剪爲異類之囚俘。乃輕棄于穴巢」。又後文「一洗朝廷之積恥

。待時而動。歷歲于茲。于速其亡」句（同上）。鈔本作「一洗穹廬之穢孽。待時而動。歷歲于茲。天亡此胡」。

又其後。收復陷沒州縣指揮條。四庫本「爲金人奴婢能擒殺其本主者」句（三五二—三五四下）。鈔本「金人」作「女眞」。

卷二百三十三

六日乙巳章

四庫本「九月五日。金人自鳳翔大散關入本界三十里。逼黃牛堡」（三五二—三五五上）。鈔本「金人」作「金虜」。「逼」作「犯」。又後文「使人王金上殿口陳金主之語」句（同上）。鈔本「金」作「虜」。又「而師屬無名之舉。果爲敵首……異域所不肯爲」句（三五二—三五五上下）。鈔本「師」作「犯」。「敵」作「戎」。「異域」作「禽獸」。

八月丁未。金人立葛王裒于遼陽府章

四庫本神麓記「皇帝無道。遠伐南朝」句（三五二—三五五下）。鈔本「伐」作「犯」。又後文「諸豪册立留守葛王爲主何如」句（同上）。鈔本「諸」作「酋」。

又其後。四庫本裒四子允恭之子璟奏表「是時葛王宣示宗室大臣及百官鎭國上將軍」句（三五二—三五九下）。鈔本「及百」作「北虜」。

西夏回劉錡等檄書

四庫本「孤聞金敵無厭。敢背盟而失信。強鄰不道。妄稱好以和親。始尙懷柔。漸興殘殺。托禹迹山川之廣。覆堯天日月之光。將士銜冤。神人共憤。妄自尊大者三十餘載。怙其勢力者七八其人。皆天理之所不容。亦春秋之所共貶。蓋枕戈衽革之衆。無閱書隆禮之風。惟務貪殘。恣行暴虐。呑侵諸國。建號大金。屈陵壤以稱藩。率兆民而貢賦。驅役生靈而恬不知恤。殺伐臣庶而自謂無傷。雖君子之則否未嘗怨也。待文王而興作。盍歸乎來。當中興恢復之秋。乃上帝悔

禍之日。九重巡幸。昔聞太王之居邠。大駕親征。今見漢文之卻敵。詔頒天下。撫慰民心。庶幾彼弱而我強。第見興王而黜霸。其敢與敵而助虐。將爲不戰而屈人。莫我敢當。可謂因時而後動。其或恣睢不靖。抗衡王師。願洗滌于兵氛。庶蕩除于邊境。勿令不逞重更藩滋。雖貔虎之難摧。亦寇讎之可伐。廟堂禦侮。有決勝之深謀。帷幄談兵。復興師而薄伐。如孤者

雖處要荒。久蒙德澤。在李唐則曾賜姓。至我宋乃又稱臣。頃因強敵之憑陵。遂阻輸將而納款」一段（三五二－三六〇下）。鈔本其文如下。

孤聞醜虜無厭。叛盟而失信。驕戎不道。忘稱好以和親。始緣女眞。輒興殘賊。逆禹迹山川之廣。覆堯天日月之光。將士銜冤。神人共憤。妄自尊大者三十餘載。怙其簒奪者七八其人。皆犬豕之所不爲。于春秋之所共貶。蓋總辮縵纓之衆。無閱書隆禮之風。惟務

貪殘。恣行暴虐。呑侵諸國。建號大金。屈鄰壤以稱藩。率華民而貢賦。驅役生靈而恬不知恤。殺伐臣庶而自謂無傷。雖夷狄之有君。不如諸夏之亡也。待文王而既作。咸興曰盍歸乎來。當中興恢復之期。乃上帝悔禍之日。九重巡幸。昔聞太王之居邠。大駕親征。今見宣王之卻狄。詔頒天下。撫慰民心。未聞用夏而變夷。第見興王而黜霸。其敢與敵。將爲不戰而屈人。莫我敢當。可謂因時而後動。其或恣睢猖獗。抗衡王師。願洗滌于妖氛。庶蕩除于巢穴。勿令穢孽重更蕃滋。雖螻蟻之何殊。亦寇讎之可殺。廟堂禦侮。看首係于單于。帷幄談兵。復薄伐于玁狁。如孤者雖處要荒。久蒙德津。在李唐則曾賜姓。至我宋乃又稱臣。頃因巨猾之憑陵。遂阻輸將而納款」。

又後文「顧惟雄衆來逼吾疆……期君如管仲。則國人無陷溺之憂」句（三五二－三六一上）。鈔本「雄衆來逼」作「雄賊來寇」。「陷溺」作「左衽」。

卷二百三十四

九日戊申樞密院契丹通好榜

四庫本此榜文中凡「金人」（三五二－三六二上）。鈔本皆作「女眞」。其中「今天亡此衆。使自送死」句。鈔本「衆」作「虜」。又「或擒殺帥首自效者」句。鈔本「帥」作「酋」。

又其後金人攻廬州章。四庫本「金人攻廬州。在城官吏望風爭遁」句（三五二－三六二下）。鈔本「金人

攻」作「虜人犯」。
十日己酉。他州駐劄李顯忠奏正陽捷報章
四庫本「敵騎」（三五二—三六二下）鈔本皆作「番賊」。「敵衆」作「賊衆」。又「其帥再遣生兵萬餘布列陣勢……與敵鏖戰」句。鈔本「帥」「敵」皆作「賊」。
十二日辛亥中使至劉錡軍中傳撫諭章
四庫本「錡與之同臨淮岸觀淮北之敵騎」句（三五二

—三六四上）。鈔本「敵」作「虜」。又其後「先以百餘騎直趨清流關……再趨清流關」句（同上）。鈔本「趨」並作「犯」。
十三日壬子章
四庫本「敵衆退走。入城尋分布官」句（三五二—三六四下）。鈔本「敵」作「賊」。又「捉到金兵活人」句（同上）。鈔本「金」作「戎」。又後文「明威將軍旺信王主簿」句（同上）。鈔本作「明威將軍乞求鬬將官奉信校尉寶登金人大郎君二郎君防判官李旺信王主簿」。又其後「金兵活人」。鈔本「金」作「戎」。又「金人無故敗盟。四路出師」句（三五二—三六五上）。鈔本「人」作「虜」。
又其後四庫本「湖北京西制置使成閔申據知」句上（三五二—三六五上）。鈔本多「荆襄成閔淮西王權俱奏勝捷」句。又後文「有金人金裝軍馬約五千餘騎直入軍衙」句（同上）。鈔本「人」作「賊」。又「金

帥重兵連日攻打」句（三五二—三六五下）。鈔本「金帥」作「虜酋」。又「披城擺陣。與敵相柜……軍劫金寨。即時發行。良久。先劫中金軍大寨」句（同上）。鈔本「敵」成「賊」。「軍劫金寨」作「夜劫賊寨」。「金軍」作「番賊」。又其後「其第二寨不知其數」句。鈔本作「其第二寨知覺。亦向前來與官軍互相廝射。血戰至四更。殺死番賊不知其數」。
又其後劉錡退軍備江條。四庫本「忽承金字牌。報淮

西敵勢甚盛」句（三五二—三六五下）。鈔本「敵」作「虜」。

十五日甲寅劉錡發兵渡淮與金人戰章

四庫本「死者在樊城。而金人亦退」句（三五二—三六六下）。鈔本作「死者無數。是時拱在樊城。而金人亦退」。

又後文「金帥劉萼部領番漢兵號一十五萬來攻」句（三五二—三六六下）。鈔本「金」作「虜」。又此句

以下凡「敵」字皆作「虜」。其中「統制張訓通騎兵遇敵」句（三五二—三六七上）。鈔本作「統制張訓通領百騎巡綽。虜騎忽至自鄧州路來。至長店與張訓通騎兵遇虜」。

卷二百三十五

十七日丙辰金人入廬州章

四庫本合肥野叟楊廬州忠節錄曰「冬十月。金主親擁衆兵圍廬州」句（三五二—三六八上）。鈔本「金」作「虜」。「兵圍」作「酋犯」。又此句以下（三五二—三六八上至三六九下）。凡「金兵」皆作「番兵」。「金主」皆作「虜主」。「敵」作「賊」。而其後「金兵二十六人從舊路復出」句（三五二—三六九下）。鈔本「金兵」作「番賊」。又其後四庫本「其兵自城門內每五十步擺布正軍……其兵不相救援。共殺一十七鋪。在城屯住之兵驚亂」句（三五二—三七○上）。鈔本上下二「兵」字並作「賊」。「屯住之

兵」作「屯住番賊」。又後文「自後不散入廬州與敵買賣……詢問廬州彼軍事體。貧子乃言金人正軍內有一千餘人病患」句（同上）。鈔本「敵」作「賊」。「彼軍」「金人」並作「番家」。又此句以下（三五二—三七○上至三七一上）。四庫本之「金」字鈔本皆作「番」「兵」作「賊」。「敵」亦作「賊」。「金國」「金人」作「女眞」。其中「其餘敵兵皆潰」句（三五二—三七○下）。鈔本「敵」作「番」。

又其後四庫本野叟續錄「隆興二年。敵衆不滿三萬。再逼長淮」句（三五二—三七一上）。鈔本「敵」作「虜」。「逼」作「犯」。

又四庫本邵宏淵六合捷報條。文中凡「金人」皆作「金賊」。「敵」作「賊」。（三五二—三七一下）。

又「知興化府姚仲鳳翔府盩厔縣報捷」。四庫本「去陝西招集忠義人偷劫敵寨。收捉金國活人」句（三五二—三七一下）。鈔本「敵」「國」皆作「賊」。又

「一更以來將金兵堡寨攻打」句（同上）。鈔本「金」作「賊」。又「有王博事金國宣威將軍。彼姓圖克坦」句（三五二—三七二上）。鈔本「金國」作「女眞」。「彼」作「番」。

又其後「見金人十數騎而已……既而敵騎果回。衆皆出。敵不及逞」句（三五二—三七二下）。鈔本「金」「敵」皆作「虜」。

又其後「姚興贈官誥詞」。四庫本「憤強敵之相淩敎我軍而搏戰」句（三五二—三七三上）。鈔本作「憤蛇豕之陸梁鼓貔貅而搏戰」。又後文「故金人至淮得以維橋從容而進」句（三五二—三七三下）。鈔本「金人至淮」作「虜人犯淮」。又「麾衆使退敵騎」句。鈔本「敵」作「虜」。又「猶殺敵數百人。擒渠率而回。會敵假立權幟以誤興……不復更與敵接」句。鈔本「敵」皆作「賊」。

卷二百三十六

十九日戊午詔章

四庫本太學生直學宋芑上葉樞密書「今日金人移都中原。意在背盟」句（三五二—三七四下）。鈔本「金」作「虜」。「背」作「叛」。又此句以下（三五二—三七四下至三七六上）凡「金人」鈔本皆作「虜人」。「敵」亦作「虜」。其中「不知乘勢滅敵以圖恢復之計」句（三五二—三七五上）。鈔本「敵」作「賊」。又「夫金人豈輕遠故地而安居中土者哉」句（同

上）。鈔本「故地」作「巢穴」。又「金人板蕩中原」句（三五二—三七六上）。鈔本「金人」作「金虜」。又「卑辭厚賂以饜金人之欲者」句（同上）。鈔本「金人」作「犬羊」。又「使東南之民聞之。莫不感激流涕」句（三五二—三七六下）。鈔本作「使東南之民聞之莫不怒髮衝冠。西北之民聞之莫不感激流涕」。

邵宏淵及金人戰于西府橋章

四庫本「以免宏淵毀閘板退。既陷眞州。不入城」句（三五二—三七七上）。鈔本作「以免宏淵毀閘板退于楊子橋。金人不追。既陷眞州。不入城」。

又其後四庫本遺史曰「邵太尉在西府橋。當住金人矣……若非邵太尉在眞州力戰金人」句（三五二—三七七上）。鈔本「金人」皆作「番人」。

二十三日壬戌。劉錡退軍瓜州章

四庫本「敵兵陷和州……器械輜重盡委于敵。敵乘勢奔突」句（三五二—三七八上）。鈔本三「敵」字分別作「虜」「賊」「虜」。

二十六日乙丑。員椅大敗金人于皀角林章

四庫本「金人又添生兵勢力……幷力破敵……殺敗金軍。橫屍二十里」句（三五二—三七九下）。鈔本「金人」作「金賊」。「敵」作「賊」。「金軍」亦作「金賊」。

二十七丙寅章

四庫本「敵不意于宿草乘風縱火」句（三五二—三八○下）。鈔本「敵」作「虜」。又以下凡「敵」字鈔本皆作「虜」。其中「斬其大帥萬戶。楊總管得其名馬」句（三五二—三八○下）。鈔本「帥」作「酋」。

卷二百三十七

二十七日丙寅。詔戒飾將士章

四庫本「狂鄰不道。薦肆凶殘」句（三五二—三八一下）。鈔本「鄰」作「虜」。又其後「不愆六步七步。尚其如虎如貔」句（同上）。鈔本作「獸雖困而猶鬥。蠆有毒而可」。又「金人亡在旦夕。當以殄滅爲期」句（同上）。鈔本「金人」作「孽胡」。

又其後「李寶敗金人于陳家島」一段。四庫本「先以所乘舟直犯敵船以亂大頭」句（三五二－三八二下）。鈔本作「先以所乘舟直犯虜船以火箭亂射」。又此段文字中（三五二－三八二下至三八三下）凡「金人」鈔本皆作「女眞」。「金軍」「金兵」皆作「金賊」。「敵」作「賊」。其中「敵船皆油絹爲颿。故火騰愈熾。金人被焚。相與投海。而死者不啻數萬人」句（三五二－三八二下）。鈔本「敵」作「虜」。「金人」不改。

二十九日戊辰章

四庫本「太學程宏圖上書」（三五二－三八四下至三八八下）。文中凡「金」字鈔本多作「虜」。其中「

宣言傳金長之命」句（三五二－三八四下）。鈔本「金長」作「酋長」。又「夫金人謀我固非一日」句（同上）。鈔本「金人」作「醜虜」。又「且聞所遣二使皆彼國之肺腑」句（三五二－三八五上）。鈔本「彼國」作「酋長」。又後文「前日殿上之對。軍士恨其不關其口而奪之氣」句（同上）。鈔本作「前日殿上之對。軍民士夫恨不揭其皮而食其肉」。又後文「其餘一泄。則金使今日回彼界。金兵明日入我境必矣」句（同上）。鈔本「餘」作「謀」。「金使」作「虜使」。「金兵」作「虜酋」。又其後文「宇文虛中有克敵之謀」句（三五二－三八五下）。鈔本「克敵」作「反虜」。又後文「告之金主。遂致宇文族誅」句（三五二－三八六上）。鈔本「金主」作「醜虜」。又「是其氣固足以吞讎仇矣」句（同上）。鈔本「讎仇」作「醜虜」。又「江非所恃。環海不可以不早計者」句（三五二－三八六下）。鈔本作「長江非所恃。環海而東。又有不可以不早計者」。又其後「何以為善後之策」句下注缺（三五二—三八七上）。鈔本作「其使言無可取。默之可也。如或可用若何。拂天下之心而不用之哉」。又後文「又恐金人未能釋憾」句（三五二—三八八上）。鈔本作「又恐虜人肆其凶」。

卷二百三十八

四庫本「金人攻無為軍」（三五二—三八九下）。鈔

本「攻」作「寇」。又此句以下（至三九〇下）凡「帥」字鈔本皆作「酋」。

二日庚午章

四庫本「金人遊騎侵及瓜州。是夕金人攻瓜州」句（三五二—三九〇上）。鈔本「及」「攻」並作「犯」。

三日辛未章

四庫本「金人侵及采石為渡江之計」句（三五二—三九一上）。鈔本「及」作「犯」。

四日壬申章

四庫本「金人侵及瓜州與官軍接戰……以金亮克日渡采石」句（三五二—三九一下）。鈔本「及」作「犯」。「金」作「逆」。

七日乙亥章

四庫本「但與金兵戰幷守禦立功之人」句（三五二—三九三下）。鈔本「兵」作「虜」。又「蓋權未嘗與敵交鋒。惟是走耳。是日敵兵進迫大江」句（同上）

。鈔本「敵」並作「賊」。又「遙見北岸敵軍列寨。連亙不絕」句（同上）。鈔本「敵」作「賊」。又「非敵之善戰。蓋緣只是走耳」句（同上）。鈔本「敵」作「虜」。又以下文中凡「金」「敵」（三五二—三九四上）。鈔本皆作「虜」。「金亮」作「逆亮」。「金兵築壇于采石兩岸」句（三五二—三九四上）。「金兵」鈔本作「虜酋」。

八日丙子章

四庫本「八日午後到采石見江北金兵甚衆」句（三五二－三九六下）。鈔本「金」作「虜」。又此句以下凡「金」「敵」鈔本皆作「虜」。「金主」作「虜酋」。其中「蓋有一人服金甲以大床坐其下」句（三五二－三九六下）。鈔本「大」作「胡」。

卷二百三十九

牲之嘗試以允文二箚論之章

四庫本「列馬步軍爲陣。分戈船爲五。不亦遽乎」句（三五二－三九八下）。鈔本作「列馬步軍爲陣。分戈船爲五。若金人已擊鼓。乃欲進兵也。允文方列馬步軍爲陣。分戈船爲五不亦遽乎」。又後文「豈容擺布僅畢。金人方發喊」句（同上）。鈔本「金」作「虜」。

晁公忞金人敗盟記

四庫本「初八日金亮在壇上建黃綉眞珠旗四面」句（三五二－四〇〇上）。鈔本「金亮」作「虜酋」。又「是時西岸金兵鐵騎周迴三十餘里」句（同上）。鈔本「金」作「虜」。又此句以下（三五二－四〇〇上下）。四庫本「敵」字鈔本皆作「虜」。「金兵大敗且走。金亮將發戰船渡江」句（三五二－四〇〇上）。鈔本「金兵」作「金賊」。「金亮」作「逆亮」。又「由是金人喪氣。兵威大沮」句（三五二－四〇〇下）。鈔本「金人」作「金賊」。

金國主亮退和州以其衆趍淮東章

四庫本遺史曰「臣於今月八日大被敵兵……分兵大敵。其敵衆行列比昨日稍稀」句（三五二－四〇一上）。鈔本「敵兵」作「虜兵」。「大敵」作「待敵」。「敵衆」作「賊衆」。又「至辰以來。敵凡再鼓……良久敵兵益稀。臣恐金師欲遁……敵應弦而倒者以萬數。敵見船無歸路」句（同上）。鈔本「敵」皆作「虜」。「金帥」作「虜酋」。又後文「獲金人奴婢二人。賫往已錄白同金亮書……在瓜州戰陷敵中」句（三五二－四〇一下）。鈔本「金人」作「女眞」。「敵中」作「虜中」。

四庫本晁公忞敗盟記「敵懲采石之敗」句（三五二－四〇二上）。鈔本「敵」作「賊」。又「敵未可卒至鎭江邊岸」句（同上）。鈔本「敵」作「虜」。「至」作「犯」。又此句以下（三五二－四〇二下）。鈔本「敵」字皆作「虜」。「諸軍」作「諸酋」。其中

「敵已瞰江。宜經畫守禦之備」句。鈔本「敵」作「賊」。

又其後四庫本「十一月九日午時到采石採見金兵于西采石一帶……直取西岸焚燒敵船。登岸進兵掩殺。至晚敵兵退走」句（三五二－四〇三上）。鈔本「兵」「敵」皆作「賊」。

十六日甲申章

四庫本「十二月初二日敵侵茨湖……奪敵船十隻……劉鄂聞金亮被殺」句（三五二－四〇三下）。鈔本「敵」皆作「虜」。「金亮」作「虜酋」。又其後「都護鄭雄者來城入問鄧州守何在」句（同上）。鈔本作「都護鄭雄者來報。初八日招討遣王宣部領一千七百餘騎。初九日抵鄧州城。入問鄧州守何在」。

又後文四庫本「二月敵還師西京」句（三五二－四〇三下至四〇四上）。鈔本「敵」作「虜」。又此句以下（三五二－四〇四上至四〇五上）。四庫本「金」「敵」字鈔本皆作「虜」。

卷二百四十

十八日丙戌章

四庫本「近敵敗盟。朝廷命權進屯淮上」句（三五二－四〇六下）。鈔本「敵」作「虜」。又後文「故金人至淮得以繫橋從容而進。如入無人之境」句（三五二－四〇七上）。鈔本「金人至淮」作「虜人犯淮」。又此句以下至「城內所有錢糧器甲騾馬盡委于敵」

句（同上）。鈔本凡「敵」字皆作「賊」。又後文「權不知出此爲敵所覺」句（三五二－四〇七下）。鈔本「敵」作「虜」。又「金人雖強不足平也」句（三五二－四〇八上）。鈔本「金人」作「胡虜」。

又其後四庫本「乃於敵國侵疆之秋斂兵退避。其罪大矣」句（三五二－四〇八上）。鈔本「敵國」作「虜寇」。又「而乃專於謀身退縮。避敵以自全」句（同上）。鈔本「自全」作「張賊」。又「敵騎欲南來時

。朝廷固屢催權往沿淮一帶踏逐險隘以爲守禦之備」句（同上）。鈔本「敵」作「虜」。

又其後。四庫本「金人深入。身爲大將。兵非寡弱」句（三五二－四〇九下）。鈔本「金人」作「彊寇」。

二十五日癸巳章

四庫本「金人攻泰興縣。金國主亮傾國來攻」句（三五二－四一〇下）。鈔本「攻」並作「犯」。又後文「二十六日未時以來。有敵人馬軍二十餘隊前來大興縣諸門外攻城放火」句（三五二－四一一上）。鈔本「敵人」作「番」。又「擁殺金兵入河……除殺死入河外。活捉到金人渤海」句（同上）。鈔本「金兵」作「番賊」。「金人」作「女眞」。

卷二百四十一

二十八日丙申章

四庫本「是時江南但不見金人飲馬于江濱……敵騎已

有回者」句（三五二－四一二下至四一三上）。鈔本「金」「敵」並作「虜」。

又其後晁公忞敗盟記。四庫本「二十七日金之諸帥集衆兵帳中與謀」句（三五二－四一三上）。鈔本「金之諸帥」作「金虜諸酋」。又此句以下凡「帥」字皆作「酋」。「金亮」作「逆亮」。「金人」「金主」並作「虜人」「虜主」。

其後虞尙書采石斃亮記。四庫本「遣諸將帥分道入兵

」句（三五二―四一四下）。鈔本「帥」作「酋」。「兵」作「寇」。又後文「十月乙卯金兵自安豐過淮西」句（三五二―四一四下）。鈔本「金」作「虜」。又「己未。金兵攻滁州……故金人至淮得以繫橋從容而進」句（三五二―四一五上）。鈔本「金」並作「虜」。「攻」「至」並作「犯」。又「麾衆使退敵騎至尉子橋」句（同上）。鈔本「敵」作「虜」。又「殺敵數百人。擒渠卒而回。金敵假立權幟以誤輿……自是不復更興敵接」句（同上）。鈔本「敵」皆作「賊」。又「辛酉。金兵陷和州……輜重盡委于金兵」句（同上）。鈔本前「金兵」作「虜兵」。後「金兵」作「賊虜」。又後文「毫積寸累。內藏支付九百萬矣」句（三五二―四一五下）。鈔本作「毫積寸累。內藏亦粗充盈。正爲今日備。適葉義問以錢帛爲請。朕已從內藏支付幾百萬矣」。又後文「今逆亮違天背盟。席捲淮東」句（同上）。鈔本「亮」作「虜」

。「背」作「叛」。又後文「蓋權未嘗與敵交戰。惟是走耳。采石尚二十里。北兵鼓聲動地……敵硬寨連亙數十里」句（三五二―四一六上）。鈔本「敵」並作「賊」。「北兵」作「北虜」。又此句以下至「昨與爾議。破敵爲期」句（三五二―四一六下）。鈔本凡「敵」字皆作「虜」。又「金兵大敗。戈船前斷逼岸。餘衆悉拜降」句（同上）。鈔本作「虜兵大敗。戈船前斷賊路。岸上餘衆悉拜降」。又此句以下至「遣硬探騎過。知金兵已走揚州」句（三五二―四一七上）。鈔本凡「敵」「金」皆作「虜」。「遣硬探騎過」句下鈔本多一「江」字。又「敵懲采石之敗。空壘往合瓜洲兵」句（同上）。鈔本「敵懲」作「賊警」。

又其後四庫本「金兵皆憑壘縱觀駭愕」句（三五二―四一七下）。鈔本「金兵」作「虜酋」。又「立問諸軍以北渡之策。且采石渡方此狹甚。而我軍猶不利」

句(三五二—四二一上)。鈔本作「立問諸酋以北渡之策。有酋跪前曰。南軍有備。未易圖也。向觀所用舟楫迅駛如飛。寧能當之。且采石渡方此狹甚。而我軍猶不利」。又後文自「諸軍退。聚謀曰。南軍如此。豈宜輕舉」句(三五二—四一七下至四一八上)以下。凡「軍」皆作「酋」。「金」「敵」皆作「虜」。「北朝」作「北虜」。其中「今亮以滔天之逆。陰謀數十年。驅其衆。空國來寇」句(三五二—四一八下)。鈔本「驅其衆」作「長驅犬羊」。

卷二百四十二

國史院編修官員興宗采石戰勝錄

本中文。四庫本凡「敵」「金」皆作「虜」。「帥」皆作「酋」。「金帥」作「虜酋」。其中「蓋有一人服金甲拔大床上。坐其上。衆云此金主也」句(三五二—四二二下)。鈔本作「蓋有一人服金甲據胡床坐在上。衆云此胡酋也」。又「當時只合將船守楊林口。不合放敵令出」句(三五二—四二三上)。鈔本「敵」作「賊」。又「敵已瞰江。經晝守禦之備不可緩」句(三五二—四二三上)。鈔本「敵」作「賊」。又後文「萬一臨時或有不堪駕用。誤事率臨按試」句(同上)。鈔本「誤事率臨」作「誤事奈何。相率臨江按試」。又「李顯忠商量今移」句(同上)。鈔本作「李顯忠所遣船亦至。先是虞侯與李顯忠商量令移」。

又其後。四庫本「朕每遐稽前史。博考廢興。見開創之君雄才大略。兼弱攻昧。混一區宇。躬膺大寶。慨焉慕之。覺漢高輩去人不遠」句(三五二—四二四上)。鈔本作「朕每讀魯論。至于夷狄雖有君不如諸夏之亡也。朕且惡之。豈非渠以南北之區分同類之比周而貴彼賤我也」。

卷二百四十三

煬王江上錄

四庫本「梁漢臣本宋內侍。陷敵每思報仇」句（三五二－四二九下）。鈔本「敵」作「虜」。又後文「梁漢臣私曰金君無道」句（三五二－四三〇下）。鈔本「金」作「賊」。

又後文「以兵數千伏路。敵不能前」句（三五二－四三二上）。鈔本「兵」「敵」皆作「虜」。又「金主欲登舟。持嘉明威將軍奏曰。陛下北船底小」句（同上）。鈔本「金」作「虜」。「北」作「番」。又「

諸船復回。敵衆大駭」句（同上）。鈔本「敵」作「虜」。

卷二百四十四

張棣金國圖

四庫本「金國圖」（三五二－四三五上）。鈔本作「金虜圖」。又「金人有國之初」句（同上）。鈔本「人」作「虜」。

又其後宗廟條。四庫本「金人宗廟之制其初甚簡略」句（三五二－四三六上）。鈔本作「金虜本無宗廟祭祀。亦不修」。又後文「敵方開悟。遂築室于內之東南隅」句（同上）。鈔本「敵」作「虜」。

禘祫條。四庫本「金人」（三五二－四三六上）鈔本作「虜人」。

山陵條。四庫本「金人都上京。發祥有自」句（三五二－四三六下）。鈔本作「虜人都上京。本無山陵」。

儀衛條之「金人」（三五二－四三七上）鈔本作「金虜」。

旗幟條之「金人」（三五二－四三七下）鈔本作「虜人」。

冠服條之「金」字（三五二－四三七下）鈔本皆作「虜」。

官品條之「金」字（三五二－四三八上）鈔本皆作「虜」。

又其後取士條。四庫本「金人初處邊隅。未嘗振興文教」句（三五二－四三八上）。鈔本作「金虜雖狄夷中至賤者。初無文物」。

屯田條。四庫本「金人意欲遵而行之」句（三五二－四三八下）。鈔本作「虜人非能遵而行之」。

用師條。四庫本「金人用兵專尚騎。間有步者。及簽差漢兒。悉非正兵」句（三五二－四三九上）。鈔本「金」作「虜」。句下尚有「虜人取勝全不責于簽軍」。又後文「金人有言曰。不能攻打一百餘個回合」句（三五二－四三九下）。鈔本「金人」作「虜流」。

田獵條。四庫本「金人無他技。所喜者莫過田獵」句（三五二－四三九下）。鈔本「金」作「虜」。又「金主必取之」句（同上）。鈔本作「虜主必射之」。

刑法條之「金人」（三五二－四三九下）。鈔本作「金虜」。

卷二百四十五

范成大攬轡錄

四庫本「樓下分三門。北望其闕」句（三五二－四四三下）。鈔本作「樓下分三門。中爲御路常闔。皆畫龍。兩旁通行皆畫鳳。入門北望其闕」。又後文「敵既蹂躪中原。國之計度踵事增華。往往不遺餘力」句（三五二－四四四下）。鈔本「敵」作「虜」。「踵事增華」作「強效華風」。又其下之「金主」鈔本作「虜主」。又後文「金本無年號」句（三五二－四四七上）。鈔本「金」作「虜」。其下之「金」字亦皆作「虜」。

卷二百四十六

十二月一日己亥朔章

四庫本「萬一金人增兵。雖欲復取蔡州必難」句（三五二－四五二上）。鈔本「金」作「虜」。又「蔡州形勢之地敵所必爭」句（同上）。鈔本「敵」作「虜」。

又其後「十二月一日到鄧州新野鎮。地名龍鼻劫。金兵寨栅。殺死金兵。棄頭不砍。其帥拔寨退走入鄧州。至十二月六日。敵衆棄城逃遁」句（三五二－四五二下）。鈔本「金兵」「敵衆」皆作「番賊」。「帥」作「賊」。

三月辛丑章

四庫本「金亮既滅。餘皆南北之民驅迫而來」句（三

五二－四五三下）。鈔本「金亮」作「大酋」。又後文「而敵尚有在淮東西者。今當督淮上之兵斷敵之歸路」句（三五二－四五四上）。鈔本「敵」並作「虜」。

又其後四庫本「金主曰亮……皇天降罰。爲無道戒」句（三五二－四五四上）。鈔本「金主」作「金虜」。「無道」作「戎狄」。

邊臣賀表

四庫本「金人背盟。方恣行于兵革……竊以朔方之患古今所同……至獨夫之遭戮。實曠古之罕聞」句（三五二－四五四下）。鈔本「金人背盟」作「醜虜叛盟」。「兵革」作「狂悖」。「朔方」作「夷狄」。「獨夫」作「戎酋」。又後文「行淨洗于邊塵」句（同上）。鈔本「邊」作「胡」。

賜新復諸州赦文

四庫本「茲金亮之干誅。幸上天之悔禍」句（三一二

－四五五上）。鈔本「金亮」作「逆虜」。又「重念中原之區。久淪朔方之俗。墜衣冠于塗炭。變禮義於淪滑」句（同上）。鈔本「區」作「民」。「朔方」作「左衽」。「淪滑」作「腥羶」。

林栗上宰相劄子

四庫本「某昨日獲見敵中關牒。退而深念金人於我有不戴天。不反兵之仇……憑陵顛蹶。亙古未聞」句（三五二－四五五下）。鈔本「敵」「金」並作「虜」

。「憑陵」作「猖狂」。又後文「何謂諸將玩兵之罪句」(同上)。鈔本「玩兵」作「翫寇」。又「縱兵掩擊。殄其渠魁」句(同上)。鈔本「渠魁」作「醜類」。其後「玩兵」(三五二—四五六上)亦作「翫寇」。又「若去國未遠。旦夕可歸」句(同上)。鈔本「旦夕」作「巢穴」。又「特其帥長尚有未眞之人」句(同上)。鈔本「帥」作「酋」。「未眞」作「女眞」。又後文「今日待敵人計當出此……仍賜敵人

軍前詔」句(三五二—四五六下)。鈔本「敵人」並作「女眞」。又「完顏亮稱兵背約。自取滅亡」句(同上)。鈔本「背約」作「犯順」。又「如係金國契丹渤海諸國人」句(三五二—四五七上)。鈔本「金國」作「女眞」。

五日癸卯詔戒飭群臣

四庫本「外則式遏於邊疆」句(三五二—四五七上下)。鈔本「邊疆」作「寇攘」。

卷二百四十七

七日乙巳李顯忠知和州章

四庫本「金人尙據鷄籠山……與敵相持」句(三五二—四五九下)。鈔本「人」「敵」並作「賊」。

十日戊申章

四庫本「又有活執到金人等盡斬之」句(三五二—四六一上)。鈔本「金人」作「女眞」。

十二日庚戌章

四庫本「金兵數萬人隔河與官軍相拒。閔遂將奪下軍

敵燒不盡」句(三五二—四六一上)。鈔本「金兵」「軍敵」均作「金賊」。又本章此句以下凡「敵」字鈔本皆作「賊」。

十五日丙辰章

四庫本「是日邊報奏淮東舍人已遁去」句(三五二—四六一下)。鈔本「金人」作「虜人」。又「雖金人一概與補官」句(三五二—四六一下)。鈔本「金人

」作「女眞」。又「彼雖敵國亦人也」句（同上）。鈔本「敵國」作「夷狄」。

行宮宿衛使揚存中檄文

四庫本「完顏亮天性不仁。怙恃兇強……彼邊陲之衆。蹂我淮甸之邦」句（三五二－四六二上）。鈔本「天性不仁」作「殘種女眞」。「邊陲」作「犬羊」。

十六日丁巳李顯忠收復和州章

本章中四庫本凡「金兵」「金人」鈔本皆作「金賊」。「敵」亦均作「賊」。其中「與金兵對壘」句（三五二－四六二下）。鈔本「金兵」作「寨賊」。

賜楊泰眞章

四庫本「收五利以和親。靡憚卑辭而屈己。將使流離之衆永離塗炭之烖……致逆亮輒諭于盟誓。怙其戎馬之足。驅厥不逞之群」句（三五二－四六三上）。鈔本「和親」作「和戎」。「流離」作「華夷」。「逆亮」作「逆虜」。「不逞」作「犬羊」。又後文「幸

已靖于邊塵。喜再成于樂土」句（同上）。鈔本「邊塵」作「妖氛」。

卷二百四十八

二十二日癸亥章

四庫本除「見金人在川上擺作三大寨」之「金人」（三五二－四六五上）作「金虜」外。其餘「金人」均作「金虜」。「軍」亦皆作「虜」。

二十三日甲子章

四庫本「昨采石親與金主見陣保護大江」句（三五二－四六五上）。鈔本「金主」作「虜主」。

行宮留守司牓李顯忠邵宏淵等報捷章

四庫本「追襲金人。離和州三十里。地名横山澗。其軍連發烟號」句（三五二－四六五下）。鈔本「金人」作「金賊」。「軍」亦作「賊」。又此句以下「金兵」「敵兵」「敵衆」皆作「番賊」。「敵」「金」「軍」皆作「賊」。其中「金自完顏亮被殺之後」句

（三五二－四六六上）。鈔本「金自」作「虜酋」。又「淮西諸郡委無敵騎」句（三五二－四六六下）。鈔本「敵騎」作「賊馬」。

張燾行狀

四庫本「較金之強非吾所敵……將唯敵命是聽」句（四五二－四六六下）。鈔本「金」「敵」並作「虜」。又後文「以中國之大柄授之強鄰。將有載胥及溺之憂」句（三五二－四六七上）。鈔本「強鄰」作「戎虜」。「載胥及溺」作「披髮左衽」。又後文「敵亦不復以此深責於我」句（同上）。又「詢民間利病及敵情虛實」句（三五二－四六七下）。又「惟恐少許敵情。事意不行」句（同上）。又「金使素聞公名畏懼之」句（同上）。以上凡「敵」「金」鈔本皆作「虜」。又「明年金人果敗盟南下」句（同上）。鈔本「南下」作「犯順」。又「時金人傾國以來」句（同上）。鈔本「金人」作「虜酋」。

又後文四庫本「敵于和州作戰艦」句（三一二－四六八上）。又「明日躍馬至江上。而敵騎充斥」句（同上）。鈔本「敵」皆作「虜」。又「金亮方築臺刑白馬祭天」句（三五二－四六八下）。鈔本「金亮」作「虜酋」。又此句以下凡「金亮」鈔本均作「虜酋」。「敵」均作「賊」。「金人」作「虜賊」。

卷二百四十九

四庫本「與金人血戰死。殺死金兵甚多。其帥敗走」句（三五二－四七〇下）。鈔本「金人」作「金賊」。「金兵」作「賊兵」。「帥」作「賊」。又「見金人軍馬二百餘騎……本軍殺退敵騎前去」句（同上）。鈔本「金人」作「金賊」。「敵騎」作「番賊」。

十五日壬午章

四庫本「金人之帥首亦勵其衆」句（三五二－四七一下）。鈔本「帥」作「酋」。又其後「金人敗出城去」句（同上）。鈔本作「金人壁立城上。官軍甚危。

皆奮勇鏖戰。從午至申。金人敗出城去」。此句以下
。四庫本「敵」字鈔本均作「虜」。
又其後自「光州牒蘄州」至「委是大獲勝捷」句一段
（三五二－四七二上）。鈔本「金兵」作「番賊」。
「敵」字均作「賊」。
十八日乙酉章
四庫本「吳革李彪不敢行。請在海州伺等京等到來」
句（三五二－四七二下）。鈔本作「吳革李彪賫京官

告節鉞及統制以下告身至楚州。革彪不敢行。請在海
州伺等京等到來」。
二十八日乙丑趙樽棄蔡州章
四庫本「後破此敵兵即議進中原」句（四五二－四七
三下）。鈔本「後」作「候」。「敵」作「虜」。又
「今金兵不遠。設若我已離城而去」句（同上）。鈔
本「金」作「賊」。
卷二百五十
十六日癸未吳璘克大散關章
四庫本「自金人九月六日叩關」句（三五二－四七六
上）。又「既而金壁愈堅。相持已踰四月矣」句（同
上）。鈔本「金」並作「虜」。又「如是而軍不用命
。敵不破滅無有也」句（三五二－四七六下）。鈔本
「敵」作「虜」。
又後文。四庫本「有此重賞而敵不破滅無有也」句（
三五二－四七八上）。鈔本「敵」作「虜」。又「正

行水門御變山金寨」句（三五二－四七八下）。鈔本
「金」作「賊」。
三月八日甲辰寢罷扈從轉官章
四庫本「近傳到敵中賞格卿等曾見否」句（三五二－
四七九下）。鈔本「敵」作「虜」。

蜀鑑十卷

宋郭允蹈撰

以明嘉靖刊本校補

序

四庫本「凡一統之離合。地勢之險易。賢才之衆寡。攻守之得失」句（三五二—四八三上）。明刊本「衆寡」作「盛衰」。

卷二

四庫本「掩殺漢中太守蘇固。斷絕閣道。殺害漢使」句（三五二—四九二下）。明刊本「斷絕閣道」作「斷絕斜谷閣」。

又後文。四庫本「建安二十二年。昭烈率諸將進兵漢中。遣張飛。馬超。吳蘭等屯下辨。曹洪拒之」句（三五二—四九六上）。明刊本「曹洪拒之」作「曹操遣曹洪拒之」。

又後文。四庫本「孫權襲荆州」一段（三五二—四九

七下）。明刊本作「關羽失荆州」。文內凡「關公」。明刊本皆作「關羽」。

又後文。四庫本「論曰。關雲長以萬人之敵。臥護荆州昭烈。君臣以爲長城。而墮呂蒙之詭計」句（三五二—五〇〇上）。明刊本「而墮呂蒙之詭計」作「而輕躁寡謀墮呂蒙之詭計」。

卷四

四庫本「成都去葭萌何但九十里。勢降表言即日到白水者。晉史大抵舛誤。司馬公辨之。亦時有不精耳」句（三五二—五二一下）。明刊本作「成都去葭萌何但九十里。勢降表言即日到白水城。姑少避溫鋒耳。豈眞走至葭萌白水者。晉史大抵舛誤無法。司馬公辨之。亦時有不精耳」。

卷五

四庫本「永和四年。益州刺史同撫擊范賁」句（三五二—五二二下）。明刊本其前多「振威將軍蕭敬文殺

楊謙於涪城。遂取巴西。通於漢中」一則。

卷六

四庫本「益州城戍降魏者。梁州東西七百里。南北千里。流民自上名籍者五萬餘戶」句（三五二—五三九上）。明刊本作「益州城戍降魏者什二三。民自上名籍者五萬餘戶」。

卷八

四庫本卷末「列聖撫摩覆育。深仁厚澤。淪肌浹髓」

句下標註「下闕」（三五二—五六九下）。明刊本其文如下「中興以來。虎臣宿將極力扞禦。如手足之衛頭目。民之戴宋有死無二。三百年猶一日也。夫以藝祖之宵旰以圖蜀。其艱且勤也如此。蜀在今日爲上流之重也。如此保蜀。如保元氣。猶懼不支。況輕視而淺謀乎。念祖宗有蜀之勤。而顧今日保蜀之不易。則昔人之得失可不爲永鑒歟」。

卷十

四庫本「三入蜀境。而南詔之患與吐蕃。迴紇等」句（三五二—六〇〇下）。明刊本作「三入蜀境。而亂華之患與西戎。北狄等」。

元史紀事本末四卷

明陳邦瞻撰

以明萬曆間刊本校補

卷二

四庫本「將士皆潰。雅克特穆爾還。軍次榆河。帝出齊化門視師」句（三五三—八四九上）。明刊本作「將士皆潰。燕帖木兒軍次三河。丙子王禪游兵至大口。燕帖木兒還。軍次榆河。帝出齊化門視師」。

卷四

四庫本「趙普勝軍東門。友諒軍西門。饒兵軍南門。闕徒步」句（三五三—八七一下）。明刊本作「趙普勝軍東門。友諒軍西門。饒兵軍南門。四面議集。闕徒步」。

隆平集二〇卷

舊題宋曾　鞏撰

以清初彭氏刊李校補

卷六

四庫本「趙安仁」條下「致身顯貴。無改儉素。尤練達典故。近世衣冠人物制度悉能記之。」句（三七一—六八下）。清刊本「制度」作「制度沿革」。

卷十二

四庫本「北漢劉繼元」條下「執鐵如意。指揮軍事。自比諸葛亮。及敗。昭遠。竄匿東川民舍。猶誦羅隱運失。英雄不自由之句。」（三七一—一二一下）。清刊本作「執鐵如意。指揮軍事。自比諸葛亮。及趙崇韜敗昭遠。遂竄匿東川民舍。猶誦羅隱運失。英雄不自由之句。」

卷十五

四庫本「尹洙」條下「然下民不可家至而戶曉。獨見陛下行事感動爾。往歲聞邊將王珪以力戰獲名馬金帛之賞。」句（三七一—一四七上）。清刊本作「然下民不可家至而戶曉。獨見陛下行事。頃歲聞邊將王珪以力戰獲名馬金帛之賞。」

四庫本「孔宗旦」條下「孔宗旦。兗州人。爲邕州司戶參軍。儂智高潛聚衆溪洞。時州有白氣起庭中江水溢」句（三七一—一五三下）。清刊本作「孔宗旦。兗州人。初廣源州蠻儂智高潛聚溪峒。而邕州有白氣起郡庭。仍江水暴溢。」

卷十七

四庫本「趙廷進」條下「爲累石岸。其患遂絕……敵衆若此。而我師星布。其勢懸絕。不如合擊之。」句（三七一—一七二上）（按此段清刊本有闕文。四庫本已補全）。又四庫本「願獨當其責。遂改爲三陣三戰。敵衆大潰」句。清刊本「敵」作「虜」。

卷十八

四庫本「柳開」條下「諸將沮議。因謂其子浩曰。吾觀邊星有光……即丐小郡。得沂州。是秋寇犯塞」句（三七一—一七七上）。清刊本「邊星」作「虜星」。「寇犯塞」作「虜犯塞」。

四庫本「王繼忠」條下「戎人識之。轉鬥累曰。援兵不至。遂陷敵中。初謂已死。贈大同軍節度使。錄其子懷敏。懷德。懷政皆加等。景德初。敵俾繼忠奏章道意。請修和好。朝廷允其請」（三七一—一七七下

）。清刊本兩「敵」字並作「虜」。

四庫本「石保吉」條下「保吉與李繼隆爲排陣。使對壘以待。而敵騎數萬驟至城下。保吉不介馬當其前鋒。敵甚畏憚」句（三七一—一八○上）。清刊本兩「敵」字並作「虜」。

四庫本「石普」條下「明年契丹寇邊。普爲保州鈐轄北面行營管神策先鋒。殺敵騎於炎涼城」句（三七一—一八一下）。清刊本「敵」作「虜」。

四庫本「曹克明」條下「乃與其僕潛入敵中。獲光實屍。還葬京師」句（三七一—一八一下）。清刊本「敵」作「虜」。

四庫本「李繼室」條下「所至有戰功。常追北寇於新城。斬其賀恩相公。監兵高陽。率兵入敵境」句（三七一—一八三上）。清刊本「北寇」作「北虜」。「敵」作「虜」。

卷十九

四庫本「任福」條下「將行。謂其家人曰。可速去。無爲敵所仇也。及敵攻瓦亭。果購其家人。屬如珪之言」句（三七一—一八九上）。清刊本兩「敵」字並作「虜」。又四庫本「葛懷敏」條「通判司馬光行邊。至河西白草行數十里。無寇跡……又與光議。乘寇之去。出其不意……堡成三十里外。寇必不敢耕矣……言寇兵屯沙黍浪十五里不絕……見臥牛峰。舉火戡曰。敵知吾輩出矣。」句（三七一—一九〇上）。清刊本「寇」。「敵」字皆作「虜」。

四庫本「張元」條下「爭亟丞趨萬勝而先犯之。不知乃虎翼也。賊大潰。斬首二千餘級」句（三七一—一九二上）。清刊本「賊」作「虜」。又四庫本「元以庫金於成都市易。奪官降爲鈐轄夏人。與北敵戰河外」句（三七一—一九二下）。清刊本「北敵」作「北虜」。

卷二十

四庫本此卷目作「外國」（三七一—一九五下）。清刊本作「夷狄」。

四庫本「契丹耶律隆緒」條下「眞宗大駕再莅河朔。甫次衛南。而契丹謀將達蘭巳斃於我師之強弩」句（三七一—一九六上）。清刊本「契丹」作「虜」。

古史六十卷

宋蘇　轍撰

以元重刊宋衢州本校補

卷三十四

四庫本孟子傳「其後五代之君出於盜賊。乞養屠戮生露如恐不及」句（三七五—五〇五上）。元刊本「乞養」作「夷虜」。

卷三十六

四庫本吳起傳止於「公主之賤君也。則必辭」句（三七一—五一三上）。元刊本其下尚有「於是起見公主之賤。魏相果辭。武侯疑之。而弗信也。起懼得罪。遂去。即之楚。楚悼王素聞起賢。至則相楚。明法審令。捐不急之官。廢公族疏遠者。以撫養戰鬥之士。要在強兵。破馳說之言從横者。於是南平百越。比幷陳蔡。卻三晉。西伐秦。諸侯患楚之強。故楚之貴戚盡欲害起。及悼王死。宗室大臣作亂而攻起。起走之王尸而伏之。擊起之徒因射起幷中悼王。悼王既葬。太子立。乃使令尹盡誅射起而幷中王尸者。坐射起而夷宗死者七十餘家。

蘇子曰。太史公爲司馬穰且傳。言齊景公時。晉伐阿鄄。燕侵河上。齊師敗績。晏子薦穰且。景公拔以爲將使寵臣莊賈監軍。穰且因其後期戮之。三軍畏之。爲之用命。遂以成功歸爲大司馬。大夫高國害之。譖而殺之。其言甚美。世皆信之。予以春秋左氏考之。

景公七年。北燕伯款奔齊。十二年。公朝于晉。請伐燕而納款。十三年。伐燕取賂而還。十八年。使高偃以兵納款于陽。是歲。公朝于晉。投壺有言。明年晉侯盟諸侯于平丘。齊不欲盟。晉人怒。自是始貳于晉而未絕也。四十五年。公盟鄭伯于鹹。盟衛侯于沙。始叛晉。自是凡四伐晉。蓋未有燕晉伐齊者也。而戰國策。稱司馬穰且。執政者也。湣王殺之。故大臣不附意者。穰且。湣王之臣。嘗爲湣王。卻燕晉。而戰國雜說妄以爲景公時耶。事既不信。故刪去穰且而獨爲孫武吳起立傳。」又其下小註。四庫本「曹沫之盟。其相襲謬妄久矣」句（三七一—五一三上）。元刊本作「戰國雜說其妄者非一。今皆王之矣。然曹沫之劫齊桓。穰且之卻燕晉。遊談著書者時以藉口。史記李克稱吳起。司馬穰且不能過。魯仲連說燕將。稱曹沫之盟。其相襲謬妄久矣」。

卷六十

四庫本淳于髡傳「長不滿七尺。滑稽多辯。數使諸侯。不能屈辱」句（三七一—六五一上）。元刊本「不能」作「未嘗」。

四庫補正

通志二百卷

宋鄭　樵撰

以明萬曆間刊本校補

總目錄卷上

四庫本卷第一三皇紀「太昊。炎帝」（三七二—一四上）。明萬曆本作「太昊。炎帝。黃帝」。

四庫本卷第二十梁「武阮太后」（三七二—十七下）。明萬曆本作「武阮脩容」。

四庫本卷第二十一年譜「秦」。下並註「以上載稱世譜」。「春秋」下並註「以後始稱年譜」（三七二—十八下）。明萬曆本無「秦」及其註。「春秋」下小註作「自春秋以前但稱世譜。入春秋始稱年譜」。

四庫本卷第二十二「七國。秦末六國。漢興諸王。前漢。後漢」（三七二—十八下）。明萬曆本作「周。七國。秦。前漢。後漢」。

四庫本卷第四十五凶禮「大喪及山陵制」（三七二—

二二上）。明萬曆本其下多小註「并爲期以下親哭及不親事附」。

四庫本卷第五十二宰相第二「宰相總序」小註「官屬附」（三七二—二四上）。明萬曆本小註「官屬附」作「丞相長史。丞相司直」。

四庫本卷第五十三尚書省第五上「僕射」小註「左右丞。左右司郎中。員外郎附」（三七二—二四下）。明萬曆本「僕射」下無小註。並多「左右丞」。下有小註「左右司郎中。員外郎附」。

總目錄卷下

四庫本卷第一百四十二「朱异」（三七二—五四上）。明萬曆本「朱异」下有小註「父。巽之。叔父。謙之」。

四庫本卷第一百六十六「忠義傳」（三七二—六一上）。明萬曆本其後多「晉史始立忠義傳。後魏曰節義。隋曰誠節。今總曰忠義」。

四庫本卷第一百六十七「孝友傳」（三七二—六二上）。明萬曆本其後多「晉史始立孝友傳。宋齊周隋曰孝義。梁陳曰孝行。後魏曰孝感。今總曰孝友。東漢雖不摽命。然毛義一卷。而其事已具其中。故取之以冠此篇之首。又自宋以下離其義行者爲一宗。以附各代孝友後。庶有別云。」

四庫本卷第一百六十九循吏傳（三七二—六四上）。明萬曆本其後多「史記始作而有循吏傳。後世因之。不能易也。雖晉宋梁後魏曰良吏。南齊曰良政。其實皆循吏也」。

四庫本卷第一百七十五「文苑傳」（三七二—六六下）。明萬曆本其後多「范史始立文苑傳。而南齊梁陳隋皆曰文學。今總曰文苑」。

四庫本卷第一百七十七「隱逸傳」（三七二—六八上）。明萬曆本其後多「范史始立隱逸傳。謂之逸民。晉宋隋曰隱逸。齊曰高逸。梁曰處士。後魏曰逸士。

今總曰隱逸。仍嚴君平鄭子眞冠焉」。

四庫本卷第一百八十游俠傳「刺客」（三七二—六九下）。明萬曆本其後多「史記取曹沫。專諸。豫讓。聶政。荊軻五人爲編。今以曹沫在魯列傳。專諸在吳世家。特存三人焉」。

四庫本卷第一百八十一「藝術傳」（三七二—七○上）。明萬曆本其後多「自史記作司馬季主。扁鵲倉公等傳而後。漢因之。遂有方術傳。晉周隋謂之藝術。

後魏謂之術藝。北齊謂之方技。今起春秋列國訖隋。總謂之藝術云」。

四庫本卷第一百九十六西戎下「車師」（三七二—七五下）。明萬曆本「車師」作「車師前後王」。

卷一

四庫本「俗呼爲藏書室。有碑文。周時莫識。遂藏故府」句（三七二—八四上）。明萬曆本「藏故府」作「藏之書府」。

卷六上

四庫本「九月己丑。太尉李修罷。先零羌寇武都漢中。絕隴道。辛未大司農山陽司馬苞爲太尉」句（三七二—一二八七下）。明萬曆本「李修罷」作「李修寇」。並於「李修」下註「罷夷」。

卷十五上

四庫本「河右諸郡奉李暠爲秦涼二州牧。涼公」句（三七二—六五八上）。明萬曆本其下多「年號庚子」。

卷二十一

四庫本「郇」小註「文王之子」（三七三—一二三上）。明萬曆本其後多「武王」小註「發。文王子」。

又四庫本春秋年譜「魯宣公十六年」（三七三—一三五下）。明萬曆本作「十六年初稅畝」。

四庫本春秋年譜「吳光十三年」（三七三—一四三下）。明萬曆本作「十三年。陳懷公來留之。死於吳」。

四庫本春秋年譜「晉定公二十七年」（三七三—一四五上）。明萬曆本作「二十七年。使趙鞅伐齊」。

卷二十二

四庫本七國年譜「魏釐王咎十九年」（三七三—一六一上）。明萬曆本其後一格作「元年。魏安釐王封第公子田。總爲信陵君」。

卷二十三

四庫本三國年譜「太元十五年」（三七三—二一三下）。「秋七月有星孛于北斗。犯紫微。沔中諸郡及兗州大水」。明萬曆本作「秋七月有星孛于北河。八月京師地震。有星孛于北斗。犯紫微。沔中諸郡及兗州大水」。

卷二十四

四庫本南北朝年譜「宋宣帝太定六年」（三七三—二四三上）。明萬曆本多「春正月。中宗殂。世宗□。中宗太子也襲位□。其年□」。

卷二十九

四庫本「繒氏。恆氏」（三七三—三四五上）。明萬曆本其後多「傰氏」及小註「音朋。友音多。或作蓚。漢南山盜長傰宗」。

卷三十

四庫本「故孝文。姓氏改易。別以音義。皆改爲單字之姓」句（三七三—三六〇下）。明萬曆本「姓氏改

易。別以音義」作「用夏變夷。革以華俗」。

卷三十八

四庫本天文略第一「西方七宿。南方七宿」（三七三—四四九下）。明萬曆本其後多「太微宮。紫微宮。天市垣。天漢起沒。十二次度數。州郡躔次。七曜」。

卷六十七

四庫本「遍攝大乘論義鈔十三卷」（三七四—三九九

上）。明萬曆本其後多「又元章三卷」。「攝論述五卷」小註「釋辯相撰」。「攝論義述八卷」小註「釋法常撰」。

卷六十八

四庫本「三式角用法立成十二卷」小註「王欸撰」（三七四—四〇八下）。明萬曆本「王欸」作「石戣」。

卷七十五

四庫本「學者操窮理盡性之說。以虛無爲宗。實學置而不問。仲尼時已有此患曰。小子何莫學夫詩。興。觀。群。怨。事父事君。多識於鳥獸草木之名」句（三七四—五五八下）。明萬曆本作「學者皆操窮理盡性之說。以虛無爲宗。至於實學。置而不問。仲尼時已有此患曰。小子何莫學乎詩。詩可以興。可以觀。可以群。可以怨。邇之事父。遠之事君。多識於鳥獸草木之名」。

卷一百十六

四庫本「姜維之兵是所避之鋒」句（三七七—一七九下）。明萬曆本其後多「不知割險自保」。

卷一百十九

四庫本「並徙交州。中書令孫弘。佞僞險詖。弘因是譖訴。下詔書」句（三七七—三三五下）。明萬曆本作「並徙交州。中書令孫弘。佞僞險詖。休素所忿。弘因是譖訴。下詔書」。

卷一百三十七

四庫本「及即位。以爲直閣將軍。領禁旅。出除豫章王太尉參軍。出爲安遠護軍。武陵內史。還復爲直閣步兵校尉。領羽林監」句（三七八—二四五下）。明萬曆本作「及即位。以爲直閣將軍。後爲武陵內史。坐被見原。還復爲直閣步兵校尉。領羽林監」。

卷一百四十二

四庫本「賀瑒字德璉。會稽山陰人也。祖道力善三禮。仕宋爲尚書三公郎」句（三七八—四四三下）。明萬曆本作「賀瑒字德璉。會稽山陰人。晉司空循之玄孫也。世以儒術顯。伯祖經遇工歌。女人病死。爲之筮曰。此非死。乃以土塊加其心上。俄頃而蘇。祖道仕宋爲尚書三公郎」。

又後文。四庫本「即送付廷尉。收其子姪。並繫之」句（三七八—四五六上）。明萬曆本其後多「其母脫簪珥待罪。帝意解。賜以良藥。故不死」。

卷一百四十七

四庫本「俱爲從事。郎中辭而獲免。式沉靖樂道」句（三七九—九一上）。明萬曆本作「俱爲從事。中郎辭不就。式沈靜樂道」。

又後文。四庫本「政有清稱。加寧遠將軍。子姪遂居潁川之陽夏」句（三七九—九一上）。明萬曆本作「政有清稱。加寧遠將軍。及宋王劉昶開府召爲諮議參軍。」

又後文。四庫本「父繇以涼土喪亂。民無所歸。推隴西李暠於敦煌。以寧一卅李氏。爲沮渠蒙遜所滅。和與兄契携外甥李寶避難」句（三七九—九一上）。明萬曆本作「父繇以涼土喪亂。推李暠爲主。號西涼。及李歆滅和。與兄契攜其甥李暠孫寶避難」。

又四庫本「遣部帥阿若率騎討和至白力城。和率騎五百。先攻高昌契」句（三七九—九一上）。明萬曆本作「遣部帥阿若討和。至白力城。先攻高寧契」。

又四庫本「又克高寧白力二城。斬其戍主。遣使表狀。世祖嘉其誠欵。屢賜和。和後與前部王車伊洛擊破安周」句（三七九—九一上）。明萬曆本作「又尅高寧白力二城。遣使表狀。太武嘉之。屢賜之璽書。後和與前部王車伊洛破安周」。

又其後。四庫本「擊破安周。斬首三百。世祖遣成周公萬度歸討焉」句（三七九—九一上）。明萬曆本作「擊破安周。太武使周公萬度歸討焉」。

卷一百六十七

四庫本「義行嚴氏之門。復其身。徭役蠲。租稅十年」句（三八〇—九七下）。明萬曆本其後多「張進之。永嘉安固人也。爲郡八族。少有志行。歷五官主簿。永寧。安固二縣領校尉。家世富足。每經荒年。散財救贍。鄉里因以貧罄全濟者甚多。太守王味之有罪。當見收。逃匿進之家。進之供奉經時。盡其誠力。味之嘗避地。墮水沈沒。進之投水拯救。相與沈淪。久之得免。時劫盜充斥。每入村暴掠。至進之門。輒相約勒。不得侵犯。其信義所感如此。元嘉初。詔所在。蠲其徭役。初孫恩之亂。永嘉太守司馬逸之被害。妻子並死。兵寇之際。莫敢收藏。郡吏俞僉以家財冒難。棺斂逸之等六喪送至都。葬畢乃歸。元嘉中老病卒。」

卷一百九十一

四庫本「慕末即位。改年永弘。立其妻梁氏爲王后」句（三八一—三三八下）。明萬曆本「慕末」作「熾磐第二子也」。

四庫補正

東都事略一三〇卷

宋王　稱撰

以宋眉山程舍人宅刊本校補

卷十一

四庫本「詔曰。毀傷文體有害風教。況外國之法。中華豈可效之。監司宜禁止」句（三八二—八七上）。

宋刊本「外國」作「夷人」。

卷十二

四庫本「（崇寧）三年拜太保。五年立爲皇太子。宣和七年金人入侵。除開封牧。」句（三八二—九五下）。宋刊本「侵」作「寇」。

又四庫本「丙子。皇弟康王使金營。庚寅。張邦昌從康王詣金營。辛巳。道君皇帝至鎭江府路。……癸巳。大霧四塞。二月。李梲。鄭望之至金營。金先遣梲歸。是夜姚平仲率步騎萬人劫金砦。以敗還。李綱罷」句（三八二—九六上）。宋刊本「金」字皆作「虜」。

又四庫本「乙巳。以宇文虛中王俅再使斡里雅布軍。是日康王還自金營」句（三八二—九六下）。宋刊本「金」作「虜」。

又四庫本「戊辰。康王還。馮澥罷。王雲還。言金必欲得三鎭」句（三八二—九八上）。宋刊本「金」作「虜」。

又四庫本「上曰。朕不用种師道言。以至於此。初敵

騎之去也。師道常勸上半度擊之」句（三八二—九八下）。宋刊本「敵」作「虜」。

又四庫本「丁巳。道君皇帝入居延福宮。金人盡得四壁。遣李若水再使金營。金人招宰相議事。……辛酉。皇帝出郊入金營。壬戌朔。皇弟康王開兵馬大元帥府於相州」句（三八二—九九上）。以上宋刊本「金營」皆作「虜營」。

又四庫本「二年春正月庚子。皇帝再出郊入金營。丙

午。劉韐死于金營……戊寅。金歸張邦昌。」句（三八二—九九下）。宋刊本「金」字均作「虜」。

卷十九

四庫本保吉傳「景德初又徙武寧。加同平章事。契丹入邊。眞宗將幸澶淵。先遣保吉與李繼隆爲排陣。使對壘以待。而征騎數萬至城下。保吉不介馬而馳。當其前鋒。敵引去。旣而敵請盟。眞宗錫宴射於行營。謂繼隆等曰。北敵自古爲患」句（三八二—一三六下

）。宋刊本「入邊」作「入寇」。「征騎」作「虜騎」。「金」字皆作「虜」。

又四庫本符彥卿傳「敵騎數萬圍高行周於鐵丘。諸將相顧無敢當基鋒。彥卿引數騎力戰。敵解去。」句（三八二—一三八上）。宋刊本「入邊」作「入寇」。「敵」字均作「虜」。

卷二十一

四庫本韓重贇傳「太祖征太原。召重贇謂曰。敵知我是行必率衆來援。卿可領兵倍道。由鎭定以破之。乃命重贇揔北面行營之師。重贇遇敵于定州。大破之。率贈侍中子崇訓。」句（三八二—一五二上）。宋刊本「敵」字均作「虜」。

又四庫本崇訓傳「對曰。彼兵雖少而悍。加以北敵之援未可遽也。姑以閒諜離敵心。設游兵以擾其稽事。……排陣使屯定州。與敵戰斬獲甚衆」句（三八二—一五三上下）。宋刊本「敵」字均作「虜」。

又四庫本郭崇傳「晉高祖割雲應地入于契丹。崇恥臣於敵。挺身南歸爲騎軍都校……時遣馮道迎湘陰公贇于徐州。將立之。會契丹入邊。周太祖北征次澶州。軍變。」句（三八二—一五四上）。宋刊本「敵」作「虜」。「入邊」作「入寇」。

卷二十八

四庫本折德扆傳「克行沈勇有力。善撫士卒。在邊三十年。戰功最多。敵畏其威名。號折家父。官至秦州

觀察使。卒贈武安軍節度使」句（三八二—一九一上）。宋刊本「敵」作「虜」。

卷二十九

四庫本承矩傳「時敵使初至。承矩以爲待之之禮宜得中庶可久也」句（三八二—一九七上）。宋刊本「敵」作「虜」。

四庫本允則傳「諜知敵人欲觀燈。乃率同僚會城北。俄有衣紫敵人至。……後數日聞爲敵人所誅矣。……

如是者三四日。知蕃官所作已過。乃收之不復出。敵人相傳。謂允則賂之」句（三八二—一九九上）。宋刊本「敵人欲觀燈」作「虜人欲觀燈」。「敵人至」作「胡人至」。「爲敵人所誅」作「爲虜主所誅」。「敵人相傳」作「虜中相傳」。

又四庫本馬仁瑀傳「又從征范陽。擊敵於盧龍。北師還遷朔州」句（三八二—二〇〇上）。宋刊本「敵」作「虜」。

四庫本「俾控北敵。授姚內斌以慶州。董遵誨以通遠軍」句（三八二—二〇二下）。宋刊本「敵」作「虜」。

卷三十二

四庫本張齊賢傳「恩信已行。民心已定。乃於鴈門陽武谷來爭小利。此則敵人之智力可料而知也。聖人舉事。動在萬全。百戰百勝。不若不戰而勝。若重之戒之。則敵人不足呑。燕薊不足取。自古疆埸之難。非

盡由敵國。亦多邊吏擾而致之」句（三八二—二二〇上）。宋刊本「此則敵人」作「此則戎狄」。「敵人不足呑」作「戎虜不足呑」。「盡由敵國」作「盡由戎狄」。

又同傳四庫本「且敵人之心。固亦擇利避害。安有投諸死地而爲寇哉。臣聞家六合者以天下爲心。豈止乎爭尺寸之事。角強弱之勢而已。是故聖人先本而後末。安內以養外。人民本也。邊檄末也。中夏內也。敵

國外也。是知五帝三王未有不先根本者也。堯舜之道無他。在乎安民而利之。爾民既安利。則敵人劍衽而至矣」句（三八二—二二〇下）。宋刊本「敵人之心」作「戎狄之心」。「強弱之勢」作「夷狄之勢」。「邊檄」作「戎狄」。「敵國外也」作「夷狄外也」。「敵人斂衽」作「戎狄劍衽」。

又其後「以德懷遠。以惠利民。則幽燕竊地之醜。沙漠偷生之衆。擒之與屈膝在吾術中。……是時敵騎自

湖谷入侵。薄城下……齊賢選廂軍二千出正之右。誓衆感慨。一以當百。敵遂卻。先是約潘美以并州來會。戰無何。閒使爲敵所得。齊賢以師期既滿。且虞美之衆爲敵所乘……齊賢曰。敵知美之來。而未知美之退……距州城西南三十里。列幟燃芻。敵遙見火光中有旗幟。……拜工部侍郎。敵又自大石路南侵」句（三八二—二二一上下）。宋刊本「偷生之衆」作「偷生之虜」。「自湖谷入侵」作「自湖谷入寇」。餘凡文中「敵」字皆作「虜」。

卷三十四

四庫本荆罕儒傳「建隆初加鄭州防禦使。改晉州兵馬鈐轄。罕儒恃勇輕敵。嘗懸軍深入敵。獲甚多」句（三八二—二二六下）。宋刊本「深入敵」作「深入虜」。

四庫本克明傳「克明字堯卿。父光實爲敵人所害……祕不發喪。使人傳光實。命回兵銀州。乃與其僕潛入彼中。獲光實尸還葬京師」句（三八二—二二七下）

。宋刊本「敵人」作「夷賊」。「入彼中」作「入虜中」。

又其後楊業傳。四庫本「太宗以業老於邊事。命知代州。敵入雁門。領數百騎擊之。敵衆大敗……詔美護四州民內徙。既而敵復破寰州……業太原一降將。天子不殺而授以兵柄。非縱敵不擊。欲圖報萬一也……侁使人登托羅臺望見敵敗……因重傷爲敵所獲……貴

從業爲敵所圍」句（三八二—二二九上下）。以上宋刊本凡「敵」字皆作「虜」。「敵入雁門」作「虜寇雁門」。

四庫本楊延昭傳「咸平二年。契丹入邊。延昭在遂城。城小無備。敵攻之甚急……命汲水注城外。及旦悉爲冰。堅滑不可近。敵遂解去。拜莫州刺史。契丹復入邊。延昭伏銳兵於羊山之西。自北擊之。且戰且止。及伏發。敵衆敗績。獲其名王函首以獻進團練使。

景德初。敵人南侵。延昭領兵敵地。破古城。多所俘獲」句（三八二—二三〇上）。宋刊本「入邊」作「入寇」。又「復入邊」作「復寇邊」。「敵人南侵」作「胡馬南寇」。餘「敵」字均作「虜」。

卷三十五

四庫本錢若水傳「比者傳潛爲帥。擁十萬之衆。閉關縱寇。坐看敵人殘虐生民。不正典刑」句（三八二—二三四上）。宋刊本「敵人」作「醜虜」。

又後文「使諸將承風各思用命。聲馳塞外。威攝敵人。昔劉崇結契丹入邊。懦將樊愛能。何徽。臨敵不戰」句（三八二—二三四上下）。宋刊本「敵人」作「群胡」。「入邊」作「入寇」。

又後文。四庫本「官卑故易以使。久任故知敵情。閒授睿謀。戒其生事。是以西寇。北敵十七年間遣使稱藩。不爲外患……俄知開封府北敵未賓」句（三八二—二三四下）。宋刊本「敵」字均爲「虜」。

又後文。四庫本「臣聞唐魏博一鎮爾。兵戎固不衆於今日。而敵騎未嘗南牧者。以幽薊爲北門。扼其險阻」句（三八二—二三五上）。宋刊本「敵」作「胡」。

卷三十六

四庫本李至傳「上疏曰。河湟之地。夷夏雜居。是以先王置之度外。且繼遷素性強悍。騷動邊鄙」句（三八二—二三七上）。宋刊本「素性強悍」作「腥膻醜類」。

卷三十八

四庫本柳開傳「吾觀北星有光雲從北來。殆敵將至。今諸將見疾。一旦敵至。必危我矣。即丐小郡。得忻州。敵果犯塞。徙滄州。未至卒。年五十四」句（三八二—二五一上）。宋刊本「北星」作「胡星」。前兩「敵」字作「寇」。後一「敵」字作「虜」。

卷四〇

四庫本李沆傳「眞宗即位。遷戶部侍郎。參知政事。咸平初。拜同中書門下平章事。監修國史。會契丹入邊」句（三八二—二五七下）。宋刊本「入邊」作「寇邊」。

卷四十一

四庫本畢士安傳「契丹入塞初王繼忠戰沒敵中。至是爲敵人奏請議和。士安力贊。……眞宗乃幸澶州。及契丹請和。遣曹利用使于兵。間議和事。歲遣敵銀絹三十萬。是時朝論皆以爲過。士安曰。不如此。敵所顧不重。和事恐不能久」句（三八二—二六三下至二六四上）。宋刊本「敵」字皆作「虜」。

又四庫本寇準傳「景德元年。拜同中書門下平章事集賢殿大學士。是歲契丹入邊……今邊勢憑陵。陛下當率厲衆心。進前禦敵。以衛社稷。……眞宗遂幸澶州。至南城。皆言敵兵方盛。願駐驛以觀兵勢。準固請曰。陛下不過河。人心益危。敵氣未攝。非所以取威決勝之勢」句（三八二—二六五下）。宋刊本「入邊」作「入寇」。「邊勢」作「虜勢」。「敵兵」作「虜兵」。「敵氣」作「虜氣」。

卷四十二

四庫本遵裕傳「師度旱海。距靈州百里。次南平灤。敵騎驟至……圍城久未拔。賊引河灌我師。水至。斷砲爲梁以濟。追騎至。轉戰累日。敵騎少卻」句（三八二—二六九下至二七〇上）。宋刊本「敵」字均作

「虜」。

四庫本傳潛傳「許出兵爲援。諸將與敵血戰。而潛竟不至……眞宗將親征。又命石保吉自大名領前軍赴鎮定。潛逗留不發。以致敵騎犯德棣。度河劫人民。焚廬舍」句（三八二—二七〇下）。宋刊本「敵」字均作「虜」。

四庫本王超傳「士衆嚴整。戎行訓練惟汝之功。契丹入邊……六年。契丹入邊。繼忠與戰于望都」句（三八二—二七一上）。宋刊本「入邊」均作「入寇」。

四庫本石普傳「明年契丹入寇。普爲先鋒。殺敵騎於炎涼城。又敗之于長城」句（三八二—二七三上）。宋刊本「敵」作「虜」。

卷四十三

四庫本馬知節傳「雍熙間護博州兵。契丹入邊。王師敗于君子館。知節全城繕甲。儲積芻粟」（三八二—二七四下）宋刊本「入邊」作「入寇」。

四庫本雷有終傳「石普襲至富順。監獲之。賊平以有終爲保信軍。留後代還知永興軍。徙秦州。契丹入邊」句（三八二—二七七下）。宋刊本「入邊」作「入寇」。

卷四十四

四庫本趙安仁傳「敵使至。首命安仁接伴。其辭見儀制皆所裁定。敵使姚東之談次頗矜兵強戰勝」句（三八二—二八一上）。宋刊本「敵」字均作「虜」。

卷四十六

四庫本宗慤傳「肘腋之下無英雄之窺伺乎。寰區之間無夷狄之覬覦乎。陛下方祠后土。駐蹕河中。若敵倡狂。忽及澶淵」句（三八二—二九四上）。宋刊本「敵」作「虜」。

卷四十七

四庫本梁顥傳「銳卒精兵。局束而不用。以至敵馬南牧。蹂踐河朔……往復扞禦。不得入郡邑。亦不得一處相聚。遇有敵人。隨時掩殺……遇遊騎近城。掩殺敵人。即城內量出兵援救」句（三八二—二九九下至三〇〇上）。宋刊本「敵馬」作「胡馬」。「敵人」作「虜寇」。

四庫本孫何傳「緣邊州縣有合救援處。則督以軍令。聽其便宜。今敵騎充斥。糧運則宜輕齎疾驅」句（三八二—三〇〇下）。宋刊本「敵」作「虜」。

卷四十九

四庫本王欽若傳「眞宗曰。澶淵之役。準以陛下爲投瓊。與敵博耳。錢輸將盡。盡出之謂之孤注」句（三八二—三〇九上）。宋刊本「敵」作「虜」。

四庫本丁謂傳「居五年。入爲三司鹽鐵副使。擢知制誥。契丹入邊。謂知鄆州。敵騎稍南。民大驚。趣楊州。」句（三八二—三一一上）。宋刊本「邊」作「寇」。「敵」作「虜」。

卷五十

四庫本曹利用傳「或求關南之地。當以理絕之。利用對曰。敵若妄有所求。臣不敢生還。眞宗壯其言。利用見敵。果首及關南地」句（三八二—三一四下）。宋刊本「敵」均作「虜」。

又同傳後文「利用曰。若爾則兩國之兵未有休時矣。敵度不可屈。遂決通好之議」句（三八二—三一五上）。宋刊本「敵」作「虜」。

卷五十三

四庫本薛奎傳「仁宗深納之。時邊吏言契丹將大入邊。輔臣曰。臣之事君。嘗見有始而無終者」句（三八二—三三三下）。宋刊本「入邊」作「入寇」。

卷五十八

四庫本韓綜傳「綜嘗館伴敵使。敵欲稱北朝。綜曰。自古未有建國而無號者。敵使慚。遂不復言。」句（三八二—三六〇下至三六一上）。宋刊本「敵」字均作「虜」。

卷六十一

四庫本張沆傳「既而契丹聚兵幽涿間。遂擢如京使知安肅軍。亢因言敵主孱而歲歉。方藉金帛之賜」句（三八二—三八七上）。宋刊本「敵」作「虜」。

四庫本張諤傳「諤殘忍好殺。士卒有犯者。立而劈之。敵亦畏其敢戰。故數有功」句（三八二—三九一下）。宋刊本「敵」作「虜」。

卷六十二

四庫本狄青傳「仁宗聞其在陜西數戰勝。欲召見問其方略。會敵人平原。仁宗命圖形以進」句（三八二—三九七上）。宋刊本「敵人」作「虜寇」。

卷六十六

四庫本陳執中傳「其書自稱寧令或謨寧令。皆敵中官。於義無嫌。詔從之……若從昜得至京師。而天子不許。請更歸議之。籍乃言敵辨理浸順。願聽其使」句（三八二—四二三下）宋刊本「敵」均作「虜」。

又同傳後文「自慶歷以來。敵盜耕屈野河西地。莫能禁。籍因戒邊民。無得與敵爲市易……籍許之。既而敵移書至。請分定疆界」句（三八二—四二四下）。宋刊本「敵」字均作「虜」。

四庫本梁子美傳「子美傾漕計以奉上。遂以三百萬緡市北珠以進。北珠者自敵中來。敵始欲禁罷之」句（三八二—四二六上）。宋刊本「敵」字均作「虜」。

卷六十八

四庫本富弼傳「執政以爲不可。弼曰。萬一北朝行之。爲朝廷羞。後使北還者云。彼中罷燕如弼言。仁宗深悔之」句（三八二—四三四下）。宋刊本兩「北」字及「彼」字均作「虜」。

又同庫後文「時敵情不可測。群臣皆不敢行。宰相舉弼使契丹……乃以弼爲接伴。弼開懷與語。不以疏遠待之……既至六符館之往反十數。皆論割地。必不可狀。及見遼主問故。遼主曰。南朝違約」句（三八二一四三五下）。宋刊本「敵」作「虜」。「疏遠」作「夷狄」。「遼主」作「虜主」。
又同傳後文「北朝諸臣爭勸用兵者。此皆其身謀。非國計也。遼主驚曰。何謂也……故契丹全師獨克。雖敵獲金帛充牣諸臣之家。而壯士健馬物故大半……遼主大悟。首肯者久之。弼又曰。塞雁門者以備元昊也」句（三八二—四三五下至四三六上）。宋刊本兩「遼主」均作「虜主」。又「敵」字作「虜」。

又後文「今北朝首發兵端。過不在朕。天地鬼神豈可欺也哉。遼主感悟。遂欲求昏」句（三八二—四三六下）。宋刊本「遼主」作「虜主」。
又後文「一夕易書而行。既至遼。不復求昏。專欲增幣曰。南朝移我書。當曰獻。否則曰納。弼爭不可。遼主曰。南朝既懼我矣。何惜此二字」句（三八二—四三六下）。宋刊本「遼」字均作「虜」。
又後文「弼奏曰。臣既以死拒之。敵氣折矣……特以朝廷方討元昊。未暇與敵角。不敢以死爭爾……弼言虜既通好。議者便謂無事。邊備漸弛。敵萬一敗盟。臣死且有罪。非獨臣不敢受。亦願陛下思契丹輕侮中原之恥」句（三八二—四三七上）。宋刊本「敵」字均作「虜」。「契丹」作「夷狄」。
又「弼曰。此朝廷特用。非以使敵故也。弼乃受命」句（三八三—四三七下）。宋刊本「敵」作「虜」。
又同傳「時册命元昊爲夏國主。使將行而止之。以俟

北使。弼曰。若虜使未至而行……仁宗問弼曰。敵得無與元昊襲我乎。弼曰。敵自幽薊。不復由河東入寇者……元昊有怨言。故敵築威塞州以備之。呆兒屢殺威塞人。敵疑元昊使之故爲。是役安能合而寇我哉。或請調發爲備。弼曰。敵雖不來。猶欲以虛聲困我」句（三八二—四三七下至四三八上）宋刊本「俟北使」作「俟虜使」。又「敵」字均作「虜」。
又同傳「恐陛下以同天節敵使當上壽。故未斷其請。

臣以爲此盛德事。正當以示夷狄」句（三八二—四四○下）。宋刊本「敵」字作「虜」。

又四庫本「臣稱曰。弼使敵之功偉矣。而議者乃以活飢民爲功。何哉。方其廷屈敵之君臣。使曉然知通好用兵之利害」句（三八二—四四二上）。宋刊本「敵」字均作「虜」。

卷六十九

四庫本忠彥傳「遼人移書繼至。會遣使賀遼主生辰…

…忠彥曰。此小役也。何問爲。遼主使其臣王言敷燕于館。言敷問夏國胡罪。而中國兵不解也」句（三八二—四四八下）。宋刊本兩「遼主」均作「虜主」。

卷七十三

四庫本包拯傳「詔爲罷之。使契丹。敵之典客曰。雄州開便門。欲誘納叛人刺候疆事邪。拯曰。誠欲刺之。自有正門。何必便門也。此豈問涿州門邪。敵有沮色」句（三八二—四六九下）。宋刊本「敵」字並作「虜」。

四庫本吳奎傳「久之。同修起居注。遷知制誥。奉使契丹。遇其主加稱號。邀使者入賀。奎自以使事有職。不爲往。比還中道。與北使遇。北人衣服以金冠爲重」句（三八二—四七一上下）。宋刊本「其主」作「虜主」。「北使」「北人」俱作「虜使」「虜人」。

卷七十四

四庫本王拱辰傳「敵意不測。在庭之臣無敢使敵者。

富弼往報聘廷折其君臣。敵辭屈……仁宗深念弼之功。拱辰曰。富弼不能止契丹谿壑無厭之求。陛下止一女。若敵乞和親。亦忍棄之乎」句（三八二—四八○下）。宋刊本「敵」均作「虜」。又「契丹」作「夷狄」。

又後文「使使契丹。遼主遇之厚。親御琵琶以侑酒。拱辰謂其館伴曰。南朝峭漢。惟我館伴爲遼主言之。

遼主曰。吾見奉使之人。惟富弼不可量也」句（三八二—四八一上）。宋刊本「遼」字均作「虜」。

卷七十六

四庫本劉敞傳「奉使契丹。敞博聞彊記。素知敵山川道里。敵人自古北至柳河回曲千餘里。敞問曰。自松亭趨柳河甚徑。不數日可至中京。何不道彼而道此。敵人不虞……敵不知名以問敞。敞曰。此所謂駮也。爲言其形狀聲音。皆如所見。敵人益歎其博物」句（三八二—四八八上）。宋刊本「敵」字均作「虜」。

卷八十二

四庫本蔡挺傳「仁宗欲知敵中事。亟召挺。挺有父喪。聽服衫帽對便殿」句（三八二—五二九上）。宋刊本「敵」作「虜」。

卷八十三

四庫本呂惠卿傳「致新天子命令。失信於四夷。其罪四也。開邊方之隙。至今儆備。未得安寧。其罪五也」句（三八二—五三六下）。宋刊本「邊方」作「夷狄」。

四庫本蒲宗傳「鷙敵視於北。貪戎瞰於西。常欲蛇豕吾民而幷吞中國者。蓋積有年」句（三八二—五三八下）。宋刊本「敵」作「虜」。「幷吞」作「腥膻」。

卷八十六

四庫本沈括傳「遷太常丞。同修起居注。邊吏報北敵將入寇。亟遣中貴人取兩河民軍以爲戰備」句（三八二—五五二下）。宋刊本「敵」作「虜」。

卷八十九

四庫本呂大防傳「進用大臣而權不歸上。大臣疲老而不知退。外裔驕蹇。邊患以萌而不擇將帥。不知敵情」句（三八二—五七四下）。宋刊本「外裔」作「夷狄」。「敵」作「虜」。

卷九十一

四庫本劉庠傳「詔庠對狀。上五策。料敵必不敢動。大河東流。議者欲徙北……邊吏執之。敵檄取紛然。或以爲起釁造兵當大爲備。庠奏。敵之重兵皆不在行雲」句（三八二—五九〇上）。宋刊本「敵」均作「虜」。

四庫本呂大忠傳「大忠言敵人猶禽獸。強則縱。困則服。連年入寇。邊民皆謂必有以制之。今無名遣使。陽爲恭順。實懼討。若許之。恐爲敵人所窺也」句（

三八二—五九三下）。宋刊本「敵人」均作「夷狄」。

卷九十四

四庫本朱光庭傳「光庭對曰。願陛下禽獸畜之。蓋南荒得其地不可居。得其民不可使」句（三八二—六一一下）。宋刊本「南荒」作「夷狄」。

卷九十六

四庫本安燾傳「今朝廷每戒邊臣。非舉國入寇。不得應之。則固畏用兵矣。然敵數犯塞。亦未免疲弊之患」句（三八二—六二三下）。宋刊本「敵」作「虜」。

又同傳後文「故京師得以北限強敵。今河每決而西。則河尾益北。如此不已。將北抵境上。則南岸遂屬敵界」句（三八二—六二四上）宋刊本「強敵」作「強胡」。「敵」作「虜」。

四庫本許將傳「神宗召對。除集賢校理檢正中書禮房

公事直舍人院遷知制誥。北敵以兵二十萬壓代州境……不有以折之則傷國體。遂命將閱文書。至敵中。館伴蕭禧果問以代州事」句（三八二—六二六上）。宋刊本「敵」均作「虜」。

卷九十七

四庫本吳居厚傳「時遼使至。居厚言於徽宗曰。盟好不可違也。願益敦信。誓以安敵情。徽宗嘉納焉」句（三八二—六三三上）。宋刊本「敵」作「虜」。

卷九十八

四庫本鄧綰傳「擢龍圖閣待制權御史中丞。遼人來爭河東地界。綰論敵人懷姦生事」句（三八二—六三四下）。宋刊本「敵」作「虜」。

卷一〇三

四庫本林攄傳「盛氣言曰……北廷君臣皆不答。及敵遼主。欲爲夏人求復進築城砦……敵不勝其忿……攄引故事不從。因詆之以醜語。遼主曰。大宋。兄弟之

邦」句（三八二—六六八下）。宋刊本「北廷」作「虜廷」。「遼主」作「虜主」。「以醜語」作「曰蕃狗」。

四庫本管師仁傳「久之。遷刑部尙書。以樞密直學士知揚州。徙定州。時承平日久。邊備不修。而敵使再至。」句（三八二—六六九上）。宋刊本「敵」作「虜」。

四庫本侯蒙傳「西夏寇邊。高永年死於敵。徽宗怒。親書五路帥臣劉仲武等十八人姓名」句（三八二—六六九下）。宋刊本「敵」作「虜」。

又後文「子玉縊而晉侯喜。孔明斃而蜀國輕。敵旣殺吾一都護。而將臣十八人由之而死。是自戕其支體」句（三八二—六六九下）。宋刊本「敵」作「虜」。

卷一〇四

四庫郭成傳「劉昌祚曰。孰能爲我取此敵乎。成即躍馬斬其首以還……皆曰。非郭成不可。遂用之駐平夏

。敵旣失地利。乃縱兵圍成」句（三八二—六七三下）。宋刊本「敵」均作「虜」。

四庫本和詵傳「貫亦至。而前軍統制楊可世入敵境而敗。詵勸師道斬可世以徇。師道不從。引軍宵遁。詵亦徒行亂兵間。踰宿入雄州。敵師至城下而還」（三八二—六七五下至六七六上）。宋刊本「敵」並作「虜」。

卷一〇五

四庫本黃葆光傳「葆光上疏論五不可。大略謂。良嗣以凶黠忿鷙之資。犯遼人不原之罪。亡命沙漠。免死而已。妄作平夷等書。萬一語泄。致生嫌疑。爲患不細。祕書省圖書之府。以良嗣爲之。有累國體」句（三八二—六七九下）。宋刊本「遼人」作「夷虜」。「以良嗣爲之」作「以醜虜爲之。」

卷一〇七

四庫本种師道傳「今鼓行而前。敵安能知虛實」句（三八二—六九一下）宋刊本「敵」作「虜」。

又同傳後文「師道時被病。特命毋拜。敵使王汭素頡頏……欽宗顧師道笑曰。彼爲卿故也。自敵渡河。京城諸門晝閉。市無薪菜。師道請啓西南壁。聽民出入如平常。敵有過統制馬忠軍前者。忠斬其人。敵訴于朝……自遣使人往諭敵。以三鎭係國家邊面。決可不割」句（三八二—六九一下至六九二上）。宋刊本「虜」字均作「敵」。又本傳中四庫本之「敵」字（六九二上至六九三上）宋刊本均作「虜」。

又同傳「師道謂敵可與戰而勝。非若鬼神之不可測。豺虎之不可禦也」句（三八二—六九三下）。宋刊本「敵」作「虜」。「豺」作「熊」。

四庫本劉延慶傳「延慶亦遣其將王淵以兵數千人護餉道。敵縱兵南行。殺運糧人夫。多棄糧而遁。淵爲敵所擒。」（三八二—六九四上）宋刊本「敵」字均作

「虜」。

四庫本何灌傳「賈胡疃有水泉子。敵常越境南汲。灌慮異日爲邊患。盡折絕之。敵忿。聚兵于山……後三十年。敵官蕭太師者會灌於雄州」句（三八二—六九四下）。宋刊本「敵」字均作「虜」。

卷一〇八

四庫本唐恪傳「欽宗幸敵營。恪曰。失計矣。既而還宮。及欽宗後幸敵營。恪曰。一之爲甚。其可再乎。

慟哭不食者累日。敵議立異姓」句（三八二—六九七下）宋刊本「敵」字均作「虜」。
又四庫本何㮚傳「會王雲自眞定表言。敵以不即割地卻禮物……今及不與。是中國失信於外國」句（三八二—六九八上）宋刊本「敵」作「虜」。「外國」作「夷狄」。
又同傳「三鎭。國家之根本。奈何一旦棄之。況敵情變詐百出……今朝廷既已繼好息民。而復調發不已。使敵人知之。大事去矣……獨張叔夜一軍至京師。餘無至者。方敵之再入境也」句（三八二—六九八下）。宋刊本「敵」作「虜」。「境」作「寇」。
又同傳後文「欽宗再幸其軍。議加金主徽號。敵遣高尙書者……時㮚以折衝有術。對敵使歌曰。細雨共斜風作輕寒。左右及敵使皆失笑。明日欽宗幸敵營。㮚從以出。遂留不遣……後有自敵營還者。言㮚死狀。始贈觀文殿大學士。」句（三八二—六九九上）。宋

刊本「敵」字均作「虜」。
又四庫本「臣稱曰。所貴乎死者。以其知死必勇也。方敵之謀廢立也。爲恪者當以大義責敵。使知中國之有人」句（三八二—六九九上）。宋刊本「敵」字均作「虜」。
四庫本陳過庭傳「徽宗問。敵主苦風痺。手足不舉。及箭損二目是否。過庭對。敵主無恙。目不損。恐傳之者妄也」句（三八二—六九九下）宋刊本「敵」字均作「虜」。
四庫本聶昌傳。凡「敵」字（三八二—七〇〇）。宋刊本均作「虜」。
四庫本孫傅傳中之「敵」字（三八二—七〇一下至七〇二上）。宋刊本均作「虜」。
四庫本張叔夜傳「然諸將無一人至者。敵既議和。命彈壓京城事……欽宗回首字之曰。嵇仲努力會敵。詔立異姓。叔夜乞立皇太子爲君。以從民望」句（三八

二—七〇三上）。宋刊本「敵」字均作「虜」。

卷一〇九

四庫本王雲列傳中之「敵」字（三八二—七〇四上至七〇五下）宋刊本均作「虜」。

又四庫本「臣稱曰。雲之死在雲爲不幸。而於中興爲幸也。使雲不死。康王必至敵營。既入虜營。必爲其所留矣。」句（三八二—七〇五下）。宋刊本「敵」字作「虜」。

四庫本陳遘列傳中之「敵」字（三八二—七〇六上至七〇六下）宋刊本均作「虜」。

四庫本梅執禮傳「欽宗親征。時宰相沮其議。不果行。京師失守。敵人劫質」（三八二—七〇七上）宋刊本「敵人」作「虜酋」。

四庫本程振傳「初振在西掖。王黼以客沈積中帥河朔。欲覘敵圖燕。振語積中當思異時覆族之禍」句（三八二—七〇八下）。宋刊本「敵」作「虜」。

四庫本譚世勣傳中之「敵」字（三八二—七一〇下）。宋刊本均作「虜」字。

卷一一一

四庫本傅察傳「宣和七年。接伴金使。時金人已渝盟。察至燕山。聞斡里雅布入侵」句（三八二—七二〇上）宋刊本「入侵」作「入寇」。

又同傳「察知不免。謂其下曰。敵脅我以拜。我義不辱。我死必矣」句（三八三—七二〇上）。宋刊本「敵」字作「虜」。

四庫本蔣興祖傳「後知陽武縣。金人入侵。犯京師……監兵有與賊通者斬以徇。敵騎來攻。興祖敗之而去。明日敵益濟」句（三八二—七二〇下）。宋刊本「侵」作「寇」。「敵」皆作「虜」。

四庫本張確傳「賊由是遂敗。歷知坊汾解三州。徙隆德府。金人入侵。圍太原。確累言河東天下根本。安危繫焉」句（三八二—七二一上）。宋刊本「侵」作

「寇」。

四庫本朱昭傳「凡戍邊士卒皆入援。夏人乘虛入侵。河外諸城悉望風褫氣。」(三八二—七二二上)。宋刊本「侵」作「寇」。

四庫本張克戩傳「金人陷燕山。長驅而南。分兵侵太原。太原距汾二百里。敵人尼堪者。遣其部將銀朱貝勒來攻」句(三八二—七二二上)宋刊本「侵」作「寇」。「敵人」作「虜酋」。

四庫本劉韐傳中之「敵」字(三八二—七二四上下)。宋刊本均作「虜」字。

四庫本李若水傳中之「敵」字(三八二—七二五下至七二六上)。宋刊本均作「虜」字。

四庫本吳革傳中之「敵」字(三八二—七二七上)。宋刊本均作「虜」字。

卷一一八

四庫本張兪傳「所謂內者。百官也。外者。敵國也。今天下一家……夫王者命官。本以安上也。行政也。牧民也。和敵國也……歷觀自古敵國之疆。但有暴而無僭。今敵人建位號。威伏群夷且百年矣」(三八二—七七三上)。宋刊本「敵國」均作「夷狄」。「敵人」作「北虜」。

又同傳「今能詭制敵人。散其陰謀。使與叛醜疑貳。有結國家之心。間誘西涼群夷。勿與賊結。則敵人可得。而天下定矣」句(三八二—七七三下)。宋刊本前一「敵人」作「北虜」。後一「敵人」作「虜首」。

卷一二二

四庫本童貫傳「使人言於徽宗曰。遣使以宦者爲之。是中國爲無人矣。無乃爲敵所窺乎。徽宗報曰。敵人以貫破青唐。名聞四夷。欲見之耳。彼要我因覘之。不亦可乎。敵方肆縱」(三八二—七八八上)。宋刊本「敵」字作「虜」。「敵人」作「虜酋」。

卷一二二

四庫本張邦昌傳「當王黼用事。與童貫共起邊釁。以致金人分道入侵」句（三八二—七九四下）。宋刊本「侵」作「寇」。

又同傳「欽宗出郊。而吳幵莫儔。自敵營持文書至。令依金主詔。推薦異姓堪爲人主者……於是召百官會議。時都城先閧。傳口中已定立張邦昌。抑令城中百官父老僧道。僉狀推舉。不即屠城」句（三八二—七

九五上）。宋刊本「敵」作「虜」。「傳口中」作「傳虜中」。

本傳文中之「敵」字（七九七下至七九九下）。宋刊本均作「虜」。

卷一二三

四庫本「遼國即契丹也。蓋東方之國。在潢水之南。本鮮卑之舊地也」句（三八二—八〇一上）宋刊本作「遼國即契丹也。蓋東胡之種。在潢水之南。本鮮卑之舊地也」

又後文「趙彥文克涿州。美進圍朔州。其節度副使趙希贊以城降。敵萬騎來援」句（三八二—八〇二上）。宋刊本「敵」作「虜」。

又後文「繼隆部送糧草入威虜軍。爲敵將裕悅邀戰」句（三八二—八〇三上）。宋刊本「敵」作「虜」。

又四庫本「敵將韓德威率數萬騎……勒浪等族反攻其後。敵衆大潰。死者什六七……至道元年侵雄州。何

承矩敗之。梟鐵林大將一人。咸平二年大侵鎭定……眞宗還京師。復侵威虜軍。何承矩自雄州界河率師攻平州……。遂破敵二萬餘衆。斬統軍鐵林等十五人。六年復侵定州。鎭定。高陽關三路。帥王超敗之于望都南。既而敵衆數萬至……又侵北平……士安等曰。比來降敵。皆言國中……然敵益進攻圍瀛州」句（三八二—八〇三上至下）。宋刊本「侵」作「寇」。「敵」作「虜」。

四庫本「未見本朝有尺寸侵敵地。臣既辱使。指當以死拒之忱出疆。神宗手敕曰。敵理屈則忿。卿姑如所欲……詔曰。朝廷通好北敵幾八十年。近歲以來……意在必得。敵情無厭。勢恐未已……琦言敵人見形生疑。引先發制人之說。又不可謂敵形勢已衰……宜罷之以釋敵疑。弼言朝廷諸邊用兵。敵所以先期求釁」句（三八二—八〇六下）。宋刊本「敵」均作「虜」。

又四庫本「且選人報聘。敵藉吾歲賜。方能立國……公亮言敵人畏強侮弱……絕其歲賜。方始懇求帖服。今待敵人極包容矣」句（三八二—八〇七上）。宋刊本「敵」均作「虜」。「公亮言敵人」作「公亮言夷狄」。

卷一二四

四庫本「乃遣使韓昉齎表詣貫以降。願稱臣稱貢。貫攸不納。昉謂貫攸曰。女眞人素性強悍。樂于戰爭。豈可與之爲鄰。他日必悔。」句（三八二—八一〇上）。宋刊本作「乃遣使韓昉齎表詣貫以降。願稱臣稱貢。貫攸不納。昉謂貫曰。女眞人面獸心。貪很如豺狼。豈可與之爲鄰。他日必悔。」

四庫本。「二漢叛臣。恃燕挾敵。蔑能自固……唐三盜連衡。百餘年敵未嘗越燕侵趙魏。是燕獨能支敵也。自燕覆于敵。敵日熾。大顯德世。雖復三關。尚未盡燕南地。國初。敵與并合。勢亦張……是趙魏足以制敵明矣。并寇既平。悉天下銳。專力於敵。不能擾尺寸地」句（三八二—八一一上下）宋刊本「敵」字均作「虜」。

四庫本「恨其爲敵國有自石晉以十六州賂契丹。凡漢唐所以御敵國者。反爲彼用。非契丹實強。中國亂也」句（三八二—八一三上）。宋刊本「敵國」均作「夷狄」。

卷一二五

四庫本「五代時始稱女眞。後唐明宗時嘗侵登州渤海。擊走之。其後避契丹諱。更爲女眞。」句（三八二—八一三上）。宋刊本「侵」作「寇」。

卷一二六

四庫本「內侍梁方平與大將何灌屯兵控扼黃河北岸。敵騎奄至。倉卒奔潰。時南岸守橋者望見敵中旗幟燒斷。橋纜陷沒。凡數千人。敵因得不濟。」句（三八二—八一七下）。宋刊本「敵」均作「虜」。

四庫本「幷欲宰相親王一人爲質。乃遣少宰張邦昌及

康王出質於敵營」句（三八二—八一八上）。宋刊本「敵」作「虜」。

四庫本「金人遣兵百人衛司馬光墳。初欽宗幸金營。約五日必還」句（三八二—八二〇上）。宋刊本「金營」作「虜營」。

四庫本「于時欽宗幸金營十五日矣。金人遽廢趙氏。議立異姓及要道君親王等。於是道君皇帝。寧德皇后。諸王悉入金營」句（三八二—八二一上）。宋刊本「金營」均作「虜營」。

四庫本「臣稱曰。女眞以蒙古部落崛起海陬。乘天祚。暴昏謀殄厥祀。是時中國承平日久……又聽張覺之歸。以啓敵人之釁。自是中國弱而敵國彊矣。然背棄盟好。侵我畿甸。邀索金幣。濟其貪婪。于斯時也。國何以支。民何以堪乎。」（三八二—八二一下）。宋刊本「蒙古部落」作「戎虜遺緒」。「敵人」作「狂虜」。「敵國」作「夷狄」。「蔑棄盟好」作「背棄信義」。「侵」作「犯」。「貪婪」作「貪毒」。

卷一二九

四庫本「且邊徼荒服也。空虛不毛之地。得之何用乎」句（三八二—八三五上）。宋刊本「邊徼荒服」作「夷狄禽獸」。

四庫補正

路史四十七卷

宋羅　泌撰

以明嘉靖間錢塘洪楩刊本校補

卷七　前紀七禪通記

四庫本「親而可施。則何有賢士大夫哉」句下小註「山海經殺而施之」句（三八三—五一上）。明刊本其下尚多「晉語八。從欒氏者大戮施。莊子云。萇弘胣史施陳餘蓋同也。開元五經文字作云弛廢亦非」。

卷十三　後紀四禪通紀

四庫本「帝直帝釐」章後（三八三—一一四上）。明刊本尚有「帝參盧」章。全文爲「明智不能無好惡。好惡之出。喜怒從之。人君之有。三代之末尚有仁義。六代之季盡矣。不然。揚子云。豈識下族。柳宗元而王仲淹。豈見卑於李百。彼宋祈興遽救之言。尤爲可功」。

又四庫本此卷末無「路史後紀事」文。明刊本作「或曰。洪荒之世。聖人惡之。荀卿曰。道過三代謂之蕩。夫何取。曰不然。道莫醇乎古。而其蕩則三代始也。洪荒之世所可惡者。以其璞野而禮文有不足爾。其爲道則固高矣。非後世之可逮也。三五制作。文爲程典。吾孰見其能古之如邪。今而曰不過三代。則是三皇堯舜爲不足法。而聖人不之猷矣。揖巽豈不若征伐。而象刑豈不逮湯禹刑哉。況之言戰國之速於功利。而甘於自陋者也。子何學。嗟乎。禮失則求之野

。中國失禮誅在四夷。洪荒世遠。遽四夷之不若哉。予起路史。則又懼天人之不可攷。自黃羲而上。別而册之者。爲卷九。本非可別也。以人故爾。昔先民之傳春秋有內外之異。故劉氏通監因曰外紀。曰外非是。謂之前可也。自十卷目之以後紀。

按。此章當置卷十之前。

卷二十四

四庫本「太昊後風姓國」章（三八三—一二五四上）。

明刊本其前尚有一章如下
「國名記。卷甲
列土分茅。自有民始矣。秦失其猷。而後世弗復知。封建之有大便於君民也。季氏將伐顓臾。冉有。季路問於孔子。子曰。求。亡乃爾是過歟。夫顓臾。昔者先王以爲東蒙主。且在邦國之中矣。是社稷之臣也。何以伐爲。丘也。聞有國有家者。不患寡而患不均。不患貧而患不安。讀之至此。泫然流涕。曰夫子不以

是責由而責求。且自名焉。曷其思之。泌也。生今之世。學古之道。竊因祖述而著路史。覩帝王之後世。祚衍天下。至數千百年。澤未文也。而魯一顓臾。冉氏之子。不能容之。顧不謂大哀乎。嗟乎。虢之不愛。則其於虞也。何有聖人之見。豈侗俗所知哉。社稷之臣。山川之神主也。亡故而伐之且猶不可。況易之乎。先王盛時。諸父諸舅。星分棋布於神州之內。原原而來。接之以禮。是故秉旄奉幣。夾輔尊獎。不啻子弟之衛父兄。手足之捍頭目者。惟是周旋揖巽。豈不休哉。因著其有傳者爲國名記。庶幾來者尚或知其彷彿焉。」

卷二十八

四庫本「故特加之四等之上。使兼二十四附庸者。益以罔矣」句（三八三—三四一）。明刊本其下多小註云

「職方封國。以千里爲卒。一州惟可四公。爲侯可六

。以伯則可七。一有半爲子亦止二十有五。惟男百里則可。百男不過百四十有六國。而五州盡矣。故康成以爲。周之九州。方七千里。爲方千里者。四十九一爲王圻。八州各爲千里者。六州建四公。六侯。十一伯。二十五子。百男餘方百里者。四十一以爲附庸。凡州百四十有六。周附庸皆在。然王制州二百一十國。諸侯之附庸。不與外繆不合。則又以爲。商爵三等。周初復爲五等。增以子男。夫武王之時。何國不服

。而云尚陜公侯止於百里。周公東征。備見書傳作何所併。而云斥地千里五等。皆益其地。且以大國。在古百里。今一增爲五百。是遽增之二十四倍。豈理也耶。若曰武王封之。周公大之。則其勢。必至於併徙。是則纔大一公之封。而子男之國。爲併徙者。百九十有六。不數大國。而天下以盡優。雖十始皇不能爲矣。而日設法以待侯伯有功者。大其封。果足信歟。說益不通。則又以爲。周制有爵尊而國小。爵卑而國

大者。然而圻內有限。不可附會。則又以爲圻內。不增以祿群臣。俱不足信。」

卷三十一

四庫本封建後論止於「又奚患於作舍不成與尾大不掉之咎邪」句（三八三—四三八上）。明刊本其後尚有「郭進爲洺州防禦使。克西山巡檢以備并寇。大祖言。進控扼西山十餘年。使我無北顧憂。石林燕語云。知雄州捍契丹皆誤。按建隆垂統錄云。充西山巡檢。前後二十年餘。戰功居多而已。賀惟忠以儀鸞使。知易州。威名震於北虜。李謙溥。隰州刺史。在郡十年。幷人不敢犯其境。內斌以虢州。爲慶州刺史。在郡十餘年。戎人不敢犯塞。遵誨以散員都虞候爲通遠軍使。後就拜羅州刺史。兼靈州路都巡檢。在軍十四年。戎人悅附。當景德初。陳貫建言。李超守瀛。虜不敢視關南尺寸地。而今將帥大概用恩澤進。雖謹重有可信。然卒與敵過。則不知所爲。故虜勢益張。兵折

於外者二十年。此失得之機也。是年。以趙延祚爲雄州北關巡檢。延祚州之大姓。自太宗朝。以結虜中豪傑。多得其動靜利便。故能久制戎虜。此皆世襲之利也。」

卷三十四

四庫本原焚章止於「以禁其逾期不葬。而爲佛事說陰陽者。其亦庶乎其可矣」句（三八三—四九二上）。明刊本其後尚有。

「內翰洪公邁隨筆云。自釋氏火化之說。於是死而焚尸者。所在皆然。固有炎暑之際。畏其穢泄。斂不終日。肉未及寒。而就熱者矣。魯夏父弗忌獻巡祀之議。展禽曰必有殃。雖壽而沒不爲無殃。既其葬也。焚烟徹于上謂巳葬。而火焚其棺槨也。吳伐楚。其師居麻。楚司馬子期。將焚之。令尹子西曰。父兄親暴骨焉。不能收。又焚之。不可謂。前年楚人與吳戰多死。麇中不可并焚也。衞人掘褚師定子之墓。焚之于平

莊之上。燕騎刼圍齊即墨。掘人冢墓。燒死人。齊人望見涕泣。怒目十倍。王莽作焚如之刑。燒陳良等則是。古人以焚尸爲大戮也。列子曰楚之南有炎火之國。其親戚死。㱙其肉而棄之。然後埋其骨。秦之西有儀渠之國。其親戚死。聚薪積而焚之。燻則烟上謂之登遐。然後成爲孝子。此上以爲政。下以爲俗。而未足爲異也。蓋時是其風未行於中國。故列子以儀渠爲異。至與㱙肉者同言之。」

卷三十五

四庫本「佛事太盛速天譴」章止於「明堂大順之事。亦微見唐志云」句（三八三—五〇二）。明刊本其後多小註云。「因李白詩云。即梁所建瓦棺閣。高四十尺。因山爲基。高十丈。影落米江。順義中修之。日□具昇。元初爲昇元。今爲崇勝虛舍。那閣猶高七丈」。

又其後「周世玫」章。四庫本止於「一十五世而得。

遽而盡之哉甚矣。系牒之難理也」句（三八三—五〇八上）。明刊本其下尚有一段如下。

載紀左方。

不窋生鞠是爲鞠陶。傳云。有文在手曰鞠。生公劉。公能脩后稷之業。民保歸之。周道繇興。生慶節。始國于邠。生皇僕。皇僕生弗差。或作差弗。非弗差者。猶難當大奈云。弗差生僞喻。僞喻生公非。公非生辟方。辟方生高圉。高圉能師稷者。周人報焉。是生

侯牟。侯牟生亞圉。亞圉卒。弟雲都繼。生公叔組紺。是爲祖類。祖類生諸盩。是爲太公。太公生亶父。是爲古公。太王生泰伯。仲雍。季歷三人。凡一十有七世。祖類即公叔組紺世表衣之叔類。而人表曰。公祖是爲祖戾。亦曰公叔祖類祖紺也云云。先公祖紺以上詩小戎圖乃云高圉侯。亞圉侯。又以公叔祖類。諸盩爲三人繆矣。按世本云。公非。辟方。高圉。侯牟。亞圉。雲都。祖紺。諸盩。太公。如妃而已。班氏表乃云。辟方。公非。子高圉。群方子美族。亞圉。皆高圉子。雲都乃亞圉之弟。其世顯甚。故杜釋例云。高圉僕窋九世孫。而史索亦以辟方。侯牟。爲皆二人斯得之矣。獨史記乃無辟方。侯牟。雲都。諸盩。已至皇甫謐。遂以爲公非。高圉。亞圉。祖紺之字。蓋牽於單□穆公十四世之說。縮之而合二人以爲一爾。魯頌正云。后稷之孫實爲太王。而閟宫詩明謂姜嫄先妣是后稷大王之大夫。而姜嫄爲周公之母矣。其得据

邪傳記。昆倫之虛。五色之水。出其四。陬乃皆數千里外。故善學者。惟不以章句泥也。子如通之於先王之書也。何況周世之末邪。

卷三十六

四庫本「堯舜禹非謚辯」章止於「而後之學士指言堯舜禹者。其爲不遜昧去就甚矣」句（三八三—五二〇上）。明刊本其下尚有「景德元年。命知制。李宗諤等詳定正辭錄。自今祝板。先代帝王有言商王湯之類。今正辭錄堯舜並稱。陶唐氏。有虞氏。其禹湯並稱。夏王。商王之類。斯爲得體」。

又其後。論謚法章。四庫本上於「德又下衰。其流及於藝術與緇黃矣。名器之失孰甚於此。顧不謂辱典耶」句（三八三—五二一下）。明刊本其下多「國朝四祖暨太祖太宗六后俱同廟謚。獨章聖三后節惠。日莊呂公綽以爲。非謂古者婦人無謚。漢晉以來。后謚多因于帝。今與謚典不合。乞追正前夫從之非也。三母

遠矣。魯惠繼室以聲子。聲子謚也。豈惟後世哉」

卷三十七

四庫本「伐桀升陑辨」章末「彼皇甫謐者。更以爲桀醉不寤而湯伐之。其足徵歟」句（三八三—五五八）。明刊本其下多小註。

「夫出不意。則桀不得出戰於鳴條矣。地西北高。而陑在亳之西。故曰外。呂春秋云。湯與伊尹盟滅夏。復往觀曠。夏听於末嬉。末嬉曰。昔天夢兩日相爲鬥。西方日勝。東日不勝。尹以告湯。商涸旱猶發師。□信伊尹。令師從東方出於國西以進。外紀亦云。景亳之命。湯自把鉞。費昌爲御。而伐桀。令師徒東方出於國西以進。王荆公乃以陑爲山。謂升高而戰。非地利以人和也。夫恃人和而行。師於不利之地。豈人情也哉。穎達更謂湯嘗爲臣。慚而且懼。故出其不意。武王久不事紂。故顯然致罰尤妄。」

又其後「路史絕筆」章。四庫本止於「不然篤信明義。崇德。報功之前。非台敢稽」句（三八三—五六二）。明刊本其後尚有以下一段。

「才學識史氏之三長。雖然。才者衆所同。而識者不千一。於其不千一之中。而復得其高且遠者。安得不歛衽而敬歎哉。今夫一計而上殘篇斷賦。稗官小說。與夫一言一句之可錄者。俱足以稱才。而荀。楊。晁。董。韓。柳。歐。蘇之徒。其爲識猶有不至。則夫所謂三長。有冠履之不侔者。自非幼而刻苦博友。求師渴焉而不得。其說者烏足以知之。予爲學四十年。於書蓋無所不觀。於文蓋無所不愛。有觸於目。必致其難。其有按經摭傳。而終不得於予心者多矣。如六經之始終。性道之淵源。先賢論說。千種百端。固有終不得其說者矣。今觀羅氏路史。與夫發揮之書。稽疑發奧。默然有契於予心者。又何多也。詳其議論。大抵皆必然有不可變之議。而不爲兩可之辭。如詩。書。易。春秋之所以始終之說。皇帝王之事業之所以因革之論。皆超然卓絕。窮聖人之本心。而前賢之不克究者。噫。一何識學高遠之如是耶。夫逃虛空者。聞足音蛩然。而喜挈竿擊鼓。求亡子者。窮山越海。而不之得。一旦悠然而遇之塗。其爲悅可勝概邪。予非知長源者。蓋以用心獨苦。嘗求之。嘗不得矣。而長源一旦先得我心之所同。夫又安得而不敬歎哉。道之所在。亦何間於遠近之。與今古非先賢之學。有不至。特以理學高遠。將智識有所未誼耳理之所在。固

不可掩。得路史者。厭觀熟復氷釋理順。死可以無憾矣。彼泯泯紛紛好爲異論者。請試即而嘗之。吾知六籛。八珍。有不足以諭其快矣。幸勿嚻嚻矜其舉子之習。而胥動於誇毗可也。淳熙九年長至日靜江憲屬曾大鼎書。

卷三十九

四庫本止於「祭先飯」章（三八三—五七五下）。明刊本尚多「題炎陵」章。「題炎陵—神農有天下。傳七十世。在古最爲長世者。葬於荼陵。見於郡國志帝王世紀。予作路史紀之詳矣。後十有五年始獲拜陵下。摩挲古杉。俯歎石麟。追懷曩初。晃爾隔世。淳熙十四年正月乙卯炎帝外臣廬陵羅泌書」。

卷四十一

四庫本「天地合祭」章止於以間歲爲禮。而重合之於明堂可矣。圓丘方澤不可合也」句（三八三—五九四上）。明刊本其後多。

「漢初因秦雍畤。增之爲五有司。致祠人主。未嘗親事。文帝始議親郊。然在位二十三年。不過一祠。雍時赦天下。武帝雖定三年之制。然亦未有常禮。即位八年。而始郊。越十一年再郊。厥後或連年。或二年。或五六年。八九年。多因行幸。非專意于尊享。元鼎四年。始立后土。汾陰五年。始祠泰畤。甘泉。而雍郊亦不復事。成帝即位。匡衡張譚奏。言承天之序。莫不郊祀。祭天南郊。就陽之義。瘞地比郊。即陰

之象天之於天子。因其所都而各享焉。今行常幸長安郊。見皇天反北之泰陰祠。后土反東之少陽。事與古殊。甘泉。泰畤。汾陰。后土。宜徙長安。以合於古。天子皆從明年。始南郊。又明年衡坐。事免衆言。不當變動。詔復甘泉汾陰。祀成帝一行之。而卒變於紛紛之說。自是更復不一。而南北合配之禮。平帝世復行之。孔光等言。宜如衡議。莽頗改之以孟春。上辛苦丁。合祀南郊。高帝。高后配。冬至。有司祠南

郊。高帝配夏至。有司祭北郊。高后配。師舟翟方進等五十人。議燔池泰壇。祭天也。瘞埋泰折祭地也。兆於南郊。所以定天位。祭地方澤就陰位也。郊處。各在聖王所都之南北天地。以王者爲主。故聖王制祭天地。必於國郊長安。聖主之居。皇天所觀視也。甘泉河東之祠。非神靈所享。宜徒正陽。太陽之處。違俗復古如禮。便其說得之。」

卷四十二

四庫本「上帝」章止於「斯合則矣。而或且疑之。亦不知變矣」句（三八三—五九七下）。明刊本其後尚有「古祀三一。而武帝首祠太一。故李尋傳注以太一爲天皇大帝。所謂。通位廊紀者。夫冬至。於地上圜丘祀之者。上帝也。其樂圜鍾爲官六變。其玉蒼璧。牲幣各放其器之色。正月上辛於泰壇祀之。亦上帝也。奏以黃鍾大呂。舞以雲門。牲用騂犢。玉用四圭。有邸泰擅之郊。所以祈農。圜丘之郊。所以報本。丘成

於自然。壇出於人爲。二祀而實一神也。五帝之祀。雖兆四郊。而樂舞如祈穀。則上帝之及五帝亦明矣。康成以昊天上帝爲曜魄寶。而五帝爲太微坐星。靈威仰之屬。既以圓丘所祀爲曜魄寶。而復以泰壇所祀。爲感生帝。謂王者感其神靈。而生乃太微之一帝。而兆于四郊。則爲南宮五佐。是以自漢而來。皆祭五帝。王肅乃謂天一而已。何得有此。五帝者。太昊之屬也。賈馬之徒。亦以爲五人。帝是言社稷取勾龍。后

稷配食之人。而遺其五土。原隰之屬也。
又其後「麟難」章。四庫本止於「斯麟也。其果祥邪。果不祥邪」句（三八三—六〇四上）。明刊本其後尙多。
「孔叢子云。叔孫車子。鉏商樵野獲麟。以爲不祥。棄之。五父之衢。有告者曰。有麏而肉角。子曰何在。吾將觀焉。謂其御高柴曰。若言麟也。往視之。曰宗周將滅。孰爲來哉。乃作歌云云。劉向更始。皆以爲應孔子。賈逵。伏虔。潁容輩乃云。春秋文成三年。致麟。不知春秋因麟而作。文成二年。而孔子卒。按孝經右契。孔子夜夢豐沛之邦。有赤烟起。顏回。子夏。觀之。驅車到楚西北。范氏之廟。芻見倕麟。復其前。折左足。取薪覆之。子曰。汝爲誰。曰。吾姓赤松。字喬特。名受紀。子曰有見乎。曰見一禽如麕者。羊頭上角。其末有肉。方以是西走。子發薪。麟視子。子趨而往。麟蒙其耳。吐書三卷。子精讀之

。事亦見搜神記。蓋妄矣。且諸傳記麟。有蒼白。黃紫。班蚨之異。不可不知也。白獲於孝武。蒼獲於石虎。蚨麟。紫麟出於罽賓。而記仲尼之生紫麟格門者。乃若王毋之駕班方平之乘黃。斯又方外之說曰。」
又其後。四庫本「春秋用周正」章。商書皆以十二月紀。是建不同而書不改夏之月也。按周書作周月」句（三八三—六〇五下）。明刊本其後尙有「以紀王政。而曰惟一月。旣南至。則周正惟子惟一月」。
又卷末。四庫本止於「則亦以春秋爲夏正。與二傳之說異。蓋不知周之四時固不是律也」句（三八三—六〇六）。明刊本其後尙有。
「竊復攷之。周以子正。而晉獨以夏。故絳老曰。臣生之歲。正月甲子朔。四百四十五甲子矣。而師曠謂是叔仲。惠伯。會承匡之歲。於今七十三年。今起文公之十一年正月上。盡是年二月。癸未。爲七十有四年。於曠說不合。長曆攷之。則文之十一年。正月一

日。爲乙丑。所稱甲子。乃三月朔。是年二月二十三
。卻爲七十三年。以傳言之。則自此以前。晉國已用
夏正。僖於四年十二月。申生縊。經書五年春。九年
十一月。殺卓子。經書十年正月。十年冬。晉殺丕鄭
。經書十一年春。蓋傳或據晉史。而經則周曆也。左
氏既與經違。而杜每以爲之。從赴。夫以赴辭。必舉
日月。史豈得而更哉。國語僖十六年。文公過五鹿。
子犯曰。十有三年。歲在鶉火。必獲此土。以十二年

。爲二十七年。是歲。歲在鶉尾。而取五鹿。乃在二
十八年之正。以夏正數。則在二十七年之十一月。始
應鶉尾之說。獻公之伐虢。卜偃曰。克之其九十月之
交乎。十二月丙子朔。晉戒虢。是以周十二月爲十月
也。據汲冢紀年書。特紀一。晉起自殤叔至莊伯十一
年。魚隱之元年也。皆以建寅首歲。晉滅乃復收紀魏
事。故預以爲魏國之史。預蓋知此。故於正月。每云
。謂夏正月。又云。正天時以夏正而已。劉知幾不之

知。乃以爲。春秋諸國。皆用夏正。魯以天子。禮樂
獨用周正。斯又大妄。左氏所記。周夏之時不一而足
。魯隱之元。則斷以爲周正月。獨有合於□指。予故
表而出之」

卷四十三

四庫本「孔子生日」章止於「今定著八月二十七日。
爲先聖人孔子生日」句（三八三—六〇八下）。明刊
本其後尙多「公羊。穀梁皆書孔子生。左氏不記。而

獨書孔丘卒。杜預謂因魯史。而劉炫以爲。卿乃書卒
。此不合書。妄也。典命公候伯之卿三命大夫。再命
子爲大夫。夾谷之會。攝相事矣。故傳曰。予爲國老
。是大夫之尊者。再命則宜書矣。四月無巳丑。惟有
乙丑。巳丑乃五月十二日。林開不知何據。以爲四月
戊戌。戊戌亦不在五月。故祖庭記。直以爲四月乙
丑」

卷四十四

四庫本「萛荚」章「又有赤草生於水涯。則非萛荚矣。云仙茅者誕矣」可（三八三—六一八下）。明刊本其下多小註「抱璞子亦云。又名仙茅。今西山諶母所種者。頗異它處。少年湯飲輒致。口鼻出血。仙茅方云。明皇弗鍾乳不效。婆羅門僧進之」

卷四十五

四庫本「原尸」章「爲君尸者。弁冕而出」句（三八三—六三〇上）。明刊本作「爲君尸者。受伯不哭。

弁冕而出」。

卷四十六

四庫本「九藪」章止於「說文用職方說。以圃田爲甫田。貕養爲奚。則自異爾」句（三八三—六四三上）。明刊本作「說文用職方說。以圃田爲甫田。貕養爲奚養。則自異爾」。其後又多「太康地記沂縣。有蒲谷鄉弦中谷。乃古弦蒲。在沂山北。昭餘祁在介休連延祁縣。呂氏所云。大照一名漚澤。俗曰鄔城泊者是也。貕養在長廣徐口縣。焦護在涇陽北。即瓠口。溉田萬頃」。

卷四十七

四庫本「汴」章末無小注（三八三—六四六下）。明刊本作「漭以徐城險急。奏開十八里。口達于清水。其疏鑿沿亳界眞源。丞崔延禕。糾徒開千步。中得一坎。謂是古墳。中君新營。周廣比屋。下有五色蟄龍。長丈許。側有鯉五頭。龜兩頭。長一尺二寸。睟長九分。禕白開河御史。鄔元圖口。上聞漭。漭命移龍

置淮。投龜于汴」

又其後。「三江詳證」章。四庫本止於「今人特不知其處爾。學者又何可妄引淺證而之罔哉」句（三八三—六四八下）。明刊本其後尚有「水經中口江在丹陽蕪湖縣。西至會稽陽羨。東入海。北江從會稽毘陵北界。東入海。南江從會稽吳縣南。東入于海。蓋本漢志。王安石云。一自蕪湖至陽羨。東入海。一自毘陵

東北入海。一自吳縣南入海。二江在震澤上。今堙淺爲漕河所限。不入震澤。悉入吳縣一江。震澤所以不足。而吳多水患。此妄意也。茲鄭所以謂。東南地卑。萬流所湊。濤湖泛溢。觸地成川。故川舊瀆。難以爲憑。禹之舊跡已變。不可更攷。斯益妄也。震澤在吳縣南五十」。

五代史補五卷

宋陶 岳撰

以明虞山毛氏汲古閣刊本校補

卷三

高祖先兆章

四庫本「命諸班能射者分投捕逐。謂之射狼。未幾。高祖至。蓋射亦石也」句（四〇七—六五八下）。明刊本作「命諸班能射者分投捕逐。謂之射狼。或遇諸

途。問曰。汝何從而來。對曰。看射狼。未幾。高祖至。蓋射亦石也」。

卷四

廖氏世胄章

四庫本「及在江州。盛暑常患體燥。乃以一大桶盛冷水。坐於其間。其簡率如此」句（四〇七—六七三上下）。明刊本作「及在江州。盛暑嘗患體燥。乃以一大桶盛冷水。坐於其間。或至終日。雖賓友謁見。出

露其首。與之談笑。其簡率如此」。

卷五

高祖徵異章

四庫本「忽覩前導者服色。綠者改緋。高祖心始安」句（四〇七—六七五下）。明刊本作「忽覩前導者服色。緋者改紫。綠者改緋。高祖心始安」。

世宗誅高平敗將章

四庫本「不然。何寡人親信將帥而致是耶。如此則卿等雖萬死。不足以謝天下矣。靖諸將引頸以待斧誅。言訖。命壯士擒出。皆斬之。其有功之士亦於是日行賞。自行伍拔出爲將校者甚衆」句（四〇七—七八上）明刊本作「不然。何寡人親戰而劉崇始敗耶。如此則卿等雖萬死。不足以謝天下。宜其曲膝引頸以待斧誅。言訖。命行刑。壯士擒出。皆斬之。於是立功之士以次行賞。自行伍拔於軍廂者甚衆」。

世宗問相於張昭遠章

四庫本「濤爲人不拘禮法。其弟澣娶禮部尙書竇寧固之女」句（四〇七—六七九下）。明刊本作「濤爲人不拘禮法。與弟澣雖甚雍睦。然聚話之際。不典之言。往往間作。澣娶禮部尙書竇寧固之女」。

北狩見聞錄一卷

宋曹　勛撰

以舊鈔本校補

四庫本「我事四聖香火謹。必有陰助。今陷塞北。愈更虔事」句（四〇七—六九〇下）。舊鈔本「塞北」作「虜中」。

又其後文「金人謀多此類。徽廟北狩日。乘平日宮人所乘牛車。牛五頭。金使兩人牽駕。不通華語」句（四〇七—六九二上）。舊鈔本「金人」作「虜」。「金使兩人」作「兩虜」。

松漠紀聞二卷

宋洪　皓撰

以明萬曆間新安吳氏古今逸史本校補

按。四庫本與古今逸史本編排次第略有異同

卷一

女眞即古肅愼國也章

四庫本「使者及其徒起舞於前。曲折皆爲戰鬥之狀」句下有闕文（四〇七—六九五上）。明刊本作「上謂侍臣曰。天地間乃有此物常作用兵意」。又後文「以衆及靺鞨部兵十餘萬來降」句下亦有闕文。明刊本作「太宗悉縱之。獨坑靺鞨三千人」。

金太祖八子正室生勝果章

四庫本「第八子曰邢王。爲燕京留守。打毬墜馬死。勝果死。今主養於固倫家」句（四〇七—六九六上）。明刊本作「第八子曰邢王。爲燕京留守。打毬墜馬死。自固倫以下皆爲奴婢。勝果死。其妻爲固倫所收。故今主養於固倫家」。
回鶻自唐末浸微章
四庫本「婦人類男子。白皙著青衣。如中國道服。然以薄青紗羃首而見其面。其在燕者皆久居業成」句中有闕文（四〇七—六九上）。明刊本作「婦人類男子。白皙著青衣。如中國道服。然以薄青紗羃首而見其面。其居秦川時。女未嫁者先與漢人通。有生數子。年近三十始能配其種類。媒妁來議者。父母則曰。吾

女嘗與某人某人昵。以多爲勝。風俗皆然。其在燕者皆久居業成」。又後文「辛酉歲。全國肆眚皆許西歸。多留不反」句下有闕文（四〇七—六九七下）。明刊本作「今亦有目微深而髯不虬者。蓋與漢兒通而生也」。又後文「因執子壻之禮。昏者飲食皆以木器」句。明刊本作「因執子壻之禮。其俗謂男女自媒勝於納幣而昏者。飲食皆以木器」。又後文「其議論亦可聽」句（四〇七—六九八上）。明刊本其下尚多「衣制皆如漢兒」。

四庫本「黃頭女眞者皆山居」章（四〇七—六九八下）與「道宗末年阿固達來朝」章（四〇七—六九九上）之間有闕。明刊本作「盲骨子契丹事跡謂之朦骨國。即唐書所謂蒙。遼道宗朝有漢人講論語。至北辰居所。而衆星共之。道宗曰。吾聞北極之下爲中國。此豈其地邪。至夷狄之有君。疾讀不敢講。則又曰。上世獯鬻獫狁蕩無禮法。故謂之夷吾。修文物彬彬。不異中華。何嫌之有。卒令講之」。

又「初女眞有戎器而無甲」章之前缺一則（四〇七—六九九上）。明刊本作「遼盛時。銀牌天使至女眞。每夕必欲薦枕者。其國舊輪中下戶作止宿處。以未出適女待之。後求海東青。使者絡繹。恃大國使命。惟擇美好婦人。不問其有夫。及閥閱高者。女眞浸忿遂叛」

四庫本「金主生於七月七日」章之前有闕文（四〇七

一七〇二上）。明刊本全文如下「女眞舊絕小。正朔所不及。其民皆不知紀年。問之則曰。我見草青幾度矣。蓋以草一青爲一歲也。自興兵以後。浸染華風。酋長生朝皆自擇佳辰。粘罕以正旦。悟室以元夕。烏拽馬以上巳。其他如重午。七夕。重九。中秋。中下元。四月八日皆然。亦有用十一月旦者。謂之周正。金主生於七月七日。以國忌用次日。今朝廷遣賀使以正月至。彼蓋循契丹故事。不欲使人兩至也。

金國治盜甚嚴章

四庫本「唯正月十六日則縱偷一日以爲戲。寶貨。車馬爲人所竊。皆不加刑」句（四〇七—七〇二上）。明刊本「寶貨」之前尚有「妻女」二字。又四庫本末句終於「次則攜壺小。亦打餻取之」。明刊本其下尚有「亦有先與室女私約。至期而竊去者。女願留則聽之。自契丹以來皆然。今燕亦有之」。

四庫本「金俗奉佛尤謹」章（四〇七—七〇二下）。明刊本「金」作「胡」。

金國新制大抵倣依中朝章

四庫本於此章前缺一章（四〇七—七〇三下）。明刊本作「胡俗舊無儀法。君民同川而浴。肩相摩於道。民雖殺鷄。亦召其君同食。炙股烹脯。音蒲。膊肉也。以餘肉和虀菜擣臼中。糜爛而進。率以爲常。吳乞買稱帝。亦循故態。今主方革之」

又四庫本此章「以其側室多。恐正室妒忌也」句（四

〇七—七〇三下）。明刊本作「以其側室多。恐正室妒忌。漢兒婦莫不唾罵。以爲古無此法。曾藏獲不若也」。

卷二

己未年五月章

四庫本終於「至九月而誅」句（四〇七—七〇五上）。明刊本其下尚多「虜亦應天道如此」句。

四庫補正

平宋錄三卷

元劉敏中撰

以舊鈔本校補

卷下

四庫本於「賜宋主詔」章之後有闕文（四〇八—一〇五八上）。舊鈔本作

追贈鄭江

竊爲古之所以敢勇而立異功者。蓋上之人有激勸之術使然也。不爾。將偷卒惰望其有奇功於天下不能也。比聞故河南路統軍鄭江。今年四月內襄陽城下以戰而死。迄今半載。朝廷無奬之命。今參詳國家方混一區宇。苟死於王事者不加遺奬。則偷安苟容之徒以爲得計。照得近例以他功追封者。往往有之。彼被堅執銳。不顧死難。爲國家效報者。若不量加追贈。恐於激勸克敵制勝之術有所未盡。

四庫補正

弇山堂別集一百卷

明王世貞撰

以明萬曆十八年金陵刊本校補

卷一

盛事述叙章

四庫本「閥閱朱紫。雖若蟬綿。而庇蔭繫援。亡足稱述我明之世」句（四〇九—三下）。明萬曆本「庇蔭繫援」作「髦毳羶腥」。

成祖功德章

四庫本「成祖文皇帝……四征朔漠……東逾遼水諸處及野人烏梁海之地」句（四〇九—四下）。明萬曆本作「成祖文皇帝……四征北虜……東逾遼水。韃靼。女直。野人兀良哈之地」。

卷二

兄弟三品九卿章

四庫本「工部右侍郎鑾少師」（四〇九—一二三下）明

萬曆本作「南京工部右侍郎鎜少師」。

卷三

內閣同鄉章

四庫本「俱以江西人官少師。不參他相。寵眷事權相埒而終不合」句（四〇九—三五上）。明萬曆本作「俱以江西人官少師。不參它相。寵眷事寄絕埒而用郄終」。

卷四

九佩大將印章

四庫本此章有兩處「征北大將軍印」（四〇九—四六至四七上）。明萬曆本均作「征虜大將軍印」。

八佩將印章

四庫本「宣平王朱永……以靖邊將軍討荊襄境。進封侯。以平北將軍拒敵。以平西將軍拒西人。世侯尋以將軍印討北邊。進封公。復以將軍印破大同境」句（四〇九—四七上）。明萬曆本作「宣平王朱永……以靖虜將軍討荊襄賊。進封侯。以平胡將軍拒虜。以平虜將軍拒西虜。世侯尋以將軍印討東虜。進封公。復以將軍印破大同虜」。

其後「成寧侯仇鸞……初掛靖北將軍印鎮寧夏……七以平北大將軍禦敵」句（四〇九—四七下）。明萬曆本「北」字均作「虜」。

七佩將印章

四庫本「郤懷信永……丁丑以平北將軍左都督……癸

丑。以都督同知充平北將軍」句（四〇九—四七下）。明萬曆本「北」字均作「虜」。

三爲大將軍章

四庫本「洪武中。馮宋公勝……以征北將軍練汴晉兵。再以征北大將軍北破敵……又以征北將軍北禦敵」句（四〇九—四七下至四〇九—四八上）。明萬曆本作「洪武中。馮宋公勝……以征虜將軍練汴晉兵。再以征虜將軍破虜……又以征虜將軍北禦敵」。

三下南交章

四庫本「永樂間。淇成二公……再以英國公征夷」句（四〇九—四八上）。明萬曆本「夷」字作「虜」。

文臣累爲督師章

四庫本「破紅鹽池敵……破咸寧海境……破山東墩境……五以平北將軍總兵北征」句（四〇九—四八下）。明萬曆本作「破紅鹽池虜……破威寧海虜……破山東墩虜……五以平胡將軍總兵北征」。

三總三邊章

四庫本「以左副都右都御史連歲出兵關中。破西北敵。再以威寧伯提督同保國公朱永破西北敵。三以太子太保總制陝西三邊破西敵」句（四〇九—四九上）。明萬曆本「敵」字均作「虜」。

文臣久任章

四庫本「永樂五年始歸。十四年封巴實伯里納琳實克爲王。見羈北廷。留滯者復九年」句（四〇九—五四上）。明萬曆本「北廷」作「北虜」。

中貴人歷中外任章

四庫本「從上禦敵」句（四〇九—五五上）。明萬曆本「敵」作「虜」。又其後「凡一破國都。再夷逆命王」句。明萬曆本「夷」作「虜」。

卷六

天子爵封章

四庫本「近年以來。塞外犯順……使其必掃兇殘」句

（四〇九—七二上）。明萬曆本作「近年以來。虜酋犯順……使其必掃腥羶」。

親王將兵章

四庫本「後秦王征西虜。晉王燕王征北境……制高陽郡王高煦充征北副將軍」句（四〇九—七三下）。明萬曆本「北」均作「虜」。

夷王如親王章

四庫本「北邊如太平王」句（四〇九—七六上）。明

萬曆本「邊」作「虜」。

卷八

大將軍章

四庫本「征北大將軍徐達……平北大將軍李景隆」句（四〇九—九六上）。明萬曆本「北」作「虜」。又「平北大將軍總督京營戎政。統領各路人馬」句（四〇九—九六下）。明萬曆本「北」亦作「虜」。

節制各省章

四庫本「王新建伯守仁總督廣東。廣西。江西。湖廣諸處拒北邊」句（四〇九—一〇五上）。明萬曆本「邊」字作「虜」。

卷十

文臣異途章

四庫本「刑部尚書安圖。工部侍郎額森特穆爾和克齊治書。侍御史索諾木結。右副都御史約爾珠。四川左參政閻奈瑪反以番將」句（四〇九—一二二）。明萬曆本「番將」作「番虜」。

卷十一

東駕東宮迎送功臣章

四庫本「洪武三年。征北大將軍信國公徐達……等討北師」句（四〇九—一三八下）。明萬曆本「北」均作「虜」。

卷十二

邊功加恩內閣章

四庫本「（嘉靖）三十年。獲叛寇哈達拉等」句（四〇九—一五三下）。明萬曆本「叛寇」作「叛虜」。

卷十三

大臣歿後儀典章

四庫本「洪武二年六月。故征北左副將軍中書平章軍國重事鄂國公常遇春卒於軍」句（四〇九—一六七下）。明萬曆本「北」作「虜」。

洪熙特旌大臣三敕章

四庫本「楊榮茲爲朔漠梗化。久犯邊疆。我皇考……親率六師往行天討。豈期朔寇畏威遠遁。班師之際」句（四〇九—一七〇下）。明萬曆本「朔漠」作「胡虜」。「朔寇」作「醜虜」。

賜夫人勑章

四庫本「永樂八年。遣行人余昊勑淳州都督吳允誠妻曰。比邊人以兵脅爾夫妻爲叛」句（四〇九—一七四下）。明萬曆本「比邊人」作「比韃寇」。

卷十四

天子賜名章

四庫本「成化中有邊患」句（四〇九—一七六上）。明萬曆本「邊」作「虜」。

賜降將姓名章（四〇九—一七六下）

明萬曆本凡「降將」均作「降虜」。

諸降人重賞章（四〇九—一八二下）

明萬曆本凡「降人」均作「降虜」。

北人之賞章（四〇九—一八三下）

明萬曆本「北人」均作「北虜」。

卷十五

誅公侯二特詔章

四庫本「法祖圖治。比因邊境靡寧……二十九年。敵入犯京畿……爲朕討寇」句（四〇九—一九四上）。明萬曆本作「法祖圖治。此因醜虜侵擾。邊境靡寧……二十九年虜入犯京畿……爲朕討虜」。

罷輔臣特勑章

四庫本「中華陽。外夷陰。今陰犯陽」句（四〇九—一九七上）。明萬曆本「陰犯陽」作「夷犯華」。又後文「言初測知上怒。奏備邊事宜」句（四〇九—一九九上）。明萬曆本「邊」作「虜」。

卷二十

史乘考誤一

四庫本「洪武二十七年……其征納克楚裨將有盜敵馬

者。勝斬之以徇。然亦自掠敵馬。至使閹者行酒於納克楚妻。求大珠異寶。又番王死才二日。強娶其女」句（四〇九—二六二上）。明萬曆本「敵馬」並作「胡馬」。「番王」亦作「胡王」。

卷二十一

史乘考誤二

四庫本「二十三年。與上會征朔漠鼐爾布哈。晉王素怯兵。既行不敢出」句（四〇九—二七二上）。明萬曆本「朔漠」作「北虜」。

卷二十二

史乘考誤三

四庫本「一統志載……十四年命傅安封巴什伯里納哩實克爲王。後復留滯敵中……留敵中者十之八九」句（四〇九—二八一下）。明萬曆本「敵中」並作「虜中」。

卷二十三

史乘考誤四

四庫本「而都督方政等爲副。以鎭兵從行政爲前鋒。破敵逐北」句（四〇九—三〇〇下）。明萬曆本「敵」作「虜」。

又其後。四庫本「亨子彪以游擊巡邊。所在積聚皆沒入己。謬奏邊寇焚掠無遺」句（四〇九—三〇三下）。明萬曆本「邊寇」作「虜寇」。

卷二十四

史乘考誤五

四庫本「又言敵擁乘輿登陴臨視。諸大臣在城下朝上。敵以長刀簽一臠燒羊於銛端啖趙尙書雍。趙徑開喉仰接而呑之。敵驚嚙指曰。好漢好漢。按是時不聞有所謂趙尙書雍也。當是王舍人棨以使北進太常少卿」句（四〇九—三〇七下）。明萬曆本「敵」。「北」字均作「虜」。

又其後。「野史又言」（四〇九—三〇七下）。「王文恪震澤紀聞言」（四〇九—三〇八上）。「李獻吉作清風店歌」（四〇九—三〇八上下）。「枝山野記載」（四〇九—三一一下）。諸節行文中。凡「敵」字。明萬曆本均作「虜」。

卷二十五

史乘考誤六

四庫本「又於二年五月內」及「紀略言簽事沈炤」二節中有脫文（四〇九—三二〇下）。今據明萬曆本補於下

又於三年內記初因前代任子之制。文官一品至七品皆得廕子。至是命在京三品以上官。許廕一子入監。按七品廕子。高帝朝洪武十六年。吏部題准事例正一品廕子。於正五品用。從一品子從五品用。正三品子正六品用。遞降以至正六品子。則於未入流中等職內敘用。如各關倉庫稅課司局批驗鐵冶所官之類。正從七品子。則於未入流下等職內敘用。如驛丞遞運大使閘壩官之類。又有一款。凡職官子孫不許廕一人。年二十五以下。能通本經四書大義者。敘用。其不通者發還習學。又一款。應敘之人。各於原籍附近布政司地方銓注。又一款。用廕以嫡長子。若嫡長子殘廢。則嫡長之子孫以逮曾玄。無則嫡長之同母弟以逮曾玄。又無則繼室及妾所生者。又無則傍廕其親兄弟子孫。又無則傍廕其伯叔子孫。蓋斟酌宋元之典而加詳且渥如此。然終高皇帝世。群臣不半歲。非遷則死謫。未有能一人與者。至若宋濂之子璲。孫慎。劉益之子璟。孫廌。宋訥之子復祖。皆出特恩。非由廕敘。而至

宣廟時。始以大臣蹇夏三楊身後一子官之。今云一品至七品皆得廕子。至是。命在京三品以上官。廕子入監則始濫。而今始裁之。非也。實推恩而爲之制也。瑣綴錄言。成化己丑。李執中爲吏部。嗾御史廖永韶。劾姚宗伯。商閣老。程司馬。馬司徒當罷。執中陰主之。罷司徒。又御史劉璧以九年將滿。懼無舉。主

寅夜走。執中所出肺肝相示。合數知己。奏請歸。推舉之柄。於吏部語多侵內閣。未幾事露。罷官。人謂執中爲彗星。掃人兼自掃矣。科道素比執中者。喧謗彭閣老聽譖。彭不自安。謝病。予懼貽禍鄉郡。請商閣老急以崔恭補冢宰。庶慰科道比人之心。以解謗言。崔果陞。崔又托予白閣老轉尹同仁於左。而葉與中補右。按李公當時。賢者豈肯嗾御史劾他人。而尹直至比之彗星。又尹一侍讀耳。偃然自附於宰相之私人

。而以吏部尚書侍郎進用爲己任。眞小人哉。考之史。大略謂刑科給事中蕭彥莊劾李公任情行私十大罪。詔群臣廷議尚書陸瑜等。以李當罷。遂革太子少保致仕。而奏內所謂暗結年深御史。令彥莊具實以聞。乃舉劉璧。吳遠。馮徽對。悉下獄。彥莊亦坐謫四川永寧驛丞。未幾。署大寧縣事。以科罰爲怨家所殺。支分其尸。聞者快之。彥莊。王概之姻也。傳以爲劾李疏出概手。史又謂彭時以鄉曲故欲用概。而商輅欲用

姚夔。彥莊之疏。實觀望風旨。而尹直得縱橫其間。大抵彭之與王尹之與蕭皆一黨。前所謂鄉郡之禍者。此也。

卷二十六

史乘考誤七

四庫本「震澤紀聞言……元末韓林兒起兵。旗號云虎賁三千。直抵上都之境」句（四〇九—三四一上）。

明萬曆本「上都」作「胡元」。

卷二十八

史乘考誤九

四庫本「李文正作王襄敏墓志殊不詳。如云庚子出大同至威寧海暸敵營所在……挂平戎將軍印。兼統宣大兵。敵入延綏。河西等處……史以爲此一挫敵。遂不敢深入……越之初挂平戎將軍印」句（四〇九—三七二上）。明萬曆本「敵」字均作「虜」。「平戎將軍」作「平胡將軍」。

卷三十

史乘考誤十一

四庫本「吳明卿爲汪子才墓誌銘……又云。庚戌。北敵深入。京師戒嚴」句（四〇九—三九八下）。明萬曆本「敵」作「虜」。

卷三十七

公侯伯表總叙

四庫本「鄂國公常遇春……征北左副將軍」句（四〇

九—四七六上）。明萬曆本「北」作「虜」。

又四庫本「宋國公馮勝……征北右副將軍……累爲征北大將軍」句（四〇九—四七六下）。明萬曆本「北」並作「虜」。

又四庫本「西淳侯濮璵……陷北境不屈死」句（四〇九—四八四上）。明萬曆本「北」作「虜」。

卷三十八

永樂以後功臣公侯伯年表

四庫本「忠國公石亨……禦敵敗歸」句（四〇九—四八六下）。明萬曆本「敵」作「虜」。

又四庫本「保國公朱永……十五年平東北邊功……以征北大將軍禦敵」句（四〇九—四八六下至四八七上）。明萬曆本作「保國公朱永……十五年平建州夷……以征虜大將軍禦虜」。

又其後。四庫本「西寧侯宋晟……三年論招降功。封奉天翊運推誠宣力武臣」句（四〇九—四八九上）。

明萬曆本「降」作「虜」。

又四庫本「寧遠侯何福……以撫降人功封推誠輔運宣忠效力武臣」句（四〇九—四八九下）。明萬曆本「人」作「虜」。

又四庫本「安順侯薛貴。朔方人」句（四〇九—四九一上）。明萬曆本作「安順侯薛貴。韃靼人」。

又四庫本「定遠侯石彪……天順元年爲遊擊將官破北敵功封伯。二年再以破北敵功進封祿一千二百石」句

（四〇九—四九二上）。明萬曆本「敵」並作「虜」。

又四庫本「武靖侯趙輔……四年以征虜將軍屢著戰功」句（四〇九—四九二下）。明萬曆本作「武靖侯趙輔……四年以征虜將軍平遼夷功」。

又四庫本「安順伯薛貴。朔方人」句（四〇九—四九七下）。明萬曆本「朔方」作「韃靼」。

又四庫本「廣義伯吳管者。朔方人」句（四〇九—四

九八上）。明萬曆本「朔方」作「韃靼」。

又四庫本「定遠伯石彪……以破敵功封祿一千一百石」句（四〇九—五〇一上）。明萬曆本「敵」作「虜」。

又四庫本「東寧伯焦禮……以宿將屢積戰功封祿一千二百石」句（四〇九—五〇一下）。明萬曆本「屢積戰功」作「及殺虜功」。

又四庫本「伏羌伯毛忠。陝西涼州人。本降將」句（四〇九—五〇二上）。明萬曆本「將」作「虜」。

又四庫本「寧遠伯李成梁……以屢立戰功封春天翊運推誠宣力武臣」句（四〇九—五〇三上）。明萬曆本「以屢立戰功」作「以破東虜功」。

卷四十

追封王公侯伯表

四庫本「中山王徐達。見前。係征北大將軍」句（四〇九—五二〇下）。明萬曆本「北」作「虜」。

又四庫本「融國公柳升。見前太子太傅征北大將軍」句（四〇九—五二三上）。明萬曆本「北」作「虜」。

又四庫本「樂浪郡公濮英……死金山北征之難」句（四〇九—五二四下）。明萬曆本「北」作「虜」。

卷四十一

太傅勳臣

四庫本「徐達……以征北大將軍」句（四〇九—五三

七上）。明萬曆本「北」作「虜」。
四庫本「金忠。本韃靼王子也」句（四〇九—五三八上）。明萬曆本作「金忠。虜酋也先土千」。

卷四十二

太子太師　勳臣

四庫本「馮勝……以征北大將軍宋國公」句。「傅友德……以征北將軍穎國公」句。「李景隆……以平北大將軍太子太傅嗣曹國公」句（四〇九—五四九下）。明萬曆本「北」均作「虜」。

卷四十三

太子少傅　勳臣

四庫本「徐達。見前。洪武元年以中書右丞相征北大將軍信國公加」句（四〇九—五六四上）。明萬曆本「北」作「虜」。

卷六十三

總督宣大軍務年表

四庫本「石璞……出禦北兵」句（四〇九—八〇二下）。明萬曆本「兵」作「虜」。
又四庫本「余子俊……禦北兵」句（四〇九—八〇二下）。明萬曆本「兵」作「虜」。

卷六十四

總督陝西三邊都禦史年表

四庫本「正統初。西邊弗靖」句（四〇九—八〇七上）。明萬曆本「邊」字作「虜」。
又四庫本「才寬……本年率師與套戰。中箭卒」句（

四〇九—八〇七下）。明萬曆本「戰」作「虜」。

卷六十五

親征考

四庫本「二十五年復出塞。不見敵（四一〇—三下）……永樂八年……出師討布尼雅實哩。敵聞恐甚……上率諸將追之。至鄂諾河及敵。敵拒戰……復追之。至飛雲壑。敵合兵以待。上以數百騎挑之。敵迎戰。

右哨先與敵。敵選鋒以當我中堅。上躬率精騎千騎衝之。敵陣動……追奔百餘里。敵衆潰敗……十二年。北征至和琳和實衮。敵衆達哩巴瑪哈穆特太平巴圖博囉等掃境（以上四一〇—四下）……令鐵騎數人挑之。敵奮來戰……敵敗卻……聚攻其左。敵盡死……上遙見之。率鐵騎馳擊。敵大敗……敵數萬餘驅牛馬車輛西奔……敵遂大潰。死傷不可勝計……斬首者數十人（以上四〇一—五上）……二十二年。復北征至達

蘭訥穆爾河。不見敵。班師至榆木川而崩。蓋凡四親征（四〇一—五下）」句。以上除「敵衆達哩巴哈穆特」明萬曆本「敵衆」作「虜寇」。「敵遂大潰」作「寇遂大潰」外。其餘「敵」字明萬曆本皆作「虜」。又「斬首者數十人」作「斬首虜數十人」。「四親征」作「四征虜」。

奇功

按是章中凡四庫本「敵」字。明萬曆本均作「虜」。

又四庫本「正統己巳七月。敵分道入塞。托克托布哈王入遼東。河喇知院入宣府。圍赤城。額森入大同」句（四一〇—一二上）。明萬曆本「正統己巳七月。虜分道入寇。脫脫不花王寇遼東。阿剌知院寇宣府。圍赤城。也先寇大同。」

卷六十八

命將考上

四庫本「二十年九月丁未。永昌侯藍玉爲征北大將軍

……討北師……偵北師」句（四一〇—六〇上）。明萬曆本作「二十年九月丁未。永昌侯藍玉爲征虜大將軍……討北虜……偵虜營。」

又四庫本「二十三年正月……吾與諸將軍受命提兵沙漠以靖邊患。今敵無城郭」句（四一〇—六一下至六二上）。明萬曆本作「以靖邊患」作「掃清胡虜」。「敵」作「虜」。又後文「諸將聽命即發。哨騎探得蹤跡」句（四一〇—六二上）。明萬曆本「蹤跡」作

「虜跡」。又後文「天今大雪。敵必不疑我至……敵不之覺……倉卒間。我師已壓敵營。敵衆大驚……敵甚喜過望……晉王兵出塞。不見敵而還」句（四一〇—六二上下）。明萬曆本凡「敵」字皆作「虜」。

卷六十九

命將下

四庫本「七年秋七月……爲征北大將軍……同安侯和珍……討北邊布尼雅實哩……敗其遊兵……諜知敵相

距三十里……每戰敵輒佯敗……敵衆益盛。同安侯使敵……既行敵伏……突敵陣」句（四一〇—六五下至六六上）。明萬曆本作「七年秋七月……爲征虜大將軍……同安侯火眞……討北虜本雅失里……敗虜遊兵……諜知虜相距三十里……每戰虜輒佯敗……虜衆益盛。同安侯使虜……既行虜伏……突虜陣。」

又四庫本「宣德元年……詔以太子太傅安遠侯柳升佩征夷副將軍印」句（四一〇—六六下）。明萬曆本「夷」作「虜」。

又四庫本成化三年後有闕文（四一〇—六九上）。今據明萬曆本補之如後

成化三年五月。命左都御史李秉提督軍務。武靖伯趙輔佩靖虜將軍印。充總兵官。往遼東征建州女直。凡五萬騎。命朝鮮以萬騎佐之。十月。從撫順關出塞。抵其境破之。左哨擒五十一人。斬首二百四十五級。俘男婦一百六人。奪被虜男婦七百十七人。獲牛馬器

械無算。右哨擒十五人。斬首一百四十四級。俘男婦二十九人。奪被虜男婦一百九十五人。獲牛馬器械無算。尋縱兵深入。先後復擒三十一人。斬首二百五十九級。俘男婦十六人。奪被虜男婦二百五十三人。獲馬牛器械亦稱是。朝鮮奏賊酋李滿住等三百八十六級。生擒二十三人。獲牛馬羊二百餘。詔班師。輔進封侯。秉等陞賞有差。

三年。命太監劉恆。兵部尚書程信。總兵官襄城伯李

瑾。征四川都掌夷。分六哨進兵。四年二月。克龍背口尾等寨。尋焚寨一千四百五十七處。斬首三千一十七級。生擒九百五十三人。俘賊屬八百餘口。馬牛羊豕三千。鉦鼓鏢弩等軍器五千餘事。瑾等加祿賞賚有差。

又四庫本「十五年。命太監汪直……佩征東將軍印。征遼東。又特命右副都御史陳鉞參贊軍務」句（四一○—七○上）。明萬曆本作「十五年。命太監汪直。佩征虜將軍印。征遼東建州夷。右副都御史陳鉞參贊軍務」。

又其後「十六年正月……保國公朱勇爲平戎將軍……赴延綏征剿……直襲之於威寧海子」句（四一○—七○上）。明萬曆本作「十六年正月……保國公朱勇爲平虜將軍。赴延綏征虜……直襲賊於威寧海子」。

又其後。四庫本「本年十二月……朱永佩平戎將軍印。爲總兵官。往大同征剿」句（四一○—七○下）。

明萬曆本作「本年十二月……朱永佩平虜將軍印。爲總兵官。往大同征虜」。

又四庫本「十年。北敵犯宣大近邊……賞賜兵銀數十萬計。不遇敵而還」句（四一○—七二上）。明萬曆本「敵」作「虜」。

又四庫本「嘉靖三年……遇北兵。救不利」句（四一○—七二下）。明萬曆本作「嘉靖三年。遇虜。救戰不利」。

又四庫本「二十九年八月。北部諳建阿布該等犯塞……仇鸞爲平北大將軍……敵至白羊口……猝與敵遇。」句（四一○—七四下）明萬曆本「北部」作「北虜」。「平北大將軍」作「平虜大將軍」。「敵」皆作「虜」。

又四庫本「三十一年。北部犯威遠城等……八月。敵聚大衆……數日通敵事發」句（四一○—七五上）明萬曆本作「三十一年。北虜犯威遠城等……八月。虜聚大衆……數日通虜事發」。

卷七十六

宣宗即位之賞章

四庫本「四譯朝貢之人。有職事與京官同」句（四一○—一六四下）。明萬曆本「四譯」作「四夷」。

英宗復辟之賞章

四庫本「在外聽選並公差四譯朝貢等項」句（四一○—一六七上）。明萬曆本「四譯」作「四夷」。

特賞章

四庫本「自正德寧夏平內閣大臣賞白金至千兩」句（四一○—一七四下）。明萬曆本「千」字作「百」。

卷七十七

告密之賞章

四庫本「寧夏都指揮韓成預言叛兵」句（四一○—一八一下）。明萬曆本「兵」作「虜」。

北部之賞章（四一○—一八五上）

明萬曆本「部」作「虜」。又內文。四庫本「番字孝經一本」句（四一○—一八五下）。明萬曆本「番」作「夷」。

額森朝使之賞章（四一○—一八九下）

按此章名明萬曆本「額森」作「北虜」。

又降人之賞章（四一○—一九○上）

明萬曆本「人」皆作「虜」。

又四庫本「賜指揮降將」句（四一○—一九二上）。

明萬曆本「降將」作「降虜」。

又其後。四庫本「二十一年。賜部長額森托噶姓名金忠」句（四一○—一九二下）。明萬曆本「部長」作「虜酋」。

卷七十八

賞功考上

四庫本「九年。賞遼東破敵功都指揮葉旺」句（四一○—一九六下）。明萬曆本「敵」作「虜」。

又四庫本「二十二年破北敵功大將軍藍玉」句（四一○—一九八上）。明萬曆本「敵」作「虜」。

卷七十九

賞功考中

四庫本「洪熙元年。以破敵功遣太監楊瑛」句（四一○—二一四下）。明萬曆本「敵」作「虜」。

又其後。四庫本「四年。以武臣扈從北征有勞」句（四一○—二一五上）。明萬曆本「北征」作「平虜」。

又四庫本「五年……及諸將士北征破敵」句（四一○—二一五下）。明萬曆本作「五年……及諸將士殺舊虜寇」。

又其後。四庫本「六年二月……分路擒殺……及斬獲部長者……及擒殺敵者」句（四一○—二一五下至二一六上）。明萬曆本作「六年二月……分路殺賊……及斬獲虜首者……及擒殺敵者」。

又四庫本「是年十二月。北敵復入涼州……斬首領贊布父子……生擒及斬敵首者」句（四一○—二一六下至二一七上）。明萬曆本「北敵復入涼州」作「近胡寇犯涼州」。「首領」作「首寇」。「敵首」作「寇首」。

又四庫本「二年。以偏頭關獲敵之功」句（四一○—二一八下）。明萬曆本「獲敵之功」作「獲虜寇功」。

又四庫本「景泰元年……擒敵官軍仍加賞……令勦敵贖罪」句（四一○—二二○上）。明萬曆本「敵」並作「賊」。

卷八十

賞功考下

四庫本「平董山功鎮守太監黃順等」句（四一○—二二二上）。明萬曆本作「平建州夷董山功鎮守太監黃順等」。

又四庫本「廣順關之捷」（四一〇—二二三上）。明萬曆本作「建州夷之捷」。

又四庫本「大同黑石崖之捷。生擒敵兵十人」（四一〇—二二四上）。明萬曆本「敵兵」作「虜賊」。又四庫本「右廣順關。威寧海。黑石崖所謂三大邊功也」句（全上）。明萬曆本「廣順關」作「建州」。

又四庫本「唐江夏。王道宗入敵營窺賊形勢」句（四一〇—二三〇上）。明萬曆本「敵營」作「遼左」。

卷八十四

科試考四

四庫本本章在「十六年禮部……諸生發充社」（四一〇—二七七下）後少一節。今據明萬曆本補之如下

題爲士風隨文體一壞。懇乞聖明嚴禁約以正人心。事儀制清吏司案呈照。得近年以來。科場文字漸趨奇詭。而坊間所刻及各處士子之所肄習者。更益怪異不經。致誤初學輔相視效。及今不爲嚴禁。恐益灌潰人心。浸尋世道。其害甚於洪水。甚於異端。蓋人惟一心。方其科舉之時。既可用之以詭遇獲禽。逮其機括已熟。服役在官。苟可得志。何所不爲。是其所壞未必皆屬平正。所以士心狎玩至於今日。雖奉明旨。猶復徘徊觀望。未肯轉移。此雖士習刓敝。蓋亦主司之過也。適今典試諸臣。親奉臨遣。綸命。有嚴如揭日月。孰敢不遵。硃卷解部之日。臣等當會同該科逐一覆校。果有故違明禁。僥倖中式者。定將本生參黜。考

試等官亦分別卷數多寡。題請降罰。孰敢曲庇所慮。應試諸生習見往事。或仍有不信之心。首鼠兩端。不盡所長。堅守迷途。自甘淪落。中有高才。不無可惜。是用不避煩瀆。再請申飭。合候命下。移咨都察院轉行兩京監試及各省監臨御史。除通行禁約外。仍於考試官入簾之日。大書簡明告示。張掛貢院左右人烟湊集之處。使各應試生儒的知上意所嚮。堅如金石。典試諸臣共承休德。必不敢以違式試卷。苟且充貢。

自取不適之罰。即諸生有懷奇韞異。欲見所長者。第能於理致之中發揮旨趣。如先年進士王鏊。近時唐順之。瞿景淳等。儘可馳聲藝苑。擅長一代。何必湊泊難字。如番文鳥篆。譯而後知。餖飣浮詞。如步虛傳偈。迥然戾俗而後爲快哉。且近日小考優卷。間有一二浮詭。已經臣等參出。然猶存其一線之路者。則以法禁初出。情在可原也。今明旨已不啻三令五申。而士方被褐挾筴之日。乃輒忍距違君命。詭遇獲禽。若

以服役在官。則亦何所不出。國家亦何取於此人而進用之耶。倘其僥倖中式。唯欲原之不得矣。臣等叨掌風教。自知庸菲。無可効其轉移之力。獨仰藉綸言。申告多士及諸臣有校士之責者。共遵軌轍以襄盛典。伏惟聖明裁定。勑下臣等遵奉施行。緣係科場臨邇。乞飭典試諸臣。嚴黜違式試卷。以正文體。以羅眞材事理。未敢擅便。謹題請旨等因。萬曆十六年六月十六日太子少保本部尚書兼翰林院學士沈鯉等具題。十八日奉聖旨。是各該考試官務遵屢旨取士。其違式試卷你部裡及該科著實參治。亦不許姑息。

卷八十五

詔令雜考一

四庫本此章「龍鳳十二年五月二十一日太守荊營許士傑齎到」（四一〇—二九五上）之後少「諭中原檄」一篇。今據明萬曆本補之如後。

諭中原檄

自古帝王臨御天下。中國居內以制夷狄。夷狄居外以奉中國。未聞以夷狄治天下也。自宋祚傾移。元以北狄入主中國。四海內外罔不臣服。此豈人力。實乃天授。然達人志士尚有冠履倒置之嘆。自是以後。元之臣子不遵祖訓。廢壞綱常。有如大德廢長立幼。泰定以臣弒君。大曆以弟酖兄。至於弟收兄妻。子烝父妾。上下相習。恬不爲怪。其於父子。君臣。夫婦。長幼之倫。瀆亂甚矣。夫人君者斯民之宗王。朝廷者天

下之根本。禮義者御世之大防。其所爲如彼。豈可爲訓於天下後世哉。及其後嗣沈荒。失君臣之道。又加以宰相專權。憲臺報怨。有司毒虐。於是人心離叛。天下兵起。使我中國之民死者肝腦塗地。生者骨肉不相保。雖因人事所致。實天厭其德而棄之之時也。古云。胡虜無百年之運。驗之今日。信乎不謬。當此之時。天運循環。中原氣盛。億兆之中。當降生聖人。驅逐胡虜。恢復中華。立綱陳紀。救濟斯民。今一紀於茲。未聞有濟世安民者。徒使爾等戰戰兢兢。處於朝秦暮楚之地。誠可矜憫。方今河洛關陝。雖有數雄。忘中國祖宗之姓。反就胡虜禽獸之以爲美稱。假元號以濟私。恃有衆以要君。阻兵據陝。互相吞噬。反爲生民之巨害。皆非華夏之主也。予本淮右布衣。因天下亂。爲衆所推。率師渡江。居金陵形勢之地。今十有三年。西抵巴蜀。東連滄海。南控閩越。湖湘。漢沔。兩淮。徐邳皆入版圖。奄及南方盡爲我有。民

稍安。食稍足。兵稍精。控弦執矢。目視我中原之民□□無所主。深用疚心。予恭天成命。罔敢自安。方欲遣兵北逐群虜。拯生民於塗炭。復漢官之威儀。慮民人未知。反爲我讎。挈家北走。陷溺尤深。故先諭告兵至。民人勿避。予號令嚴肅。無秋毫之犯。歸我者永安於中華。背我者自竄於塞外。蓋我中國之民。天必命中國之人以安之。夷狄何得而治哉。爾民其體之如蒙古色目。雖非華夏族類。然同生天地之間。有能知禮義。願爲臣民者。與中國之人撫養無異。

與李思齊

四庫本「以漠北荒涼。或不樂居……相許去危就安」句（四一〇—二九八上）。明萬曆本作「以胡地荒涼。或不樂居……相許去夷就華」。

與元幼主

四庫本「朕謂君自古無不亡之國。能順天道歸我中夏乃上策也」句（四一〇—二九九下）。明萬曆本作「

朕謂君自知胡無百年之運。能順天道。歸我中國。乃上策也」。

大理戰書附

四庫本「又若越州土官龍海。豺狼之心。行同異類」句（四一〇—三〇二上）。明萬曆本作「又若越州土官龍海。豺狼之心。猩獷異類」。

倭國求通表

四庫本「臣聞三王立位。五帝擅權。欣睹中華之有主

。爰致夷狄之向方」（四一〇—三〇五）明萬曆本作「臣聞三王立位。五帝擅權。豈謂中華之有主。焉知夷狄之無君」。

卷八十六

詔令雜考二

與曹國公手書

四庫本「前者北敵犯邊。遣征北大將軍……今北敵既循跡……又聞忽有敵騎五十四……以防外寇……敵人出沒。爾獨當之」句（四一〇—三一九下至三二〇上）。明萬曆本作「前者胡虜犯邊。遣征虜大將軍……今北虜既遁跡……又聞忽有胡騎五十四……以防虜寇……胡虜出沒。爾獨當之」。

又四庫本「如今遼東已勝了。北方敵那裡。時下不敢輕動」句（四一〇—三二〇下）。明萬曆本作「北方敵」作「小達達」。

卷八十七

詔令雜考三

四庫本「乃命征北大將軍平元都。肅靖華夷」句（四一〇—三二五下）明萬曆本「北」作「虜」。

又四庫本「洪武十七年正月二十一日」前（四一〇—三二九下）。明萬曆本尚有「阿撒太和縣正千夫長兼試千戶職事」一行。

卷八十八

詔令雜考四

北征軍情事宜

四庫本「說與遊擊將軍……擒拿細作聲息……擒拿細作聲息」句（四一〇—三三八上）。明萬曆本「細作」並作「胡寇」。

又其後。四庫本「王彥即選撥降軍八名……擒拿敵人聲息」句（四一〇—三三八下）。明萬曆本「降軍」作「達軍」。「敵人」作「胡寇」。

又其後。「擒獲敵人如是仍前失機誤事」句（四一〇

—三三八下）。明萬曆本「敵人」作「達賊」。

又其後。四庫本「今衰台已拿到細作人來問……已爲細作哨知我聲息」句（四一〇—三三八下）。明萬曆本「細作」並作「胡寇」。

又其後。四庫本「今衰台已拿到細作人來問……已爲敵人哨知我聲息……擒拿敵人布尼雅實哩」句（四一〇—三三九上）。明萬曆本「細作」。「敵人」皆作「胡寇」。

又其後。四庫本「追勦敵人務要互相接應」句（四一〇—三三九下）。明萬曆本「敵人」亦作「胡寇」。

又其後。四庫本「今往殺敵人。務要左哨左掖」句（四一〇—三四〇上）。明萬曆本「敵人」作「達賊」。

又四庫本「爲敵人所掠。好生不便」句（四一〇—三四〇上）。明萬曆本「敵人」作「胡寇」。

又四庫本「今妻郭勒獲到韃靼人口羊馬」句（四一〇

—三四〇上）。明萬曆本「韃靼」作「達賊」。

又其後。四庫本「敵騎驕兇。殺戮信使」句（四一〇—三四〇下）。明萬曆本「敵騎」作「胡寇」。

又四庫本「凡遇一應降兵及高麗邊外野人」句（四一〇—三四〇下）。明萬曆本作「凡遇一應漢達及高麗女直野人」。

又四庫本「初七日邏騎獲敵人聲息。知敵人布尼雅實哩在鄂諾河……掃蕩塵烽。沙漠永清」句（四一〇—

三四一上）。明萬曆本「敵人」並作「胡寇」。「塵烽」作「胡虜」。

又四庫本「今差內官海壽都指揮平邊詔前去開讀」句（四一〇—三四一下）。明萬曆本「平邊詔」作「平胡詔」。

又四庫本「遇有敵人相機勦捕」句（四一〇—三四一下）。明萬曆本「敵人」作「胡寇」。

又四庫本「遇有敵人務要用計擒拿」句（四一〇—三四三下）。又「臨陣之際務要盡力勦殺敵人」句（四一〇—三四四上）。又「敵人馬駝牛羊務要好生收管」句（四一〇—三四四下）。又「遇有敵人即相機勦捕。敵人去爾一程」句（四一〇—三四五下）。又「遇有敵人相機勦捕」句（四一〇—三四六上）。又「但遇敵人務立奇功」句（四一〇—三四六上）。又「遇有敵人即相機勦捕……前遇敵人正當勦除之」句（四一〇—三四六下）以上凡「敵人」皆作「胡寇」。

又四庫本「致使敵人驕騁……而敵人氣運衰絕。實天亡之……已將敵將布尼雅實哩追敗……聞有敵兵三千……遇有敵人相機勦捕」句（四一〇—三四七上下）。明萬曆本「敵人」。「敵將」。「敵兵」皆作「胡寇」。

又四庫本「患病官軍夫人自擒虎山」句（四一〇—三四九下）。「清水源並殺虎城所存下運糧軍夫」句（同上）。明萬曆本「虎」字皆作「胡」。

又四庫本「今前哨馬已與敵人交鋒。殺死敵衆數百人。見藏伏在山谷間敵人陣上有漢人來……便是敵人」句（四一〇—三五一下）。又「與敵衆廝殺時。不許於陣與敵人說話打話。但有與敵人說話打話的。便拿住。便殺了。如有敵人來降的。方許與他說話」句（四一〇—三五一下至三五二上）。又其後「但有敵馬來的便是敵人」句（四一〇—三五二上）。以上凡「敵人」。「敵衆」皆作「胡寇」。

卷八十九

兵制考

四庫本「庚戌敵大入京。兵出禦之」句（四一〇—三五六下）。明萬曆本「敵」作「虜」。

四庫本「金吾緹騎。發其與敵通事。遂磔其屍」句（四一〇—三五七上）。明萬曆本「敵」作「虜」。

市馬考

四庫本「而故元降將約爾珠等以爲言」句（四一〇—

三六〇上）明萬曆本「故元」作「胡元」。

又四庫本「故元國公哈喇章男伊特崇和爾托噶……故元新附番軍一百一十七人」句（四一〇—三六〇下）。明萬曆本「故元」作「胡元」。

又四庫本「三年……一於開原城南以待遼東互市」句（四一〇—三六二上）。明萬曆本作「三年……一於開原城南以待海西女眞」。

又四庫本「八年。朝鮮國王李芳遠。獻馬萬匹。以助征討」（四一〇—三六二下）。明萬曆本「以助征討」作「助征北虜」。

又四庫本「十年。指揮岳山等七十二人使北邊」句（四一〇—三六二下）。明萬曆本「北邊」作「北虜」。

四庫本「景泰元年……奏曰有勅以北敵犯邊……帝曰。邊警今稍息」句（四一〇—三六四上）。明萬曆本「敵」作「虜」。「邊警」作「虜寇」。

四庫本「嘉靖三十年……其後西海爲北敵所據……北敵抄掠」句（四一〇—三六四下）。明萬曆本「敵」作「虜」。

卷九十

中官考一

四庫本「其年敵入寇德勝門外」句（四一〇—三七五下）。明萬曆本「敵」作「虜」。

四庫本「十年。兵部上打魚王山等處捍禦功」句（四一〇—三七九下）。明萬曆本「捍禦」作「禦虜」。

卷九十一

中官考二

四庫本「十月……及土木之敗。即助敵反攻……既又爲敵使至京」句（四一〇—三九〇上）。明萬曆本「敵」作「虜」。

又其後。四庫本「寧既從上皇陷敵……喜寧回自敵中」句（四一〇—三九〇下）。明萬曆本「敵」皆作「

虜」。

又四庫本「降將陳守忠。丁順。白忠等亦以附吉祥冒迎駕功」句（四一〇—三九六上）。明萬曆本「降將」作「達官」。

卷九十二

中官考三

四庫本「初文升奉勅往遼東撫諭遼人……蓋鉞與汪直久相結。見文升招撫之」句（四一〇—四〇五下）。明萬曆本作「初文升奉勅往遼東撫諭夷人……蓋建州海西夷非一種。文升招撫之」。

卷九十三

中官考四

四庫本「弘治十三年。十一月丁亥……民力告竭。邊患雖寧」句（四一〇—四二〇下）。明萬曆本「邊」作「虜」。

又四庫本「九月……會敵入東州。攻掠村堡」句（四一〇—四二二下）。明萬曆本「敵」作「虜」。

卷九十六

中官考七

四庫本「蒙古小王子連營數十」句（四一〇—四五八下）。明萬曆本「蒙古」作「北虜」。

又四庫本「十二年。給事中任忠言……北敵入寇」句（四一〇—四六四上）。明萬曆本「北敵」作「北虜」。

四庫補正 唐大詔令存一〇七卷

宋宋敏求編

以舊鈔本校補

按提要所言。此書世無刊本。輾轉鈔傳。訛誤頗甚。中闕第十四至二十四。八十七至九十八。凡三十三卷。參校諸本皆同其脫佚。蓋已失久矣。

卷五

奉天改元建中五年爲興元元年正月一日赦

四庫本「下負於黎庶。痛心靦面」句下有闕文（四二六—四二下）。舊鈔本作「罪實在予。永言媿悼」。又後文「其應在行營者。並超三資與官。仍賜勳」句下有闕文（四二六—四三上）。舊鈔本作「五轉。不離鎭者依資與官賜勳三轉」。

卷十

元和十四年册尊號赦

四庫本「大辟罪已下」句下有闕文（四二六—九二上）舊鈔本作「已發覺。未發覺。已結正。未結正。繫囚見徒。罪無輕重」。

卷三十六

皇太子謚孝敬皇帝詔

四庫本「俄遷上寡之駕」句下有闕文（四二六—一二七下）。舊鈔本作「昔周文至愛。遂延慶于九齡。朕之不慈。遽永訣于千古」。

卷四十二

四庫本於「金城公主降吐蕃制」之前缺「止和番公主入朝勅」章（四二六—二七九上）。舊鈔本全文如下

止和番公主入朝勅

公主出降蕃王。本擬安養。部落請入廟謁。深慮勞煩。朕之割恩。抑而永許。思殊惠以慰遠心。奚有五部落。宜賜物三萬段。其中叿二萬段。先給征行遊奕及百姓。餘壹萬段與燕郡公松漠王衙官刺史縣令。其物雜以絹布。務令均平。給訖奏聞。開元十二年四月。

卷四十八

李固言平章事制

四庫本「俾邊域殊方」句（四二六—三三二下）。舊鈔本作「俾四夷左衽」。

卷四十九

楊嗣復李珏平章事制

四庫本「依前充諸道鹽鐵使」句（四二六—三三六上）。舊鈔本作「依前充諸道鹽鐵轉運使。勳賜如故」。

卷五十

陸扆平章事制

四庫本末句「尚書兵部侍郎同中書門下平章事」句（四二六—三四九下）。舊鈔本其下尚有「餘如故」三字。

卷五十二

鄭畋門下侍郎平章事依前都統制

四庫本「昨鎮于近藩者」句下標注「闕」（四二六—三七三上）。舊鈔本作「首擒巨盜」。

卷五十五

陳希烈太子太師制

四庫本「大學士太清諫曹」句下標注「以下原闕」（四二六—三九二上）。舊鈔本作「爰資敏才。恭掌密命。居易勵脩身之操。見危著從我之勤。自處台司。累疏陳乞。忌滿思退。持盈守謙。留中六之。重難其

請（闕）。式撝挹。俾尹官坊。可太子左庶子。賜如故。興元元年四月」。

卷五十六

裴胄鄂岳觀察使制章

四庫本是章首注「原闕」（四二六—四〇二上）。舊鈔本其文首句爲「門下。居台衡之重任。固籍通賢。據江漢之上游。必資文德。以祐沖人。竭彼嘉猷。啓予體運」。但以下卻接「杜讓能梧州刺史制」之文。

故所闕之文不知是否即上所錄之文。待考。

卷五十八

李德裕潮州司馬制章

四庫本末句上於「仍所在馳驛」句（四二六—四一三下）。舊鈔本其下尚有「發遣。縱逢恩赦。不在量移之限。大中元年十二月」等字。

卷五十九

四庫本於「李光弼副知行營事制」與「郭子儀都統諸

道兵馬收范陽制」之間闕兩章（四二六—四二四下）。舊鈔本其文如下

王思禮北京留守制

節制之寄必資於心膂。留守之任允屬於賢明。苟非其人。莫膺斯授。開府儀同三司兼兵部尚書御史大夫潞州大都督府長史。充澤潞沁等州節度使霍國公王思禮。義概忠勇。體識深沉。效節艱危。建功竹帛。德可以和衆。武足以威邊。克壯其猷。能集于事。雖繩愆布政。已光於時選。而懷荒壓難。載叶於僉謀。宜總中冀之師。仍兼北門之鎮。坐清邊寇。無以易卿。可兼太原尹。充北京留守河東節度副大使。乾元二年七月。

郭子儀兼邠寧鄜坊兩坊節度使制

昔周命方叔以征玁狁。漢徵驃騎用拓匈奴。則知戎或亂華。必有龔行之罰。師將授律。爰求濟代之材。蓋所以禁暴安人。保邦定亂。克清王略。實佇臣謀。黨

項小戎。敢行草竊。嘯聚郡吏。擾亂人黎。朕志在懷柔。每思鎮撫。間者或令諸將。時出偏師。務申寬人之恩。先啓招降之路。雖種落之內。頻見歸投。而蚊蚋之餘尙有同惡。或遊魂朔塞。或剽食近畿。頗妨東作之路。尙擾居常之業。將謀靜難。寔藉得人。不有社稷之臣。孰堪垣翰之業。司徒兼中書令朔方節度副使。上柱國代國公子儀。當朝碩量。佐命鴻勳。吉甫有文武之才。曹參膺將相之任。往者雷雲經始。區宇

未寧。願惟搆廈之初。久茂興邦之績。由是使其討伐。委以寅亮。而義心所激。權略克申。資其體國之誠。重以總戎之職。可兼邠寧鄜坊等兩道節度使。仍以鄜州刺史杜寬。新除邠州刺史桑如珪爲節度副使。分知兩道招討。而坐籌帷幄。授節軍師。載安函夏之虞。寔屬勳庸之望。夫古之謀帥。必先令德。是以士會爲政。盜既出奔。馮異臨戎。人皆樂用。成茲洪伐。俟爾嘉猷。永惟蜂蠆之餘。式想邦家之業。宜膺休命

。用副朕懷。餘並如故。乾元三年正月。

卷六十

薛訥除名爲庶人制

四庫本「屻之寇境」句（四二六—四四〇上）。舊鈔本「寇」作「虜」。

卷六十二

册許圉師左相文

四庫本於「軼紀龍而遐翥」句下標注「闕」（四二六—四五五下）。舊鈔本作「羽。排命扈而曾騫。承（王劒於副車）」。

册薛孤吳仁右金吾大將軍文

四庫本「可不愼與」句下有闕文（四二六—四五六上）。舊鈔本作「龍朔二年十一月二十三日」。

册許敬宗太子太師文

四庫本「可不愼乎」句下有闕文（四二六—四五六下）。舊鈔本作「龍翔二年十二月二十五日下」。

卷六十四

賜李納王武俊田悅等鐵券文

四庫本「咨爾某某」句（四二六—四七三上）。舊鈔本作「咨爾李納」。

卷六十五

長孫無忌等九人各封一子郡縣公詔

四庫本「叔寶知節各封一子縣公俾夫」句下闕二字（四二六—四七八上）。舊鈔本作「拜後」。

卷六十八

開元十一年南郊赦

四庫本「孝子順孫。義夫節婦。旌表門閭。終身勿事」句下有闕文（四二六—五〇九下）。舊鈔本作「已旌表者。量加優恤」。

天寶十載南郊赦

四庫本自「與替人等非犯贓」句以下有闕文（四二六—五一一上）。舊鈔本其文如下

者。宜令所司勘責。量加收叙。其衰老疾病者。仍與致仕官。天下百姓。今載地稅。並諸色勾徵欠負等色。在百姓腹內未納者。並一切放免。且京兆府及三輔郡。百役殷繁。自今以後。應差防丁屯丁。宜令所由支出別郡。禮者。所以訓導人俗。昭事明祇。有所增修。以會其本。況國之典在於精禋。必資備禮。以彰遵奉。自今已後。攝祭南郊。薦獻太清宮。薦享太廟。其太尉行事前一日。於致齋所。具羽儀鹵簿公服引

入。朕親授祝板。仍赴清齋。用食誠敬。夫孝子奉親。生極敬愛。歿有思戚。霜露之感逾深。蒸嘗之敬如在。且廟者貌也。取象存焉。是禮由於情。恩則感。太廟宜置內官。以備嚴奉。仍與廟外則造一院安置。庶申同極之思。無忘事生之禮。岳瀆山川。蘊靈毓粹。雲雨之澤。利及生人。春秋之義在乎祀典。況正其運序。式遵咸秩。其五岳四瀆及諸山。宜令專使分往致祭。其名山大川及諸靈跡。并自古帝王及得道昇仙。忠臣義士。孝婦烈女。先有祠廟者。各令郡縣長官祭。其有墓陵屋宇穨毀者。量事修葺。應合禁樵採。宜申明捉搦。四海收廣。百川朝宗。德乃靈長。道唯善利。永言澤潤。義在封崇。其四海宜並封王。仍差使備禮册祭。朕每順時令。奉道施法。天心不違。靈鑒非遠。且去載至長。庚子御辰。令茲建元。辛卯膺曆。立春。乃標於歲首。上巳庚更叶於清明。此氣序和調。乾坤交泰。既正東方之位。咸歸啓運之祥。則

政貴弘通。上符天意。況法以輔德。刑以閑邪。豈在煩苛。必資簡易。朕永懷至理。思政還淳。每軫哀矜之心。屢申寬大之詔。實欲人皆知禁。化洽無違。項者已今法官。每刊刑典。猶慮尙乖大體。未副朕懷。再令中書門下與刑部大理寺。審加詳定。務從寬典。夫共理親人。在於郡守縣令。今二千石朝廷精擇。咸得其人。縣令委之選司。慮未盡善。孰若連職同官。見其蹤跡。今宜令天下太守。各舉堪任縣令一人。善惡賞罰。必及所舉。堪任縣令一人。善惡賞罰。必及所舉。仍所司明作條例。每搜羅賢俊。旌賁丘園。猶慮跡藏名。安卑守位。瞻言及此。寤寐思焉。其諸色人中。有懷才抱器。未經薦舉者。委所在長官審訪。擇具名錄奏。禮之王制。垂範作程。亦既觀德。訓人孝敬。天子七廟。諸侯五廟。大夫三廟。孝享奉先。禮亦有辨。今三品已上乃許立廟。永言廣敬。載感於懷。其京正員四品清望官。及四品五品清官。並許立

私廟。京官五品已上正員清資。官階相當。拜五品已上正員清官。父母先沒無官號者。並與追贈。又父有封爵。合傳授子孫。或緣申請遲違准式。遂停承襲。如有此色。自開元以來。宜令所司審加勘責。灼然合者時宜許襲。天下侍老百姓。百歲以上賜綿帛五段。粟五石。八十以上。綿帛三段。粟三石。丈夫七十五已上。婦人七十以上。綿帛兩段。粟二石。太清宮道士各賜三十段。陪位道士共賜物五百段。亞獻太子賜物二千段。終獻榮王琬賜物一千段。文武百官及有職掌各賜粟帛有差。率土之內。賜酺三日。

蕭昕等分祭名山大川制

卷七十四

四庫本「百王相承。五」句下標注「闕」（四二六—五六四上）。舊鈔本作「等不易。先朝禮神以明德。恭事以嚴禋。進其位號。崇其典策。用三代之樂。金石必備。合九州之味。籩豆有加。俾國之大臣。每歲

頒祀。則執事而有恪。亦莫不寧也。朕纂戎八載。外寇未平。多廢舊章。尚勞戎俗。備巡狩之事。有曠於虞書。封禪之儀。尚慙於漢史。雖命方伯牧長以時致祭。而事之不親。誠有不達。所以分遣八使。禱於群望。各供於事。以服官常。宜令某官等。分祭名山大川。仍勅有司條備其禮物。敬陳明薦。無失正辭。」

卷七十九

破契丹幸靈州詔

四庫本「凝想冕旒。布化中外」句（四二六—六〇一上）。舊鈔本「布化中外」作「化行戎狄」。

卷八十一

詔習禮樂詔

四庫本未闕紀年（四二六—六二一下）。舊鈔本作「咸亨二年十月」。

卷一百十六

奉天遺使宣慰諸道詔

四庫本「淹滯必達。凶」句下注闕（四二六—八一六下）。舊鈔本作「淹滯必達。冤濫必申」。

卷一百十八

喻西京逆官勅

四庫本「未有如祿山之甚也」句（四二六—八三〇下）。舊鈔本作「未有如逆胡之甚也」。

招諭淮西將吏勅

四庫本於「欲人之遷」句下注「此下有闕文」（四二六—八三六下）。舊鈔本作「欲人之遷善。至乃歲充賞設。度支」。

卷一百十九

削奪李惟岳官爵詔

四庫本止於「斬惟岳首」句（四二六—八四八上）。舊鈔本其下尚有「者。節級加官賞」。

卷一百二十五

誅王涯鄭注後德音

四庫本「絕其遺類。以謝庶人。卿士。百辟。體予前志」句（四二六—九一一下至九一二上）。舊鈔本作「絕其遺類。以謝忠良。内外庶臣。卿士百辟。體予前志」。

平潞州德音

四庫本「朕以四海爲家。兆人爲子。一夫不獲。心所歉然。務欲太和。遐邇聞知」句（四二六—九一四下至九一五上）。舊鈔本作「朕以四海爲家。兆人爲子。一夫不獲。常所慊然。萬方不寧。每勞軫慮。今逆黨已戮。内地無虞。偃戢干戈。謀從此始。庶乎元氣。保合太和。遐邇聞知」。

平楊師立宣示中外詔

四庫本「仍賜莊宅。錦綵。銀器。寶注服等」句（四二六—九一八下）。舊鈔本「寶注服等」作「寶玉腰帶等」。

卷一百二十六

誅李錡幷男師回勅

四庫本「謂干戈可得而恃」句（四四二六—九二八上）。舊鈔本作「謂干戈可得而興。江山可得而恃」。

卷一百二十八

葛邏祿葉護開府儀同三司制

四庫本「知終超□以立節」句（四二六—九三八上）。舊鈔本作「知略超群。仗弘義以立節」。又其後「天地匪容。未就□遂」句（同上）。舊鈔本作「天地匪容。未就誅夷。仍慈竄遂」。

突厥李思摩爲可汗制

四庫本「旋十角於盧山。使復命」句下標注闕（四二六—九四〇下）。舊鈔本作「滯」。

卷一百二十九

洗雪平夏黨項德音

四庫本止於「若執迷不返。干犯國章。後悔難追」句（四二六—九五一下）。舊鈔本此句下尚有「深宜自省。大中五年七月」。

卷一百三十

命呂休璟等北伐制

四庫本「施守忠名寵外藩。志勤中國。兼遣弟古監衛將軍守節。長驅沙漠」句（四二六—九五七下）。舊鈔本作「施守忠三庭貴緒。萬里威聲。忠而善謀。勇則能斷。自膺殊禮。名寵於外藩。思立大功。志勤於中國。兼遣弟右監衛將軍守節。長驅沙漠」。

命薛訥等與九姓共伐默啜制

四庫本「西受降城使呂休琳。東受降城使邵宏」句（四二六—九六〇下）。有闕字。舊鈔本作「西受降城使呂休琳。勝州都督。東受降城使邵宏」。

兩漢詔令二三卷

宋林　虙編　樓　昉續編

以明內府朱絲欄寫本校補

卷四

不受獻詔

四庫本「朕乘千里之馬獨先安之」句（四二六—九八五下）。明內府寫本於句下有小注作「於是還馬與道里費而下詔曰」。

卷六

敕責楊僕書

四庫本「超然以東越爲援。不念其勤勞而造佞巧」句（四二六—一〇〇五上）。明內府寫本作「超然以東越爲援。是二過也。士卒暴露連歲。爲朝會不置酒將軍。不念其勤勞而造佞巧」。

卷九

四庫本於「罷角抵宮館等詔」之前有闕（四二六—一

○二九）。明內府寫本爲「罷甘泉建章宮衛等詔」。

其文如下

罷甘泉建章宮衛等詔

蓋聞安民之道。本繇陰陽。間者陰陽錯謬。風雨不時。朕之不德。庶幾群公有敢言朕之過者。今則不然。媮合苟從。未肯極言。朕甚閔焉。惟烝庶之饑寒。遠離父母妻子。勞於非業之作。衛於不居之宮。恐非所以佐陰陽之道也。其罷甘泉建章宮衛。令就農百官各

省費。條奏。毋有所諱。有司勉之毋犯四時之禁。丞相御史舉天下明陰陽災異者各三人。

卷十四

封爵桓榮章

四庫本終於「三老五更皆以二千石祿養終厥身」句（四二六—一○七六上）。明內府寫本其下尚有「其賜天下三老酒。人一石。肉四十斤。有司其存耆耋。恤幼孤。惠鰥寡。稱朕意焉」。

朝堂奉觴上壽制章

四庫本止於「太常擇吉日策告宗廟」句（四二六—一○七九上）。明寫本於其下尚有「其賜天下男子爵。人二級。三老孝悌力田。人三級。流人無名數欲占者。人一級。鰥寡孤獨篤癃。貧不能自存者粟。人三斛。郎從官視事十歲以上者帛十匹。中二千石。二千石。下至黃綬貶秩奉贖。在去年以來皆還贖」句。

包孝肅奏議集十卷

宋包　拯撰　張　田編

以明嘉靖二十二年崇府刊本校補

卷四

奏許懷德上殿陳乞章

四庫本於「庶使僭妄之」句下標注「闕」（四二七—一一七下）。明刊本作「輩稍知警懼」。

卷九

論邊將第一章

四庫本「且北人請命歷年多矣」句（四二七—一六七下）。明刊本「北人」作「北虜」。又後文「況西北二人自古嘗惡」句（同上）。明刊本「二人」作「二寇」。

論邊將第二章

四庫本「與北敵接境。路徑平坦」句（四二七—一六八上）。明刊本「北敵」作「北虜」。

論契丹事宜第一章

四庫本「且北敵自先朝請盟之後」句（四二七—一六九上）。明刊本「北敵」作「北虜」。又「臣訪聞契丹。官吏薄於俸給」句（同上）。明刊本「契丹」作「虜中」。又「率北方之天性也。故自古聖王以要荒治之。來則毆而御之。去則備而守之。此制遠人之常道」句。明刊本「北方」作「戎狄」。「要荒治之」作「禽獸畜之」。「遠人」作「夷狄」。又後文「有

以契丹無事以安聖意」句。明刊本「契丹」作「虜中」。又後文「且北方者中國之陰也……別郡數十與遼界連接」句（四二七—一六九下）。明刊本「北方」作「夷狄」。「遼界」作「虜界」。

論契丹事宜第二章

四庫本「臣聞北方為中國之患其來久矣……臣昨奉命出境遼中。情偽頗甚諳悉」句（四二七—一七〇上）。明刊本「北方」作「夷狄」。「遼中」作「虜中

」。

論昊賊事宜章

四庫本「北朝回書。其意未順」句（四二七—一七一下）。明刊本「北朝」作「北虜」。其後「竊恐北朝因之得以爲詞。於理未便。緣北朝結好四十年矣」句。明刊本「北朝」均作「北虜」。又其後「設欲恃北人之舊好」句。明刊本「北人」作「北虜」。又「萬一敵情忿戾」句。明刊本「敵情」作「虜情」。

乞河北添糴糧草章

四庫本「臣昨奉命出疆詢訪契丹」句（四二七—一七三上）。明刊本「契丹」作「虜中」。

再請移那河北兵馬及罷公用回易章

四庫本「況北敵請和四十餘年」句（四二七—一七三下）。明刊本「北敵」作「北虜」。

盡言集十三卷

宋劉安世撰

以明刊本校補

卷一

四庫本「論歐陽棐差除不當」篇之第五有闕文（四二九—一九五下）。明刊本其文如下

右臣近爲歐陽棐除集賢校理不當。臣已三具論奏。未睹施行。雖屢瀆天聰。難逃罪戾。而不協公論。終決

是非。輒復開陳。敢冀採納。按棐姦邪庸陋。亡他行能。資藉家聲。傍倚權勢。以獵取虛譽。大過其實。昨在考功。殊不事事。升降予奪。多執偏見。士人被枉。凡有申訴。棐必遷怒。曲生詰難。行移會問。動經歲月。孤寒貧窶之人。困於留滯。往往破壞資考。苟求出都。嗟怨之聲播在群聽。方朝廷綜核名實。宜在降黜。遽聞遷陟俾長。著作臺諫交攻。僅得追寢。曾不旋踵。直除校理。進退無義。臣竊惑焉。若謂棐

之文行政事足以厭服士論邪。則不當罷著作之命矣。惟其人材亡狀。如言者所奏。是以收還新恩。用慰公議。不識何名。復授館職。前日之罷是。則今日之授非也。今日之授是。則前日之罷非也。陛下以此觀之。則是非可否之論決矣。或者又謂大臣嘗有論薦。重違其意。遂貼職名。審如此言。尤爲不可。昔申屠剛以謂王者承天順地。典爵主刑。不敢以天官私其宗。不敢以天罰輕其親。人主猶不得以私之。而况大臣乎

。伏望陛下謹守祖宗之典章。愼重朝廷之名器。稍收威福之柄。杜塞僥倖之門。檢會臣累奏事理。罷棐館職。示天下以至公之道。不勝幸甚。

四庫補正　宋名臣奏議一五〇卷

宋趙汝愚編

以宋淳祐十年福州路提舉史季溫刊本校補

卷二

陳襄上神宗論人君在知道得賢務修法度篇

四庫本「民以是化。致以是淳。國富兵強。可使制梃。以撻戎敵之兵矣」句（四三一—二九下）。宋刊本「戎敵」作「戎狄」。

卷十三

蔡襄上仁宗論用韓琦范仲淹不宜使後有讒間不盡所長篇

四庫本「願陛下思祖宗社稷之重。矜四海生民之困。憤西北二敵之恥。發乾剛夬決之道」句（四三一—一三六下）。宋刊本「敵」作「虜」。

卷十四

歐陽修上仁宗論包拯不當代宋祁爲三司使篇

四庫本「至於百職不修。紀綱廢壞。時方無事。固未覺其害也。一旦強敵犯邊。兵出無功」句（四三一—一四八下）。宋刊本「強敵」作「黠虜」。

卷三十六

歐陽修上仁宗論澧州瑞木篇

四庫本「方今西羌叛逆未平之患在前。北敵驕悖藏伏之禍在後。一患未滅。一患已萌。加以西則瀘戎。南則湖嶺。凡與四徼連接。無一處無事」句（四三一—

三九七上）。宋刊本「北敵」作「北虜」。「四徼」作「四夷」。

卷三十八

韓琦上仁宗論火災地震篇

四庫本「又夷狄者亦中國之陰也。今震在北。或恐上天孜孜譴告。俾思邊寇之爲患乎。」句（四三一—四一六下）宋刊本「邊寇」作「孽虜」。

卷四十一

呂大防上英宗應詔論水災篇

四庫本「故關中民力乏困。而內帑泄於二敵而益虛。今諒祚少年繼襲。多招亡命與之爲謀……頗聞近歲與北敵交通。使人旁午狄人。則利羌之賂羌。則恃狄人之援」句（四三一—四六八上）。宋刊本二「敵」字並作「虜」。

卷四十四

韓宗武上徽宗答詔論日食篇

四庫本「執政大臣無憂國忘家爲萬世之慮。豈有腹心之疾得高枕而臥耶。所恃以爲安者。北寇敦固盟好。邊鄙不聳」句（四三一—五二三下）。宋刊本「北寇」作「北虜」。

卷四十八

陳東等上欽宗乞復李綱舊職篇

四庫本「陛下若聽其言。斥綱不用。則宗社存亡未可知。且敵人既和之後。尚敢縱兵肆掠屠我畿內。桀驁之性。急則走險。緩則跳梁。聞陛下任綱。自知滅亡無日。請和之意必更激切……咸謂不日爲敵擒矣……又墮敵計中矣……自眞宗仁宗兩朝以來。北敵蓋有割地之請矣。」句（四三一─五八九下至五九○上）。

宋刊本「敵」字皆作「虜」。又「桀驁之性」作「犬羊之性」。「急則走險」作「急則搖尾」。

卷五十一

四庫本於歐陽修「上仁宗論臺諫論列貴在事初」篇下

接胡宿「上仁宗論台官言事有旨詰責」篇（四三一─六二八下）。宋刊本其間尚有「蔡襄等上仁宗乞留諫官歐陽修」暨「錢彥遠上仁宗論台諫不許風聞言人過失是非」二篇。茲分別補錄如下

蔡襄等上仁宗乞留諫官歐陽修

臣竊見知制誥知諫院歐陽修授龍圖閣直學士河北都轉運使。臣等已有論列。乞罷河北之任。依舊知諫院。至今未蒙朝命。臣等伏念。事有重輕。度才而處。才有長短。適用爲宜。朝廷安危之論。繫於天下則爲重。河北金穀之司。繫於一方則爲輕。修之資性善於議論。乃其所長。至於金穀出入之計。勤幹之吏則能爲之任。修於河北而去朝廷。於修之才則失於所長。於朝廷之體則輕其所重。伏惟陛下增置諫員以來。外人不計諫官之能否。但知陛下有開納之美。一旦驟棄修之身。使令遠去。外人不知朝廷任用之意。但以修好切直。不容於時。臣等非私於修。實爲朝廷惜任人之體。伏乞陛下罷修龍圖閣直學士。河北都轉運使職。

任令依舊知制誥諫院事。慶曆四年八月。以修爲河北都轉運按察使。上面諭曰。勿爲久居。計有事弟言之。修對以諫官乃得風聞。今在外使事有旨越職罪也。上曰。事苟宜聞。不可以中外爲辭。襄同孫甫等上此奏。留修不許。

錢彥遠上仁宗論臺諫不許風聞言人過失是非

皇祐元年正月二十八日詔曰。朕聞自古爲治戒於苛。

察近歲風俗險薄。多事傾危。致煩刑獄。人不自安。朕甚閔之。後命臺諫官。凡有朝廷得失。民間利害。或聞有異謀。及不忠不正不孝不義。知得跡狀。並許風聞彈奏。除此外。其餘罪自有人論訴。並逐處各有官司覺察。更不在風聞彈奏之限。如違當行勘劾。其所彈事仍令中書樞密院更不施行。所貴風俗敦厚。人各自安。

臣伏睹天禧元年二月。內增置諫官御史。敕節文云。或詔令不允官曹涉私。措置失宜。刑賞踰制。征求無節。冤濫未伸。並仰諫官論奏。憲臣彈舉。每月須一員奏事。或更有切務。即許不依次入對。雖言有過。當必示曲全。若事難顯行。即令留內。但不得潛爲朋附。故作中傷。恭以眞宗皇帝之時。九穀順成。三邊寧肅。符瑞塡委。刑罰幾措。尙或詢求闕政。虛佇直言。孜孜之心。久而益厲。三十年間。斯制不易。陛下纂紹丕圖。虛心聽納。寬容盡下。言路大開。未嘗

一日少怠。高出前古遠矣。天下方歌之舞之。非假臣一二之陳。而昨降敕命。諫官御史不許風聞言人過失。雖言而令中書樞密院不得施行。誠敦厚風俗誠約苛細。似與先帝敕意相遠。先帝敕許論奏。官曹涉私。冤濫未伸。是二者皆有司臣下之過也。今皆不許風聞言之。是涉私冤濫之疏無由上露。今敕意謂過失自有人論訴。及官司覺察。其有恃怙威權。結朋黨者。人尙畏之。豈敢訴也。本末之間。事未爲允。且諫官御史是陛下耳目。譬如人之一身。耳目聰明。則聞見日博。鉅細洞察。至於行止措置。內斷於心。豈可因耳目所見而必行。苟自壅塞耳目。則門庭之內或有不聞。校於國家。茲體尤大。臣所以聞新敕之下。久未上言者。慮人情便之。而今聞正士憤激。謂起蒙蔽之端。小人踴躍。自得保全之計。內外遠近公議頗同。伏望聖慈體先帝元置諫官御史本意。依天禧敕文內事節。並許准故事風聞奏論。彈舉所貴。天聽及卑。人情

上達。皇祐元年六月上時知諫院

馬遵上仁宗論宰相逐諫官乞與辨明篇

四庫本是篇之末雙行小註云。「嘉祐元年十月上。時爲右司諫知諫院」（四三一—六三〇下）。宋刊本之雙行小註則作「嘉祐元年十月癸卯。侍御史范師道知常州。殿中侍御史趙抃知睦州。先是宰相劉沆進不以道深疾言事。因言自慶曆後台諫官用事。朝廷命令之出。事無當否必言。言必勝而後已。又專務挾人陰私

之事以中傷。士大夫執畏其言。進擢尤速。遂舉行御史遷次之格。滿三歲者與知州。而汴等嘗攻沆之短。又乞避范鎮。各請補外。沆遽引格出之。中丞張昪等言沆挾私出。御史請留汴及師道不報。遵上此奏時爲右司諫知諫院。」

卷六十四

歐陽修上仁宗乞別議求將之法篇

四庫本「如當今之事勢。而以民之司命。國之安危。繫此數人。安得不取笑四夷。遭其輕侮。臣謂去歲北敵忽興狂悖。今年元昊妄有請求」句（四三一—七八五下）。宋刊本「北敵忽興狂悖」作「北虜或興狂悖」。

卷六十五

劉摯上哲宗論祖宗不任武人爲大帥用意深遠篇

四庫本「擢安祿山。高仙芝等爲大將。林甫利其蕃將。無入相之資。故安祿山得兼三道勁兵卒。稱兵蕩覆

天下」句（四三一—七九八下）。宋刊本「蕃將」作「夷虜」。

胡安國上欽宗論四道置帥篇

四庫本「乞分置四道帥臣。以都總管爲名。付之一面。爲衛王室禦大敵之計」（四三一—八〇二上）。宋刊本「大敵」作「狂虜」。

卷七十

劉摯上哲宗乞令文彥博朝朔望篇

四庫本「然忠厚敦大。足以慰士大夫心。是氣略足以彈壓強悍。其威望足以鎮服強敵。宜今日優游左右。以爲朝廷重古之人」句（四三一—八五〇上）。宋刊本「強敵」作「夷狄」。

范祖禹上哲宗乞聽文彥博以太師就第留備訪問篇

四庫本「彥博雖老。精力尚強。臥置京師。足以爲重。外則西北二敵心懷畏憚」句（四三一—八五二下）。宋刊本「敵」作「虜」。

卷七十五

歐陽修上仁宗乞戒飭臣寮不和篇

四庫本「臣伏睹方今敵國外強公私內困。盜賊並起。蝗旱相仍」句（四三一—八九〇上）。宋刊本「敵國」作「夷狄」。

富弼上神宗敘述前後辭免恩命以辯讒謗篇

四庫本「臣昨奉使。只爲邊防允廢武備。是致於敵帳前不敢以死力爭。深恐激起干戈」句（四三一—八九四下）。又「又有人讒臣怨望朝廷。石介詐死。卻是富某密使入北敵。結連起兵」句（四三一—八九五下）。以上兩「敵」宋刊本並作「虜」。

卷八十一

傅堯俞上哲宗論殿試宜依神宗故事用策篇

四庫本「陛下遵先帝之舊。親策進士。所問災異。外敵。官冗。財費之類。皆今日急務」句（四三二—二〇上）。宋刊本「外敵」作「夷狄」。

卷八十二

富弼上仁宗論武舉武學篇

四庫本「三代以降。歷秦與二漢南北十朝。唐及五代其危亡宗社無不出乎夷狄與姦雄也。今北敵結好西戎。請吏誓若皎日藏在天府。夷狄之患。姑未慮也。」句（四三二—二八下）。宋刊本「敵」作「虜」。

卷一二〇

田錫上眞宗論輕於用兵篇

四庫本「所謂王者之心重用刑而惜人命也。及至北寇騷邊。西戎犯境。不先計而出兵」句（四三二—四九八下）。宋刊本「北寇」作「北狄」。

包拯上仁宗乞那移河北兵馬以蘇民力篇

四庫本「然執干戈禦戎敵固不可闕。在養之教之得其宜。則上下無困乏之患」句（四三二—五〇三下）。宋刊本「敵」作「狄」。

卷一二三

田錫上眞宗論點集強壯篇

四庫本「當北寇未賓之際。值西戎爲害之時。豈不知臨時抽差以補正軍闕少……邊上奏報繼來。戎敵侵軼漸近」句（四三二—五三二上至下）。宋刊本「北寇」作「北狄」。「戎敵」作「戎狄」。

卷一二四

司馬光上哲宗乞盡罷諸處保甲篇

四庫本「臣竊惟先帝以戎敵驕傲。據漢唐故地。有征伐開疆之志」句（四三二—五四九下）。宋刊本「敵」作「狄」。又四庫本「教閱雖熟。未嘗見敵與戎敵戰鬥。必望風奔潰」句（四三二—五五〇下）。宋刊本「戎敵」作「戎狄」。

王存上哲宗乞依舊教畿內保甲篇

四庫本「非有重山峻嶺之險。金城湯池之因。所以維御四方。威制中外。爲根本之固者」句（四三二—五五七下）。宋刊本「中外」作「夷狄」。

卷一二九

李昉等上太宗諫北征篇

四庫本「臣等竊以北狄驕悍。自古爲寇。乘時犯塞。往往有之。一昨輒率種落。來擾疆場」句（四三二—五九七下）。宋刊本「北狄驕悍」作「北虜微妖」。「種落」作「羶腥。」

趙普上太宗請班師篇

四庫本「前代聖帝明王。無不置於化外。任其隨逐水草。皆以威德御之」句（四三二—六〇一上）。宋刊本「皆以威德御之」作「皆以鳥獸畜之」。

又四庫本「唯有勾抽不同舉發。一則我無鬥志。一則彼有讎心。而況契丹懷桀驁之情。恃胡馬之力」句（四三二—六〇四上）。宋刊本「桀驁」作「禽獸」。

卷一三〇

李至上太宗乞懷柔北狄篇

四庫本「臣今月十一日奉宣御札。以北狄犯邊」。廣延群議」句（四三二—六一三下）。宋刊本「北狄」作「北虜」。

孫何上眞宗論禦戎畫一利害篇

四庫本「所賴陛下親御六師。按巡河朔。盡逐虎狼之類。方安黎庶之心」句（四三二—六一五下）。宋刊本「虎狼」作「腥羶」。又「臣聞契丹之爲患中國也久矣。周曰獫狁。漢曰匈奴」句（四三二—六一六上）。宋刊本「契丹」作「犬戎」。又四庫本「蓋譬乎

蚊蝱。人驅之而已。終不與外國角勝負。遠夷計其短長……且契丹者邊鄙小蕃。雄長北方。料其土地。計其人民……恃勇貪功。遇彼射鵰。便稱敵衆」句（四三二—六一六下）。宋刊本「外國」作「禽獸」。「遠夷」作「螻蟻」。「邊鄙」作「腥羶」。「雄長北方」作「虵豕異類」。「敵」作「虜」。

趙安仁上眞宗答詔論邊事篇

四庫本「陛下以上聖之資。兼神武之略。盪平邊寇。止在朝夕」句（四三二—六一九下）。宋刊本「邊寇」作「醜虜」。

錢若水上眞宗論備邊之要有五篇

四庫本「臣見後唐莊宗善用兵者也。在河北時。先令周德威攻取幽州。及得其地。知北方不足慮」句（四三二—六二〇下）。宋刊本「北方」作「犬戎」。

張齊賢上眞宗論陝西事宜篇

四庫本「安然自若。曾不憂邊臣雖至愚不勝忠憤。且

戎敵之性。變詐多端」句（四三二—六二三下）。宋刊本「敵」作「虜」。

楊億上眞宗論棄靈州爲便篇

四庫本「自胡鶵作梗。邊邑屢驚。羌夷爲其脅從。凶黨因而猖熾」句（四三二—六二五上）。宋刊本「羌夷」作「虜」。又四庫本「未嘗出一兵馳一騎。敢與敵校。此靈武之存無益明矣」句（六二五下）宋刊本「敵」作「虜」。又「民力不竭。士氣益揚。何敵不

摧。何戎不克。陛下又憤茲黠寇。志欲翦除」句（六二七上）。宋刊本「寇」作「虜」。

寇準上眞宗議澶淵事宜篇

四庫本「兼彼契丹頗乏糧糗。惟恃嘯聚之衆。必懷首尾之憂」句（四三二—六二八下）。宋刊本「嘯聚」作「腥羶」。

卷一三一

吳育上仁宗論建立基本以銷未萌之患篇

四庫本「將帥練則四夷望風。自無異志。一有未備。則黠寇乘間而生心」句（四三二—六三一下）。宋刊本「寇」作「虜」。

卷一三四

富弼上仁宗不可待西使太過篇

四庫本「照對方見的。實向者所許。北庭歲添金帛之數……於我豈肯甘分。則是因此致使北狄亦難制元昊。元昊亦自此所圖愈大也。若北狄遣使以此來問。則

朝廷何辭以對。又慮元昊若不稱臣於朝廷。則北狄必曰。元昊本稱臣於我」句（四三二—六八五上）。宋刊本「北庭」「北狄」均作「北虜」。

歐陽修「上仁宗論西鄙議和先防北狄」篇目（四三二—六八五下）。宋刊本「北狄」作「北虜」。又四庫本「臣以謂天下之患不在西戎。而在北狄……竊以戎狄貪惏。性同狼虎。遇強則伏。見弱便欺」句（四三二—六八五下至六八六上）。宋刊本「北狄」作「北

虜」。「狼虎」作「狗犬」。

韓琦上仁宗論備禦七事篇

四庫本「蓋以西北二敵。禍釁已成。而上下泰然。不知朝廷之將危。宗社之未安也」句（四三二—六八九下）。宋刊本「敵」作「虜」。又「比來辭禮驕慢。殊未屈下。北狄之言既已無驗。亦恐有令從之策以困中原」句（四三二—六九〇下）。宋刊本「狄」作「虜」。

田況「上仁宗乞訪問執政專以寇患爲急」篇名（四三二—六九一下）。宋刊本「寇」作「虜」。

范仲淹等上仁宗和守攻備四策篇

四庫本「中原始淸。人倫乃叙。逮於西晉之弱。群起猾夏。天寶之末……大庇生民。今西北二寇。復相交結。來困中國……中國之兵討伐未利。而北狄舉十萬衆」句（四三二—六九二下）。宋刊本「群起」作「群胡」。「二寇」作「二虜」。「北狄」作「北虜」

。又四庫本「抽兵移入河北。未戰而西陲已虛。元昊乘虛而來。必得志於關輔。此二寇交結之勢。何以禦之」句（四三二—六九三上）。宋刊本「二寇」作「二虜」。

卷一三五

富弼上仁宗河北守禦十三策篇

四庫本「臣伏以北狄自古爲中國患。黃帝時謂之獯鬻」句（四三二—六九八上）。宋刊本「北狄」作「北虜」。又四庫本「國家初得天下。震耀威武。太祖待北狄僅若一族。每與之戰。未嘗不克。太宗因親征之衂。其勢遂驕」句（六九八下）。宋刊本「北狄」作「北虜」。「其勢」作「虜勢」。又四庫本「不幸凶荒相繼。盜賊中起。則彼二寇所圖又甚大矣。臣故曰二寇爲患。卒未寧息」句（六九九上）。宋刊本「二寇」均作「二虜」。

又四庫本「總一十九城。皆要害之地。可以控制敵邊。而不得深入矣」句（四三二—六九九下）。宋刊本「敵力」作「虜寇」。

又四庫本「至景德講和之後。兵備漸弛。粟亦隨減。前年敵忽生變」句（四三二—七〇一上）。宋刊本「敵」作「虜」。

又四庫本「朝廷未與匈奴講和。敵每入寇。惟懼北兵。視南兵輕蔑之也。我每南北兵各爲一軍。凡敵陣必先犯南兵」句（四三二—七〇一下）。宋刊本「敵」均作「虜」。

又四庫本「北寇風俗。貴親率以近親爲名。向者燕王威望著於北寇。知是皇叔……又曰。必是八大王在河裡。其畏服如此。敵人每見南使。未嘗不問王安否及所在。朝廷以王之故。亦見重於敵……謂王之生則北寇以朝廷爲重。王之薨。則北寇以朝廷爲輕矣」句（四三二—七〇二下）。宋刊本「寇」「敵」均作「虜」。又四庫本「宜乎爲識者之所憂。而北狄之所輕也

。且如北狄有南大王蕭孝穆」句（四三二—七〇四上）。宋刊本「北狄」均作「北虜」。

又四庫本「熟其彼中人情。復諳敵兵次第……若遷入內地則山川道路不知人情。不熟敵兵。不諳骨肉……北狄惟懼土兵。每聞以南兵替入內地。敵人大喜……河湟之民大恐。以謂官兵必敗。幸而敵騎中止不見……臣願自此若敵人入寇。沿邊土兵只在本處……邊兵勇悍。不畏堅敵。敵騎初入。使當堂堂之鋒……苟以南兵在邊。遇寇一敗。敵騎乘勝而南」句（四三二—七〇四上至下）。宋刊本除「不畏堅敵」外其餘「敵」「狄」均作「虜」。

又四庫本「只自保州以西至山下數十里。亡塘水之阻。敵騎可以平入。敵若守盟不動。則我無先發」句（四三二—七〇五上）。宋刊本「敵」作「虜」。又「沿邊州軍堅壁。亦不得出兵。敵必不顧而進。將入鄭定亦堅壁。敵必易我而懈……彼必分兵來禦。已而令

鎭定互開壁……使沿邊三城及鎭定兵合擊必大破之。追奔及燕。盡逐敵兵。過山後則敵騎無復南者」句（七〇五下）。宋刊本「敵」「彼」均作「虜」。又四庫本「有新開父中鐵腳豬窠三口。敵人以通山後八州之路……即請寇入之後。頓重兵於西山下。敵騎所掠……保無深入之患。敵勢既屈。與戰則剋。與和則久」句（七〇六上）。宋刊本「敵」均作「虜」。

又四庫本「朝廷西有羌人之患。力足備禦。不假外求

以自助。惟是北寇強盛十倍。羌人異日渝盟。悉衆南下」句（四三二—七〇六下）。宋刊本「寇」作「虜」。

又四庫本「詢諸緣邊土兵並內地敵志。博采參較。得之甚詳。及到邊廷議事。又頗見其情況」句（四三二—七〇九下）。宋刊本「邊廷」作「虜廷」。又四庫本「如人坐積薪之上而火已燃。雖焰未及。其身危矣。北狄之強既如彼。中國之危又如此」句（四三二—七一〇上）。宋刊本「北狄」作「北虜」。

丁度上仁宗論契丹請絕元昊進貢事篇

四庫本「堅納西人之盟。得新附之小羌。違久和之。北狄如聞契丹屯兵甲近在邊陲」句（四三二—七一一上）。宋刊本「北狄」作「羌虜」。

余靖上仁宗論契丹請絕元昊進貢事篇

四庫本「臣計之。遜詞以謝北寇。緩詞以欸西戎……今若徇北寇而絕西戎。亦有兵禍。納西戎而違北寇。

亦有兵禍。二寇違謀。共爲矛盾之勢……使北寇不能反覆而邀功。此最久安之策……而一朝絕之。及其既去。契丹使至。將又招之虎狼之性。豈不懷忿……然而彼欲舉兵。而使我絕約。皆敵人之狡謀耳。臣竊料北寇因弋獵之勢。爲舉兵之名」句（四三二—七一二至七一三上）。宋刊本「寇」「敵」均作「虜」。「契丹」作「北虜」。「虎狼」作「犬羊」。

又四庫本「南朝因其服而捨之。共成德美。亦春秋之

義也。寇雖桀傲……以戒不虞。臣嘗觀北寇。氣凌中國」句（四三二—七一三上至下）。宋刊本「寇」作「虜」。「北寇」作「北胡」。

余靖「上仁宗論元昊所上誓書」篇文中。凡四庫本「寇」字宋刊本均作「虜」（四三二—七一四上下）

富弼上仁宗論河北七事篇

四庫本「事有緩急。四分不能遵行。北兵苟動心。必有闕誤……是故朝政不舉。北狄苟動。事擊安危。其於藏庫。無不空虛。北狄一動。所費無涯」句（四三二—七一五上至下）。宋刊本「北兵」「北狄」均作「北虜」。

卷一三六

韓琦上仁宗論西北議和有大憂者三大利者一篇

四庫本「夏人倉卒興師。反成敗衄。虎狼之性。切於復讎」句（四三二—七一七上）。宋刊本「虎狼」作「犬羊」。

呂誨上仁宗論邊備弛廢篇

四庫本「臣切以戎敵講好。積有歲月。邊備久隳。兵威不震」句（四三二—七二二下）。宋刊本「敵」作「虜」。

歐陽修上英宗論西邊可攻四事篇

四庫本「景德二年。盟北狄於澶淵。明年始納西夏之款」句（四三二—七二六上）。宋刊本「狄」作「虜」。

司馬光上神宗論納橫山非便篇

四庫本「今八者未有其一。而欲納邊史之狂謀。信黠寇之詭辭。臣恐不能得。其降者數百。而敵騎大至」句（四三二—七三二下）。宋刊本「寇」「敵」並作「虜」。

卷一三七

富弼上神宗諫西師篇文中（四三二—七四三上）。四庫本「狄」「羌」字。宋刊本並作「虜」。

司馬光上神宗諫西師篇

四庫本「乃驅之塞外。以捕狡悍之寇。其無功必矣……訖無分毫之事。萬一將來敵騎入寇。府庫已竭」句（四三二—七四四下）。宋刊本「狡悍之寇」作「狡悍之虜」。「敵」作「虜」。

韓琦「上神宗答詔問北邊事宜」篇中文字（四三二—七四五上至七四八下）。四庫本之「狄」「敵」字。宋刊本並作「虜」。又四庫本「必謂我有圖復燕南之

意。雖其主孱而佞佛。豈無強梁宗屬」句（四三二—七四五下至七四六上）。宋刊本「其」作「虜」。又四庫本「若優容而與之。恐彼情無厭。浸淫不已。誠如聖詔所諭。固不可與。或因其不許。彼遂持此以爲己」句（四三二—七四六下至七四七上）。宋刊本「彼」字均作「虜」。

富弼上神宗答詔問北邊事宜篇

四庫本「況中原大國已與北寇結隙。今若更不推誠以待之」句（四三二—七五一上）。宋刊本「寇」作「虜」。

卷一三八

文彥博上神宗論關中事宜篇之注文。四庫本「近特命於涇原制置者。第使之城數亭障制寇衝軼耳」句（四三二—七五三下）。宋刊本「寇」作「虜」。

司馬光上哲宗乞還西夏六寨篇

四庫本「是以明邊臣築永樂城。敵潛師掩襲。覆軍殺

將……僅而得全。敵自是銳氣小挫。不敢輕犯邊矣……雖無所利。敵中失之。爲害頗多」。句（四三二—七五八上至下）。宋刊本「敵」均作「虜」。又四庫本「至於會州尙在化外。而經略司遽稱照河蘭會。彼常疑中國更有闚境之心」句（四三二—七五九下）。宋刊本「彼」作「虜」。又四庫本「萬一西人懷怨憤之氣。逞凶悖之心。悉舉虎狼之衆。投閒乘隙」句（四三二—七六〇上）。宋刊本「虎狼」作「犬羊」。

呂大防上哲宗答詔論西事篇

四庫本「爲報永樂諸將寡謀敗事。使北狄僅得以藉口……蓋未足以爲慮寇之無能爲一也……去歲冰合。遂不復來城。既益堅寇望。亦絕此寇之無能爲也」句（四三二—七六三上）。宋刊本「狄」「寇」均作「虜」。「虜寇」作「羌虜」。

卷一三九

范純粹上哲宗乞以棄地易被虜之人篇

四庫本「貼黃。臣頃者或聞北寇曾有文字到朝廷……臣以謂西北脣齒之國。萬一北寇狡慢」句（四三二—七六九下）。宋刊本「寇」作「虜」。

蘇轍上哲宗乞因夏人納欵還其地篇

四庫本「方其未成。而西戎不順。求助北狄。並出爲寇」句（四三二—七七三下）。宋刊本「狄」作「虜」。

蘇軾上哲宗論前後致寇之由及當今待敵之要篇

四庫本「而累年所罷。歲賜可以坐復。既使寇因吾資以德……當時大臣因寇之請。受其詞不納……亦不至如今日之速也。寇雖有易我意。然不得西蕃解仇結好」句（四三二—七八〇上）。宋刊本「寇」字均作「虜」。

卷一四〇

上官均上哲宗論棄地非便篇

四庫本「然後夷狄且懷畏無怨望輕侮之心。今戎敵之情驕傲……又以古驗今。戎敵之情……宜不相遠。故臣敢爲陛下反覆陳之」句（四三二—七八六上）。宋刊本「戎敵」均作「戎虜」。又「臣訪聞沿邊得替官員皆以爲敵人之情驕則橫。今旁塞要地付與。徒自去其藩」句（四三二—七八七上）。宋刊本「敵」作「虜」。

趙適上徽宗乞撫存北狄篇

四庫本「自澶淵既盟之後。歲省用兵之費。國享重幣之利。彼自知得計。守盟修好。皆其誠心。然累年以來。北酋失德。上下離叛」句（四三二—八〇〇上）宋刊本「彼」。「北」均作「虜」。又「女眞掩其無備。全軍陷沒。北酋不知存亡。國中震擾……既有沙漠。歷年甚多。邊人習熟。貴其種類……仰惟朝廷與酋。兄弟之國。共守盟好……得存其宗社。則中國有大造於遼也」句（四三二—八〇〇下）。宋刊本「北酋」作「虜酋」。「國中」作「虜中」。「與酋」作

「與虜」。「遼」作「虜」。又四庫本「其衆彊弱。與遼不侔……非女眞之能。皆遼所自取也。然契丹大國。其人素不畏女眞。女眞今雖得志。亦豈能久橫行於北方哉。遼之新酋……有以深結其心。使之懷服……收援立之恩。敵以守盟。存國之大義」句（四三二—八〇一上至下）。宋刊本「遼」「敵」均作「虜」。「契丹」作「北虜」。「北方」亦作「北虜」。「其心」作「虜心」。

卷一四一

任伯雨上徽宗論湟鄯篇

四庫本「萬一五路同日有警。兵困不給。財竭不續。糧乏不繼。寇或奔突。侵犯關隴」句（四三二—八〇七下）。宋刊本「寇」作「虜」。

蘇軾上哲宗論高麗人使買書篇

四庫本「臣非爲此奏論。所惜者無厭之請。事事曲從。官吏能徇其意」句（四三二—八一二下）。宋刊本

「請」作「虜」。

卷一四二

宋昭上徽宗論女眞決先敗盟篇

四庫本「陛下即位以來。禦戎之術。實得上策。北使之來。宴犒賜予。恩數曲盡」句（四三二—八一六上）。宋刊本「北」作「虜」。又四庫本「臣聞敵中頻歲不登。斗米千錢。雖或請和。恐非本心。特出於不得已耳……歲得之息。取之於敵。而後以予敵。中國

無毫髮損也」句（四三二—八一六下）。宋刊本「敵」均作「虜」。又四庫本「妄議邊事。僥覬功賞。或者又謂北方比年以來。爲女眞所困……減一弱敵。而與強敵爲鄰。恐非中國之福。徒爲女眞之利耳。且北敵雖夷狄……今女眞性剛勁。善戰鬥。北人以夷狄相攻。尚不能勝……本朝與北庭通好。百有餘年」句（四三二—八一七上）。宋刊本「敵」作「虜」。「北方」作「北虜」。「今女眞性剛勁。善戰鬥。北人以

夷狄相攻」作「今女眞性剛很。善戰鬥。茹毛飲血。殆非人類。北人以夷狄相攻」。「北庭」作「北虜」。又四庫本「臣願爲陛下出疆說諭北人。云此因北朝亡失。國主深慮擾攘之時」句（四三二—八一七下）。宋刊本「亡」「國」均作「虜」。又四庫本「足以竦動神靈。激昂士類。北人聞之」句（四三二—八一八上）。宋刊本「北」作「虜」。

余應求上欽宗乞將相勿爭私忿早定和戰之計篇

四庫本「方今強敵窺伺。四郊多壘。講和之計雖決」句（四三二—八一八下）。宋刊本「敵」作「虜」。又四庫本「若敵人必要金幣之足。與三鎭三關之地。又豈得憚於用兵哉」句（四三二—八一九上）。宋刊本「敵」作「虜」。又四庫本「所可慮者。北人遠來。出萬死不顧一生之計。其鋒甚銳」句（四三二—八一九下）。宋刊本作「所可慮者。窮寇遠來。自居死地。困獸猶鬥之時也。」

四庫本「楊時上欽宗論要害三鎭」篇之前（四三二—八一九下）。少秦檜上欽宗論邊機三事一篇。其文如下

金國興師乘銳。深入河朔。諸郡堅壁固守。彼進有大河之隔。退慮諸城躡其後。師老糧匱。情見力屈。然猶桀驁不遜。重有要請。望斷以大義。與其所當與。不宜示怯以自蹙削。且如燕山一路。是金國取契丹。與之無害。至於歲幣。須令彼能制契丹。餘種不爲邊

害。方許以　祖宗契丹之數。切聞仁宗與契丹結盟。
增添歲幣。亦是與之論夏國事。乞檢會參酌施行。
金國遠夷俗。尚狙詐。今日遣使求和。又復渡兵隨至。恐是設計以緩王師守禦之備。望一面遣兵備守黃河。仍急擊渡河寇兵。使不得聯續以進。
金國遣使所求甚大。此亦人情之常。蓋既興師深入。不肯示怯空歸。如聞朝廷前日與之議四鎭事。百僚不得預聞。審如所議。坐失富強之地。狄人貪心無厭。

得地而勢益強。復不能保其不再犯邊。今若與之議燕山及歲幣。當須集百官入議狀。擇其當者載之盟書示信。坦然無疑。蓋與所當與。經久不渝。一旦爲苟且之計。或多或少。皆是失當。終亦不能守。靖康元年正月。上時爲太學正。

楊時上欽宗論要害三鎭篇

四庫本「今日方敵騎逼城。備禦無素。卑詞厚禮。以紓目前之急」句（四三二—八一九下）。宋刊本「敵」作「虜」。

許翰上欽宗乞復用种師道篇

四庫本「臣竊恨之。金人此行。存亡所係」句（四三二—八二一上）。宋刊本「金」作「賊」。又是篇之後。四庫本少同作者之「上欽宗論決戰有五利」篇。

宋刊本原文如下

臣伏見金狄退師以來。朝廷搢紳上恬下嬉。幸於無事。恃以爲安。而臣獨切。終夜不寐。方以爲憂。夫以

夷狄之性。貪惏無厭。而我既示之以弱。開之以利。不過一二歲。勢必復來。自所割三鎭。疾馳三日。則突騎犯都飛塵入宮闕矣。當此之時。金帛不可復得。地土不可復割。邊鄙之師不可復召。智能之士不可復圖。萬世之變可勝言哉。今聞姚古引兵已次國郊。切謂陛下可一以閫外之事制於將帥。若遣一介之使可下。下之使不可下。則用兵不疑。臣嘗熟計。我戰而勝。則蒙福無窮。戰而不勝。則北阨井陘。西斷太行。

內守大河。國固無患。虜以殘弊。將歸之兵力。不能
復取三鎮。故我勝亦利。不勝亦利。此可決戰一也。
虜欲既盈。將驕卒懈。時益喧熱。人馬喘汗。以我方
銳擊其惰歸。此可決戰二也。我衆彼寡。以十當一。
反顧者誅。旋踵者斬。使威令既必。則敗弱者奮。況
於關陝百戰之士。外誘於金繒。而內激於憤恥。破賊
必矣。此可以決戰三也。种師道持重名將。今雖老疾
。智略足恃。議者見其木訥。若無策畫。此蓋不以口

擊賊者。昔趙括論兵。其父奢不能難也。而奢謂括將
必敗趙師。宋文帝在江左。聞王元謨論兵。飄飄有伊
洛間意。及使之將。望風奔潰。聞師道自少沉毅。蓋
其天姿介冑之士。瞋目語難。自古而然。未可遂疑。
況今濟以姚古。必能相與立功。此可決戰四也。陛下
仁聖誠動萬姓。義感三軍。人人思爲國死。以滌中原
之恥。而發七廟之憤。夫天時易失。而人心難收。陛
下今不乘此利勢。後必悔之。此可決戰五也。今全軀

保妻子之臣。務在張虜勢。虛愒恐劫。苟安目前。爲
患萬世。其意亦無他。不過謂戰不勝。則咎歸議者。
使身不利。今一主和。身保無患。明年盛秋。胡騎復
來。則必諉曰。國家事狄不至。不得歸咎和者。姦回
自營。孰便於此。非復有爲陛下宗廟社稷長慮卻顧。
夫一勝一負。兵家常勢。要觀大計如何耳。議者以姚
平仲前日妄動小衄。以謂王師不可復用。傳曰。凡此
蔡功。惟斷乃成。故願陛下斷之而已。靖康元年二月
。上時爲御史中丞

許翰上欽宗論決戰及任用老將篇
四庫本「開運之時。中國方弱而示之以畏。故敵復來
……陛下何以不試使議割地者身任數年。敵不復入。
則臣知議者必將難之」句（四三一—八二三上）。宋
刊本「敵」均作「虜」。
四庫本陳公輔「上欽宗乞戒大臣究心邊事」篇之前少
李綱「上欽宗論備邊禦敵八事」及楊時「上欽宗論姚

古不救太原」兩篇。宋刊本原文如下。

李綱上欽宗論備邊禦敵八事

臣伏以金人退師。交割三鎭。三鎭官吏。軍民不肯陷沒夷狄。其勢必爲朝廷堅守。天時寖熱。而虜有輜重之累。必不能久留。當即出疆。臣恐秋高馬肥。虜必再至。以責前約。及今宜飭武備。修邊防。勿恃其不來。當恃吾有以待之。謹條具所以備邊禦敵者。凡八事。唐之藩鎭。所以拱衛京師。故雖累有變故。卒賴

其力。而及其弊也。有尾大不掉之患。祖宗監之。銷藩鎭之權。罷世襲之制。施諸承平。邊隅無事則可。在今日則手足不足以捍頭目。爲今之計。莫若以太原。眞定。中山。河間。建爲藩鎭。擇帥付之。許之世襲。收租賦以養將士。習戰陳相爲唇齒。以扞金人。可無深入之患。又滄州與營平相直。隔河下流。其勢易以侵犯。宜分濱棣德博橫海軍一道。如諸鎭之制。則帝都有藩籬之固。二。自熙豐以來。籍河北保甲凡五十餘萬。河東保甲凡二十餘萬。比年以來。不復閱習。又經燕雲之役。調發科率。逃亡流移。散爲盜賊。今所存者。猶及其半。宜專遣使團結訓練。令各置器甲。官爲收掌。用印給之。蠲免租賦。以償其直。武藝精者。次第遷補。或命之官以激勸之。彼既自保鄉里親戚墳墓。必無逃逸。平時無養兵之費。有事無調發之勞。此最策之得者。三。自祖宗以來。養馬於監。擇陝西河東河北美水草高涼之地處之。凡三十六

所。比年廢置殆盡。牧馬民間以充數。官吏便文以塞責。而馬無復有善者。又驅之燕山。悉爲敵人所得。今諸軍闕馬者太半。宜復祖宗監牧之制。權時之宜。括天下馬量給其直。則不旬月間。數萬之馬可具也。四。河北塘濼。東距海西抵廣信安肅。深不可涉。淺不可行舟。所以限隔胡騎。爲險固之地。而比年以來。淤澱乾涸。不復開濬。官司利於稻田。往往洩去積水。隄防弛沓。又自安肅廣信以抵西山。地形低下處

可增廣。其高仰處即開乾濠及陷馬坑之類。宜專遣使以督治之。五。河北河東州縣城池類多隤圮堙塞。宜偏行修治。而近京四輔郡諸畿邑。皆當築城創置樓櫓之屬。使官吏兵民有所恃而安。萬有一賊騎深入。虜掠無所得。可以坐困。其六。河北河東州郡經賊馬殘破蹂踐去處。宜優免租賦。以振恤之。往年方臘擾浙東尙免三年。今三鎭之民爲朝廷固守。安可不議。所以大慰其心者。七。河東諸州。最以儲峙糴買糧草爲

急務。宜復祖宗加糧草抄法。一切以見緡來商賈而實塞下。使沿邊諸郡積蓄豐衍。則虜不敢動矣。八。陝西解鹽。無煮海之勞。西給邊費。足民食。其利不貲。自更法以來。解鹽地分益狹。西邊益貧。願復祖宗舊制。以慰關陜兵民之心。靖康元年四月上時和樞密院事。

楊時上欽宗論姚古不救太原

臣比聞粘罕三月中自太原分兵入汾州界。至四月復還太原。往來二州之間。如在無人之境。所經縣鎭。焚刼屠戮。殆無孑遺。王師坐視不救。若非己事。至四月半。賊離汾州還太原。統制林良器等四人方至汾州。入城十餘日。坐糜廩粟。無敢向敵者。姚古節制諸將。擁重兵躬自逗留不進。宜諸將皆無肯用命也。臣嘗論姚古逗留以軍法從事。久未蒙施行。今太原圍閉累月。危急甚矣。訪聞大兵尙在威勝軍。無一人一騎入太原境者。惟范瓊不受姚古節制。獨能引兵稍進。

諸將逗留。古實爲之也。奈何惜一姚古不誅。坐視要害之地而不救乎。萬一太原之民以王師不救。必謂朝廷棄之。別生異心。則禍起肘腋。非金人之比。不可不慮也。自金人殘滅契丹。人人知其必有南窺之意。郭藥師逆賊也。包藏禍心。亦人人知其必反。王安中見禍亂已形。覬幸脫歸。不復以告。蔡靖抗章論奏而白。時中李邦彥。蔡攸。蔡懋等。蔽蒙苟安。恬不加恤。浸成大患。今太原危急如此。朝廷當以前事爲監

。不可緩也。一失太原。則大事去矣。臣願陛下明詔大臣。悉力措畫。速正姚古逗留之罪。誅之以肅軍政。遴柬有武略可任者代之。偏裨猶有不用命者。一以軍法從事。庶幾士氣稍振。使敵人有所忌憚。若朝廷未欲遽誅大將。姑用唐故事。盡行削奪。使白衣從軍以責後效尤之可也。不爾。則秋冬之交。風勁草衰。強寇長驅而南。益無忌憚。悔無及矣。惟陛下留神而幸聽之。靖康元年四月上時爲右諫議大夫。

陳公輔上欽宗乞戒大臣究心邊事篇

四庫本「蓋有難則懼。無難則怠。人情之常也。朝廷日見河北金人出界。雖未解圍」句（四三二—八二四上）。宋刊本「金人」作「金寇」。又後文「因仍媮惰。至秋冬萬一金人集結。諸夷空國而來」句（四三二—八二四下）。宋刊本「金人」作「狂寇」。

又四庫本胡舜陟「上欽宗乞救中山」篇之前（四三二—四二四下）少李綱「上欽宗乞無罷防秋人兵」兩篇及「李若水「乞拯救河東河北」一篇。宋刊本原文如下

李綱上欽宗乞無罷防秋人兵

臣昨待罪樞府。伏蒙陛下委令措置防秋人兵。臣意以謂。中國軍政不修幾三十年矣。闕額不補者過半。其見存者皆潰散之餘。不習戰陣。故令金人得以窺伺。既陷燕山長驅中原。遂犯畿甸。來無藩籬之固。去無邀擊之威。廟堂失策。又割三鎭。質親王。劫取金帛以億萬計。驅虜士女。屠戮良民。不可勝數。誓書之言所不忍聞此。誠宗社之羞。而陛下嘗膽而思報者也。今河北之寇雖退。而中山河間之地。不害賊馬出沒。並邊諸郡寨栅相連。兵不少休。太原之圍未解。而河東之勢危甚。旁近縣鎭皆爲賊兵所占據。秋高馬肥。虜騎憑陵。決須深入。以責三鎭之約及金帛之餘數。儻非起天下之力解圍太原。防秋河北。則必復有今春之警。宗社安危殆未可知。故臣輒不揆爲 陛下措

畫。降詔書以團結諸路。防秋之兵大約不過十餘萬人。而欲分布河北沿路。雄霸二十餘郡。中山。河間。眞定。大名。橫海五帥府。腹中十餘州軍。邊河一帶。控扼地分。翊衛王室。隄防海道。其甚急者。解圍太原。收復忻代。以扞金人夏人連兵入寇。不知此十數萬之衆一一皆到。果能足用。而無賊馬渡河之警乎。今臣被命出使。去清光之日未幾。朝廷已盡改前日詔書調兵。防秋之計罷去太半。不知金人聚兵兩路入

寇。將何以枝梧。而朝廷何恃。不留意於此也。臣切思之。以兵爲不須起者大概有五。川廣福建荆湖之地遠一也。錢糧賞犒之費多二也。河北寇退。天下已無事三也。太原之圍。賊馬不多。不攻自解四也。探報有林牙高麗之師牽制。未必深入五也。若以川廣福建荆湖之地遠。則詔書之下。以四月期天下兵。以七月當時關報。三省何不即止。今已七月。遠方之兵皆已在道。始復約回。是復蹈今春勤王之師。約回之弊也

。一歲兩起天下之兵。中道而兩止之。天下謂何。臣恐朝廷自此不復能取信四方。而將士解體矣。國之大事在戎。宗社安危所係。而且行且止。有同兒戲。臣切痛之。若以謂錢糧犒賞多。則今春無兵扞寇。致令誤國土地寶貨人民皆爲所取。又惜小費。不爲之備。臣恐後來所取又不止於前日也。元降指揮。防秋人兵。各令賫糧以行。則錢糧犒賞之乏。自非所患。廟堂不深思宗社大計而惜小費。臣切所不取也。若以河北

寇退。天下無事。則邊郡日報金人聚兵。聲言某月入寇。當取其地。強敵臨境。非和非戰。朝夕恐慄。懼其復來。天下果無事乎。賈誼謂厝火積薪之下。而坐其上。火未及然。因謂之安。以今日觀之。何止於火未及然。處於烈焰之旁。而言笑自若也。若以謂太原之圍。賊馬不多。不攻自解。則自春徂秋。攻守半年。曾不得其實數。姚种二帥。以十萬之師。一日皆潰。彼未嘗有所傷衄。不知何以必其兵之不多。以爲可

以不攻而自解者。臣以謂非愚則誣。至林牙高麗牽制之報。理或有之。然不可恃彼之不來。當恃我之有備。則屯兵聚糧。正今日之先務。不可不急也。今河北河東州郡。日告急乞兵。皆以三五萬爲言。而半年以來。未有一人一騎可以副其求者。防秋之兵。甫集又皆遣罷。不知此何理。若必以謂不須動天下之兵而自可無事。則臣誠不足以任此責。陛下胡不遣建議之人。代臣坐致康平而重爲此搔擾也。除范世雄所統湖北

兵聞已至襄唐間。臣昨奉聖旨。今疾速發赴宣撫司外。所有餘路。乞依元降詔書起發。庶幾不誤國事。靖康元年七月上時自知樞密院出宣撫兩河

李綱上欽宗乞無罷防秋人兵

臣聞近降旨揮減罷防秋之兵。臣所以深惜此事。一則河北防秋闕人。恐有疏虞。二則一歲之間。再令起兵。又再止之。恐無以示四方大信。防秋之計臣前奏論之已詳。請爲陛下更論不可失信之意。昔周爲犬戎所侵。嘗以烽火召諸侯之兵。恐諸侯之未必至也。舉烽以試之。諸侯之兵大集。知其試己。皆怒而歸。其後。眞舉烽無復至者。去冬金人將犯闕。詔起勤王之師。遠方之兵。踴躍赴難。至中途而寇已和。有詔止之。皆憤恨而反。今以防秋之故。又起天下之兵。良非獲已。遠方之兵率皆就道。又復約回。將士卒伍寧不解體。夫以軍法勒諸路起兵。而以寸紙罷之。臣恐後時有所號召。無復應者矣。靖康元年七月上

李若水上欽宗乞拯救河東河北

臣自深州入金人亂兵中。轉側千餘里。回至關南。凡歷府者二。歷軍者二。歷縣者七。歷鎮寨者四。並無本朝人馬。但見金人列營數十。官舍民廬。悉皆焚毀。瓶罌牖戶之類無一全者。唯井陘百井。壽陽榆次徐溝大谷等處。僅有名存。然已蕃漢雜處。祇應公皂。皆曰力不能支。脅令拜降。男女老幼例被陵轢。日甚一日。尪殘窮苦。狀若幽陰間人。每見臣知來議和。

口雖不言。意實赴愬。往往以手加額。吁嗟哽塞。至於流涕。又於山上見有逃避之人。連綿不絕。聞各集散亡卒立寨柵以自衛。持弓刀以扞賊。金人屢遣人多方招誘。必被剿殺。可見伏節死義。力拒腥羶之意。臣切惟河東河北兩路。涵浸祖宗德澤垂二百年。昨因蔡京用事。新政流毒。民不聊生。繼而童貫開邊。燕雲首禍。搜膏血以事空虛。丁壯疲於調發。產業蕩於誅求。道路號呼。血訴無所。塗炭桎梏誰其救之。陛下嗣位之初。力行仁政。獨此兩路邊事未已。今戎馬憑陵。肆行攻陷。百姓何知。勢必脅從。而在邑之民。無逡巡向賊之意。處山之衆有激昻死難之心。可謂不負朝廷矣。哀斯民之無生。服斯民之有義。媿起顏面。痛在肺肝。望深軫聖衷哀痛之詔。慰民於既往決擇之計。拯民於將來。上答天心。下慰元元之望。靖康元年十月上時以秘書省著作佐郎使虜。

胡舜陟上欽宗乞救中山篇。

文中四庫本之「敵」字。宋刊本均作「虜」字。

卷一四五

王禹偁上真宗論軍國大政五事篇

四庫本「方今北有強敵。西有繼遷。強敵雖不犯邊。戍兵豈能減削……陛下即位之初。當順人心。宜救疆吏。致書外臣。使達犬戎」句（四三二—八七五下）。宋刊本「強敵」均作「胡虜」。「外臣」作「虜臣」。

卷一四七

曾公亮上仁宗答詔條畫時務篇

四庫本「西北多敵。敵態難常。獻奇譎空」句（四三二—八八九上）。宋刊本「敵」作「虜」。又四庫本「伏睹詔旨謂西北多敵。敵態難常。獻奇譎空」句（四三二—八九三下）。宋刊本「敵」作「虜」。

卷一四八

張方平上仁宗答詔條畫時務篇

四庫本「平廣南。備河東。禦西戎北寇。蓄兵不及十五萬人。太宗朝平河東備遷禦北狄。料兵閱馬。志在收取燕薊」句（四三二—八九六上）。宋刊本「寇」「狄」均作「虜」。又四庫本「我以二十匹絹募一胡人首。料其精兵不過十萬。我用絹二百萬匹。北狄盡矣」句（四三二—八九九下）。宋刊本「狄」作「虜」。

魯周詢上仁宗答詔條畫時務篇

四庫本「陛下患西北多故。敵態難常。獻奇譎空……亦宜講求其法。雖二邊有變。異時侵軼。將有所恃」句（四三二—九〇一下）。宋刊本「敵」「邊」作「虜」。

卷一五〇

胡舜陟上欽宗論反正六事篇

四庫本「親王宰執爲質。敵國猶蕩搖邊疆搏噬不已」句（四三二—九四四下）。宋刊本作「親王宰執爲質。虜庭猶磨牙搖毒邊疆搏噬不已。」

四庫補正

歷代名臣奏議三百五十卷

明楊士奇等奉敕編

以明永樂間內府刊本校補

卷二

熙寧元年右正言孫覺上奏章

四庫本「性理之可樂。橫逆禽獸不足以校勝負」句（四三三—二八下）。明刊本「橫逆」作「夷狄」。

高宗立。御史中丞許景衡乞修德劄子

四庫本「今中國勢弱。敵人橫暴」句（四三三—五〇上）。明刊本「敵人」作「夷虜」。又「盜賊未消。而敵人未服」句（四三三—五〇下）。明刊本「敵人」亦作「夷虜」。

卷三

三年。觀文殿學士張浚上奏章

四庫本「是以敵人侵突。無歲無之」句（四三三—五二上）。明刊本「敵人」作「虜人」。

建炎間。開封尹宗澤上奏章

四庫本「皆以外敵方強。吾兵力不敵爲患」句（四三三—五三上）。明刊本「外敵」作「醜虜」。又下文「彼謂外敵方強而吾兵力不敵者」句（同上）。明刊本「外敵」亦作「醜虜」。

殿中侍御史張守上劄子

四庫本「敵國方強而未衰也」句（四三三—五七下）。明刊本「敵國」作「夷狄」。

提點江西刑獄公事朱熹上奏章

四庫本「內修政事。外攘邊患」句（四三三—六五下）。明刊本「邊患」作「夷狄」。

衛涇上奏章

四庫本「憤勍敵之逆理。讎版圖之未復」句（四三三—六九下）。明刊本「勍敵」作「腥膻」。

卷十

欽宗靖康元年。校書郎陳公輔上奏章

四庫本「去冬。緣邊圉作過。深厭萬機。欲行遜禪」句（四三三—二六一上）。明刊本「邊圉」作「夷狄」。

高宗時和議成章

四庫本「自古戡定禍亂。非武不可。人各有心。不可保恃久矣」句（四三三—二六五下）。明刊本「人各有心」作「狼子野心」。又「電掃風驅。復光舊物。以告諸陵」句（同上）。明刊本「復光舊物」作「盡

俘醜類」。

卷十一

四年。祖儉又上奏章

四庫本「雖殊方異類。亦皆感化」句（四三三—二七〇上」。明刊本「殊方」作「戎狄」。

卷十二

袁說友奏議

四庫本部分改易。與明刊本不同。

四庫本「陛下豈不見近日北方猶能爲其祖持三年之喪乎。北方者。草昧初開。文物之未備。制度之未詳。尚能知慕我壽皇三年終喪之孝。慕德鄉義。以爲一方盛美。今陛下爲中國之主。統人道之教。何爲甘心不能爲他人之所能爲者乎。……使二使既到敵境或敵中館迓使者。或其酋主皆問及陛下不持父喪之事。不知二使何以答之。貽笑遠人。輕侮中國。萬一遂爲問罪之目。有南下牧馬之意。不知陛下又何以應之」句（

四三三—三一〇下）。明刊本此段作「陛下豈不見近日虜酋猶能爲其祖持三年之喪乎。彼虜者。蓋犬羊等耳。綱常之不講。禮義之不聞。尚能知慕我壽皇三年終喪之孝。慕德鄉義。以爲虜庭盛美。今陛下爲中國之主。統人道之教。何爲甘心不能爲虜酋之所能爲者乎。……使二使既到虜境或虜中館迓使者。或其酋主皆問及陛下不持父喪之事。不知二使何答之。貽笑虜庭。輕侮中國。萬一遂爲問罪之目。有南下牧馬之意

。不知陛下又何以應之」。

卷十三

高宗時。曹勛論畏天章

四庫本「臣奉使在敵中。烏舍蕭慶見臣」句（四三三─三二八上）。明刊本「敵中」作「虜廷」。又「庚申之歲。敵人復取中原」句（同上）。明刊本「敵人」作「虜人」。

寧宗嘉定八年。袁燮上奏章

四庫本「治內而弱。則中國不尊。治外而弱。則邊圉不慴」句（四三三─三三二上）。明刊本「邊圉」作「夷狄」。

卷二十二

淳熙初。祕書少監楊萬里駮配饗不當疏

四庫本「浚之守蜀。備禦既固。敵至則敗」句（四三三─五三九上）。又「自敵入中原。其敗衂未嘗有此也。我是以有和尙原之捷。敵自是不敢窺蜀矣。」句

（四三三─五三九下）。又「而長江之險與敵共矣」句（四三三─五三九下）。以上四「敵」字明刊本皆作「虜」。

卷二十六

西魏文帝大統十一年。大行臺度支尙書蘇綽上疏

四庫本「賞罰不中則民無所措手足而怨叛之心生」句（四三三─六四七下）。明刊本作「賞罰不中。則民無所措手足。民無所措手足。則怨叛之心生。」

卷三十

景祐五年制策

四庫本「夫陰之爲象。臣道也。妻道也。邊圉之道也」句（四三三─七五一上）。明刊本「邊圉」作「夷狄」。

卷三十一

慶曆八年制策

四庫本「西北多故。變態難常」句（四三三─七六六

下）。明刊本「變態」作「虜態」。又其後。四庫本「禦西戎北敵」句及「備邏賊。禦北敵」句（四三三—七六七上）。兩「北敵」。明刊本皆作「北虜」。又其後。四庫本「通十七年。胡人畏服。不敢窺邊」句（四三三—七七〇上）。明刊本「胡人」作「胡虜」。又其後。四庫本「西北多故。變態難常」句（四三三—七七〇下）。明刊本「變態」作「虜態」。又「自祖宗以來。不急於四方之功」句（同上）。明刊

本「四方」作「四夷」。「北敵若敢似昔時犯邊」句及「此敵盡矣」（同上）。明刊本「敵」字皆作「虜」。又其後。四庫本「此乃不待敵人之患。而我固已先困矣」句（四三三—七七一上）。明刊本「敵人」作「戎狄」。又四庫本「故河北兵素以驕悍自處。又北接戎境」句（四三三—七七一下）。明刊本「戎境」作「戎虜」。

慶曆三年。知諫院歐陽脩論乞令百官議事劄子

四庫本「如北方去年有請」句（四三三—七七五下）。明刊本「北方」作「北虜」。

脩又上疏章

四庫本「臣伏覩方今邊患日亟。公私內困」句（四三三—七七六上）。明刊本「邊患日亟」作「夷狄外強」。又「二敵交侵一也」句（四三三—七七七上）。明刊本「敵」作「虜」。又「我朝自二敵欵附。久不用兵。近歲有西北之警」句（四三三—七七八上）。

又「陛下患西北多故。敵態難常」句（四三三—七七八下）。又「二敵有變。異時侵軼」句（四三三—七七八下）。明刊本「敵」字皆作「虜」。

知制誥曾公亮答詔條畫時務面奉御劄

四庫本「是時外捍邊陲。內有河東西蜀江南嶺南之戍」句（四三三—七八〇下）。明刊本「邊陲」作「夷狄」。

卷三十二

嘉祐三年。眉州布衣蘇洵上書

四庫本「今以中國之大。使西夏視之不畏」句及「彼有倉惶失次。爲西夏笑而已」句（四三三—七九三上）。兩「西夏」明刊本皆作「夷狄」。

丕顯元聖上奉天時章

四庫本「陰者臣下也。四裔也。婦女也。今邊人內侵則見之矣」句（四三三—八〇六上）。明刊本「四裔」作「夷狄」。「邊人」亦作「夷狄」。又「今日強敵侵侮。生民重困」句（同上）。明刊本「強敵」亦作「夷狄」。

卷三十四

三司使蔡襄上國論

四庫本「眞宗與北方通和以後近六十年」句（四三三—八六〇下）。明刊本「北方」作「北虜」。又「不知邊疆險易之數不可也」句（四三三—八六二上）。明刊本「險易」作「夷狄」。

卷三十五

時詔求言。文州曲水令宇文之邵上書

四庫本「國家以奉西北邊者。勢不得已也」句（四三三—八七一下）。明刊本「西北邊」作「西北虜」。

卷三十七

宋神宗熙寧四年。蘇軾奏議

四庫本「是以歲出金繒數十百萬以啖二國」句（四三四—二八下）及「由此觀之。二國之使未絕。則中國未知息肩之所」句（四三四—二九上）。明刊本凡「二國」皆作「二虜」。又四庫本「今以天下之大。而中書常有邊鄙之憂」句及「夫此二者豈少於邊事哉」句（四三四—二九下）。明刊本「邊鄙」。「邊事」皆作「蠻夷」。「二」作「三」。又「今之所以待二國者。失在於過重」句（同上）。明刊本「二國」作「二虜」。又「每歲所以餽於二邊者。限其常數」句（四三四—三〇上）「今舉一人而授之。使日夜思所以待二國」句（四三四—三〇下）及「邊鄙抗衡本非中國之大患」句（同上）。明刊本「二邊」。「二國」均作「二虜」。「邊鄙」作「夷狄」。

四庫本「然以區區之二邊」句（四三四—五六上）。明刊本「二邊」作「二虜」。又「策斷曰。二邊爲中國患至深遠也」句（四三四—六〇上）。明刊本「二邊」亦作「二虜」。

又四庫本「外之可畏者。西北之國。而內之可畏者。

天子之民也。西北之國不足以爲中國之大憂」句及「先之以他國而繼之以吾民」句（四三四—六一上）。明刊本「西北之國」皆作「西戎北狄」。「他國」作「戎狄」。又「故夫二邊之患特有遠近耳」句（同上）。明刊本「二邊」作「二虜」。

又四庫本「夫西邊北邊皆爲中國之患。而西邊之患小。北邊之患大。此天下之所明知也」句（四三四—六二下）。明刊本「西邊北邊」作「西戎北胡」。下文之「西邊」「北邊」亦同。

又四庫本「其次請論北方之勢」句（四三四—六四上）。明刊本「北方」作「北狄」。又「則中國與敵本不能相犯。惟其不然。是故皆有以相制。敵人之不可從中國之法。猶中國之不可從敵人之無法也」句（四三四—六四下）。明刊本凡「敵」皆作「胡」。又「今夫外域而用中國之法。豈能盡如中國哉」句以及「以異域之資而貪中國之美」句（四三四—六四下）。

明刊本「外域」「異域」皆作「蠻夷」。

又四庫本「其中未能革其詭譎譸張之性。而外牽於華人之法」句（四三四—六五上）。明刊本「詭譎譸張」作「犬羊豺狼」。又「其措置規畫皆不與其時相似」句（同上）。明刊本「不與其時相似」作「不復蠻夷之心」。

又四庫本「且敵人以爲諸郡之民非其族類」句（四三四—六五下）。明刊本「敵人」作「胡人」。又「外域者以力攻以力守以力戰」句（四三四—六六上）。
明刊本「外域」作「蠻夷」。

卷三十八

熙寧九年。司徒富弼上疏

四庫本「蓋異域貪婪。後患彌大」句（四三四—七五上）。明刊本「異域」作「夷狄」。

呂元鈞對策

四庫本「不興疆之事以懷外國」句（四三四—八九上）。「疆圉之憂生於綏御之失術」句（四三四—九〇上）以及「臣愚以爲中國之力有盈虛。外域之勢有強弱」句（四三四—九一下）。明刊本「外國」「疆圉」作「夷狄」。「外域」作「羌虜」。

四庫本「二邊之賜也」句（四三四—九三下）。明刊本「二邊」作「二虜」。

卷三十九

哲宗即位初。起居舍人邢恕上疏

四庫本「今邊兵未解。外域方將窺伺中國」句（四三四—一〇四下）。明刊本「外域」作「夷狄」。

卷四十

四庫本「財用上」一節。「今國家北有抗衡之敵」句（四三四—一四七上）。明刊本「敵」作「虜」。

四庫本「盜賊上」一節（四三四—一五五）。凡寫「邊隅」者。明刊本皆作「夷狄」。又「邊防上」一節。兩「外患」（四三四—一五九上）。明刊本亦並作「夷狄」。又「陛下即位之初。羌人各率種落。交臂屈膝。請命下吏」句（四三四—一五九下）。明刊本「羌人」作「羌虜」。又「外足以懷勍敵之心」句（四三四—一五九下）。明刊本「勍敵」作「犬羊」。

卷四十一

元祐八年。燾又論政事之要五疏

四庫本「五曰邊鄙驕橫」（四三四—一六八上）。明刊本「邊鄙」作「夷狄」。又「謂禦外患者。必使畏威而懷德。恩威並行。則可以制勍敵矣」句（四三四—一六九上）。明刊本「外患」「勍敵」均作「夷狄」。

燾又論四者歸心之道奏議

四庫本「夫繫中國之強弱安危者莫如外域」句（四三四—一七一下）。「自古以遠人懷德畏威爲彊」句（同上）。以及「此邊鄙所以歸心也」句（四三四—一七二上）。明刊本凡「外域」「遠人」「邊鄙」均作「夷狄」。

殿中侍御呂陶奏議

四庫本「二邊之患日甚一日」句（四三四—一八一上）。明刊本「二邊」作「二虜」。

「貴始上」一節。四庫本「外藩邊衆傾耳側目而想其威令也」及「外藩邊衆則必有以懷其情」句（四三四—一八一下）。明刊本兩「外藩邊衆」皆作「蠻夷戎狄」。

「貴始上」一節。四庫本「懷邊鄙之情則忠信有未至」句（四三四—一八二下）。明刊本「邊鄙」作「戎狄」。

「究治上」一節。四庫本「夫二邊盛彊窺侮王室」句（四三四—一八五下）。明刊「二邊」作「二虜」。

卷四十二

孔文仲對策

四庫本「吳楚盟中國。此陰盛之極也」句（四三四—二一二上）。明刊本「吳楚」作「夷狄」。又「此猾敵所以敢負懷徠之恩」句（四三四—二一三上）。明刊本「敵」作「虜」。

卷四十三

南鄭縣丞李新奏議

四庫本「荒裔亂華而俶擾河洛」句（四三四—二二七下）。明刊本作「戎狄亂華而腥羶河洛」。

卷四十四

博士周行己上言章

四庫本「銅錢不流於二邊。其利二也。邊人盜鑄而無所復用。其利三也」句（四三四—二四七下）。明刊本二「邊」字皆作「虜」。

左司諫江公望奏議

四庫本「以山河爲金湯。以邊人爲赤子」句（四三四—二五二上）。明刊本「邊人」作「夷狄」。

趙鼎臣對策

四庫本「臣聞詩云。薄伐玁狁。至于太原。其上策不過乎嚴守禦走集之利。俾其欲寇不能」句（四三四—二五四下）。明刊本「詩云薄伐玁狁至于太原」句作「夷狄固不可禮誼接也。「其上策」。明刊本作「周人上策」。又「纖介視之。則又何患於不誠而且未清哉」句（四三四—二五五上）。明刊本「纖介」作「禽獸」。

太常少卿李綱奏議

四庫本「設使敵國之衆蝟結蟻聚。侵邊微而摩封疆。將何以禦之」句（四三四—二五八下）。明刊本「敵國」作「犬羊」。

又四庫本「臣聞諸孔子曰。我戰則克」句（四三四—二五九下）。明刊本作「況區區之夷狄何足深畏」。又「況以天下之大而畏人乎哉」句（同上）。明刊本「畏人乎哉」作「畏夷狄哉」。又「外患不難禦也」句（四三四—二六〇下）。明刊本「外患」作「夷狄」。「外侮不難禦也」句（四三四—二六一上）。明

刊本「外侮」亦作「夷狄」。

卷四十五

宋欽宗即位初。李綱上疏

四庫本「然而方今勍敵憑陵。邊隅孔亟」句（四三四—二六五下）。明刊本作「然而方今夷狄憑陵。中國勢弱」。又「下順人欲。外攘勍敵。使邊隅之患寧」句（同上）。明刊本作「下順人欲。外攘夷狄。使中

國之勢尊」。
又四庫本「「上應天心。下順民欲。而使邊鄙懷我德威」句（四三四—二六六下）。明刊本「使邊鄙懷我德威」句作「使夷狄知中國之威」。又「天意昭答。人心悅服。則邊鄙不難禦矣」句（同上）。明刊本「邊鄙」作「夷狄」。又「今事勢迫急。敵國寇邊。日有變故」句（四三四—二六七下）。明刊本「敵國」亦作「夷狄」。

侍御史胡舜陟論反正六事奏議
四庫本「金人猖獗。莫之能禦」句及「親王宰執。爲質金廷」句（四三四—二七九上）。明刊本「金人」作「金寇」。「金廷」作「虜廷」。
欽宗時。起居郎胡安國奏議
四庫本「因茲恣行侵侮。大勢一傾。不復可正矣」句（四三四—二八○上）。明刊本「因茲」作「戎狄」。又「攘寇敵之方。各令展盡底蘊」句（同上）。明刊本「寇敵」作「夷狄」。

卷四十六

宋高宗建炎二年。胡銓對策
四庫本「卒挫其主」句（四三四—二八七下）。明刊本作「卒挫虜主」。又四庫本「而北敵之所畏憚者」句及「而敵計不得逞」句（同上）。明刊本兩「敵」字皆作「虜」。又四庫本「譬之國無勁兵則蕞爾之區皆爲勍敵」句（同上）及「以今敵勢大張。害甚於齊」句（四三四—二八八上）。明刊本「蕞爾」「敵勢」皆作「醜虜」。

又其後。四庫本「蠢茲小國。敢爾憑陵」句（四三四「二九二下）。明刊本「小國」作「醜虜」。又「則敵人乘隙將以假討惡爲名而躡入陳之軌矣」句（四三四—二九四下）。明刊本「敵人」亦作「醜虜」。
張浚又奏時政七弊章
四庫本「攘寇敵。圖中興」句（四三四—二九七上）

。明刊本「寇敵」作「戎狄」。

李光上治道劄子

四庫本「故金人之盛強或不足畏」句（四三四—三〇三下」。明刊本「金人」作「夷狄」。

卷四十七

宋高宗時。中書舍人胡安國上時政論

四庫本「與匈奴居穹廬。逐水草。無城郭宮室市朝之禮者異矣。今敵國憑陵。叛臣僭竊」句（四三四—三

〇八上）。明刊本「匈奴」作「夷狄」。「敵國」作「醜虜」。

又四庫本「今強敵侵河朔。叛臣擾山東」句（四三四—三〇九下）。明刊本「強敵」作「狂虜」。

又其後。四庫本「除外暴者多主通和之議。竟爲金人所誤。不敢用兵。而金人用兵毒遍中國。常自若也」句及「春秋之法。荆舒亂華。則是膺是懲」句（四三四—三一二下）。明刊本凡「金人」。「荆舒」皆作「夷狄」。

又四庫本「取媢敵人受其婦女者」句（四三四—三一九上）。明刊本「敵人」作「虜人」。

又四庫本「以爲金人出境。社稷再安」句（四三四—三二一下）。明刊本「金人」作「金賊」。

又四庫本「必志於掃平邊境。迎復兩宮」句（四三四—三二二上）。明刊本「邊境」作「夷虜」。

又其後。四庫本「強敵暴横。宜不待挫而自弱。然敵

兵每動。四方震慴」句（四三四—三二三下）及「何憂於群盜。何懾於敵人」句（四三四—三二四上）。明刊本「強敵」作「狂虜」。「敵兵」作「虜兵」。「敵人」作「戎虜」。

殿中侍御史章誼應詔上言章

四庫本「陛下詔臣以寇敵充斥。汙瀦於齊魯宋衛之郊」句。「何策而可以遏強敵」句。「聖詔曰敵兵充斥。汙瀦於齊魯宋衛之郊」句。又「陛下謂劉豫之僭竊

在敵人願之乎」句。「敵人窮兵深入。去國萬里」句。以及「彼雖屈膝於北庭。實可屏衛於中國」句（四三四—三二七上）明刊本「寇敵」作「寇虜」。「強敵」作「虜寇」。「敵兵」作「虜寇」。兩「敵人」皆作「虜人」。「北庭」作「虜廷」。

又後文。四庫本「合勢併力。以扞殘敵」句（四三四—三二八上）。明刊本「敵」作「虜」。又「何策而可以遏強敵」句。「此強敵之所以可遏也」句及「然

而猶復憑陵者。以陛下未得折衝禦侮之臣也」句（四三四—三二八下）。明刊本「強敵」皆作「虜寇」。「猶復」作「夷狄」。

卷四十八

宋高宗時。提舉萬壽宮兼侍讀張守奏議

四庫本「自去冬敵人不能南渡」句及「蓋修政事所以禦外侮也」句（四三四—三三二下）。明刊本「敵人」作「虜人」。「禦外侮」作「攘夷狄」。

戶部侍郎葉夢得上奏章

四庫本「臣聞邊患暴起。騷亂中國」句（四三四—三五一上）。明刊本「邊患」作「夷狄」。

又其後。四庫本「以敵孱陋荒穢。假息一方。不列於王會。未嘗得與中國相通」句（四三四—三五一下）。明刊本「敵」作「虜」。「王會」作「諸夷」。又「敵之驟強未必不爲滅絕速斃之本」句（同上）。明刊本「敵」作「虜」。又「燕趙汾晉驅其殘破之人」句（四三四—三五二上）。明刊本「其」作「虜」。

李彌遜自廬陵以左司召上殿箚子

四庫本「今強敵留屯中原」句（四三四—三五四上）及「將見中原不足復。強敵不足破」句（四三四—三五四下）。明刊本「強敵」皆作「黠虜」。

卷四十九

乾道七年。權禮部侍郎周必大奏議

四庫本「然北敵地大人衆。非隋末四方分裂之比。敵

遂雖曰不德。然亦未至虐用其民」句（四三四—三六五下）。明刊本兩「敵」字皆作「虜」。

淳熙間劉光祖對策

四庫本「臣恐介冑毬馬之事不足以示武於敵人。適足以貽笑於方外」句（四三四—三七八下）。明刊本「方外」作「黠虜」。

卷五十

觀文殿大學士兼侍讀史浩上奏章

四庫本「周宣中興復古之詩。謂內修政事外伐玁狁。說者分爲二事。臣獨謂修政事所以伐玁狁。使吾政事修明。彼且望風知畏」句（四三四—三八四下）。明刊本兩「玁狁」均作「夷狄」。「彼且」二字亦作「夷狄」。又「則四方懷德畏威。罔不率俾」句。明刊本「四方」亦作「夷狄」。

卷五十一

著作郎王十朋上奏章

四庫本「敵未退則逗留觀望」句（四三四—四一四下）又「內政既脩。則外患有不足憂」句（四三四—四一五上）。明刊本「敵」作「虜」。「外患」作「夷狄」。

十朋除知湖州上奏章

四庫本「今傳聞敵人積糧宿兵於境上。有窺蜀意。蜀天險也。非敵可得而窺」句（四三四—四一六下）。明刊本兩「敵」字均作「虜」。

卷五十二

椿除太平州陛辭又奏章

四庫本「今降人散居內外。豈無高歡之徒生不逞之心耶」句（四三四—四三六上）。明刊本「降人」作「降虜」。

又四庫本「若使平地與敵騎相拒。難取必勝」句。又「使敵人越東山口之險。方與之戰。人慮險阻在後。故敗而走」句（四三四—四三八上）。明刊本凡「敵」字概作「虜」。

卷五十三

宋孝宗時。監潭州南嶽廟朱熹上奏章

四庫本「而今日之計不過乎修政事禦敵國而已」句（四三四—四六三上）。明刊本「禦敵國」作「攘夷狄」。又「夫金人於我有不共戴天之讎」句（同上）。明刊本「金人」作「金虜」。

又後文。四庫本「謀國者惟恐失敵人之驩」句（四三四—四六四下）。「敵人專持此計中吾腹心」句（同上）。又「而解嚴未幾。敵使復至」句（同上）。明刊本凡「敵」字皆作「虜」。又「豈可使彼仇讎之人得以制其予奪之權哉」句（同上）。四庫本「人」亦作「虜」。又「今敵以好來。而兵不戢」句（四三四—四六五上）。明刊本「敵」作「虜」。「使吾修政事禦敵國之外。孑然無一毫可恃以爲遷延中已之資」句（四三四—四六五下）。明刊本「禦敵國」作「攘

夷狄」。

又後文。四庫本「況今秋氣已高。敵情叵測」句（四三四—四六八上）。明刊本「敵情」作「虜情」。

熹直寶文閣主管西京嵩山崇福宮上奏章

四庫本「中原不復。仇讎不滅」句（四三四—四八八下）。明刊本「仇讎」作「仇虜」。

卷五十四

熹直寶文閣上封事

四庫本「若脩政事以禦敵國」句（四三四—四九七下）。明刊本「禦敵國」作「攘夷狄」。

四庫本「治勢中」一節。凡「二敵」兩字（四三四—五一二上）。明刊本皆作「二虜」。又「治勢下」節。四庫本「女眞起東北小國」句。明刊本「小國」作「小夷」。

「理財中」一節。四庫本「夫南出於夷。北出於敵」句（四三四—五二八下）。明刊本「敵」作「虜」。

又「將用以滅敵而復北方也」句（四三四—五三一上）。明刊本「敵」亦作「虜」。

卷五十五

宋孝宗時葉適應詔論官法三事

四庫本「士學二事。兵權二事。外國四事」句（四三四—五三三下）。明刊本「外國」作「夷狄」。又「非所以威外國也」句（四三四—五三五下）。明刊本「外國」亦作「夷狄」。

「兵權上」一節。四庫本「則是捨百戰百勝之術。遺敵以其且而自爲是」句以及「夫今之所爲戰者。戰敵乎」句（四三四—五四五下）。明刊本兩「敵」字皆作「虜」。又「不費糧糗甲兵。自以義民殺敵」句（四三四—五四六上）。明刊本「敵」亦作「虜」。

又其後「夷狄外論」四節。四庫本凡「夷狄」皆改易爲「外國」。「虜」則改易爲「敵」。又四庫本「外國外論。一曰。臣爲外論四篇。……中國不得治外國。義也。中國爲中國。外國爲國。名也。……中國雖貴。外國雖賤」句（四三四—五四八上）。又「以先王之待外國。何策之可論」句（同上）。又「則是不能知先王所以待外國之意」句（同上）。又「教治所不及者大抵皆外國也」句（同上）。又「是既已化爲外國矣」句（四三四—五四八下）。又「秦人之暴甚於外國矣」句（同上）。又「蓋三者自是幷亡。不復有中國外國之分矣」句（同上）。又「若是者。先王

待外國之意乎」句（四三四—五四九上）。又「外國嘗苦中國無信義」句（同上）。又「世無堯舜湯武。待外國之意終不可見」句（同上）。又「而天下之人熟於聞見。不知其爲中國外國之異者」句（同上）。又「然則外國雖不義。常以信義望中國。中國以外國爲不義。是以不用信義答之。不知此其所以爲中國者。本不以外國之無廢。……則中國之待外國固無難矣」句（四三四—五四九下）。明刊本凡「外國」皆作

「夷狄」。

又四庫本「外國外論二曰。秦漢以來待外國者。不和親則征伐」句（四三四—五四九下）。又「先王未嘗征伐外國。……夫北敵乃吾仇也。非復可以外國畜。而執事者過計。借外國之名以撫之」句（四三四—五五〇上）。明刊本「外國」皆作「夷狄」。「北敵」作「北虜」。又「一旦敵自敗約。始舉不得已之兵以應之」句（同上）。又「使敵復如辛巳甲申忽擁大衆

以求戰」句（四三四—五五一上）。明刊本「敵」皆作「虜」。

又其後「外國外論三」（四三四—五五一下）。明刊本「外國」亦作「夷狄」。又「七年之前始命使祈請於敵」句（同上）。又「敵嘗馳一介來請。前年我復遣使。敵亦未測吾意所在。此三者皆足以開隙於敵。然而敵終不敢自隙。以此策之。敵未動也」句（四三四—五五二上）。明刊本「敵」皆作「虜」。

又其後。「夷狄外論四」。「使吾欲得志於敵」句（四三四—五五三下）。「乃坐困內地。助敵自攻」句（同上）。「敵卒以數萬衆來攻之不能克」句（四三四—五五四下）。及「且敵能以虛言空約禁吾不敢守要地」句（四三四—五五四下）。明刊本凡「敵」字皆作「虜」。

卷五十六

宋光宗即位葉適應詔條陳六事上奏章

四庫本「當遠人賓服之時。則必思兼愛休息」句（四三四—五七六上）。「遠人賓服而當思兼愛休息也」句（同上）。又「而但處之以中國全盛。遠人賓服之勢」句（同上）。凡「遠人」二字明刊本概作「夷狄」。又「然則。謂今之時爲中國全盛遠人賓服者。臣恐其名託人。而實非也」句（四三四—五八〇下）。明刊本「遠人」亦作「夷狄」。

卷五十七

祭戡又奏章
四庫本「朝廷自正。天下自化。遠人自賓」句（四三四—六一一上）。明刊本「遠人」作「夷狄」。

卷五十八

宋寧宗時。袁說友上言章
四庫本「且今之外敵固非可以禮義責也。猶能慕我壽皇之孝。而能於繼祖踐位之日。躬行三年之喪。外敵固不足言之於陛下也。然彼且能爾」句（四三四—六

一八上）。明刊本前後兩「外敵」。皆作「虜酋」。

駕部員外郎李鳴復上奏章
四庫本「即不幸姦雄勍敵覬釁而動。復何以為計」句（四三四—六三〇上）。明刊本「勍敵」作「醜虜」。又「使得一富弼而北敵降心」句（四三四—六三〇下）。明刊本「敵」作「虜」。

應龍為太學博士又奏章
四庫本「殘敵垂亡。游魂假息」句（四三四—六三七下）。又「強敵遽斃。若可以自賀矣」句（同上）。明刊本「殘敵」作「殘虜」。「強敵」作「醜虜」。

卷五十九

宋寧宗時。知澧州曹彥約上奏章
四庫本「敵雖頑梗。而兵機變詐乃其素講」句（四三四—六四二下）。明刊本「敵雖頑梗」作「虜雖禽獸」。
又四庫本「亦恐召釁稔禍。不特強敵之可畏也」句（

四三四—六四四下）。明刊本「強敵」作「夷虜」。
又「中國之禮義有以別其風俗也」句（四三四—六四五上）。明刊本「風俗」作「禽獸」。又「和議苟成。敵情難測」句（四三四—六四六上）。明刊本「敵情」作「虜情」。

陳耆卿代上殿箚子
四庫本「曩時戎禍亂於北。孥結不解。今無之」句（四三四—六四九下）。又「昔之於敵也。惟憂其不亡

」句（同上）。明刊本「戎禍」作「戎虜」。「敵」作「虜」。又「元氣既固。邊圉蓋客邪爾」句（四三四—六五〇上）。明刊本「邊圉」作「夷狄」。

起居舍人眞德秀上奏章

四庫本「北敵有必亡之勢者三」句。「大臣內畔。部曲廢殞」句及「夫敵人窺伺河洛餘八十年」句（同在四三四—六五〇下）。明刊本「北敵」作「北虜」。「部曲」作「戎酋」。「敵人窺伺」作「女眞腥穢」。

。又「不幸一敵滅一敵生」句（四三四—六五一上）。明刊本兩「敵」字皆作「虜」。

卷六十

禮部侍郎袁燮上奏章

四庫本「國人不服又豈能服外域乎」句（四三四—六五九上）。又「今之忠賢亦有慷慨論事名聞外域者矣」句（同上）。明刊本「外域」皆作「夷狄」。

又四庫本「掠其寶貨。而縶以遺敵。投諸死地」句（四三四—六六〇下）。「政刑不明。微弱之敵不可忽」（同上）。又「敵雖微弱。然能招群盜而封爵之」句（同上）。以及「威聲震疊。而殘敵無能爲矣」句（四三四—六六一上）。明刊本凡「敵」字皆作「虜」。

袁燮又奏章

四庫本「雖方盛之鄰邦。猶嚮風而慕義。今者蕞爾殘敵。滅亡無日。而猶敢肆其憑陵。則中國之不安不強

亦已甚矣。」句（四三四—六六一下）。明刊本「鄰邦」作「夷狄」。「殘敵」作「殘虜」。又「區區殘敵。不稱藩面。內則殄滅無餘。又豈能爲中國之患哉」句（四三四—六六二下）。明刊本「殘敵」亦作「殘虜」。

燮又上便民箚子

四庫本「逆曦以蜀附金，不旋踵而誅滅」句（四三四—六六五上）。明刊本「金」作「虜」。

卷六十一

禮部侍郎眞德秀上奏章

四庫本「二聖臨朝聽政。四方稽首請命」句（四三四—六八六下至六八七上）。明刊本「四方」作「四夷」。

彥約又奏章

四庫本「假息微虞。屢擾邊垂。……敵以侵掠子女爲軍前之賞。我則反其耄倪以示吾仁。敵以焚蕩室廬爲軍前之威。我則安堵黎元以示其整」句（四三四—六九四下至六九五上）。明刊本「假息微虞」作「假息微虜」。「敵」則皆作「虜」。又後文「使彼民之怨彼者怨之而益急」句（四三四—六九五上）。明刊本「怨彼者」作「怨虜者」。又後文「效尤於敵而結怨於民。逞怒於赤子而帖耳于敵國」句（同上）。明刊本「效尤於敵」作「效尤於虜」。「敵國」作「犬彘」。

知瀘州魏了翁奏疏

四庫本「敵國外患。日就衰弱」句（四三四—六九六上）。明刊本「敵國外患」作「韃虜金戎」。

昌裔爲監察御史又奏章

四庫本「勍敵鴟張。軍懸蝟起」句（四三四—七一七上）。明刊本「勍敵」作「胡氛」。

卷六十三

著作佐郎高斯得輪對

四庫本「姦邪有覆出之憂。邊陲有必至之禍」句（四三四—七四二下）。明刊本「邊陲」作「夷狄」。又「敵有必至之禍」句（四三四—七四四上）。明刊本「敵」作「虜」。「姦邪能覆人之國。勍敵能亡人之國」句（四三四—七四四下）。明刊本「勍敵」作「夷虜」。

黃應龍對策

四庫本「然溝封未繕。敵有覦心……。向者敵性憚暑。惟防秋冬。邇年敵駐河南關隴之間。……。邇年蜀壞敵來。……或謂彼厄於旱蝗」句（四三四—七五一上。下）。明刊本「敵有覦心」作「虜有覦心」。「敵性憚暑」作「戎性憚暑」。「彼厄於旱蝗」作「虜厄於旱蝗」。其餘兩「敵」字並作「虜」。

又四庫本「謂敵人姦謀叵測。聚衆河洛」句（四三四—七五二上）。明刊本「敵人」作「詐虜」。

又其後。四庫本「敵人以回山倒海之深謀。而比之近日。北方專事殺戮之慘者。孰智而孰拙」句（四三四—七五四上）。明刊本「敵人」作「狡虜」。「北方」作「遠夷」。又「又因敵退。戒飭諸將不可弛備」句（四三四—七五四下）。明刊本「敵」作「虜」。

卷六十四

文天祥對策

四庫本「邊陲之警。盜賊因之也」句（四三四—七七○下）。明刊本「邊陲」作「夷狄」。

又四庫本「自戰艦列於漢水。冤血濺於寶峰」句（四三四—七七二上）。明刊本「自戰艦列於漢水」句作「自腥羶染於漢水」。又「何謂邊陲之警」句以下（四三四—七七二下至七七三上）。四庫本多處改易。

四庫本「何謂邊陲之警。盜賊因之也。……。時僞齊挾敵使李成寇襄漢……臣聞。外之勍敵不能爲中國患。而其來也。必待內之變……盜賊而至於通勍敵。則腹心之大患也已。今之所謂敵國者固可畏也。然而逼我蜀。則蜀帥策瀘水之勳。窺我淮。則淮帥奏維揚之凱。敵騎縱橫。固不可以一捷止之」句。明刊本作「何謂夷狄之警。盜賊因之也。……時僞齊挾虜使李成寇襄漢。……臣聞。外之夷狄不能爲中國患。而其來也。必待內之變。……盜賊而至於通夷狄。則腹心之大患也已。今之所謂夷狄者固可畏也。然而逼我蜀。則蜀帥策瀘水之勳。窺我淮。則淮帥奏維揚之凱。狼子野心。固不可以一捷止之。」

牟濚奏議

四庫本「中更兵火。與民俱流。苟延餘生。至於今日」句（四三四—七七八上）。明刊本「兵火」作「狄難」。又「洪水之後有奄廉。天不生周公。則無以爲生民除害。……。然人皆知四裔之爲中國害。而不知人心之害甚於四裔。蓋四裔雖能爲害於一時。而人心天理終不可泯沒。良心壞。則失其所以爲人。而末流之弊。有不可勝言者。臣請先言四裔而後及人心。中

國之所以異於四裔者。以其有三綱五常爲之主張。禮義廉恥爲之維持也。而近歲以來。貪競成習。欺誕成風。慨習俗之日媮。凜綱常之將墜。而遐裔遂得以憑陵中國」句（四三四—七七八上。下）。明刊本作「洪水之後有夷狄。天不生周公。則無以爲生民除害……然人皆知夷狄之爲中國害。而不知人心之害甚於夷狄。蓋夷狄雖能爲害於一時。而人心天理終不可泯沒。良心壞。則失其所以爲人。而末流之弊。有不可勝言者。臣請先言夷狄而後及人心。中國之所以異於夷狄者。以有三綱五常爲之主張。禮義廉恥爲之維持也。而近歲以來。貪競成習。欺誕成風。慨習俗之日媮。凜綱常之將墜。而夷狄遂得以憑陵中國。」

理宗在位。斥逐權姦。收召名德。舉朝相慶章

四庫本「儲練將以易敵人之首」句（四三四—七八二下）。明刊本「敵人」作「胡人」。

卷六十九

欽宗靖康元年河東北宣撫使李綱乞深考祖宗之法劄子

四庫本「適丁艱難之秋。外患迭興。中國勢弱」句（四三五—一四上）。明刊本「外患迭興」作「戎狄內侵」。

卷七十六

慶曆四年。樞密使富弼奏議

四庫本「宜乎爲識者之所憂。而敵人之所輕也。且如敵人有南大王蕭孝穆」句（四三五—一八六下）。明

刊本前後兩「敵人」皆作「北虜」。

弼又上奏章

四庫本「朝廷爲藩屏之固。慮爲敵人所輕」句（四三五—一八六下）。明刊本「敵人」作「夷狄」。

卷七十七

殿中侍御史范純仁論濮王稱親未當狀

四庫本「萬一敵國姦民有以先帝遺詔爲問」句（四三五—一九六上）。明刊本「敵國」作「黠虜」。

陳淵論用宗子奏議

四庫本「今遐裔之強既與吾爲敵國」句（四三五—二○四上。下）。明刊本「遐裔」作「夷狄」。又「此遐裔所以輕視中國。易發而難制也。頃者敵騎憑陵。二帝北狩」句（四三五—二○四下）。明刊本「遐裔」亦作「夷狄」。「敵騎」作「虜騎」。又「敵人聞之。必謂中國親族多賢。足以自輔」句（同上）。明刊本「敵人」作「夷狄」。又「以謂敵人貴親。多以近親爲名王將相」句（同上）。明刊本「敵人」作「虜人」。又「敵必謂王室孤危。無所扶助。本根不固。易以搖動。此誠宜爲敵人之所窺測也」句（四三五—二○五上）。明刊本「敵」作「虜」。「敵人」作「夷狄」。

眞宗二年。知揚州王禹偁論軍國大政疏

四庫本「方今北有勍敵。西有繼遷。敵人雖不犯邊。戍兵豈能減削」句（四三五—二九八上）。明刊本作

「方今北有胡虜。西有繼遷。胡虜雖不犯邊。戍兵豈能減削」。又後文「宜敕疆吏致書敵臣。使達彼主。請尋舊好」句（四三五—二九八上下）。明刊本作「宜敕疆吏致書虜臣。使達犬戎。請尋舊好」。又後文「然而擊江東。備北境。國用亦足」句（四三五—二九八下）。明刊本「北境」作「北虜」。

歐陽修上奏章

四庫本「北人與朝廷通好僅四十年。不敢妄動」句（

四三五—三〇五下）。明刊本「北人」作「北虜」。
又後文「但能痛敗昊賊一陣。則吾軍大振而敵計沮矣。此所謂上兵伐謀者也。今詗事者皆知北人與西戎通謀。欲併二國之力窺我河北陝西。今若我能先擊敗其一國。則敵勢減半。不能獨舉。此兵法所謂伐交者也。元昊地狹。賊兵不多。向來攻我。傳聞北人常有助兵。今若敵人自有點集之謀。而元昊驟然被擊。必求助於北人。北人分兵助昊。則可牽其南寇之力」句（

四三五—三〇六上）。明刊本作「但能痛敗昊賊一陣。則吾軍大振。而虜計沮矣。此所謂上兵伐謀者也。今詗事者皆知北虜與西賊通謀。欲併二國之力。窺我河北陝西。今若我能先擊敗其一國。則虜勢減半。不能獨舉。此兵法所謂伐交者也。元昊地狹。賊兵不多。向來攻我。傳聞北虜常有助兵。今若虜中自有點集之謀。而元昊驟然被擊。必求助於北虜。北虜分兵助昊。則可牽其南寇之力」。又後文「元昊倉皇自救不暇。豈能與北人相爲表裡……今又見朝廷北憂勍敵。方經營於河朔」句（四三五—三〇六上）。明刊本作「則元昊蒼皇自救不暇。豈能與北虜相爲表裡……今又見朝廷北憂戎虜。方經營於河朔」。

慶曆三年。尙書禮部郎中知制誥宋祁上疏

四庫本「苟失其時。而使二敵先來。則吾無策矣」句（四三五—三〇六下）。明刊本「二敵」作「二虜」。又「若二敵挺變。更相影嚮。一出於北。一擾於西

」句（四三五—三一〇上）。以及「彼二敵聞之。必且狡謀潰於狄胸」句（四三五—三一一上）。兩「二敵」明刊本皆作「二虜」。

嘉祐間。蘇洵上審勢策

四庫本「遠裔強盛。陵壓中國。而邀金繒幣帛之恥。不爲怒也」句（四三五—三一三下）。明刊本「遠裔」作「羌胡」。

卷八十二

宋徽宗宣和七年。太常少卿李綱上言章
四庫本「宗廟社稷無陷敵國之虞」句（四三五—三三一八下）。明刊本「敵國」作「夷狄」。又後文「驅逐外敵。保完舊疆。此上策也」句（同上）。明刊本「外敵」作「醜虜」。又後文「控制西北以靖邊陲」句。明刊本作「控制西北以威夷狄」。又「使金國之衆敢肆憑陵。當如周亞夫禦七國之策。堅壁勿戰」句。明刊本「金國之衆」作「犬羊之衆」。又後文「是以

中原畀之他人也」句（四三五—三三一九上）。明刊本「他人」作「豺狼」。
晁說之上書陳論重地章
四庫本「中國以此控制遠人者也。乃委此地於敵人。使以控制中國乎」句（四三五—三三二一上）。明刊本「遠人」及「敵人」皆作「夷狄」。又「且命四擊敵軍。實天下幸甚」句及「且今日敵人之逋逃與契丹澶淵之逝。事體不同」句（四三五—三三二三上）。明刊本「敵軍」及「敵人」皆作「狂虜」。
歐陽徹奏議
四庫本「欲卻外來之侮以安中國之勢」句（四三五—三三二三下）。明刊本「外來」兩字作「夷狄」。又「一旦爲金人侵侮。攻陷井邑」句（四三五—三三二四上）。又「金人犯順。侮慢中國」句（四三五—三三二五上）。明刊本兩「金人」皆作「金賊」。又「下詔親征。彼軍聞風而心破」句（四三五—三三二五上）。明刊本「彼軍」作「醜虜」。

又後文。四庫本「時敵情不可測。群臣莫敢行」句（四三五—三三二六下）明刊本「敵情」作「虜情」。又「弼開懷與語。不以鄙夷待之」句（同上）。明刊本「鄙夷」作「夷狄」。又「夫太原一郡控扼西北之嚥喉」句（四三五—三三二七上）。明刊本「西北」作「二虜」。
又其後。四庫本「至我國家澶淵之戰。敵人請和。諸

將皆欲以精兵會界河上而殲之。敵懼。求哀既切。眞宗皇帝詔諸將按兵勿伐。縱契丹歸。敵自是通好守約。不復盜邊者累年」句（四三五—三二七下）。明刊本「敵人」作「醜虜」。兩「敵」字皆作「虜」。

又後文「何則。遠裔服叛無常。乍臣乍驕……遠人慴服而不敢猖獗……士氣墮卻。敵人所以深入」句（同上）。明刊本「遠裔」作「戎狄」。「遠人」「敵人」皆作「醜虜」。又後文「既而與之講和。徒費金帛

億萬。適以資敵」句（同上）。明刊本「敵」作「寇」。又後文。「臣以是知講和反墮敵計中也。且如前日金人敗北」句（同上）。明刊本「敵」作「虜」。「金人」作「金賊」。又後文「臣必知敵人又乘勢而攻矣。孰若用臣之策使敵反墮我計中也」句（四三五—三二八上）。明刊本「敵人」作「醜虜」。「敵」作「虜」。

又其後。四庫本「彼不能畏天而事我。反貪暴殘滅而自干罪戾。則天亦討其有罪矣。夫復何疑。此臣願獻陛下二策也。臣又聞西戎之患大於金人。祖宗之朝。羌人入寇。固嘗彌年而不能解。方今金人入寇。殘害滋甚。西戎雖安堵未動。然敵人剽悍之性。敢肆陵侮」句（四三五—三二八上）。明刊本作「彼不能畏天而事我。反貪暴殘滅。而自干誅夷。則天亦討其有罪矣。夫復何疑。此臣願獻陛下二策也。臣又聞西戎之患大於金賊。祖宗之朝。羌人入寇。固嘗彌年而不能

解。方今金賊入寇。殘害滋甚。西戎雖安堵未動。然夷狄犬羊之性。敢肆凌侮。」。又後文「無使西北合併爲患。則難於支梧也……其後朝廷若能會兵要地。控扼邊陲。奮張國威。以震軍勢」句（四三五—三二八下）。明刊本「西北」作「二虜」。「軍勢」作「醜虜」。又後文。四庫本「蔓草猶不可圖。況於勍敵乎」句（同上）。明刊本「勍敵」作「戎狄」。又其後。「況二敵動欲與中國抗衡」句（四三五—三二九

上）。「臣以是知腹心之疾尤甚於股肱也」句（同上）。明刊本「二敵」作「二虜」。「股肱」作「夷狄」。

又其後。四庫本「而臣子無所矜式。遂使勍敵交侵」句（四三五—三三二下）。明刊本「勍敵」作「夷狄」。又「金人未必能深入若蹈無人之境也。」（同上）。明刊本「金人」作「醜虜」。又「河北河東京畿不幸爲敵人侵陵」句（四三五—三三二上）。明刊本

「敵人」作「夷狄」。

又四庫本「今日金人之患。殆有過於宣王之時」句（四三五—三三三上）。明刊本「金人」作「金賊」。

又「使之內外相和以濟國難。則勍敵無足虜」句（四三五—三三三下）。明刊本「勍敵」作「醜虜」。又「既而金兵勢迫。群臣有他幸之請」句（四三五—三三三下）。明刊本「金兵」作「金賊」。

又四庫本「去年春。金人入寇。國勢幾危」句（四三五—三三七上）。又「俟金人掃蕩之日，命將帥出厚賞以募」句（四三五—三三七下）。明刊本兩「金人」皆作「金賊」。又「借使邊圉已寧而遣之歸」句（四三五—三三七下）。明刊本「邊圉」作「金戎」。

「然國家有金革之難。將欲養兵而禦戎」句（四三五—三三七下）。明刊本「金革」作「夷狄」。

又四庫本「臣竊意金人強悍」句（四三五—三三八下）。「爲陛下用此術以掃蕩塵氛而安我社稷耶」句（

四三五—三三九上）。「臣自有策。能使金兵倒戈卷甲不復侵侮」句（四三五—三三九上）。又「臣雖遭鼎鑊。能以一身破強悍之敵」句（同上）。以及「特願用臣狂計。以擒金國之渠魁」句（四三五—三三九下）。以上。明刊本「金人」作「金賊」。「塵氛」作「醜虜」。「金兵」亦作「醜虜」。「敵」作「虜」。「金國」作「金賊」。

卷八十三

宋欽宗靖康初。歐陽徹上書

四庫本「豈意金人復爾猖獗。使黎元被害」句（四三五—三四二下）。「既失信於敵人。知其必爲患於中國。而不能爲防禦之術」句（同上）。「然服三浣之衣。不能卻百萬之衆」句（同上）。以及「庶使祖宗社稷不危於敵人之手。則萬世之幸也」句（同上）。明刊本「金人」作「金賊」。兩處「敵人」皆作「夷虜」。「百萬之衆」作「百萬之虜」。

又四庫本「必能使遠人畏威而銷伏。然則社稷安危實在二人之掌握。金人視之不啻讎敵」句（四三五—三四四下）。明刊本「遠人」作「醜虜」。「金人」作「虜人」。又「昌以奉使而置之北庭。是快金人私忿也。是墮金人計中也」句（同上）。明刊本「北庭」作「虜庭」。兩「金人」皆作「金賊」。

又其後。四庫本「遣臣奉咫尺之書。往見彼主而議和親。臣必能口伐敵人。使之弛廢而不爲備」句（四三五—三四五下）。明刊本「彼主」作「虜主」。「敵人」作「醜虜」。

又四庫本「臣聞比者金人入寇。童貫麾下」句（四三五—三四六上）。明刊本「金人」作「金賊」。

又四庫本「廣募熊羆之士。以振虎賁之旅。則國必不辱於敵人矣」句（四三五—三四七上）。明刊本「敵人」作「醜虜」。又「又復若思种師道勦滅金人餘黨而不從其計矣」句（四三五—三四七下）。明刊本「金人」作「金賊」。

又四庫本「今日邊圉之禍未必不原於此」句（四三五—三四九上）。明刊本「邊圉」作「金賊」。

徹又上書章

四庫本「臣竊見金人肆毒。害及天下」句（四三五—三五二下）。明刊本「金人」作「猾虜」。

又其後。四庫本「臣固知去年春金人悔過而效順者。實以天人之心歸於陛下。故感格如此。既而金人復爾深入。踐蹂侵侮。無所不至」句（四三五—三五四上）。前後兩「金人」。明刊本皆作「金賊」。又「金人尚爾者何耶」句（同上）。明刊本「金人」亦作「金賊」。

又四庫本「則勍敵無足慮。而天下可從安矣」句（四三五—三五四下）。明刊本「勍敵」作「胡賊」。

又後文。四庫本「臣又乞邊塵掃蕩之後。明詔頒告天下。宜以儉約爲尚」句（四三五—三五五下）。明刊本「邊塵」作「金賊」。

又四庫本「臣竊聞金人退師之時。朝廷大臣有許其割三關租稅之約」句（四三五—三五六上）。明刊本「金人」作「金賊」。

又四庫本「運籌決策。掃蕩邊塵。以振國威。則無今日之禍矣。逮其秋高馬肥。金人復入。乃始爲備」句（四三五—三五六下）。明刊本「掃蕩邊塵」作「殲滅醜虜」。「金人」作「金賊」。

又後文。四庫本「則敵人聞風而遠遁。朝廷安枕而無虞」句（四三五—三五七上）。明刊本「敵人」作「醜虜」。又「遣聶昌於北庭」句（同上）。明刊本「北庭」作「虜庭」。

又四庫本「反爲金人踐蹂侵侮。不能頓劫者」句（四三五—三五七下）。明刊本「金人」作「醜虜」。又「臣聞王師之出。三軍多不同心。而敵人反能死敵」句（同上）。明刊本「敵人」亦作「醜虜」。又「悉效敵人之死敵。則彼未必敢深入也」句（同上）。明刊本「敵人」作「虜人」。

又四庫本「今又起而禦戎。州縣爲之一空。使宇內廓清。遣歸所屬。則死亡散徙。又不知數矣。臣故願陛下以招軍爲先務。況所有禁軍。原係保護王室。爲敵所敗。其數亦差減。若不速募精兵以補所闕。則臣恐鄰國得以窺其隙矣。臣愚又欲乞陛下掃蕩之後。遣良將於西北之鄙。控扼敵人喉衿」句（四三五—三五八上）明刊本作「今又起而禦戎。州縣爲之一空。俟金賊誅夷。遣歸所屬。則死亡散徙。又不知數矣。臣故願陛下以招軍爲先務。況所有禁軍。元係保護王室。爲虜所敗。其數亦差減。若不速募精兵以補所闕。則臣恐鄰國得以窺其隙矣。臣愚又欲乞陛下滅賊之後。遣良將於西北之鄙。控扼虜人喉衿」。

又其後。四庫本「與其蹈蹂於敵人之足。孰若與吾民爲耕食之地。敵人知其爲農。而不知其爲兵」句（四

三五—三五八上）。明刊本「敵人」皆作「虜人」。

又其後。「乞依法屯兵以爲邊備。則敵人必不能入寇也」句（四三五—三五八下）。明刊本「敵人」作「醜虜」。

又其後。「中國素號甲兵之盛。反不能及敵人鐵騎之勇。其禍實原於蔡京。三尺孺子知京之名者。亦切齒怨之。雖梟首暴骨以謝天下。滅族削跡以快人意。猶恐其不足也。臣愚欲乞廓清宇內。安撫黎元」句（同上）。明刊本作。「中國素號甲兵之盛。反不能劫夷虜鐵騎之勇。其禍實原於蔡京。三尺孺子知京之名者。亦切齒怨之。雖梟首暴骨以謝天下。滅族削跡以快人意。猶恐其不足也。臣愚欲乞殲夷金賊。安撫黎元」。

又後文。四庫本「自去年春。金人入寇。朝廷之上肯奮身而與國同難者惟李綱。聶昌兩人而已……比者金兵再起……欲效柏耆乞天子一節。持入北庭……臣以

是知敵騎縱橫而未能風驅電掃者」句（四三五—三六四上）。明刊本「金人」。「金兵」並作「金賊」。「北庭」作「虜庭」。「敵騎縱橫」作「醜虜爲孽」。

又後文。四庫本「直至金兵漸逼。乃始奏聞」句（四三五—三六九上）。明刊本「金兵」作「虜寇」。

卷八十四

宋欽宗時許瀚上言章

四庫本「比有族人自供陷敵脫歸者。陰得契丹燕人之情。見其怨憤金人。欲食其肉。臣以是知敵之可離也。契丹燕雲之地。本非國家所有。若使燕人遂往。得地因以封其人。遇財因以賞其士。則金人支解。」句（四三五—三七四上）。明刊本作「比有族人自拱陷賊脫歸者。陰得契丹燕人之情。見其怨憤金賊。欲食其肉。臣以是知虜之可離也。契丹燕雲之地。本非國家所有。若使燕人遂往。得地因以封其人。遇財因以

賞其士。則金賊支解。」

又其後。四庫本「今金人既取契丹。遂亂中國。其勢必將加兵鄰壤。如西夏高麗。大小敵國類皆有凜凜狼顧之意。臣嘗建欲棄陝西進築無用之地。以與西夏。增其歲賜。與之解怨。申結舊恩。使一辯士說之。可使出兵以攻雲中。又使人結高麗大小敵國諸小寇等。與之立契丹後。則金地坐見分裂。中國將得休息矣。按唐遭祿山之變。肅宗起靈武。引回紇之兵以復兩京。今但使之擾敵巢穴。其利百倍於唐也」句（四三五—三七四下）。明刊本作「今金賊既取契丹。遂亂中國。其勢必將加兵鄰壤。如西夏高麗。大小胡虜等。皆有凜凜狼顧之意。臣嘗建欲棄陝西進築無用之地。以與西夏。增其歲賜。與之解怨。申結舊恩。使一辯士。說之。可使出兵以攻雲中。又使人結高麗大小胡虜諸小夷等。與之立契丹後。則金賊坐見分裂。中國將得休息矣。按唐遭祿山之變。肅宗起靈武。引回紇之兵以復兩京。今但使之擾賊巢穴。其利百倍於唐也

。」

又其後。四庫本「今金兵無他長技。所恃惟鐵騎耳」句（四三五—三七四下）及「臣度金兵擾邊之期不過旬月」句（四三五—三七五上）。明刊本「金兵」皆作「金賊」。

高宗即位。唐重應詔上疏

四庫本「自古遐裔之侵中國。未有如此之酷」句（四

三五—三七五下）。明刊本「遐裔」作「夷狄」。

建炎元年。李綱議國是章

四庫本「其冬金人再入畿」句（四三五—三七七上）。明刊本「入」作「寇」。又「以款四方勤王之師。使敵得逞其欲」句（同上）。明刊本「敵」作「虜」。又「自古遐裔之禍中國。未有若此之甚者」句（同上）。明刊本「遐裔」作「夷狄」。

又四庫本「二聖播遷。陛下父兄沈於北庭」句（四三五—三七七下）。「今二聖之在北庭莫知安否之審」句（四三五—三七八上）。前後二「北庭」明刊本皆作「虜庭」。

又其後。四庫本「及敵兵退。三鎮兵民爲朝廷固守。中山眞定及沿邊諸郡既已保全。而敵盡力以圍太原。不肯捨去」句（四三五—三七九下）。前後二「敵」字。明刊本皆作「賊」。又「強壯狡獪者反爲敵用」句（四三五—三八〇下）。明刊本「敵」亦作「賊」

。

綱又上言曰。臣竊以國家都汴處中以臨四方章

四庫本「收豪俊之用以掃邊塵。復境土」句（四三五—三八一上）。明刊本「以掃邊塵」作「以攘戎狄」。又「不置定都。使敵人無所窺伺。二也」句（同上）。明刊本「敵人」作「夷狄」。

又其後。四庫本「臣恐天下之勢偏而不舉。敵騎深入。號令不行。州郡莫相救援。皆將碎於敵手。敵以精兵。驚擾京東。控制淮楚」句（四三五—三八二下）。明刊本「敵騎」作「胡騎」。「敵手」作「賊手」。「敵」作「賊」。又「南人之輕脆非北人之比。敵至則潰。南方之城壁非北方比。敵攻則破」句（四三五—三八三上）。明刊本前後三「敵」字皆作「賊」。

綱又上言曰。臣以愚陋。誤蒙聖恩章

四庫本「或與英雄角逐。或爲寇盜所侵」句（四三五

一三八三下）。明刊本「寇盜」作「夷狄」。又後文「彼主惶懼。遂亦請和而去。兩朝盟好凡百餘年。由此觀之。爲敵人所侵。豈可不作天下之氣而先自屈哉……不知敵騎果復渡河攻圍我城邑」句（四三五—三八四上）。明刊本「彼主」作「虜主」。「敵人」作「夷狄」。「敵騎」作「虜騎」。

紹興五年。綱提舉西京崇福宮上言章

四庫本「以僞金人兵馬退遁。令臣深思熟講」句（四

三五—三八五上）。明刊本「兵馬」作「賊馬」。又後文「臣竊以僭逆之臣。挾強悍之敵。提兵南嚮」句（同上）。明刊本「敵」作「虜」。又後文「然臣區區之愚。竊願陛下勿以敵軍退遁爲可喜……而以中原未復。赤縣神州猶陷於敵人爲可恥……或謂敵軍既退。當遂用兵爲大舉之計」句（四三五—三八五下）。明刊本前後二「敵軍」並作「賊馬」。「猶陷於敵人」作「猶汙於腥羶」。

又其後。四庫本「又謂敵軍既退。當且保據一隅。以苟目前之安」句（四三五—三八六上）。以及「遇有敵軍。則大帥遣兵應援」句（四三五—三八六下）。「則敵兵雖多。豈敢輕犯」句（四三五—三八六下）。以上「敵軍」。「敵兵」。明刊本皆作「賊馬」。

又後文。四庫本「特制於勍敵之勢爲所驅迫。陷於塗炭」句（四三五—三八八上）。明刊本「勍敵」作「黠虜」。

四庫本「勍敵數十萬衆飲馬江干。雖未能掃蕩邀擊。

盡復邊疆。而天威所臨。已足以使之震怖」句（四三五—三八九上）。明刊本「勍敵」作「悍虜」。「盡復邊疆」作「盡殲醜類」。又「今敵軍雖退。而其情狡獪。變詐百出」句（同上）。明刊本「敵軍」作「賊馬」。「其情」作「虜情」。

又後文。四庫本「敵來則禦。俟時而奮。以光復祖宗之大業」句（四三五—三九〇上）。明刊本「敵」作

「賊」。又「今國家遠有強盛之敵國。近有僭僞之逆臣」句（四三五—三九〇下）。明刊本「敵國」作「黠虜」。又「雖勍敵不足畏。雖逆臣不足憂」句（同四三五—三九〇下）。明刊本「勍敵」作「強虜」。

又四庫本「安得不爲僭逆之臣。強悍之敵之所窺伺」句（四三五—三九三下）。明刊本「敵」作「虜」。

卷八十五

宋高宗紹興五年。李綱上疏

四庫本「金人作慝。宗社顛危」句（四三五—三九七下）。明刊本「金人」作「金寇」。

綱復論車駕不宜輕動疏

四庫本「莫有鬥心。敵人乘之。誰爲陛下堅守苦戰以禦大敵者」句（四三五—三九九上）。明刊本「敵人」作「虜僞」。又「使敵軍南渡。得一邑則守一邑」句（同上）。明刊本「敵軍」作「賊馬」。又「借使敵騎衝突。不得已而權宜避之。猶爲有說」句（四三五—三九九下）。明刊本「敵騎」作「虜騎」。又「使敵挾叛將以來。則廬壽必不能守」句（同上）。「使敵得據合淝。則舒蘄光黃一帶無兵可禦。決須退保。是敵無亡矢遺鏃之費」句（同上）。兩句三「敵」字。明刊本皆作「賊」。

又其後。四庫本「敵軍入寇必趣廬壽」句（四三五—四〇〇上）。明刊本「敵軍」作「賊馬」。又「則敵騎雖盛亦豈敢遽窺江右哉」句（四三五—四〇〇下）

。明刊本「敵騎」作「賊騎」。

八年綱爲江西安撫制置大使。論中興之功奏章

四庫本「方今敵國雖強。不仁不義。專務變詐」句（四三五—四〇三上）。明刊本「敵國」作「黠虜」。

綱又論使事奏章

四庫本「炎運中微。世變紛擾。馴致靖康之變。國祚幾絕」句（四三五—四〇三下）。明刊本「世變紛擾」作「夷狄亂常」。又「自古遠裔陵侮中國。未有若

斯之甚者」句（四三五—四〇四上）。明刊本「遠裔」作「夷狄」。又「今日敵使洊至。迺建詔諭之號」句（同上）。明刊本「今日敵使洊至」作「今者虜使洊至」。

又後文。四庫本「而敵使之來。乃以江南詔諭爲名」句（四三五—四〇四下）。明刊本「敵使」作「虜使」。

又後文。四庫本「今敵使之來。其用事者未必不以兵隨之」句（四三五—四〇六下）。明刊本「敵」作「虜」。

又後文。四庫本「雖至於奉藩稱臣。敵人之謀勢猶未已」句（四三五—四〇七）及「遣使議和。敵人必制我以必不敢爲之謀」句（同上）。前後兩「敵人」明刊本皆作「虜人」。

又四庫本「敵使未入境。則卻而弗納」句（四三五—四〇八上）。明刊本「敵」作「虜」。又「以備不虞。以制敵人衝突」句（同上）。「敵人之師不戰而自屈矣。然後據江淮以爲固」句（同上）。明刊本前者之「敵人」作「虜人」。後者作「強虜」。

綱論襄陽形勝箚子

四庫本「如陳蔡許潁見從敵者」句（四三五—四〇九下）。又「當以兵護糧船。使敵不得抄掠」句（同上）。明刊本兩「敵」字皆作「賊」。

建炎元年。開封尹宗澤上奏章

四庫本「乃以敵人誕謾爲可憑信……以致敵人顛越不恭。遂有前日之禍。臣不勝憤恨。然茲非敵人之能也」句（四三五—四一〇上）。明刊本「敵人」均作「賊虜」。又後文「大抵只欲助敵張皇聲勢……宜兩手分付與敵人耳……去冬與今春。敵勢猖獗。大臣柔邪諛佞」句（同上）。明刊本「助敵」作「助虜」。「敵人」作「賊虜」。「敵勢」亦作「賊虜」。

又其後。「俾思勦絕。以正華夏……陛下近日又何故只信憑姦邪。與敵人爲地者之畫。營繕金陵……比敵人遣姦狡小醜。假作使僞楚爲名。來覘我大宋虛實……乞收彼國奉使之人。置之牢狴……不知二三大臣。何爲於敵人情款如是之厚」句（四三五—四一〇下至四一一上）。明刊本「華夏」作「夷夏」。「敵人」皆作「賊虜」。「彼國」亦作「賊虜」。

澤乞回鑾疏

四庫本「毋一向聽張邦昌姦邪輩。陰與敵人爲地者之

語」句（四三五—四一二上）。明刊本「敵人」與「賊虜」。

澤又上疏曰。臣聞聖人中天下而立定四海之民章

四庫本「偶去冬今春。信憑敵人姦詐。遂致二聖蒙塵」句（四三五—四一二下）。明刊本「敵人」作「賊虜」。又「大宋可以中興。尙何勍敵之足憂」句（同上）。明刊本「勍敵」作「夷狄」。

澤又上疏曰。臣恭惟我大宋深仁厚德章

四庫本「一旦金人邀迎二聖。京師士民皇皇無依」句（四三五—四一三上）。明刊本「金人」作「金賊」。

澤又上疏曰。臣學問膚淺章

四庫本「又嘗結好敵人。欲以息民」句（四三五—四一三下）。明刊本「敵人」作「虜人」。

又後文「陛下奈何聽先入之言輕棄之。欲以遺海陬一勍敵乎。臣觀河東河西河北京東京西之民。咸懷冤負

痛。感慨激切。想其慷慨之氣。直欲掃清宇宙。陛下何忍恬聽諛順。而不令剛正之士率厲同心。一爲整頓乎」句（四三五—四一四上）。明刊本作「陛下奈何聽先入之言輕棄之。欲以遺海陬一狂虜乎。臣觀河東河西河北京東京西之民。咸懷冤負痛。感慨激切。想其慷慨之氣。直欲吞此賊虜。陛下何忍恬聽諛順。而不令剛正之士。率厲同心。勦絕兇殘乎」。

澤又上疏曰。伏覩朝廷前遣翁彥國營繕金陵章

四庫本「勸陛下過江避敵。而不思天下大計」句（四三五—四一四下）。明刊本「敵」作「寇」。

又其後。四庫本「喋血北廷。非特復我故地」句（四三五—四一五上）。明刊本作「喋血虜廷。非特生縛賊帥」。

又其後。四庫本「敵人畏讋。已不敢輕動冒犯」句（四三五—四一五下）。明刊本「敵人」作「賊虜」。

又後文「奉陛下指揮號令。邊塵可以消滅」句（四三五—四一六上）。明刊本「邊塵」作「賊虜」。

澤又上疏曰。臣聞易於渙之卦曰。渙汗其大號章

四庫本「何勍敵之足憂。太平基業正在此舉……伏見邇者河陽水漲。斷絕河梁。有姓馬人妻王氏者。率衆禦敵。敵勢窮窘。不知所爲。此天贊我宋之時也」句（四三五—四一六下）。明刊本作「何戎狄之足憂。太平基業正在此舉……伏見邇者河陽水漲。斷絕河梁。有姓馬人妻王氏者。率衆討賊。賊勢窮窘。不知所爲。此天亡虜寇之時也」。

又後文「乘其危孤。大振軍聲。盡平敵壘」句（四三五—四一六下）。明刊本「敵」作「賊」。又「掃清邊塵。擴清海宇」句（同上）。明刊本「邊塵」作「胡塵」。

二年。澤又上疏章

四庫本「願敵所愾。敵勢窮蹙。必俯首聽命。以歸約束。尚何惡之能爲乎」句（四三五—四一七上）。明刊本作「願敵所愾。四夷凶殘。必滅心爍謀。以就殄滅。尚何惡之能爲乎」。

澤又上疏曰。臣聞人主中天下而立定四海之民章

四庫本「忘戰守之備。遂致金人橫肆」句（四三五—四一八上）。「暨陛下偏聽姦邪。與敵人爲地者之語」句（同上）。明刊本「金人」「敵人」皆作「賊虜」。又「臣竊謂自敵人圍閉京城。天下忠義之士憤懣痛切」句（同上）。明刊本「敵人」作「虜人」。

又後文。四庫本「比來姦邪之臣。方爾橫肆。盜賊自然得勢」句（四三五—四一八下）。明刊本「盜賊」作「賊虜」。

澤又上疏曰。臣聞范仲淹云。天下之事有二黨焉章

四庫本「又不曾爲陛下思祖宗西京園陵寢廟爲敵人所占」句（四三五—四一九上）。又「臣嘗思之。是一欲爲敵人方便之計」句（四三五—四一九下）。明刊本前後兩「敵人」皆作「賊虜」。

卷八十六

宋高宗建炎二年。開封尹宗澤上疏

四庫本「而敵人過河。捍蔽滑臺。而敵騎屢敗。河東河北。山寨義民。數遣人至臣處。乞出給榜旗。引領舉踵。日望官兵之至。皆欲戮力協心。掃蕩番寇。以幾言之。則大宋中興之盛於是乎先見矣。以時言之。則中原恢復之期於是乎可必矣。惟在陛下見幾乘時。早還華闕。與忠臣義士究圖事功。則萬舉萬全。可以復境土而成中興也」句（四三五—四二〇上）。明刊本作「而虜酋過河。捍蔽滑臺。而胡騎屢敗。河東河北。山寨義民。數遣人至臣處。乞出給榜旗。引領舉踵。日望官兵之至。皆欲戮力協心。掃蕩番寇。以幾言之。則大宋中興之盛於是乎先見矣。以時言之。則金賊滅亡之期於是乎可必矣。惟在陛下見幾乘時。早還華闕。與忠臣義士。究圖事切。則萬舉萬全。可以滅金賊。而成中興也」。

又後文。四庫本「念金人猖獗。不忍爲姦臣縱敵而不殺也」句（四三五—四二〇下）明刊本「金人」作「金賊」。

澤又上疏曰。臣得范瓊書章

四庫本「茲豈憸人之欲虛張敵勢」句（四三五—四二一上）。明刊本「敵勢」作「賊勢」。又「將見金人不足患。而中興之功與天比崇」句（同上）。明刊本「將見金人不足患」句作「臣將見金賊不足滅」。

又四庫本「又李成願扈從還闕。即渡河備禦敵軍」句（四三五—四二一下）。明刊本「備禦敵軍」作「勦絕虜寇」。又四庫本「尙何盜賊憑陵之足慮乎」句（同上）。明刊本「憑陵」作「戎虜」。

澤又疏章

四庫本「恭惟我國家曩緣敵人侵犯郊畿。殘破州縣」句（四三五—四二二上）。明刊本「敵人」作「虜人」。

澤又上疏章

四庫本「恭惟我國家曩緣敵人肆橫。殘破州縣」句（四三五—四二二下）。明刊本「敵人」作「賊虜」。

又後文。四庫本「儲金幣以爲敵資。椿器械以爲敵用。禁守禦之招募。慮勇敢之赴敵也」句（四三五—四二三上）。明刊本前兩「敵」字皆作「賊」。「赴敵」作「敵賊」。

澤又上疏曰。臣犬馬之年已七十矣章

四庫本「以元豐惇好之舊。令出兵攻金人」句（四三五—四二三下）。「使三陲交攻金人」句（同上）。明刊本兩「金人」皆作「金賊」。

又後文。四庫本「如此則金人勢必孤弱。自可縛。而臣之二聖天眷自此決有歸期。兩河故地自此決可收復。而況兩河之人感祖宗二百年涵養之澤。雖陷敵踰年。而戴宋之心初無攜貳。使吾大兵渡河而戰。則東北人民必有背敵歸我……雖三尺童子。爭欲奮臂鼓勇。

復祖宗之境土。迴二帝之鑾輿。況當六月宣王北伐之時」句（四三五—四二四上）。明刊本「金人」作「金賊」。前後兩「敵」字皆作「賊」。「復祖宗之境土。迴二帝之鑾輿」句作「恨不碎金賊之首。食金賊之肉。」

澤又上疏曰。臣聞詩於小雅章

四庫本「蓋遐裔以弓矢馬騎爲先……近據諸路。探報敵勢窮促。可以進兵……契丹漢兒亦必同心備禦金人……況使敵人駭聞。自相攜貳耶」句（四三五—四二四下）。明刊本「遐裔」作「夷狄」。「敵勢」作「賊勢」。「備禦金人」作「殲殄金人」。「敵人」作「虜人」。

元鎮又奏曰。臣嘗謂方今之事所以易敗而難成者章

四庫本「則內脩政事。外靖邊圉」句（四三五—四二六上）。明刊本「外靖邊圉」作「外攘夷狄」。

元鎮又上奏曰。臣嘗謂天下有公論章

四庫本「人皆謂兵革之爲患。其亦知有以致之乎」句（四三五—四二七上）。明刊本「兵革」作「夷狄」。

起居郎胡寅進萬言書劄子

四庫本「國益危。勢益蹙。敵益橫。人益恐」句（四三五—四二八下）。明刊本「敵」作「狄」。

又其後。四庫本「敵兵深入陝右。遠破京西」句（四三五—四三〇上）。明刊本「敵兵」作「虜兵」。

又四庫本「人以敵至爲憂。東南之州郡幾何」句（四三五—四三〇下）。明刊本「敵」作「虜」。

又後文。四庫本「金人以遐遠之裔。擾亂中華。日尋干戈。扶立僭僞。以強陵弱」句（四三五—四三一上）。明刊本作「金賊以小狄猖獗。薰汙中華。逆天亂倫。扶立僭僞。以強陵弱」。

又後文。四庫本「金人遽至城下。邦彥諂諛小人。烏知遠慮」句（四三五—四三一下）。明刊本「金人」

作「金賊」。又「而沮种師道擊敵之謀」句（同上）。明刊本「敵」作「賊」。

四庫本「自古中國盛強。如漢武帝。唐太宗。其得志四方。必並呑掃滅。以示廣大」句（四三五—四三二上）。明刊本「四方」作「四夷」。又後文「今乃以廉退慈仁君子長者之事。望於反常悖道之叛臣與剽悍之敵。有是理哉」句（同上）。明刊本作「今乃以廉退慈仁君子長者之事。望於反常悖道腥臊禽獸之粘罕

。豈有是理哉」。
又其後。四庫本「敵人知我有含怒必鬥之志……昔北兵至澶州。王欽若。陳堯佐請幸吳蜀」句（同上）。
明刊本「敵人」作「貪狄」。「北兵」作「北狄」。
又其後。四庫本「旗幟隊伍皆習敵人之所為」句（四三五—四三四上）。明刊本「敵人」作「虜人」。又「彼敵人者。晝夜厲兵。跨河越岱」句（四三五—四三四下）。明刊本「敵人」作「粘罕」。

又四庫本「今若如前所陳。恐未能有損於強敵。而先已自殘其民矣。則臣應之曰。自敵入寇已來……」句（四三五—四三五下）。明刊本「強敵」作「強虜」。「敵」作「虜」。
又其後。四庫本「強臣內叛。勍敵外迫」句（四三五—四三七上）。明刊本「勍敵」作「胡虜」。「今陛下之父兄在敵中固無恙。然居穹廬毳帳之中。其衣服飲食居處動靜。豈得比中國民庶中人之奉哉」句（同上）。明刊本「敵」作「虜」。「然居穹廬毳帳之中」句作「穹廬鑾帳。臭惡雜聚」。又「所至皆然。亦何必金人邪」句（同上）。明刊本「金人」作「粘罕」。
又後文。四庫本「使敵人知趙氏之居中國者尚如此」句（四三五—四三八上）。明刊本「敵人」作「讎虜」。「豈堪此輩大言輕捨。盡輸之敵人耶」句（四三五—四三八下）。明刊本「敵人」作「夷狄」。又「

陰長之滋勃興於敵國」句（四三五—四三九上）。明刊本「敵國」作「夷虜」。
又四庫本「遂使敵人得以藉口。夫金人何憾於我哉」（四三五—四四一上）。明刊本「敵人」作「虜人」。「金人」作「金賊」。
又四庫本「在建康已獲金人之覘者。以此知敵人雖負十全之勢。而限以長江。不敢輕渡。」句（四三五—四四三上）。又「若不望風稽拜以事敵人。必將推賢擇能以自保治」句（同上）。明刊本「金人」作「賊虜」。「敵人」作「虜人」。「稽拜以事敵人」作「胡跪以事夷狄」。又四庫本「正而興之在陛下。其遂陵遲不振亦在陛下。金人雖強。其衰弱可待。特恐中國豪傑因之而起。反吾之亂。興彼之治。則陛下之大事去矣」句（四三五－四四三下）。又「今金人之強未如秦。其得罪於中國無人不怨」句（同上）。明刊本「金人雖強其衰弱可待」句作「虜賊雖暴強。其亡

可待」。「金人」作「粘罕」。又「敵人所守者數千里之地」句（四三五－四四四上）。明刊本「敵人」作「虜人」。

時議遣使入雲中。寅爲中書舍人上疏章

四庫本「因講和而能息敵兵者誰歟」句（四三五－四四五上）。明刊本「敵」作「虜」。

四庫本「遠人帖服。國勢奠安。形於奏章。傳播遠近。曾未數月。而劉豫之衆。稱兵犯順矣」句（四三五－四四五下）。明刊本「遠人」作「酋豪」。「之衆」作「挾虜」。又「當今之事莫大於敵國之怨也」句（同上）。明刊本「敵國」作「夷狄」。

四庫本「以中國萬乘之君而稱臣於金人。則宰相而下皆其陪臣也」句（四三五－四四六上）。明刊本「金人」作「讎虜」。

寅又奏章

四庫本「金人總師二十餘年」句以下（四三五－四四

六下至四四七上）頗多改易處如下「金人總師二十餘年。破大遼。弱我宋。雖無遠略。亦精於用兵。其所行事。盡詭詐也。今我之虛寔彼豈不知。尚須卑辭執謙。然後足以驕其心。示弱屈服。然後足以平其怒乎。此遣使之無益一也。庚戌後不遣使。敵兵亦不來。及癸丑遣使。則鈎引敵使入國。熟視而去。曾不旋踵。而淮南之警奏至矣。此遣使之無益二也。前我所遣四輩。皆朝廷之選。侍從之臣。聞其入敵境。晝夜

驅遞。略無禮節。及見彼主。坐受欺紿。匆匆而歸。未嘗得其要領也。而況何蘚一使臣。其何能任覘國之事乎。此遣使之無益三也。昔富弼之使也。以一言息南北百萬之兵。可謂偉矣。使歸行賞。遷進官職。弼方以中國未能用兵。徒賴使人口舌下敵爲莫大之耻。終不肯受。其識度如此。乃可辦國。今奉使者首先論其私事。祈求恩澤。一一足意而後行。所慮卑近。與市井之人無異。尙能明目張膽。不辱君命乎。此遣使

之無益四也。萬一金人臨以兵威。肆其恐脅。使人必不能就死。則反以我之情告之。是自敗也。死生之際。唯烈士不懼。曾謂何蘚而能之乎。此遣使之無益五也。金人之所大欲者。誰不知之。既有滅宋之心。正使劉豫明日就亡。今日亦必赴救。而況豫賊祈哀乞援。秋高草熟。來寇何疑。此不待窺覘。自可坐照於一堂之上也。此遣使之無益六也。今淮以北。劉豫自以爲其封疆矣。河之北金人自以爲其土宇矣。使者之行

豈能乘雲馭風徑至敵境哉。必渡清河之阻。經濁河之限。然後能至也。去冬下詔罪狀劉豫。明其爲賊。今豫肯賓吾。使人達之於金哉。臣恐戎伐凡伯則有之矣。此遣使之無益七也。今我與金之勢如兩家有沒世之怨」段。明刊本作「粘罕總師二十餘年。破大遼。弱我宋。雖無遠略。亦精於用兵。其所行事盡詭詐也。今我之虛實。彼豈不知。尙須卑辭執謙。然後足以驕其心。示弱屈服。然後足以平其怒乎。此遣使之無益

一也。庚戌後不遣使。虜兵亦不來。及癸丑遣使。則鈎引虜入國。熟視而去。曾不旋踵。而淮南之警奏至矣。此遣使之無益二也。前我所遣四輩。皆朝廷之選。侍從之臣。聞其入虜境。晝夜驅遞。略無禮節。及見粘罕坐受欺紿。匆匆而歸。未嘗得其要領也。而況何蘚一使臣。其何能任覘國之事乎。此遣使之無益三也。昔富弼之使也。以一言息南北百萬之兵。可謂偉矣。使歸行賞。遷進官職。弼方以中國未能用兵。徒

賴使人口舌下虜爲莫大之恥。終不肯受。其識度如此。乃可辦國。今奉使者。首先論其私事。祈求恩澤。一一足意而後行。所慮卑近。與市井之人無異。尙能明目張膽。不辱君命乎。此遣使之無益四也。萬一虜賊臨以兵威。肆其恐脅。使人必不能就死。則反以我之情告之。是自敗也。死生之際。雖烈士不懼。曾謂何蘇而能之乎。此遣使之無益五也。虜賊之所大欲者。誰不知之。既有滅宋之心。正使劉豫明日就亡。今

日亦必赴救。而況豫賊析哀乞援。秋高草熟。來寇何疑。此不待窺覘。自可坐照於一堂之上也。此遣使之無益六也。今淮以北。劉豫自以爲其封疆矣。河之北。粘罕自以爲其土宇矣。使者之行豈能乘雲馭風徑至虜庭哉。必渡淸河之阻。經濁河之限。然後能至也。去冬下詔罪狀劉豫。明其爲賊。今豫肯賓吾。使人達之於虜哉。臣恐戎伐凡伯則有之矣。此遣使之無益七也。今我與虜之勢如兩家有沒世之怨」。

又四庫本「敵人好財貪色。兇殘不義。特盜賊之靡耳」句（四三五—四四七下）。又「夫和人之心。迎合金人之意。爲身謀而已」句（同上）。明刊本「敵人」「金人」皆作「粘罕」。

又其後。四庫本「況今歲月益久。敵必重閟。惟懼我知之。今以敵爲父兄之讎。絕不復通」句（四三五—四四八上）。又「若通而不絕。則敵握重柄。歸曲於我」句（同上）。前後三「敵」字明刊本皆作「虜

」。

卷八十七

宋高宗建炎間。編修官胡銓論符離之敗疏

四庫本「處心積慮。誓與敵人不俱生」句（四三五—四五〇上）。明刊本「敵人」作「醜虜」。

紹興元年。戶部尙書葉夢得上奏章

四庫本「竊惟金人不道。憑陵中國。四年於茲矣」句（四三五—四五〇上）。明刊本「金人」作「逆虜

」。

又其後。四庫本「故敵屢擊橋。我輒爭得之」句（四三五—四五〇下）。又「河南之地惟敵所欲往」句（同上）。明刊本兩「敵」字皆作「虜」。又「道途之言。皆謂敵騎嘗已至楚丘」句（四三五—四五一上）。「敵既多得吾地。遂擇膏腴利便之所以爲巢穴」句（同上）。「臣竊觀敵前年冬去年春先破西京長安」句（同上）。明刊本前後三「敵」字皆作「虜」。

又四庫本「又復決意。謂敵必不再至」句（四三五—四五二上）。「四輔兵未集。敵已過河」句（同上）。「今敵猖獗大約已可見」句（四三五—四五二下）。「臣聞敵雖得吾兩河諸郡。然事勢猶未成」句（四三五—四五三上）。「今夫敵之驟強誠天假之」句（四三五—四五三上）。以上凡「敵」字。明刊本皆作「虜」。

又四庫本「由此言之。契丹亦人類。未可謂冥然全無知識者也」句（四三五—四五三下）。明刊本「契丹亦人類」句作「虜雖非人類」。又「宣和之末。邊臣失計。既與敵通。又與之來」句（同上）。明刊本「敵」作「虜」。

又四庫本「其怨敵深入骨髓」句（四三五—四五四上）。明刊本「敵」作「虜」。又「以此治邊面。敵何懼而不吾侵也。臣願亟取淮南京東京西三路要害之郡與敵相近者」句（四三五—四五五上）。「敵勢既未可測。則我亦當爲不可測之備。去年秋始獲進對。即嘗論敵或師河洛」句（四三五—四五五下）。「是時河南與京東諸郡尚存。敵之去就猶遠」（同四三五—四五五下）。以上五「敵」字明刊本皆作「虜」。

又四庫本「敵騎去春嘗已至汝州蔡州矣」句（四三五—四五六上）。「度敵雖得荊南。其勢未必遽能至是。然敵多燕人。粗能知書」句（同上）。「今日復以敵勢之迫。下詢於衆」句（四三五—四五六下）。「

正以耿南仲持和議。墮敵計中而不悟」句（四三五—四五七上）。以上凡「敵」字明刊本概作「虜」字。

八年。夢得提舉臨安府洞霄宮上奏章

四庫本「以敵人初退。陛下深懷善後之計」句（四三五—四五七下）。明刊本「敵人」作「虜人」。「逆臣劉豫。敢挾金人稱兵內侮」句（同上）。明刊本「金人」作「黠虜」。「今敵衆敗亡。王威始震」句（同上）。明刊本「敵」作「賊」。

又四庫本「自陛下即位及今。敵凡三入寇。其始衝突至於維揚。臨江而不敢渡」句（四三五—四五八上）。明刊本「敵」作「虜」。又「敵歸之後。我不即撫定。置而不問者累月」句（同上）。明刊本「敵」作「賊」。又「陰導敵人。以圖儌倖。我愈退敵愈進。我愈怯敵愈彊。其故何哉」句（同上）。明刊本「敵人」作「犬羊」。「敵」字皆作「賊」。

又四庫本「豫計已窮。敵氣已攝」句（四三五—四五八下）。明刊本「敵氣」作「虜氣」。

四庫本「外以奉敵。歲幾三百餘萬」句（四三五—四五八下）。又「今敵復以十餘萬衆屯聚幾百日。數路騷然」句（四三五—四五九上）。又「非特豫困。敵且困矣」句。又「若秋冬之間。敵與豫復至。不過進則攻戰。退則守備而已」句（四三五—四五九下）。又「若敵與豫不至。而吾民猶有畏敵」句。又「少假歲月。非我擒豫。則豫必棄而奔敵」句。以上明刊本凡「敵」字皆作「虜」。

又四庫本「往歲維揚師在泗州。猶疑其非敵」（四三五—四六〇上）。明刊本「敵」作「虜」。

又四庫本「若敵之變詐則不可盡測。議者或謂敵黷於用武」句（四三五—四六一上）。前後兩「敵」字。明刊本皆作「虜」。又「豫本無功於敵。非有腹心締固之交。導之使來」句（四三五—四六一下）。明刊本「敵」字亦作「虜」。「然臣嘗論。自古中國與遐裔本不相爲盛表」句（四三五—四六一下）。明刊本「遐裔」作「夷狄」。又「中外異域。天固限之」句（四三五—四六一下）。明刊本「中外」作「華戎」。

又四庫本「自靖康以來。常患以敵之盛衰。爲我之疆弱。故事每拘制不得盡爲。今敵在萬里之外。既不可必得其實。則亦不必觀彼而後爲之所。陛下以至誠不息之心。日新盛德。作興於上。小大之臣。咸懷忠良

。國爾忘家。公爾忘私。奔走於下。脩明庶政。共成內治。則敵雖彊尚不足畏。況於豫乎。二聖未還。陛下聖孝純至。必有拳拳於敵者」句（四三五—四六二上）。明刊本「敵」皆作「虜」。

二年。布衣吳伸上書

四庫本「蓋敵人之性飄忽飛揚。若或避之。從而陵逼。臣竊觀苻堅之陵晉也」句（四三五—四六三上）。明刊本「敵人之性飄忽飛揚」句作「戎敵之性譬之獰犬」。「陵逼」作「吠囓」。

又其後。四庫本「偶因邊臣失守。致使敵人長驅而入」句（四三五—四六四下）。明刊本「敵人」作「虜人」。又「自古遐裔不能有中原。此金人以中原攻中原者也」句（同上）。明刊本「遐裔」作「夷狄」。「近世說者必曰朝廷賴僞齊以爲藩籬。以捍金人。臣竊謂不然。邊圉之患患在手足。中國之患患在腹心」句（同上）。明刊本「金人」作「金賊」。「邊圉」

作「夷狄」。又「俟金人既定之後。去僭僞之大號」句（同上）。明刊本「金人」作「虜人」。

又四庫本「今因金人竊我名器。不歸他人。獨授劉豫」句（四三五—四六五上）。明刊本「金人」作「胡人」。

又四庫本「比爲敵人割據將去大半」句（四三五—四六八上）。明刊本「敵人」作「虜人」。

又四庫本「此心願爲聖宋之鬼不忍爲僞齊竊國之民也

」句（四三五－四六九上）。明刊本「僞齊」作「夷狄」。

三年。吳伸新授監廣州實口場鹽稅上書

四庫本「邇者金人逞其貪心。肆其荼毒」句（四三五－四七〇下）。明刊本作「邇者金人逞其狼心。肆其蠆毒」。

又其後。四庫本「今天下殘破。兵火幾遍。獨我西蜀富庶有年。敵人窺伺。蓋亦有日。適因險阻。未及即

下。故悉驅金人以爲蟻附」句（四三五－四七一上）。明刊本「敵人」作「賊人」。「金人」作「犬羊」。又四庫本「華夏知圖讖之有歸」句（四三五－四七一上）。明刊本「華夏」作「夷夏」。

又後文。四庫本「當時僭竊皆異域之人。猶且不能制」句（四三五－四七一下）。明刊本「異域之人」作「胡虜醜類」。

又四庫本「金人猖獗。一陷維揚。長驅京邑。縱肆殺戮。陵虐行在。社稷之危甚於綴旒。賴歷數之有歸。致舊物之不替。敵人一去。四年不敢加兵。蓋亦知我宋方興而未艾也。奈何滅裂常經。悖逆天道。竊神器於劉豫。分神州爲僞齊」句（四三五－四七三上）。明刊本「殺戮」作「犬羊」。「敵人」作「虜人」。「滅裂常經」作「犬羊無知」。又四庫本「大臣或降於敵。將士或散爲盜」句（四三五－四七三下）。明刊本「敵」作「虜」。

又四庫本「西蜀復幾陷於勍敵」句（四三五－四七四下）。明刊本「勍敵」作「胡虜」。又「因敵僭君。素無人望」句（四三五－四七四下）。明刊本「敵」作「虜」。

又四庫本「今鼎足分裂於賊臣。國勢受制於勍敵」句（四三五－四七五下）。明刊本「勍敵」作「胡虜」。

又四庫本「夫敵之性反覆不常。時則傾心相與。時則

怒目相視。欲其必爭。可試以利」句（四三五—四七七上）。明刊本作「夫戎狄之性。譬猶犬也。居則搖尾相憐。食則怒牙相視。欲其必爭。可試以肉」。

四庫本「軍威既張。士氣復振。然後躬率勁旅。克復故彊」句（四三五—四七八上）。明刊本「躬率勁旅」句作「薄伐醜虜」。

五年。伸授虔州信豐縣主簿上書

四庫本「勍敵雖形吞滅之心。而上帝復昭繼絕之命」句（四三五—四七八下）。又「去大駕之匪遙。何敵騎之自遁」句（同上）。又「不因兵革之亂。則陛下無必傳之位」句（同上）。明刊本「勍敵」作「胡虜」。「敵騎」作「醜虜」。「兵革」作「胡虜」。

又其後。四庫本「陛下雖感泣於九重。而異域有所未聞」（四三五—四八一上）。明刊本「異域」作「夷狄」。又「今趨兵中原。雖未勝敵以向二帝」句（四三五—四八一上）。明刊本「勝敵」作「滅虜」。

又四庫本「往往取笑賊臣。見嗤勍敵」句（四三五—四八三上）。明刊本「勍敵」作「胡虜」。

又四庫本「臣恐爲敵人所笑」句（四三五—四八五上）。明刊本「敵人」作「夷狄」。又「況當天下離亂。勍敵侵陵。不有君子其能國乎」句（同上）。明刊本「勍敵」作「夷狄」。又「臣若不以敵人未平。劉豫未滅爲心」句（同上）。明刊本「敵人」作「夷狄」。

六年。伸再上書章

四庫本「龔若虛以校尉投敵立作郎曹。自可誅夷其族」句（四三五—四八八上）。明刊本「敵」作「虜」。

卷八十八

宋高宗時。張浚上言章

四庫本「臣契勘金人侵犯以來。強暴爲甚。鋒不可當。公卿大夫上負國家。甘爲叛逆。其大惡不道。固不待言矣。次則不過畏避怯縮。隨時俯仰。敵之未至。幸且偷安。敵之憑陵。委身而去。陛下念其勢力不逮。旋復器使。此往事之明驗也。其間蓋有恨敵之不道。憫國之無辜。誓死捐身。力圖破敵。而事機之來。有成有敗」句（四三五—四九〇下）。明刊本作「臣契勘金虜侵犯以來。強暴爲甚。鋒不可當。公卿大夫上負國家。甘爲叛逆。其大惡不道。固不待言矣。次則不過畏避怯縮。隨時俯仰。虜之未至。幸且偷安。

虜之憑陵。委身而去。陛下念其勢力不逮。旋復器使。此往事之明驗也。其間蓋有恨虜之不道。憫國之無辜。誓死捐身。力圖破賊。而事機之來。有成有敗」。

又後文。四庫本「今臣欲決意以圖敵。則恐負敗事之憂」句（四三五—四九一上）。明刊本「敵」作「賊」。

浚論車駕進止利害章

四庫本「不幸而敵人陵之。叛臣據之」句（四三五—四九一下）。明刊本「敵人」作「虜人」。

又四庫本「敵人之勢。寖以蹙縮」句（四三五—四九二上）。明刊本「敵人」作「虜叛」。

浚論脩德以圖恢復疏

四庫本「彼其殘忍用意。實欲摧折而消磨之也」句（四三五—四九三上）。明刊本「殘忍」作「狼虎」。

又「得天下之心則士氣百倍。叛臣歸服」句（四三五

—四九三下）。明刊本「叛臣」作「虜叛」。又「吾君所爲如此。所行如此。敵人不道。尙肆吞噬。曷不共力而同濟事功哉。金國之人雖號荒服。蓋亦心知善惡。非盡蠢愚。全無知識也」句（四三五—四九三下至四九四上）。明刊本「敵人」作「醜虜」。「全國」作「夷狄」。「非盡蠢愚」作「非若禽獸」。

浚又奏章

四庫本「敵之謀我。歲必一至」句（四三五—四九五

上）明刊本「敵」作「虜」。

浚論和戰利害疏

四庫本「祖宗盛時嘗與敵通好矣」句（四三五—四九六下）。又其後「且敵嘗有弒立之舉」句（同上）。又其後「借使敵不量度。輕爲舉動……敵之危亡可立而待之……假之五七年。而敵君臣之分定」句（四三五—四九七上）。明刊本「敵」字均作「虜」。又其後「而敵之變洊生於內」句（四三五—四九七上）。

明刊本「敵人」作「強虜」。

浚又上言章

四庫本「挾敵懷貳。以自封殖其家」句（四三五—四九七下）。明刊本「敵」亦作「虜」。

又其後「凡言君臣委靡不振。服役於人者。必曰石晉云」句（四三五—四九九上）。明刊本「服役於人者」作「服役於夷狄者」。又其後「敵人聞風而畏之。於是有議和之事」句（同上）。明刊本「敵人」作「虜人」。

又其後「乃欲翦除忠良以聽命於敵」句（四三五—四九九上）。又「夫敵日夕所願望者。欲我之忠良淪沒耳」句。又「不幾乎與敵爲地歟」句。又「夫敵之於我其愛之而和乎」句。又「臣謂敵有大讎大怨不可復合」句（四三五—四九九下）。又其後「以我之和。而敵之變難洊生。是欺天之說也。敵相殘之釁其來有素」句（四三五—五〇〇上）。又「敵之變難豈不有大於此」句。又「萬一敵有人。爲定其亂而強其國」

句。以上九「敵」字。明刊本皆作「虜」。

浚論歸正人利害疏

四庫本「或以敵人攻敵人。莫不虛懷大度」句（四三五—五〇一上）。明刊本「敵人攻敵人」作「夷狄攻夷狄」。又「內則爲敵用。外則爲我寇」句（四三五—五〇一下）。明刊本「敵」作「虜」。又「中原之人本吾赤子。今陷於敵三十餘年」句（四三五—五〇二上）。明刊本「敵」亦作「虜」。

浚又論泗州事宜疏

四庫本「臣竊聞敵人有燕山自立者僞赦」句（四三五—五〇二下）。明刊本「敵人」作「虜人」。

浚又論撫恤淮漢兵民及經理陝西河東事宜疏

四庫本「臣竊見淮西敵人以聖駕俯臨」句（四三五—五〇三上）。又「敵人悖逆天道。率脅醜類。來涉吾境」句。明刊本兩「敵人」並作「虜人」。

浚又上經理淮甸疏

四庫本「臣竊惟敵人退兵之後。士馬物故幾半」句（四三五—五〇三下）。又「誠恐敵之圖事未肯但已」句（四三五—五〇四上）。又「異日勍敵起侮。渡淮先據形勢」句。明刊本「敵人」作「虜人」。「敵」作「虜」。「勍敵」作「強虜」。

浚又論蕭宇等約降及恢復事宜疏

四庫本「俟其從我。俾居先鋒。同共破敵」句（四三五—五〇四上）。明刊本「敵」作「賊」。又「若夫東北之人雲和響應。與夫敵自相攻。其勢攜貳」句（四三五—五〇五上）。明刊本「敵自相攻」作「夷狄相攻」。

卷八十九

宋高宗紹興間。虞允文上言章

四庫本「而謂敵挾強勢。用逆理可得志於天下」句（四三五—五〇七下）。明刊本「敵」作「虜」。又「日月可冀。尙何敵人窺伺之憂哉」句（四三五—五〇

八上）。明刊本「敵人」作「逆虜」。

又其後。四庫本「有協贊敵人爲之羽翰者」（四三五—五〇九上）。明刊本「敵人」作「亂賊」。

彌遜又上奏章

四庫本「然外患內憂無有寧歲」（四三五—五一〇下）。明刊本「外患內憂」作「夷狄盜賊」。

岳飛爲太尉從幸建康。以王德。酈瓊兵隸飛。詔諭德

等章

四庫本「以中國攻中國。金人因得休兵觀釁」句（四三五—五一二下）。明刊本「金人」作「粘罕」。

監察御史鄭剛中上奏章

四庫本「敵人虐犯中國。禍毒流布」句（四三五—五一三上）。又「陛下之意決謂敵人之心在於休兵」句（四三五—五一三下）。又「蓋敵今日之勢非前日之勢也。我之勢非前日之勢也。何以言之。昔爲敵謀者

。主爲和好者也。而今爲敵謀者。其和好非自己出也。然敵捨河南之地斂跡而北。非其國中內有牽制之患。外無及人之力」句。又「故曰。敵今日之勢非前日之勢也。河南之民方其陷沒。日有懷朝廷之心。今其歸矣。日有失朝廷之憂。臣比見陝西兵民具言敵無技能。用一人可當其四五。臣卜之曰。如是則關陝當永無亡失之患。對曰。不然。朝廷主之。則敵爲可勝。朝廷棄而不顧。則又復解散而已」句（四三五—五一三下至五一四上）。又「所以通敵人。所以保新疆者。必有道焉」句。又「此通敵人之道也」句。明刊本凡「敵」字皆作「虜」。

剛中又上奏章

四庫本「或謂建康阻江爲固。有如敵騎徼幸萬一」句（四三五—五一六上）。明刊本「敵騎」作「胡馬」。又「敵人不復來。東南不復擾」句（四三五—五一六下）。明刊本「敵人」作「虜人」。

剛中又上奏章

四庫本「臣竊見比者敵使造朝。人情疑慮」句（四三五—五一六下）。明刊本「敵」作「虜」。又其後「敵人之恨臣子緘於骨髓」句（四三五—五一七上）。又「敵乃肯開我以好言。示我以善意」句。又「故專意不與敵和者。臣知其言必偏」句。明刊本「敵」皆作「虜」。又其後「勍敵狃怵。種種如意」句。明刊本「勍敵」作「驕虜」。又其後「故專意不欲議和者

。其言雖偏勝過直」句。明刊本「不欲議和者」作「不與虜和者」。又其後「敵情叵測。吾則與三軍將士常自有備」句（四三五—五一七下）。明刊本「敵情」作「虜情」。又其後「朝廷以敵爲必信而善鄰之」句。又「陛下跨馬橫槊以有天下。敵人情僞。何待馬援言之」句。明刊本「敵」字並作「虜」。

剛中又上奏曰。臣今月十九日准樞密院劄子章

四庫本「仰見陛下孝友格天。敵人改意事雖可喜可疑

」句（四三五—五一八上）。明刊本「敵人」作「戎虜」。又其後「謂今日可與敵爭者。非癡則愚。又況敵遣使曰休兵。我何辭曰用兵。敵曰通和。我何辭曰立敵。敵曰奉梓宮母后還。我何辭曰不欲」句。明刊本「敵」字皆作「虜」。

又其後「今國家之於金人。土地爲其所據」句（四三五—五一八上）。明刊本「金人」作「金虜」。又後文「有如敵使狂悖過一縣」句。明刊本「敵」作「虜」。

又其後。四庫本「臣恐敵人便未能越長江如坦途也」句（四三五—五一八下）。明刊本「敵人」作「虜人」。又「陛下仍開心誘之曰。金人邀我以難行之禮。汝輩其許之乎。謂可許。則後日敵再封一函紙。又甚於此計」句（四三五—五一八下。五一九上）。明刊本「金人」作「強虜」。「敵」作「虜」。

剛中又上奏章

四庫本「臣竊聞敵使就館。朝廷差官同王倫等計議

」句（四三五—五一九上）。又「敵所求出於平易。其事必成。敵所求出於甚難。其事必敗」句。又「有如敵求我以甚難。則和議之敗蓋有兩端。其一激怒於敵人也」句。又「朝廷若曰敵不可從。必峻辭而拒之。敵必曰稱臣者汝也。請和者汝也」句（四三五—五一九上下）。又其後「朝廷若曰。敵不可違。悉俛首聽之」句（四三五—五一九下）。又「不使激怒於敵人

。周旋曲折以就其事」句（同上）。以上諸句凡「敵」字。明刊本皆作「虜」。

剛中又上奏曰。臣竊見講和之事章

四庫本「敵騎入邊。詔使守禦者諸將也」句（四三五—五二〇上）。明刊本「敵騎」作「虜騎」。又「今陛下一旦欲成和議。敵使在館」句（四三五—五二〇下）。明刊本「敵」作「虜」。又「但少俟金使北去之後。議之未晚」句（四三五—五二〇下）。明刊本

「金」作「虜」。

剛中又上奏曰。臣累具奏稾講和事章

四庫本「今者如聞敵書緘藏。未肯分付」句（四三五—五二一上）。明刊本「敵書」作「虜書」。又「而敵欲復故地還梓宮」句（四三五—五二一下）。「秦欲使楚絕齊。敵欲使我受詔」句（同上）。「今使敵先復故地。還梓宮。歸母兄。反宗族而後奉詔。則敵亦不肯矣。軫恐後責地受張儀之欺。則我豈不憂後求五事爲敵所紿乎」句（同上）。以上五「敵」字。明刊本皆作「虜」。又「彼或同室相攻。族類內潰」句（四三五—五二二上）。明刊本「同室」作「夷狄」。「今敵使就館踰數日。必欲屈陛下爲自古帝王所不行之禮」句（四三五—五二二上）。明刊本「敵」作「虜」。

剛中又上奏曰臣昨日與臺諫連書入奏章

四庫本「乞令王倫等。盡力取敵書納入。方爲今日兩

全之策」句（四三五—五二二上下）。又「所謂取敵書者。但欲爲敵使作道地爾。恐書至而我不屈。則敵或以爲未滿。故欲取而納入」句（四三五—五二二下）。又「或謂臣曰。敵非前日比。謀亦何用。蒼蒼悔禍。事寧可知。臣又應之曰。用謀者敵人之常情」句。又「由是觀之敵人之情眞可畏哉」句（四三五—五二三上）。又「王倫謂敵後日有南北羈縻之請。此尤不可之大者」句。以上凡「敵」字。明刊本均作「虜

」。

剛中又上奏曰。臣聞自下劘上非全身之謀章

四庫本「昨與臺諫乞令專委王倫取敵書納入」句（四三五—五二三下）。又「大抵敵有所欲寧難之於初」句。又「要當爲敵言。如某等人可還。如某等人不可得」句（四三五—五二四上）。又「且如今來許我者。事事皆得籍兵之敵而可遣乎」句。又「籍兵之敵平時倚以爲用者」句。又「他時敵遣萬騎臨江。人情駭懼」句。以上諸句凡「敵」字。明刊本概作「虜」。

剛中又上奏曰。臣伏見章

四庫本「臣伏見敵人敗約。中外不以爲憂而爲喜。敵逆天太甚。養禍彌深」句（四三五—五二四下）。明刊本「敵」作「虜」。又「又念敵人多計。善爲妖祥」句（四三五—五二五上）。明刊本「敵人」作「黠虜」。

剛中又上奏曰。臣聞中國之治有盛衰章

四庫本「臣聞中國之治有盛衰。敵國之勢有彊弱。執權應變。因時制宜。此聖人撫中國御天下之道也」句（四三五—五二五下）。明刊本「敵國」。「天下」並作「夷狄」。又其後「夫以敵人輕視中國無謀妄動。宜其一跌塗地。盡斃其衆而不返」句（同上）。明刊本「敵人」作「虜人」。「其衆」作「犬羊」。又「敵人之彊弱比前日自可料」句（四三五—五二五下）。明刊本「敵人」作「夷狄」。

卷九十

宋高宗時。知揚州呂頤浩上奏章

四庫本「天祐陛下不墮敵中」句（四三五—五二七下）。明刊本「敵」作「賊」。

頤浩特進觀文殿學士上奏章

四庫本「敵人情僞。與夫戰陣之略粗聞一二」句（四三五—五二八上）。明刊本「敵人」作「夷狄」。

又其後。四庫本「今敵騎漸迫京東州郡」句（四三五一五二八下）。明刊本「敵騎」作「虜騎」。又「況京東州縣累經大敵。殘破之後。民失耕業」句（同上）。明刊本「大敵」作「大寇」。又「自古遠裔不善攻城。惟金人慓勇堅悍」句（四三五—五二九上）。明刊本「遠裔」作「夷狄」。又「緩急之際。縱官吏與民避敵」句（同上）。明刊本「敵」作「賊」。

又四庫本「金人用兵在秋冬之後。每年四月放馬入泊逐水草。號曰入澱」句（四三五—五三〇上）。又「敵人畏大暑之時。出其不意而攻之。庶可勝也」句。又其後「是年大暑。敵人以酷熱不可忍。不顧性命。躍入白溝河」句。明刊本「金人」作「胡人」。前後兩「敵人」皆作「虜人」。

又四庫本「臣契勘金人用兵無斥堠」句（四三五—五三一上）。明刊本「金人」作「虜人」。又「萬一敵騎南牧。須揀選有材武心力使臣將校百人」句（四三五—五三一下）。又「蓋敵騎之行若飄風驟雨。郵傳

步人。探報不及」句。又「又如累年以來。敵騎渡河。緣北岸無探報。不知戎馬所聚」句。以上三「敵騎」明刊本皆作「胡馬」。

又其後。四庫本「六曰訓彊弩。臣嘗考近年以來。金人入寇。我師遇之不暇。成列輒奔潰敗走者。以平原廣野。我之步人不能抗彼之騎兵故也。又金人遇中國之兵往往以鐵騎張兩翼前來圍掩。爲將者全不預謀。分兩翼而射之。所以不能立。臣嘗觀史册所載及以近事驗之。敵人之長實在騎兵。我之所長莫若彊弩」句（四三五—五三二上）。明刊本「金人入寇」作「胡人入寇」。「金人遇中國之兵」之「金人」作「虜人」。「敵人之長」作「夷人之長」。又「敵騎少卻。我師乘之。遂大敗」句（四三五—五三二下）。明刊本「敵騎」作「胡騎」。

又其後。四庫本「七曰分器甲。臣嘗觀敵人之軍。兵器便利。衣甲堅密。所以多勝。中國之軍。兵器不便

利。衣甲不堅密。所以多敗。何以言之。敵人之軍皆是民兵」句（四三五—五三三上）。又「敵人軍行有車乘牛畜般載器甲」句（同上）。明刊本「敵人」皆作「夷人」。

又其後。四庫本「敵人志在劫掠。向北州軍既無所有。則秋冬之交。睥睨淮南必矣」句（四三五—五三三下）。明刊本「敵人」作「虜人」。

又四庫本「萬一敵兵或馳至。緩急無以措手」句（四

三五—五三四上）。明刊本「敵兵」作「賊兵」。又其後「不意敵騎遽至。人兵倉卒奔潰。幸南岸守橋人望見敵中旗幟。急以猛火焚斷纜索。遂不得濟。敵人既不得濟。乃沿河上下尋覓舟船。編排巨筏」句（四三五—五三四下）。明刊本「敵騎」作「賊騎」。「敵中」作「虜中」。「敵人」作「虜人」。

又四庫本「夫敵人過大河已不能控扼。我乃渡淮」句（四三五—五三五上）。又「則敵騎亦須逼江。此實忠臣義士殺身徇國。決死一戰之秋」句。明刊本「敵人」作「虜人」。「敵騎」作「虜騎」。又「是以烟塵所向。大將膽落」（同上）。明刊本「烟塵」作「胡塵」。

頤浩又奏章

四庫本「方逆臣作亂倡導敵人侵犯淮甸之初」句（四三五—五三六下）。又「號令諸將。上下用命。屢奏奇功。遂使勍敵退兵。生靈按堵」句（同上）。明刊本「敵人」作「狄人」。「勍敵」作「黠虜」。

又其後。四庫本「而契丹之衆不悟其詐。卒致顛覆」句（四三五—五三六下）。明刊本「契丹之衆」作「戎主天祚」。又其後「而敵性貪婪。呑噬不已」句（四三五—五三七上）。又「今幸敵人已退。若不用兵。則五月間必傳箭於敵中」句（同上）。明刊本「敵性」作「虜性」。「敵人」作「狄人」。「敵中」作「虜中」。

又其後。四庫本「臣契勘金人本契丹所屬之國。止緣天祚」句（四三五—五三七上）。明刊本作「臣契勘金人本奴婢之國。戎主天祚」。又「敵性嗜殺。將兵所至。族其彊壯老弱」句（四三五—五三七下）。明刊本「敵性」作「虜性」。

又其後。四庫本「頃者韓世忠扼敵於鎮江。張俊獲捷於明州。陳思恭邀擊於長橋。去年。敵人初到淮南。世忠首挫敵鋒。諸將屢得勝捷」句（四三五—五三八上）。又「三論舉兵之時。臣在河北陝西緣邊備見敵人風俗」句。又「敵人所長者在弧矢之利」句。又「自古至今。凡遠裔犯邊。未嘗出於盛暑之時」句（四三五—五三八上）。明刊本凡「敵」字皆作「虜」。「遠裔」作「夷虜」。又後文「而豫賊之子已與敵酋引兵過淮」句（四三五—五三八下）。明刊本「敵酋」作「虜酋」。

又四庫本「自中原陷敵以來。傳聞京西路殘破爲甚」句（四三五—五三九上）。明刊本「敵」作「賊」。

又四庫本「韓世忠已於鎮江府江心艤舟邀截住敵酋四太子人馬。未得濟渡。乞車駕進幸浙西。號令諸將前去江上夾擊敵酋。及具奏聞。以萬乘之尊。仗雷霆之勢。車駕所至。自可以聳動人心。銷弭群慝。此議未決。而臣罷政。其事不行。去歲秋末。敵騎初到淮甸。陛下奮然決策。下親征之詔。大駕進幸平江。諸將罔敢退縮。斬獲既衆。敵遂退師。此乃皇天悔禍。開悟聖衷。宗社有靈。遂將恢復之兆也。臣嘗考五代時。耶律氏方彊。德光舉兵破汴京之際。大遼彊盛。自古亦罕聞也。不數年。周世宗即位。慨然有發奮之心」句（四三五—五四〇上下）。明刊本作「韓世忠已於鎮江府江心艤舟邀截住虜酋四太子人馬。未得濟渡。乞車駕進幸浙西。號令諸將前去江上夾擊虜酋。及具奏聞。以萬乘之尊。仗雷霆之勢。車駕所至。自可以聳動人心。銷弭群慝。此議未決。而臣罷政。其事不行。去歲秋末。虜騎初到淮甸。陛下奮然決策。下親征之詔。大駕進幸平江。諸將罔敢退縮。斬獲既衆。虜遂退師。此乃皇天悔禍。開悟聖衷。宗社有靈。遂將恢復之兆也。臣嘗考五代時。耶律氏方彊。德光舉兵破汴京之際。大遼彊盛。自古亦罕聞也。不數年。周世宗即位。慨然有攘狄之心」

又四庫本「或曰敵酋若犯邊。文臣豈可委」句（四三五—五四一下）。又「敵人過江之時。戰士屢經得捷」句（同上）。明刊本「敵酋」作「虜酋」。「敵人」作「虜人」。又四庫本「去歲九月。敵犯淮甸。我師累捷。敵人頓兵百餘日」句（四三五—五四二上）。又「今王師已振。敵衆向衰。若不發兵攻擊。則終無討伐」句。明刊本「敵」字皆作「虜」。

又其後。四庫本「九論舟楫之利。臣嘗觀晁錯論兵。以謂中國之長技五。遠裔之長技三。未嘗不歎服錯之知兵也。以今日論之。敵人便鞍馬。每以騎兵取勝。

國家駐蹕東南。當以舟楫取勝。蓋舟楫者非敵人之長技」句（四三五—五四二下）。明刊本「遠裔」作「夷狄」。「敵人」並作「虜人」。又「今者國家與敵人相持之際」句（四三五—五四二下）。「遍走兩浙京東河北及敵中沿海地分」句（四三五—五四二下至五四三上）。「河北諸郡及敵中諸郡」句（四三五—五四三上）。「後來爲兵官嘗屠戮敵人」句（四三五—五四三上）。「方敵人退兵之際」句（四三五—五四三下）。以上凡「敵」字明刊本皆作「虜」。

又其後。四庫本「若不舉兵。則心不能還二聖。復中原。牽制川陜敵兵」句（四三五—五四四上）。又「自敵人處奉使回。恐害和議。其事中輟。今又二年矣。夫敵性反復。金人尤狡譎」句（同上）。明刊本「敵兵」作「賊兵」。「敵人」作「粘罕」。「敵性」作「虜性」。「金人」作「金賊」。

又四庫本「臣契勘自金人入境以來。天下之論或以謂必講和」句（四三五—五四四上）。明刊本「入境」作「跳梁」。又「竊料敵人國書必無果決之言」句（四三五—五四四下）。明刊本「敵人」作「虜人」。

頤浩又奏曰。臣契勘金人自建炎二年章

四庫本「夫敵人今年既不渡江。則諸事可以措手矣」句（四三五—五四五上）。明刊本「敵人」作「虜人」。

知福州張守應詔論事箚子

四庫本「議者必謂敵人既遁。當追奔逐北」句（四三五—五四六上）。又「去冬敵人長驅以抵淮甸」句（同上）。明刊本前後兩「敵人」皆作「虜人」。

又後文。四庫本「正朝廷以正四方。何患天下之不治乎」句（四三五—五四七下）。明刊本「天下」作「夷狄」。

守爲殿中侍御史乞詔大臣講求政事箚子

四庫本「而兵革之禍亦振古之所無」句（四三五—五四八上）。明刊本「兵革」作「夷狄」。又「內修政事。外禦強敵。在於因時設施」句（同上）。明刊本「外禦強敵」作「外攘夷狄」。又「今春金人踐蹂京西。殘及陝右」句（四三五—五四八下）。明刊本「金人」作「金寇」。

守知洪州論遣使箚子

四庫本「而凋瘵之餘與敵接境。猶未得奠枕而臥也」句（四三五—五四九上）。明刊本「敵」皆作「虜」。

又後文。四庫本「欲陛下戒以密覘敵人盛衰虛實。徐察天意而爲後圖」句（四三五—五五〇上）。明刊本「敵人」作「虜人」。

卷九十一

宋高宗時。秦檜力主和議。刑部侍郎陳槖上疏

四庫本「使人人激厲常若敵至」句（四三五—五五二上）。明刊本「敵」作「寇」。

吏部員外郎廖剛奏章

四庫本「臣愚竊料今歲敵騎勢分。必無南渡之事」句（四三五—五五三下）。明刊本「敵騎」作「虜騎」。

周林上奏章

四庫本「敵人之來侵者既遁。盜賊之竊發者既除」句（四三五—五五四上）。明刊本「敵人」作「虜僞」。

右正言陳淵奏章

四庫本「故遠裔得以侵侮中國」句（四三五—五五四下）。明刊本「遠裔」作「夷狄」。又「使北之行未果。敵已大入。方圖引還。而二聖遠狩」句（同上）。明刊本「敵已大入」句作「虜已入寇」。又「雖削平僭亂。鞭撻敵人而臣之。亦可也」句（四三五—五五五上）。明刊本「敵人」作「夷狄」。

章誼上奏章

四庫本「豈無英才肯爲陛下圖事揆策。闢國彊兵。出死力抗勍敵者乎」句（四三五—五五五下）。明刊本「勍敵」作「驕虜」。

誼又上奏章

四庫本「臣竊惟朝廷暫駐江左以避金人蓋非得已」句（四三五—五五六下）。明刊本「金人」作「金寇」。

誼又奏章

四庫本「不趁此時講明守戰之策。外遏敵人之侵」句（四三五—五五七上）。明刊本「敵人」作「戎虜」。又「則金人之師必不盛於苻秦。金人之謀亦不踰於曹操」句（四三五—五五七下）。明刊本「金人之謀」作「粘罕之謀」。

武義大夫曹勛論和戰劄子

四庫本「敵欲求安易於保安者。守邊不動爲長久之計。則敵保安之策也。我欲求安難於保安者。恃敵不動。則我保安之策也」句（四三五—五六〇下）。明刊本三「敵」字皆作「虜」字。

提點成都路刑獄公事馮當可上書

四庫本「陛下審知敵盟之必敗也。兵必不可弭也」句（四三五—五六三上）。明刊本「敵盟」作「虜盟」。

又其後。四庫本「今敵使既還。恐兵端便開」句（四三五—五六四上）。「使敵莫知能測。臣知雖未及戰。敵已知畏矣。夫敵人雖強。其強易弱。非誠得天下之心」句（四三五—五六五上至五六五下）。又「臣料敵使既還。朝廷必有大措置」句（同上）。「三年前敵焚榷場。南牧之計已定矣」句（同上）。「紹興八年。嘗蒙陛下召對。是時適敵使請和」句（同上）。以及「臣今又被召旨。敵人適欲敗盟」句（四三五—五六六上）。以上凡「敵」字明刊本皆作「虜」。

應辰爲戶部侍郎應詔言事章

四庫本「臣伏見上天助順。元惡殄滅。其主新立」句（四三五—五六六下）。「或以爲其主寬厚能得衆者」句（同上）。明刊本前後兩「其主」皆作「虜酋」。又「要之爲國計者。不當問敵國之盛衰」句（同上）。「然則敵人雖盛。未足爲我之患也」句（同上）。以及「然則敵人雖衰。未必爲我之福也。臣故曰不當問敵國之盛衰」句（四三五—五六七上）。以上「敵國」「敵人」明刊本皆作「夷狄」。又「武帝征伐四方。窮極奢侈」句（四三五—五六七上）。明刊本「四方」作「四夷」。

又其後。四庫本「自建炎以來。金人之禍甚於東晉」句（四三五—五六九上）。明刊本「金人」作「夷虜」。又「暴虐之敵不能以禁其民之向化」句（四三五—五六九上下）。明刊本「敵」作「虜」。

又其後。四庫本「已而敵騎奄至。曾不一戰。望風遁逃」句（四三五—五七〇上）。明刊本「敵騎」作「

虜騎」。

卷九十二

宋孝宗時著作郎王十朋上疏

四庫本「敵以和議譎契丹而滅契丹矣」句（四三五－五七六上）。又「太上皇知敵之無厭而和之不可保也」句。又「雖淮上之師不利而敵之被毒亦甚矣」句。明刊本前後三「敵」字皆作「虜」。又後文「可復委之敵人而使之甘心乎。況講和之後。舉天下唯敵之命是聽」句（四三五－五七六下）明刊本「敵人」作「虎狼」。「敵」作「虜」。

十朋爲侍御史上疏

四庫本「不幸運厄陽九。勍敵侵陵。靖康之禍有不忍言者」句（四三五－五七七上）。明刊本「勍敵侵陵」作「醜虜亂華」。又「欲蹈昔日姦臣之覆轍。屈己以和仇讎之人。且指祖宗中原之境土爲金人之土。謂不當取。指祖宗中原之人民爲金之人民。謂不當納」

句（四三五－五七七下）。明刊本「仇讎之人且」五字作「仇讎之犬羊」。「金人」作「虜人」。「金」作「虜」。

十朋又上疏章

四庫本「敗敵將蕭琦而降之」句（四三五－五七八上）。「又敗敵人於宿而得其州」句（同上）。「又此三將既降。宜速加封爵以勸來者」句（四三五－五七八下）。「今中原列城爲敵守者聞皆有離心」（同上）。明刊本「敵將」作「虜將」。「敵人」作「虜人」。「三將」作「三虜」。「敵」作「虜」。

十朋論用兵事宜劄子

四庫本「非所以安人情威域外也」句（四三五－五七九下）。明刊本「域外」作「戎虜」。

四庫本「今敵騎近迫。四方危心。當勵衆禦敵。以衛社稷」句（四三五－五八〇上）。明刊本「敵騎」作「胡虜」。又後文「將士鼓勇射殺敵將。其衆遂退」

句（同上）。明刊本「敵將」作「撻覽」。「其衆」作「虜衆」。又「前年太上皇下親征之詔。爲建康之幸。作士氣以走敵騎。蓋得策矣」句（同上）。明刊本「敵騎」作「胡騎」。又「萬一敵人乘虛而入。使川陝隔絕」句（四三五—五八〇下）。明刊本「敵人」作「虜人」。

陳亮上五論章

四庫本「況今敵人微弱。政令日弛。捨其俗鞍馬之長

。而從事中州浮靡之習。君臣之間日趨怠惰。自古遠裔之強未有四五十年而無變者」句（四三五—五八二上～五八二下）。明刊本「敵人微弱」作「虜酋庸懦」。「捨其俗」作「捨戎狄」。「遠裔」作「夷狄」。又「萬一敵人懲創。更立令主」句（四三五—五八二下）。明刊本「敵人」作「虜人」。又「中原父老日以殂謝。生長於敵。豈知有我」句（同上）。明刊本「敵」作「戎」。「精間諜以得敵人之情。據形勢以動中原之心」句（四三五—五八三下）。明刊本兩「敵人」皆作「虜人」。「一旦敵人玩故習常來犯江淮」句（四三五—五八四上）。明刊本「敵人」作「狂虜」。「敵知吾意在京洛。則京洛。陳。許。汝。鄭之備當日增」句（四三五—五八四下）及「四川之帥親率大軍以持鳳翔之敵」句（同上）。兩「敵」字明刊本皆作「虜」。

又四庫本「陛下慨然立計。不屈於敵」句（四三五—五八九上）。明刊本「不屈於敵」作「不屈醜虜」。

亮又上書章

四庫本「豈天地之外更有邪氣之所可奸哉」句（四三五—五八九上）。明刊本「更有邪氣」作「夷狄邪氣」。又「天地之正氣鬱遏於偏方而久不得騁」句（四三五—五八九下）。明刊本「偏方」作「腥羶」。

又其後。四庫本「金甌無缺而致令敵人安坐而據之。以二帝三王之所都。而五十年爲敵人之所據。國家之

恥不得雪。臣子之憤不得伸。天地之正氣不得而發泄也。方南渡之初。君臣上下。痛心疾首。誓不與敵俱生。卒能以奔敗之餘。而勝百戰之敵。及秦檜倡邪議以沮之。忠臣義士斥死南方。而天下之氣惰矣。三十年之餘。雖西北流寓。皆抱孫長息於東南。而君父之大讎一切不復關念。自非敵人震動淮南。亦不知兵戈之爲何事也。況望其憤中國之陸沈而相率北向以發一矢哉。丙午丁未之變。距今尚以爲遠。而靖康皇帝之

禍。蓋陛下即位之前一年也。獨陛下奮不自顧。志在復讎。而天下之人安然如無事時」段（四三五—五八九下—五九〇上）。明刊本作「堂堂中國而蠢爾醜虜安坐而據之。以二帝三王之所都。而爲五十年犬羊之淵藪。國家之恥不得雪。臣子之憤不得伸。天地之正氣不得而發泄也。方南渡之初。君臣上下。痛心疾首。誓不與虜俱生。卒能以奔敗之餘。而勝百戰之虜。及秦檜倡邪議以沮之。忠臣義士。斥死南方。而天下之氣惰矣。三十年之餘。雖西北流寓。皆抱孫長息於東南。而君父之大讎一切不復關念。自非逆亮送死淮南。亦不知兵戈之爲何事也。況望其憤中國之腥羶而相率北向以發一矢哉。丙午丁未之變。距今尚以爲遠。而靖康皇帝之禍。蓋陛下即位之前一年也。獨陛下奮不自顧。志在滅虜。而天下之人。安然如無事時」。

又後文。四庫本「河洛沈淪。而天地之正氣抑鬱而不得泄」句（四三五—五九〇下）。明刊本「沈淪」作

「腥羶」。又「今金人之植根既久。不可以一舉而遂滅」句（四三五—五九〇下）。明刊本「金人」作「醜虜」。又四庫本「而朝野之論常如敵兵之在境。惟恐其不得和也。雖陛下亦不得不和矣。昔者敵人草居野處。往來無常」句（四三五—五九一上）。明刊本「敵兵」作「虜兵」。「敵人」作「虜人」。又「然使朝野常如敵兵之在境乃國家之福」句（四三五—五

九一下）。「此李沆之所以深不願眞宗皇帝之與敵和親也」句（同上）。「陛下何不明大義而慨然與敵絕也」句（四三五—五九二上）。以上三「敵」字明刊本皆作「虜」。

又其後。四庫本「然遠裔遂得以猖狂恣睢與中國抗衡」句（四三五—五九二下）。又「蓋外域征令是主上之操也。天子供貢是臣下之禮也。外域之所以卒勝中國者。其積有漸也」句（同上）。明刊本「遠裔」「

外域」皆作「夷狄」。又「此所以不能洗遠裔平視中國之恥。而卒發神宗皇帝之大憤也」句（四三五—五九三上）。明刊本「遠裔」亦作「夷狄」。又「元祐紹聖一反一覆。而卒爲敵人侵侮之資。尙何望其振中國以威敵人哉」句（四三五—五九三下）。明刊本前後兩「敵人」皆作「夷狄」。

四庫本「常以江淮之師爲敵人侵軼之備」句（四三五—五九五上）。明刊本「敵人」作「虜人」。

亮又上書曰。臣嘗嘆西周之末犬戎之禍章

四庫本「階下積財養兵。志在復讎。而不免與之通和以俟時」句（四三五—五九八上）。明刊本「復讎」作「滅虜」。又「彼其誓不與敵俱生。百敗不折者」句（同上）。明刊本「敵」作「虜」。

亮又上書曰。竊惟藝祖皇帝經畫天下之大略章

四庫本「況版輿之地半入於金人。國家之恥未雪」句（四三五—五九八下）。明刊本「金人」作「夷狄」。又「扣囊底之智。猶足以辨此事若」句（四三五—

五九九上）。明刊本「辨此事若」句作「辨此醜虜」。又「就使敵人盡舉河南之地以還我。亦恐不能守耳」句（四三五—五九九下）。明刊本「敵人」作「虜人」。

亮又上書曰。臣聞有非常之人然後可以建非常之功章

四庫本「皇天全付予有家而半沒於敵人。此君天下者之所當恥也」句（四三五—六〇一上）。又「敵人之

不足畏。而書生之論不足憑也」（四三五—六〇一下）。明刊本「敵人」作「虜人」。又「吳兒習舟楫者之所畏。敵人能以輕師而徑至乎」句（四三五—六〇二上）。明刊本「敵人」亦作「虜人」。又四庫本「高宗皇帝於敵有父兄之仇」句（四三五—六〇二下）。又「而敵人僅以一使如臨小邦聞諸道路」句（同上）。又「南方之紅女積尺寸之功於機杼。歲以輸敵人。固已不勝其痛矣。金寶之出於山澤者有限。而輸諸

敵人者無窮」句（四三五—六〇二下～六〇三上）。又「劉淵。石勒。石虎。苻堅。皆遠裔之雄。曾不能以終其世。而阿固達之興於金近八十年。中原塗炭又六十年矣。上下衰敝之漸具在眼中」句（四三五—六〇三上）以上明刊本「敵」。「敵人」皆作「虜」「虜人」。「遠裔」作「夷虜」。「上下衰敝之漸」作「父子相夷之禍」。又其後「以震動天下。而與敵絕」句（四三五—六〇三下）。「天下非有豪猾不可制之姦。敵人非有方輿未艾之勢」句（四三五—六〇四上）。「乙巳丙午之間。敵人非無變故」句（四三五—六〇四上）。「敵人略於奉慰」句（四三五—六〇四下）。明刊本凡「敵」「敵人」皆作「虜」「虜人」。

卷九十三

起居郎胡銓上疏章

四庫本「臣竊惟國家自紹興初與金人講和。竭民膏血而不卹。忘國大讎而不報」句（四三五—六〇七上）

。又後文「敵人緣此震慴。知陛下有大有為之志」句（四三五—六〇七下）。又「兵法曰。無故而求和者謀也。敵人詭計端在於此」句（同上）。又「自汴京板蕩以來。四十年間。敵人用銳師勁卒長驅入國。何嘗不以和哉」句（同上）。又「就令和好可成。金人可信。決不叛盟。孝子順孫寧忍為之」句（同上）。以上明刊本「金人」作「金虜」。兩「敵人」皆作「

虜人」。「敵人用銳師勁卒長驅入國」作「醜虜爲封豕長蛇。荐食上國」。後之「金人」作「犬羊」。

銓爲敷文閣直學士乞規恢遠圖疏

四庫本「臣所以夙夜痛心。誓不與敵人共天者也」句（四三五—六〇九上）。明刊本「敵人」作「醜虜」。

楊萬里上疏章

四庫本「而敵人有以窺吾之沮。而天下之禍所從生也

」句（四三五—六一一上）。明刊本「敵人」作「虜人」。

萬里又論國勢章

四庫本「方敵人爲靖康之役。彼謂天下無復有國家也」句（四三五—六一二上）。又「方敵人爲維揚之役。彼謂深入窮侵之計不淺也」句（同上）。明刊本前後兩「敵人」皆作「逆虜」。又「而千艘一炬。敵人遂敗。我是以有江海之捷」句（四三五—六一二下）

。明刊本「敵人遂敗」作「虜酋授首」。

又其後。四庫本「外無劉石之英雄。而獨當一末亡之金人」句（四三五—六一四下）。明刊本「金人」作「金虜」。又「頃者敵人求唐鄧則與唐鄧」句（四三五—六一五上）。明刊本「敵人」作「虜人」。「是時敵之創痍未盡瘳。而勢力未全盛也」句（四三五—六一五下）。明刊本「敵」作「虜」。

又其後。四庫本「蓋海陵嘗求漢淮之地矣」句（四三

五—六一六上）。明刊本「海陵」作「逆亮」。又「臣願朝廷以光堯之塞海陵而塞敵之貪」句（同上）。明刊本「海陵」亦作「逆亮」。「敵」作「虜」。

又四庫本「靖康之初。金人之北歸也。河北嘗爲吾有矣。紹興之間。金人劃地見還也。河南長安嘗爲吾有矣。金亮之敗也。海泗唐鄧又嘗爲吾有矣」句（四三五—六一七下）。前後兩「金人」明刊本皆作「金虜」。「金亮之敗」作「逆亮之寇」。

又後文。四庫本「宋德當天。卜世萬億。天不佑敵。亡不及夕」句（四三五—六一八上）。明刊本「天不佑敵」作「虜罪稽天」。又「金人之強不過苻堅。其君萬萬不及堅」句（四三五—六一八下）。明刊本「金人」作「金虜」。

參加政事史浩奏章

四庫本「今陛下北有勁敵日爲姦謀以撓我」句（四三五—六一八下）。明刊本「勁敵」作「勁虜」。又「

而敵聞之亦必知我國有人矣」句（四三五—六一九下）。明刊本「敵」作「虜」。又「未至此時而先爲計以自蹙。此敵之願」句（同上）。明刊本「敵」亦作「虜」。

浩又上奏章

四庫本「自去歲金人南下之後。兩淮蕩然」句（四三五—六二〇上）。明刊本「金人南下」作「賊亮入寇」。又後文「敵情難測。譎詐萬端」句（四三五—六二〇上下）。又「若敵人設計多作。僞告僞牒源源而來。上則竭國力以祿養歸正官。下則陰壞度牒之法」句（四三五—六二〇下）。又其後「則一切不問是仕於敵人者何其幸。而仕於天朝者何其不幸耶」句。又「則一切不問是生於敵界者何其幸。而生於王土者何其不幸耶」句。又「其後金人大入果集於此。則招納之事豈可忽哉」句。以上諸句。明刊本「敵情」作「虜情」。「敵人設計」作「黠虜設計」。「仕於敵人」作「仕於虜廷」。「敵界」作「虜界」。「金人」作「虜騎」。

川陝宣諭使虞允文上言章

四庫本「臣既聞敵中之亂。敵兵在中原者不多」句（四三五—六二一上）。又後文「臣觀其書意。知敵爲甚怯。知其兵爲可用知」句。又「自敵使及境而去。或以爲敵中方亂。有所未暇。或以爲敵人未肯歸疆。將有所要致於我」句。又「臣博采輿論。謂中原之敵不多。必無深入之憂」句（四三五—六二一下）。又「各因其險而固守。勿與敵戰」句。又「使河南之敵不能進兵以援長安」句。又「官軍聲震關輔。則寶鷄之敵知其無援」句。以上。明刊本除「敵人」作「虜廷」外。其餘「敵」字皆作「虜」。

允文又上言章

四庫本「敵勢橫潰。吳蜀之形釐而爲二」句（四三五—六二二上）。明刊本「敵勢」作「虜勢」。

卷九十四

宋孝宗時。建康府通判辛棄疾進美芹十論

四庫本「敵人憑陵中夏。臣子思酬國恥」句（四三五—六二三上）。又「大父臣贇以族衆拙於脫身。被汙敵官」句。又「辛巳歲。金亮南下。中原之民屯聚蜂起」句。又「敵人利於嘗試以爲得計」句（四三五—六二三上下）。又「秦檜之和反以滋金亮之狂」句（四三五—六二三下）。明刊本「敵人」皆作「虜人」。「敵官」作「虜官」。「金亮」並作「逆亮」。又其後「一介敵人尙勞宵旰。此正天下之士獻謀效命之秋」句。明刊本「敵人」作「醜虜」。又「以爲今日敵人實有弊之可乘」句。又「其三言敵人之弊。其七言朝廷之所當行」句。明刊本「敵人」並作「虜人」。又後文「敵之虛實吾既詳之矣。然後以其七說次第而用之。敵固在吾目中」句（四三五—六二四上）。明刊本「敵」並作「虜」。又「自今論之。敵人雖有

嵌巖可畏之形」句（四三五—六二四上）。又「敵人之地東薄于海。西控于夏。南抵于淮」句（四三五—六二四下）。又「蓋敵人之地雖名爲廣。其實易分」句（四三五—六二四下）。又「敵人之財雖名爲多。其實難恃」句（同上）。又「蓋敵政龐。而官吏橫」句（同上）。明刊本凡「敵」字皆作「虜」。又其後「始金亮南下之時。皆是誅脅酋長。破滅資產人乃肯從」句（四三五—六二五上）。又「況金國今用事之

人雜以契丹中原江南之士」句（同上）。明刊本「金亮南下」作「逆亮南寇」。「金國」作「虜廷」。又「敵今並有之。欲不亡何待」句（四三五—六二五下）。明刊本「敵」作「虜」。

又其後。四庫本「南北雖有異慮。休戚豈有異趣哉。敵人情僞。臣嘗熟論之矣。蓋其性剽悍。心不肯自閒。逆之則怒。怒而後戰。順之則喜。喜必致賂。蓋怒我者忌我也。喜我者狎我也。彼何嘗不欲戰。又何嘗不言和」句（四三五—六二六上）。明刊本作「南北雖有異慮。休戚豈有異趣哉。虜人情僞。臣嘗熟論之矣。譬如獰狗焉。心不肯自閑。擊之則吠。吠而後卻。呼之則馴。馴必致齧。蓋吠我者忌我也。馴我者狎我也。彼何嘗不欲戰。又何嘗不言和」。

又其後文。四庫本「今日之事揆諸敵情。是有三不敢必戰」句（四三五—六二六下）。明刊本「敵情」作「虜情」。又「而敵人已非前日之比。此二不敢必戰也」句（同上）。明刊本「敵人」作「虜人」。又「且如金亮始謀南下之時。劉麟。蔡松年一探其意而導之」句（同上）。明刊本「金亮」作「逆亮」。「南下」作「南寇」。又「我之所忌不在于敵欲必戰。而在于敵幸勝以踰淮」句（四三五—六二七上）。明刊本兩「敵」字皆作「虜」。

又四庫本「今陷于敵。彼視吾民如晚妾之御嫡子。愛憎自殊。不復顧惜。方僭割之時。彼守未固。此詘未定。猶勉強姑息以示恩。時肆誅戮以賈威。既久稍玩。眞情遂出。分布州縣。半其部落。分朋植黨。仇滅我民。民有不平。訟之於官。則彼常勝。而我民則飲氣以茹屈。田疇相鄰。彼人則強而奪之。孳畜相雜。彼人則盜而有之」句（四三五—六二七下至六二八上）。明刊本作「一染腥膻。彼視吾民如晚妾之御嫡子。愛憎自殊。不復顧惜。方僭割之時。彼守未固。此詘未定。猶勉強姑息以示恩。時肆誅戮以賈威。既久稍玩。眞情遂出。分布州縣。半是胡奴。分朋植黨。仇滅中華。民有不平。訟之於官。則胡人勝。而華民則飲氣以茹屈。田疇相鄰。胡人則強而奪之。孳畜相雜。胡人則盜而有之。」

又其後。四庫本「金亮自知形禁勢格。巢穴迴遙。恐狂謀無成而竄身無所」句（四三五—六二八上）。明刊本「金亮」作「逆亮」。又「中原之民業嘗叛敵。敵人必不能釋然於其心」句（同上）。明刊本「叛敵」作「叛虜」。「敵人」作「虜人」。

又其後。四庫本「敵人雖暴。有王師爲之援。民心堅矣」句（四三五—六二八下）。又「敵人不動則已。誠動。焉是特爲陛下驅民而已」句（同上）。明刊本「敵人」皆作「虜人」。又「古今有常理。域外之人民不可以久安于內地」句（同上）。明刊本作「古今有常理。夷狄之腥穢不可以久安于華夏」。

又其後。四庫本「地方萬里而劫於金人之一姓。彼其國大而上下交征。政龎而軍民相怨」句（四三五—六二九上）。明刊本「金人」作「夷狄」。「軍民」作「華夷」。

又「今敵人所以取之者至逆也。然其所居者亦盛矣」句（四三五—六二九下）。又「不然。遐裔之長而據有中夏。子孫又有泰山萬世之安」句（同上）。「明刊本「敵人」作「夷狄」。「遐裔」作「裔夷」。

又四庫本「臣聞今之所以待敵。以緡計者二百餘萬」句（四三五—六三〇上）。明刊本「敵」作「虜」。

又「以爲金人必不可敵。戰守必不可恃」句（四三五—六三〇下）。明刊本「金人」作「夷狄」。「向之袒臂疾呼而背金亮之令爲吾響應者」句（同上）。明刊本「背金亮之令」作「促逆亮之斃」。又「臣觀敵人之情。玩吾之重戰」句（同上）。明刊本「敵人」作「虜人」。

又其後。四庫本「議者必曰。朝廷全盛時。西北二敵亦不免于賂。今我有天下之半。而敵倍西北之勢。雖欲不賂得乎」句（四三五—六三二上）。明刊本前後二「敵」字並作「虜」。又其後「必將陵跨漢唐。撫有中夏。然後爲稱。豈能鬱鬱久居此者乎」句（四三五—六三二上）。明刊本「撫有中夏」作「鞭笞異類」。又「淮之戰皆以備多而力寡。兵慴而氣沮。奔走於不必守之地而嬰敵人遠鬥之鋒。故十戰而九敗。其所以得畫江而守者幸也。且今敵人之情臣固已論之矣

」句（四三五—六三二下）。明刊本「敵人」皆作「虜人」。

又其後。四庫本「不若聚兵爲屯。以守爲戰。庶乎敵來不足以爲吾憂。而我進乃可以爲彼患也。聚兵之說如何。敵人之來。自淮而東。必道楚以趣揚。自淮而西。必道濠以趣眞與道壽以趣和。自荊襄而來。必道襄陽以趣荊。今吾擇精騎十萬。分屯于山陽。濠梁。襄陽三處。而於揚或和置一大府以督之。敵攻山陽則堅壁勿戰。而虛盱眙高郵以餌之。使濠梁分其半。與督府之兵橫擊之。或絕餉道。或邀歸途。敵併力于山陽。則襄陽之師出唐鄧以擾之。敵攻濠梁。則堅壁勿戰。而虛廬壽以餌之。使山陽分其半。與督府之兵亦橫擊之。敵併力于濠梁。而襄陽之師亦然。敵攻襄陽。則堅壁勿戰。虛郢復以餌之。敵無所獲。亦將聚淮北之兵以併力于此。我則以濠梁之兵制其歸」句（四三五—六三二上）以上凡「敵」字明刊本皆作「虜」

。又「且彼自敵中被簽而來。耒耨之事蓋所素習」句（四三五—六三三下）。明刊本「敵」字亦作「虜」。

又四庫本「彼何苦叛去以甘敵人橫暴之誅求哉」句（四三五—六三四上）。明刊本「敵人」作「虜人」。「向者淮上之師有遷延而避敵者。是其事也」句（四三五—六三五下）。明刊本「敵」作「虜」。又「蓋以爲泄吾之機足以增敵人之頡頏耳」句（四三五—六

三七上）。明刊本「敵人」亦作「虜人」。
又四庫本「請試言其大者。金亮之南下也。海道舟楫。則平江之匠實爲之。淮南惟秋之防。而盛夏來伐。則無錫之士實甚之。剋敵弓弩。敵兵所不支」句（四三五—六三七下）。明刊本作「請試言其大者。逆亮之南寇也。海道舟楫。則平江之匠實爲之。淮南惟秋之防。而盛夏入寇。則無錫之士實甚之。剋敵弓弩。虜兵所不支」。又其後「自去年以來。敵人間以文牒

請索。朝廷亦時有曲從」句（同上）。明刊本「敵人」作「虜人」。又「教其親戚訴敵人移牒來請」句（同上）。明刊本「敵人」作「虜庭」。
又四庫本「敵人爲朝廷患如病疽焉」句（四三五—六三九上）。「此敵人雖未動。而臣固將以論戰」句（四三五—六三九下）。前後二「敵人」。明刊本皆作「虜人」。
又四庫本「今山東者敵人之首。而京洛關陝則其身其尾也。由泰山而北不千二百里而至燕。燕者敵人之巢穴也。自河失故道。河朔無濁流之阻。所謂千二百里者。從枕席上過師也。山東之民勁勇而喜亂。敵人有事常先窮山東之民」句（四三五—六四〇上）。又其後「敵人列屯置戍。自淮陽以西至於汧隴」句（四三五—六四〇下）。又其後「天下之人知王師恢復之意堅。敵人破滅之形著。……彼敵人三路備邊之兵將北歸以自衛耶」句（四三五—六四一上）以上「敵人」

二字。明刊本皆作「虜人」。又「取爲恢復之謀。則吾兵爲敵弱久矣」句（四三五—六四一下）。明刊本「敵」字作「虜」。又「兵出山東。則山東之民必叛敵以爲我應」句（四三五—六四二上）。明刊本「敵」字亦作「虜」。「然敵人薄之而不以戰。自非土木之興築」句（四三五—六四二下）。明刊本「敵人」亦作「虜人」。
又其後。四庫本「是時國家未萌還俘囚之議。而臣之

預言如此」句（四三五—六四三上）。又「今者敵因盜賊之萌乃起俘囚之請。茲事體大。應酬若失。便關安危」句（同上）。又「又況俘囚一搖。懼者必衆。十可以聚百。百可以合千」句（同上）。明刊本「俘囚」皆作「俘虜」。「敵」作「虜」。

又四庫本「願臣之策必不爲北敵餌爲中國羞也」句（四三五—六四三下）。明刊本「北敵」作「此虜」。

又「今俘囚百十。奔迸四出。死生莫知」句（同上）

。明刊本「俘囚」作「俘虜」。

又其後。「諸將所以備敵者。近乎虛聲。而敵所以疑我者。積乎實禍」句（四三五—六四四上）。又是「乃敵所以數啓紛紜之談歟」句（同上）。又「彼敵自辛巳及今。迭戰迭敗。豈眞健者哉。謂秦無人。故直欲以威劫之耳。如不出臣三策。則正墮敵計。悔無及也」句（同上）。又「今者欲出詞拒敵。恐不遑也」句（同上）。又「雖然。敵勢實不可保。陛下奈何不早爲之策哉。」句（四三五—六四四下）。又「今臣度敵之勢。和亦變。不和亦變。特其變有早晚爾。而說者謂徑與俘囚則繼今可以免禍。是猶抱虎而寢。指虎終不噬己也」句（同上）。以上凡「敵」字明刊本均作「虜」。「俘囚」作「俘虜」。

秘書省正字趙汝愚論恢復奏章

四庫本「區區敵人有不足殄滅者矣」句（四三五—六四五上）。明刊本「敵人」作「戎虜」。

汝愚乞撫安歸正人疏

四庫本「彼皆祖宗涵養之餘。不勝敵人之暴」句（四三五—六四五下）。明刊本「敵人」作「胡虜」。又「咸謂敵人來有所索。轉相驚動。懷不自安」句（同上）。明刊本「敵人」作「虜人」。又「或者將校非人。一切指爲北人」句（四三五—六四六上）。明刊本「北人」作「北虜」。

汝愚又上自治之策

四庫本「自去歲夏中。傳聞金人還歸本土。緣臣僻居海角。無從詢問敵中事體」句（四三五—六四六下）。明刊本「金人」作「北虜」。「敵中」作「虜中」。又其後「竊謂敵情難測。未可輕言跡」句（同上）。明刊本「敵情」作「虜情」。又「敵君牽制不斷。將分國而王之」句（同上）。「臣竊聞敵君既老而常有敬慕太上皇帝之心」句（同上）。明刊本「敵君」並作「虜酋」。又「臣昨在吏部。時聞敵人之長子號

許王者」句（四三五—六四七上）。明刊本「敵人」作「虜人」。

又其後「乘驛騎奔馳。飆去倏來。人不知其爲敵君之子也。且謂其人不死。必能大爲邊患。使敵人善自爲計委之。南據汴都。授以偏師。用爲藩屏。則國家將倍勞戍守邊境。未易得安。而敵君在燕以重勢臨之。彼亦安能篡奪。今若陰使其父歸伏舊巢。察其姦心。用志非小。其人蓋將挾君父之勢。間兄弟之情。棄北方士馬之強。爲併吞其國之舉。發遲禍大。可爲深憂。其二。敵人自得國以來。蓋常以北方爲根本。如漢高祖與項籍轉戰滎陽京索間。而以關中爲根本。安祿山雖盜據洛陽。而以范陽爲根本之類是也。竊料敵人三世篡奪。不能不過爲隄備。今將立其少子。而恐或者議其後也。故以其身退居根本之地。而壓之以重勢。俟其少定。徐議後圖。然則一時之計雖若煩勞。恐其因事制宜。亦未爲深失也。臣又聞方金亮時。剪滅

宗室。完顏氏多死者。獨今敵君佯爲有疾。退居遠郡。若無能爲。一旦乘海陵之動。取其國如探囊。逮其即位。許時亦絕不生邊事。臣觀其人似亦非輕舉妄動者。蓋恐其間必自有說也。其三。或者疑其襄時篡拭皆在巳年。今玆北遷。將爲厭勝。然自敵人得國。今已二十餘年。蓋嘗歷癸巳之歲矣。未聞有厭勝之事。何也。大抵人之常情。安土重遷。吉凶悔吝。皆生乎動。誠使敵人無故妄動。別無他謀」一段（四三五—

六四七上下）。明刊本除「自敵人得國今已二十餘年」句之「敵人」作「虜酋」外。其餘「敵君」「敵人」明刊本皆作「虜酋」「虜人」。「金亮」作「逆亮」。

又後文。四庫本「臣竊料敵情爲是三說。詳觀事勢」句（四三五—六四八上）。明刊本「敵情」作「虜情」。「惟昔辛巳之役。上天垂祐。金亮喪師。甲申之役。敵人實有厭兵之意」句（同上）。明刊本「金亮

喪師」作「逆亮伏誅」。「敵人」作「虜人」。又「今敵君北徙。國人既知之矣」句（四三五—六四八下）。明刊本「敵君」作「虜酋」。又「皆數年而後歸。故能深得敵人之情狀」句（四三五—六四九上）。「敵人所欲歲幣亦宜如數遣發」句（同上）。前後二「敵人」明刊本皆作「虜人」。

師愈爲長沙守上奏章

四庫本「然以強弱之勢論之。敵人土地之衆。金穀之富。車馬之壯。雖元魏所不逮。自古遐裔之盛。未之有也。世之畏縮守和議者。必持是說焉。曾不知強弱盛衰。相爲消長。未有強而不弱盛而不衰者。厥今敵勢安知天意不已厭其德而將罰之乎。……己巳之歲。金亮篡奪。辛巳之歲。金亮自敗」句（四三五—六五一下）。以上明刊本「敵人」作「虜人」。「遐裔」作「夷狄」。「敵勢」作「虜勢」。「金亮」作「逆亮」。

卷九十五

宋孝宗時。朱熹上奏章

四庫本「恭惟國家之與北人乃陵廟之深讎」句（四三五—六五四上）。明刊本「北人」作「北虜」。「至遣朝臣持書以復敵帥而爲講和之計」句（同上）。明刊本「敵帥」作「虜帥」。又「人心僻違而天地閉塞。敵讎愈盛而邪慝愈繁」句（四三五—六五四下）。明刊本「敵讎」作「夷狄」。「邪慝」作「禽獸」。

「敵之情僞。吾之得失。蓋不待明者而後知」句（四三五—六五五上）。明刊本「敵」作「虜」。「雖使敵意效順。無所邀索」句（四三五—六五五下）。明刊本「敵」亦作「虜」。「以必復中原。必勝敵人爲期而後已」句（四三五—六五五下）。明刊本「必勝敵人」作「必滅胡虜」。「天地之和氣自當忻合無間。而敵雖強悍。亦將不得久肆其毒」句（四三五—六五五下）。明刊本「敵雖強悍」作「夷狄禽獸」。

熹又奏曰。益之戒舜章

四庫本「然後知古先聖王所以制御中外之道其本不在乎威彊」句（四三五—六五六上）。明刊本「中外」作「夷狄」。「然而勍敵憑陵。包藏不測。中外之議咸謂國威未振」句（同上）。明刊本「勍敵」作「戎虜」。又「凡古先聖王所以彊本折衝威制中外之道。皆未可謂備」句（同上）。明刊本「中外」作「夷狄」。「敵人知畏則形勢自彊。而恢復可冀矣」句（四三五—六五六下）。明刊本「敵人」亦作「夷狄」。

王質上言曰臣觀今日事勢章

四庫本「五國之衆雜居中原。昭然以立法制。不從令者蕩盡城邑」句（四三五—六五七下）。明刊本「昭然以立法制」作「曠然以夷變夏」。

又四庫本「政使不與敵人相安。則恐當有草萊豪傑起而收之」句（四三五—六六一上）。「今陛下握敵人興亡之權。制豪傑從違之命」句（同上）。明刊本「

敵人」皆作「夷虜」。又「未易可以安枕高臥。置此敵於度外」句（四三五—六六一下）。明刊本「敵」作「賊」。

質又上固本論

四庫本「然建康未嘗聆西北金華之聲。而長江未嘗染敵人戎馬之氣」（四三五—六六五上）。明刊本「敵人」作「夷虜」。

袁說友上規恢三事奏章

四庫本「臣願陛下幸敵人年來衰亡已兆而愈先自治」句（四三五—六六八下）。明刊本「敵人」作「醜種」。

卷九十六

宋孝宗時。太學博士葉適上奏章

四庫本「且敵知其不可以羈制中原久矣」句（四三五—六七〇下）。明刊本「敵」作「虜」。其後。四庫本「今君之立。又議割白溝以南而定盟好。蓋其本謀未嘗欲於河東河北之外越而有之也。金亮雖威脅天下。而北方起事以歸命者」句（四三五—六七〇下至六七一上）。又「然則敵之所謂難攻者豈真難而不可動」句（四三五—六七一上）。又「方今之敵正以我自有所謂難。我自有所謂不可耳」句。又「拱手奉敵而暫安於東南」句。以上諸句。明刊本「今君之立」作「今酋之初」。「金亮」作「顏亮」。三「敵」字皆作「虜」。又「以金幣啗敵本景德以來立國之素規耳

」句（四三五—六七一上）。「然敵自以彼直我曲。用兵有名」句（四三五—六七一下）。「自爲金弱既已久矣」（同上）。「故不以敵爲可怒。而反咎平北之不當」句（同上）。以上明刊本「敵」「金」皆作「虜」。「敵人」作「賊虜」。

又四庫本「精論者妄推天意。而以中外爲無辨」句（四三五—六七二上）。明刊本「中外」作「夷夏」。又「女真方之前世。非勁敵也」句（四三五—六七二上）。明刊本「勁敵」作「勁虜」。又「然外網疏漏。有驕橫不臣之敵」句（四三五—六七二下）。「未聞我有一城一邑敢爲叛命而坐視敵人長驅深入」句（同上）。明刊本「敵」作「虜」。「敵人」作「胡虜」。「夫誅討仇讎。修立大事。使不忝素。是人主宰相之任也」句（四三五—六七三下）。明刊本「仇讎」作「仇賊」。又「敵豈復有易攻之機」句（四三五—六七五上）。明刊本「敵」作「虜」。

又四庫本「非惟不務討伐二方以定西北之疆域」句（四三五—六七五下）。明刊本「二方」作「二虜」。又「至金亮身亡。北方潰亂。歸義之民處處屯聚」句（四三五—六七六上）。明刊本「金亮身亡」作「顏亮屠殞」。又「而不思中外之分。不辨逆順之理」句（四三五—六七六下）。「加以思中外之分。辨逆順之理」句（同上）。明刊本前後二「中外」皆作「夷夏」。又「明示禍福以劫脅衣冠。舉俛首而奉敵」句

（四三五—六七七下）。明刊本「敵」字作「虜」。

適又上親征論

四庫本「一親征而敵退舍」句（四三五—六七八下）。明刊本「敵」作「虜」。

適又上實謀論

四庫本「然而五六十年不足以自爲。而聽所爲於敵者。則有故焉」句（四三五—六七九下）。明刊本「敵」作「虜」。又「大則歷數十歲與敵人和親而不敢鬥一日之兵」句（四三五—六八〇上）。明刊本「敵人」作「虜人」。又「此勍敵所以憑陵而莫禦。讎恥所以最甚而莫報也」句（四三五—六八〇下）。明刊本「勍敵」作「夷狄」。

適又論紀綱章

四庫本「當日之規畫而欲久與敵校」句（四三五—六八三上）。明刊本於「當日之規畫」句上多一「用」字。而「敵」字作「虜」。又「夫恃敵之已和。而苟

天下之無事」句（同上）。明刊本「敵」字亦作「虜」。又四庫本「天下冰解雲散。一城一池劫制於敵。而號令不能及矣」句（四三五—六八四下）。「敵在長城之內。而大河以北已有不可守之勢」句（同上）。「於時盜賊充斥。僞齊擁挾敵人。連兵內向」句（四三五—六八五上）。「江左所以粗定。而敵肯和者亦任人之效也」句（同上）。又「兵柄不可與人。故屈意俯首。唯敵所命」句（同上）。以上凡「敵」「

敵人」皆作「虜」「虜人」。
適又上終論章
四庫本「義聲昭布。奇策並不出。不用以滅敵而何所用哉」句（四三五—六八八下）。「蓋每怪士大夫過於讐敵。而甘爲伏弱者何也」句（同上）。兩「敵」字明刊本皆作「虜」。又「三人者敵人之雄傑。皆古所無有」句（同上）。明刊本「敵人」作「夷狄」。
又「拱手讐敵。甘爲伏弱而至此身」句（四三五—六

八九上）。夫過於讐敵而不能自守。當其始也」句（四三五—六八九下）。「讐敵以脅國人而因爲偷安竊祿之計」句（同上）。以上「敵」字明刊本皆作「虜」。
又四庫本「夫阿固達尼雅滿者。生於東北窮小之地。固非素有兼天下之志也」句（四三五—六九〇上）。明刊本「窮小之地。固」五字作「窮小之遠夷」。
又其後。四庫本「若乃聚重兵。憑堅城。衣食嗜好極

於精善。非復北人之本質矣」句（四三五—六九〇上）。明刊本「北人」作「戎虜」。又「敵疑有間。且合從困彼也」句（同上）。明刊本「敵」作「虜」。
又「及此開隙。足以取怒。而敵卒不動」句（四三五—六九〇下）。「夫一大戰而勝。敵之心搖。不復留中原」句（四三五—六九一上）。明刊本兩「敵」字皆作「虜」。
又四庫本「一時士大夫共爲貴中國賤遠裔之論。此說

春秋者所嘗講也。不可以爲不美。雖然。中國之不可以徒貴。遠裔之不可以徒賤也」句（四三五—六九一上）。明刊本「遠裔」皆作「夷狄」。
又四庫本「鼎既泛然於事機之間。不戰不守。敵來則進而拒。名曰親征。敵去則退而安。名曰駐蹕」句（四三五—六九一下）。又「治兵講武不休而彼此之分決迄無期度」句（同上）。又「及乎紹興之末檜死敵動」句。又「欲與敵帥往返以定和議」句。又「至今

無根柢者。上書論事。自謂能知敵情」句。以上「敵」字明刊本皆作「虜」。「彼此」作「漢虜」。

又後文。四庫本「威立而戰勝。可使中原之士奮梃逐敵而迎我」句（四三五—六九二上）。「而謂得敵密事以相衒耀」句（同上）。「敵以得中原爲守而不以備我爲守」句（四三五—六九二下）。「大梁地散而難一。且敵之所必爭也。敵所必爭。吾能拒之」句（四三五—六九三上）。以上之「敵」字。明刊本皆作

「虜」。

知桂陽軍陳傅良擬奏事劄子

四庫本「往者外有方張之敵。內有交叛之將」句（四三五—六九五上）。明刊本「敵」作「虜」。又「方今敵主春秋甚高。志不在動」句（四三五—六九五下）。明刊本「敵主」作「虜主」。又「就使敵無動。夫以祖宗相傳之天下。至沈淪五六十載。北不足懷。南不能令。厭亂思治。豈無其人」句（同上）。明刊本作「就使虜無動。夫以中原萬古衣冠。淪爲左衽。五六十載。北不足懷。南不能令。厭亂思治。豈無其人」又四庫本「使敵無動。中原無特起」句（同上）。明刊本「敵」亦作「虜」。

戶部侍郎王之望奏章

四庫本「女眞本窮荒小姓。貢獻於我」句（四三五—六九六上）。明刊本「小姓」作「小夷」。又「此敵人反覆。已試之策」句（四三五—六九六下）。明刊

本「敵人」作「黠虜」。又「今天下之勢惟陝西爲可復。其地去敵最遠」句（四三五—六九七上）。明刊本「敵」作「虜」。又「若以此更有邀求。豈容墮其計中」句（同上）。明刊本「計中」作「姦計」。

司農卿李椿上奏章

四庫本「統馭有方。故能立軍制。拒強敵」句（四三五—六九七下）。「自權臣當路。挾敵謀和」句（同上）。兩「敵」字明刊本皆作「虜」。又「未幾敵人

叛盟。百萬之寇竟無所施者」句（四三五—六九八上）。明刊本「敵人」作「虜人」。又「後乃仗義來歸。反不如俘囚血讎。離任轉官」句（四三五—六九九上）。明刊本「俘囚」作「俘虜」。

孝祥又上奏曰。臣竊惟金人不道章

四庫本「臣竊惟金人不道。縶我行人」句（四三五—七〇〇下）。明刊本「金人」作「金虜」。

卷九十七

宋光宗紹熙四年。司農寺主簿呂祖儉奏章

四庫本「以晏安江沱爲當然。而謂敵人聘問往來。我得多筭……我之於敵終難兩立」句（四三五—七〇四上）。明刊本「敵人」作「讎虜」。「敵」作「虜」。其後四庫本「中原赤子肝腦塗地。而存者復陷於敵人。輿地之圖不登職方之籍者。又三分而有其二。雖我高宗再造丕基。然航海避敵于越于明」句（四三五—七〇四下）。明刊本「陷於敵人」作「污於腥羶」。「敵」字作「狄」。又「明詔二三大臣。同其憂責。必灼知屈己交敵之爲權計」句（四三五—七〇四下）。明刊本「敵」作「虜」。

寧宗時張浚楚州回奏章

四庫本「臣又伏蒙聖諭。敵人八九月之間必竭力而來」句（四三五—七〇五下）。明刊本「敵人」作「虜人」。又其後「臣竊觀金政不綱。內亂再世。中外騷然。禍患必起。而臣所憂有大焉者。今風俗習成。上下相蒙。惟知富貴。不知有他。上違天理。下虧臣節

。此風不改。供使金人已亡。內患外變且將相仍而起矣」句（四三五—七〇六上）。明刊本作「臣竊觀金虜無道。弒主再世。天怒人怨。破滅無疑。而臣所憂有大焉者。今風俗習成。上下相蒙。惟知富貴。不知有他。上違天理。下虧臣節。此風不改。借使金賊已亡。內患外變且將相仍而起矣」。

適又上奏曰。臣聞甘弱而幸安者衰章

四庫本「其後敵與逆臣劉豫迫我不已。激而思應。於是我始能勝於大儀。又勝於李家灣。又勝於順昌柘臯。而敵始與我定和矣。金亮敗於采石。而我始能以敵國自立矣。夫敵以敗殞而後和。雖和而猶不失爲雄」句（四三五—七〇七上）。「今或謂敵已衰弱。敵有天變。敵有外患。怵輕勇試進之計。」句（四三五—七〇七下）。以上明刊本凡「敵」字皆作「虜」。「金亮敗於采石」作「顏亮兇狂自殞」。

適又上奏曰。臣所謂備成而後動章

四庫本「非不欲固守兩淮襄漢。而金人衝突無常。勢不暇及」句（四三五—七〇七下）。明刊本「金人」作「虜人」。又「敵雖擁衆而至。阻於堅城」句（同上）。明刊本「敵」亦作「虜」。又「數年之內制敵有餘。此臣所謂改弱就強」句（四三五—七〇八上）。「勁敵在前。行者思奮。此臣所謂改弱就強。實政之三也」句（四三五—七〇八下）。明刊本「敵」字均作「虜」。

適又上奏曰。臣所謂行實德者章

四庫本「臣竊觀仁宗英宗號極盛之世。而不能得志於西北二方」句（四三五—七〇八下）。明刊本「二方」作「二虜」。

起居舍人眞德秀奏章

四庫本「今當乘敵之將亡。而亟圖自立之乘乎。抑幸敵之未亡而始爲自安之計乎」句（四三五—七〇九下）。明刊本「敵」字皆作「虜」。又「國勢日削。人心日媮。雖金人僅存。不能無外憂」。明刊本「金人」作「弱虜」。又「臣願誕頒明詔以敵徙而南。浸迫吾圉」句（四三五—七一一上）。「其齊民則天性健鬥。每易視敵兵」句（四三五—七一三上）。明刊本「敵」字皆作「虜」。又「夫自古未嘗無外患。惟有以待之則不敢窺」句（四三五—七一四下）。明刊本「外患」作「夷狄」。

貼黃。臣竊惟汴都者章

四庫本「今偏方遠域之人迺得竊而居之」句（四三五—七一四下）。明刊本「偏方遠域之人」作「垂亡腥臊之虜」。又「臣竊惟敵既以移都來告。索幣之報必將踵來」句（四三五—七一五上）。明刊本「敵」字作「虜」。「都」字作「巢」。又「蓋今遠裔群盜。交馳中土」句（同上）。明刊本「遠裔」作「遠夷」。

又其後。四庫本「臣竊惟國家之於金人蓋萬世必報之讎」句（四三五—七一六上）。明刊本「金人」作「金虜」。又「練兵選將。直擣敵巢」句（同上）。明刊本「敵」字作「虜」。又「止使留幣。外絕邦交」句（四三五—七一六下）。明刊本「邦」字作「虜」。又四庫本「以遺敵之費而厲天下之甲兵。人心奮張。士氣自倍。何憚於此。敵而猶事之哉。若乃輕信邊臣迎合之言。援敵人於將亡。置世讎而不念。非惟忠臣義士沮氣解體。而方興之敵亦將有輕中國心。萬一貽書誚侮。我將何詞以應之。夫重於絕敵者。畏召怨而啓釁也。然能不召怨於金人。而不能不啓釁於新敵」句（四三五—七一六下）。明刊本「敵」字作「虜」字。「敵人」作「醜孽」。「方興之敵」句作「夷狄盜賊」。「絕敵」作「絕虜」。「金人」作「亡虜」。

又後文。四庫本「遠裔小姓。非有囊括并吞之志」句

（四三五—七一七上）。明刊本「遠裔小姓」作「猖獗小夷」。又「臣願朝廷毋輕二方。日夜講求攻守之策」句（同上）。明刊本「二方」作「二虜」。

又四庫本「今之議者。大抵以敵存亡爲我欣戚」句（四三五—七一七上）。明刊本「敵」作「虜」。又「或曰金人還北有日矣。誠使敵命少延。吾得以因時修備」句（同上）。明刊本「金人」作「穹廬」。「敵」作「虜」。又「毋以敵存爲喜。毋以敵亡爲畏」句

（四三五—七一七下）。明刊本「敵」字皆作「虜」。

德秀知隆興府。上便民奏章

四庫本「臣竊考建炎三年。金人自黃州渡江」句（四三五—七二〇下）。明刊本「金人」作「金虜」。又「去歲之春。敵犯黃州諸關」句（四三五—七二〇下）。明刊本「敵」字作「虜」。又「借曰敵人之勢已非昔比。然衰極復振。其可忽諸。況於外敵方興。群

雄交驚。先事之防。尤當加意」句（四三五—七二一上）。明刊本作「借曰殘虜游魂。事非昔比。然困獸猶鬥。其可忽諸。況於外夷方興。群雄交驚。先事之防。尤當加意」。

袁燮論蜀奏章

四庫本「敵人敢戰。時有侵犯。今春大入。歷興元至金洋。遂至大安。我師勦之。殆無遺類。威聲既震疊矣。然敵之之性巧於窺覘」句（四三五—七二三上）。明刊本「敵人敢戰」句作「殘虜稔惡」。「至金洋」作「寇金洋」。「敵人之性」作「犬羊之性」。又四庫本「表裡俱虛。敵寧不肆其毒乎」句（四三五—七二三下）。明刊本「敵」字作「虜」。

四庫本「今金人敢爾憑陵。安知蠻之不吾窺乎」句（四三五—七二四上）。明刊本「金人」皆作「殘虜」。

卷九十八

宋寧宗時。知潼川府魏了翁上疏

四庫本「惟知斂兵避敵。未嘗敢與之抗者」句（四三五—七二六下）。明刊本「敵」字作「狄」。又「紹興之末。敵闖淮薄江。既迫而後應之」句（同上）。明刊本「敵」作「虜」。又四庫本「金夏諸敵局勢浸異。敵人未殄。又生他患。四鎮之寄益非昔比」句（四三五—七二六下）。明刊本「諸敵」作「蒙韃」。「敵人」作「殘寇」。「他患」作「他寇」。

了翁爲起居舍人上奏章

四庫本「中外雜居。客主不敵。齊淮兩大帥乘間異情。此疆場安危之幾也。金主初立。委政舊臣」句（四三五－七二七下）。明刊本「中外」作「民夷」。「金主」作「金酋」。又四庫本「此鄰封動靜之幾也。北使既至。行人亦還。情僞未明……此遠裔利害之幾也」句（四三五－七二八上）。明刊本「鄰封」作「鄰寇」。「北使」作「韃使」。「遠裔」作「遠夷」。又四庫本「有如臣之所謂事變倚伏。人心向背。疆場安危。鄰封動靜。遠裔利害。此皆目前必至之患」句（四三五－七二八下）。明刊本「鄰封」亦作「鄰寇」。「遠裔」作「遠夷」。

秘書省正字袁甫上疏

四庫本「方敵未犯淮。知朝廷意在安靜。則爭進安靜之說。及敵入寇。知朝廷意在振作。則競以振作爲言」句（四三五－七二九上）。又「卻敵師於中渡者。乃強勇軍之桀黠者也」句（四三五－七二九下）。以上明刊本「敵」字皆作「虜」。

駕部員外郎李鳴復奏章

四庫本「金人雖衰。猶積歲好不通之憾。北兵驟起。每懷無厭及我之心」句（四三五－七三〇下）。明刊本「金人」作「金虜」。「北兵」作「韃寇」。又「假敵以爲己援。于以要我也。道敵以迫吾境。于以恐我也」。兩「敵」字明刊本皆作「韃」。又其後。四庫本「雖以之肅清海內。鞭笞四方可也」句（四三五－七三二下）。刊本「四方」作「四夷」。

淮東轉運副使虞儔上殿劄子

四庫本「臣伏見本朝與北人講和之後以淮爲界」句（四三五－七三四下）。明刊本「北人」作「北虜」。

理宗時知瀘州魏了翁上疏章

四庫本「全以忠赤來歸。名聞中夏。雖其部曲亦皆能以勳業自奮」句（四三五－七三七下～七三八上）。

明刊本「中夏」作「夷夏」。又「其歷官既久。積伐已多。則中外知名。兵民信服」句（四三五—七三八下）。明刊本「兵民」作「華夷」。又四庫本「謂敵無能爲。賊不足憂者。邪說也」句（四三五—七四一下）。明刊本「敵」作「虜」。

卷九十九

宋理宗時。侍御史李鳴復奏章

四庫本「骨殖橫道。蓬蒿蔽空。皆緣北兵經行。舉無噍類」句（四三五—七四四下）。又「惟北兵有亙古所無之慘毒」句（同上）。明刊本「北兵」皆作「韃寇」。又四庫本「蓋其英鷙果銳之氣。習性堅忍。不滅金不止也」句（四三五—七四五下）。明刊本「英鷙果銳之氣」作「蛇呑豕毒之暴」。「今北兵南來。王師小衂亦可小警矣」句（同上）。明刊本「北兵」作「韃寇」。又四庫本「萬一敵人直趨峴首。徑擣江陵」句（四三五—七四六上）。明刊本「敵人」作「韃人」。「漢武帝有征伐四方之功」句（同上）。明刊本「四方」作「四夷」。又「中外有強弱。而使其強常在中國者」句（四三五—七四六上）。明刊本「中外」作「夷夏」。又四庫本「自西自東自南自北。雖遐方絕域莫敢不來王矣」句（四三五—七四六下）。明刊本「遐方絕域」作「夷狄異類」。

鳴復又擬輪對箚子

四庫本「乃若外人肆侮。幸而遇金之弱。則侵疆以得。邊燧以弭。不幸遇北兵之彊。則一軍下大安而全蜀擾動。一軍過房陵而荊襄震悚。幸何可恃也。吾素無以禦敵。敵既至矣。趨而避之。人心無厭。不至於蠶食殆盡不止也」句（四三五—七四八上）。明刊本作「乃若外夷肆侮。幸而遇金之弱。則侵疆以得。邊燧以弭。不幸而遇韃之彊。則一軍下大安。而全蜀擾動。一軍過房陵。而荊襄震悚。幸何可恃也。吾素無以禦寇。寇既至矣。趨而避之。狼心無厭。不至於蠶食殆盡。不止也」。又其後「繼擾於金人。近又擾於北兵。自北兵入寇。日甚一日。而蜀之爲蜀。大非昔比矣。……麻仲敗衂。程信退走。敵進窺七方而七方不恐。以蜀帥在石門。距關纔五十里。而人心知所恃也。惟武階失守。敵至文陽境上。賴官軍土豪相與協力。驅之而退。敵雖縱橫數月。其所破者惟一郡耳。四蜀無夫估之擾。諸司無科調之急。列郡輸獻助而弗受。襄漢遺援兵而弗納。路帥欲招忠義而弗許。敵來則

禦。敵去則備」句（四三五—七四九下）。明刊本作「繼擾於殘虜。近又擾於新韃。自新韃入寇。日甚一日。而蜀之爲蜀大非昔比矣。……麻仲敗衂。程信退走。賊進窺七方而七方不恐。以蜀帥在石門。距關纔五十里。而人心知所恃也。惟武階失守。賊至文陽境上。賴官軍土豪相與協力。驅之而退。韃雖縱橫數月。其所破者惟一郡耳。四蜀無夫估之擾。諸司無科調之急。列郡輸獻助而弗受。襄漢遺援兵而弗納。路帥

欲招忠義而弗許。寇來則禦。寶去則備。」

又四庫本「北兵乘間而梁洋又陷矣。鳳集不守。天水必無以自存。漢中既陷。同慶必難以自保。所可重惜者。沔陽有複嶺重關之勝。曩時金人以百萬之師扼於分番迭射而不得進。今過之如履平地。西和有因山爲城之固。前日敵人以方張之勢困於長槍短箭而不得逞」句（四三五—七四九下）。明刊本「北兵」作「韃寇」。「金人」作「兀朮」。「敵人」作「韃人」。

又「敵人有吮血剳肌之慘。官吏有剝膚及髓之酷」句（四三五—七四九下）。明刊本「敵人」作「寇賊」。又四庫本「敵既過險則倍道之輕車徑至合陽」句（四三五—七五〇上）。又「使四大將守禦之兵畏我而不畏敵。必招集流離。使十數州豪傑之士歸我而不歸敵」句（同上）。以上「敵」字明刊本皆作「賊」。

嗚復又輪對狀

四庫本「外而敵人。昔也憑陵。而今也帖息」句（四

三五—七五〇下）。明刊本「敵人」作「戎夷」。又
四庫本「而隱然猶爲吾國家之大患者敵也。邇者廟堂
先事而慮。介使觸機而應。于以息兵端於未動。銷事
變於方萌。由中及外。咸謂吾君吾相。軫念及此。自
今可保無慮矣。而臣猶以爲未也。臣嘗精思熟慮。察
往知來。妄謂敵之情有不可測者二。有深可慮者一。
昔契丹自改建國號以來。連歲騷動。至景德初元。舉
國來寇。直抵澶淵。我眞宗決策親征。射殺敵將而和

議始決。是見吾中國之不可犯而後和也。金人自得志
中國之後。聲勢氣焰。勃乎其不可禦。我高宗匹馬渡
江。艱難立國。逮分遣諸將。屢以捷聞。而和議始定
。是知吾中國之不可輕而後和也。曩歲敵擾川蜀。突
過均襄。猶虎兕出柙。吾未嘗敢攖其前也」段（四三
五—七五一上）。明刊本作「而隱然猶爲吾國家之大
患者。韃也。邇者廟堂先事而慮。介使觸機而應。于
以息兵端於未動。銷事變於方萌。由中及外。咸謂吾

君吾相。軫念及此。自今可保無慮矣。而臣猶以爲未
也。臣嘗精思熟慮。察往知來。妄謂韃之情有不可測
者二。有深可慮者一。昔契丹自改建國號以來。連歲
騷動。至景德初元。舉國來寇。直抵澶淵。我眞宗決
策親征。射殺撻覽而和議始決。是見吾中國之不可犯
而後和也。金虜自得志中國之後。殘靈虐焰。勃乎其
不可禦。我高宗匹馬渡江。艱難立國。逮分遣諸將。
屢以捷聞。而和議始定。是知吾中國之不可輕而後和

也。曩歲韃擾川蜀。突過均襄。猶虎兕出柙。吾未嘗
敢攖其前也。」
又其後。四庫本「紹興之和金人也。以徽廟梓宮未復
。顯仁皇太后未歸。吾中國屈也甚矣。河南之地未割
。金人之師已來。自是屢戰屢和。至海陵敗盟。臨江
師覆。敵氣大沮。雖名稱少易。而歲幣則不能痛減也
。今北使之來。其爲說甚簡且易。未嘗過有邀索也。
其爲詞甚卑且遜。未嘗妄自矜大也。雖云敵使而實非

眞敵也。雖致敵之書。而且謂書不足據也。國書如彼。而專對如此。其然。豈其然乎。其不可測二也。歲在丁亥。敵嘗遣兩金牌議和矣。一至西和州。一至秦家堌。制司以狀聞于朝。繼承密委。欲正其名曰通好。夫有爭而後有和。吾與彼未嘗爭也。不曰講和而曰通好。可謂名正言順矣。然講和也。通好也。皆吾中國婉爲之詞。而敵之意則不爾也。觀其金牌所載。自謂爲天所錫。誇張殊甚。總其大略。蔽以一言。蓋欲

臣妾我也。欲使吾國中盡行投拜也。嘗聞敵之併吞諸國也。不有其土地。不征其稅賦。惟許其投拜而已。其不投拜者。舉無噍類也。既投拜矣。視之若其家然。倏往忽來。必聽其驅役。不容拒也。夫漢以和親結匈奴。所屈者和親而已。國朝以歲幣啗遼金。所費者歲幣而已。今敵今情既不可測。萬一移其所以用之他國者用於我。我其何以待之。此深可慮者一也。臣之爲是說也。非謂敵之使不可遣也。敵之使當遣。而敵之和未可恃也。敵之和未可恃。則臣前所謂明其政刑者不可緩。」明刊本作「紹興之和金虜也。以徽廟梓宮未復。顯仁皇太后未歸。吾中國屈也甚矣。河南之地未割。兀朮之師已來。自是屢戰屢和。至逆亮敗盟。臨江送死。虜氣大沮。雖名稱少易。而歲幣則不能痛減也。今韃使之來。其爲說甚簡且易。未嘗過有邀索也。其爲詞甚卑且遜。未嘗妄自矜大也。雖云韃使。而實非眞韃也。雖致韃之書。而且謂書不足據也。國書如彼。而專對如此。其然。豈其然乎。其不可測二也。歲在丁亥。韃嘗遣兩金牌議和矣。一至西和州。一至秦家堌。制司以狀聞于朝。繼承密委。欲正其名曰通好。夫有爭而後有和。吾與韃未嘗爭也。不曰講和而曰通好。可謂名正言順矣。然講和也。通好也。皆吾中國婉爲之詞。而韃之意則不爾也。觀其金牌

所載。自謂爲天所錫。狂僭殊甚。總其大略。蔽以一言。蓋欲臣妾我也。欲使吾國中盡行投拜也。嘗聞韃

之併吞諸國也。不有其土地。不征其稅賦。惟許其投拜而已。其不投拜者舉無噍類也。既投拜矣。視之若其家然。倏往忽來。必聽其驅役。不容拒也。夫漢以和親結匈奴。所屈者。和親而已。國朝以歲幣啗二虜。所費者。歲幣而已。今韃之情既不可測。萬一移其所以用之它國者用於我。我其何以待之。此深可慮者一也。臣之爲是說也。非謂韃之使不可遣也。韃之使當遣。而韃之和未可恃也。韃之和未可恃。則臣前所

謂明其政刑者。不可緩也。」

嗚復又論天變可畏人事當修疏

四庫本「然人心難測。變詐百出。先之以小信。安知無大不信者踵乎其後。就使邊將委順。而敵酋之命掩至。則順必變而爲逆」句（四三五—七五三下）。明刊本作「然狼子野心。變詐百出。先之以小信。安知無大不信者踵乎其後。就使邊將委順。而虜酋之命掩至。」又四庫本「曩者敵人犯淮。方且控告廟堂」句（四三五—七五四上）。明刊本「敵人」作「寇賊」。又其後「詢問兩府大臣。何道而可以致中外之相安。何策而可以底內外之無患。禮文揖遜。有無可以卻敵騎若猶未也。盍亦速圖其所甚急。安坐拱默。有無可以強國勢若猶未也。盍亦力行其所不逮。陛下毋謂敵居草地。距中原凡幾何里。其歸也未必出。其出也未容久。若北兵一動。則人心搖矣」句（四三五—七五五上）。明刊本作「詢問兩府大臣。何道而可以致

九夏之相安。何策而可以底內外之無患。禮文揖遜。有無可以卻胡騎若猶未也。盍亦速圖其所甚急。安坐拱默。有無可以強國勢若猶未也。盍亦力行其所不逮。陛下毋謂韃居草地。距中原凡幾何里。其歸也未必出。其出也未容久。若此虜一動。則人心搖矣」。

嗚復又奏曰。臣竊妄謂厥今天下有可慮者三章

四庫本「金人垂亡。棄去國都。百年不得已之賂。一旦絕之。國論壯矣。然雄心不息。憤氣方盈。邊戍未

撤。糧運孔艱。彼之殘喘日蘇。我之事力日困。萬一俯首強敵。求償於我。邇歲梁洋之變。蘄黃之擾。餘毒猶在。其可慮一也。北人崛起。異類相吞。朝家不共戴天之恨」句（四三五—七五五下）。明刊本作「金虜垂亡。棄去巢穴。百年不得已之賂。一旦絕之。國論壯矣。然斷虵不殊。困獸猶鬥。邊戍未撤。糧運孔艱。彼之殘喘日蘇。我之事力日困。萬一俯首強韃。求償於我。邇歲梁洋之變。蘄黃之擾。餘毒猶在。

其可慮一也。韃酋崛起。異類相吞。朝家不共戴天之恨」。

嗚復又上奏曰。臣竊惟蜀之有關外四州章

四庫本「今強敵遠去。金人僅蘇當外患帖息之時」句（四三五—七五九上）。明刊本「強敵」作「強寇」。「金人」作「殘虜」。

嗚復又上奏曰。臣至愚極陋章

四庫本「嘉定己卯。敵人從間道入寇。踰鶻嶺。破上津。抵蜀口。土豪全紹飛戰之於前。統制張信擊之於後。敵未出境。而兩相忌嫉。內自交攻。紹飛不旋踵死。而官軍之歸寨者半沈於河。遂起大獄。此近事也。往歲之冬。北兵至長安。又至商洛縣。金人之奔迸於境上者踵相接也」句（四三五—七五九下）。明刊本「敵人」作「虜人」。「敵」作「虜」。「北兵」作「韃兵」。「金人」作「殘虜」。

嗚復又論執政無定見。侍從多私情奏章

四庫本「敵之侵犯吾中國已幾十年」句（四三五—七六〇上）。又「然金猶未亡。敵特假道於我」句（四三五—七六〇下）。明刊本前後兩「敵」字皆作「韃」。又「敵若得志。蠶食殆盡。然後順流而東」（同上）。「敵若掩至。以輕兵綴城壘。重兵瞰江面」句（同上）。明刊本兩「敵」字皆作「虜」。

嗚復又奏曰。臣近者獲觀右丞相喬行簡累陳奏劄

四庫本「備敵者十有五。目前所見者八」句（四三五

一七六一下）。明刊本「敵」字作「韃」。

卷一百

宋理宗時。戶部尚書眞德秀奏章

四庫本「自嘉定四年冬。始得北人圍燕之報」句（四三五—七六三下）。明刊本「北人」作「韃人」。

又貼黃章

四庫本「若敵人有謀。縱令深入。然後據守險要。以扼吾之前」句（四三五—七六五下）。明刊本「敵人

」作「狡虜」。

參知政事兼知樞密院事喬行簡上疏

四庫本「制姦雄而折勍敵。其能盡如吾意乎」句（四三五—七六六下）。明刊本「勍敵」作「戎狄」。

監察御史吳昌裔論蜀變四事狀

四庫本「北納十三州之款。西結十八族之謀。家計不牢。外難已至」句（四三五—七六八上）。明刊本「外」字作「狄」。其後「使非青原孤注綴敵之後。三泉重屯振敵之前。成都援兵應援于中。則橫決潰流。蜀將莽爲墟矣。嗚呼。力疲者弛擔。子亂者更局。今敵騎稍退之際。正吾圉用暇之時」句（四三五—七六八上）。明刊本「敵」字皆作「虜」。又四庫本「敵擊東則漢軍當之。擊西則沔戎當之」句（四三五—七六八下）。明刊本「敵」字作「虜」。又「鶻嶺關之捷。或謂逐饑敵耳」句（四三五—七六九上）。「臣恐自茲退敵之賞。平賊之功。或以強親愛狀充之。則

愈不得平矣」句（同上）。明刊本「敵」字亦皆作「虜」。又「雖幸敵自退舍。帥已下原」句（四三五—七七〇上）。明刊本「敵」字作「虜」。又「不然。衣袽未戒而哨騎再來。譬彼棲苴。將不知所寄矣」句（四三五—七七一上）。明刊本「哨騎」作「虜突」。

昌裔又論蜀事催王遂入蜀狀

四庫本「臣恐夏潦一生。秋風一起。敵騎突至。而戎

車莫前」句（四三五—七七一上）。明刊本「敵騎」作「虜騎」。又「臣近聞北兵破階窺文。欲爲斡腹深入之計」句（四三五—七七一下）。明刊本「北兵」作「韃虜」。

昌裔又論今日病勢六事狀

四庫本「北兵深入。譬如外邪。先侵蜀道」句（四三五—七七三上）。明刊本「北兵」作「韃寇」。又「秦鞏羈窮之酋。皆假其名。交鬨吾圉」句（同上）。

明刊本「其名」作「韃名」。又四庫本「而中土橫潰。遂不可支。是豈強隣叛卒果善戰耶」句（四三五—七七四）。明刊本「強隣」作「醜夷」。又「如此則可以回天怒而銷敵禍矣」句（四三五—七七四下。明刊本「敵」作「狄」。

昌裔又論朝廷重輕狀

四庫本「遠裔有輕疆吏之心。積此衆輕。牢爲一病」句（四三五—七七五上）。明刊本「遠裔」作「夷狄」。又「使狙詐有所憚而服。遠裔無所侮而動」句（四三五—七七六上）。明刊本「遠裔」作「夷狄」。

昌裔又論救蜀四事疏

四庫本「紹定辛卯。敵鬨利閬。利閬以外本實未盡撥也。端平乙未。敵侵漢沔」句（四三五—七七六上）。明刊本「敵」字作「虜」。又其後「又況敵所不到之地。悉遭訌潰之攪。民假爲潰。潰假爲敵。而眞敵之兵往往借我軍之衣裝旗號。愚民耳目。而卒屠之。

蓋雖荒郊絕島之間。無一處而不被燎原沸鼎之毒也。今幸敵兵自退。境土漸歸」句（四三五—七七六下）。明刊本「敵所不到」之「敵」字作「虜」。「潰假爲敵。而眞敵之兵」之「敵」字皆作「韃」。後「敵兵」作「虜兵」。又「竊惟西事壞爛之極。塵氛未撲。江路未淸」句（四三五—七七六下）。明刊本「塵氛」作「賊氛」。又「軍伍逃亡。率皆爲敵向導」句（同上）。明刊本「敵」作「虜」。又「以蕩然虛空之事力。而當倏然飄忽之敵兵」句（同上）。明刊本「敵兵」作「虜寇」。

又其後。四庫本「一蜀兵舊以十萬爲額。盡皆關陜五路勁軍。中興諸將以抗金人而護蜀門者此也。開禧之變。招塡僅及八萬。己卯之潰。消折不滿七萬。端平以後。戰散尤多。臣參以前人所聞。止有三萬之數。迨今去冬。敵騎深入。則赤籍散亡。愈不可考矣。或望風退走而奔竄於巴山。或遇敵奔潰而衝突於內郡。有假敵裝束而摽掠於民財。有爲敵向導而焚燬於仕族」句（四三五—七七七上）。明刊本「金人」作「金虜」。「敵騎深入」作「虜騎深入」。「敵裝束」作「韃裝束」。「敵向導」作「虜向導」。

又四庫本「生聚敎訓。還定撫摩。少須過冬。敵不再至」句（四三五—七八〇下）。明刊本「敵」作「虜」。

卷一百一

宋理宗時。進士文天祥上書

四庫本「然國勢由此浸弱。而敵人遂得恣睢於其間。宣靖以來。天下非無忠臣義士。強兵猛將。然各舉一州一縣之力以抗敵鋒。是以折北不支而入於敵」句（四三五—七九〇上）。明刊本「敵人」作「夷狄」。「敵鋒」作「虜鋒」。又其後「惟敵之至湖南者已宿堂奧。此外八州。其措置不容苟簡。八州之中。盧陵宜春最當衝要。敵之爲兵。其法常有所避。避八桂則出清湘。避長沙則出衡陽。今宜春見謂有兵。惟盧陵猶此無備。舍堅攻瑕。棄實擊虛。敵既以此爲得策。則夫避宜春而趨盧陵。其計將必出於此。州縣之事力有限。守令之權勢素微。敵至一城則一城創殘。至一邑則一邑蕩潰」句（四三五—七九〇下）。明刊本「敵之至湖南者」之「敵」作「虜」。「敵之爲兵」。「敵既以此爲得策」句。明刊本「敵」皆作「韃」。「敵至一城」之「敵」又作「虜」。其後「敵突如其來。彼一方者力不敵。勢不支」句（四三五—七九一下）。明刊本「敵突如其來」之「敵」作「虜」。又「增兵之有名而拒敵之無實」句（四三五—七九二上）。「與其束手無措以委輸於敵。孰若變通盡利以庶幾敵之可逐也」句（四三五—七九二）。「支吾年時。敵必就盡」句（同上）。以上四「敵」字明刊本概作「虜」。又四庫本「天意悔過。人心敵愾。敵人送死。且在旦夕。或謂其人者鋪張驚憂。以沮陛下撥亂之志」句（四三五—七九六下）。明刊本「敵人」作

「黠虜」。「撥亂」作「攘夷」。又四庫本「將士不感泣而思奮。敵人不駭愕而謀還」句（四三五—七九七上）。明刊本「敵人」作「夷狄」。又「以上助撥亂反正之一畫者已略備矣」句（四三五—七九七下）。明刊本「撥亂反正」作「尊夏攘夷」。

幼主德祐中。天祥知平江府上奏章

四庫本「祖宗涵育之遺黎。無辜荼毒於敵人之手」句（四三五—七九八下）。明刊本「敵人」作「夷狄」。

卷一百三

宋仁宗時。陝西四路安撫沿邊招討使范仲淹上論脩建北京狀

四庫本「敵騎豪健。晝夜兼馳。不十數日可及澶淵」句（四三六—十七上）。又「倉卒之間。敵騎已近。欲進北京其可及乎」句（同上）。明刊本「敵騎」皆作「胡馬」。又四庫本「又承平已久。人不知戰。聞

敵大至。群情憂恐」句（同上）。明刊本「敵」作「寇」。又「儻乘輿安然到彼。而敵騎旁過直趨河南」句（同上）。明刊本「敵騎」亦作「胡馬」。又四庫本「當此之時。京師無備。烽塵俯逼。陛下能堅守而拒請乎」句（同上）。明刊本「烽塵」作「胡塵」。「今京師無備。敵或南牧。朝廷必促河朔諸將出兵截戰」句（四三六—十七下）。明刊本「敵」作「寇

」。

卷一百七

欽宗靖康元年。宣教郎臣張九幹上書

四庫本「迺者陛下即位之初。敵騎長驅直抵城闕」句（四三六—九八上）。明刊本「敵騎」作「醜虜」。又「向使海內富實。邊用給饒。甲兵餉糧種種備設。則敵騎何由而南牧也」句（同上）。明刊本「敵騎」作「胡騎」。又「外域之窺中原良有以也」句（四三

六—九八下）。明刊本「外域」作「夷狄」。「今陛下欲靖四方一時之患。莫先於征伐」句（同上）。明刊本「靖四方」作「攘夷狄」。又四庫本「勿以金人之入方且用兵。語及此則未遑暇」句（四三六—九九上）。明刊本「金人」作「金賊」。

左司諫陳公輔論致太平在得民心疏

四庫本「今日國家兵革之患未除。太平之治誠未易致也。然以臣觀之。所以勝敵人者必在於治中國」句（四三六—一〇〇上）。明刊本「兵革」「敵人」二者皆作「夷狄」。又「故雖金人之兵圍逼京師幾四十日。而都城百姓咸願固守」句（四三六—一〇〇下）。明刊本「金人」作「金寇」。又「中國既治。則遠裔焉有不服哉」句（同上）。「尺地無非王土。一民無非王臣。區區以敵人為畏哉」句（四三六—一〇一上）。明刊本「遠裔」「敵人」二者皆作「夷狄」。

銓又上奏曰。臣聞近言事之臣章

四庫本「而陛下孝悌之至通于神明。日夜焦勞。痛憤靡己」句（四三六—一〇三上）。明刊本「靡己」作「醜虜」。

權吏部侍郎汪應辰轉對疏

四庫本「自艱難以來。中原之地陷於敵人」句（四三六—一〇四下）。明刊本「敵人」作「夷狄」。

光又乞蠲二浙積欠箚子

四庫本「臣伏見近年以來。敵人猖獗。中原板蕩」句

（四三六—一〇六下）。明刊本「敵人」作「夷狄」。

肅又上奏曰。臣竊謂天下之大取諸一身足矣章

四庫本「去年敵人猖獗。再干我師。京畿近地悉爲戰場」句（四三六—一〇八上）。明刊本「敵人」作「虜寇」。又「今年敵騎四月方遁。不知正二月間京畿之民何在哉」句（同上）。「臣竊觀比年以來。敵騎侵陵。盜賊猖獗」句（四三六—一〇八下）。明刊本「敵騎」皆作「虜騎」。

趙元鎭上奏章

四庫本「敵人長驅。肆行殘殺。陛下無力以救之。固非得已」句（四三六—一〇九上）。明刊本「敵人」作「胡虜」。

兩浙西路安撫使葉夢得奏乞禁罷獻納貸指揮狀

四庫本「外有方張未滅之敵。內有乘間竊發之盜」句（四三六—一一〇下）。明刊本「敵」作「虜」。又「其後金人既迫城下。倉卒召勤王」句（四三六—一一二上）。明刊本「金人」作「金賊」。

校書郎王十朋輪對疏

四庫本「況今敵人外侮。國威不振。人心搖動。正宜撫綏」句（四三六—一一六下）。明刊本「敵人」作「夷狄」

卷一百十一

寧宗嘉泰初。起居郎虞儔上力田箚子

四庫本「蒙陛下界節報謝北庭。所得於詢訪聞見之實者」句（四三六—一九三下）。明刊本「北庭」作「虜庭」。

卷一百十三

後軍將軍應詹上疏

四庫本「比須寇賊敉寧。天下平泰。然後脩之則功成事定」句（四三六—一二二上）。明刊本「敉寧」作「清夷」。

卷一百十五

駒又上諭曰。臣向之所論者專爲學者而已章

四庫本「劉敞奉使北方。敵人道使者由他徑以誇示其郡國之大。敞素明於地理。因責問之。敵人畏服。是時順州山中有異獸。敵不能名以問敞。敞爲言此駮也。敵益畏之」句（四三六—二六三下）。明刊本「北方」作「北虜」。凡「敵」字均作「虜」。

卷一百十七

光宗紹熙二年。司農寺主簿呂祖儉上奏章

四庫本「如吳玕莫儔首與敵通。傳道意旨。助成僭竊。王時雍徐秉哲追補宗室戚里。係纍送敵。迫逐出郊」句（四三六—三一一上）。明刊本「敵」字皆作「虜」。

卷一百二十

淳熙間袁說友上奏章

四庫本臣竊見今來都下一切衣冠服製。習外國俗。官民士庶浸相效習。恬不知恥。事屬甚微。而人心所嚮。風化所本。豈可不治。烏有堂堂天朝。方懷讎未報。恨不寢皮食肉。而迺使效習敵讎之俗。以亂吾中國之耳目哉」句（四三六—三九〇上）。明刊本作「臣竊見今來都下年來衣寇服製。習爲虜俗。官民士庶。浸相效習。恬不知羞。事若甚微。而人心所嚮。風化所本。豈不可治。烏有堂堂天朝。方懷讎未報。恨不寢皮食肉。而迺使犬戎腥羶之習。以亂吾中國之耳目哉」。

又其後文。四庫本「兼又身披異服。而敢執事禁庭者」句（同上）。又「日下多方約束。嚴行止絕前頸異服等」句（同上）。明刊本「異服」並作「虜服」。

又後文「及其他鼓吹歌舞。習彼之俗者。亦根究名色禁止」句（四三六—三九〇下）。明刊本「習彼之俗」作「習爲虜俗」。

又後文。四庫本「不顧九死。思以蹀血北庭。犁其巢穴。以副陛下二十年臥薪嘗膽之志。顧迺衣冠服製盡習其俗。曾不能如匹夫之報復。而下愧區區之王導哉。臣不取也。臣願陛下凡中國怒氣所寓。雖一服製之微。亦當較計。使國人知懷憤悱。皆奮厲激發。見一異服。如惡惡臭」句（四三六—三九〇下）。明刊本作「不顧九死。思以蹀血虜庭犁其巢穴。以副陛下二十年臥薪嘗膽之志。顧迺用夷變夏。甘心虜俗。曾不能如匹夫之報復。而下愧區區之王導哉。臣不取也。

臣願陛下凡中國怒氣所寓。雖一服製之微。亦當較計。使國人知懷憤悱。皆奮厲激發。見一虜服。如惡惡臭」。

卷一百二十三

慶曆三年。集賢校理余靖上奏章

四庫本「戎狄同有父子。不敢以此爲恨」句（四三六—四五二下）。明刊本「戎狄同有父子」句作「戎狄雖同禽獸」。

英宗即位初。殿中侍御史司馬光乞遣告哀使劄子

四庫本「契丹刺探之人所在有之。今天下縞素。契丹豈得不知。而訃告之人尚未到彼。彼謂中國有何事故。能不猜疑。自古大宗無子。則取於小宗以爲後。著在禮典。豈爲國惡。若契丹有問。盡以實對。有何所傷。今問繼嗣於使人。而使人對以不知。事體豈得便穩。況陛下初爲皇子之時。詔書已布告天下。契丹安得不知。今若答以虛辭。不足詐彼。而適足取其笑侮

耳。國家自與契丹和親以來。五十有六年。生民樂業。今國有大故。正是鄰敵闚伺之時。豈可更接之失禮。自生間隙。臣等願朝廷早決此議。令使人晝夜兼程進發。若契丹問及繼嗣。皆以實告。孔子曰。言忠信。雖蠻貊之邦行矣。臣等愚意竊以如此爲便。」句（四三六—四五七上）明刊本除「國家自與契丹和親以來」句不改外。其餘「若契丹有問」之「契丹」作「虜人」。其他四「契丹」皆作「虜中」。「彼謂中國

有何事故」之「彼」作「虜」。

臣祖禹曰。書曰三載四海遏密八音章

四庫本「雖欲自損以便人。而不知使人入於非禮也」句（四三六—四六四下）。明刊本「非禮」作「夷狄」。

卷一百二十四

高宗時。徽徽宗皇帝寧德皇后訃至。朝廷用故事以日易月。知永州胡寅上疏

四庫本「恭惟大行太上皇帝。大行寧德皇后。蒙塵沙漠。永決不復。實由尼堪」句（四三六—四六八下）。明刊本「蒙塵沙漠」句作「蒙犯胡塵」。又四庫本「夫中國所以異於外國。以有父子君臣也。陛下一舉而恩義皆盡。外國有人焉。豈不心服乎」句（四三六—四六九下）。兩「外國」明刊本皆作「夷狄」。

理宗淳祐間。侍左郎官徐元杰上奏章

四庫本「興言及此。非可使聞於敵人也」句（四三六—四七八上）。明刊本「敵人」作「夷狄」。

卷一百三十二

慶曆中。知諫院蔡襄乞罷呂夷簡商量軍國事上奏章

四庫本「自西師敗歿之後。北敵乘隙遣使入朝」句（四三六—六七二上）。明刊本「北敵」作「北虜」。

襄又論用韓琦范仲淹不宜使後有讒間不盡所長上奏章

四庫本「北朝乘勢窺我彊弱。遣使求地。京師震駭」句（四三六—六七三下）。明刊本「北朝」作「北虜

」。

卷一百三十三

拯請選河北知州疏

四庫本「北朝日夕點集兵馬。添創營寨」句（四三六—六九三下）。明刊本「北朝」作「北虜」。

卷一百三十四

宋仁宗慶曆三年。起居舍人陝西轉運使孫沔過闕論宰相不進賢者爲將來之資上奏章

四庫本「西州將帥連敗。北朝脅取無厭」句（四三六—六九八下）。又「方今北戎伺患。以致壓境而取材」句（四三六—六九九上）。明刊本「北朝」「北戎」皆作「北虜」。

五年。翰林學士張方平乞令中書樞密院依舊聚廳議事上奏章

四庫本「比以戎寇爲患。邊防多警」句（四三六—七〇一上）。又「畜北戎如畜虎。饑則噬人」句（同上）。明刊本「戎寇」作「戎虜」。「北戎」作「北虜」。

卷一百四十一

應求又論用人太易上奏章

四庫本「而相邦昌者。蓋或權以濟敵騎之行。未必遂用」句（四三六—八八二上）。明刊本「敵騎」作「胡騎」。

太學生陳東乞復李綱舊職疏

四庫本「且金人既和之後。尚敢縱兵肆掠。屠我畿內。輾轉無定。急則遠颺。緩則侵迫」句（四三六—八八五上）。明刊本「金人」作「虜人」。「輾轉無定。急則遠颺。緩則侵迫」句作「犬羊之性。急則搖尾。緩則跳梁」。又四庫本「至於流涕相弔。咸謂不日爲敵擒矣」句（同上）。明刊本「敵」作「虜」。又「則是陛下罷綱。非特墮邦彥等計中。又墮敵計中也」句（同上）。明刊本「敵」亦作「虜」。又「自眞宗仁宗兩朝以來。北朝蓋有割地之請矣」句（同上）。「邦彥等能使敵人不復叛盟乎」句（同上）。明刊本「北朝」作「北虜」。「敵人」作「虜人」。

太學生雷觀乞擇相上奏章

四庫本「敵人猖獗。兵連禍結。以成今日之釁者。皆言路不通。上下蒙蔽之失也」句（四三六—八八六上）。明刊本「敵人」作「夷狄」。

欽宗時起居郎胡安國繳葉夢得落職宮觀詞頭上奏章

四庫本「至於兵塵犯闕。戎馬在郊。而猶不敢以聞也」句（四三六—八八八下）。明刊本「兵塵」作「胡塵」。

卷一百四十二

浚附子栻入奏章

四庫本「今邊隅粗定。軍旅粗整。敵以傷敗之故。其勢本能爲竭國之舉」句（四三七—一一上）。明刊本「敵勢」作「虜勢」。

卷一百四十二

吳伸論大臣非辜書

四庫本「張浚以五路散地之兵。當百萬貔貅。深入重地之衆。如碬投卵。其不敵也明矣」句（四三七—一四上）。明刊本「貔貅」作「犬羊」。「衆」字作「虜」。又「若賢者不容於朝。且欲修政事而禦彊敵不亦難乎」句（四三七—一五上）。明刊本「禦彊敵」作「攘夷狄」。

直龍圖閣李光乞委官節錄封事箚子

四庫本「然氈歲閱月。國勢日削。敵勢日強。盜賊益熾。百姓益窮」句（四三七—一八上）。明刊本「敵勢」作「夷狄」。

卷一百四十三

宋高宗時。章誼乞謹選執政大臣上奏章

四庫本「敵國內侵。誰爲陛下建攘卻之策者」句（四三七—二〇下）。又「陛下得二三賢執政。慰天下之望。弭邊陲之難」句（四三七—二一上）。明刊本「敵國」「邊陲」皆作「夷狄」。

誼又論大臣數乞引去上奏章

四庫本「必自負其才。以謂兵革可平。盜賊可息。疆土可復」句（四三七—二二下）。明刊本「兵革」作「戎虜」。又「捍外侮。弭盜賊。指日以冀當今之成效不勝大幸」句（四三七—二三上）。明刊本「攘外侮」作「攘夷狄」。

誼又論徽州知通棄城乞奬擢汪希旦上奏章

四庫本「一例選擇。悉付能臣。則今年外患可卻。盜賊可息」句（四三七—二四下）。明刊本「外患」作「戎虜」。

校書郎王十朋輪對箚子

四庫本「自建炎至今。敵未嘗不內相殘賊也」句（四三七—二九下）。明刊本「敵」作「虜」。又四庫本「內爲讒邪之所媢忌。外爲敵人之所竊笑」句（四三

七—三〇上）。明刊本「敵人」作「夷狄」。

左正言鄧肅辭免除左正言第十三箚子

四庫本「叛臣在朝廷。政事乖矣。兩河無兵則敵人驕矣」句（四三七—三五上）。明刊本「敵人」作「夷狄」。又「昔者宣王所以爲中興之主者。內脩政事。外服遠人而已。陛下聖德過於周宣。所以修政事而服遠人者。豈可後哉」句（同上）。明刊本「外服遠人」作「外攘夷狄」。下「服遠人」亦作「攘夷狄」。

守爲殿中侍御史論增置教授狀

四庫本「恭以國家自遭不測之禍。二聖播遷。鑾輿出狩。兩河之地已陷敵境。西京關陝尚爲敵巢」句（四三七—三六上）。明刊本「不測」作「夷狄」。「敵境」作「胡虜」。「敵巢」作「賊巢」。

守又狀曰。臣近嘗具疏論列復置教授狀

四庫本「堯舜之智而不徧物。急先務也」句（四三七—三七上）。明刊本於「徧」字下多一「愛」字。

卷一百四十四

宋孝宗隆興二年。張浚次平江奏論人才章

四庫本「敵寨軍曹司。備知敵中人馬錢糧數目」句（四三七—四五下）。又「敵之強弱形勢盡在目中」句（同上）。明刊本三「敵」作「虜」。

遵又奏舉邵宏淵箚子

四庫本「宏淵提孤軍抗方張不制之敵。眞揚免於塗炭」句（四三七—六五上）。明刊本「敵」字亦作「虜

」。

卷一百四十五

椿兼檢正乞擢用北人上奏章

四庫本「及叛臣挾敵勢侵犯淮甸。太上皇帝用趙鼎遣諸將破敵軍。而後國勢張。宗社固」句（四三七—七七上）。明刊本前後二「敵」字皆作「虜」。

知番陽王師愈論養人才上奏章

四庫本「宏材偉略如韓范二臣。則敵當自服」句（四三七—八五上）。明刊本「敵」字作「虜」。

卷一百四十六

陵游又論作起士氣劄子

四庫本「寇準氣呑仇敵。故能成卻敵之功」句（四三七—一一二上）。明刊本「仇敵」作「醜虜」。

卷一百四十八

九年燮又輪對劄子

四庫本「蠢爾殘敵。其國垂亡。而輒敢侵犯王略無所忌憚」句（四三七—一四六上）。明刊本「殘敵」作「殘虜」。

嘉定中秘書郎袁甫上疏

四庫本「姦雄竊窺。有輕我心。敵人聞之。謂中國何」句（四三七—一四八下）。明刊本「敵人」作「夷狄」。

卷一百五十

德秀爲禮部侍郎上奏章

四庫本「臣觀今日近有金患。遠有蒙古。狡焉窺覦。意在叵測」句（四三七—一八二下）。明刊本「金患」作「金虜」。「蒙古」作「韃人」。

端平中。中書舍人袁甫直前奏事劄子

四庫本「蒙古窺我。將謀大舉。三也」句（四三七—一八八下）。明刊本「蒙古」作「韃人」。

卷一百五十一

權司封郎官許應龍論量材進故事章

四庫本「垂亡之敵猶未掃除。蠻獠雖欲降而招撫未定」句（四三七—二一六上）。明刊本「敵」字作「虜」。

卷一百五十三

洪舜俞進漢武帝順帝故事章

四庫本「衛青奮於奴僕。日磾出於降隸」句（四三七—二六九下）。明刊本「隸」字作「虜」。

卷一百五十四

武宗立。召淮南節度使李德裕爲門下侍郎同中書門下平事章

四庫本「今國家自先帝平晉之後。與突厥結隙。將相舊人相次薨謝。邊鄙閒州縣屢爲突厥所陷。皇威不振久矣」句（四三七—二九一下）。明刊本「突厥」皆作「戎狄」。

五年。河北都轉運使歐陽脩論小人欲害忠賢必指爲朋黨章

四庫本「北人乘釁違盟而動。其書辭侮慢。至有貴國祖宗之言」句（四三七—二九七上）。明刊本「北人」作「北虜」。又「方今西北二陲交爭未已。正是天與陛下經營之時」句（四三七—二九七下）。明刊本「二陲」作「二虜」。

卷一百五十六

靖康中。起居郎胡安國上殿劄子

四庫本「攻權在臣下則暗而不明。邊陲不能守則暗而不明」句（四三七—三四八下）。明刊本「邊陲不能守」句作「夷狄侵中國」。

卷一百五十七

吏部侍郎韓元吉進故事章

四庫本「故臣表而出之。以俟上聖之擇焉」句（四三七—三六四下）以下有闕文。明刊本其文如下

國子正陸九淵刪定官輪對劄子曰。臣嘗謂事之至難。莫如知人事。事之至大。亦莫如知人。人主誠能知人

。則天下無餘事矣。管仲嘗三戰三北。三仕三見逐於君。鮑叔何所見。而遽使小白置彎弓之怨。釋囚拘而相之。韓信家貧無行。不得推擇爲吏。不能自業。見厭於人。寄食於漂母。受辱於跨下。蕭相國何所見。而必使漢王拔於亡卒之中。齋戒設壇而拜之。陸遜。吳中年少書生耳。呂蒙何所見。而必使孫仲謀度越諸老。將而用之。諸葛孔明南陽耕夫。偃蹇爲大者耳。徐庶何所見。而必欲屈蜀先主枉駕顧之。此四人者。自其已成之效觀之。童子知其非常士也。當其困窮未遇之時。臣謂常人之識。必無能知之理。人之知識若登梯然。進一級則所見愈廣。上者能兼下之所見。下者必不能如上之所見。陛下誠能坐進此道。使古今人品。瞭然於心目。則四子之事。又豈足爲陛下道哉。若猶屈鳳翼於鷄鶩之群。日與瑣瑣者共事。信其俗耳庸目。以是非古今臧否人物。則非臣之所敢知也。

朱熹除兵部郎官。未就職。爲侍郎林栗所劾。太常博

士兼實錄院檢討官葉適上疏曰。臣聞臣子告君父之言必以實。非其實而敢告者。惟私意之是徇。而忘君父之爲不可欺者也。臣竊見近日朱熹除兵部郎官。未供職間。而侍郎林栗急劾去之。士論怪駭。莫測其故。蓋熹素有文學行誼。居官所至有績。因王淮深惡不敢仕。陛下差熹江西提刑。使之奏事。熹趑趄辭避。終未敢前。淮既罷去。陛下趣熹入對。用爲郎官。人知陛下進熹有漸。無不稱慶。忽爲栗誣奏逐去。衆議所以洶洶不平。臣始猶疑之。以爲栗何故至此。得非熹果有事。外人不能知。而栗獨得其實。以告陛下也。暨栗劾奏熹文字播傳中外。臣始得以始末參驗。然後知其言熹罪無一實者。特發其私意而遂忘其欺爾。栗雖貴而近。臣雖賤而遠。然臣子之於君父。大義一也。烏有栗以熹不實之罪。欺罔父君父之前。而臣忍不以實陳於陛下乎。栗言熹敢自稱私計非便。只欲回就江西提刑。已受省劄。不肯赴部供職。臣聞熹既受除

郎官省劄。即時遣回江西提刑司。接人客將兵卒等。
皆已辭去。其時朝士有候熹者。皆共見之。熹以脚疾
發動。不任下床。遂申尚書省。乞給假候痊安日供職
。是栗謂熹只欲回就江西。不肯供職者。非其實也。
栗言熹四司郎官廳印記不肯收受。推出門外。令送長
貳。緣長貳不合收管郎官廳印記。臣再令送還。仍加
鐫諭。既能出入宮門上殿奏事。并遍謁宰執臺諫。即
乘驕入部供職。良不爲難。兼郎官印記。難以棄擲在

外。慮有失去。其朱熹堅執不從。臣爲貳卿。不能率
屬。致其偃蹇拒違君命。實負慚德。所有印記無所歸
者。不免令四司人吏抱守終夕至于達旦。臣聞熹未對
之前。脚疾已作。當對之日。偶然少止。對下之後。
與宰執臺諫相見。脚疾痛復劇。既申尚書省秖受恩命
。止乞給假供職。適會歇泊旬休。未及將上。所有郎
官印記。熹既未供職。豈可受乎。熹已申省乞給假矣
。雖欲聽栗鐫諭。而扶曳供職可乎。郎官未供職以前
。印記合是何官收掌。此正長貳之所當知。其可推以
委熹乎。是栗謂熹不受印記。偃蹇拒違君命。非其實
也。栗又言熹本無學術。徒竊張載程頤之緒餘。以爲
浮誕宗主。謂之道學。妄自推尊。所至輒攜門生十數
人。習爲春秋戰國之態。妄希孔孟歷聘之風。繩以治
世之法。則亂人之首也。臣聞朝廷開學校建儒官。公
教育於上。士子闢家塾。隆師友。私淑艾於下。自古
而然矣。使熹果無學術歟。人何用仰之。果有學術歟
。其相與從之者。非欲強自標目。以勸人爲忠爲孝者

。乃所以爲人才計爲國家計也。惟蔡京用事。諱習元
祐學術。曾有不得爲師之禁。今栗以諸生不得從熹講
學爲熹之罪。而又謂非治世之法宜禁絕之。此尤非其
實也。栗又言熹要索高價。妄意要津。傲倪累日。不
肯供職。以爲作僞有不可掩。夫栗逆探熹之用心而暴
揚之。此非臣之所得知也。臣所得知者。熹以今月初
八日除郎。十一日再爲江西提刑。栗之劾熹當在初九

初十爾。相去隔日之間。而栗以熹累日不肯供職。是栗急於誣熹。而不自顧其言之非實也。栗又言陛下愛惜名器。館學寺監久次當遷郎官者。只今兼權。其視郎選亦不輕矣。而熹乃輕之。兵部郎官本係大宗丞計衡兼權。以熹之故移計衡於都官。而以兵部處熹。所以待熹亦不薄矣。而熹乃薄之。臣聞陛下明詔曾任監司知縣者始得除郎。其事久矣。學館寺監雖久次而未嘗歷知縣監司。則不可不兼權。豈得謂其當遷郎官哉

。差除之際。那換闕次。移衡用熹。熹何德焉。是又栗急於誣熹之罪。組織其言語足其文爾。而不自顧其言之非實也。栗又言職制者。朝廷之紀綱。熹既除兵部。在臣合有統攝。乞將熹新舊任倶且停罷。臣聞唐左右丞進退郎官矣。本朝故事未之或然。惟臺諫彈劾有停職之請。給舍繳駁有寢罷之文。至于六部寺監舉劾其屬。必曰乞行迴避。微其文。婉其義。所以重臺綱尊國體也。今熹得爲栗之屬尚未供職。而栗望風劾

之。且兼有給舍臺諫繳劾百官之例。何哉。栗以職制紀綱劾熹。而先自亂之。是職制紀綱非其實也。凡栗之辭。始末參驗。無一實者。至於其中謂之道學一語。則無實最甚利害所係。不獨朱熹。臣不可不力辨。蓋自昔小人殘害忠良。率有指名。或以爲好名。或以爲立異。或以爲植黨。近創爲道學之目。鄭丙倡之。陳賈和之。居要津者。密相付授。見士大夫有稍慕潔修。粗能操守。輒以道學之名歸之。以爲善爲玷闕。

以好學爲己愆。相爲鈎距。使不能進。從旁窺伺。使不獲安。於是賢士惴慄。中材解體。銷聲滅影。穢德垢行。以避此名。殆如喫菜事魔影跡犯敗之類。往日王淮表裡臺諫。陰廢正人。蓋用此術。於陛下彰善黜惡。封殖人才。以爲子孫無窮之命者。其損不細矣。栗爲侍近。就其蹇淺。無以達陛下之德意志慮。示信於下。而更襲用鄭丙陳賈密相付授之說。以道學爲大罪。文致語言。逐去一熹。自此游辭無實。讒口橫生

。善良受禍。何所不有。臣伏見累恥不得與廟號之議
。遂爲堯宗之說。而人知其横。怒詳定所人吏執覆。
遂至罷局。而人知其專。而況職匪風聞。官有常守。
今又苟恣一身之狠愎。不畏君父之高明。公形無實之
言。顯逐知名之士。陛下原其用心。察其旨趣。舉動
如此。欲以何爲。誠不可不預防。不可不早辨也。臣
去冬蒙恩面對。論一大事。有四難五不可之條。其說
至長。未獲究竟。方齋心滌慮。以俟陛下反覆詰難。

庶幾竭盡愚衷。今以郎官去留。何至上封事譊譊徒溷
宸慮哉。蓋見大臣以下。畏栗兇焰。莫敢明辨。積其
厲階。將害大體爾。伏願陛下正紀綱之所在。絕欺罔
於既形。無惟其近惟其賢。無惟其官惟其是。摧折暴
横。以扶善類。奮發剛斷。以慰公言。國家之本孰大
於此。臣不勝效忠思報之至。干冒宸嚴。伏地待罪。
孝宗崩。光宗以疾不能執喪。時趙汝愚知樞密院。奏
請太皇太后迎立寧宗于嘉邸。以成喪禮。朝野晏然。

遂命汝愚爲右丞相。登進者德及一時知名之士。有意
慶曆元祐之治。韓侂冑竊弄國柄。引將作監李沐爲右
正言。首論罷汝愚。中丞何澹。御史胡紘章繼上。竄
汝愚永州。國子祭酒李祥。博士楊簡連疏捄爭。俱被
斥。國子生楊宏中曰。師儒能辨大臣之冤。而諸生不
能留師儒之去。於誼安乎。衆莫應。獨林仲麟。徐範
。張道。蔣傅。周端朝五人願預其議。宏中遂上書曰
。自古國家禍亂之由。初非一道。惟小人中傷君子。

其禍尤慘。君子登庸。杜絕邪枉。要其處心。實在於
愛君憂國。小人得志。仇視正人。必欲空其朋類。然
後可以肆行而無忌。於是人主孤立。而社稷危矣。黨
錮斂漢。朋黨亂唐。大率由此。元祐以來。邪正交攻
。卒成靖康之變。臣子所不忍言。而陛下所不忍聞也
。臣竊見近者諫臣李沐論前宰相趙汝愚。數談夢兆。
擅權植黨。將不利於陛下。以此加誣。實不其然。汝
愚乞去。中外咨憤。而言者以爲父老懽呼。蒙蔽天聽

一至於此。童穎力辨其非。首遭斥逐。聞者已駭。既而祭酒李祥。博士楊簡相繼抗論。毅然求去。告假幾月。善類皇皇。一旦有外補之命。言者惡其扶植正論。極力觝排。同日報罷。六館之士爲之憤惋涕泣。今李沐自知邪正之不兩立。而公議之不直已也。乃欲盡去正人。以便其私。於是託朋黨以罔陛下之聽。臣謂二人之去若未足惜。殆恐君子小人消長之機於此一判。則靖康已然之監。豈堪復見於今日邪。陛下厲精圖

政。方將正三綱以維人心。采群議以定國是。遽聽奸回。概疑善類。此臣等之所未諭也。臣願陛下鑒漢唐之禍。懲靖康之變。精加宸慮。特奮睿斷。念汝愚之患勤。察祥簡之非黨。灼李沐之回邪。明示好惡。旌別淑慝。竄李沐以謝天下。還祥簡以收士心。臣雖身膏鼎鑊。實所不辭。書奏不報。

光宗即位。楊萬里召爲秘書監入對。言天下有無形之禍。僭非權臣。而僭於權臣。擾非盜賊。而擾於盜賊。其惟朋黨之論乎。蓋欲激人主之怒。莫如朋黨。空天下人才。莫如朋黨。黨論一興。其端發於士大夫。其禍及于天下。前事已然。願陛下建皇極於聖心。公聽並觀。壞植散群。曰君子從而用之。曰小人從而廢之。皆勿問其某黨某黨也。

紹熙元年。軍器少監兼權侍左郎官劉光祖。論辨學術邪正。上奏曰。臣聞是非不明。則邪正互攻。公論不立。則私情交起。此固道之消長。時之否泰。而實爲

國家之禍福。社稷之存亡。甚可畏也。不可忽也。臣本疏庸。陛下過聽。親擢孤遠。使待罪言責。凡賞刑僭濫。號令乖違。民病未瘳。官箴不戒。皆可因人而舉劾。隨事似奏陳。既顯然而易知。曾未足以深慮。若夫是非方殽。而邪得以害正。清議方晦。而私得以勝公。往鑒昭然。危機所伏。方今之憂。孰大於此。明是非以別邪正。立公論而抑私情。方今之事。孰先於此。臣觀本朝士大夫學術議論。最爲近古。足以愧

漢唐追三代。其端本也。以居仁由義爲道。以正心誠意爲學。其交際也。以共學爲朋。而實非朋。以同道爲黨。而實非黨。窮達知其有命。進退知其有義。是以進之不見其泰。退之不見其戚。窮而在下。則以探性命之奥爲勳名。樂至道之味爲鐘鼎。達而在上。以責難爲尊主。忠諫爲愛君。本朝盛時。初非有彊國之術。而國勢尊安。根本深厚。蓋其學術議論率由於此故也。咸平景德之間。渾然不見其際。當斯時也。道

臻皇極。而治保大和。至於慶曆嘉祐。玆謂盛矣。不幸而壞於熙豐之邪說。疏棄正士。招來小人。幸而元祐君子起而救之。而末流太分。事故反覆。紹聖元符之際。群凶得志。絕滅綱常。其論既勝。其勢既成。崇觀而下。嗟乎尚復可言也。臣所謂道之消長。時之否泰。而實爲國家之禍福。社稷之存亡。初非虛語也。臣從遠方。誤玷班列。去來之間。今已一紀。見聞所慮。悉可指陳。臣始至時。雖間亦有譏貶道學之說

。而實未覩朋黨之分。中更外艱。去國六載。已憂兩議之各甚。每恐一旦之交攻。逮臣復來。其事果見。因惡道學。乃生朋黨。因生朋黨。乃罪忠諫。嗟乎。至於以忠諫爲罪。則其去紹聖幾何。臣竊爲人言。豈可因疾其學而併攻其黨。因攻其黨而併棄其言。得無甚也。陛下至聖至明。初無彼此。而衆論既已交興。聖意豈得無惑。臣本蜀人。爲學自有源本。介在朝序。與人亦無親疏。但以終歲之私憂。首爲明主而別白

。凡今道學。伊洛爲宗。然非程氏之私言。出於大學之記載。大學之敎。明德爲先。其間舉詩人之言。於是有道學之目。曰。如切如磋道學也。如琢如磨自脩也。然則臣所謂以居仁由義爲道。正心誠意爲學者。又在於切磋而琢磨之。今之道學。其得之有淺深。其行之有誠僞。得之深者。固合於大學之明德矣。得之淺者。又可不切磋而琢磨之使益深。而遽自矜以召禍。則無乃亦非歟。行之誠者。斯足以爲君子矣。行之

僞者。人將見其肺肝然。是固其師友之所不予也。而又何爲乎。臣每因論學之間。必有至平之論。往往僞者色愧。淺者心服。又安敢一概輕譏而痛疾之也。何況其間。率多善士。善士所至。人必喜稱。因其喜稱。又以爲黨。若俱擯絕。安得更有好人。必取凡才。充塞朝路。陛下履位之初。端拱而治。凡所進退。率用人言。初無好惡之私。豈以黨偏爲主。而一歲之內。逐者紛紜。中間好人固亦不少。反以人臣之私意。

微累天日之清明。方是時。大臣無所異同。給舍無所封駮。侍從無所論救。竊嘆而已。委寄謂何所以至斯。良皆有故。今之君子不明大道。自視太高。而責人太苛。自視太高。則實將有所不副。責人太苛。則衆將忿且怨。雖然。以此窮居議道猶云可也。朝廷之上。賢能並用。名利之途。智愚同馳。古今然也。而或者乃唱爲薦士之舉。若區別而封域之。夫薦士非不善也。然而凡有所取。豈無所遺。凡有所揚。豈無所抑

。品題既衆。則疑怨叢興。心雖主於至公。迹已涉於朋黨。議論先喧於群口。用否豈必於一言。是以一時之虛名。而賈後日之實禍。彼既得志。決不我容。況我於窮達進退之間。亦未有充實涵養之素。彼加詆誚以修往怨。必致過甚而快私情。往往推忠之言。謂爲沽名之舉。至於絜身以退。亦曰憤懟而然。欲激怒於至尊。必加之以訐訕。事勢至此。循嘿乃宜。循嘿成風。國家安賴。臣欲熄將來之禍。故不憚反復以陳。

庶幾聖心廓然。永爲皇極之主。使是非由此而定。邪正由此而別。公論由此而明。私情由此而熄。道學之譏由此而消。朋黨之跡由此而泯。和平之福由此而集。國家之事由此而理。則生靈之幸。社稷之福也。如其不然。使相激相勝。展轉報復。爲禍無窮。臣實未知稅駕之所。臣蒙恩擢任。請對之初。首以是非公論爲言。以免異時無所稅駕之禍。伏乞聖慈留神采覽。必能上當於天心。然後下臣此章。風曉在位。一洗往

陋。共趍至公。臣言或非。甘受誅責。干冒聰聽。退
增隕越。
光宗時。朱熹與祠司農少卿劉光祖言漢武帝之於汲黯
。唐太宗之於魏徵。仁宗之於唐介。皆蹔怒旋悔。熹
明先聖之道。爲今宿儒。又非三臣比。陛下初膺大寶
。招徠耆儒。此初政之最善者。今一旦無故去之可乎
。且曰。臣非助熹。助陛下者也。再疏不聽。
蔡戡論邪正上奏曰。臣聞知人。人君之盛德。人君無

職事。惟辨君子小人而進退之耳。君子小人如白黑。
如薰蕕。天下皆知之。初不待辨也。但人君不知之耳
。蓋讒諂面諛者似乎忠。乘機投合者似乎智。脅肩諂
笑者似乎恭。小廉曲謹者似乎賢。排斥小人者或以爲
讒。汲引善類者或以爲黨。面折廷爭者或以爲訐。難
進易退者或以爲矯。人君智不之以燭之。則君子小人
始混殽而莫辨。此安危治亂之所由分也。昔唐德宗謂
李泌曰。人言盧杞姦邪。朕殊不覺。泌曰。人言杞姦

邪而陛下不覺。此杞所以爲姦邪。甚矣。德宗之闇也
。信任一盧杞。至於禍敗而不悟。誠可爲萬世人主之
戒也。方今朝廷淸明。正人端士布滿朝列。大者忠誠
而許國。小者靖共而在位。初無小人廁於其間。此皆
壽皇涵養多士之功。太上網羅人材之力。比來國家多
事。若非大臣極力扶持。衆賢相與協贊。天下事未可
知也。臣謂陛下既得群材而用之。要當信任而不疑。
無使小人相參。庶幾君子得以展布四體。圖回治功。

用一小人。必將引類而升。邪正雜揉。忠佞並處。交
爭而互勝。終必至於小人進而君子退。此古今之常理
也。今君子在內。小人在外。各當其分。臣尙何言哉
。恭惟陛下臨御之初。所當謹始。國家安危之幾。天
下治亂之原。實係於君子小人消長之際。此臣之愚衷
所以拳拳而不能自已也。惟陛下財幸。
光宗嘗謂太常少卿羅點曰。卿舊爲宮僚。非他人比。
有所欲言。毋憚啓告。點言君子得志常少。小人得志

常多。蓋君子志在天下國家。而不在一己。行必直道。言必正論。往往不忤人主則忤貴近。不忤當路則忤時俗。小人志在一己而不在天下國家。所行所言皆取悅之道。用其所以取忤者。其得志鮮矣。用其所以取悅者。其不得志亦鮮矣。若昔明主念君子之難進。則極所以主張而覆護之。念小人之難退。則盡所以燭察而隄防之。

寧宗時。司封郎官袁燮奏曰。陛下即位之初。委任賢

相。正士鱗集。而竊威權者從旁睨之。彭龜年逆知其必亂天下。顯言其姦。龜年以罪去。而權臣遂根據幾危社稷。陛下追思龜年。蓋嘗臨朝太息曰。斯人猶在。必大用之。固已深知龜年之忠矣。今正人端士不乏。願陛下常存此心。急聞剴切。崇奬樸直。一龜年雖歿。衆龜年繼進。天下何憂不治。臣昨勸陛下勤於好問。而聖訓有曰。問則明。臣退與朝士言之。莫不稱善。而側聽十旬。陛下之端拱淵默猶昔也。臣竊惑焉。夫既知如是而明。則當知反是而闇。明則輝光旁燭無所不通。闇則是非得失懵然不辨矣。

嘉定七年。起居舍人眞德秀直前奏箚曰。臣聞君子小人之分。義利而已矣。君子之心純乎爲義。故其得位也。將以行其道。小人之心純乎爲利。故其得位也。將以濟其欲。二者操術不同。故所以導其君者亦異。夫爲人君者受諫則明。拒諫則昏。明則君子得以自盡。昏則小人得以爲欺。故爲君子者唯恐其君之不受諫

。爲小人者唯恐其君之不拒諫。彼小人者豈以受諫爲不美哉。蓋正論勝則邪說弗容。公道行則私意莫逞。故其術不得不出於此。昔唐憲宗嘗謂李絳曰。比諫官多朋黨。論事不實。皆陷謗訕。欲黜其尤者若何。絳曰。此非陛下意。必憸人以此營誤上心。因極陳其說。以明人臣進諫之難。帝曰。非卿言。我不知諫之益。憲宗。唐之英主也。憸人之言一入。幾至於黜諫臣。蓋朋黨謗訕。皆人主之所深惡。因其所惡而激怒之

。雖憲宗之明不能無惑。非絳深知小人情狀而極辨之。則皇甫鎛李逢吉之徒。豈必末年而後用事。嗚呼。人主爲社稷計。其可不致察乎此哉。臣嘗歷考前古。凡小人欲排正論。大抵數端。不曰立異則曰好名。不曰賣直則曰歸過。而其甚者則曰朋黨也。謗訕也。蓋爲君子者。以引君當道爲心。政有得失。必不苟從。不苟從則近乎立異矣。竭忠論事。必合人情。既合人情。必得時譽。如此。則又近乎好名矣。好直鄰於賣直。救過類於歸過。乃至持論偶同。則可謂之朋黨。

盡言無隱。則可謂之謗訕。凡此數端。皆迷誤君心之酖毒。窒絕言路之榛荆也。自非至聖至明。未有不爲所惑。仰惟本朝聖哲相承。招徠讜言。如恐弗及。方其盛時。天下之士仇然獻議。固有疏狂繆戾不切事體。沽激矯亢。不本忠誠者。亦皆優容。不以爲罪。其間小人不便。或進巧說。若景祐中。范仲淹既坐言事絀。議者因請敕牓朝堂。有曰憸邪罔上者有辟。挾私立黨者必懲。自謂足以梗言路矣。而仁宗尋即悔悟。誕降明詔。敷求直言。召還仲淹。竟至大用。而慶曆之治似成。哲廟初用司馬光之言。下詔求諫。當時有不欲者。豫設六事以排之。曰。若陰有所懷。犯非其分。或扇搖機事之重。或迎合已行之令。上以觀望朝延之意。以徼幸希進。下以眩惑流俗之情。以干取虛譽。若是者必罰無赦。光復上疏爭之。以爲此非求諫。乃拒諫也。人臣惟不言。言則入六事矣。哲宗宣仁亟兪其請。而四方言利病者。始獲上聞。元祐之治。

實基乎此。向使二宗納姦言而不悟。遠正論而不容。則小人之計行。君子之道喪。豐功大業安得傳示永久。爲本朝盛極之日乎。若乃指公論爲流俗者。王安石之私心。分上書爲邪等者。蔡京之姦計。斥忠賢爲僞黨者。韓侂胄之狡謀。覆轍甚明。厥鑒非遠。臣愚伏望陛下恢洪聖度。以徠天下之忠言。昭晰聖鑒。以察群臣之心術。凡在廷之士。有勸陛下以親近端良。不諱已過者。必君子也。不惟聽受之。又當獎擢之。有勸陛下以疑忌人言惡聞闕失者。必小人也。不惟拒絕之。又當擯斥之。使鳴鳳之瑞日聞。而妖狐之音頓息。若是而治功不隆。天休不格者。非所聞也。惟陛下留神反復愚臣之言。

魏了翁上奏曰。臣猥以不佞。自先帝龍飛親擢。四十年間。五叨聘召。雖或去或就。時義各異。而其間最相似者。侂胄既殛。臣首被特招。彌遠既終。臣又膺

嚴詔。深惟兩朝不凡之遇。感深至泣。所當倍道疾趍。恪恭明命。乃再辭而後入。非敢緩也。方嘉定號爲更化。取其嘗忤權要者。以次收用。江浙閩越之彥。未數月而集。惟蜀士之召者五人。乃以道遠未至。則背秋涉冬。事體已與前異。於是楊輔除金陵。劉光祖除襄陽。皆自近畿而返。范子長畀節不得入對。趙大全雖丞奉常。旋遭論罷。臣卒以固辭得請。移守廣漢。方改元更始之初。海內拭目以觀太平。豈謂一韓方斃。又生一韓。臣嘗身履其事者。私自惟念。臣實何人。而常居更化召用之選。故多憂易怖。欲進還卻。踰年而後。造闕者猶未免以嘉定疑端平也。今得諸道路。則所見之事固已不逮所聞。嗚呼。何治之日果不足以勝亂之時邪。恭惟皇帝陛下。以賢聖仁孝之夙著。無心而得天下。以艱難險阻之備嘗。小心以保天下。凡古今治亂之變。固已周知孰察。而背芒於霍光。髮立於德裕。韜光晦跡。以行其所愧。彌遠不恤也。

陛下有堯舜之資。而彌遠事之以漢魏叔季之主。而操懿自爲耳。操專國二十五年以授其子丕。司馬懿專國二十五年以授其子師昭。及其孫炎。今彌遠竊權之年。視操懿又過之。雖以二子庸劣。無丕炎之黠。未有以濟其無君之謀。而凶類惡醜。根株牽連。獮薙弗蠲。遺孽餘毒。必復滋蔓。則將有甚操懿者。陛下獲操大柄。雷霆之威。日月之光。搜聾發瞽。聲焰震灼。近自杭婺常潤。遠至閩廣巴蜀。凡爲權臣所戹者。皆

已收拾無遺。雖臣獨被重譴之餘。亦得以玷招來之末
矣。臣雖不能爲時損益。然再辭不獲命。則亦昧於一
來。尙幾拭目新化之成。而得諸道路。咸謂汴洛之師
。委寇資敵。惠廣之寇跨州連城。韃使求和。虛實未
保。北人內附。情僞難明。今日而徐邳諸郡覆軍。明
日而建寧郡卒作亂。蓋可怖可愕之事時時有之。至於
禁旅不靜。公私闔戶。井邑罷肆。不圖輦轂之下而亦
有此。於是道謗市議者。率謂群賢日至。正論日聞。

而事變乃爾。莫不歸咎儒生徒能誦說經義。而於君德
於國政。絕未見絲毫之益。雖館職試言。學校上書。
亦例疑經術爲空虛無用之具。夫道謗市議。小人之無
識不足問也。而學自孔氏者。亦加姍侮。嗚呼。是未
知諸賢之心也。詩曰。靡哲不愚。言如愚人之混俗而
苟容也。又曰。善人載尸。言如祭尸之不言而坐食也
。若以是責諸賢。雖亦有詞。是豈知權姦擅國之久。
無一不壞。譬諸衣敝而生蟣虱。木蠹而生蛑蟻。補紉

培養。此豈一旦夕之功。而乃遽以四十年積壞之事。
責衆君子於期月之間。亦爲不知務矣。而況正論雖日
聞。而實未盡行。賢才雖日至。而實非信任。豈誠諸
賢之過。而必爲歸咎之說者。此小人之情狀。殆未可
測也。臣來自下土。不知事體。第以累朝之事明之。
竊意今日之事。必有乘間俟隙之人。潛伏於冥冥之中
。而人不察焉。且元祐之治。僅四年而浸改。又四年
而改紹聖者。安石之餘黨搖之也。建中靖國之治。未

半年而遄變。又半年而改崇寧者。京卞之餘黨移之也
。檜死之後。暫正而遄已者。檜之黨如該如卨如思退
諸人蟠結如故也。侂胄死。而更化爲具文者。彌遠彌
堅。固由韓妾以進。一時達官皆同類也。今彌遠既斃
。天開平治之期。所宜懲創紹聖崇寧之失。堅凝元祐
建中之治。則豈惟壽國家元氣之脈。亦可以杜姦人窺
伺之端。而朝廷之上牽於係累之私。遲回顧畏以生禍
隙。遂使朋姦罔上之徒。旁緣事變之來。讒笑善類。

將以爲援引權黨撼搖國是之地。至煩陛下慨然於舊弼之思。且漢文帝拊髀而嘆無頗牧。唐穆宗當饋而嘆無蕭曹。夫無頗牧無蕭曹是誠可嘆也。今何至乏才如是。而陛下直以漢文唐穆之嘆。用之凶狡貪墨之人。萬一聞之四方。則於聖哲知人之鑒。亦不爲無玷矣。而況觀人之法。亦視其所主。若所主者寺人瘠環。是亦瘠環之類也。豈有進不以正而可以當大事乎。陛下方爲權臣所操。而不得伸者十年。萬一信任匪人。又爲

所操。有如晁錯所謂日損一日。歲亡一歲。日月益暮。盛德不究於天下者。不知天下後世以陛下爲何如主也。臣被命於改元之後。綴名於衆正之列。亦冀聖德日新。治效日隆。脫四十年韓史濁亂之厄。而自附於慶曆元祐之臣。則臣之願也。而豈欲爲咈心逆耳之言。以貽陛下之厭憚。誠見陛下以上知之資。開昇平之運。天下望治者一年有半。而謂小人才於君子。謂君子不才於小人。夫才云者。能爲善之稱也。故齊聖廣淵。明允篤誠。忠肅恭懿。宣慈惠和。則謂之才。掩義隱賊。毀信廢忠。嚚狠明德。浸欲崇侈。則謂之不才。程頤嘗言才稟於氣。氣有清濁。稟其清者爲賢。稟其濁者爲愚。蓋古人以德行爲才。本乎性情之正。而有以充之。此君子之才也。後世凶暴爲才。狃乎氣質之偏。順而長之。小人之才也。君子之才可以開物成務。小人之才至於敗國喪身。幾微之間。安可不察。今陛下以委任乏才。而犂然有感。使出於一時之忿

懥而不得其正。則忿懥之平也。猶可反諸正。若遂執此見。以爲觀人之法。使此曹得志。則必引其儕類。以紛亂衆事。如呂惠卿之覆王安石。蔡京之逐韓忠彥。雖於受知受舉之地。且不暇恤。而何有於同列。於是時也。賢者必相携持而去。凡粗有知識者。亦皆廩廩乎有危亡之憂矣。乃者侍從臺諫闃無一言。僅有給舍論列。亦未有所施施行。乃因其自陳而姑聽之。愛護存全。若將有待。誠恐宿根未翦。一旦發見。則必

如章厚蔡京。始焉恤公論而強從。終必逐諸賢而復用。臣竊有深憂焉。今陛下並建二相。必將進退人物。一新中外之觀聽。此正君子小人消長之機。天下國家安危之候。天命人心去留之日。臣願亟軫宸慮。與二三大臣察人心邪正之實。推世變倚伏之機。必知贊御之易於移人。必惟公論之不可不恤。念忠忱謹實者。雖無目前速效之可見。而決無反覆難信之憂。凶狡貪墨者。雖有一時逢迎之可悅。決有包藏不測之患。書

曰。天位艱哉。德惟治。否德亂。惟陛下思患而豫防焉。臣以讉逐之餘。誠不自意再望淸光。卷卷憂國之患。裝懷積臆。將爲陛下歷歷言之。獨念進退人物。乃治忽安危之幾。用敢不避狂僭。輒以是爲群言之首。雖攘臂當虎。爲士所笑。然懲羹吹齏。臣實恥之。惟陛下幸赦其愚。

袁說友上言人材議論曰。臣以駑下不才。蒙陛下過聽。擢在版曹。蓋三年矣。心力竭而事功蔑有。歲月久而曠責益深。陛下既不賜誅斥。且復進而使之。全蜀重寄。華閣新班。一旦盡以畀臣而無難者。恍拜絲綸。從天而下。乾坤施厚。螻蟻命輕。臣實未知糜捐報稱之地也。茲者陛辭引道。遂遠扉庭。而毣毣孤忠。願有以仰贊睿謨。少裨廟算。惟陛下垂聽焉。臣仰惟陛下臨御以來。于今三載。凡規摹之創立。好惡之弛張。定國是以正人心。懲異端以明正學。此其爲治之大要。立政之宏綱。蓋亦知其說矣。然而上之明效大

驗。下之游談聚議。殆亦有所未喻者。臣請掇其大者觕言之。今日之事。患在人才之不振。而議論之未一也。人才不振。何以立事功。議論未一。何以靖邦國。事功不立。則陛下雖日焦勞。雖日圖治。恐無事則可以苟安。緩急則不可爲矣。邦國不靖。則陛下雖日號召。雖口勸懲。臣恐無事則君子猶可自存。緩急則小人乘間而起矣。此臣之所甚慮者也。然則將何術以處此哉。臣願陛下必有以作成天下之人材。必有以堅

守今日之議論可也。臣聞天下未嘗無才也。激之則強。抑之則弱。勵之則銳。銷之則鈍。而強弱銳鈍之間。皆在人主用之如何耳。今以天下之大。而謂之無人才可乎。其平居暇日。孰無趍事赴功之心也。往往欲有所爲。百未一見。而掣其肘者已在後矣。小有建立。不要其成。而議其害者已沮之矣。甚者以姑息爲美政。而士大夫之欲慷慨敢爲者。則又恐以過當獲譴矣。姑息之政既行。於是官府無綱紀。名分無等衰。當官不敢爲。而小人無忌憚矣。此則姑息之害人才者也。以循嘿爲官業。而士大夫之欲興利除害。則又恐以生事受謗矣。循嘿之風既盛。於是百弊日以滋。吏姦日以熾。才否之不分。而一事不可爲矣。此則循嘿之害人才者也。非無可用之人才。而人才不容其自見。非無可爲之事業。而事業無路以自修。於此而諉曰。今日而無人才。豈不負陛下也。臣願陛下奮乾之剛。用夬之決。慨然以人才爲急務。凡臣下之可與有爲者

。使之各用其長。各盡其力。毋使掣肘者之在其後。毋使議害者之沮其成。盡斥姑息之說。深懲循嘿之弊。有以大振其強銳之氣。而毋導其鈍弱之機。有弊使之必革。有姦使之必治。上則奬借激勵而作其事功之心。下則滌蕩振刷而絕其怠惰之意。如此則無事之日。既能爲陛下長久之計。一有緩急。皆足爲陛下用矣。臣故曰。作成天下之人材者此也。臣聞天下之理長久而可恃者莫過於誠實。夫誠與僞對。實與虛對。誠實虛僞。蓋薰蕕玉石之不相似也。古之人臣。所以尊君親上。建功立業。愈久愈信。牢不可破者。惟誠與實而已。是豈有一毫僞心。一毫虛語哉。如金石之堅。如蓍龜之信。此誠天下長久可恃之理也。彼虛僞者誠何人哉。聽其言甚美。觀其貌甚莊。其口才則辨給而甚文。其心謀則婉曲而叵測。然其志則無不私也。無不欲也。心勞日拙。動見肺肝。欲以欺人。且將自欺矣。其於尊君親上。建功立業。臣知其必不可保也

。且居仁由義以爲道。正心誠意以爲學。儒者以斯道斯學爲己任。未嘗不誠且實也。使見彼之虛與僞。亦甚惡而攻之。何者。誠恐竊近似而累其戶庭。陛下天縱聰明。曉然知誠實者之可恃。而虛僞者之可嫉也。苟得道學之誠且實者而用之。豈不足比隆盛世乎。故凡道學固本於誠且實。柰何多爲竊道之名。以沽名媒利者所累。上之人辨形察跡。率不復用。謂若可以少革矣。然疑防過當。賢者退伏。玉石俱焚。今其虛僞

之徒。反自煽於在下之議論。乃猶有可慮者。黨與之密謀。將有以搖國論。訕謗之横起。將有以恐衆心。歛形匿色。而懷乘間投隙之姦。內合外連。而有指天誓日之憤。此其志甚不小也。豈惟爲清朝之累。而道學諸君子亦因之而爲累。誠非誠實者之所樂聞。議論之未一。蓋莫甚於此矣。夫人心最易搖也。況人主之好惡哉。唐太宗嘗曰。人主惟一心。而攻之者衆。陛下深居九重。苟非卓然自有堅確之見。斷不可易。臣

恐日復一日。歲復一歲。如所謂虛僞假託之徒。必將多端百計。俟罅伺隙。以攻陛下之心。而道學之誠且實者。同歸於廢棄。而不得復用於世矣。其說一售。其計一行。如潰癰疽。如決隄防。其爲禍害庸有已也。可不畏哉。中庸大學。豈非格言。存誠務實。豈非吉士。惟其兼收並蓄。務廣戶庭。歸斯受之。反爲所累。論久則定。事覈則明。誠實者固難混棄。而虛僞者強爲簧鼓。臣願陛下以今日之議論既已深求誠實之

可恃。虛僞之可嫉。堅持此說。力守此見。理到之議論勿變勿易。道學之誠實勿惑勿疑。宰執。臺諫。侍從。皆所以維持軒輊此議論者也。自此或小不審。捨其誠實。一用虛僞之黨而爲之。則議論即變於上矣。周行百執事。皆視聽此議論者也。自此或小不審。捨其誠實。一用虛僞之黨而爲之。則議論即變於下矣。願陛下詳加謹擇。多爲審辨。凡除授之際。使誠實者幸得見用。而虛僞者斷無間之可入。則陛下斯可高枕

而臥矣。臣故曰。堅守今日之議論者此也。陛下儻采臣言。以堅聖志。歷千百年而守之常如一日。則人才可用。議論可一。天下之事斯可以有爲矣。人才之趍事赴功者。豈無足以爲陛下用。而道學之誠且實者。亦何負於陛下哉。臣一遠淸光。萬里而去。貪戀聖恩。有懷欲吐。一則恐以循嘿而壞有志之人才。一則恐以虛僞而傷誠實之道學。獨以一箚。專以二說爲陛下獻。少效臣子愛君之忠。其他細務瑣說。不復以瀆天

聽。惟聖慈財幸。

知泉州李韶遷權禮部尚書。復三辭不許。入見疏曰。陛下改畀正權。並進時望。天下孰不延頸以覬大治。臣竊窺之。恐猶前日也。君子小人。倫類不同。惟不計近功。不急小利。然後君子有以自見。不惡聞過。不諱盡言。然後小人無以自託。不然。治亂安危。反覆手爾。

卷一百五十八

吳昌裔論君子小人章

四庫本「若此則盜賊聞風亦有所憚矣」句（四三七—三七二上）。明刊本「若此則」三字作「雖夷狄」。

卷一百五十九

慶曆元年。吏部尚書夏竦議職官疏

四庫本「其間南北離割。羌人猾亂。兵革洊仍」句（四三七—四〇二上）。明刊本「羌人」作「羌胡」。又「或寺人命秩於方牧。降附受寵於通籍。位以資升

」句（四三七—四〇二下）。明刊本「降附」作「降虜」。

卷一百六十

仲淹又上疏章

四庫本「今北敵方盛。河朔千里無陝西關山之險」句（四三七—四一五下）。明刊本「北敵」作「北戎」。

英宗時。翰林學士張方平上奏章

四庫本「背逆凶醜。或以革心。遠方異類。或以向化」句（四三七—四二三上）。明刊本「遠方」作「夷狄」。

卷一百六十一

知慶州范純仁上奏章

四庫本「並在漢官之下。此所以尊中國而制外蕃也」句（四三七—四四四下）。又「並在漢官之下。所貴不失中國外蕃尊卑之限」句（四三七—四四五上）。

前後二「外蕃」明刊本皆作「夷狄」。

卷一百六十三

尚書左丞賈至議楊綰條奏貢舉疏

四庫本「然自典午覆敗。中原版蕩。劉石侵凌。衣冠遷徙。南北分裂。人多僑處」句（四三七—五〇七下）。明刊本「劉石侵凌」句作「戎狄亂華」。

卷一百六十六

二年。光又上論貢舉狀

四庫本「仕宦者以此爲榮。遂使紀綱大壞。裔夷並興。生民塗炭。神州陸沈」句（四三七—五七三下）。明刊本「裔夷」二字作「胡夷」。

卷一百六十九

監察御史劉行簡上箚子

四庫本「天始悔禍。區宇革心。歸我輿圖。休兵息民」句（四三七—六五一下）。明刊本「區宇」作「夷虜」。

卷一百七十

蔡戡上奏章

四庫本「荆楚國之西門。戶口百萬。北帶強敵。西鄰勁蜀」句（四三七—六七八下）。明刊本「強敵」作「強胡」。

卷一百七十四

脩又上奏曰。臣近日伏覩差郭承祐知邢州章

四庫本「曩因北人通和之後。弛備多年」句（四三八

—四五上）。明刊本「人」作「虜」。

卷一百七十五

二年二月。抃再乞追寢王拱辰宣徽使新命劄子

四庫本「自北庭使回。罪狀居首。吳奎輩例皆貶降」句（四三八—四七上）。明刊本「北庭」作「虜庭」。

抃又奏乞罷免陳執中狀

四庫本「朝廷紀綱未立。財用匱乏。官師衆多。敵驕

無厭」句（四三八—五〇上）。明刊本「敵」字作「虜」。

卷一百七十六

光又言曰。臣近曾上言章

四庫本「今語其稱職則軍政不修。語其立功則敵人驕慢」句（四三八—七〇下）。明刊本「敵人」作「戎狄」。

卷一百七十七

八年。翰林學士兼侍講范祖禹論邪正劄子

四庫本「中正之士相繼引去。又啓導先帝用兵開邊。結怨敵人」句（四三八—一一三下）。明刊本「敵人」作「夷狄」。

卷一百七十九

摯又劾太原擅興疏

四庫本「奏功不實。以至構怨邊隅。猶皆未足論也」句（四三八—一七三下）。又「開邊隅之隙。至今警備未得安靖。其罪五也」句（四三八—一七二上）。

明刊本兩「邊隅」皆作「夷狄」。

卷一百八十一

伯雨又論蔡京劄子

四庫本「眞宗景德中。北兵至澶淵。王欽若請駕幸金陵」句（四三八—二〇九上）。明刊本「北兵」作「北虜」。

卷一百八十二

欽宗時。侍御史李光論王雲劄子

四庫本「敵騎入寇。隨貫馳入都城。張大聲勢。決東幸之策」句（四三八—二三三上）。明刊本「敵騎」作「虜騎」。

卷二百八十二

晁說之上達言章

四庫本「故金人一日大軍入河北。分軍入河東。遠而石嶺關不得以爲固。近而大河不以爲險。談笑以抵京師城下者。官吏之疲弱。人民之愚蠢。以金人之兵甲旌旗久無辨於華戎也。幾何而不開門洒道以迎之也哉。金人於京師城下有德色。肆言曰。童王招我來。聞者冤之。閹方平既以大河之橋延金人。又欲以京師城門納金人。益可懼乎」句（四三八—二四三下）。以上五「金人」明刊本皆作「金賊」。又四庫本「其爲宮嬪。爲財賂。爲閹官。爲兵革。爲賊盜。爲蠻貊。皆陰也。從小人而類進也。若夫朝廷有道。絕女謁。

薄閹官。不私財賂。不黷兵革。盜賊不起。蠻貊賓服者。皆陽也。君子以類進者也。唯小人盛於廷。則蠻貊盛於邊。在廷無一小人。則在邊無一蠻貊。錙銖低昂不欺也。小人盛而盜軒冕。則蠻貊亦盛而寇疆場。小人熾盛而僭公卿。則蠻貊亦大盛而害王侯。一日小人退則蠻貊退。不勞干戈鼓鼙之武也。若小人與君子雜進。則蠻貊與華夏亦雜居。小人未盡退。而蠻貊未盡退也。今日之事可觀也已。」句（四三八—二四四下）以上九處「蠻貊」明刊本皆作「夷狄」。

建炎元年。尚書右僕射李綱上言章

四庫本「奉使敵帳。初無忠義徇國之意。但爲諛佞保身之謀」句（四三八—二四七下）。明刊本「敵」字作「虜」。又「去中國者踰年。從敵騎以偕至」句（同上）。明刊本「敵騎」作「胡騎」。又「秋高馬肥。敵騎猖獗。挾借其勢。陛下不得而制之矣」句（同上）。明刊本「敵騎」作「虜騎」。

景衡爲尚書又丞又論王安中自便箚子

四庫本「金人之侵侮邀索並不曾奏報朝廷。措置守禦」句（四三八—二四九下）。明刊本「金人」作「金寇」。

高宗時。中書舍人胡寅論朱勝非疏

四庫本「出爲南京副總管。值敵兵內攻。自是而後。勝非之志操能否著矣」句（四三八—二五一上）。明刊本「值敵兵內攻」句作「值虜兵入寇」。又四庫本「戊申之冬。敵騎已破澶濮。犯大名。掠齊鄆」句（四三八—二五一下）。明刊本「敵騎」作「虜騎」。

卷一百八十三

肅又奏曰。臣聞有同腹心之臣章

四庫本「況以天下之大而除邊難乎。惟陛下察之。取進止」句（四三八—二六六下）。明刊本「除邊難」作「誅醜虜」。

肅又奏曰。臣竊聞人臣之事君章

四庫本「及敵人借和用兵。勢不可遏。南仲誤國。狀已敗露」句（四三八—二六七上）。明刊本「敵人」作「虜人」。

侍御史孫覿奏章

四庫本「臣伏見女眞大帥擁萬騎入朔方。跨大河。直犯京闕」句（四三八—二六八上）。明刊本「帥」字作「酋」。又「以王者之師爲攻劫之計。藉令出於敵人不意。偶獲小利」句（同上）。明刊本「敵人」作「虜人」。又「敵圍四合。盡驅而納諸隍中。無一存者」句（四三八—二六八下）。明刊本「敵」字作「虜」。

成大又上箚子章

四庫本「國家之於北敵。可謂血讎矣。是讎也。天地神明。社稷蒼生。其誰不知」句（四三八—二八〇上）。明刊本「敵」字作「虜」。

卷一百八十四

寧宗即位。初吏部侍郎彭龜年上論韓侂胄干預政事疏

四庫本「上賜之坐。又款曲問及飢民。北使從容久之。乃賜茶而退」句（四三八—二八八上）。明刊本「北使」作「虜使」。

涇又論太師平章軍國事韓侂胄右丞相兼樞密使陳自強乞賜貶竄疏

四庫本「識者蓋已寒心。果挾強敵以叛。人尤不能無疑於侂胄」句（四三八—三〇三上）。又「逆曦授首

。敵亦以糧乏自遁」句（四三八—三〇三下）。又「強敵頻年僉刷。皆吾中原赤子。彼唯重其族類而虐用吾民」句（四三八—三〇四上）。又「是以督府每遣小使。敵帥書問往復。必以首謀姦臣爲言」句（同上）。以上四處「敵」字明刊本皆作「虜」。

卷一百八十五

涇又論朝議丈夫易祓太常少卿朱質朝奉大夫林行可乞賜鐫斥狀

四庫本「祓乃獻說張大敵中之事。使廷臣條具。易祓首言敵人有必敗之勢」句（四三八—三〇九下）。明刊本「敵中」作「虜中」。「敵人」作「夷狄」。又「去歲正旦。北使來廷。偶閤門詔相差誤。致北使舉止周章未爲甚失禮也。質知侂胄意在尋釁。遽上章乞斬北使」句（四三八—三一〇上）。又「嘗遣小使。往通和議。北使一再回答。指言侂胄不及其他」句（四三八—三一〇下）。以上四處「北使」明刊本皆作

「虜使」。又「而敵帥貽書。直謂侂胄既爲太師平章軍國。使無意於用兵」句（四三八—三一一下）。明刊本「敵」字作「虜」。

昌裔又論四都司疏

四庫本「獄訟滋起。其患有甚於所謂盜賊矣」句（四三八—三三四上）。明刊本「所謂」作「夷狄」。

昌裔又論安癸仲疏

四庫本「辛卯之變。帥幕節麾。身兼數器。才聞敵至

。徑走合陽」句（四三八—三三七下）。明刊本「敵」作「虜」。

卷一百八十七

西晉武帝時議郎段灼上奏章

四庫本「昔伐蜀募取涼州兵馬羌人健兒。許以重報。五千餘人隨鄧艾討賊。功皆第一」句（四三八—三五六上）。明刊本「羌人」作「羌胡」。

卷一百八十八

安世又論趙㕘無名進職等事狀

四庫本「或以其久在方面。夷人畏服」句（四三八—三九一下）。明刊本「夷人」作「夷虜」。

高宗建炎元年。尚書右僕射李綱上奏章

四庫本「稽顙屈膝。奉命稱臣。有爲金人之股肱」句（四三八—三九七上）。明刊本「命」字作「賊」。

綱又上奏曰。臣竊以戰。危事也章

四庫本「故金人再犯都畿。將帥奔走。士卒潰散者。不可勝計」句（四三八—三九九上）。明刊本「金人」作「金寇」。

建炎元年。知開封府宗澤上奏章

四庫本「彼敵人橫肆兇暴。侵犯我王室」句（四三八—四〇〇下）。明刊本「敵人」作「賊虜」。

建炎中。左正言鄧肅上疏

四庫本「臣嘗備員鴻臚主簿。因敵人須道釋板籍。以職出拘於敵中凡五十日。敵人之情已備知之。自尼堪以下至於步卒。分朝廷所賜之絹。人得五十有五疋。

計朝廷所出之數以千萬爲率。則盡敵人之數不過十六萬有餘而已。況有陣亡者。有疾病者。有以事還敵者。有隨軍以供戰具者。其得絹亦與尼雅滿等。以諸色人所占之數當與戰卒中分。則敵人正兵固不過八萬耳。因得朝廷所與綾錦等。敵人謂之表段。當時分散。其數雖同。其物不等。金人得錦。勃海得綾。契丹得紼織之類。而九州所得者雜色而已。一日忿然欲起相攻。則敵人之心亦不齊矣。忽一日有敵人遇臣。泣下。臣問之。對曰。某兄弟三人荷戈而來。伯亡於眞定。季亡於京城。今聞元帥之兵大集。而南方兵馬動連數州。某豈復得見鄉曲耶。臣初不信其語。及見敵中士夫道釋各有餉飦之人。其皇恐之語皆如臣所聞。則敵兵亦何嘗不怯也。夫敵兵之數既不甚多。又加之以其心離。其氣怯。儻合天下之力以攻之。若無足畏者。然敵兵未嘗少挫。而中國之勢陵遲至此。其故何也

。蓋敵無他長。惟信賞必罰。不假文字。故人各用命。不以死爲畏耳」句（四三八—四〇一下～四〇二上）以上除「敵人之心亦不齊矣」句之「敵人」明刊本作「虜兵」外。其餘十三處之「敵」字皆作「虜」。

又四庫本「若天下人人有樂赴功名之心。而使之攻八萬已驕之敵」句（四三八—四〇二下）。明刊本「敵」字亦作「虜」。

卷一百八十九

高宗時。龍圖閣直學士汪藻乞重罰贓吏劄子

四庫本「幸於敵去。民力稍寬」句（四三八—四〇八下）。「官軍經由。所至焚殘。甚於敵至」句（同上）。明刊本兩「敵」字皆作「虜」。

王之望乞旌賞戚方狀

四庫本「若能保守關塞。摧折敵勢。當議授以節鉞」句（四三八—四二三上）。明刊本「敵」作「虜」。

卷一百九十三

成帝始作期門數爲微行立趙飛燕爲皇后章

四庫本「此爲不測起於轂下。而賊亂發於左右也」句（四三八—五〇一上）。明刊本「不測」作「胡狄」。

明帝時大興殿舍章

四庫本「邊人狡猾。潛自講肄。謀動干戈。未圖束手」句（四三八—五〇五上）。明刊本「邊人」作「二虜」。

太宗謂侍臣章

四庫本「北陲久服。邊鄙無虞。二喜也」句（四三八—五一三上）。明刊本「北陲」作「北虜」。

太宗巡幸東都時高宗爲皇太子章

四庫本「或邊陲遺醜。使兇謀竊發。將何以禦哉」句（四三八—五一四下）。明刊本「邊陲」作「夷狄」。

卷一百九十四

憲宗元和七年章

四庫本「有李靖李勣訓整戎旅。故四遠畏服」句（四三八—五一八上）。明刊本「四遠」作「夷狄」。又其後。四庫本「遠人賓服。致干戈偃戢。而賈誼上言」句（四三八—五一八下）。明刊本「遠人賓服」句作「戎狄面內」。

卷一百九十五

右正言鄒肅上疏

四庫本「今日外有方熾之敵伺吾之間以肆寇攘」句（四三八—五三九上）。明刊本「敵」字作「虜」。

孝宗時。薛季宣上奏章

四庫本「金人我之世讎。固不與共天下」句（四三八—五四二下）。明刊本「金人」作「金虜」。又「方今國威未振。民力未支。而敵人之情傳聞常多失實」句（同上）。明刊本「敵人」作「虜人」。

卷一百九十六

魏明帝景初中。光祿勳高堂隆疾篤口占上疏

四庫本「近漢孝武承文景之福。外防邊警。內興宮殿」句（四三八—五六〇上）。明刊本「外防邊警」作「外攘夷狄」。

唐太宗貞觀十三年章

四庫本「取怪於道路。見輕於邊隅」句（四三八—五六一下）。明刊本「邊隅」作「戎狄」。

麟臺正字陳子昂論人機疏

四庫本「北討突厥。東伐句麗。於是天下百姓窮困。人不堪命」句（四三八—五六五下）。明刊本「突厥」作「胡貉」。「句麗」作「遼人」。又「此是不知天下有危機。而信貪佞之人。冀收敵國之利」句（同上）。明刊本「敵國」作「夷狄」。

陳瓘上奏章

四庫本「臣嘗謂治外之術自三代以來未有如本朝之得計也」句（四三八—五七六上）。明刊本「外」字作「虜」。

瓘又上思患預防章

四庫本「恃北敵之不來。我因循而無備。敵人耄矣」句（四三八—五七六下）。明刊本「北敵」作「北虜」。「敵人」作「老胡」。

殿中侍御史張守論諸將請和劄子

四庫本「而風俗流失。國勢陵遲。馴致邊陲內侮之禍」句（四三八—五八〇下）。明刊本「邊陲」作「夷狄」。

卷一百九十七

唐高祖以舞工安比奴爲散騎常侍章

四庫本「高才猶伏草茅。而先令舞工鳴玉曳組」句（四三八—五九二上）。明刊本「工」字作「胡」。

卷一百九十八

次升又上疏曰。臣竊觀易以乾況君章

四庫本「訪聞尙書右丞范純禮近准朝命。押敵使筵燕」句（四三八—六二三下）。明刊本「敵」字作「虜」。又「取笑敵人。其爲辱命莫甚於此」句（同上）。又「無使敵人輕視中國」句（同上）。兩處「敵人」明刊本皆作「夷狄」。

光又上奏曰。臣嘗謂文王序易以乾坤爲首章

四庫本「陛下踐祚之初。強鄰侵侮。國勢搶攘」句（四三八—六二六上）。明刊本「強鄰」作「夷狄」。

校書郞王十朋上劄子

四庫本「臣恐太阿倒持。日甚一日。天下之憂不特在敵國而已」句（四三八—六三〇上）。明刊本「敵國」作「夷狄」。

卷一百九十九

慶曆五年。知諫院余靖上奏章

四庫本「蓋欲謀無遺策故也。漢武帝征伐西戎。開置邊郡」句。四庫本「蓋欲謀無遺策」句以下有闕文（四三八—六五一下）。明刊本作「蓋欲謀無遺策。且

書不云乎。謀及卿士。謀及庶人。謀及卜筮。是大疑之事。謀之欲其衆也。漢武帝征伐西戎。開置邊郡」。又四庫本「凡北敵西戎之事繫於安危者。侍從諫諍之官悉令聞之」句（四三八—六五一下）。明刊本「北敵」作「北虜」。

卷二百一

太宗謂侍臣章

四庫本「席卷沙漠以爲州縣。邊陲遠服。聲教益廣」句（四三八—七一一上）。明刊本「邊陲」作「夷狄」。

卷二百二

四年。帝謂王旦等章

四庫本自「必屈己而寢之」句（四三八—七四〇上）以下脫漏一句如下「有甚惡之事。有甚惡之人。將廢之。將罪之。而物議未允。必屈己而寢之」。

直集賢院劉敞上奏章

四庫本自「苟要作威警動朝望」句下（四三八—七五

二下）脫漏一句如下「今後雖有不公不直。人不敢言。得以利己。得以罔上」。

卷二百五

御史中丞呂好問上奏章

四庫本「使朝廷無可用之才。有司無可久之法。公私空竭。敵人侵侮」句（四三八—八二〇下）。明刊本「敵人」作「戎狄」。

時李光程瑀以言事落職中書舍人許景衡上奏章

四庫本「況今元元困悴。未被膏澤。邊方猖獗。太原圍閉」句（四三八—八二二下）。明刊本「邊方」作「夷狄」。

殿中侍御史張守論聽言劄子

四庫本「紀綱無患於不立。鄰敵無患於不服」句（四三八—八二七下）。明刊本「鄰敵」作「夷狄」。

呂頤浩上奏章

四庫本「不知避敵。誤二聖北遷者。群言鼓惑之罪也」句（四三八—八三二下）。明刊本「敵」字作「狄」。又「萬一今歲敵人不渡江。則是天地神明相祐陛下」句（四三八—八三二下）。明刊本「敵」字作「虜」。

卷二百十五

子昂爲守麟臺正字又上諫刑書

四庫本「曩屬北人侵塞。西戎寇邊。兵革相圖。向歷十載」句（四三九—一八五上）。明刊本「北人」作「北胡」。

卷二百十八

高宗建炎元年。尚書右僕射李綱議赦令疏

四庫本「邦昌嘗位宰輔。依附金人。易姓建號」句（四三九—二六〇上）。明刊本「金人」作「夷狄」。

卷二百十九

方平又上疏曰。三代而下言治國者章

四庫本「以夫置兵之與古已異。是以謂之蠹焉亦」句（四三九—二七九下）。明刊本「亦」字作「爾」。

方平又上民兵論

四庫本「海寰一統。神旗無指伐之行。邊境稱和。齋鉞息受成之命」句（四三九—二八四下）。明刊本「邊境」作「戎虜」。

皇祐四年。河北都轉運使包拯請那移河北兵馬疏

四庫本「只如頃年。敵忽生變。雖復請和。終非經久

之計」句（四三九—二八五下）。明刊本「敵」字作「虜」。又「生習邊鄙之利害。素諳敵人之情僞」句（四三九—二八五下）。明利本「敵人」作「戎虜」。又「若謂兵食粗足。鄰好方堅」句（四三九—二八六上）。明刊本「鄰」作「虜」。

又其後。四庫本「矧又生習邊鄙之利害。素諳敵人之情僞」句（四三九—二八六下）。明刊本「敵人」作「戎虜」。又「今北敵詭詐萬狀。聲言西討。修築城

柵。點集軍馬」句（同上）。明刊本「北敵」作「北虜」。

拯又請添河北入中糧草章

四庫本「自黠敵講好。觀釁而動。詭詐萬狀。固不可信其虛聲」句（四三九—二八七上）。明刊本「敵」字作「虜」。

卷二百二十

陝西經略安撫使范仲淹疏

四庫本「使百姓樂輸。三軍樂戰。則敵人不利。中外無憂」句（四三九—二九六下）。明刊本「敵人」作「夷狄」。

司馬光上奏章

四庫本「彼若聞敵人大入。邊兵已敗。邊城不守。敵騎殺掠蹂踐卷地而來」句（四三九—三〇五上）。明刊本「敵人」作「胡寇」。「敵騎」作「胡騎」。

光又上奏曰。臣近者已曾四次上言乞罷刺陝西義勇章

四庫本「若萬一敵人在近。官中急欲點集之時。則一

人不可見矣」句（四三九—三〇五下）。明刊本「敵人」作「胡寇」。又「河北河東自置義勇以來。敵人凡幾次深入至腹內州軍。用義勇拒戰。而敵人敗退」句（四三九—三〇六上）。及「若果然。敵人曾深入。因得義勇之力而敗退」句（同上）。以上三處「敵人」明刊本亦皆作「胡寇」。

神宗熙寧二年。知諫院陳襄論汰冗兵劄子

四庫本「不惟西陲漸可完富。兼使契丹畏威。易爲馴服」句（四三九—三一一上）。又「重行責降。使契丹知朝廷好生之德」句（同上）。明刊本「契丹」皆作「夷狄」。

三年。司馬光乞不令陝西義勇戍邊及刺充正兵劄子

四庫本「近聞環慶路用義勇與西敵戰鬥。望風奔潰」句（四三九—三一二上）。明刊本「敵」字作「賊」。又「臣竊聞議者猶欲教閱義勇以抗西鬥」句（同上

）。明刊本「鬥」字亦作「賊」。

三年。判三班院曾鞏上言章

四庫本「庶幾上副陛下威蕃服。守四方」句（四三九—三一六下）。明刊本「蕃服」作「夷狄」。又「昔太祖之世。其捍北敵則用李漢超於關南」句（同上）。明刊本「敵」字作「狄」。

鄭獬奏章

四庫本「似聞非其主意。乃其酋豪妄爲之」句（四三九—三一八上）。明刊本「其主」作「虜主」。又其後「議者或謂敵乘我與西羌有嫌。欲用此爲牽制。此亦非也。其聲勢不足以爲牽制耳。西羌之嫌奚與於彼必未能棄六十年聘好。而爲弱羌絕盟。其利害固可較也。今不計其虛實。而想像乎沙磧萬里之外。風搖草動。則以爲敵騎已挾弓而群至矣。於是繕城塹。儲粟藁。奚其易動哉。河北歲連旱。既動力役。則不免斂率於民。是未見敵人之一跡。而先已自擾其民。因虛

聲而受實弊。是豈爲靜勝者耶。而必使敵人眞入寇我。遂不戰而獨城守乎。攻城者非敵伎之長。且將直驅而南。則奈何乎廟堂之上哉」句（同上）。以上「敵」字明刊本皆作「虜」。

卷二百二十一

光又奏章

四庫本「臣竊見先帝以契丹驕傲。侵據漢唐故地」句（四三九—三二三下）。明刊本「契丹」作「戎狄」

。又「與敵人戰鬥。必望風奔潰。登極詔書戒勅邊吏」句（四三四—三二四下）。明刊本「敵人」作「戎狄」。

轍又論京畿保甲冬教等事狀

四庫本「皆以地接邊陲。有守禦之備。每歲冬教一月。民雖以爲勞。而邊防之計有不得已」句（四三九—三三三上）。明刊本「邊陲」作「胡羌」。

畢仲游上言章

四庫本「及其戰也。纔足以備行伍。而不足以禽將破敵」句（四三九—三二五下）。明刊本「將」字作「虜」。

殿中侍史呂陶奏章

四庫本「欲彊主威以制敵人之命。故又增其籍至五六十萬」句（四三九—三三九上）。明刊本「敵人」作「夷狄」。

陶又奏曰。兵多而雜。不如其少而精章

四庫本「以之制敵人則不畏。以之捍寇盜則不息」句（四三九—三四〇下）。明刊本「敵人」作「夷狄」。又「天聲可以薄四海。而異域不能窺中國之隙」句（四三九—三四一下）。明刊本「異域」作「夷狄」。

陶又曰。天下之兵精而不驕。則中國之武備完矣章

四庫本「昔太祖太宗之初。天下未盡寧。四遠未盡服」句（四三九—三四二下）。明刊本「四遠」作「夷

狄」。

卷二百二十二

宋徽宗時。李復奏乞罷造戰車劄子

四庫本「敵人乘勢而來。雖鷙鳥飛翥不如是之迅捷」句（四三九—三四六下）。明刊本「敵人」作「戎狄」。

綱爲河東北安撫使又論不可遣罷防秋人兵劄子

四庫本「秋高馬肥。敵騎憑陵。決須深入以責三鎮之

約」句（四三九—三四八下）。明刊本「敵」字作「
虜」。其後「周爲戎人所侵。嘗以烽火召諸侯」句（
四三九—三五〇上）。明刊本「戎人」作「犬戎」。
又「至中途而敵已和。有詔止之。皆憤惋而反」句（
同上）。明刊本「敵」字作「寇」。

高宗建炎元年。尚書右僕射李綱上言章

四庫本「以外有方鎭之兵捍衛邊陲。內有府衛之兵臨
御方鎭」句（四三九—三五一上）。明刊本「邊陲」

作「夷狄」。又「今彊敵內侵壞吾邊防。以擾腹心之
地」句（同上）。明刊本「彊敵內侵」作「夷狄猾夏
」。又「有干戈盜賊之變。即帥府量事起兵統率以行
」句（四三九—三五一下）。明刊本「干戈」作「夷
狄」。

綱又上言曰。臣竊以祖宗建國以兵爲重章

四庫本「秋高馬肥。敵騎或復深入。其何以支吾哉」
句（四三九—三五三上）。明刊本「敵」作「虜」。

綱又上言曰。臣竊以大軍之禮用衆也章

四庫本「是以金人再犯王室。則控扼之兵望風先潰」
句（四三九—三五四上）。明刊本「金人」作「金寇
」。

綱又上言曰。臣竊以國家承平之久章

四庫本「去春敵騎渡河。殘破畿邑。止於百里之內。
蓋未知中國虛實。不敢遠縱。敵退。因建議請修畿甸
諸邑。拱鄭許滑四輔郡。洛陽河陽城壁。以防金人復

來。使吾民有所保聚。而敵騎無所抄掠」句（四三九
—三五五下）。以上三「敵」字明刊本皆作「賊」。
「金人」作「金寇」。又「使敵得之。因糧取財。脅
掠吾民以爲用」句（四三九—三五六上）。明刊本「
敵」字作「虜」。

綱又上言曰。臣竊以祖宗籍陝西河北河東之民章

四庫本「西可以捍夏戎。北可以禦金人。非力補也」
句（四三九—三五七上）。明刊本「金人」作「金寇

」。

元鎭又上奏章

四庫本「臣以爲敵若不能渡江。只留淮甸。即委世忠專切固護通泰。萬一采石等處不能支吾。則敵騎深入。遂有無窮之患。雖能保守通泰。亦復何益。今若便令世忠保守健康。又緣敵騎未渡之間。當且以通泰鹽利爲重。臣之愚意。欲乞戒飭世忠。且在承楚極力捍禦。或采石等處。已聞敵騎南侵。即令世忠全軍而還

」句（四三九—三六〇上）。明刊本作「臣以爲虜若不能渡江。只留淮甸。即委世忠守切固護通泰。萬一采石等處不能支吾。則虜騎深入。遂有無窮之患。雖能保守通泰。亦復何益。今若便令世忠保守建康。又緣胡騎未渡之間。當且以通泰鹽利爲重。臣之愚意。欲乞戒飭世忠。且在承楚極力捍禦。或采石等處。已聞胡騎南侵。即令世忠全軍而還。」

元鎭於紹興間知洪州又上奏章

四庫本「敵至則僞言退保。敵去則盛言收復」句（四三九—三六一上）明刊本兩「敵」字皆作「虜」。

浚又上言曰臣契勘諸軍章

四庫本「敵騎若近。先發弩。鎗弓小坐」句（四三九—三六四下）。又「臣恐弓弩數少。鎗手又散在隊中。參錯失序。不能破敵」句（同上）。明刊本「敵」字皆作「虜」。

知平江府洪邁乞精選間諜劄子

四庫本「恭惟陛下信順之德。昭格穹壤。金人畔盟。神人共憤」句（四三九—三六五上）。明刊本「金人」作「金虜」。

誼又奏曰。臣伏覩去年十月章

四庫本「陛下奮揚神武。親總六師。破邊境譸張之謀。摧敵國憑陵之勢」句（四三九—三六六上）。明刊本「邊境」作「逆賊」。「敵國」對「黠虜」。又其後「然而敵騎倏來。曾無藩籬之固。裴回累月。輒有

南渡之虞。此無他。舟楫不備而違設險之義也。自敵騎既退。議者便謂可以廓淸中原。收復畿甸。茲固乘時進取之幾。而安危之所係也。使敵人果有腹心之患。自救不暇。則陛下遣一偏裨自河而南。囊括席卷。何爲而不可。萬一敵人止是帥徒單弱。知難而退。別爲後圖。則秋高復來。將何以待之。」句（四三九—三六六下）。以上「敵」字明刊本皆作「虜」。又「訓兵有制。然後定禍難。攘諸邊。詰姦慝。致安平」

句（四三九—三六七下）。明刊本「諸邊」作「戎狄」。

誼又奏曰。臣竊謂安邊境定國家章

四庫本「請以近事言之。敵人嘗渡江而南矣」句（四三九—三六七下）。又「是以敵人每能摧官軍之堅而卒墮土豪之計者。謀與力異也」句（同上）。明刊本「敵人」皆作「虜人」。

卷二百二十三

次山又奏曰。臣幸得以非才復召見章

四庫本「方今邊塞之禍。飢饉之災。方之太宗。異世同事。然今秋歲既稔矣。待邊塞者獨不可爲歟」句（四三九—三七二下）。明刊本「邊塞」皆作「夷狄」。

守爲殿中侍御史又奏章

四庫本「臣仰惟陛下修政事。攘戎兵。慨然有意於中興之盛」句（四三九—三七五下）。明刊本「戎兵」

作「夷狄」。

江南東路安撫制置大使葉夢得奏章

四庫本「自敵幷呑契丹。其故家大族怨之深入骨髓」句（四三九—三七八下）。明刊本「敵」作「虜」。

李光乞修京城守禦之備劄子

四庫本「今金人恃兵力之強刼質親王大臣。以三鎭爲辭。勢必深入」句（四三九—三七九上）。明刊本「金人」作「狂虜」。

光又奏曰臣伏見臣寮上言章

四庫本「今敵人在境。諸郡僅能自守」句（四三九—三七九下）。明刊本「敵人」作「虜人」。又「居者無固守之志。敵人起深入之謀。非計之得也」句（四三九—三八〇上）。明刊本「敵人」亦作「虜人」。

孝宗淳熙二年。敷文閣待制周必大上言章

四庫本「萬一勍敵不諒。輒窺邊鄙。雖以陛下神武睿筭。破之無難」句（四三九—三八〇下）。明刊本「勍敵」作「醜虜」。

淳熙十四年。知桂陽軍陳傅良擬進箚子

四庫本「臣聞熙豐崇觀以來。用事者紛更祖宗之舊。以致金人之禍」句（四三九—三八一下）。明刊本「金人」作「夷狄」。

孝宗時。葉適上兵總論

四庫本「至於有莫大之兵而受敵國無窮之禍。此非今世之所謂實患者乎」句（四三九—三八三上）。又「及其不可用。則又爲之俛首以事勍敵。而使之自安於營伍之中也」句（四三九—三八三下）。明刊本「敵國」作「夷狄」。「勍敵」作「驕虜」。又「故進則能戰。退則能守。而不受侮於敵人」句（四三九—三八四上）。「百人跳梁。則一方震動。而敵人之侵侮無時而可禁也」句（四三九—三八四下）。明刊本「敵人」皆作「夷狄」。

適又奏曰。敢問四大兵者章

四庫本「於是厲其兵使必鬥。厲其將使不懼。一再當敵而勝負決矣」句（四三九—三八六上）。明刊本「敵」字作「虜」。

虞允文上言章

四庫本「給舊管之田。罷敵中創取之租」句（四三九—四〇〇下）。又「若推廣而行之。以盡反敵之虐政」句（同上）。明刊本「敵」字皆作「虜」。

允文又上言曰。臣比奉聖旨同員琦柏試諸軍章四庫本「蓋敵之所長者鐵騎。官軍之所不敵。中國之所長者勁弩。敵兵之所甚畏也」句（四三九—四〇一下）。明刊本「敵」字皆作「虜」。

允文又上奏曰。臣准三省樞密院劄子章

四庫本「臣竊詳王彥所陳謂禦敵騎衝突。莫如強弓勁弩」句（四三九—四〇一下）。明刊本「敵」字作「虜」。

允文又上言曰。臣准金字牌遞章

四庫本「當敵情未得群言交戰。而聖斷獨運。不惑不疑」句（四三九—四〇四下）。又「大哉王言。德威兼用。待敵之術得帝王之萬全。而聖慮所及。以敵師驕愎。今秋必戰」句（四三九—四〇五上）。又「又於今月十日具奏。以虜兵內徙爲歇泊之計」句（同上）。以上「敵」字明刊本皆作「虜」。

萬里又曰。臣聞計天下者不可以狃於利章

四庫本「祖宗以河北鄉兵而備北敵。蓋以國守邊不若以邊守邊」句（四三九—四一一上）。明刊本「北敵」作「北虜」。又「以爲隴西諸郡迫近羌人。民習戰備」句（四三九—四一一下）。明刊本「羌人」作「羌胡」。又「夫山西出將。非天也。地也。地迫於羌人而民習於戰備」句（同上）。明刊本「羌人」作「夷狄」。

卷二百二十四

寧宗嘉定十一年。知江州袁燮上便民策

四庫本「夫敵運既衰。覆亡無日。決不能與中國競」句（四三九—四一四下）。明刊本「敵」字作「胡」。「北敵我之深讎也。靖康之變。恥莫大焉」句（同上）。明刊本「敵」字作「虜」。

燮又奏曰。臣聞用兵一事章

四庫本「雖然殘敵瀕於滅亡。而猶敢爲是舉何也」句（四三九—四一六下）。明刊本「敵」字作「虜」。又「汝等中原遺黎本吾赤子。久淪敵境。豈不相念」

句（同上）。明刊本「敵境」作「腥羶」。又「豈意殘敵輒敢叛盟乎」（同上）。明刊本「敵」字亦作「虜」。

中書舍人袁甫奏乞團結民兵劄子

四庫本「陝西亦十五萬。而卒以此制西北二寇」句（四三九—四二六上）。明刊本「寇」字作「虜」。又「北人之來勢若風雨。乃欲以疏漏單薄之備當飄忽剽悍之敵」句（同上）。明刊本「北人」作「䩉虜」。

又「及羽檄稍稀。敵騎稍退。又諉之於無事矣」句（同上）。明刊本「敵」字作「虜」。又「專行實政則備密而膽壯。又何敵人衝突之足慮哉」句（四三九—四二六下）。明刊本「敵人」作「䩉虜」。

卷二百二十六

文帝時匈奴強數寇邊章

四庫本「臣聞漢興以來。北敵數入邊地。小入則小利。大入則大利」句（四三九—四六二上）。明刊本「北敵」作「胡虜」。

武帝建元六年。閩越興兵擊南越章

四庫本「疏遠之地何足以爲一日之間而煩汗馬之勞乎」句（四三九—四六六上）。明刊本「疏遠」作「夷狄」。

武帝時田蚡爲丞相韓安國爲御史大夫章

四庫本「今匈奴負險阻懷狡詐心。遷徙靡常。難得而制」句（四三九—四六六下）。明刊本「負險阻地。

懷狡詐心。遷徙靡常」句作「負戎馬足。懷鳥獸心。遷徙鳥集」。又「臣聞全代之時。北有強鄰之敵。內連中國之兵」句（同上）。明刊本「強鄰」作「彊胡」。又「且自三代之盛。四裔不與正朔服色」句（四三九—四六七下）。明刊本「四裔」作「夷狄」。又「及後蒙恬爲秦侵敵。辟數千里以何爲竟」句（同上）。明刊本「敵」字作「胡」。

五鳳中匈奴大亂章

四庫本「前單于慕化鄉善稱弟遣使。請求和親。海內欣然。四遠莫不聞」句（四三九—四六九上）。明刊本「四遠」作「夷狄」。又「四遠聞之咸貴中國之仁義」句（同上）。明刊本「四遠」作「四夷」。

卷二百二十七

馮奉世上奏章

四庫本「羌人近在境內背畔不以時誅」句（四三九—四七二上）。明刊本「羌人」作「羌虜」。又「今敵

兵無慮三萬人法當倍用六萬人。然羌人弓矛之兵耳」句（同上）。明刊本「敵兵」作「反虜」。「羌人」作「羌戎」。又「鄰敵皆有輕邊吏之心。而羌首難。今以萬人分屯數處。敵見兵少。必不畏懼」句（同上）。明刊本「鄰敵」作「夷狄」。「敵」作「虜」。

王莽欲發三十萬衆章

四庫本「其視敵人之侵譬猶蚊䖟之螫。敺之而已」句（四三九—四七二下）。明刊本「敵人」作「夷狄」。又「雖有克獲之功。敵輒報之」句（四三九—四七三上）。明刊本「敵」字作「胡」。又其後「是故前代北伐不過百日。非不欲久。勢力不能。此四難也。輜重自隨。則輕銳者少。不得疾行。敵徐遁逃。勢不能及。幸而逢敵。又累輜重。如遇險阻。御尾相隨。敵要遮前後。危殆不測。此五難也。大用民力。功不可必立。臣伏憂之。今既發兵。宜縱先至者。令臣尤等深入霆擊。且以創艾敵人。莽不聽尤言」句（四三九—四七三上下）。明刊本作「是故前代伐胡不過百

日。非不欲久。執力不能。此四難也。輜重自隨。則輕銳者少。不得疾行。虜徐遁逃。執不能及。幸而逢虜。又累輜重。如遇險阻。銜尾相隨。虜要遮前後。危殆不測。此五難也。大用民力。功不可必立。臣伏憂之。今既發兵。宜縱先至者。令臣尤等深入霆擊。且以創艾胡虜。莽不聽尤言。」

建武三年。彭寵反於漁陽章

四庫本「漁陽以東。本備邊塞。地接外域。貢稅徵薄」句（四三九—四七四上）。明刊本「外域」作「外虜」。

時匈奴飢疫。自相分爭章

四庫本「乃今人畜疫死。旱蝗赤地。疲困之力不當中國一郡」句（四三九—四七五上）。明刊本「乃」字作「虜」。又「西羌人擊其右。如此北敵之滅不過數年」句（同上）。明刊本「西羌人」作「西羌胡」。「北敵」作「北虜」。又四庫本「且北敵尚強。而屯田警備傳聞之事恆多失實」句（四三九—四七五下）。明刊本「敵」字作「狄」。

明帝永平十五年。謁者僕射耿秉數上言章

四庫本「及居延朔方。羌人分離。唯有西域俄復內屬」句（四三九—四七五下）。明刊本「羌人」作「羌胡」。又「然西域尚未內屬。北敵未有釁作」句（同上）。明刊本「敵」作「虜」。

和帝即位章

四庫本「初朔部大亂。加以飢蝗。降者前後而至」句（四三九—四七六上）。又「故令烏桓鮮卑討朔部。斬單于首級。破壞其國」句（同上）。又「臣與諸王骨都侯及新降渠帥雜議方略。皆曰宜及朔部分爭」句（四三九—四七六下）。明刊本「朔部」皆作「北虜」。又其後「又今月八日新降右須日逐。鮮堂輕從北庭遠來詣臣。言北方諸部多欲內顧」句（同上）。明刊本「北庭」作「虜庭」。「北方」作「北虜」。又「願發國中及朔方諸部新降精兵。遣左谷蠡王師子。左呼衍日逐王須」句（同上）。明刊本「朔方諸部」作「諸部故胡」。又「今幸遭天授。朔部分爭。以夷伐夷。國家之利」句（四三九—四七七上）。明刊本「朔部」作「北虜」。又「及南單于衆三萬騎出朔方。北敵大破之」句（同上）。明刊本「北敵」作「北虜」。

帝議遣車騎將軍竇憲與征西將軍耿秉擊匈奴章

四庫本「擾動天下以事遠方。誠非所以垂恩中國改元正時由內及外也」句（四三九—四七七下）。明刊本「遠方」作「戎夷」。又「夫外域者四方之異氣也」句（同上）。明刊本「外域」作「戎狄」。又「祥風時雨覆被遠方。敵國重譯而至矣」句（同上）。明刊本「敵國」作「夷狄」。

順帝永和二年章

四庫本「益州諺曰。寇來尚可。尹來殺我」句（四三九—四七九上）。明刊本「寇」作「虜」。又「旬月之間破殄寇仇。此發將無益之效」句（同上）。明刊本「仇」字作「虜」。又「又南陽張喬前在益州。有破敵之功。皆可任用」句（四三九—四七九下）。明刊本「敵」字作「虜」。

順帝時西羌反叛章

四庫本「今西域諸羌轉相鈔盜。宜及其未幷。亟遣深

入破其支黨。而馬賢等處處留滯。羌人百里望塵。千里聽聲」句（四三九—四七九下）。明刊本「西域」作「雜種」。「羌人」作「羌胡」。又「西北諸部殆將起乎宜備二方。尋而隴西羌反。烏桓上郡。皆如融言」句（四三九—四八〇上）。明刊本「西北諸部」作「西戎北狄」。

靈帝初。竇太后臨朝章

四庫本「臣伏念周秦之際。西北為害。中興以來羌寇最盛」句（四三九—四八一上）。明刊本「西北」作「戎狄」。

靈帝熹平六年章

四庫本「南誅百越。北討羌人。西伐大宛。東幷朝鮮」句（四三九—四八二上）。明刊本「羌人」作「強胡」。又「盜賊尚不能禁。況此遠方而可伏乎」句（四三九—四八二下）。明刊本「遠方」作「醜虜」。又「而欲以齊民易遠人。皇威辱外域。就如其言猶已

危矣」句（同上）。明刊本「遠人」作「醜虜」。「外域」作「外夷」。

後主時大司馬蔣琬以爲昔諸葛亮章

四庫本「輒與費褘等議以涼州地塞之要。進退有資。賊之所惜。且羌人乃心思漢如渴」句（四三九—四八五下）。明刊本「地塞」作「胡塞」。「羌人」作「羌胡」。

卷二百二十八

嘉禾元年章

四庫本「今淵東夷遠服。屛在海隅。雖託內面。與梗化無異」句（四三九—四九六下）。明刊本「遠服」作「小醜」。「內面」作「人面」。「梗化」作「禽獸」。又「北部與國壤地連接。苟有間隙。應機而至」句（同上）。明刊本「北部」作「北寇」。

成帝咸康五年章

四庫本「若敵無宋襄之義。及我未陣而擊之。將如之何。今王土與敵水陸異勢。便習不同。彼若送死。敗敵之有餘」句（四三九—五〇一上）。明刊本前二「敵」字皆作「胡」。「彼」字亦作「胡」。

成帝時左衛將軍陳光上疏

四庫本「若進攻未拔。北騎卒至。懼桓子不知所爲。而舟中之指可掬」句（四三九—五〇一下）。明刊本「北騎」作「胡騎」。

時蘇峻反章

四庫本「氐賊自幷東部。醜類實繁」句（四三九—五〇二上）。明刊本「東部」作「東胡」。

武帝寧康間。符堅寇涼州章

四庫本「然臣愚見竊有所懷。敵凶狡情狀可見」句（四三九—五〇二下）。「敵聞殿下親御六軍。必謂見伐」句（同上）。明刊本「敵」字皆作「虜」。又「敵不敢乘勝過陝遠。攝天威故也」句（四三九—五〇三上）。「敵方懼將來。永不敢動」句（同上）。明刊本「敵」字皆作「賊」。又「今正宜通好朔部。則河南安。河南安則濟泗靜」句（同上）。明刊本「朔部」作「北虜」。

文帝元嘉二十七年帝將北討。步兵校尉沈慶之諫

四庫本「彥之中塗疾動。敵所恃唯馬」句（四三九—五〇三下）。「比及冬間。城守相接。敵馬過河便成禽也」句（同上）。明刊本「敵」字皆作「虜」。

元嘉二十九年章

四庫本「伏討敵審有殘福。烏合易亂。殲殄非難」句（四三九—五〇三下）。明刊本「敵」字作「賊」。「烏合」作「犬羊」。

時秘書監謝靈運上表陳疾章

四庫本「況陵塋未幾。強敵伺隙。預在有識」句（四三九—五〇四下）。明刊本「強敵」作「凶虜」。又「自羌平之後。天下亦謂敵當俱滅」句（四三九—五〇五上）。明刊本「敵」字作「虜」。

南齊武帝永明末欲北伐章

四庫本「納其降徒。可弗勞弦鏃。無待干戈」句（四三九—五〇六下）。明刊本「徒」字作「虜」。

卷二百二十九

唐高祖時議討王世充章

四庫本「重以梁師都嫁情北部。陰計內鈔爲腹心患」句（四三九—五二五下）。明刊本「北部」作「北胡」。

玄宗開元中。王琚持節巡天兵章

四庫本「敵人遠居磧漠。譬之石田。克而無補」句（四三九—五三三上）。明刊本「敵人遠居」作「狄人獸居」。

時吐蕃盜邊章

四庫本「時吐蕃盜邊。諸將數敗。敵益張」句（四三九—五三三上）。明刊本「敵」作「虜」。又「故來則拒。去則勿逐。以荒遠待之」句（四三九—五三三

下）。明刊本「荒遠待之」作「禽獸畜之」。其後「況萬乘之重與荒裔頑梗語負勝哉。遠方之人不足以辱天子亦可見矣」句（四三九—五三三下）。明刊本「荒裔頑梗」作「犬羊蚊蝱」。「遠方之人」作「遠夷左衽」。又「塞外之人驟往倏來。敗不恥奔。勝不讓成」句（同上）。明刊本「塞外之人」作「戎虜之性」。

翰林學士白居易請罷恆州兵事宜狀

四庫本「豈宜使西北二陲一一知之。忽見利生心。承虛入寇」句（四三九—五三六下）。明刊本「西北二陲」作「西戎北虜」。

卷二百三十

五年。翰林學士李昉諫北征奏章

四庫本「況今敵騎宵奔。邊陲寧肅」句（四三九—五四八下）。明刊本「敵騎」作「虜寇」。

雍熙三年。參知政事李至諫親征奏章

四庫本「且幽陵之邦。敵之右臂。王師既擊。彼必拒張」句（四三九—五四九上）。明刊本「敵」字作「虜」。又「又敵城之傍。坦無陵阜。去山既遠。取石尤難」句（同上）。明刊本「敵」字作「賊」。

武勝軍節度使趙普乞班師奏章

四庫本「蓋遷徙無常。自古難得制之」句（四三九—五四九下）。明刊本「無常」作「鳥集」。又「任其隨逐水草。皆以覆載容之」句（同上）。明刊本「覆

載容之」作「鳥獸畜之」。又「邊廷早涼。北敵則弓硬馬肥。漸難擒制」句（四三九—五五〇下）。明刊本「敵」字作「狄」。

四庫本「而況契丹懷猛獸之情。恃健馬之力。乘茲恕捨。即慮追奔」句（四三九。五五二下）。明刊本「猛獸」作「禽獸」。「健馬」作「胡馬」。又其後。

四庫本「及至北部騷邊。西戎犯境。不先計而出兵。不先謀而後決戰」句（四三九—五五四下）。明刊本

「北部」作「北狄」。

景德元年契丹大入章

四庫本「臣伏覩邊奏。敵人游騎已至深州以來。竊緣三路大軍見在定州。魏能。張凝。楊延昭。田敏等。又在威虜軍等處。東路深趙貝冀滄德等州。別無大軍駐泊。必虜敵騎近東南下寨。輕騎打劫。不唯老小驚騷。兼便賊盜團聚。直至天雄軍以來。人戶驚移。若不早張軍勢。必恐轉啓戎心。臣欲乞先那起天雄軍兵

馬一萬人往貝州駐泊。令周瑩。杜彥鈞。孫全照部轄。若是敵騎在近。即仰近城覓便掩殺。兼令間道將文字與石普閻承翰。照會掩殺蕃戎。及召募強壯入敵界。燒蕩鄉村。劫殺人口。仍乞照管南北道路。多差人探報蕃戎。次第聞奏」句(四三九—五五五下)。明刊本作「臣伏覩邊奏。犬戎游騎已至深州以來。竊緣三路大軍見在定州。魏能。張凝。楊延昭。田敏等。又在威虜軍等處。東路深趙貝冀滄德等州。別無大軍駐泊。必慮虜騎近東南下寨。輕騎打劫。不唯老小驚騷。兼便賊盜團聚。直至天雄軍以來。人戶驚移。若不早張軍勢。必恐轉啓戎心。臣欲乞先那起天雄軍兵馬一萬人往貝州駐泊。令周瑩。杜彥鈞。孫全照部轄。若是虜騎在近。即仰近城覓便掩殺。兼令間道將文字與石普閻承翰。照會掩殺蕃賊。及召募強壯入賊界。燒蕩鄉村。劫殺人口。仍乞照管南北道路。多差人探報蕃賊。次第聞奏」。又其後。四庫本「隨駕兵士

衛扈宸居。固不可與敵人交鋒」句(四三九—五五六上)。「萬一敵人至貝州已南下寨。游騎漸更南來」句(同上)。明刊本「敵人」皆作「犬戎」。

又四庫本「或恐萬一定州兵馬被敵人於鎮定間下寨抽那不起」句(四三九—五五六上)。「敵人必有後顧之患。亦未敢輕議引軍深入。若是車駕不起。轉恐蕃戎殘害生靈」句(四三九—五五六下)。明刊本「敵人」皆作「犬戎」。「蕃戎」作「蕃賊」。

又四庫本「兼彼敵人頗乏糧糗。唯恃屯集之衆。必懷首尾之憂」句（四三九—五五六下）。明刊本「敵人」作「犬戎」。「屯集」作「腥羶」。

熙寧元年知雜御史劉述不可伐喪疏

四庫本「恐非所以哀喪恤災。綏懷遠人之道也。夫遠人者豈可以禮義責之哉」句（四三九—五六二下）。「陛下可不順承天意。撫柔遠人以安中國乎」句（四三九—五六三上）。以上凡「遠人」明刊本皆作「夷

狄」。

三年。武寧軍節度使富弼諫西師奏章

四庫本「伏緣西夏與北敵常爲掎角之勢。盖北敵山前後十八州每恐朝廷有復取之意。慶歷初。因元昊叛。仁宗不免討伐。而北敵遂有嫚書興割地之隙。其書大意。自謂我與西夏是甥舅之國。南朝不合加兵。臣不能盡記其辭。惟記一句云。殊無忌器之嫌。此大可見其意也。臣其時兩使敵廷。每見元昊遣人在彼。密令詢問。云來借兵。此皆臣始末親經目覩。不是剽聞。以昔校今。不敢謂必無此事。今北敵亦須疑朝廷既平西夏即移兵北伐。必有借助西夏之謀。不可不過慮及此也。設或二敵相應。兩邊起事。即國用人力如何」句（四三九—五六三下）。以上「敵」字明刊本皆作「虜」。

四年。司馬光諫西征疏

四庫本「臣退而思念聖謀高遠。深得王者御遠人之道

」句（四三九—五六五）。明刊本「遠人」作「戎狄」。

其後。四庫本「萬一將來敵騎入寇。府庫已竭。民力已困」句（四三九—五六五上）明刊本「敵」字作「虜」。又「勝之不武。不勝爲笑。將無以復號令遠方矣」句（四三九—五六五下）。明刊本「遠方」作「戎狄」。

卷二百三十一

五年。陝西轉運使范純粹論西師不可再舉疏

四庫本「豈不負陛下興舉之意。而繫遠方觀望乎」句（四三九－五七二下）。明刊本「遠方」作「夷狄」。

晁補之上言章

四庫本「敵逃遁不敢窺境上。將狃近功」句（四三九－五七五上）。明刊本「敵」字作「虜」。

哲宗即位。守門下侍郎司馬光請革弊劄子

四庫本「曾未足以威服敵國而中國先自困矣」句（四三九－五八〇下）。明刊本「敵國」作「戎狄」。又「首戒邊吏毋得妄出侵掠。俾中外兩安」句（同上）。明刊本「中外」作「華夷」。

李廌上慎兵論

四庫本「中國數十年可以無強敵之患」句（四三九－五八四下）。明刊本「強敵」作「夷狄」。

御史中丞許瀚上言章

四庫本「臣聞敵方駐營朔野。闞兵太行」句（四三九－五八四下）。明刊本「敵」字作「虜」。

瀚又論戰章

四庫本「臣伏見金人退師以來。朝廷搢紳上恬下嬉」句（四三九－五八五上）。明刊本「金人」作「金狄」。又「夫以強敵之性。貪惏無厭」句（同上）。明刊本「強敵」作「夷狄」。「敵以殘弊將歸之兵。力必不能取三鎭」句（同上）。「敵欲既盈。將驕卒懈」句（同上）。明刊本二「敵」字皆作「虜」。又「外誘以金繒。而內激以憤恥。破敵必矣」句（同上）。明刊本「敵」字作「賊」。又「今全軀保妻子之臣。務在張敵聲勢」句（句四三九－五八五下）。明刊本「敵」字作「虜」。又「明年盛秋。敵騎復來」句（同上）。明刊本「敵」字作「胡」。又「國家事敵不至。不得歸咎和者」句（同上）。明刊本「敵」字作「狄」。

瀚又論三鎭章

四庫本「而中原邱墟。遂陷鄰敵。使世無王導謝安之才」句（四三九—五八六上）。明刊本「鄰敵」作「胡貊」。又「敵在掌握。縱而不取使益張大」句（四三九—五八六下）。「今使敵不辭城。則渡河之師當戰」句（同上）。明刊本「敵」字皆作「虜」。又其後「澶淵之役亦不窮追而卒和親。夫開運景德驅逐之策同。而成敗之效異者。何也。開運之時。中國方弱而示之以畏。故敵復來。景德之間。中國正強而受之以和。故敵遂定。今議者不鑒開運縱敵之患。而欲爲景德之寬大。則可謂不知時矣。陛下何不試使議割地者。身任數年。敵不復入。臣知議者必將難之」句（四三九—五八七上下）。以上「卒」和「敵」字明刊本皆作「虜」。

晁說之出狩議

四庫本「將士樂爲致死力。敵人不敢窺兵」句（四三九—五九〇下）。明刊本「敵人」作「胡寇」。

四庫本「晁說之負薪對」全文刪棄。今補如下

說之又上負薪對曰。臣伏惟今上即位元年正月。初金賊以我疆埸之臣無狀。斥候不明。遂豕突河北。蛇結河東。直抵京師城下。金賊非漢老上單于之比也。其兵亦無老上單于十四萬之衆也。彼時烽火照甘泉宮。望長安猶踰百里而遠。今何爲使我直有城下之師。犯孔子春秋之大禁。天其或者警懼漢文帝者猶淺與。負薪憂其九失而有三策。皇帝陛下初下親征之詔。遠邇聞之。靡不思奮。咸曰。是我太皇帝之舊章也。今皇帝眞似之也。太祖皇帝受天眷命即位之四月。昭義軍節度使李筠叛。習五代之餘孼。自恃其兵馬之勇。可稱其河山之壯。太祖親征。倍道兼行。其勞至於聖躬負石馬上。使太行不得以爲險。即日城破。筠投火以死。蓋是舉也。樞臣廷祚爲太祖獻策曰。宜出師擊之。西京向拱曰。陛下宜速濟大河歷太行。稍緩之。則

使賊熾矣。控鶴左廂都校馬全義。亦於澤州城下進言曰。緩之適足以資其姦便。全義中矢拔去。被血以先士卒。筠不得不與火俱滅之速也。是歲九月。揚州李重進。自謂周室之勳舊。繼以叛聞。太祖親征。復如澤潞。介馬不脫鞅。重進復如李筠與火灰燼。筠則北結劉旻。重進亦南通李景。其禍心不淺。而不及掩耳於迅雷。則奈何。嗟夫。金賊之勢逼於前日。而鑾輿之出異於前日者。陛下無謀臣如廷祚如拱。而將無如

全義者乎。如其有能成陛下之初志者。天地爲之威怒。風雷爲之震擊。跛者起而喑者呼。寧論女子童稚奮袂之勇哉。或曰。如陛下即位之初何。曰。陛下即位之初。孰如太祖。當宋之爲宋。方四月之初哉。或曰論兵則我寡彼衆。曰。戰之勝負不在兵之衆寡。而在將之能否。有古以來。不可勝言也。莫若以今事著明之。太祖在周時。以百騎卻虜臯將高模翰之兵數萬於瓦橋關之北。開寶初。太祖命田欽祚以兵三千於定州。背城以破虜六萬。于時軍中有三千打六萬之謠。至今塞上兒童猶以此語爲戲不忘也。借曰兵寡。豈無三千。背京城而陣。當見人人如田將軍也。關北百騎則待陛下之臨戎。復如眞宗皇帝改元之二年。乖六龍幸大名。北虜不及望天戈而大敗遁去。越五年再御龍轡幸澶淵。北虜纔及望天戈。不及戰。自敗而請和。是我不速於和。而既和則能久者也。于時上相畢士安開其謀。次相寇準堅其行。殿前高瓊效控馬渡河之力。皆賴上意先定於前年之征也。太祖再出征。眞宗亦再

出征。若其問罪河東。則太祖太宗皆一出征。陛下不一出征乎。其失之一也。圖功以威克愛者。政典也。政典者。軍政之典也。治國之常道。則威與愛均也。方有事時。漢景帝能誅晁錯。則天子之威令申。而七國之兵不足平也。晉武帝不能黜賈充。則天子之威令不申。而晉室亡。六胡之亂已肇也。唐肅宗之威令不申。而有郭子儀李光弼爲將。不能平幽薊。武宗之威

令申。以石雄張仲武爲將。而足以討澤潞。近者周世宗即位之三月。親征劉旻及契丹于上黨。其愛將樊愛能何徽敗績。世宗立取而斬之。將校股慄思用命。而劉旻在太原亦爲之破膽失據。世宗之師。由是出無不勝。而四方僭叛。相顧失色。中國之威。一日而振。實爲我有宋之驅除也。國家不幸有敗國徼亂之日。爲萬世之羞。非戰將一日失律之比者。曰京。曰貫。曰黼。曰攸。曰方。金賊在城下時。宜梟以視之。又醢

以賜之。因有詔勑曰。此醢非他物也。爲人臣而不忠者。不度事之利害。不慮國之安危。天命予一人戮之。凡食者誡焉無怠。彼金賊雖非人類。而犬豕亦有掉尾怖恐之號。顧弗之懼哉。捨此而不爲。其失之二也。兵出無名。事故不成。明其爲賊。敵乃可服。古兵法之言也。唐高祖時。薛仁貴爲蘇定方討賀魯而言之。遂克成功。今國家於金賊。曾不遣一介之使問其所以來者何名也。彼素臣事契丹。乃一日滅契丹之國。

自建隆以來。臣事我有宋。復一日舉烏合之衆頓於堅城之下。果何名哉。設如我與國也。玉帛初陳。車傳未息。相與之新當如是乎。無乃疆埸相侵乎。請責之疆埸之臣。否則將帥失信乎。請責之將帥之臣。今日果何名也耶。執事者既不責金賊之無名。又不明其所以爲賊者。重可惜也。何則。自古兵之大禁。垂車深入則敗。猖狂不制則亡。貪人金幣則滅。有所恃而驕則衆相屠。淹時而兵老。則下必圖其主帥。金賊俱犯

此五者。我取而殲焉可也。執事者似未之明也。苟不明乎此。則敗亡反在中國矣。可不念乎。金賊之君。不知何人。恐非冒頓之暴勇。頡利之狡謀。可與爲比也。其謀臣郭藥師者。唯能與我闒貫爲謀。而貪墨無恥如中輩借以資其身取富貴爾。恐亦不可比祿東贊之辭婚可以動唐太宗。尙結贊之狂謀幾能擒渾瑊。如俾郭藥師就一粗曉邊情部隊將議之。不過一二言而唾叱之矣。刑餘而又刑之。貫實在部隊。將之下者也。大

抵不知其君則視其將。不知其衆則視其國。不知貧富則視其器械。不知其所爲則視其所好。金賊之將如郭藥師。則其君可知也。其國之東西幾何。南北又幾何。朝臣高麗。暮臣契丹。介於奚霫室韋鞑達之間。實彼群族帳之所賊者。今亟乞師奪馬而南。則其衆可知也。器械必資銅鐵竹箭膠漆之上品。舉非彼之所產。宜其窳頓不剛。惟中國之器是求。則其貧富可知也。金賊之嗜好。大在金幣子女。細及耳目翫物。則其所

爲可知也。凡百亡國滅身之具。何其備耶。昔侯景所與同惡。無非駑才。其黨自嘆曰。乖僻至是。安得不敗。金賊似景皆暴起而滅必速也。苟明乎此。則何憚而不取以殲焉。既此之不明。其失之三也。金賊不避利。求割地以河爲界。執事者不盡河以賜之。姑賜高陽府。中山府。太原府。暨其郡縣無慮名城將百數。自以爲有謀也。不知今天下者。太祖之天下也。孰敢以一寸土不在王會圖哉。高陽中山者。我太祖太宗暨

周世宗躬冒矢石艱難而得之者。乃一日談話而棄之耶。太原則太祖太宗相繼親征。冒矢石甚於河北。其艱難則久於河北。眞宗自謂先帝竭四海之力以得太原。顧弗重耶。又忍如墮甑而棄之耶。執事可不重論之曰。彼初稱女眞時。在我太祖朝。嘗盜我白沙塞三馬。適爾貢馬之使在闕下。太祖命執之不遣。明年渤海之使。爲女眞以表謝過則釋之。其在太宗時。女眞困於契丹之三柵。控告乞援。亦卑恭甚矣。不謂敢睥睨中

國之地於今日也。此其失之四也。金賊其何猒。敢肆求黃金重幣。不知其幾何。但聞國家府庫空竭。下捃於公卿大夫士家。細不遺乎閭里民庶。其上逮宮幃供奉之器。則苟有人心者不忍言也。方唐吐蕃縱橫凌轢。時入京城劫掠黃金則必有之。亦不聞明言求金於王城也。其在鹽州夏州。則嘗求金矣。是吐蕃施於鹽州夏州者。金賊傲侮於京城也。不已甚乎。執事者何不諭之曰。府庫者。祖宗之府庫也。國家於經費之外。

未嘗敢以一毫賞無功也。且國家初未嘗相聚斂之臣。亦無事於府庫之富也。又安得有金以滿谿壑之欲哉。在我國家之初。女眞歲以市馬於中國而資富。其後女眞服事契丹。則中國但知有契丹之馬。而不知有女眞之馬也。女眞之名馬遂亦絕種。得非天以其馬畀中國而不畀契丹乎。女眞又安得而私耶。以故不逞而南。唯以無馬爲恨。塗路剽掠。而未知已也。彼窮餓不得吾市民之金。乃無名而金之求耶。夷狄皆貪而多詐。

唯女眞之貪而多詐。高麗猶賤之。雍熙間嘗爲吾使者詐之也。以黃金棄之溪壑。此其失之五也。春秋重信。盟生於不信。春秋是以誅盟。中國諸侯之盟固在所誅。況以中國盟夷狄乎。又況於王人與盟乎。隱二年。唐之盟魯。與戎盟也。此春秋始隱之一端也。僖八年。洮之盟。二十九年翟泉之盟。王人與盟也。此春秋責齊晉之重者也。兵而不已至於盟。盟而不已至於質子。則又春秋之所不誅也。在漢唐時。但聞夷狄有

質子於中國。未聞中國有質子於夷狄。禮則然也。金賊一日於王城下盟誓而質子。苟有明春秋之大臣。則其責當如何。無乃失中國之所以尊者乎。彼如有求質子而及親王也。何不諭之曰。親王者。上皇之子也。陛下方如堯親九族。忍棄上皇之子於胡虜乎。如質陛下之子。則就外傳未任武部之事也。彼雖犬羊。亦未必忘父子兄弟之親也。聞此言恐亦聳然自失矣。又如求質宰相。則當諭之曰。宰相者。陛下之股肱也。何

可一日而不相與以成一體乎。邦昌者。雖不知爲何等人。既命之爲宰相。則當待之以宰相也。彼亦號有君臣。則宜知宰相之重矣。亦聞此言而得安乎。雖然。質果何有哉。曹公因韓浩私呂布。不顧夏侯惇之被質。著令有持質者皆並擊忽顧。由是劫質者遂絕。此曹公所以能振威中國也。中國不得其所以爲尊者。其失之六也。然金賊一日得吾瀛定並門重鎭。未必能爲其強。其得吾金幣無慮數十萬。未必能爲爲富。何則。

夷狄喜相呑併鬥爭。是其犬羊狺吠咋嚙之性也。惟其富者最先亡。古今夷狄族帳大小見於史册者百十。今其存者一二。皆以其財富而自底滅亡者也。今此小醜。不指日而滅亡。是無天道也。唯有一事大可懼者。又特遺之以謀臣也。遂將使此小醜得以其強者爲強。富者爲富。可不懼乎。國家以契丹歸朝官悉遣歸於此小醜。無乃執事者未之思乎。蓋此色人布滿州郡。無慮萬數。遠者十數年。近者三四年。且嘗預官聯。臨

局務。亦有喜讀書通吏事者。其便弓馬。多膂力。喜戰鬥。則又其性習然也。且其由中國之事體人物。靡有不知其孰強孰弱。孰能孰否。與夫道里而遠而近。而險而易。皆得以爲此賊之謀。其害一也。此色人在中州。初頗喜自陳其曾高之家世。曰此大家者。吾之同祖也。曰此郡縣者。吾墳墓猶存也。幸今復爲王民。亦頗買田種藝。與人家婚姻。其意不淺矣。亦頗有惜中國不用賢多遺才。爲司馬公而嘆息者。今一旦阻其慕王風之心。投之於犬羊豬彘之群。則以其苦心爲彼孽謀。其害二也。且彼與金賊亦有平日怨嫌不相能者。或當南北戰鬥時。兵刃相殘之酷者。今又一旦快彼賊心。其害三也。彼攜老幼慟哭。駕胡車。轂露刃而行。籍籍道路間言曰。投彼死爾。孰若死在此。以故所過之處。閉戶避之。既宿而去。則居者相賀。如其爲彼用也。亦可慮哉。其害四也。金賊陸梁於城下時。此輩亦有請質妻孥願與之格鬥者。廟堂之謀曾不

知出此。而州縣固不敢上聞矣。失此一大便。而資以爲彼小醜之用。其害五也。彼歸自契丹。而乃復歸之於金賊。不知爲何名也。無乃示怯於金賊者過甚乎。其害六也。使彼顧盼之間。褫中國之衣冠。復夷狄之態度。弱者羞恧。強者怨恨。道路爲之咨嗟。非王者無外之度。非天無不覆之美。其害七也。明有此七害。而議者不過曰廟堂有徙戎之論。爲日久矣。適此將而徙之。不貽中國他時之害也。請復之曰。如可徙也

。豈無異日。執事者幸少待之。徙之金賊。孰若待我
國家廟堂之議成。復疆理幽薊之舊土。使彼復有仕於
彼乎。且諸葛亮於南蠻四郡。皆因其土人而任之矣。
借此萬餘人皆無所知解。直以增彼馳突之數。固亦不
可。彼小族實難得生齒。所以汲汲是求也。昔朱克融
輩。方飢寒於京師時。從宰相乞一飽之日而不可得。
安知復有幽燕故巢。不忝其祖滔之風。終爲唐室之害
哉。如不用宣和七年以前詔書。復存之於中國。其失

之七也。此賊蟻聚於城下時。大臣不知畫謀。不知一
日縱敵。百世爲害。戰士不肯盡力。留賊以累君父。
圉人養虎自貽患。不勝責也。傳曰。無伏節死難之臣
。孔子傷焉。可不信乎。設不能有鍾鼓舉而殲之。尙
可震而逼之。什而圍之。使鳥不得度。馬不得嘶。此
賊不忿而相搏以死。則無食而餓死矣。柰何既不得攻
。又不得圍。縱其遊騎散卒。或百或十。朝出而殘一
邑。又明日出而殘一邑。王畿根本之地。富室最多。

適足以資其流血成溝也。王畿蕩滅將盡。遂及輔郡諸
縣鎮。走官吏如鷄犬。取故相家孫女姊妹。縛馬上而
去。執侍帳中。遠邇膽落。不暇寒心。然非金賊戕之
也。實官軍戕之也。方賊入一邑時。未聞官軍一人襲
而求救。咸謂彼出不意。而我適不爲之備也。繼而日
日相繼破一邑。碎一鎭。亦莫有官軍一人來禦之者。
乃知彼肆然以行。我初未嘗爲之備也。以故知閹貫前
日臧底河之敗。士卒死者十萬。不減永洛之酷。朝廷

莫得而聞也。貫蹙熙河經略。使劉法出師。爲西賊掩
而殺之如攜童稚。朝廷受百官班賀西師之捷也。近而
劉延慶於雄州北殭尸百餘里。而棄金帛軍實於亂尸之
中。不可稱數。并取雄州弓手。天下稱爲梟勇。而契
丹素所畏者。貫悉殺之。朝廷既不正典刑於延慶。而
貫尋封王矣。法制之兵當如是乎。其失之八也。或曰
。國家徵兵於方鎭而未至也。前與之和矣。曰城下之
盟。有以國敗不能從也。是春秋之法也。敢不守而行

之。韓信之伐齊。先有酈食其與齊和矣。李靖之滅頡利。唐儉深入虜廷而和矣。薛仁貴之取九姓。先受其降。而知彼降者僞。則不若悉坑之之威也。是皆春秋之法也。何獨古人。以縱金賊失之。無乃天下之士惡言孔子春秋之弊乎。雖然。徵兵於方鎭而不急奔命者。其故何也。漢陳豨反於代。高祖以羽檄徵天下兵未有至者。高祖乃躬選壯士於邯鄲。蓋豨之罪未白於天下也。唐代宗有吐蕃党項京師之危。詔諸道兵。四十

日無一人入關者。吐蕃党項雖爲天下所嫉。而程元振。李輔國凶闇之不君。復爲天下之所忌也。天下豈不曰。元振輔國者。吾家之吐蕃党項也。塞上之吐党黨項。吾力可及。而吾家之吐蕃党項。吾力之不可及也。今閹貫之凶燄出元振輔國上。既未梟而醢之。猶爲天下之所忌也。然實因兵制驅之而然者。何則。兵在州郡。則兵馴而州郡重。兵專命將。則兵驕而州郡輕。蓋將重則州郡不得不輕。將驕則兵不得不驕。惟州郡輕。則帥府輕。帥府輕。則京師輕。此天下之勢也。祖宗之兵寓於州郡。命其守臣曰。知州軍。以某軍重某州也。其將則州都監是也。州郡都監平日事其守臣卑且謹。則其兵無自肆也。此祖宗之兵制也。開寶之兵三十七萬。是謂必勝之兵。至道之兵六十六萬。是謂威武之兵。天禧之兵九十一萬。是謂太平之世保大之兵。慶曆之兵一百二十五萬。是謂昊賊之後應變之兵。皆以根柢京師。而枝幹四方。宜其百世莫得加

損於一日也。乃有大臣喜變更祖宗之法度。兵制亦不得而在。合數州之兵以爲一將。將重而州郡輕矣。州雖有兵之營幕。而窘於月食時衣。其號令之所加。進退之所繫。則在將而不在守臣。以都監而領剩員廂軍之外。不知將司一事也。將兵視州民如胡越。將官待守臣如寇讎。又有大可懼者。幸宗廟社稷之靈。無回戈吞噬之變。則昧者未之諭也。唯司馬溫公熙寧中在洛下。見留守前宰相韓絳以十數老弱之卒奉旨禱雨中

岳。而將兵有出城之禁。奏疏論之。曾布帥太原。躬自不勝將司之無禮。而終不以將法爲非也。此者不幸有金賊之役。如徵舊州制之兵。則詔至一州之日。則一州之兵奔命而東上。不必待於他州。切恐州之我先也。州兵之急於用也。今徵新法之將兵。而將兵分隸數州。必合而起之。又各仰其州之錢糧以資之。是州兵一日之事爲將兵累日之事也。將兵之不可急用也如此。國家承平既久。人材不甚相遠。都監之材武。不知視將官果如何。唯閹孺之役。商旅之族。乃得超授將官。而都監孤寒。以考第平進者。不敢與之比也。此州郡兵制之失。使其赴援不時之弊也。若其京師兵制之失。使其寡弱不足以爲京師之重。而威乎天下者。亦其自變更祖宗之舊制也。祖宗知漢唐都雍與洛。以河山爲險。而河山之險。人可更而有也。今都汴陽。無河山爲險。而唯以人爲固。乃屯重兵於京城之下。或分糧於京畿之邑。他人莫得而重輕之。唯我以之

爲用。是本朝以兵設險。險於雍洛之河山也。柰何喜變更之大臣。銷去祖宗傳城之兵營。曰坐縻太倉無用也。曰闕額之金因得以爲利也。閑地可以利室廬也。大臣而淺且陋。一至於此。安知百世之安危哉。宋守約自以併營爲功聞於一時矣。使我翊衛京城之兵營。十無一存者矣。今之貴臣強宗。則爲別館園囿。與夫道宮釋宇者。皆昔之營地也。後生但誇今日遊觀之雄。孰知昔者宿兵之雄哉。倘如祖宗之舊制。城外之兵營棊布相望。而謦欬之音日夜徹乎數百里之間。使四夷來朝貢者。遠而望之於鬱葱佳氣之外。有森然不敢仰首之威光。則彼金賊雖欲喘息於城下。而無以留且暮也。祖宗以兵爲險。而城不必高。池不必濬也。吾之京師是謂天邑。是謂神皐。其守唯在四夷也。由是觀之。祖宗京師之兵制優於唐之府衛多矣。唐之府衛遠。而不若我之近也。唐之府衛勤於命將。而我初不命將以私之也。內外兵制。繫國安危。其失之九也。

幸而有三策焉。曰命威望之大臣以守魏。而高陽可保也。命威望之近臣以守鎮。而中山可保也。在唐則魏博重於鎮冀。鎮冀重於幽燕。魏博鎮冀合而制幽燕者也。祖宗於河北建四鎮。而河東唯太原一鎮。其旨微矣。今不得已於晉於潞。或擇建一鎮。或各建一鎮。則太原可保也。此重鎮之策也。於河北河東。揀擇守臣。文武並用。待之則厚。委之則專。於轉運使提點刑獄之外。無繁碎旁午之使者以蹂踐之。搏嚙之。則

金賊雖得吾州縣。而無德乎人者。安能一日而居哉。大要如太祖時。郭進於邢州。李漢超於關南。何繼筠於鎮定。賀惟忠於易州。李謙溥於隰州。姚內斌於慶州。董遵誨於通遠。王昇於原州。不減唐李抱眞於澤潞。馬燧於太原。雖曰崎嶇於劇賊之中。而威震於華戎之上。吾民既安矣。何恤乎小醜。夫然後於民給復者五年。末之猶二年。明詔曰。山澤之利與爾共之。吾不禁也。鹽食之貨爾專有之。吾不與也。爾無種糧。則吾給之。爾無牛耕。則吾畀之。爾無農器。則吾鑄之。於是乎十數年流轉四方之民。不約而無遠邇來歸矣。唐宣宗何德以復累世所亡河湟之地哉。而能以恩惠顧於既歸之後。猶不失春秋重民之道也。此內治之策也。遠交而近攻者。范睢之謀。唐太宗爲能用之也。王者之師不必出。而以夷狄攻夷狄。則王者之師不戰也。國家之制遷賊。命於藩羅支。其制元昊亦命乎喃廝羅。是世效忠順以報朝廷者。一旦滅之爲郡縣

。今熙河是也。無日無烽燧之警。今因金賊陸梁之後。丕然大變其攻。得重使如唐賈林。本朝曹利用之類。以告室韋奚霫靼達諸蕃。鳴金賊之罪而四攻之。金賊何地以苟活哉。若高麗。則金賊素所臣事者。我之厚高麗者如何。其爲我緩急之役當如何。將見金賊雖欲苟活。不可得也。春秋之功。莫大乎存亡國。孔子猶書衛人立晉。不與齊侯之專封。而大天子之命也。今天子爲能命韓昉輩。訪耶律之後。禮而立之。則九

夷八蠻罔不仰中國之至仁。服陛下之丕德。非特爲耶律氏再生肉骨之恩也。仁之所施者深。則誠之所歸者廣。於是乎耶律氏爲我藩離。蚕虱金賊而湯櫛之。凡厥涿薊諸郡。恐卻之而必以歸也。漢光武不肯從臧宮馬武之謀。因匈奴衰亂而取之。乃立南單于以制北單于。唐太宗雖曰滅頡利。而立突利可汗使率其故部。示不滅人之國也。故曰。兵所以存亡繼絕。救亂除害也。今何憚而不爲此外交之策也。唐代宗有郭子儀爲

將。吐蕃內侵相繼五年。德宗有李晟爲將。而吐蕃內侵相繼三年。則今日之憂未易以一冬一春必也。廟堂之上可遽緩帶乎。借如三鎮之地已無及。而三鎮之餘猶可及也。今日之師以無補。而明日之師或尚可補也。皮膚之疾愈。而卻醫可也。心腹之疾猶存。而醫未易卻也。

卷二百三十二

宋高宗建炎元年。開封尹宗澤上奏章

四庫本「臣契勘河北西路眞定懷衛濬等處。見有番人占據。今又分留番馬於洺州。四向箚寨。密栽鹿角。意欲攻打。若河西諸州不守。即敵之姦計包藏不淺」句（四三九—五九二下）明刊本「番人」作「番賊」。「番馬」作「賊馬」。「敵」作「賊」。又「若敵勢厚重不可施行」句（同上）。明刊本「敵」亦作「賊」。

浚又上言章

四庫本「臣竊謂今日之勢金人非有爭天下之略」句（四三九—五九四上）。明刊本「金人」作「賊虜」。又其後「如詩所謂內修政事。外服遠人」句（四三九—五九四下）。明刊本「外服遠人」作「外攘夷狄」。又「金人之巢穴遠過燕雲」句（同上）。明刊本「金人」作「金虜」。又「使敵之善計者收其精甲銳士寘之極邊」句（同上）。明刊本「敵」字作「虜」。

浚辯和議利害奏章

四庫本「屈指而計。敵人於我讎釁非一端」句（四三九—五九五下）。「且敵之畏懼請和。在我朝抑可考矣」句（同上）。明刊本「敵」字皆作「虜」。

浚論江淮形勢奏章

四庫本「敵之所向如踐坦塗。或整陣而來。或乘間而至」句（四三九—五九六下）。明刊本「敵」字作「虜」。

浚奏楊沂中破劉猊疏

四庫本「萬一敵人出沒此處。何以支吾」句（四三九—五九七上）。明刊本「敵人」作「虜叛」。

浚論邊事利害奏章

四庫本「今歲敵人舉動未見大入之形。惟是逆鱗狂謀。借敵援以幸萬一。此容有之」句（四三九—五九七下）。明刊本兩「敵」字皆作「虜」。

紹興間浚進王朴平邊策故事奏章

四庫本「國勢日降則彊敵自服。彊敵既服則天下自歸」句（四三九—五九九下）。明刊本「敵」字皆作「虜」。

浚又論戰守利害疏

四庫本「使蕃漢諸國知敵不可恃。各有離心。敵亦不敢輕舉南來」句（四三九—六○○下）。明刊本「敵」字皆作「虜」。

趙元鎮論防江民兵奏章

四庫本「欲以區區疲悴之民爲防托禦敵之策。臣竊惑

之」句（四三九—六○一下）。「責之防托禦敵則望風而循矣」句（同上）。明刊本「敵」字皆作「寇」。又「萬一敵至中流鼓噪而進。吾之正兵堅立不能動。能復有幾」句（四三九—六○二上）。明刊本「敵」字作「賊」。

元鎮論親征奏章

四庫本「以韓世忠之報。敵騎窮蹙。可以剪除。陛下欲親總六師。爲親征之計。萬一世忠所報不實。及建

康之衆未退。詭計多端。變詐百出。或爲回戈衝突之勢。陛下何以待之。」句（四三九—六〇二下）。明刊本「敵騎」作「虜騎」。「詭計多端」作「狼子野心」。又其後「俟敵騎渡揚子。乃幸浙西。北亦聖慮所及」句（同上）。（四三九—六〇二下）明刊本「敵騎」作「胡騎」。又「若謂敵已窮蹙。決保無他。即遣將襲之可也」句（同上）。明刊本「敵」作「虜」。

元鎭又上奏曰。臣聞戰不必勝章

四庫本「惟敵人擾蜀。于今累年」句（四三九—六〇四下）。明刊本「敵人擾蜀」作「狂虜寇蜀」。又「或兵威不加於前。敵勢無損於舊」句（同上）。明刊本「敵」作「虜」。又「邊人聞朝廷再開督府。內外觀望。事體非輕」句（同上）。明刊本「邊人」作「夷狄」。

樞密院編修官胡銓上奏章

四庫本「機雖不可失。然敵亦未可輕」句（四三九—六〇五下）。明刊本「敵」字作「虜」。

銓又上奏曰。自聞大行太上皇帝章

四庫本「軍民失望。正墮敵計。夫金人虐我父子兄弟。亦既大甚。是我有不同天之讎。而敵負天下不義。神人共憤之名。自古豈有不義而得志於天下者哉。我若仗大義詔天下曰。梓宮不復。痛貫心骨。朕誓不與敵俱存」句（四三九—六〇六上）。明刊本「敵」字

皆作「虜」。「金人」作「醜虜」。又「今偵諜所傳。皆言敵人併兵以趣川陜。可以知其情矣。蓋以向來江表用兵。非敵形勢之便。故二三歲來。悉力窺蜀。其意以謂蜀若不守。江浙自搖。故必圖之不置。非特報前一敗而已。則是今日利害在吾蜀兵之勝負。吾兵若勝。而敵不得近蜀。則必氣索而衆離」句（四三九—六〇六下）。明刊本「敵」字皆作「虜」。又「韓世忠驍勇無前。蓋嘗抗敵於江上」句（四三九—六〇

七上)。明刊本「敵」字作「虜」。又「今若欲乘敵未來。我先進討」句(同上)。明刊本「敵」作「賊」。又「顧敵禍已窮。天將悔革。則彼必敗于隴蜀」句(四三九—六〇七下)。明刊本「敵」字作「虜」。「彼」字作「賊」。又「敵之破敗又如去冬。然後徐為之圖。不然。敵師尚彊。則我素弱之兵可輕舉哉」句(同上)。明刊本「敵」字皆作「虜」。

四年。提舉西京崇福宮李綱上言章

四庫本「以今日捍禦敵馬事勢。陳為三策以獻」句(四三九—六〇八上)。明刊本「敵」字作「虜」。又「借有敵騎勢必不多。朝廷措置得宜。將士用命。則安知此賊非送死於我」句(四三九—六〇九上)。明刊本「敵」字作「虜」。

綱為江西安撫制置大使時上言章

四庫本「王師與敵兵相持於淮泗間幾半年矣」句(四三九—六〇九下)。明刊本「敵兵」作「虜偽」。

綱又上奏曰。臣今月十日准御前金字牌章

四庫本「臣竊見國家與敵兵相持累年以來。未有如今日之捷也。原其所以致此。蓋緣六飛親臨將士用命之故。儻非車駕在近。威令可行。則淝水之師安能既退。而復進變敗而為成哉。前年親臨。則敵騎宵遁。今年親臨。則偽齊奔北。其效昭然。可見臣願陛下乘時稍進以臨江。號令王師。士氣益振。則雖勍敵陰遣援兵。未必不聞風而退屈」句(四三九—六一〇上)。明刊本「敵兵」作「虜偽」。「敵騎」作「虜騎」。「勍敵」作「黠虜」。

綱又上言曰。臣近者伏蒙聖恩章

四庫本「竊見朝廷軍政不修。致有邊庭之禍」句(四三九—六一〇下)。明刊本「邊庭」作「夷狄」。

卷二百三十三

宋高宗時。直龍圖閣李光乞車駕親征劄子

四庫本「自去秋迄今。敵騎無復南渡之意。淮甸咫尺。了不經營。長江千里。不爲限隔。惴惴然日爲乘桴航海之計。謂之萬全。臣所未諭也。以區區晉元草創建國於基緒既絕之際。猶能立宗社。修宮闕。興學勸農。保有江淛。劉琨祖逖與敵人拒戰於幷冀兗豫司雍諸州。未嘗陷沒也。以石季龍之強大。兵叩歷陽。命王導都督中外諸軍事以禦之。周世宗當五代之末。取淮南攻隴右下三關。皆御軍親行。威震敵國。未聞專主避敵之謀如今日也。況陛下英武。命世以眞主之勢

而臨僞邦。以中國之尊而抗邊鄙。天人助順。軍人士庶孰肯甘心委質屈膝敵庭。終身爲外國絕域之人哉」句（四三九—六一六上）。明刊本「敵騎」作「虜騎」。「敵人」作「逆胡」。「敵國」作「戎虜」。「避敵」作「避狄」。「邊鄙」作「夷狄」。「外國絕域」作「汙僞降夷」。

光又論守禦大計狀

四庫本「臣聞強敵擁兵淮陽宿亳之間。坐觀勝敗。此其志不淺。趙充國之擊敵以殘滅爲期」句（四三九—六一六下）。明刊本「敵」字皆作「虜」。又「臣觀今日敵兵布置必有主謀。願陛下勿輕此敵」句（四三九—六一七上）。明刊本「敵兵」作「虜僞」。「此敵」作「此賊」。又「臣恐正墮敵計。非策之得也」句（同上）。明刊本「敵」字作「賊」。又四庫本「往年南牧無所得。去冬又無所得而去。士馬折傷固已大半。異時雖欲復驅強暴之衆以犯我。孰肯爲用者。

此乃坐制強敵之術。臣愚伏望陛下或敕諸將。各務持重。不過隱忍三兩月間。彼師老食盡。然後廣設方略。出兵追擊。或邀其歸途。我得勝筭矣。僞地恃敵爲強。敵騎既退。則劉豫父子豈能立國乎。復祖宗之故疆。還二聖於沙漠。當在此舉。惟陛下特加聖慮」句（四三九—六一七下）。明刊本作「往年入寇無所得。去冬又無所得而去。士馬折傷固已太半。異時雖欲復驅犬羊之衆以犯我。孰肯爲用者。此乃坐制強虜之

術。臣愚伏望陛下或敕諸將。各務持重。不過隱忍三兩月間。彼師老食盡。然後廣設方略。出兵追擊。或邀其歸途。我得勝筭矣。僞地恃虜爲強。虜騎既退。則劉豫父子豈能立國乎。復祖宗之故疆。還二聖於沙漠。當在此舉。惟陛下特加聖慮。」

光又進裴度平蔡故事章

四庫本「戎甲紛紜。時作不靖。此誠天心厭亂之時也」句（四三九—六一八上）。明刊本「天心厭亂」作

「天亡醜虜」。又「是以敵勢縱橫。得以轉輾憑陵。遷延歲月之久」句（同上）。明刊本作「是以腥膻小醜。得以遊魂假息。尙延歲月之命」。又「則未勝之敵垂手可平。泰定之期指日可復。陛下無憚乎金人之強而莫之抗也」句（四三九—六一八下）。明刊本「未勝之敵」作「猖狂之寇」。「金人」作「金寇」。又「坐制強悍。流慶萬年。前事不遠。實可鑒哉」句（同上）。明刊本「強悍」作「黠虜」。

誼乞息兵愛民奏章

四庫本「今陛下當僞齊叛亂之餘。恢祖宗積累之業」句（四三九—六一九上）。明刊本「僞齊」作「虜僞」。

誼又上奏曰。臣近聞金人正月有南渡之意章

四庫本「有能斬首捕敵者重爲賞格」句（四三九—六二〇上）。「唯恐敵兵之不相遇也」句（同上）。「且敵兵徘徊江北又已數月」句（同上）。三「敵」字明刊本皆作「虜」。

提舉臨安府洞霄宮葉夢得上奏章

四庫本「竊惟敵自陛下即位以來。游兵南牧。於今七年」句（四三九—六二三下）。明刊本「敵」作「虜」。「游兵」作「猖獗」。又「外以奉金歲幾三百萬緡。又遠事關陝。疲竭內地。金所留兵。散處諸郡通不滿萬人」句（四三九—六二四上）。明刊本「金」字皆作「虜」。

夢得乞下劉錡等討賊奏章
四庫本「臣近以敵騎侵犯河南。二十四日嘗具管見奏陳。伏覩手詔。顯暴敵渝盟失信之罪。困虐中原無已之惡。一伸王威。宣達衆憤。中外呼舞。遠近同辭。相繼大號。起劉光世招撫三京。以壞散敵謀。攜貳其黨。劉錡復立功順昌。軍聲士氣鼓勇百倍。天下幸甚。臣濫守陪都。外當一面。主憂臣辱。不敢不盡死節。少佐旰食。數日來博採人情。以聽輿論。皆以敵詭

詐憑陵。人人懷怒蓄銳。有北向殄滅之意。與前數歲不同。此乃天啓中興。敵勢陵夷。自取敗衄之日。非人力所能爲也。錡既首挫其鋒。其兆已見。議者皆謂錡孤軍遠立。將士用命。所以能先諸將立功。須朝廷極力主張激勵。使得盡其心。不惟可令敵望風沮屈。國勢當亦自此遂振。竊聞朝廷已遣李世輔。王德往應援。世輔敵所深怨。如其用李成。酈瓊等。誠爲得策。兼其人驍勇沈厚。深達敵情。儕類多所推稱。以爲朝廷用之得人。但頗願多與之兵略。與錡相當。使與錡更爲形勢。錡駐順昌。世輔駐泗州。夾淮東西。掎角相望。更敕韓世忠。張俊。各以精騎巡所部境上以爲之殿。王德一軍往來游擊於錡。世輔之間。敵近所下諸郡。皆不過百餘騎。傳檄得其降書即去。百姓向背無所與責。如景祥。王彥充輩。前此本非歸我。皆敵留爲腹心潛相窺覘者。故聞變盡甘心敵命。其所守既無備。王德可以坐擒。敵固不能發兵往救。又不能

分兵並守。則故疆自已收復。我擒其守長。厚撫其民。亦可就食糧斛絕其後。計敵所保者惟在京師。據探報敵兵至京師者不滿三萬人。非叛兵即簽軍。正兵無幾。若錡世輔斥堠明遠。伺得其便。即命鼓行而前。世忠後繼之。直薄城下。自不妨劉光世一面招撫。兇悍者誅滅。柔順者歸附。敵無所恃。必懼而遁去。若閉城固守。旋追兵國中。當此時暑。疾驅遠來。人疲馬困。我迎擊河上。可以必得。敵乃在吾腹中。此萬

世一時不可失之機會也。少有稽緩。使敵得整兵而來。或劉錡力不能持。退舍則敵復得志。計將難諧。臣衰懦不武。素不嫺習軍事。歷考載籍。自古用兵凡大勝敗。未有不因士氣所向。士氣所向。未有不順人心所欲。臣前所論奏。以敵犯境之初。未見其兵厚薄。我未整飭軍伍。故且乞奪其儲積。無守舊轍。矯前日畏避之過。張皇六師。過爲隄備。以待其釁。今敵形已見。正乘機定計之時。此之所陳。蓋得於人心同欲

。非臣狂妄之私。不敢隱默。伏望聖慈。更命大臣參考熟議。少留聖聽」一段（四三九—六二五上下～六二六上）。除「壞散敵謀」之「敵」字明刊本作「賊」及「深達敵情」不改外。其餘凡「敵」字明刊本皆作「虜」。「敵勢陵夷」作「虜惡貫盈」。

夢得論漢高帝破奏項三策劄子

四庫本「今金人不道。雖荐食上國。不強於秦項」句（四三九—六二七下）。「而吾將帥反不能爲下取金

敵乎」句（同上）。明刊本「金人」「金敵」皆作「金賊」。又「願復下令應投拜附敵者。能各殺其守長。以縣降者授以縣。以州降者授以州。山寨與河北之民若盜。凡自相結集。不從敵人。願歸我者。千人則授某官。萬人則授某官。其昏迷不恭。恃敵而不悛者。軍至皆討焉。則孰不革心而效順。此高祖誘降之道也。敵今所驅用者。怕我之叛將亡卒。其初皆非仇我而慕敵。蓋亦有迫不得已僅以逃死既絕於我。則不得

不用於彼。然酈瓊始奔敵。嘗散其衆不用」句（同上）。以上除「恃敵而不悛者」之「敵」字明本作「賊」字外。其餘皆作「虜」。又四庫本「能殺併敵人而歸我者」句（四三九—六二八上）。「敵兵分則不能並立」句（同上）。明刊本「敵」字皆作「虜」。「敵兵若盡窺兩淮」句（同上）。明刊本「敵」字作「賊」。又「彼腹背受敵。欲當前則後必困」句（同上）。明刊本「彼」字作「虜」。

夢得又乞休兵養銳奏章

四庫本「伏見敵人敗盟。陛下赫然獨斷。一伸王怒」句（四三九—六二八下）。明刊本「敵人」作「逆虜」。又「竊恐敵得暫休。撫養其衆」句（同上）。明刊本「敵」作「賊」。

夢得又乞下諸大帥臨陣審度敵情。無落姦便奏章

四庫本「夢得又乞下諸大帥臨陣審度敵情」句（四三九—六二九上）。「若敵或出於此。竊慮諸將不知。

落其姦便」句（同上）。「更令審度敵勢。不可欲速見小利乘銳貪功」句（四三九—六二九）。以上三句之「敵」字明刊本皆作「賊」。

又其後。四庫本「秋冬敵至與爲道地。則吾中國豈復枝梧」句（四三九—六三〇上）。明刊本「敵」字作「虜」。

虞允文上奏章

四庫本「如此不患兵力不合。既合不患敵兵不破」句（四三九—六三〇下）。明刊本「敵」字作「虜」。又「稱敵帥於十二月一日遣發人馬。取三日渡江。臣今日同諸軍詣江口。踏行戰場。見得沿江水落。其岸口泥沙深闊丈餘。今敵船及岸。步騎登戰。即是天亡之日。官軍極力勦除在此時矣。臣見又措置於泥沙盡處廣立木柵。以爲官軍之蔽。又爲敵兵奔突之防。敵知我守禦得人。豈肯輕犯。臣竊料若得瓜洲一戰之後。敵必遁。兩淮必可收復」句（四三九—六三〇下～

六三一上）。明刊本「敵帥」作「虜酋」。其餘「敵」字皆作「虜」。

允文又論江上事宜奏章

采石之戰。臣與統制官大破敵軍。俘斬既衆。遂走完顏亮而盡焚其舟。實皆宗社之休。陛下威令神筭之所及。臣不勝幸甚。嘗兩具本末奏知。必已仰塵睿覽。及臣還建康。沿江之北百餘里。無復一人騎。敵之氣索矣。臣在采石探知敵帥引兵會於淮東。見開河於第

二港。決艾陵之水。通出船筏以窺京口。因李顯忠到軍。即與之商量。令移時俊軍於馬家渡。而顯忠兼守之。輟李捧一全軍。又分采石戈船百艘。來援京口督府。又留楊存中。邵宏淵同力防托。庶保萬全。蓋臣以諸處探報。知敵兵不多於官軍。但彼合而我分。故強弱之勢遂若相異。自敵得兩淮。其兵力漸分。而糧草乏絕。人馬多病死。故急於采石之戰。既已大敗。又將徼幸於瓜洲。今我之精兵聚於京口。持重以待

之。一戰而勝。敵帥遁歸無疑矣。臣每聞士夫之論。謂采石渡磠砂夾馬家渡大城堽皆為可憂。臣因親行江上。知其說有不然者。蓋敵自和州可以出舟於大江者。止有一楊林河與采石相對而已。餘皆下流。別無河道可與大江相通。近李顯忠遣人深入。探得楊林河中見今別無敵船。又官軍戰艦皆守河口。則下流諸渡非所憂也。方敵帥住和州。窮日夜之力以造船。意謂必有大過人者。故采石初戰時。官軍所用船纔五之二。

以其三寘上流。及天色垂暮。敵敗而走。又不敢大段追襲者。防其戰艦或出於不測也。今乃止百十小舟。殊無籠蓋遮掩。如州縣渡口所用者。便欲以當官軍戈船。臣知其伎倆已盡。無能為矣。初敵涉淮。不旬日直抵大江之北。臣詢之將士。質之道路之言。皆云劉錡王權未嘗敢與大敵相接。逡巡引避。有一日走數百里者。非戰而不勝之罪也。以此月八日之戰。當諸軍扶傷奪氣之餘。而舊將已去。新將未至。正人情危疑

中尚能大破彼軍。亟走敵帥。使建康蕪湖間民皆奠居者。士卒竊倚王人為重。得以肆力於一戰也」一段(四三九—六三一～六三二上)。明刊本凡「敵」字皆作「虜」。「敵帥」作「逆亮」。唯「尚能大破彼軍。亟走敵帥」句(四三九—六三二上)之「彼」字作「賊」。「敵帥」作「虜酋」。又「則裕溪大信口無敵船可入」句(四三九—六三二上)。明刊本「敵」字亦作「虜」。

允文又上奏章

四庫本「臣竊見敵人自采石大敗奔遁之後」句（四三九—六三二下）。又「臣於十三日自采石回至建康。以敵帥駐維揚。敵兵進據瓜洲」句（同上）。明刊本「敵人」「敵帥」並作「虜酋」。「敵兵」作「虜兵」又「探得敵所開河。以沙漲不成。已罷開掘之役」句。又「自眞州下連瓜步敵兵最多」句。又「可以射敵。使不得登岸」句（四三九—六三三上）。又「敵

見築塞渡口。造三閘以儲水」句（同上）。又「敵見今有遊騎到城下」句。又「敵見官軍旣到。必是不敢深入」句。又「以臣料之。敵必不敢輕動」句。以上諸句。凡「敵」字明刊本皆作「虜」。又「若一旦敵退。亟圖興復」句（四三九—六三三下）。明刊本「敵」字作「虜」。又「嘗面奏決不敢以敵遺君父憂」句（同上）。明刊本「敵」字作「賊」。

權中書舍人張孝祥進故事章

四庫本「宣王能內修政事。外服遠人。復文武之境土。則得乎此者也」句（四三九—六三四下）。明刊本「外服遠人」作「外攘夷狄」。又「蓋復境土必本於服遠人。服遠人必本於修政事」句（同上）。明刊本「服遠人」皆作「攘夷狄」。

曹勛議淮上事宜狀

四庫本「今敵攻兩淮殆踰一月。我之諸將屢報小捷。而敵全師實未嘗動」句（四三九—六三五上）。明刊

本「敵攻」作「虜寇」。「敵」字作「虜」。又「疑敵以羸兵驕我。而伺我之怠」（同上）。「敵之敗北在理不疑」句（同上）。明刊本「敵」字皆作「虜」。又四庫本「今敵騎充塞江北。實繁有徒。屢折不退」句（四三九—六三五下）。明刊本「敵騎」作「羶裘」。又「願朝廷毋輕此敵。毋惑不根之言」句（同上）。又「敵將懲艾。可數十年無疆場之憂」句（同上）。明本「敵」皆作「虜」。

翰林學士汪藻乞分張俊軍馬策應狀

四庫本「以爲中國困於兵革而得少休息者」句（四三九—六三五下）。明刊本「兵革」作「腥羶」。又「皆云敵於蔣山雨花臺兩處各劄大寨。抱城開河兩道以護之」句（四三九—六三六上）。明刊本「敵」字作「虜」。又「莫知其數。必破膽奔潰。此制敵之奇也」句（四三九—六三六下）。明刊本「敵」作「虜」。「輕此敵忽此事」句（同上）。明刊本「敵」字作

「賊」。

卷二百三十四

宋孝宗隆興二年張浚上言章

四庫本「臣又伏蒙聖諭。敵人八九月間必竭力而來」句（四三九—六三九上）。明刊本「敵」作「虜」。又「臣竊觀金人無道。弒主再世」句（四三九—六三九下）。明刊本「金人」作「金虜」。「此風不改。借使金人已亡。內患外變且將相仍而起矣」句（同上）。明刊本「金人」作「金賊」。

浚又奏邊事章

四庫本「意恐敵人因此舉兵。或至生事」句（四三九—六四〇上）。明刊本「敵人」作「虜人」。又「敵兵利於冬。是以北敵率秋高而舉。方初冬時。敵以虛聲臨我」句（同上）。明刊本「敵兵」作「胡兵」。「北敵」作「夷狄」。「敵」字作「虜」。

浚論東西牽制奏章

四庫本「而區區每思牽制此敵於東方者。非有他也。

顧以敵萃精兵於關陝。東方空虛不及。茲時有以撓之。用觀人心之變而坐待敵人回師。併力以事兩淮。竊恐國家之悔爲無及矣。臣日近奏稟山東海舟利害。亦非敢冒昧爲之。蓋欲先張聲勢。屯泊於海州一帶。招收壯勇。窺伺機會。庶幾使敵有後顧之憂。而人心易離。不能深入。其與束手不爲。俟敵勢之張爲有間矣」句（四三九—六四〇下～六四一上）。明刊本「敵

」字皆作「虜」。「敵人」作「賊虜」。
浚又奏敵勢及海道進取等事疏
四庫本「浚又奏敵勢及海道進取等事疏曰。臣契勘敵人南向之兵在靈壁虹縣」句（四三九—六四一上）。「敵若無西北牽制之患。則今歲秋成。糾合大兵圖我」句（同上）。又「敵之事力素強。倘非出奇擣虛。乘其不意」句（四三九—六四一下）。「今敵兵疲弱非往昔比」句（同上）。明本「敵」字皆作「虜」。
又四庫本「竊聞陝西吳璘之師。曾未幾月。與敵人大戰者已至于再。臣等私以爲此不可不爲之深思。蓋使此敵得志於西。則氣焰必熾。脅制蕃漢。聚兵邊陲。迫我臣屬。事固難處。使敵脫有敗績。則必形勢支離。上下攜貳。幾不可失。使敵留屯列守。求以困我。則磨以歲月。變故多端。然則敵之勝負與夫持久不決。皆有大利害存乎間。倘坐視不問。貽憂異時。恐非計之得也。臣等愚慮。欲先發舟師。奄出海道以搖山

東。而令張子蓋駐兵盱眙楚泗之間。李顯忠駐兵壽春花靨之間。蓄銳休卒。用觀其變。先立不敗之地。俾敵人首尾奔命之不暇。見利則趨。知難則守。而潛遣忠義。結約中原。機會蓋有可言者。敵聞我重師臨邊。其精銳往關陝者。又不敢輙呼之使還。人心憂顧。必致疑惑。而我師之在德順者。知吾有牽制之舉。將士之情孰不奮作。益堅鬥志。若皇天悔禍。敵之弱勢畢露無餘。則豪傑響應。理無可疑。陛下徐御六飛來臨建業。力圖恢復。誠千載一時也。議者或謂此敵若復能竭國而來。吾將何以應之」句（四三九—六四二上下）。四庫本「敵人」明刊本作「賊虜」。其餘「敵」字皆作「虜」。又其後「萬一此敵或冒昧一來。小則率衆抗禦。足遏其鋒。大則斂兵淸野。以伺其便。其權固常在我。而初無所損也。仰惟太上皇帝宵衣旰食。屈己爲民。而敵計多端。終不自革。太上皇帝肅將天命。大駕順動。兇渠就隕。天之佑德蓋已可見

。而親舉大器。授之聖子。恭惟陛下體太上付託之重。慨祖宗王業之艱。卹生民塗炭之苦。念金人讎恥之大。未嘗一日而忘于心」句（四三九—六四二上～六四三上）。明刊本「敵」字作「賊」。「敵計多端」作「狼子野心」。「金人」作「金虜」。

孝宗時起居郎胡銓進故事章

四庫本「中國由正道。外域由詭道。中國以正勝。外域以奇勝。由正道者常不得志。由詭道者常得志。以正勝者常少。以奇勝者常多。此自古及今。中國所以多見陵於外國也。建炎戊申。敵人請和。聲言提兵百萬有事河北。初無窺維揚意。宰相黃潛善汪伯彥。眞以爲不吾襲也。既而以精兵萬人直擣揚州。而汪黃安坐中書。初不知敵兵之至也。一旦六飛蒙塵。倉皇出奔。幾不免虎口。自靖康迄今凡四十年。敵人未嘗不由詭道。未嘗不以奇勝。而我終不悟也。前車覆。後車戒。前事之失。後事之師。竊聞道路之言。敵人款

我以和。潛師窺伺。或言多造戰艦由海道以進。或言實粟塞下由間道以來。雖未必可信。然弼之沿江防人。必集歷陽前事之驗也。敵人之計安知不出於此乎。陛下前日奮然下詔。謂和決不可成。有識咸鼓舞。以謂聖神遠慮。洞見敵人之情。有如蓍蔡。近者邊臣遣兵官孫造往返境上。疲於奔命。竟不能得敵人要領。其愆期爽約。亦可見矣」一段（四三九—六四三上下）。明刊本作「中國由正道。夷狄由詭道。中國以正勝。夷狄以奇勝。由正道者常不得志。由詭道者常得志。以正勝者常少。以奇勝者常多。此自古及今。中國所以多見陵於夷狄也。建炎戊申。虜人請和。聲言提兵百萬。有事河北。初無窺維揚意。宰相黃潛善汪伯彥。眞以爲不吾襲也。既而以精兵萬人直擣揚州。而汪黃安坐中書。初不知虜兵之至也。一旦六飛蒙塵。蒼皇出奔。幾不免虎口。自靖康迄今凡四十年。虜人未嘗不由詭道。未嘗不以奇勝。而我終不悟也。前

車覆。後車戒。前事之失。後事之師。竊聞道路之言。虜人款我以和。潛師窺伺。或言多造戰艦由海道以進。或言實粟塞下由間道以來。雖未必可信。然弼之沿江防人。必集歷陽前事之驗也。醜虜之計安知不出於此乎。陛下前日奮然下詔。謂和決不可成。有識咸鼓舞。以謂聖神遠慮。洞見犬羊之情。有如著蔡。近者邊臣遣兵官孫造往返境上。疲於奔命。竟不能得虜人要領。其慾期爽約。亦可見矣」。

虞允文上言章

四庫本「多言敵人遣使督責陜西監軍哈希又益以兵」（四三九—六四四上）。明本「敵人」作「虜酋」。又「萬一敵騎奔衝。或有透漏。則官軍在遠。救應不及」句（同上）。「蓋敵中方亂。敵兵在中原者不多」句（同上）。以及「敵識認是官軍。一城皆震擾」句（四三九—六四四下）。以上四「敵」字明本皆作「虜」。

允文又論今日事機可戰奏章

四庫本「我今與敵又非特古所謂中國與四夷有內外首足之辨而已也。……陛下英武沈毅。料敵制勝出於天授。而敵主昏庸。權移於臣下。一可戰也。二聖禪授之德升聞。而金人篡弒之禍相接。天命不貳。二可戰也。敵人衆叛親離。有骨肉相攻之禍。而吾四封之內無盜賊嘯聚之憂。三可戰也。中原百姓咸思祖宗德澤。身在敵境。心在本朝。四可戰也。自前年金人用兵。中原豪傑無逐鹿之心。而率衆內附。今皆居吾境上。聚爲市落。棄其墳墓田業不去。五可戰也。朝廷自收復陜西三路。得兵。得馬。得糧。得形勢之地。六可戰也。敵中管軍酋領絕不知兵。所至浪戰。而國家宿將尚有可用之人。七可戰也。敵中去歲久旱。蝗飛蔽野。而梁洋秦鳳之間蝗不入境」句（四三九—六四四下～六四五上）。明刊本作「我今與虜。又非特古所謂中國與四夷有內外首足之辨而已也。……陛下英武沈毅。料敵制勝。出於天授。而虜酋昏庸。權移於臣下。一可戰也。二聖禪授之德升聞。而逆虜纂弒之禍相接。天命不貳。二可戰也。逆虜衆叛親離。有夷狄相攻之禍。而吾四封之內。無盜賊嘯聚之憂。三可戰也。中原百姓。咸思祖宗德澤。身在虜境。心在本朝。四可戰也。自前年逆亮用兵。中原豪傑無逐鹿之心。而率衆內附。今皆居吾境上。聚爲市落。棄其墳墓田業不去。五可戰也。朝廷自收復陝西三路。得兵

。得馬。得糧。得形勢之地。六可戰也。虜中管軍酋領。絕不知兵。所至浪戰。而國家宿將尚有可用之人。七可戰也。虜中去歲久旱。蝗飛蔽野。而梁洋秦鳳之間。蝗不入境」。

允文又應詔論進討勝勢兵糧將帥奏章

四庫本「伏蒙聖恩。諭以敵勢衰弱。將來必有機會可乘」（四三九—六四五上）。「敵兵雖多而其心已離。官軍雖少而其用常分」句（四三九—六四五下）。「今敵兵之在境上。雖或聚或散去來不常」句（四三九—六四六上）。「敵之積粟亡慮十數萬。亦何患無可因之糧」句（同上）。又「以敵騎之實處張我之虛聲。以敵營之虛處爲我之實事」句（四三九—六四六上）。以上凡「敵」字。明本皆作「虜」。

秘書省正字趙汝愚乞力行自治之計奏章

四庫本「臣竊惟祖宗創業之艱難。垂三百年罹兵革之亂。神州陸沉。有識之士言之切齒。陛下天錫勇智。慨然發憤。勞形苦心。志在恢復。誠社稷生靈之幸。

然臣竊觀天下之勢。以謂國家之與敵人不幸強弱不同。蓋可以德攻而未易以力取也。今夫興師動衆。鼓行以北。自一邑取一州。自一州取一道。轉鬥而前。是以力戰天下也。敵人未滅。必將驅逐精銳之衆以與我爭。其勢不奪不饜」句（四三九—六四六下）。以上「兵革」「敵人」明刊本皆作「胡虜」。「精銳」作「犬羊」。又「使敵不猜不懼。日成驕惰苟且之政」

句（四三九—六四七上）。又「或者敵更懼而脩德。則陛下之所欲愈速而愈緩矣」句（同上）。明刊本「敵」字皆作「虜」。

參知政事史浩條具弊事奏章

四庫本「然念祖宗版圖久污異域之俗」句（四三九—六四七下）。明刊本「異域」作「腥羶」。

浩論用兵劄子

四庫本「若歲歲設備。敵人聲東擊西」句（四三九—

六四八上）。「臣觀敵情。彼亦厭兵」句（同上）。「蓋敵國未有長盛之理。破滅有期」句（同上）。明刊本「敵國」作「夷狄」。「敵」字作「虜」。

浩又上奏曰臣恭覩陛下特發英斷章

四庫本「傳聞之言多謂敵兵困於西北。不復顧山東」句（四三九—六四八下）。「萬一未至盡如所聞。敵人尚敢旅拒。遺民未能自拔」句（同上）。「蓋山東去敵巢萬里。彼雖不能守。未害其疆」句（四三九—六四九上）。明刊本凡「敵」字皆作「虜」。

知信州王師愈奏章

四庫本「橫挑強鄰。經營分表。蔡謨亦深垂戒於晉」句（四三九—六五〇上）。明刊本「強鄰」作「強胡」。又「夫以祖宗二百年經理封疆淪於異域」句（同上）。明刊本「異域」作「羶腥」。又「今敵情雖輾轉難信。然我既與之約誓矣」句（四三九—六五〇下）。明刊本「敵情雖輾轉難信」作「夷狄雖犬豕難信」。

翰林學士承旨洪遵論制敵定計劄子

四庫本「及得金諜則倉皇奔遁」句（四三九—六五一上）。明本「金諜」作「虜諜」。又「今春敵中加無禮於使人。未知朝廷何以備之」句（四三九—六五一下）。「然則敵試我也。彼必有定論。在應之如何耳」句（同上）。明刊本「敵」字皆作「虜」。

王質上書章

四庫本「敵帥北摧鄂斡數十萬之衆。南卻宿州七八萬王師」句（四三九—六五二下）。又「淮西之敵不能久留。淮東之敵負水利之便」句（四三九—六五三上）。又「惟荊襄之師適當劉蕚之庸。屢得敵人之利」句（四三九—六五三下）。「今敵盛兵以疑荊襄。蓋亦慮有腹心之擣」句（同上）。「陳蔡之敵未必皆精」句（四三九—六五四上）。又「不獨可以退淮南之敵。恐因可以成河南之事」句（同上）。「敵事不捷

則已有禍」句（同上）。「何惜掣敵之奇。投於無用之地」句（同上）。以上凡「敵」字皆作「虜」。

戶部侍郎王之望上奏章

四庫本「卒與敵遇保於亭下。單于攻亭得之」句（四三九—六五五上）。「是歲沙河冰薄敵皆陷溺」句（同上）。明刊本「敵」皆作「虜」。又「以此觀之。一彼一此。或勝或負」句（同上）。明刊本「一彼一此」作「中國夷狄」。又「雖悉平諸國。而終置北敵於度外」句（四三九—六五五下）。「敵始有輕中國心」句（同上）。「敵勢強盛。中外震恐」句（同上）。「敵人挾百勝之強。窮其兵力欲包舉南夏。而屯聚之衆屢衄於我」句（同上）。「我之不可絕淮而北。猶敵之不能越江而南也」句（同上）。又「釁起蕭墻。一夕灰燼。敵之南侵。其禍如此」句（四三九—六五六上）。「敵之克我也固無先勝之謀。我之破敵也。亦非素定之策」句（同上）。「所謂奉承天意者

不必曰與敵和也」句（同上）。「豈欲汲汲然求合於虜。以偷歲月之安哉」句（同上）。又「為國者要在安靜。一與敵校。殺傷必多」句（四三九—六五六下）。「初敵至渭上。有可攻之勢」句（同上）。又「憤強鄰之肆擾。赫然興師」句（四三九—六五七上）。「時事不利。敵益猖獗。則苗民逆命之比」句（同上）。又「彼區區之敵焉有不格者乎」句（四三九—六五七下）。以上十三處「敵」字明刊本皆作「虜」

。「屯聚之衆」作「犬羊之衆」。「強鄰之肆擾」作「逆胡之猾夏」。

光宗時周南上論章

四庫本「自中原失守。我以偏方一隅當敵之衆大」句（四三九—六五七下）。「而敵亦不能盡得我之虛實」句（同上）。「故比者兵出之初。敵境亦爲之響振」句（同上）。「方紹興之末年。敵之弱我甚矣」句（四三九—六五八上）。「於是敵以重兵壓我。我不

免撤備而就和」句（同上）。「蓋敵之弱我者特在於兵出無功之一事」句（同上）。「敵固不得而揣量其輕重也」句（同上）。以上凡「敵」字。明刊本皆作「虜」。

蔡戡論和戰奏章

四庫本「然而金主之來侵擾淮甸。睥睨長江」句（四三九—六五九上）。明本「金主」作「逆亮」。又幸而上天垂祐。敵帥授首」句（同上）。明本「敵帥」

作「虜酋」。又「幸而敵勢自弱。凶徒亦潰。不然。成敗之勢亦未可知也」句（同上）。明本「敵」字作「賊」。又四庫本「父雖敵種。母實華人。彼方之情。視其母尤親。背其父之訓。驕縱懦弱。習與性成。非復昔日女眞也」句（四三九—六五九下）。明刊本「敵」字作「虜」。「彼方」作「夷狄」。「背其父之訓」作「恥其父爲虜」。又「朝廷豈不念我輩國家二百年之民。而使久陷敵境至於此極也」句（同上）

。明刊本「敵境」作「僞虜」。又「人自爲戰。誓滅此敵。其間通於事變者。乃云以多寡論之。豈是中原陷敵。乃是敵陷中原」句（同上）。明刊本「敵」字皆作「虜」。

卷二百三十五

宋寧宗嘉定九年。禮部侍郎兼侍讀袁燮上疏章

四庫本「將堅壁清野。毋與敵戰」句（四三九—六六一下）。「然敵師至於堅壁之下。過而不顧」句（同

上）。「則曰北敵失其巢穴」句（四三九—六六二上
）。以上「敵」字明刊本皆作「虜」。
寧宗時燮又上便民策
四庫本「今敵勢未衰。聚兵積糧。據險以拒我師」句
（四三九—六六三下）。「其勇悍善鬥與敵相若。其
習於險阻與敵相若」句（四三九—六六四上）。又「
伺敵之出。或衝其膺。或擣其脊。或攻其脅。敵心疑
懼。四顧無敢輕動」句（同上）。以上凡「敵」字明
刊本皆作「賊」。

理宗時。翰林學士知制誥眞德秀上奏章
四庫本「何者。敵人讎我之深。其思報也必力。舉兵
愈緩。則其爲計愈工。而我方靡然創艾前事。幸其眞
有愛我之情。冀和好之亟就。豈不誤哉。靖康之初。
國勢尚可強也。徙以一時群臣類多姦諛怯懦之儔。豢
於富貴安佚之久。一聞金人之名。則魂褫魄喪。不能
自持。曰此如雷電鬼神之不可測也。不惟畏敵。抑且
讋敵。故遂返強而爲弱。紹興之初。國勢非不弱也。
惟我高宗崎嶇跋履之餘。熟知敵情。非攝怯請和之可
以弭患也。淬厲軍政。蒐拔將材。宰臣如呂頤浩。趙
鼎。張浚。更迭用事。皆以整戎經武爲己任。而諸將
若韓世忠。岳飛。吳玠。張俊。楊沂中。劉錡之徒。
分控要衝。敵至輒破。不惟憤敵。且欲吞敵。故能轉
弱而爲強。方其始也。祈禱請命之使相尋於穹廬甌脫
之間。未有得其要領者。而駬騎朝馳。邊烽夕警。則
數數然也。及王師累捷。敵威積挫。而和議之端乃自

彼發之。以是知彼中之情可以威制。難以禮結。由來
尚矣。爲今之計。功雖未可遽圖。而剛毅奮發之志。
在陛下則當自勉。兵雖未可再舉。而戰攻扞禦之備。
在廟堂則當亟謀。君臣之間相與策勵。必如勾踐之自
強。毋若德宗之自沮。懲靖康畏敵之失。而法紹興制
敵之謀。則國勢之振且有日矣。臣不勝惓惓」一段（
四三九—六六八下～六六九上）。明刊本作「何者。

韃人讎我之深。其思報也必力。舉兵愈緩。則其爲計愈工。而我方靡然創艾前事。幸其眞有愛我之情。冀和好之亟就。豈不誤哉。靖康之初。國勢尚可強也。徒以一時群臣類多姦諛怯懦之儔。豢於富貴安佚之久。一聞金賊之名。則魂褫魄喪。不能自持。曰此如雷電衆神之不可測也。不惟畏虜。抑且譽虜。故遂返強而爲弱。紹興之初。國勢非不弱也。惟我高宗崎嶇跋履之餘。熟知虜情。非懾怯請和之可以弭患也。淬厲

軍政。蒐拔將材。宰臣如呂頤浩。趙鼎。張浚。更迭用事。皆以整戎經武爲己任。而諸將若韓世忠。岳飛。吳玠。張俊。楊沂中。劉錡之徒。分控要衝。敵至輒破。不惟憒虜。且欲吞虜。故能轉弱而爲強。方其始也。祈哀請命之使相尋於穹廬甌脫之間。未有得其要領者。而駰騎朝馳。邊烽夕警。則數數然也。及王師累捷。虜威積挫。而和議之端乃自彼發之。以是知戎羯之情可以威制。難以禮結。由來尚矣。爲今之計。功雖未可遽圖。而剛毅奮發之志。在陛下則當自勉。兵雖未可再舉。而戰攻扞禦之備。在廟堂則當亟謀。君臣之間。相與策勵。必如勾踐久自強。毋若德宗之自沮。懲靖康畏敵之失。而法紹興制虜之謀。則國勢之振。且有日矣。臣不勝惓惓」。

德秀又奏曰。臣載惟今日必先深爲制敵之圖章

四庫本「彼敵情之暴固已憑陵函夏」句（四三九—六六九上）。明刊本「敵情」作「韃戎」。又「用能方

行四表。而坐服強敵」句（同上）。明刊本「強敵」作「醜夷」。又「使強敵不敢渝盟者垂四十年」句（四三九—六六九下）。明刊本「強敵」作「醜孽」。

龍圖閣直學士知江陵府李曾伯上疏

四庫本「金人有鄧不足憂。蒙古在鄧不可玩。臣又語之以襄我舊物。得之尚慮雖久。鄧陷敵已幾年。縱得之豈爲我有乎。進登等則曰。得之非爲能守。止欲平其城毀其巢。使敵不得藉資糧以爲我患。臣又語之以

平其城。保其不復立乎。雖鄧無資糧。豈敵他無資糧乎。進登等又曰。敵城之毀者多不復立。敵糧之遠者則未易致。臣又語之以襄我當復。人尙以挑敵言。鄧乃劵外。不幾深結敵憤。徒厚其毒乎。進登等又曰。取之敵至。不取敵亦至。取則敵有所畏而無所資。不取則敵有所資而無所畏。敵能以春冬撓我。我豈不能以暑月撓敵」句（四三九—六七四上）。明刊本作「金人有鄧不足憂。韃人在鄧不可玩。臣又語之以襄我

舊物。得之尙慮難久。鄧陷虜已幾年。縱得之豈爲我有乎。進登等則曰。得之非爲能守。止欲平其城毀其巢。使賊不得藉資糧以爲我患。臣又語之以平其城。保其不復立乎。雖中無資糧。豈敵他無資糧乎。進登等又曰。賊城之毀者多不復立。賊糧之遠者則未易致。臣又語之以襄我當復。人尙以挑敵言。鄧乃劵外。不幾深結敵憤。徒厚其毒乎。進登等又曰。取之賊至。不取賊亦至。取則賊有所畏而無所資。不取則賊有所資而無所畏。賊能以春冬撓我。我豈不能以暑月撓敵」。又「異時敵添重屯不可取矣。臣又語之以兵家知彼知己者勝。不知彼知己者敗。今鄧之諜傳雖爾。安知敵不匿其大馬壯士多詐以誤我」句（四三九—六七四下）。明本「敵」字亦作「賊」。

卷二百三十六

漢文帝十四年。馮唐爲中郎署長事文帝章

四庫本「上以敵寇爲意。乃卒復問唐曰」句（四三九

—六八九上）。明本「敵」字作「胡」。

章帝時。中郎將鄭衆爲耿恭已下洗沐易衣冠上疏

四庫本「前後殺傷匈奴數千百計。卒全忠勇」句（四三九—六九二下）。明本「匈奴」作「醜虜」。

東晉元帝太興二年。著作郎虞預以寇賊未平當須良將上疏

四庫本「非異域之族類。即寇竊之幸脫」句（四三九—六九四下）。明本「異域」作「戎貊」。又「然奔

軍降徒。輕薄易動。強寇未殄。益使難安」句（同上）。明本「奔軍降徒」作「狼子獸心」。「強寇」作「羯虜」。

後魏明元帝并州寇章

四庫本「并寇縱暴。人衆不少」句（四三九—六九五上）。明本「并寇」作「胡寇」。又「寇衆雖盛。而無猛健主將」句（同上）。明本「寇」作「胡」。又「壽光侯建前在并州。號爲威猛。群醜畏服」句（同

上）。明本「群醜」作「胡醜」。

孝明帝時。四中郎將兵數寡弱章

四庫本「況今南蠻仍獷。北部頻結。來事難圖」句（四三九—六九五上）。明本「北部」作「北妖」。

玄宗天寶六載章

四庫本「以朔部不知書。乃奏言文臣爲將。怯當矢石。不若用寒族朔部。朔部則勇決習戰」句（四三九—六九八上下）。以上三「朔部」明本皆作「胡人」。

贄又論兩河及淮西利害狀

四庫本「自祿山稱亂首起薊門」句（四三九—七○二下）。明本「祿山」作「胡羯」。

眞宗咸平元年。右司諫孫何上奏章

四庫本「天其或者留此二敵。啓發神武」句（四三九—七一一下）。明本「敵」作「虜」。

卷二百三十七

宋仁宗景祐元年。通判絳州富弼上奏章

四庫本「其危亡宗社無不出乎邊釁與姦雄也。今北敵結好。西戎請吏。誓若皎日。藏在天府。邊釁之患姑未慮也」句（四三九—七一四上）。明本兩「邊釁」皆作「夷狄」。「北虜」作「北敵」。

又其後。四庫本「姦雄侮於內。邊釁啓於外」句（四三九—七一五下）。明本「邊釁啓於外」作「夷狄撓於外」。

又四庫本「內外不逞知我有大備。安敢輕動」句（四

三九—七一七上）。明本「內外不逞」作「夷狄姦雄」。

張方平又上疏章

四庫本「若敵人南向。且使分捍北方。事機所懸。乞賜裁察」句（四三九—七一九上）。明本「敵人」作「犬羊」。

司馬光又論張方平第二狀

四庫本「臣竊恐敵國聞之得以闚將帥之深淺」句（四

三九—七一九下）。明本「敵國」作「戎狄」。

又其後。四庫本「臣恐敵國聞之。皆有窺竊之志」句（四三九—七一九下）。又「況於兵民之休戚。敵國之情僞。方平安得而知之」句（四三九—七二〇上）。明本「敵國」皆作「戎狄」。

光又論張方平第三狀

四庫本「秦州居二敵之交。爲陝西四路之首」句（四三九—七二〇下）。明本「敵」字作「虜」。

慶曆三年。知諫院歐陽脩上奏章

四庫本「方今爲國計者。但務外憂強敵。專意邊陲。殊不思根本內虛」句（四三九—七二二下）。明本「強敵」作「夷狄」。又「臣謂去歲北邊或興狂悖」句（四三九—七二三上）。明本「北邊」作「北虜」。又「誓雪君恥。少增國威。則敵人未敢侵凌」句（同上）。明本「敵人」作「戎狄」。

歐陽脩又論李昭亮不可將兵劄子

四庫本「竊以北敵險詐必與國家爲患」句（四三九—

七二四下）。明本「北敵」作「北戎」。

歐陽脩又論郭承祐不可帥眞定奏章

四庫本「方今強敵潛謀。禍端已兆」句（四三九—七二六上）。明本「強敵潛謀」句作「黠虜狂謀」。

仁宗時歐陽脩知諫院又上疏

四庫本「竊緣岢嵐軍地接西北二邊。正是秋冬大屯軍馬之處」句（四三九—七二七上）。明本「二邊」作

「二虜」。

歐陽脩又論乞不勘狄青侵公用錢箚子

四庫本「方今議和之使正在敵中。苟一言不合則忿兵爲患」句（四三九—七二七下）。又「於此要人之際。自將青等爲敵拘囚。使敵聞之以爲得計」句（同上）。以上「敵」字明本皆作「賊」。

皇祐四年。直集賢院劉敞奏章

四庫本「萬一邊郡有警。豈能遙制事機應變以破敵乎

」句（四三九—七三〇上）。又「勵兵訓卒待敵之至而破之。此制勝之術也」句（同上）。明刊本「敵」字皆作「虜」。

蔡襄又奏章

四庫本「臣伏見數年以來。北敵觀我事勢資負固凌脅之驕」句（四三九—七三〇上）。又「方今敵衆於雲州點集。河北繫天下安危」句（四三九—七三〇下）。又「猶恐計慮或見輕於敵。而況指數名姓。知委任非人。倘令列在邊防。得不取笑外裔」句（同上）。明本「敵」字皆作「虜」。「外裔」作「夷狄」。

知制誥范鎮上奏章

四庫本「議者又以爲待遠人不可以失信」句（四三九—七三一上）。又「而元昊殺山遇卒反無改。是遠人不足以信待之也」句（同上）。又「且夏人之性畏勝而侮敗」句（同上）。明本「遠人」「夏人」皆作「夷狄」。

監察御史包拯論邊將上奏章

四庫本「且北敵請命歷年多矣。然恩過則生驕。安久則忘備。理之常也。況西北二陲自古嘗惡其連盟協勢。以爲中國之患」句（四三九—七三一下）。明本「北敵」作「北虜」。「二陲」作「二寇」。

英宗初即位。殿中侍御史司馬光上奏章

四庫本「乘輿暴露於澶淵。敵騎憑陵於齊鄆」句（四三九—七三四上）。明本「敵」作「虜」。又「今滋

數乘客氣以傲使人。爭小勝以挑彊敵」句（同上）。明本「敵」作「胡」。又「雄州當敵之衝。平居則行李之所往來」句（同上）。明本「敵」作「虜」。

卷二百三十八

堯俞又上奏章

四庫本「近日書奏稍止。即不聞更有張皇。邊徼之心顧不窺揣輕重」句（四三九—七三八下）。明本「邊徼」作「黠虜」。又「度敵至足以恃而無恐」句（四三九—七三九上）。明本「敵」作「賊」。又「見利忘義。遠人之常」句（同上）。明本「遠人」作「戎狄」。

神宗熙寧元年。殿中侍御史裡行錢顗乞擇將久任狀

四庫本「而況北敵猶梗。西戎未賓。非朝廷無事之時也」句（四三九—七三九下）。明本「北敵」作「北虜」。又「有果勇威望可以壓服西北者。復何人哉」句（同上）。明本「西北」作「夷狄」。

哲宗元祐元年。侍御史劉摯論祖宗不任武人爲大帥。用意深遠狀

四庫本「國家富強而西北未靖者。由文吏爲將。憚矢石不身先」句（四三九—七四〇下）。明本「西北未靖」作「夷狄未滅」。又「林甫利其武人。無入相之資」句（同上）。明本「武人」作「夷虜」。

八年。御史中丞李之純上奏章

四庫本「立威制勝。日久而後敵心知畏」句（四三九—七四二下）。明本「敵」作「虜」。

紹聖三年。陝西路轉運使張舜民請內外臣寮各舉堪任將帥狀

四庫本「方今邊孽未殄。疆埸屢騷」句（四三九—七四三上）。明本「邊孽」作「孽胡」。

中書舍人兼崇政殿說書袁甫經筵進講論李允則疏

四庫本「胸中之謀愈出愈奇。懼敵人疑己。而揚言護嶽祠修城築也。引水作石梁。聚舟爲競渡。寓水戰也

。撤樓夷阬而植榆塞下。設險固也。上元舊不然燈。特結山張樂。使民縱遊。陷敵將也。不救火災。密運器甲以補所焚。安衆心也。此猶易能耳。未足以見允則之奇謀。敵遣間諜刺我兵數。而能使諜者轉爲我用。此一奇也。敵敺吾民將以爲質驗。而我能反其鋒而用之。又一奇也。雲翼卒伍之逃。敵以不知所在爲辭」句（四三九—七五一上下）。以上「敵」字明本皆作「虜」。

御史中丞許瀚上言章

四庫本「士卒素信敵國素畏。易以定功。此上策也」句（四三九—七五四上）。明本「敵國」作「夷狄」。又「臣竊恨之。金人此行存亡所繫」句（同上）。明本「金人」作「金賊」。又「臣恐西戎南夷共知中國大弱。爭圖深入。爲金人之所爲。則我困於奔命必不支矣」句（同上）。明本「金人」亦作「金賊」。

瀚又言曰。臣伏見艱難以來章

四庫本「但使河朔敵破。則河東敵勢日絀」句（四三九—七五五下）。明本「敵」字作「賊」。

浚又上言曰。臣輒具危懇上瀆聖聰章

四庫本「臣竊惟天下之患獨在金人。金未退聽。難將不已。何暇撫叛」句（四三九—七五八上）。明本「金人」作「金虜」。「金未退聽」之「金」作「虜」。又「蹈萬死一生之地。與敵爲讎」句（同上）。又「此輩皆以侍從高選。嘗立破敵之功」句（同上）。

明本「敵」字皆作「虜」。又「況敵爲不道。必欲傾搖我社稷。翦除我民人。而我乃委靡自困。終必爲敵所滅」句（四三九—七五八下）。又「其一蓋欲張大聲勢使敵知」句（四三九—七五九上）。以上「敵」字明本皆作「虜」。

卷二百三十九

喻汝礪上奏章

四庫本「故遠人服。邊鄙無事。今北敵議和。陛下欲偃武脩文。休息南北。誠天下之幸」句（四三九─七六八下）。明本「遠人」作「夷狄」。「北敵」作「北虜」。

又其後。四庫本「敵騎充斥於中原。群盜跳梁於諸路」句（四三九─七六九上）。明本「敵」作「虜」。

汪藻爲翰林學士又奏章

四庫本「所至焚掠驅虜。甚於寇盜者」句（四三九─七七四上）。明本「寇盜」作「夷狄」。又「待敵再

來。乘其機會。極力勦除。敵必終身懲創。不敢復南」句（同上）。又「以爲敵性彊愎。不嬰其鋒。猶懼屠戮」句（同上）。又「若敵騎渡江。杜充。韓世忠。王𤫊並力扼其前」句（四三九─七七四下）。又「敵人侵其前而無人以拒。官軍殘其後而無法以繩」句（四三九─七七五上）。又「臣愚以爲敵退之後。正朝廷大明賞罰。再立紀綱。新人耳目之時」句（四三九─七七六下）。「若陛下馭諸將如臣所陳。則敵或盡數過江」句（同上）。以上之「敵」字明本皆作「虜」。

允文又上言曰。臣比者恭奉聖訓章

四庫本「以敵帥驕愎。今秋必戰」句（四三九─七八五下）。又「陛下以睿智英武之資。坐策敵於數千里之外」句（同上）。又「臣據近日探報。敵退伏內郡。所屯駐處皆高壘深溝」句。以上「敵」字明本皆作「虜」。

卷二百四十

宋孝宗時虞允文奏章

四庫本「顯忠勇常冠軍。敵中亦知其姓字」句（四三九─七八七上）。又「敵兵能言顯忠事跡。至今猶甚畏之」句（同上）。明本「敵」字作「虜」。又「如使之移京西以示復用。藉甚虛名以奪敵氣。於京西邊防亦一助也」句（同上）。明本「敵氣」作「勇氣」。又「劉光輔。員琦在陝西淮東。嘗書破敵之功」句

（同上）。明本「敵」作「賊」。又「不獨可當虢州之衝。而緩急不測。可以抽摘使喚」句（同上）。明本「之」字作「賊」。

允文又上奏曰。臣據諸處探報章

四庫本「敵兵掩至隴州。見秦州之故關有備。即發去華亭。進與德順之敵合」句（四三九—七八九下）。又「今敵勢方急。而書辭如此。臣竊料之。一是兩戰之後。敵又添生兵。頭勢頗重」句（四三九—七九〇

上）。明本「敵」字皆作「虜」。

允文又奏曰。臣在興元道中聞士夫說吳璘章

四庫本「自破德順之敵。精神愈健」句（四三九—七九〇下）。明本「敵」字作「虜」。

王十朋代王尚書上疏

四庫本「今敵國外侮正是注意將帥拔握行伍之時」句（四三九—七九四下）。明本「敵國」作「夷狄」。

崔敦詩又上奏章

四庫本「臣聞易服而難保者。敵國之常情」句（四三九—七九五下）。明本「敵國」作「夷狄」。又「向者風俗軟委。聞兵至則心悸」句（四三九—七九六上）。明本「兵至」作「夷狄」。

卷二百四十一

宋寧宗時。知成都曹彥約上奏章

四庫本「兩端首鼠有翩然事新主之意」句（四三九—八一〇上）。明本「新主」作「新虜」。

侍御史兼侍講李鳴復奏章

四庫本「向者北兵犯蜀。蜀之仕於朝者。日扣政府乞以范爲襄帥」句（四三九—八一三上）。明本「北兵」作「韃寇」。

又四庫本「徐敏子棄軍而潰。此猶爲敵騎所迫也」句（四三九—八一三下）。明本「敵」字作「韃」。又「以折北不支爲殲敵精銳」句（同上）。明本「敵」字作「賊」。

理宗時。監察御史吳昌裔論趙范失襄陽疏

四庫本「臣竊見敵犯襄漢以來。唐鄧首降。均安繼叛」句（四三九—八一四上）。又「督勵三軍。迄退強敵。功過相補。猶有辭也」句（同上）。明本「敵」字皆作「虜」。又「雖金人屢寇。而江面不搖險。以人守故也」句（同上）。明本「金人」作「金虜」。又「而乃勞於騖遠。闇於知人。輕信反覆之心」句（同上）。明本「反覆」作「狼子」。

昌裔又論趙范召命不當疏

四庫本「或謂叛亡餘卒竊據城中。游哨敵兵侵軼境上」句（四三九—八一五下）。明本「敵」字作「虜」。

昌裔又論安癸仲疏

四庫本「況今敵兵侵犯麥積。時當可穫。潰兵肆橫」句（四三九—八一七上）。明本「敵」作「虜」。「穫」作「歿」。

卷二百四十二

宋太宗端拱元年。國子博士李覺上奏章

四庫本「臣聞冀北燕代。馬之所生。敵國之所恃也」句（四三九—八三〇下）。明本「敵國」作「胡戎」。又「且敵人畜牧。轉徙馳逐水草」句（同上）。明刊本「敵人」作「戎人」。又「是以唐堯暨晉皆處河北。而北敵不能為患。由馬之多」句（四三九—八三一上）。明本「敵」作「虜」。又「是貴市於外國。而賤棄於中國。非理之得也」句（同上）。明本「外

國」作「外夷」。

仁宗慶曆四年。知諫院余靖上奏章

四庫本「至於專仰西蕃之馬以成此弊。臣謹按詩書已來。中國養馬蕃息故事。乃知不獨出於西蕃也」句（四三九—八三二下）。明本「西蕃」皆作「戎狄」。

宋祁又上奏曰。臣頃年為群牧使章

四庫本「以為中國有此馬可與敵國相馳逐。使聞風畏

威。不敢有闚邊境」句（四三九—八三三上）。明本「敵國」作「夷狄」。

宋祁又上奏曰。西北二邊所以能抗中國者章

四庫本「西北二邊所以能抗中國者。惟以多馬而人習騎。此二邊之長也」句（四三九—八三三下）。明本「二邊」皆作「二虜」。又「每至敵來作過。則朝廷常以所短敵所長」句（同上）。又「今議者但欲益兵破敵。不知無馬且不能爲兵也」句（同上）。明本「

敵」字皆作「賊」。

歐陽脩上奏章

四庫本「以今考之。成陷沒邊裔。或已爲民田。皆不可復得」句（四三九—八三四下）。明本「邊裔」作「夷狄」。

仁宗時。中書舍人丁度言祥符天聖間牧馬章

四庫本「若敵平馬歸則不可闕」句（四三九—八三六上）。明本「敵」字作「賊」。

高宗時呂頤浩奏章

四庫本「以平原曠野。金人騎兵衆而中國騎兵少故也」句（四三九—八三九上）。明本「金人」作「虜人」。又「然關陝諸州半陷北敵。四川道路通塞不常」句（同上）。明本「北敵」作「戎虜」。

孝宗時四川宣撫節度使虞允文上言章

四庫本「今日之事敵以多馬爲強。我以無馬爲弱」句（四三九—八四一下）。明本「敵」字作「虜」。又「昔唐魏元忠謂西蕃恃馬力以爲強」句（同上）。明

本「西蕃」作「胡虜」。「而西蕃爭賣馬。由是戎馬少而唐兵益強」句（同上）。明本「西蕃」作「諸胡」。「戎馬」作「胡馬」。又「比聞敵載銀二十萬。買馬於西邊」句（同上）。明本「敵」作「虜」。又「而亦潛消西北二邊之患也」句（四三九—八四二上）。明本「二邊」作「二虜」。

荊湖北路安撫使張孝祥上奏章

四庫本「若措置得宜則省國用。振軍威。制敵國於是乎在」句（四三九—八四二上）。明本「敵國」作「夷狄」。

卷二百四十四

鄭獬論河北流民劄子

四庫本「今地復震。北敵又將擾邊矣」句（四四○—四一下）。明本「敵」作「虜」。

卷二百四十五

光又乞趁時收糴常平斛斗劄子

四庫本「故官中比在市添價收糴。使蓄積之家無由邀勒貧民。須令貴糴。物價常平。公私兩利。此乃三代之良法也。」（四四○—四六上）。明本於「蓄積之家」後尚有一段。其原文如下「故官中比在市添價收糴。使蓄積之家無由抑塞。農夫須命賤糶。凶歲穀貴傷民。故官中比在市減價出糶。使蓄積之家。無由邀勒貧民。須命貴糴。物價常平。公私兩利。此乃三代之良法也。」

五年七月。知杭州蘇軾乞預備來年救饑之術上奏章

四庫本於「受恩既深。不敢別乞閑郡。日夜思慮。求來年救饑之術」句（四四○—六○下）下脫漏一句。明本作「別無長策。惟有秋冬之間不惜高價多糴常平米。以備來年出糶」。

又其後貼黃。四庫本於「苟一方不稔。當即日救濟其饑貧。況可疑之耶」句（四四○—六一上）下亦脫漏一句。明本作「帝曰。向者不思而有此別。朕言過矣

。絳等稽首再拜。」

右司諫王覿奏乞稍貴京師常平倉米疏

四庫本「臣愚以謂不若稍貴常平之米。使無定。著以爲令。而示信於商賈也」句（四四○—六五下）。明本於「定」字下有一「價」字。

卷二百四十六

高宗建炎中。尙書右丞許景衡乞和糴米劄子

四庫本「況今遠方不庭。盜賊紛作。軍興所須。尤以糧餉爲急」句（四四〇—七一下）。明本「遠方」作「夷狄」。

卷二百四十八

幹知漢陽上奏章

四庫本「況敵運日衰。中原故壤指日可復」句（四四〇—一二七下）。明本「敵」字作「胡」。

卷二百四十九

魏文侯時。西門豹爲鄴令章

四庫本「士卒轉輸。盜賊侵掠。覆軍殺將。暴骨原野之患」句（四四〇—一三七上）。明本「盜賊侵掠」作「胡寇侵盜」。

卷二百五十

神宗時郟亶奏章二論

四庫本「至和塘止闊六七尺。此目所睹也」句（四四〇—一六六下）。明本「尺」作「丈」。

侍御史王岩叟乞詔大臣早決河議奏章

四庫本「滄州扼北邊海道。自河不東流」句（四四〇—一七一下）。明本「邊」字作「虜」。又「六七月之間。河流交漲。占沒西路。阻絕敵。使進退不能」句（同上）。明本「敵」字作「虜」。

尚書右僕射范純仁論回河乞付有司熟議疏

四庫本「以謂夏國微弱。若不早取。必爲北敵所兼」句（四四〇—一七二上）。明本「敵」字作「虜」。

戶部侍郎蘇轍論開孫村河疏

四庫本「萬一自敵界入海。邊防失備」句（四四〇—一七五下）。明本「敵」字作「虜」。

又四庫本「昔在東自河以西郡縣與敵接境。無山河之限邊。臣建爲塘水以捍敵馬之衝。今河既西行。則西山一帶敵馬可行之地已無幾矣。其爲邊防之利不言可知。然議者尙恐河復北徙。則海口出敵界中。造舟爲梁。便於南牧。臣聞敵中諸河自北南注以入於海。蓋地形北高。河無北徙之道。而海口深浚。勢無徙移。臣雖非目見。而習北方之事者爲臣言之。大略如此。可以遣使按視圖畫。而知此河入敵界。邊防失備之說不足聽」句（四四〇—一七六上）。明本「敵馬」作「胡馬」。其餘「敵」字皆作「虜」。

轍再論回河疏

四庫本「由此觀之。交接敵國。顧德政何如耳」句（四四〇—一七七上）。明本「敵國」作「夷狄」。又

「自今以往。北岸決溢。漸及敵境。雖使異日河復北徙。則敵地日蹙。吾土日紓」句（四四〇—一七七下）。明本「敵」字皆作「虜」。又「或謂河入敵境。彼或造舟爲梁。長驅南牧。非國之利」句（同上）。假設敵中遂成此橋。黃河上流盡在吾地」句（同上）。明本「敵」字作「虜」。又「昔秦築長城以備邊城。既而民叛」句（四四〇—一七八上）。明本「邊城」作「胡城」。又「然敵情恭順與事祖宗無異」句（同上）。明本「敵」字作「虜」。

卷二百五十一

轍又乞罷修河司疏

四庫本「今年正月還自敵中。所過吏民方舉手相慶」句（四四〇—一八二上）。明本「敵」字作「虜」。

哲宗時右諫議大夫范祖禹論回河狀

四庫本「令水工開大河嶺。出之塞外。東注之海。可以省隄防備塞。士卒轉輸。盜賊侵掠。覆軍殺將。暴骨原野之患」句（四四〇—一九二上）。明本「塞外

」作「胡中」。「盜賊侵掠」作「胡寇侵盜」。又「議者又以爲恐敵渡河入寇。此又私憂過計也。今河上流自西夏經北邊乃入中國。自古未有北敵以舟師入寇者也。況其居下流乎。若北敵能以舟楫與中國校勝。此則書契以來未之聞也」句（四四〇—一九二下）。明本「敵渡河」作「虜渡河」。「北邊」作「北胡」。「北敵以舟師入寇」之「北敵」作「戎狄」。其下

之「北敵」作「北虜」。又「凡以北敵爲說者。皆以妄言恐朝廷。望陛下拒絕勿聽而已」句（同上）。明本「北敵」作「北虜」。又「輕犯大河與討伐西北二邊無異」句（同上）。明本「邊」作「虜」。

卷二百五十三

徽宗時趙鼎臣繳進河議奏狀

四庫本「恭惟朝廷清明。議論公正。方遣敵使出臨河防」句（四四〇—二一九上）。明本「敵」作「虜

」。

卷二百五十八

宋哲宗元祐四年。右司諫劉安世乞罷畿內保甲疏

四庫本「然而河北河東陝西之地密接敵境。居常宿師以爲戰守之備」句（四四〇—三三七下）。明本「敵境」作「戎狄」。

卷二百六十

宋太宗端拱元年。淄州刺史何承矩上奏章

四庫本「如此則敵弱我強。彼勞我逸」句（四四〇—三八四下）。明本「敵」字作「虜」。

淳化二年。知制誥柴成務奏章

四庫本「切以戎人騷邊。古今常事。逐之則群驚而星散。守之則師老而費殫」句（四四〇—三八五上）。明本「戎人」作「戎虜」。「群驚而星散」作「獸驚而鳥散」。又「事若果行。敵則無患」句（四四〇—三八五下）。明本「敵」字作「虜」。

寧宗嘉定十五年。司封郎中魏了翁上疏

四庫本「西邊自罹敵禍以來。利東之大散黃牛」句（四四〇—四〇三上）。明本「敵禍」作「虜寇」。又「其田去敵或百里。或二三百里」句（四四〇—四〇三下）。明本「敵」字作「虜」。又「有原堡兵戍之援可恃。亦有敵騎從來所不曾至之處」句（同上）。明本「敵騎」作「賊騎」。又「不惟不畏殘敵。亦可不畏它盜」句（四四〇—四〇四上）。明本「敵」字

作「虜」。又「然敵嘗蕩劫我梁洋及五州。知無所得。今方與西北相持。未必遽議再入。目前可以暫紓。失令不爲則後悔無及。臣比得蜀中。近聞興元金州兩戎司探報。敵方科民牛具。開耕鳳翔荒田。又聞西和一帶邊民覘知敵亦厭兵。願各耕種。人自爲守夫墾荒之利。敵猶知爲之。而我不敢爲。原堡之固。敵知葺之。而我弗敢葺」句（四四〇—四〇四上）。以上凡「敵」字明本皆作「虜」。「西北」作「韃夏」。

卷二百六十一

八年。中書侍郎同中書門下平章事陸贄奏章

四庫本「此蓋天錫陛下靖邊塞而安國家之時。不可失也」句（四四〇—四一六上）。明本「靖邊塞」作「攘夷狄」。

神宗熙寧六年。知應天府張方平上奏章

四庫本「遂與契丹共平原之利。故五代爭奪耶律是臣。其患由乎畿甸無藩籬之限。本根無所庇也」句（四四〇—四一七下）。明本「契丹」作「強虜」。「耶律是臣」作「戎狄亂華」。

高宗時。左正言鄧肅上奏章

四庫本「倘敵人絕跡。不復南度。則運漕相繼未有害也。若敵騎肆擾。再干我師。不知軍民警警。將焉就食。此事最急。不可以倉卒備也」句（四四〇—四一八下）。明本「敵人」作「虜人」。「敵騎肆擾」作「犬狼猖獗」。

卷二百六十二

武后時麟臺正字陳子昂上疏

四庫本「將欲制馭中外。永安黎元。不欲煩擾烝人。故爲無益」句（四四〇—四四二下）。明本「中外」作「戎狄」。

卷二百六十三

寶元二年。三司度支判官宋祁論三冗三費奏章

四庫本「財窮而更欲興數十萬衆以事開邊。無謀甚矣

」句（四四〇—四六五上）。明本「開邊」作「夷狄」。

慶曆三年。右正言余靖論河北榷鹽疏

四庫本「臣常痛幽薊之地陷於敵人。幾百年而民忘南顧之心者。敵國之法大率簡易。鹽麴俱賤。科役不煩故也」句（四四〇—四六八下）。明本「敵人」作「胡虜」。「敵國」作「戎狄」。

方平又論民力大困起於兵多奏章

四庫本「備晉寇禦契丹。計所蓄兵不及十五萬」句（四四〇—四七一下）。又「太宗皇帝平太原。備逆賊。禦契丹」句（同上）。又「先皇咸平中。備逆賊。禦契丹」句（同上）。以上凡「契丹」明本皆作「北虜」。

卷二百六十四

慶曆四年。知諫蔡襄論財用箚子

四庫本「北有餌敵之費。西有禦寇之須」句（四四〇—四八一下）。明本「敵」作「胡」。

七年。同知諫院司馬光論財利疏

四庫本「即不幸有大水土旱方二三千里。敵人乘間而窺邊」句（四四〇—四八六下）。明本「敵人」作「戎狄」。

其後。四庫本「其後劉石紛爭。中州覆沒。生民塗炭幾三百年」句（四四〇—四八七上）。明本「劉石紛爭」作「五胡搆亂」。

又四庫本「豪傑棊布於海內。契丹窺覦於邊境」句（四四〇—四九〇下）。明本「契丹」作「戎狄」。又「天下一統。異域款塞。富饒之士。貢賦相屬」句（同上）。明本「異域」作「戎狄」。

卷二百六十七

彥博又論市易奏章

四庫本「況密爾都亭。敵使所館。豈無覘國之徒。將爲四方所輕」句（四四〇—五五二下）。明本「敵」

作「虜」。「四方」作「外夷」。
熙寧二年。大名府留守推官蘇轍上奏章
四庫本末段「雖有西北二陲不臣之國。宥之則爲漢文帝。不宥則爲唐太宗」句（四四○—五六三下）。明本「西北二陲」作「西戎北狄」。
轍爲右司諫乞借常平錢買上供及諸州軍糧狀
四庫本「內實根本。外威邊陲。方其盛時。足支十餘年」句（四四○—五六四下）。明本「邊陲」作「夷

狄」。
卷二百六十九
張方平上疏論國計事
四庫本「內無以保社稷。外無以制其侮亂」句（四四○—六○三下）。明本「侮亂」作「夷狄」。
卷二百七十
陳次升論中都費用奏章
四庫本「且國家外有邊防之費。內有河防之患」句（四四○—六二八上）。明本「邊防」作「戎狄」。
陳次升又論收湟州奏章
四庫本「萬一敵人犯邊。費用百倍。將何支梧」句（四四○—六二八下）。明本「敵人」作「戎虜」。又「無使鄰敵乘我之虛。猖狂衝突以貽朝廷之憂」句（同上）。明本「鄰敵」作「戎虜」。
誼又乞建使名糾察諸路財計疏
四庫本「方今外禦邊警。內平盜賊。軍旅芻糧之費雖欲損節。蓋未可也」句（四四○—六三八下）。明本

「外禦邊警」作「外攘夷狄」。
卷二百七十二
知成都曹彥約上奏章
四庫本「臣始守漢陽軍。當湖北最窘處。適敵騎入境。催科縮手」句（四四○—六八六上）。明本「敵」字作「虜」。
卷二百七十三

宋寧宗時。青田縣主簿陳耆卿上奏章

四庫本「則轉及外國而不可復返矣」句（四四〇—六九一上）。明本「外國」作「外夷」。

燮又上疏章

四庫本「昔藝祖皇帝。憤北敵之強。府庫儲蓄不可勝計」句（四四〇—六九三下）。明本「敵」字作「虜」。又「嘗謂敵人之首可盡以絹易之」句（同上）。明本「敵人」作「胡人」。

嗚復又論理內之道當以節財爲急奏章

四庫本「厥今邊境暫寧。敵情叵測」句（四四〇—七〇二下）。明本「敵」字作「虜」。

監察御史陳求魯上言章

四庫本「而泄於外國者乃國家富貴之操柄」句（四四〇—七〇四下）。明本「外國」作「外夷」。

卷二百七十四

淵又上奏曰臣聞古人有言章

四庫本「至誠感神而干羽自格。其效已著」句（四四〇—七三一上）。明本「干羽」作「夷狄」。

卷二百七十七

藻又進書箚子

四庫本「內而百度之廢興。外而四遠之服叛」句（四四〇—七八八下）。又「高麗之遺使之類。皆四遠之源流當叙者也」句（同上）。明本「四遠」皆作「四夷」。

卷二百八十二

涇又上奏曰。臣仰惟聖朝加惠臣下寵榮章

四庫本「首勸孝宗皇帝以明義復讎。正名絕和」句（四四〇—九二六下）。明本「和」字作「虜」。又「而時宰有以恢復爲己任者。謂敵衰弱可圖」句（四四〇—九二七上）。明本「敵」作「虜」。

袁說友擬大行至尊壽皇聖帝謚號議章

四庫本「投戈縱馬。敵國有鄉化之意」句（四四〇—

九二九上）。明本「敵國」作「夷狄」。

卷二百八十三

齊高帝建元初。故宋建平王景素秀才劉璡上書

四庫本「李牧北折龍庭之旗。南拒全秦之卒」句（四四一—九上）。明本「北折龍庭」作「北逝彊胡」。

玄宗天寶末。張巡死節章

四庫本「自賊臣搆亂。據睢陽。引幽朔以吞河南」句（四四一—十四下）。明本「賊臣」作「逆胡」。

卷二百八十四

李復上奏章

四庫本「又招納到強酋李訛哆。詢考其情。皆得要領」句（四四一—二八下）。明本「其」字作「虜」。

樞密行府參謀鄭剛中上奏章

四庫本「僞彭陽縣令執以獻敵。敵三予官三辭」句（四四一—三三上）。明本兩「敵」字皆作「虜」。

寧宗時。熹爲煥章閣待制侍講奏章

四庫本「紹興初。金人犯順。通判潭州事孟彥卿趙民彥督兵迎戰」句（四四一—三九上）。明本「金人」作「金賊」。又「城陷之日。將軍劉玠。兵官趙聿之巷戰罵敵」句（同上）。明本「敵」字作「賊」。

卷二百八十六

哲宗元祐元年。御史中丞劉摯上言章

四庫本「有以敦風俗而重廟社。化姦慝而鎮遐荒。中外翕然」句（四四一—七二下）。明本「遐荒」作「夷狄」。

卷二百八十七

紹興三十一年。權吏部侍郎汪應辰上言章

四庫本「比以敵人敗盟。將士冒犯矢石之故」句（四四一—一〇二上）。明本「敵人」作「虜人」。

卷二百八十九

皇祐間知諫院錢彥遠上奏章

四庫本「萬一胡人小出。斯人何以捍禦。本謂愛之。

寔害之也」句（四四一—一三五上）。明本「胡人」作「胡虜」。

卷二百九十三

李光乞不用內臣管軍劄子

四庫本「況敵人壓境。朝廷舉措。細大必聞。非所以壯軍威而增士氣也」句（四四一—二一一下）。明本「敵」作「虜」。

光論梁師成劄子

四庫本「臣伏覩敵騎內寇。需索犒軍金銀」句（四四一—二一一下）。明本「敵」字作「虜」。

卷二百九十五

初元元年。翼奉上封事

四庫本「東厭諸侯之權。西遠氐羌之難」句（四四一—二四三上）。明本「氐羌」作「羌胡」。

定陶共王來朝太后章

四庫本「且羌俗尙殺首子以盪腸正世」句（四四一—

二五二下）。明本「羌俗」作「羌胡」。

卷二百九十七

西晉武帝泰始四年。以傅玄爲御史中丞時上疏章

四庫本「臣以爲氐羌諸部不與華同。鮮卑最甚。本鄧艾苟欲取一時之利」句（四四一—二九六下）。明本「氐羌諸部」作「胡夷獸心」。又「今烈往諸羌雖已無惡。必且消弭。然野心難保。不必其可久安也」句（四四一—二九七上）。明本「諸羌」作「諸胡」。「野心」作「獸心」。又「惟恐諸羌適困於討擊。便能東入安定。西赴武威」句（同上）。明本「諸羌」作「胡虜」。又「又安邊禦侮。政事寬猛之宜」句（同上）。明本「禦侮」作「禦胡」。

太興二年大旱。詔求讜言直諫之士著作佐郎虞預上書

四庫本「自元康以來。王德始闕。匈奴及於中國」句（四四一—三〇〇下）。明本「匈奴」作「戎狄」。

哀帝隆和元年詔

四庫本「今強戎據於關雍。勁敵縱於河朔。貔貅四逸。虔劉神州」句（四四一—三〇二上）。明本「勁敵」作「桀狄」。「貔貅」作「封豕」。

卷二百九十八

太保兼侍中趙普上奏章

四庫本「起狂夫思亂之謀。生敵人犯邊之計」句（四四一—三三四上）。明本「敵人」作「醜虜」。

知黃州王禹偁上奏章

四庫本「去年敵兵犯邊。果入齊地。是天以文象告人。人不自知備也」句（四四一—三三〇下）。明本「敵兵」作「胡虜」。

六年。侍御史知雜事田錫上奏章

四庫本「寇盜若起。適足爲敵國之利。有勞宵旰之懷」句（四四一—三三一下）。明本「敵國」作「戎狄」。

四庫本「前年契丹之來。議欲通好」句（四四一—三三二下）。明本「契丹」作「北胡」。

卷二百九十九

景祐五年。何東地震。舜欽詣匭上疏

四庫本「方今四聖接統。內外平寧。鄰敵交歡。兵革偃息」句（四四一—三四〇上）。明本「鄰敵」作「戎夷」。

又四庫本「西北二邊豈有竊萌背盟犯順之心者乎」句（四四一—三四〇下）。明本「二邊」作「之夷」。

又「宮禁邊防之事固未可知。朝廷已然之失。則聽輿論而有聞焉」句（同上）。明本「邊防」作「夷狄」。

拯又上謹天誡疏

四庫本「后妃大臣諸侯之象亦主邊境」句（四四一—三四五上）。明本「邊境」作「夷狄」。又「設或內非其應。則北邊之患。山東之患。亦須大爲之防」句（同上）。明本「北邊」作「北虜」。又「外則輻員之廣。邊警寇盜之可虞」句（四四一—三四五下）。明本「邊警」作「戎狄」。

拯又論地震疏

四庫本「又四裔者。中國之陰也」句（四四一—三四五下）。明本「四裔」作「夷狄」。又「今震於陰長之月。臣恐四裔有謀中國者。且雄州控扼北部。登州密邇契丹」句（同上）。明本「四裔」作「四夷」。「契丹」作「東夷」。

琦又上奏章

四庫本「又四裔者亦中國之陰也。今震在此。或恐上天孜孜譴告。俾思邊隅之爲患乎」句（四四一—三四九上～下）。明本「四裔」作「夷狄」。「邊隅」作「孽虜」。又「或曰今敵人守盟。誓約甚固」句（四四一—三四九下）。明本「敵人」作「夷狄」。

秘書省著作佐郎通判睦州張方平上疏

四庫本「夫坤爲陰體。臣道也。妻道也。四裔之道也」句（四四一—三五八下）。明本「四裔」作「夷狄」。

又後文。四庫本「水旱流災於內。盜賊侵寇於外」句（四四一—三六四上）。明本「盜賊」作「夷狄」。又「內思宮禁帷幄左右之蔽。外思西北邊疆侵軼之患」句（四四一—三六四下）。明本「西北」作「戎狄」。

慶曆六年。方平爲翰林學士權御史中丞又上奏章

四庫本「陰著臣道也。民也。四裔也」句（四四一—三六五上）。明本「四裔」作「夷狄」。又「西北二邊。朝廷以爲大患。故於守衛素爲用心」句（四四一—三六五上）。明本「二邊」作「二虜」。

劉敞上奏章

四庫本「今北使入朝。遠方觀禮。舉措失中。或輕爲所覘」句（四四一—三六六下）。明本「北使」作「虜使」。

卷三百

康定元年。知諫院富弼上奏章

四庫本「臣竊聞北使在館。欲取今日御宴。若用常禮盛饌作樂。是重敵人而忽天譴」句（四四一—三七〇上）。明本「北使」作「戎使」。「敵人」作「夷狄」。又「如此則上可以祇警天戒。下可以慰說人心。亦使敵人見陛下脩德禳災。傳聞遠方」句（同上）。明本「敵人」作「戎人」。「遠方」作「外夷」。

二年。右正言歐陽脩論澧州瑞木疏

四庫本「北敵驕悖。藏伏之禍在後」句（四四一—三七一下）。又「見北敵未來便謂必無事。見西賊通使便謂可罷兵」句（四四一—三七二上）。明本「北敵」皆作「北虜」。

諫官孫甫論赤雪地震疏

四庫本「陰之象臣也。後宮也。四裔也」句（四四一—三七七下）。明本「四裔」作「戎狄」。

四年。襄等又奏章

四庫本「強鄰驕暴凌脅中國。盜賊縱橫驚劫郡縣」句（四四一—三七九上）。明本「強鄰」作「夷狄」。

仲淹奏乞災異後合行疏決刑獄等六事疏

四庫本「邊陲之民被敵人驅虜者。量支官物。贖還本家」句（四四一—三八三上）。明本「敵人」作「戎狄」。

五年。御史李京上奏章

四庫本「願陛下敕邊臣。備不虞。戒輔臣。謹生命」句（四四一—三八三下）。明本「不虞」作「夷狄」。

七年。知潤州錢彥遠上奏章

四庫本「夫西北二寇者。我之堅敵。天性鷙悍。以戰爲生業」句（四四一—三八四下）。明本「二寇」作「二虜」。又「古之所謂邊方。爲禍不若今之烈也」句（同上）。明本作「古之所謂夷狄。言語衣服殊於華夏」。又「今契丹據幽燕山後諸鎮」句（同上）。明本「契丹」作「北戎」。又「臣懼一旦北敵負恩。乘利送死」句（四四一—三八五上）。「北敵土地廣。甲兵壯。凶黨多。非元昊比也」句（同上）。明本「敵」字皆作「虜」。

皇祐元年。昭文館大學士中書門下平章事文彥博等上奏章

四庫本「兼自慶曆二年後來添給二敵金帛每歲共四十餘萬匹兩」句（四四一—三八九上）。明本「敵」字作「虜」。

三年。知諫院吳奎上奏章

四庫本「敵人桀驁。奸邪交傷。陰盛如此。寧不致大異哉」句（四四一—三九一上）。明本「敵人」作「夷狄」。

卷三百一

二年二月。知磁州程珦上奏章

四庫本「姦盜蜂起於內。邊隅乘隙於外」句（四四一—三九八下）。明本「邊隅」作「夷狄」。又「敵國彊盛。古未有此」句（同上）。明本「敵國」作「戎狄」。又「尚幸二敵無謀。厭小欲而忘大利」句（同上）。明本「敵」作「虜」。

監察御史裡行呂大防應詔論水災疏

四庫本「四裔謀中國。盜賊害平民。亦陰勝也」句（四四一—四○五下）。明本「四裔」作「夷狄」。又「五曰二敵連謀」句（同上）。明本「二敵」作「夷狄」。又「何謂二敵連謀」句（四四一—四○七上）。明本「二敵」亦作「夷狄」。又四庫本「而內帑泄於二邊而益虛。今諒祚少年繼襲多招亡命與之爲謀。有窺關輔劍南之意。不獲其意。則又邀朝廷乞增賜予而後已。頗聞近歲與北敵交通。人使旁午。遼人則利羌之賂。羌則恃遼之援。脣齒相依。掎角爲寇。其可不早爲計耶。臣愚以爲擇將帥。增參佐。則邊備可講

。置都護。結喚氏。則分諒祚之勢。絕劍南之患。寬禁約。撫屬羌。則防落漸備。久任堡障之戍得自爲政。則二敵見畏矣」句（四四一—四〇七上下）。明刊本作「而內帑泄於二虜而益虛。今諒祚少年繼襲多招亡命與之爲謀。有窺關輔劍南之意。不獲其意。則又邀朝廷乞增賜予而後已。頗聞近歲與北虜交通。人使旁午。狄人則利羌之賂。羌則恃狄之援。脣齒相依。掎角爲寇。其可不早爲計耶。臣愚以爲擇將帥。增參

佐。則邊備可講。置都護。結喚氏。則分諒祚之勢。絕劍南之患。寬禁約。撫屬羌。則防落漸備。久任堡障之戍得自爲政。則夷狄見畏矣。」

知諫院傅堯俞上奏章

四庫本「夫陰也者。臣道也。妻道也。四裔之道也」句（四四一—四一〇下）。明本「四裔」作「夷狄」。

堯俞爲右司諫上奏章

四庫本「至於四裔。中國之陰也。陰盛頗劇。良可爲虞」句（四四一—四一一下）。明本「四裔」作「夷狄」。

卷三百二

八年。公著提舉太乙宮論彗星疏

四庫本「敵人桀驁。疆埸有事。則陛下不免於旰食」句（四四一—四一五下）。明本「敵人」作「戎狄」。

翰林學士鄭獬上奏章

四庫本「乃欲以玩敵國。取武功。苟有差跌。則遂成衰亂之勢。可不慎哉」句（四四一—四二一上）。明本「敵國」作「夷狄」。

二年。弼又上奏章

四庫本「推行至德以彰示四方之時也」句（四四一—四二六上）。明本「四方」作「夷狄」。又「昨朝廷已卻遣人使北。恐彼國舉行此禮。則大爲中國之羞也

」句（同上）。明本「北」字作「虜」。「彼國」作「虜庭」。又「是日彼主傳宣日蝕。皇帝不聽樂」句（同上）。明本「彼」作「虜」。又「亦所以使契丹知中國天子所爲與尋常相遠萬萬也」句（同上）。明本「契丹」作「夷狄」。

熙寧二年。右正言供諫職孫覺上奏章

四庫本「當西北二陲未可謂受賜。鰥寡孤獨未可謂有養」句（四四一—四三〇上）。明本「西北二陲」作「北狄西羌」。

知華州呂大防上奏章

四庫本「以備不虞爲名。令葺治城池。講葺守備」句（四四一—四三一下）。明本「不虞」作「戎狄」。

卷三百三

宋神宗元豐三年。直舍人院呂大防上奏章

四庫本「緩末之宜有二。一宜緩勤遠略。中國本也。要荒末也。先王之政。修德而不勤兵於遠。其爲我聲教所暨。故舜之命官。猾夏者治之。然則不爲中國患者。王者不治也。或者謂我得其地可闢而郡縣之。我得其人可冠帶而賦役之。竊謂過矣。以四海九州之廣。而欲苦寒不毛之地以爲富。以乖民多士之盛。而欲桀驁難制之人以爲衆。徒見有糜敝所重。而未見其可也」句（四四一—四四一上）。明刊本作「緩末之宜有二。一宜緩治夷狄。中國本也。夷狄末也。先王之政。內諸夏而外夷狄。夷狄之國聲教所暨。故舜之命官。猾夏者治之。然則不爲中國患者。王者不治也。或者謂夷狄之地可闢而郡縣之。夷狄之人可冠帶而賦役之。竊謂過矣。以四海九州之廣。而欲沙漠不毛之地以爲富。以乖民多士之盛。而欲左衽鴂舌之人以爲衆。徒見有糜敝所重。而未見其可也」

館閣校勘邢恕亦上奏章

四庫本「河北陝西河東又皆控帶戎境」句（四四一—四四八上）。明本「戎境」作「戎虜」。又「則西北之敵且畏威矣。民誠效死。敵誠可畏。則邊鄙不聳。兵刃不頓」句（四四一—四四八下）。明本「敵」字皆作「虜」。

卷三百四

四年。陳並上奏章

四庫本「臣以所見西羌叛服。往來不常。正如虎豹之性。不足怪也」句（四四一—四七一上）。明本「西羌」作「戎虜」。

右正言任伯雨上奏章

四庫本「中國爲陽。四裔爲陰」句（四四一—四八○下）。又「漸衝正西。散而爲白。而白主兵。此邊患竊發之證也」句（同上）。明本「四裔」「邊患」皆作「夷狄」。

翰林學士曾肇論日食赤氣之變疏

四庫本「仁心仁聞洋溢方外。遠人聞風咸知敬慕」句（四四一—四八二下）。明本「遠人」作「遠夷」。

卷三百五

欽宗靖康元年。左司諫陳公輔上奏章

四庫本「臣嘗原其所由。謂敵人之彊耶」句（四四一—四九三上）。又「今既欲講和好。稍稍遁去。恐咎不在敵人也」句（同上）。明本「敵人」皆作「夷狄」。

王襄論彗星疏

四庫本「中國之兵安得不強。外裔之勢安得不弱」句（四四一—四九八上）。明本「外裔」作「夷狄」。

御史中丞張守論災異所自劄子

四庫本「臣者君之陰也。外國者中國之陰也」句（四四一—五○二上）。明本「外國」作「夷狄」。又「敵人累年憑陵中夏。連陷郡邑」句（四四一—五○二下）。明本「敵人」亦作「夷狄」。又「今則上下畏怯。莫敢誰何。凡此則中國微也」句（同上）。明本「中國微也」作「夷狄強也」。又「秋冬之間。敵騎內嚮。盜賊乘之於飢饉之餘」句（同上）。明本「敵騎」亦作「夷狄」。又「而臣下爲之凜畏。敵人爲之竦讋」句（四四一—五〇三下）。明本「敵人」作「夷狄」。

四年。張浚乞修德選賢以消天變疏

四庫本「強敵憑陵。海宇騰沸」句（四四一—五〇四上）。明本「強敵」作「夷虜」。

卷三百六

黃次山上奏章

四庫本「意者四裔伺隙。而君子小人之際尙煩聖慮乎」句（四四一—五〇九上）。明本「四裔」作「夷狄」。又「標季之運庶幾可復。兵革之憂庶幾可弭」句（四四一—五〇九下）。明本「兵革」作「夷狄」。

江西安撫制置大使李綱以地震應詔條陳八事狀

四庫本「夫外患兵革。女子小人皆爲陰類」句（四四一—五一〇上）。明本「外患」作「夷狄」。

綱又上奏章

四庫本「今強敵憑陵。僭竊窺伺」句（四四一—五一五上）。明本「敵」字作「虜」。

孝宗隆興中。起居郎胡銓應詔上奏章

四庫本「象陽將絕。乃中國衰微之象也」句（四四一—五二〇下）。明本「乃中國衰微」作「夷狄主上國」。又「周室大壞。荊蠻主諸夏之象也」句（同上）。明本「荊蠻」作「夷狄」。又「由是推之。日食皆爲陰盛陽衰微之應也」句（同上）。明本「陰盛陽衰微」句作「夷狄侵中國」。

又其後。四庫本「昔太祖皇帝親征晉陽契丹來援」句（四四一—五二一上）。明本「契丹」作「北戎」。

乾道間。銓以災異應詔上奏章

四庫本「監皇華忠信之缺而遴擇使臣」句（四四一—五二四下）。明本「使臣」作「虜使」。又「北有金人之患。西有川蜀之慮。金人之患宜詔兩淮宣諭嚴爲守備」句（四四一—五二五上）。明本「金人」皆作「醜虜」。又「臣竊聞敵人恐喝我求索無厭」句（同上）。又四庫本「一與敵和。則中原絕望。後悔無及。可爲痛哭者四也。自頃秦檜用事。力主和議。生民膏血竭於敵廷之供億。朝廷威勢屈於鄰國之詭謀。民愁盜起。齊述一變殺數萬人。郡國二十四同時大水。今和議雖未必成。民皆曰。又將竭吾膏血。瘠中國以肥敵矣。歸正人嗷嗷然曰。又將如秦檜時執我北還。以膏敵人之鈇鑕矣。兩淮之人嗷嗷然曰。又將如前日疲於敵使之往來而奔命不暇矣。可爲痛哭者五也。」句（四四一—五二五下）。明本「敵」字皆作「虜」。「鄰國」作「犬羊」。又「遂下親征之詔。敵復請和。其反復如此」句（四四一—五二六上）。明本「敵」作「虜」。又「頃者敵人移書。盡取歸正之人」句（同上）。「今敵必復如前日盡索歸正人。與之則必反側生變。不與則敵決不肯但已。夫反側生變則蕭

墻之禍深。敵決不肯但已。則必別啓釁端」句（同上）。「我死公必爲相。切勿與北敵講和」句（同上）。又「若與敵和。中國自此必多事矣」句（同上）。以上六「敵」字明本皆作「虜」。又「力行其志。自彊不息。則寇敵何足患哉」句（四四一—五二六下）。明本「寇敵」作「醜虜」。

洪适以水災應詔上奏章

四庫本「陛下有兼愛南北之心。而強敵變詐。干戈未可得而戢」句（四四一—五二七上）。明本「強敵」作「獷狄」。又「臣愚以謂陰勝陽之沴。敵人闖于外。姦宄蟄於內也。今外之所以禦外侮者。朝廷有潛算。小臣不敢輕議」句（同上）。明本「敵人」作「夷狄」。「禦外侮」作「待夷狄」。

卷三百七

十二年地震。尙書吏部員外郎楊萬里應詔上奏章

四庫本「一旦絕使。敵情不測」句（四四一—五三二

下）。明本「敵情」作「虜情」。又「彼有匈奴困於鄰近。復困於柔然之禍」句（同上）。明本「鄰近」作「東胡」。又「或以謂彼主北歸可以爲中國之賀。臣以爲中國之憂正在此也。何也。昔者金人之南侵也。空國而盡鋭於一舉。不知夫他人乘其虛而奪之國。今度彼之北歸。蓋創於昔者之空國而南侵也。是彼將欲南之必固北之」句（四四一—五三三上）。明本「彼主」作「老胡」。「金人」作「逆亮」。「他人」

作「此胡」。「度彼」亦作「此胡」。「昔者」作「逆亮」。「彼將」作「胡將」。又「敵以兵居之。居之而不去」句（四四一—五三三下）。明本「敵」字作「虜」。又「當周公相成王之時。其急在於懲荆舒」句（四四一—五三四上）。明本「懲荆舒」作「膺戎狄」。又「金人日逼。疆埸日憂。而未聞防金人者何策」句（同上）。明本「金人」皆作「金虜」。又「今也國家之事敵情不測如此」句（同上）。明本「敵」字作「虜」。又「曷謂陰曰臣也。兵刑也。四裔也」句（四四一—五三四下）。明本「四裔」作「夷狄」。「紹興三年八月。行在所地震。未幾有金人寇淮甸之役」句（同上）。明本「金人」作「金虜」。又「異時名相如趙鼎張浚。名將如岳飛韓世忠。此金人所憚也」句（四四一—五三五下）。明本「金人」作「金虜」。又「勿以今日仇讎之包藏爲無他」句（四四一—五三六上）。明本「今日」作「夷狄」。又

「而太平未致。中興未開。敵國寇讎若未有以備之者」句（四四一—五三七上）。明本「敵國」作「夷狄」。

知長沙王師愈上奏章

四庫本「辛巳之冬。金人敗盟。大舉入寇」句（四四一—五四三下）。明本「金人」作「逆亮」。

汝愚又論客星出傳舍疏

四庫本「傳舍九星在華蓋之上。近河賓客之館。主邊

人入中國。客星守之備姦使。亦日敵兵起」句（四四一—五四六下）。明本「邊人」作「胡人」。「敵兵」作「胡兵」。

卷三百八

太學博士彭龜年論雷雪之異疏

四庫本「降人建節。全臺論之而不回」句（四四一—五五五下）。明本「降人」作「降虜」。又「今日士大夫遊談族議。特慮北朝耳。北朝不足慮也。所可慮

者。彼有邊鄙之警」句（四四一—五五八下）。又「受之則與北朝爲敵。而吾亦無以處彼」句（同上）。以上「北朝」明本皆作「北虜」。又「自天下而言。則中國爲陽而四裔爲陰」句（四四一—五六一上）。「折衝無人則邊庭必至於侵侮」句（同上）。明本「四裔」「邊庭」皆作「夷狄」。又「何謂折衝無人則邊庭必至於侵侮」句（四四一—五六二下）。明本「邊庭」作「夷狄」。

儔又應詔上封事

四庫本「臣聞中國者陽也。外裔者陰也。自古外裔強弱常係中國之盛衰。今國家南渡。甲子已逾一周。敵運將終。朝野成意中原可復」句（四四一—五六五下）。明本「外裔」皆作「夷狄」。「敵運」作「胡運」。

寧宗即位。充金國弔祭接送伴使彭龜年上奏章

四庫本「似聞敵人復求疵於言語文移之間」句（四四

一—五七五上）。明本「敵人」作「虜人」。

卷三百九

宋寧宗嘉泰中。著作佐郎知徽州事袁甫上奏章

四庫本「叛卒繼擾。敵兵犯蜀」句（四四一—五七八上）。明本「敵兵」作「韃兵」。

甫又上奏章

四庫本「殘敵求和意猶叵測。使命輕遣或貽後悔」句（四四一—五八一上）。明本「敵」字作「虜」。

嘉定中甫爲秘書省正字上奏章

四庫本「近者殘敵首開兵端。我師既出。敵兵旋退。人以爲群臣禦侮之力」句（四四一—五八一下）。明本「敵」字皆作「虜」。又「雖坐制四方可也。何足懼哉」句（四四一—五八二下）。明本「四方」作「外夷」。

涇又進故事章

四庫本「陛下行之不息。豈特滅蝗。敵亦不足慮」句

（四四一—五八八上）。明本「敵」字作「虜」。

涇又應詔上奏章

四庫本「臣也。婦也。小人也。四裔也。皆陰也」句（四四一—五九二上）。又「四裔謀中國。皆陰勝陽之證也」句（同上）。明本「四裔」皆作「夷狄」。

嘉定二年。校書郎眞德秀上奏章

四庫本「政權在臣下。四裔侵中國。皆其事也」句（四四一—五九三上）。明本「四裔」作「夷狄」。

三年。德秀因輪對上奏章

四庫本「內而姦邪小人。外而四裔盜賊。亦陰也」句（四四一—五九五上）。明本「四裔」作「夷狄」。

八年。知潼川府劉光祖上奏章

四庫本「女眞乃吾痛心疾首之讎。天亡此敵。送死汴京」句（四四一—五九八上）。明本「痛心疾首」作「不共戴天」。又「疆土爲彼之有。其號名猶戴宋也。不猶愈於使敵人乘獵取而有之耶」句（四四一—五

九八下）。明本「敵人乘勢」作「犬羊氊裘」。又「有所謂勍敵垂亡。中原雲擾。豪傑求附」句（同上）。明本「勍敵」作「黠虜」。又「今也敵捨其巢穴而汚我汴京。思之而切齒可也」句（同上）。「使人拜敵於祖宗昔日朝會之庭可乎」句（同上）。明本「敵」字皆作「虜」。

卷三百十

宋寧宗嘉定十年。袁燮上奏章

四庫本「雪陰也。四裔亦陰也」句（四四一—六〇〇下）。明本「四裔」作「夷狄」。又「陰盛而陽微。有邊境侵侮中國之象」句（四四一—六〇〇下至六〇一上）。明本「邊境」亦作「夷狄」。又「蓋自殘敵竄伏汴都。陛下不忍遽絕。仍與通好」句（四四一—六〇一上）。「而殘敵遂以我爲怯。糾合群怨。致死於我」句（同上）。「陛下履至尊之位而見輕於垂亡之敵。辱莫大焉」句（同上）。以上諸「敵」字明本

皆作「虜」。又「以伸中國之威。以破敵人之膽。此所謂奮發也」句（同上）。明本「敵人」作「夷狄」。又「此三事者皆行於金人犯境之日。敵勢雖暴而聖斷赫然。此國威所以復振。而敵讎所以誅滅也」句（同上）。明本「金人」作「逆亮」。「敵」字作「虜」。「敵讎」亦作「逆亮」。又「今也以陽制陰。蕞爾殘敵。豈能抗衡於中國哉」句（四四一—六〇一下）。明本「敵」字作「虜」。

十一年。夔又上奏章

四庫本「區區殘敵。假息僑寓。我有其備。何患不克」句（四四一—六〇二下）。明本「敵」字作「虜」。

寧宗時。國子祭酒王介上奏章

四庫本「修好增幣而金人猶觖望。是渺視我國也」句（四四一—六〇三上）。明本「渺視我國」句作「夷人亂華」。

端平元年。翰林學士知制誥眞德秀上奏章

四庫本「夫天道主乎華夏。而本朝者中原正統之所在也。天之示戒。所以仁愛陛下。豈爲區區北敵計哉」句（四四一—六〇四上）。明本「主乎華夏」作「貴華賤夷」。「北敵」作「胡羯」。又「敵人狡焉。日伺吾隙。設有不幸。如占書所云。其將何以應之乎」句（四四一—六〇五上）。明本「敵人狡焉」作「戎狄豺狼」。

監察御史吳昌裔上奏章

四庫本「八月敵寇蜀。十月寇襄。十一月圍黃。……天變如此。外患如此」句（四四一—六〇六上）。明本「敵」字作「韃」。「外患」作「狄患」。又「外患盜賊不屏息。臣甘伏妄言之誅」句（四四一—六〇七下）。明本「外患」作「夷狄」。

昌裔又論四陰之證狀

四庫本「小人者君子之陰也。四裔者中國之陰也」句

（四四一—六〇七下）。明本「四裔」作「夷狄」。又「蒙古憑陵中夏。蓋非殘金之比」句（四四一—六〇八上）。明本「蒙古」作「韃虜」。又「內外受敵。殊可寒心。此非敵國竊發之證乎」句（同上）。明本「敵國」作「夷狄」。

元杰又上奏章

四庫本「況夫比歲以來。北人禍慘。吾之國勢屢警而怱定」句（四四一—六一二下）。明本「北人」作「韃酋」。

六年正月朔日食詔求直言權兵部尚書淮東制置使李曾伯上奏章

四庫本「庶幾天心感格。邊境震懾。於以寬宵旰之顧憂」句（四四一—六一三下）。明本「邊境」作「戎虜」。

卷三百十一

子才又繳進輪對疏

四庫本「而免贖未下。旱暵頻仍。景象逼迫。上下煎

熬」句（四四一—六四四上）。明本「頻仍」作「百官」。

卷三百十二

宋理宗淳祐十二年。牟子才爲兵部侍郎上疏章

四庫本「不五六載。寇入中國。以陰召陰理所必至也」句（四四一—六四九上）。明本「寇」作「虜」。

卷三百十三

將作監袁甫上奏章

四庫本「秋高馬肥。敵情叵測。區處邊面。已爲後時」句（四四一—六八五下）。明本「敵情」作「虜情」。

洪舜俞進故事章

四庫本「敵使當上壽。故未斷其請。臣以爲此盛德事。正當以示四方。乞并罷上壽」句（四四一—六八七上）。明本「敵」作「虜」。「四方」作「夷狄」。

卷三百十四

牟濚進故事章

四庫本「陰爲女子。爲小人。以至四裔盜賊皆陰也」句（四四一—六九三下）。又「小人得無包藏乎。四裔得無窺伺乎」句（同上）。明本「四裔」皆作「夷狄」。

卷三百十五

宋眞宗大中祥符二年知制誥王曾乞罷營玉淸昭應宮疏

四庫本「方今疆場甫定。邊庭有姑息之虞」句（四四一—七三六上）。明本「邊庭」作「虜廷」。

卷三百十六

侍御史趙抃上言章

四庫本「如邊隅多事。河流未平。官冗兵衆」句（四四一—七四二下）。明本「邊隅」作「戎狄」。

右諫議大夫范祖禹上奏章

四庫本「必以爲威契丹也。使契丹果渝盟南向。大臣將坐此以受敵乎」句（四四一—七五二下）。明本「

契丹」皆作「北狄」。

夢得爲兩浙西路安撫使時又奏章

四庫本「惟茲飛揚跋扈之敵。合中國之力而共誅之。其殄滅必有日矣」句（四四一—七五八上）。明本「惟茲飛揚跋扈之敵」作「蠢爾叛天不道之虜」。

卷三百十七

八年。弼乞選任轉運守令以除盜賊疏

四庫本「更賴眞宗爲民屈己。與北敵西戎議通和好」句（四四一—七八〇下）。又「今則西戎已叛。屢喪邊兵。北敵愈強」句（同上）。明本「北敵」皆作「北虜」。

卷三百十八

高宗建炎三年張浚上言章

四庫本「臣聞盜賊之徒。多河北京東失業之人。義不歸敵。偷生中國。若欲盡殺之。是必使之盡歸敵人而

後已」句（四四一—八〇八上）。明本「敵」字皆作「虜」。

卷三百十九

右正言陳淵上奏章

四庫本「金人之禍不解。南北分裂。生靈塗炭」句（四四一—八一七上）。明本「金人」作「夷狄」。又「乘機應變。坐制黠敵。宜無不如意者」句（同上）。明本「敵」字作「虜」。

理宗時秘書郎許應龍上奏章

四庫本「則以之挫強敵。復境土。無往不可。又何寇賊之足慮哉」句（四四一—八三九上）。明本「挫強敵」作「攘夷狄」。

卷三百二十

漢文帝時。太子家令晁錯言守邊備塞急務章

四庫本「夫匈奴之地積陰之處也。木皮三寸。冰厚六尺」句（四四二—一下）。明本「匈奴」作「胡貉」。又四庫本「匈奴衣食之業不著於地。其執易以擾亂

邊境。何以明之。匈奴鞍馬爲居射獵爲業。非有城郭田宅之歸。不費屯集輓運之力。美草甘水則止。草盡水竭則移。以是觀之。往來轉徙。時至時去。此匈奴之生業。而中國之所以離南晦也。今使匈奴數處轉牧行獵於塞下。或當燕代。或當上郡北地隴西。以候備塞之卒。卒少則入。陛下不救。則邊民絕望。而有降敵之心。救之。少發則不足。多發遠縣纔至。則敵又

已去。聚而不罷。爲費甚大。罷之則敵復入。如此連年。則中國貧苦而民不安矣。陛下幸憂邊境。遣將吏發卒以治塞。甚大惠也。然令遠方之卒守塞。一歲而更不知匈奴之能。不如選常居者。家室田作且以備之。以便爲之」一段（四四一—二上）。明刊本作「胡人衣食之業不著於地。其埶易以擾亂邊境。何以明之。胡人食肉飲酪衣皮毛。非有城郭田宅之歸。居如飛鳥走獸於廣壄。美草甘水則止。草盡水竭則移。以是觀之。往來轉徙。時至時去。此胡人之生業。而中國之所以離南晦也。令使胡人數處轉牧行獵於塞下。或當燕代。或當上郡北地隴西。以候備塞之卒。卒少則入。陛下不救。則邊民絕望。而有降敵之心。救之。少發則不足。多發遠縣纔至。則胡又已去。聚而不罷。爲費甚大。罷之則胡復入。如此連年。則中國貧苦而民不安矣。陛下幸憂邊境。遣將吏發卒以治塞。甚大惠也。然令遠方之卒守塞。一歲而更不知胡人之能

。不如選常居者。家室田作且以備之。以便爲之」。又其後「匈奴入驅而能止其所驅者。以其半予之」句（四四一—二下）。明本「匈奴」作「胡人」。又「赴敵不避死非以德上也」句（同上）。「敵者功相萬也」句（同上）。明本「敵」字皆作「胡」。

宣帝元康三年章

四庫本「至浩亹爲羌所擊。失亡車重兵器甚衆」句（四四一—四上）。明本「羌」作「虜」。又「上遣問焉。曰將軍度羌人何如。當用幾人」句（同上）。明本「羌人」作「羌虜」。又「然羌人小國。逆天背畔。滅亡不久。願陛下以屬老臣。勿以爲憂。上笑曰。諾。充國至金城。須兵滿萬騎。欲渡河。恐爲敵所遮。即夜遣三校銜枚先渡。銜枚者欲其無聲。使敵不覺。渡輒營陳。會明畢。遂以次盡渡。敵數十百騎來出入軍傍。充國曰。吾士馬新倦。不可馳逐。此皆驍騎難制。又恐其爲誘兵也。擊敵以殄滅爲期。小利不足

貪。令軍勿擊。遣騎候四望陿中亡敵。夜引兵上至落
都。召諸校司馬謂曰。吾知羌人不能爲兵矣。使敵發
數千人守杜四望陿中。兵豈得入哉。杜塞也。充國常
以遠斥候爲務。行必爲戰備。止必堅營壁。尤能持重
愛士卒。先計而後戰。遂西至西部都尉府。日饗軍士
。士皆欲爲用。敵數挑戰。充國堅守。捕得生口。言
羌豪相數責曰。語汝亡反。今天子遣趙將軍來。年八
九十矣。善爲兵。今請欲壹鬥而死可得邪。充國子右

曹中郎將卬。將期門佽飛羽林孤兒吳越騎爲支兵。至
令居。敵並出絕轉道。卬以聞。有詔。將八校尉與驍
騎都尉。金城太守。合疏捕山間敵。疏。搜索也。通
轉道津渡」一段（四四二—四下）。鈔本「羌人小國
」作「羌戎小夷」。「羌人」作「羌虜」。「吳越」
作「胡越」。其餘凡「敵」字皆作「虜」。
又四庫本「或曰至秋冬迺進兵。此羌在境外之册。今
羌朝夕爲寇。土地寒苦。漢馬不能冬」句（四四二—

五上）。又「羌以畜產爲命。今皆離散。兵即分出」
句（四四二—五下）。又「冬復擊之。大兵仍出。羌
必震壞」句（同上）。又「勤勞而至。羌必商軍進退
稍引去」句（同上）。又「羌即據前險。守後院以絕
糧道。必有傷危之憂。爲異域笑。千載不可復」句（
同上）。以上凡「羌」字明本皆作「虜」。「異域」
作「夷狄」。又「欲至冬。敵皆當畜食」句（四四二
—六上）。明本「敵」作「虜」。又「雖不相及。使

敵聞東方北方兵並來。分散其心意」句（四四二—六
下）。明本「敵」作「虜」。又「已詔中郎將卬。將
吳越佽飛射士步兵二校益將軍兵」句（同上）。明本
「吳」作「胡」。又四庫本「釋致敵之術。而從爲敵
所致之道。臣愚以爲不便。先零羌敵。欲爲背畔。」
句（四四二—七上）。「今敵馬肥。糧食方饒」句（
同上）。「敵交堅黨合精兵二萬餘人」句（同上）。
「如是敵兵寖多。誅之用力數倍」句（同上）。「敵

赴水溺死者數百。降及斬首五百餘人」句（四四二—七下）。以上凡「敵」字明本皆作「虜」。又四庫本「本用吾言。羌人得至是耶」句（四四二—八上）。明本「羌人」作「羌虜」。又「今兵久不決。四裔卒有動搖。相因而起」句（同上）。明本「四裔」作「四夷」。又「且羌人易以計破。難用兵碎故也」句（四四二—八下）。「羌人故田及公田。民所未墾。可二千頃以上」句（同上）。明本「羌人」皆作「羌虜」。又「敵騎伉健各千。倅馬什二」句（同上）。明本「敵騎」作「胡騎」。又「敵當何時伏誅。兵當何時得決」句（同上）。明本「敵」作「虜」。

又其後四庫本「今敵亡其美地薦草。愁於寄託遠遯。骨肉離心。人有畔志。而明主般師罷兵。萬人留田。順天時。因地利。以待可勝之人。雖未即伏。辜兵決可期月而望羌人瓦解。前後降者萬七百餘人。及受言去者凡七十輩。此坐支解羌人之具也。臣謹條不出兵

留田便宜十二事。步兵九校吏士萬人留屯以爲武備。因田致穀。威德並行一也。又因排折羌人。令不得歸肥饒之地。貪破其衆。以成羌人相畔之漸二也」句（四四二—九上）。以上明本「敵」字「人」字皆作「虜」。又「外不令敵得乘間之勢九也」句（同上）。明本「敵」作「虜」。又「聞之敵雖未伏誅。兵決可期月而望」句（四四二—九下）。「將軍獨不計敵聞兵頗罷」句（同上）。「臣愚以爲敵破壞可日月冀遠在來春」（同上）又「敵數大衆攻之而不能害」句（四四二—一〇上）。「騎兵雖罷。敵見萬人留田。爲必禽之具」句（同上）。「從今盡三月敵馬羸瘦。必不敢捐其妻子於它種中」句（同上）。「所以度敵且必瓦解其處。不戰而自破之册也」句（同上）。「亶能令敵絕不爲小寇則出兵可也」句（同上）。以上凡「敵」字明本皆作「虜」。又「皇帝問後將軍上書言羌人可勝之道」句（四四二—一〇下）。明本「羌人

」作「羌虜」。又「恐羌犯之。於是兩從其計」句（同上）。明本「羌」作「虜」。

元帝竟寧元年章

四庫本「如罷備塞戍卒。示匈奴之大利。不可一也」句（四四二—一一下）。又「夫匈奴之情。困則卑順。彊則驕逆」句（同上）。明本「匈奴」皆作「夷狄」。又「開異域之隙。窺中國之固十也」句（四四二—一二上）。明本「異域」作「夷狄」。

光武建武九年隗囂死。司徒掾班彪上言章

四庫本「今涼州部皆有降羌。羌人蠻夷荒服。而與漢人雜處」句（四四二—一二上）。明本「羌人蠻夷荒服」作「羌胡被髮左衽」。

時遼西烏桓大人郝旦等九百二十二人率衆向化詣闕朝貢章

四庫本「是時四裔朝賀。絡繹而至。天子乃命大會勞饗。賜以珍寶」句（四四二—一二下）。明本「四裔」作「四夷」。

和帝時安定降羌章

四庫本「常雄諸種。恃其權勇。招誘羌人」句（四四二—一三上）。又「隔塞羌人交關之路。遏絕狂狡窺欲之源」句（同上）。明本「羌人」皆作「羌胡」。

安帝時。北部與車師連兵入寇河西章

四庫本「安帝時北部與車師連兵入寇河西」句（四四二—一三上）。又「以爲北部呼衍王常展轉蒲類秦海之間」句（同上）。又「臣聞八蠻之寇莫甚北部」句

（四四二—一三下）。以上凡「北部」明本皆作「北虜」。又「命遣虎臣。浮河絕漠。窮破敵庭」句（四四二—一三下）。「今北敵已破車師。勢必南攻鄯善」句（同上）。「若然。則敵財賄益增。膽執益殖」句（同上）。以上「北敵」明本皆作「北虜」。

順帝時大將軍梁商上表

四庫本「順帝時。大將軍梁商以氐羌新反。黨衆初合

。難以兵服。宜用招降。乃上表曰。匈奴寇畔。自知罪極。物當窮困。皆知救死……。如此則遠人可服。國家無事矣。帝從之。乃詔續招降畔敵。商又移書續等曰。中國安寧。忘戰日久。良騎野合。交鋒接矢。決勝當時。敵人之所長。而中國之所短也。強弩乘城。堅營固守。以待其衰。中國之所長。敵人之所短也。」一段（四四二—一四上）。明本作「順帝時。大將軍梁商以羌胡新反。黨衆初合。難以兵服。宜用招

降。乃上表曰。匈奴寇畔。自知罪極。窮鳥困獸。皆知救死……如此則醜類可服。國家無事矣。帝從之。乃詔續招降畔虜。商又移書續等曰。中國安寧。忘戰日久。良騎野合。交鋒接矢。決勝當時。戎狄之所長。而中國之所短也。強弩乘城。堅營固守。以待其衰。中國之所長。戎狄之所短也。」

桓帝時以陳龜世諳邊俗。拜爲度遼將軍。龜臨行上疏

四庫本「雖展鷹犬之用。頓斃敵人之庭」句（四四二—一四下）。明本「敵人」作「胡虜」。又「敵人凶悍。因衰緣隙。而令倉庫單於貪婪之口。功業無銖兩之効」句（四四二—一五上）。明本「敵人」作「胡虜」。「貪婪」作「豺狼」。又「敵馬可不窺長城。塞下無候望之患矣」句（同上）。明本「敵馬」作「胡馬」。

靈帝時西羌反章

四庫本「若使烏合之衆得居此地。士勁甲堅。因以爲

亂。此天下之至慮。社稷之深憂也」句（四四二—一五下）。明本「烏合之衆」作「左衽之虜」。

諫議大夫劉陶上疏

四庫本「西寇浸前。去營咫尺。敵騎分布。已至諸陵」句（四四二—一六上）。明本「敵騎」作「胡騎」。

宋文帝時索虜南侵章

四庫本「邊寇微么。趨致畿甸。烏合雲屯。聞已崩殪

」句（四四二—一九上）。明本「邊寇微么」作「竭寇遺醜」。「烏合雲屯」作「蟻萃蝨集」。

虜自彭城北歸復求互市顏竣議章

四庫本「敵人之欲侵暴。正苦力之不足耳」句（四四二—二一上）。明本「敵人」作「夷狄」。又「敵心無厭。重以忿怒。故至於深入」句（同上）。明本「敵心」作「獸心」。

御史中丞何承天上安邊論凡陳四事

四庫本「今遺黎習亂。志在偷安。非皆恥爲荒服。遠慕冠冕」句（四四二—二一下）。明本「荒服」作「左衽」。又「敵既不能校勝循理攻城略地。而輕兵掩襲急在驅殘」句（四四二—二二上）。明本「敵」作「虜」。又「苟陵患未盡。則憤激思鬥。報復之役將遂無已」句（同上）。明本「憤激」作「困獸」。又「兵家舊說。戰士二千足抗群敵三萬矣」句（四四二—二二下）。明本「敵」字作「虜」。

帝蒐於河西。詔司徒崔浩詣行在所議軍事表

四庫本「臣愚以爲北敵未平。征役不息。可不徙其民」句（四四二—二四上）。明本「敵」字作「賊」。

孝文帝延興中尚書奏章

四庫本「一旦廢罷。是啓戎心。則邊人交構。互相往來。恐卒徒協契。侵竊涼土」句（四四二—二四下）。明本「邊人」作「夷狄」。「卒」作「醜」。

時車駕南伐。以李沖兼左僕射留守洛陽章

四庫本「加北人叛逆。所在奔命。運糧擐甲。迄茲未已」句（四四二—二四下）。明本「北人」作「氐胡」。又「徒動民情。西北連結。事或難測」句（同上）。明本「西北連結」作「連胡結夷」。又「孤據群黨之口。敵攻不可卒援」句（四四二—二五上）。明本「黨」字「作「賊」。

尚書中書監高閭上表

四庫本「北敵強悍。勇而寡謀。長者野戰。所短者攻城。若以敵之所短奪其所長。則雖衆不能成患」句（四四二—二五下）。明本「北敵強悍勇而寡謀。長者野戰」句作「北狄悍愚。同於禽獸。所長者野戰」。「敵之所短」作「狄之所短」。又「敵散居野澤。隨逐水草。戰則與家產並至。奔則與徒衆俱逃」句（同上）。明本「敵」作「狄」。「徒衆」作「畜牧」。

又「今宜依故於六鎮之北。築長城以禦北敵」句（同上）。明本「敵」作「虜」。又「敵來有城可守。有

兵可捍」句（四四二—二六上）。明本「敵」作「狄」。

卷三百二十一

後魏宣武帝正始間。議選邊戍事豫州中正袁飜奏議

四庫本「故驅率部落。屢犯疆場」句（四四二—二七下）。明本「部落」作「犬羊」。

宣武帝時。蠕蠕入寇。詔侍中源懷征之章

四庫本「蠕蠕不羈。自古而爾。射獵爲業。水草爲家。中國患者皆斯類耳。歷代驅逐。莫之能制。雖北拓楡中。遠臨瀚海。而智臣勇將力筭俱竭。邊人頗遁。中國以疲。于時賢哲思造化之至理。推生民之習業。量夫中夏粒食邑居之民。蠶衣儒步之士。邊外荒忽無常之類。雲屯烏合之徒。親校短長。因宜防制」句（四四二—二八上）。明本作「蠕蠕不羈。自古而爾。遊魂鳥集。水草爲家。中國患者皆斯類耳。歷代驅逐。莫之能制。雖北拓楡中。遠臨瀚海。而智臣勇將力

筭俱竭。胡人頗遁。中國以疲。于時賢哲思造化之至理。推生民之習業。量夫中夏粒食邑居之民。蠶衣儒步之士。荒表茹毛飲血之類。鳥宿禽居之徒。親校短長。因宜防制」。

孝明帝神龜末。袁飜遷冠軍將軍涼州刺史章

四庫本「而異俗難同。殷鑒無遠。覆車在於劉石。毀轍固不可尋」句（四四二—二九上）。明本「而異俗難同」作「然夷不亂華」。又「去高車所住金山一千

餘里。正是北人往來之衝」句（四四二—二九下）。明本「北人」作「北虜」。又「高車叵測之心何足以信」句（四四二—三〇上）。明本「叵測」作「豺狼」。

唐高宗永淳中。突厥圍豐州章

四庫本「戎人得以乘利而交侵。始以靈夏為邊」句（四四二—三一上）。明本「戎人」作「戎羯」。

武后永昌中。詔右鷹揚衛將軍將章

四庫本「戎人為中國患尚矣。五帝三王所不臣」句（四四二—三一上）。明本「戎人」作「戎狄」。又「其後武帝赫然發憤。甘心四裔」句（同上）。明本「四裔」作「四夷」。又「夫四鎮無守。敵兵必臨西域」句（四四二—三一下）。明本「敵」作「胡」。

萬歲通天中發兵戍疏勒四鎮章

四庫本「臣聞天生四裔皆在先王封域之外」句（四四二—三三上）。明本「四裔」作「四夷」。又「此天所以限四隅而隔中外也」句（同上）。明本「四隅」作「夷狄」。又「蓋以遠人叛則伐之。降則撫之」句（四四二—三四上）。明本「遠人」作「夷狄」。又「況綏撫四裔。蓋防其越逸。苟無侵侮之患則可矣。何必窮其窟穴。與荒服計校長短哉」句（同上）。明本「四裔」作「夷狄」。「荒服」作「螻蟻」。又「如此數年。可使二部不擊而服」句（四四二—三四下）。明本「二部」作「二虜」。

玄宗時張九齡論東北軍未可輕動狀

四庫本「臣等伏以北敵凶狡。誠以難保其心」句（四四二—三五上）。又「昨李佺使迴。敵亦具云東下。中間或言難信」句（同上）。明本「敵」字皆作「虜」。又「今其東討雖未稟命。在於遠人亦不可責於常理」句（同上）。明本「遠人」作「夷狄」。又「若契丹等偶勝。北部勢衰。因而乘之」句（同上）。明本「北部」作「北虜」。又「切約諸將使知聖心。縱北廷聞之。尤彰天澤」句（四四二—三五下）。明本「北廷」作「虜廷」。

九年。郭子儀入朝章

四庫本「朔方國北門。西禦戎人。」句（四四二—三五下）。明本「戎人」作「犬戎」。又「敵來稱四節度。將別萬人。人兼數馬。臣所統士不當敵四之二。馬不當敵百之二」句（四四二—三六上）。明本「敵來」作「虜來」。「不當敵」作「不當賊」。

中書侍郎同中書門下平章事陸贄論緣邊守備事宜狀奏章

四庫本「夫中夏有盛衰。四裔有強弱」句（四四二—三六下）。又「蓋以中夏之盛衰異勢。四裔之強弱異時」句（四四二—三七上）。「夫以中國強盛。四裔衰微。而能屈膝稱臣。歸心受制」句（同上）。「又如中國強盛。四裔衰微」句（同上）。又「當四裔強盛之時。圖之則彼釁未萌。禦之則我力不足」句（同上）。以上凡「四裔」明刊本皆作「夷狄」。又「多馬而尤便馳突。輕生而不計敗亡。此外裔之所長也。外裔之所長乃中國之所短」句（四四二—三八上）。明刊本「計」作「恥」。「外裔」作「夷狄」。又「我之所長乃外裔之所短。我之所易乃外裔之所難」句（四四二—三九上）。「夫欲備封疆禦外裔。非一朝一夕之事」句（四四二—三九下）。明刊本「外裔」皆作「戎狄」。又「聆強蕃勁敵之名則懾駭奪氣」句

（四四二—四〇上）。明刊本「勁敵」作「勁虜」。又「比及都府聞知。敵已剋獲旋返。且安邊之本所切在兵」句（四四二—四〇下）。明刊本「敵」字作「虜」。「屯集雖衆。戰陣莫前。敵每越境。橫行若涉無人之地」句（四四二—四一上）。明刊本「敵」字作「虜」。又「虛張聲勢。上聞則曰兵少不敵」句（同上）。明本「聲勢」作「賊勢」。又「厥理何哉。良以中國之節制多門。蕃部之統帥專一故也」句（四

四二—四一下）。明本「蕃部」作「蕃醜」。又「強敵馳突迅如風飆。馹書上聞。旬月方報」句（四四二—四三下）。明本「強敵」作「戎虜」。又「敵既縱掠退歸。此乃陳功告捷」句（同上）。明本「敵」作「賊」。

贄又請邊城貯備米粟等章

四庫本「犯雪霜皸瘃之苦。冒盜賊剽掠之虞」句（四四二—四六上）。明本「「盜賊」作「豺狼」。

貞元十三年章

四庫本「今三城尤逼敵境。如此何也。對曰。今發本鎮兵。不旬日至。出其不意而城之。敵謂吾衆不減七萬。不敢輕來。不過三旬。吾城已畢。敵雖至城旁。草盡不能久留。敵退則運芻糧以實之。此萬全之策也。若大集諸道兵。踰月始至。敵亦集衆而來。與我爭戰。勝負未可知。何暇築城哉」段（四四二—四六上）。以上凡「敵」字明刊本皆作「虜」。

元和九年李吉甫奏章

四庫本「而淮西遺黨復延歲月之命。爲國家費。豈特降主之比。上不聽」句（四四二—四七上）。明本「遺黨」作「遺醜」。

憲宗時。宰臣李絳嘗因延英論及邊事上言章

四庫本「憲宗時。宰臣李絳嘗因延英論及邊事。上言曰。自古及今。邊人與中國並。雖代有衰盛強弱。然常須邊境備擬。烽候精明。雖繫頸屈膝。而亭障未嘗

一日弛其備也。何邊人強橫。負力怙氣。不懷恩義。不踐誓盟。故強則寇掠。弱則卑伏。此其天性也。是以聖王以荒忽無常待之。其至也。則驅除之。其去也。則嚴備之。今北敵蕃臣復多歷年載。雖實有功於國家。報之以厚。施者已倦。求者未厭」一段（四四二—四七上）。明刊本作「憲宗時。宰臣李絳嘗因延英論及邊事。上言曰。自古及今。戎狄與中國並。雖代有衰盛強弱。然常須邊境備擬。烽候精明。雖繫頸屈

膝。而亭障未嘗一日弛其備也。何者。夷狄無親。見利則進。不知仁義。惟務侵盜。故強則寇掠。弱則卑伏。此其天性也。是以聖王以禽獸蚊蚋待之。其至也。則驅除之。其去也。則嚴備之。今北虜蕃臣復多歷年載。雖實有功於國家。報之以厚。施者已倦。求者未厭。」

元和中。左拾遺元積論西戎表

四庫本「陛下將署其君長。征其牛羊。振威以擒之可

也。布德以懷之可也」句（四四二—四八下至四九上）。明刊本「振威」作「奴虜」。「布德以懷之」作「螻蟻以攘之」。

杜佑拜司徒封岐國公章

四庫本「恐後奉使者爲國家生事異域。北突厥默啜寇害中國」句（四四二—四九上~下）。明刊本「異域」作「夷狄」。又「斂求繇役。遂致叛亡。與西北二陲相誘盜邊」句（四四二—四九下）。明本「西北二陲」作「北狄西戎」。又「今戎部方彊。邊備未實。誠宜慎擇良將。使之完輯」句（同上）。明刊本「戎部」作「戎醜」。

穆宗立。時吐蕃寇邊。西北騷然章

四庫本「上言蜀有兩道。直擣敵腹」句（四四二—四九下）。明本「敵」作「賊」。又「一繇龍川清川以抵松州。一繇綿州威蕃柵抵棲鷄城。皆敵險要地。臣願不愛金帛。使信臣持節與北敵約」句（四四二—四九下）。明刊本「敵」字皆作「虜」。

卷三百二十二

端拱二年。右拾遺直史館王禹偁上禦戎十事狀

四庫本「有功者行賞。無功者明誅。則契丹不能南下矣」句（四四二—五二下）。明本「契丹」作「犬戎」。又其後「臣風聞契丹中。婦人任政。荒淫不法。陛下宜委邊上。重募邊民諳練蕃情者。間諜蕃中酋長。啗之厚利。推之以深恩。蕃人好利而無義。待其離

心因可取也。四曰。以敵人攻敵人。國之利也。今國家西有趙保忠折御卿爲國心腹。陛下亦宜勑此二帥。率麟府銀夏綏五州。張其犄角。聲言直取勝州。則敵人懼而北保矣。此實不用。但張其勢而已。五曰。下哀痛之詔。以感激邊民。頃歲陛下首伐燕薊。蓋以本是漢疆。晉朝已來。方入外域。既四海一統。誠宜取之。而邊民蚩蚩。不知陛下之意。皆以貪其土地。致敵人南牧。陛下宜下哀痛之詔。告諭邊民。則三尺童

子皆奮臂而擊之矣。然後得蕃人一級者賜之帛。得外地一馬者還其價。得酋帥者與之散官。如此則人百其勇。而士一其心也。」一段（四四二—五三上）。明刊本作「臣風聞犬戎中。婦人任政。荒淫不法。陛下宜委邊上。重募邊民諳練蕃情者。間諜蕃中酋長。啗之厚利。推之以深恩。蕃人好利而無義。待其離心因可取也。四曰。以夷狄攻夷狄。中國利也。今國家西有趙保忠折御卿爲國心腹。陛下亦宜敕此二帥。率麟府銀夏綏五州。張其犄角。聲言直取勝州。則犬戎懼而北保矣。此實不用。但張其勢而已。五曰。下哀痛之詔。以感激邊民。頃歲陛下首伐燕薊。蓋以本是漢疆。晉朝已來。方入戎虜。既四海一統。誠宜取之。而邊民蚩蚩。不知陛下之意。皆以貪其土地。致犬戎南牧。陛下宜下哀痛之詔。告諭邊民。則三尺童子皆奮臂而擊之矣。然後得蕃人一級者賜之帛。得胡地一馬者還其價。得酋帥者與之散官。如此則人百其勇。而士一其心也。」

又四庫本「誠能省官三千員。減俸數十萬以供邊備。以寬民賦。亦平敵之大計也」句（四四二—五三下）。明本「平敵」作「平戎」。又「動干戈則重困生靈。得土地則空標史冊。禍敗之本何莫由斯」句（四四二—五四上）。明本「動干戈」作「討蠻夷」。又「唯茲北敵未服中原。以臣思之。恐是宗廟之靈。天地之意。慮陛下驕於大寶」句（同上）。明本「北敵」

作「北狄」。又「不必輕用雄師。深入敵境。竭蒼生之衆力。矜青史之虛名」句（四四二—五四下）。明本「敵境」作「虜境」。

是年朝廷將討幽薊。詔群臣各言邊事。吏部尚書宋琪上疏

四庫本「王師可於州北繫浮梁以通北路。敵騎來援已隔水矣」句（四四二—五五下）。明本「敵騎」作「賊騎」。又「契丹偏地剋日殄平。其奚霫渤海之國各

選重望親嫡册封爲王」句（四四二—五六上）。明本「偏地」作「小醜」。又「既平邊鄙。悉爲王民。拯其飢溺。被以聲敎。願歸者俾復舊貫。懷安者因而撫之」句（同上）。明本「既平邊鄙」句作「既殄異類」。「拯其飢溺」作「變其衣寇」。又「德光南侵。還死於殺虎林」句（四四二—五六下）。明本「虎」作「胡」。又「德光之子述律代立。號爲睿王」句（同上）。明本「睿王」作「睡王」。又「又有渤海首領大舍利噶瑪哈步騎萬餘人。其鎧甲車仗竊爲契丹之飾」句（同上）。明本「其鎧甲車仗」作「並髡髮左衽」。又「寒雲翳日。朔雪迷空。鞍馬相持。北軍之利」句（四四二—五七上）。明本「北軍」作「羶褐」。又「俟其陽春啓候。敵計既窮。新草未生。陳荄已朽」句（四四二—五七下）。明本「敵」作「虜」。

端拱二年。知制誥田錫答詔論邊事上奏章

四庫本「將軍度敵勢如何。當用幾人」句（四四二—六〇下）。明本「敵勢」作「羌虜」。又「取強力過人能斬將搴旗者」句（四四二—六二上）。明本「強力」作「強弓」。「斬將」作「斬虜」。又「間諜若行則敵人自亂。敵人自亂則邊鄙自寧」句（四四二—六三上）。明本「敵人」作「夷狄」。

右司諫孫何論禦戎畫一利害上奏章

四庫本「所賴陛下親御六師。按巡河朔。盡逐異方之

衆。方安黎庶之心」句（四四二—六七下）。明本「異方之衆」作「腥羶之類」。又「使受命之初可以聳動人聽。出疆之日可以震懾邊庭」句（四四二—六八上）。明本「邊」作「虜」。又其後「臣聞外域之爲患中國也久矣。周曰玁狁。漢曰匈奴。晉有劉石。周有蠕蠕。隋有突厥。唐有吐蕃。皆伺隙窺邊。乘間犯塞。勇悍好鬥。殺掠吏民。馳騁無厭。呑噬亭障。前代憤其如此。亦當按劍憑怒。命將出征。或十萬以横

行。或五千而深入。而四夷之衆。部落殷繁。道里遼闊。或聚守其險要之地。或散屯於平坦之鄉。有利即來。無得而去。中國奪其地不足耕墾。獲其人不足訓齊。徒勞師而費財。終有損而無益。故宣王之詩曰。薄伐玁狁。至于太原。蓋譬乎鄰室之人。亦相與比戶而已。不與角乎勝負。螻蟻計其短長。唯始皇孝武秣馬厲兵。長驅萬里。雖南牧暫息。而中國蕭然。故嚴尤以爲漢得下策。周得中策。秦無策焉。與夫保境庇

民。訓兵練將。來則勿縱。去即勿追。固不可同年而語矣。且契丹者。塞外小蕃。軍威匪盛。料其土地。計其人民。固不敵中原之數郡。多行不義。公肆無厭。惡既貫盈。天當譴責。但沿邊將吏等。亦有設奇沽譽。恃勇貪功。遇彼射鵰。便稱萬衆。逢其飲馬。即舉邊烽。間隙一生。干戈不已。及逢大敵。又怯先登。或堅壁以自安。或死戰而無益。兵連禍結。何莫由斯。伏乞嚴誡邊防。俾謹疆界。運權謀而制勝。嚴斥堠以防奸。彼將動則必知。此有謀而皆秘。若邊疆之

侵軼。必在驅除。如將帥之張皇。亦宜禁戢。昔羊祜之鎭襄漢。李牧之守雁門。破敵建功皆此術也。惟陛下不以臣愚而用其言。則邊民幸甚。」一段（四四二—六八下）。明本作「臣聞犬戎之爲患中國也久矣。周曰玁狁。漢曰匈奴。晉有五胡。周有蠕蠕。隋有突厥。唐有吐蕃。皆伺隙窺邊。乘間犯塞。蜂蠆有毒。殺掠吏民。豺狼無厭。呑噬亭障。前代憤其如此。亦

嘗按劍憑怒。命將出征。或十萬以橫行。或五千而深入。而犬羊之衆。種落繁滋。不諭文告之言。不以遯肥爲恥。蜂屯大漠。鳥散窮荒。有利即來。無得而去。中國奪其地不足耕墾。獲其人不足訓齊。徒勞師而費財。終有損而無益。故宣王之詩曰。薄伐玁狁。至于太原。蓋譬乎蚊虻螫人。驅之而已。終不與禽獸角乎勝負。螻蟻計其短長。唯始皇孝武秣馬利兵。長驅萬里。雖南牧暫息。而中國蕭然。故嚴尤以爲漢得下

策。周得中策。秦無策焉。與夫保境庇民。訓兵練將。來則勿縱。去即勿追。固不可同年而語矣。且契丹者。腥羶小蕃。虵豕異類。料其土地。計其人民。固不敵中原之數郡。多行不義。公肆無厭。惡旣貫盈。天當勦絕。但沿邊將吏等。亦有設奇沽譽。恃勇貪功。遇彼射鵰。便稱虜衆。逢其飲馬。即舉邊烽。間隙一生。干戈不已。及逢大敵。又怯先登。或堅壁以自安。或死戰而無益。兵連禍結。何莫由斯。伏乞嚴誡

邊防。俾謹疆界。運權謀而制勝。嚴斥堠以防奸。彼將動以必知。此有謀而皆秘。若犬羊之侵軼。必在驅除。如將帥之張皇。亦宜禁戢。昔羊祜之鎭襄漢。李牧之守鴈門。破敵卻胡皆此術也。惟陛下不以臣愚而用其言。則邊民幸甚。」

孫何從幸大名詔訪邊事。何上疏

四庫本「手握強兵。坐違成算。遂使敵人得計。戎馬肆行」句（四四二—六九下）。明本「敵人」作「腥

羶」。「戎馬」作「虵豕」。

又其後「且敵軍勇悍不厭金革。今契丹西畏大兵。北無歸路。勢窮則勇銳不可輕。餘敵尚或稽誅奔突。亦宜預備。」句（四四二—七〇上）。明本作「且蜂蠆有毒。豺狼無厭。今契丹西畏大兵。北無歸路。獸窮則搏物不可輕。餘孽尚或稽誅奔突。亦宜預備。」

三年。承矩知雄州又上言章

四庫本「雖提貔虎之師。莫遏鸛鵝之衆」句（四四二

一七〇下）。明本「鸛鵝」作「犬羊」。

工部侍郎集賢學士錢若水答詔論邊事奏章

四庫本「秋末敵人鈔邊之後。凡有機事。臣莫得聞。是以不敢上言」句（四四二—七一下）。明本「敵人」作「犬戎」。又「今傳潛領數萬雄師。閉門不出。坐看敵軍俘掠生民」句（同上）。明本「敵軍」作「戎虜」。

右正言直集賢院趙安仁答詔論邊事上奏章

四庫本「故未能屏敵騎之迹。止猾夏之謀」句（四四二—七四上）。明本「敵騎」作「黠虜」。又「賜之重罰。以懲追撓之失。則軍威自振。敵氣自消」句（同上）。明本「敵氣」作「虜塵」。又「自敵人入寇以來。邊民有鬥敵之時沒於兵刃者」句（同上）。明本「敵人」作「犬戎」。又「陛下以上聖之資。兼神武之略。盪平邊徼。止在朝夕」句（四四二—七五上）。明本「邊徼」作「醜虜」。

卷三百二十三

宋眞宗咸平四年。兵部尙書張齊賢論陝西事宜上奏章

四庫本「若山西蕃部響應。遠處族帳傾心。則敵軍之勢減矣」句（四四二—七五下）。又「於我未舉兵之際。盡驅軍馬併力攻圍。則靈州孤城亦必難固」句（四四二—七六上）。明本「盡驅軍馬」作「盡驅虵豕」。又「與其濫賞而收遠服之心。臣謂濫賞之失輕矣」句（同上）。明本「遠服」作「羌夷」。又「苟若蹙地而稔邊庭之勢。則蹙地之恥大矣」句（四四二—

七六下）。明本「邊庭」作「豺狼」。又「此乃聖人治中國之道非議於外域者也」句（同上）。明本「外城」作「夷狄」。又「且六谷者西北之遠蓄也。荒服之內推爲雄豪」句（同上）。明本「荒服」作「羌夷」。又「且外敵之性變詐多端。必恐彼衆之謀潛伺開隙」句（四四二—七七上）。明本「外敵」作「戎虜」。「彼衆」作「醜類」。

咸平中詔近臣議靈州棄守之事左司諫知制造楊億奏章

四庫本「靈武是中原巨屛。平夏乃近城小蕃。久興內牧之心。常作疆埸之患」句（四四二—七八上）。明本「內牧」作「虵豕」。又「邊患用何策以翦除。靈州以何方而廢置」句（同上）。明本「邊患」作「黠虜」。又「自北軍內擾。邊邑屢驚。群部爲其脅從。兇黨因而猖熾」句（四四二—七九上）。明本「北軍內擾」作「胡雛作梗」。「群部」作「雜虜」。又「

既不能制敵人之死命。又不能救靈武之急難」句（同上）。明本「敵人」作「黠虜」。又「未嘗出一兵馳一騎。敢與敵捔。此靈武之存無益明矣」句（四四二—七九下）。明本「敵」作「虜」。又「孤城之人如釜中之魚躍。強敵之勢若崑山之火炎」句（四四二—八〇下）。「陛下又憤茲強敵。思欲翦除。臣以爲不可黷武以窮兵」句（四四二—八一上）。明本兩處「強敵」並作「黠虜」。又「譬常山之蛇。首尾相應。蕞爾殘敵。坐致滅亡」句（四四二—八一下）。又「或戰馬正肥。戎士思奮。即徵發內屬。征討不庭」句（同上）。明本「征討不庭」作「討虜生羌」。又「但塞外一獨夫耳。安能與大邦爲讎哉」句（四四二—八二上）。明本「獨夫」作「胡人」。又「臣以爲此敵方盛。其財猶豐。勇悍之群。如臂使指。未可以歲月破也」句（同上）。明本「此敵方盛」作「此虜方黠」。「勇悍」作「腥羶」。

刑部郎中陳貫上形勢選將練兵論三篇

四庫本「然自威遠成東距海三百里」句（四四二—八二上）。又「由威遠西極狼山不百里」句（同上）。明本「威遠」並作「威虜」。

四庫本「恐北人謂朝廷養兵百萬不能制一小戎。有輕中國之心」句（四四二—八八下）。明本「北人」作「北狄」。

攻心章

四庫本「未嘗耀威靈勤遠略。深入外地。以恢封境也」句（四四二—八九下）。明本「外地」作「虜地」。

伐交章

四庫本「今元昊所恃爲交者。豈非北敵乎。臣聞元昊與北通姻。撥其事勢。必先要結」句（四四二—九〇上）。明本「北敵」作「北虜」。「與北通姻」作「與虜通姻」。

四庫本「以蠻夷攻蠻夷」章（四四二—九一上）。明刊本作「以夷狄攻夷狄」。又「朝廷撫納。恩信亦厚。此誠以蠻夷攻蠻夷之策也」句（同上）。明刊本「以蠻夷攻蠻夷」亦作「以夷狄攻夷狄」。

時方平又請延召近臣訪議邊事上疏

四庫本「臣微聞人言北敵不守封略。築城鄙上」句（四四二—九四下）。明本「北敵」作「北虜」。又「然國家與之通好已四十年」句（同上）。明本「之」作「虜」。又「北方諸戎羈屬於彼者。如奚高與達靼」句（同上）。「去冬彼以大兵臨河西。謂如拾芥之易」句（同上）。又「是不可勝在彼矣。且彼久與中原甘心和好。其貴人習於驕佚」句（同上）。以上凡「彼」字明刊本皆作「虜」。「其心和好」作「甘心豢餌」。又「內外文武各致其力。使彼一舉而不得志」句（四四二—九五上）。明本「彼」亦作「虜」。

方平又請罷陝西招討經略司事章

四庫本「竊惟羌人叛命。王師致討」句（四四二—九五上）。明刊本「羌人」作「羌虜」。又「訖平羌患若將率奮身許國」句（四四二—九五下）。明刊本「羌患」作「羌虜」。

方平又請省陝西兵馬及諸冗費事上奏章

四庫本「夫陰者妻道也。臣道也。民也。邊鄙也。此時後宮無過制。外廷無權強。所當戒慮者。民與邊鄙爾。內安民而外待邊鄙。其要在貨力有備而已」句（

四四二—九六下）。明本「邊鄙」皆作「夷狄」。

寶元初。陝西經略安撫使夏竦陳邊事十策狀

四庫本「朝廷付以一方置而不問。芻豢過飽。猖蹶遽彰」句（四四二—九八上）。明本「一方」作「犬羊」。

又其後。四庫本「則十發之矢以殪三萬餘人。敵軍當此不易支也」句（四四二—九九上）。明本「敵軍當此」作「羌胡羶毳」。

又其後。四庫本「元昊窺見此隙。所以勾招引致。脅以鋒鏑。誘以貨財」句（四四二—九九下）。明刊本「引致」作「打虜」。

又四庫本「若敵犯邊。人情恐動。或飛輓稍頻。丁夫逃潰」句（四四二—一〇一上）。明本「敵」字作「虜」。

竦又論復塞垣進策章

四庫本「夫有一陰山猶資敵勢。況衰晉不武。盡割燕地」句（四四二—一〇三下）。明本「敵勢」作「虜勢」。又「由茲外域轉爲邊患。故國家懷之以文而不庭」句（同上）。明本「外域」作「兇醜」。又「夫爲萬世之畫。削外敵之勢莫若復漢故地」句（同上）。明本「外敵」作「黠虜」。又「敵人不善嬰守。救兵無路而至」句（四四二—一〇四上）。明本「敵人」作「胡人」。又「遵漢舊規。則牧馬之塵罕能南暨矣」句（同上）。明本「牧馬」作「胡馬」。

卷三百二十四

仲淹改知慶州上攻守二策。議守章

四庫本「雖敵人時爲邊患。不能困我中國」句（四四二—一一一下）。明本「敵人」作「夷狄」。

仲淹又論元昊請和不可許者三。大可防者三上疏

四庫本「自古四遠在荒服之外。聖帝明王恤其邊患。柔而格之」句（四四二—一一四上）。明本「四遠」作「四夷」。又「議者皆謂元昊戎人也。無居中國之

心」句（四四二—一一四下）。「石勒。劉聰。苻堅。赫連勃勃之徒皆戎人也」句（同上）。明本「戎人」作「胡人」。又「蓋漢家之叛人不樂處異域中」句（四四二—一一五上）。明本「異域」作「夷狄」。又「非中國事力不敵四遠。非今之軍士不逮古昔」句（四四二—一一七上）。明本「四遠」作「四夷」。

五年。仲淹爲參知政事奏陝西河北攻守疏

四庫本「臣等聞三代以還皆有邊陲之患。以至侵淩中國。被于渭洛」句（四四二—一一八下）。明本「邊陲」作「戎狄」。又「逮於西晉之弱。各部紛爭」句（同上）。明本「各部紛爭」作「群胡猾夏」。又「而北敵舉十萬衆謂元昊是舅甥之邦」句（四四二—一一九上）。明本「北敵」作「北虜」。又「元昊屢戰勝。且倚北部事勢。雖求通順。實欲息肩。亦如北部大獲厚利」句（同上）。明本「北部」皆作「北戎」。又「朝廷若從其通順。則北敵邀功自爲主盟」句（

同上）。明本「北敵」作「北戎」。又「若拒絕其意。則元昊今秋必復大舉。北敵亦必遣使問我拒絕元昊之故」句（同上）。明本「北敵」作「北虜」。又「此二敵交搆之勢何以禦之」句（四四二—一一九下）。明本「二敵」作「二虜」。

三。陝西攻策

四庫本「故貔貅之衆動號十餘萬人」句（四四二—一二一下）。明本「貔貅」作「犬羊」。

四。河北備策

四庫本「前年北敵驟變。詭謀稱兵燕薊」句（四四二—一二二下）。又「若敵情驟變。則我有以待之矣」句（同上）。明本「敵」字皆作「虜」。又「戰或不勝。則敵馬益驕。更無顧慮」句（四四二—一二三下）。明本「敵馬」作「胡馬」。

仲淹又奏元昊求和。所爭疆界乞更不問疏

四庫本「臣竊觀史籍。見前代帝王與外國結和通好。

禮意甚重」句（四四二－一二四上）。又「不敢黷武而屈事外國者。正爲此也」句（同上）。明本「外國」皆作「戎狄」。又「及其國力強盛。將帥得人。則長驅破敵。以雪天下之恥。今北敵西戎。合謀並力。夾困中原」句（同上）。明本兩「敵」字皆作「虜」。又「使國富民強以待四遠之變。此帝王有道之術。社稷無窮之福也。如欲與敵國理曲直。決勝負」句（四四二－一二四下）。明本「四遠」作「四夷」。「

敵國」作「戎狄」。

仲淹又奏乞宣諭大臣定河東捍禦策疏

四庫本「自古聖賢議論皆稱異域無信」句（四四二－一二四下）。明本「異域」作「夷狄」。又「如此定策。猶恐後時不能當二敵之勢」句（四四二－一二五下）。明本「二敵」作「二虜」。

仲淹又奏爲契丹請絕元昊進貢利害疏

四庫本「余靖等今有見契丹親信。須指揮夏州」句（四四二－一二五下）。明本「契丹」作「虜主」。又「今來北使卻言北朝不知子細。此不可信三也」句（同上）。明本「北使」作「虜使」。又「而專於致賂欲滿其志。則契丹大兵起」句（四四二－一二六上）。又「然後遣使往來。使其知我有備。無必勝之理」句（同上）。明刊本「其」字皆作「虜」。

元年右正言孫沔論范仲淹答元昊書

四庫本「軍民受賜。中外所聞。故昊賊未測其才謀」

句（四四二－一二七上）。明本「中外」作「夷狄」。又「望陛下念之以辯其詐。使賢材不爲賊所欺。則昊賊亡滅可立俟矣」句（四四二－一二七下）。明本「昊賊」作「夷狄」。

卷三百二十五

四年。度又論契丹請絕元昊進貢事上疏

四庫本「得新附之小羌。違久和之強敵」句（四四二－一三〇上）。明本「強敵」作「羌虜」。

陝西經略安撫判官田況上兵策十四事疏

四庫本「太祖用姚全斌董導誨抗西戎。何繼筠李漢超當北敵」句（四四二—一三八上）。明本「北敵」作「北虜」。又「中國之所長非外國可及」句（四四二—一三八下）。明本「外國」作「戎狄」。

四年。況知制誥。乞訪問執政專以敵患爲急疏

四庫本「況知制誥。乞訪問執政專以敵患爲急」句（四四二—一三九上）。又「今北敵桀慢。而河朔將佐

之良愚」句（四四二—一三九下）。又「從容賜坐。訪逮時政。專以敵患爲急」句（同上）。明本凡「敵」字皆作「虜」。

二年。樞密副使韓琦論備禦七事

四庫本「蓋以西北二敵禍釁已成。而上下泰然」句（四四二—一四○上）。明本「二敵」作「二虜」。又「故其氣愈驕。自以爲昔時元魏之不若也」句（同上）。明本「其」字作「虜」。又「本以外國自處。與中國好尙之異也」句（同上）。明本「外國」作「夷狄」。又「北敵之言既已無驗。亦恐有合從之策以困中原」句（四四二—一四○下）。明本「北敵」作「北虜」。又「然後驅部落之衆直趨大河。復使元昊舉兵深寇關輔」句（同上）。明本「部落」作「犬羊」。又「或西鄙稱蕃。專事北部」句（同上）。明本「北部」作「北寇」。又「臣恐敵衆由德博度河直趨京師」句（四四二—一四一下）。「朝廷何負二敵而一

旦違之哉」句（同上）。「自北敵通好三十餘年。武備悉廢」句（四四二—一四一下）。明本「敵」作皆作「虜」。

五年。琦又論西北議和有大憂者三大利者一章

四庫本「使二敵日以富強。而國家取之於民日以朘削。不幸數乘水旱之災。則患生腹心。不獨在敵。此臣所謂後必有大憂者三也。昨契丹自恃強盛。意欲並吞夏人。倉卒興師。反成敗衂。北敵之性。切於復讎。

必恐自此交兵未已。且外國相攻者。中國之利。此誠朝廷養謀待釁之時也。若能內葺紀綱。外練將卒。休息民力。蓄斂財用。以坐待二敵之弊。則幽薊靈夏之地。一舉而可圖。振耀威靈。彈壓中外。豈不休哉」一段（四四二—一四二下）。明刊本作「使二虜日以富強。而國家取之於民日以朘削。不幸數乘水旱之災。則患生腹心。不獨在虜。此臣所謂後必有大憂者三也。昨契丹自恃強盛。意欲並吞夏人。倉卒興師。反

成敗衂。犬羊之性。切於復讎。必恐自此交兵未已。且夷狄相攻者。中國之利。此誠朝廷養謀待釁之時也。若能內葺紀綱。外練將卒。休息民力。蓄斂財用。以坐待二虜之弊。則幽薊靈夏之地。一舉而可圖。振耀威靈。彈壓夷夏。豈不休哉。」

仁宗時。太子中允充館閣校勘。歐陽脩上書章

四庫本「異域侵邊自古爲患」句（四四二—一四三下）。明本「異域」作「夷狄」。又「昔秦席六世之強資以事敵」句（四四二—一四四下）。明本「敵」作「胡」。

又後文。四庫本「此與商賈共利。取少而致多之術也」句（四四二—一四八上）。下有闕文。明刊本作「一有今商賈之難以術制者。以其積貨多而不急故也。利厚則來。利薄則止。不可以號令召也。故每有司變法。下利既薄。小商以無利而不能行。大商方幸小商之不行適得獨賣其貨。尚安肯勉趨薄利而來哉。故變

法而刻利者。適足使小商不來。而爲大商賈積貨也。」

脩又上奏章

四庫本「臣伏見北敵近於界首添建城寨」句（四四二—一四八下）。明本「敵」作「虜」。又「敵性無常最爲難測」句（四四二—一四九上）。明刊本作「虜性貪狠號爲犬戎」。又「一日使彼以大兵渡易水。由威虜之西平陸而來」句（同上）。明本「彼」字作「

虜」。又「蓋由未察敵中強弱之形。而不得其情僞之實也。臣又見朝廷常有懼敵之色而無憂敵之心」句（同上）。明本「敵」字皆作「虜」。又「且戎人雖以戰射爲國。而耶律氏自幼承其父祖」句（四四二—一四九下）。明本「戎人」作「戎虜」。又「往時彼殺漢人者罰。漢人殺彼者死」句（同上）。明本「彼」字皆作「虜」。又「漢人未能收其心而北人亦已怨矣」句（同上）。明本「北人」作「虜人」。又「自國

家困於西鄙用兵。常慮北敵合謀乘隙而動。及見二國相失而交攻。議者皆云中國之福」句（四四二—一五○上）。明本「北敵」作「北戎」。「二敵」作「二虜」。又「臣謂北敵昨所以敗於元昊者。亦其久不用兵。驟戰而逢勁敵耳」句（同上）。明本「北敵」作「北虜」。又「今彼國雖未有人。然大抵爲國者久無事則人難見」句（同上）。明本「彼國」作「虜國」。又「此乃北敵之福非中國之福也」句（同上）。明本「北敵」作「北虜」。又「然二國勢非久相攻者也」句（四四二—一五○下）。明本「二國」作「二虜」。又「使北敵驅新勵之強兵。無西人之後害」句（同上）。明刊本「北敵」作「北虜」。

卷三百二十六

宋仁宗慶曆二年章

四庫本「兼風聞北敵見在涼甸與大臣議事」句（四四二—一五一下）。明本「北敵」作「北虜」。

修又論河北守備事宜章

四庫本「天下之患不在西戎而在北敵」句（四四二—一五三上）。明本「北敵」作「北虜」。又四庫本「竊以彼固貪惏。性本無饜」句（同上）。明刊本作「竊以戎狄貪惏。性同犬彘」。又「臣謂敵人狂計其跡已萌」句（四四二—一五三下）。明本「敵人」作「醜虜」。又「因循弛慢。誰復挂心。豈可待敵」句（同上）。明本「敵」作「虜」。又「若秋風漸勁。敵

釁有端」句（四四二—一五四上）。明本「敵」作「虜」。又「伏望陛下不忘社稷之深恥。無使敵國之交侵」句（同上）。明本「敵國」作「夷狄」。

修又論西賊占延州侵地章

四庫本「何況西賊議和事連北敵」句（四四二—一五四下）。明本「北敵」作「北虜」。

修又論西北事宜章

四庫本「臣昨在河東。聞北敵事宜」句（四四二—一五七上）。明本「北敵」作「北虜」。又「或云二敵詐謀欲合而改我」句（同上）。又「二敵自來未聞釁隙。而忽納夾山小族」句（四四二—一五七下）。「是北敵必不攻河東矣」句（同上）。又「但見敵兵聚在界上。不得不至驚疑」句（同上）。「使敵不可窺則得計矣」句（同上）。以上諸「敵」字。明本皆作「虜」。

又四庫本「不問北敵攻夾城與元昊。但不過邊人自相攻耳。然敵兵在我境上。不可不爲支準」句（四四二—一五七下）。明本「敵」作「虜」。「邊人」作「夷狄」。又「如此則兵來不失應敵。不來不至虛驚」句（四四二—一五八上）。明本「兵」作「虜」。

三年。集賢校理余靖奏論元昊請和。當令權在我疏

四庫本「伏以息兵減費。遠人順命。國家大臣。至於邊將。咸欲息肩以休士卒。臣愚料之。以謂挫契丹之氣。折西羌之銳。不如不和最爲得策。……今乃因契丹一介之使馳其號令。遂使二國通好。君臣如初。吾數年之辱而契丹一言解之。若契丹又遣一介有求於我以爲其謝。其將何詞以拒之。……則吾雖西鄙受敵。而北方未敢動也。何以知之。昨梁適使北之時。彼主面對行人遣使西邁。意氣自得。自言指呼之間便令元昊依舊稱臣。則是契丹之威不能使西羌屈伏。彼自喪氣。豈能來責。故臣謂今之不和。則吾雖西鄙受敵。而契丹未敢動也。若便與西戎結盟。則我之和好權在

北敵。中國之威於是盡矣。契丹責我。則二鄙受敵。其憂深矣。伏願陛下與執政大臣密謀而深思之。無令陷彼計中。則天下社稷幸甚。」一節（四四二—一六一上下）。明刊本作「伏以息兵減費。夷狄順命。國家大臣。至於邊將。咸欲息肩以休士卒。臣愚料之。以謂挫北胡之氣。折西羌之銳。不如不和最爲得策。……今乃因胡人一介之使馳其號令。遂使二國通好。君臣如初。吾數年之辱。而胡人一言解之。若胡人又

遣一介有求於我以爲其謝。其將何詞以拒之。……則吾雖西鄙受敵。而北虜未敢動也。何以知之。昨梁適使胡之時。虜主面對行人遣使西邁。意氣自得。自言指呼之間便令元昊依舊稱臣。則是北胡之威不能使西羌屈伏。彼自喪氣。豈能來責。故臣謂今之不和。則吾雖西鄙受敵。而北胡未敢動也。若便與西戎結盟。則我之和好權在夷狄。中國之威於是盡矣。北胡責我。則二鄙受敵。其憂深矣。伏願陛下與執政大臣密謀而深思之。無令陷虜計中。則天下社稷幸甚。」

靖又乞韓琦兼領大帥鎮秦州章

四庫本「延安之役人猶勇鬥。好水之師陷敵伏中」句（四四二—一六二上）。明本「敵」作「虜」。

四年。靖改起居注論契丹請絕元昊貢獻事章

四庫本「所以敵人乘釁。肆其憑陵」句（四四二—一六四下）。明本「敵人」作「戎狄」。又「臣去年在契丹。彼主親與臣言」句（同上）。明本「契丹」作

「虜中」。「彼主」作「虜主」。又四庫本「四曰絕元昊之和。遙度敵情在此而已」句（同上）。明本「敵」作「虜」。又四庫本「臣切計之。遜詞以謝北敵。緩詞以款西戎。苟紓歲月之禍。誠當今可行之策也。然臣愚慮兵之禍自此起。不宜處置。更有失錯。今若徇北敵而絕西戎。亦有兵禍。納西戎而違北敵。亦有兵禍。二敵連謀共爲矛盾之勢。北人才去。西人必來。拒納之間。動皆有礙。擇禍就輕。守之以信。使

曲不在我。即得其要矣。必若棄元昊以爲外虞。堅絕其約。使契丹不能反覆而邀功。此最久安之策。恐謀者不能終之。且元昊所以抗中國者。僭尊號。改年名。不稱臣。不奉表。此其屈強之勢也。今皆捨去而歸我矣。三年謀之而一朝絕之。及其既去。北敵使至。將又招之。兇狠之性豈不懷忿。此起兵之禍也。契丹所以取重於中國者。亦欲成和好之事。專與奪之權也。今西戎偃蹇而不從。朝廷沉吟而不報。及其使我絕之。而遽即成之。桀驁之氣豈不懷怒。此亦起兵之禍也。然而彼欲舉兵而使我絕約。皆契丹之狡謀耳。臣切料北敵因弋獵之勢。爲舉兵之名」一節（四四三—一六四下至一六五上）。明刊本凡「敵」字皆作「虜」。「使契丹不能反覆而邀功」句。明本「契丹」作「北胡」。「兇狠之性」作「犬羊之性」。「契丹之狡謀」作「胡人之狡謀」。又「彼雖無知。固當聞此而悛心矣」句（四四三—一六五下）。明本「彼雖無

知」作「虜雖禽獸」。又「臣又聞前歲契丹解甲後。幽州亦遭劫掠財物」句（同上）。明本「契丹」作「胡人」。又「臣嘗觀契丹氣陵中國」句（同上）。明本「契丹」作「北胡」。

靖又論元昊所上誓書

四庫本「臣竊聞國書到闕。議者紛紛以不靖深入爲書中微詞。不敢與元昊誓書緩行封冊之禮。以觀其變。此皆游談之過也。臣昨在契丹。預聞書意。彼主親與臣言。如行封冊之請。遣使深入軍前。恐契丹軍馬到彼。誤有殺傷。即別無微意。臣又詳觀二國形勢。唯有速行封冊。使元昊得以專力東向。與契丹爭鋒。二國兵連不解。此最中國之利。設若二國交兵。雖有勝負。契丹不能止我之和謀已先定故也」一段（四四三—一六六上）。明刊本作「臣竊聞國書到闕。議者紛紛以不靖深入爲虜中微詞。不敢與元昊誓書緩行封冊之禮。以觀虜變。此皆游談之過也。臣昨在虜中。預

聞書意。虜主親與臣言。如行封册之請。遣使深入軍前。恐契丹軍馬到彼。誤有殺傷。即別無微意。臣又詳觀二虜形勢。唯有速行封册。使元昊得以專力東向。與契丹爭鋒。二虜兵連不解。此最中國之利。設若二虜交兵。雖有勝負。契丹不能止我之和謀已先定故也」。又四庫本「在二國勝負未分以前。則元昊有以爲恩」一段（四四二—一六六下）。又「二國交兵。萬一契丹戰敗」句（同上）。明刊本「二國」皆作「

二虜」。又「專敵契丹。此則鬥二敵之策也。惟早圖之」句（同上）。明刊本「契丹」作「北虜」。「二敵」作「二虜」。

三年。賈昌朝上備邊六事章

四庫本「且敵國居苦寒砂磧之地。惡衣食。好馳射。自古禦寇卻敵。非此不可」句（四四二—一六七下）。明本「敵國」作「戎狄」。「敵」作「胡」。又「四曰制敵人。今敵人蕩然與中國通」句（四四二—一六八上）。明本「敵人」皆作「戎狄」。又「而二敵合從以犄角中國之勢」句（同上）。「是朝廷歲遣二敵不可勝計」句（同上）。又「今爲二敵隔絕。可募人往使誘之來朝。如此則二敵必憾於諸國矣」句（四四二—一六八下）。以上四處「二敵」明本皆作「二虜」。又「朝廷恩威不立。撫馭乖方。比爲強敵協從」句（同上）。「恐未有破敵之期」句（同上）。「故敵情賊狀。與夫山川道路險易之利。勢絕而莫通」

句（四四二—一六九上）。明本凡「敵」字皆作「虜」。又「比」字作「此」。

卷三百二十七

四年。弼上河北守禦十三策疏

四庫本「臣伏以北敵自古爲中國患」句（四四二—一七一上）。明刊本「北敵」作「北虜」。其後「凡百所欲率皆不足。只知有射獵之事。鬥戰之習。恣其欲。逞其強而已矣。於是見中國之盛。萬物之富。非己之所有。求而不可得。貪惏之性濟以趫武。則不得不爲邊鄙侵掠之患也」句（同上）。明刊本作「凡百所欲率皆不足。只知有射獵之事。禽蟲之獲。食其肉。衣其皮而已矣。於是見中國之盛。萬物之富。愛而不可得。學而不可及。貪惏之性復有趫武。則不得不爲邊鄙侵掠之患也」。又其後「故有曰視爲化外放之而已」句（同上）。明刊本作「故有曰比之蚊虻毆之而已」。又其後。四庫本「太祖待北敵僅若一族。每與

之戰。未嘗不克。太宗因親征之衂。敵勢遂驕。頻年寇邊。勝敗相半。眞宗嗣位之始。專用文德。于時舊兵宿將往往淪沒。敵騎深入。直抵澶淵。河朔大騷」句（四四二—一七—下）。明刊本「敵」字皆作「虜」。又其後「謂敵不敢背約。謂邊不必預防」句（同上）。明本「敵」作「虜」。又「異域之人無禮是非異事。固不之恤也」句（同上）。明本「異域」作「夷狄」。又「臣深見二敵爲患。卒未寧息」句（四四二—一七二上）。明本「二敵」作「二虜」。

又四庫本「則彼二敵所圖又甚大矣。臣故曰。二敵爲患卒未寧息。臣上之所陳西北形勢。乃唐室以前戎人之事也。其後契丹自得燕薊以北。拓跋自得靈夏以西。所生英豪皆爲其用。得中國土地。役中國人民。稱中國位號。立中國家屬。任中國賢才。讀中國書籍。用中國車服。行中國法令。是二敵所爲皆與中國等。而又勁兵驍將長於中國。中國所有彼盡得之。彼之所長中國不及。我當以中國勁敵待之。庶幾可禦。豈可

以古之戎人待二敵邪。前既輕敵妄戰。不爲預備。致二敵結禍爲朝廷深憂。今又欲以苟安之勢遂爲無事。二敵各獲厚利。退而養勇。不數年相應而起。則無復以金帛可啗。而盟詛可約也。」一段（四四二—一七二上下）。凡「二敵」明刊本皆作「二虜」。「戎人」作「夷狄」。

又其後。四庫本「總一十九城皆要害之地。可以控制

敵寇而不得深入」句（四四二—一七二下）。又「保祁深廣信安肅各一萬」句下小注「祁在鎭定之東。舊頗慢。後來敵騎入寇」句（四四二—一七三上）。又「臣雖愚。未信敵敢長驅而南也」句（同上）。以上凡「敵」字明本皆作「虜」。

又四庫本「若不選人久任。以矯前失。則異日或有變故」句（四四二—一七三下）。明本「或」作「虜」

又四庫本「前年敵忽生變。雖強與復和而終非悠久之

計」句（四四二—一七四上）。明本「敵」作「虜」。

又後文四庫本「河北最號勁兵之處。若盡得精銳則無敵於天下。況邊鄙乎」句（四四二—一七四下）。明本「邊鄙」作「夷狄」。又「敵每入寇唯懼北兵。視南兵輕蔑之也」句（同上）。又「凡敵陣必先犯南兵」句（同上）。明本「敵」皆作「虜」。

又後文。四庫本「北敵風俗貴親。率以近親爲名王將相。以治國事。以掌兵柄。而信任焉。所以視中原用人亦如己國。向者燕王威望著於北敵。知是皇叔。又爲王爵。舉天下之尊無與二。謂朝廷庶事皆決於王。又疑王善用兵。天下兵皆王主之。嚴刑好殺。無敢當者。北敵疑此。益所畏懼。故燕薊小兒夜啼輒曰。八大王來也。於是小兒輟啼。每牽牛馬度河。或旅拒未進。又曰。必是八大王在河裡。其畏服如此。敵人每見南使。未嘗不問王安否及所在。朝廷以王之故。亦見重於敵。朝廷有如是親賢。每欲妄動。未必不畏王

而止。今春王薨。識者亦憂之。謂王之生。則北敵以朝廷爲重。王之薨。則北敵以朝廷爲輕矣。臣亦嘗念國家將帥既未聞於敵國。而親王素有威望。爲匈奴所畏者又已淪謝。且不復更聞有皇親可以爲朝廷屏翰者。必謂王室孤弱。無所扶助。本根不固。易以動搖。此誠宜爲敵人之所窺測也。」一段（四四二—一七五上下）。以上除「敵國」及「此誠宜爲敵人之所窺測

」之「敵人」明刊本並作「夷狄」外。其餘凡「敵」字。明刊本皆作「虜」。

又其後。四庫本「而陛下都不教導。任爲遇惡。俾外裔輕笑」句（四四二—一七六下）。明本「外裔」作「外夷」。又「宜乎爲識者之所憂。而北敵之所輕也。且如北敵有南大王蕭孝穆。北大王蕭孝惠」句（四四二—一七六下至一七七上）。明本「北敵」皆作「北虜」。又「今朝廷若能崇植宗室。使聲名漸著聞於

北敵」（四四二—一七七上）。明本「北敵」亦作「北虜」。

又後文「北敵唯懼士兵。每聞以南兵替入內地。敵人大喜。故來則勝而回。前年河朔有警。定帥復尋景德故事。盡抽邊兵守定州。河湟之民大恐。以謂官軍必敗。幸而敵騎中止。不見失律。不然喪師必矣。臣願自此若敵入寇。沿邊士兵只在本處。不復令部管司抽移。……邊兵勇悍。不畏堅敵。敵騎初入。使當堂堂

之鋒。或得便可戰。必能取勝。則近裏州軍人心自壯。則雖是南兵之怯。亦自增氣。苟以南兵在邊。遇寇一敗。敵騎乘勝而南。則表裏震恐。雖精銳盡在部管司。亦已沮喪。安能保其全勝哉。」一節（四四二—一七七上下）。除「不畏堅敵」外。凡「敵」字明刊本皆作「虜」。

又後文。四庫本「大抵敵騎率由西山之下入寇大掠州軍。然後東出雄霸之間。景德前。二州之間塘水不相接。因名東塘西塘。二塘之交蕩然。可以爲敵騎歸路

。遂置保定軍介於二州。以當敵衝。厥後開導不已。二塘相連。雖不甚浩渺。而敵路亦少梗矣。然或窮冬冰堅。或旱歲水竭。亦可以濟。未爲必安之地。雖然。但少以兵控扼之。則敵騎無以過矣。自餘東從泥茹海口西至保州一帶。數百里皆塘水瀰漫。若用以爲險。可以作限。只自保州以西至山下數十里。亡塘水之阻。敵騎可以平入。敵若守盟不動。則我無先發。但

用臣上篇屯兵之法足以固守。萬一渝盟入寇。用臣之策可以轉禍爲福。逞志泄憤矣。何以陳之。今敵若寇邊。必由廣信西來。敵騎初入境。沿邊州軍堅壁亦不得出兵。敵必不顧而進。將入鎭定。亦堅壁。敵必易我而懈。」一節（四四二—一七八上）。明刊本凡「敵」字皆作「虜」。

又四庫本「夫土兵居邊。知其山川道路。熟其彼中人情。復諳敵兵次第。亦藉其營護骨肉之心。且又服習

州將命令。所以禦必堅。戰必勝也。若遷入內地。則山川道路不知。人情不熟。敵兵不諳。骨肉不在。信安肅保州三城開壁會兵。張虛而不與戰。敵必分兵來禦。已而令鎭定互開壁。復不與戰。彼既前後受敵。必未敢長驅而南。……追奔及燕。盡逐敵兵過山後。敵兵入界則整。若敗而出塞。則敵騎無復南者。……唯西山後有新開父牛鐵腳豬窠三口。敵人以通山後八州之路。然皆峻狹。不容車馬。雖不加防守。亦無所害。或於口側少伏兵馬。縱敵入寇。發伏可以盡殺之。假如陛下謹重。未欲盡舉復燕之策。即請寇入之後。頓重兵於西山下。敵騎有所掠。而東出亡路。進退不遂。我於是以十九城之兵分布掩擊。必使退敗。保無深入之患。敵勢既屈。與物則削。與和則久。亦制匈奴之下策也。」一節（四四二—一七八上至一七九上）。以上除「彼既前後受敵」句外（四四二—一七八下）。其餘凡「敵」字明刊本皆作「虜」。「彼」

字亦作「虜」。

又四庫本「臣前年奉使邊廷。邊上往復數次」句（四四二—一七九上）。明本「邊廷」作「虜廷」。

又四庫本「古者有外虞。則以敵國攻敵國。中國之利也」句（四四二—一七九下）。明本「敵國」作「夷狄」。又「唯是北敵強盛。十倍羌人」句（同上）。明本「北敵」作「北虜」。又「北敵之性變詐多端。苟欲背盟。何說不可」句（四四二—一八〇下）。明

刊本「北敵」作「夷狄」。
又其後。四庫本「蓋溪澗峻狹。林木擁遏。故敵罕由茲路而入」句（四四二—一八一下）。明刊本「敵」作「虜」。又「則敵人欲出我不意。由山後進兵」句（同上）。明本「敵人」作「虜人」。
又其後。四庫本「又曰敵既憚鎮定。而忽祁深。必謂二城兵寡不戒而過」句（四四二—一八二上）。明本「敵」作「虜」。

又其後。四庫本「由是敵騎直出燕。不復尋定襄等故道。今朝廷若留意河朔。邊鄙有備。敵不可得而入」句（四四二—一八二上）。明本「敵」作「虜」。
又四庫本「及到敵廷議事又頗見其情狀」句（四四二—一八二下）。明本「敵」作「虜」。又「朝廷以中國之尊。敵人敢爾」句（四四二—一八二下至一八三上）。明本「敵人」作「凶醜」。又「臣計北敵勢方強盛可以爲寇」句（四四二—一八三上）。「北敵之強既如彼。中國之危又如此」句（同上）。明本「北敵」皆作「北虜」。
弼又論契丹不寇河東上疏
四庫本「臣昨日垂拱奏事。准宣諭今來契丹雲州受禮」句（四四二—一八三上）。明本「契丹」作「虜主」。又「河北無備。河東有備。黠敵萌南下之心久矣」句（四四二—一八三下）。明本「敵」作「虜」。
五年。弼爲河北宣撫使論河北七事上疏

四庫本「敵騎雖勝。知我相繼開辟。援兵四至。無退藏之懼」句（四四二—一八四下）。明本「敵騎」作「胡騎」。又「北敵苟動。必有闕誤。此號令不及先朝嚴明一也」句（四四二—一八五上）。又「北敵之衆又非西賊可比」句（同上）。又「北敵苟動。事繫安危。誰敢爲朝廷主行之」句（同上）。又「北敵苟動。大兵四集。百姓必有觀釁而起者」句（四四二—一八五下）。又「北敵一動。所費無涯」句（同上）

。又「使北敵苟動。大兵畢集。都未有將帥統領」句（同上）。以上凡「北敵」。明本皆作「北虜」。

仁宗時。蔡襄知諫院上奏章

四庫本「仁宗時蔡襄知諫院拒二敵皆爲邊患」句（四四二—一八六上）。又「或曰。今拒二敵皆爲邊患。何以處之」句（同上）。又「二敵通謀。元昊當陝西。契丹當河北」句（同上）。以上凡「二敵」明本皆作「二虜」。

襄又請納元昊使人上奏章

四庫本凡「敵」字或「彼」字。明本皆作「虜」。其餘「西人新與北結釁而與我和。得無南顧之憂。而東併力以拒之」句（四四二—一八七下）。「北」字明本作「虜」。「拒之」作「拒虜」。

襄又乞通和之後早計費用上奏章

四庫本「國家遺北敵其費不少」句（四四二—一八八上）。又「使北敵窺中國之強弱而啓其狡心。不細事

也」句（同上）。明本「北敵」作「北虜」。

宋庠在崇政殿與樞密院同答手詔

四庫本「臣等竊謂敵人之性。雖不可以仁義禮法爲期待。文書言辭爲約束。見利則動。緣間則爭。狡詐猶疑。固其常態」句（四四二—一八八下）。明本「敵人之性」作「夷狄之性」。「狡詐猶疑」作「狼子野心」。又「切聞邊關黠詐未嘗肯出名驅」句（四四二—一九〇上）。明本「黠詐」作「黠虜」。

庠又答內降手詔

四庫本「奏報相銜。妄增敵數」句（四四二—一九二上）。明本「敵」作「虜」。

卷三百二十八

宋仁宗時。翰林學士宋祁議減邊兵上奏章

四庫本「朝廷密詔以敵入某處。以某部署軍當之」句（四四二—一九五上）。明本「敵」作「虜」。

祁知定州上便宜奏章

四庫本「且契丹強悍五十年。習不畏人。很態貪心。不能無動」句（四四二—一九六上）。明刊本「強悍」作「搖尾」。「很態貪心」作「狠態猘心」。又「河東天險。敵憚爲寇。惟河北不然」句（四四二—一九六下）。明本「敵」作「虜」。又「敵鼓而前。如莞衽上行」句（四四二—一九六下）。明本「敵」作「賊」。又「臣料朝廷與敵相攻必不深入窮追。毆而去之」句（同上）。明本「敵」作「虜」。

至和二年。祁又進禦敵論表

四庫本「進禦敵論表」句（四四二—一九七下）。明本「敵」作「虜」。又「所以制敵大略目見耳聞」句（同上）。明本「敵」作「賊」。

篇之一

四庫本「客問臣。子爲陛下守中山。直契丹西鄙。天下精兵處。敵敢引弓南面射。最先薄戰。自先帝咸平以來。常以重將臨統。子今出入三年。頗知賊情僞乎。臣應曰。太守本諸生。朝廷不知其愚。使護諸屯。未嘗履軍陷陣。又無横縱之辯。王霸之術烏能論戰乎。雖然。傳曰。知彼知己。太守誠不肖。粗能舉其凡。客曰。願子無讓。請以今事言之。竊聞西羌與北敵解仇申約復爲甥舅。信乎。臣曰。契丹使一介叩朝廷言夏人臣順事。驅馬羊納有司果信矣。然則兩敵合而無隙。彼將連衡以擾。二邊奈何。臣曰。合則有之。隙未平也。契丹地大兵衆而猥。羌地狹卒寡而精。以大臨狹。則羌弗獲已而合。以精抗猥。彼何敢安受其

臣哉。且北酋與羌兒戰一不勝。殺卒二萬餘。其主僅自脫。北築威武金蕭等城。跨河而守者五年矣。訖無尺寸功。是契丹窮於侵羌倦於守矣。故卑辭厚幣以休兵甲之勞。羌非眞畏敵。原本缺。子女麗。金錢多。故思隙而連和以軋吾境。鈔劫係纍。各飽其私。安得不合。臣曰。不然。如客所謂。玆易與耳。國家歲棄金帛五十萬與北敵。以五萬與西羌。彼有背盟爲不臣

者。我幣五十五萬固不出境。若陰以十萬許羌人赦其罪以攜之。彼必以中國合還兵而抗北。北失西援。且狼狽不敢前。我又陰許還北敵三十萬與之平。則二敵之仇結不解矣。北敵之怨必嫁于西羌。西羌之怒且銜于北。朝廷安視其禍。以虛饋操二國重輕。何所患哉。」一段（四四二—一九八上下）。明刊本作「客問臣。子爲陛下守中山。直契丹西鄙。天下精兵處。賊敢引弓南面射。最先薄戰。自先帝咸平以來。常以重

將臨統。子今出入三年。頗知賊情僞乎。臣應曰。太守本諸生。朝廷不知其愚。使護諸屯。未嘗履軍陷陣。又無橫縱之辯。王霸之術。烏能論賊乎。雖然。傳曰。知彼知己。太守誠不肖。粗能舉其凡。客曰。願子無讓。請以今事言之。竊聞西羌與北虜解仇申約復爲甥舅。信乎。臣曰。契丹使一介叩朝廷言夏人臣順事。驅馬羊納有司果信矣。然則兩賊合而無隙。彼將連衡以擾二邊。奈何。臣曰。合則有之。隙未平也。

契丹地大兵衆而猥。羌地狹卒寡而精。以大臨狹。則羌弗獲已而合。以精抗猥。虜何敢安受其臣哉。且虜酋與羌兒戰一不勝。殺卒二萬餘。虜主僅自脫。北築威武金蕭等城。跨河而守者五年矣。訖無尺寸功。是虜窮於侵而羌倦守矣。故卑辭厚幣以休兵甲之勞。羌非眞畏虜。原本欠。子女麗。金錢多。故思隙而連和以軋吾境。鈔劫係纍。各飽其私。安得不合。臣曰。不然。如客所謂。茲易與耳。國家歲棄金帛五十萬與

北狄。以五萬與西羌。彼有背盟爲不臣者。我幣五十五萬固不出境。若陰以十萬許羌人赦其罪以攜之。彼必以中國合還兵而抗虜。虜失西援。且狼狽不敢前。我又陰許還北虜三十萬與之平。則二賊之仇結不解矣。狄之怨必嫁于西羌。西羌之怒且銜于北。朝廷安視其禍。以虛饋操二國重輕。何所患哉。」

篇之二

四庫本「南包燕薊肥腴之地。孳養族類。戢戢林林」

句（四四二—一九九上）。明本「族類」作「腥臊」。又「敵主懦庸。其弟悍剽好戰」句（同上）。又「敵主有子且長更爲王。以燕薊華人屬之」句（同上）。又「故敵主依違不能有所決」句（同上）。又「是此敵一軀裂爲二支。禍難待時作耳」句（同上）。以上凡「敵」字明刊本皆作「虜」。又「有如君長一日有疾病。很弟即位。愛子能相下爲君臣乎」句（同上）。明刊本「有疾病」作「狗馬病」。又四庫本「又

和戎以來。北人習見朝廷袍笏之美。百官之富」句（四四二—一九九下）。明本「北人」作「虜人」。又「競浮靡。厭質樸。改移異俗」句（同上）。明本作「委氈毳。厭血食。解辮褫衷」。又「且自古外國所以強中國者」句（同上）。明利本「外國」作「戎狄」。又四庫本「不解節文習熟。制度精詳」句（同上）。明本作「不知道德仁義。制度文物」。

篇之三

四庫本「敵既負勝。由是鼓而前破五六城」句（四四二—二〇〇上）。明本「敵」作「虜」。又「故敵常掃穹廬而來。厲壯馬。走平地」句（同上）。明本「敵」作「賊」。又「故敵常勝。吾常負失」句（同上）。明本「敵」作「虜」。「失」作「矣」。又「所以制敵之術也」句（同上）。明本「敵」作「賊」。又「貴臣見敵至。不課彼己強弱」句（同上）。又「然後敵以數萬騎綴廣信安肅二軍」句（同上）。又「敵精兵獵瀛冀。犯深趙。瀛冀自不支」句（四四二—二〇〇下）。以上「敵」字明刊本皆作「賊」。又「

臣曰敵人之來。因糧於漢。聞景德時大帥固營不動而游騎四出」句（同上）。明本「敵人」作「虜人」。「大帥」作「大賊」。又「當此時。諸將熟視。不出一卒以乘其弊。敵由是肆。然燔室廬。殘邑聚。逮於講和。河北爲空。此一失也。又詔書勅諸將逐敵無深入。及境則止。故敵勝則驅而進。不勝則不畏追逐也

。是塞之人按堵而吾鄙不聊生矣。此再失也。夫戎人安知恐懼修省哉。悍然其貪利而逐便也。惟勁鏃遺胸。長刀築脅乃怖耳」一段（同上）。明刊本「敵」字皆作「賊」。「戎人」作「戎虜」。「恐懼修省」作「道德仁義」。「悍然其貪利而逐便也」作「靦然其人面而狗腸也」。又「以吾飽乘敵飢。何攻不破。何擊不北耶。敵之入塞。掠吾老弱畜產若干」句（四四二—二〇一上）。明刊本「敵」作「賊」。又「敵馬瘦弓弛。勒偏將出塞」句（同上）。又「敵所恃以爲富者。特幽薊耳」句（同上）。又「若是則敵懲艾計較必不敢輕入而爲寇矣」句（同上）。又「北敵遂衰。此驗在前可質也」句（同上）。以上「敵」字明本皆作「虜」。又「夫戎人既可以術羈縻之」句（四四二—二〇一下）。明本作「夫戎虜既曰以禽獸畜之」。又「威不能加於敵。故及境而止」句（同上）。明本「敵」作「虜」。

篇之四

四庫本「敵之來常因吾糧。故朝廷以清野困之」句（四四二—二〇一下）。明本「敵」作「虜」。又「一日契丹送腰領。其可以制敵乎。對曰。能捍敵未足以制敵也。吾野雖清。吾壁雖堅。若鎮定兵不出。敵猶敢負戎馬足直驅深入擣虛。而奪人氣也」句（同上）。明刊本凡「敵」字皆作「賊」。又「曰敵中軍。其大渠常自將」句（四四二—二〇二上）。又「前日敵人犯定軍。夾唐河以陣。敵不能勝。因捨定攻瀛。破其外郛」句（同上）。以上凡「敵」字明刊本概作「虜」。又「太守是以知今日邊臣專脩守械。不爲攻戰計。未足以制敵也」句（同上）。明本「敵」作「賊」。又「斜視淄青。北與敵接。其間漢蕃棄地各數百里」句（四四二—二〇二下）。明本「敵」字作「虜」。「蕃」字亦作「虜」。又「故敵不可不虞也。是宜權建滄州爲一道。以扞東垂伐敵之謀」句（同上）。明本「敵」字皆作「賊」。又「足以挫敵騎突怒省亭堡之防也」句（同上）。「隄而限之亦足制北敵之入為中國十二」句（四四二—二〇三上）。明本「敵」字皆作「虜」。

篇之五

四庫本「客曰北敵負其衆。中國常為之屈」句（四四二—二〇三上）。「北敵乘西鄙方擾。裒其衆首鼠叩境」句（同上）。「敵由是得自大。謂不遺鏃缺刃而

成功」句（四四二—二〇三下）。明本諸「敵」字皆作「虜」。又四庫本「殊不知與敵二十萬則其地故其有也」句（同上）。「是時不許其求則戰。我兵未合。必為敵乘」句（同上）。明本「敵」作「賊」。又「北敵得朝廷之賜充足其欲。然常以虛計搖邊何耶」句（同上）。明本「北敵」作「犬戎」。又「至於探候間諜無財貨募召。皆不能入敵境」句（四四二—二〇四下）。明本「敵」作「賊」。又「然朝廷每得敵人一好言便釋然高枕」句（同上）。明本「敵人」作「虜人」。又「景德時。北敵窮兵深入。豕突澶淵。先時令王繼忠累表乞和。兵益急。表益來。會伏弩射殺敵將。敵母大懼。因遂講好。先帝不窮其姦。而與之盟。此已驗之效也。故得敵好言。可聽而不可怠。得敵惡言。可防而不足懼。不懼謂何。自治有素矣。」句（同上）。明刊本作「景德時。北虜窮兵深入。豕突澶淵。先時令王繼忠累表乞和。兵益急。表益來

。會伏弩射殺賊將。虜母大懼。因遂講好。先帝不窮其姦。而與之盟。此已驗之效也。故得賊好言。可聽而不可怠。得賊惡言。可防而不足懼。不懼謂何。自治有素矣。」

篇之六

四庫本「敵常籍諸戎兵。席卷來寇」句（四四二—二〇四下）。明本「敵」作「虜」。又「今使悉衆從敵。中軍與相進退」句（四四二—一〇五上）。「澶淵

餘州皆清野以待。不逾月敵必飢。飢必求戰」句（同上）。「不止禦自來之敵。可北圖燕薊矣」句（同上）。又「敵之南牧必先犯鎭定邢趙瀛魏」句（四四二—二〇五下）。「夫敵留吾境。大衆不輕動。吾可用奇矣」句（同上）。「縱諜者告敵。能安然不要乎」句（同上）。以上凡「敵」字明本皆作「賊」。又「比敵之還。吾輕騎戰刴歸矣」句（同上）。明本「比敵」作「北賊」。又「不數年敵山川險要無不究。則

彼自保不暇矣」句（同上）。「彼不從。必露言於敵。敵且內相疑。若聽吾命。敵固失援矣」句（同上）。「敵雖愚。肯捨安受之賂與朝廷決不可必之勝也」句（同上）。以上凡「敵」字明本亦皆作「賊」。又「今者敵君臣皆不肖。殆有是矣」句（四四二—二〇六上）。又「此北敵所以遷延自安。未肯作反計昭昭矣」句（同上）。明本「敵」字皆作「虜」。

篇之七

四庫本「彼雖未叛。吾備何得弛乎。常治所以待亂也。不虞是其可虞也。前所謂彼主孱其子長也。而弟又凶德。一日其主殂以疾。弟與子必爭其位。爭而勢分。有弱有強。強者與我爲敵。則弱者求吾爲助。許之。強者怒。不許。弱者必致讎于我。彼習知邊鄙怯懦漢地富有」句（四四二—二〇六上）明刊本作「賊雖未叛。吾備何得弛乎。常治所以待亂也。不虞是其可虞也。前所謂虜主孱其子長也。而弟又凶德。一日虜

主狗馬疾。弟與子必爭其位。爭而勢分。有弱有強。強者與我爲敵。則弱者求吾爲助。許之。強者怒。不許。弱者必致讎于我。賊習知邊鄙怯懦。漢地富有。」又其後「慶歷時。彼主將叛。乞師於諸戎。皆以兵從之。約曰。所獲人畜財貲皆自取。諸部喜。日夜馳且南向。會與彼和各罷歸。諸部皆恚曰。欺我使來」句（四四二—二〇六下）明刊本作「慶曆時。虜主將叛。乞師於諸戎。皆以兵從之。約曰。所獲人畜財貲

皆自取。衆胡喜。日夜馳且南向。會與虜和各罷歸。衆胡皆恚曰。欺我使來」。又後文「今彼主再遣王綱約諸國借師」句（同上）。又「爲詭計誅朝廷之北敵耳」句。又「況歲出貲百萬賜二陲」句。明刊本「彼主」作「虜主」。「北敵」作「北虜」。「二陲」作「二虜」。又後文「此不謂倒太阿假敵以柄乎」句（四四二—二〇六下）。明刊本「敵」作「賊」。又「自慶曆後。敵禁止銀不得復入邊州且五十年」句（四

四二—二〇七上）。明刊本「敵」作「虜」。又「春秋許敵國者不一而足。有如它日敵復壓境」句（同上）。明刊本「敵國」作「夷狄」。「敵復壓境」作「賊復壓境」。

監察御史包拯進張田邊說疏

四庫本「自北敵請和以來。邊境無事」句（四四二—二〇八下）。又「況敵中日有事宜。姦詐萬狀」句（同上）。明刊本「敵」字皆作「虜」。

拯又論契丹事宜疏

四庫本「且北敵自先朝請盟之後。邊鄙無事垂四十年」句（四四二—二〇九上）。又「臣訪聞敵中。官吏薄於俸給。人民窘於衣食」句（同上）。明本「敵」字皆作「虜」。又「強則驕傲。弱則卑順。率敵人之天性也」句（同上）。明本「敵人」作「戎狄」。又「故自古聖王以大度函之。來則毆而御之。去則備而守之。此制異域之常道」句（同上）。明刊本「大度

函之」作「禽獸蓄之」。「異域」作「夷狄」。又「或言事者有以敵中無事以安聖意」句（四四二—二〇九下）明本「敵」作「虜」。又「且異域者中國之陰也」句（同上）。明本「異域」作「夷狄」。又「且何朔地方千餘里。列郡數十。與敵界連接。深入之患甚可虞也」句（同上）。明本「敵」作「虜」。

拯又上疏

四庫本「臣聞異域爲中國之患其來久矣」句（四四二

一二一〇上）。明本「異域」作「戎狄」。又「地絕坦平。此中與外古今所共出入之路也」（同上）。明刊本「中與外」作「漢與胡」。又「李漢超關南以備北邊」句（四四二—二一〇下）。明本「北邊」作「北虜」。

拯爲河北轉運使乞河北添糴糧草上疏

四庫本「臣昨奉命出疆。詢訪敵中情僞」句（四四二—二一〇下）。明本「敵」作「虜」。

拯再請移那河北兵馬章

四庫本「況北敵請和。四十餘年歲遣金帛數十萬者」句（四四二—二一一下）。明本「北敵」作「北虜」。又「且邊疆者四支也。河朔者心腹也」句（同上）。明本「邊疆」作「夷狄」。又「幸而外無邊警之虞。而今河朔塗炭如此」句（四四二—二一二上）。明本「邊警」作「夷狄」。

拯又請擇探候人上疏

四庫本「舊日何承矩李允則識敵之情僞。大小必得其實」句（四四二—二一二上）。明本「敵」作「虜」。又「正恐一日敵及境而不知也」句（四四二—二一二下）。明本「敵」字作「賊」。

時陝西用兵判國子監葉清臣上言

四庫本「只煩一介之使。坐致二十萬物。永貫膏血。以奉強敵」句（四四二—二一三下）。明本「強敵」作「腥羶」。

卷三百二十九

皇祐五年。直集賢院劉敞論城古渭州有四不可上疏

四庫本「馭外裔也。患枉於義。不患力不足也」句（四四二—二一七上）。明本「外裔」作「夷狄」。

仁宗時敞又奏章

四庫本「使敵人懍懍無可乘之隙。則邊患遠矣」句（四四二—二一七下）。明本「敵人」作「夷狄」。

至和元年。侍御史趙抃論契丹遣使無名上言章

四庫本「近者契丹遣蕭德輩不時而來」句（四四二—二一八上）。明本「契丹」作「虜廷」。又「然北敵情僞難測。或覩望釁隙。或窺覘盛衰」句（同上）。明本「北敵」作「戎狄」。

嘉祐五年。侍御史呂誨論邊備弛廢上疏

四庫本「臣切以戎羌講好積有歲日」句（四四二—二一八下）。明本「戎羌」作「戎虜」。

仁宗時。蘇舜欽論西事上疏

四庫本「故中國利守。邊人利戰。從古然也」句（四四二—二二〇下）。明本「邊人」作「夷狄」。又「近者朝廷拜置夏竦。韓琦。范仲淹等。此皆名動外裔。人所屬望者」句（同上）。明本「外裔」作「外夷」。

英宗時胡宿論河北備邊事宜合分滄棣爲一路上奏

四庫本「古者北有盧龍之塞」句（四四二—二二一上）至「伏望聖慈特詔大臣講究速行」句一段。明本除「北敵」作「北狄」外。其餘「敵」字皆作「虜」。

宿又論邊界守約束章

四庫本「國家承平百年。與敵通好者六十歲」句（四四二—二二一下）。明本「敵」作「虜」。又「尺寸疆候。此邊人之常態。懸寨之本職」句（同上）。明本「邊人」作「夷狄」。

宿又論西夏事宜上疏

四庫本「中國得之以隔絕邊人不得相通」句（四四二

—二二一下）。明本「邊人」作「羌胡」。又「夏國主諒祚豺狼之衆。濟凶父之惡」句（同上）。明本「豺狼」作「犬羊」。

宿知制誥論邊事上奏章

四庫本「臣竊以景德二年北敵乞和」句（四四二—二二二上）。明本「北敵」作「北虜」。又「北兵與漢兵鬥」句（四四二—二二二下）。明本「北兵」作「虜兵」。又「往時黃河流入敵境無慮五七里」句（四四二—二二三上）。明本「敵境」作「虜境」。又「不能限隔戎人。盛冬冰合。兵馬可過。敵人若以精騎擣滄景之虛。長驅南下。則京東搖矣」句（同上）。明本「戎人」作「戎虜」。「兵馬」作「胡騎」。「敵人」作「虜人」。又「朝廷以北邊無釁。未暇經略」句（同上）。明本「北邊」作「北虜」。

知諫院司馬光言備邊箚子

四庫本「士卒驕惰。將帥乏人。而敵人犯邊。事之可

憂孰大於此」句（四四二—二二四上）。明本「敵人」作「戎狄」。

治平元年。光又乞戒邊城闊略細故上疏

四庫本「竊見國家所以禦邊人之道似未盡其宜」句（四四二—二二四上）。明本「邊人」作「戎狄」。又「是使邊人益有輕中國之心。皆厭於柔服而樂爲背叛」句（同上）。明本「邊人」亦作「戎狄」。又「北敵之隙起於趙滋」句（四四二—二二四下）。明本「敵」作「狄」。又「或以殺略老弱之卒三五人爲勇敢」句（同上）。明本「卒」作「虜」。又「既而敵心忿恨。遂來報復」句（同上）。明本「敵」作「虜」。「如此而望敵國賓伏疆場無虞。是猶添薪扇火而求湯之不沸也」句（同上）。明本「敵國」作「戎狄」。又「歲捐百萬之財。分遣二邊。豈樂此而爲之哉」句（同上）。明本「二邊」作「二虜」。又「妄殺鄰民。戰鬥之端往來無窮焉」句（四四二—二二五上）

。明本「鄰民」作「虜民」。

光爲龍圖閣直學士乞留意邊事上疏

四庫本「何敵國爲謀之深而中國慮事之淺也」句（四四二—二二六上）。明本「敵國」作「戎狄」。又「知敵國情僞者並許上書自言」句（同上）。明本「知敵國」作「及戎狄」。又「但守今日之封略。制敵國之侵侮豈不沛然有餘裕哉」句（四四二—二二六下）。明本「敵國」作「戎狄」。

起居舍人傅堯乞備邊上奏章

四庫本「夫自古策敵人者多矣。臣不敢備論以煩天聽」句（四四二—二二八上）。明本「敵人」作「戎狄」。又「損國家堂堂之威。驕敵人無厭之俗」句（同上）。明本「敵人」作「腥羶」。

神宗即位。開封推官陳襄奉使契丹回上殿箚子

四庫本「昨奉使北敵。久留邊郡」句（四四二—二二九下）。明本「北敵」作「北虜」。又「有陂塘沮如

之阻。無戎馬奔衝之患」句（同上）。明本「戎馬」作「犬羊」。

知諫院楊繪論种諤擅入西界上疏

四庫本「今爲國家患。唯西北二邊」句（四四二—二三四下）。明本「二邊」作「二虜」。又「納西夏叛人首領近三十人。仍深入敵界」句（同上）。明本「敵」作「虜」。又「臣切謂朝廷若遂從其計。則失信於敵國」句（同上）。明本「敵國」作「戎狄」。又「雖異族亦不敢無名而舉矣」句（四四二—二三五上）。明本「異族」作「戎狄」。又「以中國而失信於外裔。一不可也」句（同上）。明本「外裔」作「外夷」。

右正言孫覺論自治以勝敵國之患上疏

四庫本「右正言孫覺論自治以勝敵國之患」句（四四二—二三八下）。明本「敵國」作「夷狄」。又「此蓋陛下新即大位。遠人未見威德。故敢或爲侵侮」句（同上）。明本「遠人」亦作「夷狄」。又「故能周

道中興。邊人遠跡。臣愚竊以邊人之患雖盛王所不免」句（四四二—二三九上）。明本「邊人」皆作「夷狄」。

覺又論治邊之略上疏

四庫本「臣伏見陛下深以敵國爲念。而治邊防。儲軍實。臨朝慨然。思古之將帥。至親撰文以祭前朝大將之有功者。垂老降徒賜之服章。延見訪逮。以此見陛

下之於敵國懷不平之憤。而欲上爲列聖攄之於無窮也。臣竊不自料。謹上治邊之略。伏惟留神采擇。國家與敵和好六七十年。雖時有邀求。或小侵嫚。然未嘗敢頓隳信誓。深入大擾」句（四四二—二三九上）。

明刊本作「臣伏見陛下深以戎狄爲念。而治邊防。儲軍實。臣朝慨然。思古之將帥。至親撰文以祭前朝大將之有功者。垂老降虜賜之服章。延見訪逮。以此見陛下之於夷狄。懷不平之憤。而欲上爲列聖攄之於無窮也。臣切不自料。謹上治邊之略。伏惟留神采擇。

國家與虜和好六七十年。雖時有邀求。或小侵嫚。然未嘗敢頓隳信誓。深入大擾」。又後文。四庫本「切恐今日之將卒器械糧廩。未可以與敵角也」句（四四二—二三九下）。明本「敵」作「虜」。又「是以北逐單于。破東部。滅澹麻。西抑強秦」句（同上）。明本「東部」作「東胡」。又「如此則敵之進退常在中國」句（四四二—二四〇上）。明本「敵」作「虜」。又「唐室之藩鎮皆以一國或數州之地。外抗邊人」句（四四二—二四〇上）。明本「邊人」作「夷狄」。又「今以天下之大。四海之富。而緦緦然嘗有邊陲之患」句（四四二—二四〇下）。明本「邊陲」亦作「夷狄」。

卷三百三十

宋神宗熙寧三年十一月。司馬光乞留諸州屯兵劄子

四庫本「敵人犯邊。雖當竭力捍衛。然腹內州軍豈可全無武備」句（四四二—二四一上）。明本「敵人」

作「戎狄」。又「萬一戎馬奔突。間諜內應或盜賊乘虛」句（同上）。明本「戎馬」作「犬羊」。

元豐五年。彥博判河南上奏章

四庫本「近命涇原制置城數亭障。制敵衝軼。非有前日圖也」句（四四二—二四二上）。明本「敵」作「虜」。

熙寧八年四月。樞密副使富弼答詔問北邊事宜上疏

四庫本「北敵必已探知相繼」句（四四二—二四二下）。明本「北敵」作「北虜」。又「此敵人所以先期啓釁。以發代北侵境之端而不肯已也」句（同上）。明本「敵人」作「虜人」。又「設有辯者。遠裔何以取信」句（四四二—二四三上）。明本「遠裔」作「遠夷」。又「然北敵非不自知理曲」句（同上）。明本「敵」作「虜」。又「惟陛下深省熟慮。不可獨謂敵人結釁背盟也」句（同上）。明本「敵人」作「虜人」。又「況中原大國已與北敵結隙」句（四四二—二四四下）。明本「北敵」作「北虜」。

八年四月。判相州韓琦答詔問北邊事宜上疏

四庫本「以朝廷通好北敵八十年」句（四四二—二四五下）。又「敵情無厭。勢恐未已。萬一不測。何以待之」句（同上）。又「不意陛下以北敵生事。深思預防」句（同上）。又「豈不欲悉天下之力必與敵角哉」句（四四二—二四六上）。「敵人素以久強之勢。於我未嘗少下」句（同上）。以上凡「敵」字明本皆作「虜」。又「雖彼主孱而佞佛。豈無強梁宗屬」句（同上）。明本「彼主」作「虜主」。又「所以致敵之疑者。臣試陳其大略」句（同上）。又「向聞羌官領兵徧植榆柳。冀其成長以制敵騎」句（四四二—二四六下）。又「自敵人辨理疆界。河朔沿邊與州郡。一例差官檢計」句（同上）。又「且敵人未一動作。彼無秋毫之損」句（同上）。以上凡「敵」字明本皆作「虜」。又「夫契丹素爲敵國。設如此。則積疑生事。不得不然」句（四四二—二四七上）。明本「契丹」作「北虜」。又「若優容而與之。恐敵情無厭。浸淫不已」（同上）。又「富貴可圖。獻策以干陛下者必云敵勢已衰」句（四四二—二四八上）。又「領大兵深入敵境。則幽薊之地一舉可復」句（同上）。又「望陛下將契丹所疑之事。如將官之類因而罷去。以釋敵疑」句（四四二—二四八下）。又「俟敵果有衰亂之形。然後一振威武」句（同上）。又「敵人果來入寇。所在之兵可以伺便驅逐」句（同上）。又「在祖宗朝。屢經北敵之擾。鄉民避寇率亦如此」句（四四二—二四九上）。以上凡「敵」字明本皆作「虜」。

軍狀

元豐八年。朝奉郎前知登州軍州事蘇軾登州召還議水軍狀

四庫本「臣竊見登州地近北敵。號爲極邊。敵中山川隱約可見」句（四四二—二五〇上）。又「並用教習水戰以備北敵。爲京東一路捍屛。敵知有備。故未嘗有警」句（同上）。明本凡「敵」字皆作「虜」。

轍又論渠陽邊事劄子

四庫本「其爲暗弱謬妄。取笑敵人如此」句（四四二—二五一下）。明本「敵人」作「夷虜」。又「蓋朝廷舉動中外所瞻。固宜愼重」句（四四二—二五二上）。明本「中外」作「夷夏」。

純仁同知諫院條列陝西利害疏章

四庫本「如此則不惟邊計可實。亦使敵人懷我恩信」句（四四二—二五二下）。明本「敵人」作「夷狄」。

監察御史裏行劉摯論邊事上言章

四庫本「臣竊以北敵之爲中國患。自詩書已來。世常有之」句（四四二—二五四下）。又「北敵之於西夏。自以爲甥舅之國。此一事也」句（同上）。又「高麗自天聖中嘗以事請干朝廷。朝廷不從。遂附庸北敵」句（同上）。以上凡「北敵」明本皆作「北虜」。又「臣恐敵國見利投隙。而區區之信誓。豈足以保其心而恃以爲安乎」句（四四二—二五五上）。明本「敵國」作「夷狄」。

哲宗即位。知慶州范純仁繳進後漢光武詔書狀

四庫本「北敵尙強。而屯田警備。傳聞常多失實」句（四四二—二五七上）。明本「敵」作「狄」。

純仁條對手詔所問邊計狀
四庫本「謂之快活條貫。此事即時聞於敵國」句（四四二－二五七下）。明本「敵國」作「夷狄」。又「則敵人之情亦可測見。若有願和之意。則可令作押伴」句（四四二－二五八上）。明本「敵人」亦作「夷狄」。
純仁拜諫大夫畫夏國疆界三策
四庫本「如此則兵必不解。中外難安」句（四四二－二五九上）。明本「中外」作「夷夏」。

純仁爲武安軍節度副使乞棄慶寨地與西夏統
四庫本「若是去城寨二十里內。雖敵人無厭。亦可以理開諭」句（四四二－二六○上）。明本「敵人」作「夷狄」。
純仁又乞早分畫西夏地界疏
四庫本「雖云敵人貪婪。必亦難生怨叛」句（四四二－二六一上）。明本「敵人」作「夷狄」。

純仁又乞戒邊將不得生事疏
四庫本「朝廷不知。致使敵人之情無由通達」句（四四二－二六一上）。明本「敵人」作「夷狄」。
卷三百三十一
宋哲宗元祐元年三月。守慶州范純粹乞以棄地易被虜之人疏
四庫本「深在敵境。扑爲興修」句（四四二－二六三上）。明本「敵境」作「虜境」。

其後貼黃。四庫本「臣頃者或聞北敵曾有文字到朝廷。請勾下西邊兵馬」句（四四二－二六四下）。明本「北敵」作「北虜」。又「臣昨充北朝國信使日。其接伴之」句（同上）。明本「之」作「虜」。又「萬一北敵狡慢。或一日又以夏國所失疆土爲言」句（同上）。明本「北敵」作「北虜」。
元祐元年十一月。吏部尚書呂大防答詔諭西事疏
四庫本「臣愚以爲四裔之情自古無夏」句（四四二－

二六六下）。明本「四裔」作「夷狄」。又四庫本「永樂諸將寡謀敗事」句至「此虜之無能爲二也」句（同上）。凡「敵」字明本皆作「虜」。又「以臣愚計。切聞敵使且夕到闕」句（四四二—二六七上）。明本「敵」作「虜」。

哲宗時侍御史劉摯論邊事上言章

四庫本「然難者謂敵不得地。兵難不解」句（四四二—二六九上）。明本「敵」作「虜」。又「而西虜稽首順命者數十百年矣。蠻貊好事亡厭固天性也」句（四四二—二六九下）。明本「西」作「二」。「蠻貊」作「夷狄」。又「古之養虎者。時其饑飽。適其怒心。虎或可養。而況四裔乎」句（同上）。明本「四裔」作「夷狄」。又「自祖宗以來御此敵者用此道也」句（同上）。明本「此敵」作「二虜」。又「所謂許四裔不一而足。夫豈晚乎」（四四二—二七〇上）。明本「四裔」作「夷狄」。

殿中侍御史呂陶上慮邊五疏

四庫本「夫十六州者皆據宅要害。天之所設以限四裔」句（四四二—二七〇上）。明本「四裔」作「夷狄」。又「則寇兵奮臂以入。又安佐其南牧之患哉」句（四四二—二七〇下）。明本「寇兵」作「盜賊」。又「西鄙不庭。王師未克。敵人觀我之釁」句（同上）。明本「敵」作「虜」。又「而歸於敵者幾千萬也」句（同上）。明本「敵」亦作「虜」。又「古之外敵彊盛有如今日者乎。古之制御外敵有如今日者乎」句（同上）。明本「外敵」皆作「夷狄」。又「歲爲供饋。使之坐得厚賄以充其強悍之力」句（四四二—二七一上）。明本「強悍」作「豺狼」。又「善制四裔者不若是。叛戾不率則有戰」句（同上）。明本「四裔」作「夷狄」。又「則民力有限。敵心無厭。而國之大費日益不給」句（四四二—二七一下）。明本「敵」作「虜」。

二曰朝廷畏戰甚矣章

四庫本「以材言之而謂其足用乎。則桀黠之族不若多士之賢也」句（四四二—二七二下）。明刊本「桀黠之族」作「旃裘之醜」。「多士」作「衣冠」。又「中國之直且彊。敵之曲且弱也」句（四四二—二七二上）。明刊本「敵」作「虜」。又「國家方有四裔侵侮之患。而未嘗一議誅削之策」句（同上）。明刊本「四裔」作「夷狄」。又「以遼人與我爲敵之情而言。則亦有類於秦與六國之事」句（四四二—二七三下）。明本「遼人」作「虜人」。又「夫困則卑順。彊則驕逆者敵之情也」句（同上）。明本「敵」作「虜」。又「敵之計反覆皆窮而不知所出」句（四四二—二七三上）以及「不過十年敵必衰矣」句（同上）。明本「敵」字皆作「虜」。

三曰今天下之勢內無彊臣跋扈之漸章

四庫本「朝廷上之上早夜深憂。切計孜孜而不已者惟

二邊之患」句（四四二—二七三上）。明本「二邊」作「二虜」。又「昔之制北敵者必通西域以弱其助」句（四四二—二七三下）。「西域不能通則北敵有以連結」句（同上）。明本「北敵」皆作「北狄」。

四曰朝廷之棄靈武凡幾十年矣章

四庫本」「而其心不能相君臣。此固中國以四裔伐四裔之資也」句（四四二—二七五下）。明刊本「四裔」皆作「夷狄」。又「夏人之黨與將漸構貳。此之謂啓嚮化之心」句（同上）。明刊本「夏人」作「虜人」。

五曰自周而下章

四庫本「自周而下。外域之勢稍稍抗於中國。而朝廷時有遺將用師之役」句（四四二—二七六上）。明本「外域」作「戎狄」。又「至於齊桓以大國之資起爲盟主而衛王室。其於異域最號有功」句（四四二—二七六上）。明本「異域」作「夷狄」。又「而國家旦

夕常有四夷之憂」句（四四二—二七六下）。明本「四夷」作「夷狄」。又「塞下之民父子相保而無係敵之患」句（四四二—二七六下）。明本「敵」作「虜」。又「則與東方戍卒不習地勢而心畏敵者功相萬矣」句（同上）。明本「敵」作「胡」。又「扶欲度羌人故田及民所未墾」句（同上）。明本「羌人」作「羌虜」。又「今二邊之釁。中國以爲大患」句（四四二—二七七上）。明本「二邊」作「二虜」。

元祐二年九月八日。翰林學士朝奉郎知制誥兼侍讀蘇軾因擒果莊論西羌夏人事宜箚子

四庫本「敵中疋帛至五十餘千」句（四四二—二七八上）。明本「敵」字作「虜」。又「既使□因吾資以德其民。且飽而思奮」句（四四二—二七八下）。所缺之字明本作「虜」。又「敵雖背恩反覆亦不至如今日之速也。敵雖有易我意。然不得西蕃解仇結好亦未敢動」句（同上）。明刊本「敵」字均作「虜」。又「若朝廷復納其使。則欲戰欲和權皆在敵」句（四四二—二七九下）。明本「敵」作「虜」。又「敵無大獲。不過數年必自折困」句（同上）。明本「敵」作「虜」。又「然譬之化外不足深責」句（四四二—二八一上）。明本「化外」作「鳥獸」。又「此正蠻貊同舟遇風之勢。其交必堅」句（四上）。明刊本「蠻貊」作「胡越」。

十月七日軾又乞約果莊討阿里庫箚子

四庫本「而又有淩戩。在其肘腋。迹同而心異」句（四四二—二八二上）。明本「又有淩戩」句作「心侔斂氊」。又「此政所謂以敵人攻敵人。計無出此者」句（四四二—二八二下）。明本「敵人」作「夷狄」。

八年十一月十一日軾知定州又乞增脩弓箭社條約狀

四庫本「臣竊見北敵久和。河朔無事」句（四四二—二八二下）。明本「北敵」作「北虜」。又「北敵疑

畏或致生事」句（四四二—二八三上）。明本「北敵」亦作「北虜」。又「出入山坂。飲食長技與北敵同」句（四四二—二八三下）。明本「北敵」作「北虜」。又「若透漏北敵及本土彊盜不獲。其當番人皆有重罰」句（同上）。明本「北敵」作「北賊」。又「蓋親戚墳墓所在。人自爲戰。敵甚畏之」句（同上）。明本「敵」作「虜」。又「部領社人與盜賊鬥敵。趕趁捉殺」句（同上）。明本「盜賊」作「北賊」。

又「敵不疑畏。無由生事。有利無害」句（四四二—二八四下）。明本「敵」作「虜」。

又後文。四庫本「弓箭社人戶爲與彊敵爲鄰。各自守護骨肉墳墓」句（四四二—二八六上）。明本「敵」作「虜」。

又後文。四庫本「北敵不疑。所以寵籍奏請」句（四四二—二八七上）。明本「敵」作「虜」。

又後文。四庫本「澶淵之役。敵自是入寇」句（四四二—二八八上）。又「世世相傳。結髮與敵戰」句（同上）。明本「敵」皆作「虜」。

卷三百三十二

宋哲宗時。左司諫蘇轍論西邊警備狀

四庫本「然臣聞兵法受降如受敵。夷羌獸心。見利忘義」句（四四二—二八九上）。明本「夷羌」作「夷狄」。又「而邊鄙外臣本不須治以中國之法」句（四四二—二九〇下）。明本「邊鄙」作「夷狄」。又「則雖異域之族猶將伏以聽命」句（同上）。明刊本「

異域之族」作「犬羊之群」。又「而西戎不順求助北敵。並出爲寇」句（四四二—二九一上）。明本「北敵」作「北虜」。又「彼稍有人心。能不愧恥」句（四四二—二九一下）。明刊本「彼稍有人心」作「雖豺狼野心」。

轍又論熙河邊事疏

四庫本「邊計一失遂爲敵人所侮。可勝歎哉」句（四四二—二九六下）。明本「敵人」作「夷狄」。
轍又論前後處置夏國乘方疏
四庫本「秋冬之交賊馬肥健。時出寇掠。受侮敵人何時已耶」句（四四二—二九九上）。明本「敵人」作「夷狄」。
轍爲戶部侍郎論西事狀章
四庫本「戎羌獸心敢爲侮慢。輒以地界爲詞不復入謝」句（四四二—三〇〇上）。明本「戎羌」作「戎狄」。又「然後料敵情之所在。定制敵之長筭」句（同上）。明本「敵」作「虜」。又「羌人之性重於復讎。計其思報之心未嘗一日忘也」句（四四二—三〇一上）。明本「羌人」作「羌虜」。又「羌人無謀遂肆桀傲」句（同上）。明本「羌人」亦作「羌虜」。又「今朝廷既已漸爲邊備。益兵練將。則羌人之心已乖本計」句（四四二—三〇一下）。明本「羌人」亦作「羌虜」。又「則請求百端。漸不可忍。此所謂敵情

之所在也」句（同上）。明本「敵」作「虜」。又「敵心叵測。飽而背德。不遺謝使。不賀坤成」句（四四二—三〇二上）。明本「敵心叵測」作「狼子野心」。又「使敵一旦犯境。終亦不免交鋒」句（四四二—三〇二下）。又「敵情知難而自屈。求和之請至必速」句（同上）。以及則事無不成而敵漸可制矣」句（同上）。「今敵不順。勝負之變蓋未可知」句（四四二—三〇三上）。以上凡「敵」字明本皆作「虜」。
侍讀蘇頌論屯兵漕河大要疏
四庫本「今已屯大兵。敵未有隙」句（四四二—三〇三下）。明本「敵」作「虜」。又「臣聞古者內諸夏而外四裔。故有甸侯要藩之限。祭祀享貢之令」句（四四二—三〇四上）。明本「四裔」作「夷狄」。又「秦幷諸侯。天下混一而朔方未服」句（四四二—三〇四下）。明本「朔方」作「強胡」。又「自爾以來

中國未嘗無邊陲之患」句（同上）。明本「邊陲」作「戎狄」。又「又約魏武故跡。傍海穿溝。號平敵渠」句（同上）。明本「敵」作「虜」。

元祐五年六月。殿中侍御史上官均論棄地非便疏

四庫本「昔先王御遠人。知威不可獨立」句（四四二—三〇五下）。又「然後遠人且懷且畏。無怨望輕侮之心」句（同上）。明本「遠人」皆作「夷狄」。又「今羌虜之情驕傲已見」句（同上）。明本「羌虜」

作「戎虜」。又「適足增其強悍之氣。終不使之屈懾柔服以聽命令」句（同上）。明本「強悍」作「犬狼」。又「異域之情臣雖不知。邊鄙之事臣雖未嘗」句（四四二—三〇六）。明本「異域」作「戎狄」。又「羌虜之情宜不相遠。故臣敢爲陛下反覆陳之」句（同上）。明本「羌虜」作「戎虜」。又「赫然示異域不可侵犯之意。則士氣日奮戎心日消」句（四四二—三〇六下）。明本「異域」作「戎狄」。

又貼黃。四庫本「臣訪聞沿邊得替官員。皆以爲戎人之情驕則愈橫」句（四四二—三〇六下）。明本「戎人」作「犬戎」。

元祐間右正言王覿論呂惠卿違侵擾外界旨疏

四庫本「臣聞自古中國有以致異域之患者其端固不一也」句（四四二—三〇七上）。明本「異域」作「夷狄」。又「則庶幾得所以懷遠人安邊境之道也」句（四四二—三〇七下）。明本「遠人」亦作「夷狄」。

又「故須慰安鄰敵休息兵民」句（四四二—三〇八上）。「鄰敵歸心而無擾邊之患」句（同上）。又「徒使朝廷內則致疑於兵民。外則失信於鄰敵」句（四四二—三〇八下）。明本「鄰敵」皆作「夷狄」。又「異域豈復以中國爲可親。四方豈復以朝命爲可尊」句（同上）。明本「異域」作「夷狄」。又「內致疑於兵民。外失信於鄰敵」句（四四二—三〇九上）。又「今後朝廷赦勅何以使吏民尊之鄰敵信之。況今正當

朝廷務要守靜疆埸。綏安鄰敵之時」句（四四二—三○九下）。以上凡「鄰敵」明本皆作「夷狄」。

又狀曰臣近有封事章

四庫本「內致疑於兵民。外失信於鄰敵」句（四四二—三一一上）。又「欲以著大信於鄰敵。大戒於邊吏也」句（同上）。又「以警邊吏之慢。以慰鄰敵之心」句（四四二—三一一下）。以上凡「鄰敵」明本皆作「夷狄」。

卷三百三十三

宋哲宗時陳次升論西戎奏章

四庫本「今者敵人輒敢犯延安最強路分。圍城破寨而去」句（四四二—三一三上）。「使邊威可振。敵人不敢干犯」句（四四二—三一三下）。明本「敵人」皆作「戎虜」。

畢仲游論禦戎上奏章

四庫本多處改易。與明本不同。四庫本「蓋中國之遇勍敵。猝難爭鋒。彼也勇猛。而我柔弱。彼也無讓。而我有讓。彼也殘忍。而我不忍。然所以勝之者。智或過之耳。今在彼既難爭鋒。而權謀譎詐。恃強喜勝。論是非。較曲直。反過於中國之人。而又益之以殊常之勇猛。剽悍輕佻之天性。則近世外裔之難禦。疑若理之固然。」一段（四四二—三一三下）。明刊本作「蓋中國之待夷狄如待禽獸。禽獸勇猛。而我柔弱。禽獸無恥。而我有恥。禽獸殘忍。而我不忍。然所

以勝之者。智不若人耳。今夷狄雖如禽獸。而權謀譎詐。恃強喜勝。論是非。較曲直。反過於中國之人。而又益之以禽獸之勇猛無恥安忍之天性。則近世夷狄之難禦。疑若理之固然。」又其後。「今中國之與外裔戰」句（同上）。又「凡我之所以待外裔者」句（四四二—三一四上）。明刊本「外裔」皆作「夷狄」。又其後「其名正也。然後與之交戰則勝矣」句（同上）。明刊本作「其名正也。然後與夷狄戰則勝矣。

」。又其後「今日之將非祖宗之將。而所以待敵人非直一事之不應」句（同上）。明刊本「敵人」作「夷狄」。

仲游論西夏利害上言章

四庫本「天下皆慶朝廷深得制禦敵人之道」句（四四二—三一四下）。又「臣竊謂備禦敵人之道」句（同上）。明本「敵人」皆作「夷狄」。

仲游又論河外清野利害奏狀

四庫本「敵聞之必大有畏懼」句（四四二—三一八上）。明本「敵」作「虜」。又「羌人每欲作過。必先測知城寨虛實動靜。然後敢入寇」句（同上）。又「雖未能支解羌人。亦寇不犯之道也」句（同上）。明本「羌人」皆作「羌虜」。

徽宗建中靖國元年。龍圖閣學士知永興軍范純粹論進築非便上疏

四庫本「敵情深狡爲甚可憂也」句（四四二—三二〇

上）。又「未見稍利而敵備實可寒心」句（同上）。明本「敵」字皆作「虜」。

右正言任伯雨議隍鄯事宜策

四庫本「敵或奔突侵犯關隴。不知朝廷何以枝梧」句（四四二—三二一下）。明本「敵」作「虜」。

伯雨又論月暈圍昴畢上奏章

四庫本「乞陛下仰推天變。預防邊境竊發之虞」句（四四二—三二二上）。明本「邊境」作「夷狄」。又「其北爲敵。其南爲漢」（四四二—三二二下）。明本「敵」作「胡」。又「自去藩屏。覆軍殺將。失信外國」句（四四二—三二三上）。明本「外國」作「夷狄」。

又四庫本「人人務深入敵界。多築保砦。以希功賞」句（四四二—三二三下）。明本「敵」作「虜」。又「規難臣之敵。喪既練之師」句（同上）。明本「敵」亦作「虜」。又「且邊方之性貪而怙亂」句（同上

）。明本「邊方」作「夷狄」。又「萬一寇至。敵衆限隔。外內睽阻。首尾不應」句（四四二—三三四上）。明本「敵」作「虜」。又後文「敵主老病比年轉甚。敵嗣凶猛。性頗好戰。包藏禍心。難以信結」句（四四二—三三四下）。明本「敵主」作「虜主」。「敵嗣凶猛」作「胡鷂鷙猛」。「包藏禍心」作「狼子野心」。

吏部侍郎張舜民論進築非便上疏

四庫本「彼一旦謀成。力辨飛揚南鄉」句（四四二—三三六下）。明本「飛揚」作「搖尾」。

「添兵額」章。四庫本「咫尺敵境。聲跡相聞」句（四四二—三三八下）。明本「敵」作「狄」。

「蓄財用」章。四庫本「咫尺北敵覘邏日交」句（四四二—三三九上）。明本「敵」作「狄」。

「謹探報」章。四庫本「所貴激勸邊人。敵情可得」句（四四二—三三九下）。明本「敵」作「虜」。

宣和三年蜀州教授馮檝論沿邊納土三害上疏

四庫本「不毛之地既不可耕。而靡常之性頑不可革。建築之後。西南夷苗交寇綿茂。而播州溪洞之蠻亦復跳梁。烏合之衆固足慮。干戈之動不能無傷」句（四四二—三三〇上）。明刊本作「地既不可耕。而狼子野心頑不可革。建築之後。西南夷苗交寇綿茂。而播州溪洞之蠻亦復跳梁。犬豕之衆固無足慮。蜂蠆之毒不能無傷」。又「四遠可撫。而邊鄙之患可息矣」句（同上）。明刊本「四遠」作「夷狄」。

欽宗靖康元年。右諫議大夫楊時論要害三鎮上奏章

四庫本「臣竊觀自漢迄唐。待敵人之道無如祖宗之時者」句（四四二—三三一下）。明刊本「敵人」作「戎狄」。又「今日敵騎逼城。備禦無數」句（同上）。明本「敵」作「虜」。

尙書右丞李綱乞脩塘濼箚子

四庫本「金營人馬已出塞垣」句（四四二—三三二下

）。明本「金營」作「金賊」。又「然敵但以河間中山兩路州軍堅守之故」句（同上）。明本「敵」作「虜」。

綱又論守禦劄子

四庫本「臣竊觀自秦漢以來。制禦外裔未有得上策者」句（四四二—三三二下）。明本「外裔」作「戎狄」。又「則敵雖欲窺邊徼而摩封疆。無隙以投」句（四四二—三三三上）。明本「敵」作「虜」。又「重

兵大帥雄據諸鎮。使彼不敢有覬覦之心」句（同上）。明本「彼」作「賊」。

綱知樞密院。論備邊禦敵八事上疏

四庫本「三鎮官吏不肯陷沒異域」句（四四二—三三三上）。明本「異域」作「夷狄」。又「天時寖熱。而彼有輜重之累必不能久留」句（同上）。明本「彼」作「虜」。又「臣恐秋高馬肥。彼必再至」句（四四二—三三三下）。明本「彼」亦作「虜」。又「所以限隔敵騎爲險固之地」句（四四二—三三四上）。明本「敵」作「胡」。又「萬一有敵騎深入虜掠無所得」句（同上）。明本「敵」作「賊」。又「河北河東州郡經戎馬殘破蹂踐去處。宜優免租賦以振恤之」句（同上）。明本「戎馬」作「賊馬」。又「使沿邊諸郡積蓄豐衍。則敵不敢動矣」句（四四二—三三四下）。明本「敵」作「虜」。

綱出宣撫兩河乞無罷防秋人兵狀

四庫本「而中山河間之地不害敵馬出沒」句（四四二

—三三四下）。明本「敵馬」作「賊馬」。又「旁近縣鎮皆爲敵兵所占據。秋高馬肥。敵騎憑陵決須深入」句（同上）。明刊本「敵兵」作「賊兵」。「敵騎」作「虜騎」。又「果能足用。而無戎馬渡河之警乎」句（四四二—三三五上）。明本「戎馬」作「賊馬」。

右司諫陳公輔乞戒大臣究心邊事章

四庫本「朝廷日見河北金兵出界。雖未解圍。幸其師老。必自解散」句（四四二—三三六上）。明本「金兵」作「金寇」。又「至秋冬。萬一敵人結集諸夷。空國而來」句（四四二—三三六下）。明本「敵人」作「狂寇」。

秘書省著作郎李若水使金乞極救河東河北章

四庫本「使金乞救河東河北」句（四四二—三三七上）。明刊本「金」作「虜」。又「立寨栅以自衛。持弓刀以扞敵」句（同上）。明本「敵」作「賊」。又「可見伏節死義。力拒寇敵之意」句（同上）。明本「寇敵」作「腥羶」。又「而在邑之民無逡巡向敵之意」句（四四二—三三七下）。明本「敵」作「賊」。

太學正秦檜論邊機三事章

四庫本「敵人貪心無厭。得地而勢益強」句（四四二—三三八上）。明本「敵」作「狄」。

侍御史胡舜陟同御史中丞呂好問乞救中山章

四庫本「敵據高城愈難追退」句（四四二—三三八上）。又「但以與敵講和。不敢動兵。一何失計之甚耶」句（同上）。又「今敵遣使來。而我使亦往」句（四四二—三三八下）。「然敵人用兵不已」句（同上）。「我之使脅之以威。不得吐一語。但以敵人甘言奏聞」句（同上）。以及「今敵悉力中山城下。朝夕必攻城矣」句（同上）。以上凡「敵」字明本皆作「虜」。

卷三百三十四

宋高宗建炎元年。尙書右僕射李綱上言章

四庫本「今日之患害已深矣。曾不爲防虞之計。而裂地厚賂以予之。譬猶割肉以啖餓虎。而欲止其搏噬。出財以畀彊禦。而欲止其侵陵。豈可得哉」句（四四二—三四〇下）。明刊本作「夫金人。虎狼盜賊也。曾不爲防虞之計。而裂地厚賂以予之。譬猶割肉以啖虎狼。而欲止其博噬。出財以畀盜賊。而欲止其侵陵。豈可得哉」。

紹興間。綱爲江西安撫制置大使乞沿淮漢修築城壘章

四庫本「使藩籬無侵突之虞。貔虎有蓄鋭之利」句（四四二—三四二下）。明刊本「藩籬」作「犬羊」。

建炎中。御史中丞許景衡奏乞救援順安軍章

四庫本「臣伏覩順安軍爲金兵圍城危急」句（四四二—三四三上）。明本「金兵」作「金寇」。

三年。趙元鎮上奏章

四庫本「一旦邊報有警。敵騎南來。風勁馬驕。倏至泗上」句（四四二—三四三上）。明本「敵騎」作「胡塵」。

紹興間。元鎮又上奏章

四庫本「況已酉冬。敵騎已嘗出武昌岸徑趨興國」句（四四二—三四五上）。明本「敵騎」作「胡騎」。

元鎮又乞下湖北帥司隄備賊馬章

四庫本「以敵情不測。萬一所傳不審。有失隄防或致衝突之患」句（四四二—三四六上）。明本「敵」作「賊」。

四年六月。張浚論敵情及備禦利害上言章

四庫本「張浚論敵情及備禦利害」句（四四二—三四六下）。「未見敵人大舉之意」句（同上）。「劉豫父子勢已窘蹙。必多遣僞使求援於敵。向使敵之大兵外示衰弱。養鋭不動」句（同上）。「比又報敵之大兵已至沂州」句（四四二—三四七上）。以上凡「敵

」字明本皆作「虜」。又「夫盛夏興師。中國所難。敵人爲之。其失多矣」句（四四二—三四七上）。明本「敵人」作「夷狄」。又「敵之所恃者馬」句（同上）。「敵以騎射爲能」句（同上）。明本「敵」亦皆作「虜」。

高宗時浚又論戰守利害章

四庫本「臣竊惟敵人盛夏舉兵拂天違時」句（四四二

一三四七上）。明刊本「敵人」作「醜虜」。又「今敵竭國而來。其勢方銳」句（同上）。明本「敵」作「虜」。

浚奉祠居永州論和議利害章

四庫本「大概以敵若尚強。和安可信」句（四四二一三四七下）。「竊以謂敵自宣政以來挾詐反覆傾我國家」句（同上）。「借令敵中有故上下分離」句（同上）。「一旦北面事敵聽其號令」句（四四二一三四八上）。「矧夫敵計莫測自古所傳」句（同上）。以上凡「敵」字明本皆作「虜」。又「未聞委質強鄰可以削平禍難」句（四四二一三四八上）。明本「強鄰」作「夷狄」。又「用世儒之常說答猾敵之詭秘」句（四四二一三四八下）。明本「敵」作「虜」。

紹興間。戶部尚書章誼乞守臣措置土豪章

四庫本「敵誠出此。則我之所保。水失乘桴之便」句（四四二一三四九下）。明本「敵」作「虜」。又「陸有追騎之虞。墮敵中矣」句（同上）。明本「敵」作「賊」。又「一戰而勝。敵人終身懲艾」句（同上）。明本「敵」作「虜」。

誼又論守江之策章

四庫本「又可以捍禦敵人南侵之勢」句（四四二一三五〇上）。明本「敵人」作「戎虜」。又「設使黠敵憑陵盜賊群聚」句（同上）。明本「敵」作「虜」。

誼再論舟師水戰之利章

四庫本「襟帶江海。實憑川險。以卻敵騎」句（四四二一三五一上）。明刊本「敵」作「胡」。

八年。提舉臨安府洞霄宮葉夢得奏章

四庫本「奏金人移軍稍前乞講民兵水軍二事」句（四四二一三五二下）。明本「金人」作「金賊」。又「以爲王威既振。雖凶頑無知。成敗所在自當知難而退」句（同上）。明本「凶頑」作「犬羊」。又「蓋敵法甚嚴。彼既受命。萬里入寇。暴師三月。傷折已多」句（同上）。明本「敵」作「虜」。又「一可示敵以衆張大吾軍」句（四四二—三五三下）。「今敵已師老。必不更能久留」句（同上）。「敵衆驚亂。幾至於潰」句（同上）。「思恭疑爲敵兵。遂不果終其役」句（同上）。「一則可以示敵使知畏有加於前」句（同上）。「三則可擇驍勇之士伺敵之間」句（同上）。「蓋敵既與我夾江相持。其要在江」句（同上）。「今敵如止爲陰遁之計稍已退卻」句（四四二—三五四上）。以上八處「敵」字明本皆作「賊」。

高宗時。夢得爲兩浙西路安撫使。乞措置瀕海州縣防秋狀章

四庫本「聞敵欲取山東路入兩浙作過」句（四四二—三五四上）。又「敵知其爲兩浙人。頗問山川道理形勢甚詳」句（四四二—三五四下）。明本「敵」字皆作「賊」。又「臣益知敵人貪婪之心不無所在」句（同上）。明本「敵人」作「犬羊」。又「議者謂敵以

鐵騎衝突爲長」句（同上）。明本「敵」作「虜」。又「何必直須敵之盡至乎」（同上）。明本「敵」作「賊」。

夢得爲江南東路安撫制置大使又論防江利害劄子

四庫本「伏見黠敵敗盟。罪惡已盈」句（四四二—三五五下）。明本「敵」作「虜」。又「然敵人姦詐用意不測。其爲必勝者亦不可不審」句（四四二—三五六上）。明本「敵人」作「犬羊」。又「敵果沮撓我師分道並進直抵京師」句（同上）。明本「敵」作「虜」。又「正使敵即掃蕩猶足外爲聲援以佐大軍」句（四四二—三五七上）。明本「敵」作「賊」。

夢得又奏論舉行保社分守地分劄子

四庫本「自後敵未嘗犯境。官司亦未嘗行」句（四四二—三五七下）。「昨敵人過江皆被殘酷」句（同上）。明本「敵」子皆作「虜」。

夢得又奏金人敗盟乞下三大將措置捍禦劄子

四庫本「金人敗盟」句（四四二—三五八上）。明本「金人」作「金賊」。又「今月二十一日准壽春府探報。敵騎侵犯東京。前鋒已至拱州應天府。未明虛實」句（四四二—三五八上）。明刊本「敵騎」作「虜騎」。「前鋒」作「打虜」。又「臣竊惟敵情變詐不測」句（同上）。「或謂敵勢頻年衰弱」句（四四二—三五八下）。「敵欲使我歲幣領婪不貲」句（同上）。「敵素有易我之心」句（同上）。「敵之南侵者凡再」句（同上）。「臣不知敵欲復舊疆」句（四四二—三五九上）。「今諸將兵訓練日久。各精熟畜銳思奮。人懷踊躍。聞敵亦自知之」句（同上）。「如敵縱未即知畏。豈不內懷疑阻」句（同上）。以上八處「敵」字明本皆作「虜」。又四庫本「雖秦越且無異心。況位兼將相比肩並立者哉」句（四四二—三六○上）。明本「秦越」作「胡越」。

夢得又奏措畫防江八事狀

四庫本「臣伏見金人敗亡遠遁尚猶竊據東京」句（四四二—三六○上）。明本「金人」作「金賊」。又「自敵人侵犯中原」句（同上）。「故敵兵初聞人人畏駭」句（四四二—三六○下）。「故敵人侵淮甸凡經三月有餘。卒不敢窺江岸」句（四四二—三六一上）。「如遇進討迤邐追破敵人。瀕江自在腹內不必過慮」句（四四二—三六一下）。以上四處「敵」字明本皆作「虜」。又四庫本「三處戎馬可以過處甚多」句（四四二—三六二上）。明本「戎馬」作「賊馬」。又「魏太武嘗至瓜步。亦逡巡顧視。反不敢輕進。況今烏珠之衆乎」句（四四二—三六二下）。明本「之衆」作「小醜」。又「不惟可絕敵人劫奪」句（四四二—三六三上）。明本「敵人」作「虜人」。又四庫本「昨建炎間敵騎已至江上」句（四四二—三六四下）。「今敵人近在東京。瀕江相去無數百里」句（同上）。明刊本「敵」字皆作「虜」。又「候戎馬警動

。即舉以施行」句（四四二—三六五上）。明本「戎
馬」作「賊馬」。又「臣契勘敵人前後侵犯。敢肆深
入」句（同上）。明本「敵」作「虜」。又「縱敵得
之。不能般輦前來亦不足計」句（同上）。明本「敵
」作「賊」。又「其淮南直至江岸盧壽滁和皆前日敵
人宿師之地」句（四四二—三六五下）。明本「敵人
」作「虜人」。又「敵若知此。與清野何異。實爲上
策」句（同上）。明本「敵」作「賊」。

夢得爲戶部尙書。奏乞徙敵人必經由州縣居民箚子
四庫本「夢得爲戶部尙書。奏乞徙敵人必經由州縣居
民箚子曰。臣竊見冬候漸深。金人往來倏忽無常。未
能保其不南牧。先事預備。當有萬全不可勝之計。臣
前嘗妄議敵反用吾術。若欲以中國攻中國。故凡人馬
。糧草。器械。城池。皆因我以爲用。今必禁之使不
得行其謀。亦在反用其術而已。古之外域善待中國者
。莫若藏其輜重人畜。遠引深避而不爭鋒。漢武帝初

命衛霍連年伐匈奴。所至斬首拓地。無不如意者。以
匈奴兵力與漢相當。而較勝負故也。其後匈奴覺悟。
作空地避漢之計」一段（四四二—三六七上下）。明
刊本作「夢得爲戶部尙書。奏乞徙虜人必經由州縣居
民箚子曰。臣竊見冬候漸深。金賊往來倏忽無常。未
能保其不南牧。先事預備。當有萬全不可勝之計。臣
前嘗妄議虜反用吾術。若欲以中國攻中國。故凡人馬
。糧草。器械。城池。皆因我以爲用。今必禁之使不

得行其謀。亦在反用其術而已。古之夷狄善待中國者
。莫若藏其輜重人畜。遠引深避而不爭鋒。漢武帝初
命衛霍連年伐匈奴。所至斬首拓地。無不如意者。以
虜之兵力與漢相當。而較勝負故也。其後虜稍覺悟。
作空地避漢之計」。又四庫本「臣愚竊惟今敵南侵之
路不過京東京西與沿汴三處」句（四四二—三六七下
）。「今敵衆所至剽劫之害。金珠玉帛盡從攘奪」句
（四四二—三六八下）。「不唯伐敵之謀亦吾保民之

計。無大於此」句（同上）。明本「敵」字皆作「虜」。

卷三百三十五

宋高宗紹興十二年章

四庫本「臣竊聞敵使往來講修和好。即其往事何足信憑」句（四四二—三六九下）。明本「敵」作「虜」。又「然後率其卒徒送死遠來」句（同上）。明本「卒徒」作「醜類」。又「而敵兵近在京師。輕軍疾馳。不數日遂涉江漢」句（四四二—三七〇上）。「敵

兵盤泊荊南。可以指顧上流震驚吳會」句（同上）。明本兩處「敵兵」皆作「醜類」。

直龍圖閣李光乞措置防江箚子

四庫本「蓋大江天險可以限隔敵騎」句（四四二—三七〇上）。明本「敵」作「虜」。

監察御史鄭剛中論邊郡章

四庫本「大率曩之爲魏者今多在北敵」句（四四二—三七一下）。明本「北敵」作「虜僞」。又「況金人乘勝。勢焰尙熾。有必來必攻之理。則爲備可少緩手」句（四四二—三七二下）。明本「金人乘勝。勢焰尙熾」句作「金賊猖獗。兇焰尙熾」。

守又應詔論備禦箚子

四庫本「何謂防淮利害。使敵由常道而來則可防者有三」句（四四二—三七四下）。明本「敵」作「賊」。又「我屯重兵據地臨之。敵未必能遽渡」句（同上）。「萬一敵騎抵淮。則望旌旗而變色」句（同上）

。「三則敵或偵知有備。出吾不意。由間道而來」句（同上）。明本「敵」字皆作「賊」。

守爲御史中丞論守禦箚子

四庫本「竊謂陛下行欲移蹕以避敵鋒。遠近憂疑。殊無固志」句（四四二—三七六上）。明本「敵」作「寇」。又「兼滑江北寇路不一。而一杜充不能盡禦也」句（同上）。明本「寇」作「賊」。又「庶不專恃

不教之民以捍方熾之敵也」句（四四二—三七六下）。明本「敵」作「虜」。

守乞以大河州軍爲藩鎮箚子

四庫本「比年敵騎不至則已。至則不過三數日輒破一郡」句（四四二—三七七上）。明本「敵」作「虜」。又「臣以謂與其委城於敵。不如委之於守帥」句（同上）。明本「敵」作「賊」。又「如敵騎侵軼而能殺敵退師。固守無虞」句（同上）。明本「敵騎」作「虜騎」。

守又應詔論防秋利害箚子

四庫本「他日敵至。官吏遁逃。則敵據城市。修器械。具船筏。與我對壘」句（四四二—三七七下）。明本「敵」皆作「賊」。又「使敵由襄陽荆南順流而來」句（同上）。明本「敵」字亦作「賊」。又「今使敵由京東西淮南爲南渡之計」句（四四二—三七八上）。「今使敵由漢江荆南上流爲南下之計」句（同上

）。明本「敵」皆作「賊」。又「又況敵人長技。唯是鞍馬」句（同上）。明本「敵人」作「狄人」。又「竊恐他日敵至皆不復固守矣」句（四四二—三七八下）。明本「敵」作「賊」。

參知政事同提舉修政局翟汝文應詔條具敵退利害狀

四庫本「應詔條具敵退利害狀」句（四四二—三七九下）。明本「敵」作「虜」。又「令臣條具敵利害以聞」句（同上）。明本「敵」亦作「虜」。又「憤金人之彊確。悼中原之顛覆」句（同上）。明本「金人之彊確」作「金賊之狂狡」。又「臣聞自古兵革之禍未有如今日之酷」句（同上）。明本「兵革之禍」作「夷狄之亂」。又「雖西晉亂離之禍不至於此」句（四四二—三八〇上）。明本「亂離」作「戎狄」。又「每歲防秋則相顧先擾。謀避敵之地」句（同上）。明本「敵」作「狄」。又「乞盟於強敵者冠蓋相望已甚屈辱矣」句（四四二—三八〇下）。明本「強敵」

作「猾虜」。又四庫本自「合天下英豪之智力。以禦有勇無謀之小敵。豈其難哉。伏讀詔語。敵勢既屈。潛師遯逃。念茲卻敵之功。圖爲善後之計。臣愚以此知陛下未嘗一日忘經略也。向非陛下赫然獨斷。親出總戎。指授諸將。控扼江表。則敵人徑卷甲渡江。如往歲久矣。此上天助順。而宗社之福也。然臣聞今者敵騎之退。以國主之亡。非諸將力戰而勝。敵騎折北而逃也。向使其主不亡。使劉豫竭山東之粟。以轉輸

敵壘。敵人濟師。驅犀兕之衆。以分守淮甸。百姓之財屈於賦斂。力已窮矣。諸將之兵久於暴露。師已老矣。欲進不能。何後之善哉。此臣之所甚懼而憂也。臣料今日之廷臣。必因敵人自退而誦言誅討」一段（四四二—三八一上）。明刊本作「合天下英豪之智力。以誅腥臊島夷之小醜。豈其難哉。伏讀詔語。虜勢既屈。潛師遯逃。念茲卻敵之功。圖爲善後之計。臣愚以此知陛下未嘗一日忘經略也。向非陛下赫然獨斷。親出總戎。指授諸將。控扼江表。則虜人徑卷甲渡江。如往歲久矣。此上天助順。而宗社之福也。然臣聞今者虜騎之退。以國主之亡。非諸將力戰而勝。虜騎折北而逃也。向使虜主不亡。使劉豫竭山東之粟。以轉輸賊壘。敵人濟師。驅犬羊之衆。以分守淮甸。百姓之財屈於賦斂。力已窮矣。諸將之兵久於暴露。師已老矣。欲進不能。何後之善哉。此臣之所甚懼而憂也。臣料今日之廷臣。必因賊虜自退。而誦言誅討

」。

紹興三十一年。吏部侍郎汪應辰進故事章

四庫本「如不果自治。是助敵爲虐」句（四四二—三八一下）。明本「敵」作「虜」。又「臣竊惟今日所以待敵人者。曰戰曰守曰和」句（四四二—三八二上）。明本「敵人」作「夷狄」。

孝宗隆興元年。同知樞密院周麟之上封事章

四庫本「古聖王所以安中夏御遠人也。莫不皆然」句

（四四二—三八二上）。明本「遠人」作「夷狄」。

又「金人之爲中國患數十年矣」句（四四二—三八二下）。明本「金人」作「金虜」。又「敵知事力之屈可以圖休息也」句（四四二—三八三上）。明本「敵」作「虜」。又「敵知事力之全可以肆強橫也」句（四四二—三八三下）。明本「敵」作「虜」。「強橫」作「猖獗」。又「邊釁橫生。敵謀遽發。遂欲割我兩淮。要我近輔」句（同上）。明本「敵」作「賊」。又「變生肘腋。腹敗枝披。卒徒奔逃。惟恐王師之躡其後也」句（同上）。明本「卒徒奔逃」作「醜徒獸奔」。又「太上皇出不得已。發兵以應之。而敵亮自斃」句（四四二—三八四下）。明本「敵亮」作「兇酋」。又「一旦敵人叛盟。赤子又復塗炭」（同上）。明本「敵人」作「虜人」。又「前冬敵退淮甸。白骨如山。跡其殺人之禍皆起於金人一念慮之間」句（同上）。明本「敵」作「虜」。「金人」作「逆亮」。又「今敵勢虧矣。敵計窮矣」句（四四二—三八五上）。「北人則曰敵中簽發人丁。其下莫肯聽命」句（同上）。「又曰近敵帥移書于督府。致問于廟堂。甚有通和之意」句（同上）。以上四處「敵」字明本皆作「虜」。又「自金人渝盟。和好絕矣。和好既絕。今始通焉」句（四四二—三八五下）。明本「金人」作「逆亮」。又「安中國以信。馭邊人以權。理有變通也」句（四四二—三八六上）。明本「邊人」作「夷狄」。

張浚回奏楚泗等處守禦事宜劄子

四庫本「淮西之兵。山地不動。敵人豈敢輕捨此兵」句（四四二—三八六下）。「況値奔敗。定致狼狽。敵用兵日久。必不出此」句（同上）。又「觀敵兵勢重去處。遣王琪輩疾趨取利。似爲得宜」句（四四二—三八七下）。明本「敵」字皆作「虜」。

孝宗時。蔡戡乞脩江陵府城章

四庫本「敵以一軍牽制襄陽。而輕兵取江陵」句（四四二—三八七下）。又「蓋自辛巳北敵敗盟。海陵狂悖。視長江猶衿帶之水」句（同上）。明本「敵」皆作「虜」。「海陵」作「逆亮」。

戡又乞備邊章

四庫本「及其金人敗盟。長驅而來。如入無人之境」句（四四二—三八八下）。明本「金人」作「逆亮」。又「幸而上天垂祐。敵亮授首」句（四四二—三八

九上）。明本「敵亮」作「虜酋」。又「貪婪變詐之敵不可以爲誠」句（同上）。「萬一敵人出吾不意。掩吾不備」句（同上）。明本「敵」皆作「虜」。

戡又論守邊章

四庫本「北敵西番不敢犯塞」句（四四二—三八九上）。明本「北敵」作「北狄」。又「二邊動息必能先知預爲之備」句（四四二—三八九下）。明本「二邊」作「二虜」。

戡又論唐鄧間道章

四庫本「既有城可恃有兵可守。庶免敵人窺伺之患」句（四四二—三九〇下）。明本「敵」作「虜」。

卷三百三十六

宋孝宗隆興元年章

四庫本「而敵不敢進兵深入爲必取必守之計也」句（四四二—三九一上）「敵知官軍之力聚於新野」句（同上）。「官軍少而敵兵衆。要當以智算勝之」句（四四二—三九一下）。「唐鄧中虛。無可恃之兵勢。

敵何所顧忌」句（同上）。以上四「敵」字明本皆作「虜」。

允文又論措置唐鄧一帶爲必守計章

四庫本「不獨覆載之下一草一木皆有嘉生之意。而敵之情僞無不遠燭。敵之氣亦奪矣。臣比聞已遣胡昉等先往議四州之地。而二使人後發。且留淮上以待。則聖謨既已堅決。據探報敵帥留昉等馳騎吏往燕京。臣

料敵人亦無不從。非久當有的報。況近日屢報境上敵兵名爲東南行。而其實東北去。近有女眞契丹人來歸。其說亦合。識者以此爲中國恢復之機。顧恐弗用爾。敵何敢深入與我爭此四州地也。今敵中多事」一段（四四二—三九二上）。明刊本凡「敵」字皆作「虜」。「敵人」作「虜酋」。

允文又論親臨唐鄧措置修城之役章

四庫本「時敵兵臨邊。日夜訓習。將士以待戰用力。

未可議其後」句（四四二—三九三下）。「雖據探報敵兵內徙遠去」句（同上）。「其實遠斥喉。謹防托。絕敵奔衝之患」句（同上）。又「敵帥聞官軍大將會於唐。敵中奔走驚擾」句（四四二—三九四上）。「衆謂敵之弱勢至於如此」句（同上）。以上凡「敵」字明刊本皆作「虜」。

允文又論唐鄧州必不可棄章

四庫本「敵在潁昌襄郟爲家計。去襄陽爲遠」句（四四二—三九四下）。又「而敵人以唐鄧爲家計。去襄陽爲近」句（同上）。又「而漢江之險。我且與敵共之矣」句（同上）。又「敵若於此分兵駐守。則官軍隔越於外」句（四四二—三九五上）。又「敵兵東可以入隨。西可以窺荊南」句（同上）。以上凡「敵」字明本皆爲「虜」。

允文又論固守唐鄧州方略章

四庫本「將來敵人侵犯唐鄧。合作如何備禦」句（四

四二—三九五下）。明本「敵」作「虜」。又「至三十一年金人叛盟」句（同上）。明本「金人」作「逆亮」。又「敵入寇之路雖云不一」句（同上）。「今爲敵之家計自襄郟至方城實敵入寇之大路」句（同上）。「一以備敵騎衝突」句（同上）。又「非與敵相持必守之地」句（四四二—三九六上）。以上五「敵」字明本皆作「虜」。又「出新野南陽而與之合。則敵腹背受敵」句（四四二—三九六上）。明本「敵腹

背受敵」作「虜腹背受敵」。又「曠日相持敵糧盡力屈」（同上）。「或曰敵兵之來。他路錯出」句（同上）。「敵敢從他路徑至襄陽城下」句（同上）。又「但以或棄二郡敵得以爲家計」句（四四二—三九六下）。「雖敵之來路來可前料。而兵之機權亦難執一」句（同上）。以上五「敵」字明本亦皆作「虜」。又「至於形勢所在。有兵以禦敵。有城以保兵」句（同上）。明本「敵」作「賊」。

允文又論固守唐鄧兵勢糧運章

四庫本「但問將來敵人侵犯唐鄧。合作如何備禦」句（四四二—三九七上）。又「坐觀敵人入寇之路以應之。已嘗具奏知矣」句（同上）。「以二將云。敵來之正路也」句（同上）。「敵騎一旦猝至。所謂一統制三千之兵無以自固」句（同上）。以上凡「敵」字明本皆作「虜」。又「荆南之軍出新野南陽而與之合則敵腹背受敵」句（四四二—三九七下）。明本「敵

腹背受敵」作「虜腹背受敵」。又「敵自方城入寇。則荆鄂兩軍固當會合」句（同上）。明本「敵」作「虜」。

允文又論荆鄂兩軍分戍唐州積糧免差夫運章

四庫本「又敵兵入寇之衝。而城避頽毀」句（四四二—三九八下）。明本「敵」作「虜」。

孝宗時。允文又論收復鞏州分兵守險章

四庫本「或慮因循敵生巧計」句（四四二—三九九上）。明本「慮」作「虜」。「敵」作「賊」。又「雖據吳璘探報敵中日添生兵」句（四二—三九九下）。明本「敵」作「虜」。

允文又論襄陽一面爲必守之備章

四庫本「特敵於淮北京西爲謀用力有不同爾」句（四四二—三九九下）。明本「敵」作「虜」。

允文又乞措置清河口防托敵中糧戰船章

四庫本「措置清河口防托敵中糧戰船」句（四四二—

四〇〇上）。又「謂敵人舟船動以千百順流而下」句（同上）。「敵累年以來打造戰船。教習水戰」句（同上）。明本凡「敵」字皆作「虜」。又「淮西之兵亦可以足食。海陵南寇。其糧山積於盱眙濠州」句（同上）。明本「兵」字作「虜」。「海陵」作「逆亮」。又「而敵之糧出清河者」句（四四二—四〇〇下）。「則天長一帶敵兵可以持久」句（同上）。明本「敵」字皆作「虜」。又「則淮西之兵亦可以爲久屯之計」句（同上）。明本「兵」字作「虜」。又「而非絕糧道使敵不得久之上策也」句（同上）。「敵兵雖衆。決不敢輕動」句（同上）。「必爭於敵人叛盟出船之初」句（同上）。以上三句之「敵」字明本皆作「虜」。

允文又論德順守戰之利章

四庫本自「所以七月間身往德順」句（四四二—四〇一下）。至「不能一日安居。往事尚可鑒也」（四四二—四〇二上）一段。凡「敵」字明刊本皆本「虜」。

允文奏論秦隴軍馬錢糧不可棄新復之地章

四庫本「新復之地一有差軼則敵勢益張」句（四四二—四〇二下）。明本「敵」作「虜」。

允文奏陝西事宜狀

四庫本此章（四四二—四〇三至四〇四上）凡「敵」字明本皆作「虜」。

允文論敵政衰亡宜益自治章

四庫本「允文論敵政衰亡」句（四四二—四〇四上）。又「今日降出敵庭報書。其辭意繆悠。神人共憤」句（同上）。「謂今敵政衰矣。敵之亡證具矣」句（同上）。明本「敵」字皆作「虜」。

允文又奏章

四庫本「臣於今月初五日奏敵帥留胡昉等。敵騎數入我境內」句（四四二—四〇四下）。又「敵兵數犯境。擿鼓發喊至於三四」句（同上）。「敵情既得則當以靜困之」句（同上）。明本「敵」字皆作「虜」。

知建康府洪遵論采石水軍章

四庫本「金人入寇也。而采石受敵最力」句（四四二—四○五上）。明本「金人」作「逆亮」。

王之望論兩淮鎭戍要害章

四庫本「昨來敵人累次侵犯。皆自西路入寇」句（四四二—四○五下）。明本「敵」作「虜」。又「敵人每來由巢縣和州一帶徑至江上」句（四四二—四○六上）。明本「敵」亦作「虜」。又「使敵不得至采石。則是兩淮最要害處」句（同上）。明本「敵」作「賊」。又「使敵不犯滁州一帶則必無是理」句（同上）。「若敵大入亦須保橫澗山」句（同上）。「敵奔衝東路六合。必須西路夾擊」句（同上）。以上三「敵」明本皆作「虜」。又「其可責西路之保守使敵不透漏乎」句（四四二—四○六下）。明本「敵」作「

賊」。又「雖有大衆。終不足以當敵人之騎」句（同上）。「敵兵不犯去處方可抽那應援。假令敵人分兵一犯西路照關」句（同上）。「敵知吾有備亦未必便敢深入」句（同上）。明本「敵」字皆作「虜」。

之望又上言章

四庫本「伏見敵人侵軼淮甸」句（四四二—四○七上）。明本「敵人」作「逆虜」。又「竟不能成尺寸之功。致敵騎益無畏懼」句（同上）。明本「敵」作「虜」。又四庫本「以備敵人分兵乘虛之衝」句（四四二—四○七下）。明本「敵人」作「虜賊」。又「其餘兵帥盡行會合。以臨敵人重兵之所」句（同上）。明本「敵人」作「虜帥」。又「持捭闔之說直造其師以搖其腹心」句（同上）。明本「其師」作「虜師」。又「臣契勘自敵人入寇奪城殺將」句（同上）。明本「敵」作「虜」。又「則敵備者多。小隊不復敢出」句（同上）。明本「敵」亦作「虜」。

趙汝愚論邊防章

四庫本「沿淮之地皆爲極塞。敵人猶且墾闢田土」句（四四二—四〇八下）。明本「敵」作「虜」。

辛棄疾論阻江爲險。須藉兩淮章

四庫本「若敵騎南來東趨揚楚」句（四四二—四一一上）。又「敵騎之來也常先以精」句（四四二—四一一下）。「況今敵人之勢一犯吾境。其所以忘我者非戰也」句（同上）。又「可以截然分斷敵人首尾之處」句（四四二—四一二上）。「敵攻淮東。中鎭救之」句（同上）。「敵攻淮西中鎭救之」句（同上）。「敵攻中鎭則建康悉兵以救之」句（同上）。以上七「敵」字明本皆作「虜」。

棄疾又上疏章

四庫本「往時敵人南寇。兩淮之民常望風奔走」句（四四二—四一二上）。又「敵雖善攻。自非掃境而來」句（四四二—四一二下）。明本「敵」皆作「虜」

。又「雖有烏珠之智。傾國之力亦將無如之何」句（同上）。明本「傾國」作「逆亮」。又四庫本「與敵騎互相出沒」句（同上）。「敵雖勁亦不能爲吾患矣」句（同上）。明本「敵」皆作「虜」。

棄疾又論荆襄上流爲東南重地章

四庫本「故形勢不分而兵力全。不事鄰敵而國勢安」句（四四二—四一三下）。明本「鄰敵」作「夷狄」。又「假設敵以萬騎由襄陽南下」句（同上）。「敵以萬騎衝突。臣以步兵七千當之」句（同上）。「戰而不支。敵騎衝突是非臣之罪也」句（四四二—四一三下）。「襄陽之不支。敵騎衝突是非臣之罪也」句（同上）。以上凡「敵」字明本皆作「虜」。又「厥今敵人物夥地大。德不足。力有餘」句（四四二—四一四上）。明本「敵人」作「夷狄」。

王十朋代人上疏章

四庫本「川蜀之地去朝廷最遠。尤爲敵所窺伺」句（

四四二—四一四下）。又「敵情難測。深恐虛聲在此」句（同上）。明本「敵」字皆作「虜」。

敷文閣待制四川置使范成大奏論文州邊事章

四庫本「或又謂朝廷方以備北敵爲急」句（四四二—四一五上下）。明本「敵」作「虜」。

陸游上奏章

四庫本「今朝廷內無權家世臣。外無強藩悍將。所慮之變惟一金人。蓋在彼也。譎詐反覆。雖其族類有不能測。而臣竊以謂是亦有可必知者。夫何故。寬猛之相繼。如寒暑晝夜之必相代也。故自金人起釁以來。靖康建炎之間。兵連禍結。則有紹興之和。通和既久。則有辛巳之寇。寇而敗亡。則又有隆興之和。今邊陲晏然。枹鼓不作。逾二十年。與紹興通和之歲月略相若矣。不知此敵終守和約。至數十百年而終不變耶。將如晝夜寒暑必相代也。且敵之爲國也。以分則不肅。以恩則不親。惟制之以力。劫之以威。則粗能少

定」一段（四四二—四一六上）明刊本作「今朝內無權家世臣。外無強藩悍將。所慮之變。惟一金虜。虜。禽獸也。譎詐反覆。雖其族類有不能測。而臣竊以謂是亦有可必知者。夫何故。寬猛之相繼。如寒暑晝夜之必相代也。故自金虜猖獗以來。靖康建炎之間。窮凶極暴。則有紹興之和。通和既久。則有辛巳之寇。寇而敗亡。則又有隆興之和。今邊陲晏然。枹鼓不作。逾二十年。與紹興通和之歲月略相若矣。不知此虜終守和約。至數十百年而終不變耶。將如晝夜寒暑必相代也。且虜非中國比也。無君臣之禮。無骨肉之恩。惟制之以力。劫之以威。則粗能少定」。又四庫本「反敵之政以悅其國人」句（同上）。「臣竊觀士大夫之私論。則往往幸敵之懦」句（同上）。又「使敵果有變。大則掃清燕代」句（四四二—四一六下）。明本「敵」字皆作「虜」。

李椿奏邊備利害章

四庫本「每歲敵使欲來未至之際」句（四四二—四一八上）。又「及至敵使既還則以謂一歲無事」句（同上）。「敵或渝盟。四處固守」句（同上）。「敵騎雖多而知巢湖東關等處據險」句（同上）。「敵則盡馬。勢固不同」句（同上）。又「敵所恃者衆與騎耳」句（四四二—四一八下）。「臣嘗見諸所以禦敵騎者多用拒馬」句（同上）。以上凡「敵」字明本皆作「虜」。

卷三百三十七

宋光宗時。彭龜年論邊防事宜章

四庫本「臣聞北敵近有韃靼諸國之兵」句（四四二—四二〇下）。又「敵人亦恥於百姓流移。當必反以本朝」句（同上）。明本「敵」字皆作「虜」。又「不特失中原之心。又特失敵國之心」句（同上）。明本「敵國」作「夷狄」。

寧宗慶元元年。大府寺丞臣呂祖儉上奏章

四庫本「敵情難知備豫不虞」句（四四二—四二一上）。明本「敵」作「虜」。又「其所以敢於藐玩。是豈無故而然」句（同上）。明本「藐玩」作「狂悖」。又「萬一敵情或出於斯。則亦必深勞宵旰之慮矣」句（四四二—四二一下）。「敵使扣關。若有無厭之求難塞之請」句（同上）。明本「敵」字皆作「虜」。

衛涇應詔論北伐劄子

四庫本「比來敵運衰微」句（四四二—四二二下）。又「臣妄料敵情不過因並邊侵軼之擾」句（同上）。又「竊知敵嘗有文喻。其詞委曲」句（同上）。明本「敵」字皆作「虜」。又四庫本「本朝中興以後。凡渝盟興師常先出於敵。然敵首兵每衄。而我應兵常得利」句（四四二—四二三上）。明本兩「敵」字皆作「虜」。又「海陵兇焰方張。自謂可以叱咤渡江」句（同上）。明本「海陵」作「逆亮」。又「矧敵之既衰。萬萬不及烏珠及海陵時」句（四四二─四二三上下）。明本「敵」作「虜」。「及海陵時」作「逆亮強盛」。又「今當令敵常居爲寇之名」句（四四二─四二三下）。又「是遺敵以不利。而我擇其甚利」句（同上）。又「若北敵自貽伊戚。警我邊陲」句（同上）。明本三「敵」字皆作「虜」。又「臣恐非所以示朝廷之整暇。而敵國得以窺測淺深也」句（同上）。明本「敵國」作「夷狄」。又「萬一盜賊有警。則敵得窺伺之便」句（四四二─四二四上）。明本「敵」作「虜」。

司令許應龍奏章

四庫本「而挫殘敵之鋒者。忠義之力也」句（四四二─四二四下）。明本「敵」作「虜」。又「彼既與敵爲仇。群然歸我」句（四四二─四二五上）。明本「敵」亦作「虜」。

應龍又奏章

四庫本「殘敵烟滅。中原丘墟」句（四四二─四二六上）。明本「敵」作「虜」。又「況強敵之心背服靡定」句（四四二─四二六下）。明本「強敵之心」作「狼子野心」。又「乃者蒙古使來或欲絕之以杜其窺伺」句（四四二─四二七上）。明本「蒙古使來」作「韃使之來」。

嘉定元年大學博士眞德秀上殿奏劄

四庫本「況反覆無常。變詐百出」句（四四二─四二八上）。明本「反覆無常」作「戎狄豺狼」。又「敵人欲多歲幣之數。而吾亦曰可增。敵人欲得姦臣之首。而吾亦曰可與」句（同上）。明本兩「敵人」皆作「虜人」。又「獨不思敵人得以闚吾之情而滋嫚我之意乎」句（同上）。「而敵之桀驁。亡異前日。毋亦我之所爲尙有可恩者乎」句（四四二─四二八下）。「國勢日彊敵自退聽」句（四四二─四二九上）。明本「敵」字皆作「虜」。

六年。德秀爲起居舍人直前奏箚

四庫本「今敵爲蒙古所乘。悉力以備燕晉」句（四四二—四二九下）。明本「敵」字作「虜」。「蒙古」作「韃靼」。

七年。德秀使還上殿箚子

四庫本「或云蒙古之衆已陷燕山」句（四四二—四三〇下）。明本「蒙古」作「韃靼」。又「臣聞中國有道。異域雖盛不足憂。內治未脩。異域雖微有足畏」句（同上）。明本「異域」皆作「夷狄」。又「蓋昔者劉石之紛擾與單于爭立之事同」句（同上）。明本「劉石」作「五胡」。又「今敵運衰微。雖吾宗社之慶」句（同上）。明本「敵」作「胡」。又「驟興之狂寇是也」句（同上）。明本「寇」作「虜」。

又四庫本「萬一外裔得志。必欲滅完顏之宗。干戈相尋。威力弗敵。紛紜奔突。迫吾邊垂。又將何以禦之。此其可慮者二。昔宣和中。女眞始大。耶律浸微。

識者豫知必貽中國之患。蓋雖均爲外裔。然習安者易制。崛起者難馴。理固然也。今女眞土傾魚爛。勢必不支。萬一蒙古遂能奄有其土疆。方張之勢未易屈服。卻之則怨。接之則驕。重以亡國舊臣各圖自售。指嗾之計何所不爲」一段（四四二—四三一上）。明刊本作「萬一外夷得志。必欲滅完顏之宗。干戈相尋。爲力弗敵。兎奔豕突。迫吾邊垂。又將何以禦之。此其可慮者二。昔宣和中。女眞始大。耶律浸微。識者豫知必貽中國之患。蓋雖均爲戎狄。然習安者易制。崛起者難馴。理固然也。今女眞土傾魚爛。勢必不支。萬一達靼遂能奄有其土疆。封豕豺狼。本非人類。卻之則怨。接之則驕。重以亡虜舊臣各圖自售。指嗾之計。何所不爲」。

又四庫本「今女眞與蒙古相持。蓋非一日」句（四四二—四三二下）。明本「蒙古」作「韃靼」。又「比至維揚。首聞敵巢摧陷之報」句（同上）。明本「敵」作「虜」。

德秀爲江東轉運副使奏論邊事狀

四庫本「臣竊見金人自失國南遷。其勢日蹙」句（四四二—四三三上）。明本「金人」作「金虜」。又「比者蒙古與西夏幷兵東出潼關」句（同上）。明本「蒙古」作「韃靼」。又「金人危迫之狀見於僞詔所云」句（同上）。明本「金人」作「虜庭」。又「陛下所以自治其國與外禦邊人者。亦宜以政宣爲鑒」句（四四二—四三三下）。明本「邊人」作「夷狄」。又「自開闢以來。敵國之禍未有若是之酷也」句（同上）。明本「敵國」作「夷狄」。又「至敵兵濟河。而朝廷猶未之覺其失」句（四四二—四三四下）。明本「敵」作「虜」。又「雖微敵國。亦必有蕭牆之憂」句（四四二—四三四下至四三五上）。又「蓋蠶食幷呑。本無饜足」句（四四二—四三五下）。明本「蠶食幷呑」作「犬豕豺狼」。又「獨請爲陛下深陳所以

待敵國者」句（同上）。明本「敵國」作「夷狄」。又「觀蒙古之在今日無異昔者」句（四四二—四三六上）。明本「蒙古」作「韃靼」。又「不從則彼得藉口以開釁端。黠巧之情必出於此」句（同上）。明本「黠巧」作「黠虜」。又「曩者敵在幽燕。吾以歲時聘問已非獲已」句（同上）。明本「敵」作「虜」。又「乃使大宋臣子拜仇敵於祖宗殿廷之下」句（同上）。明本「仇敵」作「犬羊」。又「使殘敵得以移文督責」句（同上）。「不曰敵未遽亡猶可倚爲屏蔽」句（四四二—四三六下）。「敵之必亡無愚智舉知之」句（同上）。以上三「敵」字明本皆作「虜」。又「若昔永嘉之亂。江左粗安者」句（同上）。明本「永嘉」作「五胡」。又「元魏已併諸國。遂萌飲江之志」（同上）。明本「諸國」作「諸胡」。又「今新敵乍張。盡有何朔」句（同上）。明本「新敵乍張」作「新虜鴟張」。又「臣恐與五國角立之勢殊。未可

爲江左苟安之計也」句（同上）。明本「五國」作「五胡」。又「夫金繒遺敵。雖後世偃兵息民之權宜」句（同上）。明本「敵」作「虜」。

貼黃章

四庫本「遼國衰微。金人崛起」句（四四二—四三七下）。明本「金人」作「金虜」。又「希功寡謀。取侮敵人。馴政靖康之變」句（四四二—四三八上）。明本「敵人」作「夷狄」。又「敵人內侵之恥一一備見本末」句（同上）。明本「敵人內侵」作「夷狄猾夏」。

九年。袁燮輪對箚子

四庫本「外域帖然無敢爲寇之意」句（四四二—四三八上）。明本「外域」作「夷狄」。又「近者竊聞垂亡之敵輒敢率其餘衆侵我疆埸」句（同上）。又「敵雖微弱而交聘未已」句（四四二—四三八下）。「而殘敵輒渝盟。豈不自知其非哉」句（同上）。以上三「敵」字明本皆作「虜」。又「堂堂大朝而見脅於衰殘之敵國」句（同上）。明本「敵國」作「小醜」。又「方今外國蒙古最疆。及其他豪傑崛起於此地者甚衆」句（四四二—四三九上）。明本「外國蒙古」作「夷狄韃靼」。「北地」作「虜地」。又「昔紹興中北敵疆盛。而徽皇梓宮未歸」句（同上）。明本「北敵」作「北虜」。又「及金人叛盟。親提重兵大入淮甸」句（同上）。明本「金人」作「逆亮」。又「今之殘敵與其彊盛之時固萬萬不侔也」句（同上）。「不以是資敵而反制敵」句（同上）。以上「敵」字明本皆作「虜」。又「殘敵折而入我。蒙古及夫群雄知中國有人。莫不惕息」句（四四二—四三九下）。明本「殘敵」作「殘虜」。「蒙古」作「韃靼」。

燮又上箚子

四庫本「智謀迭出。則殘敵不能支矣」句（四四二—四四二上）。明本「敵」作「虜」。

卷三百三十八

宋理宗時。寶章閣學士曹彥約上奏章

四庫本「臣聞敵國盜賊之患自古所不能無」句（四四二—四四四上）。明本「敵國」作「夷狄」。

戴栩奏禦邊箚子

四庫本「遠而可慮者蒙古也」句（四四二—四四五下）。明本「蒙古」作「韃人」。又「蒙古之擾我邊陲。西起巴蜀」句（四四二—四四六上）。明本「蒙古」亦作「韃人」。

湖南安撫大使兼知潭州兼節制廣南李曾伯上禦邊五事章

四庫本「十數年以來。始傳敵有假道斡腹之計」句（四四二—四四七上）。明本「敵」作「韃」。又「或傳寇犯烏母國。寇攻赤里國」句（同上）。明本「寇」皆作「賊」。又「敵之進退實不得而知也」句（同上）。又「經涉兩年又得一信。始知敵與大理九和之戰」句（四四二—四四七下）。又「自廣遣間探敵實非易事」句（同上）。以上三「敵」字明本皆作「韃」。又「但參之衆論皆謂敵若自沈黎以西之諸羌」句（同上）。「敵若自思播一帶之諸蠻透漏沅靖」句（同上）。明本兩「敵」字皆作「虜」。又「其去敵境地里委相遼絕」句（同上）。明本「敵境」作「韃境」。又「應有探到敵人動息」句（同上）。明本「敵人」作「韃賊」。

又四庫本「敵人謀人之國。多出間道。……或謂吐蕃已得敵人旗號。爲鄉道入廣。此等之報不一而足。敵之姦謀委是不淺。及至近歲事勢。雖若少寬。然丁未冬所傳。敵南闖連爲蕃蠻所沮。至戊申冬復傳敵人向吐蕃境內。相近南詔。以此觀之。則是敵之進退邈在諸蠻之外。正自叵測。本司連月以來。未見續報。意者去冬沈黎奏巖州之捷。敵既北遁。遂寬南侵。由是諸羌據險以自防。若使敵兵無間之可入。則廣中賴以無事。豈不甚幸。第因閬蜀中去年一報。謂敵若行吐蕃界中。初不經四川地方。」一段（四四二－四四七下至四四八上）。明刊本作「韃虜謀人之國。多出間道。……或謂吐蕃已得韃賊旗號。爲鄉道入廣。此等之報不一而足。賊之姦謀。委是不淺。及至近歲事勢。雖若少寬。然丁未冬所傳。韃南闖連爲蕃蠻所沮。至戊申冬復傳韃賊向吐蕃境內。相近南詔。以此觀之。則是虜之進退邈在諸蠻之外。正自叵測。本司連月

以來。未見續報。意者去冬沈黎奏巖州之捷。虜既北遁。遂寬南侵。由是諸羌據險以自防。若使韃兵無間之可入。則廣中賴以無事。豈不甚幸。第因閬蜀中去年一報。謂虜若行吐蕃界中。初不經四川地分」。

又四庫本「萬一敵再窺南。恐大理之信未可與絕」句（四四二－四四八下）。明本「敵」作「虜」。又「非但爲敵寇窺闖之防。亦欲爲諸蠻控制之計」句（四四二－四四九上）。明本「敵」作「韃」。又「況止備蠻非備敵也」句（四四二－四五〇上）。明本「敵」亦作「韃」。

貼黃章

四庫本「今者敵戎窺闖之計固難偷度」句（四四二－四五三上）。明本「敵」作「韃」。又「每歲敵當隆寒草枯。盛夏虵出。不容不去」句（同上）。明本「敵」作「虜」。又「有不得不防者。非止爲備敵計也」句（四四二－四五三下）。明本「敵」作「韃」。

曾伯荊閫回奏四事劄子

四庫本「臣竊見京湖自江北諸城往罹敵難」句（四四二－四五三下）。明本「敵」作「狄」。又「近歲敵與中國交兵嚴貿易之禁」句（四四二－四五四下）。明本「敵」作「韃」。又「司存徒以置場。則可以覘敵情。可以得敵馬」句（四四二－四五五上）。明本「敵情」作「虜情」。「敵馬」作「韃馬」。又「漢陽距鄂一葦。敵不易窺」句（四四二－四五五下）。

明本「敵」作「虜」。又「敵自十數年來。沿邊無可疽食」句（同上）。明本「敵」亦作「虜」。又「敵人之骨肉方爭。中國之機會難得」句（同上）。明本「敵人」作「諸酋」。又四庫本「邊人相傳。敵哨不入將謂疆場自此無事」句（四四二—四五六下）。明本「敵」作「虜」。又「深恐虎視非仁。鷙擊必匿」句（同上）。明本「虎視」作「豺噬」。又「東漢末年處降人於近塞」句（四四二—四五七上）。明本「

人」作「胡」。

曾伯爲淮東制置使奉詔言邊事章

四庫本「乃若敵情所在。則羅哈諸酋睥睨於我者已非一朝于此。春秋更哨。蓋將以歲月斃我。兩年以前。河南宿亳應永間。敵猶棄弗守。去歲以來。廢壘城矣。閒田耕矣。而且積粟於境。治舟於河。此其姦謀自有所圖。而河北據招泗濠梁報到敵中事宜」句（四四二—四五八上）。明刊本「敵」字皆作「賊」。「自

」作「非」。又其後「皆是敵舟可以出淮之路。……非不欲遏截此敵使不得渡。然觀遞年與敵應接。止是壬寅之秋。劉虎始以舟師在伍僅收一捷。然不能遏敵舟之不出。敵馬之不渡也。是年主將幾陷敵矢。逮至去春。敵之圍壽由潁出舟。豐壽兩郡差調謝天祐石閏等諸郡舟師防遏隘口。兵力不爲不多。敵船一出。蕩不可禦。去秋五河措置。趙文亮連月整葺堡圃。備竭心力。臨期益以劉虎湯孝信舟師。何啻萬兵。與敵相

持累日。弗能遏敵兵。張濟呂文德雖以捷告。然僅收之桑榆耳。至于今春以文德文亮聚重兵於此堡。南北之銳在焉。轉戰幾晝夜。敵勢四集。圃堡亦遂弗支。若非文德見幾。急急收斂入濠固守。豈不中敵毒手。即是數節反復以觀前項諸隘。今殆未知備禦之策。蓋舟師本我長技。敵乃習而用之。」一段（四四二—四五八下）。明刊本作「皆是賊舟可以出淮之路。……非不欲遏截此虜使不得渡。然觀遞年與賊應接。止是

壬寅之秋。劉虎始以舟師在五僅收一捷。然不能遏虜舟之不出。虜馬之不渡也。是年主將幾陷賊矢。逮至去春。賊之圍壽由穎出舟。豐壽兩郡差調謝天祐石閏等諸郡舟師防遏隘口。兵力不爲不多。賊船一出。蕩不可禦。去秋五河措置。趙文亮連月整葺堡圃。備竭心力。臨期益以劉虎湯孝信舟師。何啻萬兵。與賊相持累日。弗能遏賊兵。張濟呂文德雖以捷告。然僅收之桑榆耳。至於今春。以文德文亮聚重兵於此堡。南

北之鋭在焉。轉戰幾晝夜。賊勢四集。圃堡亦遂弗支。若非文德見幾。急急收斂入濠固守。豈不中賊毒手。即是數節反復以觀前項諸隘。今殆未知備禦之策。蓋舟師本我長技。賊乃習而用之。」又「而此敵又於南北兩岸夾以馬步」句（四四二—四五九上）。「則敵舟上下往來蕩然無限禁」句（同上）。「招泗而下則用巨艘。使敵有所顧忌」句（同上）。「敵之垂涎荐食非一朝夕」句（同上）。以上凡「敵」字明本皆

作「賊」。又「不過如德勝湖博支湖。一二水面稍闊。敵騎難侵」句（四四二—四五九下）。明本「敵騎」作「胡馬」。又「我之能往。敵亦可到」句（同上）。明本「敵」作「賊」。又「親見和州麻湖乃丙寅間居人避敵之地」句（同上）。明本「敵」作「虜」。又「亦爲敵以計取。卒用其衆轉而他攻」句（同上）。「壬寅之秋敵分兩路侵犯」句（同上）。明本「敵」字皆作「賊」。又「使此敵不敢徑涉。慮吾之襲其後耳。若曰可以遏此敵之不渡。未敢以爲然也。而

況湖中舟備。如自平河過湖西一路。則猶或可遏。萬一敵用故智。復由海溝斡腹透漏。則我之舟揖反在敵背。豈可不慮。近自敵退後。訪之各郡守將及士夫父老」句（四四二—四六〇上）。明本「敵」字皆作「賊」。又四庫本「踞坐寶應亦不能遏此敵之不過」句（同上）。「則高城大池猶懼敵犯」句（同上）。「水鄉之深闊可恃敵所不可到者」句（四四二—四六〇

下）。「以防敵由平河入之路」句（同上）。「以防敵由海溝入之路。然亦止可以爲敵勢小入之備」句（同上）。以上六「敵」字明本皆作「賊」。

貼黃章

四庫本「同舟遇風。豈宜自爲秦越」句（四四二—四六〇下）。明本「秦越」作「胡越」。

李鳴復上奏章

四庫本「自紹興至開禧。敵嘗侵犯矣」句（四四二—四六一下）。明本「敵」作「虜」。又「敵寇之入制司懼其勢之難以支也」句（四四二—四六二上）。明本「敵寇」作「韃寇」。

鳴復爲侍御史論今日當議備邊之實章

四庫本「臣竊聞敵使之來。朝廷議所以待之」句（四四二—四六二下）。明本「敵」作「韃」。又「臣謂敵使之來隨宜區處」句（同上）。明本「敵」作「韃」。又「使一二敵使弭耳而退足矣」句（同上）。明

本「敵使」作「犬羊」。又「金昔以和誤我。敵復以和誤金」句（同上）。「爲今之計當移所以議敵」句（同上）。明本「敵」字皆作「韃」。

貼黃章

四庫本「臣既謂敵使當隨宜區處。不必多議矣」句（四四二—四六三下）。明本「敵」作「韃」。又「夫中國所以異於四敵者以有禮義也。國家大典禮豈宜爲外方一小使輕易」句（同上）。明本「四敵」「外方」皆作「夷狄」。

鳴復又論和議不足恃。當以守備爲急章

四庫本「臣竊見敵使之來引見已畢」句（四四二—四六三下）。「臣妄謂敵之情有不可測者二」句（同上）。「既踰一年而敵使再至其狀猶前日也」句（同上）。「往者寶慶丁亥敵嘗遣兩金牌至蜀」句（同上）。又「臣閱邊報。敵人蹂踐關隴占據河南」句（四四二—四六四上）。以上「敵」字明本皆作「韃」。又

「其反命敵酋也。未必不曰吾使事畢矣」句(同上)。「試觀鄒伸之等輩果能如富弼肯與敵酋爭獻納二字乎。肯辭官不拜。謂敵或敗盟。死且有罪乎」句(四四二—四六四下)。以上「敵」字明本皆作「虜」。又「自昔待異域之說有三。曰和曰戰曰守而已」句(同上)。明本「異域」作「夷狄」。

貼黃章

四庫本「臣近見四川制置趙彥吶備申敵寇犯蜀」句(四四二—四六五下)。明本「敵」作「韃」。又「併力鏖戰。敵遂敗績」句(同上)。明本「敵」作「賊」。又「使地利在我。人和在我。敵未嘗不可勝也」句(同上)。明本「敵」作「韃」。

嗚復乞宣引兩督視使各陳己見章

四庫本「臣竊謂今日之邊患。皆邊臣有以致之。致敵使之來者嵩之也。致敵騎之來者范葵焴也。蔡息不共事。則韃使未必徑造闕庭。河洛不出師。則敵騎未必指爲仇敵。和戰雜用。處置失宜。啓釁召戎。實基於此。今范守襄峴。葵守維揚。焴守合肥。皆曩時之主戰者也。敵若抉我藩籬。入我門戶。爲三師者其戰乎。其守乎」句(四四二—四六五下)。明刊本除「仇敵」外。其餘之「敵」字皆作「韃」。又四庫本「將調遣淮襄以掃除寇亂邪」句(四四二—四六六上)。明本「寇亂」作「寇賊」。又「而且聽敵之自爲去來。諸帥之自爲戰守」句(同上)。明本「敵」作「賊」。又「敵衝我軍不動。退走數里」句(四四二—四六六下)。明本「敵」亦作「賊」。

嗚復知福州乞嚴爲廣西之備章

四庫本「今歲敵兵分兩道入寇。一由利閬。一由巴山」句(四四二—四六六下)。明本「敵」作「韃」。又「觀敵所向而圖之。最是交廣之憂」句(同上)。明本「敵」作「賊」。又「謂敵人欲由大渡河攻破大理等國」句(四四二—四六七上)。明本「敵人」作

「韃賊」。又「臣竊惟敵人向與金爲讎。掃穴犁巢」句（同上）。明本「敵人」作「韃虜」。又「天道好仁而惡暴。不義而彊」句（同上）。明本「好仁而惡暴」作「好華而惡夷」。

卷三百三十九

宋理宗時李鳴復知樞密院事上奏章

四庫本「自浮光陷敵。惴惴然常有抱虎之憂」句（四四二—四六九上）。明本「敵」作「虜」。又「諸大將陳兵以捍敵。各以數萬計」句（同上）。明本「敵」亦作「虜」。

又後文貼黃。四庫本「敵人連歲蹂踐。自利以上半爲盜區」句（四四二—四七一上）。「敵人屢出榜招安乞急調兵收復」句（同上）。明本「敵人」皆作「韃人」。

又四庫本「蜀自敵人犯邊以來。昔之恃以爲險者蕩然矣」句（四四二—四七一下）。明本「敵人」作「韃虜」又「以扼敵騎衝突之路」句（同上）。明本「敵」作「賊」。

中書舍人袁甫上疏章

四庫本「關於國家存亡之最急者莫急於敵人」句（四四二—四七二上）。明本「敵人」作「韃虜」。又「武僊田入敵之深仇襄州輕於接納」句（同上）。「始輕戰而挑敵。中議和而欵師」句（同上）。明本「敵」字皆作「韃」。又「讎敵甚淺。私讎甚深」句（四四二—四七二下）。「取笑黠敵。繩以國法」句（四四二—四七三上）。明本「敵」皆作「虜」。又「臣恐敵不在外而在內。兵不動草地而起於蕭墻矣」句（四四二—四七三下）。明本「敵」作「韃」。又「敵人迫我。人皆憂畏」句（同上）。明本「敵人」作「韃虜」。又四庫本「而後可以壯元氣。消外患。強中國。禦敵人矣」句（四四二—四七四上）。明本「敵人」作「韃虜」。

甫又奏章

四庫本「敵情叵測竊窺間隙」句（四四二—四七四下）。明本「敵情叵測」作「狼子野心」。又「敵犯鳳州。又犯蔡息」句（同上）。明本「敵」作「韃」。

甫又奏乞降詔撫諭西蜀劄子

四庫本「臣竊謂敵兵犯蜀。憂慮萬端」句（四四二—四七六上）。明本「敵」作「韃」。又「曩經敵蹂踐。痛猶未定」句（同上）。明本「敵人」作「韃虜」

。又「賈勇敵愾。敵兵不足慮也」句（四四二—四七六下）。明本「敵」作「韃」。

甫又奏備邊四事劄子

四庫本「臣聞敵人往年首犯襄境」句（四四二—四七七上）。明本「敵人」作「韃虜」。又「儻東淮守禦又復不固。則敵馬飲江而江浙震矣」句（同上）。「乘此敵退。作急經畫」句（同上）。明本「敵」作「虜」。

又後文。四庫本「去冬敵騎奄至。西淮義勇憤激思鬥」句（四四二—四七七下）。明本「敵」作「虜」。

又「重以敵馬蹂躪。勢焰熏赫。扶攜渡江。不可勝計」句（同上）。明本「敵馬」作「胡馬」。「勢焰熏赫」作「腥焰熏炙」。

又四庫本「責邊閫。遣回敵」句（四四二—四七七下）。明本「敵」作「韃」。又「黠敵變詐。每得慣便」句（同上）。「無非與敵爲仇」句（四四二—四七

八上）。明本「敵」皆作「韃」。

許應龍進故事章

四庫本「西北多故。敵態難常」句（四四二—四七八上）。明本「敵」作「虜」。又「謂西人雖納款稱臣。叵測之心詭譎難信」句（同上）。明本「叵測」作「犬戎」。

又後文。四庫本「仁宗當天下全盛之日尚慮敵態之不常」句（四四二—四七八下）。明本「敵」字作「虜

」。又「況今日敵兵之出沒不時。而荊襄之敗壞已極」句（同上）。明本「敵」作「韃」。

應龍又進故事章

四庫本「如此則戰守必同心。戎人不敢近塞矣」句（四四二—四七九上）。明本「戎人」作「戎虜」。

禮部尚書魏了翁進故事章

四庫本「彼吐蕃者。天性剛彊。形容魁健。負力怙氣。難詘易驕」句（四四二—四八〇上）。明本作「彼吐蕃者。犬羊同類。狐鼠爲心。貪而多防。狡而無恥」。又「叵測爲心曾不知感」句（四四二—四八〇下）。明本「叵測爲心」作「豺狼野心」。又「不宜尙眷眷於異域之人以失將士之情也」句（同上）。明本「異域」作「犬羊」。

又後文。四庫本「臣聞善爲天下者不計敵人之盛衰而計在我之虛實。中國外國一氣耳」句（四四二—四八〇下）。明本「敵人」作「夷狄」。「外國」亦作「夷狄」。又「而況敵心貪很。狙詐橫生。求欲無厭。去來自若」句（四四二—四八一上）。明本「敵心貪很」句作「狼心貪狠」。又「古之所謂待邊人者亦惟盡吾所以自治之道而已」句（同上）。明本「邊人」作「夷狄」。又「而德宗尙眷眷於異域之人以貽後日刼盟之悔爲千古笑」句（同上）。明本「異域之人」作「犬羊之群」。又「敵使已來而自卻。此正所謂荒忽無常者」句（四四二—四八一下）。明本「敵」作

「韃」。

劉克莊進故事章

四庫本「石虎死。蔡謨曰虎死實爲大慶」句（四四二—四八一下）。明本「虎死」作「胡滅」。

四庫本「敵運浸衰。士氣稍振」句（四四二—四八一下）。明本「敵」作「胡」。又「向也我師畏敵如虎。今遂能袒裼而暴」句（同上）。明本「敵」作「韃」。

監察御史吳昌裔同臺論邊防事宜章

四庫本「蜀中之患不在敵而在秦鞏。淮襄之患不在敵而在北軍」句（四四二—四八二下）。明本前後二「敵」字皆作「韃」。又「昨聞鞏州汪世顯等已降於敵。為之引兵」句（同上）。明本「敵」亦作「韃」。又「敵惟荆襄東連吳。會西通巴蜀」句（同上）。明本「敵」作「竊」。又「加以敵騎往來不常。此輩為之向道」句（四四二—四八三上）。明本「敵」作「

韃」。又「厥後金人南牧。二軍首叛以降。遂導敵軍俶擾中土」句（同上）。明本「金人」作「金虜」。「敵軍」作「虜軍」。

貼黃章

四庫本「今外有虎視之狂敵。內有鴟張之叛兵」句（四四二—四八三下）。明本「狂敵」作「狂韃」。

昌裔又論三邊備禦狀

四庫本「竊知敵人聚兵牧馬決意南來」句（四四二—

四八四上）。明本「敵人」作「韃靼」。又「紹興辛巳。金人分四道入寇」句（四四二—四八四下）。明本「金人」作「逆亮」。又「使非敵酋自斃以歸。則紫茸軍必絕江矣」句（同上）。「以空虛無可恃之邊備而當飄忽不可測之敵兵」句（四四二—四八四下至四八五上）。明本「敵」字皆作「虜」。又「矧幷吞無厭。鄙我猶憾」句（四四二—四八五上）。明本「幷吞無厭」作「犬羊無厭」。又「吾圉有備。又何憂

寇兵之暴至乎」句（四四二—四八五下）。明本「寇」作「虜」。

昌裔又論三邊防秋狀

四庫本「蓋北敵風俗四月放馬入泊。令逐水草。禁人乘騎」句（四四二—四八五下）。明本「敵」作「虜」。又「故漢軍備敵率以秋冬」句（四四二—四八六上）。明本「敵」作「胡」又「當海東崛起之敵。立中國自治之規」句（同上）。「非早圖之。則敵又奔

突者」句（同上）。及「惟博謀群議。則尙可捍敵者。劉珏之策也」句（同上）。明本「敵」作「虜」。

又「敵之驃悍過於殘金。師之出沒飄若風雨」句（同上）。明本「敵」作「韃」。又「避暑而遁。逐涼而來。乃敵人之常也」句（同上）。明本「敵人」作「狼子」。又「蠶食交侵。此爲何時。而汎無規模」句（四四二—四八六下至四八七上）。明本「蠶食交侵」作「蛇豕荐食」。又「昔靖康之難。敵方退師。上

下恬嬉。遂謂無事」句（四四二—四八七上）。明本「敵」作「虜」。又「惟有講求防守之方以爲攘敵之備」句（同上）。明本「敵」作「狄」。又「敵雖呑噬諸國。橫截八荒。而終不敢干中華正統之所在矣」句（四四二—四八七下）。明本「敵」作「虜」。

貼黃章

四庫本「蓋蜀自去冬敵退之後。尙留哨騎出沒」句（四四二—四八七下）。明本「敵」作「虜」。

四庫本「然而仁足以回震霆之怒而不能以革敵人之侮心」句（四四二—四八九下）。明本「敵人」作「夷狄」。

又後文。四庫本「今聞敵騎徑破閬中。分爲兩隊」句（四四二—四九一下）。明本「敵」作「虜」。又「皆無守臣驚移之舟邀截于敵」句（四四二—四九二上）。明本「敵」亦作「虜」。

卷三百四十

四庫本標題「四裔」（四四二—四九七下）明刊本原作「夷狄」。

周靈王三年章

四庫本「諸華必叛」句與「獲戎失華」句（四四二—四九七下）之間闕一句。明本作「戎。禽獸也」。又「戎人事晉。四鄰振動」句（同上）。明本「戎人」作「戎狄」。

孝惠帝章

四庫本「且秦以事於邊。陳勝等起。于今創痍未瘳」句（四四二—四九八下）。明本「邊」作「胡」。

武帝元光元年章

四庫本「遂使蒙恬將兵而禦邊。郤地千里。以河爲境」句（四四二—四九九上）。明本「禦邊」作「攻胡」。又「夫匈奴烏合而星散。從之如搏景」句（同上）。明本「烏合而星散」作「獸聚而鳥散。」又「上自虞夏殷周固不程督。度外置之不比華人」句（四四

二—四九九下）。明本「度外置之不比華人」作「禽獸畜之不比爲人」。

元狩中。匈奴渾邪王率衆來降漢章

四庫本「何至令天下騷動罷弊中國而以事異域之人乎」句（四四二—五〇〇下）。明本「異域」作「夷狄」。又「臣愚以爲陛下得邊人皆以爲奴婢」句（四四二—五〇一上）。明本「邊人」作「胡人」。

宣帝五鳳元年章

四庫本「四裔聞之咸貴中國之仁義」句（四四二—五〇一下）。明本「四裔」作「四夷」。

甘露二年章

四庫本「先京師而後諸夏。先諸夏而後遠人」句（四四二—五〇一下）。明本「遠人」作「夷狄」。又「外裔稽首稱藩。中國讓而不臣」句（同上）。明本「外裔」作「外夷」。又「如使匈奴後嗣。卒有流離竄伏」句（同上）。明本「流離竄伏」作「鳥竄鼠伏」。

哀帝建平四年章

四庫本「匈奴本北地之主。五帝之所不能臣」句（四四二—五〇三下）。明本「主」作「狄」。又「徒費財勞師。一人不可得見」句（同上）。明本「人」作「虜」。又「故北敵不服。中國未得高枕安寢也」句（四四二—五〇四上）。明本「北敵」作「北狄」。又「惟北敵爲不然。眞中國之堅敵也」句（四四二—

五〇四下）。明本「北敵」亦作「北狄」。

新莽建國四年章

四庫本「外國以中國有禮義故屈而服從」句（四四二—五〇五上）。又「非所以有外國也」句（同上）。明本「外國」作「夷狄」。

十七年。莎車王賢復遣使奉獻請都護章

四庫本「異域不可假以大權」句（四四二—五〇五下）。明本「異域」作「夷狄」。

二十四年章

四庫本「願永爲藩蔽扞禦北邊。事下公卿」句（四四二—五〇五下）。明本「北邊」作「北虜」。

二十七年章

四庫本「北部懼於見伐故傾身而聽」句（四四二—五〇五下）。「反交通北部」句（四四二—五〇六上）。「北部降者且不復來矣」句（同上）。以上「北部」二字明本皆作「北虜」。

二十八年章

四庫本「又求率西域諸國使客與俱獻」句（四四二—五〇六上）。明本「使」字作「胡」。

明帝永平中章

四庫本「宣示漢德。威懷遠裔」句（四四二—五〇七上）。明本「裔」字作「夷」。又自「遠裔之語辭意難正。歸順之念誠懇可嘉」句至「願主長壽。子孫昌熾。遠裔慕德」句（同上）凡「裔」字明本皆作「夷」。「歸順之念誠懇可嘉」句明本作「草木異種。鳥獸殊類」。又「遠裔懷德」句（四四二—五〇七下）。明本「遠裔」亦作「遠夷」。

八年。帝遣鄭衆持節使匈奴章

四庫本「衆至北庭。敵欲令拜」句（四四二—五〇七下）。明本「敵」作「虜」。又「若復遣之。敵必自謂得謀」句（同上）。明本「敵」字亦作「虜」。又「臣誠不忍持大漢節。對敵人獨拜」句（四四二—五

○八上）。明本「敵人」作「氊裘」。

章帝建初五年章

四庫本「異域情數臣頗識之」句（四四二—五○八下）。明本「異域」作「胡夷」。又「以外國攻外國計之善者也」句（同上）。明本「外國」皆作「夷狄」。

章帝時北單于遣使貢獻求欲和親章

四庫本「徒以畏漢威靈。逼憚南部」句（四四二—五

○九上）。「恐失南部親附之歡」句（同上）。明本「南部」皆作「南虜」。又「而成北敵猜詐之計」句（同上）。明本「敵」作「狄」。又「兵纏邊境。尤事匈奴」句（同上）。明本「邊境」作「夷狄」。又「敵再來。然後一往」句（四四二—五○九下）又「設後北敵稍彊。能爲風塵。方復求爲交通」句（同上）。明本「北敵」皆作「北虜」。

元和二年章

四庫本「武威太守孟雲上書。北敵既已和親。而南部復往抄掠」句（四四二—五○九下）。明本「北敵」作「北虜」。又「公卿皆言敵人譎詐求欲無厭」句（同上）。明本「敵人」作「夷狄」。又「北敵遣使奉獻和親」句（同上）。明本「北敵」作「北虜」。又「雲以大臣典邊。不宜負信於敵人」句（同上）。明本「敵人」作「戎狄」。又「倍雇南部所得生口以還北敵」句（四四二—五一○上）。明本「敵」作「虜」。

章和二年章

四庫本「夫北敵之隔遠中國。幽處北極。界以沙漠」句（四四二—五一○上）。明本「北敵」作「戎狄」。又「所以然者。敵自相攻無損漢兵者也」句（四四二—五一○下）。明本「敵自相攻」作「夷虜相攻」。又「今若聽南部還都北庭則不得不禁制鮮卑」句（同上）。明本「南部」作「南虜」。又「懷忿思遠必

爲邊患。今北敵西遁請求和親。宜因其歸附以爲外扞」句（同上）。明本「懷忿思遠」作「豺狼貪婪」。「北敵」作「北虜」。又「若引兵費賦以順南部。則坐失上略」句（同上）。明本「南部」作「南虜」。

漢和帝永元四年章

四庫本「事下公卿議袁安任隗以爲光武招懷南部」句（四四二─五一〇下）。明本「南部」作「南虜」。又「止以權時之算可得扞禦北敵故也」句（同上）。

明本「北敵」作「北狄」。又「況屯首唱大謀。空盡北敵」句（四四二─五一一上）。明本「北敵」作「北虜」。又「今立其弟則二國懷怨」句（四四二─五一一下）。明本「二國」作「二虜」。

永元六年章

四庫本「故部親近新降欲殺左賢王師子及左臺且渠劉利等」句（四四二─五一一下）。明本「部」作「胡」。

安帝永寧元年章

四庫本「北敵遂遣諸國逋租。高其價直嚴以期會」句（四四二─五一二上）。明本「北敵」作「北虜」。又「既爲諸部節度。又禁漢人侵擾。如此誠便」句（同上）。明本「諸部」作「胡虜」。又「今欲通之班將能保北敵不爲邊害乎」句（四四二─五一二下）。「今通西域則敵勢必弱。爲患微矣」句（同上）以及「屈就北敵。恐河西城門必須復有晝閉之儆矣」句（

同上）。明本「敵」字皆作「虜」。又「如其不然。則是富仇讎之財。增強敵之勢」句（同上）。明本「強敵」作「暴夷」。又「敵國並力以寇並涼。則中國之費不止十億。置之誠便」句（同上）。明本「敵國」作「夷虜」。

永和元年章

四庫本「知其天性貪婪。難率以禮。是故羈縻而綏撫之」句（四四二─五一三上）。明本「天性」作「獸心」。

晉惠帝時關隴屢為氐羌所擾章

四庫本「深惟四裔侵亂。宜杜其萌。乃作徙戎論。其辭曰。夫東西南北謂之四海。九服之制。地在要荒。春秋之義。內諸夏而外四裔。以其言語不通。贄幣不同。別有法俗。各為種類。……而西戎即叙。其風氣剛勁。習俗強悍。四裔之中。西北為甚。弱則畏服。彊則侵叛」句（四四二—五一三上—五一三下）。明刊本作「深惟四夷亂華。宜杜其萌。乃作徙戎論。其辭曰。夫夷蠻戎狄。謂之四海。九服之制。地在要荒。春秋之義。內諸夏而外夷狄。以其言不通。贄幣不同。法俗詭異。種類乖殊。……而西戎即叙。其性氣貪婪。凶悍不仁。四夷之中。戎狄為甚。弱則畏服。彊則侵叛」。

又四庫本「以元成之微而猶四裔賓服。此其已然之效也」句（四四二—五一三下）。明本「四裔」作「四夷」。又「是以有道之君牧四裔也」句（同上）。明本「四裔」作「夷狄」。又「外域乘間得入中國或招誘安撫以為己用」句（同上）。明本「外域」作「戎狄」。又「南北二陲交侵。中國不絕若線」句（四四二—五一四上）。明本「南北二陲」作「南夷與北狄」。又「然一世之功戎人奔卻。當時中國無復四裔也」句（同上）。明本「戎人」作「戎虜」。「四裔」作「四夷」。又四庫本「十年之中中外俱斃。任尚馬

賢僅得克之」句（四四二—五一四下）。明本「中外」作「夷夏」。又「未聞戎人宜在此土也。非我族類。其心必異。猜疑靡定不與我同」句（同上）。明本「戎人」作「戎狄」。「猜疑靡定不與我同」句作「戎狄志態不與華同」。又四庫本「縱有叛亂之心風塵之警」句（四四二—五一五上）。明本「叛亂」作「猾夏」。又「雖有謀謨深計廟勝遠圖。豈不以中外異處」句（同上）。明本「中外」作「華夷」。又「以

無穀之人遷乏食之徒」句（四四二—五一五下）。明本「徒」作「虜」。又「丁壯降散。流離衰弊」句（同上）。明本「流離衰弊」作「禽離獸迸」。又四庫本「且關中之人百餘萬口率其少多。異族居半」句（四四二—五一六上）。明本「異族」作「戎狄」。又「並州諸部本實匈奴桀惡之寇也」句（同上）。明本「並州諸部」作「並州之胡」。又「於是劉猛內叛。連結外寇」句（四四二—五一六下）。明本「外寇」

作「外虜」。又「況於邊鄙能不爲變」句（同上）。明本「邊鄙」作「夷狄」。又「以四海之廣。士庶之富。豈須遠人在內然後取足哉」句（同上）。明本「遠人」作「夷虜」。又「未及十年而劉石搆難。時服其深識」句（同上）。明本「劉石搆難」作「夷狄亂華」。

宋明帝太始七年章

四庫本「戎人彊獷。歷古爲患」句（四四二—五一七上）。明本「戎人」作「戎狄」。又「敵騎自平陽上黨不三日而至孟津。北地西河太原馮詡安定上郡盡爲敵庭矣」句（同上）。明刊本「敵騎」作「胡騎」。「敵庭」作「狄庭」。又「徙三河三魏見士四萬家以充之。不致雜處」句（同上）。明本「不致雜處」作「裔不亂華」。又「漸徙平陽弘農魏郡京兆上黨諸部。峻四裔出入之防」句（同上）。明本「諸部」作「雜胡」。「四裔」作「四夷」。

齊武帝永明中章

四庫本「齊武永明中。敵遣使求書。朝議欲不與。丹陽令中書郎王融上疏曰。臣側聞僉議。疑給敵書。如臣愚情。切有未喻。夫敵包藏禍心。匪伊朝夕。兇猛難制。遷徙靡常。逋竄燭幽。去來豳朔。綿周漢而不悛。歷晉宋其踰梗。豈有愛敬仁智。恭讓廉脩。異臣僕之馴心。同仇讎之反目」句（四四二—五一七下）。明刊本作「齊武帝永明中。虜遣使求書。朝議欲不與。丹陽令中書郎王融上疏曰。臣側聞僉議。疑給虜書。如臣愚情。切有未喻。夫虜人面獸心。狼猛蜂毒。暴悖天經。虧違地義。逋竄燭幽。去來豳朔。綿周漢而不悛。歷晉宋其踰梗。豈有愛敬仁智。恭讓廉脩。愧犬馬之馴心。同鷹虎之反目。」

又四庫本「衰敵餘噍或能自推」句（同上）。明本「敵」作「胡」。又「先暴而後畏其衆者敵之謂乎」句（同上）。明本「敵」作「虜」。又「于時獯粥初遷

。徒衆尙結」句（同上）。明本「徒衆」作「犬羊」。又「北畏勍蠕。西逼南部」（四四二—五一八上）。明本「南部」作「南胡」。又「敵前後奉使不專漢人」句（同上）。明本「敵」作「虜」。又四庫本「若革其故常。強所不習。去其所樂。予以所苦。必同艱桎梏。等懼冰淵」句（同上）。明刊本作「若衣以朱裳。戴之玄頍。節其揖讓。教以翔趨。必同艱桎梏。等懼冰淵」又四庫本「敵之爲敵其如病何」句（四四二—五一八下）。明刊本「敵之爲敵」作「虜之凶族」。

齊明皇帝建武初章

四庫本「南郡太守孔稚珪以敵連歲南侵。征役不息」句（四四二—五一八下）及「輕車出使通驛敵庭」句（同上）。明本「敵」作「虜」。又四庫本「臣以爲敵人異域。不與我同得其疆宇。不足爲利。得其徒衆。不足爲臣。唯宜勝之以深權。制之以遠筭。弘之以大度。懷之以遠人。豈足肆天下之忿。捐蒼生之命。

發雷電之怒。爭蜉蝣之生。百戰百勝。不足稱雄。橫尸千里。無益上國。而兵連禍結。莫或遑息。居深負險。難與競逐」句（四四二—五一九上）。

明刊本作「臣以爲戎狄獸性。本非人倫。鴟鳴狼踞。不足喜怒。蜂目蠆尾。何關美惡。唯宜勝之以深權。制之以遠筭。弘之以大度。處之以蟊賊。豈足肆天下之忿。捐蒼生之命。發雷電之怒。爭蟲鳥之氣。百戰

百勝。不足稱雄。橫尸千里。無益上國。而蟻聚蠶攢。窮誅不盡。馬足毛群。難與競逐。又「雖斬獲名王屠走敵騎」句（同上）。明本「敵騎」作「凶羯」。

又「群么沸亂。異族交橫」句（同上）。明本「群么」作「群胡」。「異族」作「羌狄」。又「荊棘攢於陵廟。貔虎咆於宮闈」句（同上）。明本「貔」作「豺」。又四庫本「敵馬飲江。青徐州之際。草木人耳。建元之初。沙塵犯塞。永明之始。復結通和。十餘

年間。邊候且息。陛下張天造歷。駕日登皇。聲雷寓宙。勢壓河岳。而遠傲殘魂未屠劍首。微么餘喘偷窺外甸。烽亭不靜。五載於斯。昔歲蠹侵。瘦食樊漢。今茲虎視。浸淫未已。興師十萬。日費千金。百歲之費。寧可貲計。」一段（四四二—五一九下）。明刊本作「虜馬飲江。青徐州之際。草木爲人耳。建元之初。明塵犯塞。永明之始。復結通和。十餘年間。邊候且息。陛下張天造曆。駕日登皇。聲雷寓宙。勢壓河岳。而封豕殘魂未屠劍首。長蛇餘喘偷窺外甸。烽亭不靜。五載於斯。昔歲蟻壞。瘦食樊漢。今茲蟲毒。浸淫未已。興師十萬。日費千金。五歲之費。寧可貲計。」

又四庫本「北敵天性愛奇欲則不剛」句（四四二—五二〇上）。明本作「北虜頑而愛奇。貪而好古」。又「何憂玉門之下而無款塞之人哉」句（同上）。明本「人」作「胡」。

後魏世祖蒐于河西章

四庫本「臣愚以爲北敵未平。征役不息」句（四四二—五二〇上）。明本「敵」作「賊」。

高祖時楊椿爲太僕卿加安東將軍章

四庫本「臣以爲古人有言。天子有道守在四夷」句（四四二—五二一下）。明本「天子有道守在四夷」句作「裔不謀夏。夷不亂華」。又「又此族類。生長邊隅。樂冬便寒」句（同上）。明本「生長邊隅」作「

衣毛食肉」。

孝明帝熙平二年章

四庫本「遂令豎子遊鬼一方。亦由中國多虞。急諸華而緩外裔也」句（四四二—五二一下）。明本「外裔」作「夷狄」。「昔舊京烽起。敵使在郊。主上按劍。璽書不出」句（四四二—五二二上）明本「敵」作「虜」。「于時敵人欵關。上亦述遵遺志」句（同上）。明本「敵人」作「醜類」。「先帝棄戎於前。

陛下交敵於後。無乃上垂高祖之心。下違世宗之意。且彼雖慕德。亦來觀我。懼之以彊。儻即歸附。示之以弱。窺覦或起。春秋所謂以我卜也。又小人難近。荒服無親。」句（同上）。明本「敵」作「夷」。「彼」作「虜」。「荒服」作「夷狄」。又「至於王人遠役。銜命敵庭」。句（同上）。明本「敵」作「虜」。又後文「或肆憑陵。則當命辛李之將勒衛霍之師」句（四四二—五二二下）。明本「憑陵」作「犬羊」。又「豈可以異族兼並而遽虧典制」句（同上）。明本「異族」作「戎夷」。又「窺蒼梧而反與荒服之君。荒服之長。結昆弟之忻」句（同上）。明本「荒服之君」作「夷虜之君」。「荒服之長」作「酋渠之長」。

正光二年章

四庫本「此乃異域之人不識王度。天將悔其罪」句（四四二—五二三上）。明刊本「異域之人」作「封豕

長蛇」。又「豈容困彼我兆民以資天喪之徒」句（同上）。明本「徒」作「虜」。又「雖云散亡內自虞難抑」句（同上）。明本「內自」二字作「姦虜」。

莊帝時蠕蠕主阿那瓌返國章

四庫本「荒服之人未嘗粒食」句（四四二—五二四上）。明本「荒服」作「皮服」。又「靡常之性去留難測」句（四四二—五二四上）。明本「靡常之性」作「人面獸心」。又「漢與邊通亦立關市」句（同上）

。明本「邊」作「胡」。又「雖邊鄙衰盛歷代不同」。叛服之情略可論討」句（同上）。明本「邊鄙」作「戎狄」。又「戎人性貪。見則思盜」句（四四二—五二四下）。明本「人」作「夷」。

開皇中容納突厥啓民居於塞內章

四庫本「臣聞古者帝王御宇內外有防。周宣薄伐玁狁」句（四四二—五二六上）。明本作「臣聞古者遠不間近。夷不亂華。周宣外攘戎狄」。又「敵人之性無親而貪」句（同上）。明本「敵人」作「夷狄」。

文帝征高麗章

四庫本「敵人多詐。深須防擬」句（四四二—五二六上）。明本「敵人」作「夷狄」。

西域諸蕃多至張掖與中國交市章

四庫本「諸遠商至者。矩誘令言其國俗山川險易」句（四四二—五二七上）。明本「遠商」作「商胡」。又「故知西域諸部僻居遐裔。禮教之所不及」句（同上）。明本「西域諸部」作「西胡雜種」。又「異域音疏事難窮驗」句（同上）。明本「異域」作「戎狄」。又「皇上膺天育物無隔中外」句（同上）。明本「中外」作「華夷」。又「尋討書傳訪採邊人。或有所疑。即譯衆口」句（四四二—五二七下）。明本「邊人」作「胡人」。又「但突厥吐渾分領氐羌之國」句（四四二—五二八上）。明本「氐羌」作「羌胡」。

卷三百四十一

標題「夷狄」四庫本作「四裔」。

唐高祖武德三年章

四庫本「中國與外域猶太陽於列星」句（四四二—五二九下）。明本「外域」作「夷狄」。

五年突厥寇并州章

四庫本「突厥恃兵革之衆。有輕中國之意」句（四四二—五二九下）。明本「兵革」作「犬羊」。

七年突厥入寇章

四庫本「若焚長安而不都。則敵寇自息矣」句（四四二—五三〇上）。明本「敵寇」作「胡寇」。又「異域爲患自古有之」句（同上）。明本「異域」作「戎狄」。

太宗即位梁師都所部離叛章

四庫本「汝爲彼臣理宜諫止。何得全忘大恩。自誇強盛」句（四四二—五三〇下）。明本「汝爲彼臣理宜諫止」句作「汝雖戎狄亦有人心」。又「我若示之以弱。彼必放兵大掠。不可復制」句（同上）。「彼既深入必有懼心」句（同上）。「諸將爭欲戰。陛下不許而彼自退」句（同上）。「一與彼戰。結怨既深」句（四四二—五三一上）。以上四句之「彼」字明本皆作「虜」。

貞觀初。突厥政令煩苛國人不悅章

四庫本「寇不犯塞而棄信勞民。非王者之師也」句（四四二—五三一上）。明本「寇」作「虜」。

頡利政亂。薛延陀回紇等叛之章

四庫本「北敵興衰專以羊馬爲候」句（四四二—五三一下）。明本「北敵」作「夷狄」。

武侯將軍張公謹副李靖經略突厥章

四庫本「頡利疏。突厥親。諸部其性翻覆」句（四四二—五三一下）。明本「諸部」作「諸胡」。「其性」作「胡性」。

竇靜爲夏州都督章

四庫本「靜上書曰。敵衆生長兵革。賦性彊悍。不可與河内之民並居也。衣食仰給。不恃耕桑。今損有爲之民。資無知之衆。得之無益於治。失之不害於化」句（四四二—五三一下）。明刊本作「靜上書曰。夷狄窮則搏噬。飽則群聚。不可以刑法繩仁義教也。衣食仰給。不恃耕桑。今損有爲之民。資無知之虜。得之無益於治。吳之不害於化。」

貞觀八年突厥來降者十餘萬章

四庫本於「彥博又曰」句之前與明刊本迥異。今對照如下。

四庫本「貞觀八年。突厥來降者十餘萬。詔議所宜。中書令溫彥博請如漢建武時置降匈奴。留五原塞。全其部落。以爲扞蔽。秘書魏徵建言。突厥世爲中國仇。今其來降不即誅滅。奈何以河南居之。魏時有敵人分處近郡。劉石之亂。卒傾中夏。陛下必欲引之居河南。所謂養虎自遺患也。彥博又曰」（四四二—五三二上）。明刊本作「三年。高昌主麴文泰將入朝也。西域諸國咸欲遣使。乃敕壓怛紇干使往西域。引諸國使入朝。魏徵以秘書監參預朝政。諫曰。中國始平。瘡痍未復。若有勞役。則不能安。往年高昌主來。入貢馬纔數百匹。所經州縣猶不能供。況復加於此焉。則瀕塞州縣。以乏致罪者衆。若任其興敗。邊人則獲其利。若引爲賓客。中國則受其弊矣。漢建武二十二

年。天下寧晏。西域請置都護送侍子。光武不許。不以蠻夷勞弊中國。今若許十國入貢。其使不滅千人。使緣邊諸州將何取給。事既不濟。人心萬端。後方悔之。恐無所及。太宗然其議。乃追壓怛紇干還。四年。突厥既亡。其部落或北附薛延陀。或西附西域。其降唐者尚十萬口。詔群臣議區處之宜。朝士多言戎狄自古爲中國患。今幸破亡。宜悉徙之河南充豫之間。分其種落。散居州縣。教之耕織。可以化爲農民。顏師古請寘之河北。分立酋長。領其部落。李百藥以爲突厥雖云一國。然種類區分。各有酋帥。宜因其離散各署君長。使不相臣屬。則國分勢散。不能抗衡中國矣。仍於定襄置都護府爲之節度。此安邊之長策也。中書令溫彥博議請於河南處之准。漢建武時置降匈奴於五原塞下。令其部落得爲捍蔽。又不離其土俗。因而撫之。一則實空虛之地。二則示無猜之心。故是含育之道也。太宗從之。秘書監魏徵曰。匈奴自古至今

。未有如斯之破敗。此是上天剿絕。宗廟神武。且其世寇中國。萬姓冤讎。陛下以其爲降。不能誅滅。即宜遣還河北。居其舊土。匈奴人面獸心。非我族類。強必寇盜。弱則卑服。不顧恩義。其天性也。秦漢患之若此。故發猛將以擊之。收其河南以爲郡縣。陛下奈何以內地居之。且今降者幾至十萬。數年之後。滋息過倍。居我肘腋。甫至王畿。心腹之疾將爲後患。尤不可處以河南也。溫彥博曰。天子之於物也。天覆

地載。有歸我者必養之。今突厥破除。餘落歸附。陛下不加憐愍。棄而不納。非天地之道。阻四夷之小意。臣愚甚謂不可。宜處之河南。所謂死而生之。亡而存之。懷我厚恩。終無叛逆。魏徵曰。昔代有魏時。胡落分居近郡。郭欽江統勸逐出塞外。武帝不用其言。數年之後。逐傾瀍洛。前代覆車。殷鑒不遠。陛下必用彥博言遣居河南。所謂養獸自遺患也。彥博又曰」。

帝與侍臣議安置突厥之事章

四庫本「北人存心叵測。難以德懷易以威服」句（四四二—五三二下）。明本「北人存心叵測」句作「北狄人面獸心」。又「遠不間近。前哲明訓。存亡繼絕。列聖通規」句（同上）。明本「遠不間近」作「夷不亂華」。又四庫本「自古明王化中國以信。馭外域以權。故春秋云遠人殊族不可厭也」句（四四二—五三三上）。明本「外域」作「夷狄」。「遠人殊族」

作「戎狄豺狼」。又「秦王輕戰事邊。故三十載而絕滅」句（同上）。明本「事邊」作「事胡」。又「以中國之帑賦。供無厭之貪求。其衆益多。非中國之利也」句（四四二—五三三下）。明刊本「供無厭之貪求」句作「供積惡之凶虜」。

十四年侯君集平高昌之後章

四庫本「自後數有商人稱其遇絕貢獻」句（四四二—五三三下）。明本「商人」作「商胡」。又「明王創

制必先華夏而後邊遠」句（四四二—五三四上）。明本「邊遠」作「夷狄」。

貞觀十六年章

四庫本「帝謂侍臣曰北敵代爲寇亂」句（四四二—五三五上）。明本「北敵」作「北狄」。又「北敵風俗多由內政」句（同上）。明本「北敵」亦作「北狄」。

薛延陀請婚章

四庫本「虧信遠人方生嫌恨」句（四四二—五三六下）。明本「遠人」作「夷狄」。

貞觀中突厥俟利苾可汗有衆十萬不能撫御章

四庫本「突厥亦人矣。其情與中國不殊」句（四四二—五三七下）。明本「突厥」作「夷狄」。

武后時四夷質子多在京師章

四庫本「昔晉郭欽江統以夷人處中夏必爲變」句（四四二—五三八上）。明本「夷人」作「夷狄」。又「雖有寇帶之名而心非誠服患必在後」句（同上）。明本「心非誠服」作「狼子狐恩」。又「臣備豫不謹則敵寇稱兵不在方外」句（四四二—五三八下）。明本「敵寇」作「夷狄」。

時吐番九姓叛章

四庫本「臣愚以爲非善御遠人制於未亂之長策也。夫蕃戎之性恍惚無常。親之則順。疑之則亂」句（四四二—五三九上）。明本「遠人」作「戎狄」。「恍惚

無常」作「人面獸心」。又四庫本「若使心多顧忌。懷不自安」句（四四二—五三九上下）。明本「若使心多顧忌」句作「若使狼心有顧」。又「且諸蕃相攻中國之福」句（四四二—五三九下）。明本「諸蕃」作「夷狄」。又「今北蕃既失。十姓不安」句（同上）。明本「十姓」作「此虜」。又「誠是聖恩洪流。覆育異域」句（同上）。明本「異域」作「戎狄」。又「臣恐降者日衆。盜者日多。蕃心不附。必爲禍亂

」句（四四二—五四○上）。明本「蓄心不附」作「戎虜桀黠」。又「況夷人代有其雄。與中國抗衡自古所病」句（同上）。明本「夷人」作「夷狄」。

武后方謀開蜀山章

四庫本「一敵持矛。百人不敢當」句（四四二—五四一上）。明本「敵」作「虜」。又「小人徒知議邊徼之利。非帝王至德也」句（同上）。明本「邊徼」作「夷狄」。

子昂又爲喬補闕論突厥表

四庫本「北築長城因以逐寇」句（四四二—五四二上）。明本「寇」作「胡」。又「二世而亡莫不始於事邊也」句（同上）。明本「邊」作「胡」。四庫本小字「一作伐戎」（同上）。明本作「一作伐胡」。又「使良時一失。敵人復興。則萬代爲患」句（四四二—五四三上）。明本「敵人」作「凶虜」。又「臣所以願陛下建大策。行遠圖。大定北敵」句（四四二—五四三下）。明本「北敵」作「北戎」又「因機逐便大破敵庭」句（同上）。明本「敵」作「虜」。又「突厥狂悖。大亂邊陲」句（同上）。明本「突厥」作「醜虜」。又「故臨陣對寇。未嘗不先自潰散。遂使敵人乘利」句（四四二—五四四上）。明本「敵人」作「夷狄」。

聖曆三年章

四庫本「今降徒非彊服。皆突矢刃棄吐蕃而來」句（

四四二—五四四下）。明本「徒」作「虜」。

中宗時郭元振爲金山大總管章

四庫本「是以古之賢人不願外域妄惠」句（四四二—五四五下）。明本「外域」作「夷狄」。

玄宗開元三年章

四庫本「閉障行李。敵脫南牧」句（四四二—五四六下）。明本「敵」作「虜」。又「居青徐之右。何獨降人不可徙歟」句（同上）。明本「人」作「胡」。

又「今敵未殄滅。此降人皆戚屬。固不與往年同己」句（同上）。明本「敵」作「虜」。又「獲精兵之實。閉強敵之患。此上策也」句（同上）。明本「強敵」作「黠虜」。又「書未報而敵已叛」句（同上）。明本「敵」作「虜」。

玄宗時吐蕃金城公主請文籍四種章

四庫本「吐蕃國之寇。經籍國之典也」句（四四二—五四七上）。明本「吐蕃」作「戎狄」。

九齡又賀破突厥狀

四庫本「北敵震懾。從此氣衰。東人保邊。永不攜貳」句（四四二—五四八上）明本「北敵」作「北虜」。「東人」作「東胡」。又「北敵猖狂。欲有侵率」句（同上）。明本「北敵」作「北虜」。

九齡又賀東北累捷狀

四庫本「北制強敵且知威信」句（四四二—五四八下）。明本「敵」作「虜」。

九齡又賀突厥小可汗必是傷死狀

四庫本「固應更有餘殃。北敵破亡」句（四四二—五四九下）明本「北敵」作「醜虜」。

九齡又賀聖料突厥必有亡徵章

四庫本「且諸蕃之中北部爲桀」句（四四二—五四九下）。明刊本「北部」作「北虜」。

德宗建中元年章

四庫本「回紇諸部自相魚肉」句（四四二—五五〇下）。明本「諸部」作「群胡」。

興元元年章

四庫本「彼吐蕃者倡率同類。侵軼爲心。貪而多防。狡而無恥」句（四四二—五五一上）。明本「倡率同類。侵軼爲心」作「犬羊同類。狐鼠爲心」。又「屈就之事亦多。未見輸心。曾不知感」句（同上）。明本「未見輸心」作「豺狼野心」。又「違寵而從辱。棄垂成之業。臣將滅之敵哉」句（四四二—五五二下）。明本「敵」字作「虜」。又「不宜尙眷眷外兵之助。以失將士之情也」句（同上）。明本「外兵之助」作「犬羊之群」。

貞元三年章

四庫本「且北部君長身赴難。陛下在藩。春秋未壯而輕度河。入其營。所謂冒垂堂之戒也」句（四四二—五五三上）。明刊本「北部」作「北虜」。「冒垂堂之戒」作「冒豺虎之場」。又「陛下乃不拜可汗。固

伸威於敵。何恨焉」句（四四二—五五三下）。明本「敵」作「虜」。又「而天助威神使其心馴服」句（同上）。明本「其心」作「豺狼」。又「今往與之和。得無復拒我。爲異域之笑乎」句（四四二—五五四上）。明本「異域」作「夷狄」。

貞元三年吐蕃卑辭厚禮求和於馬燧章

四庫本「吐蕃無信不如擊之」句（四四二—五五四上）。明刊本「吐蕃」作「戎狄」。

貞元三年渾瑊與吐蕃盟于平涼章

四庫本「切戒以推誠待敵。勿爲猜疑」句（四四二—五五四下）。明刊本「敵」作「虜」。又「吾生長西陲。備諳邊情。所以論奏。但恥朝廷爲吐蕃侮耳」句（同上）。明本「邊情」作「虜情」。「吐蕃」作「犬戎」。又「吐蕃殊域也。非盟誓可決今日之事」句（同上）。明本「吐蕃殊域也」作「戎狄豺狼也」。又「是夕韓遊瓌表言敵劫盟者。兵臨近鎭」句（同上

）。明本「敵」作「虜」。

憲宗時回紇使者再朝章

四庫本「於是振武以兵屯黑山。治天德城備敵」句（四四二—五五四下）。明本「敵」作「虜」。又「敵猝犯塞。應接失便。三可憂」句（四四二—五五五上）。「敵皆悉知賊掠諸州。調發在旬朔外」句（同上）。以及「比王師至。則敵已歸」句（同上）。明本「敵」字皆作「虜」。又四庫本「西北二陲素相攻討

。故邊無虞」句（同上）。明刊本「西北二陲」作「
北狄西戎」。又「北部恃我戚。則西戎怨愈深」句（
四四二—五五五下）。明本「北部」作「北虜」。
元和三年章
四庫本「頔殊族。季及庶孽。不足以辱帝女」句（四
四二—五五五下）。明本「殊族」作「虜族」。
文宗太和五年章
四庫本「今以生羌三千人燒十三橋。擣敵之虛。可以

得志」句（四四二—五五五下）。明本「敵」作「虜
」。
武宗會昌中章
四庫本「遇敵則走。此輩之常態」句（四四二—五五
六上）。明本「此輩」作「雜虜」。又「天德兵素弱
。以一城與勁敵角。無不敗」句（四四二—五五六上
下）。明本「敵」作「虜」。又「令雄邀擊可汗。於
殺狐山敗之。迎公主還」句（四四二—五五六下）。

明本「殺狐山」作「殺胡山」。
德裕又請遣使訪問太和公主狀
四庫本「穆宗以北敵代結姻好。中國無虞。邊境晏然
」句（四四二—五五七上）。明本「北敵」作「北虜
」。又「彼中必謂國家降主北庭。本非愛惜」句（同
上）。明本「彼中」作「戎狄」。「北庭」作「虜庭
」。又「非止甚傷其情。亦負於公主」句（同上）。
明本「其」字作「虜」。

德裕又論田牟請許黨項讎復回鶻嗢沒斯部落狀
四庫本「犯必死之彼。絕歸欵之誠」句（四四二—五
五七下）。明本「彼」作「虜」。又「懷柔得所。彼
雖蠻貊。必合感恩」句（四四二—五五八上）。明本
「蠻貊」作「戎狄」。
宣宗時濮陽判官李義山爲節度使章
四庫本「臣伏以吐蕃衆則頑獷。心唯馳突。不思率服
。句（四四二—五五九上）。明本「頑獷」作「犬羊

」。「馳突」作「虵豕」。

僖宗時南詔酋龍卒章

四庫本「蠻蓄悖亂心。不識禮義」句（四四二—五六○上）。明本「悖亂心」作「鳥獸心」。

晉高祖天福六年章

四庫本「黨項等亦納契丹告牒。言爲彼所凌暴」句（四四二—五六○上）。明本「彼」作「虜」。又「竭中國以媚無厭之敵」句（四四二—五六○下）。明本「敵」作「虜」。

卷三百四十二

標題「夷狄」。四庫本作「四裔」。

宋太祖時趙普上禦戎策

四庫本「然而北人之情變詐難測」句（四四二—五六二下）。明本「北人」作「胡虜」。又「訪問匈奴休兵馬退在北庭」句（四四二—五六三上）。明本「北庭」作「虜廷」。又「然而與之通好者」句以下（四四二—五六三下）。四庫本多處改易。今與明刊本對照如下。

四庫本「然而與之通好者。蓋視外裔無重輕爾。安肯耗竭中國。事無用之寇。傷害德義。而與外裔爭。前代帝王所以待外裔之道。羈縻之而已。豈求功業于其間哉。觀典策之遺文。審安危之大計。降志邊方。惟聖人能之。結好息心。正在今日。儻或上天悔禍。鄰敵依仁。……歲月洊更。突厥浸弱。李靖以數萬之衆擒而滅之。此王者蒙垢俟時。殲強敵之明效也。今契

丹孽臣擅軸。牝鷄司晨。單于幽孱。權移于母。治越于強大。地處于嫌疑。虎兕之衆雖繁。攻奪之形已露。況滔天浞夏。極惡窮凶。以人事言之。星紀未周。冒頓之謀必興于戎帳矣」。明刊本作「然而與之通好者。蓋視夷狄猶禽獸爾。安肯耗竭中國。事無用之虜。傷害德義。而與犬豕爭。前代喻夷狄之侵。譬猶蚊虻螫軀。驅之而已。豈求功業于其間哉。觀典策之遺

文。審安危之大計。降志戎虜。惟聖人能之。結好息心。正在今日。儻或上天悔禍。醜類依仁。……歲月荐更。犬戎浸弱。李靖以數萬之衆擒而滅之。此王者蒙垢俟時。殲強敵之明效也。今契丹孌臣擅軸。牝鷄司晨。單于幽孱。權移于母。治越于強大。地處于嫌疑。犬羊之衆雖繁。攻奪之形已露。況滔天泯夏。極惡窮凶。以人事言之。星紀未周。冒頓之謀必興虜帳矣。」

太宗太平興國五年左拾遺張齊賢上奏章

四庫本「乃於鴈門陽武谷來爭小利。此則外裔之智力可料而知也。聖人舉事動在萬全。百戰百勝。不若不戰而勝。若重之謹之。外敵不足吞。燕薊不足取。自古疆埸之難。非盡由外裔。亦多邊吏擾而致之」句（四四二—五六四上）。明刊本「外裔」皆作「戎狄」。「外敵」作「戎虜」。又「且敵人之心固亦擇利避害。安肯投死地而爲寇哉。臣又聞家六合者。以天下爲心。豈止爭尺寸之事。角四裔之勢而已。是故聖人先本而後末。安內以養外。人民本也。四裔末也。中夏內也。四裔外也。是知五帝三王。未有不先根本者也。堯舜之道無他。廣推恩於天下之民爾。推恩者何在乎。安而利之。民既安利。則外裔斂衽而至矣」句（四四二—五六四下）。以上「敵人」「四裔」「外裔」諸詞。明刊本皆作「戎狄」。又四庫本「則幽燕強大之鄰。沙漠侵擾之寇。擒之與屈膝在術爾」句（四四二—五六五上）。明本「強大之鄰」作「竊地之醜」。「侵擾之寇」作「偷生之虜」。

左拾遺知相州田錫論邊事章

四庫本「賈怨結仇。乘敵致寇」句（四四二—五六五下）。明本「敵」作「狄」。又「敵勢未衰。何勞力取」句（同上）。明本「敵」作「狄」。又「沙漠窮荒得之無用。外裔遺種。殺之更生」句（四四二—五六六上）。明本「外裔」作「夷狄」。

端拱二年章

四庫本「吏部侍郎李至乞懷柔北人」句（四四二—五六七上）。明本「北人」作「北狄」。又「以北人犯邊廣延群議」句（同上）。明本「北人」作「北虜」。又「臣竊惟北鄙爲患自古而然」句（同上）。明本「北鄙」作「北狄」。

仁宗時陝西經略安撫使夏竦秦策

四庫本「臣聞北敵兇態。洊食邊境爲日久矣」句（四四二—五七〇上）。明本「北敵兇態」作「犬戎狗態」。又「精鋭深入摧敗敵衆」句（四四二—五七〇下）。明本「敵衆」作「醜類」。又「戎勢微弱中國懷禦」句（同上）。明本「戎勢」作「虜勢」。又「中原瓜割。羌戎大盛」句（同上）。明本「羌戎」作「氈毳」。又「敵后外入。宗女外降」句（同上）。明本「敵后」作「胡后」。又「非勇之不足枝梧抑寇之梗於疇」句（同上）。明本「寇」作「虜」。又「昔自幽薊陷寇之餘。重季蒙塵之後。中國器度工巧衣冠士族多爲敵人所有」句（同上）。明本「寇」作「虜」。「敵人」作「犬戎」。「洎乎天威震耀。敵徒喪膽」（同上）。明本「敵徒」作「醜虜」。又「若能革面易心。永懷至德。紓民偃革。大爲長策。誠恐剽悍之性不恥貪戾」句（四四二—五七一上）。明本「革面易心」作「悛變野心」。「剽悍之性」作「犬羊之性」。又「外裔侵擾代無之。若其敗滅固有時矣」句（同上）。明本「外裔侵擾代無之」句作「虜之寇盜無代無之」。

仁宗時趙元昊且叛章

四庫本「且敵妄自尊大於巢窟中久矣。王者固宜以大度處之。豈足與之辨名器等威之分哉。敵若有悔禍之心。稱番納貢。陛下優爲封爵名號。以服擾之。出府庫之餘。以歲時安撫之。使天下知陛下深誠遠慮。爲生靈計。至於天地鬼神亦當助仁而佑順。仁者無敵於天下。況一敵歟。若敵悍然自恃。凶愎不移。亦足以驕怠彼心。激怒我衆。邊臣必曰。天子之恩意如此。敵無革心。我不可以不奮身而爲國致討矣。戰士必曰。天子不以敵之不義而必窮誅。是哀吾屬之久戍也。今敵無革心。吾屬不可不效命鬥戰矣。自邊之人至於天下之民。必曰天子所以赦敵。蓋念賦役之煩擾。吾人之困勞。今敵無革心。吾人不得不竭力以奉邊矣。敵黨必曰。天子幸加恩而不我誅也。而其主苟不思焉

。是驅我於鋒刃之下以濟其欲而已。夫兵猶火也。不戢將自焚。使我怒彼怨。敵有自焚之勢。則成敗有所分矣。今議者聞臣之說必難臣曰。敵自入寇無不剋。何困之有。今雖招懷之徒示國之弱。賊肯革心乎。臣請對曰。昔繼遷之爲邊患也。號爲驍悍有謀略者。陷朔方靈武。國家喪地且千里。而其衆亦大弊。爾時繼遷雖不爲六合所殺。勢亦不支矣。故其死時戒德明曰。爾當傾心歸順。朝廷如一兩表未蒙開納。但連上封章以祈見聽。故德明款附。畢世不渝。今敵非遷比也。不幸自其初叛。而我守邊匪人。是故敵累得志。而其衆嗜爲寇之利。向使我無大敗。彼無大獲。而以敵之虐用其下。尋應疲潰矣。今朝廷處畫邊事。守禦益固。將卒用命。財用不乏。雖未能大殘其衆。姑使來無所掠獲。即敵自窮蹙。今先開其歸路以爲後圖。縱敵未懷與國。何損。必又難臣曰。敵雖致欵。戎心可保乎。即有其實。邊備得以徹之乎。臣請對曰。昔景

德初。契丹大入。河朔先帝親駕北狩于澶淵。契丹始遣使議通和好。」一段（四四二－五七二下至五七三下）

以上明刊本凡「敵」字皆作「賊」。「大度處之」（四四二－五七二下）作「鳥獸畜之」。「安撫」（四四二－五七三上）作「豢餌」。「繼遷」（同上）作「遷賊」。「契丹」（四四二－五七三下）作「虜主」。

方平議西北邊事章

四庫本「得新附之小羌。失久和之強敵」句（四四二—五七四上）。明本「敵」作「虜」。

方平又奏章

四庫本「若朝廷已納元昊誓書。勢必便行封册。而北使復至」句（四四二—五七四下）。明本「北使」作「虜使」。又「此其可慮三也」句下之文（四四二—五七五上）「若報至邊廷。見我辭拒意堅言切。萬一

雎盱生忿。因成急變。則河東河北忽爲所乘。邊備何若。此其可虞一也。且以西人搆難於我。彼曾約束使來納和。今西人起釁於彼。我乃遂納。不同其患。持此責我。彼爲有辭。此其可虞二也。今二敵相持。事形可見。元昊權譎無恥。狙詐多端。縱負屢勝之強。必不兩延大敵。北兵既迫。或迎而伏罪。則契丹號令。元昊未應敢逆。安知已和之約不能復使之離。是我不能弭患於西。徒以致怨於北。此其可虞三也。今敵聚兵馬近在境上。擇利而動。勢不虛歸。若元昊且而受封。敵必怨而望報。但恐事之以金帛。未稱其所欲也。故不如叩其兩端之中。徐觀二寇之變。逗留日月。繕完守備。不當乘其方逞。激之卒發。此其可虞四也。夫二寇之隙。誠僞未明」一段之「彼」字「北」字「敵」字「寇」字。明刊本皆作「虜」。「邊廷」作「虜廷」。「契丹號令」作「虜之號令」。

仁宗時知諫院蔡襄論趙元昊狂僭之計章

四庫本「外裔之心見利則動」句（四四二—五七五下）。明刊本「外裔」作「戎狄」。

襄又論地形勝負章

四庫本「論者或以西虜之俗善騎射。習戰鬥以爲北敵之比」句（四四二—五七六上）。「敵善騎射。故勝勢多在彼也」句（同上）。及「若以其俗善騎射樂戰鬥則不滅北敵」句（同上）。以上三「敵」字明刊本皆作「虜」。

襄又論敵騎強弱章

四庫本「襄又論敵騎強弱。上奏曰。臣聞景德中契丹大舉攻瀛州。經二十日不破。而敵衆死傷者數萬人。南略趙魏之境。所攻下者唯通利德清兩軍而已。以北敵之強舉國而來」句（四四二—五七六上）明刊本「敵」字皆作「虜」。

襄又料元昊擾邊境章

四庫本「此敵常佚而我常勞」句（四四二—五七六下

）。明本「敵」作「虜」。

襄又論契丹遣使之意章

四庫本「或曰二寇互相疑貳。勢不兩雄」句（四四二—五七六下）。明本「寇」作「虜」。

襄又乞不聽議者許西賊不臣事章

四庫本「須索過多。便生北敵之心。立見危亡之患」句（四四二—五七七下）。明本「敵」作「虜」。

寶元二年直集賢院富弼上奏章

四庫本「西北相結。並擾中原。邊疆之患莫甚於今」句（四四二—五七九上）。明刊本作「西北相結。華亂爲虜。自古聞之。于今見矣」。又「蓋先結北敵之強。方敢立中原之敵」句（同上）。明本「北敵」作「大虜」。

又四庫本「或驅馳戰陣之間。或出入荒遐之境」句（四四二—五八三下）。明本「荒遐」作「戎狄」。

又後文。四庫本「據乃土宇。侈其封疆」句（四四二

—五八五上）。明刊本「據」作「盜」。又「歷代以荒服處之。置諸度外」句（同上）。明本「荒服處之」作「犬豕畜之」。又「是偏隅一洗僻陋。則我於西夷。恩德豈不大哉」句（同上）。明刊本「是偏隅一洗僻陋」句作「蠢彼戎醜。變爲華風」。又「外裔之心畏強侮弱」句（四四二—五八六下）。明本「外裔」作「夷狄」。

又其後。四庫本「內陶鑄武臣。外鎮撫四裔」句（四

四二—五八七上）。明本「四裔」作「夷狄」。
弼又上奏論不可待西使太過章
四庫本「有失中國制馭外裔之術也」句（四四二—五八九上）。明本「外裔」作「夷狄」。又「況臣去年兩使北敵。所議西事甚是分明」句（四四二—五八九下）。明本「敵」作「虜」。又自「向者所許北敵歲添金帛之數」句至「願朝廷且執北敵所約。更加裁擇。不可容易過許」句（四四二—五八九下至五九〇上

）。凡「北敵」明刊本皆作「北虜」。
卷三百四十三
明刊本標題「夷狄」。四庫本易作「四裔」。
宋仁宗康定元年。同知樞密院事陳執中論西邊事宜章
四庫本「且戎人貪而無親。勝不相下」句（四四二—五九一上）。明本「戎人」作「戎狄」。
慶曆三年。侍讀學士歐陽修論廷議元昊通和事章
四庫本「恐廟堂之失策。落敵人之奸謀」句（四四二—五九一下）。明本「敵人」作「夷狄」。又「蓋敵讒和之後便忘發憤因循弛廢」句（同上）。明本「敵」作「虜」。又「北敵將攬通和之事以爲己功」句（同上）。明本「敵」作「狄」。
脩又論元昊來人不可令朝臣管伴狀
四庫本「彼雖蕞爾。不爲無謀」句（四四二—五九二下）。明本「蕞爾」作「夷狄」。
脩又論西賊議和利害狀

四庫本「朝廷若許賊不稱臣。則慮北敵別索中國名」句（四四二—五九三上）。明本「敵」作「戎」。
脩又論西賊議和請以五問詰大臣狀
四庫本「生民膏血有盡。外裔貪婪無厭」（四四二—五九四下）。明本「外裔貪婪」作「四夷禽獸」。又「見今北敵往來尚在沿邊市易」句（同上）。明本「敵」作「虜」。又「或其與北敵連謀而僞和乎」句（同上）。「既和之後。能使北敵不邀功責報乎。敵或

一動能使天下無事乎」句（四四二—五九五上）。明本凡「敵」字皆作「虜」。

四年脩改右正言論西賊大斤茶箚子

四庫本「今西賊一歲三十萬斤。北敵更要三二十萬。中國豈得不困」句（四四二—五九五下）。明本「北敵」作「北虜」。

脩又論元昊不可稱吾祖箚子

四庫本「自元昊以下名稱官號皆與我異」句（四四二

—五九七上）。明本「與我異」三字作「用夷狄」。又「今賊中每事自用彼法。安得惟此號獨用華言」句（同上）。明本「彼法」作「夷禮」。

脩又論孫抃不可使契丹箚子

四庫本「今西賊議和事連北敵」句（四四二—五九七上）。明本「敵」作「虜」。又「且契丹君臣頗爲強黠。中國常落其計。不可不知」句（四四二—五九七下）。明本「契丹」作「醜虜」。

四年。脩又論乞與元昊約不攻嘉靳斯賚章

四庫本「臣風聞魚周詢余靖孫抃等奉使北敵。皆有事宜。爲北敵中詰問元昊通和之意。將來必須因此別與朝廷生患。又聞敵人已欲議移界至漸示相侵」句（四四二—五九八上）。明本凡「敵」字皆作「虜」。又「余靖自北至。始知敵利急和之謀」句（四四二—五九八下）。明本「敵」字作「虜」。又「今韓琦余靖親見二邊事宜」句（同上）。「爲中國之患大。爲二

寇之利深」句（同上）。明本「二邊」「二寇」皆作「二虜」。又「不止與北敵通謀共困中國」句（同上）。明本「北敵」作「北虜」。

嘉祐二年脩又上奏章

四庫本「失信傷義。甚非中國待外裔之術」句（四四二—六〇〇下）。明本「外裔」作「夷狄」。又「使異域謂中國難以恩意交」句（同上）。明本「異域」作「夷狄」。又「今彼主雖弱而中國邊備未完」句（

同上）。明本「彼主」作「虜主」。又「臣又聞北使入境之日地震星殞。變異非常」（四四二—六〇一上）。明本「北使」作「虜使」。又「臣欲乞回諭敵中告以如約」句（同上）。明本「敵」作「虜」。

寶元二年。吳育論元昊不足以臣禮責上奏章

四庫本「雖有荒遐之君向化賓服」句（四四二—六〇一上）。明本「荒遐」作「戎虜」。又「蓋異俗殊方。置之度外。不足以臣禮責之」句（同上）。明本「置之度外」作「視如犬焉」。又「況夏人之性唯事剽急」句（同上）。明本「夏人」作「夷狄」。

宋祁議西人劄子

四庫本「北敵謂本朝若必行元昊封册。勿令使命深入」句（四四二—六〇二上）。明本「北敵」作「北虜」。又「且西北二寇連兵構難。中國之利也」句（同上）。明本「二寇」作「二虜」。又「使北兵能勝西。則契丹必歸曲朝廷」句（同上）。明本「北兵」作

「北虜」。又「是乃紓賊禍於一時。嫁寇怨於中國矣」句（四四二—六〇二下）。明本「寇」作「虜」。又「使西能勝北。則二寇之怨必深」句（同上）。明本「二寇」作「二賊」。又「朝廷卻與元昊歡盟厚賂。安得不動其情哉」句（同上）。明本「其」作「虜」。又四庫本「然後從容觀望。養成其威。斯其謀也。臣又料契丹積怨成仇。因而遷怒。未能得志於元昊」句（同上）。明刊本作「然後首鼠窟穴。養成豺虎。斯其謀也。臣又料契丹毒螫忿損。獸窮反噬。未能得志於元昊」又四庫本「兼令雄州騰報敵帳。俟其雄雌之決」句（四四二—六〇三上）。明本「敵」作「虜」。

知諫院司馬光論環州事宜章

四庫本「雖荒遐之衆未易屈服則驕」句（四四二—六〇三上）。明刊本作「雖犬羊之衆。人面獸心。緩之則驕」。又「是使遠人順服王化。則侵苦不安」句（

同上）。明本「遠人」作「戎狄」。又「夫以屬國小敵。背誕不恭」句（同上）。明本「敵」作「胡」。又「使西北二寇聞之。豈不益有輕漢之心」句（同上）。明本「二寇」作「二虜」。又「非特尋常盜竊而已」句（四四二—六〇三下）。明本「尋常盜竊」作「鼠竊狗偷」。

英宗即位。司馬光爲殿中侍御史論夏國入弔劄子

四庫本「所以外裔之心敢爾桀黠」句（四四二—六〇

三下）。明刊本「外裔」作「犬羊」。又「使其輕驟之衆心服氣沮不敢窺邊」句（同上）。明本「輕驟」作「蠭蟻」。

治平二年參知政事歐陽脩論西邊可以攻四事章

四庫本「自眞宗景德二年盟北敵於澶淵」句（四四二—六〇六上）。明刊本「敵」作「虜」。又「而元昊勇鷙桀黠之徒也」句（同上）。明本「徒」作「虜」。又「用驕兵執朽器以當桀黠新興之徒。此所以敗也」句（四四二—六〇六下）。明本「徒」亦作「虜」。又「其次逐狂徒於黃河之北以復朔方故地」句（同上）。明刊本「徒」亦作「虜」。又「夫羌戎變詐。兵交陣合。彼佯敗以爲誘我」句（同上）。明本「羌戎」作「夷狄」。又「無時暫停。則無不困之敵矣」句（四四二—六〇七下）。明本「敵」作「虜」。又「蓋欲攻遠鄙方強之國不先以謀困之」句（同上）。明本「遠鄙」作「黠虜」。

英宗時陝西轉運副使范純仁奏乞早遣夏國封册使臣章

四庫本「竊以外裔之性荒忽無常」句（四四二—六〇九上）。明本「外裔」作「夷狄」。又「遠人之心感恩必固」句（同上）。明本「遠人」作「犬羊」。

光又論納橫山非便章

四庫本「臣聞王者之於外裔或懷之以德」句（四四二—六〇九下）。明本「外裔」作「夷狄」。又四庫本「臣聞外裔之俗。自爲兒童則習騎射。父子兄弟相與

群處。不專以仁義禮樂爲然也。而尤以便捷勇敢相尚焉。其民習於用兵。善忍饑渴。能受辛苦。樂鬥死而恥病終。此中國之民所不能爲也。是以聖王能自修德。固不患其相侵。與之校力。則未能保其必勝」句（四四二—六一〇上）。明刊本作「臣聞戎狄之俗。自爲兒童則習騎射。父子兄弟相與群處。未嘗講仁義禮樂之言也。唯以詐謀攻戰相尚而已。故其民習於用兵。善忍饑渴。能受辛苦。樂鬥死而恥病終。此中國之

民所不能爲也。是以聖王與之校德。則有天地之殊。與之校力。則未能保其必勝也。」又「及清遠軍爲敵所抄掠」句（同上）。明本「敵」作「虜」。又「臣又聞夏人間諜所在甚多」句（四四二—六一一上）。又「安有夏人獨不覺悟。寂然無事曾無誅討之意乎」句（四四二—六一一下）。明刊本「夏人」皆作「虜中」。又「起兵革之端。挑陸梁之衆」句（四四二—六一二下）。明本「衆」作「虜」。又「信降將之詭辭。臣恐不能得其降者數百。而敵騎大至」句（同上）。明本「降將」作「黠虜」。「敵騎」作「虜騎」。

卷三百四十四

標題「夷狄」四庫本作「四裔」。

二年。翰林學士司馬光論召陝西邊臣劄子

四庫本「楊定爲夏人所殺。陝西騷然」句（四四二—六一五下）。「故謫降种諤等以謝夏人」句（同上）。明本「夏人」皆作「夏虜」。又「況王者臨御四遠

。當叛則威之」句（四四二—六一六上）。明刊本「四遠」作「四夷」。又「若邊境幸而臣服無故擾之」句（同上）。明刊本「邊境」作「戎狄」。又「國家以信義臣畜夏人百有餘年」句（同上）。明刊本「夏人」亦作「戎狄」。又「僅能得不食之地百餘里。殘黎萬餘人耳」句（同上）。明本「殘黎」作「飢虜」。又「今地則歸之敵庭。民則逃散略盡」句（同上）

。明本「敵」作「虜」。又「敵疑忌中國警備已嚴」句（同上）。明刊本「敵」亦作「虜」。

六年。韓琦判相州契丹來求代北地。帝手詔訪琦章

四庫本「治國之本當先聚財積穀募兵於民。則可以攘斥四遠」句（四四二—六一六下）。明刊本「攘斥四遠」作「鞭笞四夷」。又「夫欲攘斥四遠以興太平」句（四四二—六一七上）。明本「四遠」作「四夷」。又「此蓋邊境之常俗」句（四四二—六一八上）。

明本「邊境」作「夷狄」。

強幾聖論邊事劄子

四庫本「既尊大於石氏之晉。又得燕地。而其勢益張。始以遼人爲腹心。而眡燕人猶行路也。以是諸部樂爲之用。膠固而不可已。而燕人桀黠而巧事。既親燕人。而諸部日寖以疏。故金城宗元之變起於蕭墻相殘。曾未幾而西夏遂攻其右脇。而軍中往往出叛語。女眞諸種又乘釁而動。今契丹雖欲復置諸部於腹中。而人心亦已去矣。又逐水草。習騎射。此遼人之所利。今反棄之。但坐啗中國之金繒。而漸嗜奢佚之爲樂。此特天亡之時也。萬一彼衆兵其主而南報怨於燕。燕人懼其塗炭也。必求救於我。朝廷即當遣良將勁卒以拊援燕人。且行復吾境土。則幽薊之地皆漢有也。如曰未能。則是朝廷坐眡燕人之將死。而援其首於遼人。俾得血肉也。其必反怨於朝廷。而愈懼遼人之仇已無難矣。設有慷慨豪俠如荊軻輩復出於其地。一呼其

徒而響應之。南驅以避仇釋怨。竊恐大河以南不得而有也。臣兩使河朔。頗究邊事。今既耳剽其說。心惟其勢。豈敢嘿焉而不言。爲今計者莫若練兵實邊。逆爲北備。使敵馬不敢牧於南。此先時之長策也。朝廷垂聽而留意焉。」（四四二—六一八下）。明刊本作「既尊大於石氏之晉。又得燕地而虜勢益張。始以胡人爲腹心。而眡燕人猶行路也。以是群胡樂爲之用。膠固而不可已。而燕人桀黠而巧事。虜親燕人。而群

胡日寖以疏。故金城宗元之變起於蕭墻相殘。曾未幾
而西夏遂攻其右脇。而軍中往往出叛語。女眞諸種又
乘釁而動。今契丹雖欲復置群胡於腹中。而人心亦已
去矣。又逐水草。習騎射。此胡人之所利。今反棄之
。但坐啗中國之金繒。而漸嗜奢佚之爲樂。此特天亡
胡時也。萬一虜衆兵其主而南報怨於燕。燕人懼其塗
炭也。必求捄於我。朝廷即當遣良將勁卒以附援燕人
。且行復吾境上。則幽薊之地皆漢有也。如曰未能。

則是朝廷眡坐燕人之將死。而授其首於群胡俾得血肉
也。其必反怨於朝廷。而愈懼胡人之仇已無難矣。設
有慷慨豪俠如荊軻輩復出於其地。一呼其徒而響應之
。南驅以避仇釋怨。竊怨大河以南不得而有也。臣兩
使河朔。頗究邊事。今既耳剽其說。心惟其勢。豈敢
嘿焉而不言。爲今計者。莫若練兵實邊。逆爲北備。
使胡馬不敢牧於南。此先時之長策也。朝廷垂聽而留
意焉。」

鄭獬論西夏事宜章

四庫本「如朝廷能鞭撻四遠之暴。則宜聲鐘鼓而伐之」句（四四二—六一九上）。明刊本「四遠」作「四夷」。又「敵人聞之不有窺中國之淺深乎」句（四四二—六一九下）。明刊本「敵人」作「夷狄」。又「中國之恩威重于北敵如泰山矣。彼雖敵人。豈無啾唧躊躇之感」句（四四二—六二〇上）。明刊本「北敵」作「夷狄」。「敵人」作「鳥獸」。又「朝廷如欲經營四裔。則今之羌雛孱孺酋豪用事必不能相下」句

（同上）。明本「四裔」作「四夷」。又「一舉而遠人懷。遂安中國。豈不美歟」句（同上）。明本「遠人」作「夷狄」。

熙寧九年。樞密使文彥博上奏章

四庫本「夫外裔之情趨利生事。從古以來載於書史者詳矣」句（四四二—六二〇上）。明刊本「外裔之情趨利生事」句作「戎狄之情貪利忘義」。又「歷觀中

國與外裔通好未有如今之悠久」句（四四二—六二〇下）。明刊本「外裔」作「戎狄」。又「誠如聖詔所謂敵情無厭。勢恐未已。臣亦謂敵因此妄起釁端」句（同上）。明刊本「敵」字皆作「虜」。又「若敵人不計曲直。肆其貪狠。敢萌犯順之心」句（同上）。明刊本「敵」亦作「虜」。

元豐六年。夏人欵塞乞還侵疆章

四庫本「今無故棄之。豈不取輕於外國」句（四四二

—六二一下）。明刊本「外國」作「外夷」。

神宗時晁補之上書論北事章

四庫本「凡此所缺特北敵一事而已」句（四四二—六二二下）。明刊本「北敵」作「北胡」。又「北敵猖狂。敢冒故疆」句（同上）。明刊本「北敵」亦作「北胡」。又四庫本「夫北敵之盛莫盛漢唐。而所以制之亦漢唐爲得」句（四四二—六二三上）。明刊本「北敵」作「北胡」。「制之」作「制胡」。又「後宮辱於敵兵。宗室降於絕域」句（同上）。明本「敵兵」作「氈裘」。又「然後知北敵之盛雖莫盛於漢唐。而所以制之亦漢唐爲得也」句（四四二—六二三下）。明刊本「北敵」作「北胡」。「制之」作「制胡」。又「而太宗知兵善戰。敵在術中而不悟」句（同上）。明本「敵」作「虜」。又「思摩孱懦。至感恩流涕願爲中國守護北門」句（同上）。明刊本「願爲中國守護北門」句作「願爲一犬守吠北門」。又四庫本

「古者北邊無大君長。種落部族不相統攝。捽搏鬥擊。彊者爲制。往往而聚者百有餘部。勝不相推。敗不相愛。尺地一民不自保而有也。無城郭邑居。故其民遷徙難制。無耕田作業。故其人食足不勞。無文書約束。故其人一而易使。無營陣行伍。故其人戰自趨利。彼以其智力之全。不治四者。而一之於鞍馬射獵。中國亦以其智力雜治四者。日夜不息。而以應北敵之至門。故其自視。常以無法勝中國。利則烏合譟而從

人。不利則雲散四去。欲追無所。自冒頓盡有北垂之地。北人始不安其舊而有侈心。尺地一民。皆欲保而有之不能去也。其後衛律教單于穿井築城治樓以藏粟。或者以謂敵不能守。降及唐世。尤以合中國之好爲重。至佩印綬。服爵命。廢一置一。皆決於朝廷。羈臣之在中國者。或樂而忘歸。北人自是益雜中國之俗。乃臣以今料之。則盧龍范陽中國故地。又非特如此而已。城郭邑居。耕田作業。文書約束。營陣行伍。

四者皆因漢俗而北無一焉。雜處而交治。欲其胥而北不知彊勉之難堪。此其可取之形一也。冒頓烏維伊穉。皆席匈奴之始彊。能以其力爲中國患。武帝中年力盡於北敵。而朔方之患無歲無之。……蓋未有坦然肆志。去石晉如摧林。取中原若破竹。如耶律之侈者。臣嘗計之。其君亦非有冒頓頡利等輩沈毅雄勇之姿。按巴堅恃有天命。而德光之暴。以謂晉之立自我。晉亦不勝其德而屈之。敵人不制。日益侈大。割地弗厭

。至踐驕敵」一段(四四二—六二四上下)。明本刊作「古者北胡無大君長。種落部族不相統攝。捽搏鬥擊。彊者爲制。往往而聚者百有餘戎。勝不相推。敗不相愛。尺地一民。不自保而有也。無城郭邑居。故其民遷徙難制。無耕田作業。故其人食足不勞。無文書約束。故其人一而易使。無營陣行伍。故其人戰自趨利。彼以其智力之全。不治四者。而一之於鞍馬射獵。中國亦以其智力雜治四者。日夜不息。而以應戎

狄之至閑。故其自視。常以無法勝中國。利則烏合譟而從之。不利則雲散四去。欲追無所。自冒頓盡有北垂之地。胡人始不安其舊而有侈心。尺地一民。皆欲保而有之不能去也。其後衛律教單于穿井築城治樓以藏粟。或者以謂胡不能守。降及唐世。尤以合中國之好爲重。至佩印綬。服爵命。廢一置一。皆決於朝廷。亡虜之在中國者。或樂而忘歸。胡人自是益雜中國之俗。乃臣以今料之。則盧龍范陽。中國故地。又非

特如此而已。城郭邑居。耕田作業。文書約束。營陣行伍。四者皆因漢俗而胡無一焉。雜處而交治。欲其胥而胡不知彊勉之難堪。此其可取之形一也。冒頓烏維伊穉。皆席匈奴之始彊。能以其力爲中國患。武帝中年力盡於北胡。而朔方之患無歲無之。……蓋未有坦然肆志。竄宅中國之地。臧獲諸夏之民如耶律之侈者。臣嘗計之。其君亦非有冒頓頡利等輩沉毅雄勇之姿。阿保謹特有天命。而德光之暴。以謂晉之立自我

。晉亦不勝其德而屈之。驕子不制。日益侈大。割地弗厭。至踐中國」又「故北人得以竊計其不及圖」句（四四二—六二五上）。明刊本「北人」作「胡人」。又「由是言之。敵雖彊。中國雖積衰之緒。猶足以勝之」句（同上）。又「耶律明時。敵已浸盛」句（四四二—六二五下）。明刊本「敵」字皆作「胡」。又「敵不素備而燕城遂圍」句（同上）。明刊本「敵」作「虜」。又「天下以謂遂無敵矣」句（同上）。

明本「敵」作「胡」。又「敵之計自謂力不足抗乃爲先聲」句（四四二—六二六上）。「敵欲退脩德以懷之」（同上）。明刊本「敵」字皆作「虜」。又「燕既釋圍。而諸將所下輒復爲敵」（同上）。明刊本「敵」作「胡」。又「北人自是始有疑中國之心」句（同上）。明本「北人」作「胡人」。又「敵相顧自失。屈首請命」句（同上）。「敵始痛自懲艾。以謂中國不可得而侮也」句（同上）。「敵不加彊。而中國

之盛則倍前日」句（同上）。明刊本「敵」皆作「虜」。又「嘗謂北人之衆不過二十萬。吾以十縑購一敵。二百萬縑足矣」句（四四二—六二六下）。明刊本「北人」作「胡人」。「一敵」作「一胡」。又「當是時中國特不舉。設有爲。敵孰能禦之者」句（同上）。「順流建瓴。如風靡草。以臨不加彊之敵」句（四四二—六二七上）。明刊本「敵」皆作「虜」。又「臣請爲陛下言所以入敵之策」句（同上）。明刊本

「敵」作「胡」。又「鳴鼓而攻之以臨不加彊之敵」句（同上）。「而臣獨計以謂非勝之難。所以入敵者實難」句（同上）。明本「敵」皆作「虜」。又「下牂牁以出越人不意。卒平南越」句（四四二—六二七下）。明本「平南越」作「擒尉陀」。又其後。又四庫本自「謹守勿戰。敵狼狽自救。然後雲州之西軍鼓而東。以取易州」句（四四二—六二八上）以下至「而後大軍鼓行而陣。以挑其南。敵進不能拒。退無所

逃」句（四四二—六二八上～六二九上）。明刊本凡「敵」字皆作「虜」。「朔方中」（四四二—六二八下）作「道胡中」。「烏合雲屯」（四四二—六二九上）作「烏合蟻聚」。又四庫本「敵則二十七里之城而已」句（四四二—六二九下）。明刊本「敵」作「虜」。又四庫本「論其近而與中國比者則莫若北敵。古者北敵則本非與中國近且比也」句（四四二—六三一下）。明刊本「北敵」作「北胡」。又「雖斥地千

里而敵不能吝」句（同上）。明刊本「敵」作「胡」。其後四庫本「聖君參之以獲遠人之心。賢將持之以制三軍之命。士卒獲之以幸封侯之賞。遠人取之。則四境不能以是一日而安。其理然也。秦得由余而八國賓。燕入秦關而東胡破。漢厚閼氏而冒頓解。唐語突利而頡利疑。此中國之間勝外國者也。韓王信在敵。而匈奴入太原。盧綰在敵。而匈奴入上谷。中行說在敵。而漢不得美幣市匈奴。以至於唐突厥以萬榮侍子而寇瀛州。回紇以僕固懷恩而入涇陽。此外國之以間

勝中國者也。自昔兵家之用間者。一勝一負。不可得而數。姑以中國外國之制勝負者言之。在中國則外國憂。在夷狄則中國病。此其理易知而其事難成。不可不察也。今臣以北敵之勢言之。山前後之民大概皆思漢。幷汾之事。王師在燕。有謀執其帥而降者。誠能得張良陳平不愛千金以致內應。猶反掌耳。唐周鼎失沙州。州人易服而臣敵」句（四四二—六三二下）。

明刊本作「聖君參之以獲夷狄之心。賢將持之以制三軍之命。士卒獲之以幸封侯之賞。夷狄取之。則四境不能以是一日而安。其理然也。秦得由余而八國賓。燕入秦關而東胡破。漢厚閼氏而冒頓解。唐語突利而頡利疑。此中國之以間勝夷狄者也。韓王信在胡。而匈奴入太原。盧綰在胡。而匈奴入上谷。中行說在胡。而漢不得美幣市匈奴。以至於唐突厥以萬榮侍子而寇瀛州。回紇以僕固懷恩而入涇陽。此夷狄之以間勝

中國者也。自昔兵家之用間者。一勝一負。不可得而數。姑以中國夷狄之制勝負者言之。在中國則夷狄憂。在夷狄則中國病。此其理易知。而其事難成。不可不察也。今臣以北胡之勢言之。山前後之民大概皆思漢。并汾之事。王師在燕。有謀執其帥而降者。誠能得張良陳平不愛千金以致內應。猶反掌耳。唐周鼎失沙州。州人胡服而臣虜」。又其後。四庫本「燕之人皆謹厚朴茂。世漢種也。終不能易其心」句（四四二—六三三上）。明刊本「易其心」作「胥而胡」。又四庫本「挾敵一將躍而出。一軍皆譟」句（四四二—六三三下）。明刊本「敵」作「虜」。又「天下皆以北敵爲善用兵。而臣獨計□非能出奇合變。循環無窮也」句（同上）。明刊本「北敵」亦作「北胡」。闕字作「胡」。又「多馬之地半出於北」句（四四二—六三四上）。明刊本「北」字作「胡」。又「趙武靈王變服習騎射。而由是以取中山」句（同上）。明刊

本「習」字作「從胡」。又「北人自是蓋自知其短於徒」句（同上）。又「以之當北馬之新羈」句（同上）。明刊本兩「北」字皆作「胡」。又四庫本「自昔爲國未嘗不以外國制外國」句（四四二—六三四下）。明刊本「外國」皆作「夷狄」「漢藉烏孫撫諸部以孤匈奴之外援。校尉常惠護五將軍兵擊敵」句（同上）。明刊本「諸部」作「諸夷」。「敵」作「胡」。又「迺者高麗折於敵不敢越遼而西」句（同上）。又

「彼其折於敵久矣」句（四四二—六三五上）。明刊本「敵」字皆作「胡」。又「彼雖失燕。知其本中國之舊」句（同上）。明本「彼」作「虜」。

卷三百四十五。

標題「夷狄」四庫本作「四裔」。

宋哲宗元祐元年。門下侍郎司馬光論西夏箚子

四庫本「敵攜其種落竄伏河外」句（四四二—六三六上）。「敵潛師掩襲。覆軍殺將。塗炭一城」句（同上）。「敵自是銳氣小挫。不敢輕犯邊矣」句（四四二—六三六下）。「敵中失之。爲害頗多」句（同上）。「一年前。敵嘗專遣使者詣闕」句（同上）。又「敵來請舊境。朝廷來降指揮」句（同上）。「於是敵既失望憤怨懟。移文保安軍」句（同上）。「臣竊料敵意不出於三」句（同上）。以上八處「敵」字。明刊本皆作「虜」。又「禦敵國者不一而足」句（四四二—六三七下）。明刊本「敵國」作「夷狄」。

又「敵常疑中國更有闚境之心」句（四四二—六三八上）。明刊本「敵」作「虜」。又「悉舉烏合之衆投間伺隙」句（同上）。明本「烏合」作「犬羊」。又「借使敵有一言不遜而還之。傷威毀重固已多矣」句（同上）。明本「敵」作「虜」。

光又乞先赦西人箚子

四庫本「邊鄙震驚。乃始歸罪西人」句（四四二—六四〇下）。明刊本「西人」作「戎狄」。

光又乞不拒絕西人請地箚子

四庫本「天子之體正。休兵息民。中外之心安。不幸夏人有一語不遜。一騎犯邊。則此詔不可復下」句（四四二—六四一下）。明刊本「中外」作「夷夏」。「夏人」作「虜人」。又「日復一日遷延至今彼先遣使來」句（同上）。明本「彼」作「虜」。又「文彥博輔佐四朝孰知敵情」句（四四二—六四二上）。明刊本「敵情」作「虜情」。

光又乞撫納西人劄子

四庫本「可使中外兩安。爲利甚大」句（四四二—六四二下）。明刊本「中外」外「華夷」。

韓維論息兵棄地章

四庫本「邊境之俗以不報仇怨爲恥」句（四四二—六四二下）。明刊本「邊境」作「夷狄」。又四庫本「異域之可賤者。以其多慾寡信也。今操可貴以臨所賤則中國尊。與其所欲以成吾所不欲則遠人服。此地之

不可不棄五也。臣聞古公亶父居邠。爲敵國所攻。欲得地與民」句（四四二—六四三下）。明刊本作「夷狄之可賤者。以其貪狼暴虐也。今操可貴以臨所賤則中國尊。與其所欲以成吾所不欲則夷狄服。此地之不可不棄五也。臣聞古公亶父居邠。爲夷狄所攻。欲得地與民」。

維又乞息兵棄地章

四庫本「又古人以大度待遠人。但當自計利害。不當與之校也」句（四四二—六四四上）。明刊本「以大度待遠人」句作「以禽獸待夷狄」。又「前代聖王屈於遠人。非一皆是此意」句（同上）。明刊本「遠人」作「夷狄」。又「北敵貽書爲請地。則失我機會。不可用矣」句（四四二—六四四下）。明本「北敵」作「北虜」。又「內慰士民之心。外消遠人之患」句（同上）。明刊本「遠人」作「夷狄」。

司諫王岩叟論西人請地狀奏章

四庫本「外國之心不敢輕侮故邊患少」句（四四二—六四四下）。又「兵威彊所以能制外國而不坐弊」句（同上）。明刊本前後兩處「外國」皆作「夷狄」。又「彼雖異域。既已與之。寧不知恩」句（四四二—六四五下）。明刊本「異域」作「夷狄」。

元祐中。殿中侍御史呂陶乞早定蘭會議章

四庫本「中國盛衰不在於遠人之違順」句（四四二—六四五下）。明刊本「遠人」作「夷狄」。又「莫不

欲震耀皇武以威四遠」句（四四二—六四六上）。明刊本「四遠」作「四夷」。又「恭惟神宗皇帝聖智高廣。有削平敵國之志」句（同上）。明刊本「敵國」作「夷狄」。又「先帝神武聖機。有鞭笞四遠之意」句（四四二—六四七上）。明刊本「四遠」作「四夷」。又「中國之待遠人惟恩威二柄而已」句（同上）。明刊本「遠人」作「夷狄」。又「向日大臣不能堅守誓書。沮折敵使」句（四四二—六四七上—六四七

下）。明刊本「敵」作「虜」。又「乃捨緣邊數百里襟要之地而與北敵矣」句（四四二—六四七下）。明刊本「敵」作「狄」。

諫議大夫范純仁乞誅果莊章

四庫本「兼使其他邊人尊畏中國」句（四四二—六四八下）。明刊本「邊人」作「夷狄」。又「果莊在漢在邊一般」句（同上）。明刊本「邊」字作「胡」。又「其次可正朝廷之法。使遠人知畏」句（四四二—六四九上）。明刊本「遠人」作「夷狄」。

純仁爲尙書右僕射論不當許阿里庫與果莊相見章

四庫本「又況大國舉動當使遠方難測」句（四四二—六四九下）。明刊本「遠方」作「夷狄」。

龍圖閣直學士判慶州范純粹乞不妄動以觀成敗之變章

四庫本「外裔輾轉飄忽盛衰無常」句（四四二—六五一上）。明刊本「外裔輾轉飄忽」作「夷狄蟻聚鳥散」。又「昔漢武帝時降戎數萬」句（四四二—六五一

下）。明刊本「戎」作「胡」。又「是知邊境爲欽付之名則中國受勞弊之實也」句（同上）。明刊本「邊境」作「夷狄」。四庫本「臣觀戎人之性以種族爲貴賤。故部酋之死其後世之繼襲者雖稚弱之子亦足以服老長之衆」句（四四二—六五二上）。明刊本「戎人」作「戎狄」。「稚弱」作「雛稚」。又「夫外敵相吞幷者中國之利也」句（四四二—六五二下）。明刊本「外敵」作「夷狄」。又「以全中國尊大之體。以

破邊人反覆之謀」句（四四二—六五三上）。明刊本「邊人」亦作「夷狄」。

五年。純粹爲環慶路安撫使論息兵失於欲速章

四庫本「雖聖朝懷來四遠固爲上策」句（四四二—六五三上）。明刊本「四遠」作「四夷」。又「朝廷既許以陷敵之衆易新造之壘」句（四四二—六五三下）。明刊本「敵」作「虜」。

卷末「七年。純粹任延州。乞不許蕃官自改漢姓」章

四庫本全章刪毀。今據明刊本補之如後。「七年。純粹任延州。乞不許蕃官自改漢姓。上奏曰。臣契勘本路蕃官。自來有因歸順。或立戰功。朝廷特賜姓名。以示旌寵。如嵬名山爲趙懷順。朱令崚爲朱保忠是也。後來有蕃官無故自陳。乞改姓名。經略司不爲止遏。據狀申陳。省部亦無問難。遂改作漢姓。如乙格爲白守忠。兀乞爲羅信是也。亦有不曾陳乞衷私。擅改作漢姓。如盧崚之子爲周明是也。見今更有蕃官攀援陳乞。蓋是自來未有禁約。致蕃部無故自以衷私撰改漢姓。切詳古者賜姓命氏。皆朝廷所以酬功德。別忠勤也。今乃使夷狄醜類。無故自易姓氏。混雜華人。若年歲稍遠。則本原汨亂。無由考究。漢蕃弗辨。非所以尊中國而別異類也。須至奏陳。乞立法止絕者。欲乞諸路蕃族。除係朝廷特寵賜與姓名外。即不許陳乞改作漢姓。所有今日以前不因朝廷賜姓之人。並行追改。各令依舊。如允所奏。只乞朝廷訪聞立法行下

。」

卷三百四十六

標題「夷狄」。四庫本作「四裔」。

宋哲宗元祐中。御史中丞傅堯俞奏章

四庫本「夫自古和敵未有能抗天威而快人意者」句（四四二—六五六上）。明刊本「敵」作「戎」。

四年。龍圖閣學士朝奉郎知杭州蘇軾狀奏章

四庫本「朝廷無絲毫之益。而敵國獲不貲之利」句（

四四二—六五七上）。明刊本「敵國」作「夷虜」。
又「度其本心終必爲北敵用。何也。彼足以制其死命而我不能故也」句（四四二—六五八上）。明刊本「北敵」作「北虜」。「彼」作「虜」。又「萬一異日有桀黠之輩」句（同上）。明本「輩」作「虜」。又「幷乞刪除元豐八年九月內創立許舶客專擅附帶敵使入貢及商販一條」句（四四二—六五八下）。明刊本「敵使」作「外夷」。又「而況海外之遠人。契丹之

與國乎」句（四四二—六五九上）。明刊本「遠人」作「裔夷」。又「所惜者無厭之敵事事曲從」句（四四二—六五九下）。明刊本「敵」作「虜」。

貼黃章

四庫本「使彼國悅己而怨朝廷。甚非館伴之體」句（四四二—六六〇下）。明刊本「彼國」作「虜使」。
又四庫本「安知非敵人欲設此事以嘗探朝廷深淺難易乎」（四四二—六六〇下）。明刊本「敵人」作「黠虜」。
又四庫本「臣所憂者文書積於高麗而流於北敵」句（四四二—六六二上）。明刊本「北敵」作「北虜」。

轍又乞罷熙河修質孤勝如等寨劄子

四庫本「中國旣失大信則外國不可復責故也」句（四四二—六六四下）。明刊本「外國」作「夷狄」。

元祐中。轍又奏乞裁抑高麗人使狀章

四庫本「其意欲以招致遠人爲太平粉飾」句（四四二—六六六上）。明刊本「遠人」作「遠夷」。又「而

目前所以遇高麗者幾比二國」句（同上）。明刊本「國」作「虜」。

五年范育知熙州論禦戎之要章

四庫本「蓋邊人氣類旣同。其嗜欲旣一。唇齒之黨勢必相爲」句（四四二—六六七下）。明刊本「邊人」作「夷狄」。「唇齒」作「犬羊」。又「威行萬里。義服四遠。雖唐虞三代之禦戎不過是矣」句（四四二

一六六九上）。明刊本「四遠」作「四夷」。

哲宗時畢仲游論復境土上言章

四庫本「自漢以來。言外敵之利害者。不知幾十人矣。然其成效非漢元鼎唐貞觀之門。則外國之強未有不過中國者也。由三代以前。外國之患雖不免。然終不能害中國也」句（四四二—六六九上～下）。明刊本作「自漢以來。言夷狄之利害者。不知幾十人矣。然其成效非漢元鼎唐正觀之間。則夷狄之強未有不過中國者也。由三代以前。夷狄之患雖不免。然終不能害中國也。」又「及章聖景德間敵嘗卒」句（四四二—六六九下）。「酋死敵散。故國毋奉誓求和」句（同上）。明刊本「敵」字皆作「虜」。又四庫本「則雖百勝之畫無寇之地不可追復也」句（四四二—六七〇上）。明刊本「寇」作「虜」。

仲游論棄熙河蘭會章

四庫本「天之生民。初無中國外國之別。以其與中原

之地甚相遠也。然後謂之外國。而自漢已來。爭取其不可治之地而治之。是以府庫空虛。人民死亡。僅能得之。而還爲外國之地者多矣」句（四四二—六七〇上）。

明刊本作。「天之生民。初無中國夷狄之別。以其不可以冠帶禮義治也。然後謂之夷狄。而自漢已來。爭取其不可治之地而治之。是以府庫空虛。人民死亡。僅能得之。而還爲夷狄之地者多矣。」又「況欲強取外國之地而治之乎。雖嘗爲中國之郡縣而本外國之地者則亦無所用之」句（四四二—六七〇下）。明刊本前後二「外國」皆作「夷狄」。又「而敵人將牧馬於階成之境外」句（同上）。明本「敵」作「胡」。又「棄之則瘠中國而肥敵人」句（同上）。明本「敵人」作「夷狄」。又「是以中國之力而爲敵人驅除」句（四四二—六七一上）。明刊本「敵人」作「夷狄」。

卷三百四十七

標題「夷狄」。四庫本作「四裔」。

宋徽宗即位。殿中侍御史龔夬論靑唐狀

四庫本「臣竊聞敵人之勢分而不一。則爲中國之利。自頃敵人強盛。必賴比近部族自相攜貳。偵伺敵情爲國藩翰」句（四四二—六七二下）。明刊本「敵人」作「夷狄」。「敵情」作「虜情」。又四庫本「國人不附。逃難來奔。特靑唐之一夫耳」句（同上）。明刊本「夫」作「虜」。又「引對闕庭。超受節鉞。爲四方之笑」句（同上）。明刊本「四方」作「夷狄」。又「靑唐不復附漢而合從於敵」句（同上）。明刊本「敵」作「虜」。又「庶幾復堅向漢之誠。不復歸心於敵」句（四四二—六七二上）。明刊本「敵」作「虜」。

建中靖國元年。侍御史陳次升論西蕃市馬章

四庫本「臣竊以邊人勢合則強。勢分則弱」句（四四二—六七二上）。明刊本「邊人」作「戎狄」。又「窮來歸我。特一亡徒爾」句（同上）。明刊本「徒」作「虜」。又「所得亡人。道路將迎甚勤」句（同上）。明刊本「人」作「虜」。又「朝廷恩賜甚渥。費用不貲。爲四方笑」句（同上）。明刊本「四方」作「夷狄」。

龍圖閣學士范純粹乞令蕃官不得換授漢官差遣章

四庫本「並叙在漢官之下所以尊中國而抑四夷也」句（四四二—六七三上）。明刊本「抑四夷」作「賤夷狄」。又「爲患日深。不可不戒」句（同上）。明刊本「爲患日深」作「胡種亂華」。又「事屬倒置。人情不甘。姑息之害至於如此」句（同上）。明刊本「姑息之害至於如此」句作「犬羊之徒豈可如此」。

崇寧五年知鳳翔府馮澥論湟廓西寧三州章

四庫本「使失地無歸之人復得其殘兵。敗卒疆土各安其故」句（四四二—六七四下）。明刊本作「使失地無歸之人復得其巢穴。奔禽遁獸各安其故」。又「而又可以逆絕北敵之辭」句（同上）。明刊本「敵」作「虜」。

大觀四年。安堯臣上書論燕雲之事章

四庫本「敵人蓄銳伺隙以逞其欲」句（四四二—六七五下）。明刊本「敵人」作「狼子」。又「無使敵人乘間窺中國」句（同上）明刊本「敵人」作「外夷」。

四年童貫蔡攸等師既行章

四庫本「臣聞外裔之性不以戰鬥爲苦。去來無定。叛服不常。雖成周盛世。猶有玁狁之難」句（四四二—六七六上）。明刊本作「臣聞犬戎之性。不可以信義結。去來無定。叛服不常。雖成周盛世。尤有玁狁之難」。又其後「景德中亦有澶淵之役。眞宗皇帝天威一震。敵勢瓦解。當是時。乘勝逐北。則敵國之兵無噍類矣。眞廟聖慈深厚。特以兩國生靈爲念。故推天地之量。洪覆載之恩。啖以厚利。與之議和。爲天下後世萬萬年安全之計。故敵人謹守盟誓。不敢南下而牧馬者。誠以天地之洪恩不敢忘也。」句（同上）。明刊本作「景德中。亦有澶淵之役。眞宗皇帝天威一震。賊勢瓦解。當是時。乘勝逐北。則腥羶之種無噍類矣。眞廟聖慈深厚。特以兩國生靈爲念。故推天地之量。貸螻蟻之命。啖以厚利。與之議和。爲天下後世萬萬年安全之計。故虜人謹守盟誓。不敢南下而牧馬者。誠以天地之洪恩不敢忘也。」又後文「敵使之

來宴犒賜予。恩數曲盡」句（四四二—六七六下）。「不唯慰安敵人之心。使明知陛下德意」句（同上）。「則敵人猜忌之心未易可解」句（四四二—六七七上）。「臣聞敵中頻歲不登。斗米千錢」句（同上）。「又況李良嗣董才皆北敵叛臣」句（同上）。「歲得之息取之於敵而復以予敵」句（同上）。又「不唯北敵爲備日久。山後之民往往徙居漠北」句（四四二

一六七七下）。「又謂北敵比年以來爲女眞所困」句（同上）。以上九「敵」字明刊本皆作「虜」。又四庫本「滅一弱寇。而與強敵爲鄰。恐非中國之福。徒爲女眞之利耳。且北敵雖異族。然久漸聖化。粗知禮義。故百餘年間謹守盟誓。不敢妄動者。知信義之不可渝也。今女眞性剛狠。善戰鬥。坐擁精兵。勢焰日甚。北敵以同類相攻。尚不能勝。儻與之鄰。則將何術以禦之。不過修盟誓。以結鄰國之外好而已。本朝

與北敵通好百有餘年。一旦敗之。女眞果能信其不渝乎」一段（同上）。明刊本作「滅一弱虜。而與強虜爲鄰。恐非中國之福。徒爲女眞之利耳。且北敵雖夷狄。然久漸聖化。粗知禮義。故百餘年間謹守盟誓。不敢妄動者。知信義之不可渝也。今女眞性剛狠。善戰鬥。茹毛飲血。殆非人類。北虜以夷狄相攻。尚不能勝。儻與之鄰。則將何術以禦之。不過修盟誓。以結鄰國之外好而已。本朝與北虜通好百有餘年。一旦敗之。女眞果能信其不渝乎。」又四庫本「臣願爲陛下出疆說諭敵人云。比因彼中亡失國主。深慮擾攘之時」句（四四二—六七八上）。明刊本「敵」「彼」「國」三字皆作「虜」。又「古人謂外域相攻。中國之福。正謂是矣」句。明刊本「外域」作「夷狄」。又「北敵聞之恩歸陛下。則臣報上之心足矣」句（四四二—六七九上）。明刊本「敵」作「虜」。

眞定府路安撫趙遹乞撫存北虜章

四庫本多將「虜」字改易作「敵」或「彼」（四四二—六七九上下）。

貼黃章

四庫本「臣愚竊謂敵失其酋。未知所立」句（四四二—六八〇上）。明本「敵」作「虜」。又其後。四庫本「臣契勘女眞蕞爾偏隅。自昔臣屬北敵。勢不過敵之一大族。其衆強弱與敵不侔。徒以敵酋失德。乘其離心。遂致以寡敵衆。以弱凌強者。非女眞之能。皆

其所自取也。然北敵大國。其人素不畏女眞。女眞今雖得志。亦豈能久橫行於敵中哉。敵之新酋既立。得國人心。事將反掌也。陛下仁聖被於四海。普天率土。罔不臣妾。若速於斯。有以深結其心。使之懷服。自削其平日之貪傲。」句（四四二—六八〇上下）。明刊本作「臣契勘女眞蕞爾小夷。自昔臣屬北虜。勢不過虜之一大族。其衆彊弱與虜不侔。徒以虜酋失德。乘其離心。遂致以寡敵衆。以弱淩彊者。非女眞之

能。皆虜所自取也。然北虜大國。其人素不畏女眞。女眞今雖得志。亦豈能久橫行於虜中哉。虜之新酋既立。得國人心。事將反掌也。陛下仁聖被於四海。普天率土。罔不臣妾。若速於斯。有以深結虜心。使之懷服。自削其平日之貪傲。」

徽宗時趙鼎臣代條具北邊事宜章

四庫本「此殆天亡之時也」句（四四二—六八〇下）。明刊本「亡之」作「亡胡」。又「今奚人叛遼。衆已盈萬」句（四四二—六八一上）。明刊本「遼」作「虜」。又「臣竊料之。彼與敵戰而勝也」句（同上）。又「則是特敵之一叛將耳」句（同上）。明刊本「敵」字皆作「虜」。又「禧雖庸材將感激沒齒」句（四四二—六八一下）。明刊本「庸材」作「庸虜」。又「至其或者遼不勝奚。敗北擾亂」句（同上）。明刊本「遼」作「虜」。「奚」作「賊」。又四庫本「臣聞宣王伐玁狁復疆土。必使之修車馬備器械」句

（四四二—六八二上）。明刊本「伐玁狁」作「攘夷狄」。

宋欽宗靖康元年。尙書右丞李綱上徽宗疏章

四庫本「臣聞中國外裔相爲盛衰。非徒人爲。殆亦天數」句（四四二—六八二下）。明刊本「外裔」作「夷狄」。又「昨金人緣藥師叛。既陷燕山」句（同上）。明刊本「金人」作「金賊」。又「敵國之衆蜂屯蟻附渡壕臨城」句（同上）。明刊本「敵國」作「犬

戎」。又「敵兵乘栰以強弩射之。往往沒溺」句（同上）。明刊本「敵兵」作「賊兵」。又「變鴟鴞爲好音。化強暴爲善類」句（四四二—六八三上）。明刊本「強暴」作「虎狼」。又「敵方退舍。竢稿師之物以歸」句（同上）。明刊本「敵」作「賊」。又「敵情難窺尤當預防」句（同上）。「使敵蠲滅所須之數」句（同上）。明刊本二「敵」字皆作「虜」。

綱又上奏章

四庫本「若敵人必欲三鎭。不免戰爭」句（四四二—六八三下）。明刊本「敵」作「虜」。又「竊以今春戎馬犯闕。倉卒無備。自當議和」句（同上）。明刊本「戎馬」作「賊馬」。又「然敵情狡獪。自春徂秋。頓兵堅城之下而不退」句（同上）。「臣恐中國之勢益弱而黠敵之氣益驕矣」句（同上）。明刊本「敵」字皆作「虜」。又「敵騎憑陵。復有今春之虞。將何以禦之」句（同上）。明刊本「敵騎憑陵」作「虜騎猖蹶」。

監察御史余應求乞將相勿爭私忿。早定和戰之計章

四庫本「方今強敵入寇。四郊多壘」句（四四二—六八四下）。明刊本「敵」作「虜」。又「金幣既不足。敵人必不肯退師」句（同上）。「若敵人必要金幣之足與三鎭三關之地」句（四四二—六八五上）。明刊本「敵人」皆作「虜人」。又「窮寇遠來自居死地。奮不顧身之時也」句（同上）。明刊本「奮不顧身」作「困獸猶鬥」。

晁說之應詔上封事章

四庫本「女眞一旅矜棘入塞。擁馬渡河」句（四四二—六八五下）。明刊本「一旅」作「小醜」。又「女眞小敵平昔服屬高麗」句（同上）。明刊本「小敵」作「小醜」。四庫本「上棄之以與契丹固非所宜」句（四四二—六八七下）。明刊本「與」作「奉」。又「女眞小敵者。審其情狀」句（同上）。明刊本作「

女眞小醜者譬之黠鼠」。又「乃一日無名而棄之於一荒裔小敵」句（同上）。明刊本「敵」作「醜」。又「加以北戎爲援。未可倉猝取也」句（四四二—六八九下）。「太祖破北戎於雁門關」句（同上）。明刊本「北戎」皆作「北虜」。又「謂此小敵爲有功。則隋唐因突厥之兵以有天下」句（四四二—六九〇下）。明刊本「小敵」作「小醜」。又「而狂肆之心不能自已。遂欲陸梁於中國哉」句（同上）。明刊本「狂

肆之心」作「豺狼之號」又「恭惟陛下始初清明之時。天以小敵警懼」句（四四二—六九一上）。明刊本「小敵」作「小醜」。又「不禁言拒諫以自蔽。則何慮乎女眞小敵」句（四四二—六九二上）。明刊本「小敵」亦作「小醜」。又四庫本「二敵能制死命而我無如彼何。故畏敵而不畏我。所得賜予聞與之分」句（四四二—六九三下）。明刊本「敵」字「之」字皆作「虜」。又「往往窺測以報敵人」句（同上）。明刊本「敵人」作「虜人」。

卷三百四十八

標題「夷狄」四庫本作「四裔」。

宋高宗建炎元年。知開封府宗澤上疏章

四庫本「自金兵再犯未嘗命一將出一師」句（四四二—六九四上）。明刊本「金兵」作「金賊」。又「惟敵言是聽。惟敵求是應」句（同上）。明刊本「敵」字皆作「虜」。又「臣每念是禍正宜天下臣子弗與仇

敵俱生之日也」句（同上）。明刊本「仇敵」作「賊虜」。

三年。澤又奏給公據與契丹漢兒及本朝被虜之民疏

四庫本「即與契丹漢兒互相併力自分兵勢」句（四四二—六九五下）。明刊本「兵勢」作「賊勢」。

元年。開國伯李綱上封事章

四庫本「自古邊人爲中國患。所以待之者不過三策」句（四四二—六九五下）。明刊本「邊人」作「夷狄

」。又「敵氣既懾。吾辭理直而威力強則可和」句（同上）。又「敵情震怖遣使請和」句（同上）。明刊本「敵」字皆作「虜」。又「金人稱兵以犯中原。當時亦有爲避敵之計者」句（同上）。明刊本「避敵」作「避狄」。又「敵騎薄城攻圍。連日殺傷甚衆。敵氣挫矣」句（同上）。明刊本「敵騎」作「虜騎」。「敵氣」作「賊氣」。又「敵將渡河。猶以爲割河北河東之地奉之以袞冕輅車尊號而師可解」句（四四二

—六九六上）。明刊本「敵」作「虜」。又「以餘軍待其抄掠。即行掩擊。則糧餉絕而敵可圖矣」句（四四二—六九六下）。明刊本「掠」字。「敵」字皆作「虜」。又「夫邊寇者強悍之性同於剽掠也。強悍無以制御之」句（同上）。明刊本作「夫夷狄者小人之類。猶之盜賊也。小人無以制御之」。又「剽掠者白晝入主人之室。探匱發篋得其所欲」句（同上）。明刊本「剽掠者」作「盜賊」。又「二聖沈于敵廷。生靈陷於塗炭。自古邊陲之禍。中國未有若此其甚也」句（四四二—六九七上）。明刊本「敵廷」作「虜廷」。「邊陲」作「夷狄」。又「去春奉命使敵而去其軍中」句（同上）。明刊本「敵」「虜」。又「則今日待金人之策。所謂和戰守者當何所從而可也」句（同上）。明刊本「金人」作「夷狄」。又「秋高馬肥敵騎又將奔突」句（四四二—六九八上）。明刊本「敵」作「虜」。又「其意以謂金人之性貪婪無厭」句

（四四二—六九八下）。明刊本「金人」作「夷狄」。又「其後敵騎再犯都畿。而前日以和議爲然者舉皆國」句（同上）。明刊本「敵」作「虜」。

紹興間李綱又論金人失信劄子

四庫本「亦自以爲失信於金人而致此擾攘也」句（四四二—六九九下）。明刊本「金人」作「夷狄」。又「彼方恃強暴之威。假信義之說以責我」句（同上）。明刊本「強暴」作「虎狼」。又「敵騎犯闕。勤王

之師未集」句（同上）。明刊本「敵」作「虜」。又「此特中國之人不願淪於敵耳」句（四四二—七〇〇上）。明刊本「敵」作「夷」。又「奉使敵中往往爲兩河之民所殺」句（同上）。又「敵騎既破汴都。登城不下」句（同上）。明刊本「敵」字皆作「虜」。又「正猶強暴劫掠主人恃其兇咸靡所不至」句（同上）。明刊本「強暴」作「盜賊」。又四庫本「小人橫逆。君子猶以度外置之。況夫臭味差池。中國亦何必

斤斤與之較曲直哉」句（同上）。明刊本作「小人橫逆。君子猶以禽獸畜之。況夫夷狄強暴。中國豈可以信義與之較曲直哉」。

高宗時戶部侍郎葉夢得奏論金人箚子

四庫本「臣伏見黠敵去冬雖未嘗長驅入塞。然今春以來散遣卒徒。西陷關陝」句（四四二—七〇〇下）。明刊本「黠敵」作「黠虜」。「卒徒」作「醜類」。又「妄意敵若但守今日疆土」句（同上）。明刊本「敵」作「虜」。又「敵人貪婪。吞噬未已。不肯徒守空地」句（同上）。明刊本「敵人」作「犬羊」。又四庫本「今敵勢方張未見其隙」句（四四二—七〇一上）。又「窮兵深入。渡淮越江。誠非敵利」句（同上）。明刊本「敵」字皆作「虜」。又「古之善治邊境者。以邊境攻邊境。今敵之狡謀若反用此術」句（同上）。明刊本「邊境」皆作「夷狄」。「敵」作「虜」。又「深察敵之所在而審觀其所用之術」句（四四二—七〇一下）。又「如是則敵皆在吾度內矣」句

（同上）。明刊本「敵」字皆作「虜」。

夢得爲兩浙西路安撫使乞差人至高麗探報金人事宜章

四庫本「採報金人事宜」句（四四二—七〇二上）。明刊本「金人」作「金賊」。又「竊見金人陰懷不道。欲以肆其荼毒。洊食上國之日久矣」句（同上）。明刊本「金人」作「金賊」。「以肆其荼毒」句作「爲封豕長蛇」。又四庫本「去敵境不遠嘗聞敵有妄窺

東南之意」句（同上）。明刊本兩「敵」字皆作「賊
」。又四庫本「因爲臣圖海道。大略言敵境舊與契丹
。蘇州。正直登萊。高麗東北與敵接界。有關門爲限
。敵舊事高麗。每歲入關。即遣使進奉。崇寧三年。
始與高麗稱兵。大觀元（同上）年。高麗遂取其六洞
於南境。以築九城。實以甲兵糧食。後復爲敵。以沈
羅黑水堆洞人奪之。自是與高麗絕。政和五年。契丹
爲金所敗。取其沿海六十餘州。高麗乘間誘得金用事

首領一人。金屢來求不與。及金滅契丹。宣和七年。
高麗復遣使通好。爲所留不歸。去年。敵擾我畿甸之
後。高麗遂兩遣人使彼。彼亦兩報之。」句（四四二
—七○三上）以上凡「敵」「金」「所」「彼」字明
刊本皆作「賊」。又「勢恐不能與彼重抗」句（同上
）。明刊本「彼」作「賊」。又「若因使伺敵。萬一
欲謀擾我。句（同上）。明刊本「敵」作「賊」。又
「應得敵中動息皆亟使來告」句（四四二—七○三下
）。明刊本「敵」亦作「賊」。

貼黃章

四庫本「使密自刺敵動息。以廣耳目」句（四四二—
七○三下）。明刊本「敵」作「賊」。

侍御史孫覿和戎箚子

四庫本「陛下即大位。坐席未暖而強敵犯闕」句（四
四二—七○四上）。明刊本「敵」作「胡」。又「今
女眞暴起。滅契丹爲北方大族」句（四四二—七○四

下）。明刊本「族」作「種」。又「女眞乘勝頓兵」
句（同上）。明刊本「女眞」作「強胡」。又「女眞
竦然聽命。卷甲而歸」句（同上）。明刊本「女眞」
作「群胡」。又「伏望聖慈趙元昊校北敵之強弱」句
（同上）。明刊本「北敵」作「北胡」。

覿又論和戎箚子

四庫本「今者強敵乘百戰百勝之威」句（四四二—七
○五上）。明刊本「敵」作「胡」。又「甘言重幣足

以厭敵人貪暴之心」句（同上）。明刊本「敵人」作「虎狼」。又「而冒頓亦崛越於東方」句（同上）。明刊本「東方」作「東胡」。又「獨季布以謂外域不足較耳」句（同上）。明刊本「外域不足較」作「夷狄如禽獸」。又「諸道兵大會行在。敵懼請和」句（四四二—七〇五下）。又「敵人長驅萬里無所忌憚」句（同上）。明刊本「敵」字皆作「虜」。

御史中丞廖剛狀奏章

四庫本「日者上天悔禍。敵遣和使」句（四四二—七〇六上）。明刊本「敵」作「虜」。

樞密行府參謀鄭剛中請放西夏捕獲人王樞等狀奏章

四庫本「不惟使外裔有感嚮之心。實可以示朝廷廣大之意」句（四四二—七〇六下）。明刊本「外裔」作「夷狄」。

王元澍論遏敵之策章

四庫本「王元澍論遏敵之策曰。臣聞中國之於邊方。

未易以力勝也。能使邊方之人自相攻討。則敵寇可遏矣。西漢之屬國都護。東京之南單于與唐回鶻之師。皆此道也。金人用兵以來。七年于茲。而四夷之兵未聞效順。敵兵以是日熾。中國以是日陵。禦遏之術未見其善。必能合群夷之情。捍強梁之勢。然後敵寇可殄。中國可安。或曰。中國之使外裔。外裔之事中國。各有常勢。胡可強議。今中國之勢既陵。外裔之勢方盛。安能間激使相戰爭」一段（四四二—七〇七上下）。明刊本作「王元澍論遏虜之策曰。臣聞中國之於夷狄。未易以力勝也。能使夷狄之人自相攻討。則虜寇可遏矣。西漢之屬國都護。東京之南單于與唐回鶻之師。皆此道也。金人用兵以來。七年于茲。而四夷之兵未聞效順。虜兵以是日熾。中國以是日陵。禦遏之術未見其善。必能合群夷之情。捍強梁之勢。然後虜寇可殄。中國可安。或曰。中國之使夷狄。夷狄之事中國。各有常勢。胡可強議。今中國之勢既陵。

夷狄之勢方盛。安能間激使相戰爭」。

陳長方代人上殿劄子

四庫本「臣伏見去歲僭叛之臣外連強敵」句（四四二—七○七下）。明刊本「強敵」作「強虜」。又「震驚異域。故其詭謀奸計不日告窮」句（四四二—七○八上）。明刊本「異域」作「醜類」。「詭謀」作「野心」。又「然自敵師行遁已復半年」句（同上）。明刊本「敵師」作「賊師」。又「安知敵人不於秋高馬肥之時猶思奮其螳臂」句（同上）。明刊本「敵人」作「醜虜」。又「臣愚深恐議者妄意敵情。因此畏怯」句（同上）。明刊本「敵情」作「賊情」。

金國使人張通古在館。吏部員外郎許忻上疏極論和議不便章

四庫本「況風塵蹂踐。驚動我陵寢」句（四四二—七○九上）。明刊本「風塵蹂踐」句作「犬羊之群」。又四庫本「敵國內亂。契丹林牙復立。故今主復與我

平」句（四四二—七一○上）。明刊本「敵國」作「外夷」。

戶部侍郎李彌遜論和議不當先事致屈劄子

四庫本「敵人狂悖吞噬。欲盜混一之名」句（四四二—七一二上）。又「然後議所以禮之則不失敵人之情」句（四四二—七一二下）。明刊本「敵人」皆作「虜人」。

彌遜又答和議劄子

四庫本「敵情險詐。姦謀詭計未易測度」句（四四二—七一三上）。明刊本「敵情」作「虜情」。又「金人之擾中國十有餘年。縱橫馳騁。無不被其毒」句（同上）。明刊本「縱橫馳騁。無不被其毒」句作「豺狼蠭蠆不足喻其毒」。又「包藏禍心萬無是理」句（四四二—七一三下）。明刊本「包藏禍心」作「狼子野心」。又「借使敵人姑從吾欲」句（同上）。明刊本「敵人」作「虜人」。又「不顧一身之屈。求和大

敵」句（同上）。明刊本「大敵」作「異類」。又「今陛下率在廷之臣以君敵國。後何以責其盡忠哉」句（四四二—七一四上）。明刊本「敵國」作「夷狄」。又「而敵性詭誕變詐。欲以自蓋」句（同上）。明刊本「敵性」作「賊性」。又「使人人皆有報讎強敵之志則國威日振」句（四四二—七一四下）。又「敵人所以報陛下者如何」句（同上）。明刊本「敵」字皆作「虜」。

紹興八年。宰臣秦檜決策主和章

四庫本「臣謹按王倫本一狎邪小人。市井無賴。頃緣宰相無識。遂舉以使敵。專務詐誕。欺罔天聽。驟得美官。天下之人切齒唾罵。今者無故誘致敵使。以詔諭江南爲名。是欲臣妾我也。是欲劉豫我也。劉豫臣事金人。南面稱王。自以爲子孫帝王萬世不拔之業。一旦幡然改慮。捽而縛之。父子爲虜。商鑒不遠。而倫又欲陛下效之。夫天下者。祖宗之天下也。陛下所居之位。祖宗之位也。奈何以祖宗之天下爲金人之天下。以祖宗之位爲金人藩臣之位。陛下一屈膝。則祖宗廟社之靈盡淪異域。祖宗數百年之赤子盡爲臣妾。朝廷宰執盡爲陪臣。天下士大夫皆當抑志降心。聽其指使。異時敵人無厭之求。安知不加我以無禮如劉豫也哉。夫三尺童子至無識也。指仇讎而使之。拜則怫然怒。今金人則仇讎也。堂堂大國相率而拜仇讎。曾童孺之所羞。而陛下忍爲之耶。倫之議乃曰。我一屈

膝。則梓宮可還。太后可復。淵聖可歸。中原可得。嗚呼。自變故以來。主和議者誰不以此說啗陛下哉。然而卒無一驗。則敵之情僞已可知矣。而陛下尚不覺悟。竭民膏血而不恤。忘國大讎而不報。含垢忍恥。舉天下而臣之甘心焉。就令敵決可和。盡如倫議。天下後世謂陛下何如主。況敵人變詐百出。而倫又以奸邪濟之。梓宮決不可還。太后決不可復。淵聖決不可歸。中原決不可得。而此膝一屈不可復伸。國勢陵夷

不可復振。可爲痛器流涕長太息矣。向者陛下間關海道。危如累卵。當時尙不忍北面臣之。況今國勢稍張。諸將盡銳。士卒思奮。只如傾者北兵陸梁。僞豫入寇。固嘗敗之於襄陽。敗之於淮上。敗之於渦口。敗之於淮陰。校之往時。蹈海之危。固已萬萬。儻不得已而至於用兵。則我豈遽出敵人下哉」一段（四四二—七一四下至七一五下）。明刊本作「臣謹按王倫本一狎邪小人。市井無賴。頃緣宰相無識。遂舉以使虜

。專務詐誕。欺罔天聽。驟得美官。天下之人切齒唾罵。今者無故誘致虜使。以詔諭江南爲名。是欲臣妾我也。是欲劉豫我也。劉豫臣事醜虜。南面稱王。自以爲子孫帝王萬世不拔之業。一旦豺狼改慮。捽而縛之。父子爲虜。商鑒不遠。而倫又欲陛下效之。夫天下者。祖宗之天下也。陛下所居之位。祖宗之位也。奈何以祖宗之天下爲金虜之天下。以祖宗之位爲金虜藩臣之位。陛下一屈膝。則祖宗廟社之靈盡汙夷狄。

祖宗數百年之赤子盡爲左衽。朝廷宰執盡爲陪臣。天下士大夫皆當裂冠毀冕。變爲胡服。異時豺狼無厭之求。安知不加我以無禮如劉豫也哉。夫三尺童子至無識也。指犬豕而使之拜。則怫然怒。今醜虜則犬豕也。堂堂大國相率而拜犬豕。曾童孺之所羞。而陛下忍爲之耶。倫之議乃曰。我一屈膝。則梓宮可還。太后可復。淵聖可歸。中原可得。嗚呼。自變故以來。主和議者誰不以此說啗陛下哉。然而卒無一驗。則虜之

情僞已可知矣。而陛下尙不覺悟。竭民膏血而不恤。忘國大讎而不報。含垢忍恥。舉天下而臣之甘心焉。就令虜決可和。盡如倫議。天下後世謂陛下何如主。況醜虜變詐百出。而倫又以奸邪濟之。梓宮決不可還。太后決不可復。淵聖決不可歸。中原決不可得。而此膝一屈不可復伸。國勢陵夷不可復振。可爲痛器流涕長太息矣。向者陛下間關海道。危如累卵。當時尙不忍北面臣虜。況今國勢稍張。諸將盡銳。士卒思奮

。只如頃者醜虜陸梁。僞豫入寇。固嘗敗之於襄陽。敗之於淮上。敗之於渦口。敗之於淮陰。校之往時。蹈海之危。固已萬萬。儻不得已而至於用兵。則我豈遽出虜人下哉。」又其後四庫本「檜曰敵可和。近亦曰可和」句（四四二—七一六上）。又「有如敵騎長驅尙能折衝禦侮耶」句（同上）。又「然後羈留敵使。責以無禮」句（四四二—七一六下）。以上三處「敵」字明刊本皆作「虜」。

高宗時直秘閣喩汝礪論和好章

四庫本「然天覆北部極容隱納」句（四四二—七一七上）。明刊本「北部」作「北胡」。又「旣謁其主。退請崇侈」句（同上）。明刊本「其主」作「虜主」。又「敵謀遂折。增歲賂二十萬」句（同上）。明刊本「敵」作「虜」。又「弼第能弊中國以奉外國耳。胡功之爲」句（同上）。明刊本「外國」作「夷狄」。又「歲與敵者其費可勝支哉」句（四四二—七一七下）。明刊本「敵」作「虜」。

宗正少卿史浩請安反側箚子

四庫本「臣聞金人不道。違天叛盟」句（四四二—七一八上）。明刊本「金人」作「金虜」。又「干戈所指犀兕咸奔」句（同上）。明刊本「犀兕」作「犬彘」。又「儻不連赦。諸人必定復生一敵」句（四四二—七一八下）。明刊本「諸人」作「群胡」。「敵」作「虜」。

卷三百四十九

標題「夷狄」四庫本作「四裔」。

宋孝宗隆興元年章

本章內文凡「敵」字明刊本皆作「虜」。「蓋自海陵死」句（四四二—七二〇下）明刊本作「虜自逆亮死」。

允文又論不當棄四州地與虜和上奏章

四庫本全文如下「允文又論不當棄四州地與敵和上奏

曰。臣比准朝廷行下以敵國禮講和。臣輒一具奏疏敵已衰之迹。乞不棄四州之地。方以冒昧。日積憂惶。伏奉御箚。許臣以忠勤。諭臣以能副陛下之意。恩禮加重。腹心示眷。臣之欲報。言之爲淺。伏讀聖詔所謂四郡之地。敵人若許我。則當遣使以款之。若不許我。則不復議和。睿謀閎深。聖斷英果。固非臣所及。亦非在廷將相大臣百執事所能及也。傳曰。有君如此。其忍負之。臣尚願畢其說。惟陛下幸擇。竊謂自

古中國之於外裔。或戰或和。必因盛衰之勢。而用之若當戰而和。與當和而戰。此安危存亡之機。不可不察也。漢高祖唐太宗皆起於秦隋大亂之後。其所遭之時。所用將相。所集兵車。所都勝勢。大率皆略相似。及天下初定。高祖和匈奴。太宗征突厥。其不同遽如此何哉。冒頓方盛。而頡利衰故也。二君者豈能爲天下之機。特因其機而不失爾。臣不知士大夫以今日之敵爲盛耶衰耶。方敵盛時。力苟不足。尙以和而誅

我。我每墮其計中。自宣和靖康而來。可迭考而究見之也。彼欲取契丹。始誅我以海上之盟。彼未得太原。又誅我以城下之盟。達蘭以蒙國爲患。棄河南之地。而誅我以盟烏珠。既引兵臨淮。知江南不可下又誅我以盟。數十年之間凡四與我盟。而率自叛之。而謂和猶可恃耶。彼力不足。雖戰必和。彼力有餘。雖和必戰。往事歷歷可鑒。而世不悟。有識者不知涕泗之橫集也。彼今已衰。不止於力之不足。一和之後。彼之力有餘。不知今日之盟。士大夫能保其不叛否也。

況海陵死。舊盟已亡。皇帝者我自帝也。上天之所畀付也。大國者我自國也。祖宗之所傳授也。何有於不正之名。而汲汲於正之乎。姪國之稱豈無猶子之嫌。未可以言敵國。而四州之地與和尚原商於一帶之險。皆不可以輕棄。願陛下深思而熟計之。當前歲之冬。海陵敗於采石。死於揚州。敵兵散亡遁去。我乘其機。僅能得此四州。而官軍以戰而死者幾人。戰騎歿於

陣者幾乘。輸財發軵。所費者不知其幾千萬計。第功行賞。所遷補者又不知其幾千萬官也。而一旦忍棄之乎。棄之之後。敵無可乘之機如曩時。又可以必取之乎。使必取而得之。國家之所以耗蠹費用。士馬之所以散佚死傷。又不知幾倍於前日也。士大夫厚祿於朝者。亦嘗遠慮卻顧一念及此乎。或者謂太上皇帝得和戎之福。陛下所宜循守。而不知太上當漢高祖之機。休養民力。積兵積財。堅忍二十年之久。以待敵之衰

。而唐太宗之機。付陛下於今日也。繼代之功孰大焉。浮言熒惑。古所深慮。願陛下於問安之餘。從容及臣之說。二聖合謀。敉寧天下。開聖子神孫萬世之丕基。臣不勝大幸。」（四四二—七二一下至七二二下）。以上除「未可以言敵國」句外（四四二—七二三下）。凡「敵」字。「彼」字明刊本皆作「虜」。「外裔」作「夷狄」。「海陵」作「逆亮」。

允文又論虜中情僞不可棄四州之地上奏章

四庫本「允文又論敵中情僞不可棄四州之地。上奏曰。臣於二月初得探報。敵帥拘留胡昉等。嘗於初五日奏敵必不敢執我使人。已而又報大酋取昉往燕山。臣心實笑之。今據探報。二月十一日自燕山發回昉等。相傳以爲大酋不欲和。必至於戰。臣竊有二疑。若彼之君臣果不欲和。何不執我使人。即日發兵剋期會戰」句（四四二—七二三上）。凡「敵」字明刊本皆作「虜」。「彼之君臣」作「虜庭君臣」。又「若和議

不成。境上之敵必整促會合。分道窺邊」句（同上）。又「敵無深入久留之便」句（四四二—七二三下）。明刊本兩「敵」字亦皆作「虜」。

允文又論召回信使。當殿議中外戰守之備。幷安集歸正流民章

四庫本「敵之弱勢可見」句（四四二—七二四上）。「敵兵率多內徙」句（同上）。「敵又寖退。必無深入久戰之憂」句（同上）。「敵比下令。盡驅旁邊之

民逃避者」句（同上）。以上凡「敵」字明刊本皆作「虜」。又四庫本「天將亡之。遽奪其魄至此」句（同上）。明刊本「之」作「胡」。

允文又論虜中衰弊章

四庫本「允文又論敵中衰弊。令兩軍習拒馬法。上奏曰。臣伏讀明詔。以軍政之弊。有敵人雖弱。而我不得地志之歎。臣嘗與有識之士日夜飲此恨久矣。今陛下明以訓臣。是臣千載之遇合。其敢不勉。臣竊見昔自金人竭其國兵財之力。大舉以渡江。一敗之後。亟抵滅亡。敵氣頓索。中原之民因見敵之力果不可以勝天也。起義兵。而歸正之人相與而趨赴。延及渤海契丹之族。而敵勢遂孤。敵中始多事。外訌內阻。日有岌岌之勢。況頻年旱蝗。今山東河北斗米千錢。燕山之價倍之。咸平黃龍之價又兩倍之。人皆相食。所至盜起。識者謂天之亡之其在茲乎」一段（四四二—七二四下）。明刊本作「允文又論虜中衰弊。令兩軍習拒馬法。上奏曰。臣伏讀明詔。以軍政之弊。有虜人雖弱。而我不得地志之歎。臣嘗與有識之士日夜飲此恨久矣。今陛下明以訓臣。是臣千載之遇合。其敢不勉。臣竊見虜自逆亮竭其國兵財之力。大舉以渡江。一敗之後。亟抵滅亡。虜氣頓索。中原之民因見虜之力果不可以勝天也。起義兵。而歸正之人相與而趨赴。延及渤海契丹之族。而虜勢遂孤。虜中始多事。外訌內阻。日有岌岌之勢。況頻年旱蝗。今山東河北斗

米千錢。燕山之價倍之。咸平黃龍之價又兩倍之。人皆相食。所至盜起。識者謂天之亡虜其在茲乎。」

隆興二年胡銓爲兵部侍郎上疏章

四庫本「則北敵之不可與和彰然矣」句（四四二—七二五下）。明刊本「北敵」作「醜虜」。又「切勿與敵講和」句（同上）。「若與敵和自是中國必多事矣」句（同上）。又「一與敵和則中原絕望」句（四四二—七二六上）。又「敵復請和。其反覆變詐如此」

句（同上）。以上四「敵」字明刊本皆作「虜」。又「卒有海陵之變。驚動輦轂」句（同上）。明刊本「海陵」作「逆亮」。又四庫本「與之則反側生變。不與則敵決不肯但已。夫反側則肘腋之變深。敵決不肯但已。則必別起釁端。猝有如前之謀。不知何以伐之。此可弔者五也。自檜當國。二十年間。竭民膏血。以餌勍敵。迄今府庫無旬月之儲」句（同上）。明刊本作「與之則反側生變。不與則虜決不肯但已。夫反

側則肘腋之變深。虜決不肯但已。則必別起釁端。猝有逆亮之謀。不知何以伐之。此可弔者五也。自檜當國。二十年間。竭民膏血。以餌犬羊。迄今府庫無旬月之儲」。

又四庫本「瘠中國以肥敵。陛下何憚而爲之」句（四四二—七二六下）。「側聞敵人嫚書。欲書御名」句（同上）。明刊本「敵」字皆作「虜」。又「今勍敵橫行。與多壘孰辱」句（同上）。明刊本「勍敵」作「醜虜」。

孝宗時詮又上疏章

四庫本「朕決不與敵和」句（四四二—七二七下）。明刊本「敵」作「虜」。又「是年冬。臣被旨措置海道以禦戎寇」句（同上）。明刊本「戎寇」作「虜寇」。又「和議旣講。在彼無厭之欲難塞」句（四四二—七二八上）。明刊本「在彼」作「犬羊」。又「陛下有高世之行九。敵人有取滅之理三」句（四四二—

七二八下）。又「敵人虐用其民。取滅之理一也」句（同上）。明刊本兩處「敵人」皆作「醜虜」。

銓爲中書舍人論復讎疏章

四庫本「自紹興初。肉食者不能遠謀。遂墮敵計。和議三十年。廢防弛備。干戈朽。鈇鉞鈍。上下偷安。不戒宴安之酖。一旦金人肆席卷幷吞之計。宗廟社稷幾不血食。天下寒心。陛下即位以來。懲羹吹虀。誓不與敵人共天。日夜厲民秣馬。蒐乘補卒。志馳於伊

吾之北。氣軼乎甌脫之外。不復雁門之踦不已也。不澡二殺之恥不已也。敵人知陛下銳意興復。知吾力脩守備。知吾將士思奮。近者輒移書請和。非甘言誘我。即詭計欸我爾。陛下宜鑒前車之覆。益脩守備。益張吾軍。益固吾圉。且戒將士曰。北敵強暴之國。貔虎之群。忘我祖宗之大德。而謀動干戈。是以有靖康之禍。」一段（四四二—七二九上）。明刊本作「自紹興初。肉食者不能遠謀。遂墮虜計。和議三十年。廢防弛備。干戈朽。鈇鉞鈍。上下偷安。不戒宴安之酖。一旦逆亮肆封豕長蛇之毒。宗廟社稷幾不血食。天下寒心。陛下即位以來。懲羹吹虀。誓不與醜虜共天。日夜厲民秣馬。蒐乘補卒。志馳於伊吾之北。氣軼乎甌脫之外。不復雁門之踦不已也。不澡二殺之恥不已也。醜虜知陛下銳意興復。知吾力脩守備。知吾將士思奮。近者輒移書請和。非甘言誘我。即詭計欸我爾。陛下宜鑒前車之覆。益脩守備。益張吾軍。益

固吾圉。且戒將士曰。醜虜虎狼之國。犬羊之群。忘我祖宗之大德。而謀動干戈。是以有靖康之禍。」又「臣恐復有如海陵者竊發於近甸矣」句（四四二—七二九下）。明刊本「海陵」作「逆亮」。

銓又上奏章

四庫本「臣竊謂自昔外侮憑陵中原。未有如今日之甚者也。外侮有常勝之勢。蓋中國御之失其道爾」句（四四二—七二九下）。明刊本「外侮」皆作「夷狄」。又「自海陵之變」句（同上）。明刊本「海陵」作「逆亮」。又「則敵人之不可與和彰彰然矣」句（同上）。明刊本「敵人」作「醜虜」。

范成大內殿論敵使生事箚子

四庫本「論敵使生事」句（四四二—七三〇上）。明刊本「敵」作「虜」。又「敵之君臣或有計議」句（同上）。明刊本「敵」作「虜」。

乾道四年。敷文閣待制汪應辰轉對論自治箚子

四庫本「昔班固論外域之患」句（四四二—七三〇下）。又「所以待敵人者不過和戰兩說」句（同上）。又「夫外域而侵中國。此文王所當慍怒而不釋者也。故不殄厥慍。國與外域爲鄰。則聘問之禮有所不可已也」句（四四二—七三一上）。又「以中國之治而制外域之亂」句（同上）。又「所以待敵人者甚備」句（同上）。以上凡「外域」或「敵人」明刊本皆作「夷狄」。又「富弼使北。歸言於仁宗皇帝。願常思敵

人輕慢中國之恥」句（四四二—七三一下）。明刊本「北」作「虜」。「敵人」作「夷狄」。

孝宗時廣西提點刑獄林光朝陛辭劄子

四庫本「夫寇賊姦宄多出於邊人」句（四四二—七三二上）。明刊本「邊人」作「夷人」。又「冀州之外即荒域遐陬。是邊人迫近中都」句（同上）。明刊本「荒域遐陬」作「蠻夷種落」。「邊人」作「夷人」。又「上古外裔皆小小種落。爲甚易治」句（同上）。又「上古外裔與秦漢以來不同。使唐虞三代遇秦漢之外裔。不知禦戎當出何策」句（同上）。又「今南方外裔正如唐虞之時。乃小小種落耳」（同上）。以上四「外裔」明刊本皆作「夷狄」。

光朝直寶謨閣輪對劄子

四庫本「是故蠻夷猾夏。寇賊姦宄。舜以是命皐陶。豈唐虞所都。與北人相近。深恐群敵變亂邊方。而爲是寇賊姦宄之事」句（四四二—七三三上）。明刊本

作「是故蠻夷猾夏。寇賊姦宄。舜嘗以是命皐陶。豈唐虞所都。與狄人相近。深恐群狄變亂中華。而爲是寇賊姦宄之事。」又四庫本「唐虞盛時所以治荒服者如此」句（同上）。明刊本「荒服」作「夷狄」。又「中國禁令如此闊疎。非所以待遠人也」句（同上）。明刊本「遠人」亦作「夷狄」。又「此曹叵測也。初不知所托在何等處」句（四四二—七三三下）。明刊本「叵測」作「禽獸」。

韓元吉進故事章

四庫本「河西積困兵革。州縣蕭」句（四四二—七三四上）。明刊本「兵革」作「夷狄」。又「仰惟國家履中興之運。敵勢就衰」句（四四二—七三四下）。明刊本「敵」作「虜」。

元吉權吏部尙書進故事章

四庫本「外域侵盜自古有之」句（四四二—七三四下）。明刊本「外域」作「戎狄」。又「蓋唐初外域之

患莫甚於突厥」句（四四二—七三五上）。明刊本「外域」作「夷狄」。又「僅成白馬之盟。敵始退舍」句（同上）。又「其志不一日忘敵。故敵退未踰月即殿庭以教戰士」句（同上）。又「他所以備敵者從可知也」句（同上）。以上凡「敵」字明刊本皆作「虜」。又四庫本「夫待外國之禮或可屈而志不可屈也句（四四二—七三五下）。明刊本「外國」作「夷狄」。又「今與敵和豈異是哉」句（同上）。又「敵之

驕慢而禮有未得伸者。譬猶無知之人瀆慢長上。固不能不爲之動」句（同上）。明刊本「敵」字皆作「虜」。「無知之人瀆慢長上」作「狂犬之吠毒虺之螫」。又「如聞彼境旱蝗已久。民心離貳」句（同上）。明刊本「彼境」作「虜境」。

員興宗上殿輪對箚子

四庫本「一察敵情曰。臣聞聖人有外懼」句（四四二—七三六上）。明刊本「敵」作「虜」。

知婺州李椿奏章

四庫本「唯是降人吾之仇讎。反覆難憑。天姿殘忍句（四四二—七三八上）。明刊本「降人」作「降虜」。「反覆難憑」作「狼子野心」。又四庫本「強梗之性不可以義理曉」句（同上）。明刊本「強梗」作「夷狄」。又「晉武帝之處氐羌終致傾危」句（同上）。明刊本作「晉武帝之處諸胡竟亂中華」。

椿爲司農卿上奏章

四庫本「竊見朝廷區處降人。未盡其宜。私心深憂。自北而來者皆曰歸明歸正。然我中原之人偶因國家南渡。隔絕數十年。身雖陷於北敵。其心豈忘祖宗二百餘年仁厚之恩。又豈樂與非族同處。今既來歸。固有可用之理。其間猶有不逞好亂之人。自疑南北之異。時於沿邊作梗者。其人皆有人心。可以利害誘之。恩信結之也。如降人我之仇讎。反覆無常。天姿殘忍。弱則服。強則叛。不可以恩信結。不可以道理曉。其

來久矣。故晉武帝時。劉石雜居中國。不用郭欽江統之言。不十二年。濁亂中華。秦苻堅委信慕容垂。不用王猛之言。鮮卑猖獗。唐太宗受突厥之降。不用魏徵之言。幾至狼狽。宣和間契丹郭藥師歸朝。朝廷待之至厚。不逾年乃爲金兵前驅。首來犯順。此古今之明驗也。今降人或布州郡。或掌事軍中。或往來闕下。或宿衛禁庭。此臣所以深憂者也」一段（四四二—七三八下）。以上凡「降人」明刊本皆作「降虜」。

「北敵」作「異類」。「與非族同處」作「與夷狄同處」。「反覆無常」作「狼子野心」。「劉石」作「諸胡」。「爲金兵前驅」作「爲金虜前驅」。

汝愚論金國人使生事狀章

四庫本「竊恐強敵益驕更貽後患」句（四四二—七三九下）。明刊本「強敵」作「黠虜」。又「使彼誠有深謀決非卑詞可已」句（四四二—七四〇上）。明刊本「彼」作「虜」。

卷三百五十

標題「夷狄」四庫本作「四裔」。

宋寧宗嘉定四年著作佐郎眞德秀奏章

四庫本「臣竊惟今日北敵有必亡之勢三」句（四四二—七四〇下）。明刊本「北敵」作「北虜」。又「尙力喜爭。雲屯霧集。用彼國所長以憑陵諸夏」句（四四二—七四〇下）。明刊本作「茹毛飲血。雲合烏散。用夷狄所長以憑陵諸夏」。又「而蒙古小國欻起而

乘之。干戈相尋情見力詘」句（同上）。明刊本「蒙古小國」作「達靼小夷」。「而今之蒙古即鄉之女眞也」句（同上）。明刊本「蒙古」作「達靼」。又「元元赤子敵人戕之。翼翼故都禾黍生之」句（四四二—七四一上）。明刊本「元元赤子敵人戕之」作「堂堂中華蛇豕穴之」。又「萬一此敵遂亡。莫或余毒」句（同上）。明刊本「敵」作「虜」。又「使今日能爲漢宣之所爲。則敵之存亡俱不足患」句（四四二—七四一下）。明刊本「敵」作「虜」。

十年。袁燮上已見箚子

四庫本「陰盛陽微。外國窺中國之象。是冬金人果提兵大入。今殘敵衰微。雖非昔比。而雷雪作孽。無異曩時。臣所以不得不先事言之。累月以來。淮襄間幸稍寧息。然敵人之心。變詐萬端。安知其不養力蓄銳伺隙而作乎」句（四四二—七四二上）。明刊本作「陰盛陽微。夷狄窺中國之象。是冬逆亮果提兵大入。今殘虜衰微。雖非亮比。而雷雪作孽。無異曩時。臣所以不得不先事言之。累月以來。淮襄間幸稍寧息。然犬羊之心。變詐萬端。安知其不養力蓄銳伺隙而作乎。」

又四庫本「雖僅存之敵亦能肆毒」句（同上）。明刊本「敵」作「虜」。又「曩時戎人部落去中國甚遠」句（同上）。明刊本「戎人部落」作「戎虜窟穴」。又「而犯順之兵亦以是日入」句（四四二—七四二下

）。明刊本「兵」作「虜」。又「既與敵爲仇矣」句（同上）。「卑辭厚禮謹奉垂亡之敵」句（同上）。明刊本「敵」皆作「虜」。又「自古立國固有終不與戎人通好者」句（同上）。又「凡可以制服戎人者畢陳於前」句（四四二—七四三上）。明刊本「戎人」皆作「戎虜」。

寧宗時衛涇論治內備外章

四庫本「臣觀中國之與北敵其勢決不能以兩立。而較

今日之事體。恐不能如日前之久安無事。所當先事而憂者也。何以明之。敵人盤據中原。莫如元魏之久。然考其傳序。雖十六主。而不克令終者十世。始終雖百餘載。而號稱全盛。不過五六十年。惟茲勍敵。崛起東夷之崛穴。奄有中原之土宇。六十有四年。……彼立國既久。未必懷不自安之心。而戎心亡厭。猶每有不相忘之意。是則名爲和好。而實則仇讎。名爲息兵。而實則觀釁。復讎之舉直須時耳。……矧今以偏

方之勢。與敵約和。自紹興以來。五十餘年無大戰。自隆興以來。幾三十年來無小鬥。今之敵人非前之敵人比也。故主歷嘗患難。逮其得位。志在偷安。新君少不更事。血氣方剛。必有馳騖喜功之心。國內稍安。必謀外略。間隙之生。遠不過五六年耳。故曰。不能如日前之久安無事。此明識遠見者所以爲國深憂也。今爲偷安之說者。乃曰敵運將終。滅亡可待。又曰。彼有內難。必不能動。又曰童稚庸才。不足多忌。

夫五行之數終於六十。以其時考之。固爲已盈之運矣。嗣主得國不以序。群下頡頏肘腋之變。誠未可保。然其新立之後。措意造事。類若有謀。恐未易以庸才忽之。彼果內難也。果庸才也。建炎紹興之間。亦有之矣。然一敵弊。一敵出。其勢愈熾。曷嘗爲中國利哉。」（四四二—七四三下至七四四下）明刊本作「臣聞憂先於事。故能無憂。事至而憂。無捄於事。臣觀中國之與北虜其勢決不能以兩立。而較今日之事體

。恐不能如日前之久安無事。所當先事而憂者也。何以明之。夷狄盤據中原。莫如元魏之久。然考其傳序。雖十六主。而不克令終者十世。始終雖百餘載。而號稱全盛不過五六十年。蠢茲醜虜。崛起東夷之窟穴。盜我中原之土宇。六十有四年。……彼據非所有。未必懷不自安之心。而犬豕亡厭。猶每有不相忘之意。是則名爲和好。而實則仇讎。名爲息兵。而實則觀釁。復讎之舉直須時耳。……矧今以偏方之勢。與虜

約和。自紹興以來。五十餘年無大戰。自隆興以來。幾三十年來無小鬥。今之虜酋非前之虜酋比也。亡胡歷嘗患難。逮其得位。志在偷安。新雛少不更事。血氣方剛。必有馳鶩喜功之心。國內稍安。必謀外略。間隙之生。遠不過五六年耳。故曰。不能如日前之久安無事。此明識遠見者所以爲國深憂也。今爲偷安之說者。乃曰。胡運將終。滅亡可待。又曰彼有內難。必不能動。又曰雛虜庸才。不足多忌。夫五行之數終

於六十。以其時考之。固爲已盈之運矣。此雛得國不以序。群酋頡頏肘腋之變。誠未可保。然其新立之後。措意造事。類若有謀。恐未易以庸才忽之。彼果內難也。果庸才也。建炎紹興之間。亦有之矣。然一酋弊。一酋出。其勢愈熾。曷嘗爲中國利哉。」

涇奉使回奏事劄子

四庫本「臣等猥以庸虛。誤叨隆委。將聘敵庭」句（四四二—七四四下）。明刊本「敵庭」作「虜庭」。

又「詢訪蒙古事宜不可張皇」句（同上）。明刊本「蒙古」作「韃靼」。又「有如敵長荒淫無度」句（四四二—七四五上）。明刊本「敵長」作「虜酋」。又「大抵北敵狃於宴安。習成驕惰」句（同上）。明刊本「北敵」作「北虜」。又「蒙古生長西北。其人驍勇剽悍」句（同上）。明刊本「蒙古」作「韃靼」。又「蒙古諸部雖未足以滅之」句（四四二—七四五下）。明刊本「蒙古」作「韃靼」。「之」字作「虜」

。又「敵運將盡。豈非天開陛下以大有爲之期邪」句（同上）。明刊本「敵運」作「胡運」。又「一弱寇滅。一強敵生」句（同上）。明刊本「寇」作「虜」。

涇又進故事章

四庫本「文帝豈一念慮忘此敵哉」句（四四二—七四六下）。明刊本「敵」作「虜」。

理宗紹定六年。知泉州眞德秀應詔上封事章

四庫本「或謂敵人以河南歸我」句（四四二—七四七上）。明刊本「敵人」作「韃人」。又「蓋強敵暴興接我疆埸」句（四四二—七四七下）。明刊本「敵」作「虜」。又「論金人必亡者三」句（同上）。明刊本「金人」作「金虜」。又「未幾。銜命聘敵。道梗莫前」句（同上）。明刊本「敵」作「虜」。又「謂敵能越三關之阻以攻燕」句（同上）。明刊本「敵」作「韃」。又「蓋臣愚忠知國家異日必與敵鄰」句（

同上）。明刊本「敵」作「鄰」。又「幽燕之失。敵取之於前代。中原之失。敵取之於本朝」句（四四二—七四八上）。明刊本「敵」皆作「虜」。又「力未足爲而欲借助於外援。則臣未見其可也」句（同上）。明刊本「外援」作「夷狄」。又「是又不能不藉於敵何邪。自有載籍以來。與外裔共事者未嘗無禍」句（同上）。明刊本「敵」作「韃」。「外裔」作「夷狄」。又「高祖肅宗惟求助於外裔。是以有後日之禍。惟不專恃於外裔。故其禍未至於極焉」句（四四二—七四八下）。明刊本「外裔」皆作「夷狄」。又「惟敵是恃。故其禍至此而極」句（四四二—七四九上）。「敵情未順。必求好以悅之」句（同上）。明刊本「敵」字皆作「虜」。又「今之恃敵如昔恃金」句（同上）。明刊本「敵」字作「韃」。又「夫敵人之性冒沒貪惏」句（同上）。明刊本「敵人」作「犬羊」。又「而敵責元約。欲止不能」句（同上）。明刊

本「敵」作「虜」。又「雖竭吾力以奉之。未足以飽敵人之欲也」句（同上）。明刊本「敵人」作「豺狼」。又「果如所云。強暴之情今昔豈異」句（四四二—七五〇上）。明刊本「強暴」作「犬羊」。又「敵雖強暴。豈能干有道之國哉」句（四四二—七五〇下）。明刊本「敵」作「韃」。又「或倣東晉絕敵之規模。因時制宜」句（同上）。又「與其藉敵以啓後患。不若姑固吾圉」句（同上）。明刊本「敵」字

皆作「虜」。

理宗時侍御史李鳴復論敵使引見不必臨軒章

四庫本「論敵使引見不必臨軒」句（四四二—七五一上）。又「臣竊聞敵使之來。引見有日」句（同上）。明刊本「敵使」皆作「韃使」。又「彼使人也。來自外國。未知陛下為何如主也」句（同上）。明刊本「使人」作「犬羊」。又「臨軒以見敵使。今顧以為得禮乎」句（四四二—七五一下）。明刊本「敵使」作「夷狄」。

貼黃章

四庫本「然則北使之來。御後殿引見則有之」句（四四二—七五一下）。明刊本「北使」作「虜使」。又「今引見敵使。如欲使之稍近天顏」句（同上）。明刊本「敵使」作「韃使」。

四庫補正 名臣經濟錄五十三卷

明黃 訓編

以明嘉靖三〇年原刊本校補

卷二

王鏊夏原吉傳錄

四庫本「公曰。王臣雖微。加於諸侯之上。況番人乎」句（四四三—二四下）。明刊本「番人」作「夷狄」。又四庫本「及至。上問征寇得失。公對如初」句（四四三—二五上）。明刊本「寇」作「虜」。

卷三

劉球雷震奉天殿鴟吻奏請修省疏

四庫本「今北敵比年入貢。然遣來之人歲增無減」句（四四三—三四上）。明刊本「敵」作「虜」。

李賢王振之變三

四庫本「北敵犯邊。乘機大舉。聲息甚急」句（四四三—三五上）。明刊本「北敵」作「胡寇」。又四庫本「趙敏謂敵勢猖獗。駕不可出」句（仝上）。明刊本「敵」作「虜」。又「將至大同。僵屍滿路。敵亦開避……又連日雷雨滿營過宣府。敵追至明日」句（四四三—三五下）。明刊本「敵」均作「寇」。又「北敵於山兩翼邀阻夾攻……幸而北人貪得利。不專於殺……衣甲兵器盡爲北人所得。滿載而還。自古北人得中國之利未有盛於此舉者。北人亦自謂出於望外」句（四四三—三五下）。明刊本「北敵」作「胡寇」。「北人」均作「胡人」。

劉定之王振之變四

四庫本「昔我太祖高皇帝膺受天命。驅逐前元。遁歸朔漠」句（四四三—三六上）。明刊本「前」作「胡」。又本篇以下四庫本「敵」字明刊本均作「虜」（四四三—三六上至三八上）。

李賢楊善北使事

明刊本此篇名作「楊善使虜事」（四四三—三八下）。又文中凡「敵」字明刊本均作「虜」。而四庫本「北庭」「北將」「北人」之「北」字明刊本均作「虜」（四四三—三八下至四一上）。而四庫本「田氏來迎。且探其意。相見云。我亦中國人。被羈於此」句（四四三—三八下）。明刊本「羈」作「虜」。又「雖然汝國幸而得勝。未見爲福」句（四四三—三九上）。明刊本「國」作「虜」。又四庫本「額森答曰。札札北語。云札札然。辭也」句（四四三—四〇上）。明刊本「北語」作「胡語」。

劉定之建言時務疏

四庫本「其四曰降人。往年以來。降人皆留居京師……變其衣服。不許仍遵舊俗。或以爲兵」句（四四三—四二下）。明刊本「降人」均作「降虜」。「舊俗」作「夷俗」。

卷五

章懋諫元宵燈火疏

四庫本「雖云告捷。然敵情難測。尚費區處。不可置之度外。北敵瑪拉噶包藏叵測之心」句（四四三—六七下）。明刊本「敵」均作「虜」。

姚夔弭災修德疏

四庫本「驗之人事。必有所因。邇者朶顏三衛。要結蒙古諸部。窺覘邊境。北敵瑪拉噶藏形遁跡」句（四三—六九上）。明刊本「朶顏三衛」作「建州殘賊」。「敵」作「虜」。

林俊扶植國本疏

四庫本「監戒之昭。莫此爲甚。而敵國陸梁犯吾北都」句（四四三—七三下）。明刊本「敵國」作「醜虜」。

卷六

是卷四庫本始於「馬文什題振肅風紀裨益治道事」篇。明刊本是篇之前尚有「丘濬審幾微」「丘濬正朝廷」「馬文什題正心謹始以隆繼述事」三篇。今補之如下。（四四三—七九下）

審幾微

臣按誠意一章。乃大學一書自脩之首。而愼獨一言又誠意一章用功之始。章句謂謹之於此。以審其幾。所謂此者。指獨而言也。獨者人所不知而己所獨知之地也。蓋以學者用功於致知之際。則固已知其心之所發有善有惡矣。亦固已知其善之當爲。而惡之當去矣。然其一念始發於心。須臾之頃。端緒之初。有實焉。有不實焉。蓋有他人所不及知而己獨知之者。是則所

謂獨也。是乃人心念慮初萌動之端。善惡誠僞所由分之始。甚細微而幽隱也。學者必審察於斯。以實爲善而去惡。譬如人之行路。於其分岐之處。舉足不差。自此而行。必由乎正道。否則差毫釐而繆千里矣。大學釋誠意指出愼獨一言。示萬世學者以誠意之方。章句論愼獨。指出幾之一言。示萬世學者以愼獨之要。人能於此幾微之初。致審察之力。體認眞切。發端不

差。則大學一書所謂八條目者。皆將爲己有矣。不然頭緒茫茫。竟無下手之處。各隨所至而用功。待其既著而致力。則亦泛而不切。勞而少效矣。臣謹補入審幾微一節。以爲九重獻。伏惟宮闈深邃之中。心氣清明之際。澄神定慮。反己靜觀。察天理人欲之分。致擴充遏絕之力。則敬畏於是乎崇。逸慾於是乎戒。由是以制事。由是以用人。由是以臨民。堯舜之君復見於今。泰和之治不在於古矣。臣不勝惓惓。

正朝廷

臣按哲宗初政。召司馬光於洛。問光所當先者。光首上此疏。且以謂治安之原。太平之基在此。臣竊以謂光之此疏。非獨當時人君所當知。實萬世人君所當知者也。臣嘗因是而通論之。言者心之聲也。人心有所蘊。必假言以發之。帝王莫如堯。堯以言爲試人之則。聖賢如孔子。孔子以言爲知人之本。是則言之爲言。其所關係之大有如此者。是以自古帝王既自謹其所言。尤必求人之言以爲己助。因人之言以爲己鑑。聞則拜之。聽則納之。卑詞以誘之。厚禮以招之。多方以來之。博問以盡之。和顏悅色以受之。大心宏度以容之。或爲之科目。如所謂直言極諫者。或爲之設官。如所謂拾遺補缺者。或因災眚而下詔以求。或因患難而責己以訪。或爲輪對之制。使人人得以自達。或設登聞之鼓。使事事得以上聞。無非求天下之言。以成天下之治。以通天下之情。是以陳言。而善者則立賞以勸之。

傳曰。興王賞諫臣是也。當言不言者則制刑以威之。書曰。臣下不匡其刑墨是也。言雖過於訐直。有所不堪忍者。亦容以受之而不加以罪。史曰。殺諫臣者其國必亡是也。夫如是則嘉言罔攸服。君德之脩否。朝廷之缺失。臣下之賢佞。民生休戚。皆因言以達之於上。有以爲思患預防之計。而不至於噬臍無及之悔。則天下國家永無危亡之患矣。昔晉平公問於叔向曰。國家之患孰爲大。對曰。大臣持祿而不極諫。小臣畏罪而不敢言。下情不得上通。此患之大者。嗚呼。患而謂之大。豈非言路不通。其患必至於危亡也哉。是故天下之患。莫大於人君處危亡之地而不自知。人臣知危亡之禍而不敢言。爲人上者誠能廣陳言之路。弘容言之量。言之善者有賞。言之非者無罪。當言而不言者有罰。則大臣不至於持祿。小臣不至於畏罪。而下情上通矣。天下國家又豈有危亡之患哉。故曰。治安之原。太平之基在此。伏惟聖明留意。

題正心謹始以隆繼述事

臣切惟人君之要。莫大乎謹始。謹始之要。莫先於正心。而正心之要。又在主乎敬焉耳。蓋敬者一身之主宰。萬事之本根。聖學之所以成始而成終者也。能敬則心存。心存則德愈。謹而後可以凝天命。得人心。保大業。而治道無不隆矣。若敬有不存。則心放。心放則德不謹。而萬事俱不立矣。尙何望其凝天命。得人心。保大業。而隆治道也哉。洪惟我太祖高皇帝。膺天眷命。神聖之勇。始以布衣。龍飛淮甸。東征西伐。櫛風沐雨。十有八載。而有天下。在位三十二年之間。宵衣旰食。勞心焦思。立綱陳紀。貽謀作則。此心此敬。未嘗少忽。蓋爲聖子神孫立萬世不拔之基。以垂之永久。其創業亦可謂之艱難矣。然創業固難。而守成尤不易也。逮我累朝皆能以聖繼聖。以心傳心。克寬克仁。憂勤惕厲。所以世底隆平。治臻熙皞。而無忝於聖祖也。恭惟皇上養德春宮蓋已有年。

潛心聖學亦非一日。是以即位之初。勵精圖治。任賢去邪。敬天法祖。不邇聲色。不殖貨利。勤政事。崇儉素。卻貢獻。黜異端。隆大孝於兩宮。布仁恩於四海。躬耕籍田。親幸大學。凡古帝王盛德之事。皆有以備之於躬。而施之於事矣。眞大有爲之君。不世出之主也。天下蒼生。無不延頸以望至治。使能存此心。始終不渝。則眞可以四三王。六五帝。可以繼祖宗。可以陋漢唐。而皇明之大業。可以保之於億萬斯年而不替矣。然靡不有初。鮮克有終。人主之大戒也。天命人心。去留靡常。人主所當察也。皇上纘紹洪基。當民窮財盡之餘。兵廢刑繁之際。所以凝皇天之眷命者在是。所以收天下之人心者在是。兢兢危懼。此心豈可以一時而不存乎。此心一有不存。不流於聲色。則流於貨利。不入於游逸。則入於奢侈。一或有之。皆能敗德敗度。而於所謂帝王之盛德。或有少損而不能保其終矣。且自古聖帝明王。未有不接見臣下而

能致治者。近日百司言事之人。往往欲皇上接見臣下。是亦忠愛之至。臣以爲皇上未接見臣下。非終於不接見。蓋亦有所待焉耳。若常如今日。臣恐君臣之情。上下不通。亦未可以言治矣。昔伊尹告太甲曰。惟天無親。克敬惟親。民罔常懷。懷於有仁。鬼神無常享。享於克誠。天位艱哉。蓋欲太甲敬天勤民而保天位也。傳說告高宗曰。惟學遜志務時敏。厥脩乃來。允懷於茲。道積於厥躬。監於先王成憲。其永無愆。

蓋欲高宗脩德法祖。而常無過舉也。厥後太甲高宗爲商令主。伊尹傅說爲商名臣。治道之隆。蓋有以也。況邇來各處水旱災傷。天鳴地震。是皆天變之大。皆上天仁愛人君之意。此正法古脩德。應天以實而不以文之際也。伏望念祖宗創業之艱難。而天命之靡常。思今日守成之不易。而人心之罔定。退朝之後。萬幾之暇。節膳寡慾。以頤養天和。澄心靜慮。以默思治道。日御便殿。召見儒臣。或俗說大學衍義。或誦讀

貞觀政正要及通鑑綱目等書。曲爲辨析。孰爲道心。孰爲人心。某帝存此心而治。某帝不存此心而不治。用是以親決萬幾。蓋事事有不難矣。仍望於太皇太后皇太后兩宮。益隆其孝養。於親王介弟。益篤其友愛。凡內外官員。或有奇技淫巧之獻。必禁之而責其人。珍禽異獸之貢。必卻之而塞其釁。或大政事之疑。必召內閣大臣。面議而後行。或文武大臣有缺。必召該部正官詢訪而後用。於緣邊將官。不時降勑戒飭。

務在保境以安民。於在京武備勅令總兵等官。嚴加訓練。足以防奸而禦侮。科道爲朝廷之耳目。若有小過曲。賜其寬貸。大臣爲人君之股肱。務存大體。特爲之優隆。左右譽一人之善。必究其所自來。毀一人之短。必詢其所從始。內臣之中。察其醇謹老成者。則親信而任用之。浮躁回邪者。則疏遠而防馭之。大臣之中。察其忠良者。委任之不二。便佞者罷逐之無疑。於母后之家。重加賞賚。而不假之以權。於外戚之屬。厚加優待。而不任之以事。賞所當賞。而不致太濫。刑所當刑。而不致太僭。浪費錢糧。宜加減省。無益齋醮。不必修建。於宗室則推恩而昭德。於四夷則厚往而薄來。廣開言路以防壅蔽。時接臣僚以通下情。畿內百姓。差役浩繁。所在地土。宜暫免踏勘。凡百用度。務從儉約。一應邪術。罔爲眩惑。堯舜之道。亦不過此。允迪茲則二帝三王不獨專美於前。而我祖宗列聖。眞可繼述不忝。而於天變亦可以少弭矣

。臣本以庸才叨總風紀。日夜思惟。無由補報。伏望少寬鈇鉞之誅。俯納芻蕘之語。身體而力行之。天下幸甚。臣不勝戰栗恐懼之至。爲此具本親賚謹題請

旨。

馬文什題振肅風紀牌益治道事

四庫本「洪惟我太祖高皇帝膺天明命。汛掃前元…。酒多攙水而淡薄無味。所以遠人到席。無可食用。全不舉筯。在禮部光祿寺官以爲廉遠堂高直置不爲意……臣昔往遼東整飭邊備。曾聞遠人怨言……凡遇宴待遠人」句(四四三—八八上下)。明刊本「前元」作「胡元」。「遠人」均作「夷人」。「在禮部光祿寺官以爲廉遠堂高直置」作「且朶顏等三衛海西等處。達子女直固」。

四庫本「儲巏 題赦言官以光聖德疏」篇之前少「宋端儀 彭韶行狀錄」及「楊守陳題講學聽政事」二篇(四四三—九〇下)。今據明刊本補錄之如下

彭韶行狀錄

弘治三年。彗見天津。詔大臣言軍民利病。時政得失。韶言軍民利病有二。曰正近侍。曰慎官爵。時左右侵權者衆。韶於正近侍條有曰。內臣出入。左右言語。輕重能爲禍福。人所畏憚。今兵馬錢糧。人匠柴灰。盡付其手。分例相沿。更相倣傚。虛名實支。遮揜外觀。誰能詰之。比見凡有章奏。無不先允而後下於該部。該部承行。不復審處。是失政體也。及至有犯

。多從寬免。有毆人致死者。竟不提問。或有提問成獄。旋復宥之。是失刑威也。耗財妄費。不惟不禁。而反助之。死者或有給還葬銀八千兩。在者或有許其蓋祠覔地。第宅踰制。服食求奇。於斯極矣。聲勢移人。望風震慴。伏望陛下靜思及此。大公至正。以服其心。克勤克明。以折其氣。上法祖宗。乾剛獨斷。褒良善而親忠良。遠佞媚而斥奢縱。事務歸於所司。威福必由己出。則萬世永圖也。終篇又言臣獲隨午朝。竊念日奏尋常起數。於事無補。但於祖宗勤政之典。乞師其意可也。臣願自今午朝。惟讓經邦急務。如吏部有大陞除。禮部有大災異。戶部兵部有緊急錢糧邊報。工部法司有緊關工程囚犯之類。許令先期開其事由。奏乞聖駕定日出御。左順門侍衛一如午朝之儀。事該各衙門會議者。各官就於御公同計議。如吏部陞除大臣。明言某官才德堪任。某官資望未可之類。內閣輔臣亦同議可否。事體既定。就行

口奏。取旨奉行。次日補本備照。若係本衙門自行者。亦就御前逐一陳說。有無故事。兩疑情由請旨定奪。若是事體重大。一時難決。聽各官先行博議於下。候至朝時再議奏行。仍乞溫顏俯詢曲折。如此不惟世事日熟聖明耳目。而群臣高下邪正亦自可見。有事則行。不分寒暑。無事則止。忽勞聖駕。既不廢午朝之典。又可率群臣興事。則凡時政得失。軍民利病。自可次第張弛矣。上嘉納之。

題講學聽政事

臣聞孟子曰。我非堯舜之道。不敢以陳於王前。故齊人莫如我敬王也。臣於孟子。固非其倫。然而敬君之誠。則雖異世而同心。孟子見一侯國之君。尙陳堯舜之道。況逢天王之明聖者乎。臣請陳之。而陛下擇焉。夫堯舜之道一也。書曰。人心惟危。道心惟微。惟精惟一。允執厥中。此堯舜之得於內者深。而爲出治之本也。又曰。詢於四岳。闢四門。明四目。達四聰

。此堯舜之資於外者博。而致治之綱也。本立則末自茂。綱舉則目自張。故不勞而庶績熙。無爲而天下治也。今陛下聖哲天縱。德學日新。自御極以來。屏去珍玩奇寶。放遠奸臣邪術。登用正人。聽納忠良。躬覽題奏而日勤政務。若此不懈。可爲堯舜之君。故天下皆忻忭踴躍。翹首企足以望唐虞之治。獨臣之愚猶有過慮。蓋革故而正始猶易。持久而保終實難。自昔願治之主。內得弗深。外資弗博。鮮有不始勤而終怠

。前得而後失者。臣昔忝宮僚。伏覩陛下儼然端拱。朗誦經書。未嘗降一睿問以窮究聖賢之奧旨。儒臣肅然進退。略陳訓詁。未嘗進一詳說以備極帝王之全道。理欲危微之辨。何自而明。知行精一之功。曷從而盡。臣恐陛下之得於內者。未若堯舜之深也。今陛下朝時之所接見者。惟大臣之風儀而已。至於君子小人之情狀。小官遠臣之才貌。何由識之。退朝之所閱覽者。惟百官之題奏而已。至於諸司之條例。群吏之情

弊。何由見之。宮中之所聽信者。惟內臣之語而已。而於千官百職之正論。六軍萬姓之煩言。何由聞之。賢才不能以自達。聰明時有所偏弊。臣恐陛下之資於外者。未若堯舜之博也。內得未深。外資未博。如木之方植而易搖。如泉之始導而易塞。倘獲銳志少懈。欲心漸滋。則今日之所屏棄者。異時將憎而愛之。今日之所放遠者。異時將召而親之。今日之所登用者。異日將憎而黜之。今日之所聽納者。異日將厭而拒之

。今日之所勤覽者。異日將嫌而麾之。豈能始終如一。而純乎堯舜之道哉。此臣之所以過慮也。伏望陛下遵用祖宗舊制。仍開大小經筵以講學。常御早午二朝以聽政。其大經筵及早朝。只如舊儀可矣。若小經筵則必擇端介博雅之儒臣侍班進講。陛下聽講之際。凡所未明。輒賜清問。若復有疑。更加詳詰講官。或吶則侍班諸臣佐之。而覆解詳釋。旁引曲諭。必待聖心洞然明悟而後已。凡聖賢之旨。帝王之道。與夫理欲危微之所以辨。知行精一之所以盡。以及人臣何者爲賢。何者爲否。政事何者爲得。何者爲失。天下爲何而治亂。歷代爲何而興亡。若此之類。皆必講之明而無疑。乃可行之篤而無懈。凡四書五經祖宗典訓。及歷代諸史百官題奏。皆當聚於文華殿。日輪內閣大臣一員。講官二員。使居前殿之右廂。陛下退朝。常御後殿或前殿。以養心窮理。裁決庶政。一遇經書題奏。或有奇字奧言。則錄示講官使解。或召問使對。一

日之間陛下居文華殿之時多。處乾清宮之時少。則欲寡而心清。惑少而理明。當夫萬幾閒暇之際。且氣清明之時。湛然凝思。常恐欲心長而理心微。邪佞進而忠良退。以致政事多失。天下不安。凡一念之萌一事之作。惕然警省。必務去人欲而循天理。遠小人而親君子。以致政事皆得。天下久治。心常得其正。事常執其中。則陛下之得於內者深。如堯舜而出治之本立矣。至若午朝。則陛下御文華殿。而五府六部都察院堂。上官并六科。各輪番列侍。其御史郎中等官。有事已具本者。皆先用揭帖略節口奏。陛下詢其事情條例而裁決之。鎭守官巡撫巡按方面。及府衛正官。有自任所來見者。皆條列地方之事。亦略節口奏。

陛下令諸司承旨而議行。有辭赴任者。隨其地方職任而諭戒之。若有大政。則陛下御文華前殿。召內閣及府部院寺大臣會議。使人各盡其謀而勿相推避。事必求其當。而無或苟且。議若未當。則許諫官駁正。必

得至當歸一之論。陛下更審。處而行之。其餘具本進者。召內閣大臣面議可否。而批答之。凡文武大小官員。當奏事之餘。見辭之際。
陛下必俯降辭色。或詢時政。或詢賢才。以及諸司之利弊。兵民之休戚。年歲之豐凶。下至五方之風俗。四夷之情狀。俾各從實以對。言有忠讜切實者。輒議行之。其讒佞諂諛者。則斥逐之。愚戇狂直者則容恕之。謇吶不能言之。令具本奏之。俾賢才常集於目前

。視聽不偏於左右。合天下之耳目爲一己之聰明。則
陛下之資於外者博於堯舜。而致治之綱舉矣。若謂精一執中爲腐談。詢岳達聰爲迂說。謂經書不必與儒臣問答。謂政事不必與群臣面議。但如近世之聽日講以示虛文。御午朝以應故事。凡百題奏。皆付內監諸臣調旬批答。謂可以致治。則豈有不立其本而末能茂。不舉其綱而目能張者哉。臣恐積年之弊未革。而將來之患難測。不但如前所過慮者而已。今之積弊不可勝數。姑舉其一二。若官鮮廉恥之節。士多浮華之習。教化陵夷。刑禁懈弛。俗尚侈靡。而財粟滋乏。民生困窮。而盜賊日繁。雖在平時亦爲可慮。若列衛之城池不脩。諸郡之倉庫無蓄。甲兵朽鈍。行伍空缺。將帥驕墮而不知兵。士卒疲弱而不諳戰。一或有警。何以禦之。若此者。今尚可理。後必難爲。如船之弊漏益大。將不可濟。如人之疾病愈重。將不可藥。此有識者之所深憂。而臣常爲之朝思夕慮。或至於廢寢忘食者也。書曰。致治於未亂。保邦於未危。伏望陛下

力行堯舜之道。而深得於內。博資於外。則積弊可以漸革。善政可以漸成。所謂本立而末自茂。綱舉而目自張。殆見庶績咸熙。萬邦協和。一如唐虞之治矣。孟子曰。人不足與適也。政不足與間也。惟大人爲能格君心之非。君仁莫不仁。君義莫不義。君正莫不正。一正君而國定矣。又曰。堯舜之知。而不偏物急先務也。堯舜之仁不偏愛人。急親賢也。臣雖無大人之

德。而陛下志行仁義。實可爲堯舜之君。故臣攻陳前說。而不敢效小人之爲容悅也。伏惟陛下裁擇。臣在去歲。恭覩陛下嗣統承天。用賢納諫。而臣忝侍從之久。義當忠言。遂爲此奏。然以先帝梓宮在殯。初政最繁。陛下方憂勞不暇。故此奏不敢遽進。尋蒙聖恩。擢居吏部。非復弼諧論思之職。故此奏不敢冒進。今念臣當六旬。衰老之餘。三年疾病之後。精力方憊。神志且頹。誠恐一旦病不能起。遽先朝露。則區區

忠敬之心。無由得盡。抑恐陛下雖負堯舜之資。而群臣莫陳堯舜之道。徒襲近世弊政。而無以成唐虞之治也。故敢以此奏進之。伏望陛下。恕其冒越之罪。矜其忠敬之心。俯垂聽納。則非徒愚臣一身之幸而已。

卷七

倪岳災異陳言疏

四庫本「萬一北寇聞風乘機侵犯。爲害非細」句（四四三—一〇五下）。明刊本「北寇」作「醜虜」。

馬文什奏止奉送神像疏

四庫本「況今陝西北敵在套。勢甚猖獗。未見勦平。勞及三省。民不聊生。而東北諸邊亦未寧靜」句（四四三—一一九下）。明刊本「北敵」作「胡虜」。「東北諸邊」作「遼東夷虜」。

馬文什地震陳言疏

四庫本「文恬武嬉。奢靡成風。北寇猖獗。人心渙散」句（四四三—一二一下）。明刊本「北寇」作「虜

寇」。

卷十三

程敏政李賢行狀錄

四庫本「必經公議而後決。北敵博囉近邊有言……兵民困極。宜與之休息。且敵近邊。未嘗犯塞」句（四四三—二三一上）。明刊本「北敵」作「虜酋」。「敵」作「虜」。

卷十九

四庫本「王恕論起復奪情不可爲例奏狀」篇之前（四四三—三五六上）缺「霍韜題泰和伯襲封疏」「羅倫扶植綱常疏」。「王恕論奪情非令典奏狀」三篇。今據明刊本補錄之如下

題泰和伯襲封疏

驗封清吏司案呈奉本部。送吏科抄出中軍都督府帶俸。已故泰和伯陳萬言嫡長親孫陳書奏。臣祖萬言。一芥草茅。自嘉靖元年悼靈皇后中宮正位。荷蒙聖明。

念以儒生初授鴻臚寺卿。續陞都督同知。再進泰和伯爵。榮幸已極。嘉靖二年八月內。又蒙皇上念臣父陳紹祖係府庠生員。恩授尙寶司寺丞。臣祖萬言等。舉家感激天恩。啣結無報。不幸臣母李氏病故。致臣等幼孤哀戚無聊。不幸臣父授官不久。於嘉靖七年十一月內病故。嘉靖八年三月內臣祖母冀氏亦故。彼時臣年一十六歲。臣弟陳詩。陳禮。俱各年幼。皆無所依。得臣祖朝夕訓教。臣以爲有所賴矣。不幸臣祖於嘉靖十四年六月內病故。荷蒙皇上頒賜諭祭。復加贈謚。開壙與祖母冀氏合葬。臣祖存沒。皆沾恩典。臣舉家感恩無報。祝願壽考萬年。本支百世敢復何望。但臣門祚衰薄。孤苦無依。及見各皇親之家。侯伯俱襲三五輩。惟臣家止臣祖官授一員。況纔一輩。伏望皇上垂念悼靈皇后存日。曾有微勞。憫臣孤苦。特賜宸斷。乞勑吏部。查臣所奏。果與各家事體稍有不同。暫准承襲一輩。臣得與各家事體相同。子孫襲指揮

職事。明例有在。或量改別銜。以延奉祀。光全存沒。而悼靈皇后在天之靈。感恩不昧矣。臣不勝感戴天恩。戰慄之至。等因奏奉聖旨。該部照前旨看議來說。欽此欽遵。抄出送司。查得嘉靖八年十月內爲陳情。再乞天恩。申明軍功。推原累朝封爵。准令承襲。以隆親親。以均恩典。事該前軍都督府帶俸。已故安昌伯錢承宗妻王氏奏稱。嘉靖四年。夫故男錢維圻襲爵。五年十二月。錢維圻故絕。要將庶長男錢維垣承

襲前爵。該本部會議得祖宗之制。公侯伯爵非建立軍功。削平僭亂。大有功於社稷者不授。我太祖高皇帝創業垂統。封公者六人。封侯者二十有八人。太宗文皇帝中。靖內難。封公者二人。封侯者十有五人。封伯者八人。然皆輔佐二聖。以軍功平定天下。其豐功茂蹟。藏在天府。歷歷可考。未有以戚里故而得與者也。洪熙之初。都督張昶始緣孝昭皇后之戚。創封彭城伯。其後伊弟張昇亦以都督乞封惠安伯故我朝之有

封爵。實自茲始。自是孫忠周壽王源之封侯。周彧王清王濬之封伯。皆援例於張昶矣。又其後錢承宗張鶴齡久封公封伯。復援例於王源矣。循習以至今日封爵之濫。莫之紀極。於是有一門而公侯並拜者。有一時而並封侯伯者。有兄弟三人而同封侯伯者。爵賚無章。轉相承襲。祿米歲增。國用愈屈。夫爵賞者。天下之爵賞。人主所恃以厲世之具也。臣等伏讀祖訓有云。凡賞功要當。不當則人心不服。久則禍必生焉。英宗睿皇帝嘗謂太學士李賢曰。太后每遇加恩外戚。不樂者屢日。曰有何功於國家。濫授祿秩如此。然物盛必衰。一旦有干國憲。吾不能救矣。賢因請問。

祖宗以來。外戚不與政。向爲侯與此。不審太后知乎。上曰。太后正不樂此。賢曰。此尤足以見太后之高。但侯爲人淳謹。後不可爲例耳。夫以祖宗明訓如此其嚴。陛下所以申飭而釐正之。又如此其切。宗社生民之幸端在於此。臣等謹議得我朝功高望隆。所謂世

享封典者。惟開國靖難之勳可以當之。然封未幾時。尋即罷去者一十九人。後來雖旋荷列聖。收錄數人。亦不過授以指揮使耳。彼託屬掖庭。一門數貴。而傳三四世者不已踰分乎。臣等查得魏國公徐達。定國公徐增壽。皆佐命元勳。彭城伯張昶。惠安伯張賚。軍功居半。似猶可諉。其餘外戚已封已襲。見任公侯伯者。合無除終身之外。不許奏請承襲。此後皇親駙馬。俱要查照祖宗舊制。不許夤緣請封。其有出自特恩

一時賞賚者。亦止照祖宗朝故事。量授指揮千百戶等官。以榮終身。已經題奉聖旨。卿等既會議停當。外戚封爵古所未有。我皇祖亦未有制典。魏定二國公雖爲戚里。實開國靖難元勳。難同其功。彭城惠安仁伯亦有軍功居半。都著照舊襲封。其餘以爲戚里濫膺重爵。名器既輕。人不知勸。見任的都當查革。但其中有干先朝恩命及已封者。姑與終身子孫不許承襲。欽此欽遵外。今該前因案呈到部。看得泰和伯陳萬言嫡

長親孫陳書奏稱伊祖病故。伊係嫡長親孫乞恩暫准承襲一輩。臣等查有前例。已經奉有欽依。已封者姑與終身。子孫不許承襲。所據陳萬言伯爵既已終身。例應查革。無容別議。其所請量改別銜。以延奉祀。則宜出自特恩。給授指揮等職。例應請自上裁。非臣等所敢擅擬等因。嘉靖十五年正月二十七日具題奉聖旨陳書與做錦衣衛都指揮同知帶俸。

扶植綱常疏

臣聞朝廷援楊溥故事起復李賢者。臣才識庸下。學問粗疏。頃承天問賜對大庭。猥蒙聖恩。親置首選。每自感厲思酧奬遇。凡聖學大要君道急務。朝政缺失。紀綱廢弛。官吏貪酷。生靈愁苦。風俗弊壞。士氣委靡。兵戈擾攘。饑饉荐臻。提其綱領。疏其節目。狀其情實。探其根源。爲萬言書獻於陛下。以舒天下之望。以酬陛下之恩。顧筮仕未久。諳練未深。而又廟堂大臣百僚庶采。必有憂臣之所深憂。言臣之所欲言

。行臣之所欲行。臣以疏遠驟進之人。恐蹈昌言越職之罪。是以心雖懷憂。口不敢言。口雖欲言。持未暇及。此臣之罪也。亦臣之分也。近者李賢遭喪之時。朝廷下起復之命。臣竊謂李賢大臣起復大事。綱常所關。風化所係。天下所瞻。後世所監。左右侍從給舍臺官。有知義禮不顧流俗。必陳正論以扶綱常。是用緘默因循。至今言雖若迂。所關甚大。事雖若緩。所係甚切。由前數事。臣既未暇陳。由此一事。臣又未

敢論。是乃偷合苟容之徒。非有忠君愛國之心。固非陛下求臣之本心。亦非愚臣報陛下之夙願也。雖越職忤義。君子所嫌。未同而言。聖人不與。然先王之制。時政有失。庶人工藝。猶得執諫。況臣備員近侍。蒙恩深重。扶植綱常。臣之志也。披寫悃愊。臣之忠也。惟陛下亮之。伏讀聖策。有曰。朕夙夜惓惓。欲正大綱。舉萬目。使人倫明於上。風俗厚於下。陛下是言。眞可爲國家扶綱常。天地立民極。萬世開太平

者也。然欲正大綱。莫先於明人倫。厚風俗。欲明人倫厚風俗。莫先於孝。孝者天之經也。地之義也。國而非此不可以爲國。家而非此不可以爲家。人而非此則禽獸矣。中華而非此。則夷狄矣。故先王制禮。子有父母之喪。君命三年不過其門。所以教人孝也。古者求忠臣於孝子之門。誠以居家孝。故忠可移於君。爲人臣者。未有不孝於親而能忠於君者也。爲人君者。未有不教其臣以孝。而能得其臣之忠也。昔子夏問三年之喪。金革之舉。無避禮與。孔子曰。曾公伯禽有爲而爲之也。今以三年之喪從其例者。吾弗知也。陛下於李賢金革之事起復之歟。則賢竹匠未聞也。以國家大臣起復之歟。則禮所未見也。似與先王制禮之意不同也。似與孔子之言不類也似與陛下策臣之初意不合也。以故事大臣當起復歟。則爲君者。當以先王之禮教其臣。爲臣者當據先王之禮事其君。臣不暇遠舉。請以宋言之。仁宗嘗以故事起復富弼矣。弼之詞

曰。何必遵故事以遂前代之非。但當據禮經以行今日之是。仁宗卒從其請。孝宗嘗以故事起復劉珙矣。珙之詞曰。身在草廬之中。國無門庭之寇。難冒金革之名。以私利祿之實。孝宗卒允其辭。此二君未嘗拘當代之故事以強起其臣。此二臣者未嘗循當之故事以苟從其君。故功澤加於當時。名聲垂於後世。史筆書之以爲盛事。士夫誦之以爲美談。此無他。君能教其臣以孝。臣有孝可移忠於君也。自是而後無復禮義。史

嵩之援例起復爲丞相。王黻起復爲執政。陳宜中起復爲宰相。賈似道起復爲平章。此數君者。未嘗不以當代之故事起其臣。此數臣者未嘗不以當代之故事從其君。然生靈以之而困。天下以之而亂。社稷以之而傾。貽禍於當時。遺臭於後世。此無他。君不教其臣以孝。臣無孝可移忠其君也。詩曰。殷監不遠。夏后之世。願陛下以宋爲監。使賢盡孝於君親。爲當世之大臣。陛下以禮處賢。爲當世之大君。此臣之願。亦賢

之分也。以賢身任天下。四方多虞而起復之歟。則仁宗之時。契丹桀鶩未爲無虞也。孝宗之時。金虜盛強。未爲無事也。陛下必欲賢任天下之事。不專門內之私。則賢身不可起。口則可言。宜降溫詔俾。如劉珙不以一身之戚。而忘天下之憂。使賢於天下之事。知之則必言。言之則必盡。陛下於賢之言。聞之則必行。行之則必力。則賢雖不起復。猶起復也。使賢於天下之事。知之而不言。言之而有隱。陛下於賢之言聞之而不行。行之而不力。則賢雖起復猶不起復也。陛下無謂廟堂無賢臣。庶官無賢士。君盂也。臣水也。盂員則水隨以員。盂方則水隨以方。君好諫則臣隨以直。君好諛則臣隨以佞。臣直則忤旨多。忤旨多則惡心生。惡心生則祿不可保。身不可安矣。誰肯不保其祿。不愛其身乎。臣佞則順旨多。順旨多則愛心生。愛心生則寵愈可固。位愈可安矣。誰肯不固其寵。不安其位乎。陛下誠能於退朝之暇。淸閑之燕。略崇高

貴重之勢。親直諒博洽之士。開懷放納。降禮尊賢。講聖學之大要。明君道之急務。詢政事之後失。察生民之利病。訪人才之賢否。考古今之治亂。諏風俗之盛衰。咨邊防之緩急。舍一己之見。而以衆人之見爲見。舍一己之知。而以衆人之知爲知。順己之言。則察而逐之。使貢諛保寵者無以自容。忤旨之言則容而受之。使輸忠爲國者得以自盡。群策畢陳。衆賢並用。則賢所欲言者。人亦能言之。又何必違先王之禮

經。拘先朝之故事。損大臣之名節。虧聖明之清化。而後天下可治哉。朝廷舉措。大臣出處。天下觀之。史筆書之。清議雖不行於朝。天下以爲何如。公論雖不行於今日。後世以爲何如。誠不可不懼也。誠不可不慎也。夫賢之起復。猶諉之曰。負天下之重任。應先朝之故事。比年以來。朝廷以奪情爲常典。縉紳以起復爲美名。食稻衣錦之徒。接踵廟堂。據禮守經之士。寥寥無聞。不知此人於天下之重任何所關耶。於

先朝之故事何所據耶。先朝自楊溥之外。未聞起復某人爲某官也。今起復之官何如此之多耶。以其高謀達慮。足以斷天下之大議耶。何未見其發也。以其折衝禦侮足以定天下之大難耶。何未見其能也。以其直節勁氣足以厲天下之士習耶。何未見其有也。以其深仁厚澤足以浹天下之民心耶。何未見其行也。以其忠言讜論足以裨朝政之缺失耶。何未見其敢也。陛下何取於斯人而起復之哉。意其平昔之計。不過阿媚權勢。

預爲己地。及遭通喪之時。則必曲爲諛說。上蒙天聽。不曰此人辦事理可奪情。則曰此有故事。例當起復。既遂奸計。略爲虛詞。一不預允。歡然就位。未有堅請如富弼。懇辭如劉珙者也。名曰奪情。實則貪位。名曰起復。實則戀祿。且婦於舅姑喪亦三年。孫於祖父母禮有期服。奪情於夫。初無與其妻。起復於父。初無干其子。今或舍館如故。妻孥不動。乃號於天下曰。本欲終喪。朝廷不容。雖三尺童子。臣恐其不

信也。爲人父者。所以望其子之報。豈擬至於此哉。爲人子者。報其親之心。豈忍至於此哉。枉己者未有能直夫人。忘親者未有能忠於君。望其直人而先枉己。望其忠君而先忘親。陛下何取於斯人而起復之哉。何不使之全孝於家。而後移忠於國哉。昔富弼有母喪。韓琦言起復非盛世事。而富公竟不可奪。史嵩之遭父喪。太學生群攻之。至數百人。而嵩之竟乞終制。今大臣起復。群臣不以爲議。且從而爲之辭。所以預

爲己地也。群臣起復。大臣不以爲非。且從而成其事。亦所以預爲己地也。大臣既無忌。群臣復何慚。群臣既有例。大臣復何辭。今之大臣固韓琦富弼之罪人。今之群臣又太學生之罪人也。上下成風。靡然同流。致有公無起復之例。私爲匿服之計。例在溥恩。則匿服以受封。例在得官。則匿服以聽選。例在掇科。則匿服以應舉。例在遷官。則匿服以候遷。例在求賄。則匿服以之任。率天下之人。爲無父之歸。臣不忍

聖明之世。風俗之弊。綱常之壞。一至於此也。夫愛親之心孩提有之。短喪之說下愚恥言。況在冠裳之例。聞聖賢之道。肯於其親無三年之愛乎。特以貪利遂至忘親。孔子曰。是可忍也。孰不可忍也。又曰。上有好者。下必有甚焉者。陛下誠能守先王之遺禮。遵祖宗之成憲。待之以禮義。而不縻之以爵祿。激之以廉恥。而不誘之以名位。使積書之弊。脫然以除。則忠孝之心。油然而生。向雖忘其親。今則爲孝子。向雖後其君。今則爲忠臣。亦理之所必有。勢之所必至也。特在乎陛下轉移之間何如耳。天子者以孝治天下者也。大臣者佐天子以孝治天下者也。欲孝行於天下。必先行於大臣。臣願陛下不惑群議。斷自聖衷。取回內臣。許令李賢依富弼故事守制。依劉珙故事終喪。其餘已起復者。悉令追喪。未起復者。悉許終制。脫有金革之事。亦從墨經之制。任國事於外。盡心喪於內。朝廷既正。則天下自正。大臣既行。則群臣自

效。人心天理不可泯滅。誰肯甘心爲不孝子。靦顏爲不忠臣。綱常尤是而正。人倫由是而明。風俗由是而厚。士心由是而繩。紀綱由是而張。國勢由是而一矣。臣言一出。犯者皆怍。衆怒群情將無不至。不曰狂生妄議。未諳國體。則曰腐儒迂談。不達時宜。不曰矯激干名。希求進用。則曰道理雖是。窒礙難行。近年以來類爲此語。阻塞言路。折挫士氣。臣愚昧豈不自知。言忤於人。殃及於己。議出於今。禍貽於後。

然夙夜皇皇。惟恐上負　朝廷。下負所學。取議於天下。貽笑於後世。是以昧死爲陛下言之。惟陛下矜賜優容。使讜言日進。曲加保護。使士氣日振。則天下幸甚。宗社幸甚。俯竭愚忱。仰祈天鑒。臣謹奏。

論奪情非令典奏狀

稽勳清吏司案呈奉本部送內府抄出徽王奏云云。等因奏奉聖旨。吏部知道。欽此欽遵。抄出送司。查得先該徽王奏要照先年良醫副王瑛奪情起復事例。免令任

好禮丁憂。等因奏奉聖旨。吏部知道。欽此欽遵。抄出送司。查得成化十九年二月內。該徽王奏稱要將良醫副王瑛奪情。存留辦事。本部爲照本官毋故例。該丁憂題奉憲宗皇帝聖旨。准王奏欽此欽遵。查得弘治元年十月內。該本部題爲扶持風化事照例。官吏人等聞父母喪。依例丁憂。係是祖宗舊制。奪情起復非令典。欲望著爲定例。自今文職官吏人等。聞父母喪。非身任金革之事。悉令依例定制。敢有營求奏保奪情者。許科道官糾劾。奉聖旨是欽此爲照。王瑛奪情係在弘治元年。題准前項例事難施行。已經立案。訖今又奏。前因案呈到部。臣切惟朝廷政令貴信。不信則人疑而事不立。今又令任好禮奪情起復。則是前例不信也。況任好禮係良醫副。彼雖守制。尚有良醫正王瑛在。亦可以視疾。府中未爲無人用。就使府中缺。另除良醫副一員前去。未爲不可。臣等非敢不依王之所奏。但恐朝廷政令不信於人。以後人難遵守。緣係王府奏保官員及節奉欽依。吏部知道事理。未敢擅便

。弘治四年十月初二日具題奉聖旨是欽此。

卷二十

四庫本「胡世寧貢賦之常膚見」篇之前（四四三—三七九下）缺「王叔英資治策奏」。「丘濬貢賦之常一」。「丘濬貢賦之常二」三篇。今據明刊本補錄如下

資治策奏

曰明利害。臣聞天生斯民。立之司牧。而寄以三事。

曰庶富教是也。爲人君者。將欲遂民之庶。必先有以富之。既富之。然後可以教之。今天下之民未甚庶。未能從上之教者。以富之之道有未至焉耳。富之之道。臣嘗讀大學而知之矣。大學傳之十章。言治國平天下之事。有曰生財有大道。生之者衆。食之者疾。用之者舒。則財恆足矣。是則平治天下之道。實本於此。臣竊觀之。天下凡有害於此者。亦頗知其略矣。恆產未制而貧富不均。賦斂未平而田多荒萊。此二者生

之之本之害也。軍卒有多餘之丁。而惟務於工商。僧道有污雜之衆。而失助於耕稼。民之務末者常勝。而務本者常負。此三者生之末衆之害也。養兵太多。而有徒食之軍。冗食未汰。而有素餐之員。此二者食之者衆之害也。官司役民。或奪其時。或盡其力。此二者爲之未疾之害也。土地有可養之物而不養。民粟有可儲之時而不儲。民用有可省之費而不省。此三者。用之未舒之害也。臣請得而詳言之。古者井田之制。

一夫授田百畝。故民生業均一。後世井田既廢。民業不均。至於後魏有均田之法。北齊有永業之制。唐有口分世業之田。雖非先王之道。然亦庶幾使民有恆產者。自唐以後。恆產之制。至今不行。故富強兼併。至有田連阡陌者。貧民無可耕。故往往租耕富民之田。而輸其收之半。由是富者愈富。貧者愈貧。此恆產未制之害。所以貧富不均也。古者田皆在官。故什一之稅通乎天下。而賦斂以平。後世田有官民之分。賦

有輕重。官既事繁。而需於民者多。故田之係於民者。其賦不得不輕。惟係於官者其賦則重。而亦有過於重者。官民之田。肥瘠不等。則賦稅有差。然或造籍徇私。往往以肥爲瘠。賦當輕而反重者往往有之。若夫官田之賦。比之民田爲重。而未必重於富民之租。然輸之官倉。道路既遙。勞費不少。收納之際。其弊更多。故亦或有甚於輸富民之租者。由是官民其入有可輸富之餘。而又有可酬其力者。民然後可得而耕。

其不然者。則民不可得而耕矣。此賦歛未平之害。是以田多荒萊也。斯二者豈非有害於生之之本乎。古者兵出於農。則兵固自耕而食者也。今爲兵者旣不耕。而食於農者而又多餘丁。不爲商則爲工。是亦不耕而食於農者。人之務末者衆。而務本者寡。實由乎此。此軍卒有多餘之丁。可裁減歸農。而末裁減之故也。古之爲民者四。曰士農工商而已。後世益之以僧道。而爲民者六。故務農者益寡。況二氏之教。本以清淨

無爲爲宗。而後世爲其徒者。多以避徭役而托於此。又倚其教能使人尊奉。有不耕而食。不蠶而衣之利。由是爲之者衆。然能守戒律者甚少。而不守戒律者甚多。往往食肉飲酒。華衣美食。肆欲營利。無異於污民。是則於其本教既忍違之。況可律之以吾聖人之教乎。其人可耕稼而不耕稼。乃託佛老以爲生。無補於世道。而有敗於風俗如此。愚民不知彼之身已獲罪。難免猶謂人之事其徒者足以獲福。且輟己之衣食以奉

之。其惑世誣民甚矣。昔唐太宗嘗議處之。以此故耳。人之坐食者衆。而資食者少。實由於此。此僧道有污雜之衆。可省除助農而未省除之故也。古者制民之法。以農爲本。故常厚之。以商賈爲末。故常抑之。後世抑末之法猶存。而厚本之法每病於費廣食衆。不能行之。故爲商賈者益多。然商賈獲利旣厚。而財貨有餘。農民住住衣食不給。反稱貸於商賈。況又有工藝之家。男女或盡棄耕織不務。而施奇技淫巧爲服用

之物。以漁厚利。徒多費工力而無益於實用。農人竭一家之力者。或不足以當其一夫之獲。積一歲之收者。或不足以俱其一旦之售。由是務末者恆有餘。而務本者恆不足。誠以務末恆勝。而務本者恆負之故也。斯三者。豈非有害於生之末衆者乎。古者天子六軍。諸侯用兵不過三軍。近世宋太祖天下精兵不過二十萬。十萬屯京師。十萬屯外郡。今京師之兵已十萬。而在外郡者不知其幾。以此推之。今之兵過多。而有徒

食者可知矣。天下賦歛之難平。儲蓄之未豐。實由於此。昔唐虞稽古建官。惟有夏商官倍亦克用乂。後世事漸繁密。故官亦漸增。然唐太宗省內外之官。定制七百三十員。曰吾以此待天下之賢足矣。今內外大小之官數以萬計。以此推之。今之官有冗員而有素餐者亦可知矣。天下賦歛之難平。儲蓄之難豐。亦由於此。斯二者非有害於食之未寡者乎。古者用民。歲不過三日。然役之必於農隙之時。後世事繁。故徭役寖多

。然唐太宗制租庸調之法。歲不過役民二十日。蓋由其能省事故也。故其法至今稱之。今天下有司役民無度。四時不息。由其不能省事故也。至於民稀州縣。人丁應役。諸役不給。丁丁當差。亦有男子有故。而役及婦人者。奈何而民不窮困乎。蓋由州縣有應併省而不併者。其民既稀。其役自繁。每以民稠州縣。雖不盡其力。亦奪其時。民稀州縣。既奪其力。又奪其時也。斯二者豈非有害於爲之未疾者乎。古者山林川

澤與民共之而有厲禁。是以斧斤以時入山林。材木不可勝用。數罟不入洿池。而魚鱉不可勝用。後世之民。困於徭役者多。故其入山林不能限之以時。欲急近利者衆。故其入洿池者多以數罟。由是材木常用之不給。魚鱉常時之不充。此所謂土地有可養之物而不養者也。古者三年耕而有一年之儲。九年耕而有三年之積。故雖有水旱之災。而民無菜色。後世賦重役多。故民無餘蓄。然漢宣帝時。以歲數豐穀賤。農人少利。因置常平倉。令穀賤則增價而糴以利農。穀貴則減

價而糶以利民。至隋唐皆有義倉。於收獲之後。勸農出粟。以防饑饉。皆良法也。其法令皆未行。或有水旱之災。何以備之。此所謂民粟有可蓄之時而不蓄者也。古者制民之用。宮室飲食器用衣服之制。婚姻喪葬祭祀賓客之禮。貴賤各有等差。不得過侈。而又無有釋老齋醮之誤。妖淫鬼神之祠。故民無妄費。而財用常足。後世雖或有制。而未必盡行。故以庶民之賤

。苟富有財貨之家。其居處服用之物。與夫吉凶之禮。儗於公侯者有之。至於齋醮則有累日之設。費用至數百千緡者有之。其貧無財貨者。雖居處服用之急。無以適意。至有婚姻之事。往往假借於人。務爲浮靡以資觀美者有之。及有親戚之喪。亦窮竭家貲。設作齋醮。以杜外議者有之。若疾病則訪之巫祝。必歸咎於淫祠。苟乏祭物。或竭己貲。而致衣食窘乏者有之。或舉債於人。而致田廬典賣者有之。此所謂民用有

可省之費而不省者也。此三者豈非用之未舒之害乎。凡此數者。特其大略耳。若其他固非臣之所能盡知。而偏舉欲致民富之道有害於此。此所以未能遂民之庶。而教化之所以難行也。陛下誠能因臣之所知。而益求其所未知。明其爲害則除之。明其爲利則興之。將見富庶之效。不數年而可致。而教化之行不難矣。又曰。臣於古今所宜之制。已略陳於前矣。陛下如欲擇其可者而行。惟在斟酌損益。使不違乎古之意。而宜乎今之俗。則無不可行者。若欲顧人情之私。則必違天理之公。其何以行之哉。今姑以制恆產一事言之。如先王井田之制固難猝行。若欲如後世均田之法。限田之制。宜可行於今者。論者必曰。奪富民以與貧民。雖可以得貧民之心。而足以致富民之怨。殊不知民之所當益者貧也。所當損者富也。天道虧盈。益謙之事乃出乎天理之公者。固不可避富民之怨而不爲也。如欲避富民之怨而失貧民之心。則是狥乎人情之私而違天理之公。其不可也明矣。況天下之人。貧者衆而富者寡。又豈可忘其寡者而忽其衆者乎。以此推之。

則於法制可得而定矣。

貢賦之常一

臣按馬端臨又言賦稅必視田畝。乃古今不易之法。三代之貢助徹。亦只是視田而賦之。未嘗別有戶口之賦。蓋授人以田。而未嘗別有戶賦者三代也。不授人以田。而輕其戶賦者。兩漢也。因授田之名。而重其戶

賦。田之授否不常。而賦之重者已不可復輕。遂至重爲民病。則自魏至唐之中葉是也。自兩稅之法行。而此弊革矣。豈可以其出於楊炎而少之乎。由馬氏斯言觀之。則是兩稅之法實得古人取民之意。後世徒以陸贄之言。蓋不欲苟變當時之法。故極言其法之弊耳。臣切以謂土地萬世而不變。丁口有時而盛衰。定稅以丁。稽考爲難。定稅以畝。檢覈爲易。兩稅以資產爲宗。未必全非也。但立法之初。謂兩稅之外不許分毫科率。然其興費廣。不能不於稅外別有徵求耳。此時之弊非法之弊也。自唐立此法之後。至今行之。遂爲百世不易之制。我朝稽古定制。以天下之墾田。定天下之賦稅。因其比宜立爲等則。徵之以夏者謂之稅。徵之以秋者謂之糧。歲有定額。家有常數。非若唐人遇有百役之費先度其數。而賦於人也。隨其田之寬狹。取其稅之多寡。非若唐人以一年之科率最多者以爲額也。其額數則具於黃籍。總於戶部。其徵輸期限則

責之藩服州縣。非若唐人別設兩稅使以總之也。若夫下口之稅。百無取焉。惟逐戶編爲里甲。十年一度輪差。其餘年分。官司有所營爲。隨時起集。傭倩事已即休。所謂絹布之調無有也。不役之絹無有也。其法一定而可守。其額百世而不虧。吏不能以爲奸。民不至於重困。陸贄所謂其取法也。遠其立意也。深其歛財也。均其成人也。固其裁規也。簡其備患也。周此六言者。我祖宗取民之制。眞足以當之矣。彼租庸調法烏可與同日語哉。

貢賦之常二

臣按呂氏春秋曰。竭澤而漁。豈不得魚。明年無魚。李渤所謂惟思竭澤。不慮無魚。其言蓋以取稅於民。如取魚於澤也。澤以養魚。必常有所養。斯常有所生。苟取具目前。竭其所養之所。空其所生之物。則一取矣。後何所繼乎。後世取民。大率似此。而攤稅之害尤毒。非徒一竭而已。且將竭之至。再至。三而無

已焉。不至水脈枯而魚種絕不止也。何則。中人一家之產僅足以一戶之稅。遇有水旱疾厲。不免舉貸逋欠。況使代他人倍出乎。試以一里論之。一里百戶。一歲之中。一戶惟一戶稅可也。假今年逃二十戶。乃以二十戶稅攤於八十戶中。是四戶而出五戶稅也。明年逃三十戶。又以三十戶稅攤於七十戶中。是五戶而出七戶稅也。又明年逃五十戶。又以五十稅攤於五十戶中。是一戶而出二戶稅也。逃而去者。遺下之數日增

。存而居者。攤與之數日積。存者不堪。又相率以俱逃。一歲加於一歲。積壓日甚。小民何以堪哉。非但民不可以爲生。而國亦不可以爲國矣。爲今之計奈何。曰。李渤謂盡逃戶之產稅不足者免之。是固然矣。然民雖去而產則存。宜斟酌具爲常法。每歲十月以後。詔布政司委官一員於所守之地。親臨州縣。俾官吏里胥各具本縣本里民數逃去開除者若干。移來新收者若干。其民雖逃。其產安在。明白詳悉開具。即所收以補所除。究其產以求其稅。若人果散亡。產無踪跡。具以上聞。覈實除免。如李渤所言。絕攤逃之弊。如此則民生既安。國用亦足矣。

卷二十六

王鏊論制科

四庫本是篇止於「蓋不過當時明經」句。並於其下注「原闕」二字（四四三—五五四上）。今據明刊本補錄如下。

蓋不過當時明經一科耳。後安石言。初意驅學究爲進士。不意驅進士爲學究。蓋安石亦自悔之矣。今科場雖兼策論。而百年之間。主司所重惟在經義。士子所習亦惟經義。以爲經既通。則策論可無竢乎習矣。近年頗重策論。而士習既成。亦難猝變。夫古之通經者。通其義焉耳。今也割裂裝綴。穿鑿支離。以希合主司之求。窮年畢力。莫有底止。偶得科目。棄如弁髦。始欲從事於學而精力竭矣。不復能有進矣。人才之

不如古。其實由此也。然則進士之科可無易乎。曰科不俟易也。經義取士。其學正矣。其義精矣。所恨者其途稍狹。不能盡天下之才耳。愚欲於進士之外別立一科。如前代制科之類。必兼通諸經。博洽子史詞賦乃得預焉。有官無官皆得應之。其甲授翰林。次科。次道。次部屬。而有官者則遞陞焉。如此天下之士。皆將爭奮於學。雖有官者亦翹翹然有興起之心。無復專經之陋矣。或曰。今士子一經且不能精。如餘經何。曰制科以待非常之士矣。以科目收天下之士。以制科收非常之才。如此而後。天下無遺才。故曰科不俟易也。

卷二十七

題禁治異服異言事

四庫本「汪鋐 欽遵聖訓嚴禁奢侈事」篇之前爲「彭韶 送主事林君孟和之南京序」篇（四四三—五五七下）。明刊本則無。但「何喬新 題禁治異服異言事」爲四庫本所闕。其原文如下。

題禁治異服異言事

切見近年以來。京城內外。軍民男婦。每遇冬寒。男子率用貂狐之皮。製高頂捲簷帽。謂之胡帽。婦女率以貂皮作尖頂覆額披肩。謂之昭君帽。又去冬正春。童男童女在階嬉戲。聚談罵詈。不作中華正音。學成一種鳥獸聲音。含糊咿嗢。莫辨字義。謂之打狗吣。傳聞北直隸各府及山東山西河南陝西地方。互相倣傚。亦有此習。夫胡帽昭君帽之制。皆胡服也。打狗吣之謠。是胡語也。以中國而服異服。道異言。何其習俗之謬耶。蓋首胡元入主中國。衣冠變爲左衽。正音變爲侏㒧。彝倫法度盡爲胡俗。仰惟太祖高皇帝。用夏變夷。肇修人紀。掃胡元之陋俗。復華夏之淳風。去異服而椎髻。不得以亂冠裳之制。禁異言而胡語不得以雜華夏之音。百有餘年。國不異政。家不殊俗。斯世斯民。復見唐虞三代文明之盛。實我烈祖之功也。奈何歷年滋久。民俗日偷。漸染夷風。恬不爲怪。此等異服異言。雖起於微賤之小人。實關乎華夷之大體。如蒙乞勑錦衣衛。幷巡城御史。督令五城兵馬司。嚴加巡緝。今後軍民人等。男婦童稚。敢有仍戴前帽及爲打狗吣等項語音。拿送法司究問。婦人有犯罪坐夫。男童稚有犯罪坐家長。初犯止照常例發落。再犯枷號示衆。仍追究匠作鋪家一體治罪。其直隸等處。亦行各該巡按御史禁治。此則法令嚴明

。人心知警。而習俗淳正矣。緣係禁治異服異言事。未敢擅便。弘治四年正月二十六日具本題奉聖旨。是恁部裡便將所進奏詞出榜禁約。欽此。

卷三十一

四庫本「倪岳　止貢使疏」（四四三—六七三下）明刊本作「止貢夷疏」。

四庫本「邊情疏」篇名（四四三—六九四上）明刊本作「夷情疏」。又四庫本「該本部將各國使進到方物驗收……即令差官督發各國起程……緣舊例各國入貢十人內准與起送一人」句（四四三—六九四上下）。明刊本「國」均作「夷」。

卷三十二

四庫本此卷僅收錄「王憲　襲替犯堂疏」。（四四四—一～八）。明刊本其後尚有「王憲　襲替功次疏」補錄如下。

襲替功次疏

武選淸吏司案呈奉本部送本司署郎中事主事鄭琬呈稱。伏覩大明會典內開成化十四年。申明陞賞功次事例。甘肅。寧夏。陝西。延綏。偏頭關。大同。宣府。山海關一帶。虜賊一人。擒斬一名顆。陞一級。至三名顆。陞三級。二人共擒。斬一名顆。爲首陞一級。至三名顆。陞三級。遼東女直人擒斬二名顆。陞一級。至六名顆。陞三級。　四川貴州湖廣兩廣苗蠻一人擒斬三名顆。陞一級。至九名顆。陞三級。　陣前

刀箭重傷者。陞署職一級。陣前當先殿後。斬將搴旗。擒斬賊首等項奇功。臨時奏擬陞賞。又查得正德十六年九月內。該兵科等衙門給事中等官夏等題。乞勑該部查照。先年凡不由軍功授職者。日後仍照詔旨革其子孫承襲等因。該本部查得先年軍職陞級。或奴兒干招諭。或捉獲奸細。或採捕海青。或進送方物。或瓦剌公幹。或迤北公幹。或招募土兵。或招撫夷人。或護送夷人。或欽准實授。或天順天年迎駕及洪

熙元年以後中箭等項。陞職。先年襲替之時或革或不革。前後不一。難以遵守。今後如前項奴兒干招諭等項陞職者。子孫襲替之日。除本等應襲職級外。一體查革。本年九月三十日奉聖旨。是其餘俱依擬行。欽此。又該本部題正統末歲。及景泰元年。虜寇犯順。京師戒嚴。宣大遼東一帶。邊報旁午。人情恟恟。當時廟謨之下。收散亡以禦方張之虜。惟憂其不力。故懸爵祿以待有功之人。不計其過重。所幸臣工效命。

宗社再安。酬報大典似亦相應。比之近年。旦夕小警。俘獲微勞。萬萬不侔。今若一概減革。委的人心不平。今後但遇正統十四年及景泰元年二三年。當先或召募及越陞官職者。查對欽陞文簿。及內外黃相同照舊不革若例。前曾經減革者。候子孫襲替之時改正。其餘前後各該年分。一體照例查革。本年十二月二十九日太子太保兵部尚書彭具題。嘉靖元年正月初一日奉聖旨是欽此。又該本部看得軍職冒濫。自宣德以後

。日甚一日。以軍功言之。斬首者世襲宜矣。領兵部下斬首及數世襲亦宜矣。內有不及名數與凡巧立名色。以軍功爲名。而實無軍功者甚多。以後俱要查照功次原冊。各人名下。開有斬首及領兵人部下斬首。俱及數者。照舊不動。若冊總開斬首當先。而各人名下無斬首字樣。與不及數。雖不及數而得署職者。俱不准襲。嘉靖九年八月初二日。太子太保兵部尚書李等題奉聖旨。是都依擬行。欽此。謹按大明會典申明陞

賞功次。各照地方則例。最爲明白。惟遼東女直斬首二顆。陞一級。查得近日陞賞係北方者俱斬首一顆陞一級。不曾分別遼東女直。與會典所載不同。末後又開陣前當先殿後。斬將搴旗。擒斬賊等項奇功。臨時奏議陞賞。蓋大敵在前。卒然相遇。勝負在於瞬息之間。生死係于呼吸之頃。當時不暇斬首。其斬獲首級多在賊勢稍緩。追奔捜斬之際。軍功必斬首爲重。蓋斬首有實可據。不容冒濫。當先等項奇功。既無實跡

。易於詐冒。其弊至正德末年應州功次。巧立當先衝鋒賫牌督陣等項名色。斬首至十二三級陞賞不下數百員。名冒濫之弊。至此極矣。以故先任給事中夏等。建議不由軍功陞級者。子孫襲替。一體查革。本部因見正統十四年景泰元二三年京師戒嚴。邊報旁午。幸而臣工效命。國家無虞。比之尋常斬獲微勞不同。若一概減革。人心不平。故當時議題。此等年分當先召募越陞俱不革。已革者。候襲替之日改正。其餘年分

一體減革。但不曾分別南方賊勢少緩比與北方不同。致使應革者。與北方一概混襲。所以本部近日題准事例。各人名下無首字樣與不及數。雖不及數。而得署職者。俱不准襲。及未曾分別地方年分。致一時奉行之過不分正統十四年。景泰元二三年。德勝門東岳廟石佛寺等項功次。一概減革。未免人心嗟怨。及今若不議處。恐數年之後。減革漸盡。軍士解體。異日邊方有警。人將以當先殺賊爲諱。誰肯出死力以犯賊之

先鋒。萬一誤事。關係非輕。合無將正統十四年景泰元二三年內有當先被傷。幷殺賊有功。越陞職級者。照舊准襲不革外。其當先被傷。又越陞及召募陞及襲替過數輩者。已足酬勞。仍不准襲。其餘各該年分。一體減革。及照歷年功次既多。事例該載未盡。中間疑似未明。或革或襲者。亦應一體申明遵守。今將歷年功次。應存應革事宜。開坐呈乞申明畫一。以便遵守施行等因。開呈到部。判送到司。案呈到部。看得

署郎中事主事鄭琬所呈。申明襲替功次以便遵守一節。為照武官。非軍功不許世襲。係是祖宗舊制。而軍功亦有生擒斬首。當先奇功等項不同。要在分別地方難易。時勢緩急。事體輕重。不可一概而論。故陞賞則例。各年不同。而選法存革亦當因之有辨。近因正德年間傳乞陞職。及勢豪違例奏帶。及寄名軍伍等項。俱得冒濫官職。故建議者痛欲裁革。一以慎重名器。一以節省俸糧。但以嫉惡太甚。立法過嚴。奉行者

又多避嫌。疑敢以任怨中間亦有虧枉者。俱不之卹。致使當先殿後。斬將搴旗。建立奇功者。亦與近年巧立當先衝鋒等項名色者。一概減革。委的人心不平。今該司查議呈來。事關國體。相應酌量議擬。合候命下之日。著為定例。通行遵守。其有例前革過者。俱候子孫襲替之日。照例改正。襲替施行。不許因之奏擾。其傳乞陞職。一切冒濫。被革之人。敢有妄自援引北例混奏者。許本部該科參送究治。仍送吏館。

增入大明會典。本部仍刊印成書。一體遵守。如此庶與者無泛濫之弊。而革者免嗟怨之聲。事體歸一。而選法適中矣。緣係申明襲替事理。未敢擅便開坐。謹題請旨。

除永樂年間。瓦剌奴兒干等處地方招諭。及併鎗中箭陞職官旗。仍照舊例准襲。洪熙元年以後。瓦剌奴兒干等處公幹招諭。併鎗中箭陞級官旗俱照正德十六年事例減革。

宣德十年。四川松潘功次斬首陞級。官旗照例准襲。內有越陞者。照嘉靖元年事例減革。

正統元年。兀魯乃奇功陞二級。官旗照舊准襲。正統九年。迤北克列蘇擒斬賊級陞授。官旗照例准襲。內有越陞者。照嘉靖元年事例減革。

正統六年。雲南麓川征苗賊頭功奇功。及斬首陞級。官旗照例准襲。內有越陞者。照嘉靖元年事例減革。

正統十四年至景泰元二三年。大同東岳廟雷公山黑峪

口石佛寺。宣府東南二小門洋河橋居庸關山西偏頭關。代州北直隸文安霸州紫荆關西直門德勝門彰義門。遼東八里莊龜兒山扣河控輩陰寨施僧洞等處。當先被傷并殺賊有功越陞級職。俱照嘉靖元年事例。准襲其召募陞職。及當先又越陞仍不准襲。

正統十四年至景泰元二三年。福建浙江征勦鄧茂七華完流等賊。獲功六次并十二次陞二級。官旗照例准襲。內有當先越陞者。照嘉靖元年事例減革。

景泰三年。貴州香爐山。景泰五年草場等擒斬賊級三名以上陞級。官旗照例准襲。內有越陞者。照嘉靖元年事例減革。

景泰四年。遼東登州營等處。功次內該陞一級給賞。擒斬賊級官舍准襲。內擒斬賊人男婦及被傷當先交鋒。并前探賊營。官旗俱照嘉靖元年事例減革。

景泰四年。貴州開通道路陞級。官旗照嘉靖元年事例減革。

景泰五年。雲南飛煉等處功次陞二級。陣亡官軍。准襲內陞一級。總領官攻破賊寨。并督運糧餉賫。執旗牌紀功督戰官監生。俱照嘉靖元年事例減革。

天順元年。山西偏頭關斬首陞級。官旗照例准襲。其當先被傷爲從陞授。官旗照嘉靖元年事例減革。

天順元年大同磨兒山黑石崖斬首陞級。官旗照例准襲。內有當先被傷及越陞。照嘉靖元年事例減革。

天順元年。大同楊家營等處。功次奮勇先入賊陣。殺

賊首級。照例准襲。內有奮勇殺賊被傷等項。陞一級。官旗照嘉靖元年事例減革。

天順元年寧夏沙山兒等處。功次有擒達賊斬獲首級并陣亡官軍。照舊准襲。內適退賊營。當先殺賊陞職。照嘉靖元年事例減革。

天順四年延綏西黃等處。功次五次殺賊陣亡。官旗照例准襲。

天順五年。四牌樓殺反賊曹欽有功。照舊准襲。內有

越陞。照嘉靖元年事例減革。
天順六年至成化四年。兩廣功次陸續斬蠻賊首八顆陞一級。四顆陞署一級。俱不准襲。
天順七年。貴州東苗功次擒斬苗賊首級。三品以上陞級。官旗照例准襲。內有越陞者。照嘉靖元年事例減革。
天順八年。兩廣功次擒斬賊級三名顆以上陞級。官旗照例准襲。內有越陞者。照嘉靖元年事例減革。

成化三年。湖廣荊襄斬首三顆以上陞實授一級。官旗照例准襲。內有越陞及斬首一顆陞署一級減革。荊襄斬首四顆陞實授一級。三顆陞署一級不革。
成化四年。貴州山都掌斬苗賊首三顆以上陞級。官旗照例准襲。內有越陞者。照嘉靖元年事例減革。
成化四年。遼東建州擒斬虜賊首級陞實授。官旗照例准襲。其斬首爲從。奮勇當先。被傷俘獲賊屬所陞署級。照嘉靖元年事例減革。

成化五年。固原石城兒等處。征勦土達蒲滿四等斬首陞級。官旗照例准襲。其當先又被傷并先被傷後又擒斬一二名顆爲從署陞級。官旗照嘉靖元年事例減革。
成化六年。榆林開荒川斬首陞級。官旗照例准襲。其斬首爲從。又陣傷并當先。又陣傷與管領旗牌催戰。及把總官殺賊一次。無部下首級數目陞級。及斬首一顆爲從等項。陞署一級。官旗俱照嘉靖元年事例減革。

成化九年。榆林征達賊斬首陞級。照例准襲。其當先被傷。并斬首爲從。又陣傷及分投督陣賞執旗牌陞署級者。俱照嘉靖元年事例減革。
成化年間。陝西魚兒河紅鹽池斬首陞級。官旗照例准襲。其當先所陞署級。并越陞職役。俱照嘉靖元年事例減革。
成化十二年。湖廣荊襄征進流賊斬首三顆以上陞實授一級。官旗照例准襲。其斬首不及數并當先陞署級。

及越陞職役。俱照嘉靖元年事例減革。
成化十二年。兩廣征蠻賊斬首三顆以上陞級。官旗照例准襲。內有越陞者。照嘉靖元年事例減革。
成化十五年。貴州西堡斬首三顆以上陞級。官旗照例准襲。內有越陞者。照嘉靖元年事例減革。
成化十五年。遼東建州斬首陞級。官旗照例准襲。內有三次當先。所陞署級。幷越陞級役。照嘉靖元年事例減革。

成化十六年。大同威寧海子斬首陞職。官旗照例准襲。內有先被傷及斬首爲從被傷。執旗督陣所陞實授一級。幷署級及越陞職役。照嘉靖元年事例減革。
成化十七年。白孤莊功次一人自擒斬達賊一名顆。二人共擒斬賊級一名顆。俱照例准襲。內當先衝鋒被傷督陣一次。先及哨探賊情等項。俱照嘉靖元年事例減革。
成化十九年。朔州駝梁等處。功次斬首爲首。部下斬首五顆以上。幷陣亡陞一級。回營身故。陞署一級。官旗俱准襲。
成化十九年。宣府韓家莊功次斬首爲首。官旗照例准襲。內有奮勇當先督陣旗牌陞署職者。俱照嘉靖元年事例減革。
成化二十年。大同紅墻兒功次陞二級。一人自斬首二顆。准襲。內有當先被傷陞級。俱照嘉靖元年事例減革。

弘治八年。甘肅涼州紅山兒功次斬首爲首。陞實一級。擒斬賊子一名。陞署一級。內斬首爲首。准襲。其擒斬賊子陞署級。係幼小達賊。已行給賞。例該減革。
弘治九年。哈密藩國功次二人共斬賊級二顆爲首陞實授。幷署職二級。則是得陞三級。除實授一級准襲。內署二級准襲一級。其幼小首級幷奪回婦女署級。不准承襲。

弘治十年。甘肅涼州功次斬首爲首。陞級實授。并戰
傷回營身故。陞署級。俱准襲。
弘治十一年。寧夏賀蘭柳溝功次一人自斬賊級二顆。
并斬首一顆。及二人共斬首爲首。俱准襲。內有斬獲
幼小達賊。并親執旗牌。督陣殺賊。及三次當先被傷
。陞署一級者。俱不准襲。
弘治十二年。肅州鎭南十功次內。有一人自斬首級一
顆。又二人共斬賊級一顆。爲首陞二級。俱准襲。

弘治十六年。陝西華蘭功次領軍官自殺首級一顆。陞
一級。照成化十九年事例減革。
弘治十七年。遼東錦州沙河功次一人。自斬首級一顆
。三人共斬賊級一顆。爲首准襲。內二人共斬賊級一
顆。爲從陞署一級。俱不准襲。
弘治十八年。大同焦山兒功次斬首。爲首陞實授。陣
傷回營身故。陞署一級。俱准襲。
正德元年。大同功次一人自斬一顆。爲首并部下領軍
斬首及數陣亡。及二人共斬賊級一顆。爲首各陞署一
級。俱准襲。內先擬給賞。後陞授一級。同二人斬幼
小達賊爲首陞署一級。俱不准襲。
正德三年。大同寧陽鋪功次二人。共斬首一顆。爲首
領軍部下斬首及數。俱准襲。內衝鋒破敵。又被傷陞
署一級。照嘉靖元年事例減革。
正德三年。密雲黃崖功次三年共斬級一顆。爲首陞實
授一級。准襲。內二人共斬賊級一顆。爲從陞署一級

。俱不准襲。
正德三年。宣府獨石功次三年。共斬賊級一顆。爲首
陞實授一級。准襲。內有三人共斬賊級一顆。爲從又
被傷。陞署一級。俱不准襲。

卷三十四

余子俊申明舊例事

四庫本「防奸究。除暴亂。馭邊疆等項機宜」句（四
四四—三九下）。明刊本「邊疆」作「夷狄」。

卷三十七

于晁于謙行狀錄

四庫本「正統十四年夷酋額森入寇……不爲備。俄而敵騎奄至」句（四四四—一一六下）。明刊本「夷」「敵」均作「虜」。又後文「遂使三軍覆沒。上棄君父於漠廷」句（四四四—一一七上）。明刊本「漠」作「虜」。又「公見上泣曰。敵人方強。氣滿志得。將有長驅深入之勢」句（四四四—一一七下）。明刊本「敵人方強」作「虜賊不道」。又後文「大同宣府等處曾經敵騎往來剽掠者」句（四四四—一一八上）。明刊本「敵」作「虜」。又「公一聞北敵臨關。急分遣五城兵馬司官縱火焚燒」句（四四四—一一八下）。明刊本「北敵」作「虜寇」。又本文中四庫本之「敵」字。明刊本均作「虜」。

于謙議講和疏

四庫本此篇文中之「敵」字。明刊本均作「虜」（四四四—一一九上至一二二上）。又四庫本「密定討伐之計一節切詳。金人蟠據幽燕。輒敢背棄盟誓。自逞兵力之雄。烏合獷悍之衆。既侵犯邊境。而拘留上皇」句（四四四—一二〇下）。明刊本作「密定討伐之計一節切詳。賊首也先逆天勃總。負義忘恩。自逞梟獍之雄。烏合犬羊之衆。既侵犯邊境。而拘留上皇」。又其後文「朝廷灼見敵情觀測。和不足恃。以故絕使不通往還」句（四四四—一二〇下至一二一上）。明刊本「敵情觀測」作「虜情譎詐」。又「北敵貪而多詐。萬一和議既行」句（四四四—一二一上）。明刊本「北敵」作「醜虜」。又「敵若遠遁。不貪利以窮追。萬一敵人昏于事勢。旴于一來。復有大舉入侵之謀」句（四四四—一二一上）。明刊本「敵人昏于事勢旴于一來」作「虜寇罪惡稔盈。鬼啓其衷」。又「必不出敵人之下。其或皇天厭亂。列聖有靈。敵人自知窮兵不利。變惡爲善」句（四四四—一二一下）

明刊本「敵人」分別作「犬羊」。「黠虜」。

于謙爲擅調官軍事

四庫本「非惟敵人得以縱兵。而京師亦不利便」句（四四四—一二二下）。明刊本「敵人」作「虜寇」。又四庫本「方當軍馬調動之際。而北敵乘間來攻」句（四四四—一二二下至一二三上）。明刊本「敵人」作「虜寇」。又後文「交結權貴。一旦敵騎臨城。不能竭忠死守」句（四四四—一二三上）。明刊本「敵騎」作「達賊」。

于謙爲建言事

四庫本「因境外有一二敵人行走。即便詐稱敵人數千犯邊……且其遇敵之時。殺獲敵兵十餘人。輒便稱說見敵數千。殺敗敵衆……向者德勝關等內外。殺敵功次不知殺得幾百千敵」句（四四四—一二三下）。明刊本凡「敵人」、「敵兵」均作「達賊」。餘之「敵」字並作「賊」。又後文「時常遣夜不收諳曉敵語者。身穿敵衣。裝扮敵兵。出境探聽敵情。若敵在三百里之內」句（四四四—一二四上）。明刊本作「時常遣夜不收諳曉胡語者。身穿胡衣。裝扮達子。出境探聽賊情。若賊在三百里之內」。又其後文中之「敵」字明刊本均作「賊」。又「況今春農在邇。若不設法用力備禦。人心委的不安」句（四四四—一二五下）。明刊本「用力備禦」作「掃蕩殘賊」。

于謙爲邊務事

四庫本「緣王斌與神傑俱係降人。不顧廉恥」句（四四四—一二八下）。明刊本「降人」作「虜人」。又後文「況本官終係族姓微賤。難令守備邊方」句（四四四—一三〇上）。明刊本「族姓微賤」作「寇虜遺孽」。

卷三十八

于謙爲邊務事

四庫本「得生擒敵人指揮巴蘇台……令我國人歌唱作

欒」句（四四四—一三三下）。明刊本「敵人」作「達賊」。「我國」作「達子」。又四庫本此篇文中之「敵人」。明刊本均作「達賊」。而「敵」字明刊本均作「賊」。又四庫本「不思屈節而辱國。於彼情之虛實略不以聞……而陰結敵人……以致敵人放肆。有輕中國之心……敵人巴蘇台……敵首額森……顯是敵人益逞奸詐之謀……倘遇敵人侵犯」句（四四四—一三五上）。明刊本作「不思屈節而辱國。於虜情之虛實略不以聞……而陰結虜人……以致賊虜放肆。有輕中國之心。達賊把速台……賊首也先……顯是逆賊益逞奸詐之謀……倘遇賊寇侵犯」

于謙爲預定安邊事

四庫本「照得宣府大同地方。即日敵人侵擾。去來不常……今敵勢方張。邊務方殷」句（四四四—一三五下）。明刊本「敵人」作「達賊」。「敵勢方張」作「虜勢猖獗」。又四庫本「今日敵勢如此之強大。邊務如此之弗寧……萬一敵人侵犯京師」句（四四四—一三六上）。明刊本「敵」作「虜」。「強大」作「猖獗」。「敵人」作「虜寇」。又四庫本「敵情難測。各處摽掠」句（四四四—一三六上）。明刊本「敵情難測」作「虜情猖獗」。

于謙爲緊急軍情事

四庫本「十八日敵人臨城……許貴二次出兵。殺敗敵衆往東去……劉四說稱敵人四千人馬。在於本城……

像係番字。敵情不敢緘默」句（四四四—一三六下）。明刊本「敵人」均作「達賊」。「敵」作「賊」。又其後「如遇敵人到於城下。務要相度敵情緩急。事勢可否」句（四四四—一三七上）。明刊本「敵人」作「賊寇」。「敵情」作「賊情」。

于謙爲邊務事

四庫本「向者敵人入剽。尚賴朝廷洪福……邇來敵亦厭兵。累遣其黨講和。奉送太上皇帝回京。緣敵尚攻戰。其情難測」句（四四四－一三七上）。明刊本「敵人」作「賊寇」。「敵亦厭兵」作「酋長也先」。「其黨」作「醜類」。「敵尚攻戰」作「賊尚猖獗」。又其後「先因敵人分投入劄。圍困各城……備養其銳氣。敵致相機勦殺。實爲便益」句（四四四－一三七下）。明刊本「敵人」作「達賊」。「敵」作「賊」。又四庫本「京師天下根本。即今敵人請和。眞僞難測。不可不愼防備。又經奏准暫留在京。候敵情虛實何如」句（四四四－一三八上）。明刊本「敵」作「虜」。「眞僞難測」作「奸詐難測」。又「先因敵人侵擾。因而失守。倉庫糧儲等……關係非輕。敵人今已請和。又經奏准……去年因敵衆入邊。勢孤援寡……萬一敵人渝盟。未免似前誤事」句（四四四－一三八上）。明刊本「敵人」分別作「賊寇」。「虜人」。「虜寇」。「敵衆入邊」作「虜衆入寇」。又四庫本「道里遠近。士馬強弱。敵情緩急。合無請勑」

句（四四四－一三八下）。明刊本「敵」作「賊」。

于謙爲糾劾事

四庫本「交通外敵。在國法所必誅。切照都督僉事毛忠本以俘囚……豈期本官挾詐懷奸。欺心負國。當敵勢方張之際……意在約爲內應。引敵襲我邊城」句（四四四－一三九上）。明刊本「外敵」作「外寇」。「囚」作「虜」。「敵勢方張」作「虜寇猖獗」。「敵」作「賊」。

于謙爲邊計事

四庫本「正統十四年八月。敵人犯邊。獨石龍門一帶」句（四四四－一三九下）。明刊本「敵人」作「達賊」。又「來者猶可追。中國之有邊患。猶人身之有疾病。來則禦之。去則備之」句（四四四－一四〇上）。明刊本「邊患」作「夷狄」。又本文自此句後凡四庫本之「敵」字。明刊本均作「賊」（四四四－一四〇至一四三下）。于謙「爲擒獲敵人事」（四四四一四三下）。明刊本篇名作「爲擒獲達賊事」。內文四庫本「因見向墩射箭。認是敵人。其呂小良等奮勇向前擒獲」句（四四四—一四三下）。明刊本「敵人」作「達賊」。又其後「計議得敵人出沒。不肯轉離鞍馬」句（四四四—一四四上）。明刊本「敵人」作「達賊」。又「果有敵人侵犯。相機勦殺。若彼中遣人來邊打話……縱敵入境剽掠」句（四四四—一四四下）。明刊本「敵人」作「賊寇」。「彼」作「虜

」。「敵」作「賊」。

四庫本「于謙 覆安邊固國強兵禦寇事」篇之前缺「于謙「爲關隘事」一篇。今據明刊本補錄如下：

爲關隘事

內府抄出鎮守居庸關都人右監少監潘成題節。該欽奉勑瓦剌。脫脫不花王差使臣碗鐵析木兒太尉等九十一員名。前來進馬。勑至爾等。如遇前項使臣人馬到來。即便驗實。照數放入款待。差人送來。仍嚴切戒飭。守備官軍十萬防備。毋致疏虞。欽此欽遵。景泰二年五月初二日。據守門直隸隆慶衛指揮胡綱呈有內官陳瑢。都指揮馬政。帶領百戶旗校家人白全等八員名。幷瓦剌差來使臣碗析鐵木兒太尉等七十六員名。幷被留送回所鎮撫。高能等七員名。進馬二百三十四疋。及自己群馬四十七疋到關。會同右僉都御史蕭啓。都指揮使夏忠。辨驗入關。照例款待。就差千戶梁忠管領官軍隨同懷來衛原差指揮張聰。一同護送赴京。

及嚴戒官軍隄備外。緣係內外官員。幷外夷使臣入關事理。具題該本部官。欽奉聖旨。該衙門知道。欽此欽遵。抄出到部審據。高能等七員名。係遼東三萬等衛所鎮撫總旗舍人。職役內高通係三萬衛千戶高宜弟。景泰元年九月間。被賊搶去人數。其高能等。俱係景泰元年十二月內蒙遼東總兵等官。左都督曹義等差。賫勑書往海西等衛撫諭都指揮等官加吟等。令其歸順朝廷。將搶去邊上人畜退出。本月二十日到指揮弗

剌出寨內。當有脫脫人馬到來。將弗剌出等捉去。問朝廷有使臣在此。弗剌出等不肯承認。脫脫將弗剌出等剝去衣服。用皮條綑縛。弗剌出方纔說出高能在寨至被拘去。將各人所賫勅書問看。就將各人交與皮鬼馬黑厰等收領。令在營內。說我如今替朝廷收捕野人女直。你每就眼看收了。時差人送你每去。脫脫領人馬自松花江起。直抵腦溫江。將兀者等衛一帶頭目寨了都傳箭與他。著他投順。中間投順了的。著車輛裝去。不肯投順的殺了。亦有走的。寨子俱放火燒訖。有考郎衛都指揮加哈成。討濕衛指揮婁得的女兒。都與了脫脫兒子做媳婦。脫脫到白馬兒大泊子去處。將都督剌哈伯勒哥都指揮三角兀及野人頭目約有三四百人。盡數都殺了。脫脫身上得了浮腫病證。又害腳氣。乘馬不得。只坐車回還。留下五千人馬在木里火落等處餧馬。要去收捕建州等衛都督李滿住董山等。脫脫將高能等帶到驢駒河一帶。趁草住劄說到五月間要

那去兀魯骨河駐劄。離長安嶺只有十日。高能在彼時早晚得皮兒馬黑厰照顧他。曾說我吃的穿的都是朝廷與我的。我不敢忘你每。放心。我與說脫脫王放你每回去。你若到朝廷時。說兩下裡差使臣往來。是和的好意思。我每替你收了野人女直。除了你的邊患。後脫脫差脫失知。院領一千人馬并差使臣同高能等一同來京進貢。本年四月二十四日到獨石城外下營。脫失人馬說道只在紅羅山一帶巡哨。搜殺兀良哈三衛犯邊達子。若拿住。送來朝廷約在五月二十日前後。還來獨石迎接使臣。又聽得說也先太師同阿剌知院各差人馬也來搜殺兀良哈朶顏三衛達子。又說脫脫不花。今次收了野人女直等處大小口約有四五萬。內精壯有二萬。脫脫人馬回來。馬多瘦弱。節次搶去邊上人口多無吃的。人都要逃走。又說高能等比先差去時共八人。內二人是康英。一人是董勝。俱係安樂州達官舍人。脫脫人馬到弗剌出寨時。他二人走了後。將高通頂

作使臣名目。以此高通得回。又說弗剌出自寨上別後不見本人下落。聽得說也被脫脫殺了。等因據說。參照各人所說。前因雖是未委虛的。緣脫脫不花既將各人送來。而收捕野人女直之時。又不侵犯遼東邊境。并王翺等亦奏脫脫不花邊上但遇漢人多護送回還。雖此等事情未必出於誠心。只因事制宜。亦當綏懷撫順。合候使臣碗折鐵木兒等回還之日。請勑脫脫不花諭以且知可汗敬順天道。尊事朝廷之意。其賞勞等件。宜頗從優厚。以堅其向慕之心。而皮兒馬黑麻身在虜境。心慕朝廷。若彼亦有進貢馬疋。其馬價等件。亦宜比衆稍優。以答其忠順之誠。其餘別有陳情。亦望聖恩俯念。從其一二。虜酋懷恩畏威。不啓釁端。而我得以爲備。以圖大舉。及照前項。虜人軍馬尚有五千。在於木里火落等處。要行收捕建行等衛。此亦不可不備。合無行移遼東總兵鎭守等官。一體整搠軍馬。嚴加隄備。遇警相機行事。不許纖毫怠忽。仍令王

翺等賫文曉諭都督李滿等。務須遵守朝廷法度。保守地方。不許私通叛寇。陰持兩端。致有疏虞。自貽後悔。仍將先次搶去人口。盡數送還。親赴軍前服罪。如或顧望遷延。令王翺等發兵相機勦捕。及照高能等跋涉艱險回還。又行傳報虜中事情。合無將各官量陞一級。仍令禮部定與賞賜。以酬其勞。以爲方來出使外夷之勸。陞賞畢日。發回遼東衛所。各還職著役隨住。仍令宣府大同總兵鎭守等官。一體整搠軍馬。隄備遇警。隨宜戰守。務在計出萬全。事無一失。若有疏虞。責有所歸。庶使虜人感恩而畏威。邊境有備而無患。緣係處置邊務。及奉欽依該衙門知道事理具題。景泰二年五月初六日奉聖旨。是脫脫不花王敬順天道。差人貢馬。又送我的人來。皮兒馬黑麻心慕中國。亦宜加賞。以慰其心。還寫勑書說與脫脫不花。比先差使臣去。被小人激惱。王因此壞了中國事。如今不差人去。但王差人來。我只依體款待。高能等便與

陛賞打發他回去。欽此

于謙覆安邊固國強兵禦寇事

四庫本自「兵科抄出山西代州緣事爲民前布政使弋謙題」句至「因臣建言。舉保王通爲將。本官亦將所得秘計畫成圖」句（四四四－一四五上下）。與明刊本出入甚大。茲將兩本此段文字迻錄如下

四庫本「兵科抄出山西代州緣事爲民前布政使弋謙題。臣聞兵者國之大事。自古興師動衆必擇將焉。夫將

有名有實。所謂有名。如李廣李陵輩。卒無成功是也。所謂有實。如李牧趙充國輩。卒建偉蹟是也。故任將之道貴用其實。不貴用其名。曩者外夷入寇。王師失律。辱及萬乘之尊。長驅都邑。蹀血神京。肆行剽掠。如蹈無人之境。我師竟不能少挫其鋒以報讎恥者。正由擇而不審。用之不以其實故也。況額森既大。得志而歸。勢必復來。人馬必衆。必有覬覦中原之心。亦非前日之比。而我當國謀臣至今。將帥不聞有智愚之別。兵馬不知有簡募之方。塹山塞谷等法皆兵中末務。非所似安邊之要策也。朝廷若不早爲令圖。一新威武。止靠舊日虛名文字。玩愒日月。誠恐一旦禍臨。卒難收救。今若安邊固國。強兵禦寇。必先推選良將。將得其人。以守則固。以攻則取。以戰則克。又何患外侮之憑陵。我績之弗集耶。聖朝堂堂天下。智謀良將應多。臣所知者。前成山侯王通。龍門衛致仕指揮甯懋。眞定同知阮遷。于此三者。籌策宏博

。慣經大戰。臣今指其實略陳之。昔交趾黎賊有二大將。名黎豸黎善。前後所陷官軍不可勝數。宣德元年。王通總兵征討。地利不便。王通身中重創。獨以一騎僅免。次日賊衆圍城。城中出榜招募。得數千之衆。分爲三軍。內選精銳三千。王通統率擊賊。一戰斬黎豸。再戰生擒黎善。自是殺賊垂盡。厥後賊人不敢過江出戰。止在江岸堅壁拒守。遣大頭目告云。願照洪武舊制。年年進貢。乞總兵官照依初克交阯舊制班

師。比先又見安遠侯柳升所統援兵全軍覆沒。王通遂會官議曰。交蠻恃險。叛服不常。每遇調兵。動輒數萬。不應以此稍末無益之地致根本空虛。決可棄不可守。遂班師。王通誠當今忠良儒將。每遇敵臨陣。輒忘身家有進死之榮。無退生之辱。矧累隨太宗皇帝征進迤北。嘗受太宗教誨破賊秘計。使之熟記。以為中國制禦之長策。前歲因臣到京建言。舉保王通為將。本官亦將所得秘計畫成圖。」一段（四四四—一四五

上下）明刊本作「兵科抄出山西太原府代州緣事為民前布政使弋謙題。臣聞兵者國之大事。社稷安危。民命生死之所係。故自古興師動衆。必審擇將焉。夫將有名有實。所謂有名。如李廣李陵輩。卒無成功是也。所謂有實。如李牧趙充國輩。卒建偉蹟是也。故任將之道貴用其實。不貴用其名耳。曩者胡虜入寇。王師應之。始則失律喪衆。以致辱及萬乘之尊。終則聽賊按轡。長驅直犯都邑。蹀血神京。震驚寢廟。繼而縱賊肆行剽掠。殘害生靈。欲東即東。卻西即西。窮兇極暴。如蹈無人之境。我師竟無一捷少挫其鋒。以報君讎。以雪國恥者。正由擇而不審。用之不以其實故也。況賊酋也先乃實大盜。向既大得志而歸。勢必復來欺侮。此來人馬必衆。必有覬覦中原之心。亦非日之比。而我當國謀臣。至今將帥不聞有智愚之別。兵馬不知有簡募之方。觀其塹山塞谷等項設法。乃皆兵中之末務。殆非所以安邊固國。強兵禦寇之要策也

。朝廷若不早為令圖。一新威武。止靠舊日虛名文字。虛名武備。玩愒日月。誠恐一旦禍臨。卒難收救。致悞祖宗天下蒼生性命。其事非小。今若安邊固國。強兵禦寇。必先推選良將。將得其人。以守則固。以攻則取。以戰則克。又何患外侮之憑陵。我績之弗集耶。聖朝堂堂天下。智謀良將應多。但臣居田里。莫能周知。其所知者獨前成山侯王通。龍門衛致仕指揮甯懋。真定府同知阮遷。于此三人者。籌策宏博。慣

經大戰。臣今指其實略陳之。昔交阯黎賊有二大將。名黎豸黎善。其冥頑兕狼。無異也先。作耗年久。前後所陷官軍不可勝數。宣德元年。雖王通總兵征討。初値地利不便。亦大敗衂。王通身中重鎗。獨以一騎僅免。到城幷陷參贊尙書陳洽於陣前。次日賊衆圍城。城中人期一死。無復生望。此時出榜招募軍士。迄得數千之衆。分爲三軍。內選精銳三千。王通統率。教演既熟。遂出師擊賊。一戰斬黎豸。再戰生擒黎善

。自是大戰大勝。小戰小勝。賊衆殺死垂盡。賊徒死者僵屍蔽野。生者悉推落江。江水爲之不流。兵法曰。有制之兵一能當百。於斯信矣。厥後賊人不敢過江出戰。止在江岸堅壁拒守。遣大頭目告云。願照洪武舊制。年年進貢。歲歲稱臣。乞總兵官照依初克交阯舊制班師。比先又見安遠侯柳升所統援兵全軍覆沒。王通遂會官議曰。交蠻負固恃險。叛服不常。每遇調兵。動輒數萬。不應以此稍末無益之地致累根本空虛。倘値中原四方有事。將何應用。此地決可棄不可守。各官依允班師退出。此王通所以棄地之心耳。王通誠當今忠良儒將。每遇敵臨陣輒忘身家有進死之榮。無退生之辱。矧累隨太宗皇帝征進迤北。嘗受太宗叮嚀。教誨破胡秘計。使之熟記在心。以爲中國制禦之長策。前歲因臣到京建言。舉保王通爲將。本官亦將所得秘計畫成圖。」

又其後文「若遇機會。亦聽出城討敵。王通提督戰隊

專一戰伐」句（四四四—一四六上）。明刊本「敵」作「賊」。又「太宗皇帝破敵陣法。遏止敵人人馬。當戰則戰……知其兵力則必震懾遁去。苟北敵一被摧挫遁去」句（四四四—一四六下）。明刊本「敵人」作「醜賊」。「北敵」作「北狄」。又後文「率領官軍在於天壽山鎮守修理關隘。敵人在驢鞍嶺地方剽掠」句（四四四—一四七下）。明刊本「敵人」作「達賊」。又四庫本「邇因敵人之強盛。正當用人而匡濟

。欽命王通陞都督同知。令其守城禦敵。既無驍勇。又無智謀。及在西直門外。因是敵情緊急」句（四四四—一四八下）。明刊本「敵人之強盜」作「虜寇之猖獗」。「禦敵」作「禦寇」。「敵情」作「賊情」。又四庫本「總兵等官。節次奏報敵人聲息。本部已經議奏」句（四四四—一四八下）。明刊本「敵人」作「賊寇」。又四庫本「且京師重地。缺人防護。合無候敵人果有釁隙可乘……其言要將敵使斷臂割耳」

句（四四四—一四九上）。明刊本「敵」皆作「虜」。

于謙爲怠廢軍政事

四庫本「若非剝削害軍。此物從何而得。即日敵人雖已請和」句（四四四—一五四上）。明刊本「敵」作「虜」。

卷三十九

于謙爲邊務事

四庫本「有番書一紙。差伊帶領諸延三衛頭目來……諸延三衛兵丁素號驍悍」句（四四四—一五五下）。明刊本「頭目」作「達子」。「兵丁」亦作「達子」。又後文「況小黃河牛頭山一帶。正係敵人出入要途。不可不備」句（四四四—一五六上）。明刊本「敵人」作「虜寇」。

于謙爲被虜走回人口事

四庫本「景泰元年正月初十日被敵人……差使臣赴京

進貢。留下兵丁五百在於口外」句（四四四—一五六下）。明刊本「敵人」作「達賊」。「兵丁」作「達子」。又後文「今稱仇殺。理或有之。又恐敵情奸詐」句（四四四—一五七上）。明刊本「敵」作「虜」。又「因緣哈勒琿在敵人中頗知道理。累曉天道人事。……且邊境相攻。中國之利先事預備防患之策。萬一敵人果於自相攻擊。其潰散敗亡之敵不無款叩我邊……若有邊兵叩關來降」句（四四四—一五七下）。

明刊本「敵人」均作「虜人」。「邊境」作「夷狄」。「敵」作「寇」。「邊兵」作「虜寇」。

于謙陳邊務疏

四庫本「近該各邊送到走回人口。屢報敵人托克托布哈與額森仇殺……且敵人驚散擾亂。必來窺伺我邊」句（四四四—一五八上）。明刊本「敵人」分別作「虜酋」。「虜寇」。又「如敵勢大。必用添軍勦殺。另行奏請定奪」句（四四四—一五八下）。明刊本「

敵」作「賊」。

于謙為整飭邊備事

四庫本「戰守有人。彼若勢寡。則有寡不敵衆之心」句（四四四—一五八下）。明刊本「彼」作「賊」。又後文「後因敵人犯邊。前項城堡無人守備……獨石搬運糧米。被敵人搶擄者甚多……誠恐有以啓敵意。臣屢以此事與鎮守總兵等」句（四四四—一五九上）。明刊本「敵人」均作「達賊」。「敵」作「賊」。

又「各築有城堡控制強敵。近因強敵犯邊。守將不能銳意捍禦……敵衆遠遁。整飭邊備乃其急務……以實守備。誠恐敵人奸詐難測」句（四四四—一六〇上）。明刊本「強敵」分別作「虜寇」。「達賊」。「敵衆」作「虜衆」。「敵人」作「虜人」。

于謙為來歸人馬事

四庫本「今年夏秋之間。分遣兵衆在邊剽掠」句（四四四—一六一上）。明刊本「兵」作「虜」。又其後

「因循月日。卒遇警急。事情不能相機……瞭見敵營火發數多往南行走……倘或敵帥額森等搖動扇惑」句（四四四—一六一上下）。明刊本「事情」作「賊情」。「敵營」作「賊營」。「敵帥」作「虜寇」。又「牆子嶺颭垜子四馬等關。俱係曾經敵兵侵犯之處」句（四四四—一六四上）。明刊本「敵兵」作「賊寇」。又「聽侯警急出口殺敵。而彼中事體比之各邊」句（四四四—一六四下）。明刊本「敵」作「賊」。

于謙建置五團營疏

四庫本「每從長計議。敵果入寇。如何可以出戰勦殺。如何可以固守無虞。敵名不來」句（四四四—一六七下）。明刊本「敵」均作「賊」。又後文「合則爲一營。分則爲五營。萬一敵人侵犯。人多則各營俱動」句（四四四—一六八下）。明刊本「敵人」作「賊寇」。

于謙處置三團營疏

四庫本「得迤北敵帥額森。倚恃強盛。屯聚士卒。近我邊疆」句（四四四—一六九下）。明刊本作「得迤北賊首也先。悖逆天道。屯聚虜衆。近我邊疆。」

卷四

余子俊災異陳言事

四庫本「邊方強寇黠謀狡計。難以輕測。聲東擊西。當預爲備。近來邊將遇警。張大聲勢……如果敵勢衆大力難支」句（四四四—二〇〇下至二〇一上）。明刊本「強寇」作「虜寇」。「聲勢」作「虜勢」。「敵」作「虜」。

王崇之陳言邊務事

四庫本「常被敵人虜殺。互相隱匿不報」句（四四四—二〇九上）。明刊本「敵」作「賊」。又後文「脩武備以嚴內治。臣聞禦邊疆之道。守備爲本」句（四四四—二一〇上）。明刊本「邊疆」作「戎狄」。

張鵬爲地方事

四庫本「雖經奏行隄備北寇及欽命太子少保戶部尚書……正恐北敵威拉克實及其小王子率領部落錫錫等」句（四四四—二一一上下）。明刊本「北寇」作「虜寇」。「北敵」作「北虜」。「及其」作「虜酋」。

馬文升爲敵情事

明刊本篇名「敵」作「夷」。又四庫本「我的奴婢逃走來說。他們歸去的人。大軍馬九月間來搶」句（四四四—二一二下）。明刊本「他們歸去的人」作「他們歹的達子」。又其後「不久後被巴延特穆爾部下的人巴圖爾搶去……及說九月間迤北敵人要搶三衛遼東一帶……原係漢人。先被迤北敵人搶去。隨住二十年」句（四四四—二一三上）。明刊本「的人」。「敵人」均作「達子」。又其後「又說有泰寧兵丁塔喇齊被小王子部下兵丁搶去……小王子每拏住迤北兵丁一人與走回的人……正統十四年。被迤北額森部下的人搶去」（四四四—二一四下）。明刊本「兵丁」。「的人」均作「達子」。又四庫本「其額森台等。又傳

本衛兵丁被小王子部下搶去」句（四四四—二一五下）。明刊本「兵丁」作「達子」。又其後「臣等切緣迤北部落衛喇特爲盛。小王子次之。似亦不虛。但敵情譎詐。難以盡信。況其部落彼此猜疑……此誠中國之福。然敵人爲患。自古而然……得聞北人事情。達來傳報」句（四四四—二一六上）。明刊本「部落」作「大虜」。「敵情」作「虜情」。「況其部落」作

「況今各虜」。「敵人」作「胡虜」。「北人」作「北虜」。又後文「況稱曾奉先帝遺命。留與敵人。亦當量爲處置」句（四四四—二一六下）。明刊本「敵人」作「虜酋」。

吳瀚題爲任情方命妨悞邊機事

四庫本「臣照得先年哈密城池被敵帥阿哈瑪特殘破虜去」句（四四四—二一九下）。明刊本「敵帥」作「番酋」。

卷四十一

劉大夏覆陳邊務事

四庫本「近來北人不時犯邊。屢敕巡撫等官」句（四四四—二三一上）。明刊本「北人」作「虜賊」。又後文「若查驗官互相扶同河凍。敵復往套。俾責有歸。則令嚴弊革。師不勞而敵自退矣……先行差人哨無敵情……今詳本官所奏之意。則是套內敵情有無可以驗……查有入敵失事緣由。依擬降謫」句（四四四—

二三二上下）。明刊本「敵」均作「賊」。又其後四庫本「弘治十四年十一月內被敵燒燬營門」句（四四四—二三三上）。明刊本「敵」作「賊」。又「教騎射以禦邊。臣觀敵之所長騎射而已……彼知敵之所長乃我之所短……則士馬精強。而敵聞風知懼矣」句（四四四—三二六上下）。明刊本「敵」均作「虜」。又四庫本「惟山邊一渠內地方似為敵境。欲將舊渠挑成河塹……俟來年和暖之日。哨無敵情」句（四四四

—二三七下）。明刊本「敵」字分別作「虜」「賊」。又四庫本「用精銳以助邊。臣在各邊。累見塞外走回人口……合無今後有前項走回之人在彼過一年之上者……前件查得各邊遇有塞外走回人口」句（四四四—二三七下至二三八上）明刊本「塞外」均作「虜中」。「在彼」作「在虜」。又四庫本本篇自上句以下。凡「敵」字明刊本均作「賊」。（四四四—二三九上至二四〇上）

王瓊為北兵入境驚擾人民事

明刊本篇名中「北兵」作「達賊」。又四庫本「本年七月十五日卯時分。忽有北兵數十騎……瞭見北兵。不知騎數」句（四四四—二五四上）。明刊本「北兵」均作「達賊」。又後文「又見北兵二百餘騎。從沿河口三岔等村……此臣等判得前項敵情。係白羊口同日犯邊北兵。今已過五日。前敵或已退出……。彼敵聞知畏懼……但恐敵兵眾大……但聞邊情。星夜飛報

……但係北兵道路添軍防守……伏乞聖明。軫念北人勢眾」句（四四四—二四五下）。明刊本「北兵」均作「達賊」。「敵」均作「賊」。「敵兵眾大」作「賊勢眾大」。「邊情」作「賊情」。「北人」作「胡虜」。

王憲為建言邊情嚴設備安地方事

本篇文中四庫本之「北敵」「敵人」「強敵」「外寇」等詞（四四四—二四六下至二四九上）。明刊本均

作「達賊」。又四庫本「各該邊鎮。如有近敵衝要地方。應設城堡」句（四四四－二四九上）。明刊本「近敵」作「通賊」。

李賢上禦敵疏

明刊本篇名作「上禦戎疏」（四四四－二四九上）。

又四庫本「近因敵使來貢索要……而卿等乃累言復欲如前遣使與之往來……今日禦敵長策惟在痛加懲罰……近聞北人。其志不小……竊料沙漠不過中國一大郡……且敵人爲患。自古有之」句（四四四－二四九上下）。明刊本「敵」皆作「虜」。「與之」作「與虜」。「北人」作「虜寇」。「沙漠」作「胡虜」。「敵人」作「戎狄」。又其後「備邊禦敵。僅得中策。秦漢而下。往往無策以禦之。臣以愚見度之。北人所以輕侮中國者……青擊匈奴。深入北地。見單于兵陣……若用得其法。敵之弓馬弗能當也」句（四四四－二五〇上）。明刊本「敵」皆作「虜」。「北人」作

「胡虜」。「北地」作「虜地」。又其後「城外之地俱是北人馳騁之所」句（四四四－二五〇下）。明刊本「北人」作「虜寇」。又「臣聞天道好還。北人自犯邊以來。肆其凶暴」句（同上）。明刊本「北人」作「胡虜」。

李賢論散處邊人疏

明刊本篇名之「邊人」作「夷人」（四四四－二五一上）。

四庫本「臣聞帝王之道在赤子黎民而羈縻絕域。夫黎民而赤子。親之也。絕域而羈縻。疏之也」句（四四四－二五一上）。明刊本作「臣聞帝王之道在赤子黎民而禽獸夷狄。夫黎民而赤子。親之也。夷狄而禽獸。疏之也」。又其後「未有赤子不得其所而先施惠於外人者。況奪赤子之食以養外人。聖人忍爲之哉。切見京師蕃人不下萬餘」句（同上）。明刊本兩「外人」並作「禽獸」。「蕃人」作「達人」。又後文「臣

切見夷人來歸絡繹不絕。朝廷授以官職。足其俸祿。使之久處不去。混跡畿內。無益之費尚不足惜。又有甚者焉。夫外域之人其深莫測。乍臣乍叛。荒忽無常」句（四四四—二五二上）。明刊本作「臣切見達人來歸絡繹不絕。朝廷授以官職。足其俸祿。使之久處不去。腥膻畿內。無益之費尚不足惜。又有甚者焉。夫夷狄人面獸心。貪而好利。乍臣乍叛。荒忽無常」。又其後四庫本「且邊人在邊……是故聖人以要荒治

之」句（同上）。明刊本作「且達人在胡……是故聖人以禽獸畜之」。又「近日邊塵數警。而夷官群聚京師……乞敕兵部將夷官漸次調除」句（四四四—二五二上下）。明刊本前後「夷官」並作「達官」。

丘濬內夏外域之限一

明刊本此篇目「外域」作「外夷」。

四庫本「惟魏徵之議援晉朝事爲鑒。得帝王內脩外撫之道。思患豫防之心。彥博謂王者之於萬物。天覆地載。靡有所遺。是固然矣。然殊方異俗。必不能相安於城郭市井之間。而所以處之者必有其地。是固有以限之也。則夫聖人之處遠人。可無內外之限哉。」句（四四四—二五二下）。明刊本作「惟魏徵之議援晉諸胡爲比。得帝王內夏外夷之道。思患豫防之心。彥博謂王者之於萬物。天覆地載。靡有所遺。是固然矣。然天生豺狼蛇虺。必不生於城郭市井之間。而所以生之者。必有其地。是固有以限之也。則夫聖人之處華夷。可無內外之限哉。」

又後文「用其部曲以爲宿衛……乃詔突厥及降兵在諸州者」句（同上）。明刊本「部曲」作「酋長」。「降兵」作「降胡」。

又後文「魏徵曰。晉初羌羯與民雜居中國後二十餘年」句（四四四—二五三上）。明刊本「羌羯」作「諸胡」。又其後四庫本「昔人有言。前車覆後車戒。臣嘗讀古詩有云。越鳥巢南枝。代馬嘶北風。蓋人生天

地間雖有賢愚之殊。而其思鄉土。黨同類之心則一也。況彼遠人稟性絕與常人不同。而不可律以中國之人情。請以東晉事質之。北朝之中匈奴爲大。匈奴之種在漢已入居中國。歷漢而魏而晉已數百年矣。」句（四四四—二五三上）明刊本作「昔人有言。非我族類。其心必異。而古詩亦云。越鳥巢南枝。胡馬嘶北風。蓋人生天地間雖有華夷之殊。而其思鄉土。黨同類之心則一也。況彼戎夷稟性絕與華人不同。而不可律以國之人情。請以晉諸胡質之。五胡之中匈奴爲大。匈奴之種在漢已入居中國。歷漢而魏而晉已數百年矣。」

又後文「後世達人之處中國者。固未必如晉之多」句（同上）。明刊本「達人」作「夷狄」。又後文「惟永樂以來往往以降人寘之畿甸之間。使相群聚而其部長……已巳之變。敵犯近郊……甚至乃有爲敵向道者」句（四四四—二五三下）。明刊本「降人」作「降夷」。「部長」作「酋長」。兩「敵」字皆作「虜」。又其後「臣竊以爲晉之事經三朝」句（同上）。明刊本作「臣竊以爲晉之諸胡經三朝」。

兵濬內夏外域之限二

明刊本「外域」作「外夷」。

四庫本「豈可以遠人而不用哉。但不可如天寶之末盡用蕃而代漢耳」句（四四四—二五四下）。明刊本「遠人」作「非華」。「蕃」作「胡」。

卷四十二

王守仁陳言邊務疏

四庫本「邇者切見皇上以彗星之變警戒修省。又以邊方多敵。命將出師」句（四四四—二五五下）。明刊本「邊方多敵」作「虜寇猖獗」。又後文「曾未見有一人。萬一敵人長驅而入。不知陛下之臣。孰可使以禦之」句（四四四—二五六上）。明刊本「敵人」作「虜寇」。又其後。四庫本「夫古之善用兵者取用於國。因糧於敵。猶且日費千金。今以中國而禦四方……是固不可以言因糧於敵矣。」句（四四四—二五七上）。明刊本「四方」作「夷虜」。又四庫本「今炎暑漸熾。敵性不耐。我得其時一也。敵恃弓矢……敵逐水草以爲居……官軍甫至。敵且遁矣。」句（四四四—二五七下）。明刊本「敵」均作「虜」。又四庫本「待其秋成。使之各食其力。敵至則授甲歸屯……敵去仍復其業。因以其暇繕完。敵所拆毀邊墻……而

摧方強之敵」句（四四四—二五八上）。明刊本「敵至」「敵去」作「寇至」「寇去」。餘「敵」字均作「虜」。又後文「然後簡其強壯。宣以國恩。喻以仇讎。明以天倫……而區區之敵有不足破者矣。」句（四四四—二五八下）。明刊本「仇讎」作「虜讎」。「之敵」作「醜虜」。又四庫本「今敵勢方張。我若按兵不動……損失威重。而敵人之所以得志也……蓋中國工於自守。而北人長於野戰。今邊卒新破。敵勢方劇」句（四四四—二五九上）。明刊本「敵」均作「虜」。「敵人」作「醜虜」。「北人」作「胡虜」。又本篇文中。自上句以下之「敵」字。明刊本均作「虜」。

夏良勝論用兵十二便宜狀

四庫本「凡敵之強盛。皆資糧於我。不勞齎送……兵。詭道也。正勝之戰不聞久矣。如今敵攻滄州等處……戰陣之法。識時爲上。敵之所恃者弓馬之力……臣

思天下不患有此邊。患無此將略而已」句（四四四—二六一上）。明刊本「敵」均作「賊」。「力」作「賊」。

李堂論將才

四庫本「然蠻夷寇賊不免爲憂。。而四邊之患北人爲劇……敵重勢勍。則請京兵以益之」句（四四四—二八三下）。明刊本「四邊」作「四夷」。「北人」作「北虜」。「敵」作「虜」。

卷四十三

汪鋐奏陳愚見以弭邊患事

四庫本「用之禦敵。用之守城。最爲便利。如北人之來平原曠野……敵勢重大則增至五百銃……觸之者死。不觸者奔。如敵見我設兵如此」句（四四四－二八九上）。明刊本「敵」均作「虜」。「北人」作「北虜」。

汪鋐再陳愚見以弭邊患事

四庫本「臣竊惟西北二邊爲中國患。其來已久。自古

禦邊之法惟守爲上」句（四四四－二九〇上）。明刊本「二邊」作「之虜」。「禦邊」作「禦寇」。又四庫本「行之萬世。萬世無邊圉之患。行之萬萬世。萬萬世無邊圉之患矣」（四四四－二九一下）。明刊本「邊圉」均作「胡虜」。

丘濬守邊固圉之略

四庫本「內恐盜賊之竊發。外恐敵國之侵陵……況有其險而自去之。以爲敵除道。智者所不爲也」句（四四四－二九七上）。明刊本「敵國」作「盜賊」。「敵」作「虜」。又後文「林木茂密以限敵騎馳突。不知何人。始於何時」句（四四四－二九七下）。明刊本「敵」作「虜」。

丘濬列屯遣戍之制一

四庫本「被堅執銳以從事隊伍之間。以禦強敵。用此以傲衆。庶固爲可矣」句（四四四－二九九下）。明刊本「敵」作「虜」。

丘濬列屯遣戍之制二

四庫本「若夫邊之圉之敵。必須用其邊兵。何則。蓋邊兵生長邊陲。慣於戰鬥。知敵人之情狀」句（四四四－二九九下）。明刊本「敵」作「寇」。「敵人」作「虜人」。又四庫本「及至敵退而論功。方且虛張功次……其他遼東甘肅諸處皆然。敵來者少。則各邊自爲守戰。敵來者多。方許奏請京軍。如敵至大同則

于應州駐劄。敵至宣府。京軍則於懷來駐劄」句（四四四—三〇〇上）。明刊本「敵」作「虜」。「敵來者少」作「虜少來寇」。「敵來者多」作「虜大入寇」。「敵至」均爲「虜寇」。

許論總論邊務

四庫本「或有問於論者曰。今天下之患何居。論曰。北敵最可憂……曰兵莫強于遼金元。莫弱於我朝……我太祖高皇帝定鼎之後。其裔半留中國……故曰敵莫

弱于我朝」句（四四四—三〇〇下）。明刊本「北敵」作「北虜」。「敵」均作「虜」。「定鼎」作「汛掃」。「其裔」作「胡裔」。

卷四十五

四庫本「丘濬　定律令之制一」肩前缺一篇。明刊本爲「總論制刑之義」（四四四—三四二下）。其文如下。

臣按典者常也。民失其常則爲權時之制。本三德以趣時。分三典以興治。使之復其常焉。聖人於此何容心哉。伏惟我聖祖。承元人斁敗彝倫之後。所謂大亂之世也。當是之時。以夷狄之人爲中國之主。天地於是乎易置。華夷于是乎混淆。自有天地以來所未有也。三綱五常之道。詩書禮樂之教一切墜地。彼其同類固無足責。而我中國之人。或帝王之苗裔。或聖賢之子孫。或前代之臣子。一旦舍我衣冠。服其氈毳。染其腥膻之化。習其無倫之俗。甚至爲之腹心股肱。耳目爪牙。以爲我中國之害。受其爵祿。爲之輔翼嚮導。

感其照嫗之恩。日新月盛。口其語言。家其倫類。淪膚入髓。知有胡人。而不知有吾中國帝王正統之傳。綱常倫理之懿。子承其父。孫襲其祖。習知其故。以爲當然。蓋已百年矣。是眞所謂大亂之世也。難以新國待之。苟不痛絕其根源。加之以重典。何以洗滌其腥膻臭穢。而復還我中國之綱常倫理也哉。雖然。隆冬之後必有陽春。是以我聖祖作爲條訓以示子孫。有

曰。朕自起兵。至今四十餘年。人情善惡眞僞無不歷涉其中。奸頑刁詐之徒。情犯深重。灼然無疑者。特令法外加刑。使人知所警懼。不敢輕易犯法。然此特權。時處置頓挫奸頑。非守成之君所常用。以後子孫做皇帝時。止守律與大誥。並不許用黥。刺。剕。劓。閹割之刑。敢有請用此刑者。將犯人凌遲。全家處死。由是觀之。可見聖祖以亂國待前元而用重刑。蓋非得已也。文祖文孫。當承平之時。守祖宗之訓。一

用平典以安兆民。敷仁恩於四海。延國祚於萬年。臣不勝至願。

白昂奏行問刑條例疏

四庫本此篇止於「奉聖旨都照舊行」句（四四四—三四二下）明刊本是句下尚有「欽此欽遵」四字。

尹直論條例

四庫本「乃諭東廠官校莫加刺訪。以此益見祖宗之法不可少更。更則有弊」句有缺文（四四四—三四二下）明刊本作「乃喻東廠官校莫加刺訪。又立後一條。許寡婦立其所愛之人。不思世之婺婦貞節者少。若許立所愛之人。則其所愛莫愛於奸夫。以例立之。誰復能禁。此誨淫長奸之大不可也。以此益見祖宗之法。不可少更。更則有弊。若此法久而弛。驟加嚴促。號爲振弛懲玩。然淫刑酷罰。頭會箕歛。中外臣工因而科派侵欺入己。上下交征。民窮財盡。起而爲盜。以致禍亂流毒天下。此靑苗之法所以卒亡宋也。變亂舊

制之律。其意深矣哉。」瑣綴錄

卷五十一

王湛總理河道題名記

四庫本「故西北世有邊塞之患。自遼左至甘涼六鎭……中原內地與敵僅隔一山。而山復中缺。爲敵所窺……竊謂扼強敵而障中原。據上游而制六合」句（四四四—四七三上）。明刊本「邊塞」作「夷狄」。「敵」均作「虜」。又後文「此元人海運之弊之明驗也。

若之何乃尤人而效之哉。河運之費。費於人」句（四四四—四七三下）。明刊本作「此殘虜之所以忍於華人也。奈何華人亦忍於華人哉。河運之費。費於人」。

東家雜記二卷

宋孔　傳撰

以鈔本校補

卷下

四庫本於「宅圖」章及「南渡家廟」章之間疑有闕文（四四六—九一上）。鈔本其文如下

右廟宅亦載魯國圖中。廟壁有吳道子畫。先聖歷聘諸國車服人物威儀。極爲精妙。駐蹕亭有題詠。章聖皇帝東封崇禮。先聖事人多傳頌。今併錄之。古柏曾沾周雨露。斷碑尙載漢文章。介丘檢玉回天仗。過魯猶聞祀素王。然與孔林一詩。不知誰氏所作。

續添襲封世系

一代文宣文

二代鯉。字伯魚。封泗水侯。

三代伋。字子思。封沂水侯。作中庸。

四代白。字子上。齊威王召爲國相。

五代求。字子家。楚召不仕。

六代箕。字子京。爲魏相。

七代穿。字子高。楚。魏。趙三國召之不仕。著書名讕言。

八代順。字子愼。魏相封魯文信君。

九代鮒。字子魚。秦始皇時拜少傅。著書曰孔叢子。

騰。長沙太傅。

十代忠。字子貞。爲博士。

聚以兵破楚。封蓼侯。史記謂孔將軍居左。

十一代武。字子威。爲武帝博士。臨淮太守。

安國爲博士。訓注經籍。

臧嗣蓼侯位九卿。著書十篇。

十二代延年。武帝時爲博士轉太博遷大將軍。

琳嗣蓼侯

十三代霸。字次孺。漢時爲博士。遷詹事。拜太師。號褒成君。

驩。博士。

茂。關內侯。

十四代福。襲封關內侯。

捷。喜並列校尉諸曹。

光成哀平三世居公輔。謚簡烈侯。

吉封殷紹嘉公。

十五代房。襲封關內侯。

永封寧鄉侯。

放歷侍郎。嗣博山侯。

伉。校書郎。

何齊封宋公。

十六代均。字長平。封關內侯。更封褒成侯。

奮復漢。封關內侯。

尙。鉅鹿太守。

十七代志。封褒成侯。謚元成侯。

嘉。城門校尉。

仁。博士遷太守。
十八代損。封褒成侯。徙封褒亭侯。
豐。後漢黃門侍郎。典東觀事。
十九代曜。後漢襲封褒亭侯。
宙。郎中令。
僖。蘭臺令史。校書東觀。
扶。司空。
翊拜御史。

二十代完。襲封褒亭侯。
文。魏大鴻臚。
昱拜議郎。自霸至昱卿相牧守五十三人。列侯七個。
融字文舉。至大中大夫。有集十卷。北海相。
二十一代羨。魏拜議郎。封崇聖侯。
毓。征南軍司馬。
郁。冀州刺史。
二十二代震。晉武時封奉聖亭侯。拜黃門侍郎。

衍。東晉時中庶子廣陵太守。
揚。下博亭侯。
潛。後漢太子太傅。
二十三代嶷。襲封奉聖亭侯。
啓。廬陵太守。
竿。吳南昌太守。
二十四代撫。晉襲封奉聖亭侯。豫章太守。
恬。吳尚書。晉太守。

沖。尚書。
二十五代懿。東晉襲封奉聖亭侯。
愉。晉左僕射。
侃。大司農。
倫。黃門郎。
群。晉御史中丞。
二十六代鮮。宋元嘉中封奉聖亭侯。改封崇聖侯。
闓襲封散騎侍郎。

汪。晉刺史侍中。
國。晉左僕射。
坦。晉侍中常侍。
嚴領尚書。
二十七代乘。後魏封崇聖大夫。
晉。尚書令。
靜。宋侍中特進。
俟。太守。

道民。內史。
靜民。侍郎。
福民。洗馬。
道隆。侍中。
沉。丞相椽。
二十八代靈珍。後魏秘書郎。封崇聖侯。
靈符。太守。
靈運。著作郎。

靈產。光祿大夫。
欽。光祿大夫。
景偉。齊常侍。
二十九代文泰。襲封崇聖侯。
珪字德璋。齊高帝時掌詞命。終常侍。著北山移文。
深之。宋比部郎。
琳之。御史中丞。
遙之。尚書左丞。

靈龜。後魏國子博士。
三十代渠。襲封崇聖侯。北齊改封恭聖侯。後周改封鄒國公。
臻。尚書令。
曄。中書侍郎。
揔。侍郎。
碩。後魏南臺丞。
三十一代長孫。襲封鄒國公。

休源。梁都官尚書。

覬。宋御史中丞。行會稽郡事。

道存。南海太守。

三十二代嗣哲。隋文帝時應制登科。襲封鄒國公。後改封紹聖侯。

雲童別駕。

宗範。陳中書侍郎。

奐。陳尙書中令。有文集。

穎達。大業中明經高第。歷唐司業祭酒。太常卿。撰五經正義。有文集。

三十三代德綸。唐正觀中封褒聖侯。

紹安。唐中書舍人。

志玄。唐司業。

志約。禮部郎中。

志亮。中書舍人。

思政。刺史。

三十四代崇基。武后時封褒聖侯。

德紹。隋秘書省正字。

禎。禮部外郎刺史。

惠元。國子司業。人以三世司業爲榮。

琮。洪州都督。

三十五代璲之。字藏輝。開元中襲封褒聖侯。後改封文宣公。兗州長史。

昌寓。膳部郎中。

季詡。登制科終補闕。

若思。侍郎。

仲思。給事中。

立言。祠部郎中。

睿言。刺史

三十六代萱。襲封文宣公。

舜。監察御史。

至。著作郎。

如珪。工部郎中。
三十七代齊卿。德宗建中三年封文宣公。
岑父。著作佐郎。
巢父。觀察使給事中。御史大夫贈僕射。見杜詩。
三十八代惟晊。元和中襲封文宣公。
述睿。德宗時拜諫議大夫。
載及第。
戣字君嚴。舉進士。歷諫議大夫給事中。節度使。左

丞禮部尚書。韓愈銘其墓云。孔世三十八。
戡。進士及第贈司業。
戢。京兆尹。御史大夫。
三十九代策。及第襲封文宣公。遷博士。
敏。行官至集賢學士。
溫資。太子少傅。
溫質。四門博士。
溫裕。舉進士。左丞節度使

溫業。及第吏部侍郎。
四十代振。字國文。懿宗時狀元及第。歷官御史。補
闕員外郎。封文宣公。
極。狀元及第。歷侍郎。
絢。及第。
綸。及第。歷殿院。
緟。狀元及第。
緯。狀元及第。封魯公。
繸。及第。

照。及第。
四十一代昭儉。賜緋祕書郎。襲封文宣公。
昌明。及第。
昌庶。及第。虞部侍郎。
昌弼。及第至常侍。
昌序。及第至常侍。
邈。及第至諫議大夫。

遘。員外郎。
四十二代光。嗣齋郎出身泗水令。
莊。太常少卿。
四十三代仁玉。字溫如。曲阜令。襲封文宣公。贈兵
部尚書。
承恭。太宗朝將作監。
四十四代宜。字不疑。太宗朝選農丞。遷贊善大夫。
襲封文宣公。

憲。及第員外郎。轉運使贈尚書。
勗及第。侍郎致仕。長子道輔。
四十五代延世。字茂先。眞宗時爲曲阜令。襲封文宣
公。
延澤及第。贈諫議大夫。
延渥。知清化縣。
延之。贈殿中丞。
道輔。及第。龍圖閣學士。御史中丞。石徂徠作擊蛇
笏銘。
良輔。太子中舍。
彥輔。國子博士。
四十六代聖祐。襲封文宣公。終太子中舍。自此襲封
衍聖公。
舜亮。道輔長子。中散大夫。贈特進。
宗翰。道輔次子。刑侍。
宗壽。承議郎。

宗質。仙源丞。
四十七代若蒙。襲封衍聖公。改封奉聖公。
若拙。及第。
若升。朝奉大夫。
若容。朝散郎。
傳字世文。知撫州中散大夫。著東家雜記。
恢。朝散大夫。
惇。朝散大夫。

忱。文林郎。

恂。奉議郎。

若米。迪功郎親屬與司簿尉始此。

若初。及第。

文仲。字經甫。中書舍人。

武仲。字常甫。禮部侍郎。

平仲。字毅甫。金部郎中。人謂之三孔先生。

四十八代端友。字子交。朝奉郎。襲封衍聖公。

端節。朝散大夫。贈中奉大夫。

端朝改名端木。賜及第始此。終知臨江軍。

端己。信陽軍判官。

端位。常德錄參。

源。及第。知萍鄉。

端相。通城令。

端隱。江陵察推。

堩。通直郎。

百朋。荆南通判。

百禮。江陵通判。

四十九代珍。字錫老。襲封衍聖公。朝奉郎。

瓚。終朝請郎知和州。

璪。行在省倉。

彰。鄉舉。

文昌改慶遠迪功郎。

珉以最長授迪功郎。

邦翰。鄉舉。

過庭。廣州推官。

彥說。富州知縣。

五十代搢。字季紳。襲封衍聖公。知建昌軍。終浙西參議。

攄。主簿。

擬。登仕郎。

揆。將仕郎。

洸。宣教郎。

次玉。福州推官。

次㦤。襄陽察推。

宗兀。鄉舉。

五十一代文遠。字紹先。襲封衍聖公。朝奉郎。終隆興倅。

文逮稅院。

應發鄉舉。

應選鄉舉。

聖義登科奉議郎。賜緋知樂安縣。

廷桂登科廬陵尉。

伯元登科信豐簿。

伯迪登科新建簿。

伯損瀏陽簿尉。

霆發鄉舉。

開先鄉舉。

五十二代萬春。字耆年。襲封衍聖公。通直郎。終泉州倅兼宗丞。

豋鄉舉。

萬齡稅院。

五十三代洙。字源魯。居憂擬。承襲衍聖公。

里鄉舉。

甫鄉舉。

四十六代孫宗翰序

家譜之法。世叙承襲者。一而已。疏略之弊。識者病之。蓋先聖之沒于今千五百年。宗族世有賢俊。苟非見於史冊。即後世泯然不聞。是可痛也。如太常博士諱臧。臨淮太守諱安國。丞相諱光。北海相諱融。蘭臺令史諱昱。纔十數人。非見於漢史。皆不復知矣。魏晉而下。逮於隋唐。見於紀者止百餘人。按議郎本傳云。自霸至昱。七世之內。爵位相係。其卿牧守五十三人。列侯七人。今考於傳記。乃知所遺之多也。

宗翰假守豫章。蒙恩除魯郡。將歸之日。遂以舊譜命工鏤版。用廣流傳。或須講求。以俟他日。元豐八年。十一月二十三日。四十六代孫朝議大夫知洪州。軍州。事兼管內勸農使。江南西路兵馬鈐轄柱國賜紫金魚袋宗翰謹序。

四十八代孫端朝序

端朝聞諸父云。吾家自五代亂離。宗族散走。死亡略盡。獨襲封尙書。諱仁玉。守墳墓不去。尙書幼子諱勗。仕爲侍郎。長子孫皆爲侍從。儒門復興。令聚族

二百口。皆尙書公子孫。依廟爲宅。家有賜書。以至祭器。御書。田園役皆上所賜。許任鄉官著在史。爲由是土人不以姓名稱止。曰廟宅族人。無異居者。獨安州族祖六中書諱宗簡。因官不歸。遂家焉。宣和末。女眞始入寇。靖康丙午。群盜起家。所蓄藏蕩然雲散。建炎戊申十月。端朝不得已。去陵廟南奔。明年己酉八月。蒙恩以孔氏特差徽州黟縣令。後二年辛亥

四月赴官。六月張琪犯徽州黟之四境。焚殺一空。端朝與幼累奔山間。僅得不死。所攜上世告敕祖父遺書。生生所資。皆失之矣。獨此譜山中人得之。轉以見歸。此譜乃古本。頃叔祖貳卿削去旁支。獨世襲者。有識惜之。今亡而更存。豈非天也。因書以示子孫。紹興二年。歲次季五月朔。四十八世孫端朝謹書。

五十代孫

孔氏子孫聚居祖廟幾二千年。無異居他州者。自經建炎兵火。獨四十七代孫中散公諱傳。與四十八代孫襲

封公諱端友。及右司公諱端木。四十九代孫知府公諱瓚。公諱琯。五位挈家隨駕南渡。散居于徽州江右松楸。因寓焉。餘皆留祖廟。自南渡後。蒙朝廷念孔氏子孫之無幾計口。給田以之。乃於衢州撥賜四十頃。且俾春秋兩時饗先聖於家廟。州郡差官行禮。較之鄉邑。十才其一。今又四十餘年。子孫漸衆。所得益微。而其占籍於錫田者。皆先聖之後。至若歷代追崇之

盛典。備見中散公所著東家雜記。茲不復云。獨此闕而不書。因以大概附於篇末。淳熙五年六月旦。五十代孫擬謹書。

四庫補正

魏鄭公諫錄五卷

唐王方慶撰

以清康熙間抄本校補

卷一

諫國家愛珠章

四庫本「西域諸賈愛重珍寶。若遇好珠則傾家市取」句（四四六—一六六上）。康熙抄本「賈」作「胡」。

諫西域諸國入朝章

四庫本「乃敕蕃人壓怛紇干使往西域。引諸國使入朝」句（四四六—一六六上）。康熙抄本「蕃」作「胡」。

按。康熙抄本卷六係出司馬溫公資治通鑑及唐書本傳。四庫提要已視作贅設而刪。故不復綴補。

紹陶錄二卷

宋王　質撰

以舊抄本校補

卷上

四庫本此卷終於「鋤鏟刀斧」章（四四六—二八七下）。舊抄本其後尚有「栗里香及爐」等章。錄之如下

栗里香及爐　見雜詩。其器無考。今所用如左。

宜用貓頭竹根。或松根柏根。堅老者亦佳。香宜用易

致草木。若芁樓根。號杜降香。馬蹄香。即杜蘅燕尾香。即蘭楓膠樟腦參爇。與爐相宜。以雅樸爲良。

竹鼩食葉。切勿食根。爾首御蟬。我心騏驎。在我窩兮不可嫚。楓樟爲謀石爲炭。卯鐘午魚可以換。

栗里扇見閒情賦。其制無考。今所用如左。

宜山藤扇。稯扇。或編竹籜篾黃芒筒片。竹縷解紙粘墨烟。桐油飾之。號黑老婆。以輕密爲良。

生綃白團。有風亦袢。玉潤碧鮮。無風亦寒。在我窩兮不可離。吾無玉手捉蒲葵。蒲葵自託東山輝。

栗里花藥不列見時運詩。其類可考。今所植如左。

梅桃李

取花實皆美者。見蜡日等詩。餘如薔薇類皆略。

花藥之列。無先我梅。宜江宜山。最宜幽谿。其次桃李。色香俱美。難哉李孟。諸君之子。在我窩兮不欲稀。舍北舍南多令姿。足未出門心已歸。

菊蘭桂

取色香皆秀者。見九日閒居等詩。餘如芙蕖類皆略。

花藥之列。無先我菊。宜露宜風。大率宜肅。其次蘭桂。饒山林氣。菊不敢先。迭爲仲季。在我窩兮不欲枯。山容貴癯神貴孤。塵外有此塵中無。

栗里卉木繁榮。見勸農詩。其類可考。今所植如左。

竹松柏

取氣象皆爽者。見時運等詩。餘如白楊類皆略。

卉木之繁。所先我竹。成兒超母。二百日足。其次松

柏。異幹同節。自稚及老。升竹叔伯。在我窩兮不欲摧。雪月風雨無不宜。就中松風天下稀。

桑槐楡

取柯葉皆切者。見歸田園等詩。餘如柳類皆略。

卉木之繁。無先我桑。相助芙蓉。與吾集裳。其次。槐楡。春風同敷。亦有翠葆。清涼吾廬。在我窩兮不欲殘。六七月起秋風寒。蕭蕭吹得螵蛸乾。

栗里翼彼新苗見時運詩。其類可考。今所植如左。

禾麻麥

取莖實皆要者。見西田穫稻等詩。餘如秫類皆略。

新苗之翼。無先我禾。雪花將繁。雲子亦多。其次麻麥。東阡西陌。足度一世。奚止三日。在我窩兮不欲荒。玉堂金馬輸禾場。醉倚碌碡歌斜陽。

卷下

浣鳴章

四庫本「身全綠腹白。間黑細點花。胷足皆黑」句（四四六—三〇一上）。舊抄本「胷足皆黑」下尚有「雄者翅紫。雄大鳴。雌皆聚。人吹截筒作雌聲致之。號浣鳴。筒本竿筒」。

本卷四庫本終於「蔞蒿」章（四四六—三〇三下）。

舊抄本其後尚有「茭白」等章。今錄之如下

茭白

花白葉青。春生笋。夏生菌。皆可食。久則中心生白臺爲茭白。肌中有黑脈者爲茭鬱。莖差硬者至秋結實

。則菰米亦可食。

春斑。秋彫胡。一年計。在江湖。赤腳白腳癯。黃鮮紅鮮柹。茭白茭白。蘆人漁子手拍拍。槳芽櫓臍曉香發。

黃花菜

花黃莖葉皆青。初春下澤。彌望不斷。桑嫩如薺可食。生瀦田者。微紫尤甘美。

大金星。小金錢。亟嚥淡。緩嚼甜。黃花了未了。小

兒群爭討。黃花菜。黃花菜。大黃小黃。甑篷闓飯香
。蔬香眞一噫。
山水爻別辭
茯苓酥山藥類。皆可成酥
採生山陽者。淨毛精濯。苦味盡。暴乾。酒蜜相和蒸
之。厚幕勿洩氣。久自浮出精英。色味如酥。
茯苓且自茯爾菟。毋勞茯我神。只圖滋一啜。不圖延
千齡。酥它酥總。弗如松風浩蕩相招呼。呼上青冥山

亦無。
地黃糖朮類。皆可成糖
採生肥壤者。細捩瀋。料理全體。極嫩者投中且浸且
蒸數過。瀋盡色味如飴糖。
地黃風來聞清香。月來見清光。鶡鴠但先鳴。芐芭毋
歇芳。糖他糖總。弗強艸花樹花爭結房。迎梅送梅陂
愈蒼。
薏苡飯罌粟類。皆可成飯。

採生下澤者。料揀嫩實。淨濯細舂。炊之。堪咀嚼。
助飯食。氣味如粳米。
薏苡勾漏升空飛。伏波抱愁死。一飽萬事已。古人皆
流水。飯它飯總。弗換樹陰相隨鳥聲變。草蟲木蟲虻
自撩亂。
松粉蒺蔾括蔞。皆可成粉。
採生山陰者。乘早露。掇嫩葉。淨毛緩捩。投清水良
久。密布細濾數過。俟窨乾。加少密。色如嫩草。

松奉勸十八公。莫入明光宮。藉爾毬端。露助我屬底
風。粉它粉總。弗近總總松毛糞松本。松子松花香愈
猛。
芭蕉脯蓮房牛蒡類。皆可成脯。
採生幽地者。擇糯蕉。取嫩根。細灰與清水繼煮。灰
味盡。笮乾。鹽醬荳椒等浥之。色味如肉脯。
芭蕉不愁風槭槭。不愁雨蕭蕭。爲人張秋本。爲人張
秋本。爲我解春牢。脯它脯總。弗許山鬼且往凭山樹

。繁陰相倍享風露。

薝蔔鮓筍蕨類。皆可成鮓。

採生深谷者。抄春開白花。羌擇新嫩者。如前諸味諸料釀之。長換淸油。可留初香。味色如石首鮓。

薝蔔天上雪花六。地下梅花六。彼花花我眼。此花實我腹。鮓它鮓總。弗亞山南招提北蘭若。野僧家風莫相捨。

楡醬蕪荑類。皆可成醬。

採生深谷者。晚春收莢稍乾。用爲醬。謂之楡莢醬。初夏收實。稍陳謂之楡子醬。色味如豆醬。

楡楡葉瀹可葅。楡皮春可餔。代豆釀爲醬。代麵膠爲糊。醬它醬總。莫尙楡郞楡姑春春旺。林下山間慰所望。

蒼耳酒五加天門冬皆可成酒。

採生傍舍者。精茎半蒸。量注溫湯。淸水白麵麴勻之。櫱杵牛膝。牛蒡。商陸。根松葉等。極嫩爲上。逾候迺入。又逾候迺成。謂之十日香。色味如糯酒。

蒼耳山婦耳帶璫。山兒耳帶臬。黃衣醬已佳。碧葉酒尤美。酒它酒總。弗右陂深草深別宇宙。野香薰蒸歆饋餾。

四庫補正

春秋臣傳三〇卷

宋王　當撰

以清康熙十九年通志堂刊本校補

卷十

鄭公子歸生傳

四庫本「不爲威屈。古之」句下標注「闕」（四四八—一七七下）。通志堂刊本作「賢」。

四庫補正

廉吏傳二卷

宋費　樞撰

以明萬曆年間抄本校補

卷下

裴俠傳

四庫本「此郡舊制有漁獵夫三十人供郡守役。俠亦不以入私」句（四四八—三三三下）。明抄本作「此郡舊制有漁獵夫三十人以供郡守。俠曰。以口腹役人吾所不爲也。乃悉罷之。又有丁三十人供郡守役。俠亦不以入私」。

四庫補正

伊洛淵源錄十四卷

宋朱熹撰

以明弘治八年豐城楊廉刊本校補

卷十三

胡文定公行狀略

四庫本「乃使人主不得聞講說。學士不得相傳習。大義澌滅。古史淪亡。殆由此乎」句（四四八—五二〇下）。明刊本「大義澌滅。古史淪亡」作「亂倫滅理。用夷變夏」。又後文「尊君父。討亂賊之義與存天理正人心之術」句（同上）。明刊本作「尊君父。討亂賊。攘夷狄。存天理。正人心之術」。

四庫補正

宋名臣言行錄七十五卷

宋朱熹編 續集李幼武撰

前集後集以元刊本校補 續集別集以明刊本校補

前集 卷二

李文靖居相位條

四庫本「沆死子必爲相。遽與敵和親。一朝疆埸無事。不有盤遊之樂。必興土木之工矣」句（四四九—三一上）。元刊本「敵」作「虜」。

契丹既受盟而歸條

四庫本「欽若曰。唯有封禪泰山。可以鎭服四海。誇示外國」句（四四九—三一下）。元刊本「外國」作「夷狄」。

卷四

天子北巡至澶州條

四庫本「敵騎已過魏府矣。上疑不欲渡河……毋令敵得乘勝……今渡河則河北不勞力而定。不渡則敵日益熾……士卒喜悅。敵數千騎乘勝薄城……斬獲大半。敵乃引退……契丹大擾。其請和遂益堅。準不肯。敵使來益恭……準不願與敵平。幸有兵事以自取重……時敵舉國來寇。入中國千餘里……郡邑堅壁清野。以待寇敵。人馬飢乏。百萬之衆可毋戰而死。敵窘如此」（四四九—四七下至四八上）。元刊本「敵」全作「虜」。

敵請和。上以問公條

四庫本「敵」（四四九—四八下）。元刊本作「虜」。

敵既退。來求和親條

四庫本「敵主求割河北……許歲給金繒二十萬。敵嫌其少……利用股栗。再至敵帳」句（四四九—四八下）。元刊本「敵」全作「虜」。

和議成。諸將設伏邀擊條

四庫本「可使敵匹馬不返。公勸帝勿從縱敵。歸國以保盟好」句（四四九—四八下）。元刊本「敵」作「虜」。

眞宗之次澶淵也條

四庫本「今敵騎未退。而天雄軍截在賊後。萬一陷沒。則河朔皆敵境也……欽芳馳入魏。則戎敵滿野。無以爲計……越數日敵退」句（四四九—四八下至四九上）。元刊本「敵」皆作「虜」。

上在澶淵南城條

四庫本「今敵騎充斥如此……猶責瓊無禮。君何不賦一詩詠退敵耶……會敵將達蘭中弩死。敵遂退」句（四四九—五三上）。元刊本「敵」皆作「虜」。

卷五

公罷陜西都轉使條

四庫本「以瑋虛張敵勢。恐喝朝廷……既而敵果大入寇」句（四四九—五九下）。元刊本「敵」作「虜」。

卷六

初元昊拒命。契丹重兵壓境條

四庫本「公獨謂敵畏壯侮怯。易以威制……示將親征。以伐敵謀……使敵果南嚮。則雖城固無益……公奏請于殿外幕次。與敵使相見……上以爲然。敵使見公畏。伏語館伴」句（四四九—六七下。六八上）。元刊本「敵」作「虜」。

卷七

始元昊寇邊條

四庫本「有數羌人雜坐。野利與焉」句（四四九—八八上）。元刊本「羌」作「胡」。

卷八

元昊既效順而不肯臣條

四庫本「敵使過延。公坐堂上。召敵使立前而謂曰」句（四四九—八九下）。元刊本「敵」作「虜」。

後集　卷二

契丹自晉朝以來。踐有幽薊條

四庫本「時敵情叵測。群臣皆莫敢行……見北主。北主曰……南朝違約……北主驚曰。何謂也。公曰。晉高祖欺天叛君……雖敵獲金帛。充牣諸臣之家……北主大悟。首肯久之……敵大感悟。遂欲求婚……北主曰。卿且歸矣……既至。乃不復求婚。專欲增幣……北主曰。南朝既懼。我何惜此二字……北主曰。卿勿固執。古已有之……公聲色俱厲。敵知不可奪……敵

氣折矣。可勿復許。彼無能爲也」（四四九—一四八至一四九）。元刊本「敵」「北主」之「北」均作「虜」。

熙寧中。公罷相鎭亳條

四庫本「公早使強敵。以片言折狂。謀尊中國」句（四四九—一五〇下）。元刊本「敵」作「虜」。

慶曆三年三月。命公爲樞密副使條

四庫本「公言敵既通好。議者便謂無事。邊備遂弛。

敵萬一敗盟……亦願陛下思外國輕侮中原之恥……非以使北故也」句（四四九—一五一上）。元刊本「敵」「北」作「虜」。「外國」作「夷狄」。

卷四

奉使契丹。公素知敵山川道里條

四庫本「敵人道自古北口回曲千餘里……蓋敵人常故迂其路……敵人不識以問公曰。此所謂駿也。爲言其形狀聲音。敵人益歎服。」句（四四九—一八五。一

八六）。元刊本「敵」作「虜」。

卷五

公學本於六經仁義條

四庫本「及奉使契丹。群相目曰。此長嘯公也」句（四四九—二〇一上）。元刊本「群」作「虜」。

卷七

遼人夏人遣使入朝條

四庫本「與吾使至彼中者。彼必問公起居」句（四四九—二二七上）。元刊本「彼」作「虜」。

卷八

歐陽修爲翰林。荐公文學行誼在左右條

四庫本「及脩使北中。動問中國德行文章」句（四四九—二二八下）。元刊本「北中」之「中」。「動問」之「動」。皆作「虜」。

續集　卷一

陳師錫傳下

四庫本「握國柄者。幾二三十年。諫諍之路自此塞。

卒之兵革洊興。生民塗炭。公之言始效于此。可不謂先見之明乎」句（四四九—三〇五上）。明刊本「兵革洊興」作「夷狄亂華」。

曹輔傳下

四庫本「公曰。臣有大小。愛君之心一也。深曰。如言兵戈起于軫下。無乃太峻否。……公曰。有臣相則金不足慮」句（四四九—三〇七下）。明刊本「兵戈

」作「胡虜」。「金」作「虜」。

又其後四庫本「恐謀國之臣。便以甘言軟語爲敵偵情。或至緩備。墮金人計中。則前日之禍踵而至矣」句（四四九—三〇八下）。明刊本「金人」作「黠虜」。按本段以後。四庫本凡「金」「敵」字。明刊本皆作「虜」（三四九—三〇八下至三〇九上）。

孫傳　忠定公傳

四庫本「金攻京城急。公親當矢石。日夜不少體」句

（四四九—三〇九下）。明刊本「金」作「虜」。按本傳以下同。

又四庫本「金以尼瑪哈命召之而出。不知所終」句（四四九—三一〇上）。明刊本「金」作「虜」。

种師道　忠憲公傳下

四庫本「平仲欲夜叩金營。生擒斡里雅布。奉康王以歸。故公言不用」句（四四九—三一四上）。明刊本「金」作「虜」。

卷三

傳察　忠肅公傳下

四庫本「謂其下曰。彼脅我以拜我。義不辱我。死必矣」句（四四九—三一八上）。明刊本「彼」作「虜」。又四庫本「公與蔣噩同爲接伴。遇敵人。噩等拜。獨公不屈」句（四四九—三一八下）。明刊本「敵人」作「虜酋」。

劉韐　忠顯公傳下

四庫本「若使異時生釁。誰任其責。公曰。與外國共事。非計也。……公曰。自古與外國共事。鮮無後患

」句（四四九—三一九下）。明刊本「外國」均作「夷狄」。又四庫本「初金之入眞定也。父老號呼曰使劉資政在鎭豈有此禍。金益知公名。必欲得公。宰相給以割地。遣公往」句（四四九—三一九下）。明刊本「金」字均作「虜」（以下同）。又「遣公往」作「遣公往虜」。

程振傳下

四庫本凡行文中之「金」「敵」字明刊本均作「虜」句（四四九—三二一上至三二三上）。

李若水　忠愍公傳

四庫本「二年金遣使以書來言曰……公忿怒。抱持上呼天聲苦數聲。大呼罵且泣曰。吾君華夏眞主。爾輩敢無理耶」句（四四九—三二四上）。明刊本「金」作「虜」。「且」亦作「虜」。按此傳文中「金」字

明刊本均作「虜」字。

卷四

歐陽珣傳

四庫本「初公詣闕。欲論事。時蓋靖康之冬。金勢方張甚」句（四四九—三二六下）。明刊本「金」字作「虜」。（以下並同）。又「予嘗論女眞諸逆酋。其用兵行師。未必得與劉淵石勒比」句（四四九—三二六下）。明刊本「劉淵石勒」作「劉石諸胡」。又四庫本「糾合燕趙。義附之士。據險出奇以躡其後」句（四四九—三二七上）。明刊本「其」作「虜」。又四庫本「至若此等宜忠義報國。吾已辨一死矣。金人怒執殺之。此之謂違使命以死。非死使命也。」句（四四九—三二七上）。明刊本「金人」作「虜酋」。又四庫本「罕以兕元幾繫于潞。太行之梁。伊澗之翟。昫海之魏。崎嶇戎馬。撓腋搏脅。使不輕得食。息公一死」句（四四九—三二八下）。明刊本「戎馬」

作「虜間」。

宇文虛中　肅愍公傳

四庫本「奉命使金國。留繫北庭。抗節不屈。故相秦檜用事。盡歸其孥于虜中。則紹興十二年也。公在金既久。其諸名王大族皆尊信之」句（四四九—三二九上）。明刊本「北庭」作「虜庭」。「金」作「虜」。按本傳文中「金」字明刊本皆作「虜」。

卷五

洪皓　魏國忠宣公傳

四庫本「上以國步艱難。兩宮遠狩爲憂。公極言道好還。金人安能久陵中夏」句（四四九—三三一上）。明刊本「金人」作「裔夷」。按此傳文中「金」字明刊本皆作「虜」。又四庫本「宰執賀皇太后有來歸期。上曰。洪皓身陷北方。乃心王室。忠孝之節。久而不渝」句（四四九—三三三上）。明刊本「北方」作「虜區」。

朱弁傳

四庫本「丁巳歲。金諸酋相繼死滅。公得河陽人密疏其事及北朝虛實。使之間行歸報曰。此不可失之時也」句（四四九—三三九上）。明刊本「金」作「虜」。「北朝」作「虜中」。按本傳文中凡「金」字明刊本皆作「虜」。

卷六

張叔夜　忠文公傳

四庫本傳文中之「金」字。明刊本皆作「虜」。（四四九—三四〇）

卷七

孫昭遠　忠愍公傳

四庫本傳文中凡「金」「敵」字明刊本均作「虜」。（四四九—三四六至三四七）

郭永　勇節公傳

四庫本「乃自爲夷語數十言。欲以富貴啗公而降之。公嗔目唾罵曰。無知之徒。恨不醢汝以報國。何說降

乎」句（四四九—三四九下）。明刊本「之徒」作「犬豕」。按此傳文中凡「金」字明刊本皆作「虜」。

楊邦乂　忠襄公傳

四庫本「即日率父老出城迎降。金帥亦強公以行。公至街橋大呼曰。我豈爲降虜者。欲赴水。父老救免。既至金營。邦光以下皆拜願降。獨公僵臥不起」句（四四九—三五一上）。明刊本「金帥」作「虜酋」。

「金」作「虜」。（按全傳同）。又其後「四太子甚怒。公乃大罵曰。我食趙氏祿。終不負國。汝女眞。豈是眞天子」句（四四九—三五二上）。明刊本「女眞」作「夷狄」。又四庫本「金主寇江。建康震擾。人皆禱於公廟。楚巫占之曰吉」句（四四九—三五二下）。明刊本「金主」作「逆亮」。又「寧爲鬼兮趙氏。肯涅緇兮北庭。肴醴飼兮苟哺。弗自知兮貌頩。握玉麟兮拜跪。曾莫自顧其彝倫。」句（四四九—三

五四上）。明刊本「北庭」作「虜庭」。「曾莫自顧其彝倫」作「曾莫嗅兮羶腥」。

卷八

呂祉傳

四庫本傳文中凡「金」字。明刊本皆作「虜」。（四四九—三五六上）

別集上 卷三

陳康伯 魯國文正公傳

四庫本「太上皇帝臨御寓內三十六年。始者金人貪天之禍。太上不忍南北之民蹈鋒刃。遂屈己議和。歲月已久。而金人簒竊自立者。恃其強暴」句（四四九—三七一上）。明刊本「金人」分別作「北狄」「虜酋」。又四庫本「太上命同知樞密院王倫往驗之。金帥頗相詰難」句（四四九—三七一上）。明刊本「金帥」作「虜醜」。又四庫本「初海陵入寇。內侍張去爲陰沮用兵之計。且陳退避之策。……一日中使持御批

來甚遽。公讀之。乃有。旨如更一日金兵未退。且令放散百官」句（四四九—三七一下）。明刊本「海陵」作「逆亮」。「金兵」作「虜騎」。又四庫本「上謂公等曰。上天悔禍。兵革相尋。今先遣使請和……尤見天意眷顧。公奏曰。頃年金人有云。只見漢和蕃。不見番和漢」句（四四九—三七三上）。明刊本「兵革相尋」作「夷狄相攻」。「金人」作「虜母」。

按本傳凡「金」字。明刊本均作「虜」。

范宗尹傳

四庫本傳文中之「金」字。明刊本皆作「虜」字。（四四九—三七六）

朱倬　忠靖公傳

四庫本「孝皇倦勤。中外流傳。疑信參半。諫大夫故與公有怨。乃以風聞上疏。孝皇知公無他比。再上降資政殿學士」句（四四九—三七九上）。明刊本於前一「孝皇」作「高皇」。按此傳文中「金」字。明刊

本作「虜」。「金主」明刊本作「金亮」。

卷三

張燾　忠定公傳

四庫本傳文中凡「金」「敵」字。明刊本皆作「虜」。（四四九—三八〇至三八一）

滕康傳

四庫本「從衛太后奉神主之江表。至洪遇兵。渡江退保虔州。論罷提舉明道」句（四四九—三八四下至三八五上）。明刊本「兵」作「虜」。

王庶　敏節公傳

四庫本傳文中凡「金」字皆作「虜」（四四九—三八九下）。又四庫本「逆天違人以事金人乎。秦檜方挾金自重。以爲功絀其說。公語之曰。公不思東都抗節存趙。時而忘此仇耶」句（四四九—三九〇上）。明刊本「金人」作「夷狄」。「金」「仇」皆作「虜」。

汪澈　莊敏公傳

四庫本「今臣下無姦萌。戚屬無乘剌。又無女謁之私意者。殆爲金人乎。願陛下飭大臣常謹於備邊也」句（四四九—三九二）。明刊本「金人」作「夷狄」。按本傳文中「金」「敵」字明刊本並作「虜」。

卷四

程瑀傳

四庫本傳文中。凡「金」字明刊本皆作「虜」。

卷五

衛膚敏傳

四庫本「上擢爲第三人。授南京宗博。越數歲召爲校書郎。假給事中。使於金。淵聖受禪始還」句（四四九—四〇六下）。明刊本「於金」作「金虜」。按本傳文中凡「金」字。明刊本皆作「虜」。

陳公輔傳

四庫本「本朝承平幾二百年。海內安富。一旦戎馬長

驅。中原板蕩。陵遲至今。未能復興」句（四四九—四〇九下）。明刊本「戎馬」作「夷狄」。

卷六

張闡 忠簡公傳

四庫本「金主死。新主復求和。朝廷議再遣使。詔略曰。敵人索舊禮。從之則不忍屈。不從則邊患未已」句（四四九—四一三）。明刊本「金主」作「虜亮」。按本傳文中。「金」字多作「虜」。

杜莘老傳

四庫本「方海陵蓄力造謀。偃然以大一統自任。聲勢虛喝。聞聽風靡」句（四四九—四一九下）。明刊本「海陵」作「逆亮」。按本傳文中「金」字明刊本皆作「虜」。

黃龜年傳

四庫本「夫人不念死者言。乃作世俗外國語。有遂吾志。秋毫自齎。不敢聞命」句（四四九—四二〇下）

。明刊本「外國」作「夷虜」。又四庫本「伏見秦檜歸自北廷。不一年而超至宰輔。檜當如何報。而乃營一己之私」句（四四九—四二〇下）。明刊本「北廷」作「虜中」。又四庫本「王仲山。檜婦翁也。嘗守撫州。金兵到城。親往迎犒。除名編置」句（四四九—四二〇下）。明刊本「金兵」作「金賊」。

辛次膺 簡穆公傳

四庫本「今金人親在京闕。自北以南。悉鄰強敵」句

（四四九—四二二下）。明刊本「「金人」作「胡羯」。按本傳文「金」字。明刊本皆作「虜」。

卷八

胡寅傳

四庫本傳文中凡「金」字。明刊本皆作「虜」字。

卷九

吳玠　涪國武安王傳

四庫本「此天下大義古今常理。順之則治。逆之則亂

。披觀傳記數千百年。兵革之亂」句（四四九—四四七下）。明刊本「兵革」作「夷狄」。按本傳文中「金」字明刊本皆作「虜」。

吳璘　信國武順王傳

四庫本傳文中「金」「敵」字。明刊本並作「虜」。「金帥」明刊本作「虜酋」。（四四九—四五〇至四五五）。

卷十一

向子諲傳

四庫本「乃焚敵栅。奪門以出。遂渡水軍於湘西。郡人戒從公以忠義自奮。無一人降敵者。金以敵不敢離城縱掠」句（四四九—四六九上）。明刊本「無一人降敵者」作「無一人降賊者」。「金」作「虜」。按傳文中「金」「敵」字明刊本皆作「虜」。

陳規傳

四庫本「初桑仲既爲霍明所殺」與「知順昌得報金人入東京」兩則之間（四四九—四七五上）。明刊本尚

多三則。其原文如下。

孝感闞令久公聞韓遹在復州之湖中。召使爲尉兼邑事。遹去縣十里。臨江築壘。以捍賊有告其謀反者。公曰。亂離以來。州郡不爲賊破者德安耳。孝感。德安之喉襟。使吾無以制汝。則不汝付也。汝胡爲反遹叩頭請死。公曰。吾保汝。人言若是。復遣還邑。纔兩日。遹斬謀亂者數人以獻公。上其功于朝命之以官。

初橫聞明奔德安。聚衆圍德安。公登城諭之與和。仍送米百斛。橫受之。公請退兵。橫曰。襄陽兵至矣。無可議者。於城西北隅造天橋。塡濠皆畢。乃鼓衆臨城。公率軍民登城禦之。公坐城樓。砲折其指足。容色不變。圍益急。糧餉不繼。公出家財以勞軍。士氣益振。韓遹來告曰。孝感有米百斛。路梗不能達。會大風雨。公乘勢呵殿而來。賊疑有神。卒不敢擊。公求援於朝。未報。橫使人欲府之妓女而去。公不可。

卒不與。時橫塡濠不實而天橋陷。公以六十人持火鎗自西門出。焚其天橋城上以火牛助之。倏忽皆盡。橫拔寨遁去。

守德安七年。賊不能犯。召入朝。首乞罷鎭撫使。又言諸將跋扈。請用偏裨以分其勢上皆善之。

卷十二

趙密傳

四庫本傳文「金」字。明刊本皆作「虜」。

王德傳

四庫本「金人寇淮。公與戰于滁州。桑根敗之。再戰于和州。又敗之」句(四四九—四七七下)。明刊本「金人」作「金賊」。按本傳文中之「金」字。明刊本亦皆作「虜」字。

李寶傳

四庫本「海陵踰淮。慮魏勝在海州躡其後。乃分軍數萬攻海州」句(四四九—四八一上)。明刊本「海陵

」作「逆亮」。按本傳文中「金」字。明刊本皆作「虜」。

卷十三

李彥仙傳

四庫本傳文中之「金」字。明刊本皆作「虜」。

魏勝　忠壯公傳

四庫本「金遣當堪珍果率山東軍馬萬餘人來攻。……金大敗走。殺當堪珍果。斬首虜千餘人」句(四四九

一四八八上）。明刊本前「金」作「虜」。後「金」字作「賊」。又「海陵踰淮。公在海州睨其後。乃分軍數萬攻之……金攻城。踰時方少遣士出門憑隘地擊之。金知不可攻。乃轉而渡河」句（四四九—四八八下）。明刊本「海陵」作「逆亮」。「金」作「虜」。「擊之」作「擊虜」。按本傳文中之「金」字。明刊本均作「虜」。

別集下　卷一

子綱傳

四庫本傳文中。「金」字明刊本皆作「虜」。（四四九—四九二至四九五）

又「恭惟祖宗。創業守成垂二百年。聖聖傳授。以至陛下。適丁艱難之秋。強敵內侵。中國勢弱。此誠陛下嘗膽思報。厲精求治之日」句（四四九—四九九下）。明刊本「強敵」作「戎狄」。

卷二

呂頤浩　成國忠穆公傳

四庫本傳文中凡「金」「敵」字並作「虜」字。（四四九—五一一至五一五）。

卷三

張浚　魏國忠獻公傳

四庫本傳文中「金」「敵」字明刊本皆作「虜」。

又「合六路兵四十萬人。馬七萬。以劉錫爲統帥。諸軍行至富平縣。將戰。詐立曲端旗以懼金金帥」句（

四四九—五二八上）。明刊本「金帥」作「虜酋」。

又四庫本「必兢業自持。使清明在躬。則賞罰舉措無有不當。人心自歸。讎敵自服」句（四四九—五四二上）。明刊本「讎敵」作「醜虜」。

卷五

宗澤　忠簡公傳

四庫本「以祖宗二百年基業爲意。早賜回鑾。則天下皆知一人來歸。盜賊屏息。讎敵寢謀」句（四四九—

五六六上）。明刊本「讎敵」作「夷狄」。按本傳文
中「金」「敵」字明刊本或作「虜」。又四庫本「公
瞿然起曰。吾固無恙。正以憂憤成疾身。而能爲我殲
滅仇讎。以成主上恢復之志。」（四四九—五六八上
）明刊本「仇讎」作「醜虜」。

卷六

楊沂中　和國武恭王傳

四庫本「金人入寇。遠近大震」句。又「金兵在瓜州
上鎮。上急差存中措置守江。存中與虞允文恐車船臨

期不堪用」句（四四九—五七二上）。明刊本「金人
」「金兵」皆作「逆亮」。按本傳文中「敵」字。明
刊本均作「虜」。

卷十一

李顯　忠襄公傳

四庫本「金人寇邊。朝廷大舉進討。劉光世充三京等
路宣撫處置使。表公爲本司前軍統制」句（四四九—
六二一下）。明刊本「金人」作「兀述」。又「四庫
本「金人擾境。公以池州都統移軍舒城。除禦營先鋒
都統制」句（四四九—六二二上）。明刊本「金人擾
境」作「逆亮犯順」。按傳文中「敵」字。明刊本均
作「虜」。

卷十九

胡銓　忠簡公傳

四庫本「劉豫臣事敵國。南面稱王。自以爲子孫帝王
萬世不拔之業……陛下一屈膝則祖宗廟社之靈盡汚草

莽。祖宗數百年之赤子盡爲左衽」句（四四九—六三
五下）。明刊本「敵國」作「醜虜」。「草莽」作「
夷狄」。又四庫本「夫五尺童子至無知也。指讎仇而
使之拜。則拂然怒。今敵國則讎仇也。堂堂天朝。相
率而拜讎仇。曾童孺之所羞」句（四四九—六三六上
）。明刊本「讎仇」皆作「犬豕」。「敵國」作「醜
虜」。又四庫本「楊誠齊萬里題公書稿曰。澹菴先生

借上方劍以斬帝秦之書。當其一封朝奏之時。敵國聞之。募本千金。三日得之」句（四四九—六四〇下）。明刊本「敵國」作「虜酋」。又四庫本「君臣奪氣。知中國有人奉皇太后以歸。自是邊馬不南者。二十餘年」句（四四九—六四一上）。明刊本「邊馬」作「胡馬」。

外集　卷一

周敦頤　濂溪先生元公傳

四庫本「百聖相傳。敬之一言。實其心法」句（四四九—六五〇下）。明刊本「百聖」之上。尚有「緬觀往昔」四字。

卷八

楊時　龜山先生文靖公傳

四庫本傳文中「敵」「金」字。明刊本皆作「虜」。

卷九

尹焞　和靖先生傳

四庫本「金人陷洛。先生之家死于難。先生死復蘇。竄于長安山中」句（四四九—七三二下）。明刊本「金人」作「虜」。又四庫本「會金議和。先生上奏曰。本朝兵禍。亙古未聞。賴祖宗德澤之厚。陛下勤撫之至」句（四四九—七三二下）。明刊本「金」「兵」並作「虜」。又四庫本「還二帝於沙漠。繼之梓宮崩。問不詳。天下之人痛恨切骨。則金人謀我款我之心不言可見」句（四四九—七三三上）。明刊本「金人謀我款我之心」作「虜人虎噬狼貪之性」。按傳文中「金」「敵」字明刊本作「虜」。

馬伸　東平先生傳

四庫本「其書略曰。相公不幸迫於強敵。使當偽號。閤下此時豈以義為可犯。君為可忘」句（四四九—七三八下）。明刊本「強敵」作「狂虜」。又四庫本「靖康二年四月八日狀云。伏見金人犯順。刼二帝北行。且逼相公使主國事……今兵退多日。吾君之子已知所在獄訟謳歌……傳言以謂相公外挾金人之威。使人游說康王」句（四四九—七三九上）。明刊本前一「金人」作「逆胡」。「兵」作「虜」。後一「金人」作「強虜」。按本傳文「金」「敵」字。明刊本並作「虜」。

卷十二

朱熹　晦庵先生徽國文公傳

四庫本「疏入。夜漏下七刻。上已就寢。亟起秉燭。讀之終篇。明日除主管太乙宮兼崇政殿說書。先生所望於君者愈深。而其言愈切。戊申封事之末有曰。日月愈邁。如川之流。一往而不復。」句（四四九—七七九下至七八〇上）。明刊本作「疏入。夜漏下七刻。上已就寢。亟起秉燭。讀之終篇。翌日除命下。力辭。先生所言極其忠鯁。故封事之末曰。日月逾邁。如川之流。一往而不復。」

卷十六

陳亮傳

四庫本「百代帝王之所以相承也。豈天地之外偏邪之氣之所可奸哉……天地之正氣。鬱遏數十年。而久不得騁。必將有所發洩……南渡之初。君臣誓不與敵俱生。卒能以奔敗之餘而勝百戰之戰。……自非海陵送死淮南。亦不復知兵戈之爲何事也。今金人之植根既久。不可以一舉而遂滅」句（四四九—八二五下）。明刊本「偏邪之氣」作「夷狄邪氣」。「數十年」作「於腥羶」。兩「敵」字並作「虜」。「海陵」作「逆亮」。「金人」作「醜虜」。

名臣碑傳琬琰之集一〇七卷

宋杜大珪編

以宋建刊本校補

上集卷九

高衛王瓊決策定難顯忠基慶之碑

四庫本「太宗引兵自幽州還。聞敵兵盛」句（四五〇—七五上）。宋刊本「敵」作「虜」。

又後文。四庫本「趣王出土門與石保吉傳潛合軍鎮定以拒敵」句（四五〇—七五下）。宋刊本「敵」作「賊」。

又後文。四庫本「乃以王代潛屯冀州。敵尋解去」句（四五〇—七六上）。又「王惕然曰。且敵之大入。去國遠鬥。勢不可持久……漢軍望黃蓋皆仰呼萬歲。而敵人亦大呼」句（四五〇—七六下）。又「其聽號令若一人。敵故憚」句（四五〇—七七上）。宋刊本「敵」字皆作「虜」。

上卷十一

四庫本標注「全卷原闕」（四五〇—八八下）。宋刊本全文如下。

呂正獻公公著傳　實錄

元祐四年二月甲辰。司空同平章軍國重事呂公著薨。公著字晦叔。世本河東人。自從祖蒙正相太宗。因家於開封。父夷簡相仁宗。謚曰文靖。公著幼不好弄。嗜學忘寢食。夷簡尤器之曰。它日必至公輔。任爲奉禮郎。登慶曆二年進士第。累遷殿中丞。詔試館職不

就。皇祐初。就判吏部南曹。仁宗諭曰。知卿有恬退之節。賜五品服。嘉祐初。就判吏部南曹。仁宗諭曰。知卿有恬退之節。賜五品服。嘉祐中。同判太常寺兼禮儀事。數言濮安懿王在殯。請燕北使無用樂。輟上元遊幸。廢溫成廟爲祠殿。多見聽用。擢天章閣待制。召試知制誥。三辭不就。除天章閣待制兼侍講。賜三品服。壽星觀建眞宗神御殿。公著言都城中眞宗

有三御殿而營建不已。非祀無豐昵之義。治平元年。爲諫議大夫。時修慶寧宮。建本命殿。公著言畿內京東西淮南飢。修宮非急務。宜罷以息民。王疇爲樞密副使知制誥。錢公輔坐封。還詞頭貶公著。極論公輔舉職不宜黜。九月五日。開邇英閣。至重陽節當罷。公著言。陛下始初清明。而親經術。講治道。願不惜頃刻之間以御經筵從之。二年同判流內銓除龍圖閣直學士。郊祀攝太僕參。上問。今之郊與古之郊何如。

對曰。古之郊也。貴誠而尚質。今之郊也。盛儀衛而已。因言仁宗親祀去黃茵不入小次。上皆循用之。詔廷臣議追崇濮安懿王。或欲稱皇伯考。公著曰。眞宗以大祖爲皇伯考。非可加於濮王也。及詔下稱親。公著言於仁宗有兩考之嫌。又班濮王諱。公著曰。此群臣於上前不當耳。不宜與祖宗七廟諱同。御史呂誨。傳堯兪。范純仁。呂大防。趙瞻坐論濮王事貶。公著曰。陛下臨御以來。納諫之風未形於天下。而誨等以

言事去。非所以風示天下。爭之不可因累章乞補外。上曰。學士朕所重。豈得輕去。朝廷復懇請家居者百餘日。上遣內侍楊安道敦請且戒云。呂公著勁直。宜徐勸諭之。語無太迫也。起就職。數日。復請去。出知蔡州。神宗即位。召爲翰林學士兼侍讀。頃之。兼寶文閣學士。知進銀臺司。時御史中丞司馬光罷學士。公著封還制書。言光以言舉職而賜罷。則有言責者不得盡其言矣。陛下雖有欲治之心。而安危利害何從

而知。於是內出光誥付閤門。又言誥不由封駁而出。則是職因臣而廢。乞正臣之罪。以正紀綱。上手批其奏。俟邇英當論朕意。後數日。講退。獨留之。語曰。朕欲光勸講左右。非爲其言事也。公著請不已。會奉使契丹。使還解銀臺司。熙寧元年。修英宗實錄。轉禮部侍郎。知開封府。自夏秋淫雨地震。公著言。自昔人君遇災異者。或恐懼以致福。或簡誣以致禍。上以至誠待下。則下思盡誠以應之。上下能相與以誠

。而變異不消者未之有也。夫衆人之言不一。而至當之論難見。君人者去偏聽獨任之弊。而不私先入之言。則不爲邪說所亂。顏淵問爲邦。孔子以遠佞人爲戒。蓋佞人惟恐不合於君。則其勢易親。正人惟恐不合於義。則其勢易疏。惟先格王。正厥事。蓋未有正事而世不治者。惟陛下勉行之而勉修之。數月請罷。復還翰林兼侍讀學士。禮官議欲用唐故事。五月朔。請御大慶殿受朝。因上尊號。公著言。五月會朝始於唐

德宗。取術數厭勝之。憲宗以下罷之。況尊號非古典。不係人主重輕。於是能議尊號不受。近臣有請吏非領郡者兼任監司。公著曰。人才類伏下流。而資格愈峻則簡拔愈難。審其才可用。宜不次用之。試而無效則已之。及請增館閣之選。以長育人才。文武官致仕。非素有罪戾者。宜給俸以示始終。多用其言。二月。拜御史中丞。時兄公弼方爲樞密使。特聽不避。固辭。亦不許。王安石秉政。始置三司條例司。行青苗

助歛法。公著極論其不可。曰。自昔有爲之君。未有失人心而能圖治者。亦有未脅之以威勝之以辨而能得人心者。今在位之賢者。率以此舉爲非。而議者一切以流俗浮論詆黜之。豈有昔者賢而今皆不肖乎。會韓琦論青苗不便。罷河北安撫使。公著坐嘗回奏。若韓琦因人心不忍如趙鞅舉晉陽之甲。除君側之惡。陛下何以待之。罷爲翰林學士。知穎州。宋敏求草公著詞云。敷陳失實。援據非宜。上令陳升之易。乃曰。厚

誣藩鎮興除惡之名。深駭予聞乖事理之實。其後公著爲相。提舉修實錄。嘗辨其不然。云。五年復寶文閣學士。召還。經筵辭疾。提舉嵩山崇福宮。八年。彗星見。詔求直言。公著疏曰。陛下臨朝。願治日已久。左右前後莫敢正言。使陛下有欲治之心。而無致治之實者。此任事之臣負陛下也。夫士之邪正賢不肖。蓋素定也。今則不然。前日舉之以爲天下之至賢。後日逐之以爲天下之至不肖。其於人才既反覆而不常。

則於政事亦乖戾而不當矣。古之爲政。初不信於民者有之矣。鄭之子產是也。一年而鄭人怨之。三年而歌之。陛下垂拱仰成。七年于茲矣。輿人之誦亦未異於七年之前也。陛下獨不察乎。十年起知河陽。召還提舉中太一宮。元豐元年。除翰林學士。承旨懇辭。改端明殿學士。知審官西院。一日邇英進讀罷。上與之極論治道。遂及釋老虛寂之旨。公著曰。堯舜知此道乎。上曰。堯舜豈不知。公著曰。堯舜雖知此。然常

以知人安民爲難。此所以爲堯舜也。上又言。唐太宗能以權智御臣下。公著曰。太宗所以成帝業者。以能屈己從諫耳。上善其言。頃之。拜同知樞密院事。時有請復肉刑者。詔執政議。公著曰。後世禮教疏而刑獄繁。肉辟不可復。將有踊貴履賤之譏。或欲取天府死囚試劓刖之。公著曰。不可。刖而不死。則此法遂行矣。議遂寢。三年。官制行。改正議大夫充樞密副使。四年。復同知樞密院乞補外。上賜手札曰。顧在

廷之臣。可託中外腹心之寄。均皇家休戚之重。無逾卿者。可亟起視事。初。夏人幽其主秉常。上將大舉兵討之。公著曰。問師之罪。當得人爲帥。未得人不如勿舉。及兵興河東。陝西民力大困。大臣不敢言。公著數爲上言其狀。五年。辭樞密。迺以資政殿學士光祿大夫知定州。是年九月。永樂城陷。奏至。上特開天章閣對輔臣曰。邊民疾弊如此。獨呂公著爲朕言之。它人未嘗及也。在定州坐違制。使禁卒護送囚徒

。降秩徙知揚州。久之。除資政殿大學士。復降官。神宗將建儲。諭執政曰。來年皇子廿就學。當以呂公著爲師傅。哲宗即位。加銀青光祿大夫。召兼侍讀提舉中太一宮。未至。太皇太后遣使迎問其所欲言。公著奏曰。先帝即位之初。臣與學士命草詔。以寬民力爲先。既而秉政者建議變舊法。以侵民爲意。言不便者一切以沮壞新法斥去之。故日久而弊愈深。法行而民愈困。陛下既深燭其弊。誠得中正之士。使講求天

下利害。上下協力。而爲之直不難矣。至則建言曰。人君即位之始。宜講求修德爲治之要。以正其始。乃條上十事。曰畏天。曰愛民。曰修身。曰講學。曰任賢。曰納諫。曰薄歛。曰省刑。曰去奢。曰無逸。又言先帝定官制。設諫員之目甚備。宜選忠鯁敢言士。偏置諸左右。使職諫諍從之。拜尙書左丞官制行三省。並建而中書獨爲取旨之地。門下尙書奉行而已。公著言。三省官均輔臣也。正如同舟共輿以濟江陸。當

一心並力以修政事。諸事干三省者。自今執政同進呈取旨。而各行之。遂定爲令。遷門下侍郎。拜尙書右僕射。兼中書侍郎提舉。修神宗實錄。先是執政五日或三日一聚。都堂事多。長官專決。同列不預可否。至公著秉政。始日聚都堂。遂爲故事。司馬光薨。公著獨揔揆務。所除吏皆一時之選。而端良質厚之士居多焉。時科舉專用王安石經義士。無自得之學。而朝廷文辭之官漸難其選。神宗以答高麗書不稱旨。嘗以

爲言議者欲以詩賦代經義。公著請於經義科中。益以詩賦而先經義。以盡多士之能。又戒有司無以老莊書出題。而學者不得以申韓釋氏書爲說。參用古今諸儒之學。無專用王氏。又復賢良方正科。以致異能之士。邊穀舊法儲三年而不足。公著請增爲五年。大出糴本錢以助之。邊用益給。吐蕃大酋領鬼章淸宜結者。董氊之別將也。性凶悍。爲洮河之患者。二十年間。朝廷罷兵。滅隴右戍。又知夏人之怨失蘭州也。遂合

從寇邊。公著建議遣軍器監丞游師雄。諭旨諸將以便宜出師。不踰月。熙河將种誼生擒鬼章致闕下。夏人因遣使修朝貢之職。元祐三年。懇辭。位拜司空同平章軍國事。自宋興。大臣以三公平章軍國者四人。二人公著父子也。士艷其榮。詔建第於東府之南。啓北扉以便執政。會議三省樞密院條例所當關者。目曰軍馬事焉。一月三至經筵。間日一入朝。非朝日不至都堂。其出也不以時。蓋異禮也。四年以寢疾告不能朝

。薨年七十二。輟視朝三日。乘輿臨奠。成服苑中。敕有司治葬。贈太師申國公。謚正獻。公著識慮深敏。量閎而學粹。苟便於國。不以私利害動其心。與人誠。不事表襮。其好士樂善。出於天性。士大夫有以人物爲意者。必問其所聞。相恭覈以待上求。神宗嘗謂執政曰。呂公著之於人材。其言不欺。如權衡之稱物。上前議政事。盡誠語詳。果有未聞知者。詢其由來。則云方忠烈用兵。渠在張魏公幕府親所聞見。宣司參議馮康國元通命記其事。是可信也。因鏤之集中。以補補遺之遺焉。庭傑字俊民。金堂人。其學貫穿。甚知兵。且練時事而數奇。少遊上庠。嘗干張魏公。欲薦應賢良。近爲彭山主簿。今老矣。休居于家。然聞其耳目聰明。尚可用。當有知者云。乾道己丑上元日。岐下張發書。

上卷十二

吳武安公功績記

四庫本「總銳兵三千禦敵」句（四五○—八九下）宋刊本「敵」字作「賊」。又後文「金人謀趨涇州。端拒守麻務鎮遣侯以前軍禦敵」句（四五○—九○上）。宋刊本「禦敵」作「討賊」。

又後文「金兵所過。人供糧秸。道不拾遺」句（四五○—九○上）。宋刊本「金兵」作「金賊」。

又後文「敵稍北退守河東……將臣與敵大戰……敵雖驍果。甲馬厚重……彼雖強悍。不能據我尺寸地……宜徙據高阜制敵馬衝突……既而。敵驟至……敵不破。我詎敢輕進」句。（四五○—九○下）。宋刊本「敵」字皆作「賊」。「彼雖強悍」作「賊雖強悍」。

又其後文「伏發敵潰俘……乘夜併兵劫敵大寨」句（四五○—九一下）。宋刊本「敵」字並作「賊」。

又其後「念雍州之城久罹荐食之螽」句（四五○—九二上）。宋刊本「荐食」作「揭虜」。

又其後「而敵已麾中軍急上……凡六晝夜。敵皆敗…

……侯曰。敵掃地而來……敵便旋中梁山泧月」句（四五〇—九二下）。宋刊本「敵」字皆作「賊」。

又其後「夫中外異域。君臣異分。此天下大義」句（四五〇—九二下）。宋刊本「中外」作「華夷」。又後文「數千百年以來。凡竊名號。與夫叛臣賊子稱兵犯上。率不旋踵夷滅」句（同上）。宋刊本作「數千百年。夷狄之亂中華與夫叛臣賊子稱兵犯上。率不旋踵夷滅。」

又後文。四庫本「然金國既剪戰宗社。又挑豫賊。以臣反君」句（四五〇—九三下）。宋刊本「剪我宗社」作「以夷亂華」。

又後文。「營中併發神臂弓飛大砲。斃敵無數。統制官田晟摠兵深入追敵。敵又發生兵萬餘擊營左。侯分兵力戰卻之。敵不住又添生兵……敵怒……隔斷敵……敵皆引去。」句（四五〇—九四下）。宋刊本凡「敵」字皆作「賊」。

又後文「敵以火焚樓柱。仲以酒壺擊滅火。敵布神臂弓東嶺下。侯亦發神臂弓五百隻與之對射。敵去。即遣王萬年。劉鈴轄濬水。王武宣贊分紫白旗入敵。敵奔潰……左軍統制張彥夜劫敵」句（四五〇—九五上）。宋刊本凡「敵」字皆作「賊」。

又其後「敵慕洧拔寨去。師古由殺馬谷攻焦山。務焚田家村園子谷。深入敵境。至石要嶺忽遇金敵……隻身往降金……侯與金兵對壘」句（四五〇—九五下）

。宋刊本「敵」字皆作「賊」。「降金」作「降賊」。「金兵」作「金賊」。

又後文「大丈夫處世當爲國家誅滅強敵」句（四五〇—九六下）。宋刊本「強敵」作「胡虜」。

上卷十三

韓忠武王世忠中興佐命定國元勳之碑

四庫本「獨與蘇格等五騎俱逢敵騎二千餘」句（四五〇—一〇〇上）。又「敵奔即鼓噪」句。宋刊本「敵」字並作「虜」。又「王乃獨躍馬薄敵」句。宋刊本「敵」字作「賊」。又「敵疑之。分爲二隊……敵疑我伏發」句。宋刊本「敵」字並作「虜」。

又後文「今之來者金兵耳」句（四五〇—一〇〇下）。宋刊本「金兵」作「金虜」。又「及敵進迫屯子橋……數萬之衆皆潰。敵騎大至……敵嘆異小卻」句（同上）。以上三「敵」字。宋刊本皆作「虜」。又「金人許割三鎭而還」句（同上）。宋刊本「金人」作

「虜人」。

又後文「敵再入攻。趙知王在焉……敵大驚亂。翌日遁去。後有自敵來者……敵縱兵逼城。人心兇懼。王據西王臺力戰。敵稍卻」句（四五〇—一〇一下）。宋刊本凡「敵」字皆作「虜」。

又「敵衆遂潰。南京圍解」句（四五〇—一〇二上）。宋刊本「敵」作「虜」。又「卻朔馬之牧。效著睢陽」句（同上）。宋刊本「朔馬」作「胡馬」。又後文「敵再犯河雒。王率敢死士戰於孝義橋」句（同上）。又「敵衆乘我王身被鏃如棘。卒力戰」句（同上）。又「詭言王兵潰陷敵。物情震駭」句（四五〇—一〇二下）。以上三「敵」字宋刊本皆作「虜」。

又後文「今以獲敵資財物帛盡與將士」句（四五〇—一〇四下）。宋刊本「敵」字作「賊」。又其後「敵終不得渡。復使致詞願還所掠假道。不聽。請益以名馬。又不聽。敵乃益兵儀」句（四五〇—一〇五上）

。又「敵見王整暇色益沮」句。又「敵自知力憊糧竭。久或生變」句。又「會風弱帆緩。敵得以輕舸渡去」句。又「敵必登此觀我虛實」句。又「數日敵至。果有五騎趨入」句（四五〇—一〇五下）。以上七「敵」字宋刊本皆作「虜」。又其後「強敵忠勇之節遠近所聞」句（同上）。宋刊本「強敵」作「虜寇」。

又「朔馬飲江。大肆殘虐」句（同上）。宋刊本「朔馬」作「胡馬」。

又後文。「今敵氣正銳。又皆小舟輕捷。可以橫江徑渡」句（四五〇—一〇七下）。又「今敵犯眞滁。已逼江上。而建康諸渡。舊爲敵衝」句（同上）。宋刊本「敵」字皆作「虜」。又「候彼步兵。而王親提騎隊往大儀」句（四五〇—一〇八上）。宋刊本「彼」作「虜」。又「會朝廷遣魏良臣使敵」句（同上）。又「良臣至敵。敵果問我師動息」句（同上）。又「王縱彼騎過吾軍之東直北。傳小麾鼓一鳴。伏者四發

。吾軍旗與彼雜出。敵軍亂。我師伍伍迭進。步隊各持長斧斫馬足。敵全裝陷涂淖。弓刀無所施。王東西麾勁騎四面蹂之。敵大半乞降。餘皆奔潰」句（四五〇—一〇八下）。又後文「元至高郵亦遇敵兵。設水軍夾河而陣。我師皆願效死。敵整隊迭出。一日之間合戰十三。士力稍罷。相拒未決。王遣成閔將勁騎往援之。閔與元軍合復大戰。俘生女眞及千戶長等。敵敗去。俄而王至。窮追於淮。敵復大戰。敗潰奔走。

相蹈藉沒。溺死者不可勝計」句（同上）。宋刊本凡「敵」字及「彼」字皆作「虜」。又其後「勦殺敵人數以萬計」句（同上）。宋刊本「敵人」作「犬羊」。又後文「初敵既傾國內侮」句（四五〇—一〇九上）。又「至是敵既潰敗。王自淮上振旅凱旋」句（同上）。又「敵帥達蘭恥前敗覆」句（同上）。又「昨因敵近。議者以經理淮甸爲言」句（同上）。又「是年敵又犯漣水。王迎擊」句（四五〇—一〇九下）。又

「軍既單弱。而敵援兵額哩頁索吉舍人踵至。遂以背嵬輕騎五百衝之。爲敵所圍」句（同上）。以上諸句凡「敵」字宋刊本皆作「虜」。

又後文「及敵騎至。王先以數騎挑之」句（四五〇—一一〇上）。又「大破敵衆。暴尸三十里」句（同上）。宋刊本「敵」字皆作「虜」。又其後「力戰破敵。俘獲彼軍」句（同上）。宋刊本作「力戰破賊。俘獲群醜」。

又後文「敵情叵測。其將以計緩我師」句（四五〇—一一〇下）。又「敵師屢衄。於是陰謀沮撓」句（同上）。又「敵亦遣使乘議」句。又「以謂敵情詭詐」句。又「其後敵果負約。如王所言」句（四五〇—一一一上）。宋刊本凡「敵」字皆作「虜」。

又後文「由加口破敵直入……詔除少師。餘官悉加恩慰勞。敵都統周太師者。以大軍入寇。水陸並進。未及渡淮。王與敵接戰於淮上。又敗之」句（四五〇—

一一一下）。宋刊本作「由加口破走兀朮……詔除少師。餘官悉如故。明年虜都統周太師者。以大軍入寇。水陸並進。未及渡淮。王督士馬拒戰於淮陽。又走之」。又後文「彼溺水不知其數……擒彼帥」句（同上）。宋刊本兩「彼」字並作「虜」。又「是年。敵犯淮西」句（同上）。又「敵別軍數萬屯定遠」句（四五〇—一一二上）。宋刊本「敵」皆作「虜」。又其後「聞鄉親率將士與敵接戰。進逼直至城下。敵馬一發奔潰過淮……況卿前後所料敵情。一一必中」句（同上）。宋刊本凡「敵」字皆作「賊」。又「乞自今非破敵復境土。不畀崇資。以塞倖門」句（同上）。宋刊本「敵」作「虜」。

卷末贊詞。四庫本「敵人不恭。神州盡驚」句（四五〇—一一六上）。宋刊本「敵人」作「胡酋」。「驚」作「腥」。又後文「朔馬飲江……維敵雖強」句（四五〇—一一六下）。宋刊本「朔馬」作「胡馬」

。「維敵」作「虜朮」。又「敵猶不悛」句（同上）。宋刊本「敵」作「朮」。又「鐵騎紛呶」句。「敵師大奔」句。「敵不足誅」句。宋刊本「鐵」「敵」皆作「虜」。

上卷十四

吳武順王璘安民保蜀定功同德之碑

四庫本碑文中之「敵」字。宋刊本均作「虜」。

上卷十八

李觀察士衡神道碑
四庫本「價重則邊人市敵中靑鹽食之。敵爲利矣……外不爲敵利。苟能寬民。力沮敵計」句（四五〇—一五六下）。宋刊本凡「敵」字皆作「虜」。

中集卷十八

范忠文鎭墓誌銘
四庫本自「以通事舍人掖之」句以下（四五〇—三四七）係屬上集卷十八「李觀察士衡神道碑」之文。此

段據宋刊本應爲「（太常詔）三省侍從。臺閣之臣皆往觀焉。時公已屬疾。樂奏三日而薨。實元三年閏十二月癸卯朔。享年八十一。訃聞輟視朝一日。贈右金紫光祿大夫。謚曰忠文公。雖以上壽貴顯考終於家。無所憾者。而士大夫惜其以道德事明主。閱三世。皆以剛方難合。故雖用而不盡。及上即位。求人如不及。厚禮以起公。而公已老。無意於世矣。故聞其喪哭之。皆哀公淸明坦夷。表裡洞達。遇人以誠。恭儉愼默。口不言人過。及臨大節。決大人。色和而語壯。常欲繼之以死。雖在萬乘前無所屈。篤於行義。奏補先族人而後子孫。鄉人有不克婚葬者。輒爲主之。客其家者常十餘人。雖僦居陋巷。席地而坐。飲食必均。兄鎡卒于隴城。無子。聞其有遺腹子在外。公時未仕。徒步求之兩蜀間。二年乃得之。曰。吾兄異於人體有四。乳是兒亦必然。已而。果然名之。曰百常。以公陰。今爲承議郎。公少受學於鄉先生龐直溫。直

溫之子昉卒於京師。公娶其女爲孫婦。養其妻子終身。其學本於六經仁義。口不道佛老申韓異端之說。其文淸麗簡遠。學者以爲師法。凡三入翰林。知嘉祐二年。六年。八年。及治平二年。貢舉門生滿天下。貴顯者不可勝數。詔修唐書。仁宗實錄。玉牒。日曆。類篇。凡朝廷有大述作。大議論。未嘗不與。契丹高麗皆知誦公文賦。少時嘗賦長嘯卻胡騎。及奉使契丹。虜相目曰。此長嘯公也。其後。兄子百祿亦使虜。

虜首問公安否。有文集一百卷。諫垣集十卷。內制集三十卷。外制集十卷。正言三卷。樂書三卷。國朝韻對三卷。國朝事始一卷。東齋記事十卷。刀筆八卷。積勳柱國。累封蜀郡開國公。食邑加至二千六百戶。實封五百戶。娶張氏。追封清河郡君。再娶李氏。封長安郡君。子男五人。長曰燕孫。未名而卒。次百揆。宣德郎監中岳廟。次百嘉。承務郎。先公一年卒。次百歲。太康主簿。先公六年卒。次百慮。承務郎。

女一人。嘗適左司諫吳安詩。復歸以卒。孫男十人。祖直襄州司戶參軍。祖補長社主簿。祖野。祖年假承務郎。祖封右承奉郎。祖耕承務郎。祖淳。祖舒。祖京。祖恩。孫女六人。曾孫女三人。公晚家于許。許人愛而敬之。其薨也。里人皆出涕。以元祐四年八月己未葬于汝之襄城縣。汝安鄉。惟賢里。夫人李氏祔。公始以詩賦爲名進士。及爲館閣侍從。以文學稱。雖屢諫爭。及論儲嗣事。朝廷言其忠。然事頗祕。世亦未盡知也。其後議濮安懿王稱號守禮不回。而名益重。及論熙寧新法。與王安石。呂惠卿辨論。至廢黜不用。然後天下翕然師尊之。無貴賤賢愚。謂之景仁而不敢名。有爲不義。必畏公知之。公既得謝。軾往賀之曰。公雖退而名益重矣。公愀然不樂曰。君子言聽計從。消患於未萌。使天下陰受其賜。無智名。無勇功。吾獨不得爲此命也。夫使天下受其害。而吾享其名吾何心哉。軾以是愧公。銘曰。

凡物之生　莫累於名　人顧趍之　以累爲榮
神人無名　欲知者希　人顧憂之　以希爲悲
熙寧以來　孰擅茲器　嗟二先生　名所不置
君實在洛　公在潁昌　皆欲忘民　民不汝忘
君實既來　遁歸于洛　縶而維之　莫之勝說
爲天相君　爲君牧民　道遠年徂　卒徇以身
公獨堅臥　三詔不起　遂解天刑　竟以樂死
世皆謂公　貴身賤名　孰知其功　聖人之清

貪夫以廉　懦夫以立　不尸其功　無喪無得
君實之用　出而時施　知彼水火　寧除渴飢
公雖不用　亦相其行　如彼山川　出雲相望
公維蜀人　乃葬于汝　子孫不忘　尚告來者

中集卷五十五

張忠獻公浚行狀

四庫本「始公未至。敵已陷鄜延」句（四五〇—六四二下）。又「敵驍將婁宿孛僅於九月二十九日引大兵

渡渭河」句（同上）。又「公率諸將極力捍禦。敵勢屢挫」句（同上）。宋刊本凡「敵」字皆作「虜」。本篇宋刊本「虜」字四庫本皆改作「敵」。「虜酋」則作「敵帥」。又卷尾。四庫本「強敵制命。率獸逼人。莫知其爲大變」句（四五〇—六六六上）。宋刊本「強敵」作「夷狄」。又後文「人類之所以異於邊陲。中國之所以異於萬物者」句（同上）。宋刊本「邊陲」作「禽獸」。「萬物」作「夷狄」。

下集卷二

張文定公齊賢傳

四庫本「此則契丹之智力可料而知也」句（四五〇—六七六下）。又「若重之愼之。則契丹不足吞」句（同上）。又後文「且契丹之心固亦擇利避害」句（四五〇—六七七上）。宋刊本「契丹」皆作「戎狄」。又後文「豈止爭乎尺寸之事。強弱之勢而已」句（四五〇—六七七上）。宋刊本「強弱」作「戎狄」。又

後文「人民本也。邊裔末也」句（同上）。宋刊本「邊裔末也」作「戎狄外也」。又後文「幽燕竊地之醜。沙漠偷生之流」句（四五〇—六七七下）。宋刊本「流」作「虜」。又以下四庫本「敵」字宋刊本多作「虜」。

下集卷七

柳開傳

四庫本「又上書願賜步騎數千以滅敵。上方擇文」句

（四五〇—七一六上）。宋刊本「敵」作「胡」。

下集卷八

呂文靖公夷簡傳

四庫本「爲多議者。以其再相增契丹」句（四五〇—七一九上）。宋刊本「契丹」作「北虜」。

下集卷十一

潁濱遺老傳上

四庫本「彼以其侍讀學士王師儒館伴師儒」句（四五

〇—七四六上）。宋刊本「彼」作「虜」。又「然亦能誦服伏苓賦等。北人類相愛敬者」句（四五〇—七四六下）。宋刊本「北人」作「虜中」。

下集卷十三

文忠烈公彥博傳

四庫本「宜亟誅以靖衆。乃請平章事劉沆判狀尾斬」句（四五〇—七六一上）。宋刊本「尾斬」下多「軍門」二字。

四庫補正

敬鄉錄十四卷

元吳師道輯

以藕香簃抄本校補

卷四

宗澤傳

四庫本「逾河屢敗金兵。駐於近甸」句（四五一—二八三下）。鈔本「金兵」作「敵衆」。

諫議和疏

四庫本「金人要我以難行之禮。汝輩其許之乎」句（

四五一—二八八下）。鈔本「金人」作「強敵」。

卷五

上高宗論遣使書

四庫本「臣竊惟太祖太宗以至神武略平定四海」句（四五一—二九五下）。鈔本作「臣聞之詩有曰。無競維人。四方其訓之。言人君之不可不自強也。書曰。其克詰爾。戎兵陡禹之跡。言武備之不可廢也。平居猶然。而況處變亂之際乎。恭惟太祖太宗以至神武略平定四海」。又後文「正宜不負所托。銳意撥亂。信威邊陲。功光祖宗」句（四五一—二九五下至二九六上）。鈔本「邊陲」作「四夷」。又「信王倫之說。奉金人之詔。則隳祖宗之大烈。雖傾三江之水不足以滌其穢」句（四五一—二九六上）。鈔本作「信王倫之說。奉仇敵之詔。則隳祖宗之大烈。所謂蒙恥辱者。雖傾三江之水不足以滌其穢」。又其後「拘金使以

誚其悖禮」句（同上）。鈔本「金」作「敵」。又「輕以萬乘之尊」「臣事金人」句（同上）。鈔本「金人」作「仇敵」。又後文「不忍見陛下天日之表。龍鳳之姿。爲敵人諸侯取笑萬世。又不忍見臣將爲金人之陪屬。嗟乎。此天也。祖宗之天也。一朝盡化爲金人之天。可乎……一朝盡化爲金人之地。可乎」句（同上）。鈔本「敵人」作「戎人」。三「金人」皆作「仇敵」。又其後「又若六國之君割地奉秦。秦陽和而陰傾之」句（四五一—二九七上）。鈔本於「奉秦」下多「以求和」三字。又「人有異心。猶不可測」句（同上）。鈔本「人有異心」作「狼子野心」。

上高宗皇帝第二書

四庫本「臣事金人。偷爲目前之安」句（四五一—二九九下）。鈔本「金人」作「仇敵」。又「故防邊制敵。可以威服。不可以仁畜也」句（同上）。鈔本作「故曰無競維人。四方其訓之。貴自強也」。又其後

。「良由國家委靡。金人日熾。勢不能已」句（四五一—三○○下）。鈔本「日熾」作「嫚侮」。「勢不能已」作「天意不平」。又其後。「何必含羞忍恥。乞憐於強敵哉」句（四五一—三○一上）。鈔本「強敵」作「仇敵」。又「今金之勢燄過軍臣頡利遠甚」句（同上）。鈔本「勢燄」作「罪惡」。又「皇天后土亦鑑之矣」句（同上）。鈔本「鑑」作「厭」。又「彼金人者。寧有好心爲我」句（四五一—三○一下

）。鈔本「金人」作「仇敵」。又其後。「陛下爲金人諸侯。臣爲金人臣屬」句（四五一—三〇二上）。鈔本「臣爲金人臣屬」作「臣爲仇敵臣屬」。又「一朝而化爲金人之天地可乎」句（同上）。鈔本「金人」作「仇敵」。

卷六

倪僕擬上高宗皇帝書

四庫本「夫以禮樂衣冠之俗而驅之從金人之俗。大者

必不願爲金人之臣。小者必不願爲金人之民」句（四五一—三〇五上）。鈔本「從金人之俗」作「以兵戈方矢」。「金人」作「仇敵」。又「凡生長於彼者。舉將胥而金矣。胥而爲金。則無復有望於我矣」句（四五一—三〇五下）。鈔本前後兩「胥而爲金」並作「漸忘其本」。

卷七

重脩板橋記

四庫本「威俗姓闕屋甚潤。常有以資衣械者」句（四五一—三一八下）。鈔本作「威多才藝。濟物之急若有不及者」。

淨土禪寺新塑羅漢記

四庫本「今我所覩諸」句下注「闕」（四五一—三一八下）。鈔本作「相。持以人力」。又其後「或現禪定」句下亦注闕。鈔本作「偏袒趺」。

去年章

四庫本「去年敵窺清水巖。黃河狹隘東陵頑」句（四

五一—三二〇上）。鈔本「敵窺」作「兵起」。又「疆宇蹂躙恣凶殘」句（同上）。鈔本作「犬豕淫虎豹豺貪」。又「敵人隔水相笑侮。殺身於爾何貞焉」句（同上）。鈔本「敵人」作「軍士」。

二松賦

四庫本「鈞天之奏」句下標注闕（四五一—三二一下）。鈔本作「噌竑」。又「輯而營靈」句下亦注闕。

鈔本作「臺」。

送時法登舟詩

四庫本「四山寒雨送行舟。獨掩柴扉」句下注闕（四五一—三二三上）。鈔本作「淚」。

朱子與汪時法章

四庫本「而學」兩字下標注「闕」（四五一—三二三下）。鈔本作「者得」。

汪約叟哭大愚呂公詩後記

四庫本「何先生二公之所與。可知其人矣」句（四五一—三二四下）。鈔本於「何先生」下尚有一「觀」字。其後「用之所在。精神集焉」句下又兩注闕（同上）。鈔本其句爲「篤好而專攻之」。

卷八

上孝宗皇帝第一書

四庫本「臣竊惟中國天地之正氣也。天命之所鍾也。人心之所會也。衣冠禮樂之所萃也。百代帝王之所以相承也。豈可一朝失守。舉此中國而棄之哉。不幸而失所守。至於挈中國衣冠禮樂而寓之偏方」句（四五一—三二七上）。鈔本作「臣竊惟聖人之治天下也。有全勢焉。勢之所在必力起。而爭之不敢失。非好大喜功。必臣服天下以逞其欲也。得全者全昌。失全者全亡。勢不可以中立故也。古之帝王即不幸遇變故而遇之偏方」。又其後「天地之正氣鬱遏於敵人。而久不得騁」句（同上）。鈔本「敵人」作「庸臣」。又

「東晉自元帝息心於一隅。而朔塞鮮卑氐羌迭起於中國」句（同上）。鈔本「朔塞鮮卑氐羌」作「劉淵石勒之徒」。又「靖康以來。兩河故地久爲敵人所據。以二帝三王之所都而爲五十年敵人之淵藪」句（四五一—三二七下）。鈔本作「堂堂大宋。而頓使強鄰安坐而據之。以二百年來之故都而爲五十年敵人之淵藪」。又「自非金亮送死淮南。亦不知兵戈之爲何事也」句（同上）。鈔本「金亮」作「海陵」。又「況望

其憤中國之凋殘。而相率北向。以發一矢哉」句（四五一—三三八上）。鈔本「中國之凋殘」作「宗社之邱墟」。又「當此王室陵夷。義不能以一朝」句（同上）。鈔本「當此王室陵夷」作「用是皇皇奔走」。又「豈以堂堂中國。而五十年之間無一豪傑之能自奮哉」句（同上）。鈔本「中國」作「大宋」。又「王通有言。小國之德。黎民懷之」句（四五一—三三八下）。鈔本作「僻陋之邦。苟有明德。黎民懷之」。又其後。四庫本「東晉百年之間。未嘗與邊通和也」句（四五一—三三九上）。鈔本「邊」作「敵」。又「城郭宮室政教號令。一切不異於中國」句。鈔本「中國」作「吾矣」。又「然契丹遂得以猖狂恣睢。與中國抗衡。儼然爲南北兩朝。而頭目手足混然無別」句（四五一—三三〇上）。鈔本作「然契丹自石晉以來。狃於常勝。每以中國爲不足畏。而侵陵窺伺之心。無時而息」。又「蓋敵人征令。是主上之操也」句

（四五一—三三〇下）。鈔本「敵人」作「契丹」。又「敵人之所以卒勝中國者。其積有漸也」句（同上）。鈔本「敵人」作「契丹」。又「此所以不能洗中國衰微之恥。而卒發神宗皇帝之大憤也」句（同上）。鈔本「中國衰微之恥」作「契丹輕視中國之恥」。又「一反一覆。而卒爲敵人侵侮之資。尚可望其振中國以威敵人哉」句（四五一—三三一上）。鈔本兩處之「敵人」前作「金人」後作「四裔」。

第二書

四庫本「陛下積財養兵。志在恢復」句（四五一—三三五下）。鈔本「恢復」作「滅金」。

第三書

四庫本「而況版輿之地半入於敵人」句（四五一—三三六下）。鈔本「敵人」作「仇敵」。又後文「如囊底之智猶足以辦此有餘。六十已往。顧將望一日之安。而亦何忍遺患於後人乎」句。鈔本作「扣囊底之智

猶足以辨此。顧乃日復一日。雖不望一日之安。而亦何忍遺患於後人乎」。

卷九

陳亮戊申再上孝宗皇帝書

四庫本「中國聖賢之所建置而悉淪於外敵。此英雄豪傑之所當同以爲病也」句（四五一—三三九上）。鈔本「中國聖賢」作「祖宗櫛沐」。其後「劉淵。石勒。石虎。苻堅。皆外服之雄」句（四五一—三四一上）。鈔本「外服」作「一時」。其後「在今馬軍新營之傍耳」句下標注「闕」（四五一—三四二下）。鈔本作「其地」。

二烈女傳

四庫本「從我。從我婦之。否則死。長女不爲動。掠髮伸頸。請受刃。官軍斫之」句（四五一—三五〇上）。鈔本作「從我則生。不從我則死。長女不爲動。掠髮伸頸受刃。官軍斫之」。

卷十

孝子顏氏墓碑

四庫本「因以名縣淑吾民。爲之長者」句下標注「闕」（四五一—三五二上）。鈔本作「教」。

仰山廟記

四庫本「巒阜拱揖而禾水委其水。形勢靈傑。宜爲神之所降依」句（四五一—三五六上）。鈔本作「巒阜拱揖。環繞若爲翼衛。形勢靈傑。宜爲神之所降依」。

陳炳小傳

四庫本「陳炳字德先。乾道二年進士」句下標注「闕」（四五一—三六一下）。鈔本作「嘗守道不仕」。

宗忠簡公畫像贊

四庫本「敵侵邊。得知磁卅磁正遭困攻危甚」句（四五一—三六二）。鈔本「敵侵邊」作「金渝盟」。

卷十一

徵玄修賦

四庫本「張壽極之」句下兩處標注「闕」（四五一—三七六）。鈔本全句作「張壽極之備福兮。叢嵬瑣之猥籍」。其後「修又顛」句下亦標注「闕」。鈔本作「修又顚而莫測。登皇闈而陳詞兮」。又「夫玄」下標注「闕」。鈔本作「枵」。

大節堂碑

四庫本「一日睦寇驅數百千人揭竿掉刃。而東南十州

望風橫潰守。宰逋播莫肯少攖其鋒。異時大敵長驅」句（四五一—三七六下）。藕香簃鈔本「睦冠」作「敵人」。「大敵」作「邊牧」。又「然當兵刃之衝城破而擒。頸血而罵不絕口。鄉在太學。憤二聖之當厄。上書金師」句（同上）。鈔本「兵刃」作「劇賊」。「鄉」作「宅卿」。「金師」作「敵廷」。又「晉寧初。破勍敵。斬渠首。次第奏功。既而羅索貝勒以全兵嬰城」句（同上）。鈔本「渠首」作「渠酋」。「羅索貝勒」作「金師大至」。又「皇見羅索肆罵。敵至不忍聞」句（同上）。鈔本「羅索」作「金師」。

玉成齋銘

四庫本「若欲富且貴乎。膓薪脂壁」句下注闕（四五一—三七九上）。鈔本作「疾疾」。其後「庸詎知竿鋤之爲法」句下又注闕。鈔本作「乃聽以裕」。又其後「僂行乞漿。舉」句下亦注闕。鈔本作「天造物」。

卷十二

四庫本「王象之字」句下注闕（四五一—三八七下）。鈔本作「肖父」。

卷十四

四庫本「覆」一章缺第一句（四五一—四〇〇上）。鈔本作「從來人生之最重者道。而道之收拾人心者在知與守」。下始接「士君子以知道爲難」句。又文末

四庫本注「下缺」。明刊本作「謹具以覆」。

諸暨接待院記

四庫本「觀音院居縣」句下注「闕」（四五一—四〇二下）。鈔本作「北」。

葉由庚傳

四庫本「講學有」句下注「闕」（四五一—四〇六上）。鈔本作「所得」。

唐才子傳八卷

元辛文房撰

以日本五山版刊本校補

按四庫本係輯自永樂大典。原已不全。日本五山版雖非原刊。到底近於原刊。凡十卷。與四庫本八卷編排次第不同。如四庫本卷八以隱逸。仙。僧。妓。女道士諸人總爲一卷。日本刊本則散入各卷之中。其餘各卷亦不盡相同。今以四庫本之次第校補之。並將所闕補於卷末。

卷一

日本刊本於本卷首有序及六帝兩章爲四庫本所無（四五一—四一一下）。今補之如下

魏帝著論。稱文章經國之大業。不朽之盛事。年壽有時而盡。未若文章之無窮。詩文而音者也。唐興尚文。衣冠兼化。無慮不可勝計。擅美於詩當復千家。歲月苒苒。遷逝淪落。亦且多矣。況乃浮沈畏途。黽勉

皐宦。存沒相半。不亦難乎。崇事奕葉。苦思積年。心神游穹厚之倪。耳目及晏曠之際。幸成著述。更或凋零。兵火相仍。名逮於此。談何容易哉。夫詩所以動天地。感鬼神。厚人倫。移風俗也。發乎其情止乎禮義。非苟尚辭而已。遡尋其來。國風雅頌開其端。離騷招魂放厥辭。蘇李之高妙足以定律。建安之遒壯粲爾成家。爛熳於江左。濫觴於齊梁。皆襲祖沿流。坦然明白。鑑鏘愧金石。炳煥卻丹青。理窮必通。因時爲變。勿訝於枳橘。非土所宜。誰別於渭涇。投膠自定。蓋係乎得失之運也。唐幾三百年。鼎鐘挾雅道。中間大體三變。故章句有焦心之人。聲律至穿楊之妙。於法而能備。於言無所假。及其逸度高標。餘波遺韻。臨高能賦。閑暇微吟。舊格近體。古風樂府之類。芳沃當代。響起陳人。淡寂無枯悴之嫌。繁藻無淫妖之忌。猶金碧助彩。宮商自協。端足以仰緒先塵。俯謝來世。清廟之瑟。薰風之琴。未或簡其沈鬱。

兩晉風流。不相下於秋毫也。余遐想高情。身服斯道。究其梗概行藏。散見錯出。使覽於述作。尙昧音容。洽彼姓名。未辨機軸。嘗切病之。頃以端居多暇。害事都捐。游目簡編。宅心史集。或求詳累帙。因備先傳。撰擬成篇。斑斑有據。以悉全時之盛。用成一家之言。各冠以時。定爲先後。遠陪公議。誰得而誣也。如方外高格。逸名散人。上漢仙侶。幽閨綺思。雖多。微考實。故別總論之。天下英奇所見。略似人心。相去苦亦不多。至若觸事興懷。隨附篇末。異方之士弱冠裴然。狃於見聞。豈所能盡。敢倡斯盟。尙賴同志相與廣焉。庶子作九京於長夢。詠一代之清風。後來奮飛。可畏相激。百世之下猶期賞音也。傳成凡二百七十八篇。因而附錄不泯者。文一百二十家。釐爲十卷。名以唐才子傳云。有元大德甲辰春引。

六帝

夫雲漢昭回。仰彌高於宸極。洪鐘希叩。發至響於咸池。以本宗天縱玄廟聰明。憲德文信睿姿繼挺。俱以萬機之暇。特駐吟情。奎璧騰輝。衮龍浮彩。寵延臣下。每錫贈酧。故上有好者。下必有甚焉者矣。

崔信明傳

四庫本自「遂踰城去。隱太行山中」句以下與日本刊本有異（四五一—四一一下）。日本刊本作「遂踰城去。隱太行山中。唐貞觀六年。詔即家。拜興勢丞。遷秦川令卒。信明恃才蹇亢。嘗自矜其文。時有揚州錄事參軍滎陽鄭世翼。亦驁倨忤物。遇信明於江中。謂曰。聞君有楓落吳江冷之句。仍願見其餘。信明欣然多出舊製。鄭覽未終。曰所見不逮所聞。投卷於水中。引舟而去。今其詩傳者數篇而已。」

李百藥傳

四庫本標注「按此條有闕文」（四五一—四一一下）。日本刊本作「百藥字重規。定州人。幼多病。祖母以百藥名之。七歲能文。襲父德林爵。會高祖招杜伏

威。百藥勸朝京師。中道而悔。怒飲以石灰酒。因大利幾死。既而宿病皆愈。貞觀中。拜中書舍人。遷太子庶子。嘗侍帝。同賦帝京篇。手詔褒美曰。卿何身老而才之壯。齒宿而意之新乎。百藥才行。天下推服。好獎薦後進。翰藻沈鬱。詩尤所長。有集傳世。」

王勃傳

四庫本與日本刊本互有增減。日本刊本作「勃字子安。太原人。王通之諸孫也。六歲善辭章。麟德初。劉道祥表其材。對策高第。未及冠。授朝散郎。沛王召署府修撰。時諸王鬥雞。會勃戲爲文檄英王雞。高宗聞之。怒斥出府。勃既廢。客劍南。登山曠望。慨然思諸葛之功。賦詩見情。又嘗匿死罪官奴。恐事洩。輒殺之。事覺當誅。會赦。除名。父福時坐是。左遷交趾令。勃往省覲。途過南昌。時都督閻公新修滕王閣成。九月九日大會賓客。將令其婿作記。以誇盛事。勃至入謁。帥知其才。因請爲之。勃欣然對客操觚

。頃刻而就。文不加點。滿座大驚。酒酣辭別。帥贈百縑。即舉帆去。至炎方。舟入洋海。溺死。時年二十九。勃屬文綺麗。請者甚多。金帛盈積。心織而衣。筆耕而食。然不甚精思。先磨墨數升則酣飲。引被覆面臥。及寤。援筆成篇。不易一字。人謂之腹稿。嘗言。人子不可不知醫。時長安曹元有秘方。勃盡得其術。又以虢州多藥草。求補參軍。倚才陵藉。僚吏疾之。有集三十卷。及舟中纂序五卷。今行於世。勃嘗遇異人。相之曰。子神強骨弱。氣清體羸。胸骨虧陷。目睛不全。秀而不實。終無大貴矣。故其才長而命短者。豈非相乎。」

宋之問傳

四庫本標注「此條有闕文」（四五一—四一三上）。

日本刊本全文如下

之問字延清。汾州人。上元二年進士。偉貌辯給。甫冠。武后召與楊炯分直習藝館。累轉尚方監丞。后遊龍門。詔從臣賦詩。左史東方虬詩先成。后賜錦袍。之問俄頃獻。后覽之嗟賞。更奪袍以賜。後求北門學士。以有齒疾不許。遂作明河篇。有明河可望不可親之句。以見志。諂事張易之。坐貶瀧州。後逃歸。匿張仲之家。聞仲之謀殺武三思。乃告變。擢鴻臚簿。遷考功郎。復媚太平公主。以知舉。賄賂狼籍。下遷越州長史。窮歷剡溪山水。置酒賦詩。日遊宴。賓客雜遝。睿宗立。以無悛悟之心。流欽州。御史劾奏賜死。人言劉希夷之報也。徐堅嘗論其文如良金美玉。無施不可。有集行世。

沈佺期傳

四庫本「工五言。常侍宮中」句（四五一—四一三上）。日本刊本文較長。作「工五言。由協律考功郎受賕。長流驩州。後召拜起居郎。兼脩文館直學士。常侍宮中。既侍宴。帝詔學士等。爲回波舞。佺期作弄辭悅帝。詔賜牙緋。正中書舍人。（佺期嘗以詩贈張燕公）。」

杜審言傳

四庫本與日本刊本內容有出入（四五一—四一三下）

。日本刊本原文如下。

審言字必簡。京兆人。預之遠裔。咸亨元年。宋守節榜進士。爲隰城尉。恃高才傲世見疾。蘇味道爲天官侍郎。審言集判。出謂人曰。味道必死。人驚問何故。曰彼見吾判當羞死耳。又曰。吾文章當得屈宋作衙官。吾筆當得王羲之北面。其矜誕類此。坐事貶吉州司戶。及武后召還將用之。問曰。卿喜否。審言舞蹈謝。合令賦歡喜詩。稱旨。授著作郎。爲修文館直學士卒。初審言病。宋之問武平一往省候。曰甚爲造化小兒相苟。尚何言。然吾在。久壓公等。今且死。但恨不見替人也。少與李嶠。崔融。蘇味道爲文章四友。有集十卷。今不存。但傳詩四十餘篇而已。

杜甫傳

四庫本標注「按此下有闕文」（四五一—四一三下）

。日本刊本原文如下。

甫字子美。京兆人。審言生閑。閑生甫。少貧不自振。客吳越齊趙間。李邕奇其材。先往見之。舉進士不中第。困長安。天寶三載。玄宗朝獻太清宮。饗廟及郊。甫奏賦三篇。帝奇之。使待詔集賢院。命宰相試文章。擢河西尉。不拜。改右衛率府胄曹參軍。數上賦頌。高自稱道。且言。先臣恕預以來。承儒守官十一世。迨審言以文章顯。臣賴緒業。自七歲屬辭且四十年。然衣不蓋體。常寄食於人。竊恐轉死溝壑。伏惟天子哀憐之。若令執先臣故事。拔泥塗久辱。則臣之述作雖不足鼓吹六經。先鳴數子。至沉鬱頓挫。隨時敏給。揚雄枚皐可企及也。有臣如此。陛下其忍棄之。會祿山亂。天子入蜀。甫避走三川。肅宗立。自鄜州羸服欲奔行在。爲賊所得。至德二年。亡走鳳翔。上謁。拜左拾遺。與房琯爲布衣交。琯時敗兵。又以琴客董廷蘭之故罷相。甫上疏言罪細不宜免大臣。帝怒。詔三司雜問。宰相張鎬曰。甫若抵罪。絕言者路。帝解。不復問。時所在冦奪。甫家寓鄜。彌年艱窶。孺弱至餓死。因許甫自往省視。從還京師。出爲華州司功參軍。關輔飢。輒棄官去客秦州。負薪。拾橡栗自給。流落劍南。營草堂成都西郭浣花溪。召補京兆功曹參軍。不至。會嚴武節度劍南西川。往依焉。武再帥劍南。表爲參謀檢校工部員外郎。武以世舊

待甫甚善。親詣其家。甫見之。或時不巾。而性褊躁傲誕。常醉登武床。瞪視曰。嚴挺之乃有此兒。武中銜之。一日欲殺甫。集吏於門。武將出。冠鈎於簾者三。左右走報其母。力救得止。崔旰等亂。甫往來梓夔間。大曆中。出瞿塘。泝沅湘。以登衡山。因客耒陽。遊嶽祠。大水暴至。涉旬不得食。縣令具舟迎之。乃得還。爲設牛炙白酒。大醉一昔。卒。年五十九。甫放曠不自檢。好論天下大事。高而不切也。與李白齊名。時號李杜。數嘗寇亂。挺節無所汚。爲歌詩傷時撓弱。情不忘君。人皆憐之。墳在岳陽。有集六十卷。及潤州刺史樊晃纂小集。今傳。能言者未必能行。能行者未必能言。觀李杜二公。踦嶇版蕩之際。語語王霸。褒貶得失。忠孝之心驚動千古。騷雅之妙雙振當時。兼衆善於無今。集大成於往作。歷世之下。相見風塵。惜乎長轡未騁。奇才並屈。竹帛少色。徒列空言。嗚呼哀哉。昔謂杜之典重。李之飄逸。神

聖之際。二公造焉。觀於海者難爲水。遊李杜之門者難爲詩。斯言信哉。

另按。本傳日本刊本收錄於卷二

李嶠傳

四庫本於此傳下亦標注「此條有闕文」（四五一—四一三下）。日本刊本全文如下。

嶠字巨山。趙州人。十五通五經。二十擢進士。累遷爲監察御史。武后時。同鳳閣鸞臺平章事。後因罪貶

盧州別駕卒。嶠富才思。有所屬綴。人輒傳諷。明皇將幸蜀。登花萼樓。使樓前善水調者奏歌。歌曰。山川滿目淚霑衣。富貴榮華能待終曲而去。嶠前與王勃。楊炯接。中與崔融。蘇味道齊名。晚諸人沒。爲文章宿老。學者取法焉。今集五十卷。雜詠詩十二卷。單提詩一百二十首。張方爲注。傳於世。

劉希夷傳

四庫本此條有闕文（四五一—四一四上）。日本刊本

全文如下。

希夷字廷芝。穎川人。上元二年鄭益榜進士。時年二十五。射策有文名。苦篇詠。特善閨帷之作。詞情哀怨。多依古調。體勢與時不合。遂不爲所重。希夷美姿容。好談笑。善彈琵琶。飲酒至數斗不醉。落魄不拘。常檢嘗作白頭吟一聯云。今年花落顏色改。明年花開復誰在。既而歎曰。此語讖也。石崇謂白首同所歸。復何以異。乃除之。又吟曰。年年歲歲花相似。歲歲年年人不同。復歎曰。死生有命。豈由此虛言乎。遂併存之。舅宋之問苦愛後一聯。知其未傳於人。懇求之。許而竟不與。之問怒其誑己。使奴以土囊壓殺於別舍。時未及三十。人悉憐之。有集十卷及詩集四卷。今傳。

陳子昂傳

四庫本「累遷拾遺。子昂貌柔雅而性褊躁」句有缺文（四五一—四一四上）。日本刊本作「累遷拾遺。聖

曆初。解官歸。會父喪。廬塚次。縣令段簡貪殘。聞其富。造詐誣子昂。脅取賂二十萬緡。猶薄之。遂送獄。子昂自筮卦。驚曰。天命不祐。吾殆窮乎。果死獄中。年四十三。子昂貌柔雅。爲性褊躁」。其後「王適見而驚曰。此子必爲海內文宗。由是知名。有集一卷。今傳」句（四五一—四一四下）亦有缺文。日本刊本作「王適見而驚曰。此子必爲海內文宗。猶是知名。凡所著論。世以爲法。詩調尤工。嘗勸后興明

堂太學。以調元氣。與遊英俊。多秉權衡。柳公權評曰。能極著述。克備比興。唐興以來子昂而已。有集十卷今傳。嗚呼。古來材大或難為用。象以有齒。卒焚其身。信哉。子昂之謂歟。」

張說傳

四庫本於此傳下標注「此條有闕文」（四五一—四一四下）。日本刊本全文如下。

說字道濟。洛陽人。垂拱四年。舉學綜古今科。中第

三等。考策日。封進授太子校書令。曰張說文思清新。藝能優洽。金門對策。已居高科之首。銀榜效官。宜申一命之秩。後累遷鳳閣舍人。睿宗時。兵部侍郎平章事。開元十八年終左丞相燕國公。說敦氣節。重然諾。為文精壯。長於碑誌。朝廷大述作多出其手。詩法特妙。晚謫岳陽。詩益悽婉。人謂得江山之助。今有集三十卷行于世。子均開元四年進士。亦以詩鳴。

賀知章傳

四庫本與日本刊本內容有出入（四五一—四一五上）。日本刊本全文如下。

知章字季真。會稽人。少以文詞知名。性曠夷。善談論笑謔。證聖初擢進士。超拔群類科。陸象先在中書引為太常博士。象先與知章最親善。常曰。季真清談風韻。吾一日不見則鄙吝生矣。當時賢達皆傾慕之。為太子賓客。開元十三年。遷禮部侍郎兼集賢院學士

。晚年尤加縱誕。無復禮度。自號四明狂客。又稱秘書外監。遨遊里巷。又善草隸。每醉輒屬辭。筆不停綴。咸有可觀。每紙不過數十字。好事者共傳寶之。天寶三年。因病夢遊帝居。及寤。表請為道士。求還鄉里。即舍住宅千秋觀。上許之。詔賜鏡湖剡溪一曲以給漁樵。帝賦詩及太子百官祖餞。壽八十六。集今傳。

另按。本傳日本刊本收錄於卷三。

張子容傳

四庫本止於「後棄官歸舊業」句（四五一—四一五上）。日本刊本於其下尚有「有詩集。興趣高遠。略去凡近。當時哲匠咸稱道焉」。

孫逖傳

四庫本止於「稱海內名士」句（四五一—四一五下）。其下並有小注云「此條有闕文」。此闕文日本刊本作「仕終刑部侍郎。善詩。古調今格。悉其所長。集二十卷今傳」。

崔顥傳

四庫本內容與日本刊本前後次序有別（四五一—四一六上）。日本刊本全文如下。

顥。汴州人。開元十一年。源少良下及進士第。天瑤中爲尚書司勳員外郎。少年爲詩。意浮艷。多陷輕薄。晚節忽變常體。風骨凜然。一窺塞垣狀。極戎旅奇造。往往並驅江鮑。後遊武昌。登黃鶴樓。感慨賦詩。及李白來。曰眼前有景道不得。崔顥題詩在上頭。無作而去。爲哲匠斂手云。然行履稍劣。好蒲慱嗜酒。娶妻擇美者。稍不愜即棄之。九易三四。初李邕聞其才名。虛舍邀之。顥至獻詩。首章云。十五嫁王昌。邕叱曰。小兒無禮。不與接而入。顥苦吟詠。當病起清虛。友人戲之曰。非子病如此。乃苦吟詩瘦耳。遂爲口實。天瑤十三年卒。有詩一卷今行。

劉眘虛傳

四庫本「當時東南高唱者數十年。聲律宛態。無出其右」句下標注「此條有闕文」（四五一—四一六下）。日本刊本作「聲律婉態。無出其右。唯氣骨不逮諸公。永明已還。端可傑立江表。善爲方外之言。夫何不永。天碎國寶。有志不就。惜哉。集今傳世。」

祖詠傳

四庫本缺首句（四五一—四一六下）。日本刊本作「詠。洛陽人。開元十二年杜綰榜進士。有文名。商璠評其詩。剪剟省靜。用思尤苦。氣雖不高。調頗凌俗。足稱爲才子也。少與王維爲吟侶」。其後「蓋亦流落不偶。極可傷也」句下亦有闕文。明刊本作「後移家崹汝墳間別業。以漁樵自終。有詩一卷傳於世。」

卷二

王維傳

四庫本「王維九歲知屬辭」句（四五一—四一九上）。日本刊本作「維字摩詰。太原人。九歲知屬辭」。

其後「人評維詩中有畫。畫中有詩。信哉」句下亦有闕文。日本刊本作「客有以按樂圖示維者。曰此霓裳第三疊最初指也。對曲果然」。最後。四庫本止於「臨終作書辭親友。停筆而化」句（四五一—四一九下）。日本刊本尚有「代宗訪維文章。弟縉集賦詩第十卷上之。今傳于世」。

孟浩然傳

四庫本「因命放還南山」句下有闕文（四五一—四一九下）。日本刊本作「後張九齡署爲從事。開元末。王昌齡遊襄陽。時新病起。相見甚歡。浪情宴謔。食鮮勤疾而終」。

李白傳

四庫本標注「按白傳有闕文。今就永樂大典所五條編次」（四五一—四二一下）。日本刊本全文如下「白字太白。山東人。母夢長庚星而誕。因以命之。十歲通五經。自夢筆頭生花。後天才贍逸。喜縱橫擊劍。爲任俠。輕財好施。更客任城。與孔巢父。韓準。裴

政。張叔明。陶沔居徂徠山中。日沈飲。號竹溪六逸。天寶初。自蜀至長安。道未振。以所業投賀知章。讀至蜀道難。歎曰。子謫仙人也。乃解金龜換酒。終日相樂。遂薦於玄宗。召見金鑾殿。論時事。因奏頌一篇。帝喜賜食。親爲調羹。詔供奉翰林。嘗大醉。上前草詔。使高力士脫韡。力士恥之。摘其清平調中飛燕事以激怒貴妃。帝每欲與官。妃輒沮之。白益傲

放。與賀知章。李適之。汝陽王璡。崔宗之。蘇晉。
張旭。焦遂爲飲酒八仙。人懇求還山。賜黃金詔放歸
。白浮遊四方。欲登華山。乘醉跨驢。經縣治。宰不
知。怒引至庭下曰。汝何人。敢無禮。白供狀不書姓
名。曰曾令龍巾拭吐。御手調羹。貴妃捧硯。力士脫
韡。天子門前尚容走馬。華陰縣裡不得騎驢。宰驚愧
拜謝曰。不知翰林至此。白長笑而去。嘗乘舟與崔宗
之自采石至金陵。著宮錦袍坐。傍若無人。祿山反。

明皇在蜀。永王璘節度東南。白時臥廬山。辟爲僚佐
。璘起兵反。白逃還彭澤。璘敗。累繫潯陽獄。初白
遊幷州。見郭子儀。奇之。曾救其死罪。至是。郭子
儀請官以贖。詔長流夜郎。白晚節好黃老。度牛渚磯
。乘酒捉月。沉水中。初悅謝家青山。今墓在焉。有
文集二十卷行世。或云白涼武昭王暠九世孫也。」

高適傳

四庫本「負氣敢言。權貴側目」句下有闕文（四五一

—四二一下）。日本刊本作「李輔國忌其才。蜀亂。
出爲蜀彭二州刺史。遷西川節度使。還爲左散騎常侍
。永泰初年卒」。

丘爲傳

四庫本本傳有闕文（四五一—四二二下）。日本刊本
全文如下。
爲嘉興人。初累舉不第。歸山讀書數年。天寶初。劉
單榜進士。王維甚稱許之。嘗與唱和。初事繼母孝。

有靈芝生堂下。累官太子右庶子。時年八十餘。母猶
無恙。給俸祿之半。觀察使韓滉以爲致仕官給祿所以
惠養老臣。不可在喪爲異。唯罷春秋羊酒。初還。縣
令謁之。爲候門磬折。令坐方拜。里胥立庭下。既出
。乃敢坐。經縣署。降馬而過。舉動有禮。卒年九十
六。有集行世。

賈至傳

四庫本標標注「賈至傳有闕文」（四五一—四二三下

）。日本刊本全文如下。
至字幼幾。洛陽人。曾之子也。曾開元間與蘇晉同掌制誥。至天寶十年。明經擢第。累官起居舍人知制誥。從幸西川。當撰傳位肅宗册文。既進稿。玄宗曰。先天誥命。乃父所爲。今茲大册。爾又爲之。兩朝盛典出卿家。父子可謂繼美矣。大曆初遷京兆尹。以散騎常侍卒。初嘗以事謫守巴陵。與李白相遇。日酣盃酒。追憶京華舊遊。多見酬唱。白贈詩有云。聖主恩

深漢文帝。憐君不遣到長沙。至特工詩。俊逸之氣不減鮑照庾信。調亦清暢。且多素辭。蓋厭於漂流淪落者也。有集十三餘卷。今傳。
另按。本傳日本刊本收錄於卷三

劉長卿傳

四庫本「開元中徐徵榜及第。歷監察御史」句下有闕文（四五一—四二五上）。日本刊本作「以檢校祠部員外郎」。其後「每題詩不言姓。但書長卿。天下無不知其名者。有詩集賦文傳世」句。日本刊本作「每題詩不言姓。但書長卿。以天下無不知其名者云。灞陵碧澗有別業。今集詩賦文等傳世。淮南李穆有清才。公之婿也。」

韋應物傳

四庫本於此傳下標注「此傳有闕文」（四五一—四二五上）。日本刊本全文如下
應物京兆人也。尚俠。初以三衛郎事玄宗。及崩。始

悔折節讀書。爲性高潔。鮮食寡欲。所居必焚香掃地而坐。冥心象外。天寶時。扈從遊幸。永泰中任洛陽丞。遷京兆府功曹。大曆十四年。自鄠縣令制除櫟陽令。以疾辭歸。寓善福寺精舍。建中二年。由前資除比部員外郎。出爲滁州刺史。居頃之。改江州刺史。追赴闕。改左司郎中。或媢其進。媒孽之。貞元初又出爲蘇州刺史。太和中。以太僕少卿兼御史中丞。爲諸道鹽鐵轉運江淮留後。罷居永定齋心。屏除人事。

初公豪縱不羈。晚歲逢楊開府。贈詩言事曰。少事武皇帝。無賴恃恩私。身作里中橫。家藏亡命兒。朝持樗蒲局。暮竊東鄰姬。司隸不敢捕。立在白玉墀。驪山風雪夜。長楊羽獵時。一字都不識。飲酒肆頑癡。武里升仙去。憔悴被人欺。讀書事已晚。把筆學題詩。兩府始收跡。南宮謬見推。非才果不容。出守撫煢嫠。忽逢楊開府。論舊涕俱垂。坐客何由識。唯有故人知。足見古人眞率之妙也。論云。詩律自沈宋之下日益靡嫚。鎪章刻句。揣合浮切。音韻婉諧。屬對藻密。而閑雅平淡之氣不存矣。獨應物馳驟建安以還。各有風韻。自成一家之體。清深雅麗。雖詩人之盛。亦罕其倫。甚爲時論所右。而風情不能自已。如贈米嘉榮。杜韋娘等作。皆杯酒之間見少年故態。無足怪矣。有集十卷。今傳於世。

另按。本傳日本刊本收錄於卷四。

獨孤及傳

四庫本有小注云「此傳有闕文」（四五一—四二七上）。闕文部分日本刊本作「丱角時。誦孝經。父試之。曰爾志何語。曰立身行道。揚名於後世。天寶末。以道舉高第。代宗召爲左拾遺。遷禮部員外郎。歷濠館常三州刺史」。另按。本傳日本刊本收錄於卷三。

又四庫本缺賀蘭進明傳及鄭虔傳。今據日本刊本暫列於卷二之末如下。

進明。開元十六年。虞咸榜進士及第。仕爲御史大夫。肅宗時出爲河南節度使。時祿山群黨未平。嘗帥師屯臨淮備賊。竟亦無功。進明好古博雅。經籍滿腹。其所著述一百餘篇。頗究天人之際。又有古詩樂府等數十篇。大體符於阮公。皆今所傳者云。

鄭虔傳

虔鄭州人。高士也。蘇許公爲宰相。申以忘年之契薦爲著作郎。嘗以當世事著書八十餘篇。有告虔私撰國史者。虔蒼惶焚之。坐謫十年。玄宗愛其才。開元二十五年。爲更置廣文館。虔爲博士。廣文博士自虔始。杜甫爲交。有贈詩曰。才名四十年。坐客寒無氈。惟有蘇司業。時時與酒錢。其窮飢轗軻淡如也。好琴酒篇詠。善圖山水。能書。苦無紙。於慈恩寺貯柿葉數屋。遂日就書。殆遍。嘗自寫其詩並畫表獻之。玄宗大署其尾曰。鄭虔三絕。與李杜爲密友。多稱鄭廣文。祿山反。僞授水部員外郎。託以疾不奪。賊平。張通王維並囚繫。三人皆善畫。崔圓使繪齋壁。因爲

祈解。得貶台州司戶。卒。有集行世。

卷三

章八元傳

四庫本標注「此傳有闕文」（四五一—四三二上）。

明本刊本全文如下

八元。睦州桐廬人。少喜爲詩。嘗於郵亭偶題數語。蓋激楚之音也。宗匠嚴維到驛。見而異之。問八元曰。爾能從我授格乎。曰素所願也。少頃遂發。八元已辭親矣。維大器之。親爲指蹤。數歲間。詩賦精絕。大曆六年。王淑榜第三人進士。居京既久。床頭金盡。歸江南。訪韋蘇州。待贈甚厚。復來都應制科。貞元中。調句容主簿。況薄。辭歸。時有淸江人善詩。與八元爲兄弟之好。初長安慈恩寺浮圖前後名流詩版甚多。八元亦題。有云。卻怪鳥飛平地上。自驚人語半天中。後元微之。白樂天至塔下。遍覽。因悉除去。惟存八元版在。吟詠久之曰。名下無虛士也。其警策稱是。有詩集傳于世一卷。

按本傳日本刊本收錄在卷四。

手鵠傳

四庫本「出塞入塞。馳逐風沙。工詩。有集今傳」句（四五一—四三三下）。明本刊本作「出塞入塞。馳逐風沙。有詩甚工。長短間作。時出度外。縱橫放逸。而不陷於疏遠。且多警策云。集一卷今傳」。

按本傳日本刊本收錄在卷四。

暢當傳

本傳四庫本有闕文（四五一—四三三上）。日本刊本

全文如下

當。河東人。大曆七年張式榜及第。當少諳武事。生亂離間。盤馬彎弓。摶沙寫陣。人曾伏之。時山東有寇。以子弟被召參軍。貞元初爲太常博士。仕終果州刺史。與李司馬。司空郎中有膠漆之契。多往來嵩華間。結念方外。頗參禪道。故多松桂之興。深存不死

之志。詞名藉甚。表表凌雲。有詩二卷傳於世。同時有鄭常亦鳴詩集一卷。今行。嘗觀建安初。陳琳。阮瑀數子。從戎管書記之任。所得經奇英氣逼人也。承平則文墨議論。警急則櫜鞬矢石。金羈角逐。珠符相照。草樹於盾鼻。勒銘於山頭。此磊磊落落。通方之士皆古書生也。容有鬱志。窗下抱膝。呻吟而曰。時不我與。人不我知邪。大道無窒。徒自爲老夫耳。唐間如此特達甚多。光烈垂遠。慨然不能不以之興懷也。

按本傳日本刊本收錄在卷四。

夏侯審章

四庫本於「夏侯審」三字下有一段闕文。日本刊本作「建中元年。禮部侍郎令狐峘下。試軍謀越衆科第一。釋褐校書郎。又爲參軍。仕終侍御史。」

按本傳日本刊本收錄在卷四。

權德輿傳

本傳四庫本有多處闕文（四五一—四三三下）。日本

刊本全文如下

德輿字載之。秦州人。未冠。以文章稱諸儒間。韓洄黜陟河南。辟置幕府。復從江西觀察使李兼府爲判官。德宗聞其材。召爲太常博士。改左補闕。中間累上書直言。遷起居舍人。貞元十五年。知制誥。進中書舍人。憲宗初。歷兵部侍郎太子賓客。以陳說謀略多中。元和五年。自太常卿拜禮部尚書同中書門下平章

事。德輿善辯論。開陳古今。覺悟人主。爲輔相。尙
寛不甚察察。封扶風郡公。德輿能賦詩。工古調樂府
。極多情致。積思經術。無不貫綜。手不釋卷。雖動
止無外飾。其醞藉風流。自然可慕。貞元元和間。爲
薦紳羽儀。有文集今傳。楊嗣復爲序。

按本傳日本刊本收錄在卷五。

武元衡傳

四庫本標注「按此傳有闕文」（四五一—四三四上）

。日本刊本全文如下

元衡。字伯蒼。河南人。建中四年。薛展榜進士。元
和三年。以門下侍郎平章事出爲劒南節度使。後秉政
。明年早朝。遇盜徒暗中射殺之。元衡工詩。雖時見
雕鐫。不動機構。要非高斲之所深忌。每好事者傳之
。被於絲竹。嘗夏夜作詩曰。夜久喧暫息。池臺唯月
明。無因駐清景。日出事還生。翌日遇害。詩蓋其讖
也。議者謂。工詩而宦達者惟高適。達宦而詩工者唯
元衡。今有臨淮集十卷。傳於世。

按本傳日本刊本收錄在卷四

韓愈傳

四庫本標注「按愈傳闕」（四五一—四三四下）。日
本刊本全文如下

愈字退之。南陽人。早孤。依嫂讀書。日記數千言。
通百家。貞元八年擢第。凡三詣光範上書始得調。董
晉表署宣武節度推官。汴軍亂。去依張建封辟府推官

。遷監察御史。上疏論宮市。德宗怒。貶陽山令。有
善政。改江陵法曹參軍。元和中。爲國子博士河南令
。愈才高難容。累下遷。乃作進學解以自諭。執政奇
其才。轉考功知制誥。進中書舍人。裴度宣慰淮西。
奏爲行軍司馬。賊平。遷刑部侍郎。憲宗遣使迎佛骨
入禁中。因上表極諫。帝大怒。欲殺。裴度崔群力救
。乃貶潮州刺吏。任後上表。陳情哀切。詔量移袁州
刺史。召拜國子祭酒。轉兵部侍郎京兆尹兼御史大夫

。長慶四年卒。

按本傳日本刊本收錄在卷五

王涯傳

四庫本標注「此傳有闕文」（四五一—四三五下）。

日本刊本全文如下

涯字廣津。貞元八年。賈稜榜及第。博學工文。尤多雅思。梁肅異其才。薦於陸贄。又舉宏辭。憲宗時知制誥翰林學士。俄拜中書侍郎平章事。長慶中。節度

劍南。召爲御史大夫。遷戶部尚書。監鹽鐵使。進僕射。涯榷鹽苛急。百姓怨之。及甘露禍起。就誅。悉詬罵。投以瓦礫。須更成堆。性嗇不蓄妓妾。家財累鉅萬。嘗布衣蔬食。酷好前古名書名畫。充積左右。有不可得。必百計傾陷以取之。及家破。往來人得卷軸。皆剔取奩盒金玉牙錦。餘棄道途。車馬踐踏。悉損污矣。惜哉。善爲詩。風韻遒然。殊超意表。集十卷今傳。否泰逅復。盈虛消息。迺理之常。夫物盛者衰之漸也。散者積之極也。有能終滿而不覆者乎。況圖書入變化之際。神物所深忌者焉。前脩耽玩成癖。往往殺身。猶非剽剝而至也。王涯掊克聚斂以邀穹爵。逼孤淩弱積珍奇。知己之利。忘人之害。至於天奪其魄。鬼瞰其家。一旦飄零。殊可長歎。孟子曰。盆成括死矣。傳曰。貨悖而入者。亦悖而出。不亦宜哉。庶來者之少戒云。

按本傳日本刊本收錄在卷五

柳宗元傳

四庫本「柳宗元第進士。調藍田尉。累遷監察御史裡行」句（四五一—四三五下）。日本刊本作「宗元字子厚。河東人。貞元九年。苑論榜第進士。又試博學宏辭。授校書郎。調藍田縣尉。累遷監察御史裡行」。又四庫本本傳止於「宗元天才絕倫。文章卓偉。一時輩行咸仰之」句。日本刊本其下尚有「二詩語意深切。發纖穠於簡古。寄至味於淡泊。非餘子所及也。

司空圖論之曰。梅止於酸。鹽止於鹹。飲食不可無。而其美常在酸鹹之外。可以一唱而三歎也。子厚詩在陶淵明下。韋應物上。退之豪放奇險則過之。而溫厲靖深不及也。今詩賦雜文等三十卷。傳於世」。

按本傳日本刊本收錄在卷五

孟郊傳

四庫本於「縣令白府以假尉代之」句下小注「按此下有闕文」（四五一—四三六下）。日本刊本前後文如下

郊字東野。洛陽人。初隱嵩少。稱處士。性介不諧合。韓愈一見爲忘形交。與唱和於詩酒間。貞元十二年。李程榜進士。時年五十矣。調溧陽尉。縣有投金瀨平陵城。林薄蓊翳。下有積水。郊間往坐水傍。命酒揮琴。裴回賦詩終日。而曹務多廢。縣令白府以假尉代之。分其半俸。辭官家居。李翱分司洛中。日與談讌。薦於興元節度使鄭餘慶。遂奏爲參謀試大理平事卒。

又後文「天實爲之。謂之何哉」句下有闕文（圖上）。日本刊本作「李觀論其詩曰。高處在古無上平處下顧二謝云」。又四庫本最後止於「亦佳作也」句（四五一—四三七上）。日本刊本尚「有咸池集十卷行於世」。

按本傳日本刊本收錄在卷五

張籍傳

四庫本「舉代少其倫」句下有闕文（四五一—四三七

上）。日本刊本作「仕終國子司業」。

按本傳日本刊本收錄在卷五

劉叉傳

四庫本有闕文（四五一—四三七上）。日本刊本全文如下。

叉河朔間人。一節士也。少尚義行俠。傍觀切齒。因被酒殺人亡命。會赦乃出。更改志從學。能博覽。工

爲歌詩。酷好盧仝孟郊之體。造語幽蹇。議論多出於正。冰柱雪車二篇含蓄風刺。出二公之右矣。時樊宗師文亦尙怪。見而獨拜之。恃故時所負。自顧俯仰。不能與世合。常破履穿結。築環堵而居休焉。聞韓吏部接天下貧士。步而歸之。出入門館。無間時。韓碑銘獨唱。潤筆之貨盈缶。因持案上金數斤而去。曰。此諛墓中人所得耳。不若與劉君爲壽。不能止。其曠達至此。初玉川子履道守正。反關著述。春秋之學尤所精心。時人不得見其書。惟又㥿願曾授之以奧旨。後無所傳。又剛直。能面白人短長。其服義則又彌縫若親屬然。後以爭語不能下客。去遊齊魯。不知所終。詩二十七篇今傳。

按本傳日本刊本收錄於卷五

李賀傳

四庫本「李賀七歲能辭章」句中有闕文（四五一—四三七下）。日本刊本作「賀字長吉。鄭王之孫也」。

其後「以所乘馬命聯鑣而還。親爲束髮」句下有闕文。內文次第亦有不同。日本刊本其文如下。

父名晉肅。不得舉進士。公爲著辯諱一篇。後官至太常寺奉禮部。賀爲人纖瘦。通眉。長指爪。能疾書。旦日出。騎弱馬。從平頭小奴子背古錦囊。遇有所得。書置囊裏。凡詩不先命題。及暮歸。太夫人使婢探囊中。見書多。即怒曰。是兒要嘔出心乃已耳。上燈與食。即從婢取書研墨疊紙。足成之。非大醉弔喪。率如此。賀詩稍尙奇詭。組織花草。片片成文。所得皆驚邁。絕去翰墨畦逕。時無能效者。樂府諸詩。雲韶衆工。諧於律呂。嘗歎曰。我年二十不得意。一生愁心。謝如梧葉矣。忽疾篤。恍惚晝見人緋衣。駕赤虬騰下。持一板書。若大古雷文。曰上帝新作白玉樓成。立召君作記也。賀扣頭辭。謂母老病。其人曰。天上比人間老樂不苦也。居頃之。牕中勃勃烟氣。聞車聲甚速。遂絕。死時才二十七。莫不憐之。李藩綴集其歌詩。因託賀表兄。訪所遺失。幷加點竄。付以成本。彌年絕跡。及詰之。曰。每恨其傲忽。其文已焚之矣。今存十之四五。杜牧爲序者五卷。今傳。老子曰。其進銳者其退速。信然。賀天才俊拔。弱冠而有極名。天奪之速。豈吝也耶。若少假行年。涵養盛德。觀其才不在古人下矣。今茲惜哉。

又本書闕李嘉祐。鮑防。元結。于良史。靈徹等傳。今據日本刊本暫錄於卷三之末。其文如下。

李嘉祐傳

嘉祐字從一。趙州人。天寶七年楊譽榜進士。爲秘書正字。以罪謫南荒。未幾何。有詔量移爲鄱陽宰。又爲江陰令。後遷台袁二州刺史。善爲詩。綺麗婉靡。與錢郎別爲一體。往往涉於齊梁。時風人擬爲吳均何遜之敵。自振藻天朝。大收芳譽。中興風流也。有集今傳。」

鮑防傳

防字子慎。天寶十二年楊儇榜進士。襄陽人也。善辭章。篤志於學。累官至太原尹河東節度使。人樂其治。不減龔黃。詔圖形別殿。又歷福建江西觀察使。丁亂從幸奉天。除禮部侍郎。封東海公。又遷御史大夫。貞元元年。策賢良方正。得穆質柳公綽等。皆位至台鼎。世美其知人。時比歲旱。質對漢故事免三公烹弘羊。權近獨孤愐欲下按治。防曰。使上聞所未聞。不亦善乎。置質高第。帝見策嘉之。授工部尚書卒。防工於詩。興思優足。風調嚴整。凡有感發。以譏切

世弊。正國音之宗派也。與謝良爲詩友。時亦稱鮑謝云。有集今傳。

元結傳

結字次山。武昌人。魯山令元紫芝族弟也。少不羈。弱冠始折節讀書。天寶十三年進士。禮部侍郎楊浚見其文曰。一第慁子耳。遂擢高品。後舉制科。會天下亂。沈浮人間。蘇源明薦於肅宗。授右金吾兵曹。累

遷御史。參山南來瑱府。除容管經略使。始隱商於山中。稱元子。逃難入猗玗洞。稱猗玗子。或稱浪士。漁者或稱聱叟。酒徒漫叟。及爲官。呼漫郎。皆以命所著。性梗僻。深憎薄俗。有憂道閔世之心。中興頌一文。燦爛金石。清奪湘流。作詩著辭。尙聱牙。天下皆知敬仰。復嗜酒。有句云。有時逢惡客。自注。非酒徒即惡客也。有文編十卷。及所集當時人詩爲篋中集一卷。並傳。

于良史傳

良史。至德中仕爲侍御史。詩體清雅。工於形似。又多警句。蓋其珪璋特達。早步清朝。興致不群。詞苑增價。雖平生似昧。而篇什多傳。

靈徹上人傳

靈徹姓湯氏。字澄源。會稽人。自童子辭父兄。入淨。戒行果潔。方便讀書。便覺勤苦。授詩法於嚴維。遂籍籍有聲。及維卒。乃抵吳興。與皎然居何山遊講。因以書薦于包侍郎佶。佶得之大喜。又以書致于李侍郎紓。時二公以文章風韻爲世宗。貞元中。西遊京師。名振輦下。緇流疾之。遂造飛語。激動中貴。因誣奏得罪。徙汀州。會赦歸東越。時吳楚間。諸侯各賓禮招延之。元和十一年。終於宣州開元寺。年七十有一。門人遷歸。建塔於山陰天柱峰下。上人詩多警句。能備衆體。如芙蓉寺云。經來白馬寺。僧到赤烏年。謫汀州云。靑蠅爲弔客。黃耳寄家書。性巧逸。

居沃洲寺。嘗取桐葉剪刻製器。爲蓮花漏。置盆水之上。穿細孔漏水。半之則沈。每晝夜十二沈。爲行道之節。初居嵩陽蘭若。後來住匡廬東林寺。如天目。四明。棲霞及衡湘諸名山。行錫幾遍。嘗與靈一上人約老天台。未得遂志。雖結念雲壑。而才名拘牽。罄息經微。吟諷無已。所謂拔乎其萃。遊方之外者也。有集十卷。及錄大歷至元和中名人酬唱集十卷。今傳。

卷四

劉言史傳

四庫本「工詩。美麗恢贍。世少其倫」句下有闕文（四五一—四四〇下）。日本刊本作「與李賀。孟郊同時爲友」。又四庫本止於「辭疾不就。當時重之」句。日本刊本其下尙有一段如下「故相國隴西公李夷簡爲漢南節度。與言史少同遊習。因遣以襄陽縣器千事。賂武俊請之。由是爲漢南幕賓。日與談讌。歌詩唱

答。大播清才。問言史所欲爲。曰司功掾甚閑。或可承闕。遂署。雖居官曹。敬待埒諸從事。歲餘奏陞秩。詔下之日。不恙而終。公初以言史相薄不欲貴。以惜其壽。至是慟哭之曰。果然。微祿殺吾愛客也。厚葬於襄城。皮日休稱其賦。雕金篆玉。牢奇籠怪。百鍜爲字。千煉成句。眞佳作也。有歌詩六卷。今傳。」

張又新傳

本傳於「張又新」與「善爲詩」句之間有闕文（四五一—四四一上）。日本刊本作

又新字孔昭。深州人也。初應宏辭第一。又爲京兆解頭。元和九年。禮部侍郎韋貫之下。狀元及第。時號爲張三頭。應辟爲廣陵從事。歷補闕。爲性傾邪。諂事宰相李逢吉。爲之鷹犬。名在八關十六子之目。逢吉領山南節度。表爲司馬。坐由伾事貶官。李訓專政。又新復見用。後竟坐事。謫遠州刺史。仕終左司郎中。

白居易傳

四庫本「老天前言戲之耳」句與「居易歷左拾遺時」句之間有闕文（四五一—四四三上）。日本刊本作「貞元十六年。中書舍人高郢下進上。拔萃皆中。補校書郎。元和元年。作樂府及詩百餘篇。規諷時事。流聞禁中。上悅之。召拜翰林學士。」其後「貶江州司馬。初來九江。居廬阜峰下。作草堂。燒丹欲自除其

病。後以忠鯁遭擯。仕情頓爾索寞」句。日本刊本作「貶江州司馬。初以勳庸暴露不宜。實無他腸。怫怒姦黨。遂失志。亦能順所遇。託浮屠死生說。忘形骸者。久之。轉中書舍人知制誥。河朔亂。兵出無功。又言事不見聽。乞外。除爲杭州刺史。文宗立。召遷刑部侍郎。會昌初致仕卒。居易累以忠鯁遭擯。乃放縱詩酒。既復用。又皆幼君。仕情頓爾索寞」。又其後自「晚節好佛經」句以下有闕文。四庫本並有小注

云「按居易傳有脫文。今就永樂大典所載五條編錄」。日本刊本作「自號醉吟先生。作傳。酷好佛。亦經月不葷。稱香山居士。與胡果。吉旼。鄭據。劉眞。盧貞。張渾。如滿。李文爽燕集。皆高年不仕。日相招致。時人慕之。繪九老圖。公詩以六義爲主。不尙艱難。每成篇。必令其家老嫗讀之。問解則錄。後人評白詩。如山東父老。課農桑。言言皆實者也。鷄林國行賈售於其人。相率篇百金。僞者即能辨之。與元稹極善。膠漆。音韻亦同。天下曰元白。元卒。與劉賓客齊名。曰劉白云。公好神僊。自製飛雲履。焚香振足。如撥烟霧。冉冉生雲。初來九江。居廬阜峰下。作草堂燒丹。今尙存。有白氏長慶集七十五卷。及所撰古今事實爲六帖。及述作詩格法。欲自除其病。名白氏金針集三卷。並行於世。」

元稹傳

四庫本於文末有小注云「按元稹傳有闕文」（四五一

—四四三上）。日本刊本其文如下「李絳等論其枉。元和末。召拜膳部員外郎。稹詩變體。往往宮中樂色皆誦之。呼爲才子。然綴屬雖廣樂府。專其警策也。初在江陵。與監軍崔潭峻善。長慶中。崔進其歌詩數十百篇。帝大悅。問今安在。曰爲南宮散郎。擢祠部郎中知制誥。俄遷中書舍人翰林承旨。後拜同中書門下平章事。初以瑕釁。舉動浮薄。朝埜雜唉。未幾罷。然素無檢。望輕。不爲公議所右。除武昌節度使卒

。在越時。辟竇鞏。鞏工詩。日酬和。故鏡湖奏望之奇益傳。時號蘭亭絕唱。微之與白樂天最密。雖骨肉未至。愛慕之情可欺金石。千里神交。若合符契。唱和之多無踰二公者。有元氏長慶集一百卷及小集十卷今傳。夫松柏飽霜而後勝梁棟之任。人必勞餓空乏而後無充詘之態。譽早必氣銳。氣銳則志驕。志驕則斂怨。先達者未足喜。晚成者或可賀。況慶吊相望於門閭。不可測哉。人評元詩如李龜年說天寶遺事。貌悴而神不傷。況左物移人。侈俗遷性。足見其舉止斐薄。豐茸仍且。不容勝已。至登庸成忝。貽笑於多士。其來尙矣。不矜細行。終累大德。豈不聞。言行。君子之樞機。榮辱之主邪。古人不恥能治而無位。恥有位而不能治也。

李紳傳

四庫本有小注曰「按紳傳闕。衹存此三語」（四五一—四四三下）。日本刊本全文如下。

紳字公垂。亳州人。元和元年。武翊黃榜進士。與皇甫湜同年。補國子助教。穆宗名爲翰林學士。累遷中書舍人。武宗即位。拜中書侍郎平章事。紳爲人短小精悍。於詩特有名。號短李。與李德裕元稹同時。稱三俊。集名追昔遊。多紀行之作。又批荅一卷。皆傳。初爲壽州刺史。有秀才郁渾年甫弱冠。應百篇科。紳命題試之。未昏而就。警句佳意甚多。亦有集今傳。

徐凝傳

四庫本標注「此傳有闕文」（四五一—四四七上）。日本刊本原文如下

凝。睦州人。元和間有詩名。方干師事之。與施肩吾同里閈。日親聲調。無進取之意。交眷悉激勉。始遊長安。不忍自衒鬻。竟不成名。將歸。以詩辭韓吏部。云。一生所遇惟元白。天下無人重衣。欲別朱門淚先盡。白頭遊子白身歸。知者怜之。遂歸舊隱。潛心

詩酒。人間榮耀。徐山人不復貯齒頰中也。老病且貧。意泊無惱。優悠自終。集一卷今傳。余昔經桐廬古邑。山水蒼翠。嚴先生釣石居然無恙。忽自星沈。千載寥邈。後之學者往往繼踵芳塵。文華偉傑。義逼雲天。產秀毓奇。此時爲冠。至今有長吟高蹈之風。古碑石刻題名等。相傳不廢。攬轡彷徨。不忍去之。勝地以一人興。先賢爲來者重。固當相勉而無倦也。

韋楚老傳

四庫本標注「按此傳有闕文」（四五一—四四七上）

。明本刊本全文如下

楚老。長慶四年中書舍人。李宗閔下進士。仕終國子祭酒。工詩。氣既淳雄。語亦豪健。衆作古樂府居多。祖龍行曰。黑雲兵氣射天裂。壯士朝眠夢冤結。祖龍一夜死沙丘。胡亥空隨鮑魚轍。腐肉偷生二千里。僞書先賜扶蘇死。墓接驪山土未乾。瑞光已向芒碭起。陳勝城中鼓三下。秦家天地如崩瓦。龍蛇撩亂入咸陽。少帝空隨漢家馬。「傑製頗多。俱當刮目。今並傳。

本書另闕盧綸。苗發。竇常。竇牟。竇群。竇庠。竇鞏諸人之傳。今據日本刊本暫列於卷四如下。

盧綸傳

綸字允言。河中人。避天寶亂。來客鄱陽。大曆初。數舉進士。不入第。元載素賞重。取其文進之。補閿鄉尉。累遷檢校戶部郎中監察御史。稱疾去。渾瑊鎮

河中。就家禮起爲元帥判官。初舅常渠牟得幸德宗。因表其才。召見禁中。帝有所作。輒賡和。至是。帝忽問渠牟。盧綸。李益何在。對曰。綸從渾瑊在河中。詔令驛名之。會卒。綸與吉中孚。韓翃。耿湋。錢起。司空曙。苗發。崔峒。夏侯審。李端。聯藻文林。銀黃相望。且同臭味。契分俱深。時號大曆十才子。唐之文體至此一變矣。綸所作持勝。不減盛時。如三河少年風流自賞。文宗雅愛其詩。問宰相。綸沒後

文章幾何。亦有子否。李德裕對。綸四子皆擢進士。仕在臺閣。帝遣中使悉索其巾笥。得詩五百首進之。有別業在終南山中。集十卷今傳。

竇常傳

常字中行。叔向之子也。京兆人。大曆十四年王儲榜及第。初歷從事。累官水部員外郎。連除閬夔江撫四州刺史。後入爲國子祭酒而終。常兄弟五人。聯芳比藻。詞價靄然。法度風流。相距不遠。且俱陳力王事。膺寵清流。豈懷玉迷津區區之比哉。後人集所著詩

。通一百首爲五卷。名竇氏聯珠集。謂若五星然。常集十八卷。及撰韓翃至皎然三十人詩。合三百五十篇。爲南薰集。各系以贊三卷。今並傳焉。

竇牟傳

牟字貽周。貞元二年張正甫榜進士。初學問於江東。家居孝謹。善事繼母。奇文異行。聞于京師。舅給事中袁高當時專重名。甄拔甚多。而牟未嘗干謁。竟捷文場。始佐六府五公。八遷至檢校虞部。元和五年。拜尚書虞部郎中。轉洛陽令都官郎中。出爲澤州刺史。仕終國子司業。牟晚從昭義盧從史。從史寢嬌。牟度不可諫。即移舟歸居東都別業。長慶二年卒。昌黎韓先生爲之墓誌云。

竇群傳

群字丹列。初隱毗陵。稱處士。性至孝。定省無怠。及母卒。哀踊不已。齧一指置棺中。結廬墓次終喪

。蘇州刺史韋夏卿薦之。舉孝廉。德宗擢爲左拾遺。憲宗立轉吏部郎中。出爲唐州刺吏節度使。于頔奇之。表以自副。武元衡輔政。薦爲御史中丞。群引呂溫。羊士諤爲御史。宰相李吉甫不可。群等怨。遂摭吉甫陰事告之。帝面覆多詐。大怒。欲殺群等。吉甫又爲力救得解。出爲黔南觀察使。遷容管經略使。卒官所。家無餘財。惟圖書萬軸耳。

竇庠傳

庠字胄卿。嘗應辟。三佐大府。調奉先令。遷東都留守判官。拜戶部員外郎。貞元中。出爲婺登二州刺史。平生工文甚苦。著述亦多。今並傳之。

竇鞏傳

鞏字友封。狀貌瑰偉。少博覽無不通。性宏放。好談古今。所居多長者車轍。時諸兄已達。鞏尙來場屋間。頗抑初志。作放魚詩云。黃金贖得免刀痕。聞道禽魚亦感恩。好去長江千萬里。不須辛苦上龍門。人知其述懷也。元和二年。王源中榜進士。佐淄青幕府。累遷秘書少監。拜御史中丞。仕終武昌觀察副使。鞏平居與人言。不出口。時號爲囁嚅公翁云。

苗發傳

發潞州人也。晉卿長子。初爲樂平令。授兵部員外遷駕部員外郎。仕終都官郎中。雖名齒才子。少見詩篇。當時名士咸與贈答云。

卷五

雍陶傳

四庫本於本傳末闕一句（四五一—四五一下）。日本刊本作「有唐志集五卷。今傳」。

劉得仁傳

四庫本於「劉得仁」與「出入舉場二十年」句之間有闕文（四五一—四五四上）。日本刊本作「公主之子也。長慶間以詩名。五言清瑩。獨步文場。自開成後。至太中。三朝。昆弟以貴戚皆擢顯仕。得仁獨苦工文。嘗立志。必不獲科第。不願儋人之爵也。」其後。四庫本止於「千載求一人不可得也」句。日本刊本其後尙有「及卒。僧栖白吊之曰。思苦爲詩身到此。水魂雪魄已難招。直教桂子落墳上。生得一枝冤始銷。有詩一卷行于世。」

薛逢傳

四庫本有小注云「此傳有闕文」（四五一—四五四上）。此闕文部分在傳文首。日本刊本作「逢字陶臣。

蒲州人。會昌元年崔峴榜第三人進士。調萬年尉。未幾。佐河中幕府。崔鉉入相。引直弘文館。歷侍御史尙書郎。持論鯁切。以謀略高自顯布衣中。與劉瑑交。而文辭出逢下。常易瑑。及當國。有薦逢知制誥者瑑猥言。先朝以兩省官給事舍人。治州縣乃得除。逢未試州不可。乃出爲巴州刺史。初及第。與楊收王鐸同年。而逢文藝最優。收輔政。逢有詩云。誰知金印朝天客。同是沙堤避路人。收銜之。斥爲蓬綿二州刺

史。及鐸相。逢又賦詩云。昨日鴻毛萬鈞重。今朝山岳一毫輕。鐸怒。中外亦鄙逢褊傲。遷秘書監卒。逢」。

馬戴傳

四庫本標注「此條有闕文」(四五一—四五六上)。

日本刊本全文如下

戴字虞臣。華州人。會昌四年。左僕射王起下進士。與項斯趙嘏同榜。俱有盛名。初應辟。佐大同軍幕府。與賈島許棠唱答。苦家貧爲祿代耕。歲廩殊薄。然終日吟事。淸虛自如。秋思一絕曰。萬木秋霖後。孤山夕照餘。田園無歲計。寒近憶樵漁。調率如此。後遷國子博士卒。戴詩壯麗。居晚唐諸公之上。優遊不迫。沉著痛快。兩不相傷。佳作也。早耽幽趣。既鄉里當名山。秦川一望。黃埃赤日。增起凌雲之操。結茅堂。玉女洗頭盆下。軒窗甚僻。對懸瀑三十仞。往還多隱人。誰謂白頭從宦。俸不醫貧。徒興猿鶴之誚

。不能無也。有詩一卷。今傳。

四庫本尙闕馬異。令孤楚。馬逢。劉禹錫。呂溫等傳。今據日本刊本暫列於卷五末。其文如下。

馬異傳

異睦州人也。興元元年。禮部侍郎鮑防下進士第二人。少與皇甫湜同硯席。賦性高疏。詞調怪澀。雖風骨稜稜。不免枯瘠。盧仝聞之。頗合己志。願與結交。遂立同異之論。以詩贈答有云。昨日仝不同。異自異

。是謂大同而小異。今日仝自同。異不異。是謂同不往而異不至。斯亦怪之甚也。後不知所終。集今傳世。

令孤楚傳

楚字殼士。燉煌人也。五歲能文章。貞元七年。尹樞榜進士及第。時李說。嚴綬。鄭儋。繼領大原。高其才行。引在幕府。由掌書記至判官。德宗喜文。每省大原奏疏。必能辨楚所爲。數稱美之。憲宗時累擢知制誥。皇甫鎛薦爲翰林學士。遷中書舍人。拜中書侍郎同平軍事。楚工詩。當時與白居易。元稹。劉禹錫唱和甚多。有漆奩集一百三十卷行于世。自稱曰。白雲孺子。

馬逢傳

逢。關中人。貞元五年。盧頊榜進士。佐鎭戎幕府。嘗從軍出塞得詩名。篇篇警策。有集今傳。

劉禹錫

禹錫。字夢得。中山人。貞元九年進士。又中博學宏詞科。工文章。時王叔文得幸。禹錫與之交。嘗稱其有宰相器。朝廷大議。多引禹錫及柳宗元與議禁中。判度支鹽鐵案。憑藉其勢。多中傷人。御史竇群劾云。挾邪亂政。即日罷。憲宗立。叔文敗。斥朗州司馬。州接夜郎。俗信巫鬼。每祠歌竹枝。鼓吹俄延。其聲傖儜。禹錫謂屈原居沅湘間。作九歌。使楚人以迎送神。乃倚聲作竹枝辭十篇。武陵人悉歌之。始坐叔文貶者。雖赦不原。宰相哀其才且困。將澡用之。乃悉詔補遠州刺史。諫官奏罷之。時久落魄。鬱鬱不自抑。其吐辭多諷託遠意。感權臣而憾不釋。久之。召還。欲任南省郎。而作玄都觀看花君子詩。語譏忿。當路不喜。又謫守播州。中丞裴度言。播猿狖所宅。且其母年八十餘。與子死次。恐傷陛下孝治。請稍內遷。乃易連州。又徙夔州。後由和州刺史入爲主客郎中。至京後。遊玄都詠詩。且言。始謫十年還輦下。

道士種桃。其盛若霞。又十四年而來。無復一存。唯兎葵燕麥。動搖春風耳。權近聞者。益薄其行。裴度薦爲翰林學士。俄分司東都。遷太子賓客。會昌時。加檢校禮部尚書卒。公恃才而放心。不能平行。年益晏。偃蹇寡合。乃以文章自適。善詩精絕。與白居易酬唱頗多。嘗推爲詩豪。曰。劉君詩在處。有神物護持。有集四十卷。今傳。

呂溫傳

溫字和叔。河中人。初從陸贄治春秋。梁肅爲文章。貞元十四年李隨榜及第。中宏辭。與王叔文厚善。驟遷左拾遺。除侍御史。使吐蕃。留不得遣彌年。溫在絕域。常自悲惋。元和元年還。進戶部員外郎。與竇群。羊士諤相愛。群爲中丞。薦溫爲御史。宰相李吉甫持久不報。會吉甫病。夜召術士。群等因奏之。事見群傳。上怒貶筠州。再貶道州刺史。詔徙衡州。卒官所。溫藻翰精贍。一時流輩咸推尙。性險躁。譎怪而好利。今有集十卷行于世。

卷六

劉駕傳

四庫本有闕文（四五一—四五八上）。日本刊本全文如下。

駕字司南。大中六年。禮部侍郎崔嶼下進士。初與曹鄴爲友深相結。俱工古風詩。鄴既擢第。不忍先歸。待長安中。駕成名。迺同歸范蠡故山。時國家復河湟

故地。有歸馬放牛之象。駕獻樂府十章。序曰。駕生唐二十八年。獲見明天子以德歸河湟。臣得與天下夫婦復爲太平人。恨愚且賤。不得拜舞上前。作詩十篇。雖不足貢聲宇宙。形容盛德。願與耕稼陶漁者。歌江湖田野間。亦足自快。詩奏。上甚悅。累歷達官。駕詩多比興含畜。體無定規。意盡即止。爲時所宗。今集一卷行於世。

李頻傳

四庫本標注「此傳有闕文」（四五一—四五八下）。

日本刊本全文如下

頻字德新。睦州壽昌人。少秀悟。長廬西山。多記覽。於詩特工。與同里方干爲師友。給事中姚合時稱詩穎。頻不憚走千里。丐其品第。合見大加獎挹。且愛其標格。即以女妻之。太中八年。顏標榜擢進士。調秘書郎。爲南陵主簿。試判入等。遷武功令。頻性耿介。難干以非理。賑饑民。戢豪右。於是京畿多賴。

事事可傳。懿宗嘉之。賜緋銀魚。擢侍御史。守法不阿。遷都官員外郎。表乞建州刺史。至則布條教。以禮治下。時盜所在衝突。惟建賴頻以安。未幾卒官下。櫬隨家歸。父老相與扶柩哀悼。葬永樂。州立廟於梨山。歲時祭祠。有災沴必禱。垂福逮今。頻詩雖出晚年。體製多與劉隨州相抗。騷嚴風謹。慘慘逼人。有詩一卷。今行世。

于武陵傳

四庫本於「于武陵」名下闕一句（四五一—四六〇下）。日本刊本作「名鄴。以字行。杜曲人也」。其後。四庫本於「歸老嵩陽」句下亦有闕文。日本刊本作「歸老嵩陽別墅。詩多五言。興趣飄逸多感。每終篇一意。策名當時。集一卷傳」。

高駢傳

按四庫本小注。知本傳係就永樂大典所載五條編錄。文不全。日本刊本全文如下

駢字千里。幽州人也。崇文之孫。少閑鞍馬弓刀。善射。有膂力。更剉銳爲文學。與諸儒交。硜硜談治道。初事朱叔明爲府司馬。遷侍御史。一日校獵圍合。有雙雕並飛。駢曰。我後大富貴。當貫之。遂一發聯翩而墜。衆大驚。號落雕御史。駢爲西川節度。築成都城四十里。朝廷疑之。以宴間詠風箏云。依稀似曲纔堪聽。又被風吹別調中。明日詔下。移鎮渚宮。亦讖之類也。仕至平章事。封渤海郡王。初駢以戰討之

勳。累拜節度。手握王爵。口含天憲。國家倚之。時巢賊日日甚。兩京亦陷。大駕蒙塵。遂無勤王之意。包藏禍心。欲便徼幸。帝知之。以王鐸代爲都統。加侍中。駢失兵柄。攘袂大詬。一旦離勢。威望頓盡。方且棄人間事。絕女色。屬意神僊。鄱陽商僧呂用之會妖術役鬼神。及狂人諸葛殷。張守一等相引而進。多爲謬悠長年飛化之說。羽衣鶴氅。詭辯風生。駢事之若神。造迎僊樓。高八十尺。日同方士登眺。計鸞

笙在雲表而下。用之等叱吒風雷。或望空揖拜。言覩仙過。駢輒隨之。用之曰。玉皇欲補公眞官。吾謫限亦滿。必當陪幢節。同歸上清耳。其造怪不可勝紀。至以用之。守一。殷等爲將分掌兵符。皆稱將軍。開府置官屬。禮與駢均。卒至叛逆首亂。磔屍道途。死且不悟。裹駢以破氈。與子弟七人。一坎而瘞。名書於唐史叛臣傳。亦何足道矣。有詩一卷。今傳。大順中謝蟠隱爲之序。

司空圖傳

四庫本於「老夫知且在。未可歎途窮」句下有闕文（四五一—四六二下）。日本刊本作「就屬於觀察使盧渥曰。司空御史高士也。渥遂表爲僚佐。攜執政。召拜禮部員外郎。尋遷郎中。丁黃巢亂。間關至河中。僖宗次鳳翔。知制誥中書舍人」。

皮日休傳

四庫本於「號醉吟先生」句下有闕文（四五一—四六

四下）。日本刊本作「又自稱醉士。且傲誕」。其後「不思而立言。不知而定交。吾其憚也」句下有闕文。日本刊本作「又曰。古之殺人也怒。今之殺人也笑。又曰。古之置吏也將以逐盜。今之置吏也將以爲盜等。皆有所指云爾。日休性沖泊無營。臨難不懼。乾符喪亂。東出關。爲毘陵副使。陷巢賊中。巢惜其才。授以翰林學士。日休惶死踢跗。欲死未能。劫令作讖文以惑衆。曰欲知聖人姓。田八二十一。欲知聖人

名。果頭三屈律。賊疑其衷恨必譏己。遂殺之。臨刑神色自若。知無不知皆痛惋也。日休」。又後文。四庫本終於「又著皮氏鹿門家鈔九十卷並傳」句（四五一—四六五上）。日本刊本於其後尚有一段如下。「夫次韻唱酬。其法不古。元和以前未之見也。暨令狐楚。薛能。元稹。白樂天集中稍稍開端。以意相和之法漸廢間作。逮日休。龜蒙則飆流頓盛。猶空谷有聲。隨響即答。韓渥。吳融以後守之愈篤。汗漫而無禁

也。於是天下翕然。順下風而趨。至數十反而不已。莫知非焉。夫才情斂之不盈握。散之彌八紘。遣意於時間。寄興於物表。或上下出入。縱橫流散。游刃所及。孰非我有。本無拘縛沾灠之忌也。今則限以韻聲。莫違次第。得佳韻。則杳不相干。岨峿難入。有當事。則韻不能強。進退雙違。必至窘束長才。牽接非類。求無瑕片玉。千不遇焉。詩家之大弊也。更以言巧稱工。誇多鬥麗。足見其少雍容之度。然前修有恨

。其迷途既遠。無法以救之矣。」

來鵬傳

四庫本於「牡丹應是得錢人」句下有闕文（四五一—四六六上）。日本刊本作「夏雲云無限。旱苗枯欲盡。悠悠閑處作奇峰。偶題云。可惜青天好雷電。只能驚起懶蛟龜。坐是凡十上不得第。」。又後文「時遭亂。避地客死於維揚逆旅。主人賢而葬之」句（四五一—四六六下）。日本刊本作「時遭廣明庚子之亂。

鵬避地遊荊襄。艱難險阻。南返中和。客死於維楊逆旅。主人賢收葬之。有詩一卷今傳於世。」

四庫本又缺。裴夷直。姚合。章孝標。袁不約。朱慶餘等傳。今據日本刊本暫列於卷六之末。

裴夷直傳

夷直字禮卿。吳人。元和十年禮部侍郎崔群下進士。仕爲中書舍人。武宗立。以罪貶驩州司戶。宣宗初爲江華二州刺史。終尚書左司員外郎。散騎常侍。工詩

。有盛名。集一卷。

姚合傳

合。陝州人。宰相崇之曾孫也。以詩聞。元和十一年李逢吉知貢舉。有夙好。因拔泥塗。鄭解楊及第。歷武功主簿富平萬年尉。瑤應中。除監察御史。遷戶部員外郎。出爲金杭二州刺史。後召入。拜刑戶二部郎中。諫議大夫給事中。開成間。李商隱尉弘農。以活囚忤觀察使孫簡。將罷去。會合來代簡。一見大喜。

以風雅之契。即諭使還官。人雅服其義。後仕終秘書監。與賈島同時。號姚賈。自成一法。島難吟有清冽之風。合易作皆平澹之氣。興趣俱到。格調少殊。所謂方拙之奧。至巧存焉。蓋多歷下邑官況蕭條。山縣荒涼。風景凋弊之間。最工模寫也。性嗜酒愛花。頹然自放。人事生理。略不介意。有達人之大觀。所爲詩十卷。及選集王維。祖詠等一十八人詩爲極玄集一卷。序稱維等皆詩家射鵰手也。又摭古人詩聯。敘其措意。各有體要。撰詩例一卷。今並傳焉。

袁不約傳

不約字還朴。長慶三年。鄭冠榜進士。太和中以平判入等調官。有詩傳世。

章孝標傳

孝標字道正。錢塘人。孝紳鎮淮東時春雪。孝標參座席。有詩名。紳命札請賦。唯然索華一揮云。六出花飛處處飄。黏窗拂砌上寒條。朱門到晚難盈尺。盡是

三軍喜氣消。孝大稱賞薦於主文。元和十四年禮部侍郎庾承宣下進士及第。授校書郎於長安。將歸嘉慶。先寄友人曰。及第全勝十政官。金湯渡了出長安。馬頭漸入楊州郭。爲報時人洗眼看。紳適見。亟以一絕箴之曰。假金方用眞金鍍。若是眞金不鍍金。十載長安方一第。何須空腹用高心。孝標慚謝。傷其氣宇。窘急終不大用。太和中嘗爲山南道從事。試大理評事。仕終秘書正字。有集一卷傳世。

朱慶餘傳

慶餘字可久。以字行。閩中人。寳曆二年裴球榜進士及第。授秘省校書。得張水部詩旨。氣平意絕。社中哲匠也。有名當時。集一卷今傳。

卷七

唐彥謙傳

四庫本標注此傳有闕文（四五一—四七一下）。日本刊本全文如下

彥謙字茂業。幷州人也。咸通末舉進士及第。中和王重榮表爲河中從事。歷節度副使。晉絳二州刺史。重榮遇害。彥謙貶漢中掾。興元節度使楊守亮留署判官。尋遷副使。爲閬州刺史卒。彥謙才高負氣。毫髮逆意。大叵禁。博學足藝。猶長於詩。亦其道古心雄。發言不苟。極能用事。如自己出。初師溫庭筠。調度逼似。傷多纖麗之詞。後變淳雅。尊崇工部。唐人效甫者惟彥謙一人而已。自號鹿門先生。有詩集傳于世

。薛廷珪序云。

秦韜玉傳

四庫本標注此傳有闕文（四五一—四七二上）。日本刊本全文如下

韜玉字中明。京兆人。父爲左軍軍將。韜玉少有詞藻。工歌吟。恬和瀏漓。慕柏耆爲人。然險而好進。諂事大閹田令孜巧宦。未朞年。官至丞郎判鹽鐵保大軍節度判官。僖宗幸蜀。從駕。中和二年。禮部侍郎歸

仁紹放牓。特敕賜進士及第。令於二十四人內。安排編入春榜。今孜引擢工部侍郎。韜玉歌詩。每作人必傳誦。貴公子行云。階前莎毯綠未捲。銀龜噴香挽不斷。亂花織綿柳撚線。粧點池臺畫屛展。主人功業傳國初。六親聯絡馳朝車。鬥鷄走狗家世事。抱來皆佩黃金魚。卻笑書生把書卷。學得顏回忍飢面。又瀟水出道州九疑山中。湘水出桂林海陽山中。經靈渠至零陵與瀟水合。謂之瀟湘。爲永州。永二水也。淸泚一

色。高秋八九月才丈餘。淺碧見底。過衡陽抵長沙。入洞庭。韜玉賦詩云。女媧羅裙長百尺。搭在湘江作山色。又云。嵐光楚岫和空碧。秋染湘江到底清。由是大知名。號爲絕唱。今有投知小錄三卷行于世。

吳融傳

四庫本標注「融傳祇存此數語。餘並闕」（四五一—四七三下）。日本刊本全文如下

融字子華。山陰人。初力學富辭調工捷。龍紀元年李

瀚榜及進士第。韋昭度討蜀。表掌書記。坐累去官。流浪荆南。依成汭。久之召爲左補闕。以禮部郎中爲翰林學士。拜中書舍人。天復元年元旦。東内反正。既御樓。融最先至。上命於前座。跪草十數詔。簡備精當。曾不頃刻。皆中旨。大加賞激。進戶部侍郎。帝幸鳳翔。融不及從。去客閿鄉。俄召爲翰林承旨卒。爲詩靡麗有餘而雅重不足。集四卷及制誥一卷並行。

張鼎傳

四庫本此傳有闕（四五一—四七五上）。日本刊本全文如下

鼎字台業。景福二年崔膠榜進士。工詩。集一卷今行。同時趙摶有爽邁之度。工歌詩。韋靄亦進而無遇。退而有守者。詩各一卷。及謝蟠隱云是靈運之遠孫。有清才。知天下之將亂。作雜感詩一卷。張爲閩中人。離群拔類。工詩。存一卷。及著唐詩主客圖等。並

傳于世。

裴說傳

四庫本此傳有闕（四五一—四七五下）。日本刊本全文如下

說工詩得盛名。天祐三年禮部侍郎薛廷珪下狀元及第。初年窘迫亂離。奔走道路。有詩曰。避亂一身多。見者悲之。後仕爲補闕。終禮部員外郎。爲詩足奇思。非意表琢煉不舉。筆有嶋洞之風也。弟諧亦以詩名

世。仕終桂嶺假官宰。今俱有集相傳。

韋莊傳

四庫本標注此傳有闕文（四五一—四七六上）。日本刊本全文如下

莊字端己。京兆杜陵人也。少孤貧。力學才敏過人。莊應舉。正黃巢犯闕。兵火交作。遂著秦婦吟。有云。內庫燒爲錦繡灰。天街踏盡卻重回。亂定。公卿多訝之。號爲秦婦吟秀才。乾寧元年。蘇檢榜進士。釋

褐校書郎。李詢宣諭西川。舉莊爲判官。後王建辟爲掌書記。尋徵起居郎。建表留之。及建開僞蜀。莊托在腹心。首預謀畫。其郊廟之禮。册書赦令。皆出莊手。以功臣授吏部侍郎同平章事。莊早嘗寇亂。間關頓躓。攜家來越中。弟妹散居諸郡。西江湖南。所在曾遊。舉目有山河之異。故於流離漂泛。寓目緣情。子期懷舊之辭。王粲傷時之製。或離群軫慮。或反袂興悲。四愁九怨之文。一詠一觴之作。俱能感動人也。莊自來成都。尋得杜少陵所居浣花溪故址。雖蕪沒已久。而柱砥猶存。遂誅茅重作草堂而居焉。性儉。秤薪而爨。數米而炊。達人鄙之。弟藹撰莊詩爲浣花集六卷。及莊嘗選杜甫王維等五十二人詩爲又玄集。以續姚合之極玄。今並傳世。

張蠙傳

本傳四庫本有闕文（四五一—四七六下）。日本刊本全文如下

蠙字象文。清河人也。乾寧二年趙觀文榜進士及第。釋褐爲校書郎。調櫟陽尉。遷犀浦令。僞蜀王建開國。拜膳部員外郎。後爲金堂令。王衍與徐后遊大慈寺。見壁間題墻頭細雨垂纖草。水面四風聚落花。愛賞久之。問誰作。左右以蠙對。因給禮。令以詩進。蠙上二篇。衍尤待重。將召掌制誥。宋光嗣以其輕傲駙馬宜疏之。止賜白金千兩而已。蠙生而秀穎。幼能爲詩。登單于臺。有白日地中出。黃河天上來句。由是

知名。初以家貧累下第。留滯長安。賦詩月裡路從何處上。江邊身合幾時歸。十年九陌寒風夜。夢掃蘆花絮客衣。主司知爲非濫成名。餘詩皆佳。各有意度。過人遠矣。詩集二卷今傳。

翁承贊傳

四庫本標注此傳有闕文（四五一—四七八上）。日本刊本全文如下

承贊字文堯。乾寧三年。禮部侍郎獨孤損下第四人進

士。又中宏詞敕頭。承贊工詩。體貌甚偉。且恢諧。名動公侯。唐人應試每在八月。諺曰。槐花黃。舉士忙。承贊詠槐花云。雨中粧點望中黃。勾引蟬聲送夕陽。憶得當年隨計吏。馬蹄終日爲君忙。甚爲當時傳誦。嘗奉使來福州。見友僧亞齊贈詩云。蕭蕭風雨建陽溪。溪畔維舟見亞齊。一軸新詩劍潭北。十年舊識華山西。吟魂昔向江村老。空性元知世路迷。應笑乘軺青瑣客。此時無暇聽猿啼。他詩高妙稱是。仕王審

知。終諫議大夫。有詩以兵火散失。尙存百二十餘篇。爲一卷。秘書郎孫郃爲序云。

江爲傳

本傳四庫本標注此傳有闕文（四五一—四七九下）。

日本刊本全文如下

爲考城人。宋江淹之裔。少帝時出爲建陽吳興令。因家爲郡人焉。爲唐末嘗舉進士。輒不第。工於詩。有天形圍澤國。秋色露人家。月寒花露重。江晚水烟微等。膾炙人口。少游白鹿寺。有句吟登蕭寺栴檀閣。

醉倚王家玳瑁筵。後主南遷見之曰。此人大是富貴家。時劉洞。夏寶松就傳詩法。爲益傲肆。自謂俯拾青紫。乃詣金陵求舉。屢黜于有司。怏怏不能已。欲束書亡越。會同謀者上變。按得其狀伏罪。今建陽縣西靖安寺即處士故居。後留題者甚衆。有集一卷今傳。

孟賓于傳

本傳四庫本標注此傳有闕文（四五一—四八〇上）。

日本刊本全文如下

賓于字國儀。連州人。聰敏特異。有鄉曲之譽。垂髫時書所作百篇。名金鰲集。獻之李若虛侍郎。若虛採獵佳句。記之尺書。使賓于馳詣洛陽。致諸朝達。聲譽藹然。留寓久之。晉天福九年。禮部侍郎符蒙知貢。賓于簾下投詩云。那堪雨後更聞蟬。溪隔重湖路七千。憶得故園楊柳岸。全家送上渡頭船。蒙得詩以爲相見之晚。遂擢第。時已敗六舉矣。與詩人李昉同年

情厚。後賓于來士江南李王。調淦陽令。因犯法抵罪當死。會昉拜翰林學士。聞在縲紲。以詩寄之曰。初攜書劍別湘潭。金榜名標第十三。昔日聲塵喧洛下。近來詩價滿江南。長爲邑令情終屈。縱處曹郎志未甘。莫學馮唐便休去。明君晚事未爲慚。後主偶見詩。遂釋之。遷水部郎中。又知豐城縣。興國中致仕。居玉笥山。年七十餘卒。自號群玉峰叟。有集今傳。

本書尙闕李敬方傳。伍喬傳。陳上美傳。喩鳧傳。顧非熊傳。今據日本刊本暫列於卷七之末。

李敬方傳

敬方字中虔。長慶三年鄭冠榜進士。太和中仕爲歙州刺史。後坐事。左遷台州刺史。有詩一卷傳世。

伍喬傳

喬少隱居廬山讀書。工爲詩。與杜牧之同寺。擢第初。喬與張洎少友善。洎仕爲翰林學士。眷寵優異。喬時任歙州司馬。自傷不調。作詩寄洎。戒去僕白。俟

張游宴即投之。洎得緘云。不知何處好銷憂。公退。攜樽即上樓。職事久參侯伯幕。夢魂長達帝三州。黃山向晚盈軒翠。黟水含春遶郡流。遙想玉堂多暇日。花時誰伴出城遊。洎動容久之。爲言於上。召還爲考功員外郎。卒官。今有詩二十餘篇傳于世。

陳上美傳

上美開成元年禮部侍郎高鍇放榜第二人登科。以詩鳴當時。間作悉佳製。論其骨格本峭。但少氣耳。有集

今傳。夫矻矻窮經。志在死而不亡者。天道良難。無固必也。或稱碩儒。而名偶身喪。或迺頽然。而青編不削。又若以位高金多。心廣體胖。而富貴驕人。文稱功業黯黯。則未若腐草之有螢也。今群居論古終日。其人旣遠。骨已朽矣。幸而炤灼簡牘。未必皆楊雄班馬之流耳。於茲傳中。族匪聞望。官不隆重。俱以一詠。爭長歲月者亦多。豈曰小道而忽之。設有白璧入地不滿尺。出土無膚寸。雖卞和憧憧往來其間。不失者亦鮮矣。幸不幸之謂也。

喻鳧傳

鳧毘陵人。開成五年。李從實榜進士。仕爲烏程縣令。有詩名。晩歲變雅。鳧亦風靡。專工小巧。高古之氣掃地。所畏者務陳言之是去耳。後來才子皆稱喻先輩。向慕足情之見也。同時薛瑩亦工詩。鳧詩一卷。瑩詩洞庭集一卷。今並傳。

顧非熊傳

非熊姑蘇人。況之子也。少俊悟。一覽輒能成誦。工吟。揚譽遠近。性滑稽好辯。頗雜笑言。凌轢氣焰子弟。旣犯衆怒。擠排者紛然。在舉場角藝三十年。屈聲破人耳。會昌五年。諫議大夫陳商放榜。初上洽聞非熊詩價。至是怪其不第。敕有司進所試文章。追榜放令及第。劉得仁賀以詩曰。愚爲童稚時。已解念君詩。及得高科早。須逢聖主知。授盱眙主簿。不樂拜迎。更厭鞭撻。因棄官歸隱。王司馬建送詩云。江城柳色海門烟。欲到茅山始下船。知道君家當瀑布。菖

蒲潭在草堂前。一時餞別吟贈俱名流。不知所終。或傳住茅山十餘年。一旦遇異人。相隨入深谷。不復出矣。有詩一卷今行。

卷八

王績傳

本傳末四庫本闕「論曰」一段（四五一—四八二上）。日本刊本其文如下

論曰。唐興迨季業。治日少而亂日多。雖草衣帶索。罕得安居。當其時。遠鉤弋者。不走山而逃海。斯德而隱者矣。自王君以下。幽人間出。皆遠騰長往之士。危行言遜。重撥禍機。糠覆軒冕。掛冠引退。往往見之。躍身炎冷之途。標華黃綺之列。雖或累聘丘園。勉加冠佩。適足以速深藏於藪澤耳。然猶有不能逃白刃。死非命焉。夫蹟晦名彰。風高塵絕。豈不以有翰墨之妙。騷雅之奇美哉。文章爲不朽之盛事也。恥

不爲堯舜民。學者之所同志。致君於三五。懦夫尙知勇爲。今則捨聲利而向棲棲。鹿冠鳥几。便於錦繡之服。柴車茅舍。安於丹雘之廈。藜羹不糝。甘於五鼎之味。素琴濁酒。和於醇飴之奏。樵青山。漁白水。足於佩金魚而紆紫綬也。時有不同也。事有不侔也。向子平曰。吾故知富不如貧。貴不如賤。第未知死何如生。此達人之言也。易曰。遯之時義大矣哉。

盧鴻傳

本傳四庫本止於「詔賜萬錢營葬」句（四五一—四八二上）。日本刊本其下尙有「後皮日休爲七愛詩。謂傲大君者必有貞隱。盧徵君是也。工詩。今傳甚多」。

張彪傳

本傳四庫本止於「行行無定心。坎壈難歸來」句（四五一—四八二下）。日本刊本其下尙有「性高簡。善草書。志在輕舉。詠神仙云。五穀非長年。四氣乃靈

藥。列子何必待。吾心滿寥廓。時與杜甫往還。嘗寄張十二山人詩云。靜者心多妙。先生藝絕倫。草書何太古。詩興不無神。曹植休前輩。張芝更後身。數篇吟可老。一字買堪貧。觀工部之作可知其人矣。」一段。另按。本傳日本刊本收錄於卷三。

劉方平傳

本傳四庫本多處闕文（四五一—四八二下）。日本刊本全文如下。

方平河南人。白晳美容儀。二十工詞賦。與元魯山交善。隱居潁陽大谷。尙高不仕。皇甫冉。李頎等相與贈答。有云。籬邊潁陽道。竹外少姨峰。神意淡泊。善畫山水。墨妙無前。汧國公李勉延致齋中。甚敬愛之。欲薦于朝。不忍屈。辭還舊隱。工詩多悠遠之思。陶寫性靈。默會風雅。故能脫略世故。超然物外。區區斗筲。何足以繫劉先生哉。有集今傳。

秦系傳

四庫本止於「其好義如此」句（四五一—四八二下）。日本刊本其下尙有「張建封聞系不可致。請就加校書郎。與劉長卿。韋應物善。多以詩相贈答。權德輿曰。長卿自以爲五言長城。系用偏師攻之。雖老益壯。年八十餘卒。南安人思之。號其山爲高士峰。今有麗句亭在焉。集一卷今傳。

張志和傳

四庫本「張志和握明經……兄鶴齡恐其遯世」句（四五一—四八二下）。與日本刊本互有增減。日本刊本作「志和字子同。婺州人。初名龜齡。詔改之。十六擢明經。嘗以策干肅宗。特見賞重。待詔翰林。以親喪辭去。不復仕。居江湖。性邁不束。自稱烟波釣徒。撰玄眞子二卷。又爲號焉。兄鶴齡恐其遁世」。又四庫本末句止於「興趣高遠。人不能及」句（四五一—四八三上）。日本刊本其後尙有「憲宗聞之。詔寫眞求訪。并其歌詩。不能致。後傳一旦忽棄雲鶴而去

。李德裕稱以爲漁父賢而名隱。鴟夷智而功高。未若玄眞隱而名彰。方而無事。不窮而達。其嚴光之比歟。」一段。

陸龜蒙傳

四庫本有闕文（四五一—四八五下）。日本刊本全文如下

龜蒙字魯望。姑蘇人。幼而聰悟。有高致。明春秋。善屬父。尤能談笑。詩體江謝。名振全吳。家藏書萬

卷。無少聲色之娛。舉進士一不中。嘗從張搏遊。歷湖蘇二州。將辟以自佐。又嘗至饒州。三日無所詣。刺史率官屬就見。龜蒙不樂。拂衣去居松江甫里。多所撰論。有田數百畝。屋三十楹。田苦下。雨潦則與江通。故常患飢。身自畚鍤茠刺無休時。或譏其勞。曰堯舜黴瘠。禹胼胝。彼聖人也。吾一褐衣。敢不勤乎。龜蒙嗜飲茶。置小園顧渚山下。歲入茶租。薄為甌蟻之費。著書一編。繼茶經茶訣之後。又判品張又新水說為七種。好事者雖惠山虎丘松江。不遠百里為

致之。又不喜與流俗交。雖造門亦罕納。不乘馬。每寒暑得中。體無事時。放扁舟。挂蓬席。齎束書。茶竈。筆林。釣具。鼓櫂鳴榔太湖三萬六千頃。水天一色。直入空明。或往來別浦。所指小不會意。往往不留。自稱江湖散人。又號天隨子。甫里先生。漢涪翁。漁父。江上文人。嘗謂即已。後以高士徵不至。苦吟極清麗。與皮日休為耐久交。中和初。遘疾卒。吳

融誄父曰。霏漠漠。淡涓涓。春融冶。秋鮮妍。觸即碎。潭下月。拭不滅。玉上烟。今有笠澤叢書三卷。詩編十卷。賦六卷。並傳。

周朴傳

四庫本於本傳末有闕文（四五一—四八六上）。日本刊本作「周朴。山林之癯。槁衣糲食。以為黔婁原憲。不殄天物。庶足保身而長年。今則血染緼袍。魂散茅宇。盜跖不仁。竟嚼虎口。天道福善禍淫。果何如

哉。古稱飾變詐為姦軌者。自足乎一世之間。守道循理者。不免於飢寒之患。殺戮無辜。亂世之道。每讀至此。未嘗不廢書撫髀欷歔也。」

唐求傳

四庫本於本傳末「無秋毫世俗之想」句下有闕文（四五一—四八六上）。日本刊本作「有所得。即將稿撚為丸。投大瓢中。或成聯片語不拘短長。數日後足成之。後臥病。投瓢於錦江。新吐故。無七情以奪魂魄

。無百慮以煎肺肝。庶幾指識玄戶。引身長年。然後一躍頓喬松之逸馭也。今夫指青山首駕。臥白雲振衣。紛長往于斯世。遣高風於無窮。及見其人。吾亦願從之遊耳。韓湘控鶴於前。呂岩驂鸞於後。凡其題詠篇什。鏗鏘振作。皆天成雲漢。不假安排。自非咀嚼冰玉。呼吸烟霏。孰能至此。寧好事者爲之。多見其不知量也。吳筠。張志和。施肩吾。劉商。陳陶。顧況等。高蹈可數。皆頡頏於玄化中者歟。」

靈一傳

本傳四庫本闕文頗多（四五一—四九一下）。日本刊本全文如下。

一公。剡中人。童子出家。瓶鉢之外餘無有。天性超穎。追踪謝客。隱麻源第三谷中。結茆讀書。後白業精進。居若耶溪雲門寺。從學者四方而至矣。尤工詩。氣質淳和。格律清暢。兩浙名山。暨衡廬諸甲刹。悉所經行。與皇甫昆季。嚴少府。朱山人。徹上人等爲詩友。酬贈甚多。刻意聲調。苦心不倦。騁譽叢林。後順寂於岑山。集今傳世。

論曰。自齊梁以來。方外工文者。如支遁道遒。惠休寶月之儔。馳驟文苑。沈淫藻思。奇章偉什。綺錯星陳。不爲寡矣。厥後喪亂。兵革相尋。緇素亦已狼籍。罕有復入其流者。至唐累朝。雅道大振。古風再作。率皆崇衷像教。駐念津梁。龍象相望。金碧交映。雖寂寥之山河。實威儀之淵藪。寵光優渥。無逾此時

。故有顛頓文場之人。憔悴江海之客。往往裂冠裳。撥矰繳。杳然高邁。雲集蕭齋。一食自甘。方袍便足。靈臺澄皎。無事相干。三餘有簡牘之期。六時分吟諷之隙。青峰瞰門。綠水周舍。長廊步屧。幽徑尋眞。景變序遷。蕩入冥思。凡此數者。皆達人雅士。夙所欽懷。雖則心侔跡殊。所趣無間。會稽傳孫許之玄談。廬阜接謝陶於白社。宜其日鍜月鍊。志彌厲而道彌精。佳句縱橫。不廢禪定。巖穴相邇。更唱迭酬。

苦於三峽猿淸。同九皐鶴。不其偉歟。與夫迷津畏途。埋玉世慮。蓄憤於心。發在篇詠者。未可同年而論矣。然道或淺深。價有輕重。未能悉採其喬松於灌莽。野鶴於鷄群者。有靈一。靈徹。皎然。淸塞。無可。虛中。齊己。貫休八人。皆東南產秀。共出一時。已爲錄實。其或雖以多而寡稱。或著少而增價者。如惟審。護國。文益。可止。淸江。法照。廣宣。無本。修睦。無悶。太易。景雲。法振。栖白。隱巒。處默。卿雲。棲一。淡交。良乂。若虛。雲表。曇域。子蘭。僧鸞。懷楚。惠標。可朋。懷浦。慕幽。善生。亞齊。尙顏。栖蟾。理瑩。歸仁。玄寶。惠侃。法宣。文秀。僧泚。淸尙。智暹。滄浩。不特等四十五人。名旣隱僻。事且微冥。今不復喋喋云爾。

無可傳

四庫本標注此傳有闕文（四五一—四九二上）。日本刊本全文如下

無可。長安人。高僧也。工詩。多爲五言。初賈島棄俗時。同居靑龍寺。呼島爲從兄。與馬戴。姚合。厲玄多有酬唱。律調謹嚴。屬興淸越。比物以意謂之象外句。如日聽雨寒。更盡開門落葉深。又日微陽下喬木。遠燒入秋山。凡此等新奇。當時翕然稱尙。妙在言用而不失其名耳。今集一卷相傳。

虛中傳

四庫本於此傳本「其見重如此」句下有闕文（四五一—四九三上）。日本刊本作「今有碧雲集一卷傳於世。顧栖蟾者亦洞庭人。以聲律聞。含不見其作也」。

貫休傳

四庫本於「拂袖而去」句下有闕文（四五一—四九三上）。日本刊本作「至蜀以詩投孟知祥云。一缾一缽垂垂老。萬水千山特特來。知祥久慕。至是非常尊禮之。及王建僭位。一日遊龍華寺。召休坐。令口誦近詩。時諸王貴戚皆侍。休意在箴戒。因讀公子行曰。

錦衣鮮華手擎鶻。閑行氣貌多陵忽。稼穡艱難摠不知。五帝三皇是何物。」建小忍。然敬事不少怠也。賜號禪月大師。後順寂。敕塔葬丈人山青城峰下。有集三十卷今傳。休一條直氣。海內無雙。意度高疏。學問叢脞。天賦敏速之才。筆吐猛銳之氣。樂府古律。當時所宗。雖尙崛奇。每得神助。餘人走下風者多矣。昔謂龍象蹴蹋。非驢所堪。果僧中之一豪也。後少其比者前以方支道林不過矣。

齊己傳

四庫本「聲價益隆。過豫章時。陳陶近已仙近」句中有闕文（四五一—四九三上）。日本刊本作「聲價益隆。遊江海名山。登岳陽望洞庭。時秋高水落。君山如黛。唯湘一條而已。欲吟杳不可得。徘徊久之。來長安數載。遍覽終南條華之勝。歸過豫章。時陳陶近仙去」。又四庫本止於「結爲詩友」句。日本刊本其後尙有「曹松。方干皆已良契。性放逸不滯。土木形骸。頗任琴樽之好。嘗撰玄機分別要覽一卷。摭古人詩聯。以類分次。仍別諷賦。比興雅頌。又撰詩格一卷。又與鄭谷。黃損等。共定用韻爲葫蘆。轆轤進退等格。并其詩白蓮集十卷。今傳。」

李季蘭傳

本傳本四庫本尙闕「論曰」一段（四五一—四九四上）。明本刊本其文如下。

論曰。詩云。關雎樂得淑女以配君子。憂在進賢。不淫其色。哀窈窕。思賢才。而無傷苦之心焉。故古詩

之道各存六義。然終歸于正。不離乎雅。是有昔賢婦人。散情文墨。班班簡牘。概而論之。後來班姬傷秋扇以暫恩。謝娥詠絮雪而同素。大家七試執者修省。蔡琰胡笳聞而心折。率以明白之欲薦於朝。不屈。爲人好古博雅。詩語眞素。魂淸魄爽。放曠山水。高情獨詣於終南山豐德寺。結郊茨讀書。百丈溪是其隱處。題詩云。浪蹟棄人世。還山自幽獨。始傍巢由蹤。

吾其獲心曲。又云。養閑度人事。達命知止足。不學魯國儒。俟時勞伐輻。後信命不務進取。以此自終。有詩集行世。

魚玄機傳

四庫本有闕文（四五一—四九四上）。日本刊本全文如下

玄機。長安人。女道士也。性聰慧。好讀書。。尤工韻調。情致繁縟。咸通中及笄。爲李億補闕侍寵。夫

人妒不能容。億遣隸咸宜觀披戴。有怨李詩云。易求無價瑤。難得有心郎。與李郢端公同巷。居止接近。詩筒往反。復與溫庭筠交遊。有相寄篇什。嘗登崇眞觀南樓。覩新進士題名。賦詩曰。雲峰滿目放春情。歷歷銀鈎指下生。自恨羅衣掩詩句。舉頭空羨榜中名。觀其志意激切。使爲一男子。必有用之才。作者頗賞怜之。時京師諸宮宇女郎。皆清俊濟楚。簪星曳月。惟以吟詠自遣。玄機傑出。多見酬酢云。有詩集一卷今傳。

此外四庫本另缺劉滄。于濆。公乘億。章碣。林嵩。錢珝。喻坦之。溫憲。杜旬鶴。徐寅。張瀛。鬼等傳。今據日本刊本全列於卷末如下

劉滄傳

滄字蘊靈。魯國人也。體貌魁梧。尙氣節。善飲酒。談古今。令人終日喜聽。慷慨懷古。率見於篇。太中八年禮部侍郎鄭薰下進士。牓後進謁謝。薰曰。初謂

劉君銳志。一第不足耴。故人別來三十載。不相知聞。誰謂今白頭紛紛矣。調葉原尉。與李頻同年。詩極清麗。句法絕同趙嘏。許渾。若出一絢綜然。詩一卷今傳。

于濆傳

濆字子漪。威通二年裴延魯榜進士。患當時作詩者拘束聲律而入輕浮。故作古風三十篇。以矯弊俗。自號逸詩。今一卷傳於世。觀唐詩至此。間弊亦極矣。獨

奈何國運將弛。士氣日喪。文不能不如之。嘲雲戲月。刻翠粘紅。不見補於采風。無少裨於化育。徒務巧於一聯。或伐善於隻字。悅心快口。何異秋蟬亂鳴也。于濆。邵謁。劉駕。曹鄴等。能反棹下流。更唱瘖俗。置聲祿於度外。患大雅之凌遲。使耳厭鄭衛。而忽洗雲和。心醉醇醲。而乍爽玄酒。所謂清清冷冷。愈病析酲。逃空虛者。聞人足音不亦快哉。晉處士戴顒。春日攜斗酒。往樹下聽鸝黃曰。此俗耳鍼砭詩腸

鼓吹者。豈從然哉。於數子亦云。

公乘億傳

億字壽山。咸通十二年進士。善作賦。擅名場屋間。時取進者法之。命中有賦集十二卷。詩集一卷今傳。

章碣傳

碣。錢塘人。孝標之子也。累上著不第。咸通末以篇什稱。乾符中高湘侍郎。自長沙攜邵安石來京。及第。碣恨湘不知己。賦東都望幸詩曰。懶修珠翠上高臺。眉月連姸恨不開。縱使東巡也無益。君王自領美人來。後竟流落。不知所終。碣有異才。嘗草創詩律。於八句中足字平側。各從本韻。如東南路盡吳江畔。正是窮愁薄暮天。鷗鷺不嫌斜雨岸。波濤欺得逆風船。偶逢島寺停帆看。深羨漁翁下釣眠。今古若論英達筭。鵾夷高興固無邊。自稱變體。當時趨風者亦紛紛而起也。今有詩一卷傳于世

錢珝傳

珝。吳興人。趨之孫也。乾寧六年鄭藹榜及第。昭宗

時。仕爲中書舍人。工詩。有集傳于世。

林嵩傳

嵩字降巨。長樂人也。乾符二年禮部侍郎。崔沆下進士。官至秘書省正字。工詩善賦。才譽與公乘億相高。功名之士翕然而慕之。有詩一卷。賦一卷。傳于世。

喻坦之傳

坦之。睦州人。咸通中舉進士不第。久寓長安。囊罄。憶漁樵。還居舊山。與李建州頻爲友。頻以詩送歸云。從容心自切。飲水勝銜盃。共在山中住。相隨闕下來。修身空有道。取事各無媒。不信昇平代。終遺草澤才。又彼此無依倚。東西又別離。蓋困於窮蹇。情見於辭矣。同時嚴維。徐凝。章八元。枍榆相望。前後唱和亦多。詩集今傳。

溫憲傳

憲。庭筠之子也。龍紀元年李瀚榜進士及第。去爲山南節度府從事。大著詩名。詞人李巨川草薦表。盛述憲先人之屈。辭略曰。蛾眉先妒。明妃爲去國之人。猿臂自傷。李廣乃不侯之將。上讀表。測然稱美。時宰臣亦有知者。曰父以竄死。今孽子宜稍振之。以厭公議。庶幾少雪忌才之恨。上頷之。後遷至郎中卒。有集文賦等傳于世。

杜荀鶴傳

荀鶴字彥之。牧之微子也。牧會昌末。自齊安移守秋浦。時妾有妊。出嫁長林鄉士杜筠。生荀鶴。早得詩名。嘗謁梁王朱全忠。與之坐。忽無雲而雨。王以爲天泣不祥。命作詩。稱意。王喜之。荀鶴寒進。連敗文場。甚苦。至是遣送名春官。太順二年。裴贄侍郎下第八人登科。正月十日放榜。正荀鶴生朝也。王希羽獻詩曰。金榜曉懸生世日。玉書潛記上昇時。九華山色高千尺。未必高於第八枝。荀鶴居九華。號九華

山人。張曙拾遺工詩。又同年。嘗醉謔曰。杜十五大榮而得與曙同年。荀鶴曰。是公榮。天下只知有荀鶴。若箇知有張五十郎邪。各大笑而罷。宣州田頵甚重之。常致箋問。梁王立。薦爲翰林學士。遷主客員外郎。頗恃勢。悔慢縉紳。爲文多主箴刺。衆怒欲殺之。未得。天祐元年卒。荀鶴苦吟。平生所志不遂。晚始成名。況丁亂世。殊多憂惋思慮之語。於一觴一詠。變俗爲雅。極事物之情。足丘壑之趣。非易能及

者也。與太常博士顧雲初隱一山。登第之明年。寧親相會。雲撰集其詩三百餘篇。爲唐風集三卷。且序以爲壯語大言。則決起逸發。可以左攬工部袂。右拍翰林肩。呑賈喻八九於胸中。曾不芥蒂。或情發乎中。則極思冥搜。神遊希夷。形兀枯木。五聲勞於呼吸。萬象貪於抉剔。信詩家之雄傑者矣。荀鶴嗜酒善彈琴。風情雅度。千載猶可想望也。

徐寅傳

寅莆田人也。太順三年蔣詠下進士及第。工詩。嘗賦路傍草云。楚甸秦川萬里平。誰教根向路傍生。輕蹄繡轂長相蹋。合是榮時不得榮。時人知其蹭蹬。後果鬚鬢交白。始得秘書省正字。竟蓬轉客途。不知所終云。有探龍集五卷。謂登科射策。如探睡龍之珠。

張瀛

瀛碧之子也。仕廣南劉氏。官至曹郎。嘗爲詩。贈琴碁僧云。我嘗聽師法一說。波上蓮花水中月。不垢不淨是色空。無法無空亦無滅。我嘗對師禪一觀。浪溢鼇頭蟾魄滿。河沙世界盡空。一寸寒灰冷燈畔。我又聞師琴一撫。長松喚住秋山雨。絃中雅弄若鏗金。指下寒泉流太古。我又看師碁一著。山頂坐沈紅日腳。阿誰稱是國手人。羅浮道士賭卻鶴。輸卻藥胡蘆。斟下紅霞丹。束手不敢爭頭角。同列見之曰。非其父不生是子。瀛爲詩尚氣而不怒號。語新意卓。人所不思者。輒能道之。綽綽然見乃父風也。有詩集今傳於世。

鬼傳

雜傳記中多錄鬼神靈怪之詞。哀調深情。不異疇昔。然影響所託。理亦荒唐。故不能一一盡之。

殿閣詞林記二十二卷

明黃佐　廖道南撰

以明嘉靖間刊本校補

卷二十二

審樂章

四庫本「又使北鄙之聲與正音相雜。甚者以古帝王祀典神祇飾爲武隊」句（四五二—四一九上）。明本「北鄙」作「胡虜」。又「自元入中國。古樂益廢。我聖祖掃除洗濯」句（同上）。明本「古樂益廢」作「胡樂盛行」。又「俗樂雜乎雅。羌樂雜乎俗」句（同上）。明本「羌」作「胡」。又「帝王之廷不宜作邊疆之樂。是古樂之日就散亡者如此」句（四五二—四一九上下）。明本「邊疆」作「夷狄」。「古樂之日就散亡」作「故夷狄不可亂華」。又「革去邊樂之部。凡淫哇之聲」句（四五二—四一九下）。明本「邊」作「胡」。

明名臣琬琰錄二十四卷續錄二十二卷

明徐紘編

以明原刊黑口本校補

卷一

太祖高皇帝御製中山武寧王神道碑

四庫本「二月命王爲征北大將軍」句（四五三—四上）。明刊本「北」作「虜」。又「其年八月三日辛未。北入元都。捷奏平元」句（同上）。明刊本「元」並作「胡」。又其後「征北大將軍改封魏國公」句（四五三—四下）。明刊本「北」作「虜」。又「至於封姑蘇之府庫。置元宮之美人」句（同上）。明刊本「元」作「胡」。

卷二

董倫曹國李公歧陽武靖王神道碑銘

四庫本「乃分兵千餘伏其歸路。敵果夜遁」句（四五三—一三下）。明刊本「敵」作「虜」。又後文「又擒敵中四大王」句（四五三—一四上）。明刊本「敵中」作「黠虜」。又「是夜敵果悉銳來攻」句（同上）。又「遂進兵至莽格展。不見敵而還。三年春正月。授征北左副將軍」句（同上）。明刊本「北」作「虜」。又後文「敵遁去……敵卻。追至瀚海。敵來益衆。王據險爲營。示以單弱。敵疑有伏。遁去」句（四五三—一四下）。明刊本「敵」字皆作「虜」。

朱夢炎衛國鄧公寧河武順王神道碑

四庫本「三年命王爲征北左副將軍平隴右。大敗王保保於定西。招諭河州土番諸部」句（四五三—一八上）。明刊本「征北」作「征虜」。「諸部」作「諸酋」。又後文「殲彼勁敵。張我皇威」句（四五三—一八下）。明刊本「勁敵」作「犬戎」。

方希直信國湯公東甌襄武王神道碑銘

四庫本「會敵兵云帥陳額森復攻和州」句（四五三—一九下至二〇上）。明刊本「敵」作「虜」。又後文「獲其兵二千。馬八十匹」句（四五三—二〇下）。明刊本「獲」作「虜」。又後文「令其副出城降觀望。持兩端。王擒之以歸」句（同上）。明刊本「擒」作「虜」。

又其後。四庫本「如虎如貔。我武維揚」句（四五三—二二下）。明刊本「我武維揚」作「驅彼犬羊」。又後文「巍巍中華。民休田閭」句（同上）。明刊本「巍巍中華」作「變夷爲華」。

卷三

王景黔寧昭靖王祠堂碑

四庫本「遂拔營宵遁」句（四五三—二五上）。明刊本「遂」作「虜」。又「冬十月。廣西平。誅其部長。擒獲五千餘人」句（同上）。明刊本「誅其部長。擒獲五千餘人」作「誅者滿矣。情俘五千餘人」。

劉三吾安陸侯黔國威毅吳公神道碑銘

四庫本「元有餘衆。遡在西垂」句（四五三—二八下）。明刊本「餘衆」作「餘孽」。

劉三吾定遠侯王弼追封三代神道碑銘

四庫本「元之餘衆相繼淪歿」句（四五三—三一上）。明刊本作「殘元諸餘孽相繼敗歿」。又後文「師次補魚兒海。獲元餘衆」句（同上）。明刊本「餘衆」作「餘孽」。又後文「彼敵敢當。紅羅之山。窮追邊疆……金城之進。遂服殊方……受厥王降」句（四五

三—三一下）。明刊本作「彼虜敢當。紅羅之山。窮追胡疆……金城之進。遂伏戎羌……受胡王降」。

卷四

劉三吾宋國公馮勝追封三代神道碑銘

四庫本「其年秋授征北大將軍」句（四五三—三六上）。明刊本「北」作「虜」。

劉三吾陸安侯許國襄簡王公神道碑銘

四庫本「卻敵遠遁。還軍平陽」句（四五三—三七下）。明刊本「敵」作「胡」。又「五年從中山征漠朔。大獲敵而還」句（同上）。明刊本「敵」作「虜」。

劉三吾東川侯胡公墓志

四庫本「大溪大容也。度天」句下注闕（四五三—三九下）。明刊本闕字作「火」。

方遜志越國公新廟碑代大史公作

四庫本「昔際征討制御士。心不越法度」句（四五三—四二）。明刊本「征討」作「征虜」

卷五

劉崧海國襄毅吳公神道碑

四庫本「擒厥渠魁。獻於京都」句（四五三—四七上）。明刊本「渠魁」作「大酋」。又後文「載授征北。督餉定遼」句（四五三—四七下）。明刊本「北」作「虜」。

劉崧滕國襄靖顧公神道碑

四庫本「從征北前將軍曹國公李文忠等」句（四五三

—四八上）。明刊本「北」作「虜」。又後文「府吏深計遠算。常若敵至」句（四五三—四八下）。明刊本「敵」作「寇」。又「既從征北。北度陰山」句（四五三—四九上）。明刊本「征北」作「征虜」。

楊榮營國威襄郭公神道碑銘

四庫本「北平初定。居民反側不寧」句（四五三—五○下）。明刊本「居民」作「群胡」。又後文自「同大將軍宋國馮公討北敵」句（四五三—五一下）至「

降其衆五萬餘人。生擒敵將」句（同上）一段。明刊本凡「敵」字皆作「虜」。「征北右副將軍」作「征虜右副將軍」。又後文「辛未。以北兵喇特納實哩寇邊」句（同上）。明刊本「北兵」作「虜酋」。

又後文「蠢彼餘人。迭爲傾側。卷甲擒之。兵氛蕩滌」句（四五三—五三下）。明刊本作「蠢彼殘胡。偷生漢北。卷甲擒之。妖氛蕩滌」。

李景隆都督僉事謝公神道碑銘

四庫本「敗諾爾巴哈於賀蘭山。收其番衆及其駝馬牛羊而還」句（四五三—五三下）。明刊本「收其番衆及其」作「收其胡兒番婦」。

卷六

宋濂蘄國武義康公神道碑銘

四庫本「皇帝即位之三載。混一華夏」句（四五三—五六下）。明刊本「華夏」作「華夷」。

宋濂御史中丞章公神道碑銘

四庫本「上諭之曰。汝父事朕。則予汝嘉」句（四五三—六九上）。明刊本作「上諭之曰。汝父事朕。宣勞爲多。今汝又帥師北上。尚勉立事功。以無忝爾父。則予汝嘉」。

又後文「群衆偷竊方繽紛」句（四五三—七○下）。明刊本「群衆」作「狗鼠」。又「勑生蟄蟄千子孫。白」句下注闕（同上）。明刊本作「笋堆」。又「方頤疏髯目電焞」句下注闕（同上）。明刊本作「旨吐」。

卷八

鄭楷學士承旨潛溪宋公行狀

四庫本「先生對曰。受命不易天子之膺。休符不於祥於于其仁」句（四五三—八八下）。明刊本作「先生對曰。受命不于天于其人。休符不于祥于其仁」。又其後「上既追封外王父爲」句下注闕（同上）。明刊本作「滁」。

行省參政陶安傳

四庫本「蓋元主入統華夏百二十餘年。衰亂之後。我太祖出而應天順人。奠安中外」句（四五三—九七上）。明刊本作「蓋胡元入主華夏百二十餘年。濁亂已極。我太祖出而順天應人。用夏變夷」。又後文「不數年間。削平禍亂。登斯民於衽席。以立中國帝王萬世之業」句（同上）。明刊本作「不數年間。削平僭亂。驅胡元於漠北。以復中國帝王萬世之業」。

卷十

陳璉靖江府右相李公墓誌銘

四庫本「銘曰。嶷嶷李公。值元鼎沸」句中有闕文（四五三—一〇六上）。明刊本作「嶷嶷李公。世爲越人。積善既久。鬱而未伸。族大而蕃。實自公始。値元鼎沸」。

鄒緝翰林待制王公墓表

四庫本「大明受天命掃除群雄。奄有區夏。元主既遠遜於漠北。獨其梁五巴圖。時猶據雲南地」句（四五三—一一〇上）。明刊本作「大明受天命掃清群雄。奄有區夏。元氏既遠遁于沙漠。獨其遺孽梁王把都。竊據雲南地」。

李應禎吳尚書傳

四庫本「逼令變服改裝。往見公曰」句（四五三—一一三下）。明刊本「變服改裝」作「胡服辮髮」。

參贊軍務高巍傳

四庫本「漢高祖遠慮。莫不欲禦四夷而藩中國也」句（四五三—一一五下）。明刊本作「漢高祖遠慮。莫不欲藩四夷而禦中國也」。又後文「我太祖皇帝遭元運之大更」句（同上）。明刊本「元」作「胡」。

又其後文「參贊北征大將軍曹國公李景隆軍務」句（四五三—一一八）。明刊本「北征」作「征虜」。

又後文「我太祖皇帝乘天下亂極思治之機」句（四五三—一一九上）。明刊本「天下」作「胡元」。又後文「立綱陳紀。奠安中外」句（同上）。明刊本「中外」作「華夷」。又「欲其藩屏王室而外禦禍患」句（同上）。明刊本「禍患」作「戎狄」。

又其後「今大王惟當以表謝罪」句中有闕文（四五三—一二〇上）。明刊本作「今大王若信臣言。以臣爲質。備述情由。以表謝罪」。

宋端儀鐵石鼎傳

四庫本「命曹國公李景隆掛印充北征大將軍」句（四五三—一二一上）。明刊本「北征」作「征虜」。又後文「十月晦。擒帥臣徐凱復來攻」句（四五三—一二二下）。明刊本「擒」作「虜」。

宋端儀曹國公傳

四庫本「乃命景隆掛北征大將軍印」句（四五三—一二二下）。明刊本「北征」作「征虜」。

卷十三

楊士奇前右參議解公墓碣銘

四庫本「日侍左右。甚見愛重。閒暇語公曰」句（四五三—一三七上）。明刊本作「日侍左右。甚見愛重。閒暇數召兩人論議。考其所學。一日論公曰」。

卷十四

楊士奇河間忠武王張公神道碑銘

四庫本「辛未。逐北敵之侵邊者至鴉寒山而還。調燕山左護衛。癸酉。追敵之黑松林」句（四五三—一四七上）。明刊本「敵」字並作「虜」。

錢文通定西侯涇國武勇蔣公神道碑

四庫本「洪熙元年復至大松嶺禽殺敵衆」句（四五三—一五二下）。明刊本「敵」作「賊」。

又後文「時西徼僞王阿勒坦等寇甘涼。邊將屢失利。命公佩平西將軍印」句（四五三—一五三上）。明刊本「西徼」作「西戎」。「平西將軍」作「平虜將軍」。又「時有逃奴來言阿勒坦所在」句（同上）。明刊本「時」作「虜」。又「見彼牧馬。遂約衝馬群。以鞭擊箭橐聲驚之。馬盡佚。敵既失馬」句（四五三—一五三下）。明刊本「彼」「敵」皆作「虜」。又「內擒一番譯審自石城泉敗衂」句（同上）。明刊本「番」作「胡」。

又其後「維彼北方。擾我邦坰」句（四五三—一五五上）。明刊本「維彼北方」作「蠢彼元孽」。

楊榮翼城侯孫公神道碑銘

四庫本「舊自淮甸。汎掃湮塵」句（四五三—一五六下）。明刊本「烟」作「胡」。

卷十五

尹直昌寧伯壯敏趙公墓誌銘

四庫本「內安外寧。豐亨熙豫」句（四五三—一五七下）。明刊本「寧」作「攘」。又後文「使朝廷有所特而安。遠方有所憚而不敢發」句（同上）。明刊本「遠方」作「夷狄」。又「永樂庚寅北征。大破其師」句（同上）。明刊本「其師」作「虜酋」。又「洪熙改元。復以征北功陞指揮使」句（同上）。明刊本「北」作「虜」。

又其後。四庫本「正統己巳。北兵入京畿。公率兵出西直門……敵遂奔遁」句（四五三—一五八上）。明刊本「北兵入京畿」作「虜寇犯京畿」。「敵」作「虜」。又後文「時北兵深入陝西固原」句（同上）。明刊本「北兵」作「虜寇」。又後文「公佩平西將軍印。統軍來援。次雁門關。報兵已遁。乃還。明年秋往征延綏河。北兵聞風渡河。趨大同。納款入貢。師旋即命典操耀武營。戊子夏。故元兵暨海西諸夷弗靖。廷議請以公總鎮之。乃佩北征前將軍印。杖節以征」一段（同上）。明刊本作「公佩平胡將軍印。統軍往援。次鴈門關。報虜已遁。乃還。明年秋往征延綏河。虜酋聞風渡河。趨大同。納款入貢。師旋即命典操耀武營。戊子夏。建州毛憐海西諸夷弗靖。廷議請以公總鎮之。乃佩征虜前將軍印。杖節以征。」又其

後文「甲年秋。兩奉制敕印總帥北征。敵輒遠卻」句（四五三—一五八下）。明刊本「敵」作「虜」。又其後四庫本「英威勇譽。聳聞中外。所至敵輒聞風奔遁。靡敢抗迎」句（四五三—一五九上）。明刊本「中外」作「夷狄」。「敵」作「虜」。又「兵寇及郊。慨然舉檄」句（同上）。明刊本「兵寇」作「虜寇」。又「惠周同徒。威讋遠城」句（四五三—一五九下）。明刊本「遠域」作「夷狄」。

王倎戶部尚書陳公神道碑銘

四庫本「己巳。北兵侵邊。王師北征」句（四五三—一六〇上）。明刊本「北兵侵邊」作「虜寇犯邊」。又後文「時西番入寇。邊將失利。其勢猖厥」句（四五三—一六〇下）。明刊本「西番」作「孛來」。「其勢」作「虜勢」。又「朝廷命將出師。敵始引去」句（同上）。明刊本「敵」作「虜」。

卷十六

楊士奇陽武侯鄭國忠武公神道碑銘

四庫本「奉命巡北邊。適敵入雲州。公率兵追至大松嶺」句（四五三—一七二下）。明刊本「巡北邊」作「北巡邊」。「適敵入雲州」作「適虜寇雲」。又後文「出會州。邂逅敵。至塞下與戰。敗之。生禽其部長。獲其餘衆」句（同上）。明刊本作「出會州。邂逅虜寇塞下。與戰。敗之。生擒其酋。斬獲其餘衆」。又「巡邊至奇黃嶺遇敵」句（同上）。明刊本「敵

」作「虜」。

楊士奇永康侯蔡國忠烈徐公神道碑銘

四庫本「丁卯。從征北方至哈勒哈之地」句（四五三—一七三下）。明刊本「北方」作「北虜」。又「戊辰。從征金山之衆之爲邊患者」句（同上）。明刊本「衆」作「虜」。又「大敗其衆。俘獲其人口萬餘」句（同上）。明刊本「其衆」作「虜衆」。又「丙子。率兵從征北方至驢駒河而還」句（同上）。明刊本

「北方」作「北虜」。

楊士奇平江侯恭襄陳公神道碑銘

四庫本「前滁舊俗寧邊民」句（四五三—一七八上）。明刊本「舊俗」作「腥穢」。

卷十七

楊士奇西寧侯宋公神道碑銘

四庫本「十三年。逐北兵至白城。獲其人馬……敵時數爲邊患。公率兵討之。追至額齊納之地。斬其渠魁……又招其國公吳巴圖等萬八千人。而送其部長格布達爾等百五十人」句（四五三—一七九下）。明刊本「北兵」作「北虜」。「敵」作「虜」。「斬其渠魁」作「斬之兇魁」。「招其國公」作「招降虜僞國公」。「部長」作「酋長」。

又其後「哈密者去肅州千餘里。敵所城也。時誅其王子必瑠齊等三十餘人。獲其衆千三百人」句（四五三—一八〇上）。明刊本作「哈密者去肅州千餘里。虜所城也。誅其僞王子別列法等三十餘人。獲虜衆千三

百人」。又後文「是歲敵入遼東。命充副總兵率兵討之。遇戰諾尼江。獲其衆千餘」句（四五三—一八〇上）。明刊本「敵入遼東」作「虜寇遼東」。「獲其衆」作「獲虜衆」。又後文「北兵日益聚近邊。公遣人諭以朝廷德意。其部長巴圖特穆爾溫都爾呼率部衆五千」句（同上）。明刊本「北兵」作「虜」。「部長」作「酋長」。又「敵窺西陲。公往遏之……繫兵

遼陽。驅除嶺表」句（四五三—一八一上）。明刊本「敵」作「虜」。「兵」作「胡」。「驅除」作「薙孽」。

李賢寧陽侯濬國武靖陳公神道碑銘

四庫本「七年選精兵自將。大敗敵于境外。由是北兵遠遁。邊塵爲之一清」句（四五三—一八三下）。明刊本「敵」作「虜」。「北兵」作「殘孽」。又後文「八年春。上親征北方。公將左掖兵」句（四五三—一八四上）。明刊本「北方」作「北虜」。又「十四年夏。有報敵帥瑪呤珠死者」句（同上）。明刊本「敵帥」作「虜酋」。又「已而。其衆果來。見有備而退」句（同上）。明刊本「其衆」作「虜衆」。又其後「二十一詔公統陝西寧夏甘肅三鎭兵。出勦叛兵。……收其部長額森圖罕部落」句（同上）。明刊本「叛兵」作「叛虜」。「部長」作「酋長」。

楊榮漳國忠毅鄭公神道碑銘

四庫本「壬申。出使漠北。至鄂諾河撫輯元遺」句（四五三—一八五下）。明刊本「元遺」作「韃靼」。又後文「庚寅以來上屢親征北方」句（四五三—一八六上）。明刊本「北方」作「北虜」。又「嚴斥堠。固屯守。北騎遠遁。不敢窺邊」句（四五三—一八六下）。明刊本「北」作「胡」。又「從征沙漠。屢效驅馳。出鎭邊陲。敵不敢窺」句（同上）。明刊本「沙漠」作「漠北」。「敵」作「虜」。

羅亨信武進伯朱公神道碑銘

四庫本「征敵前將軍總兵官武進伯」句「四五三—一八七上）。明刊本「敵」作「虜」。又後文「八年春。北鄙餘衆屢剽我邊……追逐部長布尼雅實哩至紅山口靜邊鎭。敵乃率衆逆戰。公獨鼓勇取勝。遂亡命奔遁」句（四五三—一八八上）。明刊本「北鄙餘衆」作「北鄙殘虜」。「部長」作「虜酋」。「邊鎭」作「虜鎭」。「敵乃率衆逆戰」作「胡寇阿虜追逆戰」

。「遂」作「寇」。又後文「十二年復征於和林蒼崖峽。衝入其陳」句（同上）。明刊本「其」作「賊」。

又其後「二十年復征北方。公由東路。兩與之遇」句（四五三—一八八下）。明刊本「北方」作「北虜」。「之」作「寇」。又「二十二年復征北方回還。仍鎮遼東」句（同上）。明刊本「北方」作「北虜」。又「是年春遣使持征敵前將軍印」句（同上）。明刊本「敵」作「虜」。

卷十八

楊士奇太子少保文靖金公墓誌銘

四庫本「十一年扈從巡北京。從征北方」句（四五三—一九七下）。明刊本「北方」作「北虜」。

卷十九

楊士奇大學士文穆胡公神道碑銘

四庫本「太宗皇帝十有七年。凡巡幸北京。親征北方」句（四五三—二〇二下）。明刊本「北方」作「北虜」。

楊士奇少保忠靖夏公神道碑銘

四庫本「歲餘車駕親征北方」句（四五三—二〇四下）。明刊本「北方」作「北虜」。又後文「北兵復擾邊。太宗皇帝將親征」句（四五三—二〇五上）。明刊本「兵」作「虜」。「擾」作「犯」。

王直禮部左侍郎陳公墓銘

四庫本「有巡狩頌。平蕃頌。鐃歌鼓吹」句（四五三—二二四上）。明刊本「蕃」作「胡」。

卷二十一

曾棨兵部尚書節愍陳公墓誌銘

四庫本「時北方兵動。車駕親征」句（四五三—二二七上）明刊本「北方兵動」作「北寇猖獗」。

楊榮兵部尚書許公神道碑銘

四庫本「甲午。太宗皇帝親率將士往征北方」句（四五三—二二八下）。明刊本「北方」作「北虜」。

王直兵部尚書柴公墓誌銘

四庫本「時餘敵假息塞下。西鄙戒嚴」句（四五三—二三八下）。明刊本「餘敵」作「殘虜」。又「先是敵入。鎮番副總兵劉廣自涼州出兵往援。遇敵而退。敵隨逼涼州。廣閉門不敢出。乃大掠而去」句（同上）。明刊本「敵」字皆作「虜」。「乃」亦作「虜」。又後文「蓋心不忘其身之病也」句（四五三—二三

九下）。明刊本作「蓋心不忘忠而忘其身之病也」。

又「欲以安內全外……是以安全之效不立」句（同上）。明刊本「全」並作「攘」。又「於是餘敵影滅跡絕。而天威振動於萬里之外矣」句（同上）。明刊本「餘敵」作「殘虜」。

續錄卷一

楊士奇文敏楊公墓誌銘

四庫本「何福奏降元托卜輝罕等率部來歸」句（四五三—二七六下）。明刊本「元」作「虜」。又後文「宋琥奏邊人婁達罕逃居齊勤蒙古衛將爲邊患」句（同上）。明刊本「邊人」作「叛寇」。又後文「且邊地不足以煩王師」句（同上）。明刊本「邊地」作「小醜」。

又其後文「遣使諭其釋兵弗臣之罪」句（四五三—二七七下）。明刊本作「遣使諭虜釋其弗臣之罪」。

又後文「八月車駕巡邊至遵化。聞兵逼塞下」句（四五三—二七八上）。明刊本「兵」作「虜」。又「外

蕃胸臆。帥坦弱強」句（四五三—二七九上）。明刊本「外蕃」作「羌虜」。

卷二

李賢尚書文端王公神道碑銘

四庫本「己巳秋。北兵犯邊境」句（四五三—二九七下）。明刊本「北兵」作「北虜」。

李賢尚書張公神道碑銘

四庫本「己丑。北兵犯邊。文廟親征」句（四五三—三〇一下）。明刊本「北兵」作「北虜」。

李賢尚書耿公神道碑

四庫本「人人自奮而邊患不足慮矣」句（四五三—三〇三下）。明刊本「邊患」作「醜虜」。

卷三

李賢尚書恭定年公神道碑銘

四庫本「未幾。北兵入境。雲中烽火通於京畿」句（

四五三—三〇八上）。明刊本「北兵入境」作「北虜入寇」。又「時邊庭大將而不多納賂冒功」句（同上）。明刊本「邊庭」作「征虜」。

卷四

四庫本「遼東守臣懈於邊備。數至寇盜」句（四五三—三一七下）。明刊本「數至」作「虜數」。

李賢尚書靖遠伯忠毅王公神道碑

四庫本「先是北部阿勒坦多爾濟巴勒之軍騷擾塞下」句（四五三—三一八下）。明刊本「北部」作「虜酋」。「騷擾」作「猖獗」。又其後「邊防如此。宜乎敵至」句（同上）。明刊本「敵」作「寇」。又此句以下凡「敵」字皆作「虜」。又「既而部長巴圖博囉入寇」句（同上）。明刊本「部長」作「虜首」。

又後文「復入擾。上復勑公往」句（四五三—三一九上）。明刊本「擾」作「寇」。又「俘殺敵卒幾盡。邊境底寧」句（同上）。明刊本「敵卒」作「醜類

」。

又「壬戌秋。北兵近邊。上復命公出巡」句（四五三—三一九下）。明刊本「北兵」作「北虜」。又「仍授邊將以破敵」句（同上）。明刊本「敵」作「賊」。

又後文「矯矯強敵。罔不就縛」句（四五三—三二〇下）。明刊本「敵」作「胡」。

王直尚書侯公神道碑

四庫本「北部阿勒坦多爾濟犯邊」句（四五三—三三一上）。明刊本「北部」作「虜寇」。

又其後「諸邊酋長皆震駭曰。自古漢人無渡金沙江者」句（四五三—三三二上）。明刊本「諸邊酋長」作「諸夷酋長」。又「遺衆遁逃。烟塵廓清」句（四五三—三三二下）。明刊本「遺衆」作「遺孽」。

彭時尚書楊公墓碑銘

四庫本「訓令務學以變土風」句（四五三—三三四上）。明刊本「土風」作「夷風」。

卷五

蘇景元副都御史程公行狀

四庫本「往年敵人犯邊多被擄掠」句（四五三—三三○上）。明刊本「敵人」作「胡寇」。

楊廉侍郎文安劉公言行錄

四庫本「己巳歲。北兵犯蹕」句（四五三—三三五上）。明刊本「北兵」作「北虜」。又後文「壬申。北人遣使來朝……彼懷窺伺之心」句（同上）。明刊本「北人」作「北虜」。「彼」作「虜」。又後文「備陳前代所以寧邊境之道」句（同上）。明刊本「寧邊境」作「待夷狄」。又其後文凡「北方」「敵人」皆作「北虜」。

商輅兵部右侍郎吳公墓誌銘

四庫本「己巳。北兵入侵。英廟親帥六師討之」句（四五三—三三八下）。明刊本「北兵入侵」作「虜寇犯順」。

又其後文。「已而土木失利。公慮敵人必逼我畿甸」句（四五三—三三九上）。明刊本「敵人必逼我」作「逆賊必犯我」。又後文「九月。敵入至大同」句（同上）。明刊本作「九月。賊入寇大同」。又此句之後凡「敵」字明刊本皆作「賊」。「禦敵」作「殺賊」。而文末「敵人構難。都城震驚。兵威既振。桓桓于征」句（四五三—三四○上）。明刊本「敵人」作

「胡虜」。「都城」作「都人」。「桓桓于征」作「狐兔遁形」。

王直兵部尚書鄺公神道碑

四庫本「己巳。邊報敵入境……屢奏言邊疆地不宜屈」句（四五三—三四一下）。明刊本作「己巳。邊報虜人入寇……屢奏言虜犬豕不宜屈」。又「敵人踵至。公深以爲憂」句（同上）。明刊本「敵人」作「虜寇」。又「敵四面集。矢下如雨」句（同上）。明刊本「敵」作「虜」。

卷六

倪岳少保兵部尚書肅愍于公神道碑銘

四庫本「明年己巳。北人額森攻獨石馬營。至秋勢益張」句（四五三—三四五上）。明刊本「北人」作「虜酋」。「攻」作「寇」。「勢益張」作「遂猖獗」。又「敵人不道。犯我邊疆」句（四五三—三四五下）。明刊本「敵人」作「虜賊」。又「因爲之用。導之入侵」句（四五三—三四六上）。明刊本「侵」作「寇」。又「今日惟有聲罪討之。復還車駕」句（四五三—三四六下）。明刊本「之」作「賊」。又後文「其譎詐莫測。和不足恃。況與彼不共戴天之讎……彼肆無厭之求」句（同上）。明刊本「其」「彼」皆作「虜」。

又其後。四庫本「秋九月。大駕至自邊庭……永樂門安置降人甚衆。方敵入境時。勢欲乘機而動」句（四五三—三四七上）。明刊本「邊庭」作「虜庭」。「降人」作「降虜」。「敵入境」作「虜入寇」。又其後「敵入侵時嘗有往據之謀」句（四五三—三四七下）。明刊本「敵入侵」作「虜入寇」。又「初北邊獨石馬營八城爲敵所據」（同上）。明刊本「爲敵所據」作「爲虜所虜」。

又後文「公念北方既平。軍國之務可緩」句（四五三—三四八上）。明刊本「北方」作「北虜」。

又本篇除以上所舉之外。凡「敵」字皆作「虜」。

楊廉潁國武襄楊公言行錄

本篇四庫本凡「敵」字明刊本皆作「虜」。

楊廉兵部尚書王公言行錄

四庫本「適敵人入犯京師。遂命公董師以禦之」句（四五三—三五二上）。明刊本「敵人」作「虜寇」。又「乃出奇折敵人之鋒而奪其氣。敵既奔北」句（同上）。明刊本「敵人」作「虜寇」。「敵」作「虜」。又後文「陞今官出鎮居庸。敵方入侵。邊兵訩訩」句（同上）。明刊本「敵方入侵」作「虜方入寇」。

卷七

袁袠副都御史羅公壙誌銘

四庫本「明年禦敵功成。公陞俸一級」句（四五三—三五三下）。明刊本「禦敵」作「殄虜」。又「己巳秋。北人直逼京師」句（同上）。明刊本「北人直逼」作「北虜入寇」。

章倫吏部尚書何公行狀

四庫本「北人額森請遣大臣迎車駕還京」句（四五三—三五八上）。明刊本「北人」作「北虜」。

李賢大學士高公神道碑銘

四庫本「景泰初。敵情莫測。邊警日嚴。選使敵者」句（四五三—三五九下）。明刊本「敵」字並作「虜」。

李賢禮部侍郎薛公神道碑銘

四庫本「時敵騎薄都城」句（四五三—三六二上）。又「以天時人事驗之。北兵必宵遁」句（同上）。明刊本「敵」「兵」皆作「虜」。

卷八

彭時禮部侍郎李公神道碑

四庫本「是秋北兵入邊。六師敗績于土木」句（四五三—三六四下）。明刊本「北兵入邊」作「北虜寇邊」。

柯潛副都御史陳公墓碑銘

四庫本文中凡「敵」字明刊本皆作「虜」

卷九

吏部尚書忠肅王公言行錄

四庫本「皆自衆中拔起。爲敵人所憚」句（四五三—三七五上）。明刊本「敵人」作「夷狄」。又後文「東若碣遼部長懾其義。惟西與東嘗附和北方。其勢滔天。而凡公之所在屹若鉅」句（四五三—三七五下）。明刊本作「東若遼碣夷酋攝其義。惟夷與羌嘗附和北虜。玁狁滔天猾夏。而公所屹若鉅」。

楊廉刑部侍郎林公言行錄

四庫本「我太祖於太學易以木主。百年陋俗乃革」句（四五三—三七八下）。明刊本「陋俗」作「夷俗」。

葉盛吏部尚書文靖魏公墓志銘

四庫本「率諸司條陳禦敵安民之策」句（四五三—三八〇下）。明刊本「禦敵」作「討胡」。

卷十

王與前監察御史陳公誌銘

四庫本「正統己巳。英廟親征北方未還」句（四五三—三八五下）。明刊本「北方」作「北虜」。又其後「冬十月。北兵進逼京城。公復上勤王務。謂敵勢張甚。非直要求金帛而已」句（四五三—三八六上）。明刊本「北兵」作「虜寇」。「敵勢張甚」作「虜勢猖獗」。又「邊境未寧。敵情莫測」句（同上）。明刊本「敵」作「虜」。

卷十一

尹直禮部侍郎章恭毅公神道碑銘

四庫本「北敵額森索使通好」句（四五三—三九四上）。明刊本「北敵」作「北虜」。

劉文和兵部尚書程襄毅公墓志銘

四庫本「已而師貴土木。敵遂南京」句（四五三—三九八下)。又「自城上以火鎗礮石鼓譟爲鏜援。敵引去」句(同上)。明刊本「敵」皆作「虜」。又「時建州人董山潛結朝鮮公使」句(四五三—三九九上)。明刊本「建州人」作「建州夷酋」。又「北部博囉聚欲入塞」句(同上)。明刊本「北部」作「虜酋」。「塞」作「寇」。

楊廉侍郎葉文莊公言行錄

四庫本「景泰元年八月。北兵送駕還京」句(四五三—四〇二下)。明刊本「北兵」作「北虜」。又後文「先是獨石馬營入城遇敵失守」句(同上)。明刊本「敵」作「虜」。又「成化八年。北兵出沒」句(四五三—四〇三上)。明刊本「北兵」作「北虜」。

卷十二

李賢恭順侯忠壯吳公神道碑銘

四庫本「其部長念公忠義之後。釋之」句(四五三—四〇四下)。明刊本「部長」作「酋長」。其餘凡「敵」字明刊本皆作「虜」。

楊守陳姚眠冢宰誄並序

四庫本凡「敵」字(四五三—四〇七上至四〇八下)明刊本皆作「虜」。又「恭敬神祇。柔撫邊磧」句(四五三—四〇八下)。明刊本「邊磧」作「夷狄」

卷十三

楊守陳右僉都御史汪公神道碑

四庫本「軍聲用張。敵莫敢犯」句(四五三—四一七下)。明刊本「敵」作「虜」。又「高城深壕。敵駾而喙」句(四五三—四一八上)。明刊本「敵」亦作「虜」。

楊璿戒軒先生傳

四庫本「而先生之革俗弊。不用浮屠」句(四五三—四二四上)。明刊本作「而先生之聞望益高。既而丁外艱。治喪參酌古禮。含歛葬祭痛革俗弊。不用浮屠」。

卷十四

尹直少保商文毅公墓誌銘

四庫本「敵逼京城。公與文武元僚經略戰守。遣官撫輯甸居之衆。徵各邊師選兵入援。揭牓其營。購敵復僞爲喜寧報誘擒額森書。故遣于敵營。敵得牓與書。故自相疑遁」句（四五三—四三〇上）。明刊本「敵」字皆作「虜」。「衆」亦作「虜」。「其」作「賊」。

卷十五

尹直永寧伯譚公行狀

四庫本「十二年復從征九龍口。敵騎數萬」句（四五三—四三七下）。明刊本「敵」作「胡」。又「正統六月以征勦邊寇功詔封永寧伯」句（四五三—四三八上）。明刊本「六月」作「六年」。「邊寇」作「胡寇」。又後文「翊清內難。從征北方」句（同上）。明刊本「北方」作「北虜」。又「至敵人相戒。亦曰愼毋犯譚家馬」句（四五三—四三八下）。明刊本「敵人」作「胡虜」。

楊溥新建伯榮信李公墓志銘

四庫本「從北征至玄冥河。追殺敵人」句（四五三—四四三上）。又「永樂庚寅。以殺敵人功陞指揮使」句（四五三—四四三下）。明刊本「敵人」並作「胡虜」。又後銘「瞻言白旄奮厥武」句（四五三—四四四上）。明刊本作「瞻望白旄殲醜虜」。

楊溥豐城侯茂國剛毅李公神道碑銘

四庫本「洪武庚午。率所部兵從潁國公征北方歷諸延殦兒諸山。近襲敵人阿達實哩」句（四五三—四四四上）。明刊本「北方」作「北虜」。「敵人」作「虜酋」。又「至熊皮山追襲敵雙和爾罕」句（同上）。明刊本「敵」作「虜酋」。又「又明年命公率兵征哨泥河營黑松林諸處。至哈剌之地乃還。敵人遠遁」句（四五三—四四四下）。明刊本「敵人」作「胡虜」

。又後文「癸卯。命佩都督前將軍印。總兵守甘肅。大振軍威。邊境讋伏。丁未。隨駕至京。命佩南征將軍印」句（四五三—四四四下至四四五上）。明刊本「都督」作「征虜」。「邊境」作「胡虜」。「南征」作「征夷」。又後文「長驅敵巢。左右搏擊。烟塵既淸」句（四五三—四四五上）。明刊本「敵」作「虜」。「烟」作「胡」。

卷十六

王偀副都御史吳公神道碑

四庫本「莊浪去城四百里。有地深入邊境」句（四五三—四五二上）。明刊本「邊境」作「狄境」。又後文「會寧夏花馬池達部入境」句（四五三—四五二下）。明刊本「部」作「寇」。

卷十七

鄧廷瓚伏羌使勇毛公傳

四庫本「遇敵。擒其部長旺札勒特穆爾」句（四五三—四五五上）。明刊本「其部長」作「達賊首」。又後文「十一月。黑山擒其圖羅卜岱」句（同上）。明刊本「其」作「賊」。又後文「戊午三月。達部多爾濟巴勒擁衆擾邊。公從平北大總兵蔣公征勦」句（同上）。明刊本「達部」作「達賊」。「擾邊」作「寇邊」。「平北」作「平虜」。又後文「遇達兵被掠。朝廷以公素爲邊廷信服……衆即羅拜悔罪」句（同上）。明刊本「達兵」作「達賊」。「邊廷」作「邊夷

」。「衆」作「虜」。又後文「並徵兵邊檄三紙。械送京師」句（同上）。明刊本「邊檄」作「虜檄」。又後文「夜集敵營。生縛僞祁王……土衆七十餘人」句（四五三—四五五下）。明刊本「敵」作「虜」。「土衆」作「土達」。又後文「時英廟出狩北廷。公前所獲奸僧扎實琳沁因得不死。遂北投額森以師事之」句（同上）。明刊本「北廷」作「虜廷」。「北投」作「投虜」。

又最後「公名著疆場。功施社稷」句（四五三—四五八下）。明刊本「疆場」作「華夷」。

楊廉廣東布政陳公言行錄

四庫本「此西域賈人爲圖利耳」句（四五三—四六七上）。明刊本「賈人」作「胡賈」。

卷二十

戴銑易州人物志

四庫本「遼東守臣以擒獲敵幼男女來獻者」句「四五三—四八四上」。明刊本「敵」作「虜」。

四庫補正

今獻備遺四十二卷

明項篤壽撰

以明萬曆十一年秀水項氏刊本校補

卷一

常遇春傳

四庫本「遂圍姑蘇。擒張士誠。封鄂國公。拜爲副將軍」句（四五三—五〇九下）。明刊本作「遂圍姑蘇。虜張士誠。封鄂國公。拜征虜副將軍」。

李文忠傳

四庫本「敵乘夜來攻。文忠堅壁不動」句（四五三—五一一下）。明刊本「敵」作「虜」。又其後。四庫本「不見敵而還。三年春。授北征左副將軍。總兵北伐。出野狐嶺」句（同上）。明刊本「敵」作「虜」。「北征」作「征虜」。又其後「師還。上平捷表。加右柱國大都督府左都督」句（同上）。明刊本「捷」作「胡」。又其後「師至哈喇莽賚。元師遁。文忠曰。

兵貴神速。千里襲人難。多重負」句（同上）。明本
「元師遁」作「虜遁去」。又其後文。四庫本「追奔
至稱海。敵兵益集。乃據險爲營。示以單弱。敵疑有
伏」句（四五三—五一二上）。明刊本作「虜卻走。
追聘海。虜益多。乃據險爲營。示以單弱。虜疑有伏
」。又「五出漠北。克上都。破應昌。殘元竄匿。繫
孫子。獲名王。壯矣哉。家居恂恂。若儒生賦詩雅歌
。有祭遵遺風。可謂允文允武。萬邦爲憲者矣」句（

同上）。明刊本「元」作「胡」。「獲」作「虜」。
「遺」作「虜」。

卷二

李善長傳

四庫本「今元運丁百六。倫紀隳斁。法理蕩廢。賦調
繁重」句（四五三—五二三上）。明刊本「運丁百六
」作「以夷王華」。

卷六

楊士奇傳

四庫本「萬一契丹行之爲中國羞。後有還自契丹者。
言彼是日罷宴。仁宗悔之。今宜免」句（四五三—五
五四上）。明刊本「彼」作「虜」。

楊榮傳

四庫本「是年八月車駕巡邊。至遵化。聞敵逼塞下」
句（四五三—五五七上）。明刊本「敵」作「虜」。

卷七

黃淮傳

四庫本「公言邊塞勢分易制。併力一心。後患滋大」
句（四五三—五六三下）。明刊本「邊塞」作「夷虜
」。

卷八

夏原吉傳

四庫本「時賞靖難功。大封親藩。討邊境。建宮殿」
句（四五三—五六六下）。明刊本「邊境」作「四夷

」。又其後。四庫本「上親征北地。皇太孫留守北京」句（四五三—五六七上）。明刊本「北地」作「北虜」。又其後四庫本「上將親征北地。原吉言今邊儲不足。請遣將。無煩六師」句（四五三—五六八上）。明刊本「北地」作「北虜」。

胡濙傳

四庫本「凡軍國重務。濙悉與聞。己巳。上親征北地。留守京師」句（四五三—五六九下）。明刊本「地」作「虜」。

卷十

陳瑄傳

四庫本「論曰。文皇定鼎。幽燕據天下形勝。以制禦北境。轉漕東南」句（四五三—五七五上）。明刊本「北境」作「北虜」。

羅通傳

四庫本「十四年冬。邊報至。通守居庸關」句（四五三—五七八下）。明刊本「邊」作「虜」。又後文「通守關有方略。才警敏。擒首人納延特穆爾。提精兵五千南襲。勦至拗羊山。斬捕獲有功」句（同上）。明刊本「擒」「勦」「獲」皆作「虜」。又其後。四庫本「脩理牆榨。勦除邊患。防護耕種。通又言。邊軍妄報首功。虛張敵勢。德勝之賊。近在都門。斬敵幾何」句（四五三—五七九上）。明刊本「邊患」作「賊寇」。「敵」字皆作「虜」。又「于公亦言。通

志在滅敵爲國」句（同上）。明刊本「敵」作「賊」。又「于公上言。口外軍民連歲被兵。不能種藝。恐邊人野無所掠」句（同上）。明刊本「邊人」作「虜寇」。又「三年冬。通言敵恃馬力出入塞下」句（同上）。明本「敵」作「虜」。又其後。四庫本「不數年。邊馬自空。此坐弱強敵之策也。是年。督兵逐走懷來至長安嶺……遺芻糧數萬。通上言敵來有鄉導。欲奪芻糧……已而敵退。請班師還京。協贊軍務」句

（四五三—五七九下）。明刊本「敵」皆作「虜」。「逐走」作「逐虜」。

卷十三

王直傳

四庫本「己巳秋。上將親征北漠。直率廷臣疏止。不聽。命留守京師。景泰元年。禮部會奏。北人請遣使迎。復當從之」句（四五三—五八六下）。明刊本「北漠」「北人」皆作「北虜」。

王翶傳

四庫本「十二年。勦邊塞。斬首無算。捷聞。賜勅獎諭陞右都御史。尋陞左都。十四年。額森犯京師。分兵寇廣寧。翶方坐教場賞軍。邊騎數萬猝至。我軍大潰。翶收散卒。堅壁固守。衆遁去。居遼東十餘年。積銀萬餘兩」句（四五三—五八七下）。明刊本「邊塞」作「達賊」。「邊騎」作「虜騎」。「衆」亦作「虜」。

段民傳

四庫本「駕征北漠。勅民轉餉」句（四五三—五九一下）。明刊本「北漠」作「北虜」。

卷十六

于謙傳

四庫本「八月十五日。師駐狼山土木。衆騎奄至。天子北狩報至。京師大震。謙慟哭。誓不與敵俱生」句（四五三—五九八下）。明刊本「衆」作「虜」。「敵」作「賊」。

又其後文。四庫本「改明年爲景泰元年。謙入見。泣曰。邊人不道。遮留皇輿」句（四五三—五九九上）。明刊本「邊人」作「賊虜」。又「如王竑者佐之。徙城外居民於城內。使彼無所掠。通州倉糧數百萬。不可棄以資敵」句（同上）。明刊本「彼」作「虜」。「敵」亦作「虜」。

又其後。四庫本「請閉九門。堅壁以避其鋒」句（四五三—五九九下）。明刊本「其」作「賊」。又「諜報太上皇移蹕。去敵壘稍遠。下令發砲擊其壘。死者萬計。而大學士陳循復請旨寫榜文。潛遣敵營中」句（同上）。明刊本「其」作「賊」。「敵」亦作「賊」。

又四庫本「大同參將許貴奏遣使議和。以緩邊患。謙言去冬嘗遣指揮季鐸。岳謙。齎金帛以往。敵輒深入。繼遣通政王復。少卿王榮。往議迎。復不見上皇而

回。敵情譎詐。和不足恃。邊將邀求無厭。莫若選將練兵」句（四五三—六〇〇上）。明刊本「邊患」。「邊將」俱作「虜患」「虜將」。「敵」字並作「虜」。又「尋報敵已出境。復以計密授楊俊禽喜寧送京師」句（同上）。明刊本「敵」作「虜」。又「當速奉迎。以承天意。倘彼不信。則我有辭矣」句（同上）。明刊本「彼」作「虜」。又「辛未九月。駕至邊庭時。河間東昌永樂中安置降人甚衆」句（同上）。

明刊本「降人」作「降虜」。

又其後。四庫本「初獨石馬營八城爲敵所據。議者欲棄之」句（四五三—六〇〇下）。明刊本「敵」作「虜」。又「團營楊俊請盡出團營兵。併三邊各路軍馬大舉伐之。謙曰不可。如此則京師各邊皆空虛。彼或分兵牽制。何以應之。非萬全之道也」句（同上）。明刊本「伐之」作「伐虜」。「彼」作「虜」。

又其後。四庫本「于謙若在。豈患此。上默然」句（

四五三—六〇一下）。明刊本「此」作「虜」。

郭登傳

四庫本「檄召諸夷長。宣布朝廷威德。諸邊境帖服。爭獻珍貝。不受」句（四五三—六〇二下）。明刊本「邊境」作「夷長」。

又其後。四庫本「十二月。邊將復犯京師」句（四五三—六〇三上）。明刊本「邊」作「虜」。

又四庫本「敵自屢勝以來。出入自由。不聞有出一兵

拒之者。登不勝憤。晝夜以忠義激厲其軍。定爲賞格。期必殺彼。諜報東驛敵入境……二十里外涉窩有敵營十二。登召將士問計。皆曰。彼衆我寡。莫若全軍而還。登曰。我軍已去城百里。且疲困。一退避。彼以鐵騎來追。雖欲自全。得乎。即按劍起曰。敢言退者斬。進薄其營。昧旦。敵以數百騎迎戰……敵大敗」句（四五三—六〇三下）。明刊本「敵」字「彼」字皆作「賊」。「進薄其營」作「進薄賊營」。又後

文「共斬首捕獲二百餘騎」句（同上）。明刊本「獲」作「虜」。又「是役也。以八百騎破敵數千」句（同上）。明刊本「敵」作「虜」。又「步卒追捕不及。乃以己意設攪地龍。飛天網等法。鑿爲深塹。覆以土木。人馬通行如履實地。敵入圍中」句（同上）。明刊本「追捕」作「追賊」。「敵」亦作「賊」。又「又用砲石擊之。一發五百餘步」句（同上）。明刊本「之」亦作「賊」。

又其後。四庫本「登廉潔善謀。與敵大小數十戰。未嘗挫衄」句（四五三—六〇四上）。明刊本「敵」作「賊」。又「甘州城南河水流。甘州城北塞雲愁」句（同上）。明刊本「塞」作「胡」。

卷十七

劉球傳

四庫本「時北人數求貢。球深以爲憂。麓川不靖。王振方議大舉伐邊」句（四五三—六〇四下）。明刊本

「北人」作「北虜」。「邊」作「虜」。

周忱傳

四庫本「十四年。英皇北狩。邊騎將薄都城。衆議欲焚通州倉以絕其食。忱時議事京師。請令六軍運入都城。聽作月糧。敵至無所掠」句（四五三—六〇八上）。明刊本「邊騎」作「虜騎」。「絕其食」作「絕虜食」。「敵」亦作「虜」。

卷十八

薛瑄傳

四庫本「以天時人事觀之。彼必宵遁」句（四五三—六一二下）。明刊本「彼」作「虜」。

卷十九

商輅傳

四庫本「遣官撫輯畿甸降衆。徵邊步入援。揭榜購邊人。僞爲喜寧。報誘擒額森書。故遺敵營中。敵得榜與書。果自相疑遁」句（四五三—六一九下）。明刊

本「降衆」作「降胡」。「邊人」作「虜酋」。「敵」並作「虜」。又後文。四庫本「是時穆蘇叛。命將討之。未下。廷臣請再出師以邀功」句（四五三—六二〇上）。明刊本「是時」作「賊酋」。

卷二十七

周洪謨傳

四庫本「又上言祀禮。儲蓄。省刑。減役。薄稅。禦敵安邊等六事。」句（四五三—六五四下）。明刊本「禦敵安邊」作「禦虜撫夷」。

卷二十九

金子俊傳

四庫本「敵不敢復肆。又上疏言……國初逐出。北人遠遁黃河外」句（四五三—六六五上）。明刊本「敵」作「虜」。「北人」作「北虜」。又「天順以來。敵知東西諸邊各據險以守。難窺伺……自是敵顧居內」句（同上）。明刊本「敵」皆作「虜」。又後文「

自是邊警益稀。十二年移鎮陝西」句（同上）。明刊本「邊警」作「虜寇」。

卷三十

高明傳

四庫本「內自宮禁外至邊境。皆有陰盛陽微之象」句（四五三—六六八下）。明刊本「邊境」作「夷狄」。

王信傳

四庫本「繕治城堡。敵不敢近」句（四五三—六六九下）。明刊本「敵」作「虜」。

王驥傳

四庫本「養銳待敵。敵至莊浪。授方略。出戰稍捷。敵引去。未幾。又復至」句（四五三—六七〇下）。明刊本「敵」皆作「虜」。又「努力破之。樹功名。否無相見。貴遇於石城兒泉。戰。敗之。敵尚數窺邊近。驥曰。彼未大衄。不畏我不退去」句（同上）。

明刊本「破之」作「破賊」。「於」作「虜」。「敗之」作「敗虜」。「敵」作「虜」。「彼」亦作「虜」。

又後文。四庫本「遣諜知敵巢所在。復用貴先鋒……俘邊人畜數千」句（四五三—六七一上）。明刊本「敵巢」作「虜巢」。「邊人」作「虜人」。

馬永傳

四庫本「明年敵入馬蘭峪塞。殺參將陳乾……十二年又入塞」句（四五三—六七二下）。明刊本「敵」作「虜」。「又入塞」作「虜入塞」。又其後「論曰。馬公起侍臣。歷邊鎮。有破敵功」句（四五三—六七三上）。明刊本「敵」亦作「虜」。

梁震傳

四庫本「興武營慣戰。敢先營破敵」句（四五三—六七三上）。又「東西援應。有斬敵功」句（四五三—六七三下）。明刊本「敵」皆作「虜」。又「當是時。關中少邊患。大同宣府敵數入塞」句（同上）。明

刊本「邊患」作「虜患」。「敵」作「虜」。又「五堡竟復。敵不敢近塞」句（同上）。明刊本「敵」作「虜」。又「震不死。五堡不再廢去。亦不敢輒輕入塞」句（同上）。明刊本作「震不死。五堡不再廢。虜亦不敢輒輕入塞」。

又其後。四庫本「震在邊專練家丁。時時出塞。劫其營。故不敢輒近塞。得其營馬。盡與諸出塞劫者。以

故人皆效死趨利。敵以故益畏之……謂承平時效牧獵爲生。不擾我邊。而我邊將撲殺邀功也。乃今敵數深入。駐帳塞上」句（四五三—六七四上）。明刊本「劫其營」作「劫虜營」。「故不敢」作「虜不敢」。「得其營馬」作「得虜營馬」。兩「敵」字並作「虜」。「乃今敵數深入」作「乃今虜數深入」。又四庫本其論曰「馬故降敵。以故善揣邊情。彼亦知所嚴憚……儻有邊患。安能出死力破敵哉」句（四五三—六七四上）。明刊本「降敵」作「降虜」。「邊情」作「虜情」。「彼」亦作「虜」。「邊患」作「虜患」。

卷三十一

劉大夏傳

四庫本「朝鮮使者爲建州兵邀擊。請改貢道……敵兵數入雲中。邊將失律。中外震驚」句（四五三—六七五下）。明刊本「兵」作「虜」。「敵兵數入雲中」

作「北虜數寇雲中」。又後文「上曰。永樂頻出塞用兵。今何不可……數萬甲兵俱陷邊地」句（四五三—六七六上）。明刊本「用兵」作「破虜」。「邊地」作「虜地」。

韓文傳

四庫本「七曰。革運司廢弛之弊。指摘剴切。嘉納之。苗逵征討無功」句（四五三—六七九上）。明本「討」作「虜」。

馬文升傳

四庫本「壬辰。敵侵臨鞏。文升督兵追之黑水口」句（四五三—六七九下）。明本「敵」作「虜」。又四庫本「尋命節制三邊。北人攻固原及好水川。檄召諸路兵。按伏湯羊嶺。敵至伏發。盡棄輜重遁走」句（四五三—六〇八上）。明本「北人」作「北虜」。「敵」作「虜」。又「戊戌。建州女直來侵。巡撫都御史陳鉞欲誘殺進貢來使」句（同上）。明刊本「

來使」作「夷屬」。又後文「文升偕行弗聽。先馳赴其地。招撫哈斯岱等二百餘人。直至敵亦解散。無所獲」。文升獨與抗禮。還奏。文升不與彼農器以啓邊釁」句(同上)。明本「敵」作「虜」。「彼」亦作「虜」。

又四庫本「哈密忠順王。先爲土魯番首蘇勒坦阿里所擒」句(四五三—六八〇下)。明刊本「擒」作「擄」。又「其子阿哈瑪特以金印城池來歸。守臣以聞。文升請立元之遺裔善巴者襲封忠順王。以主哈密。未幾。阿哈瑪特復攜善巴及金印以去」句(同上)。明刊本「裔」作「孽」。「攜」作「擄」。又「海西人當布嘉克謀叛。械擊京師」句(同上)。明刊本「人」作「夷」。

卷三十二

李秉傳

四庫本「我兵尚不給。何以供邊使。且永樂宣德間。邊使進馬官驗。不堪者令於外地牧放。不許入境窺伺。正統間。許住牧大同。以故深知地利。數犯邊。今衆多譎詐。不可不防」句(四五三—六八二上)。明刊本前後兩「邊」作「虜」。「於」「衆」亦作「虜」。

崔恭傳

四庫本「明年。敵擾京師。集兵數千。遣官部署勤王」句(四五三—六八二下)。明刊本「敵」作「虜」。

姚夔傳

四庫本「中條上時務八事。內會邊警。累疏言禦敵方略」句(四五三—六八三上)。明本「邊警」作「虜變」。「敵」作「虜」。

卷三十三

許進傳

四庫本「甲寅敵侵甘涼。拜左僉都御史。巡撫甘肅」

句（四五三—六八六下）。明刊本「敵侵甘涼」作「虜寇甘涼」。又其後「進與都督劉寧調集齊勤罕東諸兵。夜冒雪進兵伊蘭」句（四五三—六八六下）。明刊本「兵」作「夷」。又後文「庚申。和碩攻」句（同上）。明刊本「攻」作「寇」。

黃紱傳

四庫本「庚戌。敵殘薊東之後。每歲徵兵入衛。客死戍所者至十之半」句（四五三—六八九下）。明刊本「敵」作「虜」。

卷三十四

倪岳傳

四庫本「一旦召復爲聖政。累西域人從海道貢獅。岳言獅子外國之獸。眞僞未可知」句（四五三—六九〇下）。明刊本「西域人」作「西域胡」。「外國之獸」作「外夷之獸」。

卷三十七

許逵傳

四庫本「滅義求活。故持二心。乃禽獸之道。逆理之行」句（四五三—七〇一上）。明刊本「逆理之行」作「夷狄之行」。又其後。四庫本「高皇帝躬冒矢石。昭奠華夏」句（同上）。明刊本「躬冒矢石」作「剪毆胡元」。

卷四十一

楊一清傳

四庫本「敵入花馬池塞。十八年勅往經略邊務兼巡撫陝西禦敵。遂遁去」句（四五三—七一三上）。明刊本「敵」皆作「虜」。「遂遁去」作「虜遁去」。又後文「敵雖侵犯。爲患猶淺」句（四五三—七一三下）。明刊本「敵」作「賊」。又其後「成化初年。北人在套時尚未有邊牆」句（同上）。明刊本「北人」作「北虜」。又「北人知不能犯。不復入套者二十餘年」句（同上）。明刊本「北人」作「北虜」。又其後「弘治十四年。敵竟由花馬池拆牆而入。戕破內郡邊人」句。明刊本作「弘治十四年。大虜由花馬池拆牆而入。戕破內郡虜人」。又其後「紘止添修四五小堡及于靖邊至環慶地方。挑空邊塹一道七百餘里。自謂可無邊患」句。明刊本「邊」字皆作「虜」。又「弘治十七十八年冬又復大舉」句。明刊本「又」字作「虜」。又其後。四庫本「臣歷官陝西。敵情邊事頗嘗究心。但腹裡頻年旱荒。倉廩空虛。餽餉不繼。彼

兵動號數萬。倏聚忽散」句（四五三—七一四上）。明刊本「敵情」作「虜情」。「彼兵」作「虜賊」。又其後。四庫本「遂使河套沃壤爲彼甌脫……此陝西連歲兵患所以相尋而莫之能解也」句（四五三—七一四下）。明刊本「彼」字作「虜」。「連歲兵患」作「北虜之患」。又其後「敵來有以待之。雖非上計。猶愈于無策。彼其聞知或數十年未敢輕犯」句（四五三—七一四下）。明刊本「敵」作「賊」。「彼其」

作「醜虜」。又「今冬邊人若復侵犯。謹當督率諸將。恭行天罰。今年套內無事。腹裡有秋。人民稍安」句。明刊本「邊人」作「虜賊」。「無事」作「無賊」。又後文「自徐太傅達出爲總兵大將軍。入爲中書右丞相」句（四五三—七一六上）。明刊本「總兵」作「征虜」。

卷四十二

李夢陽傳

四庫本「盛唐乃與姑蘇徐禎卿。信陽何景明作爲古文

辭。以蕩滌數百年來之陋」句（四五三—七一九上）。明刊本「數百年來」作「南宋胡元」。

通鑑總類二〇卷

宋沈　樞撰

以元至正二十三年平江路儒學刊本校補

卷一下

吳越王寐不安枕章

四庫本「雖大王來。亦不可啓。乃自他門入」句（四六一—二二六上）。元刊本其後多「明日召北門吏。厚賜之」。

卷三

燕王守光欲自帝章

四庫本「不出百日。大兵當至」句（四六一—三〇六下）。元刊本作「百日之外必有急兵」。

齊王居喪奏女樂章

四庫本「此非樂也。表請聽樂。詔不許」句（四六一—三三一上）。元刊本「表請聽樂」作「百官表請聽樂」。

卷四上

蕭洪詐稱蕭太后弟爲太子洗馬章

四庫本「與之俱見太后。穆宗。以爲太子洗馬」句（四六一—三四一上）。元刊本作「與之俱見太后、穆宗。以爲得眞舅。遂以爲太子洗馬」。

漢文帝不用竇廣國爲相章

四庫本「從帝封關內侯」句（四六一—三五一上）。元刊本其後多「遂以嘉爲丞相。封故安危」。

卷五上

北魏高歡欲廢澄而立潡章

四庫本「全我父子者。司馬子如也。賜之黃金」句（四六一—三九五下）。元刊本其後多「百三十斤」。

卷十一上

四庫本「垂拱三年。命蘇良嗣留守西京時」句（四六一—六七八下）。元刊本此段前題曰「裴匪躬鬻苑中蔬果」。四庫本無此題。

王章聚歛刻急章

四庫本「公私困竭。章捃摭遺利。吝」句下似有闕文（四六一—六八九上）。元刊本作「吝於出納。以實府（庫）」。

卷十一下

周朗謂歷下泗間不足戍守章

四庫本「而令重車弱卒與肥馬強兵相逐」句（四六一—七一六下）。元刊本「強兵」作「悍胡」。

北魏高閭請築長城以備邊章

此題元刊本作「北魏高閭請築長城以備虜」。又四庫本內文「齊永明二年。魏中書監高閭上表。以為北狄所長者野戰。所短者攻城」句（四六一—七一六下）。元刊本作「齊永明二年。魏中書監高閭上表。以為北狄。悍愚同於禽獸。所長者野戰。所短者攻城」。

卷十五上

四庫本「秦王以薛萬徹為義士」章與「顏真卿獨守平原以拒賊」章之間似有闕文（四六二—一四二下）。元刊本多四則如下

貞觀九年。以光祿大夫蕭瑀為特進復令參預政事。太宗曰。武德六年以後。高祖有廢立之心而未定。我不為兄弟所容。實有功高不賞之懼。斯人也。不可以利誘。不可以死脅。真社稷臣也。因賜瑀詩曰。疾風知勁草。版蕩識誠臣。又謂瑀曰。卿之忠直古人不過。然善惡太明。亦有時而失。瑀再拜謝魏徵曰。瑀違眾孤立。唯陛下知其忠勁。曏不遇聖明。求免難矣。

太宗追贈堯君素

十二年。詔曰。隋故鷹擊郎將堯君素。雖桀尤吠堯。有乖倒戈之志。而疾風勁草。實表歲寒之心。可贈蒲州刺史。仍訪其子孫以聞。

李安靜拒武后革命。

載初二年。太后將革命。王公百官皆上表勸進。李安靜獨正色拒之。及下制獄來。俊臣詰其反狀。安靜曰

。以我唐家老臣。須殺即殺。若問謀反。實無可對。

俊臣竟殺之。

姚元之甘獲罪以全人臣之義

神龍元年。太后之遷上陽宮也。姚元之獨嗚咽流涕。桓彥範。張柬之謂曰。今日豈公涕泣時邪。恐公禍由此始。元之曰。元之事則天皇帝久。乍此辭違。悲不能忍。且元之前日從公。誅姦逆。人臣之義也。今日別舊君。亦人臣之義也。雖獲罪。實所甘心。是日。

出爲亳州刺史。

溫序杖節伏劍而死章

四庫本「虜何敢迫脅漢將。因以節撾殺數人」句（四六二—一五〇下）。元刊本其後多「宇衆爭欲殺之」。

房景伯母能化部民章

四庫本「其子叩頭流血。涕泣乞還。卒以孝聞」句（四六二—一五四上）。元刊本作「其子叩頭流血。涕泣乞還。然後聽之。卒以孝聞」。

卷十五下

荆南梁雲自稱荆臺隱士章

四庫本「梁震曰。先王待我如布衣交。不復事人矣」句（四六二—一七八下）。元刊本作「梁震曰。先王待我如布衣交。以嗣王屬我。今嗣王能自立。不墜其業。吾老矣。不復事人矣」。

卷十九上

契丹主盡載府庫之實以歸國章

四庫本止於「吾在上國。以射獵爲樂。至此令人悒悒」句（四六二—三七五上）。元刊本其後尚多「今得歸。死無恨矣」。

兀欲殺趙延壽即帝位章

四庫本「國人剖其腹。實鹽數斗戴之北去」句（四六二—三七六上）。元刊本其後多「晉人謂之帝羓」。

方輿勝覽七十卷

宋祝穆撰

以宋咸淳三年建安祝氏刊本校補

卷四

四庫本「荆溪。在宜興東北入太湖」條（四七一—六一三上）。宋刊本作「荆溪。在宜興南二十步。陽溪。在宜興東北入太湖」。

卷十

「金饒山」條與「道人峰」條之間四庫本缺（四七一—六四九下）。宋刊本作「三臺山。在邵武縣東路四十里。梅元保地。名楊源。古老相傳。昔有頭陀從廣信□□□來此闢地種植。善驅雀耗。道貌淳朴。嘗語人曰。老朽姓楊。俗居上饒。渥地人也。曩參眞覺蒙師旨。逢梅熟處。遇西即止。梁開平年間。卓庵修行於梅元三臺。楊源西坑。水繞山環。林木深秀。有虎隨侍應呼。而前鄉人失羊。尋蹤到彼。聖者出迎曰。

汝无恐。羊在山後。少頃果獲。因此稱號楊公聖者伏虎大師。長興三年四月。師謂人曰。吾以六月四日生。與汝鄉俗緣已盡。至期果跏趺逝化。後人爲其塔于師開山手植杉木之下。鄒編修應博有偈云。雪峰三隻虎。最幼是楊公。混成无縫塔。耽原落下風。迺立祠板繪像。歲時齋祀之。凡水旱疾疫。有禱即應。福庇遐邇。人皆德之。道者朱公善。因募衆緣。廣其殿宇。時寶慶丁亥五月辛未。立棟架梁。爭效材力。工畢

雨至。已而塵土滌。木石潔。員光現。霽色開。天花繽紛。咸稱嘉瑞。昭武黃大昌鄉先生集詩辭作天花頌云。陟彼北山。北山有楊。楊園之道。金玉其相。維此聖人。肅雝顯相。濯濯厥靈。赫赫在上。天作高山。殖殖其庭。庶民攻之。築之登登。如翬斯飛。大啓爾宇。四方來賀。百神爾主。習習谷風。零雨其濛。杲杲出日。日之方中。灼灼其花。如彼雨雪。如金如錫。或黃或白。猗儺其華。長發其祥。載飛載下。萬

舞洋洋。施于中林。華如桃李。民人所瞻。周邦咸喜。匪降自天。何有何亡。有倬其道。邦家之光。天子萬年。矢其文德。降福穰穰。惠此中國。六月徂暑。陟其高山。鐘鼓既設。旅楹有閑。虎拜稽首。維師尚父。作此好歌。獻於公所。游侍郎九功以廣福名其菴。至今菴側古杉巨木可取枝幹療病。隨獲感應。宋朝聞聖者有功于民。錫號加封慈濟普應廣惠顯祐大師。桃源山在廣福菴東北行二里餘。峰迴路轉。泉瀉源深

。石徑縈紆。樹林蒼蔚。洗菜池邊留佛跡。種桃蹊上築菴基。聖水靈杯人皆敬信。劉篁嵥詩云。山木鎖冥迷。山前無路歧。無端流菜葉。剛被世人知。」

卷二十

四庫本「贛州建置沿革」下小注「秦號九江郡。漢爲贛雩。都南埜三縣地。隸豫章郡。後漢置廬陵郡屬焉。吳孫權立南部都尉。晉罷都尉。立南康郡。仍舊治屬江州」句（四七一—七二七下）。宋刊本作「秦號九江郡。漢高使灌嬰略定江南。姑爲贛縣。後漢置廬陵郡。贛縣屬焉。吳孫權分廬陵。立南部都尉。晉罷都尉。立南康郡」。

卷二十二

四庫本「土產。茶磨石」條與「名宦。周頤」條之間有闕（四七一—七四七下）。宋刊本作「土產　茶磨石。圖經以石門之石爲之。蒼碧縝密。鑴琢得所。以磨盤與輪同璞者爲佳。其最謂之舀石。猶硯之舊坑也

。脈紅如線。極鮮明。不過三兩脈。今亦艱得。土人又以白脈者爲銀線。黃爲金線云。山川　玉枕山　在郡正北。蓋郡之主山也。南源山　在大庾嶺上。上有飛瀑百丈。其下湫潭。深不可測。聶都山　在大庾縣西南。山海經云。聶都之山諸水出焉。南臺山　在南康縣上有三岩。大章山　在上猶縣西。介於江湖廣三路。延數百里。出巨木。龍鳳山　在上猶縣。有龍鳳飛舞之狀。即縣主山。石笋山　在上猶縣。挺立衆山

間。宛如卓筆。獨秀峰　在南康縣東。舊名鷄籠東坡。南遷更名獨秀峰。太庾嶺　在大庾縣西南二十里。吳錄南野縣有太庾山自嶺嶠九磴二里至嶺下七里。平行十里至平亭。劉嗣之南康記云。平亭謂之横亭。圖經云。嶺初險桷。唐張九齡開鑿新路。乃斷崖成峽。兩壁聳立。仰視霄漢。中塗坦夷又名梅嶺。其上多梅。九日嶺　祥符經有九日臺山。在南康縣北。蓋縣治之主山。陳魏公來主縣簿。夢九日山神來謁。已而生

秀。公升之官至宰相。元名旭。蓋取此義。月岩　在上猶石嶂。山穴正圓如月。徑數十尺。表裡不隔。常娥嶂　在大庾。蓋郡城之朝山。傑出衆山之表。梅關　在大庾嶺頭。以分江廣之地。浮石　在大庾。形如覆鍾。水環其外。蘇子瞻詩。浮石已乾霜後水是也。巽水　在南康縣。由縣庠巽維會于章水。章水　同上。其源即涼熱水也。亭榭　面面亭　在軍治。取韓昌黎面面看芙蓉之句。揖秀亭　在郡治。有雙峰拱揖于前

。古跡卓錫泉　郡志。大庾雲封寺有六祖圓明眞空大鑑禪師塔。左卓錫泉。一名錫杖泉。有放鉢石。釋氏壇經云。六祖自黃梅傳衣鉢之曹溪。五百大衆欲爭取之。追至大庾嶺。久立□渴。六祖拈錫杖點石。泉湧清冷甘美。衆駭而退。」

卷二十三

四庫本「道林寺」條下小注「若夫遺歐陽詢書二也。杜詩三也。韓詩四也。此之謂四絕」句（四七一—七

五一下至七五二上）。宋刊本作「若夫遺歐陽詢而取裴休。置韓愈而取宋之問則未然。乃爲詮次。沈書一也。詢書二也。杜詩三也。韓詩四也。此之謂四絕。」

卷三十八

四庫本「南溪山」條與「龍隱巖」條之間有闕（四七一—八五六上）。宋刊本作「南溪山　在臨桂縣南五里。其山聳拔千尺。其溪東注與桂江合。靈巖山　在

靈川縣西北三十里。山下有洞。南北相通。水灌其中。」

卷四十八

四庫本「肥水」條下小注「廬江四辨曰。水出鷄鳴山。北流二十里出壽春而投于淮。二水皆曰肥」句（四七一—九一七下）。宋刊本作「廬江四辨曰。水出鷄鳴山。北流二十里。分而爲二。其一東流入巢湖。其一西北流二百里。出壽春而投于淮。二小皆曰肥。」

又四庫本「皇朝米芾」條下小注「嘗爲太學博士。擢禮部員外郎」句（四七一—九二〇下）。宋刊本作「嘗爲太學博士。出守無爲軍。後召爲書畫博士。擢禮部員外郎」。

河防一覽十四卷

明潘季馴撰

以明萬曆十八年刊本校補

卷二

四庫本「蓋上決而後下」句下標注闕（五七六—一六八上）。明刊本其文如下

蓋上決而後下壅。非下壅而後上決也。馴嘗親往海口閱視。寬者十四五里。最窄者五六百丈。茫茫萬頃。此身若浮。蚤暮兩潮。疏濬者何處駐足。若欲另鑿一口。不知何等人力遂能使之深廣如舊。假令鑿之易矣。又安保其海之不復嘯嘯之不復塞乎。舊則塞。新鑿者則不塞。非馴之所解也。

或有問於馴曰。河由草灣入海何如。馴應之曰。河由淮城北西橋地方入海。此故道也。嘉靖三十年間。河忽衝開草灣。而西橋正河遂塞。連都御史塞之不得。未幾自塞河復歸故道。今於萬曆十六年河水仍歸草灣

。而故河復淤。淮城之民恃以安枕矣。查得草灣六十里。至赤晏廟復歸正河。似亦無礙。但正河之面三百餘丈。草灣闊僅三分之一。譬之咽喉。狹小吞嚥不及。則徐邳之水消洩未免遲滯。此則可慮耳。今欲挽歸正河。人力亦可施者。而清江浦一帶居民。方恃正河之塞爲安人情。」

又其後。四庫本「要知非築高堰後」句與「宋唐具題」句之間標注「闕」。明刊本其文作「要知非築高堰後始然矣。查據泗州申稱萬曆三年該奉祀朱宗唐具題。」

四庫補正

唐六典三十卷

唐張九齡等撰　李林甫等注

以明正德十年刊本校補

卷十四

四庫本「凡大燕會則設十部之伎於庭。以備華廟用承先之舞」句（五九五—一四六下）。其中「華」與「廟」之間有闕文。明刊本作「凡大燕會則設十部之伎於庭。以備華夷。一曰燕樂伎。有景雲樂之舞。慶善樂之舞。破陣樂之舞。承天樂之舞。三磬萬響。搊箏筑。竪箜篌。小箜篌。大琵琶。小琵琶。大五絃。小五絃。吹葉。大笙。小笙。長笛。天八大篳篥。小篳篥。大簫。小簫。正同鈸。和同鈸各一。歌二人。揩鼓。連鼓。鼗鼓。桴鼓。具各二。二曰清樂伎。編鐘編磬各一。架瑟。彈琴。擊琴。琵琶。箜篌。箏筑。節鼓。各一。歌二人。笙。長笛。簫。篪各二。吹葉一人。舞四人。三曰西涼伎。編鐘編磬各一。架歌一人。彈箏。搊箏監。箜篌。竪箜篌。琵琶。五絃。笙。長笛。短笛。大觱篥。小觱篥。簫。腰鼓。齊鼓。擔鼓各一。銅鈸二。貝一。白舞一人。方舞四人。四曰天竺伎。鳳首箜篌。琵琶。五絃。橫笛。銅鼓。都曇鼓。毛員鼓各一。銅鈸二。貝一。舞二人。五曰高麗伎。彈箏。臥箜篌。竪箜篌。琵琶。五絃。笙。橫吹。小觱篥。簫。桃皮觱篥。腰鼓。齊鼓。擔鼓。貝各一。舞四人。六曰龜茲伎。竪箜篌。琵琶。五絃。笙。簫

。橫笛。觱篥。各一。銅鈸二。答臘鼓。毛員鼓。都曇鼓。羯鼓。侯提鼓。腰鼓。鷄婁鼓。貝各一。舞四人。七曰安國伎。竪箜篌。琵琶。五絃。橫笛。大觱篥。雙觱篥。正鼓。和鼓各一。銅鈸二。舞二人。八曰踈勒伎。竪箜篌。琵琶。五絃。橫笛。簫。觱篥。答蠟鼓。羯鼓。侯提鼓。婁鼓各一。舞二人。九曰高昌伎。竪箜篌。高昌琵琶。五絃。笙。橫笛。簫觱篥。腰鼓。鷄婁鼓各一。銀角一。舞二人。十曰康國伎

。笛二。正鼓。和鼓各一。銅鈸二。舞二人。凡大祭祀。朝會用樂。則辨其曲度章服。而分終始之次。郊祀降神。奏豫和之樂。文舞作焉。迎皇帝則奏太和之樂。奠玉則奏肅和之樂。迎俎則奏雍和之樂。酌獻則奏壽和之樂。送神則奏舒和之樂。武舞作焉。若有事於地祇。則迎神以順和之樂。有事於宗廟。則迎神以永和之樂。餘如郊祀之儀。饗先農用農和。孔宣父廟。齊太公廟。用宣和之樂。元正冬至。大朝會迎送皇

帝用太和。迎送王公用舒和。群臣上壽用休和。皇帝舉酒登歌用□和。文舞用九公之舞。武舞用七德之舞。若祀祠武舞。用凱安之舞。凡有事於太廟。每室酌獻各用舞焉。獻祖之室用光大之舞。黃鍾宮調。懿祖之室用長發之舞。黃鍾宮調。太祖之室用大政之舞。太簇宮調。代祖之室用大成之舞。姑洗宮調。高祖之室用大明之舞。蕤賓宮調。太宗之室用崇德之舞。夷則宮調。高宗之室用均天之舞。黃鍾宮調。中宗之室

用文和之舞。太簇宮調。睿宗之室用景雲之舞。黃鐘宮調。孝敬廟用承先之舞」。

四庫補正

宋宰輔編年錄二〇卷

宋徐自明撰

以清初鈔本校補

卷十三

四庫本「金以尼堪命召之而去。不知其所終」句（五九六—四九二下）。清鈔本「金」作「虜」。

卷十四

四庫本「久宣勞於外屏」句下標注闕（五九六—四九七下）。清鈔本作「胡塵侵犯。都邑震驚。纏氛祲於九重。接腥羶於萬國。立轅門而左袒。倡（旅以南征）」。

卷十五

四庫本「於戲。治政事而安邊徼。繫內外之交脩」句（五九六—五六四上）。清鈔本「安邊徼」作「攘戎狄」。

卷十六

世忠樞密使制。四庫本「枕戈待旦。誓不與敵偕存。蠢爾遐荒。擾我近服」句（五九六—五九〇上）。清鈔本「敵」作「虜」。「遐荒」作「逆胡」。

卷二十

四庫本「寧宗紹興五年」句（五九六—七一三下）。清刊本作「光宗紹熙五年」。

秘書監志十一卷

元王士點 商企翁同撰

以鈔本校補

卷二

四庫本至元二十年章「令史。典書奏差。公使人」下闕小注（五九六—七六五上）。鈔本作「令史 月俸二十兩。今添一十兩。 典書奏差 月俸一十兩。今添五兩。 公使人 月俸五兩。今添二兩五錢。」

卷八

四庫本「賀聖節表」（五九六—八二〇上）。鈔本下有小注作「至元二十九年秦允父」。

四庫本「册皇太子賀皇帝表」（五九六—八二五下）。鈔本下有小注作「延祐六年表尊道」。

卷九

四庫本秘書監丞劉秉德與黃惟中之間有闕（五九六—八三九下）。鈔本作「張口 大德二年九月十八日以承務郎上」。
又溫都爾下闕小注（五九六－八四〇下）。鈔本作「
致和元年四月二十八日以朝請丈夫由僉燕南廉訪司事
上」。
又四庫本張圭善下闕小注（五九六－八四一上）。鈔
本作「字師德。至正二十五年九月二十六日上」。
又四庫本典簿許思誠下闕小注（五九六－八四二上）
。鈔本作「至元三年三月二十九日上」。

卷十一
四庫本譯史自劉道源至王愷七人均闕小注（五九六－
八五三上下）。鈔本作
劉道源　延祐四年三月二十五日參
翟謂勒哲　延祐六年閏八月二十五日參
張遹　至治二年五月初二日
劉繼祖　延祐七年九月初二日參
唐謂勒哲　泰定四年十一月二十二日參。日照縣人
劉德讓　至順元年十一月初三日
王愷　至順四年五月初三日參。安陽縣人
又四庫本回回令史沙木斯鼎下闕小注（五九六－八五
三下）。鈔本作「至元二十八年」。
又四庫本知印王聖孫。李德芳下闕小注（五九六－八
五四上）。鈔本作「王聖孫　延祐六年四月初二日參
李德芳　延祐六年五月十六日參」。

四庫補正

建炎以來朝野雜記四〇卷

宋李心傳撰

以明鈔本校補

甲集卷一

四庫本是卷內容極少。且與明鈔本不同。明鈔本全文如下

上德。后妃王主宗室附

高宗誕聖

高宗受命中興。全功至德。聖神文武昭仁憲孝皇帝。諱構。字德基。徽宗第九子。母曰韋太后。大觀元年五月二十夜生於宮中。以其日爲天申節。八月封蜀國公。二年正月進廣平郡王。宣和三年十二月封康王。靖康元年十一月。被旨使河北。金人軍前議和。閏月至相州。除河北兵馬大元帥。二年五月朔即皇帝位於南京。改元建炎。十月幸揚州。三年二月渡江。幸杭州。四月進幸江寧。八月復幸臨安。十二月自明州幸海。四年正月幸溫州。四月進幸越州。紹興二年正月又幸臨安。四年十月又進幸平江。五年二月還臨安。六年九月又幸平江。七年四月進幸建康。八年三月復還臨安。在位三十六年。建炎四。紹興三十二。遜位二十五年。淳熙十四年十月八日崩於德壽宮。壽八十一。十五年二月權殯永思陵。初年二十一。遜位五十六。

孝宗誕聖

孝宗紹統同道冠德昭功哲文神武明聖成孝皇帝。諱眘。字元永。高宗第二子。建炎元年十月二十二日生於嘉興府。以其日爲會慶節。初名伯琮。紹興二年五月鞠於宮中。三年二月除貴州防禦使。賜名瑗。五年六月封建國公。十二年正月進封普安郡王。三十年二月立爲皇子。封建王。更名瑋。四月賜字元瓌。三十一年十二月扈從幸建康。三十二年二月還臨安。五月立爲皇太子。更今諱。六月十一日受內禪即皇帝位。在

位二十七年。隆興二。乾道九。淳熙十六。遜位五年。紹熙五年六月九日崩於重華宮。壽六十八。權殯永阜陵。初年三十六。遜位六十三。

光宗誕聖

光宗憲仁聖哲慈孝皇帝。諱惇。孝宗第三子。母曰郭皇后。紹興十七年九月四日生於藩邸。以其日爲重明節。二十年二月授右監門衛率府副率。三十年五月轉榮州刺史。三十二年九月封恭王。乾道七年二月立爲

皇太子。四月領臨安尹。九年四月解尹事。淳熙十四年十一月參決機務。十五年正月赴議事堂。與宰執議事。又詔每遇朝殿令侍立。十六年二月二日受內禪。即皇帝位。在位五年。紹熙。遜位六年。慶元六年八月八日崩於壽康宮。壽五十四。其年十二月權殯永崇陵。初年四十三。遜位四十八。

寧宗誕聖

寧宗皇帝名擴。光宗第二子。母曰李皇后。乾道四年十月二十日生於恭王府。以其日爲瑞慶節。五年十一月除右千牛衛大將軍。淳熙五年十月封英國公。十二年三月進平陽郡王。十六年三月封嘉王。紹熙五年七月五日。奉太皇太后聖旨。就重華宮即皇帝位。初年二十七。

壽康宮進香

上始受禪。趙子直議以秘書省爲泰安宮。已而不果。乃以慈懿皇后外第爲之。會光宗不欲遷。因以舊福寧

殿爲壽康宮。而更建福寧殿。上之在重華執喪也。五日一朝於壽康。時光宗聖體未平。猶不得見。慶元四年八月丙戌。詔恭聞上皇聖躬悉已清復。將率群臣詣宮上壽。既而不克行。五年八月丙戌。以重明節前十日。上初詣壽康宮進香。詔書降諸道。流罪以下囚。釋杖以下。京官大父母父母年八十選人。小使臣大父母父母年九十。庶人百歲。並與官封。致仕官員郎年八十賜服三品。餘官七十服緋綠。及十年並改賜。民

有大父母父母年九十以上。免身丁錢。諸道贓賞錢悉蠲之。加賜。行在諸軍如雪寒錢例。宰輔皆進官一等。特進右丞相祁國公京鏜爲少保。封鄭國公少傅。保寧軍節度使萬壽觀使韓侂胄爲少師。封平原郡王。太皇太后弟保順軍節度使提舉祐神觀謝淵爲太尉。太上皇后姪昭信軍承宣使知閤門事李孝友。保信軍承宣使知閤門事李孝純。並除節度使入內。內侍省押班甘昺。以兩宮宣力備竭忠勤。特遷二官。其餘次第行賞。

孝宗諸孫

孝宗皇帝五孫。莊文太子。下曰豫國公挺魏惠憲王。下曰左千牛衛大將軍攄。次吳興郡王抦。光宗皇帝下曰保寧節度使挺。次寧宗挺。攄挺皆蚤卒。寧宗四子。其長者紹熙四年春生於嘉邸。時光宗已屬疾。而子亦早夭。故不及名既受禪。恭淑皇后生兗沖惠王埈。邠沖溫王坦。楊貴妃生郢沖美王增。皆不育。吳興一子曰楚州團練使垓。生三歲而夭。慶元五年四月追賜名贈官云。

慶元育宗子

上既失兗王。戊午歲用高宗故事。取燕王宮希字行之。子與愿鞠之宮中。已而連失邠郢二王。庚申冬遂以爲觀察使。賜名曮云。

高宗恭儉

高宗在維揚持時。每退朝即御殿旁一小閤。垂簾獨坐。前設一素木卓子。上置筆硯。蓋閱四方章奏於此。

閤內惟二小璫侍側。凡巨璫若內夫人奏事。上悉出閤外視之。御膳惟麵飯煎肉炊餅而已。鎮江守錢伯言。嘗獻宣和所留器用。其閒有螺鈿椅卓。上惡其靡。亟命於通衢毀之。上晚年大劉妃有寵。恃恩驕侈。盛夏以水晶飾足踏。上偶見之。即命取其一以爲御枕。妃惶懼撤去。自是六宮無復踰制者矣。

高宗聖學

紹興末。上嘗作損齋屏。去玩好。置經史古書其中。

以爲燕坐之所。上早年謂輔臣曰。朕居宮中。自有日課。早閱章疏。午後讀春秋史記。夜讀尙書。率以二鼓罷。尤好左氏春秋。每二十四日而讀一過。胡康侯進春秋解。上置之坐側。甚愛重之。又悉書六經刻石置首善閣下。及作損齋。上亦老矣。因自爲之記。刻石以賜近臣焉。

孝宗聖孝二事

辛巳歲。上視師建康。建王實從。每早晚二頓必具上

起居食飲狀及群臣進對中外關奏之事。以達中宮。逮還都。隆慈出示。其書盈篋。上見之大喜。

孝宗天資純孝。初授禪。高宗駕之德壽宮。上步出祥曦殿門掖輦以行。及宮門乃止。翊日過宮。屬天新雨泥淖被路。上皇命邀乘輿至殿門。上亟駐輦門外。趨立庭下。上皇嘉歎。久之曰。每見吾兒則喜不自勝。

隆興初。上以兵連不解。未克盡兩宮之奉。乾道元年二月朔。始從兩宮謁四聖觀。上親扶上皇上馬。都人驩呼以爲所未嘗見。此可謂以天下養矣。

孝宗恭儉

淳熙中。上作翠寒堂於禁中。以日本國松木爲之。不施丹雘。其白如象齒。嘗召趙丞相雄王樞使淮。奏事堂下。古松數十。清風徐來。上曰。松聲甚清。遠勝絲竹。子瞻以風月爲無盡藏。信哉。上雅敬蘇文忠。居常止稱子瞻。或稱東坡。上又指殿東橋曰。此去禁園無十數步。朕遇花時。亦未常往。閒遣人折數枝來

觀爾。苑中臺殿皆太上時所爲。朕居常以竹沓覆設。太上來則撤之。太上至宮徘徊周覽。每興依然之歎。頗訝其不雅飾也。上恭儉勤政蓋如此。

昭慈聖獻孟皇后

昭慈聖獻孟皇后。其先洺州人。眉州防御使元之孫也。哲宗在位。宣仁聖烈皇后以六禮聘之。宣仁崩。后廢。哲宗崩。欽聖憲肅皇后共政。復爲元祐皇后。還居禁中。欽聖崩。又廢。靖康二年冬。欽宗議尊爲元

祐皇太后。時城已破。命未及宣。張邦昌僭立。册爲宋太后。自外第入居西宮。邦昌將還政。先復后爲元祐皇后。垂簾聽政。高宗即位。加號隆祐太后。先往杭州。建炎三年。苗傅劉正彥肆逆。后垂簾聽政。賊平。始正尊號曰皇太后。上事太后如事母。居同宮。其秋。上將東巡。命執政滕康權知三省樞密院事。奉后往洪州。太廟神主天章閣神御偕行。非軍旅錢穀除拜。皆於簾前關決。舟過落星寺。六宮及後軍舟飄覆

者數十。惟太后舟無虞。其冬虜犯洪州。后幸虔州避寇。衛兵皆潰。虜追不及而還。四年上駐蹕會稽。遣資政殿學士盧益奉后還。明年四月崩於行宮之西殿。年五十九。初謚昭慈獻烈。已而改今謚云。后兄子忠厚。字仁仲。靖康初以承議郎知海州。建炎初遷顯謨閣直學士。明受撤簾除鎮漢軍節度使。后大祥拜使相。封信安郡王。累官少師。判紹興平江建康府。紹興十一年爲樞密使。二十七年提舉秘書省薨。

顯仁韋皇后

顯仁韋皇后。開封人。高宗母也。初入宮爲御侍。崇寧末封平昌郡君。大觀初進婕妤。宣和末累遷婉容。上出使進封龍德宮賢妃。建炎元年遙尊爲宣和皇后。顯肅崩。問至上尊號。曰皇太后。紹興九年。后有歸耗。上命有司豫作慈寧殿於禁中。遙上寶册。十二年七月后自東平登舟。九月上逆於臨平。普安郡王從上見后悲泣。后聰明有遠慮。每謂上給使者不必分。宜

通用之。蓋分則自爲彼我。其閒倿人希旨。必肆閒言。自古兩宮失懽。未有不繇此者。后季弟淵性暴橫。不循法度。高宗以其不可近民。恐居官有過。難以行法。終不予官積十有餘年。聞后將入境。乃封平樂郡王。令逆於境上。其後后朝景靈宮。淵見后出言詆毀。坐削官。安置袁州。已而追還之。十九年后年七十。正月朔。上即宮中行慶壽之禮。親屬皆遷官。二十九年上復行慶壽禮於慈寧殿。詔庶人年九十。宗子女

若貢士以上。父母年八十者。悉官封之。宰相沈該率百僚詣文德殿稱賀。國朝慶典自此始。九月后崩。年八十。權攢永佑陵。神主附太廟韋氏至節度使者凡三十人。后姪孫璞妹爲魏惠憲王夫人。紹熙初。璞以司農卿除煥章閣待制。論者以爲不然。遂換明州觀察使。

仁懷朱皇后

仁懷朱皇后。開封人。武泰軍節度使。伯材女。欽宗

元妃也。政和末。徽宗臨軒備禮册爲皇太子妃。宣和七年十二月立爲皇后。追封伯材恩平郡王。后既北遷。遂不知崩問。慶元三年憲聖慈烈皇后崩。朝論以后於憲聖妯娌也。明年乃遙上尊謚曰仁懷。以九月二十五日爲大忌。五年十二月遂奉仁懷憲聖二后神御。奉安於景靈宮焉。其族人今猶存。

憲節邢皇后

憲節邢皇后。祥符人。世右職。后嘉恭簡公煥女也。高宗在康邸宣和四年四月納之。封嘉國夫人。靖康中高宗使斡離不雅布於河上。后留居蕃衍宅。逮敵退。后從兩宮北遷。建炎初遙册爲皇后。擢煥徽猷閣待制。右諫議大夫衛膚敏殿中侍御史張浚言。祖宗之法。后族戚里不得任文資。恐撓法而干政。上納其言。改煥光州觀察使。著爲令。紹興二年冬。煥病篤。上念之。始拜慶遠軍節度使。俄卒於臨安。上將臨其喪。而近臣有言乃止。久之追封安王。十二年夏。北境報

后從顯仁來歸。將壓境。而以訃聞喪歸陪葬永佑陵。淳熙末謚憲節。

憲聖慈烈吳皇后

憲聖慈烈吳皇后。京師人也。父近以后貴。卒官武翼郎。後追封吳王。高宗在維揚。后年十四入宮。少長封新興郡夫人。上自海道還。進才人又進婉儀。時邢皇后在朔庭。後宮惟后與張婉儀爲上列。而后讀書萬卷。翰墨尤絕人。繇是寵遇日至。紹興十二年春。張

氏卒。夏。拜后爲貴妃。秋。顯仁皇后來歸。明年遂正位宮壼。先是太后數以爲言。秦檜曰。太后有定命。陛下奉行可也。即率群臣上表。於是降制。孝宗時累加號曰壽聖齊明廣慈備德太上皇后。光宗即位。后當爲太皇太后。以壽皇。故迺更號曰壽聖皇太后。紹熙四年。加號隆慈備福。五年后年八十。上行慶壽之禮。其秋孝宗崩。始正尊號云。慶元元年。加崇曰壽聖隆慈備福光裕太皇太后。三年冬十月。后屬疾。丙

申赦天下。十一月庚子后崩於慈福宮。年八十三。後四日郊禋禮成。宣遺誥。皇帝服齊衰。五月上特出手詔服喪期年。后母儀四世。吳氏王者二人。節度使七人。從子琚。字子居。有吏才。嘗爲尚書郎部使者。旣秉旄猶爲藩帥。他外戚皆莫及云。

成穆郭皇后

成穆郭皇后。孝宗正配也。曾祖若節西京左藏庫副使。祖直卿奉直大夫。父瑊以父任積官右朝散郎充秘閣修撰。上即位。拜鄂州觀察使。提舉萬壽觀。明年遷昭慶軍承宣使。卒追封榮王。后母。淑國夫人。宗室女也。上爲普安郡王時聘之。封咸寧郡夫人。薨。紹興三十二年五月追立爲皇太子妃。八月追册爲皇后。以左僕射陳康伯爲禮儀使。初諡恭懷。孝宗嫌之。改安穆。及營阜陵。更今謚。后生四子一女。子莊文太子愭。魏惠憲王愷。光宗皇帝卲。悼肅王恪。恪與嘉國公主俱蚤薨。孝宗旣受禪。待郭氏恩禮甚隆。然后

弟師禹師元。淳熙中官不過承宣使。上不私戚里蓋如此。師元不及建節而卒。上將內禪。師禹始除節度使。慶元中封廣陵郡王。后薨年三十一。權殯於北山之修吉寺。

成恭夏皇后太皇謝太后

成恭夏皇后。太皇謝太后。皆孝宗繼配也。上在藩邸福國郭夫人已薨。吳太后以夏翟二美人賜上。實后閤侍御也。時恩平亦選賜兩人。而普安恭儉好書。不邇

聲色。高宗賢之。繇是定爲嗣。普安旣爲皇子。明年二月癸亥。詔封夏氏爲齊安郡夫人。翟氏爲咸平郡夫人。上即位。以夏氏爲賢妃。翟氏爲婉容。踰年上皇手詔册妃爲皇后。而拜婉容爲貴妃。乾道三年六月。后崩。年三十一。謚安恭。后旣崩。中宮虛位將十歲。淳熙三年秋。貴妃因侍上過宮。上皇語上曰。大哥且與了卻此段。上承命而退。八月庚辰。上皇遣大璫張去爲至都堂。傳旨立翟貴妃爲皇后。明日午後執政

奏事。皇后歸姓謝氏。後五日召詞臣周必大對選德殿。退而草制其詞有曰。早從藩邸之游。蓋稟庭闈之命。又曰。因乳保而依方進。雖嘗從舊譜於汝南。推源派而記謝安。葢遂復華宗於江右。后性恭儉。旣受册。內膳日進一羊。力丐免。及初供膳不敢先嘗。復以進御故事當得兵船。亦固辭。服澣濯之衣有數年不易者。上嘗以諭輔臣且曰。本朝后妃卻是多賢。朕之修身齊家誠若無媿。所少者功業未成耳。十六年上禪位。上尊號曰壽成。孝宗崩。稱皇太后。慶元初加號惠慈。六年秋稱太皇太后。夏執中者安恭后弟也。曾祖令吉爲吉水簿。因家江西。其父協客於袁之某寺。生一子一女。女少聰慧。大閹張去爲所。因納之宮中。其後將正宮闈。始命袁州訪夏翁所在。而翁亡矣。有旨即瘞所爲園寺。且訪其弟執中以聞。

慈懿李皇后

慈懿李皇后。安陽人。父道爲湖北帥。有相師皇甫坦

者至其第。道命諸女拜之。其中女慈懿后也。皇甫見之驚曰。此天下人母。我奈何受其拜邪。人皆以爲狂。道心獨喜。孝宗聞坦語。即爲恭王聘之。時莊文太子妃妹錢氏同選入宮。中外皆心擬錢氏。而后定選。隆興二年四月。封榮國夫人。郊禮成進封定國。乾道七年三月降制立爲皇太子妃。淳熙十六年二月立爲皇后。紹熙五年七月稱太上皇后。明年九月加號壽仁。慶元六年六月崩於壽康宮。年五十六。

恭淑韓皇后

恭淑韓皇后。其先相州人。司徒兼侍中魏忠獻王琦六世孫也。右諫議大夫省華生忠獻。忠獻生尙書左僕射魏文定公忠彥。忠彥生司農少卿治。治生資政殿學士簽書樞密院事吳元穆王肖冑。肖冑生益王協。協生太尉寧遠軍節度使同卿。同卿生后。實第二女也。淳熙十二年。孝宗爲平陽郡王。擇婦后。與其姊偕選入宮。而后當兩宮意。八月歸於邸第。封新安郡夫人。十

六年三月封崇國夫人。上受禪立爲皇后。慶元二年十月行册禮。六年十一月崩。年三十六。明年葬於慈懿皇后殯宮之東廣教寺。先一年同卿已卒。擢其子竢爲承宣使。謚同卿曰恭靖云。后曾季祖侂冑。官至太傅。封平原郡王最貴顯。

中興奉親之禮

昭慈聖獻皇后之在建康也。有司月奉千緡而止。后生辰別奉緡錢萬。時朝廷用度不給。故其禮不及承平時。其後顯仁后自北來歸。歲奉錢二十萬緡。月奉萬緡。冬年。寒食。生辰。倍之。帛二萬餘匹。生辰絹萬匹。春冬端午各三千匹。綾羅二千匹。冬綿五千兩。酒日一斗。羊三牽。高宗在德壽宮。孝宗命有司月供十萬緡。高宗以養兵多費。詔減其六萬。及孝宗在重華。命月進三萬緡而已。上受禪。詔太皇太后月奉緡錢二萬。皇太后萬五千。上皇太后五萬。而重華宮別給二萬焉。

本朝母后宮名

本朝母后宮名萬安。明德李后。保慶。章惠楊后。慶壽。慈聖光獻曹后。崇慶。宣仁聖烈高后。慈德。欽聖憲肅向后。聖瑞。欽成朱后。隆祐。昭慈聖獻孟后。崇恩。昭懷劉后。寧德。顯肅鄭后。慈寧。顯仁韋后。慈福。憲聖慈烈吳后。壽慈。壽成惠慈謝后。

英宗妃嬪

張修容。英宗後宮也。蓋溫成皇后從妹。父堯佐宣徽

南院使淮康軍節度使。修容名位本微。哲宗即位。自平昌郡君進封才人。徽宗立又進婕妤。至大觀初以八寶恩始進今秩。建炎四年從衛隆祐皇太后卒於虔州。年七十八。

哲宗妃嬪

慕容貴妃魏修容。哲宗後宮也。初並爲御侍。崇寧元年春慕容氏始封才人。魏氏封昌平郡君。大觀元年夏。魏氏亦封才人。二年春並進封美人。靖康之難。六

宮皆北去。惟先朝嬪御得免。乃建承慶院以處之。紹興三年夏。以昭慈聖獻皇后大祥推恩。並進婕妤祿賜如式。久之慕容氏進婉儀。魏氏進修容。十三年冬。修容卒。婉儀少在宮中。與顯仁皇太后相厚。及太后歸就慈寧之養。十四年冬上諭執政。特拜婉容爲賢妃。制曰。藻鑒精明。獨前知於聖母。蘭心芳潔。今娛侍於東朝。二十二年薨。年八十。贈貴妃。

德壽妃嬪

潘賢妃。張賢妃。劉貴妃。張貴妃。高宗後宮也。潘氏家東都。上在康邸納之。生元懿太子。及即位。將冊爲后。呂好問右丞諫以爲不可。乃以爲賢妃。擢其叔父永思爲帶御器械。太子薨。妃侍隆祐后居江西。紹興十八年薨。張氏亦家東都。建炎中爲才人。紹興十年累遷婉儀。十二年卒贈賢妃。劉氏臨安人。父懋以恩至昭慶軍節度使。妃紹興十年入宮。爲紅霞帔。十六年封才人。轉婕妤婉容。二十四年春拜貴妃。時

有小劉氏者。以紹興十七年入宮。封宜春郡夫人。二十三年封才人。二十八年冬進婕妤。妃與婕妤皆有寵。宮中號妃爲大劉娘子。婕妤爲小劉娘子。三十一年秋。婕妤坐事放歸其家。自便官告令有司毀抹。淳熙十四年秋妃薨。張氏其先祥符人。與宗室忠州防禦使伯驌有連。初封永嘉郡夫人。乾道六年封婉容。淳熙七年進封太上皇帝淑妃。十六年進貴妃。紹熙元年薨。紹興中又有馮美人韓吳二才人。皆寵幸。後皆廢。

吳氏名玉奴。中宮近屬也。三十二年夏復故封。淳熙末又有李王二才人。俱明艷。高宗愛之。及上賓憲聖。每見之常感愴。孝宗聞。特許自便。蓋非常制云。德壽宮又有信安趙夫人。咸寧藺夫人。平樂王夫人。咸寧郭夫人。新興陳夫人。富平孫夫人。縉雲蔡夫人。南平張夫人。齊安張夫人。安定李夫人。此十餘人。並無品秩。

重華妃嬪

蔡貴妃。李賢妃。張貴妃。陳淑妃。孝宗後宮也。蔡氏初入宮爲紅霞帔。乾道二年封和義郡夫人。淳熙三年進婉容。父霖歷帶御器械幹辦皇城司。十年秋以篤老拜宜州觀察使。冬拜婉容爲貴妃。十二年秋薨。李氏初入宮爲典字。淳熙三年冬轉通義郡夫人。七年冬爲婕妤。九年春生女不育。明年秋卒。贈賢妃。時李壽在經筵。因夜直嘗諫上以後宮寵幸多。宮中妄費。上曰朕老矣。安得此聲。近惟葬李妃用三萬緡。佗無費也。張氏初爲紅霞帔。封同安郡夫人。進婕妤婉容。十四年春拜爲妃。陳氏初封新平郡夫人。淳熙十二年冬。進美人。十四年冬又進婉容。紹熙元年春拜爲妃。上在位雖久。後宮無寵幸著聞者。乾道中又有宜春韓夫人。信安陳夫人。淳熙中有永寧劉夫人。新平黃夫人。南平關夫人。永陽王夫人。平原黃夫人。紹熙中有新安梁夫人。高平宋夫人。信安傅夫人。新安吳夫人。齊安韓夫人。咸寧吳夫人。縉雲朱夫人。此十四人無品秩。

壽康妃嬪

黃貴妃。張貴妃。武才人。光宗後宮也。淳熙末。上在東宮。旁無姬侍。高宗以和義郡夫人黃氏賜之。黃氏淳熙六年十月二十四日封郡夫人。及即位。拜爲妃。紹熙二年冬薨。上在齋宮聞之。始得疑疾。自後宗戚大臣以薨卒聞者多不信矣。張氏東宮舊人也。初爲紅霞帔。上受禪進婉儀。慶元三年秋拜貴妃。武氏初

封同安郡夫人。紹熙五年春進封。又有潘夫人。符夫
人二張夫人。並止郡封。無品秩。凡宮中之制。郡夫
人已上始稱房院。
元懿太子
元懿太子名旉。高宗後宮潘賢妃子也。建炎元年六月
生於南都。九月拜集慶軍節度使。封魏國公。三年春
苗傅。劉正彥爲逆。以旉爲皇帝。改元明受。上復辟
。立爲皇太子。其年秋薨於建康。初太子得疾未瘳。

有金香鼎置於地宮。人誤觸之。仆地有聲。太子應時
驚搐不止。上命斬宮人於廡下。少頃太子薨。年三
歲。
秀安僖王崇憲靖王
秀安僖王。高宗兄行也。王名子偁。太祖少子。秦康
惠王五世孫。康惠王生英國公惟憲。惟憲生新興侯從
郁。從郁生華陰侯世將。世將生東頭供奉官令譮。令
譮生王。第進士爲嘉興丞。孝宗實王第二子。紹興二

年五月既被選。召王赴都堂審察改左宣教郎。通判湖
州。俄除直秘閣賜五品服建國公。就傅遷左朝奉郎充
秘閣修撰知處州。既對請奉祠。詔給祿如郡守。累官
左朝奉大夫。十三年秋告老。遂歿於秀州。有司疑普
安所服。十四年正月詔侍從臺諫議之議者。謂解官如
宗室南班故事。上曰始議養宗室子。今子偁死。若不
使之持服。則非本朝典故。乃贈王太子少師普安爲皇
太子。內出詔書加贈王太師中書令。追封秀王。謚安

僖。妻宜人張氏封王夫人。孝宗既受禪。不敢顧私親
。逮光宗繼統。而高廟几筵猶未除。故緩其事。紹熙
元年夏。始詔即園立廟。如濮王仍班諱王。長子伯圭
字禹錫。初以門蔭補官。紹興末以右宣義郎通判明州
。上受禪數月。上皇有詔除集英殿修撰。知台州。稍
遷待制直學士。歷知明州。積官朝奉大夫端明殿學士
。淳熙初始行慶壽禮。推恩中外。上皇令換節鉞。遂
拜安德軍節度使。數月加開府儀同三司。九年秋遷少

保。封滎陽郡王永思權殯爲總護使。十五年秋遷少傅。十六年夏遷少師。始稱皇伯。紹熙元年五月遷太保。封嗣秀王。二年夏判大宗正事。三年夏遷太師。永阜陵成除中書令。辭不拜。詔有司別議優崇之禮。乃除兩鎭節度使。慶元中薨。追封崇王。謚憲靖。張夫人孝宗母也。五世祖者。仁宗朝樞密使兼侍中。孝宗即位。上皇有旨。夫人給內中請給。乾道三年三月薨於吳興。訃聞輟視朝。五日上素衣成服於苑中。稱皇伯母議者。謂高宗裦崇之禮。壽皇謙抑之義。前後兩盡。可爲萬世法矣。伯圭諸子初皆補京秩。歷牧伯部使者。紹熙後並換南班長師𡙇。今爲使相。

莊文太子

莊文太子初名愉。紹興十六年用祖宗緦麻親例補右內率府副率。二十一年更名愭。二十八年除右監門衛大將軍榮州刺史。三十年孝宗爲皇子。四月徵拜蘄州防禦使。三十二年九月拜少保永興軍節度使。封鄧王。

乾道元年八月立爲皇太子。初太子在藩邸。喜作詩。及升儲。而諸王宮教授黃石適面對。論東宮不宜以詩文爲學。上大喜。除校書郎。仍不試。石字圮老。永嘉人元年九月入館。十一月遷小著。自此擢用。三年秋。太子得傷暑病。醫誤進藥。疾遂劇。乃急召醫師王繼先於福州。高宗壽聖皆親至東宮視疾。上憂懼。爲之赦天下。後三日太子薨。年二十四。禮部太常寺言。故事無皇太子薨禮。齊武帝文惠太子薨。有司奏御服期。朝臣齊衰三日。六宮不從服。唐憲宗惠昭太子薨。輟朝十三日。今倣古制。皇帝爲太子服期。以日易月。十三日而除。六宮並不從服。文武百官服齊衰一日而除。皇太子宮僚服齊衰三月。臨七日而除。自舉哀至成服日。皇帝不視事。比葬。上凡再至東宮。命宰臣奏謚册小大祥皆以執政官行禮焉。子挺。揞。

魏惠獻王

魏惠獻王愷。以紹興十六年補右內率府副率。三十年轉右監門衛大將軍。四月除貴州團練使。三十二年九月拜雄武軍節度使開府儀同三司。封慶王。乾道七年二月拜雄武保寧軍節度使判寧國府。進封魏王。淳熙初來朝。徙判明州。易鎭永興成德。七年二月薨於明州。年三十五。訃聞上泫然曰。朕向來越次建儲者。正爲此子福氣差薄耳。然亦不料其如此之夭也。詔刑部尚書謝廓然致弔。兩浙轉運副使韓彥質致其柩。禮

部侍郎齊慶胄護葬。上服白羅袍素紗折上巾。發哀於別殿。王性寬慈。高宗尤所鍾愛。上雖以宗社大計出王於外。然心獨念之。賚賜不絕焉。子抦。

邵悼肅王

邵悼肅王恪早薨。乾道二年九月追賜名。贈淮康軍節度使開府儀同三司。

兗沖惠王

兗沖惠王埈。上第二子也。慶元二年六月生。太皇太后詔禮部太常寺國史院討論典禮。七月丙戌德音降。天下死罪囚釋流以下蠲臨安民。元年畸零之稅。民有曾大父母者免丁役錢一年。戊子。流人呂祖儉徐誼等皆量移內郡。戊戌。皇后曾季祖侂胄除使相。奉祠父同卿寧遠軍節度使。母安國夫人莊氏封兩國夫人。兄竢除直秘閣后閤官吏皆進秩二等。隨龍人一等。礙止法者特遷之。未幾。皇子得驚風病。八月薨。其生才四十七日。追賜名。贈太師尚書令。葬北山寶林寺。

邠沖溫王

邠沖溫王坦。慶元六年正月生。二月德音降。雜犯死罪以下囚釋徒以下諸道。贓賞錢悉蠲之。加賜三衙沿江諸軍如雪寒錢例。八月薨。追賜名。贈官。九月葬彌陁興福院。

郢沖美王

郢沖美王增。慶元六年十一月生。未幾薨。

豫國公挻

豫國公挺。以乾道元年六月生。甫周晬。除福州觀察使封榮國公。祖宗以來累朝不見孫。欽宗在東宮得子。蔡京奏除節度使。封崇國公。王黼得政。以此事傾京。言其以東宮比人主。徽宗入其言。降高州防禦使。孝宗爲皇子。莊文自遙刺除兵防實用。此例至是。上受禪未久。遂得嫡長孫。高宗聞之。諭輔臣率百官稱賀。既建儲。遂封公爵。明年太子薨。其母弟慶王恭王皆奉朝請上遲回者數歲。既而以恭王英武類己。

遂立之。時虞雍公允文爲相也。初莊文既除服。挺與其母錢妃出居外第。九年春薨。贈武當軍節度使。追封豫國公。紹熙初。上念莊文無主祭者。乃以宗子希瑎爲子。賜名搢。命爲右千牛衛大將軍。搢太祖九世孫也。曾祖祖父皆不仕。祖宗時。昭成太子。陳王。蔡王有子皆夭。詔以近屬爲之孫。今立子蓋特命也。

吳興郡王抦

吳興郡王抦。淳熙四年生於明州。始除右千牛衛大將軍。魏王薨。還居行在。孝宗將禪位。拜耀州觀察使封嘉國公。故事親王之子初除小將軍。七遷爲節度使。宣仁垂簾。吳益王諸子例拜大將軍遙郡刺史。紹聖後不然。孝宗在御。諸王子初授亦大將軍。而抦再遷封國公。用優禮也。光宗即位。進永興軍承宣使。封許國公。久之又進封吳興郡王。命未出而止。紹熙五年七月封徐國公。慶元元年三月復封王。領昭慶軍節度使。憲聖慈烈皇后復土遷開府儀同三司。抦早慧。

孝宗愛之。淳熙十二年始就傅以館職。黃唐倪思爲學官。慶元初制曰。孝皇憐早慧。以鍾愛太上。念特立以垂慈。故見貴寵云。抦蓋信安郡夫人卜氏所生。慶元初特加國號。

信王璩

信王璩字潤夫。太祖七世孫也。父子彥王初名伯玖。紹興四年夏。鞠於禁中。憲聖慈烈皇后以爲己子。六年正月賜名。除和州防禦使。九年三月拜保大軍節度使。封崇國公。聽讀資善堂。以朝臣爲贊讀。十五年二月進封恩平郡王。與普安繼就外第。號東西府。以館職二員通兼兩王府教授。自宗藩並建道路。切切頗有異言。三十年三月。拜王開府儀同三司判大宗正事。出居紹興府。人情始定。上命葺茶鹽司爲府第。俸賜悉以上供經總錢湖田米給之。孝宗受禪。王入朝加拜少保。徙節靜江。乾道七年省紹興府宗正司改王醴泉觀使。淳熙六年遷少傅。十四年冬高宗升遐。王入

朝奔喪。因得疾。明年秋薨。年五十九。追封信王。子師淳。師灝。師淪。師潞。師淳才五歲。初命爲武翼大夫榮州刺史。乾道九年從王入侍祠。遷忠州團練使。進永州防禦使。淳熙七年冬詔。以師淳年及二十特進一階。除在外宮觀給眞俸。師灝初命亦如之。師淪師潞初命皆武翼大夫。稍遷遙刺。師灝早卒。紹熙初詔師淳換南班。師淪眞除刺史。師潞命以通州團練使奉祠。

秦魯國賢穆明懿大長公主

秦魯國賢穆明懿大長公主。仁宗第十女也。母曰周貴妃。嘉祐中封永壽公主。英宗即位。進榮國長公主。神宗朝進韓國大長公主。哲宗朝改周國。徽宗朝進韓魏兩國。政和三年閏四月。更封賢德懿行大長帝姬。高宗建炎初復爲公主。改秦魯國降德陽郡王。錢景臻曾祖曰吳越忠懿王。祖曰樞密使。英文僖公惟演父曰寶文閣直學士。暄二帝北狩。主留居京師。建炎二年

冬。朝揚州時兵革未寧。主與其家之閩中避敵。紹興四年夏。請朝詔居紹興府移台州。七年秋入見。上禮之甚厚。見必先揖。十二年再朝慈寧宮。其冬薨於行在。年八十三。上臨奠。故事當舉哀成服。時以具慶之朝。故不言。但輟五日朝。子忱。紹興末終少師瀘州軍節度使。榮國公庶子恤德慶軍節度使開府儀同三司提舉皇城司先。忱卒。忱子端禮字處和。乾道初參知政事。終觀文殿學士。諡忠肅。端禮子象祖。字同

叔。慶元末爲兵部尙書出知建康府。今以徽猷閣學士奉祠。

秦國康懿大長公主

秦國康懿大長公主。哲宗第三女也。降少保昭化軍節度使和國公潘正夫。封韓國公主。政和中改淑愼帝姬。建炎初復爲吳國公主。紹興中避亂抵婺州。八年夏入朝。上日具衣冠對之飮食。十二年顯仁后來歸。主迎見於道。十九年再朝行在。遂居之。三十二年孝宗

受禪。進封秦國大長公主。隆興二年秋薨。主諸子皆爲承宣使。國朝故事公主子始命爲武翼郞。遷遙刺。孫宣義郞。曾孫承奉郞。四世孫承務郞。女封郡主。孫女封恭人云。

和國長公主

和國長公主徽宗第二十女也。母曰懿肅王貴妃。政和三年夏封柔福公主。尋改帝姬。靖康二年春從駕北狩。紹興十二年太母歸自北方。言帝姬以去年夏死於五

國城。年二十九。以其骨歸。十三年追封。

隋國公主

隋國公主徽宗第三十四女也。靖康初封恭福帝姬。建炎三年薨。追封。

嘉國公主。光宗三公主

嘉國公主。孝宗長女也。孝宗二女。次生五月而夭。不及封嘉國。紹興二十年四月。用宗室緦麻親任節度使女例封碩人。三十年封永嘉郡主。明年卒。乾道二

年追封。光宗三女。長齊安郡主。次文安。次和政。皆早亡。紹興元年冬追封爲公主。

郡縣主

自渡江以來。未有王姬下嫁者。僞福國長公主之適高世榮也。奩具凡二十萬緡。視承平時已殺。高宗無女。孝宗二女。光宗三女。俱早薨。紹興十六年和王女樂平縣主。當出適。時庶事草創。乃命大宗正司主婚。淳熙十三年。魏惠憲王女安康郡主適羅氏。上命主

執婦道。如家人之禮。賜甲第居之。又詔南庫給金五百兩。銀三千兩爲奩具。羅小校子名良臣。以恩轉秉義郎。除閤門祇候。後十餘年卒於浙西總管。

僞親王公主

靖康末。天屬既已北去。獨信王榛至河北逃歸。馬擴等奉王屯趙州五馬山寨。上聞以王爲河外兵馬都元帥。建炎二年秋。山寨爲虜所破。王不知存亡。建炎四年上在會稽。有自虜中逃歸稱柔福帝姬者。帝姬。道

君女莘王植同產也。詔宣政使馮益內人吳心兒驗視。遂取入宮。封福國長公主。下降永州防禦使高世榮。明年有自稱徐王棣者。知夔州。仁壽韓迪聞於朝。上遣國子監丞李愿逆之。既至。審驗則云。富順男子李悖也。遂坐誅。時又有婦人自稱榮德帝姬。姬在東都。嘗適曹晟。荊南鎭撫使解潛以聞。按驗則婦人易氏也。亦杖死。於是大理評事山陰石邦彥引唐代宗之言告上曰。吾寧受百欺。冀得一眞。三年春。乃詔皇族

有脫兵來歸者。令州縣驗實以聞。許推賞。顯仁后來歸之。歲有入內醫官徐中立者。言柔福北遷。適其子還而死。詔福國長公主顯屬詐冒。下大理雜治。大理言稱公主者。乃東都乾明寺尼李靜善也。法寺當詐假官。流二千里。冒諸俸賜計錢四十七萬九千餘緡爲詐欺。官私以取物準盜論罪。止流三千里。節次入內起居爲闌入至御在所者斬。以上並該赦外。馮益被旨識認之時。善靜與益對坐。謂上爲兄。係對捍制使而無

人臣之禮。大不恭十惡罪。至死不赦。詔決重杖處死。益至獄。不承訊問。乃伏法。寺言益赦後制勘虛妄當罰金。情重奏裁。詔除名昭州。編管未行復釋之。世榮積官常德軍承宣使奉祠。至是改正追奪。後以父任復爲班行。乾道中特除閤門祇候江南兵馬都監云。

本朝宗室侍從

本朝宗室侍從。自宣和至嘉泰凡十九人。太祖下令鑠。寶文閣待制。令詪。戶部侍郎。子崧。端明殿學士

。子畫。子直。子櫟並寶文閣直學士。子潚。子厚戶吏部侍郎。伯圭。端明殿學士。師訓。工部侍郎。師夔。敷文閣待制。師睪。戶部侍郎。太宗下不棄。不流。善堅並工部侍郎。不跡。華文閣待制。魏王下彥中。中書舍人。彥操。煥章閣待制。彥逾。工部尚書。

宗室狀元宏詞童子舉

宗室爲狀元者。乾道初。汝愚中詞科者。淳熙初。彥中中童子舉者。慶元中崇禨。三年六月己卯。崇禨以能誦六經免文解云。

三祖下宗室數

宗正寺仙源類譜太祖下德字行四人。惟字行八人。從字守字行二十四人。世字行一百二十九人。令字行五百六十四人。子字行一千二百五十一人。伯字行一千六百四十五人。孝宗同此行。師字行一千四百九十人。希字行一千一百四十人。與字行一百十人。凡六千三百六十五人。孟字行由字行未見數。太宗下元字行九人。允字行十九人。宗字行七十五人。英宗同此行。仲字行三百八十八人。士字行一千四百九十九人。不字行二千一百三十人。善字行二千四百三十一人。汝字行一千二十二人。崇字行四百一十三人。必字行一十九人。凡八千有五人。良字行友字行未見數。魏悼王下德字行十人。承字行三十二人。克字行一百二十七人。叔字行五百六十一人。之字行一千四百二十

五人。公字行一千七百七十四人。彥字行一千八百二十四人。夫字行一千六百六十六人。時字行二百五十三人。若字行二十四人。嗣字行未見數。其見數者凡七千二百九十六人。以淳熙八年計之。三祖下合二萬一千六百六十有六人。英宗子吳王益王下。孝字行十三人。安字居字多字行皆爲南班官。未見數。淳熙初詔多字行之子連自字。紹熙初詔自字行之子連甫字。徽宗子棣華宅諸王下連卿字。卿字下連茂字。茂字下

連中字。中字下連孫字。然棣華子孫。自靖康以來。皆處隔域。但遙爲排連而已。

保州宗室

保州宗室者。翼祖皇帝後也。建炎初隔絕。紹興元年渡江者數十人。有官者四人而已。上念之。詔注官如兩京例。今廣字繼字夫字行者是也。

宗女奩具

故事宗女適人皆內侍與有司主之。熙寧後以昭穆益疏

乃給奩具。祖宗元孫女五百千。五世三百五十千。六世三百千。七世二百五十千。八世百五十千。紹熙七年冬。詔元孫減五之一。六世八世減三之一。五世七世減七之二。已適而再行者。各減半。然有司不時給宗女。貧不能行。多自稱不願出適者。三十二年惠靖襄王子子游知南外宗正事。請於朝。下泉州。以經總制司錢支給云。

宗室賜予

建炎末。上以天屬避地者少。詔南班宗婦無子孫食祿者廩給有差。凡祖宗緦麻親。歲給錢九十六千。米三十六斛。帛二十八匹。袒免親。錢米減三之一。綿帛並減半。四年六月己卯。故事宗室近臣吉凶皆有賜予。紹興初以軍興財匱罷之。六年正月己巳。十一年秋。皇叔祖右監門衛大將軍仲畬卒於臨安。至無以斂。判大宗正事齊安郡王士㒟言於朝。詔緦麻親任環列以上亡者。賜錢三百千。袒免減三之一。九月甲辰。今以爲例焉。

大宗正司兩外宗廢置

本朝宗室皆聚於京師。熙豐間始許居於外。蔡京爲政。因即河南應天置西南二敦宗院。設宗官主之。靖康之禍。在京宗室無得免者。而睢雒二都得全。建炎初上將南幸。先徙諸宗室於江淮。於是大宗正司移江寧。南外移鎮江。西外移揚州。元年八月戊午。明年春又移西外於泰州及高郵軍。正月甲午。三年冬又移於

福州。而南外移泉州以避狄。十二月甲午。紹興元年
秋。嗣濮王仲湜請合西南外宗正爲一司。以省財用。
有司以泉州乏財不許。九月壬子。是時兩外宗子女婦
合五百餘人。歲費緡錢九萬。南外三百四十九人。歲
費錢六萬緡。西外一百七十六人。歲費錢約三萬緡。
紹興府宗正司者。紹興三年以行在未有居第。權分宗
子居之。三十年春。恩平郡王出居會稽。遂以爲判大
宗正事。三月丙子。乾道七年虞丞相秉政。言蜀中闕

大宗正司。上欲移紹興府宗正司於成都。五月戊寅。
既而不行。但省會稽一司而已。今蜀中宗子甚衆。既
無親賢領之。但每州以行尊者一員檢察錢米。請受。
由是往往蹈於非彝。而不可訓焉。

卷二

南北郊明堂章

四庫本「三十一年。始崇祀徽宗於明堂。以祀上帝。
而祀五天帝於堂上」句（六〇八—二四四上）。明鈔
本作「三十一年。始宗祀徽宗於明堂。以配上帝而祀
五天帝五人帝於堂上。」

九廟七廟之制章

四庫本「淳熙末年。太廟祀九室十二室……獨以九廟
爲政。子直不從。」（六〇八—二四五下）。明鈔本
「十二」作「十一」。「政」作「非」。

光堯廟號議章

四庫本「大臣主之。復與侍從台諫禮官議」（六〇八

—二四七下）。明鈔本作「大臣主之。復下侍從台諫
兩省禮官議」。

寧壽觀章

四庫本「紹興二十年。賜額觀後林中。可下瞰大內之
宮中樓台。殿閣髣髴可見。今爲禁也。」（六〇八—
二五二上）明鈔本作「紹興二十年。賜額觀後林內。
下瞰大內之宮中樓殿。皆髣髴可見。今爲禁地。」

祚德廟章

四庫本「六月詔成信侯程英。增忠定。時國嗣未建。故祠之」句（六〇八—二五三下）。明鈔本作「六月詔誠信侯程嬰。增忠節。忠智侯公孫杵臼。增通勇。義成侯韓厥增忠定。時國嗣未建。故祠之。」

昭慈永佑欑宮議章

四庫本「請用明德而先袝昭慈。似有所避也。」句（六〇八—二五四上）。明鈔本「請用明德皇后故事。權欑許之議狀。遠引明德。而近含昭慈。似有所避也。」

卷三

年號章

四庫本「改五年爲紹興。久之既與金議和」句（六〇八—二五八上）。明鈔本「金」作「虜」。

視學章

四庫本「淳熙中。孝宗踵高宗故事視學。命禮部侍郎李燾執經祭酒林先朝講大學」（六〇八—二五九）明鈔本「高宗」作「光堯」。

北使禮節章

四庫本「又明日入見。伴使至南隔門內。上御紫宸殿六參官起居」句（六〇八—二六〇下）。明鈔本作「又明日入見。伴使至南宮門外下馬。北使至閤門內。上御紫宸殿六參官起居」。

崇義公章

四庫本。「詠傳至。曾孫恪爲金所殺」句（六〇八—二六一下）。明鈔本「金」作「虜」。

卷四

中興館閣書目章

四庫本「其綱例皆崇文總目焉。書目有三十卷」句（六〇八—二六九下）。明鈔本作「其綱例皆倣崇文總目焉。書目凡七十卷。」

卷五

經界法章

四庫本「並拘入官。知縣各爲坫基簿三。一留縣。一送州。凡漕臣若守令交交。承悉以相付。詔專委仲永措置。遂置局於平江。周敦義遂車事免」句（六〇八—二七三下）。明鈔本作「並拘入官。諸縣各爲坫基簿三。一留縣。一送漕。一送州。凡漕臣若守令交承。悉以相付。詔專委仲永措置遂置局於平江。周敦義時守平江。見仲永。言當均稅不當增稅。仲永不從。敦義遂坐事免。」

隆興台諫章

四庫本「聖意止欲辨論其直。非惡直也」句（六〇八—二七五上）。明鈔本作「朕正欲辨所論曲直。非惡直也。」

淳熙臧否郡守章

四庫本「十三年潼川路漕臣岳霖奏知瀘州眉山史臯爲否。五月壬辰詔罷臯」句（六〇八—二七九上）明鈔本於「爲否」「五月」間尙有「臯帥臣也」四字。

卷六

慶元臧否縣令章

四庫本「合平而爲七次。春上奏頒之。考其政績。果係臧之最者。取旨陞擢。而否之最者。亦加黜責」句（六〇八—二八三上）。明鈔本作「合平而爲士次。春上奏頒之。考功如臧甲於一路者。取旨升擢。而否之最者。亦加黜責。」

紹興許薦士嘉泰罷泛舉章

四庫本「文武高下皆有所拘。其後三年間。在外被荐者八九。朝廷不能盡用」句（六〇八—二八三下）明鈔本「皆有所拘」作「皆無所拘」。「八九」作「八九百人」。

卷七

張魏公誅范瓊章

四庫本「謂曰。有敕。將軍可詣大理置對。瓊眙愕失措」句（六〇八—二八九上）。明鈔本作「謂曰。有敕。將軍可詣大理置對。張公數瓊諸罪。瓊眙愕。」

處州義役章

四庫本「請罷翔。令兩浙見行。十五年冬十月也。」句（六〇八—二九〇上）。明鈔本作「請罷翔。令兩浙見行助役。去處聽民從便。官司不得預。或有爭訟。令郡縣如著。令行。十五年冬十月也。」

卷九

中興宰相久任者章

四庫本「趙衛公淳熙五年相。八年罷。周益公淳熙五年相。八年罷。」（六〇八—二九八）句。後句「周益公淳熙五年相。八年罷。」係衍出。應刪。

中興外戚封王數章

四庫本「太寧吳王益。永寧郭王師禹」句（六〇八—二九九上）。明鈔本於此兩句中尙有「新興吳王蓋」一句。

狀元三年執政二年持橐者章

四庫本「紹興二十四年登第。明年爲禮郎。古今所未有也」句（六〇八—三〇四上）。明鈔本作「紹興二十四年登第。明年爲禮部侍郎。古今所未有也。」

卷十

內侍兩省章

四庫本「賜節度使以下夏葛藥春旛勝新火喜雪」句（六〇八—三一七上）。明鈔本作「賜宗室節度使已以生日。宰臣已下。夏臘藥春幡勝新火喜雪。」

卷十一

提點鑄錢章

四庫本「乾道六年。併事於發運司。罷。遂復之」句（六〇八—三二六上）。明鈔本作「乾道六年。併事於發運司。發運司罷。遂復之。」

卷十三

宗室鎖試遷官章

四庫本「又有取應宗子者。同進士出身。餘補承信郎」句（六〇八—三五一下）。明鈔本作「又有取應宗子者。榜首得同進士出身。餘補承信郎。」

卷十四

東南折帛錢章

四庫本「官給錢率增二百。民甚便之。寶元後。西邊用兵」句（六〇八—三五八）。明鈔本作「官給錢率增二百。民甚便之。自後稍行之四方。寶元後。西邊用兵」。

江茶章

四庫本「因招降其黨隸中軍。今東南茶皆自榷場轉入金中。亦有私渡於遼海而去者。雖嚴爲譏禁。而終不免於透漏焉」句（六〇八—三六六下）。明鈔本「隸中軍」作「隸軍」。「金中」作「北界」。「遼海」作「淮者」。

蜀茶章

四庫本「所過征一錢。住征一錢五分。每百斤勿算」

句（六〇八—三六七）。明鈔本作「所過征一錢。住征一錢五分。每百斤增十斤勿算。」

卷十五

常平苗役之制章

四庫本「三年復減之。趙直閣善養議詔品官子孫名田。減父祖之半」句（六〇八—三七〇）。明鈔本作「三年後減之。七月己丑。其後命撥正增錢赴行在。紹興五年三月癸未。紹興二十九年又用趙直閣善養議詔品官子孫名田。減父祖之半。」

卷十六

銅鐵鉛錫坑冶章

四庫本「東南失悉。輪岑水鈆山永興利四場。鋟銅爲泉司之用」句（六〇八—三九二下）。明鈔本作「東南鐵錫輸岑水。鉛山。永興。興利四場。鋟銅爲泉之用。」

卷十七

合同憑由司章

四庫本「歲取金銀錢帛。率以百萬計。但愁數除破耳。雖有歲終考比之令」句（六〇八—四〇四）。明鈔本作「歲取金銀錢帛率以百萬計。版曹但照數除破耳。雖有歲終比部驅磨之令」。

豐儲倉章

四庫本「然行在歲費糧四百五十萬斛餘。建康鎮江皆七十餘萬斛」句（六〇八—四〇六下）。明鈔本作「

然行在歲費糧四百五十萬斛餘。四川一百五十萬斛餘。建康鎮江皆七十萬斛餘。」

卷十八

三衛慶復章

四庫本「建炎元年秋。其騎帥郭仲荀自以敵逼京城。糧儲告竭。遂率餘兵赴行在。其冬上將航海避敵」句（六〇八—四一二上）。明鈔本作「建炎元年秋。騎帥郭仲荀自東京部禁旅至南京。已而還爲副守。三年秋仲。荀以虜逼京城。糧儲告竭。遂率餘兵赴行在。其冬上將航海避狄。」

興元良子章

四庫本「爲之月給衣糧。比強弓手五十人爲一隊。帥臣郭浩揚改爲。並以備中軍」句（六〇八—四一六下）。明鈔本作「爲之月給。比強弓手五十人爲一隊。帥守郭浩。楊政。並以備中軍」。又四庫本「又取御筆於關外四州。乃以主客抽丁。每戶有三丁以上取一。五丁以上取兩。並刺充御前中軍最勇」句（六〇八

—四一七上）。明鈔本作「又取御軍於關外四州。簽丁不以主客。戶每三丁以上取一。五丁以上取二。並刺充御前中軍勇最」。

卷十九

韓世忠大儀之勝章

四庫本「自金立僞齊」句（六〇八—四三八上）。明鈔本作「自虜立僞齊」。

卷二十

癸未甲申和戰本末章

四庫本「批付三省曰。金無禮如此。卿猶欲和。今日金勢非秦檜時比……斥堠未舉。金又無言委曲。屯萬衆以守泗州」句（六〇八—四四六下）。明鈔本「金」作「虜」。「金勢」作「亂勢」。「斥堠未舉。金又無言委曲。屯萬衆以守泗州」作「斥堠全無。又言委四萬衆以守泗州。」

榷場章

四庫本「二十九年。海陵將罷淮北。陝西諸榷場」句（六〇八—四四八下）。明鈔本作「二十九年。海陵將入寇。乃悉罷淮北。陝西諸榷場」。

乙集　卷一

壬午內禪志章

四庫本「此敵國所以未肯悔禍也」句（六〇八—四五〇）。明鈔本「敵國」作「金人」。

卷二

己酉傳位錄

四庫本「若一旦金人敗盟連兵」句（六〇八—四六三上）。明鈔本「金人」作「北人」。又四庫本「邁言天禧資善堂典禮。必大奏」句（六〇八—四六七）。明鈔本作「邁言天禧資善之詔可舉行也。越七日又對以典故。具呈。因曰宣麻降制既於禮不順。只須中旨又違於禮。臣謂宜爲詔。至是詔下。周必大爲右丞相。手詔令討論資善堂典禮。必大奏」。

卷三

宰執恭謝德壽重華宮聖語章

四庫本「上皇曰。聞兒子極稱道卿」句（六〇八—四七四）。明鈔本作「上皇曰。卿與陳俊卿同在樞府。俊卿極方正。非如他人面從而退有後言者。淳熙四年冬。趙溫叔謝同知樞密院事。上皇曰。聞兒子極稱道卿」

原道辨易三教論章

四庫本「又何假釋老之說耶。陛下之議韓愈也」句（六〇八—四七八上）。明鈔本作「又何假釋老之說耶。陛下此文一出。須占十分道理。不可使後世之士議陛下如陛下之議韓愈也。」

建炎巡幸六宮數章

四庫本「而敵薄南昌。衛尉亦皆潰散。其時皇太后倉卒之間向南而去。皇后與賢妃皆是村夫荷轎而奔馳。

六宮之婢妾。宦官以至於死亡散失者。亦不計其數也。」句（六〇八—四八五）。明鈔本作「兵薄南昌。衛尉皆潰。太后倉卒南去。后與前妃皆村夫荷轎而馳。六宮死亡散失者甚衆。」

卷四

日食奏告當伐鼓章

四庫本「周益公以學士院祝文有伐鼓用牲之語。」句（六〇八—四九〇下）。明鈔本作「周益公以兵部侍郎直學士院祝文有伐鼓用牲之語」。

卷五

文鑑章

四庫本「上大以爲然曰。卿可理會。益公奏乞委官職。上遂令伯恭校證本府開刻」句（六〇八—五〇七下）。明鈔本作「上大以爲然曰。卿可理會。益公奏乞委館職。上曰。特差一二員。後二日伯恭以秘書郎轉對。上遂令伯恭校正本府開雕」。

卷六

台諫給舍論龍曾事始末章

四庫本「三月六日丁酉也」句（六〇八—五〇九下）。明鈔本作「隆興元年三月六日丁酉也」。

卷七

葉正則論林黃中襲僞道學之目以廢正人章

四庫本全章爲是卷之末。其文至「除直寶文閣知湖州」句結束（六〇八—五一八下）。明鈔本於是句之末

尚有「然其後僞學之禁實權輿於此云」一句。又此章之後。明鈔本尚多「開禧去凶和敵日記」一章。全文如下

開禧三年十一月二日甲戌。御筆韓侂胄久任國柄。麤罄勤勞。但輕信妄爲。輒啓兵端。使南北生靈枉罹凶害。今敵勢叵測。專以首謀爲言。不令退避。無以繼好息民。可罷平章軍國事與在外宮觀。陳自強阿附充位。不卹國事。可罷右丞相。日下出國門。先是金人

旣有縛送。首議用兵。賊臣之請。侂胄怒復欲用兵。中外大懼。禮部史侍郎彌遠時兼資善堂翊善。乃建去凶之議。甚秘。人無知者。久之。得密旨。乃以告錢參政象祖。李參政壁。至是皇太子榮王入奏。遂有此旨。仍命殿前司中軍統制權主管本司公事。夏震選兵三百防護。侂胄別選兵二百。守其府門。錢參政欲奏審史侍郎。夜往其府趣之。李參政亦言恐事留或洩。乃已。三日乙亥。侂胄入朝至太廟前。震呵止之。其從者皆散。護聖步軍準備將夏挺以帳下親隨三十四人。擁侂胄車以出中軍。正將鄭發王斌引所部三百執弓鎗刀斧護送至玉津園側。殛殺之。宰執至漏舍。震報侂胄已押出。錢參政探懷中堂帖授自強曰。有旨。丞相罷政。自強即上馬。二參政赴延和奏事。遂以竄殛侂胄事牒報對境。又令殿前司遣長隊五百人。赴省前彈壓。上欲擢史侍郎樞筦。固辭。乃命錢參政兼知樞密院事。李參政兼同知樞密院事。是日禮部衛尚書涇

除御史中丞。吏部雷侍郎孝友除給事中。王著作居安除左司諫。晚召章直院良能直學士院。四日丙子。侂胄自強並罷。爲醴泉觀使李參政進呈。改自強提舉洞霄宮。特進在外無充觀使者。五日丁丑。三省以資目偏遺二宣撫二制置十都統。告以上意。殿司三將各進五官。賜銀百兩。士卒官賞有差。親隨三十四人各兩資錢四十千。官兵三百人各一資錢二十千。而震再遷福州觀察使。主管殿前司公事。是日始責侂胄爲和州

團練副使郴州。安置自強。追三官永州居住。蘇師旦杖脊刺配吉陽。軍中衛中丞章疏也。雷給事封還錄黃。六日戊寅。詔侂冑改送英德府安置。自強責授武泰軍節度副使。依舊永州居住。是日又詔侂冑除名。勒送吉陽軍。自強送韶州。並安置行王司諫章疏也。七日己卯。史侍郎除禮部尚書中丞給事。又論師旦當正典型。詔處斬。令廣東憲臣蒞其刑。是日臨安府申侂冑已行身故。詔本府收殮瘞於其家先塋之顯親報慈寺

。九日辛巳。丘同知自通奉大夫提舉臨安府洞霄宮。除資政殿學士。知建康府。十五日丁亥。李參政罷。初命除職與郡。後二日復降兩官。送撫州居住。行殿中侍御史章疏也。是日衛中丞除簽書樞密院事。十六日戊子。立榮王爲皇太子。十二月二日乙巳。丘資政爲江淮制置大使。十日癸丑。金人陷隨州。二十日辛酉錢參政爲右丞相兼樞密使。二十一日壬戌。衛簽樞雷給事並參知政事。新除吏部林尚書大中簽書樞密院事。二十三日甲子。楊太尉次山除使相。賜玉帶。二十四日乙丑。史尚書除同知樞密院。嘉定元年正月十二日壬午。監登聞檢院王柟自河南通書回持北行省牒赴三省樞密院求函首。十五日乙酉。詔侍從兩省臺諫集議。先七日臺諫已有請。詔答從重施行。後四日再請御筆以未欲輕從答之。十六日丙戌臺諫三請。御筆付三省樞密院詳議。將上。二十二日壬辰。史同知遷知樞密院事。三月四日癸酉。承事郎毛自知降充殿試

第五甲。仍奪第一人恩例。以首論用兵也。十九日戊子。復秦檜官爵。贈謚。二十日己丑。王柟自軍前再還行在。二十一日庚寅。詔侍從兩省臺諫赴都堂詳議。限一日聞奏。蓋柟與金人議以函首易淮陝侵地故也。於是議者皆言和議重事待此而決。則姦凶已斃之。首又何足惜。二十二日辛卯。有旨依奏。二十三日壬辰。降黃榜下臨安府兩淮荊襄四川曉諭。二十四日癸巳。宰執咨目。諭諸路安撫制置等以函首事。二十六

日乙未。臨安府遣東南第三副將尹明。斲侂胄棺。取其首送江淮。制置大使司。二十八日丁酉。通謝使許在變辭朝。四月十八日丁巳。自強責詞過門下倪給事思不書黃。十九日戊午。自強再責復州團練副使。雷州安置。籍沒家財。六月二日庚午。金人歸大散關。三日辛未歸隔芽關。又歸濠州。五日癸酉。陳自強卒於廣州。詔許歸葬。七日乙亥。衛參政罷行御史中丞章疏也。十六日甲申。林簽樞薨於位。二十四日辛卯

。史知院兼參知政事。七月十六日癸丑。江淮大使丘資政除同知樞密院事。十七日甲寅通謝使回入國門。八月四日辛未。丘同知薨於江陰之里第。十四日辛巳。禮部婁尚書機除同知樞密院事。吏部樓尚書鑰除簽書樞密院事。九月二日己亥。金國諭成使完顏侃等入見。二十二日己未。詔以和議成。諭天下。十月十日丙子。錢右相遷五官爲特進左丞相。史知院拜右丞相。雷參政遷知樞密院事。兼參知政事。婁同知遷參知政事。樓簽樞遷同知樞密院事。十一月二十二日戊午。史右相以內艱免。二十七日己亥。用皇太子請賜第行在。十二月丙寅朔。錢左相爲觀文殿大學士判福州。行監察院史章疏也。凡誅侂胄和敵二事所關甚大。而廟謨雄斷。四方有不得知。今姑識其日月。胄首將入僞境。彼中臺諫交章言胄之忠於本國。乃詔謚爲忠繆侯。以禮祔葬其祖魏公塋側。

卷十二

陳應求正北使書儀章

四庫本「而易狀書名。紹興元年重明節」句（六〇八—五五八上）。明鈔本作「而易狀書名以遺曰。特爲陳公屈耳。自是遂以爲例。紹熙元年重明節。」

卷十六

隆興至淳熙立改官員數章

四庫本「仍於七十員額內添二十員」與「若減舉官之數。乞以七十員爲額。許之」句間（六〇八—五八二

下）缺一大段。茲以明抄本補之如下。
仍于七十員額內。量添三十員。從之。八月甲申降旨。自是通以百員爲額。後又不行。乾道三年周表卿權吏部尚書言其太濫。乞每歲薦舉以百人。監當以三人。四川換給以二十人。立爲定額。其所立員額。如歲終不足聽闕。如員數有溢出。許于次年施行。仍理爲次年之額。捕盜功賞改官人不在此限。從之。六月己亥降旨。是冬。起居舍人黃仲秉建言。四川見管六十

一郡。每歲止得改官二十人。東南共管一百二十九郡。每歲卻得百人。除館職職事官外路教授磨勘十餘員外。其多寡不均。灼然可見。緣此東南至今止七十餘員。而四川七月內已滿二十員之額。豈無留滯之歎。照得元祐隆興立定員額。四川係在數內。今來創立防限。將四川置之額外。未見其可。望通以百二十人爲額。並以叙上日爲先後之序。上又從之。十月辛亥降旨。七年冬。虞雍公爲相。建言吏部供到今年改官員數已溢三十餘人。詔令引見放行改官。今後更不限定年額。十月甲辰降旨。自虞公去位。上復稍嚴升改之法。淳熙四年引見改官八十二員。捕盜十二員。五年引見八十八員。捕盜十二員。六年引見五十七員。捕盜十一員。七年春周益公爲吏部尚書。因請以六年爲額。詔侍從同議王仲行爲兵部尚書。與同列共奏以三年絕長補短言之。歲不下百員。今既減舉官之數。乞以七十員爲額。許之。

隆興至嘉泰積考改官沿革章

四庫本「而淩尚書景夏奏。乞將選人考法行。從之。八月甲申降旨。自是通以百員爲額。後又不行。乾道三年。周表卿權吏部尚書。言其太濫。每歲荐舉以一百人。監賞以三人」句（六〇八—五八三）。明鈔本此段作「而淩尚書景夏奏。乞將選人歷十二考以上。無贓私罪者減舉主一員。三月己酉降旨。繼而遂以八十員爲改官。歲額內十員充。十二考減舉主改官人數

。如不足並聽闕。四月乙丑降旨。蓋參用張辛二老之說也。未數月。中書門下省言薦舉改官。今方七月。止闕二員。若積累年數。必致拘礙。乃命吏部且依常年放行。仍措置合行裁減員數申省取旨。七月戊申降旨。尋遂以百員爲額。八月甲申降旨。尋吏部引見八十員」。

卷十六

開禧召試制斛章

四庫本「致進卷詆誣伊尹罷。致亦登侂冑之門」句（六〇八—五九四上）。明鈔本作「致進卷詆誣尹。罷歸致之。從纘來也。蓋亦嘗登侂冑之門。」

卷十七

廣西鹽法章

四庫本「廣西十萬籮。正鈔錢四十萬緡。及廣西行官賣法。而廣東除去通入廣東之數二萬五千籮耳。惟廣西不立額。故令所賣爲一十萬五千餘籮」句（六〇八—五九八下）。明鈔本作「廣西八萬籮。正鈔錢四十萬緡。及廣西行官賣法。而廣東去除通入廣西之數二萬五千籮。才爲七萬五千籮耳。惟廣西不立額數。故今所賣爲十一萬五千餘籮。」

「四川宣總司抗衡」與「四川總制司爭鬻鹽井」二章。

四庫本其內容與明鈔本不一。

明鈔本四川宣總司抗衡章

四川計司舊屬宣撫司節制。鄭亨仲在蜀久。秦檜之惡其專。始命趙德夫以少卿爲之。自是二司抗衡。開禧用兵。程松吳曦並爲宣撫。韓侂冑急于成功。遂有節制財賦指揮。且許按劾。于是計司拱手。及安觀文爲宣撫。薦陳逢孺總賦。逢孺事之甚謹。時蜀計空虛而軍費日夥。宣司爲之移屯。減戍運粟。括財計長實賴其力。後以兌引事稍有違言。逢孺不敢校也。王少監釜子益代陳總計先請于朝。尚書省勘會軍政財賦各專任責權。臣前降節制財賦指揮合行釐正。于是二司始悟。未數月。二人交章論劾。乃移子益湖廣總領焉。

王子益之總計也。制置大使司奏乞減三路兵籍以八萬一千人爲額。有闕乞招塡。然兵籍舊爲八萬九千人。曦亂後僅存七萬餘人。雖云減額八千。若盡招塡。實增萬人矣。會朝廷泛行下三衛江上。及四川諸軍覈實。詭塡虛額遂止。

明鈔本四川總制司爭鬻鹽井章

三路官井舊法令人承煎。自軍興後。總領所已依官田法召人投買得錢數十萬緡。大使司以爲未及價。復賣之。又得錢百萬緡。入制司激賞庫王子益以爲失信。檄止之。大使司乃以總計所負制司廣惠倉米三十萬石言之於朝。子益議遂格。

卷十七

都統劾制置使擅興章

四庫本「胡子遠進呈得旨。令西北之兵權節制必寄之于宣制司」句（六〇八—六二〇上）。明鈔本作「胡子遠進呈得旨。令制司具析命下。而仲遠已去丘。宗卿入蜀。即奏以爲三屯。遠在西北。兵權節制必寄之於制司。」

卷十八

邊防章

四庫本「共革密詔。而子文于二十九日乙亥」句（六〇八—六二五下）。明鈔本作「共草密詔。而子文潤色之。二十八日甲戌。巨源書密詔以納子文。二十九

日乙亥。」

卷十九

邊防二章

四庫本「金國自完顏旻建國稱帝至今主珣。凡五世八君而始衰」句（六〇八—六二八）。明鈔本作「金國自完顏旻建國稱帝至今主珣。凡五世八君。其傳國九十有八年而始衰」又四庫本「越王有二子。長曰愛王

。趙妃所生。越王亦爲璟所殺」句（六〇八—六二九下）。明鈔本作「越王有二子。長曰愛王。趙妃所生。葛王愛之。賜以鐵卷。璟惡之而不敢殺也。愛王尋居上京。以叛越王。遂爲璟所殺。」又四庫本「乃驟兵擊之。韃靼敗二百里。執巾至西。欲渡橋」句（六〇八—六三一上）。明鈔本作「乃驟兵擊之。韃靼破涿易至阜河之西。欲渡橋。」

卷二十

此卷四庫本所據之底本原缺。爲充二十卷之數。遂將卷十九之「西夏扣關」一章移作卷二十。實則卷十九「丙申青羌之變」章以後全缺。今據明鈔本補之。

丙申青羌之變

淳熙三年夏四月。制置司辟承議郎祿東之知黎川。且奏其前守叙州勞績。上恩加直秘閣。又奏差本路兵馬都監高晃總轄出戍。沈黎之卒。冬十一月。青羌奴兒結夢舒畜列等一千五百餘人。結連再寇。安靜寨州遣西兵部將李鶴世。永康部將毛翊。本州部將冀世威部西兵及本州禁兵三百五十人。前往隄備。十四日己丑吐蕃入寇。乘高據險。建立礮坐。攻打寨舍。晝夜不息。部將冀世威西兵將官雷寶迎敵接戰。賊衆我寡。二人死之。既而西兵合戍卒與賊鏖戰。殺傷亦相當。翊日庚寅。篛羌首領失落托過大渡河。揚言曰。漢家與吐蕃互有勝負。不若打誓休和蕃。賊猶豫未決。適州遣援兵樂祁等五十人至。鳴鼓發礮。蕃賊望見滿山

旗幟皆赤。遁歸巢穴。人皆以爲神助。或謂正州將有禱於武威廟時也。武威者馬將軍廟。土人極敬之。後二日壬辰高晃至。則事已定矣。先是蕃賊未寇邊。時密求援於五部落及邛部蠻。約言事捷之後。三分漢地。鹵掠所得。故二邊多遣其徒出漢。以互市爲名。往來窺伺。郡前期請援諸司。偶調五百兵至州。令更其事裝。循環往來。以示兵衆。窺伺者皆沮縮而歸。是戰也。西兵將官李鶴世及安靜寨官魏大壽。極力戰鬥

。雷寶冀世威死於行陣。厥後毛翊樂祁反以功聞。僉論不平。歲丁酉。州遣部落桑結誘白水村王行滿之子文才殺之。蓋吐蕃數寇邊。皆文才爲之鄉道故也。戊戌春。蕃賊請命投降。聚族而謀曰。我凡三寇邊。始有所得。僅足以償其費。次則爲邛部蠻崖襪劫取之。又殺我二百餘人。今漢有備。不惟無所得。而殺傷甚衆。若閉路不通互市。我輩失所。寨官魏大壽諜知其說。故招之使降。奴兒結等深德之。至今青羌賴苗籥

羌酋長與魏大壽約爲兄弟。往來如一家。自云。我三族爲漢障蔽。諸蕃動息必以告。每市馬官必稍高其直以償之。亦欲堅其歸附之心云。柬之字粹父。潼川人。知名士也。青羌既降。制置使胡長文上其功績於朝。五年夏就除本路提點刑獄。數月移潼川小漕。暨五部落之變。復自夔部還爲提刑兼權制置使職事。未數月而卒。蜀人至今稱之。

庚子五部落之變

五部落居黎之西。去州百餘里。限以飛越嶺有姓郝趙王劉楊五族。因以得名。即唐史所謂兩面羌也。其居壘石爲碉。積糗糧器甲於上。族無豪長。惟老宿之聽。往來漢地。熟悉能華言。故比諸蕃尤姦黠。犀象珠玉皆出其地。每互市馬甚駑。又所出不多。先是吐蕃奴兒結投降之後。凡中馬官高其直名曰饒潤。至五部落則限以常制。又擇其老矮者退還之。被以所退之馬假手奴兒結入中。仍得高直。部落深銜之。又有茶場

姦胥陶敦者。盜用官茗。動以數萬計。欠部落錢物。亦稱是州郡久不根治。淳熙己亥。通判李照發其事。籍其家貲以償官。而部落之欠不能盡償。故怨之尤深。酋首趙阿烈等倡言曰。我世守忠順。今中馬反不若叛羌。漢負我錢。又縱市儈乞覷。令我面羞。遂率衆寇邊。庚子三月。先以一木掛一死犬於飛越嶺上。蓋羌人舉兵以此爲信。寨將亟以警報。而郡守李福謙老不解事。雖遣潼川戍兵及本州兵西漢地土丁等前往防

託。而緩急失於應酬。有終夕寄留警報於外而詰朝不能達者。時部落首領失落昆等二人猶在州。議者欲縶以求解州。反縱之。二酋足方踰飛越嶺。而兵涉吾境矣。州檄本路兵馬都監高晃捍禦。晃驕而無謀。又素與準備將馮德不叶。各分兵以出。勢單力弱。高晃領兵五百七十二人。並上下團土丁等共五千餘人。在盤陀下寨。馮德領西兵二百五十人在青華鋪下寨。實四月二十二日甲辰也。蕃賊諜知。引兵先攻青華鋪不克

。復回攻盤陀。至龍馬山與高晃兵相值接戰。官軍失利。大敗。賊勢熾甚。侵入州界一百四十五里。殺傷官兵七十七人。刼掠二十九村。二十四日丙午高晃遁歸。二十七日己酉。馮德亦從閒道沿山而歸。方晃退走時。西鎮村民數百羅拜馬首曰。若賊至平地。尚可一戰。苟棄之。吾屬無遺類矣。晃不聽。策馬遂行。諸村各驚竄。蕃賊自西鎮村長驅而來。及奉龍鎮富莊頭。居民二百年生業及官軍糗糧器甲俱被擄掠。蕃賊

見所得甚夥。驅漢人負載以歸。由是不及近郊。西邊驚移之民奔入城中。郡始倉皇失措。福謙因得中風病。又有巡檢王价者。守州西北馬鞍山之隘。聞兵敗。欲遁歸。倡言蕃賊入城無數。城中居民驚擾。後詰之。乃知其詐。先是蕃賊初寇邊州。欲詣諸司告急。照懼盜發所部之罪。與高晃謀曰。小寇暫爾猖獗。旦夕可定。無用張皇。至是搏手悔恨而已。始議以民兵強弱相閒。登城而守。晃又沮之。獨留精兵護其所寓處

行李。郡度其不可恃。告急於制司。乃奏起復前本路兵馬鈐轄成光延充節制。屯戍兵馬。新知簡州呂宜之權制置司參議。偕本司幹辦公事馬覺來參謀軍事。又遣統領武順將綿州駐劄御前後軍。並調雄邊軍及諸郡禁卒共三千四百六十七人。續遣潼川府駐劄統領王師雄以所部五百人駐榮經為聲援。轉運司遣本司主管文字唐某及僉書雅州判官廳公事何杞。應辦錢糧。後數日。提點刑獄公事折知常以嘉州中鎮寨戶三百人及諸

州弓手等出按。人情麤安。李照猶覆護其過。力請於諸司。止欲議和。時蕃賊已歸巢穴。知常凡捉獲姦細皆宥其罪。於背上刺榜。縱令人蕃招降。立賞萬緡。追捉賊首。識者傳以爲笑。又檄成光延出兵。合戍守兵丁凡五千餘人。空寨以出。知常於榮經屯駐。王師雄分刀手兩隊守城。高晃以敗衄羞縮。意嫉光延。乃建議築盤陀寨。欲宿留以老其師。光延不悟。即以白提刑司。知常從之。內則科擾百姓。外則疲困兵丁。

然無益也。寨成議班師。光延恐無以塞責。僞設捷旗。稱五月二十日合戰而勝。一城歡甚。詰之乃妄也。六月初。蕃賊伺我師陰雨浹旬。閒又役令築寨。困憊之甚。再舉入寇。光延集諸將議之。晃又欲以川陝兵相閒分屯備禦。衆譁曰。川兵素怯。若望風先潰。則精兵隨敗矣。前日之事可鑒也。弗聽。乃雜勇怯分屯。相去遼遠。斥堠不明。不相救應。蕃賊前來攻鬥。又分兵從閒道突出。我軍失利。諸屯望風奔潰。統領

武順副將張琦。準備將馮德。董沂。隊將郭全。雷靄。訓練官楊遇。張忠。王忠。雷震。雅州都監魏宗裕。翟公裕。死者一十二人。官兵死者四百九十一人。土丁被虜者二百一十一人。侵州界一百七十五里。劫掠一十八村。凡軍須錢物器械沒於賊者。十倍於四月之敗。蕃賊東至佛堂村。去州城十五里。北至馬鞍山。南至西莊村。去漢源鎮三里。去州城三十里。成光延幾爲賊擒。單騎還州。知常率制漕憲三司屬官。引諸縣弓兵及中鎮寨戶躍馬出城逃竄。士民號泣。遮留

不聽。冒雨過漲上相公嶺。徑抵厰平。去州百里矣。守倅計窮。以金帛啗邛部蠻王叔部義判官倪德。令往議和。光延復收敗卒守城。實六月十一日壬辰也。十三日甲午。制置使胡長文得報。招茶使吳揔面議。揔請行。二十日辛丑至厰平見知常。知常同制屬徑歸成都。揔至黎州。罷成光延兵柄。械高晃送彭州獄。撫安軍民。麤且帖息。制置司再差劍州屯駐統制李澤。

節制軍馬同統制官吳漢英。統領王去惡。王師雄。劉大年。趙雷部領後軍一千人。昭化左軍七百人。興州蹋白軍二百人。閬州兵五百人。本州土丁七百人。並聽茶使吳都夫之節制。於是興州都統制吳挺。興元都統制田世卿。密以晃光延撓敗之實申樞密院。且言制置司先調綿潼之軍二千八百人。急於星火。夜行百三四十里。蠻人已退。而官軍冒暑遠涉。疲勞病瘴。光延晃僥倖功賞。驅率將士。敗死者四百餘人。瘴疫死者不在其數。黎州幾至失守。今制置司又亟調兩都統司劍閬利州屯駐軍三千人。比之綿潼軍馬。道里又遠。豈可使不諳戰陣敗軍之將復蹈前悔。望正其罪以慰忠魂。雖黎州非挺等邊面。而所調兵皆挺等部曲。謹具以聞。挺雖以劾光延晃爲詞。其實劾長文也。七月。制置司亦奏黎蠻已反巢穴。乞抽回大軍量留戍卒。時吳揔尙未歸。八月十六日丙申。節制司檄諸軍巡邏諸將合謀。先以素隊二百人往視形勢。値蕃賊五人來

治道。縛而詰之。始知寇邊未已也。蕃賊再勝。止是據險設伏。我軍不知地利故敗。若先登據嶺。盡伐林木。使無障蔽。則彼技窮矣。乃令土丁伐去林箐。遣正將王宗廉。劉超等連珠下寨。引健卒先據飛越嶺。賊力爭。屢敗乃退。二十三日癸卯。王去惡屯古城。李澤屯盤陀寨。吳漢英以所部屯州城。翼日蕃賊悉衆乘霧露未開。分三路攻嶺。土丁等諜知之。李澤王去惡以所屯之卒合力鏖戰。自卯至申。蕃賊敗走。斬首十餘級。墜落崖澗者。不知其幾。所得蕃牌弓槍等甚多。王去惡留屯嶺上。李澤復歸盤陀。吳漢英進屯古城。先是郡守李福謙病不任事。諸司劾罷之。有旨制置司具福謙不職始末來上。而命知常兼知黎州。知常時已遁歸。九月庚戌朔。不得已再來時。王去惡以所部之兵深入蕃界。圍樺林坪。賊酋哀號請命。知常與揔異議。亟下令首議給委曲招和。毋殺降至。以將兵質酋首。令出漢投降。留兵守盤陀寨。遂班師西邊。

被擄掠土丁等不能少紓其報怨之心。銜憤聲冤。雪涕而返。人皆憐之。茶憲二司既失機會。又爭欲受降。諸幕客共評之。乃就州教場納其款。異類窺測其意。乃獻馬三百匹及珊瑚等物。以邀重賂。二司又揭榜通衢。約束百姓。無得償怨。大失中國之體。一方憤之。朝廷聞羌人請盟。有旨。許互市。卻其獻。制置司復具李福謙不職事以聞。執政言福謙於五部落未作過之時屢申事宜。而制置司略不爲備。長文時已罷帥。

奉祠詔福謙降一官放罷。長文亦降二官。言者不已。乃降充雜學士。明年春知常亦坐謫。惟揔獨在。言者謂。黎州邊釁。實兆於買馬誅求之故。及官軍失利。揔又急於成功。乃以十兵易十酋。邀功辱國。時相趙溫叔頗佑之章沓上。六月甲寅始降揔一官。奪待制。罷茶馬司職事。比詞頭過後省。而溫叔已去。故責詞有內結宰司之語云。於是光延晃皆除名。勒停。光延達州編管。晃軍前自劾。蜀人爲之語曰。糊說制置折了提刑。吳糙紙馬成甚將軍。蓋蜀人鬻神祠所用楮馬皆以青紅抹之。署曰吳糙紙馬。而光延嘗爲右千牛衛將軍故也。或又爲之語曰。高路分馬。低路分成。將軍做敗。將軍沈黎。自乾道九年淳熙七年。青羌吐蕃寇邊者三。五部落寇邊者一。凡調兵費用錢米計九十三萬六千一百四十七引八百五十文。而諸司委官就州支遣。及逐司喝支往回犒賜不與焉。

庚子沈黎西兵之變

沈黎自邊遽之起。以川兵土丁怯懦。緩急不可恃。制置司言於朝。移屯西兵以爲聲援。於是調潼川綿州將兵五百人。一部將轄之。本路兵馬都監高晃總轄其事。聽守臣彈壓。歲更其戍。庚子夏五部落之變。西兵相繼失利。制司奏調諸處將兵捍禦。凡三千餘人。最後成功。統領官王去惡昭化兵之力焉。洎班師因留以終戍。屯其兵於州城北之歸老庵。先是昭化之兵奪飛越嶺。圍樺林坪。軍聲張甚。偶有班師信衆憤然不平。既又賞薄。不滿其欲。皆出怨言。時憲臣折知常權州。以監司自尊。上下之情隔而不通。十一月雪甚。欲遷其屯於山寺。去州五里。去惡以兵卒久出。今又雪寒。懇之暫止其行。折怒。以語凌之。衆憤益甚。隨軍醫官伍進。隊官石彥因激之曰。我輩有功無賞。更留戍。今雪寒如此。又遷我於山寺寒凍之地。誠何以堪。是夜衆皆譁然。立統領帳前。聲喏欲殺提刑。王未及應。即控馬迫令乘之。王陽從其請。至北門。

伍進等斬關直入。縱火焚靜遠樓及居民之屋。王乃陰結心腹之卒。由徑路上木瓜林覘其變。從者不滿百人。餘皆入城宣言曰。我輩因功賞不明。止求提刑理會。無與爾百姓事。折聞變先潛遁。伍進等遂焚州治。劫官庫。放囚徒。居民被焚劫者十八九矣。過半夜不知提刑所在。乃縛通判州事李照。去惡時已據木瓜林高險處。使人諭之曰。可令一把頭人押通判來。既而石彥押至。去惡遂釋通判之縛。而縛之說諭伍進等許以不死。猶豫閒天曉計窮。方投戈從命。縛其尤不順者十八人。械繫武侯廟以俟提刑之歸。亦有逃出關者。及榮經爲巡檢司邏卒所縛凡五十七人。皆送制司。梟其首以令。方叛兵斂衆出城之後。居民方相率救焚。三百餘家已灰燼矣。見任官逃竄。州無主者。人甚倉皇。十五日癸亥。李照歸郡官。稍有入城者猶未知提刑所在。蓋亂兵方入時。折易服自郡圃後出西門。走澗下。夜有土丁以竹籮負之走。至水渡。去州四十

里矣。十六日甲子。折自水渡來。東山土民往懇其歸。且爲誦言王統領定亂之功。折但唯唯。至莫還水渡村。詰朝土丁數百人擁歸入城。州治既焚。暫寄治於倅廳。憲司及州印失而復得。王去惡往謝罪。且欲誅首惡之人。併解送叛卒七十八人。及所劫掠公私之物於州。十八日丙寅。誅伍進等十八人。餘皆貸之居。州皆洶洶。州白制閫暫徹戍。民始奠居。越明年。制司以邊備不可因而廢弛。乃檄兩都統再議更戍。遂於

諸隊將兵抽摘以充其數。仍差統制一員。正副將二員轄之矣。知常嘗爲大理正浙西提舉常平。有奧援。及事敗。宰相趙溫叔奏其罪。上曰。姑徙之。乃除利州路轉運副使。知常陰賕近習自營救。日夜不已。御筆改除湖北提刑舍人。施聖與不肯草制封還。詞頭臺諫黃德潤。葛楚甫連疏論之。乃落直秘閣。降二官。臺諫又有言。始送常德府居住。溫叔每進呈。必力言其不可違者。上猶欲宥之。八年正月九日丙辰。溫叔留

班奏。如折蟣蝨小人。罪大如此。臺諫給舍盡力爲陛下言之。而行遣止此。人皆怪之。知常昔爲利路提刑。張牌立榜。稱面奉聖旨。譏察四川官吏。其志在賣弄。不恤事體至此。今乘方敗績。可不重斥乎。上曰。卿欲如何。溫叔曰。必重施行。於是追三官勒停。送汀州安置。令制置司移文跟尋赴貶所。知常其先府州人。世襲節反使至其父仲古從高廟渡江爲執政。今家湖南云。

辛丑沈黎土丁之變

沈黎三邊綿亙數百里。近邊居民皆號土丁。祖宗時每加優恤。弛酒禁。免征役。無所不用其恩。淳熙辛丑。承議郎龔總來領州事。總。閩人。嘗爲劉文潛廣西幕客。與平李接之亂。故趙溫叔薦用之。仍俾挪兼管內安撫司公事。總銳於更變。每事以面奉玉音爲詞。視事之初。首謀邊備。用意雖善。然事欲速成。利未見而害先及。欲置軍器則令土丁采材木。欲建寨柵則

令土丁執工役。欲教武事則令土丁習行陣。欲措置鹽酒則令土丁被科率次第行之。猶以爲擾。況一人之身兼是數役。而趣辦於一旦。此所以重失其心。而激成其變也。蓋弓箭槍弩之材。俱取之蠻地。凡采一木往返十餘日。已不勝其苦。呈納之際。又取決於作院工匠之可否。往往卻退至於再三。足未旋家。而追逮違期之檄踵至矣。始命主簿承節郎趙彬董築寨之役。去未久。又檄漢源令馮姓者往督之。時壯者已過河采木

。老弱者驅而執役工。未畢。又命部將趙鼎團結教閱。所委官各欲辦事。以奉承上官意旨。民有愆期違令。譴責隨至。絕不少貸。至大安鎮冬深雪寒。督責尤峻。民不堪其苦。乃相謂曰。歲云莫矣。我輩困於官役。日負捶楚之憂。何暇及私官不支稟食。又令我日買其鹽。節酤其酒。役使既多。農種失時。餱糧不充。安能辦此供須哉。饑亦死。反亦死等爾。遂率衆欲殺守宰。以紓其忿。推大安鎮張百祥張乞父子爲謀。

主期以十二月十九日辛酉舉事。羅目村王萬四以其謀告馮趙二人。歸白其事。龔猶未之信。繼而部將歸亦申言。始集部僚議區處。詰朝張百祥等果率衆而來。州先遣攝助教師興祖說諭。次遣統領官劉大年準備將馮興率西兵二百人。又令指使楊進轄本城禁卒二百人往捍禦。興祖至漢源鎮見叛者。諭以禍福。有一人突出以戈刺其左脇。興祖死。其徒鬨然來攻州。去州十五里名梵音水遇官軍。鼓譟欲前。大年遣人諭之不聽。下令軍伍滿引弓弩。齊發一矢。其衆遂潰。生縛八十餘人。乃召土人辨識名氏。皆近村良民。解縛縱之。州遂遣兵馬監押楊仲禮齎旗榜招安。獨不貸百祥張乞二人。捕送制司誅之。盡籍其家貲。龔懼過出於己。乃移罪漢源令。仍上章自劾。諸司聞其事。對移令榮經尉守永康軍烮上並罷免。壬寅三月十九日己丑也。令削兩官。人以爲冤。是變也。雖起於衆怨。而唱言率衆則大安鎮張寄暍爲首。特假張伯祥父子主之云。張寄暍久竄蠻地。及姚良民爲望守誘令出斷配利州

錢監云。

丁未三開乙卯曳失索之變奴兒結被縛事始

淳熙甲辰秋八月。吐蕃芎齊青羌爲饑荒。欲結連奴兒結寇邊。鈔掠居民牛畜。奴結不從。遂從白水兩村老穉渡河來硐。對漢界白水村安泊。願欲歸漢。安靜寨官申州守臣武功大夫成州團練使秦。原闕。謂省地難以存留。羌人居止。行下寨官魏大壽令說諭回部。又

慮奴結情僞未定。以其事白制帥劉丞相。乞將奴兒結解赴制司予決。遷延至次年春正月。制置司委監成都府軍資庫權制置司幹辦公事陳損之子長。成都府路兵馬都監王宗廉偕往安靜犒設。其日戊子也。六日庚寅。制置司檄郡俾將奴結解送前來。郡方擬作文書。而子長以爲奴結爲邊患已久。不困而去之。憂未歇也。八日壬辰子長與宗廉共議。即舊寨招集奴結族黨。節次犒賞。既醉以毒酒。又故爲支賞不平。激以族黨之

怒。夷人爭忿。相刃相傷。官兵從而戮之。死者凡二十八人。生縛奴結蒙丹足都擔三人。檻送制司。奴兒結行至雙流。絕食而死。蒙丹足都擔遂留成都。是舉也。人皆罪王陳設計殺戮。失信夷羌。而知邊事者謂。奴結頃盜黎邊。軍民死者不可勝計。一舉而芟絕之。亦可立國勢而威外夷矣。三開奴結之弟也。勇悍桀黠過奴結遠甚。又得諸羌歡心。銜兄之死。丙午秋。聚深蓄諸族欲從西峪侵漢。時趙丞相子直被命帥蜀。

未入峽。首奏三開侵犯西峪事。有旨令嚴作隄備。子直至蜀之日。偶沈黎闕守。其冬十月遂辟成都姚艮民望爲之。以艮久仕於黎。諳其邊瑣故也。艮分遣將官。趙鼎等令開諭三開。不得作過。許令互市不聽。子直移書云。若三開到州第。可微有賞犒。多不過數百千。切不可許其循例以進奉爲名。過有邀索。俟三年馴服無他。則許歸其二弟。不聽則惟有嚴兵待之。丁未春。邊吏皆言三開窺伺不已。欲結集群羌。從閒道

先行鈔掠松坪安靜等寨。郡乃分布兵丁把守。其年八月庚午朔。安靜舊寨傳牌報三開入境作過。郡乃遣訓練官傅濟李龜老押禁兵。及飛山軍二百人往同魏大壽備禦。文檄要衝寨官牽宗愈同往三衝虎掌一帶防託。仍令西峪守把將趙鼎巡綽隄備。二日辛未。舊寨守把官曹适報三開於七月二十九日聚集白水水西三村右並石羊等處部落。自白水通渡。五更初有羌賊數十人近寨。引調我軍寨中軍兵以弓弩射之。諸鋪守泊之人並

應。及曉。羌賊不能近。止掠寨外牛畜十餘頭而去。其徒黨約有三百餘人。後三日又率衆來攻。爲巡綽者覺知。招集寨中兵丁追射四散犇潰。亦約有三百餘人。後數日又結集五百餘人分作三溜並進。寨中兵丁登寨之敵樓。乘高雨射。又出寨戮力相與鏖戰。羌賊爲神臂弓射死甚多。皆曳屍遁去。因亦潰散。寨將杜利明死之。制置司具捷以奏。有旨守臣進一官。利明之子又寨官曹适各補進義校尉。餘以次受賞。三開自三

敗之後。聲言欲合諸族八千人以出。子直移書云。窮羌勢屈。何力能致八千人。爲今之策。莫如增兵分戍。堅壁持重以待之。遂增西義勇雄邊各二百。屯新舊寨。九月郡請益戍。子直報云。今有兵千百八人數。亦非少。兵多糧運不繼。則勢難支久。若我有厭兵之意。則內外觀望。窺我厚薄矣。莫若擇要害處持久以困之。運糧之夫優給錢米。使之不困。則諸羌無閒可入。既而子直又欲令蒙丹作蕃書。諭三開令納款。民望以爲亦怯乃已。冬十月。郡又請益戍。子直報云。賊兵本自不多。彼以虛聲相動。此輒爲調整正墮賊計。安能持久。況舊寨地狹人多。病者不少。今且令更戍。賊小至則合諸將以擊之。大至則閉關堅守。以俟救至。不可輕出。有西義勇副將黨惠者。子直所攜愛將也。獨請造舟過河。子直不許。惠乃與諸將王全等謀。以十一月二十一日戊午昏暮。合三百兵自碉根用繩筏渡兵過河。然黎邊水手不諳繩載。笓筏又不適用。甫渡六十餘人。水急繩斷。天亦明。遂引歸。兵之

未涉也。羌人在南岸者伺知之。已舉火報三開矣。郡以集事白制置司。而子直報以或言揚聲虛渡。使賊日夜聚兵爲備。則久必無糧。此亦一策。已而諸族之爲官軍射死者。皆欲償其骨價。制司又立五千緡賞。欲生縛之。三開憂恚成疾。戊申夏四月。嘔血死。是月十八日甲申。其弟失落盤遣人至安靜舊寨。乞詣郡以白制置司。五月十二日丁未。失落盤牽其徒執旗赴郡

投降。乞通交市。郡許之。詰朝令兵官趙鼎等引至。威武神祠。殺牛飲血立誓。犒以錢帛而去。是役也。自丁未八月調兵至戊甲四月撤戍。凡用錢三萬一千六百餘銀。帛共七百匹。兩米六千五百七十餘石云。方子直之至成都。甫浹日馬湖蠻犯嘉州籠鳩堡。子直飭郡縣毋襲故例。輒招諭許之賞犒。第謹邊備。絕歲賜。禁互市以困之。蠻悔過。盡歸所虜。具所當償以請命。乃許如故。餘蠻俱帖服。虛恨蠻族最強善鬥。破

小路蠻。併其地。地與黎接。每以朝廷不許其互市。數犯邊。至是將許之。子直奏曰。黎州三面被邊。西南有五部落。正南有彌羌。東南邛部川。若更開此一族與之互市。必大爲邊患。與其許之而重貽他日之憂。不若拒之而寧受目前之擾。上謂子直有文武威風而知大體。益重之。子直創招西兵五百屯於成都。欲以代御前諸軍之戍。今所謂西義勇者是也。然三開雖死。奴兒結之子曳失索猶在。紹熙五年有彌羌人悶笆至

三衢寨。與土丁趙阿閏相毆。邂逅殺之。買馬官趙鼎懼生事。使土丁以骨價錢三千三百緡償。悶笆之兄畜卜曳失索聞之。遂以奴兒結等向來不得一錢爲詞。聚衆入寇。諸司調兵往援。一方騷然。郡始科稅戶。人夫轉輸上邊徑行三百里。長運之名自此始矣。慶元元年正月十八日壬寅。羌人薄安靜寨。義勇軍正將楊師傑及將佐王全等八人與戰卻之。於是權制置司公事楊茶馬經申已行殺退。三月四日己酉。詔奉議郞知黎州

。王聞禮特轉一官。聞禮。詹事公次子。時王宗廉已爲興元都統制。會留丞相得罪楊侍御太法。因劾宗廉淫邪貪黷。曩在黎州殺降餘黨皆怨。至今爲患。五月二日丙戌。宗廉降一官予罷。六月二十一日甲戌。詔師傑等九人特轉一官。師傑仍充成都府路兵馬都監。陣亡者三人。錄其子軍士千二十有八人。賜緡錢有差。已而趙得老以制置司入蜀。又奏前守史勲爲趙鼎所恐。使鼎以炮烙之刑。勒土丁招殺悶笆之罪。勲已除

知雅州未上。八月二十三日乙亥詔罷之。既而宗廉又坐贓罪追六官邛州安置。奴兒結自癸巳之春盜邊。甲辰之秋歸漢。乙巳之春被縛。而三開以丁未秋復讎。失落盤以戊申之夏納款。曳失索以乙未之春再爲報復之事。至戊辰冬納款。始終凡三十有六年云。

邊防三

丙寅沙平之變

沙平者。雅州嚴道縣徼外夷也。與碉門寨纔隔一水。

而寨在州西八十里。沙平凡六族。其地有葫蘆里者。本隸榮經縣之俟賢鄉。歲輸稅米百二十斛於碉門。而夷人時至碉門互市。蜀之富商大賈皆輻湊焉。乾道六年春。夷人高奴吉作亂焚碉。正月二夜。制置使晁子止調成都眉邛三郡禁兵四千往討之。深入沙平。蕩其巢穴矣。正月十一日壬戌。而官軍輕敵。賊勢復振。正月十六日丁卯。子止又調彭漢兵千人益之。檄轉運判官李景孚親往多功。地名。在雅州西四十里。距碉門亦四十里。審觀事勢。諸將鋭欲一戰。景孚止之。宣撫使王公明聞之。以便宜罷守臣右朝請大夫程敦古。而遣通判邛州陳瀞持榜至碉門。約回部族夷人聽命。三月十日辛卯。自是捐葫蘆里之稅與之。而沙平悉爲夷人有矣。景孚開封人。駙馬都尉導勗之後。敦古眉山人。瀞嚴道人也。後十五年。左須夷人楊出耶者。復因沙平以叛。土丁殺其徒二人。出耶遂木犯頭寮。今永寧隘在碉門寨東北二十里。淳熙十二年二月十

八日壬申。焚掠至始陽鎭。鎭在碉門東二十里。郡以所殺骨價償之。夷人乃去。後九年兀嶺夷人又因沙平以叛。土丁以神臂弓射退之。紹熙五年十月十四日辛丑夜。制置司命開禁門者月餘。夷人糧盡。乃就降。有高吟師高阿保者奴吉之族也。二人爭爲雄長。阿保嘗賂置制司幹辦公事黄大全求藩官名目。大全自簽廳給帖予之。吟師心不平。開禧元年瑞慶節。吟師赴州。因請以西域所得銅鑄金飾孔雀獻於朝。援例求藩官

名目。守臣朝奉大夫蘇肅之懼其邀索不已。勞而卻之。吟師慚怒。乃誅前後費楊二族。嗾夷人攻盧山後峽。殺戍兵。擄隘官而去。二年正月也。俄又焚前峽。三月七日戊午。進犯碉門。三月十三日甲子。知寨後義郎曹琦斷其橋。夷人不得歸。大肆侵掠。制置司委武經郎盧操權知寨。調邛漢彭眉州崇慶府禁軍合五百西義勇百人往討之。又遣奉義郎通判漢州張師夔靖父同知雅州節制軍馬。三月二十六日丁卯。靖父嘗獻安

邊十策。故首用之。既而作檄諭降。其詞俚拙。吟師得之。笑擲於地。後數日靖父率兵次始陽鎮。四月壬子朔。夷人懼。欲求和。寨將彭安不可。議閉禁門以困之。夷人怒攻禁門。四月八日己未。又掠水渡村。肆焚殺綿州。西兵將屈彥言於知寨盧操曰。賊今無備。第開禁門。沙平可入也。操曰。制司止令防賊耳。安得生事。靖父見事急。以三百兵自衛還雅州。四月己未。翌日賊焚碉門。官軍失利。義勇軍準備將張謙

戰死。四月九日庚申。後十日。提刑劉崇之智夫乃自行。賊勢轉熾。宣撫司調潼川隆慶府大軍各五百往討之。罷知雅州蘇肅之同知州張師夔。而以承議郎通判遂寧府馮愉權州事。命本州推官李爽往碉門茱婆谿創築新寨。又命從政郎宣撫司準備差遣王好謙。武經郎興州後軍統領王鉞往軍前節制。五月十五日乙未。是時官軍前後至者已六千人。土丁及兩巡檢之兵亦不下千人。盡駐尼陽關。在碉門之東五里。乾道六年置。

而兩制置居始陽鎮。去碉門二十里。後五日。王鉞自始陽耀兵入碉門。五月二十日庚子。夷人乞還所掠。鉞以甘言誘之。夷人遂降。進高吟師不至。鉞又遣人說之。吟師乃出。鉞即揮文龍州兵捦而戮之。所殺凡六十三人。皆酋長也。據好謙等申在六月五日乙卯。是日官軍出禁門。欲深入夷界。會有爲石棚所壓者。乃遣土丁先往攻之。奉議郎權提刑督捕司簽廳任處厚傳父時在碉門。以狀白智夫。言本遂進焚其巢。以天

稍晚。姑俟一二日。然穴中已無首領。焚之無益。智夫未至雅州。聞除總領財賦之命。遂歸。鉞亦還始陽。土丁深入至白茶平。聞官軍已還。悤據而出。既而夷人掩官軍不備。詐攜牲醪云來奠死者。及暮。縱火焚臨江院。兵人之屯者皆死。其出奔者多爲所殺。文龍州膽勇將苟顯忠聞變。率所部拒之。夷人稍卻。既而援兵無至者。其軍殲焉。興元府後軍準備將張全忠引數十兵繼出。賊大至。全忠戰死。官軍共失千餘人

。後軍正將陳堯輔赴節制司白事。還至尼陽。聞其一軍盡沒。即自刃而死。並六月十八日戊辰。好謙鉞皆走退屯多功。去始陽又二十里。夷人進據水城山。距始陽不數里。蘆山邊民亦皆驚遁。鉞遂入雅州。又歸興州。以綿州統領官甘選權節制。夷人晝夜焚掠。自碉門而東凡四十里。靡有孑遺。好謙命西兵將屈彥招集土丁屯始陽。令碉門土居貢士李牛山嗚鳳往沙平招諭。又遣人約嵒蕃夾攻之。會宣撫司遣成都路兵馬都

監王全將飛山義勇軍三百人同節制。六月二十三日癸酉離成都。全好謙共議。再與之和。夷酋高奴嵬等聽許。六月二十七日丁丑打話。後數日奴嵬率其徒二百餘人立降旗於禁門之外。全命其子公炎以素隊與忠訓郎權知碉門寨。魏大受往受其降。七月三日壬午。乃復互市如故。其後好謙鉞皆以次受賞焉。好謙。開封人。故太府卿卿月之子也。始郡未被兵時。邊關之戍凡二百六十餘人。皆飛山與州禁兵也。飛山百五十人

。餘皆州兵。乾道九年青羌之變。制置司益戍榮經者二百五十八。崇慶府綿漢彭州禁兵。至是又益六百四十四人。諸州軍五百四十四人。義勇百人。通舊爲一千一百三十有九。雅。陋邦也。歲輸朝廷暨諸司者其直猶爲十二萬緡。茶課九十四萬餘斤。其內郡支移者。獨邛州軍衣鹽九萬六千六百餘斤。綿一萬一千三百餘兩而已。郡稅米二萬八千六百餘石。而撥隸沈黎者萬四千石有奇。又以二千石贍榮經之戍。而以邛州米

償之。及是益戍。計增米四千六百餘石。醬菜錢七千六百餘緡。轉運司復移邛州米三千石贍之。帥臣楊嗣勳又爲蠲減員錢之隸帥司者萬三千餘緡。郡計稍給矣。

戊辰畜卜之變己巳飛虎之敗。沈黎土丁本末。

沈黎自慶元乙卯以後。無邊事者且十年。嘉定戊辰十二月己卯。彌羌畜卜忽自惡水渡可入寇。破州之碉子寨。邊事自是再起。先是畜卜之弟悶巴至三衢爲人所殺。部將趙鼎總轄官魏大受懼生事。脅寨之土丁以骨

價錢三千三百引償之。時紹熙五年也。有白水村者。青羌往來渡頭也。其民舊與青羌交通。慶元元年郡徙之安靜寨。青羌不以爲便。乞還之白水。時開禧已二年矣。開禧二年十二月三年正月。既而畜卜又言大受嘗以袍印。許之而不獲。欲與青羌偕往邛部川。假道女兒城。以入寇寨言於州。乞以財帛遺都王。毋令假道。守臣楊伯昌從之。開禧三年二月六日甲子。今年秋畜卜遂以兵至三村。總轄官董忠顯連告急。伯昌命嚴兵待之。今年九月二十日丁巳。十月五日辛未。十四日庚辰。俄伯昌召去。朝奉郎趙公庇代爲十月二十四日庚寅到任。聞羌人且至。遣禁兵八十偕土丁往拒之。兵至茆坪。而畜卜已渡河。軍丁迎敵不勝。庚辰攻茆坪寨。官軍射退之。遂掠三松。蠶沙。橫山。三增。白羊諸村。殺人民鹵財。畜卜又進據茹山。而安靜。艮谿。茆坪。谷堆諸寨。皆爲所隔。公庇亟遣西

兵正將黨燾以所部七十人及土丁俱往策應。燾輕敵逕進。癸未戰於茹山。官軍失利。義勇隊官二人戰沒。西兵死者四十人。土丁六人。郡又盡調西兵禁兵之未發者。命興元府後軍統領王光世將之以行。是日羌人自茆坪寨下。以皮船載生兵渡河。寨官李茂引兵至河際射之。一舟八人俱沒。光世以羌人勢盛憚之。留屯三衢不敢進。羌人焚掠既盡。戊子渡河南歸。光世乃僞走捷旗。稱會合兵丁。趕逐羌賊。道路已通。時並

河諸村生業既無遺矣。制置使吳德夫纔聞之。庚寅。遣義勇軍統領張師古以所部二百人赴州捍禦。師古至則屯三衙。而光世進屯安靜新寨。時邊報不一。而在城之兵調發既盡。乃募強壯三百人號曰敢勇。俾往邊頭應援。命軍事推官程伯雄充軍正統之以行。伯雄。丹稜人也。茆坪寨與邛部川女兒城隔河為境。伯昌之在黎也。蠻地饑荒。女兒城崖太者有請伯昌歲以米十五斛贍之。公庀至州。靳而不予。女兒城蠻因以藉口

。乃借畜卜路使之入寇。既而諸司聞其事。復命予米如故。然無及矣。二年二月庚午。畜卜又犯艮谿寨。官軍與戰敗焉。先一日軍正程伯雄引兵至安靜寨。翊日羌賊自聖婆城下引兵二千過河。後軍統領王光世自前寨遣兵援之。衆寡不敵。皆為羌兵掩殺。後二日。初八日壬寅。伯雄遣大兵千餘人拒敵。西義勇陣於山下。禁軍義勇次之。土丁義勇陣於河濱。布陣甫畢。羌人已逼。箭鏃皆無所施。賊先攻。西義勇將官鞫忠

引衆走。陣遂亂。禁軍義勇俱為所圍。將官曹适戰死。賊乘勢逐官軍至寨下。兵丁死者八十餘人。後二日羌賊乃歸。制置司聞之。復遣興元府右軍準備將劉信將移屯兵三百往援。合前後所遣義勇西兵凡九百。命成都府總管武功大夫馮興統之。而賊去遠矣。四月戊寅。光世以所部四百還成都府。五月癸丑。張師古以義勇。六月癸亥。馮興劉信以移屯及西兵次第各歸。七月制置司對移。公庀通判崇慶府。十月丙子復遣本

路兵馬鈐轄傅諤往黎州捍禦。節制諸軍時安觀文新除制置大使。乃以便宜命其子直秘閣通判眉州。癸仲權黎州兼節制軍馬。十二月甲子統領官董炤等渡河。與彌羌戰。官軍大敗。先是制置大使司命炤與統領官傅順。正將李實。以飛黃軍二百戍雅州。節制將至。黎預檄本州令備船筏乾餱為深入之計。至則遣實往安靜相視山川形勢。以為畜卜之硐去大渡河甫三十里。入之易耳。飛虎軍皆選士。自謂無不一當十者。故銳欲

過河。先旬日。十一月二十八日。節制至軍大犒士衆。命炤統飛虎軍。實統禁軍及沿河諸寨土丁合千三百人。以昧爽涉河。分爲三部。山高箐深。路險雪積。蠻又於高山要害之處起立石棚。以俟官軍。官軍或爲所壓。既而蠻大呼突出。官軍驚潰逃入山谷。蠻縱獵狗而隨之。盡爲所掩。西兵被縛者六七十人。土丁又倍。日暮炤先遁歸。實爲蠻所圍。數日乃得脫。繼而禁兵土丁亦有竄歸者。節制復還黎州。炤留守安靜。

吳德夫時已罷制置使。猶未行。乃揭榜黎州。戒以不得輕舉重傷國威。於是蠻邀厚賂以贖漢人。凡土丁之富厚者一人爲數百千云。德夫嘗已薦公庀。故其事敗不以聞。會大旱。詔近臣條問政。許成子時爲禮部侍郎。因論黎州守臣撫御失當。而按劾不加。務存大體。無怪乎上干陰陽之和如此其極也。疏入公庀降二官放罷。朝廷方議擇守。會聞大使司已遣官節制。乃亟命朝奉郎通判成都府何德彥知黎州節制軍馬。用金字

遞遣行。其年十二月甲申也。先是節制自舊寨原闕留統領官傅順。董炤。軍正程伯雄。在後寨捍擄。三年二月辛酉。羌人自艮谿寨下。用皮船渡河。攻相嶺寨。炤引所部兵百餘由寨後突出禦之。賊登堡子城。炤又逐之。賊自旦至晚不得食。走之河岸。衆已疲矣。西漢地土丁知賊饑困。欲馳下剿之。炤恐分其功。戒土丁毋得進。會日暮。炤移泊薑地寨。夜羌人秉炬渡船。若將遁者。而滅火載兵以來。詰朝再戰。賊兵數

倍。炤不能支。賊乃拔兵而去。後五日丙寅。新守何德彥至州視事。癸仲還眉州。又十日總管馮興以置制大使司之命。部西兵三百至州。賊不復出。黎州舊有揀丁二千。土義勇二百。德彥至止。乃核實丁籍。擇其少壯者千四百四十爲揀丁。餘四千二十九爲衍丁。詳具兵馬門。又增招義勇二百人。月增支米三斗。醬菜錢一千。通舊爲錢八引。西南極邊六寨。薑地。相嶺新。舊寨。靜聖。婆城。長谿。舊以飛山及州禁軍

更戍。地多烟瘴。戍者憚之。德彥因命所增二百人。將家分戍六寨。罷飛山義勇之更戍者三百人。飛山二百四。義勇一百。減中右軍更戍者四月之糧。每年常戍中右軍四百五十人。今自五月一日發回成都。九月一日別差出戍。而以其錢爲增兵之費報可。三年八月十八日癸酉朝旨。沈黎賦入至薄。總領所歲以蒲井鹽千八百桶贍之。每五十三斤十一兩爲一桶。軍食所需皆仰給於邛雅。乾道癸巳。邊隙一開。始以州鎭火牌

戶及沿路居民。遞運四千石。上邊謂之短運。慶元乙卯。吐蕃入寇。郡始科稅戶。人夫徑行三百里謂之長運。至是畜卜連年入寇。夫運益頻。遠近之民俱罷其擾矣。其年冬十二月。青羌曳失索始來降。七年二月乙未。卜籠十二骨亦至卜籠者青羌部族也。性殘忍。多器械。專仰鹵掠爲生。所謂十二骨者。乃十二種也。青羌卜籠既降。守臣袁枏知畜卜勢孤。乃令守靜寨。總轄杜軫諭之出漢。畜卜疑漢人殺之。有邛部川都王之弟部勒者。與軫謀遣漢人入蕃爲質。畜卜乃來。從者凡三百餘人。枏與通判州事周壎聚廳受其降。畜卜膝行而前。抱枏之足。枏以錢帛厚犒之。畜卜留州城十日。將渡河。乃送還漢人十一而去。枏言於朝。得報下制置司利東安撫司各常切措置鎭撫。務令邊界安靜。毋或引惹生事。九月十二日戊辰樞箚。軫。西人也。自畜卜犯邊至此。更七年而後定云。

辛未利店之變

嘉定辛未正月己丑。馬湖夷都蠻攻嘉定府犍爲縣之利店寨。陷之。馬湖蠻者西爨昆明之別種也。其地在梁爲南寧州。承聖中刺史徐文聖召去。有爨瓚者。遂據其地。子孫相傳。後分爲東西焉。西爨之地在唐爲商馴聘浪四州。其酋姓董氏。隸戎州都督府。國朝開寶中。德化將軍董春惜貢馬。詔書嘉納之。太平興國中始市馬。其後又以板來售。蓋夷多巨木。邊民嗜利者。賫糧深入爲之庸鋸。官禁雖嚴。而不能止也。板之

大者徑六七尺。厚尺許。若爲舟航樓觀之用。則可長三數丈。蠻自載至叙州之江口與人互市。太守高輝始奏置場征之。謂之抽收場。至今不廢也。馬湖之地東南接石門。亦叙州徼外蠻。西南接沙漠虛恨。嘉定府徼外蠻。又黎雅諸蠻與吐蕃之境。而北接叙州之商州寨宣化縣。西接嘉定之賴因沐川。犍爲管下二寨名。西北接叙州之宜賓。凡蠻地仰給者七村。曰胡鹽。或曰會筵。曰黎谿。或曰沘谿。曰平夷。曰都夷。曰什

葛。曰蒲潤。或曰普潤。曰荒桃。此七村多沃壤。宜耕稼。其民被氈椎髻。而比屋皆覆瓦。如華人之居。飲食種藝多與華同。惟胡鹽黎谿平夷三村兩輸漢蠻之稅。謂之兩屬稅。戶自叙州沿流十里。至馬湖江口。又西泝七十里至安邊寨。又水陸行三百二十里至夷都村。又水陸行一百八十三里至天池。亦曰文池。此馬湖蠻王所居也。自夷都谿口。夷都谿口在夷都村之南五十里。遵陸距利店沐川賴因籠鳩等寨僅二程。皆平

原。初賴因本夷地。景德天聖閒。屢來寇掠。治平閒把截將王文撥始據險立寨。侵耕夷人山墒名賴因莊。夷人訴之。事聞有旨。以其地歸董蠻。既而寨民私賂之。以償其侵地。歲爲紬二百匹。幅廣二尺。長二丈。於是蠻人每歲至賴因請之索稅。其後稅頗增。寨人亦厭苦之。紹興末虛恨蠻犯籠篷寨。隆興初夷都蠻復寇賴因。詔用馮當可提點本路刑獄公事以經制之。當可築堡於籠篷。而伐箐於賴因。以爲戰地多蓄儲備器

械。蠻不復至。及是馬湖蠻將入寇。而夷都土蠻先以書抵利店寨將。言之寨將。以謂蠻人要索之常不即省。歲除之前夕。寨民有失牛者。夜出求之。見火滿四山。始疑寇至。乃以狀白犍爲縣。未達。而蠻已大入。或曰蠻始欲寇中鎭寨。中鎭有備不可入。聞利店稍富實。而寨丁少。乃攻之。知寨保義郎改松。悉寨丁七十餘人。遣之迎敵。或死或逃。蠻遂圍其寨。寨地勢低。蠻人馮高投木石以擊之。衆莫能拒。又二日蠻

人以雲梯登城。松力戰十三合。無與援者。寨民驚潰。自投山水而死。亡者數百人。松爲蠻所執。臠割而殺之。盡掠寨民之貲。焚其居。驅老弱婦女數百人而去。松二子亦爲所掠。守臣許子然聞變。急調兵救之。至則蠻已遁矣。既而蠻人釋所俘卒胡慶者。俾持牒以歸。自稱都相公。狀申嘉州官品。大略言漢人不償犒稅之故。其後蠻人爲招安將言。初以叙州負其板直故擊之。道險不可進。欲引歸。而蠻師翁者謂始出兵

時。嘗許以生口祠神。今無所得。神且怒。由是移兵攻利店。亦莫知其情實云。初慶元末。宣化簿昌元封壽源嘗爲古戎邊志。大略謂馬湖之警在嘉而不在叙。蓋一軍屯安邊。一軍守眞谿沙谿商州寨之間。皆宣化縣界。則馬湖不能遽踐吾境。惟賴因中鎭地平而近。且蠻以索稅爲詞。往來通行於漢嘉之境。一不如意則寇輒隨之矣。至是果如所料。其三月辛巳。蠻又犯籠鳩堡。本路帥黃伯庸調移屯西兵二百戍犍爲縣。朝廷

聞之。四月己丑除李季允本路提點刑獄。自知崇慶府除。安觀文時爲制置大使。乃置安邊司。以經制蠻事。俾季允與許子然共領焉。始議猶欲招安。而蠻人玩狎。終不肯出。大使司議遣兵平之。季允謂然。而許成子在瀘南。以謂曠日持久。勞師費財。不如招納之利。持論不同。由是久不決。會叙南邊吏獲夷人數十以告。鞫之於其利店之亂者三人焉。成子榜境上諭夷人能以利店所掠人口來。吾即歸三人者金帛。不問也

。又遣牒入夷中訹以利害。無幾何。蠻以印狀來。願盡歸俘掠。如約安邊司聞而互招之。夷中悔。於是季允移檄。願得三夷人。成子曰。如此則吾爲失信。夷禍必嫁於瀘。不許。已而大使又以爲言。成子曰。吾知權利害。爲生靈計。且即移書以鬼章事報之僚吏。或請進兵。成子折之曰。乞弟卜漏之章。瀘父老至今言之疾首。可草草耶。既又移書僉樞宇文挺。臣曰。守邊之道。安之而已。苟圖快意。未有不敗事者。因

以議不合求罷政。知夔州。壬申春。始季允聲言某日以兵出塞。蠻頗憚之。會東師司揭榜叙州境上。大略言本司已與西路商量。決無深入之理。仰邊民安業。毋得驚擾。蠻人見之。知西路揚聲紿已。益無所憚。嘉定四年秋。余在雲凌。見司理參軍青陽誨井研人。言夷人以黃紙作牒遺嘉州。其語殊倨。末有故茲詔示之語。安邊司俾寨官卻之。既又見提刑司屬官何逢年。資陽人。言近本司令寨官諭以先歸所掠漢人。而蠻

書答云。所掠此是婦女三十餘人。近悉有娠。須產畢乃可送。其侮慢如此。原闕。謂人曰。原闕。膽如粟奈何。是年九月辛酉。夷人又犯叙州。至宣化之二十里。季允怒。守臣史師道。青神人。時為承議郎。應報安邊司。文書稽緩。而成子稍庇之。史本大使所薦。至是劾之。鐫二秩罷歸。大使司知蠻不可致。五年春遣興元後軍統領劉雄等二人將西兵千人。自嘉叙二州分道並進。又遣迪功郎新本路提刑司檢法官安伯恕

往叙州節制之。伯恕。廣安人。故同樞密院子厚之四世孫。嘉定初。宣撫司下總領所書填迪功郎告予之。調綿谷尉文鎖廳請文解。又試中大法。又為銓試第一名。辟提刑司檢法兼制置大使司屬官。是年三月。官軍入蠻境。方接戰。土丁某人斷小酋之首。蠻人驚潰。官軍小捷。其酋米在據羊山江之水囤。堅不肯降。囤在峻灘之中。水淺舟不可行。濤深人不可涉。大使聞之。移書季允曰。但聲言伐木造舟攻其水囤。則米

在其降矣。季允從之。米在果請降。然不肯受盟。邊吏遣土丁十餘人入蠻為質。米在乃令其徒數十詣寨納降。安邊司盡以十二年稅犒與之。米在以墮馬為辭。終不出。是役也。所掠邊民數百人。得還者十三人而已。捷奏上。大使轉三官為通奉大夫。伯庸亦轉一官。季允進直煥章閣。伯恕特改次等京官。餘人並進一官。議者疑入粟改官非舊典。大使司乃奏言伯恕之出有蠻九百餘人。詣軍前投降。又言其始以獻策復關表

四郡。便宜補官。乞依任子例特與改秩。乃除大理評事。命下。安已赴類省試合格矣。或曰。所謂投降九百人者。本吾邊民。皆爲人傭耕。方官軍之出也。招安將諭之曰。原闕。節制且來汝曹當詣馬前聲喏。邊民從之招安。將謂原闕。曰此降羌也。原闕。以三百人送長寧軍巡檢官養濟。後又以二百人益之。巡檢者每人食日飯以一溢米。既又不能賙。率多餓死。餘四百人蓋莫知所終。邊上舊有平戎莊。地極膏腴。久爲

勢家所擅。季允以錢二萬七千緡市之。收其田客近四百家。以爲土丁。因食其地。至今不廢。田租二千七百石。每七石贍一丁。

癸酉虛恨之變

嘉定癸酉仲冬十七日。虛恨蠻犯嘉定府峨眉縣中鎭寨。寨在羊山江南。去府二百五十里。硬寨在江之北。先是蠻人數爲邊害。乍降乍服。嘉泰二年夏。其都王崖烈者。始款中鎭寨。請五年犒物。自慶元四年以來者。刻石作誓而歸。提刑司但以四年犒物予之。蠻人數來欲得本年犒物。官執例不予。蠻人怒掠邊民十四人而去。土丁追之。梟其七級。其年十一月也。制置使謝用光聞之。乃於羊山江南築師院平等三硬寨以防其衝突。明年三月。蠻徑犯師院。平十月又犯籠篷堡。寨將馬櫄知不可遏。乃遣人與之打話。陳益之謙提點本路刑獄。亦欲招安之。蠻人聽許。明年春遣峨眉令楊鴻往中鎭。受其降。蠻至寨未給犒物。馬櫄以其

屢鈔掠也。恨之。多所要索。蠻怒而去。櫄俟其出塞俾土丁邀之於道。殺蠻人北二等三十二人。嘉泰四年正月丁亥。櫄以功補進義校尉。開禧二年。蠻人怨怒。自是不出者十餘年。壬申夏。李季允亶來司臬事屢招來之。蠻人終不至。是月十九日。憲使楊伯昌子謨。飛烏人。時以朝散夫直華文閣。郡守任處厚傳父。彭山人。時爲朝奉大夫。方會飲。坐中有土丁二人馳報。蠻人六七款塞。願受犒。且納蠻刀爲信。寨已給

降旗矣。余時在府中聞其事。謂府倅及憲屬曰。此詐也。翊日再得報蠻近寨者已六十餘人。午後得報蠻二百餘人。夜扣硬寨門求戰。已出土丁二千渡江禦之矣。檦又言寨有土丁及家人凡五千。皆驍勇可用。不必濟師。時知縣事奉議郎眉山宋大椿尉從政郎南谿史子申適皆沿檄以出。在邑者惟主簿一人。以累舉得官通攝其事。外傳蠻人近寨者實六七百人。檦所言非實也。二十一日得報蠻人犯硬寨。殺土丁一人。掠二十五

人而去。二十九日得報蠻人復歸巢穴。時土丁被掠者近二百人。提刑司不欲生事。乃遣人自邛部川招安之。伯昌嘗守黎州以信厚爲諸蠻所服。邛部川因往來爲之傳道。甲戌春正月。邛部川蠻人速臼至羅忽寨。言虛恨蠻人有歸順之意。提刑司遣從政郎權本司僉廳昌元封壽源巴西縣主簿沈黎。李時開往中鎭寨隨宜應接。於是虛恨都王遣其徒庫崖來打話。庫崖以馬檦嘗殺北二也。疑之欲得其子弟爲質。檦難之。已而沈黎大

渡河。監渡官劉如眞遣其子與親屬共三人入蠻爲質。庫崖乃來。四月辛亥渡河至北岸庫崖。欲得十二年歲犒。凡爲絹二千四百匹。鹽茶四千七百斤。銀百兩。鉟釜二百。牲酒之屬不與焉。又欲得都王每三年轉官告命金帶紫袍銅印之屬。及北二等三十一人骨價。先是檦之上世有田在寨之南北岸。歲收租四千餘石。後有旨以其田贍邊。世選馬氏一人爲寨將。佃戶爲土丁。防守邊面。所謂歲犒者。例以邊租三百石市之。自

北二死。蠻人不出。租稅悉爲之所私。至是度無以償。乃好詞紿蠻人。歸諭都王因其出寨。遣土丁二百襲之。癸丑旦至牛渡。遇諸蠻。即縱兵掩殺之。庫崖與其徒三十六人皆死。土丁被殺者七人。傷者又數十人。蠻人大怒。取當子三人剳裂之。議者因欲以殺蠻爲功。伯昌不可。五月丙子以檦屬吏。檦令其家丁百數詣提刑司訟冤。僚吏各請釋之。伯昌不從。卒正其罪獄成。檦上私用邊租及他罪。計贓當死。伯昌上於朝

。有旨制置司酌情行遣。制置司尋奏奪槱官。羈管大寧監。其年十月也。於是籍土丁之壯健者二千人。月廩之。俾守諸寨。歲賞錢二萬四千緡。蠻人聞槱以罪去。怨怒稍解。既又知邊頭有備憚之。自是不復輕鈔掠矣。

左須夷人出沒

黎雅徼外夷人舊不相通。乾道六年。雅州沙平夷人與嵓州夷人相攻。沙平求援於左須。夷人楊出耶因而獲

勝。出耶者本黎州五部落夷人也。於是自榮經之佛籠谿拂開生路。入嚴道之裔思經尾乾河至榮經之苦荮壩。由烟河山頂透丑部落地。分把截。將王思恭即卒土丁塹其道而堙之。淳熙四年八月壬辰。思恭復往巡邏。則有木皮寮在焉。乃聞於州。委榮經簿毀折。七年三月出耶復入漢地。焚掠乾河一帶居民。八年十一月制置司始知之。令思恭起遣歸部。且調雄邊軍三百就縣屯駐。九年三月甲戌。思恭以土丁官軍逐去之。四月癸丑。出耶復自乾河至小思經出沒鹵掠。遂即苦荮壩拂立硐囤。五月壬申復爲思恭所逐。焚其囤。又即木頭寮山頂爲寨屯泊皁望官兵。十年二月壬戌。出耶始至硐門寨受犒納降。旗州遣兵焚其囤舍及所種麥。且給出耶蕃官帖。月以錢米予之。十一年二月己未。其徒二人復越入乾河省地。爲都巡檢官兵所殺。壬申夜。出耶遂引兵與夷人河泥兄弟突出大河。攻木頭寮寨。以索骨價錢爲詞。土丁力不勝遂遁。出耶焚掠居

民八十餘家。凡三日而去。州聞其事。立賞錢千緡。募能生致或斬出耶首者。及出耶悔過歸順。則待之如初。乙亥。硐門知寨與夷人暖誓。別立誓書。漢蕃安心互市。會嵓州夷人至硐門互市。知出耶爲漢人所討。遂帶器甲欲來攻。出耶並害沙平以報前日之讎。沙平夷懼。即攻擊河泥兄弟。又以財物賂出耶使去。出耶乃退居鵠打鵰。制司聞其事。調榮經所屯飛山雄邊軍。以是月庚辰至始陽州。以木頭寨不可守。乃別建

寨於史村山。三月丁未州出信旗。並委曲府碉門寨將
胥燦使往沙平招安。出耶又以骨價錢償之乃止。自是
沙平嵒蕃之隙益深矣。

龍州蕃部寇邊

文龍州蕃部皆氐羌遺種也。文州蕃兵多至數千人。龍
州才四百而已。蓋自大魚城木瓜平以至後村不過十數
部。部不過數十人。木瓜平有李蒙族。後村有董家族
。近文州則有白馬丹族。自熙寧八年始。有旨推排近

邀有物力稅戶團結寨子弓箭夫共一千六十三人。輪戍
漁谿濁水乾坡三寨。月一替。餱糧器械自備。由是不
能久。老弱備數。名存實亡。夷人易之。慶元二年六
年連寇清川平郊二寨。興州都統制郭杲調大軍擊之。
則已去矣。會杲與總賦官王寧德和不叶。徒久戍以困
之。杲死。軍乃解。先夷人常至濁水寨互市。寨有土
豪三四受而儲之。夷人恃以爲命。及蘇肅之爲守。或
告以土豪既擅博易之利。顧又反挑夷人生事招釁。肅

之乃罪土豪而移之。夷人至無所歸。自是茶鹽糧米之
屬。皆不可得。夷人困怒。嘉泰元年春。遂掠平郊寨
。劉仲洪德秀爲制置使。請於朝。調西兵二百分屯清
川平郊濁水花平四寨以遏其衝突。三年正月十八日戊
子夜。夷人潛入。掠大崖堡。二月二十一日庚申夜。
進陷濁水寨。焚寨柵。奪其印。執銀治巡檢兼知寨范
浩併其家屠之。蓋浩首罪土豪。絕其博易故也。謝子
肅源明爲制帥。調龍州。彰明大軍四百往討之。吳曦

爲興州帥。因命權統領王鉞。準備將李好義俱行。鉞
聞木瓜平族首李蒙大等結約未已。遂悉兵以出。曦又
遣綿州後軍正將李堯輔以所部三千赴之。三月十九日
戊子。夷人攻五湊堡。後二日圍銀治場。四月八日丙
午復掠五湊堡。鉞遣兵追襲。後六日得其二級而還。
子肅聞夷人已去。乃檄潼川路兵馬鈐轄范仲壬往圖其
事。仲壬單騎而至。召土豪與語。欲誘夷人來計事即
殺之。土豪得其情。仲壬無以應。卒不得其要領而歸

。夷人亦不出。但重勞餉給事聞。五月十一日戊寅。有旨制置都統司重立賞榜。召募土豪鄉導並青巡尉弓兵併力掩捕。制司遂立賞錢四千緡。七月王鉞命李好義及部將何師雄等以選士二百人深入。十三日己卯晚渡大魚河。十四日庚辰旦。夷人望見官軍即走入箐。官軍追之。斬八級。夷人奏險。官軍不能進。乃還焚其部帳。夷人怒。復糾合以追官軍。凡三百餘里。日晚好義等僅得濟河。十五日辛巳還至濁水寨。二十六

日壬辰夷人約降。制置司不敢決。八月二十一日丙辰以其事申樞密院。大略謂不即受降。恐失事機。誘而縛之。又傷大信。未報制置司。恐夷人再入。九月三日戊辰。以便宜檄都統制納降。仍再申樞密院。大略謂若更遲延。恐蕃部生疑。兵連禍結。十月十三日戊申。李蒙大者率其徒二百至濁水源穀子龍下。守臣楊熹委江油令馬崇謙與王鉞往受其降。夷人獻六牛以爲禮。又歸所掠銅印。後二日。制置司被旨以李蒙大原

係漢人。竄入蕃界結誘侵犯。罪在不赦。事與文州蕃部不同。十九日甲寅。制置司復奏夷人服順乞降。儻於此時沮卻。恐獸窮必噬。反生後患。四年正月八日壬申得旨許之。制置司先奏夷人開展封堠約二百里。及獻水銀硃沙窟一處。既遂。言此皆夷人養生之具。恐難遽受。又慮或生希覬。引惹邊釁。猝未寧息。乞賜還蕃部。亦許之。於是犒夷人錢引七百。銀碗三。將士皆受賞而歸。留大軍二百五十人屯濁水寨。通舊

爲四百五十。嘉泰元年所差者。又乞籍定寨夫官給軍器。五日一閱。及於乾坡漁谿濁水三寨之側。築小堡三十。徙並邊民戶二百四十往居之。乾坡寨在平地中無險扼。王鉞又請於其前築水礶山寨以爲戍守之所。朝廷皆從之。自是蕃部稍帖息矣。

建炎以來朝野戈雜記逸文

從吳志伊藏　明鈔本錄補

永阜殯陵議

紹興初。六飛駐越。昭慈聖獻皇后上賓。因卜地。權殯于會稽上皇村。蓋便於修奉也。及卜祐陵。遂就其側。併舉顯肅憲節二后祔焉。顯仁高宗維從其兆。則迫隘已甚矣。高宗之葬也。趙子直時守蜀。手疏論會稽殯宮淺薄。可爲深憂。宜復祖宗山陵之制。朝論不從。於是自昭慈之西。連用五穴。山勢漸遠。其地愈卑矣。孝宗將殯。子直爲樞密使。建議以殯宮本非永制。實居淺土。蔽以上宮初期。克復神京。奉遷神駕。雖其志甚美。而其事實難。且死者無終極。國家有廢興。豈宜徒徇虛名。以基實禍。識者深以爲然。時日官荆大聲已卜地思陵之傍。開深五尺下有泉石。近例神穴深九尺。案行使趙德老以爲土肉淺薄不可用。子直乞改卜。意欲以中軍寨爲之。而宰相留仲至以爲不然。於是德老與覆案。使謝子肅附其說。乃命大聲改卜於新穴之東。視新穴纔高一尺一寸五分而已。孫從爲覆案使還言。當少寬時日。別求吉兆。而內廷左

右以上久居喪次。內外不便。皆主速葬之說。乃詔侍從臺諫。限三日集議。議者皆言神穴未安。自合展期改卜。況朝廷禮文何嘗盡循古制。豈必拘七月之期奏劉德修所草也。朱晦翁時在經筵。復上奏論臺史國音之說不可信。又言今穴視前穴高一尺一寸五分。則是開至六尺一寸五分即與舊穴五尺之下有水石處高低齊等。如何卻可開至九尺。而其下二尺八寸五分者無水石邪。臣自南來。經由嚴州及富陽縣。其江山之勝。雄偉非常。說者又言臨安縣乃錢氏故鄉。山川形勢寬平邃密。此必有佳處可用。而臣未之見也。竊見近年地理出於江西福建爲尤盛。望下兩路帥臣監司疾速搜訪。量給路費。多差人兵轎馬津遣赴闕。今於近甸廣行相視。或謂晦翁之意似屬蔡元定季通也。所謂國音者。蓋近世庸妄之說。以五音盡類群姓。而謂冢地向背各有其宜。以國姓論之。必當用離山坐南向北之地。晦翁謂以禮而言。則死者北首。若以術言。則凡擇

地者必先主勢之強弱。風氣之聚散。水土之淺深。穴道之偏正。力量之全否。然後可以較其地之美惡。政使實有國音之說。亦必先此五者以得形勢之地。然後其術可得而推。若曰其法果驗。不可改易。則洛越諸陵無不坐南向北。固已合於國音矣。又何吉之少而凶之多邪。疏入不報。其後卒定永阜欑陵于會稽。子直請如故事建陵。臺諫同列又以後喪踰前喪而止。故永崇亦因之。若成穆成恭二后。則先葬于赤山。慈懿皇后則欑于南山淨慈寺。在卷四孟子廟配饗從祀後。

陳魯公諫避狄

陳長卿爲相。靜重有守。高宗甚敬之。金虜遣使來。出慢言。朝廷震怒。大閹張去爲密進幸蜀之計。翌日。長卿對。首言張浚可用。上不許。因諭以入蜀之計。長卿曰。川蜀路艱。緩急難進。且士大夫六軍皆東南人。萬一傾戀不進。豈不誤事。上悟而止。於是始議出軍守江淮之策。及王權敗歸。閹戚益懼。勸上幸會稽。因入閤。日欲晡。上命王存忠來議。長卿延入。解衣置酒。翌日入奏曰。陛下誠用其言。大事去矣。一日中使持御批來甚遽。長卿視之乃云。如更一日。虜騎未退。且令放散。百官浮海避狄。長卿取焚之。入奏曰。誠如聖訓。百官既散。主勢孤矣。上曰焚之何也。長卿曰。既不可付外施行。又不敢輒留私家。故焚之耳。上嘿然。會虜有內難。戕亮而歸。方是時。微長卿國勢幾殆。卷六第一條。

龔實之論曾龍

龔實之初爲監察御史。會江浙大水。詔侍從臺諫卿監郎官館職陳闕政實之言。水至陰也。其占爲女寵爲嬖倖。爲小人專制。爲夷狄亂華。而其閒因權幸以致者。蓋十七八方。崇觀之閒。小人道長。內則奄腐竊弄威柄。至其末年濁亂極矣。於是有京城大水之異。馴至夷狄亂華。海內橫潰。今左右近習不過數人。衆所指目形于謠誦。一二年來進退人才。施行政事。命由中出。人心譁然。指爲此輩甚者。親狎之語流聞中外。賡酬之作傳播邇遐。昔孝元信任恭顯。漢業始衰。京房嘗因燕見所以覺悟其主者類數百言。元帝不能去顯。而京房由是以死。臣每讀其書。而深悲涌水之變。由顯而致房卒。當之可哀也。時隆興二年八月矣。七月壬子下詔求言。八月甲寅朔。相去凡二日。則此疏八月初所上也。先是內侍押班梁珂與大淵覿皆用事。都人爲之語曰。天上三奇。日月星。地上三奇。乙

丙丁。人閒三奇梁龍曾。謂其能爲人禍福也。會言者論珂交通諸將。大爲威福。害及百姓。甚於寇盜。詔珂與外任宮觀日下出門。八月五日戊午。後十四日。實之還右正言入對。首論今積陰弗解。淫雨益甚。熒惑入斗。正當吾分。天意若有所慍怒而未釋者。二人害政。甚珂百倍。陛下罷行一政事。進退一人才。必掠美自歸。謂爲己力。或時有小過。昌言於外。謂嘗爭之而不見聽。群臣章疏留中未出。閒得闚見出以語

人。有司條陳利害。至預遣腹心之人以副封公。然可否之。若夫交通貨賂。干求差遣。大臣畏忌。依阿聽從。此又其小小者。上諭以二人皆潛邸宮寮之舊。非其它近習比。且俱有文學敢諫爭。杜門不出。未嘗輒預外事。卿宜退而訪問。實之再上疏云。昔唐德宗謂李泌曰。人言盧杞姦邪。朕獨不知。泌言此其所以爲姦邪也。今大淵覿所爲。行道之人類能言之。而陛下尚未之覺。更頌其賢。此臣所以深憂屢歎百倍於未言

之前者也。疏入不報。實之即家居待罪。章再上。乃詔茂良累上章乞回避。王之望可除太常少卿。九月二十九日辛亥。蓋實之在三館時。以王瞻叔薦爲郎。而瞻叔時參知政事。故援以爲請也。實之五辭不拜。後半月除直秘閣。知建寧府。十月十三日乙丑。實之復請奉祠不允。會陳正獻公自吏部侍郎請外除漳州改建寧。乾道元年七月。陳公言茂良前以言事補郡。且臣故交。今往奪之。於義有不安者。不許。實之遂銜替

。又二年。上益知二人之姦。並逐之於外。其秋起實之提點廣東刑獄。乾道三年七月。踰年擢知廣州。六年夏召還。得見。因論發運司誕謾等事。左相欲留之。右相不欲。左相旋亦罷。乃以實之爲江西副漕。數月知隆興府。江西連歲大旱。實之奉行上旨。捐金出粟。全活甚衆。九年春。除敷文閣待制。明年秋召歸爲禮部侍郎。甫月餘。除參知政事。時大淵久已死。茂良未至。闕之數日。覿亦自京師除使相。上諭實之令與覿釋憾。實之雖奉詔。而覿銜之終不釋也。仲貫甫聞之劉晦伯諸公云。在臺諫給舍論龍曾事始末後。

陳正獻公論外戚不可爲宰相

陳正獻公爲吏部侍郎。因侍經筵。論外戚不可爲宰相。時錢處和以首參窺相位甚急。上納陳公言而止。錢憾之。風使求去。乃除知建寧府。乾道元年七月丙寅也。先是吳明可尹臨安。權豪側目。執政亦不便之。乃徙爲吏部侍郎。俾之北使。而以龍大淵爲副。明可

曰。是可與言行事邪。語聞得罷。行而下遷禮部侍郎。明可力求去。六月丙申除雜學士奉祠。繼而王龜齡入朝爲禮部尚書。首獻足用十事。其言有及免行錢者。程正言叔達劾罷之。後三日而陳公補外。閻惠夫舍人封還錄。黃言芾大寶俊卿三人皆去。非國之福。臣竊爲陛下惜之。程復上章。言芾俊卿之去。臣固不得而知。如大寶晚節末路。錯繆若此。何足惜者。因劾惠夫詞命俚猥六事。八月庚辰詔王大寶與致仕。閻安中罷。見任汀州居住。是時洪景伯初除僉書樞密院事。乞以未轉二官回贈其高祖。處和許以大夫告第。惠夫繳黃言執政。而贈四世僭也。上從之。其被論或亦以此。而晁子西乃謂景伯惠夫皆附大淵者。未知何以云爾也。陳公去位之十九日。而玉帶事作。後八日處和亦罷政。同上。

四庫補正 大明會典一八〇卷

明徐　溥等奉敕撰　李東陽等重修

以明正德四年司禮監刊本校補

卷九十九

四庫本於「哈密」條前缺「海西女直」條（六一七－九〇五下）。明刊本其文如下。

海西女直

永樂元年。女直野人頭目來朝。設建州衞。軍民指揮

使司並千百戶。所鎮撫賜印及誥。又置兀者衞。海西。建州毛憐等處有衞有地面有千戶。所有站皆遣人朝貢。建州衞。建州左衞。建州右衞。毛憐衞。每衞每年許一百人建州寄住。毛憐達子每年十二人。其餘海西各衞并站所地面。每年每處不過五名。其都督來朝。許另帶有進貢達子十五人同來。每歲於十月初驗放入關。十二月終止。

貢物

馬　貂鼠皮

舍列孫皮　海青

兎鶻　黃鷹

阿膠　殊角

四庫本「哈密」條下之「貢物」（六一七－九〇五下）少「馬。駝。玉。速來蠻石」四項。今據明刊本補之。

卷一百一

四庫本此卷止於「秦寧衞　諾延衞　福餘衞」條（六一七－九二三）。明刊本尚有「海西女直」條如下。

海西女直

凡進貢到京野人女直都督。每人賞綵段四表裏。折鈔絹二疋。都指揮每人綵段二表裏。絹四疋。折鈔絹一疋。各織金紵絲衣一套。野人女直指揮每人綵段一表裏。絹四疋。折鈔絹一疋。素紵絲衣一套。以上靴韈各一雙。女直千百戶。鎮撫野人女直舍人頭目。每人

折衣綵段一表裏。絹四疋。折鈔絹一疋。奏事來者。每人紵絲衣二件。綵段一表裏。折鈔絹一疋。靴韈各一雙。

求討弗提衛都督苔吉祿先次奏討冠帶蟒衣。欽賜大帽子一頂。金帶一條。後又因奏討特與蟒衣一件。建州左衛都督剌哈亦奏討大帽子金帶。亦與之。

貿易賞賜畢日。許開市三日。令鋪行人等照例持貨入館兩平交易。

卷一百十七

四庫本「錦衣衛將軍二十人。三千營。將軍二廾人俱紅盔青甲。懸金牌佩刀。直左右踏蹬。」條(六一八—一五七下)。明刊本「踏蹬」作「品牌」。其後明刊本尚有「錦衣衛將軍八人。紅盔青甲。懸金牌佩刀。直左右踏蹬」一條。

卷一百三十

四庫本「盜大祀神御物」條(六一八—三一七下)。明刊本於「各加盜罪一等」句下尚有「並刺字」三字。

卷一百七十四

四庫本「凡四譯館習譯監生子弟舊例月支米一石」句(六一八—七一三下)。明刊本「四譯」作「四夷」。

七國考十四卷

明董　說撰

以舊鈔本校補

卷六

四庫本「荆蠻之俗積久乃變也」句（六一八—八八四上）。舊鈔本「荆蠻」作「戎翟」。

卷八

四庫本燕器服下之召公尊。銅鼎銘墓（六一八—九一

六下）與卷十楚喪制下之以書葬（六一八—九三〇上）諸條之間有錯簡。舊鈔本其文如下。

召公尊

博古圖周召公尊。蓋高六寸七分。深四寸一分。口徑長四寸五分。闊三寸八分。腹徑長五寸四分。闊四寸二分。容七升七合。共重二斤有半。蓋器銘云。王大召公族於庚辰。旅王錫中馬自貫侯四駪。南宮（闕）王曰。用先中蓺（闕）王休。用作父乙寶尊彝鼎。此周王褒大召公之族於其廟之器也。又旅陳其王所錫之馬。駪駪。衆多也。錫馬蕃庶。駪於南宮。南宮亦廟也。此所謂褒大之也。乙者父之名。王褒大於廟。爲其父作此寶器。乃周家召公子孫之酒彝也。

銅鼎銘墓

皇覽云。漢永平中。葛陂城北祝里社下於土中得銅鼎。而銘曰。楚元武王墓。蓋楚以鼎銘墓也。按呂氏春秋曰。含珠鱗施。今葬皆用之。注。含珠。口實。鱗施。玉匣於死者之體如魚鱗。西京雜記曰。廣川王發

晉靈公塚。得玉蟾除一枚。大如拳。腹空容五合水。光潤如新。宋謝惠連祭古冢文曰。東府掘塹一丈。得古冢。上無封域明器之屬。材瓦銅漆有數十種。異形不可盡識。刻木爲人。長寸許。初開見悉爲人形。以物根撥之。應手灰滅。水中有甘蔗節及李核瓜瓣。皆浮出。不甚爛壞。世代不可知也。酉陽雜俎載齊景公墓。在目邱縣近北。近世有人開之。下入三丈石函中

。得一鵝。鵝迴轉翅。以撥石復下。入一丈便有青氣上騰。望之如陶烟。飛鳥遇人輒墮死。遂不敢入。墨莊漫錄載政和間朝廷求詢三代鼎彝器。程唐以爲陝西提點茶馬。李朝孺爲陝西轉人。於鳳翔府破商比干墓。得銅盤徑二尺餘。中有款識一十六字。又得玉片四十三枚。其長三寸許。上圓而銳。下潤而方。厚半指。玉色明瑩。此皆以物葬殉之絕異者也。

按此銅鼎銘墓。舊鈔本係置於卷十之楚喪制之下。卷十以書葬條。舊鈔本其文如下。

蕭子顯齊書。襄陽有盜發古塚。相傳是楚武王冢。獲竹簡書。青絲編簡數分。長二尺。皮節如新。盜以把火照書。後人又得十餘簡以示撫軍。王僧虔云。是科斗書。考工記周官所闕。一統志云。楚昭王塚在習池北。南齊建元中。盜發書。古書竹簡。素絲編簡。後沈約亦得數簡。以示劉繪。繪云周禮逸篇。又按玉海云。六安縣都陂中有大冢。民傳言曰。公琴即皋陶冢。楚人謂冢爲琴也。又有葛陂城東北有楚武王冢。民謂之楚琴城。楚人又謂冢爲瑟矣。名號大奇。附記於此。

明集禮五三卷

明徐一夔等撰

以明嘉靖九年內府刊本校補

卷三一

四庫本「班位」章。「蠻貊羌人以次朝貢」句（六五○—四五下）。明刊本「羌人」作「羌胡」。

卷三五

四庫本「豻侯」條。「豻。羌地野犬也」句（六五○—一一三上）。明刊本「羌地」作「胡地」。

卷三九

四庫本「士庶冠服」章。「北方則雜以戎狄之服」句（六五○—二○○上）。明刊本「戎狄」作「戎夷」。

卷五三下

四庫本九奏樂章之「第一奏起臨濠」。「百戰收疆土」句（六五○—五○四上）。明刊本「疆土」作「強虜」。又其後「第二奏開太平」。「降敵將。勝強兵」句（同上）。明刊本「敵」作「虜」。

四庫本「龍池宴」章。明刊本「旌旗所指。強敵納款」句（六五○—五○七上）。明刊本「強敵」作「羌胡」。

又「武舞曲」章。「批亢擣虛。萬里山河北帝居」句（六五○—五○七下）。明刊本「批亢擣虛」作「跨蜀驅胡」。

四庫補正　頖宮禮樂疏一〇卷

明李之藻撰

明萬曆浙西李氏原刊本

卷一

四庫本歷代褒崇疏「三年冬十月。置曲阜宣聖廟登歌樂」條下標注闕（六五一—二四下）。明刊本作「藻按。夫子廟祀肇自魯哀十七年。立廟故宅。蓋寥寥數百載矣。曁漢高崛起。而釋馬秉秬。一造其堂。嗣後代有褒崇。雖昏若桓靈。逆如莽丕。夷如拓跋奇渥。亦各懷我好音。尊親弗替。以至列爵。逮乎門牆崇祀偏（夫膠序）」。

又其後。「十三年閏二月丁丑。釋奠初用八佾」條下小注「故當時祭酒宋訥。奉勑撰文。有像不土繪。祀以神主。百年舊習乃革之語」句（六五一—三二上）。明刊本「舊習」作「夷習」。

四庫補正　金石錄三〇卷

宋趙明誠撰

以舊鈔本校補

卷二十二

四庫本後魏鎮東將軍劉乾碑條「右魏鎮東將軍劉乾碑云。君諱乾字天。自南北分裂」句（六八一—三〇九上）。舊鈔本作「右後魏鎮東將軍劉乾碑云。君諱乾字天。自胡夷亂華」。

蘭亭考一二卷

宋桑世昌撰

以明刊本校補

卷三

四庫本「翼至會稽。不與州郡通變姓名」句下標注「闕」（六八二—九二下）。明刊本作「易」。

卷七

四庫本「定武蘭亭叙凡三本……嘗從使北」句（六八二—一二三上）。明刊本「北」作「虜」。

卷十

四庫本「逸少遺墨尤貴蘭亭。至於玉石。因耶律之所棄。幸而得存此爲異也」句（六八二—一三九下至一四〇上）。明刊本作「逸少遺墨尤貴蘭亭。至於玉石。不肯隨耶律入旃酪之腥。此爲異也」。

卷十二

四庫本「孟浩然期王山人不至」詩之後似有脫文（六八二—一五〇上）。明刊本尚有一詩如下

卜洛成周地。浮杯上巳筵。鬥鷄寒食下。走馬射堂前。垂柳金堤合。平沙翠幙連。不知王逸少。何處會群賢。孟浩然

法帖釋文考異十卷

明顧從義撰

以明嘉靖間上海顧氏刊本校補

卷六

四庫本適得書帖。「王羲之」下小注多處標注闕（六八三—三八九下）。明刊本其文作「伯思云。自適得書至慰馳疎（或作竦）耳。中間諸帖除穆松及秋中二帖差似逸少書。餘並近世不工書者僞作耳。非特筆無晉韻。又宅上靜眠。過此如命等乃今流俗語。不待觀筆蹟已可辨之。」

四庫本差涼帖之前注闕（六八三—三八九下）。明刊本作「知欲東先期共至謝欲處云。一作之。非。何欲行想忘耳。過此如命」。

四庫本兄靈柩帖之後有兩帖均注闕（六八三—三九〇上）。明刊本如下

慈顏幽泉本此行下有石斷半行翳垂卅年。而吾勿勿不

知堪。臨始終不發言哽絕。當復奈何。吾頃至勿勿必比加下省別具足下。小大問爲慰多分張

四庫本諸從帖有兩處注闕（六八三—三九〇下）。明刊本其文如下

足下所云皆盡事勢。吾無間然諸問。想足下別具。不復乙乙。一作具

又其後之帖亦兩處注闕（六八三—三九〇下）。明刊本其文如下

此諸賢粗可時見省。甚爲蕳闊。劉闕一作理。非。遠須異多小患。而吾疾篤。潘本顧本闕歇筆一點。不得數爲歎耳。米云已上二帖真

四庫本得足下旃罽帖之後一帖多處注闕（六八三—三九一上）。明刊本全文如下

又不能不痛熙存施釋注云。劉作孝。陳去非云。與虞世南帖中學字筆法相似。而次妝釋之不同。故知皆未必是也。故作存。下乃亡字甚明。孫過庭書譜云。謂

必存錄存字草法與此正同。張懷瓘書斷有云。過庭草
憲章二王。故此字釋爲存。而亡字義亦通矣。按陳謂
虞帖中學字筆畫相似。謬矣。虞帖頭上有交乂轉筆。
與此大不同。當以施説爲是。亡政爾復何於求之度政
當求之內事餘理不絕求之一條當有冀不信罔。泉本此
石斷二行。然前塗願乙乙。陳施俱作具。誨之以悟其
心。二政字當作正。蓋逸少祖名正。故王氏作書正月
或作初月一月。及他正字皆以政代之也。

又四庫本省足下帖有多處注闕（六八三—三九一下）
。明刊本其文如下
省足下別疏具。彼土山川諸奇。楊雄蜀都。左太沖三
都。殊爲不備悉。彼故爲多奇。益令其遊目意足也。
可得果當告卿求進施作迎。張作近。少人足耳。至時
示意遲此期眞以日爲歲。想足下鎭彼上未有動理耳要
欲及卿在彼。登汶領峨眉而旋。實不朽之盛事。但言
此。心以馳於彼矣。

又四庫本知足下連不快帖。「吾積羸困而下」句下注
闕（六八三—三九二上）。明刊本作「積日不」。
又其後奉告帖。四庫本「伏想比安和伯熊過。見之悲
」句下注闕（六八三—三九二上）。明刊本作「酸大
都猶云大凡也。高適詩。大都秋雁少。即此意可耳
」。
今遣鄉里人帖。四庫本注文標注闕（六八三—三九二
下）。明刊本作「（張）說送（賈至）」。

又其後四庫本標注闕（六八三—三九二下）。明刊本
作「廿二日羲之（報近得書）」。
旦極寒帖。四庫本於「吾昨暮復」句下注闕（六八三
—三九三上）。明刊本作「大吐。小噉物」。
又旦極寒帖之後。四庫本有闕文（六八三—三九三上
）。明刊本其文如下
卿與黃諫作之虞休意書有所問足下。旨爲致誠答令旨
意致來勿忘此意自決今以資嚴知小大疾患念勞心

追尋傷悼帖。四庫本多處注闕（六八三—三九三下）
。明刊本全文如下
追尋傷悼。但有痛心。當奈何奈何。得告慰之。吾昨
頻哀感。便欲不自勝舉。且復服散。行之益頓乏。推
理皆如足下所誨。然吾老矣。餘願未盡。惟在子輩耳
。一旦哭之。垂盡之年將無復理此當何益。冀小卻漸
消散耳。省卿書。但有酸劉施作毀塞。足下念顧言散
所割多也。王羲之頓首。

適太常司州帖。四庫本「大奴以」句下注闕（六八三
—三九四上）。明刊本作「（一作）比。還吳也」。
又四庫本其後之帖亦有闕文（六八三—三九四上）。
明刊本全文如下
司州供司州供右潘本有第六卷十二享奇七小字俱半行
給寥落。去無期也。不果者公私之望無理。或復是福
。得大等書慰心。今因書也野數言疏平安定太宰中郎
四庫本定聽帖之後帖有多處注闕（六八三—三九四下
）。明刊本其文如下
適重熙書如此。果爾乃甚可憂。張平不立勢向河南者
。不知諸侯何以當之。熙表故未出不說。說荀侯疾患
想當轉佳耳。若熙自一作得亦通。陳作目非勉。此一
役當可言淺見實。不見今時兵任可處理。

卷七

四庫本七月一日帖之後多處標注闕（六八三—三九五
下）。明刊本其文如下

得都下九日書。見桓公溫也當陽去月九日書久當至洛
。但運遲可憂耳。蔡公大觀摹正公字。案謝安子琰字
瑗度。符堅之役以勳封蔡公。遂委篤。
四庫本謝光祿帖之小注「故二畫當是重念字」句下注
闕（六八三—三九六上）。明刊本作「下一畫當作（
一字）」。
又四庫本其後之帖亦有闕文（六八三—三九六上）。
明刊本全文如下

徂暑感懷深。得書知足下故頓乏食差不。耿耿吾故爾耳未果爲。結力不具。施作乙乙王羲之

初月二日帖四庫本小注「如初月有云。羲之」句下注闕（六八三—三九六下）。明刊本作「是耳。願」。又後文「願足下莫見責。乃俗」句下亦注闕（同上）。明刊本作「人僞作。第恐」。

十月七日帖。四庫本於「卿女轗軻」句以下多處注闕（六八三—三九七上）。明刊本作「卿女轗軻。想何

可處差充喜言不多耳。羲之。伯思云。十月七日帖。米以爲集成。予謂昨見君帖亦然。蓋二帖字意皆不相屬。而十月帖頗取十七帖中足慰目前。可令必達以副此志。遠想慨然等帖語廁其間。

四庫本足下帖「足下小」句下注闕（六八三—三九七下）。明刊本作「大佳」。又後文「復得都下近問不」句下亦注闕。明刊本作「吳得」。

四庫補正　歷代名賢確論一〇〇卷

宋不著撰人

以明弘治刊本校補

卷七

四庫本是卷末文止於「使爭子賊臣畏服之。如是顧其功可較也」句（六八七—四四上）。明刊本尚有一段文字爲「昔堯既公天下以讓舜。而夫子首之於書。吳太伯讓於季歷而遷亦首之於世家。春秋之說左氏者。亦以隱公能讓而首之於春秋。雖然。堯大聖也。則安

敢以擬議。以太伯隱公止於一讓。後世乃稱之爲至德。爲賢君。遂而首之於春秋。而況伯夷哉。雖亦不爲之傳首。其亦可得乎。噫。目之久瞽。忽開則大明。耳之久聵。忽震則大驚。當伯夷不生。天下孰知讓國之爲美歟。伯夷不死。天下孰知伐君之爲非歟。伯夷生死之節盡之矣。渾渾之俗其不大明而大驚也哉。夫子嘗罕言仁。而於伯夷曰求仁而得仁。孟子學夫子者

也。而稱之曰伯夷聖人之清。又曰聞伯夷之風。貪夫廉。懦夫有立志。太公望從武王伐紂而親爲之師者也。亦曰義人也。夫子謂之仁。孟子謂之清。太公謂之義。嗚呼。其爲人也果如何哉。」

卷四十五

四庫本「昌邑王章」（六八七—三七二上）之前有闕文。依明刊本補之如下。

傳介子斬樓蘭王

溫公曰。王者之於戎狄。叛則討之。服則舍之。今樓蘭王既服其罪。又從而誅之。後有叛者。不可得而懷矣。必以爲有罪而討之。則宜陳師鞠旅。明致其罰。今乃遣使者誘以金帛而殺之。後有奉使諸國者。復可信乎。且以大漢之彊而用盜賊之謀於蠻夷。不亦可羞乎。論者或美介子以爲奇功過矣。

昌邑王

王元之曰。社稷不可以忽。忽之者必見遽亡。富貴不可以驕。驕之者鮮能長守。昌邑賀之謂乎。統絕世之盛業。居一人之尊位。謂社稷可以輕忽。富貴可以驕矜。奔喪而不能悲。載女子以爲悅。在服而不能哭。稱嗌痛以爲辭。求長鳴之鷄。採積竹之杖。變色溢目。淫聲塞耳。將墜漢朝。復繼秦暴。青天既缺。孰爲鍊石之人。白日已傾。立待揮戈之手。故得霍光盡忠。延年嘉議。乃曰昔伊尹放太甲於桐宮。今將軍廢賀於昌邑。今古一也。何疑焉。于是按劍示衆。升階逼

尊。下君於殿堂。解君之璽綬。出彼內禁。囚諸外藩。芟荒穢於宮中。平瘡痍於闕下。夫如是則青天之缺，不鍊石而自平。白日之傾。詎揮戈而再午。故曰漢之伊尹也。然則太甲改過。復享三十二年之帝。而湯嗣中興。尹之功也。賀之見廢。除二十七日之禮。漢祚不泯。光之力也。大哉成湯之爲君也。未沒而安宗廟於尹。其惟任賢矣。孝武之爲主也。臨終而屬社稷於霍光。其能知人矣。知扶湯漢之祚。賴伊霍之德也

。嘗試論甲尙復興。賀終見廢。事君之道也。爲臣之義。不亦闕乎。夫過而能改。善莫大焉。過而不改。是爲過矣。且甲之放也。言止暴亂。賀之廢也。極於荒淫。何使不早圖之。養成其惡。姦佞爲黨。忠賢受誅。則霍光何以爲謀。延年不復與議。人臣陷於塗炭。宗社變於兵墟。又何難哉。云云。

卷五十九

西晉人君章

四庫本「禍生於閨闥。成於宗室。骨肉相殘而劉石姚苻慕容爭承其弊」句（六八七—五〇二下）。明刊本「劉石姚苻慕容」作「胡羯氐羌鮮卑」。

卷六十一

四庫本卷目「愍懷之亂」（六八七—五一二下）。明刊本作「夷狄亂晉」。

卷六十五

四庫本「歷代人君」章之前有闕文（六八七—五四三下）。今據明刊本補之如下。

魏之人君

溫公曰。後魏之先世居朔野。有國久矣。道武乘燕氏之衰。悉舉引弓之民。以憑陵中夏。馬首所向。無不望風奔潰。南取幷州。東舉冀幽。兵不留行。而數千里之地定矣。繼以明元太武兼靑兗。包荊豫。摧赫連。開關中臬。馮洪吞遼。碣虜沮渠。拜河右。高車入臣。蠕蠕遠遁。自淮以北。逾於大漢。悉爲其有。子

孫稱帝者。百有餘年。左衽之盛未之有也。及孝文嗣位。乃貶戎狄之俗。修帝王之政。崇儒雅。興禮樂。其風聲文采。蔚然可觀矣。宣武懦弱。不克負荷。寵信讒諛。賊虐親賢。元氏之業。於茲始衰。重之以孝明幼沖。胡後淫恣。嬖倖盈朝。政出多門。賞罰無章。紀綱大壞。守令貪殘。黎民愁怨。盜賊蠭起。日滋月益。上之人曾無悛心。而內自睽離以招外盜。於是爾朱榮乘之而起。興晉陽之甲。直指伊洛。后主沈於

回淵。公卿百官血濡焉足。雖孝莊勇決。手刃賊臣。而枝黨四集。禍不旋踵。孝武惡高歡之逼。逃遁入關。遭宇文泰之禍。不能自脫。東西分裂。相繼皆亡。嗚呼。人主當國全盛之時。宴安怠惰。以失其威。福之柄及民心已去。禍亂已成。雖有明斷之才。猶不能救。況庸君乎。

魏去夷即華

六一後魏論曰。魏之興也。自成帝以至於聖武。凡十

二世。而可紀於文字又十一世。至于昭成而建國改元。略具君臣之法。幸遭衰亂之極。得奮其力。並爭乎中國。又七世至于孝文而去夷即華。易姓建都。遂定天下之亂。然後修禮樂。興制度。而文之考其漸積之基。其道德雖不及於三代。而其爲功何異王者之興。今特以其不能幷晉宋之一方。以小不備而黜其大功。不得承百王之統而不疑焉者。質諸聖人而可也。今爲魏說者。不過曰功多而國彊耳。此聖人有所不與也。

何以知之。以春秋而知也。春秋之時。齊桓晉文可謂有功矣。吳越之僭迭強於諸侯。聖人於書齊晉實與而文不與之。以爲功雖可褒。而道不可以與也。至書楚與吳。或屢進之。然不得過乎子爵。則功與彊。聖人有所不恥也。或者以謂秦起夷狄。以能滅周而一天下遂進之。魏亦夷狄。以不能滅晉宋而見黜。是則因其成敗而毀譽之。豈至公之篤論乎。曰是不然也。各於其黨而已。周之興也。與秦之興。其說固已詳之矣。

當魏之興也。劉淵以匈奴。慕容以鮮卑。符生以氐。戈仲以羌。赫連禿髮石勒季龍之徒。皆四夷之雄。其力不足者弱。有餘者強。其最強者符堅之時。自晉而外。天下莫不爲秦休兵革。興學校。庶幾刑政之方。不幸未幾而敗亂。其又強者曰魏。自江而比。天下皆爲魏矣。幸而傳數世而後亂。以是而言。魏者纔優於符堅而已。就使魏興世遠。不可猶格之夷狄。則不過爲東晉比也。是皆有志平天下而功不就者。前所謂不

幸兩立而不能相并者。故皆不得而進之者。不得已也。

卷六十七

從裴矩言許突厥昏章

四庫本「夫齊甥舅之國。吳太王之裔也。涕出而女。景公猶羞之。婁敬和親之策。豈足效哉。而終唐之世。人君行之不以爲難。其臣亦不以爲非。高祖太宗實啓之。是貽謀不善也。」一段（六八七—五五六下）

。明刊本作「夫匹士庶人求配偶。猶各以其類。況王姬公族而棄之遠裔。變華爲夷。豈不哀哉。而終唐之世。人君行之不以爲難。其臣亦不以爲非。高祖太宗實啓之。是中國與夷狄無異也。」

卷六十九

四庫本「突厥」章止於「太宗不從忠諫。卒自悔咎。況不若太宗之強盛而可爲哉」句（六八七—五七八上）。明刊本其後尚有「又論用溫彥博策。突厥酋長降者皆拜官布列朝廷。置四都督府。六州處其降衆。曰先王之制。戎狄荒服。夷不亂華。所以辨族類。別內外也。孔子美齊桓之功曰。微管仲吾其被髮左衽矣。聖人之懲戎狄如此。太宗既滅突厥。而引諸戎入中國。使殊俗醜類與公卿大夫雜處於朝廷。苟欲冠帶四夷以夸示天下。而不知亂華亦甚矣。是以唐室世有戎狄之亂。豈非太宗之所啓乎」一段。

高麗章

四庫本「且天子之使而爲諜於外國。失使之職。豈不辱乎。」句（六八七—五七八下）。明刊本作「且天

子之使。四夷之所相望。而爲諜於外國。失使之職。豈不辱乎」。

又其後「孫之翰曰。貞觀中。天下治平。天子威德甚盛」句（六八七—五七八下）。明刊本作「孫之翰曰。貞觀中。天下治平。四夷賓服。天子威德甚盛」。

薛延陀章

四庫本「太宗不得志於東。欲收功於北。因延陀破亡。以兵臨之。如疾風之振槁。自以爲開闢以來未之有也」一段。（六八七—五八一上）。明刊本作「太宗不得志於東夷。欲收功於北荒。因延陀破亡。以兵臨之。如疾風之振槁。左衽之民解辮內附。自以爲開闢以來未之有也。」

又後文「昔之有天下者。亦可得而略聞矣」句中有缺文（六八七—五八一上）。明刊本作「昔之有天下者

。莫不以冠帶四夷爲盛德大業。何哉。故嘗試論之曰。中國之有夷狄。如晝之有夜。陽之有陰。君子之有小人也。中國失政則四國交侵。先王所以御之者。亦可得而略聞矣」。

又其後文「太宗矜其功能。好大無窮。非所以遺後嗣」句（六八七—五八一下）。明刊本作「太宗矜其功能。好大無窮。華夷中外。欲其爲一。非所以遺後嗣」。

四夷請帝爲天可汗章

四庫本「范祖禹曰。太宗以萬乘之主。不恥其名而受其佞。事不師古。不足爲後世法也」句（六八七—五八一下）。明刊本作「范祖禹曰。孔子曰夷狄之有君。不如諸夏之亡。言其無君臣之禮也。太宗以萬乘之主。而兼爲夷狄之君。不恥其名而受其佞。事不師古。不足爲後世法也」。

卷七十四

中宗韋后章

四庫本「中宗即位之初。過寵后父。因大臣切諫。有不道之言。爲母所廢。流離艱苦。洎乎復辟。又使韋后。安樂公主用事。殞身於二婦人之手宜乎」一段（六八七—六二七下）。明刊本作「凡十五年。賴祖宗功德入人至深。天下之心繫於後嗣。故忠義之臣出死力以救。始得復歸京師。及正觀昏庸之態又甚於前。崇寵韋氏。使預國政。縱其姦惡。一不爲意。忠臣諫

而不納。凶人進而得計。賢者罹罪。邪者受寵。紀綱法令。紛然無一條理。是中宗歷憂患二十年。未嘗省過也。未嘗修己也。人情邪正都不曉也。世事美惡都不辨也。昏昏然何等人爾。故復位數年。孱惑至此。豈非下愚之人不可移之性也。卒致兇婦逆女。邪謀而終。以至愚自貽其禍也。

石守道曰。甚哉。中宗至庸至暗之主也。高宗謀之不臧。一失其政。天下生民之命持於女子之手。虐及人

神。毒流海內二十年矣。李氏幾覆。神器幾喪。身去萬乘之貴。下與匹夫同列。遷延歲紀。窘囚房廬。險阻艱難。苦亦備矣。顛危崎嶇。斯爲極矣。一日得脫千仞必死之谿。再登九五崇高之位。顧天獄之險足以嘗膽。思武氏之禍可爲寒心。則宜日昃不食。宵分不寐。兢兢業業以勤萬機。復祖宗之耿光。刷九廟之餘恥。登彼帝道。泰茲生靈。帝乃荒政爲常。慢遊是好。不鑒高宗之以武后長舌敗國。牝鷄喪家。復授政柄於娼妻。更假主權於妖女。自樹刑賞。專作威福。親啓多門之政。聚扇朋淫之風。終殞身於二婦人之手。宜乎。」

卷七十五

立貴妃章

四庫本「明皇不信其子而寵胡人以爲戲。至使出入宮掖而不疑。褻慢神器亦極矣。豈天奪其明歟。何其惑之甚也」句（六八七—六三八上）。明刊本作「明皇

不信其子而寵胡人以爲戲。至使出入宮掖而不疑。褻慢神器亦極矣。豈天奪其明。將啓戎狄以亂華歟。何其惑之甚也。」

卷八十一

房琯章

四庫本闕末句孫之翰論（六八七—六七九上）。明刊本作「孫之翰論房琯挾怨用人。致睢陽之陷。見張巡許遠門」。

李光弼章

又四庫本「子儀安坐而有餘。光弼馳騁而不足」句以下有闕文（六八七—六八一下至六八二上）。據明刊本補之如下「予嘗思其故。讀史思明傳。見光弼使烏承恩潛殺思明事。而知李郭之優劣。蓋子儀爲人至誠不欺。主於忠信。其胸中洞然。天人也。故靜則人安其德。動則人服其義。光弼用烏承恩使襲殺思明。此雖狡夫猾虜之常態。意其人雖雄悍驃勇。而中有所謂

不可信者。市井之智。盜賊之明。有時而用。不然。何以召思明之侮。而田承嗣之膝獨爲尙父屈歟。此於服人之道小矣。嗚呼。成事以才。不若以德。服人以智。不若以理。惟德與理。始鈍終利。以之治大。以之行遠。未之有悔也。」

卷八十一

張巡許遠章

四庫本前缺孫之翰論曰一段（六八七—六八二上）。

明刊本作「孫之翰論曰。宰相盡大公之心。尙慮智謀不至。或致敗事。況可挾不平之意乎。房琯之爲相也。與賀蘭進明有私怨。進明帥河南。旣兼御史大夫。是假風憲之威以重其任。琯又用許叔冀爲都將。亦兼大夫。均其官使不爲下。此宰相秉不平之意一舉事爾。遂至睢陽危迫。進明不救。忠賢數人爲賊所害。軍民之衆。罹其屠戮。則宰相秉不平之意。一舉事至於此也。或曰賀蘭進明好進之人。張巡許遠功名旣高。

固有嫉之之意。雖無許叔冀爭權。亦未必出兵救援。則睢陽陷賊。實進明之罪。不繫房琯之過也。答曰。進明先授攝大夫。不滿其意。遂極言排琯。交憾愈深。此固好進之人。及帥河南。權任甚重。琯或慮其難制。必用大將以分其權。則當擇賢才任之。使共力國事。奈何用叔冀一狡險人爲都將。復重其官與節帥等。是正使各尙氣勢不相下爾。此豈宰相大公之意也。不然。進明雖好進之人。於巡遠功名不無嫉之之意。

當南霽雲求救。忠義憤發。言詞哀切。足以感激於人。稍異木石者必動心也。進明亦非全然兇狠不知情義之人。安得絕無救之之意。豈非有所憚而然也。或曰。韓愈作張巡傳後敘。止言巡遠聲威功績出己上。不肯出師救。絕不言許叔冀事。豈非舊史傳之誤也。答曰。愈敘張巡事。蓋以李翰所作巡傳尚有遺落。故據汴徐間老人言有所書爾。老人之言。傳當時事跡。又豈能窺進明之情也。況愈之所言止謂遺事。故不盡言

其本末爾。舊史高適傳。載移書許叔冀使釋憾同援梁宋事。此尤足證明。則房琯挾怨用人。致睢陽陷沒。頗得其實。嗟夫。房琯以時名作相。不能立大功。輔大業。茲已負肅宗倚任之意。又復挾怨用人。致敗國事。則琯之流落以歿。非不幸也。後之爲相者深戒之。」

卷八十三

四庫本於卷末有闕文（六八七—七〇七上）。明刊本其文如下

吐蕃

「孫之翰論曰。觀陸贄論吐蕃情狀。不足助國討賊。適足爲患。此賢者之遠識也。中國有事。藉夷狄之力。未有不爲大患者。彼荒遠貧苦之俗。習爭鬥賊殺之事。一日引之中國。使窺其利。必當動心也。且高祖初起義兵。得突厥數百人爲助。遂恃微功。貪求不已。後連歲入寇。爲關中之患近十年。高祖至欲遷都避

之。肅宗以慶緒之亂。藉回紇助兵。雖與將帥同收二都。至許之害生民。取財貨。茲固中國之醜。又歲許賂遺。仍以帝女下嫁。僅得一二年無事。及遺兵助攻相州。諸鎮軍潰。回紇悉奔。此亦未能必勝也。代宗以朝義未平。復藉回紇兵力。雖得數千人求助。驕橫兇悖。益輕中國。元帥僚屬皆朝廷近臣。多爲鞭撻而死。所過剽劫尤甚於賊。賴僕固懷恩盡力。始能同滅朝義。代宗恩賞姑息。無所不至。曾未數年。已入寇

畿縣矣。中國有事。藉夷狄之力。其爲患如此。此非
特古事爲驗。乃唐事實。德宗熟聞而親見也。聞見而
不能鑒。又欲藉吐蕃之力。蓋當賊泚之亂。車駕播遷
。艱危之中。復行誤計爾。況吐蕃桀黠甚於諸戎。結
贊好謀。尤多險詐。德宗雖遣使賂遺。促其發兵。已
與賊泚交通。爲觀變之計。賴天祐唐祚。使遭疫疾而
退。不然者。陸贄所慮。進兵郊畿。不卻不前。外奉
國家。內連兇逆。兩受賂遺。且恣剽劫。王師不得伐

叛。民人不得保生。賊雖耗亡。我亦困竭。其勢至此
。唐祚危矣。則中國雖衰。不可假夷狄之功。不幸有
事。惟推誠任人以激忠義。天下之大。臣子之衆。必
能盡力於事矣。苟藉夷狄之力。未有不爲大患也。好
當作奸。帥當作師。

十七史纂古今通要十七卷

元胡一桂撰

以元刊本校補

卷八

四庫本「帝甫親政五年之間。惟乳母言是聽。惟宦官
譖是從。鄧氏既夷。太子亦廢」句(六六八—二一八
下)以下注「原闕」。今據元刊本補之。
辛酉五月。王聖與黃門李閏汪京以廢立事譖。帝怒。

鄧騭遵鄧悝皆自殺。甲子九月。聖京樊豐等譖廢太子
。保豐亦宦者。所汲汲焉者。耿宋閻氏閏京豐聖等封
拜寵任而已。辛酉秋。帝嫡母舅耿寶。監軍祖母。宋
貴人家侯四人。皇后閻氏兄弟顯景耀並典禁兵。京閏
封侯。豐聖寵任。扇動內外。忠言諫諍並皆不入。辛
酉。朱寵訟。鄧氏冤免。歸。太僕來歷諫廢太子。怒
免。壬戌。尚書翟酺諫耿閻用威。河間男子趙騰諫宦
官權盛。反棄市。太尉楊震屢疏愈切。亦以讒死。甲

子。帝不平。震激切。樊豐等譖免之。震飲藥卒。天
下冤之。由此觀之。使帝踐祚即自爲政。昏亂蓋可知
也。太后明鑒固已及此矣。不然災異若玆。后才損饍
徹服。歲復豐穰。何天心之易感哉。史氏無有能發之
者。惟后是議何歟。吾故表而出之。質諸知言之。君
子(順帝)保。安帝子。母李氏。爲閻后所害。十一
月即位。年十一。丙寅永建六。陽嘉四。永和六。漢
安二。建康一。在位通十九年。初帝已立爲太子。爲

王聖等譖廢。安帝崩。乙丑三月。閻后貪幼君立北鄉
侯懿。懿卒。十月。后與閻顯等猶欲徵諸王子。中黃
門孫程等斬。江京閻顯迎帝即位。耀景等皆誅。帝初
即位。以定策功封中黃門孫程以十九人爲列侯。寖以
干政。權勢日盛。賴司隸虞詡劾癸以作。敢言之氣。
丙寅春。詡奏免三公。二人又奏中常侍程璜陳秉孟生
李閏等。自是左雄。詡所薦李固。周舉。黃瓊。張衡
。王龔。皇甫規之徒。皆果於指陳。請加放斥。而根

據聯絡。非惟言不聽。諫不行。反遭譖逐者有矣。甲
戌。周舉對策。請出不御之女去在位不職。黃瓊疏請
勑近臣遵法度。乙亥。衡上疏制不專己衆共威權。有
地震之異。丙子。宜者譖出之。甲申。皇甫規對策。
常侍尤無狀者宜亟免出。大將軍兄弟亦宜自退。冀以
爲下第拜郎中。后父梁商秉政。雖謙虛進賢。而怯弱
無斷。至遣其子納交內豎。己卯商以官□。□曹節等
用事遣。

卷十一

北燕馮跋長樂傳

四庫本「蓋自晉室不君。偷安江左。中原無主而劉石
苻姚慕容據之」句(六八八—二五九上)。元刊本「
劉石苻姚慕容據之」句作「夷狄猾夏有如此者」。又
後文「南宮氏曰。自古僭竊瓜據中原之禍。莫甚於晉
」句(六八八—二五九上)。元刊本「僭竊瓜據中原
」。作「夷狄更迭亂華」。

卷十五

四庫本唐章。「故安史之亂初平。而四裔之患隨至」句（六八八—三〇三下）。元刊本「四裔」作「夷狄」。又「所幸子儀精誠威信。戎狄慴服。有以辨懷恩而使王室之再造也」句（六八八—三〇三下）。元刊本「懷恩」作「此虜」。

卷十七

四庫本後晉章「繼而馬家口戚城陽城之捷」句下注文「乙巳。敵聞克秦州。來圍官軍。陽城會大風。奮擊。大敗之。敵走。歸幽州」句（六八八—三二九上至下）。元刊本「敵」作「虜」。

又其後「朝政日壞。又不悟契丹之狡謀。信趙延壽。劉延祚之詐請」句（六八八—三二九下）。元刊本「契丹」作「夷狄」。又此句下注文「延壽先叛降敵。丙午秋。詐請歸朝。乞兵應援。九月。敵屢敗」句（六八八—三二九下）。元刊本「敵」作「虜」。又以

下凡「敵」字。元刊本皆作「虜」。最後「嗚乎。欲圖其終先慮其始。敬瑭於契丹感援立之恩」句（六八八—三三〇上）。元刊本「欲圖其終先慮其始」句作「裔不謀夏夷不亂華」。

四庫全書補正.史部 / 國立故宮博物院四庫全書補正編輯委員會主編. -- 初版. --臺北市；臺灣商務，民87
面； 公分
參考書目：面
ISBN 957-05-1444-2(精裝)

1. 四庫全書

082.1　　87001098

四庫全書補正史部

定價新臺幣三〇〇〇〇元

編輯者　國立故宮博物院四庫全書補正編輯委員會
主任委員　秦孝儀
總主編　吳哲夫
執行編輯　王福壽　吳璧雍
出版者印刷所　臺灣商務印書館股份有限公司
臺北市重慶南路一段三十七號
電話：（〇二）二三一一六一一八
傳真：（〇二）二三七一〇二七四
郵政劃撥：〇〇〇〇一六五—一號
出版事業登記證：局版北市業字第九九三號
發行人　郝明義
•中華民國八十七年三月初版第一次印刷

ISBN 957-05-1444-2（精裝）　　60853010